学而论道

——《东南学术》二十年（1998—2018）文选

东南学术杂志社 编

海峡出版发行集团 THE STRAITS PUBLISHING & DISTRIBUTING GROUP | 福建人民出版社 FUJIAN PEOPLE'S PUBLISHING HOUSE

图书在版编目(CIP)数据

学而论道：《东南学术》二十年（1998—2018）文选/东南学术杂志社编. --福州：福建人民出版社，2018.11
ISBN 978-7-211-07991-9

Ⅰ.①学… Ⅱ.①东… Ⅲ.①社会科学－文集
Ⅳ.①C53

中国版本图书馆 CIP 数据核字（2018）第 230061 号

学而论道
XUE ER LUNDAO
——《东南学术》二十年（1998—2018）文选

编　　者：东南学术杂志社
责任编辑：陶　璐
特约编辑：陈廷烨
美术编辑：白　玫
出版发行：福建人民出版社　　**电　　话**：0591-87533169(发行部)
网　　址：http：//www.fjpph.com　　**电子邮箱**：211@fjpph.com
地　　址：福州市东水路 76 号　　**邮政编码**：350001
印　　刷：福州万达印刷有限公司
地　　址：福州市仓山区金山大道 618 号橘园洲工业园仓山园 19 号楼
开　　本：787 毫米×1092 毫米　1/16
印　　张：60.75
字　　数：1110 千字
插　　页：2
版　　次：2018 年 11 月第 1 版　　2018 年 11 月第 1 次印刷
书　　号：ISBN 978-7-211-07991-9
定　　价：258.00 元（上、下）

本书如有印装质量问题，影响阅读，请直接向承印厂调换。

祝贺《東南學術》创刊40周年 更名改刊20周年

福建社会科学院院长、研究员南帆题词

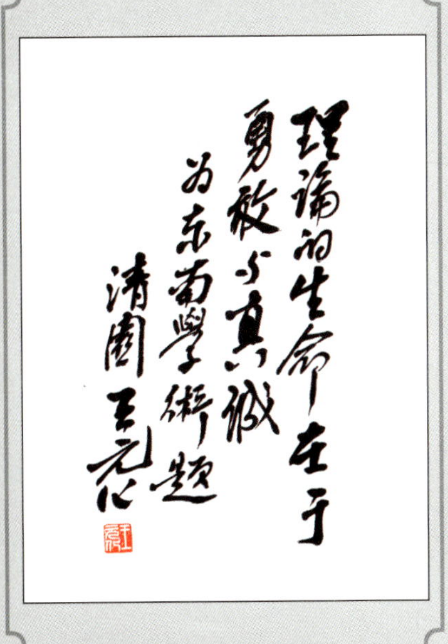

著名学者王元化先生题词

東南之光
学术名刊
邓子基
二〇一八.
六.一六

厦门大学经济学院资深教授邓子基题词

《东南学术》是国内有影响的重要学术刊物。祝该刊越办越好，为我国哲学社会科学的繁荣与发展多做贡献！

为祝贺《东南学术》创刊40周年题

卫兴华 2018年6月14日

中国人民大学荣誉一级教授卫兴华题词

福建师范大学
原校长、教授陈征题词

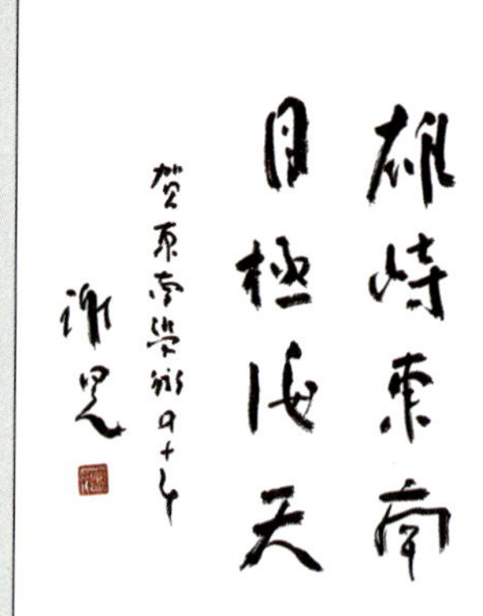

北京师范大学语言文学系
教授谢冕题词

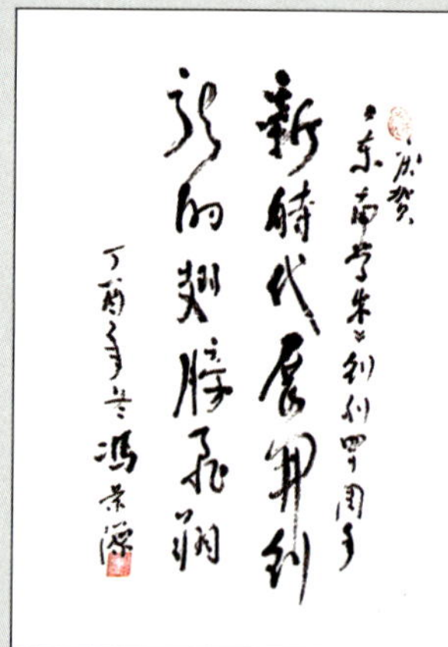

中国人民大学马克思主义学院
教授冯景源题词

福建师范大学文学院教授孙绍振题词

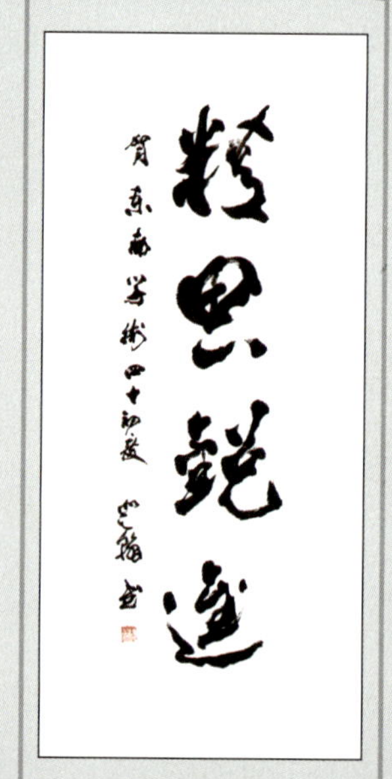

福建社会科学院
研究员刘登翰题词

目　　录

上册

下册

马列主义、科学社会主义、哲学

试论经济哲学的学科性质

蔡灿津*

在哲学贫困的呼声中，作为哲学一个分支学科的经济哲学却悄然兴起了，这是耐人寻味的。

经济哲学究竟是一门什么样的科学？这是在它起步伊始之时，首先必须有所共识的。本文试陈管见，以就教有志于此者。

一、经济哲学是社会经济领域的形而上学

如果经济哲学是哲学的一个分支学科，那么，要确定经济哲学的学科性质，便不能不首先谈及哲学的学科性质。

哲学早已有之，古今中外，哲学派别、哲学家难以计数，并非始自今日。但对何为哲学看法却各有不同。如既有主张哲学是关于本体论的学说，也有根本反对这种观点的。我们能否设想做出一种最为一般、能够涵盖容纳各种哲学的界说呢？如果只是试图对哲学做出最一般的界说，而并不加以某种进一步的具体规定，那么是否可以说，哲学就是形而上学，是研究事物“一般”的抽象哲理科学？

人类自从有了抽象思维的能力，就思索琢磨着各种事物，而且要“打破砂锅问到底”，追寻思索那隐藏在具体事物内里的一般本质，开始有作为抽象哲理的哲学思想的萌芽与成长了。探索事物的“一般”谈何容易。因之，谈论哲理便往往蒙上神秘色彩，玄而又玄，十分高深。

因之，形而上学照其本意实指哲学。哲学在学科性质上的特点在于它并不研究某种具体的有形物体，而是研究事物内里“一般”的形而上的抽象哲理科学。据此可以顺理成章地确认，经济哲学是社会经济领域的形而上学，即研究人类经济活动领域中所包容着的“一般”的科学。它是一种哲理科学，但是专门探讨经济领域的

* 蔡灿津，华侨大学社会科学研究所教授。

哲理科学。这可以从两方面加以理解：

一方面，从哲学的理论体系来看。哲学的理论是一个体系，经济哲学是整个理论体系中的一个有机组成部分，是社会经济领域这一层次中的哲学。

哲学研究事物的“一般”。然而形形色色的万千事物所构成的世界却是一个系统，是有不同层次的。因此，哲学也可以而且应当在不同层次上对包含于其中的“一般”做出理性的把握。由此，与现实世界这个系统之分成不同层次相对应，哲学理论体系也有不同层次上的分支。

具体地说，现实世界是由自然、社会、思维三部分构成的。就社会而论，它又有更小的层次。社会由经济、政治、文化三大领域构成。相应的，作为世界之形而上学把握的哲学，它也有不同的学科层次。以整个世界为形而上学把握之对象，遂形成一般哲学；以世界之自然，或社会，或思维为形而上学把握之对象者，则分别形成自然哲学，或社会哲学，或思维哲学。进一步就社会哲学的内里看，如其所把握的对象领域，再缩小到或是经济领域，或是政治领域，或是文化领域，便分别形成经济哲学、政治哲学、文化哲学。

此种情况，可表示如下：

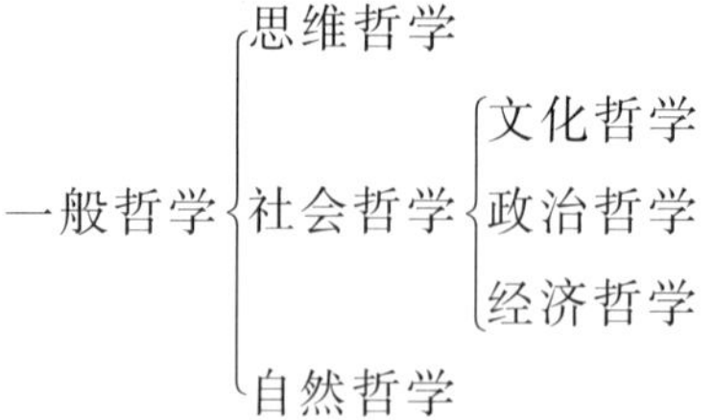

可见，经济哲学是哲学的第三层次的分支学科。它对社会经济生活领域作形而上的考察。

另一方面，从客观世界的每一个现实领域来看。对于每一个现实的领域，人们都可以从不同的角度、不同的层次上加以研究，从而形成不同的学科。但概括起来，就是从两个不同的层面上进行两种不同类型的研究，从而形成两种不同性质的学科。一个是对事物作具体性的研究，另一个则是对事物作形而上的研究。前者对事物的具体问题作具体的考察，从而形成不同的具体学科；后者对事物中的“一般”作形而上学的考察，从而形成形而上的学科。前者着重运用实证科学的方法，后者主要运用哲学的理性手段。前者是各领域研究中的具体学科，它研究并回答各领域中各方面的具体问题；后者是各领域中的形而上学，它研究、揭示隐藏于该领域之内、贯通于整个领域之中的“一般”，却并不直接回答其中某一方面的某一具体问题。

在社会生活领域中，如进一步划分为经济领域、政治领域、文化领域。那么在每一领域中，分门别类的都有许多不同的具体科学，以便分别研究各领域中不同的问题；与此同时，又有对该领域中的“一般”加以专门研究的哲理科学，如政治哲学、文化哲学等。就经济领域而言，研究具体经济问题的具体经济学科很多，这是无须赘言的；而另一方面，却还要有一门科学对整个经济生活领域中的一般问题做出统一的、形而上的哲理性研究。这种研究是任何其他具体的经济学科所无法胜任，从而也是替代不了的。这就是经济哲学。

由此看来，经济哲学就是经济领域的哲学，是一般哲学在社会经济领域中的具体化。它对社会经济生活领域中所包含着的最一般的共同问题加以概括研究。它从哲学的高度俯视人类经济生活的过程，揭示纷繁复杂的社会经济生活现象中所包藏着的一般实质。它用哲理科学的抽象方法辩证地分析、把握经济生活的实质，是上升到哲学高度的人类经济生活的形而上学，是对社会经济领域所做的形而上的思考。

二、经济哲学的对象是社会经济过程的内在本质及一般规律

经济一词是多义的。这里所说的经济，指的是人类物质财富的创造与运用过程，人类正是凭借自己的创造性实践活动，创造出丰富的物质财富并运用于所需要的各个方面，从而才得以生存、延续和发展。因此，经济活动是人类社会借以存在和发展的基础。它的特点在于主客体统一的创造。它不是纯客体、纯“自然”的过程，但亦不是纯主体、纯主观的活动过程。在经济过程中，经济主体与经济客体缺一不可，只有二者有机统一，才能形成现实的经济过程。经济活动既是对自然的改造，又必须在一定社会形式中才能实现。前者凝结为一定的生产力，后者凝结为一定的生产关系。因之，经济又包括生产力与生产关系两个侧面。在物质财富的创造、运用与实现过程中，大体上总是要经历生产、交换、分配、消费几个环节周而复始、循环往复地进行的。因此，人类的经济活动是经济主体与经济客体有机结合，在生产力与生产关系统一中所实现的包括生产、交换、分配、消费诸环节在内的物质财富的创造与运用过程。经济哲学就是要揭示包藏于其中的内在本质与一般规律。

由此看来，经济哲学是有自己特定研究对象的独立学科。它并不是各经济学观点或问题的简单汇总。它也不能归结为只是经济学中的哲学问题或经济学研究的方法论。虽然它将涉及经济学中的哲学问题，并将发挥经济学方法论的作用，但它自己是一门独立的学科，并不只是附着于某种经济学而存在。经济哲学也有别于其他的经济学科。它有别于政治经济学，政治经济学所研究的只是生产关系，而经济哲

学则把生产力与生产关系结合起来，作为人类经济活动的统一过程、统一的对象而加以研究。经济哲学也不同于生产力经济学，生产力经济学如其名称所表明，它是以生产力为研究对象的，经济哲学则并不只从经济领域中抽取出生产力来加以研究。经济哲学更不同于各门具体的经济学科，各门经济学都只就经济领域中的某一个别方面、个别领域或个别问题加以研究，而经济哲学的对象领域，却是人类社会的整个经济生活过程，它是以整个社会经济领域作为自己的对象领域的，它的使命是揭示深藏于其中的内在本质与一般规律。

当然，为概括、总结经济过程的内在本质及其发展的规律性，并转而运用这种理论去阐明纷繁的经济现象，经济哲学有着许许多多的问题需要研究，有其十分丰富的内容，它的活动空间是非常广阔的，并不是完全撇开具体的经济问题，只是孤零零地讲述那些规律性的结论即戛然而止。举凡涉及如下诸方面的问题，都是经济哲学需加以探讨的：

经济主体与经济客体之间，生产力与生产关系之间，生产、交换、分配、消费诸环节内部及相互之间的辩证关系。

人类经济形态的历史更替、资源配置方式的选择、经济活动模式与机制的不同与转换。

社会经济发展的规律性。其中最基本的规律是什么？如何看待经济发展过程中的决定论与非决定论？

社会经济的发展是均衡的、还是非均衡的？经济发展处于先进水准的国家与地区是否永远都能保持先进？后进的国家或地区有否可能跃居先进之前列？

社会经济发展的动力究竟何在？它是一个系统吗？

社会经济与其他领域之间，例如与政治、文化、生态环境等之间有什么样的内在联系及互动关系？

如何思考社会经济的可持续发展的问题？

社会主义经济与非社会主义经济区别的实质究竟是什么？相互间是怎样对立统一的？社会主义改革、开放和发展过程中的诸重大问题该如何恰如其分地加以科学看待？

各种经济范畴的实质、相互关系、内在逻辑联系及其所构成的体系。

凡此等等。

三、反思与前瞻是经济哲学的基本功能

任何科学都发挥多方面的功能，但各门科学又都各有自己特有的基本功能。经济哲学的基本功能不是别的，正是对社会经济发展过程进行反思与前瞻，即反观、回顾、思索、总结过去的经济发展历程，瞻望、预期可能的经济发展。它揭示社会经济的内在本质与一般规律，目的也是为了实现对经济发展的反思与前瞻。它正是依据对社会经济发展规律性的揭示，从而有效地进行反思与前瞻，进而为社会经济发展服务、引导社会经济更好地发展。

一般说来，社会的发展过程都需要作为社会主体的人加以反思与前瞻，才能较为有效和顺利地进行。不受人干预的自然发展过程，是纯自发的，与人的实践活动无关，因而不存在反思与前瞻的问题。但在社会发展过程中，不同领域的具体情况不尽相同。如在政治、军事斗争过程中，人的主观能动性表现得特别突出。在特定的条件下，对于某一特定的情况来说，强烈的主观能动的努力，有可能起到决定性的作用。经济发展过程则不同。一方面，它有着严格的经济发展自身所具有的内在必然性。因为经济发展过程不是纯粹人与人之间的关系。它的主要方面是与自然打交道，是在改造自然的过程中谋取人类所必需的物质资料，因而不能有任何的违拗。比如，发展农业岂能以我们的冲天干劲而违背农时期望丰收！人有多大胆地有多大产、用抓革命来促生产等等，怎能行得通呢？现在各国都痛切体会到向大自然开战因忽视生态经济应有的规律性而导致生态环境恶化的报复了，这不就是明证吗？因此，主体的行为必须及时反思过去、前瞻未来，才能求得符合社会经济发展规律要求的决策与行动。另一方面，社会经济的发展是循环往复、周而复始的。只要有人类社会，社会的经济活动就必须不断地反复进行。反复不是简单地重复，而是发展，但在反复过程中，前后之间有共同性。这种共同性，使得反思过去能够求得前瞻未来的效果，因而经济哲学就有可能在这里发挥自己的作用。

所以，发展经济必须在不断地反思与前瞻中实现。实证的具体经济学科不可能对经济发展的全局做出反思与前瞻。一般哲学也无力对经济问题加以具体的反思与前瞻。因之，这一任务便落在经济哲学的肩上。而经济哲学只要能对经济发展的一般规律性给予科学的揭示与解说，从而反思过去、前瞻未来，有效地导引人们的经济活动，那就应当说，它已完满地实现了自身的科学使命。因此，不能苛求经济哲学去回答经济领域中的一切问题，犹如过去人们期望从哲学中寻找各种问题的现成答案那样。也无须好意地列举经济哲学过多的功效。经济哲学是否有意义、是否能

有立足生存的权力，不在于它能否回答一切问题，而在于它能否有效地对社会经济的发展做出科学而有力的反思与前瞻。

社会经济愈加发展，其速度便日益加快，规模便日益宏大，深度便日益拓展，经济发展的力度越来越加强，复杂性也越来越明显，因而也就越来越迫切地需要经济哲学作为强有力的科学确立起来，以胜任引导社会经济发展之需。我国社会主义经济建设历程的曲折、所交“学费”之昂贵，更呼唤着经济哲学的诞生。随着改革开放的成功，随着我国新时期经济的腾飞，作为其理论形态表现的有中国特色的经济哲学，必将随之应运而生。

发表于1998年第4期

百年来改变中国面貌最大的一门首要科学：科学社会主义

高 放*

至少有五千年文明历史的我们的伟大祖国，举世公认只是在近百年来才发生了翻天覆地的巨变——由半封建半殖民地社会变为社会主义社会，由封建君主专制国家变为社会主义民主共和国，由被西方列强宰割的既贫且弱的落后国家变为独立自主、在国际上举足轻重的政治大国，由“东亚病夫”变为“东方健儿”。百年时光只是我国文明历史的五十分之一。究竟是什么神奇“魔力”使中国发生了如此令人惊喜不已的骤变呢？唯有科学，科学，第三还是科学。科学是反映客观世界特定领域发展规律的知识体系。人们唯有按照客观规律办事才能正确地有序地改变世界的面貌。百年来使中国发生质变的绝不止一门科学，而是有众多的科学，如哲学、经济学、政治学、物理学、化学、生物学等等。我认为其中首要的一门科学乃是科学社会主义。这一点恐怕迄今还有许多人认识不到，或者认识不清。值此回首我国百年来各门科学发展轨迹之际，实有必要登高呼喊，唤起民众，以期达成共识。这不仅是尊重历史，还历史以真实面目，而且对于21世纪中国如何加快腾飞，尽早达到社会主义现代化的辉煌目标，实属首要。

什么是马克思主义呢？我认为它是马克思、恩格斯创立的无产阶级和全人类解放的科学。这只有22个字的简明定义说明了它是指导近现代世界发生巨变的首要科学。正是在它指引下，社会主义、共产主义政党遍布世界五大洲各个国家和地区，人民解放运动此伏彼起，波澜壮阔。马克思主义科学包含十几个组成部分，其中最主要的是哲学、经济学和社会主义学三大部分。社会主义学是比哲学更直接、比经济学更全面指导无产阶级和全人类解放事业的一门首要科学。马克思主义社会主义学又称“科学社会主义”，这是自1873年至1874年起马克思、恩格斯自己这样称呼的。“科学社会主义”这个称谓是为了与空想社会主义相对立才使用，也足以表明它

* 高放，中国人民大学国际政治系教授、博士生导师。

与各种非科学的冒牌社会主义有区别。然而一个多世纪以来的实践表明，要使社会主义真正成为像各门实证科学那样严密的科学，是异常艰巨的。马克思、恩格斯从19世纪40年代至19世纪90年代，穷竭近半个世纪的精力，也只能说为科学社会主义奠定了坚实基础，其中某些设想和细节经过实践检验仍然含有空想成分，或者有不切实际之处。更何况要把它的基本原理运用于国情千差万别的各国，格外需要各国社会主义者的艰辛探索。科学社会主义又称科学共产主义，在马克思、恩格斯的大部分著作中，社会主义与共产主义是同义语。从20世纪初起，卢森堡、列宁等人才把共产主义社会的第一阶段称为社会主义。

中国由于到19世纪末才出现近代资本主义工商业和无产阶级，因此直到1899年才在中文报刊上提到马克思、恩格斯及其科学社会主义的个别原理（这时马克思已逝世16年之久，恩格斯也已病殁4年）。中国人从报刊上得知科学社会主义，迄今恰好100年。回顾一个世纪以来科学社会主义这门科学在中国的命运，大体上可以划分为四个进程，即四个阶段：（一）1899年至1919年这头20年，是科学社会主义得到初步介绍、片断传播并且对旧民主主义革命产生局部作用的阶段；（二）1919年至1949年这前30年，是科学社会主义获得全面传播并且结合中国实际指导新民主主义革命取得全国胜利的阶段；（三）1949年至1978年这约30年，是科学社会主义广泛传播并且指导中国在社会主义革命和社会主义建设大道上曲折前进的阶段；（四）1978年至1999年这近20年，是科学社会主义作为独立学科开始成长，逐步深入人心，并且指导中国社会主义改革开放和现代化建设取得重大成就的阶段。以下让我们领略一下这四个历史阶段科学社会主义在神州大地上逐步前进的风采吧。

一、科学社会主义初步介绍、片断传播并且对中国旧民主主义革命产生局部作用（1889年至1919年）

大概很少有人料到，最早在中文报刊上简略介绍马克思、恩格斯及其观点的竟是在华活动的洋教士的译作。上海基督教广学会自1874年出版中文《万国公报》，该报在1889年2至5月第121至124号上连载英国人器德著《大同学》（该书原名《社会的进化》）一书的要点（英国在华传教士李提摩太节译、蔡尔康笔述），其中有六处提到马克思和恩格斯及其功绩和学说。如“德国讲求养民学[①]者，有名人焉。一曰马克思，一曰恩格斯”；“试稽近世学派，有讲求安民新学[②]之一家，如德国之

①② 此处的养民学、安民新学即社会主义学。

马克思”；“以百工领袖著名者，英人[①]马克思也。马克思之言曰：‘纠股办事之人，其权笼罩五洲，突过于君相之范围一国’”。这句话出自科学社会主义诞生书《共产党宣言》，当今译为“资产阶级，由于开拓了世界市场，使一切国家的生产和消费都成为世界性的了”。又说：“恩格思（斯）有言，贫民联合以制富人，是人之能自别于禽兽而不任人簸弄也。”作者和译者虽然都是反对科学社会主义的，但是中国人毕竟从中知道了马克思、恩格斯及其科学社会主义的片言只语。中国人自己最早著文介绍科学社会主义的是改良派首领梁启超。他于1902年至1904年间所写的文章中曾写道：“麦喀士（即马克思），日耳曼人，社会主义之泰斗也。”“麦喀士谓，今日社会之弊，在多数之弱者为少数之强者所压伏。”“社会主义者，近百年来世界之特产物也，檃栝其最要之义，不过曰土地归公，资本归公，专以劳力为百物价值之源泉。麦喀士曰，现今之经济社会，实少数人掠夺多数人之土地而组成之者也。”[②]

还有一件有中国特色的奇闻轶事。早期在中文书刊中持续长达20多年之久片断传播科学社会主义的乃是以孙中山为首的资产阶级民主主义革命派。他们在海外从事革命活动之时，正值世界资本主义向帝国主义阶段过渡，资本主义经济和资产阶级学说已趋于衰落，而世界社会主义运动呈现高涨之势。所以他们也想从各种社会主义学说，尤其是科学社会主义当中吸取养分，进而结合中国国情，形成自己的理论体系，来指导中国的民主主义革命。孙中山早在1896年蒙难伦敦期间，最早读到马克思、恩格斯的《共产党宣言》《资本论》等名著，又目睹英国工人运动遭到政府镇压情景，于是考虑到在民主革命之外还要增加社会革命内容。孙中山虽然没有完全接受科学社会主义，但是采纳了它的部分内容。正如他自己后来所说：“予为一劳永逸之计，乃采民生主义，以与民族、民权问题同时解决，此三民主义之主张所由完成也。”[③]“民生主义，则排斥少数资本家，使人民共享生产上之自由。故民生主义者，则国家社会主义也。”[④] 到晚年（1924年），他进而直说：“民生主义就是社会主义，又名共产主义，即是大同主义。”[⑤] 这时他在苏联和中共帮助之下，已经成长为人民革命家，其思想已经越来越接近科学社会主义。

---

① 作者在前面引文中已两处讲到马克思是德国人，这里又说他是英国人，只是指他长期居留在英国。

② 《新民丛报》第18号、第46—48号。

③ 《建国方略》《提倡民生主义之真义》《三民主义》，载《孙中山选集》，人民出版社，1956年，第172页。

④ 同上书，第93页。

⑤ 同上书，第765页。

从20世纪初起，革命派在日本和中国国内创办多种报刊并出版图书鼓吹革命，宣传三民主义，其中也片断传播了科学社会主义。例如《共产党宣言》，最早是由在东京出版的《天义报》于1908年1月第15卷先登出恩格斯为此书写的1888年英文版序言，2月至5月第16至19卷进而连载此书第一章译文（译者均署名民鸣）。该报还于1907年至1908年两次登出即将出版民鸣译《共产党宣言》一书的预告，1906年12月东京社会主义研究社也曾登出出版蜀魂译《共产党宣言》中译本的预告。可惜至今尚未找到这两个译本。1912年上海出版的《新世界》半月刊分五期连载恩格斯著《社会主义从空想到科学的发展》一书（施仁荣译，当时译名为《理想社会主义与实行社会主义》）。除了译载科学社会主义原著外，革命派还翻译、出版日本社会主义者幸德秋水著《长广舌》《社会主义神髓》等书，以及日本学者有贺长雄、村井知至、福井准造等人的社会主义论著。更为难得的是，革命派还亲自撰文传播科学社会主义。如马君武于1903年2月发表《社会主义与进化论比较》一文，其中说："马克司（思）者，以唯物论解历史学之人也。马氏尝谓阶级竞争为历史之钥。"文末还说："社会主义诚今世一大问题，最新之公理，皆在其内，不可不研究也。"①进而列出马克思、恩格斯所著《共产党宣言》等五种书目。朱执信于1905年在《民报》第2号上发表《德意志革命家小传》，对马克思生平及其学说作了较为全面的介绍。

有更大影响的是1905年至1907年间以孙中山为首的革命派与以梁启超为首的改良派、保皇派在双方的机关报《民报》与《新民丛报》上展开了关于国家命运与前途问题的思想大论战。《民报》曾把双方争论的焦点归纳为十二条，其中很重要的一条就是："《民报》鉴于世界前途，知社会问题必须解决，故提倡社会主义，《新民丛报》以为社会主义不过煽动乞丐流民之具。"② 当然，当时《民报》所提倡的社会主义并非科学社会主义，但是包含有科学社会主义的某些因素，而《新民丛报》则是完全否定科学社会主义的。

总之，革命派吸收了科学社会主义关于阶级斗争、暴力革命、民主革命、社会革命、革命专政、土地国有等因素；同时经由他们片断传播，这些因素对于广大民众也有一定的影响。可以说，科学社会主义这一西方清新的社会思潮在旧民主主义革命时期已经开始引进到东方文明古国，它对于1905年中国同盟会的建立和活动，对于1911年辛亥革命胜利、推翻君主专制统治、建立民主共和国，以及随后反对北洋军阀、反对帝国主义的斗争，都起了局部的积极作用。

---

① 《译书汇编》第2年第11期。

② 《民报》第3号号外。

二、科学社会主义的全面传播并且结合中国实际，指导新民主主义革命取得全国胜利（1919 年至 1949 年）

1917 年俄国十月社会主义革命的胜利给予中国巨大震动，1919 年五四运动揭开了中国现代历史的新篇章。从这时起一批激进的革命民主主义者先后转变为科学社会主义者，从此开始全面自觉传播科学社会主义的新阶段。1920 年 8 月在上海出版陈望道译《共产党宣言》第一个全译本，1926 年新青年出版社出版布哈林、普列奥布拉任斯基著《共产主义 ABC》，这两本全面阐明科学社会主义原理的著作以及其他马克思、恩格斯、列宁著作的出版，可以说培养了我国一整代的科学社会主义者。陈独秀、李大钊、毛泽东等第一批科学社会主义者于 1921 年创建了中国共产党，进而逐步把科学理论与中国实际相结合，由党领导工人运动、农民运动、青年运动、妇女运动、国民革命运动等，使广大人民群众在实际斗争中接受并加深对科学社会主义的理解。

科学社会主义之所以能够与中国实际相结合，吸引广大人民群众，是由于它比起其他各种资本主义思潮和社会主义流派能够正确地回答中国社会和中国革命亟须解决的各个基本问题。自 20 世纪初以来，尤其是五四运动以来，因众多资本主义思潮已呈衰退之势，国外的各种社会主义思潮就汹涌而入。如无政府社会主义、西欧社会民主党的改良社会主义、英国的基尔特社会主义、俄国的民粹主义和托尔斯泰主义、日本的新村主义等，都曾经在我国喧嚣一时。这一时期还出现过众多中国无政府主义社团、中国社会党、中国基尔特社会主义组织等。经过科学社会主义者对各种社会主义流派的持续批判、论战和实践的检验，科学社会主义终于战胜了各种非科学社会主义，把一时迷失了方向的受过错误思潮影响的人逐步争取过来，进而扩大了科学社会主义的阵地，壮大了共产党的队伍。

党还非常重视翻译、出版科学社会主义经典著作，并且创办报刊，通过各类学校传播、讲解科学社会主义，使越来越多的人民大众掌握科学社会主义基本原理。仅《共产党宣言》一书从 20 世纪 20 年代到 40 年代就反复重印多次，出版多种译本，印行过几万册。还出版过马克思恩格斯的主要著作《哲学的贫困》、《拿破仑第三政变记》、《法兰西内战》、《哥达纲领批判》、《反杜林论》、《社会主义从空想到科学的发展》、《资本论》三卷本、《马克思恩格斯论中国》等，以及列宁的主要著作《怎么办?》《帝国主义论》《国家与革命》《共产主义运动中的“左派”幼稚病》等。1930 年出版《马克思论文选译》，收录著作 10 篇；1927 年出版列宁著《从二月革命到十月革命》文集，收录著作 45 篇；从 1931 年至 1946 年出版《列宁选集》16 卷；

1931 年出版斯大林著《列宁主义问题》；1939 年又出版《斯大林选集》5 卷；1927 年出版倍倍尔著《妇人与社会》（即《妇女与社会主义》）；1930 年出版普列汉诺夫著《无政府主义与社会主义》和《马克思主义的基本问题》。中共先后创办有《新青年》《共产党》《向导》《前锋》《热血日报》《政治周报》《布尔什维克》《红旗报》《红旗周报》《红色中华》《新中华报》《新华日报》《解放》《解放日报》《群众》等报刊，结合我国各个时期的革命实际，宣传、解释科学社会主义。在组织社团、利用课堂研究和普及科学社会主义方面，早在 1920 年 3 月李大钊就在北京大学发起组织“马克思学说研究会”，同时开设有关社会主义的课程，对青年学生有较大影响。1923 年瞿秋白在上海大学也深入浅出地讲解社会主义、共产主义基本原理，给学生们留下深刻印象。1930 年在中共领导下于上海成立“中国社会科学家联盟”，团结众多进步知识分子，举办读书会，建立社会科学研究小组，出版刊物，并在学生和职工中开展业余文化教育，努力宣传科学社会主义。在各地党校、讲习所、培训班、军政学校、公学中也经常开设社会主义、共产主义理论的课程。1943 年中共中央规定高级干部必须学习五本科学社会主义经典著作，即《共产党宣言》《社会主义从空想到科学的发展》《“左派”幼稚病》《两个策略》和《国家与革命》。到 1949 年，“干部必读”进而增加到 12 本。这一系列措施对于提高广大干部的科学社会主义理论水平起了重大作用。

中共在坚持、运用和发展科学社会主义方面最大的成功和贡献在于通过革命实践逐步纠正了右倾和“左”倾机会主义错误，创造性地解决了中国革命的性质、任务、动力、对象、道路和前途问题，实现了科学社会主义同中国实际相结合的第一次思想认识上的飞跃，形成了毛泽东思想。其要点是：中国必须依靠以共产党为代表的无产阶级的领导，以工农联盟为基础，以广泛的统一战线为后盾，走工农武装割据、农村包围城市的武装斗争道路，进行反对帝国主义、封建主义和官僚资本主义的新民主主义革命，建立新民主主义国家和新民主主义社会，允许有利于国计民生的资本主义在较长时间内有较大的发展，将来再逐步过渡到社会主义。1949 年新民主主义革命在全国范围的胜利，中华人民共和国的成立，证明了科学社会主义及其与中国实际相结合的毛泽东思想的无比正确。

三、科学社会主义的广泛传播并且指导中国在社会主义大道上曲折前进（1949 年至 1978 年）

中国新民主主义革命胜利后有条件广泛传播科学社会主义，可是当时我们把苏联社会主义建设的经验当作科学社会主义唯一标准的样板。因此从 1950 年开始，各个大学、党校、各类学校和干部学习都以斯大林主编的《联共（布）党史简明教程》作为中心教材，尤其是重点学习该书第 9 至 12 章社会主义建设部分，强调要从中学习马列主义的基本知识，并未专门单独学习科学社会主义理论。为了加强马列主义经典著作的编译工作，1953 年 1 月根据中共中央决定，在原中共中央俄文编译局和中央宣传部斯大林全集翻译室的基础上成立中共中央编译局。从 1955 年至 1956 年开始出版《马克思恩格斯全集》《列宁全集》和《斯大林全集》。1949 年以后，我国还大量出版《共产党宣言》等科学社会主义基本著作的新译本。1960 年出版《列宁选集》四卷本，1972 年又出版经过重编的该书第 2 版和《马克思恩格斯选集》四卷本第 1 版。这些经典著作的翻译和出版，固然有助于广大干部学习和掌握马列主义、科学社会主义，但是如果指导思想和学习方法不对头，反而会对实际工作造成危害。我国的实践正是验证了这一点。

从 1949 年到 1952 年，我国在恢复国民经济和社会改造等方面取得了重大成就，这就助长了指导思想急于求成，急于过渡到社会主义。同时还有外部的强大压力：西方资本主义国家对我国禁运、封锁，苏联要我国加快向社会主义前进，否则就不愿给予大力援助。于是促使毛泽东改变了他的建设新民主主义社会的主张，于 1953 年提出党在过渡时期的总路线，即要在 10 年到 15 年或者更长一些时间内，基本上完成国家工业化和对农业、手工业、资本主义工商业的社会主义改造，过渡到社会主义社会。也就是说，从 1949 年中华人民共和国建立起，不是按照原来的设想建设新民主主义社会，而是改变为要建设社会主义社会。这么重大的指导思想、理论、路线和方针的改变，既没有通过党代表大会，又未经中央全会研讨，仅在政治局扩大会议上由毛泽东提出就确定下来了。而在实践中，这条总路线仅执行 3 年，就在 1956 年提前完成了社会主义改造，宣布我国已经进入社会主义社会了。俄国原有工业基础比我国强（约占 42%，我国只约占 10%），1917 年十月革命后还用了 19 年时间，到 1936 年才宣布进入社会主义社会；我国从 1949 年算起，只用了 7 年时间就完成了过渡到社会主义社会的历史进程。

这一时的成功，埋下了后来失误和挫折的根子。尽管 1956 年 2 月苏共二十大揭发批判了斯大林的个人崇拜、个人集权等错误之后，鉴于苏联的教训，毛泽东等中央领导人曾经一度致力于探索如何正确处理各种关系和人民内部矛盾，要按照中国特点走社会主义之路；同时这一年 9 月党的八大制定了正确的路线，要在新的生产关系下集中力量发展生产力，实现国家工业化。但是这犹如昙花一现，到 1957 年夏季反右运动时，党的指导思想就更加转向“左”的方面。1958 年掀起总路线、“大跃进”、人民公社化运动，在急于进入社会主义社会之后，还来不及巩固和发展，又急于要进入共产主义社会。有的地方甚至提出要在三五年之内跑步进入共产主义，要取消包含在按劳分配中的“资产阶级法权”，要在生产力还很低的条件下实现共产主义的按需分配。

当时人们从理论上进行论证时，正是利用了对马列主义、科学社会主义经典著作的曲解。例如马克思和列宁把按劳分配说成是“资产阶级权利”只是从抽象意义上使用，它并不反映资本主义的生产关系和资产阶级的利益，而只是说明按劳分配所体现的等量劳动交换的原则同资本主义商品等价交换中的等量劳动决定等量价值的原则是同一个原则，它们都体现了交换双方的平等。而当时我们既把“资产阶级权利”误译为“资产阶级法权”，又误解为按劳分配是受法律保护的资产阶级式的剥削他人劳动成果的权利，以致要急于消灭按劳分配，实行按需分配。这样岂不是对科学社会主义的歪曲？

1959年在庐山召开的中央政治局扩大会议和八届八中全会，本来是一次纠正党的“左”倾错误的极好机会。然而由于个人崇拜思潮、个人集权体制作祟，缺少正常的党内民主与自由，一夜之间竟由反“左”变为反右，完全误用马列主义关于反对右倾机会主义和同路人的论述，在全党范围内大反子虚乌有的右倾机会主义，致使“左”的顽症更加深重。1962年八届十中全会进而提出以阶级斗争为纲、阶级斗争要月月讲天天讲的整个社会主义时期的基本路线，1964年在社会主义教育运动中主张要“整党内走资本主义道路的当权派”，1966年发动“文化大革命”，要打倒子虚乌有的“党内资产阶级”和“资产阶级反动权威”等等，要贯彻“无产阶级专政下继续革命”的理论。“文革”期间毛泽东又提出：“按劳分配，货币交换，这些跟旧社会没有多少区别。”“我国现在实行的是商品制度，工资制度也不平等，有八级工资制，等等。这只能在无产阶级专政下加以限制。”① 这实际上又表现出急于过渡到没有商品货币、实行按需分配原则的共产主义社会的倾向，以致有的地方又急于要在一两年内快步奔向共产主义。这样表面上振振有词地屡屡援引科学社会主义的经典论述，实际上背离科学社会主义越来越远，不能不给国家民族带来重大灾难。

总之，从1949年至1978年这约30年之中，我们虽然在社会主义改造和社会主义建设方面取得了巨大成就，但是由于不重视科学社会主义的独立研究，未能完整准确地掌握科学社会主义，未能像在民主革命时期那样创造性地发展科学社会主义，基本上照搬苏联模式，甚至推行比苏联更“左”、更急于求成的社会主义模式，脱离中国原有基础比苏联更加落后的实际，以致在社会主义大道上屡遭挫折。

---

① 《人民日报》1975年2月22日。

这里我还要讲一点我个人曾经因倡议要独立地研究科学社会主义这门科学而险遭灾难的经历。我们党由于受苏共影响很深，长期都不把科学社会主义作为一门独立科学和学科来研究。如上所述，中华人民共和国成立后我们在各类学校和干部学习中，都只是学习苏联社会主义建设的历史经验，而从未构建起科学社会主义这门科学和学科，人们都不知道科学社会主义究竟包括哪些内容。1956 年 2 月苏共二十大揭露了斯大林和《联共（布）党史简明教程》的错误之后，高等学校的“马列主义基础”课程已经不能再讲苏共党史了。当时理论界有一种倾向，即要取消“马列主义基础”这门课，在高校中只开设哲学、经济学和中国革命史三门课。我不同意这种看法，于 1956 年底写出《科学社会主义应该作为一门独立的科学来研究》一文，副标题是“兼试谈高等学校‘马列主义基础’课程的改革问题”，发表于《教学与研究》月刊 1957 年 4 月号。[①] 没有料到，这篇文章差一点给我带来灭顶之灾——划为右派分子。原因是我在文中提出科学社会主义的体系要包括工人阶级与工人运动、工人阶级政党、农民问题、民族殖民地问题等十一个专题，而我们的教研室主任则主张按照党中央发表的《再论无产阶级专政的历史经验》中所总结的苏联社会主义建设的五条基本经验来构建体系。这本来只是关于课程设置究竟分为几个专题的不同意见，可是在反右派斗争中，这个领导人竟把我的意见上纲为反党。他认为不按照党中央文件分题就是反党，连同我的其他理论观点，执意要把我划为右派分子。好在吴玉章校长出面保护，说我是学术问题而不是政治问题，才幸免于难。不过话说回来，在“左”的路线指导下，科学社会主义即便作为一门独立的科学来研究，也无法成为真正的科学并且发挥其科学功能。我自己当时就受“左”的思想影响，把科学社会主义的研究对象确定为研究无产阶级阶级斗争的规律。这样表述是符合毛泽东 1955 年 3 月在党的全国代表会议上的讲话的。他说：“马克思主义有几门学问：马克思主义的哲学，马克思主义的经济学，马克思主义的社会主义——阶级斗争学说。”[②] 实际上这样理解科学社会主义过于狭窄了，是“左”了。我们系从 1959 年起开设“社会主义概论”课程，体系还是按照毛泽东提出的“五论”，即阶级、革命、国家、政党、战略与策略，内容必然是贯彻当时很多“左”的观点。到 1963 年以后又增加了战争与和平、敌我矛盾与人民内部矛盾、反对修正主义等专题，课程名称改为马列主义政治学。这样“科学社会主义”作为一门课程也就荡然无存了。

---

① 此文已收入高放文集之一《马克思主义与社会主义》，黑龙江教育出版社，1994 年。

② 《毛泽东选集》第 5 卷，人民出版社，1977 年，第 145 页。

四、科学社会主义作为独立学科开始成长，逐步深入人心，并且指导中国社会主义改革开放和现代化建设取得重大成就（1978年至1999年）

痛定思痛，知错必改。1978年党的十一届三中全会端正了党的路线、纠正了“左”的错误之后，真正迎来了我国科学“百花齐放，百家争鸣”的新春。从这时起，科学社会主义才作为一门独立科学开始成长起来。在这方面可以说中央党校立了第一功，中国人民大学立了第二功。最早是1977年3月胡耀邦到中央党校担任副校长并且主持日常工作后，他要求按照马克思主义三大组成部分分设三个教研室，开设三门课，随后全国各级党校都设科学社会主义教研室，并开设这一门课程。1978年7月中国人民大学复校后，校长成仿吾（时为中央党校顾问）着意按照中央党校做法，把原国际政治系改名为科学社会主义系，要把科学社会主义作为独立科学和学科加强建设，这在全国大学中属于首创。接着山东大学也设科学社会主义系。许多大学也都开设科学社会主义课程。1980年6月第一本《科学社会主义》（赵明义主编，山东人民出版社）问世，随后出版了50多种同类教材。其中以高原主编的《科学社会主义》（湖北人民出版社1981年2月初版）发行量最大，前后4版累计印数达64万册。1979年中国人民大学率先开始招收科学社会主义专业硕士生。1981年我国开始设立学位授予点时，中央党校等单位获科学社会主义博士学位授予权，中国人民大学等院校获科学社会主义硕士学位授予权。现在科学社会主义专业博士、硕士授予点已扩大到20多所院校了。1988年国家教委决定全国所有院校硕士生必修“科学社会主义的理论与实践”课程，并约请我主编该门课程的教学要点，这一年秋后首先在中国人民大学开设此课。1990年中国人民大学出版社出版了我主编的《科学社会主义的理论与实践》教材，1994年又出版修订本，至今已发行8.9万册。党校系统有较大影响的教材是中央党校出版社于1992年和1996年先后出版的赵曜主编的《科学社会主义论纲》和《科学社会主义新论》。1978年四川社会科学院首先建立科学社会主义研究所，此后有十几个省市社科院和大学也相继建立科学社会主义研究所。从1979年起，许多省市自治区成立科学社会主义学会，1983年10月进而成立全国性的中国科学社会主义学会。全国学会和各地学会几乎每年都举行学术研讨会，甚至出版文集，评比优秀论文。在创办专业刊物方面，华中师院科学社会主义研究室于1978年10月首创《科学社会主义参考资料》双月刊，从1982年起改名《科社研究》，1985年又改名《社会主义研究》（这一年9月改为华中师大主办）。接着北京市科社学会于1979年11月创办《科学社会主义研究》季刊与《科学社会主义参考资料》不定期刊，从1988年起后者合并到前者，改为月刊，1995年后又改名为《中国特色社会主义研究》双月刊。《光明日报》从1982年10月到1994年7月办有“科学社会主义”专刊，每半个月刊出一个版面。中国科学社会主义学会自1983年成立时起创办《中国科学社会主义学会通讯》学术性季刊，1985年后改名《科学社会主义》，现为双月刊。现在我国以“社会主义”命名的季刊还有中央编译局与中国国际共产主义运动史学会主办的《当代世界与社会主义》和山东大学主办的《当代世界社会主义问题》。关于科学社会主义方面的工具书、学术专著和通俗读物，近20年来出版了好几百种。原为《中国大百科全书》一卷的《科学社会主义》，于1993年以“科学社会主义百科全书”为书名，由知识出版社出版。已出版的较有特色和影响的科学社会主义论著有：1982年的《社会主义的过去、现在和未来》（高放著），1983年的《资本主义与社会主义纵横谈》（钱俊瑞主编），1984年的《社会主义民主概论》（徐鸿武等著），1984年的《科学社会主义史纲》（刘佩弦主编），1985年和1991年、1993年的《社会主义四百年》（两卷本，于幼军、黎元江著），1987年的《社会主义思想史》（上下册，高放、黄达强主编），1991年的《社会主义学》（高放主编），1997年的《社会主义的历史命运》（赵明义主编），1998年的《社会主义向何处去——冷战后世界社会主义运动大扫描》（肖枫主编），等等。从以上这些举措和成果来看，科学社会主义这门独立的科学和学科，近20年来确实在华夏大地生根、发芽、枝繁、叶茂，茁壮成长起来了。

最使得科学社会主义这门首要科学深入亿万人心的是，我们党自端正路线以来，真正力求完整准确地理解、掌握科学社会主义，真正尽心把它与中国国情与当今世情相结合，实现了思想认识上的第二次飞跃，形成了邓小平理论。其要点是：解放思想，实事求是，要认清中国将在上百年的长时间里处于社会主义初级阶段，要认清社会主义的本质，要坚定不移地贯彻执行“一个中心，两个基本点”的基本路线，要发展社会主义市场经济和社会主义民主政治，两手抓社会主义物质文明建设和社会主义精神文明建设，用“一国两制”实现国家民族统一，促进世界和平与发展，为建设有中国特色的社会主义，为建设富强、民主、文明的现代化国家而奋斗。正是在科学社会主义及其与中国实际相结合的邓小平理论的指引下，我国的改革开放和现代化建设取得了举世公认的巨大成就。

当然，应该充分估计到封建主义深厚传统和教条主义久远积习对我们的影响，要警惕右，但主要清除根深蒂固的“左”。今后要在总结实践经验的基础上全面贯彻并且向前发展邓小平理论。有些老大难问题，如党政分开、健全体制、发展民主、实现法治、铲除特权、惩治腐败、搞好国企改革、祖国统一等，都有待认真加以解决。科学社会主义理论工作者要为此尽心尽力尽职尽责。以往对科学社会主义是否理解、运用得正确，主要以中央极少数甚至个别领导人的认识为准绳。在缺少党内民主的情况下，这种做法包含着很大的危险。如果领导人认识对了，那就像是大树底下好乘凉；如果领导人认识错了，那就好比盲人骑马临深渊。近 20 年来，我国已经由主要靠少数中央领导人掌握和运用科学社会主义，发展到有众多科学社会主义理论工作者来研究和探索科学社会主义，这是很大的进步。但是应该看到，迄今科学社会主义学界“左”的流毒依然未消，因而对党的决策科学化、民主化起的作用还不大。而且“左”的流毒还不时露头。反对资产阶级自由化是非常必要的，但是有些人往往用“左”的思想把不同学术观点，甚至正确的观点当作资产阶级自由化乱加批判。这样是非常妨碍科学社会主义这门科学的繁荣的。还由于“左”的流毒未消，迄今科学社会主义的教学与研究依旧主要限于对党的文件和领导人的文稿作些注释，而且往往是带有片面性的注释，加上在现实生活中还有很多如上所列举的老大难问题一直未能很好解决，以致科学社会主义这门课程和科学在青年大学生和广大干部中威信还不高，吸引力还不大。我听到不少人这样反映：“你们课堂上讲的、书本上写的同现实距离太大了。”青年人上大学、读研究生，报这个专业的不多，甚至越来越少。如上所述，我所在的系 1978 年复校时改称科学社会主义系，山大也跟着办科学社会主义系。可是由于生源越来越少，录取线越来越低，不得不于 1984 年 5 月老校长成仿吾去世后，6 月间即恢复国际政治系的旧名称（因为老校长生前坚决不同意改系名），当年招生的情况就明显改观。山大的科学社会主义系后来也改为国际政治学院。

看来科学社会主义这门科学要进一步开花结果，必须改变传统的“我注六经”的思维方法方式，也不能只限于“六经注我”，而要跳出在“经”与“我”之间注来注去的狭小圈子，要在社会主义改革开放和现代化建设实践的广阔天地中，与实际部门相结合，深入调查研究，独立钻研，勇于开拓，善于创新，为党的决策的科学化、民主化做出更大贡献，即既坚持、继承马克思主义，又超越、发展马克思主义。矢志潜心研究马克思主义的学者应该有这样的雄心壮志和宏伟抱负，即“我创新经”，而不要只限于“我注六经”或“六经注我”。

我在 1990 年“左”的思潮盛行时就提出《“科学社会主义”学科名称要改为“社会主义学”》，[①] 旨在扩大研究范围。不要老是唯我独科、唯我独社，而要善于从当代世界各种进步思潮和社会主义流派、从当代迅猛发展的新科技革命、从当代资

① 此文原载《社会科学》（上海）1990 年第 7 期，后收入高放文集《马克思主义与社会主义》。

本主义世界的新变化中吸取养分，使社会主义与科学更有机紧密地融合为一体，使社会主义学变成更加宽广又更加周密的一门科学。

百年沧桑的历史证明了科学社会主义是改变我国社会面貌最大的一门首要科学，同时又证明了在党政权力过度集中的体制下它是一门首难首险科学，即难度险情最大的科学。然而这却是这一门科学工作者首爱首慕的科学，需要我们倾注毕生的精力和心血，不为名不为利，不唯书不唯上，不畏难不畏险，勇攀高峰，善于创新。只要这门科学能够真正达到新的科学水平并发挥其应有的科学功能，即便个人上刀山下火海、粉身碎骨、含冤饮恨，也应该鞠躬尽瘁、无悔无怨。在这一方面，中国社会科学院经济研究所研究员顾准（1915年至1974年）应是我们学习的典范。他在1952年“三反”运动中受到了撤销党内外一切职务的错误处分，1957年和1965年又两次被错划为右派分子，还长期下放劳动改造。但是他依然坚定共产主义信念，坚贞不屈，继续不断探求真理。今日我们披读他弟弟为之整理出版的《顾准文集》和《顾准日记》，不能不为他的远见卓识所折服。“治学不为媚时语，独寻真知启后人。”清朝硕学鸿儒戴震的这句名言对于今天的社会主义学学者是何等重要啊！如果说往昔封建主义时代的学问家还难以独寻多少真知的话，那么当今社会主义时代的马克思主义学者是有可能独寻、众寻到更多的真知来启迪今人和后人的。

现代众多社会主义国家兴衰成败的历史验证了科学社会主义确实是一门首要科学。搞对了、搞好了，它就是一门首福首利的科学，搞错了（既有“左”又有右，大都是先“左”后右，也有一“左”到底的），搞糟了，它就会变为造成灾难的准科学，甚至变成首祸首害的伪科学。苏联共产党虽然长期只是抬高美化自己的历史经验，而不研究科学社会主义，但是20世纪70年代以来也把“科学共产主义”作为一门独立课程和科学来加以教研。而苏联学者长期以来只是一味唯书唯上，不分青红皂白，反复论证党的文件和领导人如何坚持并发展了科学社会主义、科学共产主义，结果错误的理论和路线导致苏联东欧等11个社会主义国家亡党亡国亡制（社会主义制度）！苏联东欧剧变的教训是极其深刻的，我们一定要使科学社会主义这门首要科学成为首福首利的科学，促使我国在未来21世纪新的百年之中尽快建设成为社会主义现代化的强国富国、高度民主高度文明的国家，以期尽力增进人类福祉和世界大同。

发表于1999年第6期

中国政治学百年历程

赵宝煦*

一

中国古代的政治学遗产非常丰富。四千多年来，在政治学理论和实践方面，它积累了世界上人口最多，历史最悠久的一个国家长期的政治理论和治国经验，并且绝大部分被完整地用文字保存了下来。当然，其中有许多是过时了，但更多的却是直至今天，仍然闪耀着智慧光芒的瑰宝。

近代西方政治学被介绍到中国来，是从19世纪末叶开始的。

19世纪中叶洋务运动兴起时，中国人通过洋务派的鼓吹、宣传，开始对西方的政治思想和政治制度有些了解。但是通过译书、著书、杂志、报刊大规模把西方的国家学说、契约论、三权分立、民主、自由、天赋人权等等理念和议会、政党等等国家制度介绍到中国来的，则是清末维新运动时的事。当时维新运动的代表人物康有为、梁启超、严复等，都在这方面做过不少工作。严复因曾留学英国，故译、著尤多。戊戌变法，虽以六君子遇难而告终，但兴学堂、开书局、办报纸的维新风气，却不可遏止。这时，政治学在西方也开始成为一门独立的科学。以《政治学》《政治学史》命名的著作，在欧美及日本均陆续出版。中国维新之士，也就及时地翻译过来在中国传播。据统计，从1901年到1904年间，中国翻印出版西方政治学的专著就有66本之多。其中，美国伯盖斯所著《政治学》就有“译书汇编”社（1900年）和上海作新社（1902年）两种中译本；德国那特硁所著《政治学》，也有上海广智书局（1902年）和上海商务印书馆（1904年）两种中译本。此外，还有英国赖烈的《政治原论》，美国威尔逊的《政治泛论》，日本小野冢喜平次的《政治学大纲》，以

---

* 赵宝煦，北京大学国际关系学院教授，“政治学”“国际政治”双学科博士生导师，中国政治学会副会长。

及日本浮田和民的《政治学史》等等。①

1898年（光绪二十四年），也就是戊戌政变这一年，在北京成立了京师大学堂，它就是北京大学的前身（1912年改名为北京大学）。到1903年，京师大学堂的课程共分八科，其中就包括“政治科”。这是中国在大学中开设的第一门政治学课。随后，陆续兴办起来的大学都设立了政治学系。到1948年为止，据不完全统计，在当时全国百余所大学中已有四十几所大学设立了政治学系，培养政治学专业人才。在这些大学政治学系中教书的著名教授有：张慰慈、高一涵、钱端升、张忠绂、浦薛凤、张奚若、张汇文、萧公权、蒋廷黻、周鲠生、李亚农、萨孟武、邓初民、楼邦彦、吴恩裕、王铁崖等。②

这时期出版的政治学专著，比较著名的有：张慰慈《政治学大纲》、高一涵《政治学纲要》、邓初民《新政治学大纲》、钱端升《中国政府》、萧公权《中国政治思想史》和浦薛风《西洋近代政治思潮》等等。其中如邓初民的《新政治学大纲》，是较早运用马克思主义理论来研究政治学问题的较有影响的著作。

此外，中国的政治学者们还于1932年在南京成立了中国政治学会，并分别在1935年、1936年和1942年召开过三届年会，至1946年拥有会员140人。当时积极发起建立或参与活动的中国政治学会的老一代政治学家有王世杰、钱端升、浦薛风、周鲠生、萧公权、张汇文、张奚若、钱昌照、许德珩等。

总的来说，1949年以前，中国政治学的教学与研究曾经取得了一定成绩，出现了一批著名学者，出版了一些有价值的著作，也培养了一些政治学方面的专业人才。但是当时在政治学的教学与研究中，存在着两个问题：第一，介绍西方的研究成果多，对中国问题研究得少，特别是研究中国现实政治问题的就更少。第二，培养出来的学生，除去极少数幸运者毕业后有机会出国深造，回来在大学找个教职教政治学外，其余大部分在政治学的教学与研究方面找工作非常困难。

前面提到，早在二十世纪三四十年代，中国已有一些政治学者运用马克思主义理论来研究政治学。关于马克思主义政治学问题，存在着一些不同认识。有的学者用西方政治学教科书为标准来衡量马克思主义理论著作，从而得出马克思主义没有政治学的结论；与此相反，另外一些学者却认为马克思主义理论中同样有一个完整的政治学体系。我认为以上两种看法，都未免有失偏颇。

① 宝成关：《西方文化与中国社会——西学东渐史论》，吉林教育出版社，1994年，第410—414页。

② 上海《申报》1932年9月2日，1935年6月27日、28日、29日、30日；《中央日报》1936年7月4日、6日，1942年11月7日、8日、9日。

马克思主义理论，从根本上说，我认为是政治学的理论。它要解决的主要是政治实践问题。人所共知，马克思主义有三个组成部分：哲学、政治经济学和科学社会主义。其中，马克思主义哲学是指导思想问题，是世界观和方法论；马克思主义政治经济学是解决政治问题的基础理论，因为经济是政治的基础；只有科学社会主义，才是马克思主义理论的重点，是马克思主义的根本目的所在，即建立一个没有人剥削人的、公平的、富裕的、民主的、适宜人性发展的社会主义、共产主义社会。科学社会主义是关于未来理想社会的研究，它涉及面虽然很广，但关键问题却是政权问题，而政权问题正是政治学研究的核心问题。在这个意义上说，科学社会主义主要的就是政治学的问题。

关于政治学的定义，是一个老话题。近一个世纪以来，各国学者见仁见智，他们对政治学的概念各有不同的界说。但其中也有共识，即都认为政治学研究的核心问题是国家政权问题。但从国家政权角度来说，它有两个方面，即夺取国家政权和巩固发展国家政权。前者是如何革命的问题，后者是如何建设的问题。在西方的政治学著作中，着重研究的是如何建设国家、管理国家的问题，例如研究比较宪法、行政学、行政法、政党、决策过程、政府机制运作等等问题。但马克思主义经典著作中着重研究的却是如何进行革命的问题，例如革命理论、革命战略与策略、革命方式与手段等等问题。这两个方面都是政治学的内容，但各有侧重。这是客观需要所决定的。马克思主义经典作家原都是革命者，他们当时着重解决的是无产阶级和劳动人民如何组织起来，从反动统治者手中夺取政权的问题。马克思、恩格斯生前没有看到过一个无产阶级政权如何建设社会主义，所以他们对于建设社会主义国家的问题，只能凭着天才的预见，提出一些抽象的原则。这些抽象原则，有些是符合实际的，有些却是错误的。我们当然不能要求他们预见100多年后社会的发展，事先给后人留下锦囊妙计；而他们生前也不会想到，100多年后会有号称马克思主义者的人，从他们的著作中寻章摘句，当作治世的灵丹妙药。因为脱离实际，背诵教条，这本是马克思主义之大忌。那么列宁又如何呢？列宁领导苏联十月革命取得胜利，但共产党掌握政权只有七年，列宁就逝世了。而且那七年确实是内忧外患的七年，因此，列宁来不及总结社会主义建设的经验。斯大林领导苏联社会主义建设和反抗德国法西斯战争中的功劳不可一笔抹杀，但他犯有许多严重的错误。特别是在晚年，他深深陷入历史唯心主义的泥坑中不能自拔，因此他也不可能正确总结建设社会主义的经验和教训。毛泽东在领导中国共产党和中国人民进行民主革命的28年斗争中，在理论和革命实践上取得了突出的业绩，对马克思主义政治学也做出了重要的贡献。但是，他此时的贡献，也都属于发动革命、夺取政权的前一半。

由此可见，在1949年，当中国共产党领导新民主主义革命取得胜利，准备在全国范围内进行社会主义建设时，当时的马克思主义政治学，不能直接给予任何帮助。因为马克思主义经典著作中的政治学，虽然在夺取政权、发动革命方面有很重要的成就，但作为一门科学，它还缺少巩固政权、发展政权的重要一半，还远不完整。这是客观的革命实践使然。这个任务，理所当然地落到后人肩上。

1949年，中华人民共和国成立之初，夺取政权的任务已经完成。当时国家面临的迫切问题，首先是如何建设一个稳定的、高效能的社会主义政权体制。既然中国有着自己的历史、社会和文化传统等方面的特殊条件，显然，只是照搬苏联的一套现成模式并非善策，而且当时已经可以看出“苏联模式”本身也存在着不少弊端。这时，在国内正需要大力开展政治学的研究。政治学借此时机，理应大有用武之地。然而众所周知，当时的高等教育体制以苏联的高教体制为蓝本，于1952年取消了大学中的政治学系科。与此同时，政治学在新中国也不再作为一门独立学科而存在了。

苏联当时没有政治学系，并不是所谓社会主义国家的独创。有些欧洲大陆国家也是如此。许多政治学问题在苏联不是不研究，而是他们把国家问题都放到法学中去了。因此，苏联大学的法律系，实际上包括了政治系的内容。例如他们法律系有“国家与法的理论”“国家与法的历史”等课程，把国家与法律放在一起讲。此外，他们的国际法、政治思想史等课程也都在法律系中开设。

当时我国几十所大学的政治系都是在1952年一起取消的。到了1960年，中苏两党的争论公之于世，中国感觉到需要大量对马列主义有较好的理解，并能宣传马列主义的理论家，因此全国不少大学，包括北京大学在内，又重新建立了政治学系。但这时建立的政治学系，主要是讲授马列主义基本理论，并不涉及政治学广阔领域的其他方面问题。

到了1964年春天，根据中央一个关于加强外国问题研究的决定，又把北京大学、复旦大学和中国人民大学的三个政治学系改成了三个国际政治系，任务是培养关于外国政治问题的教学和研究人才。

简单说来，中国大学里的政治学系是在1952年高等教育院系调整时被取消了。当然，和苏联一样，关于国家问题、中国宪法、比较宪法、西方议会政府、中国政治思想史、西方政治思想史以及国际法等等课程，都放在大学法律系里讲授，这些课程并没有取消。尽管如此，政治学却不再作为一门独立科学而存在了。

这里有一个十分不合逻辑的现象。那就是多年来，中国反复强调“政治挂帅”“突出政治”，可以称作“政治至上主义”了。但是既然是政治至上，却为什么不要政治学呢？原因在于当时中国过分强调政治的“斗争性”，而不讲政治的“科学性”。

因此不重视，甚至认为根本不需要学者们对政治问题进行认真的研究。

政治科学被否定，30年来，在政治科学领域内的许多问题，诸如关于中国政治制度如何进一步完善，关于立法、行政与司法的权限及其相互关系，政府结构与体制、党政关系、国家行政管理、人事制度、决策程序、人民民主权利的保障等等重大问题，均缺乏科学研究，从而长期陷入一定程度的盲目性之中。许多政治行为不能真正按客观规律办事，而是往往被主观随意性所左右。主观唯心主义得到发展后，在政治实践中碰钉子、犯错误，自然在所难免。

二

从1957年开始的"左"的错误[①]泛滥的结果，导致爆发了"文化大革命"。这一场历时十年，波及960万平方公里土地，使社会主义中国在精神上和物质上皆损失惨重的空前浩劫，终于在1976年10月以粉碎"四人帮"的方式宣告结束。当时人们欢欣鼓舞，热烈情况与1949年中国共产党在全国取得政权，宣告全国解放时差不多。因此，许多人特别是知识分子习惯称之为第二次大解放。

打倒"四人帮"后，痛定思痛，一系列现实问题被提出来需要认真回答，而这些问题绝不是背几句教条就能敷衍了事的。例如：

为什么会出现"四人帮"?"四人帮"是坏人，但把像"文化大革命"这样一场有史以来的空前浩劫，只归罪于少数坏人的行为，这当然不是一个马克思主义者应有的回答。显然，还应该去寻找更深刻的历史的、社会的、思想意识上的以及体制上的原因。

总之，现实生活提出了一系列急待解决的问题要求给予科学回答。这些问题，包括理论方面和思想意识形态方面的，也包括体制方面和行政管理方面的，它们大多属于政治学研究的范围，于是恢复政治学研究的问题就在这种情况下被提出来了。

1983年3月，邓小平在党的理论工作务虚会上的讲话中提出了："我并不认为政治方面已经没有问题需要研究，政治学、法学、社会学以及世界政治的研究，我们过去多年忽视了，现在也需要赶快补课。"[②] 这样，上下结合，中国政治学才得以恢复。

中国恢复政治学研究，是从重建中国政治学会开始的。

前面已经提出，中国老一代政治学家早在1932年就在南京建立了中国政治学

---

① 《邓小平文选》第3卷，人民出版社，1993年，第246页。

② 《邓小平文选》第2卷，人民出版社，1994年，第180—181页。

会，并于 1935 年、1936 年和 1942 年分别召开过三届年会。1952 年，高等学校院系调整，把政治学与法学合并在一起，因此，1953 年 4 月 22 日，在北京成立了“中国政治法律学会”，而后仍留在大陆的 1932 年参加建立中国政治学会的老一代政治学家如钱端升、张奚若、钱昌照、周鲠生、许德珩、王铁崖、楼邦彦等差不多都参加了这个中国政法学会。中国政法学会的第一任会长，是曾经在 1945 年 4 月作为中国代表团成员之一到旧金山参加联合国成立大会的董必武，副会长是沈钧儒、谢觉哉、王昆仑、柯柏年、钱端升。1980 年 12 月，在北京召开了中国政治学会成立（重建）大会，全国除一些边远省市外，有 24 个省市自治区的 150 多名代表参加了会议。中共中央书记处、国务院、全国政协、中国社会科学院等部门领导到会祝贺。

当时的中共中央书记处书记、中国社会科学院院长胡乔木在讲话中说：“政治学是一门重要的科学。1949 年后取消政治学研究是错误的，在理论上、实践上都是损失。”他认为“政治学不仅要研究‘政治制度’，而且要研究国家、政党、人民和政治家及其相互关系”。他强调，“要研究人民通过什么途径来实现对国家的领导，如何在一切基层单位，即社会组织的任何一个细胞里，实现民主的政治生活，使每一个公民作为主人翁来行使自己的权利”。①

中国著名老政治学家，当时已满 80 高龄的钱端升教授在会上的发言颇为引人注目。他认为，苏联社会科学的落后与其过分集中而又僵化的政治制度、压制民主有关。他强调研究政治学应提倡“首创精神”，要“采取一些新的想法，写出一些新的论著，使得我们的政治学能够满足在新的历史阶段所提出的要求，能够在我们前进的道路上对所出现的政治问题做出正确的解答，从而推动我们国家的繁荣昌盛”。②他同时提出要发展政治学，创立新的政治学，还必须借鉴古今中外一些优良的制度和有效率的管理方法。他还举例说，西方某些国家中央与地方分权问题，就值得中国借鉴。

会议还通过了《中国政治学会章程》，选举产生了中国政治学会理事、名誉会长、顾问、会长、副会长、常务理事，并任命了秘书长和副秘书长等。名誉会长为钱端升教授及当时已 92 岁高龄的邓初民教授。会长为当时的全国人大常委、中国社会科学院副院长张友渔教授。③

中国政治学会的重建，是中国政治学发展史上一个重要的里程碑。

---

① 中国政治学会编《政治学研究通讯》1981 年 5 月 25 日试刊第 3 期。

② 《钱端升在中国政治学会成立大会上的讲话》，中国政治学会编《政治学研究通讯》1981 年 5 月 25 日试刊第 3 期。

③ 中国政治学会编《政治学研究通讯》1981 年 5 月 25 日试刊第 3 期。

全国性政治学会成立后，各省市相继成立了地区性的政治学会。此后，不断召开各种政治学专题研讨会，开展国内外学术交流。接着，中国社会科学院和若干地方社会科学院也相继建立了政治学研究所。

中国政治学会重建后，北京大学、复旦大学和吉林大学等近 20 个高等院校相继建立了政治学系，培养政治学专业的本科生和研究生。其中，北京大学、复旦大学、吉林大学和武汉大学等高校均先后设立了博士点。

1984 年 4 月，中国政治学会正式成为国际政治科学协会（IPSA）集体会员。1985 年 7 月，中国政治学会派出代表团参加在巴黎举行的国际政治科学协会第 13 届世界大会，代表团团长赵宝煦教授当选为该会第 13 届执行局委员。1988 年 8 月在华盛顿召开的第 14 届 IPSA 世界大会，中国代表胡奇安教授接替赵宝煦教授任该会执行局委员，并当选为副主席。

在图书出版方面，政治学恢复以后，有关各种译著纷纷问世，但报刊的数量不多。中国政治学会与中国社会科学院政治学研究所自 1980 年起陆续编印《政治学参考资料》，介绍国外政治学有关资料。在此基础上，于 1984 年出版《国外政治学》杂志。1985 年中国社会科学院政治学研究所编辑出版《政治学研究》杂志，《国外政治学》被认为是中国政治学者了解国外政治学的一个重要“窗口”，《政治学研究》则是中国出版的第一种政治学专业学术刊物。这两份刊物当时都很受学者欢迎，但是在 1989 年同时停刊。《政治学研究》后来恢复了出版。同样极受读者欢迎的上海《政治学信息报》，则早在 1988 年就停刊了。

20 年来，中国政治学著作的出版量很大。首先是政治学教材，在政治学基本理论方面的，如《政治学概论》《政治学原理》《政治学基础》等，至今已先后出版不下五六十部。此外，如政治思想史、政治制度史、中国政府、外国政府，以及各种专题等等，也配合教学需要而相继出版。其次是各种专题，如政治体制改革问题、权力制衡问题、民主法治问题、政治发展问题、人权问题、决策问题、现代化问题、市民社会等等，种类及数量都很可观。

这 20 年来，还大量翻译引进外国政治学领域的名著和新理论、新思潮，它们对于中国政治学的发展，也起了很有益的作用。

1992 年 9 月，《中国大百科全书》的《政治学卷》正式出版。这部书集全国老、中、青年政治学者，费时七八年之久，撰写了 1000 多个词条，共约 160 万字。该书的出版，实为中国政治学界一大盛事。

三

自从中国政治学恢复成为一门独立的社会科学以来，在 20 年中，已经有了相当大的发展。主要表现在学科建设、人才培养、服务现实等三方面。特别在政治学研究与实际结合方面，我们看到大批堪称学贯中西的中青年学者，已经茁壮成长。他们深入实际，深入基层，进行调查研究。在理论研究方面，不断充实概念，同时与更加多样化的分析方法相结合，进而提高科研成果的学术品位，达到更好地为当前的政治体制改革和政治发展服务的目的。研究视野也更加开阔，而且紧密结合当前的政治实践，研究课题也在向更深层次、更广范围发展。从反腐倡廉到社区建设、市民社会，直到扩大基层民主的村镇选举研究等等。这一切，都使人感到十分欣慰。但与此同时，我们也应看到，20 年来政治学的发展，与其他学科如经济学、法学、社会学相比，显然进步很慢，与当前中国社会主义现代化事业对政治学所要求的程度相比，存在差距更大。政治学的发展缓慢，有它一定的客观原因。例如政治学取消了 30 年，许多人对它不但陌生，而且还有许多误解。有人认为政治学是说空话的“学问”，是搞策略、要手腕的学问，甚至有人还认为是“犯上作乱”的学问，等等。同时因为政治学与现实政治的密切关联，就认为它是社会科学中最具有现实敏感性的学科。有人认为政治学恢复 20 年来，一直没能处理好几个关系，即：学术研究与理论宣传的关系，民族性与国际性的关系（或称中国特色与国际接轨的关系），学术意识与实用倾向的关系，等等。我认为这些问题应该说是当前一般社会科学研究中普遍存在的矛盾，非仅政治学为然；而且它们产生于一定的社会意识形态背景之下，特别是在整个社会的转型期，即从理想主义向现实主义转型，从革命时期向建设时期（或说向和平发展转型）的时候，矛盾会更加突出，并且它们只能慢慢缓解，不会一时消失。看来，为了使政治学能在建设有中国特色的社会主义事业中发挥其应有的作用，我们还有许多方面的工作要做。

下面仅就政治学研究工作方面，谈几点个人看法：

首先，政治学研究要想得到社会认同，就必须能回答当前社会主义建设实践中提出的问题，提供解决当前中国现实政治问题的最佳方案。为此，就要求中国的政治学工作者，能够立足于中国现实，深入下去，脚踏实地做大量艰苦的调查研究工作，要做认真的社会抽样调查，要定性分析，更要定量分析。要熟悉中国国情，再研究问题，才能弄清问题的症结所在。

其次，政治学研究要努力达到本身科学性的要求，不能使科学性的要求屈从于一时的政治宣传需要。政治学研究只能靠坚持自身的科学性来为现实服务，如果只知唯上、唯书，不能摆脱现实政治的干扰，或者甘做轻气球，随风转，则它本身就变成了伪科学，用伪科学来服务于现实政治，不仅于事无补，而且会帮倒忙，会严重败坏政治学研究的声誉。

最后一点，政治学研究同任何其他科学一样，不能故步自封，必须面向世界，敢于引进外国政治学的新理论、新方法，进行研究、验证，以便参考、借鉴。特别是在中国国内中断政治学研究的那30年中，正是西方政治学大发展的时期。根据国际政治科学协会（IPSA）的统计，二战以后30年内，世界各国政治学的研究机构增加了7倍，各国发表的政治学论文与报告增加了3倍，各国专业政治学者也增加了3倍。这30年中，西方政治学者都做出哪些成果，我们需要了解，我们要补这一课。为了建设有中国特色的社会主义，我们要敢于引进西方那些行之有效又能为我所用的东西。然而这个问题，多年来在中国社会科学的研究中，是个解不开的结，认识上曾经多次反复。前几年，社会科学各学科都为译介西方学术理论著作而做过努力，但是却遭到一次又一次的诟病。其实马克思主义从产生时起，它就是开放的，作为科学理论，它从来不是封闭的。人所共知，马克思主义本身就是吸取了人类科学文化的优秀成果而产生的，它本身要发展，也就不可能拒绝从当代人类优秀的科学文化成果中汲取营养。那么，西方的学术著作，一切都是好的么？当然不是。它们之中也确有牵强附会甚至荒谬绝伦之作，但总归少数。不能因为少数伪劣制品的存在，就拒绝与大量优秀成果接触。同时，我们应该相信人民群众，相信专家学者在他们所熟悉的专业范围内，对是非、善恶、美丑具有一定的鉴别能力。

中国政治学的百年征程，走过来的是坎坷、泥泞的道路。直至今天，也很难说它已步入坦途。但是中国政治学未来肯定会得到长足的发展，最根本的原因就是因为中国的社会主义现代化事业需要政治学。

发表于2000年第2期

百年伦理学研究回溯

王泽应*

“道德哲学在开放之时代尤要。”“当今之世，宜有大气量人，从哲学、伦理学入手，改造哲学、改造伦理学，根本上变换全国之思想。如此大纛一张，万夫走集；雷电一震，阴噎皆开，则沛乎不可御矣！”这是青年毛泽东在《〈伦理学原理〉批注》和《给黎锦熙的信》中所下的断语和所做的畅想。20 世纪初，在毛泽东等一代青年看来，要彻底改变中国积贫积弱、混乱不堪的现象必须从变化民质、改造人心、重铸国魂和民魂入手，因此竞相把目光集注在道德革命和伦理启蒙上。20 世纪中国伦理学发展的主线或主潮始终围绕着道德领域里的革故鼎新和思想启蒙而展开，充满着对新道德的向往、追求和建设热情，并在道德新旧论争、中西古今之辨中发展起了颇具系统性的伦理科学。回溯 20 世纪中国伦理学的发展轨迹及其学术变迁，我们深切地感受到伦理学在改造社会和人心、铸造国魂和民魂等方面的意义和价值，同时也深为伦理学与时俱进、引领社会发展潮流的品格所感奋。

一、20 世纪中国伦理学的发展历程

即将逝去的 20 世纪在数千年人类伦理文化发展史上留下了浓墨重彩或者说最为辉煌壮丽的一笔，甚至可以说 20 世纪是人类伦理文化风云际会的伟大世纪。没有一个世纪能够像 20 世纪那样，使人深感社会的急变而热切地呼唤价值重估和伦理革命；也没有一个世纪能够像 20 世纪那样，使人深感价值重构和伦理文化现代化的需要而不断提出新学说，产生新学派，出现新思潮；同时也没有一个世纪能够像 20 世纪那样，尖锐地提出伦理文化建设上世界性与民族性、批判性与继承性诸问题，以及因两次世界大战、科学技术革命、全球范围内的改革开放所生发的一系列必须解决的伦理道德问题。20 世纪也是人类伦理文化的创世纪。从西向东、从东向西的各

* 王泽应，湖南师范大学教授、博士生导师。

民族伦理文化大融合、大沟通在20世纪揭开了崭新的一页，伦理学理论因激荡澎湃的社会生活和经济文化的进步而获得了新的发展契机，不仅形成了系统的规范伦理学、严谨的分析伦理学和丰实的描述伦理学，而且产生了许多为其他世纪闻所未闻的伦理学新学科，如生命伦理学、生态伦理学、经济伦理学、政治伦理学、技术伦理学、计算机伦理学、空间开发伦理学等等。

20世纪的中国伦理学是20世纪人类伦理学殿堂中最引人注目也最有民族特性和时代特征的伦理学。五千年悠久文明的中国直到20世纪才真正拥有了学理化、系统化和独立化的伦理科学。刘师培的《伦理教科书》、谢蒙的《伦理学精义》、江恒源的《伦理学概说》、谢扶雅的《伦理学》、温公颐的《道德学》、张东荪的《道德哲学》、汪少伦的《伦理学体系》、谢幼伟的《伦理学大纲》、黄建中的《比较伦理学》，直到罗国杰主编的《马克思主义伦理学》《伦理学教程》《伦理学》、李奇主编的《道德学说》、周原冰撰著的《共产主义道德概论》等，代表了建构有中国特色的伦理学体系的不竭努力，汇成20世纪中国伦理学理论建设的滚滚江河。不仅如此，20世纪中国伦理学是面向生活现实、转化社会风习、锻铸国魂和民魂的真正化理论为德性的实践科学和价值科学。从20世纪之初“壮士竞言招国魂”，改造国民性，中经五四运动时期“反对旧道德，提倡新道德”，土地革命战争和抗日战争时期的民族道德重建和复兴运动，到八九十年代建设有中国特色社会主义伦理文化、培养四有新人，人们对伦理变革、道德建设的重要性给予了特殊的关注，竞相提出“救国莫先乎救人”“伦理觉悟为吾人最后觉悟之最后觉悟”“四个现代化首先是人的现代化”等观点，使伦理学改造社会与人心的实践理性得以充分的发挥与拓展。纵观20世纪中国伦理学发生发展的历程，虽有无数曲折和坎坷，但终成浩荡大方、劈波斩浪的气象，它不仅是时代的产物而且也参与着时代的创造，反映着开放之时代的本质要求和价值理性，并有效地扮演着引导时代前进的历史角色，以自己的如椽大笔写下了人类伦理文化的辉煌篇章。

20世纪中国伦理学的发展，大体可分为四个阶段：1900年至五四运动前夕为现代意义上的中国伦理学萌生、孕育与形成的阶段；五四运动至1949年中华人民共和国成立前夕为中国现代资产阶级伦理学发展和衰落，以及马克思主义伦理学形成、在斗争中发展并最终取代资产阶级伦理学的阶段；1949年中华人民共和国成立至1978年改革开放前夕为中国马克思主义伦理学曲折发展并经历重大挫折或坎坷的阶段；1978年中国共产党第十一届三中全会召开，确定改革开放路线至20世纪末为中国马克思主义伦理学蓬勃发展并面向世界和未来取得重大成果的阶段。这四个阶段既互有一定的联系又具有各自的相对独立性，共同架构并支撑起20世纪中国伦理学的大厦。第一阶段主要伴随世纪之初新式学堂的兴建和对教科书的需要，资产阶级改良派和革命派关于救亡图存之路及中西道德的论战，以及革命胜利后道德建设的时代旋律而展开。出于对改造国民性和道德革命的强调，相当一部分资产阶级人士意识到伦理道德问题的极端重要性，并将其作为专门的问题来研究，同时引进西方的道德观念，以此来观照中国的道德问题，进而发展起了一门系统化、理论化的伦理科学。刘师培1906年编著的《伦理教科书》标志着独立化的中国伦理学科的正式产生和形成。以后蔡元培编著的《中学修身教科书》（1912年）和翻译的《伦理学原理》（1909年）（德哲泡尔生原作）、谢蒙的《伦理学精义》以及杜亚泉撰写的《伦理标准说》（1905年）、愤民的《论道德》等文，均可谓独立化的中国伦理学学科形成时期的重要著作和论文。蔡元培1910年著的《中国伦理学史》一书，标志着中国伦理思想史学科的诞生。

辛亥革命后道德领域里的国粹主义和复古主义思潮，以及第一次世界大战暴露出的西方资本主义伦理文明的弊端，对中国思想界以极大的冲击和影响，不久爆发了《东方杂志》和《新青年》的东西文化论战，东方文化派和激进的民主主义或西方文化派围绕中国道德向何处去以及世界伦理文化发展大趋势等问题进行了激烈的论争。十月革命一声炮响，马克思列宁主义传入中国，并为一部分先进的知识分子所接受，人们为社会主义道德和共产主义道德所振奋，崇尚一种超越于封建主义和资本主义道德之上的新道德，产生了中国马克思主义的伦理思想。第一次世界大战结束后国际形势的新变化和马克思列宁主义传入中国，引起了新文化运动的重大分化，原来崇尚西方资本主义文明的梁启超转而崇尚东方文明，成为东方文化派后期的代表人物；原来崇尚西方资本主义文明的陈独秀、李大钊等人则由民主主义发展为共产主义，成为中国马克思主义的伟大先驱。在20世纪20年代初，梁漱溟发表了《东西文化及其哲学》一书，公开倡导新孔学，提出世界未来文化就是中国文化的伟大复兴，引起伦理文化领域又一次大论战。继之，张君劢在清华大学作《人生观》的演讲，主张为科学和玄学划界，认为科学不能支配人生观，挑起了科学与人生观的论战。梁漱溟、张君劢成为现代新儒学的代表人物。与此同时，李大钊与胡适之间还展开了问题与主义的论战。此后中国伦理学界基本上形成了马克思主义、现代新儒家和自由主义的西化派三种思潮相互颉颃并互有吸收发展的格局。三四十年代，三大伦理思潮在国内战争和民族救亡的过程中成长。现代新儒家学者建立起了新唯识学、新理学和新心学的伦理思想体系，系统地提出了伦理本位主义和复兴儒家伦理学说的主张。自由主义的西化派一方面继续鼓吹一心一意地西方化，另一方面加大了对西方伦理文化的全盘引进和翻译介绍，张东荪、温公颐等人先后依据西方伦理学说编著出了自己的《道德哲学》和《道德学》读本。马克思主义中产生了将马克思主义伦理思想的基本原理同中国革命的道德实践相结合的毛泽东伦理思想。40 年代围绕着中国社会和中国伦理向何处去的问题，三大伦理思潮还展开了激烈的论战和争鸣。经过事关中国命运和前途的大决战，以中国共产党为代表的社会力量取得了最后的胜利，马克思主义伦理思潮取代现代新儒家和自由主义的西化派而成为占统治地位的伦理学说。

1949 年 10 月中华人民共和国的成立，标志着 20 世纪的中国伦理思想进入了一个新的阶段。自中华人民共和国成立初期至 1999 年底的 50 年，是 20 世纪中国伦理学发展极不平凡也极为重要的 50 年。新中国伦理学 50 年的发展历程，可区分为前 30 年和后 20 年两个发展阶段。前 30 年中国伦理学研究有发展也有坎坷，且经历过十年“文革”那样的重创和严重扭曲，教训十分深刻。值得一提的是，尽管在那以阶级斗争为纲的年代里，仍然有不少充满对真理和正义追求的人士潜心伦理学的研究，特别是在 20 世纪 50 年代末 60 年代初，中国伦理学还出现过短暂的繁荣。张岱年《中国伦理思想发展规律的初步研究》一书和《道德的阶级性继承性》等文，冯定《人生漫谈》和《共产主义人生观》等书，吴晗《说道德》《再说道德》以及《三说道德》等文，李奇《马克思主义对伦理学的革命变革》《论无产阶级道德原则和功利主义》《关于道德的继承性和阶级性》《动机和效果的辩证关系》等文，周原冰的《道德问题论集》一书，此外还有周辅成对西方伦理学名著的编辑和对资产阶级人性论人道主义的介绍评析，许启贤、江峰、高仲田、步近智、唐宇元等人关于道德阶级性继承性讨论的文章，都是这一时期有代表性的伦理学研究成果。其中所显示出来的伦理学智慧，为改革开放后伦理学的复苏及其繁盛奠定了思想基础。1978 年底召开的中国共产党第十一届三中全会，是 20 世纪中国历史上的划时代事件，它结束了以阶级斗争为纲的政治时代，实现了工作重心的转移，拉开了中国改革开放的大幕，也使伦理学获得了新生。自 1978 年底到 1999 年的 20 年，是中国伦理学迅速发展并走向世界的黄金时代。不仅出版了一大批伦理学原理的教科书和学术专著，在中外伦理思想史和道德史研究方面也取得了丰硕成果，应用伦理学及其分支学科的研究更呈现出方兴未艾的发展势头。罗国杰主编的《马克思主义伦理学》《伦理学教程》和《伦理学》，唐凯麟主编的《马克思主义伦理学原理》《简明马克思主义伦理学》《伦理学纲要》及其独自编著的《伦理学教程》，魏英敏编著的《简明伦理学教程》和主编的《新伦理学教程》，及其他学者编著的伦理学教科书，代表了这一时期伦理学原理研究的成果。陈瑛等合著的《中国伦理思想史》，沈善洪、王凤贤合著的《中国伦理学说史》，朱贻庭主编的《中国传统伦理思想史》等代表了中国伦理思想研究的成果，章海山著的《西方伦理思想史》，罗国杰、宋希仁合著的《西方伦理思想史》，万俊人的《现代西方伦理学史》等代表了西方伦理思想研究的成果。应用伦理学方面，周纪兰的《应用伦理学概论》、邱仁宗的《生命伦理学》、刘湘溶的《生态伦理学》、王小锡的《中国经济伦理学》和刘光明的《经济活动伦理研究》等著作，多具有创新补白的意义。经过改革开放 20 年的发展，中国伦理学取得了举世瞩目的辉煌成就，表现在伦理学的学科体系不断完善和深刻，基本理论日趋精进而富有时代气息，新学科相继得以建立，同国际伦理学界的沟通与交流日趋活跃，伦理学面向社会、面向世界和面向未来，改造社会和人心的实践功能得以凸显，介入社会生活的力量不断加强。凡此种种都构成 20 世纪中国伦理学的壮丽篇章。

二、20 世纪中国伦理学研究的主要内容

20 世纪是中国伦理学的创世纪，伦理学开始成为一门独立的学科，并在百年的发展中不断壮大，显现出诱人的发展前景。20 世纪中国伦理学研究的内容十分广泛，涉及伦理学原理、伦理思想史、应用伦理学诸学科。就宏观总体而论，研究的主要内容或问题集中表现在：（1）关于伦理学的基本问题和学科体系，（2）关于道德的本质和类型，（3）关于社会所需的道德原则及其规范体系，（4）关于中国伦理向何处去及与此相关的道德建设等方面。伦理学家们围绕这些重大问题展开了热烈的讨论与争鸣，发展和深化着伦理学的研究水平和研究成果。

关于伦理学的基本问题和学科体系，事实上涉及对伦理学研究对象、性质的理解和伦理学科的建构问题，属于伦理学的基本理论部分。就对伦理学基本问题讨论而言，中华人民共和国成立以前刘师培注重从人的身心关系来探讨，张廷健在《现代伦理学》一书中总结出八种代表性的观点，包括人性善恶问题、个人与社会关系问题、道德与经济关系问题等。在谈到道德与经济关系问题时，张廷健指出此为最切于实际之问题。此外，张东荪、王斐荪、高巩白等人也在自己的著作和文章中谈到了伦理学的基本问题。但这种探讨基本上是个体性的，远不及改革开放后的八九十年代活跃和热烈。自罗国杰将伦理学的基本问题界定为利益与道德的关系问题后，伦理学界掀起了对伦理学基本问题讨论的热潮，产生了许多种不同的观点，主要有“伦理学的基本问题是善与恶的矛盾关系问题”“现有与应有的关系问题是伦理学的基本问题”“社会物质生活条件与道德的关系问题是伦理学的基本问题”等观点。伦理学基本问题讨论的深化，开阔了人们的伦理视野，使伦理学获得了迅速发展的动能。伦理学的学科体系既与伦理学基本问题的讨论相关，也涉及伦理学的建设及其系统化、科学化问题。20 世纪中国伦理学自产生之日起，就有一种建构具有自身特

色的理论体系的学术执着和努力。刘师培的《伦理教科书》即试图从人的身心关系和个人与社会的关系入手来建立伦理学的理论体系。谢蒙1914年编著的《伦理学精义》按照西方学者的观点，将伦理学研究的对象定为善恶、义务和德性，并认为伦理学是一个由善恶论、义务论和德性论所组合起来的理论体系。张东荪的《道德哲学》和《现代伦理学》总结西方伦理学派别并以此为基础建立伦理学的学科体系。汪少伦的《伦理学体系》一书认为伦理学的学科体系可分为道德起源、道德理论和道德规律三大块。罗国杰主编的《马克思主义伦理学》是20世纪中国第一本系统的马克思主义伦理学教科书，建构了一个较为完整且逻辑谨严的伦理学学科体系。该著作认为伦理学是全面研究道德现象的，其学科体系由道德基本理论、道德原则规范和道德活动三部分构成。唐凯麟主编的《简明马克思主义伦理学》将其理论结构明确地区分为“理论篇”“规范篇”和“实践篇”。魏英敏主编的《新伦理学教程》从对伦理学的类型分析起步，总结中外伦理思想，推出马克思主义规范伦理学，并将其区分为社会道德和个人道德两大系列，最后归结为人生的不朽与至善。90年代以后，随着社会主义市场经济体制的确立和社会道德生活的发展变化，一些伦理学家大胆革新伦理学学科体系，紧密联系社会道德生活的实践和全球伦理学发展的新趋势，编写新的伦理学教科书，章海山、郭广银、陈楚佳、骆祖望等人各自编著的伦理学教科书，代表了这种努力和追求。

关于道德的本质和类型问题，一直是20世纪伦理学探讨的重大理论问题。道德的本质，涉及对道德内在含义的理解和对道德根本特征的把握，始终是伦理学基础理论的重要组成部分。五四运动时期的东西道德论战即涉及对道德本质的讨论。自由主义的西化派强调进化是道德的本质，因而力倡道德革命，反对和批判旧道德，推崇和向往新道德。他们认为，辛亥革命易专制为共和，旧道德随之意义破碎和势力失坠，已无法维持今日之新社会，中国道德应走西方道德之路，培植自由、平等、科学、民主的新精神，以适应世界潮流。国粹派和调和派则强调道德的民族性和传承性。国粹派认为社会纷扰非由于道德过时，而是由于道德失坠，是故只有发扬传统道德才能正人心之风俗。道德的本质在于它的不变性和稳定性。调和派认为，道德有体有用、有本有末，道德的本体和本质是不变的，但道德的末用或具体规范则可以与时俱变。30年代王斐荪编著的《伦理学导论》一书辟专章论述道德本质问题，并将其概括为相对论、绝对论、主观论、客观论等观点，认为道德相对论者认道德行为需受时空之限制，道德绝对论者认道德行为之善恶是非原为无条件的、绝对的，客观论者认道德之评价属于行为本身，而与批评者之主观无关，主观论者认人类判断之是非善恶全基于个人主观之心理体验。黄氏本人倾向于从实际生活的层面来谈论道德的本质，认为道德的本质在于使行为与实际生活相适应。改革开放以来，道德的本质问题再度成为人们关注的热点，出现了“主体性说”“约束性说”和“主体性与约束性统一说”等观点。持“主体性说”的人坚持认为，道德的本质在于道德的主体性，道德本质上是人的需要和人的生命活动的一特殊表现形式，人不是机械接受道德准则的被动客体，而是作为道德的创造者和体现者的积极主体，人的主体性是一切道德活动的原动力，道德从本质上说是积极创造的，而不是消极防范的。持“约束性说”的人坚持认为，道德的本质在于约束性，道德一开始并自始至终是调节个人利益与社会集体利益矛盾关系的行为规范，道德要求既注意个人的发展和个人利益的满足，更要维护社会的秩序和社会集体利益的实现，道德的崇高性、尊严和价值就在于它是集体利益的维护者。第三种观点认为，人既是道德的客体，又是道德的主体，既有接受道德约束、维护社会集体利益的一面，又有促进自身发展和创造道德规范、推动道德前进的一面，因此道德的本质在于它是主体性与约束性的统一。与道德的本质问题密切相关，关于道德的阶级性与继承性问题也引起了人们的普遍关注。五四运动时期的新旧道德之争，激进派和西化派强调道德的时代性和变化性，国粹派和东方文化派则强调道德的民族性和继承性。二十世纪三四十年代，毛泽东、刘少奇等共产党人认为道德既有阶级性又有继承性，是阶级性与继承性的辩证统一，主张对道德遗产给予批判继承。全国解放后，关于道德阶级性与继承性问题的讨论，大体上有三次：一次是50年代初围绕岳飞等民族英雄道德品质的讨论，一次是60年代初由吴晗《说道德》和《再说道德》两文所引起的关于道德的阶级性和继承性问题的讨论，一次是70年代末80年代初伦理学恢复研究后出于对60年代讨论经验教训总结而展开的关于道德阶级性和继承性问题的讨论。比较而言，以最后一次讨论最为深入、全面，也最为公允、客观，理论上所取得的进步也最大，总的表现是承认统治阶级道德或剥削阶级道德也能够予以批判继承。关于道德的类型问题的讨论，20世纪的伦理学家们也进行了相当的研究并取得了一定的成果，有所谓二元说、三元说和多元说等理论。二元说认为道德主要可分为社会道德和个体道德两大类；三元说则将道德从人与自然的关系、人与社会的关系和人与自身的关系区分为自然道德、社会道德和自身道德三大类；多元说有的将其区分为宗教道德、自然道德、个体道德和社会道德四大类，有的则将其区分为己身道德、家族道德、社会道德、国家道德和宇宙道德等类型。

研究道德的本质、属性与类型，是伦理学基础理论的重要组成部分，构成理论伦理学的有机内容。但伦理学就其学科性质而言是一门特殊的规范科学，规范伦理学一直是伦理学的主脉和核心。20世纪的中国伦理学同样也是如此。关注社会的道德原则始终是20世纪众多伦理学家的首要职责，他们为构建现实可行的道德原则和规范付出了艰辛的求索或劳动。早在20世纪之初，孙中山、蔡元培等人就力倡为众人服务、天下为公的伦理观，主张把西方资产阶级的进步道德和民族固有的优秀道德结合起来，造成一种适乎世界之潮流、合乎人群之需要的新道德。五四时期，胡适等人出于对传统道德重整体轻个体的精神的不满，主张一种个人主义或实用主义的道德观，认为真实的为我便是最有益的为人，“争你个人的自由，便是为国家争自由”。30年代张东荪在所编著的《道德哲学》一书中也宣扬个人主义和利己主义的道德观，主张以我为出发点，通过扩充自我去实现和发展自我，并认为伸张自我在道德上的表现即为伸张的道德、创造的道德。尽管也有拘束的道德，但伸张的道德比拘束的道德更有意义、更为重要或更为根本。中华人民共和国成立后，随着社会主义制度的建立，社会主义集体主义成为中国人民实际奉行或践履的道德原则，爱祖国、爱人民、爱劳动、爱科学、爱护公共财物成为中国人民遵循的普遍道德规范，社会的道德原则和规范获得了高度的认同。改革开放以来，随着对社会主义物质利益原则的强调和社会主义现代化建设的发展，特别是社会主义商品经济和市场经济体制的确立和建设，伦理学界对社会主义初级阶段的道德原则和规范又展开了新的认识或探讨。就社会主义道德原则的研究而言，出现了一元说与多元说等理论，有人坚持认为社会主义道德原则只能有一个，那就是社会主义集体主义，有人则认为集体主义道德原则只能调节个人与集体的关系，而不能调节个人与个人、集体与集体的关系，适应社会主义社会调节个人与个人、集体与集体关系需要的道德原则是社会主义人道主义和热爱社会主义、忠于共产主义。也有人认为适应社会主义现阶段三大领域（即人与人、人与自然、人与自身）关系调节需要的道德原则只能是社会主义集体主义、社会主义人道主义和社会主义公正三大原则。关于社会主义道德规范，除了五爱即爱祖国、爱人民、爱劳动、爱科学、爱社会主义之外，有人还主张加上爱自然规律等。中共中央第十四届中央委员会第六次全体会议（1996年）通过的《关于加强社会主义精神文明建设若干重要问题的决议》，集中全国人民的智慧，提出了一个以为人民服务为核心、以集体主义为基本原则，以爱祖国、爱人民、爱劳动、爱科学、爱社会主义为主要规范，以加强职业道德、社会公德和家庭美德为重点的社会主义道德规范体系，对社会主义现阶段道德原则规范体系的研究做出了科学的总结，无疑是20世纪关于道德原则规范体系研究的最新和最重要成果。

关于中国伦理向何处去以及道德建设问题，也是20世纪伦理学研究的重大问题。1949年以前，此一问题的讨论主要表现为三大思潮即马克思主义、现代新儒家和自由主义的全盘西化派的论争。自由主义的西化派认为现代化即是西方化，西方化是人类伦理文化发展的必由之路，中国伦理文化的出路即在于一心一意地西方化。现代新儒家认为，中国伦理文化的出路在于复兴儒家伦理文化，并宣称世界伦理文化发展的未来之路就是“走孔家的路”，因此接续儒家道统，弘扬儒家伦理学说是当代道德建设的主旋律。马克思主义认为，只有社会主义才能救中国，中国伦理文化只有以马克思主义为指导，坚持走社会主义道路才能有发展前景，舍此别无其他。全国解放后，中国选择了社会主义道路，中国伦理文化获得了新的发展。改革开放以来，围绕社会主义初级阶段的道德建设问题，中共中央先后召开两次全会讨论加强社会主义精神文明建设，部署道德建设的任务。广大伦理学工作者也深入实际，研究社会主义道德建设的有关问题，发表了一系列学术论文并出版了许多学术专著，掀起了探讨社会主义道德建设问题的理论热潮。其中罗国杰主编的《道德建设论》（湖南人民出版社，1997 年）、陈国平等编著的《道德建设工程》（湖南人民出版社，1997 年）等著作深入分析了社会主义道德建设的环境、目标和任务，论述了社会主义道德建设的宗旨、核心、基本原则和要求、途径和方法，并对道德建设过程中一系列重大理论问题做出了颇具深度和新意的探讨。

20 世纪中国伦理学探讨和研究的问题还有很多，但通过上述几个方面的回溯即可发现 20 世纪中国伦理学的博大宏阔。由此我们看到，中国伦理学在 20 世纪所取得的成就是巨大的，虽然经历许多曲折，但曲折之后的发展确实令人鼓舞。

三、20 世纪中国伦理学的历史启示

20 世纪中国伦理学发生发展的历史，给人们以许多警醒和启迪。深入而科学地总结 20 世纪中国伦理学，不仅是研究中国伦理学史的内在需要，而且对于 21 世纪建构有中国特色的社会主义伦理学新体系，实现中华民族的伟大腾飞和中国伦理文化的全面复兴，也具有十分深远的理论意义和现实意义。回溯 20 世纪中国伦理学筚路蓝缕的发展历程，我们首先感受到毛泽东所说的“道德哲学在开放之时代尤要”一语的无比重要性，它既高瞻远瞩又幽深警策，情思无限，言简意赅。近代以来的中国已被拖入全球化或世界化的轨道，面对的是一个开放的世界和时代。开放的时代需要道德哲学或伦理学，因为伦理学事关社会秩序的重建和人心的安顿，事关国民素质的提高和风俗习惯的改善。一般地说，也许人类社会的任何阶段都需要伦理学，但开放的时代对伦理学的需要超过了以往。开放的时代，人与人、集体与集体、国家与国家，还有人与集体、国家乃至世界的联系日趋频繁和复杂，社会和人对道德调节的需要日趋增加，需要认识和解决的伦理问题也日趋增加。更为重要的是，在开放之时代解决诸如经济、政治、军事、外交、文化、教育诸问题，也必须诉诸

道德的手段或方式，伦理学具有广泛的社会渗透和社会干预功能。试图取消伦理学或否认道德作用的做法是同开放之时代的本质特征相违背的。社会需要伦理学，是20世纪中国特殊的社会历史文化背景和时代需要催生和繁衍了伦理学。具有独立性质的伦理学自诞生之日起即与开放的时代同呼吸、共命运，追随时代一道前进，经历中国社会所特有的曲折、悲壮和亢奋、雄浑，并参与了历史的创造，体验着它的苦难，也分享着它的成功和辉煌。可以说，一部20世纪中国的历史浸透着伦理学的因子，饱含着伦理学的内容。伦理学在中国民主主义革命、社会主义革命和社会主义建设的发展过程中发挥着日益重要的作用。重视伦理学绝不仅仅是一个学术问题，而且关涉到社会的道德建设，关涉到社会经济文化的发展。

其次，伦理学领域中的古今中外之争涉及伦理文化建设的传统性和现代性、民族性和世界性问题，是开放之时代必须认真研究和对待的问题，也事关伦理学的发展及其命运。20世纪的中国伦理学承续了肇始于上一世纪的古今中外之争，并将其推向新的高度和水平。在百年的发展过程中，中国伦理学始终以特有的注意力关注和探讨着新伦理建设过程中与传统伦理、与外国伦理的关系，并因此产生了许多思潮或学派，提出了许多理论和观点，尽管有些思潮和观点过分偏激或保守，但都在某种程度上刺激和加深了人们对其所主张的观点的了解，推动了人们正确思维和观点的形成。纵贯20世纪全过程的三大伦理思潮即中国马克思主义、现代新儒家和自由主义的全盘西化派对伦理建设上古今中外的关系处理及其对策都提出了自己的思考方案，发表了许多见解，其中不乏振聋发聩之论，它们一并构成20世纪中国伦理文化的资源，既留给我们许多教训，也给我们许多启发。在三大伦理思潮中，只有中国马克思主义的观点是代表中国伦理文化发展大方向的，也只有中国马克思主义对伦理文化领域中的古今中外之争做出了科学的回答。因为中国马克思主义主张古为今用，洋为中用，批判继承，推陈出新。毛泽东、邓小平等人的理论即主张继承祖国传统伦理精华，合理吸收国外伦理文明的积极因素。当然，中国马克思主义者对现代新儒家对传统儒家伦理资源的发掘以及对西方资本主义伦理道德负面因素的深刻认识，对自由主义的全盘西化派对传统伦理道德消极因素的揭露和对西方伦理文明合理因素的肯定，都在总体上予以批判的同时又有一定程度的吸收。中国马克思主义伦理思想实际是在儒家伦理文化无力于救亡图存、锻造出光复和振兴中国的国魂和民魂，而西方近现代伦理文化又因第一次世界大战而暴露出种种弊端、粉碎着中国人学西方的美梦的情势下产生的。中国马克思主义者主张把马克思主义的普遍真理与中国革命和建设的道德实践相结合，与中国传统伦理道德的精华相结合，代表了建设一种既不同于保守主义或复古派也不同于激进主义或西化派的，同时又批判地吸收古今中外一切伦理文明的合理因素的新伦理的努力。马克思主义伦理思想在20世纪中国的发展壮大，说明对待古今中外的伦理文化遗产只能给予批判地总结和科学地继承，而决不能不加分析地全盘肯定或一概否定。因为只有对古今中外的伦理文化遗产给予批判地总结和科学地继承，才能真正创造出一种既立足本国又面向世界、既有历史感又有现代性的社会主义新伦理。这是20世纪中国伦理思想给予我们最深刻的启示。

再次，伦理学发展的动力或生命之源在于贴近生活，面向社会道德生活的实际，在现实的应用伦理和社会道德建设中建功立业。回溯20世纪中国伦理学的发展，总结20世纪中国伦理学的经验教训，我们清醒地认识到，任何时候伦理学面向现实，关心并积极参与社会的道德建设，它就能够得到发展，走向繁荣。改革开放以来中国伦理学的大发展，既与社会的需要密切相关，也与广大伦理学工作者面向社会道德生活的实际，关心现实的道德问题，积极研究社会主义现代化建设和建立社会主义市场经济体制过程中的新的伦理道德问题密切相关。90年代中国伦理学的繁荣和走向世界，一个重要的标志就是实践伦理学和应用伦理学的兴起。实践伦理学和应用伦理学的兴起，既适应了社会道德发展的需要，促进了中国社会道德的发展，又使伦理学更加贴近生活实际，获得了自身发展的良好优势或动源，发挥了伦理学之为实践理性的作用和力量。社会道德生活实践需要伦理学，伦理学也需要社会道德生活的实践。当今社会经济伦理学、生态伦理学、生命伦理学、网络伦理学、政治伦理学、教育伦理学、科技伦理学等大批应用伦理学科的兴起，既为中国社会主义市场经济条件下的两个文明建设和道德建设所必需，又以其特有的方式推动和促进着社会主义现代化建设，为实现中华民族的伟大腾飞贡献着自己的力量。

“等闲识得东风面，万紫千红总是春。”21世纪是20世纪的继续。建设有中国特色的社会主义伦理文化，促成中华伦理文化的伟大复兴，需要我们在总结20世纪中国伦理文化遗产的基础上开拓创新。也许可以说继往是开来的先决条件，只有对20世纪中国伦理学发展的经验教训做出科学的总结，才能找到新世纪中国伦理文化建设的突破口，才能更好地扬长避短，再造中国伦理文化的辉煌！

发表于2000年第5期

马克思的启示：在哲学与经济学的结合中走向历史的深处

余源培　荆　忠*

马克思是将哲学与经济学研究相结合的典范。他毕生重视对经济学的研究，这从他的许多重要的篇名就足以看出：《1844年经济学哲学手稿》《政治经济学批判》《资本论》等。马克思通过对经济学的研究，使其哲学超越黑格尔和费尔巴哈，创立了唯物史观，实现了哲学的变革。从这个意义上可以说，马克思的哲学研究是经济学的。但是同样的事实是，马克思对经济学的研究又是哲学的。这使他远远高出以亚当·斯密和李嘉图为代表的英国古典经济学，提出了剩余价值学说。马克思正是通过对哲学与经济学相得益彰的结合研究，走向人类历史的深处，从而使社会主义学说从空想变成科学。我们在致力于新时期经济哲学的建设时，应当继承和发扬马克思的这种传统。

一、从诉诸哲学理性批判到诉诸政治经济学批判

马克思从踏入社会生活一开始，就明显地表现出一种实践精神。他在1841年撰写的博士论文《德谟克利特的自然哲学和伊壁鸠鲁自然哲学的差别》中，高扬自我意识哲学的“能动原则”，表达一种不可遏制地使哲学得以实现的意向，并进而提出：“世界的哲学化同时也就是哲学的世界化”。[①] 马克思对“哲学世界化”和“世界哲学化”问题的思考，反映出他试图寻求一种在历史过程中深刻的思维与存在、理性与生活、个人意志与环境的统一，从而使意志的力量走出阴影的王国，对尘世不合理的现实进行批判，并进而使自由的理性精神变成伟大的实践力量。

从1842年至1844年，是马克思在《莱茵报》和《德法年鉴》活动时期。当他“第一次遇到要对所谓物质利益的问题发表意见的难事”，导致与当时还支配着他的

---

* 余源培，复旦大学哲学系教授、博士研究生导师；荆忠，复旦大学哲学博士研究生。

① 《马克思恩格斯全集》第40卷，人民出版社，1982年，第258页。

黑格尔唯心主义哲学之间发生了尖锐的矛盾，产生了如他自己所言的“苦恼的疑问”。为了解决这一“苦恼的疑问”，成为马克思“去研究经济问题的最初动因”。[①] 1843年春夏，马克思写成《黑格尔法哲学批判》。后来他回顾说：“法的关系正像国家的形式一样，既不能从它们本身来理解，也不能从所谓人类精神的一般发展来理解，相反，它们根源于物质的生活关系，这种物质的生活关系的总和，黑格尔按照18世纪的英国人和法国人的先例，称之为‘市民社会’，而对市民社会的解剖应该到政治经济学中去寻找。”[②] 马克思、恩格斯《政治经济学大纲》的影响，加快了他的经济学研究，把针对不合理社会的“副本”的批判推进到对“原本”的批判。

这里要着重指出的是，虽然费尔巴哈对马克思批判黑格尔哲学起了促进作用，但促成马克思创立唯物史观的却是通过政治经济学这一中介。对于这一点，以往不少学者重视不够。马克思对黑格尔的批判不同于费尔巴哈的批判：两种批判的动因不同。费尔巴哈注重的是对黑格尔的宗教批判，马克思则主要不是为了批判宗教，而是由于物质利益引起的，是为了寻找为劳动者物质利益辩护的理论武器：两种批判的重点不同。费尔巴哈批判的重点，只是黑格尔思辨哲学的一般唯心主义；马克思对黑格尔哲学的批判，重点指向他的《法哲学原理》，旨在揭示出国家、法与社会物质利益的关系。这两种批判的方向不同。费尔巴哈对黑格尔哲学的批判是不彻底的，因为他不重视实践，不重视社会问题，其历史观仍然是唯心主义的，马克思对黑格尔的批判则是为了创立历史唯物主义。造成所有这些不同的基础，在于马克思重视对政治经济学的研究。马克思系统地研究从阿吉尔贝尔和魁奈开始，经过斯密和李嘉图，到萨伊和穆勒的古典政治经济学的发展，阅读了大量政治经济学的文献。将这种经济学研究与哲学研究相结合，是马克思思想发展过程中的重大转折，取得了一系列重大的研究成果。

首先是异化劳动概念的提出。马克思在《1844年经济学哲学手稿》中，把哲学的研究与经济学的研究统一起来，揭示了古典经济学劳动价值论同资本主义占有的矛盾，进而把异化和劳动结合起来，提出了异化劳动的概念。马克思通过分析异化劳动的四个规定：劳动者同劳动产品相异化、劳动者同劳动本身相异化、劳动者同其类本质相异化以及劳动者之间相异化，区分了异化和对象化的不同，把人的本质归结为“自由自觉的活动”“人的真正的社会联系”，从而强调要从社会生产来考察人的本质，并把历史归结为劳动异化和扬弃异化的历史。这些研究成果，使马克思

---

① 《马克思恩格斯全集》第2卷，人民出版社，1957年，第81—82页。

② 同上书，第8页。

已经从黑格尔的精神现象学进入现实历史现象学的研究。

其次是对古典经济学中生产力概念的改造。这是通过对弗里德里希·李斯特《政治经济学的国民体系》的批判得出的。李斯特针对英国古典经济学把物质财富或交换价值作为唯一研究对象的错误，强调指出财富是由生产力所生产的。他强调政治经济学应当重视对生产力的研究，否则就是一种“狭隘的理论”。但是李斯特对生产力的理解，也存在明显的缺陷：他把宗教、政权、道德等都包括在生产力之中；没有考察生产过程中人与人的关系，即脱离生产关系来研究生产力。马克思在吸取李斯特合理思想的同时，批判了他的错误，接近得出科学的生产力概念。

再次是对自己过去理论进行清算。1844 年 8 月，恩格斯在巴黎再次与马克思会面，促成他们试图以一部合作的著作，同自己过去的“哲学良心”进行一次清算。这就是《神圣家族》。可以认为正是因为马克思转向对政治经济学的研究，才使得这种“清算”成为必要和可能；同样也可以认为，这种“清算”是马克思尝试将经济学研究上升到哲学的高度。在《神圣家族》中，马、恩初步提出了唯物史观的许多基本原理。他们指出：历史的发源地不在“天上的云雾中”，而是在“尘世的粗糙的物质生活中”。① 这就找到了唯物史观的理论出发点。尤其重要的是取得了向生产关系概念的接近。他们指出：“实物是为人的存在，是人的实物的存在，同时也就是人为他人的定在，是他对他人的人的关系，是人对人的社会关系。”② 马克思从《莱茵报》时期的“客观关系”，到《黑格尔法哲学批判》中的“物质生活关系总和”，再到《1844 年经济学哲学手稿》中通过异化劳动对私有制人与人关系的分析，现在终于在《神圣家族》中接近独立提出生产关系概念。

二、在经济学和哲学的创造性结合中做出两大伟大发现

马克思在人类思想史上做出的两大划时代的贡献：创立唯物史观和提出剩余价值学说。对哲学的经济学研究催生了唯物史观的哲学之果，而在新的哲学指导下对古典经济学的批判改造又导致剩余价值学说的诞生。这一创造性思维的心路历程是：在新的历史观还未建立的时候，对政治经济学的研究促进了马克思新的哲学思维；在新的历史观初步建立以后，政治经济学就被提升为具有革命意义的新的政治经济学。

马克思新世界观的形成阶段，主要是以《关于费尔巴哈的提纲》和《德意志意

---

① 《马克思恩格斯全集》第 2 卷，第 191 页。

② 同上书，第 52 页。

识形态》为代表。这两本著作虽然都是哲学性的，但其深厚的根基却是经济学的，即是对经济学研究的哲学升华。这主要表现为：

第一，科学实践观的确立。马克思指出："从前的一切唯物主义——包括费尔巴哈的唯物主义——的主要缺点是：对对象、现实、感性，只是从客体的或者直观的形式去理解，而不是把它们当作人的感性活动，当作实践去理解，不是从主体方面去理解。"他紧接着又指出："和唯物主义相反，唯心主义却发展了能动的方面，但只是抽象地发展了，因为唯心主义当然是不知道现实的、感性的活动本身的。"① 那么，为什么一切旧哲学都不能对实践有科学的认识呢？根本原因就在于他们离开人的劳动生产活动去理解实践。马克思恩格斯在《形态》中表现并详尽地论述了劳动生产活动是人的最基本的活动。他们通过考察现实个人的活动和物质生活条件，揭示了历史发展的四个要素：物质生产、满足新的需要的再生产、人自身的生产和人们在生活的生产过程中产生关系。不难看出，马克思的这些全新认识，离开对政治经济学的研究是不可能得出的。但是应当强调指出的是，马克思的实践观（包括对劳动的理解）都不是停留于经济学的层面，一切问题的关键在于他把实践理解为感性的、对象性活动，理解为现实的主体实际地改变对象世界的活动。可以认为，科学的实践观是马克思政治经济学研究的哲学升华。

第二，对人的本质的科学界定。历史是人的活动。通过哲学与经济学的结合，马克思从一个全新的坐标不断思索，提出了根本不同于黑格尔和费尔巴哈的新认识。在《黑格尔法哲学批判》中，马克思就指出：人的本质并不是他的肉体本性、肉体存在，而是"人的社会特质"。在《1844年经济学哲学手稿》中，马克思已把劳动看作是人的类本质。随后在《神圣家族》中，马克思进一步认识到决定人的状况的是一定的经济和工业状况。在这些认识的基础上，马克思在《关于费尔巴哈的提纲》中，提纲挈领地指出："人的本质并不是单个人所固有的抽象物。在其现实性上，它是一切社会关系的总和。"② 这里所说的社会关系的总和，指的就是以物质生产为基础的社会；而构成社会关系总和的基础则是劳动。这就揭明：关于人的本质的概念，只是移植于人们头脑中的由生产的物质条件和生产关系所决定的个人的社会关系，人是一种社会实践的存在。

第三，唯物史观基本原理的制定。这个工作主要是在《德意志意识形态》中实现的。马克思、恩格斯第一次明确提出了"物质生活条件"的概念，并在这一基础

① 《马克思恩格斯选集》第1卷，人民出版社，1972年，第58页。

② 同上书，第18页。

上严格区分了社会的物质现象和精神现象、社会的物质关系和思想关系，指出“意识在任何时候都只是被意识到了的存在，而人们的存在就是他们的实际生活过程”。这就科学地回答了社会存在和社会意识的关系，确实给了全部历史传统中的唯心主义观点以彻底的否定。在这一理论前提下，《形态》又指出，人类的物质资料生产“表现为双重关系”：一方面生产是改造自然的活动，表现为人与自然的关系，表现为一定的生产力；另一方面人们不能单独的、孤立的进行生产，必须在生产中结合成一定的“交往关系”（即生产关系）。只有从这两方面来把握，才能从整体上认识生产，认识社会发展的客观规律。马克思、恩格斯进而对生产力与生产关系之间的辩证关系进行了科学阐述；对经济基础和上层建筑之间的辩证关系给予科学揭示。总之，马克思恩格斯将对政治经济学的研究上升到哲学的高度，从而创立了唯物史观，实现了历史领域内的伟大变革。

在《提纲》和《形态》以后，马克思和恩格斯不久就发表了《哲学的贫困》和《共产党宣言》。这两本著作充满着将哲学与经济学结合起来研究社会的创造性成果，它们的发表标志着新世界观的公开问世。在对蒲鲁东经济学思想的批判中，马克思不仅进一步阐述了唯物史观的基本原理，而且运用新创立的历史哲学研究政治经济学，促进了马克思主义政治经济学的诞生。马克思解决了对政治经济学范畴的科学认识。他指出：“经济范畴只不过是生产方面社会关系的理论表现，即其抽象”；“人们按照自己的物质生产的发展建立相应的社会关系，正是这些人又按照自己的社会关系创造了相应的原理、观念和范畴”；“这些观念、范畴同它们所表现的关系一样，不是永恒的。它们是历史的暂时的产物”。① 对经济范畴本质的这种科学认识，为新历史哲学观下的政治经济学奠定了坚实的基础。其次，马克思指明了新政治经济学研究的方向。尽管在《哲学的贫困》中还没有完全超越古典经济学的局限，尚未提出有关劳动两重性的理论，没有提出“社会必要劳动时间”的概念，但他已经明确认识到对“交换价值的理解”，是“整个问题的基础”。这就为新政治经济学的建立应当以什么为基础指明了方向。此后马克思就致力于在继承古典经济学劳动价值论的基础上，创立科学的劳动价值论，并最终提出剩余价值学说。这一任务的完成是在《资本论》中。

《共产党宣言》的发表，代表着马克思主义新世界观的问世；也是马克思和恩格斯长期致力于将哲学与经济学相结合，进行创造性研究所取得的理论和实践硕果。《宣言》始终贯彻的基本思想是：“每一个历史时代的经济生产以及必然由此产生的

---

① 《马克思恩格斯全集》第4卷，人民出版社，1958年，第143—144页。

社会结构，是该时代政治的和精神的历史的基础。”① 这是对历史唯物主义基本原理的高度概括。它要求摒弃离开历史、离开社会经济活动、离开生产力与生产关系矛盾运动，从抽象的理性或不变的人性出发，寻找历史根据的形形色色的历史唯心主义，牢固地将历史发展的动因归之于社会的经济生产发展的基础之上。《宣言》的历史任务是：“宣告现代资产阶级所有制必然灭亡。”这一结论是运用新的哲学世界观，对资本主义和资产阶级进行社会经济剖析得出的。

在《资本论》及其手稿中，经济学与哲学的结合进一步得到深化。《1857—1858年经济学手稿》是哲学与政治经济学双向建构的典范。马克思政治经济学的目的是要揭示资本主义的经济结构和经济运行规律。要达到这一目标，既不能像资产阶级经济学家那样局限在狭隘的经济学领域的资本主义范围内，也不能像费尔巴哈那样离开经济领域进行抽象人本主义的超历史的批判。马克思在《手稿》中，以唯物史观的前提为指导，一方面从经济关系的领域（生产力、生产关系等）逐步上升到政治和意识形态的领域，另一方面，又不断回溯到前资本主义的各种形态以及向未来共产主义过渡的经济运动必然性的考察，实现了在社会生活总体中具体地、历史地把握人类历史前进的规律；在政治经济学研究的具体方法上，马克思既从顽强的经济事实出发，把其合理地综合为经济范畴和理论体系，以达到对现实经济关系的辩证把握；又从历史观点和逻辑方法出发，对感性经验材料进行分析和综合，并对前人取得的理论成果进行批判地吸取。在这个过程上，马克思既不像蒲鲁东那样“作为一个哲学家，自以为有了神秘的公式就用不着深入纯经济的细节”，又不像资产阶级经济学家那样，无批判地对待经验事实，实证性地满足于把表象直接复制为抽象的范畴或规律。

1857 年 12 月 8 日马克思在给恩格斯的一封信中说：“我现在发狂式地通宵总结我的经济学研究。”其成果提纲挈领式地表述在 1859 年的《〈政治经济学批判〉序言》中。他说：“我所得到的、并且一经得到就用于指导我的研究工作的总的结果，可以简要表述如下：人们在自己生活的社会生产中发生一定的、必然的、不以他们的意志为转移的关系，即同他们的物质生产力的一定发展阶段相适应的生产关系。这些生产关系的总和构成社会的经济结构，即有法律的和政治的上层建筑竖立其上并有一定的社会意识形态与之相适应的现实基础。物质生活的生产方式制约着整个社会生活、政治生活和精神生活的过程。不是人们的意识决定人们的存在，相反，是人们的社会存在决定人们的意识。社会的物质生产力发展到一定阶段，便同它们

---

① 《马克思恩格斯选集》第 1 卷，第 232 页。

一直在其中活动的现存生产关系或财产关系（这只是生产关系的法律用语）发生矛盾。于是这些关系便由生产力的发展形式变成生产力的桎梏。那时社会革命的时代就到来了。随着经济基础的变更，全部庞大的上层建筑也或慢或快地发生变革。"① 这一经典性的论述既是唯物史观的核心，又是马克思主义政治经济学的基础。从马克思的思想发展考察，显然它是哲学研究与经济学研究双向建构的硕果。

从1861年开始马克思全身心地投入《资本论》三卷的写作。哲学与经济学的双向建构进一步深化为历史批判与理论重建的统一。马克思以唯物史观深入到剩余价值普遍形式的考察中，从而创立了完备的平均利润和生产价格理论、地租理论、生产劳动理论、剩余价值理论以及经济危机理论，使理论建设与历史批判辩证地统一起来。马克思新的哲学世界观与方法论凝聚为经济学本身的理论内容与逻辑结构。与此同时，唯物史观也由假设变成科学的理论。正是依据于唯物史观和剩余价值学说，马克思使社会主义从空想成为科学。《资本论》是马克思毕生研究的思想结晶，它既是马克思最重要的经济学著作，又是内容极其丰富的哲学著作。列宁将这本巨著称为工人阶级的"圣经"。

三、从经济学与哲学的结合揭示人类社会发展的大趋势

马克思从经济学和哲学的结合，走向历史的深处，探究人类社会发展的奥秘，主要表现在立足于社会结构理论，从自然与历史的统一、从社会形态运动这两大方面，揭示人类社会发展的动态大趋势。

马克思考察人类社会发展大趋势的第一个视域，就是人与自然的关系。他将人与自然的关系视为双向互动的辩证过程。正是通过对经济学的哲学研究，马克思揭示了"社会是人同自然的完成了的本质的统一"。② 马克思研究人与自然的关系，有两个基本观点：客观性和对象性。所谓客观性，就是承认自然界对人的实践活动具有前提性和制约性。所谓对象性，指的是一个存在物在自身之外有一个他物作为自己的对象；这个存在物与它的对象处于一种相互制约、相互依存、相互映照的关系。马克思认为，自然与人类互为对象。人类把自然界当作对象；人类本身又是一种具有意识和自我意识、以社会性为其内在本质、使用着实践力量的特殊的对象存在物；人通过劳动这一对象性的活动为自己创造对象物，全面地占有自然，并确证和体现出自己的本质力量。从这一基本观点出发，马克思提出了"人化自然"的概念。

---

① 《马克思恩格斯选集》第2卷，人民出版社，1972年，第82—83页。

② 《马克思恩格斯全集》第42卷，人民出版社，1979年，第122页。

自然界由于人的实践活动的参与而人化，形成的就是“人化自然”。人化自然体现了人类主体的需要，这种主体的需要通过实践活动对象化于自然界，确证和发展了人的本质力量。这种自然界的人化主要表现为：人类改造自然物的形态，强化了人类所需要的某些属性甚至创造出新的属性；人类在改造自然物形态使之成为物质生活资料的同时，也改变了自己周围的自然环境；人类实践在改变自然界组成部分关系的同时，也改变着自然规律起作用的性质、范围及其结果。在这个意义上，马克思称工业是“一本打开了的关于人的本质力量的书”；“工业是自然界同人之间，因而也是自然科学同人之间的现实的历史关系”。马克思认为，以往的各种哲学之所以不能解决主观主义和客观主义的对立、唯心主义与唯物主义的对立、人的能动性与受动性的对立，根本原因就是他们只是局限在哲学的思想领域内争论。根本的出路是要使哲学进入现实的经济生活。马克思这样做了，确立了“人化自然”的观点，也就为问题的解决创造了条件。

马克思进而指出，人与自然只有在社会中才能统一。“自然界的属人的本质只有对社会的人来说才是存在着的：因为只有在社会中，自然界才对人说来是人与人之间联系的纽带，才对别人说来是他的存在和对他说来是别人的存在，才是属人的现实的生命要素；只有在社会中，自然界才表现为他自己的属人的存在的基础，只有在社会中，人的自然的存在才成为人的属人的存在，而自然界对人说来才成为人。”① 马克思从人与自然关系的历史考察出发，最后得出结论：只有共产主义才能完全合理地解决人与自然之间的矛盾。他说：“共产主义是私有财产即人的异化的积极扬弃，因而也是通过人并且为了人而对人的本质的真正占有的；因而，它是向作为社会即合乎人的本性的人的自身的复归，这种复归是彻底的、自觉的、保存了以往发展的全部丰富成果的。这种共产主义，作为完成了的自然主义，等于人本主义，而作为完成了的人本主义，等于自然主义；它是人和自然之间、人和人之间的矛盾的真正解决。”②

马克思考察人类社会发展的第二个大视域，就是社会形态的历史运动。他在《〈政治经济学批判〉序言》中，首次以“社会经济形态”为标准，对人类迄今为止的历史发展进行了科学的分期。马克思这样写道：“大体说来，亚细亚的、古代的、封建的和现代资产阶级的生产方式可以看作是社会经济形态演进的几个时代”；并且指出“资产阶级的生产关系是社会生产过程的最后一个对抗形式”，“在资产阶级社

① 马克思：《1844年经济学哲学手稿》，人民出版社，1979年，第75页。

② 同上书，第73页。

会的细胞里发展的生产力，同时又创造着解决这种对抗的物质条件。因此，人类社会的史前时期就以这种社会形态而告终”。① 马克思的著作中，“社会经济形态”一般指人类历史发展一定阶段上的经济基础，即一定的生产关系的总和，也指生产力与生产关系相统一的一定的生产方式。应当指出的是，马克思虽然高度重视社会经济形态对历史分期的决定性作用，但又不主张将此作用绝对化，为此他提出了“社会形态”的概念，旨在研究社会形态的整体性。在经济学与哲学相结合的思维基础上，马克思在《1857—1858 年经济学手稿》中提出了三大社会形态划分的理论。他说：“人的依赖关系（起初完全是自然发生的），是最初的社会形态，在这种形态下，人的生产能力只是在狭窄的范围内和孤立的地点上发生着。以物的依赖性为基础的人的独立性，是第二大形态，在这种形态下，才形成普遍的社会物质变换，全面的关系，多方面的需求以及全面的能力的体系。建立在个人全面发展和他们共同的社会生产能力成为他们的社会财富这一基础上的自由个性，是第三阶段。第二个阶段为第三个阶段创造条件。因此，家长制的，古代的（以及封建的）状态随着商业、奢侈、货币、交换价值的发展而没落下去，现代社会则随着这些东西一道发展起来。”② 这一思想马克思在不同的时候又曾表述为：“前资本主义——资本主义——共产主义”；“原生的社会形态——次生的社会形态——再生的社会形态”。贯穿其中的核心思想是，人类社会发展的大方向总是由“自然共同体”，经过“经济的社会形态”，最终向“自由人联合体”发展的，共产主义代表着人类社会发展的必然未来。

在马克思的理论中，人类社会形态的演进不是机械的、单线条，而是一般与特殊的辩证统一。他强调经济的本原作用，但又反对机械的“经济决定论”。晚年马克思将视野转向东方，他明确地反对任何“超历史”的“一般历史哲学”。因为“极为相似的事情，但在不同的历史环境中出现就引起了完全不同的结果”。③ 1881 年马克思在给“劳动解放社”领导人查苏利奇的信中，进一步将《资本论》中关于资本主义起源“这一运动的‘历史必然性’明确地限于西欧各国”，第一次设想俄国在一定的具体历史环境下，“可以不通过资本主义制度的卡夫丁峡谷”，直接进入社会主义。后来列宁领导俄国十月社会主义革命，成功地实践了马克思的科学预见。

四、重新解读马克思

综上简要的分析，人们可以看到哲学与经济学的创造性结合是马克思剖析社会

① 《马克思恩格斯全集》第 13 卷，人民出版社，1962 年，第 9 页。

② 《马克思恩格斯全集》第 46 卷［上］，人民出版社，1979 年，第 104 页。

③ 《马克思恩格斯全集》第 19 卷，人民出版社，1963 年，第 130—131 页。

奥秘的研究路径，正是通过这种相得益彰的内在结合，马克思得以走向历史的深处，将唯物史观和剩余价值学说这两大发现贡献给我们，成为人类历史上永垂不朽的伟大思想巨人。

但是长期以来人们对马克思学说的理解，并不完全准确、科学，甚至存在着偏见和误解。最为典型的有三种：第一种是西方马克思学。他们提出所谓“青年马克思”与“老年马克思”两个马克思对立的观点。第二种是西方马克思主义。他们或将马克思思想解读为人本主义，或认为在马克思思想发展中存在着“意识形态”与“科学”的“断裂”。第三种是斯大林主义。斯大林把辩证唯物主义界定为对“自然现象”的研究、认识，而将历史唯物主义定义为“把辩证唯物主义原理应用于社会生活现象，应用于研究社会，应用于研究社会历史”。① 现在人们立足于新时代的实践需要，通过对历史的理性反思，纷纷提出重新“发现马克思”“回到马克思”。这是十分必要的。于是，一个极为重要的问题摆在人们面前：通过什么途径去解读马克思的著作？以什么为核心去把握马克思的思想发展路径？我们认为，应当从哲学与经济学的创造性结合的角度，去解读马克思的著作；应当以这种卓有成效结合结出的理论硕果——唯物史观和剩余价值学说——为核心去把握马克思思想发展的路径。这有很多方面的工作可做，最重要的是要转变传统的将哲学与经济学相割裂的思路，重新发现马克思的经济哲学的重要意义。

马克思发现唯物史观是一个艰难的心路历程。对于这一过程，他在1859年《〈政治经济学批判〉序言》中特别指出：“在这里倒不妨谈一下我自己研究政治经济学的经过。”② 这一发展进程可概括为：一，物质利益原则是通向唯物史观的重要环节。《莱茵报》时期的实践使马克思“第一次遇到要对所谓物质利益的问题发表意见的难事”，正是这一难事，推动他“去研究经济问题的最初动因”。二，市民社会决定国家是唯物史观的发端。为了解决“苦恼的疑问”，马克思对黑格尔的法哲学进行批判。认识到法的关系就像国家的形式一样，既不能从它们本身来理解，也不能从所谓人类精神的一般发展来理解，相反，却是市民社会的物质生活关系决定国家和法的关系。而研究市民社会这一物质关系的科学就是政治经济学。三，对政治经济学的深化研究，标志着唯物史观的“大致完成”。在《1844年经济学—哲学手稿》中，马克思对当代社会中雇佣劳动和资本这种经济关系进行了研究，进一步马克思在《评弗里德里希·李斯特的著作〈政治经济学的国民体系〉》手稿中，就提出了

---

① 《斯大林文选》上卷，人民出版社，1962年，第177页。

② 《马克思恩格斯选集》第2卷，第81页。

新的生产力理论，并使对生产的理解从静态进入动态。此后，马克思和恩格斯在《德意志意识形态》中便对唯物史观的基本原理做出了系统的表述。四，《资本论》使唯物史观从假说变成科学的理论。这本巨著的哲学意义就在于：它把唯物史观作为科学的世界观和方法论应用于一种具体社会形态的研究，即资本主义社会的研究；把唯物史观应用于政治经济学的研究。以上事实足以证明，马克思正是通过对政治经济学的研究，通向和创立了唯物史观的。

当然，同样的事实也表明，马克思对政治经济学的研究是哲学的。这主要表现于：一，确立了政治经济学的研究对象。马克思以唯物史观为指导，强调新的政治经济学是研究资本主义生产方式以及与其相适应的生产关系、交换关系，研究物质财富的生产、分配、交换、消费过程的科学。它是以一定的历史过程为对象的。二，解决了政治经济学研究的正确途径。马克思从物质生活出发，把社会经济形态的演进看作是一个生产力与生产关系、经济基础与上层建筑矛盾运动的过程，从而揭示出了人类历史运动的普遍规律。三，制定了新的政治经济学的科学方法论。概括地说就是从抽象上升到具体的方法、逻辑与历史相一致的方法、矛盾分析的方法和整体研究的方法。四，科学形态的剩余价值学说的提出。

简短的结论：只有从哲学与经济学的内在结合，才能走向历史的深处，揭示社会发展的规律；只有从哲学与经济学的创造性结合上，才能正确解读马克思的著作，重新发现马克思。这两点对于我们今天开展经济哲学的研究至为重要！

发表于 2000 年第 5 期

哲学主题历史转换的内在本质

——关于主体性根源的一点思考

孙承叔*

哲学起源于对人类生存和发展的关怀，因此对于哲学史的理解不能停留在它的表面。从现象上看，哲学史是围绕着本体论、认识论、实践论、生存论展开的，但实际上它们都是对决定人类生存和发展的最根本力量的追寻，离开了这一点，我们就根本不能认识哲学史。因此从某种意义讲，哲学就是关于人类生存与发展的一种理性沉思，哲学的智慧就是关于人类生存和发展的最高智慧，它的起点和终点都是人类的生活世界，一切哲学争论本质上是对历史主体以及如何理解历史主体的争论，因而也是任何哲学体系得以建立的前提或根据的争论。研究哲学，如果不深入到生存论的层面、历史观层面，那么充其量所把握的只是哲学的知识，而不是哲学的智慧，西方许多哲学家不把东方哲学看作哲学，其根源也在于此。因此为了深刻理解马克思哲学革命的当代意义，我们有必要探寻哲学主题历史转换的内在本质。

哲学主题历史转换的三个阶段

哲学起源于对人类生存和发展的理性思考，然而在人类历史初期，由于人类征服自然的能力低下，人类在自然面前无能为力，相反在很大程度上受自然的摆布，因此对决定人类生存和发展的根本力量的思考，产生了人类最初的哲学形态——自然哲学。在这一时期，人们注视的焦点是自然，思维的形式是一因，即试图从本源上寻找一种决定人类和世界万物的终极力量。这在早期希腊特别明显，例如泰勒斯关于水是万物本源的学说，阿那克西美尼关于气是万物本源的学说，赫拉克利特关于火是万物本源的学说，德谟克利特关于原子是万物本源的学说，如此等等。中、后期希腊哲学虽然开始注意到要加强对人本身的研究，但是从总体上讲，依然是自

---

* 孙承叔，复旦大学哲学系副主任，马克思主义哲学原理教研室主任，教授，博士生导师。

然哲学，是一因哲学，无论这一因是外部自然，还是外部的精神（理念）。也就是说，在人类历史的初期，人们还没有把自己从大自然中分离出来，人类还仅仅是大自然中渺小的一部分，他们的命运还完全受外在力量的支配，因此哲学研究的主题主要不是人，而是外在的力量。这是哲学主题发生的第一阶段。

中世纪是神对人的统治。在中世纪，人们虽然取得了对自然的有限胜利，并且以战争和交换为媒介的交往有所扩大，人们的视野更加宽广，但是面对无穷的战乱和罪恶，人们却无法说明人世间灾难的根源，以及人与人之间不断动荡关系的原因，正是对人类生存和发展的关怀，导致了中世纪神本哲学，人们把一切归因于自然之外的神秘力量，认为一切都在神的掌握之中，只有遵循神的旨意，人类才能进入天国。这是哲学主题转换的第二阶段，即神本哲学阶段。发生这次转换的根本原因，是人类在自然界中的崛起，人们不再把自己看作自然界的一部分，而是看作某种独立的力量，人们有了世俗生活，但是却不能驾驭这种生活，因此需要神，需要神的引导。

哲学主题转换的第三阶段发生在文艺复兴时期。随着人类征服自然能力的增强，随着资本主义的兴起和扩展，人类第一次发现了自身在创造历史中的价值，维科站在世界历史高度，第一次向世人发出了“历史是人自己创造的”宣言，从此这一思潮汹涌澎湃，构成了当今哲学的主旋律。这一阶段，可以概括为“人的哲学”阶段，以后的哲学虽然流派纷呈，然而本质上都是围绕着这一主题发展的。

哲学主题从自然哲学向神本哲学转换，再从神本哲学向人的哲学转换，表明了人类认识深化的三个阶段：在人类历史的童年，人们把自然看作是决定人类生存和发展的最主要力量；在中世纪，人们把神看作是决定人类生存和发展的最主要力量；只是到了近现代，人们才把人自身看作是决定人类生存和发展的最主要力量。因而，三大哲学主题的争论，本质上是关于历史主体的争论，即究竟什么力量才是最终决定人类生存和发展的最根本力量，是自然、神，还是人自身？

主体性根源

自文艺复兴以来，尤其是维科以来，历史是人自己创造的已成人们的共识，因此人是历史过程主体已成为哲学思维的主流，人们不再把历史的变迁归结为自然或神，而是用人自身来说明人类的历史。然而进一步的研究却发现，人们对于为什么人能成为历史过程的主体却存在着巨大的分歧，从某种意义上讲，整个近现代哲学史都是围绕着这一主题展开的。

维科是在近现代史上，第一个肯定人是历史创造者的思想家，他认为“这个民族世界的确是由人类创造出来的”。[①] 而“以往哲学家们倾全力认识自然界……他们却忽视对民族世界的思考”，[②] 这是他们不能深刻认识人类历史的根本原因。历史是人自己创造的，“各民族的种种起源都在于各民族自身而不在它处”。[③] 因此必须用人自身去说明人类的命运。

维科的思考，表明了西方哲学思考的主题转向了对人自身的研究，即人为什么能成为历史过程的主体？用哲学的词汇来表达，就是如何理解人的主体性？

在康德以前，经验主义哲学家主要是从人的感性、人的恶的本性角度理解人的主体性的。早在文艺复兴时期，马基雅弗利就提出了人性恶的观点。以后霍布斯从人的恶的本性出发，进一步提出了人类走向理性的必然性，霍布斯认为：“任何人的自由行为，目的都是为了某种对自己的好处。”[④] “在没有一个共同权力使大家慑服的时候，人们便处在所谓的战争状态之下。”为了摆脱这一状态，人们只有通过契约走向和平。

休谟也同意霍布斯的观点，认为：“人类心灵的主要动力或推动原则就是快乐或痛苦。”“道德上的善恶的区别不可能是由理性造成的。”[⑤] 因此与理性相比，人的感性快乐和痛苦具有更根本的性质，这是休谟理论的基本出发点，也是一切经验论思想家强调感性经验重要的根源。

最能代表这一思潮的要数法国的唯物主义者，其中又以爱尔维修为最。爱尔维修对感受性作了某种区分，他认为与心灵的感受性相比，肉体的感受性具有更根本的性质，“肉体的感受性乃是人的需要、感情、社会性、观念、判断、意志、行动的原则”。人好比“是一部机器，为肉体的感受性所发动，必须做肉体的感受性所执行的一切事情”。因此“可以用肉体的感受性来说明一切”。对于爱尔维修来讲，“快乐和痛苦永远是支配人的行动的唯一原则”。[⑥] “在任何时代、任何国家，人们过去、现在和未来都是爱自己甚于爱别人的。”[⑦] 因此只有人的感性——肉体感才是理解人类和历史的第一原则，这是经验主义哲学家强调经验重要的根本原因。

---

① 《新科学》，人民文学出版社，1986 年，第 349 段。

② 《新科学》第 331 段。

③ 《新科学》第 51 段。

④ 《十六世纪十八世纪西欧各国哲学》，商务印书馆，1975 年，第 95 页。

⑤ 休谟：《人性论》，商务印书馆，1980 年，第 616、502 页。

⑥ 《十六世纪十八世纪西欧各国哲学》，第 499—497 页。

⑦ 同上书，第 501 页。

承认肉体感受性是人的主体性的根源，这里也蕴含着某种危险和担忧，那就是人与人之间像狼一样，残酷无序，无法说明人类的进步和尊严，因此，在肉体感受性基础上，人们逐渐开始强调人类的理性。笛卡尔认为“理性或者良知”是“唯一使我们成为人并且使我们与禽兽有区别的东西”，[①] 为了获得真正的幸福，理性必须“做感性的主人”，“支配感性”。[②] 莱布尼茨也认为理性高于感性，理性的目标是幸福，感性的目标是快乐，“幸福是一种持续的快乐”，而感性只是短暂的快乐，“是理性和意志，引导我们走向幸福，而感觉和欲望只是把我们引向快乐”。“幸福可以说是通过快乐的一条道路，而快乐只是走向幸福的一步或上升的一个阶梯，是依照当前的印象所能走的最短的路，但并不始终是最好的路”。人类社会应用理性进行引导，而“混乱的感官快乐是人我们应当提防的”。[③]

不难发现，近代哲学史上唯理论与经验论的争论，实质上是历史观的争论，是对历史主体主体性根源的争论，这是真正的焦点，离开了历史观，我们很难理解认识论。而理性主义的产生，从某种意义上讲，是对自由资本主义无序状态的不满，是对社会秩序的追求。

社会性与非社会性

在哲学史上，对人的主体性作了最重大拓展的是康德，康德认为对人的主体性研究不能停留于个体的理性或感性，必须深入到人的社会存在层面，从而提出了人的社会性和非社会性理论。

同维科以来的主流思想家一样，康德认为历史是人自己创造的，然而回首以往的历史，康德却并不满意，他在《世界公民观点之下的普遍历史观念》一文中发出了如下的感慨：“当我们看到人类在世界的大舞台上表现出来的所作所为，我们就无法抑制自己的某种厌恶之情；而且尽管在个别人的身上随处都闪烁着智慧，可是我们却发现，就其全体而论，一切归根到底都是由愚蠢、幼稚的虚荣，甚至还往往是由幼稚的罪恶和毁灭欲所交织成的。从而我们始终也弄不明白，对于我们这个如此之以优越而自诩的物种，我们自己究竟应该形成什么样的一种概念。”[④]

康德认为造成这一切的根本原因是人的非社会性。人是个体和类的统一，一方

---

① 《西方哲学原著选读》上卷，商务印书馆，1981 年，第 362 页。

② 《西方伦理学名著选辑》上卷，商务印书馆，1966 年，第 603 页。

③ 休谟：《人类理智新论》，商务印书馆，1982 年，第 188 页。

④ 康德：《历史理性批判文集》，商务印书馆，1990 年，第 2 页。

面，“人具有一种要使自己社会化的倾向；因为他要在这样的一种状态里才会感到自己不止于是人而已，也就是说才感到他的自然禀赋得到了发展。然而他也具有一种强大的、要求自己单独化（孤立化）的倾向；因为他同时也发觉自己有着非社会的本性，想要一味按照自己的意思来摆布一切，并且因此之故就会处处遇到阻力，正如他凭他自己本身就可以了解的那样，在他那方面他自己也倾向于成为对别人的阻力的。可是，正是这种阻力才唤起了人类的全部能力，推动着他去克服自己的懒惰倾向并且由于虚荣心、权力欲或贪婪心的驱使而要在他的同胞们——他既不能很好地容忍他们，可又不能脱离他们——中间为自己争得一席地位。于是就出现了由野蛮进入文化的真正的第一步，而文化本来就是人类的社会价值之所在”。①

不难发现，在这两种倾向中，康德更强调人的非社会性，认为它是人类进入文明的动力，是人类社会价值得以形成的根源。没有这种非社会性，人类就不能“把那种病态地被迫组成了社会的一致性终于转化为一个道德的整体。没有这种非社会性的而且其本身确实是并不可爱的性质——每个人当其私欲横流时都必然会遇到的那种阻力就是从这里面产生的——人类的全部才智就会在一种美满的和睦、安逸与互亲互爱的阿迦底亚式的牧歌生活之中，永远被埋没在它们的胚胎里。人类若是也像他们所畜牧的羊群那样温驯，就难以为自己的生存创造出比自己的家畜所具有的更大的价值来了；他们便会填补不起来造化作为有理性的大自然为他们的目的而留下的空白。因此，让我们感谢大自然之有这种不合群性，有这种竞相猜忌的虚荣心，有这种贪得无厌的占有欲和统治欲吧！没有这些东西，人道之中的全部优越的自然禀赋就会永远沉睡而得不到发展”。② 因此，尽管“这种非社会性……产生出来了那么多的灾难，然而它同时却又推动人们重新鼓起力量，从而也就推动了自然禀赋更进一步地发展”。③ “一切为人道增光的文化和艺术、最美好的社会秩序，就都是这种非社会性的结果。”④

为什么人的这种恶的本性会产生人类的进步呢？康德认为，就个体而言，人的非社会性始终占主导地位，从这方面讲，人是一种需要一个主人的动物，“人是这样一种动物，如果他生活在自己的类的其他个体中间，那么，他就必须有一个主人。因为人肯定会滥用他相对于自己的同类所拥有的自由，而且，虽然作为理性的造物，

① 康德：《历史理性批判文集》，第 6—7 页。

② 同上书，第 7—8 页。

③ 同上书，第 8 页。

④ 同上书，第 9 页。

他希望有一种给自由规定全部界限的法律，但是，他的动物性的自私爱好却诱使他，一旦有可能，就使自己成为法律的例外。所以，人需要一个主人，这个主人能够战胜人自己的意志，强迫他服从一个普遍有效的意志，从而使每一个人都能够得到自由”。从这方面讲，即使国王、伟人也不能例外，“无论是国王的哲学化，还是哲学家成为国王，都是既不可期待、也不可期望的事情，因为一旦掌握了强权，就不可避免地败坏理性的自由判断”。

但是康德对人的非社会性的肯定到此为止，正像他自己所说：“大自然使人类的全部禀赋得以发展所采用的手段就是人类在社会中的对抗性，但仅以这种对抗性终将成为人类合法秩序的原因为限。”[①] 为了能够更好地生活，“人不应由本能来引导，或者说，不应该由生而俱有的认识来关照自己、教导自己。毋宁说，人应该由自己本身出发去创造一切”。“人应该从自身出发创造出一切超越机械地安排自己的动物性存在的一切，并且除了不依赖本能、运用自己的理性自己创造的幸福或者完善之外，不再分享其他任何幸福或者完善。”[②] 这是因为“人具有一种自己创造自己的特性，因为他有能力根据他自己所采取的目的来使自己完善化；他因此可以作为天赋有理性能力的动物（animal rationable）而自己把自己造成为一个理性的动物（animal rationale）”。[③]

因此从理性出发，康德认为人类有能力通过法律、道德建立一种人类的合法秩序，通过合法的程序，建立一种高于一切个人的权力，“把那种病态地被迫组成了社会的一致性终于转化为一个道德的整体”。但是在现实中，实现这一切却非常艰难，其原因亦在于人的本性，正像他在《世界公民观点之下的普遍历史观念》一文中所说的：“人是一种动物，当他和他其余的同类一起生活时，就需要有一个主人。因为他对他的同类必定会滥用自己的自由的；而且尽管作为有理性的生物他也希望有一条法律来规定大家的自由界限，然而他那自私自利的动物倾向性却在尽可能地诱使他要把自己除外。”“但是，这位主人也同样是一个动物，他也需要有一个主人。”而主人“总是要滥用自己的自由的。……所以这个问题就成为一切问题之中最为棘手的一个问题了。要完全解决这个问题确实是不可能的事……大自然向我们所提出的，也就只是朝着这个观念接近而已”。[④] 他的结论与他的哲学一样，处于二律背反，但

① 康德：《历史理性批判文集》，第 6—7 页。

② 同上。

③ 康德：《实用人类学》，上海人民出版社，2002 年，第 232—233 页。

④ 康德：《历史理性批判文集》，第 10 页。

是他研究问题的视角却至今令我们赞叹。康德实际上已经从人的欲望、理性、社会性、非社会性以及人的创造性角度探讨了人的主体性，并且从哲学的角度肯定了人的非社会性的历史地位。康德的贡献是双重的：一方面真实地张扬了人的主体性；另一方面又限定了理性的认识范围，从而使哲学真正地回到人的现实世界。

人性的社会形成

康德以后，他的社会性理论几乎为所有德国古典哲学家所接受，然而他的不彻底性，却一再受到后人的批评。第一个出来批评康德的是他的学生赫尔德，赫尔德认为康德把人定义为一种需要一个主人的动物是错误的，“对于人类历史哲学来说，这是一个虽然轻松但却邪恶的基本原则，即‘人是一种需要一个主人并把自己最终寄托在主人身上或者主人的联合体上的动物’。让我们把这个命题颠倒过来：‘需要一个主人的人是一种动物；一旦他成为人，他就不再需要任何真正的主人’”。赫尔德认为，由于人的社会性，人可以通过一种后天的途径使人的理性得到完善。对于人性，不能从孤立的个人角度去理解，“如果人把人的一切都归结为个人，并且否认个人之间以及个人与整体之间的相互联系的链条，那么人的本性及其辉煌的历史对我来说就无法理解了；因为我们中没有一个人是仅通过自己本身成为人的”。正是在人类的无尽联系中，尤其是精神联系中，人的本性才得以不断完善。赫尔德认为：“每一个人只有通过教育才能成为一个人，而整个类也只是生存在个人的链条中。”“在人身上人性的整个形成就通过一种精神的起源，即教育，与他的父母、教师、朋友，与他的生命进程中的全部外部情状，因而也就与他的民族和该民族祖先，最终也就与族类的整个链条联系起来了。”因此人性在最本质的意义上讲是形成的而不是预成的。在这里，语言起了关键的作用，赫尔德认为：“人的形成的奇特手段就是语言。”“只有通过语言，人才获得了理性。”语言是“人与人之间的纽带”。“唯有语言才使人成为人性的……语言是我们的理性的品性，只是由于它，理性才获得了形象并传播开来。”“由于语言，各族人民才逐渐学习思维，而由于思维，他们才逐渐学习说话。”（转引自古留加《赫尔德》第33—34页）“由于语言，只是由于语言，感知、认可、回忆、占有，一个思想的链条才成为可能。于是，科学和艺术逐渐地诞生了。”不难发现，赫尔德已经抛弃对人的主体性的抽象、孤立研究，而从人的社会性、人的理性的生成性角度研究人的主体性了，这一视角对后人影响很大。

理性与自由

在西方近代史上，对人的主体性作了最淋漓尽致发挥的是黑格尔，不过这种发挥是唯心主义的。

同以往哲学家一样，黑格尔首先看到了“恶”的历史作用，认为历史是不能离开人的活动的，“我们对历史最初的一瞥，便使我们深信人类的行动都发生于他们的需要、他们的热情、他们的兴趣、他们的个性和才能”。“个别兴趣和自私欲望的满足的目的却是一切行动的最有势力的泉源。它们的势力表现在它们全然不顾法律和道德加在它们上面的种种限制。”[①] 从这方面讲，历史是悲哀的，“我们的反省的结果，不免是一种道德的凄苦——一种‘良善的精神’的义愤。不必用修辞学上的夸张，只须老实地总括起许多最高贵的民族和国家，以及最纯善的正人和圣贤所遭受的种种不幸——这便构成了一幅最为可怖的图画，激起了最深切、最无望的愁怨情绪，而绝不能够找到任何安慰。只要一想起来，就得使我们忍受内心的苦刑，无可辩护，无可逃避，只能把一切经过设想为无可变易的命运”。[②]

但是，在黑格尔看来，这不是“世界历史的真正的结果”或唯一结果。世界历史的真正的结果是自由意识的进步，是自在自为的理性即精神的进步。这种进步，在世俗世界里，表现为道德、伦常、宗教、哲学、艺术、法律、国家等以自由为内核的人类普遍意志即理性的进步。

在黑格尔看来，道德“在本质上是合理的”，“法律是‘精神’的客观性”，“‘国家’是存在于地球上的‘神圣的观念’”。[③] 正是在道德、法律、国家中实现了个人意志与普遍意志的统一，也就是说，个人只有在道德、法律、国家中才可能是“自由”的。因此，各个个人尽管从各自的利益出发，但最终的结果，“除掉他们直接知道欲望的那种结果之外，通常又产生一种附加的结果。……虽然它们没有呈现在他们的意识中，而且也并不包括在他们的企图中，却也一起完成了”。[④] 这个结果就是理性，就是人类的普遍利益，它是以道德、宗教、法律、国家的形式向前发展的。

为什么从自私的意图出发会产生普遍的理性？一方面是因为“理性的狡计”，它驱使需要、本能、热情、私利“为它自己工作”，而自己“始终留在后方，在背景里，不受骚扰，也不受侵犯”。在“特殊的东西同特殊的东西相互斗争”中实现自己。[⑤] 但是从更深的方面看，是因为人的“理性”本性。黑格尔认为人是有理性的动

---

① 黑格尔：《历史哲学》，上海书店，2001年，第21页。

② 同上书，第21—22页。

③ 同上书，第22页。

④ 同上书，第40—41页。

⑤ 同上书，第28页。

物，“所有的人都是有理性的”。[①] 正是人类本性的这一方面，长期被人们忽视了，而且这种本性与人的其他本性相比，可能是更主要的。黑格尔认为，在私利的争斗是，个人的幸福可能“被委弃于偶然和无定之中……但是在人类个性中有一方面，我们可不能这样看它为隶属的，就算是它对最高的事物的关系也不能这样看：因为它绝不是什么隶属的因素，而是在那些个人中有先天的永久性和神圣性，我讲的便是道德、伦常、宗教虔敬”。道德、伦常、宗教虔敬与作为手段的私欲不同，“他们具有不属于单纯的工具或者手段范畴内的那些东西”。也就是说，他们是先天的和神圣的，“人类自身具有目的，就是因为他自身中具有‘神圣’的东西——那便是我们从开始就称作‘理性’的东西”。[②] 人类历史之所以是“理性各环节之光从精神的自由的概念中引出的必然发展”，[③] 其根本原因正在于此。“‘理性’是宇宙的实体”，“是宇宙的无限的权力”，“是万物的无限的内容，是宇宙的精华和真相”。与理性相比，个人的私欲微不足道，“特殊的事物比起普遍的事物来，大多显得微乎其微，没有多大价值：各个人是供牺牲的、被抛弃的”。[④] 因此个人是短暂的，而理性是长存的，理性是一种更有力的东西。“由于‘理性’和在‘理性’之中，一切现实才能存在和生存。”[⑤] “‘理性’是世界的主宰，世界因此是一种合理的过程。”[⑥] 因此理性是历史的真正主体。由于黑格尔离开生产实践，不能唯物主义地说明理性的根源，因而最终堕落为历史唯心主义，不得不把上帝请了进来：“这种理性，在它的最具体的形式里，便是上帝。上帝统治着世界，而‘世界历史’便是上帝的实际行政，便是上帝计划的见诸实行。”“‘理性’便是要领悟上帝的神圣工作。”[⑦] 因此在黑格尔那里，历史的真正主体不是人而是上帝，是精神，历史主体性的根源主要不是人的私欲，而是理性，一种超越私欲的东西，黑格尔哲学就是为了高扬理性的光辉而建构起来的。正像马克思指出的：黑格尔的“主体，就是神，就是绝对精神，就是自己知道自己并且自己实现自己的理念。现实的人和现实的自然界不过成为这个潜在的、非现实的人和这个非现实的自然界的宾词、象征”。[⑧] 因此，不理解黑格尔的历史观就不能

---

① 黑格尔：《哲学史讲演录》第一卷，商务印书馆，1959年，第26页。

② 黑格尔：《历史哲学》，第34页。

③ 黑格尔：《法哲学原理》，商务印书馆，1982年，第352页。

④ 黑格尔：《历史哲学》，第34—35页。

⑤ 同上书，第34页。

⑥ 同上书，第9页。

⑦ 同上书，第38页。

⑧ 马克思：《1844年经济学哲学手稿》，人民出版社，1979年，第129页。

理解黑格尔的《逻辑学》和整个哲学。

针对黑格尔的抽象主体观，费尔巴哈提出了人是哲学的最高对象和主体的命题，认为“实在、理性的主体只能是人”。[①] 但是由于他只是从人的感性存在和抽象反映论角度提出这一命题，因而不可能真正解决这一问题。超越费尔巴哈并真正解决这一问题的是马克思。

现实的人

马克思是在与工人农民的实际交往中，在经济学与法国革命史的研究中，在对前人哲学思想的批判继承中，实现主体观的突破的。全部现实生活深深地告诉他，不是国家决定市民社会，而是市民社会决定国家，只有那些生活在社会最底层的劳动群众才是历史的真正主体。由此他在《1844 年经济学哲学手稿》中做出如下的全新结论：“全部所谓世界史不外是人通过人的劳动的诞生，是自然界对人说来的生成。”[②] 是在实践基础上主客体交互作用的双重发展过程，而作为历史创造者的人，既“是生活在社会、世界和自然界中有眼睛、耳朵等等的属人的主体”，也是“可以被思考和被感知的社会之主体的自为的存在”。[③] “主体是人，客体是自然。”[④] “人是全部人类活动和全部人类关系的本质和基础。”[⑤] 既是“劳动的（进行生产的）主体（或再生产自身的主体）”也是“社会联系的主体”。[⑥] 离开了这一主体就不可能理解历史，马克思历史观的奠基正是由此开始的。

1844 年马克思在《1844 年经济学哲学手稿》中，第一次从六个方面完整地提出了自己的历史主体理论，指出人直接地是自然存在物。作为自然存在物，而且是有生命的自然存在物，人一方面赋有自然力、生命力，是能动的自然存在物，这些力量是作为禀赋和能力，作为情欲在他身上存在的；另一方面，作为自然的、有形体的、感性的、对象性的存在物，人和动物一样，是受动的、受制约和受限制的存在物，他的情欲的对象是作为不依赖于他的对象而在他之外存在着的。人靠自然界来生活，因此，人又是有所需求的存在物。[⑦] 这种能动性与受动性的统一，构成了人之

---

① 费尔巴哈：《十八世纪末—十九世纪初德国哲学》，第 631 页。

② 马克思：《1844 年经济学哲学手稿》，第 84 页。

③ 同上书，第 131 页。

④ 《马克思恩格斯全集》第 46 卷（上），人民出版社，1980 年，第 22 页。

⑤ 《马克思恩格斯全集》第 2 卷，人民出版社，1957 年，第 118 页。

⑥ 《马克思恩格斯全集》第 46 卷（上），第 96、31 页。

⑦ 马克思：《1844 年经济学哲学手稿》，第 120—121 页。

为人的第一方面。

其次，人不仅是自然存在物，而且是“社会的存在物”。个人的思想和实践是不能离开社会而孤立进行的，社会的性质是整个运动的普遍的性质。就像社会本身创造作为人的人一样，人也创造着社会。人的活动及其成果的享受，无论就其内容或就其存在方式来说，都具有社会的性质，是社会的活动和社会的享受。只有在社会中，人的自然存在才成为人的属人的存在。[①] 因此任何个体不仅是能动性与受动性的统一，而且是自然属性和社会属性的统一。孤立的个人是不能理解历史的。

最后，由于任何个体都是自然属性与社会属性的统一，因此，真正的历史主体必然是个体性与整体性（群体性）的统一。也就是说，任何个人的能力（思维能力和实践能力），任何个人的活动和享受，都是以整个人类的发展为背景的。既要反对仅仅把孤立的个体作为历史主体的人本主义历史观，又要反对简单地把社会作为抽象的主体与个体相对立。马克思特别强调指出，“应当避免重新把社会作为抽象物同个人对立起来”，“如果说人是一个特殊的个体，并且正是他的特殊性使他成为一个个体和现实的、单个社会存在物，那么，同样地他也是总体，观念的总体，可以被思考和感知的社会之主体的自为存在”。[②]

因此，作为历史主体的人，必然是能动性与受动性的统一，是自然属性与社会属性的统一，是个体性与群体性的统一，离开了其中的任何一方面，都不能完整准确地理解历史主体。黑格尔从绝对理念出发，“把人和自我意识等同起来”，其结果也就造成了虚幻的主体，“人被看成非对象的、唯灵论的存在物”。[③] 黑格尔的“主体，就是神，就是绝对精神，就是自己知道自己并且自己实现自己的理念。现实的人和现实的自然界不过成为这个潜在的、非现实的人和这个非现实的自然界的宾词、象征。因此，主词和宾词之间的关系是绝对地颠倒的：这就是神秘的主体——客体，或包摄客体的主体性”。[④] 黑格尔的要害正在于此。

1845年春，马克思在《关于费尔巴哈的提纲》中实现了对旧唯物主义主体观的超越。其根本的一点，就是提出了实践原则：“从前的一切唯物主义——包括费尔巴哈的唯物主义——的主要缺点是：对事物、现实、感性，只是从客体的或者直观的形式去理解，而不是把它们当作人的感性活动，当作实践去理解，不是从主观方面

---

① 马克思：《1844年经济学哲学手稿》，第75页。

② 同上书，第76页。

③ 同上书，第117页。

④ 同上书，第129页。

去理解。所以，结果竟是这样，和唯物主义相反，唯心主义却发展了能动的方面。”① 正是在对黑格尔、费尔巴哈的超越中，马克思走向了历史唯物主义。

现实的人是马克思历史哲学的生存论基础

为了揭示人类历史的秘密，达到认识世界、改造世界的目的，历史唯物主义的逻辑起点，即它的生存论基础或根据，既不能是实体性自然（早期自然哲学），也不能是神秘的上帝（中世纪神学）；既不能是抽象的感性人（近代法国唯物主义），也不能是抽象的理性人（欧洲近代理性主义）；既不能是脱离人的绝对精神（黑格尔），也不能是脱离实践的感性直观对象（费尔巴哈）；而必须是处于一定社会联系、有思想、有需求、实践中的人。正如马克思所说，历史唯物主义“这种观察方法并不是没有前提的。它从现实的前提出发，而且一刻也不离开这种前提。它的前提是人，但不是某种处在幻想的与世隔绝、离群索居状态的人，而是处在一定条件下进行的、现实的、可以通过经验观察到的发展过程中的人”。“我们的出发点是从事实际活动的人，而且从他们的现实生活过程中我们还可以揭示出这一生活过程在意识形态上的反射和回声的发展。”“只要描绘出这个能动的生活过程，历史就不再像那些本身还是抽象的经验论者所认为的那样，是一些僵死事实的搜集，也不再像唯心主义所认为的那样，是想象的主体的想象的活动。”② 而是现实的人自身的创造过程。

20 世纪 80 年代，我国理论界曾对马克思历史哲学的逻辑起点展开过热烈的争论，其实质就是对历史唯物主义能动性根基的争论。不少学者从唯物主义要求出发，认为从“现实的人”出发是唯心主义的，因为从人出发也就包含着从人的思想出发，从人的欲望出发。他们提出三种解决方案：一种观点认为马克思是唯物主义者，因此历史唯物主义必须从客体、物、自然界出发；另一种观点认为，人是由劳动创造的，因此历史唯物主义必须从劳动、生产、实践出发；再一种观点认为，人的本质是一切社会关系的总和，因此历史唯物主义必须从社会关系或生产关系出发。这些观点虽然都有一定的道理，但是并没有反映马克思历史哲学的本意，即唯物史观的出发点的唯物、能动性质。

从自然出发虽然较好地处理了唯物史观的唯物主义前提，但是历史发展的根本原因不在人之外，而在人之中，正像马克思所指出的：“历史什么事情也没有做……

---

① 《马克思恩格斯选集》第 1 卷，人民出版社，1995 年，第 16 页。

② 《马克思恩格斯选集》第 3 卷，人民出版社，1995 年，第 30 页。

创造这一切，拥有这一切并为这一切而斗争的，不是‘历史’，而正是人，现实的、活生生的人。‘历史’并不是把人当作达到自己目的的工具来利用的某种特殊的人格。历史不过是追求着自己目的的人的活动而已。”① 因此离开了人，把历史发展的根本动因或根据放在人之外，在自然观上是唯物主义的，在历史观上却是唯心主义的。

把劳动、生产、实践作为唯物史观的根本出发点，这虽然抓住了人之为人的根本特性，但是它还不是全部，也不是唯一的终极原因，因为离开了人的存在，离开了人的生存和需求，我们很难回答劳动的起因是什么、劳动为什么会不断地扩大。在马克思看来，“人体、需要、劳动”② 三者是不可分的，“人们之所以有历史，是因为他们必须生产自己的生活，而且是用一定的方式来进行的。这和人们的意识一样，也是受他们的肉体组织所制约的”。③ 至于劳动，马克思也明确指出“这一步是由他们的肉体组织决定的”。④ 因此，离开了人的存在和需要，我们就不能深刻地揭示历史发展的能动根源。这也正是马克思批评资产阶级国民经济学家把劳动者看成生产力，看成“没有七情六欲和没有需要的存在物”⑤ 的根本原因。

从社会关系出发，这固然抓住了人之为人的又一根本属性，但是关系是人的关系，离开了人的存在，离开了人的生产，这种关系充其量只具有费尔巴哈“社会关系”的性质，这种抽象研究也是马克思所反对的。

因此构成马克思历史哲学逻辑起点的不是人的某一种属性，而是“现实的人”本身。马克思在《德意志意识形态》第 1 章中详细地论述了自己的观点。

马克思认为“任何人类历史的第一个前提无疑是有生命的个人的存在。因此第一个需要确定的具体事实就是这些个人的肉体组织，以及受肉体组织制约的他们与自然界的关系”。而对于历史唯物主义而言，“一切人类生存的第一个前提也就是一切历史的第一个前提，这个前提就是：人们为了能够‘创造历史’，必须能够生活。但是为了生活，首先就需要衣、食、住以及其他东西。因此第一个历史活动就是生产满足这些需要的资料，即生产物质生活本身”。这是历史的“世俗基础”，“任何历

① 《马克思恩格斯全集》第 2 卷，人民出版社，1957 年，第 118—119 页。
② 《马克思恩格斯选集》第 3 卷，第 32 页。
③ 同上书，第 34 页。
④ 《马克思恩格斯选集》第 1 卷，第 24 页。
⑤ 马克思：《1844 年经济学哲学手稿》，第 129、88 页。

史观的第一件事情就是必须注意上述基本事实的全部意义和全部范围”。①

“第二个事实是，已经得到满足的第一个需要本身、满足需要的活动和已经获得的为满足需要用的工具又引起新的需要。这种新的需要的产生是第一个历史活动。”②因此，第一个历史活动不仅包含劳动，而且包含需要的满足和新的需要的产生，而新的需要则是新的历史活动的内在动因。

此外马克思又强调了第三点：“一开始就纳入历史发展过程的第三种关系就是：每日都在重新生产自己生命的人们开始生产另外一些人，即增殖。这就是夫妻之间的关系，父母和子女之间的关系，也就是家庭。这个家庭起初是唯一的社会关系。”③也就是说，一开始纳入历史发展过程的，除了物质生产和物质需要，还有人的自身再生产和人的自身再生产需要，这是人们最初的活动和最初的社会关系。

作为马克思特点的是马克思的如下论述，即从方法论上指出：“不应把历史活动的这三个方面看作是三个不同的阶段，而只应看做是三个方面……三个因素。从历史最初时期起，从第一批人出现时，三者就同时存在，而且就是现在也还在历史上起着作用。”④ 因此，任何割裂三者关系的做法都是不可取的，而要完整地概括出这三个方面，就必须从现实的人出发，把人看作是进行两种生产，具有两种需求，并处于一定社会关系中的人，只有这样的人才真正构成唯物史观的逻辑起点，它的生存论基础，这也是马克思从现实的人出发，从历史与逻辑一致的角度论述人类历史的第一个历史活动，论述人类历史的自然历史起源的根本思路和方法。

把握马克思历史观逻辑起点的当代意义

马克思历史哲学逻辑起点的确立，不仅为正确理解历史过程主体和主体性，划清在主体问题上与自然主义历史观、费尔巴哈人本主义历史观、黑格尔唯心主义历史观、宗教神本主义历史观的原则区别，而且为完整、准确地理解马克思历史哲学的整体结构奠定了基础和开启了道路。

从基础上讲，既然历史是人创造的，而现实的人又是能动地说明和解释历史的基础和根据，因此作为对唯物史观思想体系的最基本要求，就是必须研究现实的人，包括他们的心理、他们的需求、他们的交往、他们的关系、他们的本性和他们的活

① 《马克思恩格斯选集》第 1 卷，第 32 页。
② 同上书，第 33 页。
③ 同上。
④ 同上书，第 33—34 页。

动规律，总之要研究影响人的一切因素，并把他们作为一切存在中最基本的存在进行研究。然而长期以来，由于“左”的教条主义影响，我们在历史唯物主义的宣传中，却在最基本的出发点上偏离了马克思，这是造成理论和实践失误的重要原因。

由于离开了人这一现实的基础，历史往往被传统的哲学教科书看成是一种无主体过程，结构主义者阿尔都塞就是这一理论的极端表现，他的格言就是“历史是无主体的过程”，认为“在历史中起作用的辩证法不是任何主体的作用，无论这主体是绝对的（神），还是仅仅是人类，历史的起源总是被推到了历史以前，因为历史既没有哲学上的起源，也没有哲学上的主体”。[①] 如果说有主体，那么这个主体只能是社会结构，而根本不是人。这样，他就对人与社会的关系作了形而上学的解释，把由人的活动和关系构成的社会夸大为脱离人的活动和关系的独立主体，夸大为支配人类命运的造物主，夸大为推动历史进步的唯一能动源泉，而人则成了消极被动的东西，显然这是与马克思历史主体观相对立的历史宿命论。正像马克思所指出的：“社会本身，即处于社会关系中的人本身……而作为主体出现的只是个人，不过是处于相互关系中的个人。”[②] 只有人才是“劳动的（进行生产的）主体（或再生产自身的主体）”，相反，“把社会当作一个单独的主体来考察，是对它作了不正确的考察，思辨式的考察”。[③]

由于离开了现实的人这一历史主体，因此历史规律往往被解释成脱离人而又支配人的东西，似乎还存在着某种与人的活动相脱离的历史规律，这同样是偏离马克思的。人类史自劳动始，因而没有人就没有人类历史，也就没有历史规律，任何历史规律本质上都是人们自己的活动规律，并且这种规律也“不是永恒的自然规律，而是既会产生又会消失的历史性规律”。[④] 因此，一切试图超越人的存在和活动去寻找历史主体和历史规律的意图都是错误的，把历史规律等同于自然规律也是错误的。

从整体结构上讲，传统的哲学教科书由于离开了现实的人这一基础，因而在它的展开中，对社会有机体的整体生产理解是片面的，它往往只从物质生产一种生产，而不是从四种生产的角度理解社会有机体，其结果必然造成对历史过程的片面理解。在马克思看来，社会有机体是物质生产、精神生产、人类自身生产和社会关系生产四种生产的统一，任何一种生产的发展，都必然要以其他三种生产的发展为前提，

---

① 阿尔都塞：《列宁与黑格尔》，《哲学译丛》1980 年第 3 期。

② 《马克思恩格斯全集》第 46 卷（下），人民出版社，1979 年，第 226 页。

③ 《马克思恩格斯全集》第 46 卷（上），第 31 页。

④ 《马克思恩格斯全集》第 4 卷，人民出版社，1958 年，第 357 页。

而任何一种生产本身又是其他生产得以进行的必要条件，离开了其中的任何一种生产都不能完整地说明其他三种生产的再生产，因而也就不能说明社会有机体本身，这是整个有机体的辩证运动，而其基础正在于现实的人本身。因为社会就是发展中的人本身，人为了生存，不仅要进行物质生产，而且还必须进行其他三种生产，否则历史就要中断，这是完整准确理解马克思历史观的基本前提。理解这一切伟大实践的理论基础，不是别的，正是马克思的历史主体观。

发表于 2002 年第 4 期

德性知识论

陈嘉明*

德性知识论（virtue epistemology）是当代知识论中产生的一个新的研究方向，其出发点是把知识论看作一种规范的学科。它是在已有的内在主义义务论以及外在主义的可信赖论的基础上，运用伦理学的基本概念，尤其是亚里斯多德的“德性”概念，来解释规范性认识的产物。其基本的思路是，首先，就像伦理学的德性论用道德主体的规范性质来理解行为的规范性一样，德性知识论试图用认知主体的规范性质来理解信念的规范性。因此，如同伦理学的德性论是以道德个体为根据，而不是以行为为根据一样，德性知识论也以认识主体为根据，而不是以信念为根据。其次，借用伦理学的“理智德性”来为主体的认识活动定位，将主体的认识能力界定为这种“理智德性”，即一种获取真理、避免错误的能力。德性知识论的这些基本特征，集中反映在他们对知识的界定上：“知识是产生于认知德性的真信念。”① 不过，对于什么是“理智德性”（intellectual virtues）的真正性质，即认知者的什么样的品格（character）在本质上包含在确证、知识与其他重要的认知概念中，这一点在主张德性知识论的学者中仍存在着明显的分歧。

从其发展的过程看，德性知识论源于18世纪苏格兰著名哲学家托马斯里德（Thomas Reid）。在当代，则由索萨首先提出这方面的思想，随后有寇德（Lorraine Code）、曼摩奎特（James Montmarquet）、扎泽博斯基（Linda T. Zagzebski）、格列柯（John Greco）等人进一步阐发了这方面的理论。普兰亭加也被德性知识论者列入这一行列，认为他从宗教哲学的角度对这一理论进行了发挥，不过普兰亭加本人却公开对此表示拒绝，宣称他的理论的基本概念乃是“适切的功能”（proper function），

---

* 陈嘉明，哲学博士，厦门大学哲学系教授、博士生导师，《厦门大学学报》（哲社版）主编，兼任清华大学道德与宗教研究中心研究员。

① See John Greco, “Virtues and Vices of Virtue Epistemology”, in *Knowledge and Justification*, I, p. 553.

而不是理智德性。

一、“德性”概念的来源

德性知识论的“德性”概念来自亚里斯多德。在亚里斯多德看来，“德性”（virtue）是一种“使人成为善的，以及能够运行他的真正功能的……状态。”[①] 因此它是使人成其为人的卓越（excellence）之处。它是一个目的论的概念，人们通过对它的拥有与运作，能够实现某些目的。例如，通过对诸如仁慈、慷慨等德性的运作，不仅能够增加主体本身的道德的善，而且还会帮助提高周围人的福祉。因此，德性是有价值的、通常能够有益于他人的品质。亚里斯多德并且区分了“道德的德性”与“理智的德性”。智慧（wisdom）、理智（intelligence）、谨慎（prudence）被视为主要的理智德性，尤其是智慧，它是“把握第一原则”以及认识“这些原则的真理”的“手段或工具”。[②]

二、索萨的德性知识论

当代德性知识论与其他知识论的根本不同之处，在于它改变了知识论的分析思路，以“理智德性”概念作为其理论的出发点与支撑点。索萨作为这一理论的先行者，其德性知识论的基本框架正是由德性所构成。它并且具体分解为两个核心概念，一是“理智德性”，另一是“德性的视角”。因此他有时也把自己的知识论称为“德性的视角主义”。[③]

（一）作为“能力”与“倾向”的理智德性

在《木筏与金字塔》（The Raft and Pyramid）一文中，索萨首先提出了伦理学与知识论的“类似性”（Parallel）问题。他认为，在伦理学对行为的分析中，一种“很有前景的观念”认为，理解行为的关键在于行为被看作是行为者一种稳固的德性

---

① Aristotle，*Nichomachean Ethics*，trans. J. E. C. Weldon（London：Macmillan，1927），Book Ⅱ，Chapter 4.

② Aristotle，*Nichomachean Ethics*，Book Ⅱ，Chapter 6，Chapter 7. 不过在扎泽博斯基看来，虽然亚里斯多德做出这一区分，但它不如“德性”与灵魂的其他状态（技能、自然能力等）的区分重要，因为在亚里斯多德那里，理智的德性应当被看作是“道德德性的一个子集”。See Linda T. Zagzebski，*Virtues of Mind：An Inquiry into the Nature of Virtue and the Ethical Foundation of Knowledge*（Cambridge University Press，1996），p. 139.

③ 索萨：“我所辩护的观点包含两个主要因素：理智德性概念与认识的视角概念。”See Ernest Sosa：“Virtue Perspectivism：A Response to Foley and Fumerton”，in *Truth and Rationality*，Enrique Villanueva ed.（Atascadero：Ridgeview Publishing Company，1994），p. 29.

（倾向）的结果，这些倾向构成行为者的规则。此外，行为的理由（justification）被分成两个层次。首先是根本性的理由，它存在于德性以及其他的倾向之中，它们构成行为的稳固的取向；其次是第二层次的理由，它与特定的行为相关，并取决于根本性层次上的德性与倾向。与此相似，在知识论中，根本性的理由在于获得信念的“理智的德性”，或稳固的倾向；第二层次的理由与特定的信念获得过程相关，它依据的是第一层次上的理智德性或其他的倾向。

做出这种类比之后，索萨断言，有理由认为这一最有用、最富启发性的理智德性概念，将在知识论中有关主体及其内在性质、主体的认识环境等的说明上，起着比传统的概念更为有力的作用。[①] 他通过对基础主义与一致主义理论的详细分析，指出它们的一个共同特点在于试图仅仅通过信念的性质来说明信念与知识的确证性。在一致主义那里，这表现为仅仅寻求信念之间一致的逻辑关系，在基础主义那里，则表现为逻辑关系加上与感性经验的联系。而在索萨具体提出的德性知识论的构架中，他要上升到以“理智的德性”概念为理论基石，作为对确证的信念与知识的本质说明的根据，然后由此出发，对信念确证的各种相关因素与规范性质做出规定。

在其他有关的论文中，索萨具体给出了理智德性的定义。它主要包含这么两个层面的含义，一是作为认识主体的能力，认识的倾向与习惯；二是作为知识的一些可信赖的性质，如“一致性”等。就第一层含义而言，在《可信赖主义与理智德性》一文中，他写道：“让我们把理智德性（intellectual virtues）定位为这么一种能力，它在某些命题领域 F 里，在一定的条件 C 下，大都能够获得真理与避免错误。”[②] 此外，在《德性视角主义：对弗雷与富梅顿的答复》一文中，他把“理智德性”定义为一种“能够在某种环境 C 下，在某些命题域 F 中，区别出真与假的能力”。[③] 这种被界定为一种“能力”，尤其是一种“产生真理的‘能力’”的理智德性，乃是内在的能力。它通常表现为一种稳定的“倾向”，并且具有一种“不可错的可信赖性”，即它所养成的习惯使得人们能够达到认识真理这样的好结果。因此，确证的信念可以看作是建立在这种理智德性之上的认识，或者说，看作是在理智德性的基础上，在与特定环境相关的条件下，依据感性输入的资料来形成有关的信念。

之所以要以“理智德性”作为根据来解释知识与确证，这是由于在索萨看来，

---

① Ernest Sosa，“The Raft and Pyramid”，in *Epistemology*：*An Anthology*，p. 148.

② Ernest Sosa，“Reliabilism and Intellectual Virtue”，in *Epistemology*：*Internalism and Externalism*，Hilary Kornblith ed.（Oxford. Blackwell Publishers，2001），pp. 153—154.

③ Ernest Sosa，“Virtue Perspectivism：A Response to Foley and Fumerton”，in *Truth and Rationality*，Enrique Villanueva ed.（Atascadero：Ridgeview Publishing Company，1994）p. 29.

评价某个信念是否能够作为知识，与谈论某个行为是否正当一样，我们蕴含地谈到处于主体中的德性，因为正是理智的德性与实践的德性分别产生了信念与行为。并且，在强的意义上，当我们说某一信念是得到确证时，我们所指的并不只是它在我们的视角中具有一致性之类的性质，而且还包含着称赞表现在这种思维中的主体的理智性（intelligence）。因此，索萨认为，他的知识论的与众不同之处，正是在于“强调主体作为确证的立脚点”，而不是就事论事，仅仅就确证谈确证。①

（二）作为思想品格与知识性质的“理智德性”

理智德性的另一层含义，指的是诸如信念间的“一致性”这样的知识的“好的”性质。在索萨看来，由于“一致”使知识产生了可信赖性，因此，如果某些信念或知识能够产生一致的状态，就意味着它们得到了确证；此外，由于“一致性”使得我们的反思知识有别于单纯动物的知识，因此它构成了一种“理智的德性”。后来的德性知识论者进一步从认识者的思想品格方面提出了一些理智德性概念，如思想的开放性、创造性、创新性、灵活性、细致性、坚定性，乃至还有“勇气”等等。在这方面，他们从杜威、皮尔士那里挖掘了一些这方面的思想。杜威认为，反思性的思维作为诸种思维方式中较为有效的方式，不仅需要熟练的技巧，而且还需要开发某些有利于探索与检验方法的认识“态度”，包括“思想开放”“全心投入”“责任心”等。所谓“开放的思想”，指排除思想的封闭与偏见，以利于接受新事物。“全心投入”指在科学探索中充满激情，全力以赴，形成精神的动力。与通常将“责任心”看作是如同认真、全心投入之类的道德品格不同，杜威用它来指对新观点的充分接收与支持，以及愿意接受任何合理产生的结果，保证观念的统一与和谐。之所以需要这些认识“态度”，是因为在杜威看来，仅仅占有一些信息资料并不能保证思想的完善进行，并且如果仅仅拥有一些科学的方法，也不能保证它们的有效运用。只有具有这方面的欲求，具有这样一种倾向，才能保证这些方法的运用。皮尔士也有类似的说法，他提到即使掌握有发现真理的科学方法，科学家也必须是无私的，因为他不可能自己在短期内达到真理，而是要通过他的研究进程，使科学共同体在一个长期的过程中取得更好的理论成就，获得更广泛的真理。②

沿着相同的思路，德性知识论者相继提出了一些认识的德性概念，把它们作为真理追求者必须具备的东西。在这方面，扎泽博斯基论证说，构成理智德性的主要动机是追求知识，它包括追求真信念，避免假信念。这样的动机不仅能够促使人们

---

① Ernest Sosa, “Virtue Perspectivism: A Response to Foley and Fumerton”, in *Truth and Rationality*, p. 30.

② See John Dewey, *How We Think* (Boston: D. C. Health and Co., 1933), Ch. 1, Sec. 2.

遵循产生真理的形成信念的规则，促使人们具有这些理智的德性：思想的开放性与公正性，思维的灵活性、创造性等，而且还能够使人们认识到某些信念形成过程的可信赖性，和其他一些过程的不可信赖性。她提到这些理智德性在认识中所起的作用：思想的“开放性”会使人们获得一种具有开放思想类型的行为特征，思想的“公正性”则使人们获得具有智力上的公平性的行为特征，等等。她特别提到自己对“产生真理”的可信赖过程的另一种解释。可信赖主义对于这一概念的解释，通常是从“量”的角度来衡量的，也就是说把它看作是真信念的产生在比例上多于假信念。但她认为在真理探索的创造性过程中，在最终获得真理之前，往往是所产生的错误信念多于真的信念。但只要这些行为能够自我矫正，它们最终能够推进人类知识的进步，而我们也可以由此无视那些所发生的错误。她强调这种意义上的产生真理的创造性，作为一种理智德性是很重要的，它是推进人类知识的必要条件。扎泽博斯基并且认为，这些理智德性不仅对认识真理来说是很重要的，而且对于艺术、工艺、游戏（games）来说也是如此。①

（三）德性的视角

以理智德性为基石，索萨进一步提出“德性的视角”的概念。这一概念的基本内涵是内在主义与外在主义结合的产物。在吸收内在主义关于认识者内在状态的“可把握性”的要求方面，它要求认识者对自己的认识视角，包括认识的条件 C 与命题域 F 有一定程度上的把握，虽然未必是详细的把握。为了说明这方面的问题，索萨区分了理性的反思的认识，与动物性的认识的不同。对于动物性的认识来说，它只需 S 的真信念是由一个可信赖的能力引起的；但对于反思的认识来说，我们不能仅仅满足于它来自这样的能力，而要求能够进一步真正把握这种可信赖的认识能力，即还要知道它究竟是如何活动的。他论证说，即使是来自感官最直接刺激的知觉，人们也不会只是简单地予以接受，而是还会观察其背景资料，注意是否存在相反的证据；如果有的话，则会自动调整自己的反应。

对于构成理智“视角”的有关因素，索萨把它们具体分析为三类，即相关的命题领域 F，认识条件 C 这两种内在因素，以及有关的环境这种外部因素。前面两个内在要素对于获取真理的条件制约，表现为主体 S 出于理智德性在时间 t 相信命题 P，仅当存在着一个命题领域 F 以及一些条件 C，使得：（1）P 处于 F 之中；（2）S 在 C 中与 P 相关，并且（3）S 将大都可能是正确的，如果 S 是在命题领域 F 中，并且是在与命题 X 有关的条件 C 的情况下相信此 X。

---

① Linda Zagzebski, “Virtues of the Mind”, in *Epistemology: An Anthology*, p. 465.

环境的因素属于外在的方面，索萨所说的环境并不仅是指时间空间的因素，而更多的是指包括某些复杂性质的集合。他对外在主义要求的吸纳，首先表现在将知识与确证同外在环境联系起来，并且十分强调外部环境对认识的作用。他指出认识的条件 C 与命题领域 F 与外部环境有很大的关系。[①] 例如，当我们说“在我面前有一个圆的白色的东西”时，这需要有好的光线、角度、距离等条件。不同的环境会产生不同的认识结果。因此，认识与确证同实际环境密切相关。“正是在与环境相关的条件下，我们视为德性的经验信念的自动机制产生了许多真理与确证。”[②] 反之，如果在怀疑主义意义上的“恶魔的环境”下，这样的机制就不是有效的（virtuous），并不可能产生真理与确证。

此外，索萨对外在主义吸纳的另一个重要方面，是吸收了信念形成过程的“可信赖性”要求。不过他认为自己的这一概念与戈德曼的“普遍可信赖主义”有着重要的不同。这种不同在于两个方面，一是它来自理智德性，二是区分开“确证”与“完适性”（aptness）的不同。他认为，某一信念 B 要达到确证的状态，无非要求它在信念者的头脑中具有推论的基础，或与其他信念有着一致的关系，而这不过是依据主体的某些认识原则即可达到的结果。相比起来，某一信念 B 的“完适性”要求的比这要多。首先它必须来自于理智德性，即一种达到信念的方式。在这种方式中，真理的产生会多于错误；其次它必须是与某一特定的环境 E 相关。他论证说，假如确证只是达到像一致主义所主张的那种内在一致性，那就几乎谈不上具有什么认识价值，它甚至会导致错误，因为这种意义上的一致性，是某种认识的恶魔的受害者即使在不利的环境下也可以具有的东西。[③]

三、德性知识论的新发展

索萨的德性知识论的做法，是将内在主义与外在主义结合起来，着重于提出认识的视角的概念，要求主体的“反思的认识”必须能够把握作为其信念基础的可信赖的认识能力。因此，理智德性的“可信赖性”构成他的理论的基础。而后来德性主义的发展，则明显加重了伦理学的色彩，进一步从“信念伦理学”（ethics of belief）的角度来发挥德性知识论，将它界定为一种有关认识的责任与规范的学说。

---

① Ernest Sosa, “Reliabilism and Intellectual Virtue”, in *Epistemology: Internalism and Externalism*, p. 154.

② Ibid., p. 159.

③ Ibid., p. 160.

较早对索萨做出回应的寇德（Lorraine Code），一方面赞同索萨关于知识论立足于人的思路，但另一方面则把索萨的理论归结为一种“可信赖主义”，并对此表示反对。这是由于在她看来，即使是被动的经验的记录者也可以是“可信赖的”；但认识者应当是主动的、创造性的，其认识行为具有选择的因素，并只有如此才能说明他是否负责任。此外，成功的认识对于达到人类的福祉来说是根本性的，因此认识者应当尽可能地负有责任感；主体作为认识者，同作为行为者一样，属于社会的一员，因此不仅具有道德上的责任，也具有认识上的责任。因而只有“责任性”概念才能表示出对“认识者的主动性质的强调”，而“可信赖性”概念则做不到这一点。因此，她提出以“责任”作为所有理智德性的核心，以“责任主义”（responsibilism）来取代索萨的“可信赖主义”。[①]

对索萨结合可信赖主义的做法表示反对的，还有扎泽博斯基。她认为可信赖主义无法开发德性论的最有价值的源泉，因为从根本上说，知识是评价性的，正是知识的这种评价性质以及信念的确证的、合理的状态，使得道德与知识话语具有类似的性质。可信赖主义的根本缺陷在于，它相当于伦理学上的后果主义（consequentialism），后者是一种道德上的外在主义。就像功利主义在幸福与痛苦的比例中要求使幸福最大化一样，可信赖主义在真信念与假信念的比例中要求使真信念最大化。然而它在这么做的时候，人的能力、情感等等，只有在服务于这样的目标时才是有价值的，而谈不上有什么理性、记忆、感性的内在价值。由此产生的可能结果是，人们在获得真信念时无须知道他们在做什么，甚至会出自恶的动机来形成他们的信念。这样，真理成了一种与人无关的价值。这种以信念为基础的知识论，其基本的评价概念是“确证的信念”，并且“确证的”等于以最小的努力来使认识上免受责备，而不是达到一个高水平的认识价值；这就像以行为为基础的伦理学的基本评价概念是“正确的行为”，其中“正确的”意味着不是错误的，可以允许的，其根本关注点是避免受责备，而不是达到道德上的可赞许性（praiseworthiness）一样。同理，随着德性伦理学把评价的层次提升到一个更广泛的范围之上，使道德关注的目标不仅在于避免低层次的东西，而且还在于尽可能达到高的水平；知识论同样也应当提升到德性知识论的水平上，使知识的评价以追求更高的知识价值为目标。

扎泽博斯基认为，知识论如果朝向这样一个方向发展，就可以校正以往忽视

① Lorraine Code, *Epistemic Responsibility* (Hanover: Brown University Press, 1987), pp. 50—51.

"理解"与"智慧"概念，和信念与情感之间的联系的重要性与价值的根本缺陷。她指出，"理解"在古希腊就已经是一个重要的哲学概念。她引用一些新近的研究结论说，在古希腊哲学家那里，知识论的中心目标是对什么是"理解某种事物"做出说明。她甚至提到还有这样的说法，即认为柏拉图所讨论的实际上是有关"理解"的现象，而不是"知识"。[①] 此外，"智慧"价值无疑也是很重要的，哲学就是由此而得名的。"智慧"既不是与命题知识的性质相关，也不是与信念之间的关系相关，而是意味着把握整个现实。再者，信念的状态是与情感、情绪状态相关联的。她引用休谟的"著名论断"说，"相信就等于是具有生动的印象"，[②] 认为这一命题乃是将情感状态作为它的主导方面。她并且进一步引证了维特根斯坦的论述："相信、期待、希望等概念之间的相互联系，并不亚于它们同思维概念的联系"[③] 以及其他人的论述之后，主张信念的情感方面乃是知识判断的构成因素。

上述论证的结果，使扎泽博斯基引出这样的结论：伦理学与规范的知识论之间存在着密切的联系，知识论应当以德性为中心。在她的专著《心灵的德性》中，往下的任务就是对德性、责任等概念做出详细的分析，并相继给出有关知识、责任、确证知识论等基本概念的界定。例如"知识是产生于理智德性行为的信念状态"。[④] 强的意义上的责任是"一信念在某些环境里是认识上的责任，当且仅当不相信它是没有理由的（unjustified）"，[⑤] 等等。

格列柯（John Greco）虽然也对索萨的德性知识论持有批评，但他采取的是比较折中的做法。一方面走后来寇德、扎泽博斯基的信念伦理学的路子，同意理智德性与认识的责任紧密相连；另一方面并不拒绝索萨关于德性是可信赖的，会产生真理的主张。他的主要观点是，对知识的充分说明应当既包括责任的条件，也包括可信赖的条件。知识的客观可信赖性的基础，在于认识上的负责任的行为。因此有关德性的论述应当并且也能够解释这两种条件是如何结合在一起的。他由此引入规范的内在主义，用它来补充修正德性知识论。

格列柯对索萨的批评，主要针对的是"认识视角"的概念。他认为，索萨这一概念要求主体对自己的信念的源泉（认识能力）、对处于认识中的特定的命题域与环境有所把握，但这一点是不现实的，因为我们很少能做到这一点，至少对于当下的

---

① Linda Zagzebski, "Virtues of the Mind", in *Epistemology: An Anthology*, p. 48.

② Hume, *A Treatise of Human Nature*, Book I, 3. 7.

③ Wittgenstein, *Philosophical In vestigations*, sec. 574.

④ Linda Zagzebski, "Virtues of the Mind", in *Epistemology: An Anthology*, p. 271.

⑤ Ibid., p. 242.

信念来说是如此。在特定的场合下，我们并不具有相关的视角，或者说，我们并不可能真正把握产生特定信念的具体能力。如果我们刻意要求这样的视角，则它所指认的命题域与环境可能是错误的。特别是，如果我要确认某些当下的认识能力，并且把它们确认得过宽，这就没有任何用处。例如，我相信桌上有一杯水，在这一特定情况下，我并不具有任何有关这一信念的当下认识能力源泉的“信念”。假如让我现在考虑我可能具有的任何有倾向的信念，我会说我有关桌上这杯水的信念是“看”的结果。但如果要我确认有关的命题域与环境，以便我的信念的形成在这种状况下成为高度可信赖的，这会让我感到不知所措，因为对此我实在没有什么特别的观念，并且这也不是我经过思索之后所能得出的。因此，格列柯的结论是，在这种特定的情况下，认识者并没有真正把握他所具有的认识能力，并且也不具有何种能力能够产生有关信念的所谓“视角”。他认为，虽然索萨诉诸认识者的观点（point of view）的做法是正确的，但问题在于找错了地方。真正需要的是从认识者所遵循的“规范”方面来寻找有关的答案。理智德性的根据，并不是在索萨所认为的某种固定的内在性质中，而是在于与有关规范的符合之中。

格列柯因此引入规范的内在主义，用它来补充修正德性知识论。在他看来，规范内在主义的基本思想是，确证的信念是遵从正确的认识规范的结果，其准确的表达式是：

> （NI）S之相信P是认识上确证的，当且仅当S之相信p是符合于S所认可的认识规范，并且S有关这一信念过去发生的东西（history）也符合于这样的规范。[①]

这一表达式中有两个核心的观念，一是信念与认识的规范相符合，二是这样的规范应当得到认可。他认为，对于规范的认可并不需要包含什么内在主义意义上的清楚的“把握”，就像优秀的投篮手认可投篮的规范（正确的姿势等），但他们并不能表述出这种规范一样。不过，这并不妨碍我们对思维规则的认可，这同行为中认可支配行为的规则是一样的。格列柯认为，做出这点说明对于把规范的内在主义运用到德性知识论中是很重要的，因为这涉及认识的德性的基础问题。按照索萨，这一基础在于主体某种不变的“内在性质”中，[②] 而格列柯认为这是错误的，对于信念

---

① John Greco, “Virtues and Vices of Virtue Epistemology”, in *Epistemology: An Anthology*, p. 4.

② 索萨写道：“人们具有与环境E相关联的理智德性或能力，当且仅当他们具有内在的性质I，通过它人们能够在某命题域F以及在条件C下，最大可能地达到真理，避免错误。” See Ernest Sosa, “Intellectual Virtue in Perspective,” in *Knowledge in Perspective: Collected Essays in Epistemology* (Cambridge: Cambridge University Press, 1991), p. 284.

的形成与保持来说，这种基础应当在于“符合S所认可的认识规范”。[①] 之所以如此的原因，格列柯用投篮手与“投篮机”的对比加以说明。对于投篮的机器来说，其预先构造的“内在性质”能够决定它投篮的准确性如何的结果，但某一投篮手的投篮能否命中，则取决于他的动作是否符合了规范，而不在于某种内在的性质。虽然别人可以同这一投篮手具有相同的内在性质，但由于不能同他一样符合投篮规范，因此并不具有与他相同的能力，其投篮的结果也不一样。格列柯认为，对于认识者来说情况也是如此，这种类比是显然的。认识者的情况更像是投篮手，而不是投篮机，因此认识的德性的基础在于符合有关的规范，而不在于某种固定的内在性质。

依据这种观念，将规范的内在主义运用到德性知识论，格列柯提出了如下的“积极的认识状态”（positive epistmic status）的界定：

（VEI）S的信念P对于S具有肯定的认识状态，当且仅当

(i) S相信P；

(ii) S之相信P是S的可信赖的认识德性V的结果；

(iii) S的德性V的基础，在于符合S所认可的认识规范。

格列柯认为，按照这一界定，知识不仅是在主观的意义上，而且也在客观的意义上是有效的。[②] 主观意义上的有效性在于，知识是来自主体的“观点”的正确或合适的信念，这意味着在知识的状况下，S的信念符合于他所认可的信念之形成与保持的规则；客观意义上的有效性在于，作为知识的信念是可信赖的认识能力的结果。在他看来，知识有效的这两种方式是相关的。作为知识，信念之所以是客观有效的，乃由于它是主观有效的。换言之，就知识而言，S的客观可信赖的认识德性的基础，在于S符合他所认可的认识规范。由此，格列柯最后的结论是，“可信赖性来自于责任”。[③]

德性知识论属于当代知识论中的非主流学派。它的提出的意义，在于促使人们注意到认识的责任与规范的方面，因此它属于内在主义义务论的延伸，不过极大地加重了伦理的色彩。在它所面对的批评中，一个比较普遍的反对意见是，道德行为是意志性的，而大部分认识的行为却不是；尤其是认识评价的主要对象是信念，而信念更不属于意志性的行为。这种批评意见我认为是正确的。应当说，知识与道德

---

① John Greco, “Virtues and Vices of Virtue Epistemology”, in *Epistemology: An Anthology*, p. 472.

② 英文原文为“virtuous”，亦可译为“有德性的”。如同“德性”（virtue）一词一样，它表示的是双重的含义，既有认识意义上的有效性，又有伦理意义上的道德性。

③ Ibid, p. 474.

分属不同的范畴，善与真毕竟是不同的，虽然知识中有时也会涉及道德的问题，如认识的动机与目标，对相互冲突的判断的选择，认识的责任等，但这毕竟不是知识论的核心内容。知识之“真”的评价，有其客观的标准，知识之确证，也有其从意识到逻辑的相对独立的过程。正是它们构成了知识论的特定研究对象，并从而决定了知识论的主流学派所在。

发表于 2003 年第 1 期

回眸审美自觉中的“崇高”之维

——一种对德国古典美学中崇高范畴嬗演的考辨

黄克剑*

在“崇高”的消息早就不再被更多的人所顾念的时下，这里愿借重一段美学史的回味对这一毕竟未可轻弃的审美维度作某种追忆式的探询。诚然，追忆也是一种呼唤，不过其所要唤起的并非只是思古之幽情。

相对于狭义的“美”（优美），“崇高”（壮美）在人的审美自觉或审美反省中是一位迟到者。在西方，倘以“美是什么”的问题的提出为第一次审美自觉的标志，那么正可以说，首先自觉的审美判断是狭义的“美”（优美）的判断；古罗马的朗吉努斯（Longinus）在其《论崇高》中就“（诗文）措辞的高妙”“结构的堂皇卓越”乃至汪洋大海、火山爆发论说“崇高”，远在柏拉图前后的希腊人寻问“美”（优美）的奥秘之后。与这一情形大体相类，在以“美学”（Aesthetica）作为一门独立学科的宣布为标志的第二次审美自觉中，英国人柏克（Burke）标举“崇高”为美学范畴的著作《论崇高与美两种观念的起源》（1756）发表时，鲍姆嘉通（Baumgarten）以“美学”正式命名他的划时代的著述已经六年了。1764年，温克尔曼（Winckelmann）的《古代艺术史》问世，其中有对审美之崇高感的心理描述的文字；同一年，康德发表了他的论文《对美感和崇高感的考察》。但无论如何，“崇高”被真正触到它的谛趣却不能早于康德的《判断力批判》（1790），这之前人们所做的一切只是某种注定会向此而趋的酝酿。像是一道不可重现的闪电，从康德到黑格尔，崇高的话题持续了近半个世纪。这半个世纪，审美自觉的境地显现着人的审美灵魂的深度，“崇高”的探讨者所体悟到的那份人生的崇高感留给人们的是一份永恒的启示。

---

* 黄克剑，中国人民大学中文系教授、博士生导师。

一、康德：崇高“内在于我们的心里”

康德是第一个为审美视野中的崇高判断寻找先验依据的人，此所谓先验依据乃是一种不为任何个人经验的随意性所摇夺的准矱。他并非一味地鄙弃崇高之维上的审美经验，反倒是这些有待评断和判别的经验使得他不能不超越经验的狭隘或偶然性去对崇高所以为崇高作出“先验的解释”。这解释仍是依照一般判断必得涉及的四类范畴（“量”“质”“关系”“样态”）进行的，并且同对美（优美）的判断的先验解释理趣相通。他指出：

> 对于崇高和对于美的愉快都必须就量来说是普遍有效的，就质来说是无利害感的，就关系来说是主观合目的性的，就情况（即“样态”——引者注）来说须表象为必然的。①

但崇高终究是审美中独立的一维，对崇高的分析并不能全然蹈袭对美的分析。在康德看来，美的发生有待于作为审美对象之表象的“形式”，崇高的发生却在于激起这崇高感的对象的“无形式”；“形式”意味着对象被审美主体有限地表象着，“无形式”则意味着审美主体须得去表象那有限视野中非可全然直观的某种对象的整体。在前一种审美中，表象（形式）与表象者（审美主体）的和谐无乖使审美主体在忘物忘我的情境上产生直接的愉悦，康德称这愉悦为“积极的快乐”；在后一种审美中，表象者（审美主体）因着表象那似乎无限（因而“无形式”）的对象的不可能却又要竭力去表象它而使审美主体在穿透生命遭际的迫力后产生生命力升华的愉悦，相对于前一种愉悦，康德称其为“含着积极的快乐”的“消极的快乐”。② 前一种愉悦借重于对象的“形式”，使得“美好像被认为是一个不确定的悟性概念”，这即是说，在这里，美“好像”是作为对象的某种“客观属性”被知性（悟性）所表达；后一种愉悦与“形式”无关，因此遂与愉悦“好像”来自对象的“客观属性”这一错觉无关，也便与能够形式地表达“客观属性”的知性无关，却只与理性相系——所以康德说，“崇高却是一个理性概念（唯理性才能把握被知性视为无限的东西——引者注）的表现”。③ 引起美感的“形式”与不能引起美感的“形式”不是“量”的差别，而是“质”的差别，所以“美”（优美）相系于“形式”的“质”；激发崇高感的“无形式”的对象与不能激发崇高感的对象的差别仅仅在于前者在“量”上的非可直观的“大”，所以“崇高”只关涉到这个被视为无限“大”的“量”。康德所

---

① 康德：《判断力批判》上卷，宗白华译，商务印书馆，1964 年，第 86 页。

② 同上书，第 84 页。

③ 同上书，第 83 页。

谓“在前者（美——引者注）愉快是和质结合着，在后者（崇高——引者注）却是和量结合着”,[①] 正是在这样的分际上。

与美和崇高的上述差别相应，人在美的鉴赏和崇高的观审中的心意状态也大异其致。美的鉴赏是对一个能够唤起美感的有限“形式”的直观，处在这直观中的人的心意是“静观”的；崇高的观审则是直观一个“无形式”的对象却又必得把这难以整合的对象想象为一个整体，这时人的心意处在对感官尺度的超越中因而是“运动”的。崇高观审中的心意运动或在于想象力（一种心意机能）对认识能力（又一种心意机能）的发动与调整，或在于想象力对欲求能力（心意机能的另一种）的发动与调整，前者把一种“数学的情调”（数量的无限大）赋予对象，后者把一种“力学的情调”（力量的绝对强）赋予对象。于是，“崇高”遂被康德分为“数学的崇高”和“力学的崇高”。“数学的崇高”突显着“量”和由这量而引致的以不快感为媒介的愉快的“质”；“力学的崇高”突显着人的欲求能力同自然力的抗衡、较量的“关系”及抗衡、较量的“样态”。

“崇高”在语义上被康德理解为“全然伟大”“无法较量的伟大”或所谓“绝对的大”。这“大”被称述为“绝对”不是在实际量度的数据的意义上，而是在审美中的人的直观感受的意义上。在审美视野中，大海的渺无边际或山峦的绵延不绝，都会使人震撼于一种“绝对的大”；然而，倘作一种实测，则无论怎样辽阔的海域或怎样绵长的山脉，其面积或长度总可以用一个有限的数字作表达。“崇高是一切和它较量的东西都是比它小的东西”,[②] 当康德这样说时，他实际上已经告诉人们，“崇高”并不能从自然界的某一经验的事物那里去寻找——因为任何堪称“大”的事物都不可能大到“绝对”的地步。因此，他也如此更准确地阐示他所谓的“崇高”的意味：

> 崇高是：仅仅由于能够思维它，证实了一个超越任何感性尺度的心意能力。[③]

在单纯的直观中，人面对一个其“量”足够大的对象时（无论是瀚海、大漠，还是对于一定观审位置上的人说来的埃及金字塔或圣彼得大教堂），他总会竭其所能展示他的“构象力”（把事物摄入视野以整全地勾勒它的形象的能力）：一方面不断地由此及彼地“把握”（Apprehensio）这巨大的对象的各部分的表象，与此同时则“总括”（Comprehensio aesthetica）那被把握的诸多部分的表象以趣求对该对象的全

---

① 康德：《判断力批判》上卷，第83页。

② 同上书，第89页。

③ 同上书，第90页。

貌的直观，但这对象的“量”对于直观中的人说来实在是太大了，以致“总括”力在达到它的极限时仍无从窥见对象的整体；“总括”力的极限意味着审美估量的最饱和的尺度，一旦到了这个最高点，无论对部分表象的“把握”怎样继续进行，被“总括”的量都不会再有所添加，它即使“总括”了新的被“把握”到的诸部分表象，也会丢弃在量上相当的前此曾被“把握”的那些表象。于是，“绝对的大”的那种震撼性感受霍然而生，此即“崇高”所由发生的“量”的契机。这“量”之“大”似乎是就那大的对象而言的，但“大”而至于“绝对”决非对象本身如此，而是人的心意机能对超出感官尺度衡量限度的“大”的评判。引动崇高感的契机既然仅仅在于那种“绝对的大”，此“绝对”又只是出于直观中的人的心意的评估，那么，就“量”而言，“崇高”的真正原委便只能追溯到主观。康德说：

真正的崇高只能在评判者的心情里寻找，不是在自然对象里。[①]

倘换一种说法，也可谓：崇高不是外物——哪怕是很大很大的外物——的“客观属性”，而是人评判那乍一纳入直观中的外物时的一种内心的情调。

单是心意评估中的“绝对的大”带给人的也许只是压抑或不快，不过“绝对的大”的观念的乍起，本身便意味着超越感官尺度的那种理性的显露。知性永远只能问津有限的东西，对某种“绝对的大”的力图把握所唤起的是理性的使命。恰恰是为想象力所运用的感性尺度的不足使我们“感到我们有纯粹的、独立的理性，或具有一估量大的机能”，[②] 这机能的把握无限或绝对的使命及其优越性才鼓动着人穿透压抑或不快，并由此而获得愉快。愉快以压抑或不快为媒介，显出压抑或不快及引发这压抑或不快的因素对于愉快者说来的合目的性，此即“崇高”所由发生的“质”的契机。

当自然在人的评赏中被直观到的主要不是数量的“绝对的大”，而是一种难以抵拒的力的威逼时，那被引发的“崇高”被康德称为“力学的崇高”。人对强力的震慑在直观中估量着，人也在其心意中倾其全力与之较量着；这较量含着“崇高”的“关系”的契机。高耸而下垂的危石断岩，滚滚而来的乌云中的雷鸣电闪，飞流直下的悬崖高瀑，撼天动地的火山爆发……诸如此类的自然的“力”扑向人时，人的可能的抵拒的能力显得微不足道。但倘若人处在某个相对安全的观审位置上，这类自然力愈暴烈可怖，往往愈能吸引人的评赏的心灵。依康德的分析，异乎寻常的自然的力使人“认识到我们物理上的无力，但却同时发现一种能力，判定我们不屈属于

① 康德：《判断力批判》上卷，第 95 页。

② 同上书，第 98 页。

它，并且有一种对自然的优越性”，① 如此被激发出的超乎自身自然而足以俯瞰外部自然的那种力是以理性为依据的人格的力。这种力量意味着，即使人在肉体上被无情的自然暴力所挫败，人也不应因此降低自己的人格。由人的肉体自然与外部自然的较量所引生的恐怖在被理性的力量解除后，人获得一种从重压下透出的快感——崇高感。

在这里，理性的自由之光投向自然，但这投向自然的自由之光却又是被威力无比的自然调动起来的；那自然由此显出某种合目的性，亦即对人的自由的实现说来的主观的合目的性。如同“数学的崇高”看似在于粗犷的自然，而终究却“只能在评判者的心情里寻找”一样，“力学的崇高”归根结底“不存在于自然界的任何物内，而是内在于我们的心里”。② 数学的崇高透过“绝对的大”拓展人的心量或襟怀，力学的崇高则以对自然力的超胜陶炼着人的滋养于道德理性的生命强度。康德由此也把审美意味上的崇高情调关联于宗教信仰当有的崇高观念：“粗陋的人”对大自然的威烈的一味恐怖（“谁害怕着，他就不能对自然的崇高下评判”③ ），同他们对想象中的狂暴的神灵的迷信和畏惧是可以相互说明的，而“受过文化陶冶的人”直面大自然的强力时那种评赏崇高的情调，则同他们对一个作为“道德的元宰”的上帝的崇敬心境全然相通。

在康德看来，从战栗于自然威势的“粗陋的人”进到能够在心意中超越自然威力以评赏崇高的“受过文化陶冶的人”，有待于道德观念的演进发展。但他并不把崇高判断的依据就此归结于历史的经验。他认为，对于崇高的判断，“虽然需要文化修养（且超过对美的判断），却并不因此首先是由文化产生出来的和习俗性地导入社会的，而是它在人类的天性里有它的基础。那就是对于（实践的）诸观念（即道德的诸观念）的情感是存在天赋里的。具有健康理性的人同时推断每人都禀具着，并且能对他要求着”。④ 这即是说，人的天赋的道德情感是崇高判断的先验根据，有了这根据，它才不仅可能，而且完全出于必然。就“样态”而言，崇高判断的契机正在于这见诸主观的必然。比起“量”“质”“关系”诸方面的契机来，“样态”上的所谓“必然性”的契机在康德的审美判断（包括美的和崇高的判断）的分析中显然被更看重些。他称它为诸契机中的一个“主要的契机”，因为他认为：

它正在这些审美判断上使一个先验原理显示出来，而把它们从经验心理学

---

① 康德：《判断力批判》上卷，第101—102页。

② 同上书，第104页。

③ 同上书，第101页。

④ 同上书，第106页。

里提升起来——在经验心理原是它们将埋葬于愉快与痛苦的诸情绪的下面，（只是带着一个无所说明的形容词：精微的情感而已）——以便由于它们的媒介把判断力放置进以先验原理为基础的一类里去，而作为这一类又把它拖进先验哲学里去。①

二、席勒：崇高——对“受苦的自然”的“道德的反抗”

有如康德，席勒也把“崇高”作为一个独立而又对应于“美”（优美、秀美）的审美范畴。在他看来，如果没有“美”，自然和理性在人这里便无从协调和沟通，如果没有“崇高”，人就会在“美”中陷落于快感而忘记自己的尊严。所以他认为，“只有当崇高与美结合起来，而且同等程度地培养我们对二者的敏感性时，我们才是自然的完美公民，因而不会是自然的奴隶，也就不会在只能靠理性而不能靠感性来认识的世界中丧失公民权”。② 不过，与康德略异，席勒更多地把对崇高感的培养关联于艺术，尤其是悲剧，不像康德那样只是在“对自然事物的‘大’的评量”或对自然事物的“力”的观照中作“崇高的分析”③。

当席勒指出“在美中理性和感性是协调一致的”“在崇高中理性和感性是不协调一致的”④ 时，他并没有比康德就美与崇高的差异说出更多的东西。而所谓“崇高感是一种混合的感情。它是表现最高程度恐惧的痛苦，与能够提高到兴奋的愉快的一种组合，尽管它本来不是快感，然而一切快感却更广泛地为敏感的心灵所偏爱。两种对立的感情在一种感情中的这种结合，无可争辩地证明着我们道德的主动性”，⑤ 则几乎可以说是对康德写在《判断力批判》中的某些句段的转述。甚至，他把康德所说的“美”或“优美”刻意区别为“美丽”（“活泼的优美”）与“秀美”（“沉静的优美”），并相对于“秀美”提出了“尊严”的概念，也未必在美学意义上有多少超越康德的价值。但他毕竟做了康德不曾做的事，在以“崇高”领会悲剧——这是康德从未置评的领域，而且依康德所赋予的内涵，“崇高”也当与整个艺术无缘——的美学契机时，他诉诸所谓“激情”。激情被界说为“人为的不幸”，⑥ 亦即被悲剧诗

---

① 康德：《判断力批判》上卷，第106—107页。

② 席勒：《论崇高》，载张玉能译席勒文集《秀美与尊严》，文化艺术出版社，1996年，第213—214页。

③ 同上书，第205页。

④ 同上书，第206页。

⑤ 同上书，第204页。

⑥ 同上书，第212页。

人构想出来以之作为调动人的崇高感的重要环节的那种不幸。它像现实的不幸一样能够唤起直面不幸的道德理性，但它被把握在恰当的分际上，不像现实的不幸那样在难以逆料的时间、地点向任何一个可能遭到不测的人猛扑过来，使人无以自卫。正是在这一意义上，席勒指出：

> 激情是不可避免的命运之移植，借助于这种移植，命运就剥夺了自己的险恶，而命运的攻击就被引向人的强大方面。①

换句话说，激情乃是被移植到悲剧中借以逼视人的灵魂深度的命运。没有深彻而强烈的感性的痛苦，无从产生激情，但激情成其为激情也还在于它对人的道德境界的可能尽致的表现的成全。席勒批评那种把真实的自然（本性）约束在朗诵式的冷冰冰的声调中的法国悲剧，而对真切刻画“受苦的自然”的古希腊史诗和悲剧推崇备至。他由衷地赞叹希腊人是真正的楷模：他们坦然吐露切己的自然（本性）的苦痛，但从不为感性的自然所奴役；他们不是以对感性痛苦的冷淡和漠然来显示自己的高卓，而是在感受这种痛苦时从忍受痛苦中寻找人性的荣誉。在席勒看来，“悲剧艺术的第一条法则是表现受苦的自然。第二条法则是表现对痛苦的道德的反抗”。②因此，他说：

> 在一切有激情的情况下，感觉必须是由痛苦引起兴趣的，而精神必须是由自由引起兴趣的。如果激情的表现缺乏受苦的自然的描写，那么它就没有美学的力量，而我们的心就始终是冷漠的。如果它缺乏道德禀赋，那么哪怕在具备感性力量的情况下它也不可能是激情的。而我们的感觉不可避免地被激怒。受苦的人永远应该由一切精神的自由显露出来，主动的或者能够达到主动性的精神永远应该由一切人类的痛苦显露出来。③

在悲剧中，激情为崇高而涌动，而所谓崇高感即是从那感性生命的痛感中透出的精神自由的快感。激情集痛感与快感于一身，其不快之感源于激情的对象与人的情感的关系，其快感来自激情本身与人的道德的关系；对于悲剧说来，从痛感中产生出快感，也就是从情感与道德的关联中引发出那不可抵拒之苦难背景下的同情心来。席勒认为，一切同情心都以对痛苦的想象为前提，而同情的程度则在于那种对痛苦的想象的生动性、真实性、完整性和持久性：（一）想象的生动性，是指对痛苦的想象越生动活泼，所能激起的感情就越强烈，感情越强烈，就越能唤起对痛苦的道德反抗。（二）想象的真实性，是指被想象的痛苦切合人的真实体验，以致能使感

---

① 席勒：《论崇高》，载席勒文集《秀美与尊严》，第212页。

② 席勒：《论激情》，载席勒文集《秀美与尊严》，第159页。

③ 同上书，第169—170页。

受者毫不勉强地与剧中的受难者调换位置，设身处地地为受难者的痛苦而痛苦。（三）想象的完整性，是指凡是使心灵按预定目的活动所需要的一切外部条件必须在想象中全部具备，应当有一系列个别的使人直接目睹——而非间接叙述——的动作或情节安排，这些动作或情节以确定的因果关系构成一个整体。（四）想象的持久性，是指要使剧中人的苦难在感受者心中激起高度的感动，就须设法让痛苦的想象持续不断。依心灵的常态，人们总是急于从别人的痛苦所引起的激情中摆脱出来，一部悲剧的成功却往往在于如何运用各种手段让人们的感受长时间地拴缚在剧中人的痛苦上。由引发同情心的痛苦想象所必要的生动性、真实性、完整性和持久性，席勒对悲剧艺术独特的悲剧感可能产生的必要条件作了如下归结：

> 第一，我们同情的对象必须完完全全和我们同类，而要我们参与的行动，必须是一种道德的行动，也就是说，一种自由领域内的行动。第二，痛苦、痛苦的根源和逐渐推进的程度，必须通过一系列的事件，完整无缺地传达给我们。而第三，还必须用感性的目睹的形式，不是间接通过描写，而是直接通过行为来表现。[①]

上承亚里士多德的悲剧观，席勒提出："悲剧是对一系列彼此联系的事故（一个完整无缺的行动）进行的诗意的摹拟，这些事故把身在痛苦之中的人们显示给我们，目的在于激起我们的同情。"[②] 他分五个层次对他的这一界说作了阐释，各层次的外延有相当程度的重合，显现出论说者意识到看似相近的提法的微妙差异。当他说"第一，悲剧是一个行动的模仿"时，他所着意的是以"模仿"把戏剧同那些诉诸叙述或描写的艺术区别开来，由此凸显戏剧"行动"（动作或情节）的可直接目睹性。当他说"第二，悲剧是一系列事件的模仿"时，他是要以"一系列事件"把戏剧这一表演"事件"的艺术同抒情诗一类文学作品区别开来，就此申说戏剧人物的感受和激情的展露须借重接连发生的一起又一起事件。当他说"第三，悲剧是一个完整无缺的情节行动的模仿"时，他是要就"完整无缺的情节行动"强调"一系列事件"的因果关联，提醒人们注意有着确定目的的悲剧事件的整体性。当他说"第四，悲剧是一个值得同情的行动的诗意的模仿"时，他的用心则在于以戏剧当有的"诗意的真实性"区别于"历史的真实性"，而他所说的"诗意的真实性"却不外是指艺术作品如何切实达到"使人感动""使人快乐"这一诗意的目的。当他说"第五，悲剧是一个行动的模仿，这个模仿把受苦中的人展现在我们面前"时，他把阐述的重心

---

① 席勒：《论悲剧艺术》，张玉书译，载《古典文艺理论译丛》第 6 期，人民文学出版社，1963 年，第 98 页。

② 同上。

移向了“人”——“人”是他的悲剧理论的底蕴所在，也是他的哲学、美学和艺术见解相牵相系的纽结所在。“只有在‘人’这个字的全部意义上的人，才能作受苦的对象”,[①] 这说法关联到他论崇高、论激情、论美育的文字，显然可以引出更深微的蕴涵，然而当他终于说出悲剧诗人的“理想的主人公正是介乎完全堕落和完美无缺的人物之间”[②] 时，却不免给人以落于浅尝之感。

席勒对悲剧题材是看重的，他甚至写过《论悲剧题材产生快感的原因》这样的专题论文，但他更属意于悲剧的形式。他认为，如果一部悲剧不是倚重题材的功效，而是更多地凭着形式的构成获得成功，这悲剧才真正算得上是理想的悲剧。不过，在他这里，悲剧的精神既然在于激情的崇高，它便必得涉及人生的感性和理性两重界域，而且亦终究以道德理性的主动性为其托底的秘密——就这一点而言，那被属意的悲剧的形式便理应是隐贯了从道德的主动性说起的“崇高”之灵魂的形式。无论是重形式，还是重道德的主动性，都可视为对康德的美学原则的信守，尽管康德本人从未问津过悲剧。然而，席勒确曾说了“人的结构美（亦可谓形式美——引者注）在性质上是理性概念的感性表现”[③] 一类话，这诚然更大程度地是在康德美学的意味上说的，但人们由此或会联想到后来黑格尔对美所作的那个著名界说——“美就是理念的感性显现”——也并非没有足够的理由。

三、谢林：崇高——“真正无限者”呈现为“相对无限者”

康德学说倚重主体的精神性状一度被费希特以其“绝对自我”推向极致，这时，曾对费希特怀有足够的仰慕之忱的谢林开始回顾被判以“独断论”的斯宾诺莎主义。美与艺术同斯宾诺莎哲学无缘，也并未在斯宾诺莎主义的批判者费希特那里获得应有的际遇——他留下了诸如“审美判断是正题判断”一类不无深趣的话题，却没能就此写下相称于其“理论自我”“实践自我”之确立的有关“审美自我”的更多文字；反倒是谢林，这个处在康德学说和斯宾诺莎主义之张力下寻求主体与实体、自我与自然之“同一”的人，以“艺术哲学”立论，辟出了德国古典美学的又一重天地。

谢林以他称之为“上帝”的“绝对者”（“绝对同一”）托底，建构了融摄“自然哲学”“先验哲学”为一体的“同一哲学”。新姿态的哲学虽然逻辑进退有致，却

---

① 席勒：《论悲剧艺术》，张玉书译，载《古典文艺理论译丛》第 6 期，人民出版社，1963 年，第 101 页。

② 同上。

③ 席勒：《秀美与尊严》，载席勒文集《秀美与尊严》第 115 页。

处处诉诸理智直观与美感直观，以至这哲学的建构者要分外申说："客观世界只是精神原始的、还没有意识的诗篇；哲学的工具总论和整个大厦的拱顶石乃是艺术哲学。"[①] 推重"美"和"崇高"对于他是极自然的事，而"美"和"崇高"在通向"绝对者"的途中相互间也更多了些亲和感。与"艺术本身是绝对者之流溢"[②]"上帝……乃是任何美的源泉"[③] 诸提法一脉相贯，谢林这样界说"美"：

> 所谓美，无非是被实际直观的绝对者。[④]

他没有像康德那样借助"量""质""关系""样态"诸范畴逐一探究审美判断的契机，但他以一种先验的目的论阐释美感直观，倒略可与康德所谓美感表象"合目的性而无任何目的"的说法相比勘。他指出：自然界的创造活动是无意识地开始而有意识地告终（以有意识的人的出现告终）的，它虽然没有预设的目的，其产物（有机体）却是合乎目的的；美感创造活动是有意识地开始而无意识地告终的，它通过创造者的有目的的追求把某种始料未及、不为意志所左右的结果带了出来——艺术家的创作激情引发于其自由行动中的有意识因素与无意识因素的冲突，真正的艺术作品的造就则标志着两种对立因素的相契。这即是说，在艺术创作中，有意识活动（自由）与无意识活动（自然）缺一不可，这两种活动以其无限对立之势成全着美感创造，却终于有可能在其产物艺术作品中臻于同一。"无限对立"的双方在既成的艺术作品中达于"同一"是无意识的，它默示着"美"何以会通向无限事物。由此，谢林从另一个角度界说他心目中的"美"：

> 既然这两种活动（即处在无限对立中的有意识活动与无意识活动——引者注）可以在作品中被表现为统一的，那么，这种作品就终于把无限的事物表现出来了。而这种终于被表现出来的无限事物就是美。[⑤]

其实，这里所说的"无限事物"正可溯源于被奉为"上帝"的"绝对者"，以"被表现出来的无限事物"界说美与以"被实际直观的绝对者"界说美，其意趣亦全然相侔。而且，当美被界说为"被表现出来的无限事物"或"被实际直观的绝对者"时，那"美"既然关联到"无限"和"绝对"，便也已经意味着人们通常所称叹的"崇高"。

谢林讨论崇高是从康德对崇高的理解说起的，不过，在他把这一范畴引入同一

---

① 谢林：《先验唯心论体系》，梁志学、石泉译，商务印书馆，1976 年，第 15 页。

② 谢林：《艺术哲学》，魏庆征译，中国社会出版社，1997 年，第 26 页。

③ 同上书，第 42 页。

④ 同上书，第 55 页。

⑤ 谢林：《先验唯心论体系》，第 270 页。

哲学或以对绝对者的直观为旨归的艺术哲学时，一切都被重新阐释过。他不否认康德曾论列过的两种崇高，即所谓数学的崇高和力学的崇高：前者在于可能大的自然对象对于评量者的感知能力说来的不可计量，后者在于可能强烈的自然威力使出现在它面前的人的感性生命力显得微不足道。他只是指出，那对于人的感知能力和感性生命说来显得绝对地大或具有无限威力的自然景象不过是“感性无限者”或“较为宏大者”，这些“感性无限者”或“较为宏大者”所以可能引致崇高感，是因为它们做了“真正的无限者”或“绝对者”的象征。真正的无限者被认为是崇高的最终依据，但离开感性无限者或较为宏大者——实际上的有限者——真正的无限者却又无从直观。康德要谨慎得多，他从不轻言“崇高者”，而仅仅说“崇高只存在那个关系中，在那关系里感性的东西在自然的表象里被判定能够从事于可能的超感性的用途”。[①] 谢林则基于他对“绝对者”或“真正的无限者”的认可，把康德所谓“感性的东西”从事于“可能的超感性的用途”，变换为所谓“感性的无限者”对“真正的无限者”的象征，并以此界说他敢于径直道出的“崇高者”：

> 崇高者乃是显现为无限者的有限者（即“感性无限者”——引者注）之从属于真正的无限者。[②]

换句话说，“崇高者”即是那借“感性的无限者”被直观的“绝对者”。这个关于“崇高者”的界说，同前此的关于“美”的界说——美，无非是被实际直观的绝对者——相比，其理路与意指可谓毫无二致。至于“感性的无限者”何以可能成为“真正的无限者”的象征，谢林则认为，那是因为二者皆可喻之以“混沌”。感性的无限者，无论是对于人的感知能力说来其全貌非可尽窥的庞然大物，还是对于人的肉体生命说来其威压非可抗拒的可怖之力，它们在人的直观中固然只是被视为一种混沌，而作为真正无限者的绝对者，其本原形态亦正在于混沌。绝对者的混沌是绝对形态与无定形的同一，它不是对形态的简单否定，而仅仅意味着在这包容一切形态的形态或一切形态的统一中没有一种形态有可能作为特殊者脱颖而出。“混沌”非知性所可推求，唯可诉诸理智或艺术予以直观，“绝对者”的这一绝对形态注定了以确证和彻悟绝对者为务的“同一哲学”更重艺术的直观而不是概念的寻绎。

除开自然中的崇高者，谢林还格外留意崇高者在精神体制中的发生。这类崇高者的范型往往由悲剧所模塑，从谢林对悲剧的见地显然看得出他曾如何步席勒的后尘。他几乎是在逐字逐句地重复席勒的说法：真正的悲剧性的崇高者基于两种条件

---

① 康德：《判断力批判》上卷，第 107 页。

② 谢林：《艺术哲学》，第 128 页。

——精神个体在自然之力下筋疲力尽，同时又通过其心灵体制居于上风。危难和灾祸是悲剧人物的摇篮，而悲剧人物成其为悲剧人物却还在于他直面命运的无情终究会守持一种精神。厄运见证德行，危殆显现勇决；在同苦难的抗衡中，命运的承受者即使遭遇灭顶之灾也能在精神上自拔于险境而不输其人之为人。如同自然中的“感性无限者”，悲剧主人公这一“相对无限者”作为真正无限者或绝对者的象征使精神体制内的崇高成为可能。

把崇高分为“自然中的崇高者”与“精神体制中的崇高者”显然可能留给人这样一种印象，即自然中的崇高者所以为崇高者乃在于自然，精神体制中的崇高者所以为崇高者乃在于精神。其实，谢林对崇高作如此划分只是出于论说的方便：既然崇高的发生终究因着作为相对无限者的有限者对真正无限者（绝对者）的象征或真正无限者借作为相对无限者的有限者以获得直观，那么，作为相对无限者的有限者，如果是自然物（无论是数学意义上“大”的自然物还是力学意义上“强”的自然物），所引出的便是所谓“自然中的崇高者”，如果是有限而相对无限的人的精神，所引出的便是所谓“精神体制中的崇高者”。真正说来，崇高之为崇高最终在于对真正无限者或绝对者的直观，而要获得对真正无限者或绝对者的直观，便既不能没有用以象征真正无限者或绝对者的感性无限者或相对无限者，也不能没有其精神与真正无限者或绝对者相契的人。因此，所谓“自然中的崇高者”其崇高并不在于自然客体本身，诱发崇高的自然物（“感性无限者”）作为真正无限者或绝对者的象征不过是人借以获得对真正无限者或绝对者直观的中介。而“精神体制中的崇高者”的情形却不同，其中作为绝对者或真正无限者之象征的悲剧主人公本身即是因着直观绝对者或真正无限者而赋有崇高感的人。就此而言，某一“大”或“强”的“感性无限者”的自然物，其本身原是无所谓崇高的，而精神体制中的那种作为相对无限者的人反倒可以径直被称为崇高的人。正是在这一意义上，谢林有理由说“只有在艺术中（而不是在自然中——引者注），客体（悲剧主人公作为可直观的客体——引者注）本身才是崇高的”，尽管他同样有理由说“既然精神体制，即有限者因之而降至无限者的象征之因素，就此而论，依然无非是同主体相关”。[①]

无论是美还是崇高，底蕴都在于对绝对者或真正无限者的直观，而直观无限者，无论是获得美感还是崇高感，又都不能不借重有限者。崇高与美之间不存在根本的对立，其更大程度地被认可为美或更大程度地被称之为崇高，仅仅在于被直观的无限者与借以直观无限者的有限者的关系：在崇高中，有限者对抗无限者却又作为无

① 谢林：《艺术哲学》，第133页。

限者的象征；在美中，有限者表现无限者而与无限者相调和。谢林在撰写《先验唯心论体系》时就已注意到，崇高和美都是以同一种矛盾为依据的，但他又认为二者间的对立也异常明显——自然景致可以是美的却不因此就是崇高的，可以是崇高的却不因此就是美的——尽管他断定，这对立只是发生在直观的客体而不是在直观的主体方面。其后，这段文字被修订为：美和崇高之间并没有什么真正的客观的对立；真实的、赋有绝对性的美的东西总是崇高的，而真正崇高的东西也必定是美的。在《艺术哲学》中，谢林则更多地强调了崇高与美的相互涵纳。他指出，“无限者呈现为有限者，主要是作为崇高者显现于艺术作品”，而“有限者呈现为无限者，主要是作为美好者呈现于艺术作品”,[①] 同时他也指出：

> 处于其绝对性中的崇高者将美好者纳入自身，犹如处于其绝对性中的美好者将崇高者纳入自身。[②]

这即是说，如果崇高者不同时也是美的，它将不成其为崇高，而只会使人感到可怖或怪异；同样，真正赋有绝对性的美，也应或多或少地震撼人心而使人或多或少地产生一种崇高感。谢林认为，把美与崇高融为一体的最好例证莫过于神话中诸神的形象，他们身上的崇高与美的比例往往取决于其受限制的状况。美的必要形式总是要求其受到一定的限制，由这限制带来的无限性的消减又总会使美的程度在神的形象中相对于崇高而有所提升，但无论如何，神成其为神，其形象决不至于仅仅美而并不崇高或仅仅崇高而并不美。例如宙斯，他既非老年，又非青年，其形象不受什么限制，崇高在他这里对于美就占了上风，而阿波罗的形象受限制就较多些，其青春之美固然比宙斯更美，而其显现的崇高却又势必逊于宙斯。同样，天后赫拉的形象可谓之崇高的美，而智慧女神雅典娜的形象相对于赫拉则又可称叹为美的崇高。

四、黑格尔：崇高——“理念越出有限事物的形象”

在谢林诉诸富于诗意的美感直观对哲学作了某种艺术洗礼后，黑格尔逞其沉郁的思辨以一个包举万有的庞大体系再度把艺术观审扬弃于哲学的逻辑。同是把鲍姆嘉通以“美学”命名的那个相对独立的学域称作“艺术哲学”，谢林的艺术哲学是其“（同一）哲学的工具总论和整个大厦的拱顶石”，黑格尔的艺术哲学则只是运作中的绝对精神“自己二元化自己，自己乖离自己”从而自己“发现自己”“回复自己”的

① 谢林：《艺术哲学》，第 127 页。

② 同上书，第 134 页。

一个环节——它在宗教哲学的俯瞰下，并最终笼罩于哲学的纯粹思辨："思考和反省比美的艺术飞得更高。"[①] 并且，同是以有限者表现无限者界说美，一为"所谓美，无非是被实际直观的绝对者"，一为"美就是理念的感性显现"，[②] 但两者的意蕴确已相去甚远：谢林虽曾断言美与崇高的相容互涵，即所谓"真实的、绝对的美的东西总是崇高的，崇高的东西（如果是真实的）也是美的"，[③] 却终究把崇高作为美感直观或艺术直观中的独立的一维，因而他也对美和崇高作如是分辨，"在彼（在崇高者中），有限者似乎呈现于对无限者的反抗中——尽管它在这种情况下成为其象征。在此（在美好者中），两者始而处于调和状态"；[④] 黑格尔则全然把审美在"美就是理念的感性显现"的意味上一维化了，崇高在失去它作为审美的一个独立维度的地位后只是被视为美的一种有缺陷或非健全的状态。

黑格尔是在论述象征型艺术时说到崇高的，而象征型艺术在他的美的评判坐标中却不过是真正的艺术（古典型艺术）的准备阶段或所谓"艺术前的艺术"。这种艺术前的艺术诚然被认为是美的理念借感性形象显现其内蕴的肇始，但在黑格尔看来，此时，理念本身还是抽象的，还不曾定性，因而也还没有为自身找到定性的形式。"抽象的理念所取的形象是外在于理念本身的自然形态的感性材料，形象化的过程就从这种材料出发，而且显得束缚在这种材料上面。"[⑤] 的确，狮子可被用来象征刚强，圆形可被用来象征永恒，但这被象征的刚强、永恒还只是内涵显得空疏的理念的抽象属性，与之相应的则是显现它的感性形象——狮子、圆形等"自然形态的感性材料"——"在外表上离奇而不完美"。黑格尔说，象征型艺术与其说具有真正的表现力，不如说只是某种图解的尝试。

对于"象征"，黑格尔作了如下的界说：

> 象征一般是直接呈现于感性观照的一种现成的外在事物，对这种外在事物并不直接就本身来看，而是就它所暗示的一种较广泛较普遍的意义来看。因此，我们在象征里应该分出两个因素，第一是**意义**，其次是这意义的表现。意义就是一种观念或对象，不管它的内容是什么，**表现**是一种感性存在或一种形象。[⑥]

依黑格尔的看法，"象征"首先是一种符号，不过在单纯的符号（如语言符号或

① 黑格尔：《美学》第一卷，朱光潜译，商务印书馆，1979年，第13页。
② 同上书，第142页。
③ 谢林：《先验唯心论体系》，第270页。
④ 谢林：《艺术哲学》，第134页。
⑤ 黑格尔：《美学》第一卷，第95页。
⑥ 黑格尔：《美学》第二卷，朱光潜译，商务印书馆，1979年，第10页。

徽章、旗帜等色彩符号）里意义与表现意义的形象间的关联是任意的，而艺术的象征是另一种，它的意义与表现意义的形象之间有着密切的可喻性联系。艺术象征在于以具体的个别事物表现某种普遍性的意义，而那具体个别事物的形象本身的特征即已能够作为对某种意义的暗示。形象对意义的这种暗示作用意味着二者间的某种协调，也意味着二者间的非可全然协调。狮子固然可以象征刚强，但刚强并不就是一头狮子，而狮子除象征刚强外也未尝不可用以象征凶残或其他精神性状。形象和意义间的这种既相应而又不相应的关系决定了艺术象征的模棱两可性或暧昧性。黑格尔认为，一切象征型艺术都可以视为对意义与形象的互不适应所作的斗争，这斗争的展开构成象征型艺术的三个阶段或三种象征方式：不自觉的象征、崇高的象征方式、自觉的象征（比喻的艺术形式）。其中，崇高的象征方式是象征型艺术最具典型性的象征方式。

在崇高的象征里，意义作为有着独立、普遍而绝对性的精神第一次与感性的现象界整体对立起来，它为把自己从感性的具体事物中彻底净化出来而否定现象界，却又终于不能不借它所否定的现象界作为表现自己的材料。黑格尔认为，崇高是一种表达无限的企图，而在现象领域里又找不到一个恰好能表达无限的对象。他引证康德在《判断力批判》中论述崇高的话："真正的崇高不能容纳在任何感性形式里，它所涉及的是无法找到恰合的形象来表现的那种理性观念；但是正由这种不恰合（这是感性对象所能表现出的），才把心里的崇高激发起来。"[①] 这是"不自觉的象征"的反题，崇高把普遍性的精神提升到一切直接存在的事物之上，正因为这样，倘囿于"不自觉的象征"的畛域，便可能发生"真正的象征的性质就消失了"的问题。

如果要使无限因而绝对或普遍的精神成为可观照的对象，那就只有一个办法，即既把它作为绝对而纯粹的精神（一种精神"实体"）来理解，又把它作为创造一切现象界事物的力量来理解——由于它创造了诸事物，它便可以借这些被创造的事物显现自己。但无论如何，绝对而纯粹的精神仍是要超出个别现象而提升自己于个别现象的总和之上的，因此那种与现象世界的肯定的（积极的）关系复又转化为否定的（消极的）关系，非如此，精神便不能从生灭中的种种个别现象那里净化出来以显示自己不为现象所限的绝对性或普遍性。依据绝对或普遍的精神与现象世界的这两重关系，黑格尔把崇高的象征方式的艺术分为两种。一种取肯定现象事物的方式，借现象事物观照和称叹现象事物所由创生的神，一种取否定现象事物——不管它多么丰富多么雄伟庄严——的方式，托显神对于它的所造物的无与伦比的崇高、

① 黑格尔：《美学》第二卷，第 79 页。

伟大。前一种是泛神主义的，古代印度和波斯的颂神诗是这种艺术的范例；后一种以犹太教的颂神诗和寓言诗最为典型，它由鄙夷万物的卑微与虚无来申达人对神的敬畏和惊赞。

> 用来表现的形象……被所表现的内容消灭掉了，内容的表现同时也就是对表现的否定，这就是崇高的特征。①

依照这一特征，黑格尔以为，那种由否定森然万象而仰颂唯一尊神的犹太教诗篇之情调才可堪称“真正的崇高”。然而，被如此确认的崇高已经不再像康德所标举的崇高那样是对作为“世界的最后目的”或“作为本体看的人”的称叹，而是对战栗于神的威仪以致精神重心不能自守的人的贬抑：由于“涉及人方面的崇高是和人自身有限以及神高不可攀的感觉联系在一起的”，“因此，人就觉得在神面前，自己毫无价值，他只有在对神的恐惧以及在神的忿怒下的颤抖中才得到提高”。②

五、结语

1. 从康德到黑格尔，“崇高”在美学乃至整个哲学沿革中的境遇牵系着人的境遇。当康德、席勒把人的自律地提升着的精神境界视为崇高的内在依据时，他们所眷注的是人的尊严的自持或人的灵府的自守；诚然，崇高必得显现在一种非同寻常的对待性关系中，但一切造成人的感性生命之不堪的大自然的威压乃至无可规避的厄运的追逼，都只是借以见证人的崇高心灵的外部条件。谢林试图把崇高作为美感直观或艺术直观之一维归诸有着实体意味的“绝对者”，然而他对所谓“被表现出来的无限事物”“被实际直观的绝对者”的那个“被”的终于未能略去，显然小心翼翼地为“主观的东西”在“同一哲学”中留够了主动的余地，而正是这一点使他得以在论说崇高时更大程度地援引席勒。不过，“绝对者”毕竟作了黑格尔的“绝对精神”的先导，“崇高”在后者那里已经不再那么蒙宠——它被纯然思辨的逻辑安排为艺术哲学中一个不起眼的环节，只是为了用于指谓绝对理念尚未找到其感性显现所必要之恰当形象的情形。黑格尔所辩说的“崇高”没有了使人心有存主而重心自在的品格，它被用来喻示初始的神的孤卓和超绝，也因此被用来喟叹人对那高不可攀的神的恐惧和仰赖。

2. “崇高”与“美”（优美）在康德、席勒乃至谢林那里是作为审美判断或美感直观的两个性态有别的维度提出的，无论是康德、席勒还是谢林，都不曾把这两个

① 黑格尔：《美学》第二卷，第 80 页。

② 同上书，第 96 页。

审美维度截然对立，也都没有把它们牵混为一。康德未遑论及悲剧，但以“崇高”——而非“美”（优美）——收摄悲剧的精神性状终是顺理成章而别具一种深趣。席勒和谢林借着“崇高”这一独特的审美之维对悲剧的观审是耐人寻味的，显然正是它牵动着悲剧的最敏感的神经：这或如席勒所言，“只有‘人’这个字的全部意义上的人，才能作受苦的对象”，而“主动的或者能够达到主动性的精神永远应该由一切人类的痛苦显露出来”；或如谢林所言，“真正的悲剧性的崇高者基于两种条件：精神个体在自然之力下筋疲力尽，同时又通过其心灵体制居于上风”。黑格尔依然沿用了作为审美范畴的“崇高”，但他不再以它为一个独立的审美维度。他把“崇高”置于“美就是理念的感性显现”这一唯一被认可的审美维度下，赋予它以阐释“艺术前的艺术”的使命。既然“崇高”终究只是被关联于粗陋的象征型艺术的，它也便理所当然地与悲剧无缘。不可否认，黑格尔以“绝对精神”在剧中不同人物那里的片面实现——这些人物各执“神性的东西”之一端——解释悲剧的冲突可谓新颖而深刻，然而，替绝对精神上场扮演一个必要角色的人物却不过是那善于施“理性之狡计”者的资具。黑格尔的确说过“人本性上是自由的”[①] 这样的话，但人对于黑格尔说来从来就不是本体意义上的主体。依他的本然旨趣，所谓“人本性上是自由的”，不外是说“‘精神’（绝对精神——引者注）——人之所以为人的本质——是自由的”。[②]

3. 美学在康德、谢林和黑格尔那里都只是价值祈向隐然可辨的哲学体系的有机构成部分，“美”和“崇高”的价值在怎样的分际上被认可取决于不同哲学体系的价值重心。康德是以“至善”（“德”“福”配称）的求达为其哲学的职分的，“美”（包括“崇高”与“优美”）对于这一以批判——纯粹理性批判、实践理性批判、判断力批判——为契机的哲学说来原只是“至善”的某种补足，所以康德乃至断言“美是道德的象征”，[③] 并由此得出这样的推论：“一个人……对于我所判为崇高的无动于衷，我们就说他没有（道德）情感。”[④] 谢林的“同一哲学”的宗趣系于其理念因素与现实因素绝对同一的“绝对者”，这能动的绝对者把自己展露在三个幂次上，它的最高幂次的展露同时即是它在最高幂次的被直观，亦即“美感直观”。因此他说：“同理念世界和现实世界的三幂次相应的为三种理念（作为神圣者的理念，既不属于现实世界，也不属于理念世界）即：真、善、美（包括‘崇高’于其中——引者

---

① 黑格尔：《哲学史讲演录》第一卷，贺麟、王太庆译，商务印书馆，1959年，第52页。

② 黑格尔：《历史哲学》，王造时译，三联书店，1956年，第56页。

③ 康德：《判断力批判》上卷，第201页。

④ 同上书，第106页。

注）；同理念世界和现实世界的第一幂次相应者，为真；同其第二幂次相应者，为善；同其第三幂次相应者，为美”。① 与谢林的“绝对者”略可比拟，为黑格尔哲学所措意的是融实体与主体于一身的“绝对精神”；绝对精神自我显现而自我认识固然必得历经其艺术的定在以凭恃直观和形象，但其闷机的最后道破却不能不诉诸纯粹的思辨。命运般的逻辑所追逐的是被思辨地理解着的“真”，这“真”之幽趣即所谓“凡是合乎理性的东西都是现实的；凡是现实的东西都是合乎理性的”。②“崇高”在康德的自律的道德之“善”中生发，在相应于谢林的“绝对者”呈现之最高幂次的“美”中栖托，在黑格尔的思辨而逻辑化了的“真”那里黯然失色，这并非偶然的嬗变诉说着那必得寻问于美学之外的美学之秘要。

4. 黑格尔之后，叔本华一度就“壮美”作为意志自我否弃的一个或然性环节说过不多的话，从此，“崇高”在美学史上虽不能说全然销声匿迹，但确已鲜于被人提及。我们正处于一个人之生趣过重地累于外骛而精神内向度日见萎缩的时代，这时代里人们孜孜以求的是关涉利害、得失的“权利”，所荒顿的却是人生之尊严赖以养润的心灵“境界”。一如悲剧的衰微，“崇高”违别我们已经够久了。“美”正渐次沦落为当年叔本华所鄙弃的那种“媚美”，与“告别崇高”的轻佻呼叫相唱和的是熹音湛湎中的人们的泛艺术嬉戏。然而，文化危机的消息毕竟早就报告着某种可能的运会，它在警示人们作必要的人文自审时也提撕人的审美心灵再度唤起那富于悲情的“崇高”的一维。

发表于2004年第1期

---

① 谢林：《艺术哲学》，第37页。

② 黑格尔：《法哲学原理》，范扬、张企泰译，商务印书馆，1961年，第11页。

社会主义核心价值观生成的一般规律、基本原则和基本要素

虞崇胜　张建军*

党的十八大明确提出“积极培育和践行社会主义核心价值观”，这将大大促进社会主义核心价值观的传播和流行，使之成为引领社会思潮、凝聚社会共识的重要思想引擎，进而有力促进中国特色社会主义事业健康发展。然而，凝练和培育社会主义核心价值观却是一个系统的文明建设工程，不仅需要准确把握社会主义核心价值观的生成规律，而且需要遵循凝练社会主义核心价值观的基本原则，科学表述社会主义核心价值观的基本要素。本文试从社会主义核心价值观生成的一般规律、基本原则和科学表述三个方面作些探讨，以纠正理论界正在流行的一些似是而非的认识和偏向。

一、社会主义核心价值观生成的一般规律

为了积极培育和践行社会主义核心价值观，首先有必要深入了解和把握核心价值观的生成规律。只有准确把握和切实遵循核心价值观的生成规律，才能有效地凝练和培育社会主义核心价值观。

任何价值观的生成，都有其特定的社会场域。从一定意义上讲，社会主义核心价值观是自然形成的，是一种自生自发的价值体系，脱离特定社会场域人为地臆造的价值观是不可能被人们所接受的。同时，任何价值观的形成，都是时代精神的主观凝练，如果不对散见于社会的进步价值进行科学凝练和积极倡导，就不会有占主导地位的核心价值观。因此，社会主义核心价值观的凝练和培育，需要紧密结合中国社会主义实践，根据核心价值观生成的一般规律和社会主义本质的内在要求，充分吸纳人类共同价值观和中国传统价值观的合理内核，经过充分的理论探讨和高度

---

* 虞崇胜，武汉大学政治文明与政治发展研究中心主任、教授、博士生导师；张建军，武汉大学政治与公共管理学院博士研究生。

的理论升华才能逐步凝结而成并在社会中普遍流行起来。

概括来说，社会主义核心价值观的生成，需要准确把握和切实遵循以下生成规律：

其一，自生自发性。

诚然，价值观是人们的主观价值取向，但价值观却不是人们主观意志的产物，而是客观社会实践需要使然。任何一个社会的核心价值观的形成，都要基于对人类文明发展史的认识和总结，基于人们对正在发展着的社会实践的认识和总结。也就是说，核心价值观不仅是对基于意识形态的理论体系的价值概括，而且也是对人类历史发展规律及正在进行中的社会实践的概括和总结。

从发生学上看，价值观的生成具有自生自发性的特点。所谓自生自发性，一是说价值观的自然属性，二是说价值观的时代属性。从价值观的自然属性来说，人们可以倡导某种价值观，但价值观的生成却基本上是一个自然过程，如果倡导的价值观不是客观社会的要求，超越或落后于客观社会的要求，这种价值观是不会发展起来的，即所谓“有心栽花花不发，无心插柳柳成荫”。从价值观的时代属性来说，价值观既是时代发展的产物，又是时代精神的体现，每个时代都会有符合本时代要求的价值观。时代发展了，自然会有适应时代要求的价值观产生。可见，所谓自生自发性，其实也就是价值观生成的实践性、社会性和时代性特征的综合体现，社会主义核心价值观的培育应该遵循这一规律。

其二，主观凝练性。

价值观是实践和时代的产物，是自生自发的，但价值观又是一种人的主观观念取向，任何时代的核心价值观都是人的主观意识的凝结。而且，人们自发的价值取向通常是分散的、零碎的、不规范的，需要通过理论概括进而凝练成人们能够广泛接受的具有共识的核心价值观。核心价值观的生成，需要社会精英的凝练、倡导和传播，并需要借助于一系列的教育活动来承载。同时，还需要全社会日复一日的坚持，需要一系列诸如“专家解读”“专题研讨”“典型示范”“集体创造”等具体形式和具体措施来支撑。如果没有这些主观活动的承载和支撑，就可能出现“雨过地皮湿”，核心价值观是难以在全社会流行起来的。

改革开放以来，中国的价值观经历了前所未有的大变革。我们今天倡导社会主义核心价值观，从主观取向来说，就是针对改革开放以来人们的价值观念发生了深刻变化。最近一些年来，在多重价值观念的影响下，在一些人群中价值观被扭曲，对客观事物不能做出正确的判断，对言行不能做出正确的选择，从而出现了信仰危机、作风腐败、诚信缺失、道德失范等问题。提出和凝练社会主义核心价值观，具有明确的针对性，反映了中国执政党的自觉意识，是一种高度的文化自觉和价值自觉。我们既要继承民族优秀的思想、道德传统，更要将社会主义时期特别是改革开放时代人们在社会实践中创造的新的价值观念提炼出来、概括出来，丰富社会核心价值观，使之系统化和体系化，为形成共同的理想信念、道德精神、制度规范奠定更加坚实的基础。

其三，制度凝结性。

核心价值观的流行，需要倡导、培育和传播，需要一系列的教育活动来承载，更需要与相关制度建设结合起来，将其内容凝结到制度中去。核心价值观如果不与制度契合，如果不能在现行制度中得到凝结，使之成为制度的精神内核，那是行之不远的。

我们知道，任何时代的价值观都是多样的和变化的，而要使这些价值观成为社会的支撑力量，必须实现价值观的制度化。正如有学者指出的："20 世纪理论家的任务就是，恰当地配置这些价值，并提出可以使这些价值得以调和的制度性手段。"①

社会主义核心价值观要以制度建设为保障。社会主义核心价值观博大精深，需要千百万人去实践，更需要在实践中坚持和发展，这就特别需要制度建设，使制度内含核心价值观的精髓。因此，在倡导和培育社会主义核心价值观的同时，需要对现行的制度进行全面分析和检讨，并按照核心价值观的要求，与制度改革创新结合起来，改革那些与核心价值观要求不相符合的体制机制，从而使制度的构建和运行与所倡导的核心价值观相一致。如果一个社会长期处于"价值与制度"两张皮的状态，或处于"价值空置"和"制度空转"状态，就会与社会发展的终极目标渐行渐远，民心就会离散，社会就会混乱，政局就会动荡。

其四，要素关联性。

核心价值观是个体系，其中各个要素必须是相互联系相互支撑的。核心价值观不是社会价值要素的大杂烩，而是社会价值精髓的凝结。如果核心价值观中不同要素相互冲突相互矛盾，就难以形成综合力量，构不成内在契合的价值观体系。因此，在倡导和培育核心价值观时，必须将核心价值观视为一个多边相互连接的价值整体，充分注意到核心价值观不同要素的关联性特征。

在学习贯彻党的十八大关于培育社会主义核心价值观的要求时，有些人将核心价值观人为地区分为国家层面、社会层面和个人层面，也有人特意从三个不同方面来阐释社会主义核心价值观（将富强、民主、文明、和谐作为共同理想，将自由、

---

① ［英］M. J. C. 维尔：《宪政与分权》，苏力译，三联书店，1997 年，第 334 页。

平等、公正、法治作为社会主义本质，将爱国、敬业、诚信、友善作为公民道德准则）。其实，这样做既不符合核心价值观生成的一般规律，而且也割裂了社会主义核心价值观不同要素的关联性。

必须明确，我们倡导的社会主义核心价值观也是一个有机的整体，其中不同要素具有内在关联性，不能分割开来进行理解。比如，法治既是社会层面的价值，更是国家层面的价值，我们早就提出了“建设社会主义法治国家”的目标；又如诚信，既是对个人的要求，但更是对政府和制度的要求，如果没有政府诚信和制度诚信，个人诚信是很难建立起来的；再如和谐，也不只是国家层面的要求，我们已经明确提出建设社会主义和谐社会；还有富强、民主、文明、和谐，都是社会主义本质的要求，不能排除在社会主义本质之外，否则会扭曲社会主义本质。因此，简单地将社会主义核心价值观的基本要素分割开来的做法，不仅不利于对社会主义核心价值观的全面理解，而且有碍于社会主义核心价值观的有效生成和科学培育。

二、凝练社会主义核心价值观的基本原则

毫无疑问，社会主义核心价值观是人类价值观的高级形态，代表着人类价值观发展的方向。同时，社会主义核心价值观也不是脱离人类价值观而单独存在的，不是与人类共同价值观背道而驰的。根据价值观生成的自生自发性、主观凝练性、制度凝结性和要素关联性的特点，我们要凝练和培育社会主义核心价值观，必须严格遵循价值观形成的一般规律，准确把握社会主义价值观生成的社会场景，坚持和恪守以下基本原则。

其一，必须符合人类共同价值的要求。

必须明确，社会主义核心价值观并非人类价值观的异类，不是脱离人类共同价值观而存在的；相反，它内含并反映人类共同价值观的要求，是人类共同价值观的一个重要组成部分。从发展的角度看，社会主义核心价值观只有充分体现人类共同价值观的内容，才不至于与人类共同价值观发生冲突，成为一种狭隘的价值观。同时，社会主义核心价值观必须能够为人类共同价值观注入新的内容，推进人类共同价值观的发展。因为社会主义核心价值观作为一种新型的价值观，如果不能给人类共同价值观注入新的内容，它的发展前途就是黯淡的，就是一种没有生命力的价值观。须知，人类共同价值观就是在不断地被注入新的内容的过程中不断向前发展的。

其二，必须反映社会主义本质的要求。

社会主义本质是社会主义核心价值观的基本内核，社会主义核心价值观就是社会主义本质的价值体现。在一定意义上讲，社会主义本质是社会主义的 DNA，社会

主义核心价值观只有内含充分的社会主义 DNA，才可称之为社会主义核心价值观。因此，在凝练社会主义核心价值观的时候，我们首先必须搞清楚什么是社会主义本质，因为这是凝练社会主义核心价值观最根本也是最困难的问题，同时也是最终我们凝练的价值观是否具有社会主义属性最根本的东西，从而也是区别其他任何价值观最根本的东西。自从社会主义制度建立以来，社会主义走过不少弯路，有过不少挫折，其中最重要的教训就在于没有能够从理论与实践的结合上搞清楚什么是社会主义本质的问题。对此，邓小平在世时曾经沉痛地指出，长期以来我们对于什么是社会主义没有搞清楚，结果导致了很多失误。今天，我们在凝练社会主义核心价值观的时候，必须通过精深的理论概括和实践总结，将社会主义本质的内核充分地揭示出来，为凝练社会主义核心价值观提供理论指导和价值准则。

其三，必须继承中国传统价值观的精华。

如前所述，任何价值观的形成都有特定的社会场域。中国特色社会主义核心价值观不可能从空中掉下来，它是中国传统价值观的继承和发展。中华民族是一个具有明确理想和价值追求的民族，我们的祖先曾经创造了灿烂的民族文化，并且凝结出具有浓厚东方色彩的传统价值观，成为引导中国民族走向繁荣昌盛的精神支柱。因此，我们在凝练社会主义核心价值观时，不能割断历史，必须从传统政治价值观中吸取营养，取其精华，去其糟粕，继承这一份丰厚的传统价值观遗产。同时，我们也必须清醒地认识到，传统价值观毕竟是传统社会的产物，传统价值观所内蕴的价值原则和价值规范带有传统社会不可克服的历史局限。因此，传统价值观不能照搬到现实的中国社会中来，必须结合当代中国的实际进行创造性的转换，以获得新生。只有经过创造性转换后的传统价值观才能融入现代社会之中，进而发展成为现代价值观中不可或缺的重要组成部分。

其四，必须适应现实中国发展的要求。

我们提出凝练社会主义核心价值观的任务，并不是为了发思古之幽情、启灵魂深处之革命，说到底是现实社会主义中国发展的迫切需要。那么，现实中国发展究竟需要什么样的价值观呢？要弄清楚现实中国需要什么样的价值观，有必要对现实中国的发展阶段和所处社会历史条件有一个清醒的认识。众所周知，现实中国来源于传统中国，但又不同于传统中国；现实中国已经融入全球化的洪流，但又不同于现代西方社会。现实中国是经历了鸦片战争以来百年风云激荡，又经历了 60 多年社会主义革命和社会主义建设，并且经历了 30 多年改革开放的中国。从总体上看，现实中国仍然处于社会主义初级阶段，面临着继续发展的完善社会主义社会的繁重任务。同时，现实中国又是一个新旧杂陈、方生方死、变化频繁的过渡性社会，社会经济、政治、文化获得了中国历史上前所未有的发展，同时各种经济成分、政治思潮、文化形式杂糅并存、竞相绽放。如此多样性、变异性的时代，既给凝练社会主义核心价值观提供了丰富的时代素材，同时也提出了严峻的挑战。

其五，必须适应社会主义和人类未来发展要求。

社会主义社会是发展的社会，是与时俱进的社会。凝练社会主义价值观必须具有前瞻性，以便适应社会主义和人类未来发展的要求。为此，我们要用发展的眼光和发展的理念来凝练社会主义核心价值观。一方面，凝练社会主义核心价值观要有高远的视野，站得高才能望得远；鼠目寸光，只是盯着眼前的某些社会表象，就事论理，是不可能凝练出真正有长远指导意义的价值观的。另一方面，凝练社会主义核心价值观要力求把握社会主义和人类社会未来发展的趋势和规律，只有对未来社会主义如何发展、未来人类会面临什么问题、社会主义发展如何与人类发展协同起来这些问题有相对准确的把握，才能凝练出适应社会主义和人类未来发展要求的价值观。

其六，必须具有群众喜闻乐见的表达形式。

价值观是用来引导人们思想和行为的，因此能否用群众喜闻乐见的表达形式概括和呈现出来，成为凝练社会主义核心价值观不可回避的问题。中国传统社会在相当长的时期内之所以能够形成凝聚力很强的社会，除了传统的经济、政治、文化结构的聚合力外，就是经过历代政治家和思想家的精心凝练，形成了人们喜闻乐见、耳熟能详的“五字”价值观。“仁、义、礼、智、信”，简单的五个字，却精确地涵盖了中国传统价值的丰富内容，既通俗，又简明，便于记忆，便于流传。当下，我们要凝练社会主义核心价值观，也必须经过精心的思想概括和语言提炼，坚决杜绝生僻拗口、复杂烦琐的八股，从而使社会主义核心价值观成为人们喜闻乐见、耳熟能详、便于识记的新话语。

三、社会主义核心价值观的科学表述

关于社会主义核心价值观的基本要素的表述，党的十八大已经提出倡导富强、民主、文明、和谐，倡导自由、平等、公正、法治，倡导爱国、敬业、诚信、友善。也就是说，党的十八大初步概括出 12 个词 24 个字的社会主义核心价值观，这对于凝练和培育社会主义核心价值观提供了重要指导性意见。需要指出的是，党的十八大之所以用“三个倡导”，说明这只是提出一个指导性的意见，并非盖棺定论的结论性意见。正如一些专家和学者指出的，十八大报告采用“三个倡导”的表述方式，而没有采用“社会主义核心价值观是什么”这种下定义的表述方式，是科学求实的，符合当前中国实际，因为社会主义核心价值观仍处于培育和建构阶段。他们认为，“三个倡导”所提出的12项价值观都是美好而值得珍视和追求的，但显然不是所有美好的价值观最终都能进入核心价值观，核心价值观应突出核心性和超越性。韩震指出：“一种核心价值观就是这个国家的社会制度对人民的承诺、对历史发展方向的把握。”因此，核心价值观要有一定的超越性，如同理想和信仰那样，具有强大的精神感召力。反之，过于物质化的价值观就难以具有那种万众归心的感召力。他举例说，“富强”当然是值得追求的美好的价值观，但应不应该成为“核心价值观”，值得认真考虑。全世界没有哪一个国家不追求富强的。美国人最讲究实际利益，做什么都是以国家利益为依据，但美国人绝不把追求利益作为他们的核心价值观加以宣扬，因为这显然不能给他们带来所谓的“软实力”，他们所鼓吹的核心价值观是带有超越性的“自由”“民主”“人权”。尽管他们实际干的是在全世界捞取利益的勾当，但嘴上却是冠冕堂皇的价值观。如果我们把“富强”当成核心价值观，正好给了他们说中国人只知道赚钱、发财，缺少道德追求的口实，不利于我们树立国际形象。当我们拿富强或者共同富裕之类的价值观去和西方进行竞争时，我们怎么可能占领道德制高点呢？韩震还提出，在核心价值观的培育上应注意区分占主导地位的核心价值观和外围的、从属性的价值观，尤其不要把道德价值观和核心价值观混在一起。“比如说，爱国当然要爱，但没必要把这当成核心价值观。把爱国作为公民的基本道德要求就可以了。”①

当下人们在凝练和培育社会主义核心价值观问题上存在分歧，应该说是十分正常的，因为社会主义核心价值仍然在实践和形成之中。不过，仔细分析，之所以存在这些分歧或偏差又都与对社会主义核心价值观的个性和共性缺乏准确的把握有关。毫无疑问，社会主义核心价值观既要反映人类价值观的共性，同时也要反映社会主义和当代中国的个性。正如前述凝练社会主义核心价值观基本原则中强调的，社会主义核心价值观必须符合人类共同价值的要求、反映社会主义本质的要求、继承中国传统价值的精华、适应现实中国发展的要求、适应社会主义和人类未来发展的要求。

个人认为，如果严格依据社会主义核心价值观的生成规律和基本原则，特别是根据改革开放以来我国核心价值观相对缺失的现状，目前或今后一个时期中国最需要最切近的核心价值观的基本要素，可以表述为自由人权、民主法治、公平正义、

---

① 张贺：《价值观进步推动中国进步——专家学者谈如何扎实推进社会主义核心价值体系建设》，《人民日报》2012年11月30日。

诚信兼爱四个语言单位。这个表述不仅形式上比较严整，而且内容上比较符合上述生成规律和基本原则，也是现实社会中正在流行和将要流行的价值要素。

其一，自由人权。

自由人权是社会主义核心价值不可或缺的要素，它是从人的生存和发展的角度提出的核心价值观。西方早期启蒙思想家不但喊出“不自由，勿宁死”的口号，而且还提出“生命诚可贵，爱情价更高，若为自由故，两者皆可抛”的价值准则。

马克思主义十分重视人自由而全面的发展，《共产党宣言》中设想的未来社会就是一个“自由人的联合体”——“在那里，每个人的自由发展是一切人的自由发展的条件”。[①] 因此，自由人权作为人类生存和发展的条件，是所有人都不可或缺的，所以也就成为所有进步人类共同的价值准则。

自由和人权虽然不是中国的传统思想资源，但进入近代，不少仁人志士将它们作为追求的价值目标。20世纪开初，梁启超曾明确指出：“凡人所以为人者有两大要件，一曰生命，二曰权利。两者缺一，时乃非人。固自由者亦精神界之生命也。”[②] 在这里，梁启超是把权利和自由作为人的精神生命来看待的。抗日战争时期，在共产党领导的陕甘宁边区政府和其他抗日边区政府都颁布实施过《保障人权财权条例》。改革开放以来，在自由人权问题上，我们经历了从否定到逐步认同进而将“国家尊重和保障人权”写入宪法的发展过程，党的十七大报告和十八大报告都将“自由”列入所倡导的价值观之中。因此，把自由人权作为社会主义核心价值观的基本要素，不仅是必要的，而且也是必需的。

其二，民主法治。

民主法治是社会主义国家最需要的价值要素，它是从社会发展保障的角度提出的核心价值观。社会主义国家是人民当家做主的国家，民主与社会主义有着必然的联系。列宁在十月革命前夕就说过：“不实现民主，社会主义就不能实现。”[③] 邓小平将列宁的这一思想与中国社会主义现代化建设实践结合起来，突出强调：“没有民主就没有社会主义，就没有社会主义现代化。”[④] 江泽民在党的十五大报告中指出：“发展社会主义民主，是中国共产党始终不渝的奋斗目标。”胡锦涛在党的十七大报告中更是提出“人民民主是社会主义的生命”。与此同时，社会主义国家也是依法治国的

---

① 《马克思恩格斯选集》第1卷，人民出版社，1995年，第294页。

② 梁启超：《十种德性相反相成义》，载《饮冰室合集·文集之五》，中华书局，1936年，第45页。

③ 《列宁全集》第23卷，人民出版社，1958年，第70页。

④ 《邓小平文选》第2卷，人民出版社，1994年，第168页。

国家，实行法治是社会主义的重要标志。从价值理性上看，法治是人类理性的产物。真正的法治不只是要有宪法和法律，也不只是依法办事。真正的法治是一种政治文明成果，是一种从传统中衍生出来的政治生活态度和生活方式，是一种民主、公正、自由的政治文明秩序。

民主与法治是人类社会政治文明的结晶，追求民主与法治是一切进步人类的共同目标。然而，脱离法治的民主不是真正的民主，离开民主的法治也不是真正的法治，只有内涵民主的法治和受法治约束的民主才是人类的福音。之所以要以民主与法治作为核心价值观的内容，就是因为民主与法治是人类获得自由和尊严的必要的条件，没有民主和法治，要想保障人的自由和尊严是不可能的。在人类社会政治发展史上，大凡进步的政治家和思想家都是将民主和法治作为政治文明的内容。在古希腊，伯里克利在阵亡将士国葬典礼上的演说就是把民主和法治作为雅典城邦政治文明来称颂的。他说："我们的制度之所以称为民主政治，因为政权是在全体公民手中，而不在少数人手中。解决私人争执的时候，每个人在法律上都是平等的。""在我们的私人生活中，我们是自由的和宽恕的；但是在公家的事务中，我们遵守法律。这是因为这种法律深使我们心悦诚服。"① 在近代，资产阶级思想家们更是将民主和法治视为政治文明的基本标志。孟德斯鸠在《论法的精神》中已经提出用法律来保护公民的权利和约束政治权力的主张，即所谓"法的精神"。社会主义国家是人民当家做主的国家，但是人民当家做主不是一句空洞的口号，而是具有实质性内容的政治原则和政治形式。人民当家做主的实现，必须有一套切实可行的法律制度来保证，否则，就可能发生歧变。这正如没有民主就没有社会主义一样，没有法治也就没有社会主义。因此，必须把法治也视为社会主义的一种标志，与民主一样作为社会主义核心价值观的重要因素。

其三，公平正义。

公平正义是社会主义本质内在要求的价值要素，它是从价值评判尺度的角度提出的核心价值观。从根本上说，社会主义核心价值观是与社会主义本质联系在一起的，它既是社会主义本质的价值体现，同时也是社会主义本质的价值支撑。那么，什么是社会主义的本质呢？以前人们有许多误解，有的说是生产资料公有制，有的说是人民当家做主，有的说是党的领导，有的说是共同富裕，等等。应该说，这些都只是反映社会主义本质的某些侧面。其实，社会主义本质很简单，就是以社会为本位，以社会全体为主义，以社会中存在的每一个人为主义。然而，实际社会存在

---

① ［古希腊］修昔底德：《伯罗奔尼撒战争史》上册，商务印书馆，1960年，第130页。

中的每一个人，由于历史、社会、个人等各种原因，其社会和政治处境是千差万别的，如何能够做到平等地对待每一个人呢？这就需要倡导和推行公平正义原则。因为社会主义中的“社会”是由每一个个人组成的社会，而不是抽象的整体的社会；这里的“每一个个人”都是在社会中实际存在和活动的个人，而不是离群索居的孤立个人，所以社会主义真正实现了每个人的发展与全体人发展的统一。正因为如此，社会主义就从价值内涵和制度内涵上都体现了公平正义（对所有人一视同仁，没有特殊的权力和权利）的要求，完全可以说，公平正义精确地体现了社会主义本质的特征，公平正义是社会主义题中应有之义。

当然，公平正义还是一种人类公认的价值尺度，是人们评判政府和凝聚人心的价值准则。在一定意义上讲，当下中国能够凝聚人心的，就是将实现公平正义作为基本价值和未来发展的基本目标。正因为如此，温家宝多次强调指出，应使公平正义成为社会主义制度的首要价值，公平正义比太阳还要有光辉。在中国社会急剧转型阶段，人们感受最深最不满的，是价值尺度的倾斜，是公平正义被破坏。近年来不止一次的社会调查都得出了类似结论，即在社会各阶层中存在一种普遍的弱势感。不仅那些公认的弱势群体工农大众如此，就是通常被人们羡慕的那些群体，如公务员、警察、教师、民营企业家甚至领导干部，也都有明显的弱势感。在改革开放30多年，经济又是如此高速发展的今天，这种普遍的弱势感至少部分说明，现今社会存在着不公平不公正的现象，或者说公平正义并没有得到实现。因此，重建社会公平正义，是中国社会当前最急迫需要解决的问题。根据现实的要求，要把实现社会公平正义放到更加突出的位置，综合运用多种手段，依法逐步建立以权利公平、机会公平、规则公平、分配公平为主要内容的社会公平保障体系，妥善协调社会各方面的利益关系，使各个社会阶层与群体都能享有自己可得到的和应该得到的权利与利益，都能在和谐社会的社会结构中找到自己的应有位置和恰当位置，进而实现社会协调有序地平衡发展。

其四，诚信兼爱。

诚信兼爱也是社会主义核心价值观的必备内涵，它是从传统与现代结合的角度提出的核心价值观。在中国传统伦理道德范畴中，“诚”表示人的内在德性，表示追求存善去恶、言行一致、表里如一的道德内省。“信”是诚的外在表征，人诚于内必显于外，人有诚意，口则必有信语，对他人不存诈伪之心，不说假话，不办假事，开诚布公，取信于人。在中国传统文化中，诚与信互为表里、兼具神形。诚信作为基本的道德规范，是整个道德体系的基础，也是其他道德赖以维系的前提。在传统的做人道德中，诚信是道德建设的根本。“一诺千金”是中国传统社会做人的基本要求。对个人而言，诚信是人的立身之本，是每个人都应有的基本品质。对于家庭而言，诚信是治家之道，是维系和谐、稳定家庭关系的前提条件。对于国家和政府而言，能否取信于民，是关系到国家政权能否稳定乃至兴衰存亡的大问题。在现代社会中，政府是经济活动的参与者，同时又是社会的管理者，政府的决策若朝令夕改，承诺不兑现，国失信于民，则民对国不诚，民心失散，国家将难以安定，社会就谈不上和谐与发展。

毫无疑问，社会主义核心价值中应该有“爱”的内容，因为“爱”是人类特有的一种价值。但是，作为社会之“爱”（区别于家庭之爱、男女之爱），有多种表达形式，比如中国古代有“仁爱”“兼爱”，西方社会普遍倡导“博爱”“大爱”以及日常社会生活中的“友爱”。那么，哪一种“爱”比较接近社会主义本质的要求呢？“仁爱”是中国传统社会官方倡导的君民关系准则，但它基本上是君主对民众、上对下的一种宽仁之爱，与社会主义性质不合；“博爱”“大爱”强调普施性，容易演化为“泛爱”“偏爱”“无爱”；“友爱”虽然是社会成员间的爱，但是它的范围相对较小，局限于亲朋好友之间。相对来说，只有“兼爱”比较符合社会主义本质的要求。何谓“兼爱”？墨子曰：“视人之国，若视其国；视人之家，若视其家；视人之身，若视其身。是故诸侯相爱，则不野战；家主相爱，则不相篡；人与人相爱，则不相贼；君臣相爱，则惠忠；父子相爱，则慈孝；兄弟相爱，则和调。天下之人皆相爱，强不执弱，众不劫寡，富不侮贫，贵不傲贱，诈不欺愚，凡天下祸篡怨恨，可使毋起者，以相爱生也，是以仁者誉之。”[①]“兼爱”强调爱自己同时爱别人，对待他人像对待自己一样，这种“兼爱”既是中国传统文化精华的积淀，也反映了人类社会未来发展的要求，更重要的是反映了现实中国发展的要求，与社会主义本质暗合。因此，社会主义核心价值观中应该有“兼爱”的内容。当然，兼爱作为一种传统的价值观，需要结合现代社会发展的要求，结合社会主义的实际，实现创造性的转换，经过新的解读和创新之后，才能成为社会主义核心价值观的内容。

总之，凝练和培育社会主义核心价值观并非轻而易举的事情。这不仅因为核心价值观生成的特殊性和复杂性，而且更在于这是事关中国、社会主义和人类社会长远发展的大事，仓促行事或勉强为之，可能较之没有主观提出和凝练前更糟。因此，凝练和培育社会主义核心价值观需要谨慎从事、从容进行。当然，任何时代的价值观都是普通大众和社会精英结合当时社会发展实际精心凝练而成的。因此，我们又要保持积极有为的态度，集合相关研究力量，紧密联系中国、社会主义和人类社会

① 《墨子·兼爱中》。

发展的实际，遵循价值观生成的客观规律，大胆进行理论创新和话语凝结，并且在实践中不断地修正和完善。可以预计，只要我们坚持不懈，经过若干年和若干代人的艰苦探索和潜心实践，一种既是中国的也是人类的、既是有历史底蕴的又是反映现实需要的、既反映社会主义本质要求的又适应全人类长远发展的新型社会主义核心价值观一定可以凝练和培育出来，使之贡献于中国同时也贡献于人类。这是时代的要求，也是我们的责任。

发表于2013年第1期

马克思第二个“哲学之谜”研究的意义

——黑格尔辩证法“合理内核”是怎样剥出来的

冯景源*

一、马克思哲学产生的时代背景

马克思在说他的哲学思想的形成时，曾两次提到他的专业——法律与哲学的关系。一次是1837年11月给父亲的信中说：“我应该研究哲学，而且首先专攻哲学。”① 这是他在学习法律第二个学年写下的。另一次是1859年在《〈政治经济学批判〉序言》中说：“我学的专业本来是法律，但我只是把它排在哲学和历史之次当作辅助学科来研究。”② 如果说马克思学习法律最初是因为他父亲是律师而遵从父命的话，那么把法律转为辅助学科则是由马克思自己决定的。后面这次还提到历史，又提出哲学与历史的关系。这两次说的哲学是同一种哲学吗？这些在我们的一些人中是一个谜。为什么会有这种学科上的转变呢？这是由以下两个因素决定的：一个是马克思个人所具有品德；另一个是所处的社会条件。作为个人品德，表现为他自己在学业上的两次哲学上的自我批判；社会条件则表现为他所处的时代。这里我们先谈马克思所处的时代。

1. 黑格尔哲学与黑格尔的哲学时代。在我国学界，一些人所熟悉的是黑格尔哲学，并不太了解黑格尔哲学时代的意义。这是两个不同的概念。黑格尔哲学指的是黑格尔哲学体系。自从黑格尔以他的《哲学全书》（《逻辑学》《自然哲学》《精神哲学》）(1817)、《法哲学》(1821) 为代表的著作问世之后，这一哲学就和康德哲学、费希特哲学一样，作为一种哲学体系存在着。它既可以作为一种哲学理论被人传播、研究，也可以发挥，进一步著书立说，让人获得硕士、博士等学位。一般来说，这不受时代的限制，可以在任何时候选择这种学问进行研究；但是一种哲学学说能形

---

* 冯景源，中国人民大学马克思主义学院教授。

① 《马克思恩格斯全集》第40卷，人民出版社，1982年，第10页。

② 《马克思恩格斯选集》第2卷，人民出版社，1995年，第21页。

成一个“哲学时代”那可就不同了，这必须是有条件的。它至少必须具备以下三个条件：第一，它必须具有君临其他各种学科之上的统辖能力，即为它们的生成和发展提供理论基础；第二，它必须提供一个无所不能的方法论；第三，特别是为他的时代的大多数人民提供一个理解自己时代的，并使之感觉稳定的理论。在这一方面，《法哲学》起到了重要的作用。在这一点上，黑格尔哲学与康德、费希特、谢林等的哲学不同。黑格尔哲学的制定和传播，形成了一个“哲学时代”，即黑格尔的“哲学时代”。可以说，马克思的大学生活就是在这样的时代接近哲学，并从法学转入哲学研究的。

马克思大学二年级时，遵照父命转入柏林大学法律系。“柏林大学是研究黑格尔学说的中心。这种学说对一切学术部门都发生巨大影响，它的特殊魅力就在于它把世界的发展建立在观念的发展之上，从而在一定的程度上使人们能够参加世界的创造并规定它的发展方向。在这个学说里，一切看来是这样地正确，这样地合乎理性，以致人们竟然认为，它已经对一切问题做了最后的回答，而没有人设想再给它补充点什么东西了。这个学说君临一切学术部门之上，一切学术部门都在它那里取得本身的基本观点和方法，而且争先恐后地想分沾一部分这一学说放射出来的光辉。”①

柏林大学的学术情况已是如此，可哲学史家却有更宽阔的视野，他从一定时代的角度审视一定哲学体系的社会意义。哲学史家海姆在《黑格尔与它的时代》一书中写道：“宇宙精神在黑格尔的哲学中达到自己的目的——自我认识——之后，世界将会变成什么样子？”② 海姆的书写于 1857 年，他说的黑格尔的“哲学时代”是 30 年代的事情，是他亲身经历过的。他作这样的分析是想提示同时代的人，也提示后来的人思考一个问题：一定的哲学被接受之后引起的时代的变化。

黑格尔哲学还有一个特点，与康德、费希特、谢林哲学不同，它有一个殊荣，即国家哲学。普鲁士的文教大臣阿尔坦施泰因保护黑格尔哲学，将这一哲学看成是普鲁士国家巩固的支柱，他把大学中最重要的讲座都交给了黑格尔的信徒。黑格尔哲学时代，通常又称为普鲁士的国家哲学。

黑格尔哲学不同于德国古典哲学的特点主要表现在以下三个方面：一，它有君临其他哲学之上的、是其他哲学总想分享的无所不能的方法论；二，它为他那个时代的人民提供了一个关于他的国家之所以安全和巩固的理论依据，这就是“由于黑格尔老人已经验证了它（指国家——引者）的必然与合理”；三，普鲁士国家的支

① ［法］科尔纽：《马克思恩格斯传》第 1 卷，三联书店，1963 年，第 78 页。

② 同上书，第 78—79 页。

持。在这三条中，关键的一条是第二条。这一条，从理论上说，即历史观。正是这一点，使得黑格尔哲学分裂了。

2. 黑格尔哲学的分裂及其原因。黑格尔哲学存在着两个问题：一个是哲学和宗教的同一性，另一个是他的哲学体系与他的国家学说的关系。黑格尔哲学的这两个问题，在普鲁士封建专制条件下，它成为时代哲学，可是在德国资产阶级进一步发展的历史条件下，它的矛盾就以突显的形式表现出来。1837 年黑格尔的《历史哲学》问世，为全面评价黑格尔的历史观创造了条件。黑格尔把国家尊崇为伦理观念的化身，尊崇为绝对合乎理性的东西。但是，黑格尔为他自己创立的体系，同他作为一个哲学家所宣扬的辩证法存在着矛盾。这个矛盾就是绝对发展的辩证法与理性的有限的历史观之间的矛盾。

3. 黑格尔《历史哲学》的出版与黑格尔理性历史观矛盾的突显。在《历史哲学》中，黑格尔把他的理性历史观以历史哲学的观点阐述出来。在《法哲学原理》（以下简称《原理》）中，黑格尔是这样表述他的理性历史理论的："凡是合乎理性的东西都是现实的；凡是现实的东西都是合乎理性的。"①

如果说在《原理》中，黑格尔以理性与现实的范畴表述了他的历史观；那么，在《历史哲学》这里，他以"'经验的事物'和'现象的事物'"为依据，又以既不是以主观"推理"，又不是以神祇"创造"的历史；他探讨的历史，是"那孕有理性而且富于观念的'历史'"。在黑格尔那里是理性这种观念掌控着"'经验的事物'和'现象的事物'"而创造出来的观念的历史。因此，历史是理性的历史，由此得出的结论就是："凡是合乎理性的东西都是现实的；凡是现实的东西都是合乎理性的。"

4. 黑格尔理性历史观的矛盾以及他是如何对待这一矛盾的。黑格尔历史观的矛盾在哪里呢？就在于他的绝对发展的辩证法与他的理性历史观的有限性的矛盾。黑格尔的历史观要探讨的是理性到现实的发展。在这里，他要探讨的历史，"只是一个凡人从事探讨那已经创造出来的'历史'、那孕有理性而且富于观念的'历史'"。这样，现实指的是"已经创造出来的历史"，而且"是那孕有理性而且富于观念的'历史'"，绝对发展的辩证法与有限的理性历史观这是一个矛盾。

黑格尔自己意识到还是没有意识到这个矛盾呢？他自己自然是意识到的。一次海涅问他，已经完美的现实是合乎理性的，那正在发展着的现实合不合理性呢？他微笑着点点头。这一方面可详见我的近作《唯物史观形成和发展史纲要》（中央编译

---

① ［德］黑格尔：《法哲学原理》，商务印书馆，1982 年，第 11 页。

出版社2014年版）“马克思与海涅”一章。马克思、恩格斯传记家科尔纽曾这样评论这一矛盾：公开的黑格尔和秘密的黑格尔。前者是说给普鲁士国家的，后者是说给真正懂他的哲学的人，如像海涅这样的人。海涅是革命民主主义者，他从改革普鲁士制度的愿望出发，进一步思考黑格尔的历史观，觉察出了这一历史观的矛盾性质。以上两种看法都是从自己主观的看法出发的。真正对黑格尔的以上矛盾做出客观分析的，应是马克思的传记家梅林。梅林在《马克思传》中做了如下的分析：

> 黑格尔的绝对发展的辩证法与理性历史观的矛盾，是由黑格尔的政治立场和普鲁士的反动政策相结合的产物。黑格尔的绝对发展的辩证法，在政治思想上代表着新兴资产阶级要求改革社会的倾向，而他的理性历史观既是他的国家理念的表现，又是屈服于普鲁士残酷镇压自由民主运动政策的结果。

5. 博士俱乐部的出现，与黑格尔哲学的彻底决裂。在黑格尔的哲学辩证法与理性历史观的矛盾中，还存在着一个可以讨论的问题：即历史观与宗教关系的问题。黑格尔主张的是理性历史观，理性是历史发展的原因，因此，这一历史观是排斥宗教这一精神的历史作用的。“黑格尔认为，圣经故事应该当作世俗文学来看待，而关于现实生活中的真实事实的知识是同信仰毫无关系的。”[①] 施特劳斯按照老师的旨意考察了圣经的故事，他的《耶稣传》得出的结论是：耶稣是真有其人，不是神。施特劳斯的功绩是否定了耶稣的神性，并没有解决基督教在历史上是怎样起作用的，也就是说，决定历史发展的原因到底是什么？另一个青年黑格尔派的主要成员布·鲍威尔从主观唯心主义出发，进一步研究了宗教的历史，得出了同施特劳斯根本不同的观点，他认为基督教的产生不是被犹太神化为救世主的人，而是世界上万事万物的本原、历史的动力——“自我意识”。

二、马克思与博士俱乐部

1. 青年黑格尔运动与博士俱乐部。青年黑格尔派是就黑格尔哲学分裂来说的。黑格尔哲学为什么会分裂呢？这是对普鲁士封建专制制度发展的看法产生分歧而产生的。青年马克思的大学时代，德国还没有政党，如果有一种理论起到了社会舆论的作用，就会影响社会生活。青年黑格尔派的理论以舆论的形式影响了社会生活，所以，青年黑格尔派又称青年黑格尔运动。到1839年，青年黑格尔运动又有了自己的阵地——《哈雷年鉴》，他们的研究成果能够及时得到发表。要成为该俱乐部的成员，必须具有相当的才识。这时，正在柏林大学攻读法学的马克思加入了这个俱乐

---

① ［德］梅林：《马克思传》，人民出版社，1982年，第25页。

部。从1838年直到1841年结束大学生活之前，他始终是博士俱乐部的成员。

2. 博士俱乐部讨论的主要问题。讨论的问题主要有两个：一个是哲学与宗教问题，一个是理性的辩证发展与现实历史的关系问题。这两个问题，在黑格尔那里都是为普鲁士国家辩护的，即黑格尔哲学和普鲁士国家之间“利害婚姻”的主要内容。施特劳斯的《耶稣传》开始是对宗教的批判，还没有涉及社会政治的问题。施特劳斯是不关心政治的学者，他只是依据《福音》的文献考察了耶稣是真有其人，不是神。施特劳斯的功绩是：黑格尔哲学的神秘性（哲学与宗教的同一性）被否定了，表示的只是与黑格尔哲学的最初决裂。

施特劳斯的《耶稣传》之后提出了两个问题：一，基督教产生的原因是什么？二，黑格尔哲学与宗教分离之后，青年黑格尔派关于哲学批判与普鲁士国家如何发展的问题。这个问题可归结为理性与现实的关系问题。为了提示读者，我们可以把它展开，即“凡是合乎理性的都是现实的，凡是现实的都是合乎理性的”。（以下简称“两个凡是”）在从宗教批判进到黑格尔的哲学批判时，出现了一个哲学勇士契希考斯基，他在《历史哲学引论》（1838）提出以新的哲学——革命哲学代替黑格尔的保守哲学，以便改造世界。《马克思恩格斯传》的作者科尔纽说：“对黑格尔哲学的这种革命改造，首先表现在奥古斯特·冯·契希考斯基的《历史哲学引论》（1838）中。”①

契希考斯基是一个很有见地的学者。他在对黑格尔哲学的批判中，提出了一些直到现在仍值得称赞的命题。科尔纽说：“契希考斯基提出用实践（这个词在这里第一次用于这样的含义）作为行动的哲学，来同不重视人的使命问题的黑格尔哲学相对抗；这种行动哲学将使人能够自己决定自己的命运，而不是成为宇宙精神的不自觉的工具。”② 契希考斯基的实践哲学有以下的特点：

首先，这种哲学关注的是社会生活的具体真理。他在《历史哲学引论》中说：“实践的哲学，或者更确切地说，实践哲学，它对生活和社会关系的最具体的影响，真理在具体活动中的发展——一般说来就是哲学的本分。”

其次，他的新哲学与黑格尔哲学不同。黑格尔哲学只关注现实，而他的哲学则关注未来：“今后哲学将成为实用的——因此，现在它要开始对人类社会关系不断发生影响，以便不仅在已经存在的现实中，而且在正在形成的现实中发展绝对客观真理。”③

---

① ［法］科尔纽：《马克思恩格斯传》第1卷，第153页。

② 同上书，第154页。

③ 同上。

再次，他的新哲学不是抽象地谈论“正在形成的现实”，而是联系傅立叶的学说来探讨未来社会。他说：“我所以提醒思辨的思想家注意傅立叶的学说，并不是因为我没有察觉这个学说的主要缺点（这些缺点使他的学说还只是成为一种空想），而是为了要指出，它在发展现实中的有机真理方面跨进了一大步。”他继续说：“未来并不属于傅立叶的学说，如他所设想的那样，而是这个学说本身属于未来，也就是说，它是构成真正的现实的重要因素，虽然只是一个因素。”①

第四，我们要特别指出的是他批判黑格尔哲学的方法论：关于思维与意志关系的颠倒方法。可以说思维和意志的颠倒是他的实践哲学所要求的。实践哲学是从人的行动，人能够自己决定自己的命运的意志考虑人类历史发展的。“这种行动哲学将使人能够自己决定自己的命运，而不是成为宇宙精神的不自觉的工具。”根据这个原则，他把自己的哲学与黑格尔的哲学作了颠倒。他说，按着黑格尔的基本原理，世界史表现着观念、精神的发展。但到目前为止，这一点它还做得很不完善，因为它还不是人的自觉活动、合理意志的产物。而现在，照他看来，我们正处在从黑格尔开始的新时代的黎明，在这个新时代中，人类将按着理性的规律指导历史的发展。在黑格尔那里，他把人类的活动仅仅理解为思维，而不是理解为意志。正是由于这一意志与思维的颠倒，才使他的实践哲学即体现人类意志的理论建立起来了。

契希考斯基的实践哲学是博士俱乐部对黑格尔哲学批判的深化，即从宗教批判进到哲学的批判。这一批判不可避免地进到对黑格尔历史观的批判。这一批判是宗教批判的继续。我们说过，施特劳斯的《耶稣传》揭示耶稣是人不是神，并没有说明基督教为什么会产生以及它在历史上起作用的原因，为了理解这一深层的原因，我们可借用恩格斯的话来说明：“对于一种征服罗马世界帝国、统治文明人类的绝大多数达 1800 年之久的宗教，简单地说它是骗子凑集而成的无稽之谈，是不能解决问题的，这里要解决的问题是：为什么罗马帝国的民众，在一切宗教中特别爱好这种还是由奴隶和被压迫者所宣传的无稽之谈，以致野心勃勃的君士坦丁最后竟认为接受这种荒诞无稽的宗教，是自己一跃而成为罗马世界独裁者的手段。”② 对于基督教不能用耶稣是人进行批判来解决。恩格斯认为，原始基督教的起源问题是历史学的问题，是一门科学。这就是要具体地研究基督教产生的历史条件。在这方面恩格斯十分赞赏青年黑格尔派的布·鲍威尔。在布·鲍威尔看来，基督教的产生是罗马帝国没落时期奴隶、穷人和无权者、被罗马征服或驱散的人们的宗教。这些人在现世

---

① ［法］科尔纽：《马克思恩格斯传》第 1 卷，第 154 页。

② 《马克思恩格斯文集》第 3 卷，人民出版社，2009 年，第 592、583 页。

没有了出路，无法得救，只能到彼岸的天国里寻求得救。这是一种灵魂的得救。这种得救是靠哲学论证为依据的。

鲍威尔为什么要研究基督教的历史呢？现在回到我们的主题：鲍威尔不同意施特劳斯的观点，同施特劳斯展开了论战。这一论战可以说用了他一生的时间，这一研究使他的哲学具有了一个新的面貌，以自我意识代替了黑格尔哲学的绝对观念，认为自我意识是人类历史发展的根本原因。自我意识也是黑格尔哲学中的一个主要命题。在黑格尔那里人类意识有一个发展的过程。在其低级阶段，意识只以他物为认识的对象，不能认识事物的本质，只有发展到自我意识时，才能认识事物的本质，成为一个精神实体，即它具有自我矛盾、自我发展、自我实现的能力。鲍威尔进一步发展了黑格尔的这一命题，把自我意识理解为“批判地思想”，认为只有具备“批判地思想”的人才是杰出的人物，是这些人物的批判推动社会的发展。鲍威尔的自我意识哲学战胜了施特劳斯，成为了博士俱乐部的主导思想。

鲍威尔的自我意识哲学是从黑格尔的客观唯心主义转向主观唯心主义。鲍威尔的自我意识哲学大大地推进了对黑格尔哲学的批判。从施特劳斯开始到契希考斯基都是就德国的现实情况为背景的，而且主要是在黑格尔的“两个凡是”的基础上进行的。到了鲍威尔，这时的批判有两个特点：一是探讨的对象扩大了，自我意识是关于人类历史发展的问题。二是摆脱了黑格尔的理性，是由人（人的自我意识）的意识参与的历史；以前，人是理性的工具，现在，人成为历史发展的主体。

在批判黑格尔哲学中做出特殊贡献的人是费尔巴哈，我们着重指出两点：

第一点，施特劳斯、契希考斯基、鲍威尔是就宗教、理性展开批判，或用自我意识取代绝对观念，这些针对的是黑格尔哲学的各个不同方面，而费尔巴哈则只用一种方法即唯物主义批判黑格尔哲学的基础。用唯物主义批判黑格尔哲学是从费尔巴哈开始的。费尔巴哈1838年的一部表示与黑格尔决裂的著作《黑格尔哲学批判》是这样写的：“哲学是关于真实的、整个的现实界的科学；而现实的总和就是自然(普遍意义的自然)。最深奥的秘密就在最简单的自然物里面。这些自然物，渴望彼岸的幻想的思辨者是踏在脚底下的。”①

第二点，我们要特别指出他批判的方法：“灵化”颠倒法。费尔巴哈的“灵化”法是借用黑格尔的异化理论批判黑格尔自己。费尔巴哈从自然是唯一真实的存在出发，来批判黑格尔思维和存在、主体和客体的理论。在黑格尔那里，存在、客体是从思维、主体那里异化出来的。在费尔巴哈这里，他反其道而行，说黑格尔的异化

---

① 《费尔巴哈著作选集》，三联书店，1959年，第84页。

是神灵化，即神化。唯心主义不了解真实的自然、真实的存在，可是又要论证思维与存在、精神与自然的关系。那么，怎么办呢？“他把他在自然中所看到的东西亲手放进了自身；因此他把他给了自然的东西又收回到自身之内；自然就是客观化了的自我，就是自己在自身之外观看到的精神。因此唯心主义也是主体与客体、精神与自然的一种同一，不过自然在这种统一里只具有客观的意义，只具有精神所设定的东西的意义。因此只有把自然从唯心主义者加在它身上使它与他的自我捆在一起的那个束缚中解放出来，恢复其独立的存在，才能使自然具有它以后在自然哲学中所具有的那种意义。”① 费尔巴哈的唯物主义，摧毁了各式各样的唯心主义，同时，也把它们之中含有的辩证方法否定掉了。

三、博士俱乐部是马克思的哲学大熔炉

马克思说：“我学的专业本来是法律，但我只是把它排在哲学和历史之次当作辅助学科来研究。”② 这里的哲学是什么哲学，这里的历史又是什么样的历史呢？为什么这时的研究会与历史联系起来？这些在我们一些人那里像是一个谜。这个谜底在哪里呢？在博士俱乐部里。

从酝酿到写作博士论文开始，即1838—1841年，马克思是追随博士俱乐部的活动度过的。这三年马克思基本上没上大学的课程，而是跟随批判黑格尔哲学的进程研究黑格尔哲学。在这三年中，特别是最后两年他成了鲍威尔最亲密的朋友。这从博士论文研究的内容看得出来。鲍威尔的哲学是自我意识哲学。这一自我意识哲学是他批判原始基督教的历史得到的。在鲍威尔这里自我意识是一种历史哲学。这种哲学是人类历史发展的本原。总括一句话，自我意识哲学不是一般的主观唯心主义，而是一种历史观。

鲍威尔的自我意识历史观是博士俱乐部哲学批判的重大成果。这一成果实在来之不易。这不仅是突破了黑格尔哲学的权威，还在于它敢于触动普鲁士的这个政治体制。具体一点说，在理论的层面上，它经历了宗教批判、哲学批判，到达了当时的政治层面，即关于德国发展的历史观的问题。青年黑格尔派在当时的德国代表的是激进派，主张改革黑格尔哲学，使之适合时代的发展。自我意识历史观从主观唯心主义方面来说，正是能改革历史的一种历史哲学。

博士俱乐部对于马克思来说，它是一个哲学大熔炉。在这个大熔炉里锻造出了

① 《费尔巴哈著作选集》，第7071页。

② 《马克思恩格斯选集》第2卷，第31页。

一种新的历史观的胚胎。这些胚胎，我们可以按着博士俱乐部批判的进程指出以下几点。

1. 关于发展的历史和逻辑相统一的观点。这是马克思还没有进入博士俱乐部之前，在甘斯的法学课上得到的。这是甘斯反对历史法学派时坚持的基本观点。甘斯是自由法学派的主要代表人物。他反对历史法学派用古罗马法为摹本来制定现代的法。他认为历史上各民族、各个国家的法体现的都是那个民族和国家人们的意志。要想了解这些法的内容，那就要分析那个时代的历史和逻辑的发展。

我们要说的是，马克思得到以上这个哲学观点也是不容易的。它是通过批判康德、费希特的哲学得来的。在大学二年级时，马克思想建立法哲学，在方法论上他求助的是康德、费希特哲学。这是一种理想主义的形而上学方法，因为方法不对而失败了。他通过哲学的自我批判才找到了黑格尔的这一方法。

马克思第一次将历史和逻辑的统一是作为一般方法论来接受的，即作为与形而上学相对立的方法来看待的，把历史与逻辑相统一理解为探求具体历史真理的方法。

2. 宗教哲学批判的洗礼。黑格尔哲学是哲学与宗教具有同一性的理论。黑格尔哲学的这一“同一性”理论是他哲学保守的一面，因为普鲁士国家政治制度是以基督教为精神支柱的。宗教批判的意义，在于为以后的批判开辟了道路。

3. 在哲学批判中，契希考斯基哲学思想的影响。契希考斯基可以说是博士俱乐部里的一个勇士。他对黑格尔哲学的批判，在两个方面影响了马克思。

第一个是实践哲学或行动哲学。契希考斯基提出用一种新哲学代替黑格尔的旧哲学。他认为黑格尔哲学的理性与现实的关系，剥夺了哲学家探讨未来的权利。他提出“哲学正因为它探究的是理性的东西，因而它乃是对现有的、实在的东西的理解，而不是对于只有上帝才知道存在于何处的彼岸本原的揭明”，“理解现有的东西——这就是哲学的任务。认为现有的东西就是理性”。① 科尔纽评价说：“契希考斯基提出实践（这个词在这里第一次用于这样的含义）作为行动的哲学，来同不重视人的使命问题的黑格尔哲学相对抗；这种行动哲学将使人能够自行决定自己的命运，而不是成为宇宙精神的不自觉的工具。”②

第二个有影响的论点是将黑格尔哲学观点颠倒过来的方法。这个方法是和第一个观点相联系的。在黑格尔那里，“他把人类的活动仅仅理解为思维，而不是理解为意志”。③ 而用人的意志来颠倒思维，就是把人的行动、实践提到首位，人是主体，

① ［法］科尔纽：《马克思恩格斯传》第1卷，第152页。

② 同上书，第154页。

③ 同上书，第153页。

不是观念、理性的工具。这时人的能动性便突显出来了。可以说，把黑格尔哲学进行颠倒这种方法，依据现有的文献来看，是从契希考斯基开始的。

4. 在政治批判中鲍威尔的影响。鲍威尔应该说是有贡献的，他一生研究原始基督教的历史，把黑格尔对德国普鲁士国家发展的看法通过世界历史的研究上升到人类历史发展本原的研究——自我意识是人类历史的推动者。这大大地拓展了人类历史有规律发展的视野。这既是鲍威尔的成就，也是他对马克思影响的主要方面。

鲍威尔的历史观主要是以古希腊罗马的自我意识哲学为基础的。正是自我意识哲学把历史观引入世界史，也正是鲍威尔的影响，马克思开始研究古希腊自我意识的历史。马克思与鲍威尔的研究不同，主要表现在不是只指出自我意识是历史的本原，而且要研究它是怎样起作用的。他是为了探讨人类历史发展的理论，才研究历史的。

5. 费尔巴哈的批判对马克思的影响。在博士俱乐部中，费尔巴哈的影响有两个主要的方面：其一，与其他人不同，他根本地摧毁了黑格尔的唯心主义基础。其二是方法论的问题。费尔巴哈在思维与存在、主体与客体的关系上进行了颠倒。这一方法有着重要的意义，可以说，费尔巴哈是用颠倒的方法批判黑格尔哲学的第二个人。

四、黑格尔辩证法的“合理内核”与马克思的“剥壳”

我国学界，有的人把黑格尔的辩证法与这一辩证法的合理内核当作一回事来看待。好像批判了他的唯心主义，辩证法就自然裸露出来了。事实不是这样的。马克思是这样说的：“辩证法在黑格尔手中神秘化了，但是这决不妨碍他第一个全面地有意识地叙述了辩证法的一般运动形式。在他那里，辩证法是倒立着的。必须把它倒过来以便发现神秘外壳中的合理内核。”这是马克思在《资本论》第二版的跋中说的。这里不仅说剥出来，而且说应用它。

1. 一般辩证法与辩证法的合理内核不是一回事。二者有联系但不是一回事。一般辩证法说的是黑格尔用思辨的方法所描述的“辩证法的一般运动形式”，具体地说就是他的《哲学全书》所体现的一般辩证法的运动形式。这是绝对观念以“自因”(主体即实体)，即绝对精神自己运动所实现的形式。在这一形式中，从起点到终点都是精神自身，所以，这种辩证法是思辨辩证法。这种辩证法在黑格尔那里已经达到完美的程度，没有什么可以再讨论的了。青年黑格尔派运动及其博士俱乐部都不讨论这种一般运动形式。他们讨论的是什么辩证法呢？是这一辩证法的应用的辩证方法。所谓应用，就是把一般辩证法用在现实的事物上。所以在黑格尔的理性那里，在应用时出现了现实这个概念。把黑格尔应用辩证法的公式揭示出来就是：凡是合乎理性的东西都是现实的；凡是现实的东西都是合乎理性的。

这个命题表明，在黑格尔那里，他的一般辩证法与辩证法的应用不是一回事。因为用这个辩证法与现实的理解产生了矛盾。一个统一的黑格尔哲学便分裂了。

2. 辩证法的合理内核藏在黑格尔的应用辩证法中。在黑格尔那里，辩证法有两种基本形式：一般的形式与应用形式。一般的形式是在《哲学全书》《精神现象学》《小逻辑》中叙述的。应用辩证法是在他的应用哲学如《法哲学原理》（以下称《原理》）中应用的。黑格尔应用辩证法具有很大的神秘性。可以说，黑格尔哲学的一切的神秘性都集中在这里了。在黑格尔看来，一切事物都可以归结为是绝对观念自我运动的结果。这可以说是一般辩证法的任务。现在在应用的辩证法里又出现了一个理性。理性是双重的神秘。博士俱乐部的讨论，在理论上可以说是集中在理解这个理性上。这表现在三个方面：

一是从理性到现实的过程，在辩证法上表现为历史和逻辑的统一。这是甘斯的自由法学派的研究提供的。这一方面对马克思起了决定性的作用。

二是颠倒的研究方法。博士俱乐部的这一方法是有效的。这个方法对马克思具有一定的影响。

三是实践哲学。这一方面已经表现出通过人的能动性干预人类历史的发展过程。

辩证法的合理内核是什么？是隐藏在理性到现实过程中的辩证法——历史和逻辑的统一。它表示的是人类自己的经验事实，即参与社会活动的足迹。

3. 马克思是怎样剥出这一合理内核的？博士俱乐部的批判，已经走到了这一合理内核的大门口，因为他们受着黑格尔理性的影响，不能深入到神秘外壳的内部。马克思是在1843年批判黑格尔《法哲学原理》（以下称《原理》）时剥开这个神秘外壳的。《原理》是黑格尔的应用哲学。正是在这一应用哲学中，他提出了以上“两个凡是”的辩证法，所以称它是应用辩证法。博士俱乐部批判的实际上就是《原理》中的应用辩证法。马克思现在批判的也是《原理》中的应用辩证法。马克思是怎样剥开的呢？为了容易理解，我们可把黑格尔和马克思的两种不同的历史和逻辑的统一做一个比较。我们用解析的方法来说明。

在黑格尔那里，它表现为：一，理性是主体，现实是客体；二，客体是有历史的，但这历史是“散漫而无秩序的”；三，为了“不勉强把一切历史纪录装在一个公式的模型里”，于是用“历史和逻辑相统一”的关系来表示；四，在这个“历史和逻辑相统一”的关系中，但又必须“把握着和表现着那个‘观念’（即理性——引者）”；五，“历史和逻辑的统一”是理性这个主体的创造物。

在黑格尔那里，一切的发展变化，都是观念自身的事情，这可用肯定、否定、否定之否定来表示；现在，在理性和外在现实的结合中，才有历史和逻辑的统一的发展过程。

现在我们看到，历史和逻辑的统一在双重的思辨辩证法中包裹着：首先是一般辩证法，这可以说是一般的思辨；其次是理性与现实的辩证法，这里的理性是在一般辩证法之上又加上的思辨，这是更加神秘的。

在马克思这里，它表现为：

第一步，区分黑格尔辩证法的不同形式。抛开《哲学全书》等一般辩证法，选择应用辩证法《原理》进行批判。

第二步，在这一《原理》中，也不是对所有的理论进行批判，而是选择主要的原理。批判的方法是颠倒，颠倒重要的原理。这个原理就是国家和市民社会的关系。在黑格尔那里，是国家决定市民社会；在马克思这里，则是市民社会决定国家。

第三步，颠倒后的关系是什么样子的呢？市民社会是决定者，它是主体。这是一个什么样子的主体呢？它是一定生产力条件下的市民社会这样一个客观存在。

第四步，这个客观存在——一定生产力条件下的市民社会——是一个包含着各种矛盾的具体的存在。顺便说一句，这个具体存在的市民社会包含着衣、食、住、行等发展的矛盾。

第五步，这个具体存在的矛盾的展开，就是历史和逻辑相统一的辩证发展过程。在这里，历史和逻辑相统一不是理性的创造物，而是具体的客观存在的事物辩证发展过程。这样，黑格尔这个包裹在思辨辩证法中的合理内核就被揭示出来了。

在以上的分析中，理性是含有矛盾的、客观的具体的存在。在马克思分析的理论中，代替理性地位的是市民社会。市民社会是理性，理性是市民社会。原来的历史与逻辑的统一是理性的杰作，现在是具体的存在——市民社会自身矛盾的展开。在这里，不仅是唯物主义的颠倒，像费尔巴哈那样，而且要选择典型的事物，确定具体的存在。在这里具体的存在是揭开理性神秘外壳的关键。这就是说，一切具体的存在，它的矛盾的展开都具有历史和逻辑相统一的内容，问题是你如何理解它和运用它。

4. 从黑格尔的批判者到自称是黑格尔学生的转变。马克思不仅找到了这个方法，而且非常有效地加以运用，他把这个方法的运用称为“从后思索”。从后思索就是把辩证法合理内核的理解具体运用到研究的对象中去。这就是如何把具体客观事物发展的内在关系——历史和逻辑统一的发展过程揭示出来。事物自身矛盾在其最初展开时是发散性的，因为受各种因素的影响；要想了解它的规律，即历史的和逻辑的发展，科学的方法就是从后思索。马克思在说他的《资本论》的方法时是这样说的："对人类生活形式的思索，从而对它的科学分析，总是采取同实际发展相反的道路。这种思索是从事后开始的，就是说，是从发展过程的完成的结果开始的。"①

马克思是运用这个方法的能手。他曾经这样说："我在关于价值理论的一章中，有些地方我甚至卖弄起黑格尔特有的表达方式。"② 这里说的是货币形式。"以货币形式为其完成形态的价值形式，是极无内容和极其简单的。然而，两千多年来人类智慧在这方面进行探讨的努力，并未得到什么结果。"③ 这两千多年，包括亚里士多德的机智的论证。马克思用"从后思索"的方法一一考察了价值形式的历史发展：偶然价值形式、扩大价值形式、一般价值形式，从而进到它的完成的形式——货币价值形式。马克思这里说的是，两千多年困扰人类智慧的问题用"从后思索"的方法解决了。对于这个方法如何运用，马克思也有说明，主要的是选择事物的典型形态，然后探寻它的历史和逻辑的发展关系。马克思《资本论》的研究就是采用了这一方法。

"凡是合乎理性的东西都是现实的，凡是现实的东西都是合乎理性的。"在黑格尔那里，不是作为一般辩证法来叙述的，它是作为历史观来论证的。在青年黑格尔派那里，也不是作为一般辩证法来批判的，而是作为历史观来改造的。到了马克思这里，他也不是从一般辩证法来讨论的，而是把它作为探讨历史客观真理的方法，纳入自己创立的新的历史科学——唯物史观理论之中。

黑格尔这个神秘外壳的"两个凡是"，在青年黑格尔派的博士俱乐部里被批判了三年，在费尔巴哈那里作为唯心主义被抛弃了，再以后就被一些人"当作一条死狗了"。马克思在《资本论》中成功地运用了这个方法之后，他在《资本论》第一版序言中写下了如下的话："我要公开承认我是这位大思想家的学生。"④

我们要提醒的是，这句话是就《资本论》的应用说的，是仅就发展过程的典型形态说的。在具体的存在融入唯物史观之后，它就具有了两种基本形式：一是典型形式，二是各种不同的正在发展着的形式。在黑格尔那里，从理性到现实的发展是束缚辩证法发挥作用的形式，或者说是限制哲学家权力的形式。现在，在马克思这里，具体的存在已经是开放性的了。它既是探讨透视已经形成的典型形态的方法（由具体的存在发展来的），也是探讨正在展开的具体矛盾的方法。它是理解唯物史

① 《马克思恩格斯全集》第 23 卷，人民出版社，1972 年，第 92 页。

② 同上书，第 24 页。

③ 同上书，第 2 页。

④ 同上书，第 29 页。

观理论的一把金钥匙：唯物史观需要历史和逻辑相统一的方法，而这方法只有在唯物史观理论中，才能发挥其发现客观真理的作用。

历史和逻辑的统一是黑格尔理性和现实相结合的观念神秘性的创造物，在马克思剥去其神秘外壳之后，就是理解具体历史发展的一种科学的方法论。这个方法论，马克思称其为黑格尔辩证法的“合理内核”。而这个“合理内核”所启示的是：唯物史观理论不是教条，而是方法。这就是我们研究马克思第二个“哲学之谜”的重要意义。

发表于2015年第1期

续写《资本论》：“伪我们”意识流的臣服性接受

——斯蒂格勒《技术与时间》的解读

张一兵[*]

法国著名技术哲学家贝尔纳·斯蒂格勒，[①] 作为德里达的得意弟子，以其一系列重要的学术论著跻身于目前欧洲最著名的社会批判理论家行列。他的三卷本巨著《技术与时间》[②] 是其技术哲学和批判理论的奠基之作。在斯蒂格勒看来，当代数字资本主义的统治方式发生了深刻的变化，如果说葛兰西最早发现了新兴资产阶级社会控制的工具是认同性的文化霸权，而斯蒂格勒则将这种文化霸权在数字化生存中的实现机制归属为电影—电视中隐匿的他性接受。不过，这一次，康德的先天综合判断的图式论被外移到第三持存的人工记忆中，正是这种数码幻象共同体建构出支配所有人的大写的伪我们。在电影—电视的时间客体流的流逝中，大写的伪我们的商业推销和政治意识形态深深嵌入到所有人意识流的蒙太奇构式中。斯蒂格勒将自己的这种社会批判理论指认为在今天“续写《资本论》”的努力！

---

* 张一兵，南京大学特聘教授，南京大学马克思主义社会理论研究中心主任。

① 贝尔纳·斯蒂格勒（Bernard Stiegler，1952—）：当代法国哲学家，解构理论大师德里达的得意门生。早年曾因持械行劫而入狱，后来在狱中自学哲学，并得到德里达的赏识。1992 年在德里达指导下于社会科学高级研究院获博士学位（博士学位论文：《技术和时间》）。于 2006 年开始担任法国蓬皮杜中心文化发展部主任。主要代表作：《技术和时间》（三卷，1994—2001）、《象征的贫困》（二卷，2004—2005）、《怀疑和失信》（三卷，2004—2006）、《构成欧洲》（二卷，2005）、《新政治经济学批判》（2009）等。2015 年，斯蒂格勒首次来到南京大学，我与他就马克思的工艺学理论和当代技术批判问题广泛地交换了意见，并形成了一些可合作研究的方向。2016 年，他再一次来到南京大学，开设“从《德意志意识形态》到《自然辩证法》——从人类世纪说的角度来阅读马克思和恩格斯”课程，并与我们共同举行了相关主题的学术工作坊。本文的写作得到他直接的帮助。

② 斯蒂格勒：《技术与时间》第 1 卷，裴程译，译林出版社，2000 年；第 2 卷，赵和平等译，译林出版社，2010 年；第 3 卷，方尔平译，译林出版社，2012 年。

一、文化工业新地缘政治与电视灾难

在《技术与时间》第三卷的第三章中，斯蒂格勒先是回到哲学思辨之中。他认为，在西方近代思想史上，存在着英美的经验论和欧洲的先验论的对峙，他自称既否定经验论，也不赞成先验论。在他看来，康德接受了休谟对经验的反思，但却在经验的呈现和塑形上给予了先天观念综合判断的优先地位。这当然是对的。然而，康德并没有理解的问题是，先天综合判断自动构序现象界的过程中，并非是人的头脑中的第二持存（记忆）中的观念构架在起作用，如果没有外部第三持存（*rétentions tertiaires*）[①] 的技术（知识）客体作为载体，那么，"人的理性和知性（*raison et son entendement*）或许就像蒸汽一样烟消云散，所以'建构者（constituant）'（先验主体）反过来却是由他所构成之物构成——这意味着，他只能在后天中得以构成，因此他总会遇到他自己的'重构（reconstitution）'这一问题：他从一开始就是一个被'重构'的主体"。[②]

这是一个十分精巧和深刻的构境层。斯蒂格勒说，康德所指认的先天综合判断对感性经验的自动整合作用不可能发生于人的头脑中，而只能依存于外部第三持存载体（书籍与文献）的重构，更加准确地说，如果没有经典文献记载的观念激活和重构，先天综合判断的非经验性的标准（*critère*）是无法确立的。斯蒂格勒的结论为，先天构架的标准恰恰是某种第三持存中的观念"投射（*projectif*）"建构起来的，在这个意义上，主体本身正是被重构而成的。其实，这还真的未必。因为康德所指认的先天综合判断对个体经验的自动整合从时空定位到看到世界的统觉连续，倒真是在个体感性直悟中完成的，这一自动知性构境过程的确不需要经过书本或文献等第三持存的转换。只是当个体需要进行复杂的理论学术和科学研究活动时，才可能运用到书本和第三持存上的体外记忆和知识系统。

这里，斯蒂格勒以康德和胡塞尔都津津乐道的抽象数学运算为例，看起来，数字运算中总是由先天的算法和几何公式支配，可是任何计数开始都是一种感性的运动行为（如数指头和结绳计数），只是"经过内在化之后"才有数学和几何的观念运算，再后来，会外在化成一种"机械行为"比如把计算的一些功能交给机械打字机

---

① 这是斯蒂格勒原创的概念，他从胡塞尔的意识时间现象学中的第一记忆/持存（当下体验）和第二记忆/持存（回忆）出发，指认了外部物质载体中的第三持存。

② 斯蒂格勒：《技术与时间》第 3 卷，第 108 页。中译文有改动。Bernard stiegler，*La Technique et le temps*，*Tome 3*：*Le temps du cinéma et la question du mal - être*. éditions Galilée，2001，Paris，p. 128.

和数字化计算机。这倒是一种实践唯物主义观点。斯蒂格勒说，他的第一卷“爱比米修斯的过失”就是要说明，“人类的理性和知性始于这种把某些操作移交给某一义肢，也即借助已存在的、作为后种系生成的传播能力的某一技术领域”。[①] 然而我并不以为，斯蒂格勒这一举例是能够说明他的上述观点的，因为一般的数字运算发生时，个体通过自己背熟的数学公式完全可以不依赖第三持存上的知识完成计算。在斯蒂格勒看来，康德的先验论恰恰忽略了第三持存领域的重要意义。这是他在此书反复说明的观点。

当然，对哲学思辨的讨论并不是斯蒂格勒的目的，他是想引出在更宏观的现实尺度上的问题。他说，今天在北美（nord - américaine），“通过计算机器的文化，通过将逻辑知识运用于物流产业（也即所谓的‘控制论’）”，以至于美国通过拥有像IBM这样的跨国信息技术公司，终于成为称霸世界的信息技术大国。可以判断，IBM公司这里的到场还只是作为提供电脑硬件塑形的资本，微软那样的软件构序资本以及苹果公司那样的根本改变人的存在构序方式的全球化资本还没有进入斯蒂格勒的视野。他认为，面对这种社会存在中发生的重大现实变化，欧洲先验哲学和英美的经验论哲学都显得束手无策，历史哲学也不例外，甚至“马克思（和休谟）是一个研究工业的伟大思想家，但是他一直没有能够进入‘计算和持存领域的工业，这一问题，而且和他的前辈一样，马克思最终也没有谈到这一概念”。[②] 这是一个笑话，让19世纪的马克思进入到20世纪末才出现的计算工业中来，这本身就是一个荒唐的想法。当然，这是为了标榜只有斯蒂格勒才是真正进入这一重要领域的人。

斯蒂格勒认为，如果说在以往的历史发展中，知性已经开始将一部分功能外移到第三持存中（如打字机、中国的算盘、藏传佛教中的转经筒），而在整个社会层面上完全实现这一点，主要是由美国的网络信息工业发展强力推进的。斯蒂格勒认为，今天的知性构架及其运作已经完全外移到数字化的第三持存中去了。这倒是真的。想想我们今天的所有写作、艺术创作、科学研究和工业设计，无不依存于电脑和互联网的数据库。可斯蒂格勒此处想的并不是这一类问题，下面我们可以看到，他主要还是在纠结于被电影—电视掏空的人的意识想象力。这也是他指责康德丢弃的构境层面。斯蒂格勒认为，这种现实变化已经造成了意识的“急剧的变异”，即“意识流共时性的能力、以工业的方式来组织计算的能力、遴选的标准在第三持存中的运

---

① 斯蒂格勒：《技术与时间》第3卷，第106页。中译文有改动。Bernard stiegler，*La Technique et le temps*，*Tome 3*：*Le temps du cinéma et la question du mal - être*. éditions Galilée，2001，Paris，p. 128.

② 斯蒂格勒：《技术与时间》第3卷，第109页。

用”，可以看出，资本已经被大量投入到这一“断裂性的技术（*technologie de rupture*）”之中，生成着北美工业新的地缘政治（géopolitique）。[①] 斯蒂格勒认为，如果人类学家勒鲁瓦—古兰[②]曾经将人的存在外在化（extériorisation）区分为三个阶段：一是骨骼外在化阶段，二是肌肉组织外在化阶段，三是神经系统外在化阶段。那么，此处由美国引导的数字化文化工业的发展则开创了一个人的存在外在化的新阶段，这就是想象力（imagination）外在化的阶段。斯蒂格勒认为，这一外在化过程是从电影工业对人的想象力的剥夺开始，却以电视对大众想象力的掏空和捕获为全面实现。以斯蒂格勒的观点，这一新阶段的开端属于美国，在那里，“一个拥有好莱坞的国家，一个拥有 IBM 的国家，而且在那里，电影变成了电视，也即一种大众现象”。[③] 在他看来，从电影院到电视收看，再加上网络信息技术下的远程登录，这将会是一个质的变异：结果是出现了一种没有想象力的“沉默的大多数”。所以，电视也就成了斯蒂格勒集中讨论的焦点。

关于这个掏空了人的想象力的电视，斯蒂格勒先是评论了布尔迪厄[④]那本著名的《关于电视》（*Sur la télévision*）。[⑤] 在他看来，布尔迪厄关于电视的讨论忽略了上述勒鲁瓦—古兰的“人类学的分析”，即人的存在外在化的阶段论，因而是不够深入的。并且，这一关于电视的讨论恰恰是反讽式地在电视上进行的授课，更有趣的是，当布尔迪厄的这一讲稿以著作的形式出版时，竟然获得了巨大的成功。“布尔迪厄无心插柳，为市场营销造就了一个出色的产品：它转眼之间便惬意地销售一空。”[⑥] 斯蒂格勒认为，可布尔迪厄并没有意识到，在这电视即时直播和书本这两种第三持存中，恰恰是大众化的电视所建构的共时性意识流使书本获得了广泛的认同。这也就引出了斯蒂格勒自己对书本和电视的差异性分析。

---

① 斯蒂格勒：《技术与时间》第 3 卷，第 109 页。

② 安德烈·勒鲁瓦-古兰（André Leroi - Gourhan，1911—1986）：当代法国著名人类学家和技术哲学家。1969 年至 1982 年为法兰西学院的教授。主要代表作：《人与物》（1943）；《媒体和技术》（1945）；《手势和语音》（2 卷，1964—1965）等。

③ 斯蒂格勒：《技术与时间》第 3 卷，第 110 页。

④ 皮埃尔·布尔迪厄（Pierre Bourdieu，1930—2002）：社会学家，当代法国最具国际性影响的思想大师。曾任巴黎高等研究学校教授，法兰西学院院士。主要代表作：《再生：谈论一种关于教育体系的理论》，巴黎：Minuit 出版社，1970；《一种关于实践的理论》（1972）；《区隔：品味判断的社会批判》（1979）；《实践的意义》（1980）；《学术人》（1984）；《马丁海德格的政治本体论》（1988）；《帕斯卡式的沉思》（1997）等。

⑤ 布尔迪厄：《关于电视》，许均译，南京大学出版社，2011 年。

⑥ 斯蒂格勒：《技术与时间》第 3 卷，第 110 页。

首先，斯蒂格勒讨论了书本作为第三持存的特点。他说，书本作为第三持存是与人的记忆力的减退和记忆术联系在一起的，早在古希腊柏拉图的《菲德罗篇》里就指出，“书本是用一种人造的已死的记忆（mémoire artificielle et morte）去代替活动的话语流（flux des paroles vives）”，当人们记不住当下发生的话语流，才会有文字记载的书本。并且，“书本使话语的交谈和话语的时间在无对话者的阅读的时间中产生了‘延异’”，[①] 然而，正是延异导致了思考的可能性究竟；相反，智者的现场发言却没有思考的时间。斯蒂格勒认为，柏拉图没有注意的方面是，即便是作为“活动的话语流”的现场发言：

> 智者则使用文本、技术和第三持存，为他们的口头演说中的现场效果做准备，那些演讲并非即兴而作，不是从内心直接蹦出来的，也不是在激烈的辩论中随机创作而来，而是将提前准备下的修辞效应转录下来——布尔迪厄在摄影机前所做的，似乎也是如此。[②]

在斯蒂格勒看来，所有看起来在现场即兴发挥的演讲，其实都是事先利用第三持存的书本和文献资料进行了充分准备的结果。人的记忆力是有限的，“记忆力减退迫使人们将灵魂的粮食（denrées de l’ame）储存起来”，这是书本作为人的知性和记忆的外在化功能的实现。作为静物的书本，它最大的特点就是可以“被考察、被质疑、被批判”，可以有充分的延异时间对其进行思考。比如布尔迪厄的这本《关于电视》，作为书本载体的第三持存，虽然它已经脱离了当时现场的活动话语流，但被记载下来的文字却可以在被充分思考的时间中被阅读和质疑。然而，斯蒂格勒特别让我们注意此书制作过程却是一个倒过来的过程，即它首先是电视演讲，然后才变成书本：“《关于电视》是一种记忆力减退，是一种书写下来的灵魂的粮食，它把在电视摄像机前做的演讲直接用文字记录下来，它采用了虚假的现场直播的方式，不经剪辑（sans montage）就与巴黎一台的观众的意识相互交织。”[③] 斯蒂格勒认为，布尔迪厄这本《关于电视》是一本“平庸的书”，恰恰是因为电视演讲对成千上万的观众意识流的共时性建构和捕获，才让它的文本出版大获市场中的成功。

其次，不同于静物状态上的书本，电视作为第三持存，是在播出和收看的过程中，“将一个源源不断的流（flux intarrissable）注入诸多意识之中，电视的时间与这些意识相互交织”。[④] 这是指成千上万的观众（诸多意识）在同一个时间中收看同一

---

① 斯蒂格勒：《技术与时间》第 3 卷，第 112 页。

② 同上书，第 113 页。

③ 同上书，第 112 页。

④ 同上书，第 113 页。

个电视节目，电视节目以一种单向的连续的时间客体征服着观众，让他们潜移默化地接受某种要求（被制造出来的欲望和意识形态）。斯蒂格勒说，电视正是当代资本的工业时间技术的手段之一，它使得“人们得以捕获灵魂的时间，使工业时间客体在灵魂中相互交织（enlacer），产生一种不可能逆转的（*retour*）的伤害”。[①] 它让今天人们的意识像电影生产一样可以通过看不见的蒙太奇，编辑成统治者和资本家希望塑形成的接受载体。所以，斯蒂格勒一再说“意识犹如电影”，只是远程登录的电视让意识的这种被动接受和宰割的性质变得无处不在和随心所欲。

由此，斯蒂格勒断言，“电视不仅仅是它的公众（*publics*）的灾难（*misère*），同时也标志着它所在时代的概念机制在面对该时代的‘实效的现实性’之时所呈现出来的一种极度的贫瘠（*extrême pauvreté*）”。[②] 请注意，斯蒂格勒这里所指认的贫瘠与他后来重构的无产阶级贫困化的新观点相关。所以，电视的形而上学也是“不可避免的灾难的哲学”。在斯蒂格勒看来，从布尔迪厄讨论电视的“问题式效果（effet problématique）”中可以发现，他根本没有意识到，电视批判“首先是一个政治经济学和精神工业的生态学的问题（une question d'économie politique et d'écologie industrielle de l'esprit）”。[③] 在这一点上，斯蒂格勒是对的，固然他对政治经济学的理解也并不那么精深。可这却是斯蒂格勒自认为他比布尔迪厄深刻的地方。在此，我们可以联想到当年马克思以政治经济学批判来嘲笑蒲鲁东抽象的概念游戏的苍白。由此，斯蒂格勒提出了更加宏大的理论目标：在今天续写《资本论》！“布尔迪厄看起来根本没有认清该问题的本质，而且该问题或许迫使我们不得不追随马克思的精神（l'esprit de Marx），将《资本论》继续写下去，或不妨大胆地说，它迫使我们对大工业的本质和无产阶级的贫困（*misère du prolétariat*）给予更多的关注。”[④] 这才是斯蒂格勒的雄心大志。不过，这里的资本主义大工业和无产阶级贫困的内容已经是全新的理论构序了。

---

① 斯蒂格勒：《技术与时间》第3卷，第113页。中译文有改动。Bernard stiegler，*La Technique et le temps*，*Tome* 3：*Le temps du cinéma et la question du mal -être*. éditions Galilée，2001，Paris，p. 133.

② 斯蒂格勒：《技术与时间》第3卷，第113页。

③ 同上。

④ 斯蒂格勒：《技术与时间》第3卷，第113—114页。中译文有改动。Bernard stiegler，*La Technique et le temps*，*Tome* 3：*Le temps du cinéma et la question du mal -être*. Éditions Galilée，2001，Paris，p. 134.

二、在马克思之后续写数码时代的《资本论》

斯蒂格勒说，续写《资本论》是一个“宏大的规划”，它可以对《资本论》的某些分析进行回顾，对之提出质疑，尤其是有关时间问题的分析。很显然，斯蒂格勒这一次对《资本论》的重写和续写并不是真的打算按照马克思原有的关于资本主义生产方式特别是生产关系的主线进入，他的续写是关于时间的哲学思考。为此，他还援引本萨义德（Daniel Bensaïd）[①] 的《不合时宜的马克思》（*Marx l'intempestif*）一书，并赞同了此书中的一些主题：一是指认马克思的学说是一种“关于时间的哲学”，即“关于资本这一抽象时间以及劳动时间的衡量的哲学”。其实，他们共同关心的时间问题并不是马克思原有的以劳动时间为线索的政治经济学构境，而已经是现象学构境中的时间哲学。二是马克思在对唯心主义的批判中发现了一种接受机制。斯蒂格勒认为这正是他自己关心的哲学主题。斯蒂格勒说，马克思的《资本论》“这一哲学作为政治经济学，同时也是一种历史哲学，它揭露宿命论和目的论的时候，首先批判了唯心论中的一种‘回溯型思辨的电影（cinéma rétro-spéculatif）’：通过接受和虚构（d'adoption et de fiction）的过程（这也是本书中想要讨论的），这种‘回溯型思辨的电影’把即将到来的必然性投映到当下和过去（le présent et le passé）”。[②]

说《资本论》同时也是一种历史哲学，显然是深刻的。但学电影导演出身的斯蒂格勒永远忘不了电影的构境，马克思也被这种电影专业术语重新装扮起来。可以看出，他似乎十分激动于萨义德指认出来的这种存在于马克思哲学中对“接受”机制的关注，他甚至发现，“这一接受过程将马克思在《德意志意识形态》中所命名的‘思辨的把戏（artifices spéculatifs）’付诸实践，《路易·波拿巴的雾月十八日》对这种接受的过程也有描述”。[③] 这应该是指马克思和恩格斯在《德意志意识形态》中对资产阶级意识形态隐性支配机制的批判，即用虚假的观念遮蔽真实社会关系的过程，在后来的《路易·波拿巴的雾月十八日》一文中，马克思的确再一次讨论过这种意识形态“接受”。

在斯蒂格勒自己看来，马克思既继承了黑格尔，也颠倒了黑格尔的观念，特别

---

① 本萨义德（Daniel Bensaïd，1946—2010）：法国哲学家。巴黎第八大学哲学教授。曾经参加1968年“五月风暴”，后加入第四国际。代表作：《革命和可能》（1976）、《不合时宜的马克思》（1996）等。

② 斯蒂格勒：《技术与时间》第3卷，第114页。中译文有改动。Bernard stiegler，La Technique et le temps，Tome 3：Le temps du cinéma et la question du mal-être. éditions Galilée，2001，Paris，p. 135.

③ 斯蒂格勒：《技术与时间》第3卷，第114页。

是关注到黑格尔哲学中那种“外在化过程（processus d'extériorisation）”的观点。这可能是指黑格尔哲学在总体上表征了一种绝对观念外在化实现自身的历史过程。这一点，恰恰是斯蒂格勒所聚焦的内容。2016 年，斯蒂格勒在南京大学开设的“南京课程”[①]中，明确指认了马克思对黑格尔思辨唯心主义的颠倒：“当马克思提出外化（exteriorization）——知性在本质上就在于外化——首先且最重要的是生产手段即他的‘唯物主义’时，对知性（understanding）的黑格尔式的、‘唯心主义’的定义就被马克思所颠倒了。”[②] 这一判断基本上是正确的。另外，斯蒂格勒认为，“马克思对商品进行了思考，并将商品从根本上看作是一种拜物教化的过程（processus de fétichisation）”。[③] 但斯蒂格勒并没有说明，这个拜物教化过程与前述外化过程的关联。不过，斯蒂格勒认为，马克思也有不足：

> 尽管如此，马克思并没有对智力资本（capital intellectuel）的积累（在我们这个时代里，它已变成一种最根本的目标）进行真正的分析，而且从更宽泛的层面上来看，他忽略了我们在这里所说的人造的持存（rétention artificielle）。尽管《1857—1858 年经济学手稿》（西方学术界通常简称 *Grundisse*——《大纲》）（*Grundisse*）对机器进行了思考，并将它视作知识的外在化（extériorisation des savoirs，我们稍后再将继续分析），但是劳动工具并没有被当作记忆的载体（supports de mémoire）而得到真正的分析，它依然被归类到生产资料的范畴中。[④]

斯蒂格勒说的的确是事实，在作为《资本论》最初草稿的《1857—1858 年经济学手稿》中，马克思已经极为深刻地对资本主义机器化大生产中科学技术（“一般智力”）及其对象化的作用进行了讨论和思考，但他不可能预见到今天数字化资本主义现实中发生的一切新情况新问题。这不能算是马克思的过失。在当代西方左翼学术界，马克思写于《1857—1858 年经济学手稿》中的所谓“机器片断”[⑤] 受到格外

---

① Bernard Stiegler, *Nanjing course*, *From German ideology to the Dialectics of nature: Reading Marx and Engels in the age of the Anthropocene*, 2016, Nanjing. 此讲义已经斯蒂格勒教授授权，由张福公博士完成翻译，即将由南京大学出版社出版。

② Bernard Stiegler, *Nanjing course*, 2016, p. 169. 中译文参见张福公译稿。

③ 斯蒂格勒：《技术与时间》第 3 卷，第 114 页。

④ 斯蒂格勒：《技术与时间》第 3 卷，第 114 页。中译文有改动。Bernard stiegler, *La Technique et le temps*, *Tome* 3: *Le temps du cinéma et la question du mal-être*. éditions Galilée, 2001, Paris, p. 135.

⑤ 指马克思在《1857—1858 年经济学手稿》中第六本笔记本第 43 页到第七本笔记本第 5 页的内容，相当于中译本的“固定资本和社会生产力的发展”一节。参见《马克思恩格斯全集》第 31 卷，人民出版社，1998 年，第 88—110 页。

追捧，通常的关注都是将其解读为“一般智力”与今天资本主义世界的“非物质劳动”问题链接起来思考。

可以看到，斯蒂格勒并不像当代西方其他左翼学者将马克思的“机器片断”与资本主义自动化时代的“非物质劳动”关联起来，而是认为写下“机器片断”的马克思没有真正关注机器作为第三持存（“人造的持存”）的意义，特别是只将机器视作劳动工具归属为生产资料，似乎机器只是单纯的工具系统，而恰恰忽视了机器的“记忆的载体”的第三持存作用。这还是要把马克思嵌入到斯蒂格勒自己的技术哲学构境之中。

为此，斯蒂格勒又接连援引阿克谢罗斯（Kostas Axelos）[①] 在《反思技术的思想家马克思》（*Marx penseur de la technique*，1961）一书中的观点来佐证自己。他说，在阿克谢罗斯看来，马克思“不管怎么说都是第一个从哲学角度对技术进行思考的人，而且这构成了对形而上学的首次抨击，海德格尔也曾这样说过”。[②] 阿克谢罗斯认为，马克思恰恰是通过资本逻辑之外的东西（比如共产主义）对大工业进行了深刻的反思。这是对的。然而，阿克谢罗斯对马克思也进行了批评，即“在马克思那里，技术一直是被当作一种生产资料被思考，这是因为形而上学对时间的理解尚未遭到质疑，仍然主导着马克思对技术的思考”。[③] 在这一点上，马克思与海德格尔是一致的。斯蒂格勒说，他对阿克谢罗斯的这一观点深表赞同。因为，“在海德格尔那里，资本意味着计算（calcul），也即想要对不确定性（indéterminé）做出决断的一种超脱于俗世之外的时间性。事实上，面对技术这一问题，海德格尔与马克思一样，都遇到了计算这一问题，它同时也是与时间的不确定性（与死亡）的关系问题：关于这一点，我将在《象征与魔鬼或精神之战》一书中继续阐述”。[④]

这有些胡扯了。第一，海德格尔并没有直接讨论过经济学意义上的资本，这恰恰是他与马克思的根本不同；第二，更不要说海德格尔与马克思一样，将资本理解为计算。斯蒂格勒非要说马克思与海德格尔遇到了同一个难题，时间的不确定性与功利性的计算的关系。通俗地解释就是说，在海德格尔那里，在一个有终极死亡界限的此在（有死者）那里，非物理的生命时间是不确定的，但此在去在世却是以关涉性的操持实现的，这种及物性的操持本质正是功利的计算。斯蒂格勒和阿克谢罗

---

① 阿克谢罗斯（Kostas Axelos，1924—2010）：希腊哲学家，法国索邦大学哲学教授。代表作有《反思技术的思想家马克思》（1961）、《游戏的世界》（1—3卷，1969—1977）等。

② 斯蒂格勒：《技术与时间》第3卷，第115页注1。

③ 同上。

④ 同上。

斯都错了的地方，是海德格尔从不真地涉及资本主义的现实经济关系，而是将这种劳动时间现实交换关系抽象为思辨。当然，斯蒂格勒承认在马克思那里的问题会更复杂一些。他认为：

> 在对资本进行还原（réduire）的尝试中，也即在对资产阶级法权（droit bourgeois）那种对财产的根本性遮蔽的话语（fondamentale masquée par le discours sur la propriét）的论述中，马克思没能构建起关于不确定性的问题，也即终极目标的问题：关于死亡，关于死者，关于技术——技术是一种“有组织的无机物”，它通过劳动使死亡延迟，将死者的思想保留下来，将那些曾对思想进行过组织的人的思想保留下来。①

依据斯蒂格勒这里的观点，马克思虽然批判了资本主义的生产关系，但并没有深入理解他所归入价值中立的生产资料的技术（生产力）的本质，即作为人的现实存在的体外义肢性延展——作为有组织（有机）的无机物的第三持存，技术的本质恰恰是面对有死者的有限性时间的，它“通过劳动使死亡延迟”，记录了曾经活着的人的不确定的思想和技能，并将其正在消逝的时间确定地留存下来，以构成延展存在的历史。总之，马克思没有斯蒂格勒“高明”。

斯蒂格勒认为，忽略了技术的第三持存本质的马克思的传统技术观，就很难进入到今天的对资本主义数字化第三持存特别是电视现象的批判性理解，以及对资产阶级全新的灾难性形而上学的批判。因为超越了马克思《资本论》的“历史局限”，续写当代《资本论》的他很自豪地指出：

> 时间的问题在电视这一节目传播（diffusion de programmes）的工业活动领域中被提出来，是因为视听型的时间客体流（flux de l'objet temporel audiovisuel）是以一台台机器的奴役为前提（*suppose l'asservissement d'une machine et à une machine*），这就好比无产阶级化了的劳动时间的前提是被机器（这个词的含义是它在机械学上的意义）所奴役，是劳动者被机器奴役——这样一来，劳动者就被剥夺了一切知识，从这个意义上来说，他们根本不是被称为工人（*ouvrier*），而被称为无产者（*prolétaire*）。②

---

① 斯蒂格勒：《技术与时间》第3卷，第115页注1。中译文有改动。Bernard stiegler，*La Technique et le temps*，*Tome 3*：*Le temps du cinéma et la question du mal-être*. éditions Galilée，2001，Paris，p. 136.

② 斯蒂格勒：《技术与时间》第3卷，第116页。中译文有改动。Bernard stiegler，*La Technique et le temps*，*Tome 3*：*Le temps du cinéma et la question du mal-être*. éditions Galilée，2001，Paris，pp. 136—137.

请一定注意，斯蒂格勒这里对《资本论》的重写和续写的本质是对科学技术条件下劳动者无产阶级化的重新认定，无产阶级不再仅仅是失去生产资料，而是被剥夺了一切知识，并且这里的知识剥夺也不是马克思已经面对的劳动者成为机器的依附，而是一台台具有“视听型的时间客体流”的电视怪物奴役的结果。依斯蒂格勒的观点，在已经成灾的日常生活的电视现象中，我们不难发现所有观众在一台台摄像机、播放设备和传播技术机器系统的操控下，人的自主知性被彻底剥夺了。但要真正理解这点，我们还是必须回到马克思曾经关注的劳动生产过程中去。他认为，马克思的技术观有一个非批判的缺陷，即只是强调机器对劳动者奴役的本质是相对剩余价值的剥削，而斯蒂格勒则认为，机器对劳动的剥削本质是在生产过程中对劳动者全部知识（技能）的剥夺，这样在马克思看到劳动者生活贫穷的现象的无产阶级化（经济贫困）的地方，斯蒂格勒看到了知识被剥夺的新的无产阶级化——知识的绝对贫乏。2016 年，斯蒂格勒在南京大学讲授的“南京课程”中硬要强调说：“马克思自己在《大纲》中就表明，在机器中由外化所执行的规则，作为编程化，就是结构性地、物质性地剥夺奴隶的所有知识的东西（*structurally and materially deprives the slave of all knowledge*）——这就变成了奴隶，即工人——雇佣劳动者，这种身份注定会通过雇佣劳动的方式被扩展到‘所有阶层的人们’。”[①] 这显然是对马克思观点的夸张延伸。特别是这最后一句话，即知识的被剥夺将扩展到所有阶层。斯蒂格勒说，在西蒙栋那里，后者已经看到了机器对劳动者奴役的实质，即“导致了工人个性化的丧失（*perte d'individuation*）”。斯蒂格勒认为，这才是当代无产阶级工人（*l'ouvrier prolétarisé*）的灾难，而“当上述机器变为编程化和数控型（*programmable et à commande numérique*）时，它就可以不需要无产者，那么无产阶级工人的灾难将更为严重”。[②] 斯蒂格勒的意思是说，西蒙栋已经注意到的工人由于缺失知识所导致的个性化丧失的现象，在数字化资本主义的编程化和数控化条件下被大大加剧了。

斯蒂格勒说，正是因为马克思对技术理解上的上述缺陷，依循这一批判传统的布尔迪厄才会忽略电视技术对人的个性化剥夺这一更严重的灾难，也无法真正意识到“电视导致意识的贫瘠（paupérisation de la conscience）等现象学上的后果

① Bernard Stiegler，Nanjing course，2016，p. 167. 中译文参见张福公译稿。

② 斯蒂格勒：《技术与时间》第 3 卷，第 116 页。中译文有改动。Bernard stiegler，*La Technique et le temps*，*Tome 3*：*Le temps du cinéma et la question du mal -être*. éditions Galilée，2001，Paris，pp. 136—137.

(conséquences phénoménologiques)”。[①] 斯蒂格勒觉得，这同样也是霍克海默和阿多诺等人的问题，他们都在面对数字化动态图像（image animée）的文化工业时显得束手无策。在今天新的数字化资本主义面前，旧有的批判理论话语模式已经成为一个思想障碍。所以，斯蒂格勒提出要对传统的批判理论进行批判。“我们在这里批判他们，是因为他们构成了一个障碍，使我们无法去思考已经出现的事实、正在到来的事实，以及关键之处即将从电影的问题中而来的事实。电影的问题是上述各种事实发展演变的载体。这一思想的重任在今天尤为紧迫（urgente），因为当今的科技已经出现了一聚合之势（convergence），它从深层次上重新分配了经验的现实与有待采取的政治决策的空间。”[②]

所以，斯蒂格勒要超越这些已经过时的社会批判理论，创造新的数字化资本主义的批判理论，在电影—电视从深层次上重新座架康德据说的经验呈现方式入手，揭露当代资产阶级利用新的网络信息技术的“聚合之势”对人们意识的全面支配，进而奴役和盘剥无产阶级的罪恶，续写今天的《资本论》。

三、大写的“伪我们”的同一性接受

在斯蒂格勒看来，要在今天的数字化资本主义时代续写《资本论》，承担社会批判理论的继承者和光大者，关键性的问题是要弄清楚为什么大众会如此顺从地接受资本的奴役和统治？资本世界的数字化生存中的同一性是如何实现的？他的结论是：这种“世界统一化的过程通过电影得以实现（processus d'unification mondiale a lieu par le cinéma）”![③] 这至少是斯蒂格勒的一种答案。为此，他援引辛克莱（Upton Sinclair）在1917年写下的一句话：“有了电影，世界便得以统一，也即美国化了。”这就再一次回到斯蒂格勒《技术与时间》第3卷的主题：“意识犹如电影。”电影＝好莱坞，大资本通过好莱坞控制全世界的意识蒙太奇，进而统治全球。我觉得，斯蒂格勒这里的表述，虽然十分激进，但如果不加以限定，就会滑向一种唯心主义的观念决定论。因为，支配意识只是资产阶级现实奴役的一个主观层面，在经济关系和其他复杂社会关系中，当代资本对人的奴役和盘剥是更加深刻和全面的。不能攻其一点，不计其余。

---

① 斯蒂格勒：《技术与时间》第3卷，第116页。中译文有改动。Bernard stiegler，*La Technique et le temps*，*Tome* 3：*Le temps du cinéma et la question du mal-être*. éditions Galilée，2001，Paris，pp. 136—137.

② 同上。

③ 斯蒂格勒：《技术与时间》第3卷，第117页。

斯蒂格勒说，康德的先验图式论（schématisme）之所以能够被资本主义工业化，这是因为以信息化数码第三持存的普遍出现，并且这些可移动的数字化的第三持存（今天的电脑手持终端和智能手机）直接在全世界的共时性意识流中投放资本的公开和隐性的意图，其结果就是“图式论的工业化同时也就是一种世界的统一化的过程”。准确地说，是观念世界的统一性。依据斯蒂格勒的判断，这种统一化的过程必须发生在好莱坞，好莱坞必须成为“世界的首都——大都市（*capitaledu monde*，*la metropolis*）”。[①] 斯蒂格勒说，在前面的讨论中已经涉及电影流与观众的意识相互重合的浸入机制，他这里进一步地加深构境为：

> 以电影为对象的意识的时间会接受电影的时间，事实上，由于意识的运作，即大写的我（Je）的运作在某种方式上已经具有电影的特性，否则电影就没有能力去干扰图式论，与此相同，通过电影工业，美国的地缘政治（géopolitique américaine，其“传道士位于好莱坞”）得以去开发的建构政治（*constitutive du politique*）的一个维度，也即大写的我们：接受（Nous：l'adoption），而美国发现并揭示了这一“接受”过程的激进性。[②]

这是斯蒂格勒文本中极为重要的一段评论，因为它指认了《技术与时间》第3卷批判理论的构境支点：即好莱坞的意识形态建构机制，通过电影支配全球观众进而潜移默化地输送资本的意志。在斯蒂格勒看来，美国资产阶级统治者最早发现了电影对人的意识的蒙太奇改造作用，于是他们利用好莱坞电影工业打造了全世界最大的梦幻工厂（这也是好莱坞的自喻），比起美国军舰飞机在全世界的武力炫耀，美国大片对全球观念的征服更加深入人心。它的生产逻辑是：通过高超的电影制作工艺和雄厚的演艺功力，在从对孩子们心理结构内化的动画片开始，到对历史故事的重构，再到妖魔化对手（社会主义的前苏东、越南、朝鲜和中国，今天的中东伊斯兰国家），观众在观看好莱坞影片的过程中，无意识地接受了一种大写的伪我们的共同主体意识，由此建构起一种内化于人们心中的非批判式接受的美式政治倾向，开辟了美国化的全新心理文化上地缘政治。

斯蒂格勒认为，如果要理解世界的好莱坞化的实现机制，那么就必须重新回到形而上学的构境之中，去了解这个特殊的“大写的我们”的建构机制。首先，斯蒂

---

① 斯蒂格勒：《技术与时间》第3卷，第118页。

② 斯蒂格勒：《技术与时间》第3卷，第118页。中译文有改动。斯蒂格勒在这里使用了斜体的首个字母大写的Je和Nous，我在后面的文本引用中均改为“大写的”和“大写的我们”。下同。Bernard stiegler，*La Technique et le temps*，*Tome 3*：*Le temps du cinéma et la question du mal-être*. éditions Galilée，2001，Paris，p. 139.

格勒说，我们可以远一些先在康德哲学中做些基础性的铺垫。在康德的认识论革命中，他的先验的图式论已经关注到先天综合判断作用之下的某种意识流中出现的"同一化和物质化（*identifiant et matérialisant*）"现象：

然后再对这些思想进行再次激活（*réactivant*）、入序（*ordonnant*）、处理（*manipulant*）和诠释（*interprétant*），使意识流延续下去，为该意识流打开一个与其过去时刻具有一致性的未来，其中混杂、插入、镶嵌着其他意识（例如休谟、沃尔夫、莱布尼茨等人的意识）的过去时刻的要素。然而，过去时刻是被一个前摄（protentionnel）的过程所激活，也即一种自我意识的欲望（*désir*），或者说是一种自恋情结（*narcissisme*），而且康德意识统一化的过程是对激活所有意识之物的典范式的投射（projection exemplaire），已经将大写的我们（Nous）——也即勒鲁瓦—古兰所说的人类群体的统一化演变，或康德本人所说的所有意识的理想状态（idéal de toute conscience）——的结构构建出来。[①]

这是斯蒂格勒对康德《纯粹理性批判》中先天综合判断发生图式先导和统摄作用的完整理解，除去少量需要剔除的弗洛伊德的话语，在非学院和非文本学的构境中，这一诠释基本上是正确的。最有趣的是斯蒂格勒如下一段话："某个大写的我如果要想说些理性而且具有普遍性的话语，就应当一直自称大写的我们。"[②] 每个去在世的此在（我），要想表示自己是经过理性教化的，通常会将"我"伪饰为共在的我们。我曾经写过一篇文章，以说明在改革开放后的中国学术界发生的从同一性话语的"我们认为"到有个人主体的"我以为"的话语主体倒序转化。[③]

其次，在人类学家勒鲁瓦—古兰那里，这个变成大写的"我们"的过程被表述为个体通过"他性接受"建构的同一性，个人主体只是"作为他性的我（*autres Je*）和他性的大写的我们（*autres Nous*）的集合者才可能得以构成、联结、固定、持续并得到拓展（extension）"。[④] 其实，这是拉康的构境，他性的我是空无存在中的伪自我和伪个人主体，他性的大写的我们即是伪自我和伪个人主体无意识认同的大他者。斯蒂格勒举例说，比如一个群体（民族和国家）的持续存在必须建构出一种共

---

① 斯蒂格勒：《技术与时间》第 3 卷，第 118—119 页。中译文有改动。Bernard stiegler，*La Technique et le temps*，*Tome 3*：*Le temps du cinéma et la question du mal -être*. éditions Galilée，2001，Paris，p. 139.

② 斯蒂格勒：《技术与时间》第 3 卷，第 119 页。

③ 张一兵：《从"我们认为"到"我以为"》，《开放时代》2001 年第 2 期。

④ 斯蒂格勒：《技术与时间》第 3 卷，第 119 页。中译文有改动。Bernard stiegler，*La Technique et le temps*，*Tome 3*：*Le temps du cinéma et la question du mal -être*. éditions Galilée，2001，Paris，p. 139.

同的过去记忆：

> 这个过去必须通过接受（que par adoption）的过程才可能成为共同的过去（*passé commun*）——而接受的过程又必须通过共同的投射（*projection*）才能得以实现，原初持存、第二持存、第三持存的总和（*ensemble*）构成了前摄装置（*dispositif protentionnel*），同时将其投射出去，某个我的具有认同性的流（*flux identificatoire d'un Je*）在这个过程中得以构成。与此类似，构成即将到来的大写的我们（*Nous*）的图像的过去时刻无论多么虚假（*phantasmatique*），它总是一个接受的过程。[①]

显而易见，勒鲁瓦—古兰是从人类学的视角述说作为一个群族凝聚自身精神同一性的历史叙事——共同的过去的建构过程。在他那里，所有群族中的个人，从一生下来开始就会接受长者口述（原初持存和第二持存）或历史文献（第三持存）共同构成的群族身份认同，我的个人身份的同一性是建立在一个大写的群族（大写的我们）共同的过去意象投射之中的。从斯蒂格勒的转述可以看到，勒鲁瓦—古兰这里举的例子恰好是中国。

斯蒂格勒的重要揭醒：一是"这个接受的过程只有在隐而不现（*occulte*）的时候，它才能有效"。[②] 这个个体对共同的过去的接受不是外在的强迫，而是所有人成人化过程中努力获得的自我认同的必要环节。并且，这个接受作为对他者的认同，常常是看不见的。二是这个接受同时更多的是遗忘，所有历史叙事都会是选择性遗忘和编辑式的建构。斯蒂格勒告诉我们，这种遗忘的制造包括了电影制作中出现的所有技巧，如遴选、样片选择和蒙太奇，所谓"共同的过去"在每个时代的统治者那里都是精心编辑和删节过的，正是这种编纂和制作出来的"大写的我们的流（*flux du Nous*）"（历史），建构了群族中个体所无意识接受的内在化的"我的过去"。斯蒂格勒说，巴里巴尔（*Etienne Balibar*）将其指认为"虚构的种族性（*l'ethnicité fictive*）"。[③] 应该说，斯蒂格勒这里的分析是深刻的。

其三，斯蒂格勒用自己的构境话语重新加强了的看法。他认为，正是人的直接记忆之外的后种系生成的物性第三持存记忆，才可以源源不断地制造出所有人都没有直接经历过的共同过去，它以共同的历史性幻觉支撑起一个"已经在此"的先在

---

① 斯蒂格勒：《技术与时间》第3卷，第120页。中译文有改动。Bernard stiegler, *La Technique et le temps*, *Tome 3*: *Le temps du cinéma et la question du mal -être*. éditions Galilée, 2001, Paris, pp. 140—141.

② 斯蒂格勒：《技术与时间》第3卷，第121页。

③ Etienne Balibar, Immanuel Wallerstein, *Race*, *nation*, *classe*, La découverte, 1997, p. 130.

性的生存前提。

> 接受过程的条件在于以下这一由后种系生成，也即技术性记忆（*mémoire technique*）带来的可能性，即能够进入一个从未被某人体验过、也没有被此人生物学意义上的祖先们体验过的过去时刻。接收过程的前提是能够进入一个人工的过去（*passé factice*），过去时刻的人工性却构成了一种“已经在此”的基础，以这种“已经在此”为出发点，继承者使能够幻觉般地（*phantasmatique*）与其他通过接受幻觉般的分离同一过去时刻的人一起期望共同的未来。①

依托于生物性的长辈们口口相传的原初持存和第二持存毕竟是有限的，更多的历史传统都是记载于第三持存（文献与遗物）中的物性化人工记忆。这样才使得我们从来没有经历过的民族历史和文化传统，在教化和成人化的进程中被自然地接受，并建构起我们生存下去的共同想象体。

从斯蒂格勒自己的话语来重新审视这个“伪我们”的建构问题，也就是接受的后种系生成特征，正是依托了第三持存的义肢性“技术”，人才可能不断地接受自己从来没有经历过的“人造的过去”，那个幻觉中的伪我们——“大写的我们投射才得以构建（construction du Nousprojectif）”。② 而美国的好莱坞化正是聪明地利用了这种“大写的我们”的建构机制，只是把共在的历史幻象通过更容易接受的电影叙事方式改变我们的共同意识构序，以完全坠入特定的意识形态陷阱。

发表于2017年第4期

---

① 斯蒂格勒：《技术与时间》第3卷，第121—122页。中译文有改动。Bernard stiegler，*La Technique et le temps*，*Tome* 3：*Le temps du cinéma et la question du mal-être*. éditions Galilée，2001，Paris，p. 143.

② 斯蒂格勒：《技术与时间》第3卷，第122页。

中国特色社会主义
文化自信的四大主体建构

沈江平*

中国特色社会主义文化自信不是一个简单的文化口号和抽象说辞。习近平指出，“增强文化自觉和文化自信，是坚定道路自信、理论自信、制度自信的题中应有之义”，① 而“文化自信，是更基础、更广泛、更深厚的自信”。② 三个“更”凸显文化自信的重要性。不了解中国的历史，不了解中国数千年文明史，不了解近代以降中国的革命和建设历史，就无法真正做到了解中国特色社会主义文化自信。中国特色社会主义文化自信不能局限于文化自身，必定是以马克思主义为指导，植根于中国特色社会主义实践，涵养于无比丰富、持续发展和海纳百川的民族文化传统及承上启下而发扬光大的中国革命传统，依靠最广大人民群众，坚持以人民为中心的思想，来建构属于中华民族的独特的中国特色社会主义文化自信。

一、马克思主义：中国特色社会主义文化自信的指导思想主体

坚持以马克思主义为指导与中国特色社会主义文化自信建构，二者是一体两面。一方面，坚持以马克思主义为指导凸显中国特色社会主义文化自信的旗帜、路线、旨趣问题；另一方面，中国特色社会主义文化自信为坚持以马克思主义为指导提供了动力、证明和底气。没有马克思主义为指导的中国特色社会主义文化自信，犹如嘴尖皮厚的竹笋，是空的；而缺乏中国特色社会主义文化自信来谈以马克思主义为指导，好比沙漠海市蜃楼，是虚的。中国特色社会主义文化自信是在社会主义国家而不是其他什么主义的国家中建构，是在马克思主义传入中国并开启的马克思主义中国化进程中开创、坚持和发展的，坚持马克思主义为指导理所应当。强调增强中国特色社会主义文化自信，关键是要坚持马克思主义在中国特色社会主义文化建设

---

* 沈江平，哲学博士，中国人民大学马克思主义学院副教授。

① 习近平：《在文艺工作座谈会上的讲话》，《人民日报》2015 年 10 月 15 日。

② 习近平：《在庆祝中国共产党成立 95 周年大会上的讲话》，《人民日报》2016 年 7 月 2 日。

和文化自信建构中的指导地位。只有真学真懂真信真用马克思主义，才能找准建构中国特色社会主义文化自信的方向和路线，才能真正做到为中国特色社会主义固本铸魂。

马克思主义成为中国特色社会主义文化自信的指导思想主体，这是由中国历史和现实决定的。不懂得中国历史，特别是近代以来中国的艰辛奋斗史及中国共产党的革命和建设历史，就难以理解马克思主义在中国的真实意蕴；不懂得马克思主义在中国的真实意蕴，就难以把握中国特色社会主义文化建设的历史内涵以及当前文化自信建构的真实旨趣。十月革命一声炮响，送来了马克思主义，从此中国的面貌发生了翻天覆地的变化。中华民族的独立解放不是文化发展的产物，而是近百年来无数革命先烈、志士仁人前仆后继，抛头颅洒热血，在马克思主义的指导下奋斗的结果。在中国共产党的领导下，在马克思主义的指导下，中华民族发展的方向和进程发生了深刻的改变，中华民族的前途和命运发生了深刻的改变，世界发展的趋势和格局也发生了深刻的改变。以马克思主义为指导的中国革命获得了胜利，进而开辟了中华民族伟大复兴的道路，同时也开辟了中华文化伟大复兴的道路。中国特色社会主义文化自信正是在中华文化伟大复兴的进程中开始提出、建构和发展的。如果不立足于中国历史和现实，不坚持马克思主义的指导，不着眼于中华民族文化伟大复兴来建构中国特色社会主义文化自信，片面、孤立地强调文化自信，无疑就偏离了中国特色社会主义文化自信建构的初衷。因此，建构中国特色社会主义文化自信，就不能脱离马克思主义，只有坚持以马克思主义为指导，才能保持文化的社会主义性质，才能有助于中华文化的伟大复兴，才能永葆文化的生机和活力。

中国特色社会主义文化自信必须以马克思主义为指导。中国共产党一直以来都强调马克思主义在中国特色社会主义发展中的指导地位，尤其强调文化建设要毫不动摇地坚持以马克思主义为指导。现实中，在一些思想文化和学术理论活动中，马克思主义“失声”“失语”“被边缘化”的现象依然存在。例如，建构中国特色社会主义文化自信中，有人认为传统文化应该是主体，儒家思想成了支柱，而红色文化则有意无意被忽视；在中国特色社会主义文化走出国门时，有人大讲特讲儒家文化，红色文化和社会主义先进文化成为摆设；在讲到中国近代文化思想史时，各种学术思潮及其代表人物轮番登场成为主角，而马克思主义的传播和实践则被冷落和忽视；总结中国的改革开放历史时，西方经济学理论取代马克思主义成为“指导”思想，西方的人权思想成为“救世主”，马克思主义中国化的成果则被视之无“用”。事实上，马克思主义在中国的出场，既是追求中华民族解放和国家独立，又是为了解除中华文化面临文化危机、摆脱文化两难困境的历史性抉择的产物。马克思主义“开全人类文化的新道路，亦即此足以光复四千余年文物灿烂的中国文化”。[①] 中国的现代化进程就是在中西文化大碰撞中的文化融合、文化重构、文化再生的过程，近百年来中国文化的发展“从文化认知的观点来看，都不免有令人失望的地方……世界摆在我们的面前，我们已明白地看出，中国的出路不应回到‘传统的孤立’中去，也不能无主地倾向西方（或任何一方），更不能日日夜夜地在新、旧、中、西中打滚。中国的出路只有一条，那就是中国的现代化”。[②] 在这段波澜壮阔的一个多世纪的碰撞交锋中，中国人民最终选择了马克思主义。由此，在马克思主义的指导下，中国取得了现代化的巨大发展和成功，传统文化的现代转型也步入正轨。可以断言，中国特色社会主义文化自觉、自信的开启与马克思主义密不可分。马克思主义已经融入中国的现代化进程和文化现代转型的血液之中，这也是当下我们建构中国特色社会主义文化自信时不可忽视和否定的现实和前提。

建构中国特色社会主义文化自信，在新时代就要坚持以习近平新时代中国特色社会主义思想为指导。习近平新时代中国特色社会主义思想，代表着马克思主义中国化的最新成果，吸引着想要透过中国找寻未来方向的世界目光。它是作为中国特色社会主义进入新时代的指导思想的具体呈现，与马克思主义一脉相承，系统回答了新时代坚持和发展什么样的中国特色社会主义、怎样坚持和发展中国特色社会主义。因此，习近平新时代中国特色社会主义思想与马克思主义具有相同的本质属性，是21世纪中国的马克思主义思想结晶，它引领和指导着实现社会主义现代化和中华民族伟大复兴的梦想。习近平新时代中国特色社会主义思想秉持“马克思列宁主义、毛泽东思想一定不能丢，丢了就丧失根本”[③]“没有马克思主义信仰、共产主义理想，就没有中国共产党，就没有中国特色社会主义”[④] 的初心，旗帜鲜明地表明马克思主义是我们立党立国之本、成功的“法宝”、引领事业发展的“真经”。习近平新时代中国特色社会主义思想特别强调发展中国特色社会主义文化，就是以马克思主义为指导，坚守中华文化立场，立足当代中国现实，结合当今时代条件，发展面向现代化、面向世界、面向未来的民族的科学的大众的社会主义文化。站在新时代的起点上，我们构建中国特色社会主义文化自信，必须从这个判断出发，从根本上确保马克思主义的指导地位，坚持习近平新时代中国特色社会主义思想，发挥其对文化建设和文化自信的引领作用，用马克思主义和习近平新时代中国特色社会主义思想来

① 《瞿秋白文集》（文学编）第1卷，人民文学出版社，1985年，第213页。

② 金耀基：《从传统到现代》，中国人民大学出版社，1999年，第12页。

③ 习近平：《习近平谈治国理政》，外文出版社，2014年，第9页。

④ 习近平：《在全国党校工作会议上的讲话》，《求是》2016年第9期。

管全局、管方向、管长远，厘清建构中国特色社会主义文化自信的大局、大势、大事，“才能更好识别各种唯心主义观点、更好抵御各种历史虚无主义谬论”，[①] 全面提升中国特色社会主义文化软实力。

应当看到，建构中国特色社会主义文化自信的道路并非一帆风顺。西方国家和一些敌对势力通过话语霸权来实施文化渗透、争夺人心，而一些反马克思主义的错误观点也在借用西方的话语体系在社会甚至在党内传播，构成了对国人马克思主义信仰的严重冲击和严峻挑战。文化走出去中的话语对接、传播方式等问题，也在一定程度上制约中国特色社会主义文化软实力的实现。对此，习近平强调指出，国内外各种敌对势力总是企图让我们丢掉马克思主义信仰，丢掉社会主义、共产主义的信念。苏联解体带给我们的经验教训很多，其中很重要的一点就是，社会主义的思想文化领域不能改旗易帜，丧失马克思主义的指导地位。前车之鉴，后事之师。中国特色社会主义文化自信的建构一旦放弃马克思主义的指导，放弃习近平新时代中国特色社会主义思想的指导，文化自信就会失去灵魂、迷失方向成为过眼云烟，中国特色社会主义伟大事业也将土崩瓦解。

二、两大传统：中国特色社会主义文化自信的理论源泉主体

传统文化与文化传统联系密切但又差异明显。文化传统是由传统文化演化而来，没有传统文化就没有文化传统。但如果传统文化不演变为文化传统，传统文化就失去了其影响力。任何一种存续至今的民族传统文化，很大程度上都是把自己民族的优秀传统文化转变为民族自身的文化传统，使之进入现实，世代传承。中华民族传统文化中的优秀部分也只有演变为文化传统，才能真正传承、发展和发挥作用。新时代建构中国特色社会主义文化自信来自两种文化传统：一个是中华民族自古以来形成的民族文化传统，主要是以儒家思想为主导；另一个是中国革命文化的传统。这是中国共产党带领中国人民在近代以来革命斗争和新中国成立后社会主义建设进程中塑造的传统。这两种文化传统共同组成中国特色社会主义文化自信的理论源泉主体，缺一不可。

首先，建构中国特色社会主义文化自信，必须以民族文化传统作为理论源泉主体构件，继承、创新和发展中华优秀传统文化。这个民族文化传统即是中华民族在长期生存和发展中形成的以儒家为主导的传统。中国特色社会主义文化自信，决非一句空乏的理论名词，而是有着深厚的历史和现实根据。任何一个国家对待当下文

① 习近平：《在哲学社会科学工作座谈会上的讲话》，《人民日报》2016年5月19日。

化的态度和呈现出来的精神面貌离不开该国家及民族历史传承下来的民族文化传统，深厚和光辉的民族文化传统构成该国家或民族当前文化发展的基石，能为自身文化发展提供给养和信心。作为世界上为数不多诞生较早并延续至今的原生文化样态既是中华民族曾经引以为豪的重要支撑，也是供养新时代中国特色社会主义文化自信的理论源泉。民族自豪感的重要资本，也是涵养当代中国文化自信的重要源泉。毛泽东指出："中国现时的新文化也是从古代的旧文化发展而来，因此，我们必须尊重自己的历史，决不能割断历史。"[①] 中国丰富而优秀的文化传统所映现出来的优秀传统文化，是新时代中国人民酝酿和创造中国特色社会主义文化的重要资源，是人们坚信中国特色社会主义文化必定会走向新繁荣的历史根源。

其次，建构中国特色社会主义文化自信，还要以中国革命传统作为理论源泉主体构件，继承、创新和发展中国革命传统文化。中国革命传统是指近代以来中国共产党领导中国人民进行革命斗争和社会主义建设所塑造出来的文化传统。"中国革命传统凝结了中华民族的优秀传统，它是中国传统文化在新的形势中的延伸和再创造；中华民族文化传统正是由于中国革命传统的存在和发展而不致中断和没落。"[②] 两个传统所涵养的优秀传统文化共同构成了中华优秀传统文化。建构中国特色社会主义文化自信，不仅要继承中华民族优秀文化传统，还需要有子孙后代在新的历史时期发展这种传统。也就是我们既要重视中华民族的文化传统，还要重视在革命时期形成的文化传统。它包括星火燎原的井冈山革命传统，百折不挠的长征革命传统，自力更生和艰苦奋斗的延安革命传统，谦虚谨慎和戒骄戒躁的西柏坡革命传统及社会主义建设时期的以铁人精神、甘于平凡和奉献的雷锋精神、"两弹一星"精神、98抗洪精神等为代表的革命传统。近百年来，在中国共产党的领导下，中国人民经过惊心动魄、波澜壮阔的中国革命的洗礼，孕育了不朽的革命文化，革命文化是中国共产党人、中国社会主义文化自信的底气和基石。新时代，革命文化将始终以强大的定力与信心不断前行，植根于中华优秀传统文化沃土，以马克思主义为理论指导，以社会主义先进文化为前进方向，并积极吸收其他各国优秀文化，在继承与创新、斗争与反思、民族与世界的辩证发展中充分彰显强大的文化自信。

最后，建构中国特色社会主义文化自信，必须正确处理民族文化传统与中国革命传统二者的关系，这在很大程度上影响着中国特色社会主义文化的建设发展。毫无疑问，革命传统中所蕴含的优秀革命文化植根于中华民族优秀传统文化的深厚土

---

① 《毛泽东选集》第2卷，人民出版社，1991年，第708页。

② 陈先达：《马克思主义和中国传统文化》，人民出版社，2015年，第28页。

壤之中。中国革命传统凝结着中华民族的优良传统，它是中华民族优秀传统文化在革命时代的延伸和再创造。可以说，中国革命传统是民族文化传统的继承与发展，承上启下、继往开来的革命文化是中华民族文化在苦难动荡岁月的继承、发展和升华，是中华文明的精髓。当前我们诸多革命理念都与优秀传统文化一脉相承，比如，“全心全意为人民服务”是“以民为本”“止于至善”的概括；“自力更生、艰苦奋斗”是“天行健，君子以自强不息”的弘扬；“谦虚谨慎、戒骄戒躁”是“生于忧患、死于安乐”的践行；“人类命运共同体”是“和而不同”“和谐万邦”的升华；“共产主义远大理想”是“大同主义”的至善追求。“从孔夫子到孙中山，我们应当给以总结，承继这一份珍贵遗产。”① 两种传统相互借鉴，和谐共处，则国家发展兴盛。中国社会在改革开放时期呈现出来的蓬勃生机，无疑是两种传统密切结合带给这个国家和社会的结果。中国革命传统中的优秀革命文化充分吸收了民族文化传统中的优秀传统文化的养料，在中国特色社会主义的改革开放事业中实现了创造性转化和创新性发展，成为凝聚党和人民、提升文化自信的巨大正能量。反之，如果两种传统相互对峙，对中华文化、国家发展都是百害无一益。“全盘西化”甚至以“断流”的方式对传统文化“一刀切”，无疑堵塞由传统文化向革命文化、当代先进文化转化的可能和路径。再如“文革”时期用一种所谓的“革命”方式对传统文化进行冲击和破坏，对于民族文化传统的继承和发展、对于中国发展的消极影响非常深刻。

建构中国特色社会主义文化自信，同样不能违背文化发展规律，即文化总是在既有文化基础上向前发展的。建构中国特色社会主义文化自信，必须以马克思主义为指导，但马克思主义不能取代中国文化传统和中国革命传统。无论是中国特色社会主义实践，还是中国特色社会主义文化自信的建构，都是植根于这块具有深厚历史传统、文化传统和革命传统的 14 亿人口的中国，当然应该重视中国的历史和文化遗产，重视中华传统文化尤其是优秀传统文化对中国社会结构、中国人的民族性格、中国人的思想和价值观念的深刻影响，也要重视凝结着中华民族优良传统的中国革命传统对中国人追求民族解放、国家独立、中华民族伟大复兴的巨大推动力。因此，建构中国特色社会主义文化自信就必须坚持民族文化传统和中国革命传统作为文化自信的理论源泉主体，坚持传承、发扬两个传统。

三、中国特色社会主义实践：中国特色社会主义文化自信的现实支撑主体

深入研究中国特色社会主义文化自信问题，我们的理论视角应该超越单纯就中

① 《毛泽东选集》第 2 卷，第 534 页。

华传统文化谈中国特色社会主义文化自信问题。如果用一句话概括，中国特色社会主义文化自信应依托和存在于中国的全部历史和现实中，尤其是存在于中国特色社会主义的理论和实践取得的伟大成就之中。中国人民经历了站起来、富起来直到现在强起来的探索和奋斗历程，以往弥漫中国的文化自卑心理也一扫而光。“当代中国的伟大社会变革，不是简单延续我国历史文化的母版，不是简单套用马克思主义经典作家设想的模板，不是其他国家社会主义实践的再版，也不是国外现代化发展的翻版。”① 这是习近平在新的历史条件下，对中国特色社会主义实践和发展道路的创造性的科学总结。说到底，中国特色社会主义文化自信的建构是基于中国特色社会主义实践的成功。

中国特色社会主义文化自信的建构必须落实到民族自强和国家发展上，落实到中国特色社会主义建设实践上。创新、协调、绿色、开放、共享的新发展理念，就融合经济、政治、文化、社会、生态的总体性考量。如果不以经济建设为中心，大力发展经济，人民生活居无定所，文化自信就成为空头支票无法兑现。古往今来，任何一个国家、民族的历史业已证明，作为文化载体的社会经济力量、政治制度和军事力量一旦落后于人，任何文化自信都只是一句空话。一个民族的文化与作为它载体的民族密不可分。民族的兴衰存亡决定着文化的兴衰，没有一个处于衰落的民族其文化却能独善其身。民族的兴衰与国家的兴衰是命运共同体。中华民族的独立解放、伟大复兴与中国特色社会主义探索和发展同呼吸、共命运。回溯历史不难得出，中华文化的兴衰与民族的兴衰、中国特色社会主义实践荣辱与共。鸦片战争后，中国人被人称为东亚病夫，中华文化在世界舞台上风光不再，日益不为人所重视。经过新民主主义革命，中华民族获得解放、国家获得独立，中国人民从此站起来了。改革开放后，中国日益强盛，成为世界第二大经济实体，同时也是最大的发展中国家，对世界的影响日益增强。中华文化在世界舞台上随之不断焕发生机和活力，摆脱了过去文化自卑的心理。孔子真正走出国门，截至目前，全球孔子学院大家庭包括了 140 个国家 511 所学院和 1073 个课堂，中外专兼职教师 4.6 万人，各类学员 210 万人，成为覆盖面最广、包容性最强、影响力最大的全球语言文化共同体之一。这绝非文化一己之力，而是民族复兴、中国特色社会主义实践的硕果。所以，建构中国特色社会主义文化自信，首先要关注中华民族的复兴，坚持把中国建设成世界一流强国，在中国特色社会主义伟大实践中，中国特色社会主义文化自信才有牢固的经济基础和政治基础。

---

① 习近平：《在哲学社会科学工作座谈会上的讲话》，《人民日报》2016 年 5 月 19 日。

中国特色社会主义实践之所以作为中国特色社会主义文化自信的现实支撑主体，这是因为中国的现代化与中华文化的现代化相向而行，是中国特色社会主义伟大进程的共同产物。“历史从哪里开始，思想进程也应当从哪里开始。”① 回溯中华民族追求民族解放、伟大复兴的艰辛历程，可以清晰地发现这样的历史逻辑：中国的现代化追求与中国文化的重构、复兴是一个相互交织、相互渗透、深层融合的过程。中国特色社会主义实践的展开，就是中国探索现代化与中华文化摆脱近代以来文化自卑走向文化复兴的相互交织的复杂过程。中国特色社会主义文化自信既是基于中华民族探索现代化苦难和奋斗史的文化自觉与自豪，又是中华文化寻求自身伟大复兴的现实昭示。中国之所以有一部比较完整的中华民族发展史，有承续不断的璀璨的五千年文明史，主要是中华民族的先人在这片土地上世代开拓、积极进取、融合发展、维系文化传统的实践。近代以来，正是在中国共产党人的领导下，中国走向独立、繁荣和昌盛，走出了一条有中国特色的现代化强国之路。正是在这个伟大进程中，曾经存在于一些国人头脑中的民族自卑心理和殖民地心态被清扫一空，中华民族文化复兴获得了广阔的空间。由此，中华民族开启了建构中国特色社会主义文化自信的征程。“当今世界，要说哪个政党、哪个国家、哪个民族能够自信的话，那中国共产党、中华人民共和国、中华民族是最有理由自信的。”习近平铿锵有力的话，展示出了一个真理：只有在中国共产党的领导下获得民族的独立和解放，才能信心百倍地选择符合自身发展的现代化之路，才能在现代化不断获取成功中复兴被人践踏和蔑视的中国传统文化，走向建构中国特色社会主义文化自信之路。

中国特色社会主义实践为中国特色社会主义文化自信的建构提供现实支撑，反过来，中国特色社会主义文化自信的建构为中国特色社会主义实践提供精神动力和心理认同。中国特色社会主义实践包括道路、制度和理论的实践，中国特色社会主义文化自信为中国特色社会主义道路、理论、制度提供精神支撑。习近平指出，没有中华文化繁荣兴盛，就没有中华民族伟大复兴。② 从一定意义上说，中华民族的伟大复兴就是中华文化的复兴，或者说中华文化复兴制约、影响着中华民族的伟大复兴。因此，基于中华文化复兴的中国特色社会主义文化自信，制约着中华民族的伟大复兴，也就是制约着中国特色社会主义实践。追求国家发展繁荣，强基固本得依靠文化，物质富裕不足以立国，没有文化大发展大繁荣，中国特色社会主义文化自信就难以建构，中国特色社会主义道路、理论、制度就会缺乏感召力和影响力，我

① 《马克思恩格斯文集》第2卷，人民出版社，2009年，第641页。

② 《十八大以来重要文献选编》(中)，中央文献出版社，2016年，第121页。

国的世界地位和国际形象就会大打折扣。“文化自信，是更基础、更广泛、更深厚的自信。”[①] 除此之外，中国特色社会主义文化自信有助于构建中国特色社会主义道路、理论、制度自信的心理认同。中国特色社会主义文化自信对中国特色社会主义道路自信、理论自信、制度自信的作用在于提供心理认同的汇合聚焦，实现千差万别的个人认同在社会共同体归属中寻求最大公约数。中国特色社会主义文化从自身所蕴含的基因、血脉、标识三个维度为坚定中国特色社会主义道路、理论、制度自信奠定心理认同的基础。

民族复兴的本质是文化复兴，反过来，高度的文化自信引领中华民族的伟大复兴。中华民族复兴行进于中国特色社会主义伟大实践中，没有中国特色社会主义实践的成功，就没有民族复兴，也就没有文化复兴。没有文化复兴就无法建构属于中华民族的文化自信。中国特色社会主义文化自信的建构是中国特色社会主义实践发展的必然走向。文化呈现为一个民族对自身历史的态度，表现为一个国家人民对社会实践的价值旨趣。因此，有什么样的实践就构成什么样的文化图景。对自己的民族和国家有没有足够的信心，本身就是一种文化展示。进入新时代，中国特色社会主义实践面临着社会主要矛盾的转变，面临着“伟大斗争、伟大工程、伟大事业、伟大梦想”的新使命。中国特色社会主义文化自信作为动力来源，反映中华民族在社会层面上的自我激励，表现在中国特色社会主义实践中就是强大的精神力量，它塑造出坚信中国特色社会主义实践成功的信心。

四、人民群众：中国特色社会主义文化自信的实践主体

“历史什么事情也没有做……历史不过是追求着自己目的的人的活动而已。”[②] 毛泽东旗帜鲜明地指出：“人民，只有人民，才是创造世界历史的动力。”[③] 中国特色社会主义事业是人民的事业，在实践中就必须“坚持不忘初心、继续前进，就要坚信党的根基在人民、党的力量在人民，坚持一切为了人民、一切依靠人民，充分发挥广大人民群众的积极性、主动性、创造性，不断把为人民造福事业推向前进”。[④] 文化建设是中国特色社会主义事业基础性、广泛性和深厚性的实践，它贯穿于中国特色社会主义建设全过程，与人民的生活、生产密切相关，其成功与否决定着中国特色社会主义的前进方向，决定着国家软实力的实现与否，决定着社会经济发展的深

① 习近平：《在庆祝中国共产党成立 95 周年大会上的讲话》，人民出版社，2016 年，第 13 页。

② 《马克思恩格斯文集》第 1 卷，人民出版社，2009 年，第 295 页。

③ 《毛泽东选集》第 3 卷，人民出版社，1991 年，第 1031 页。

④ 习近平：《在庆祝中国共产党成立 95 周年大会上的讲话》，第 18 页。

度和后劲。文化建设说到底是人的建设，它的成功与否又决定着文化自信能否实现。因此，人民是中国特色社会主义文化自信赖以生成的最为重要的实践主体。要“培养高度的文化自觉和文化自信”，建设文化强国就要遵循“发挥人民在文化建设中的主体作用”① 的原则。

首先，作为中国特色社会主义文化自信的实践主体，人民群众是文化的创造者。人民群众是历史的创造者，作为历史精神脉络的传承载体，文化同样由人民生产和创造。文化是由人民群众在实践活动中创造出来的，文化作为人类认识世界和改造世界的产物，其本身无法自觉、自主地实现延续，文化的产生、发展、延续必须依靠人民群众，通过充分发挥人民的自主性、自觉性、实践性、创造性得以实现。文化活动中所凸显出来的强烈的人民主体性，彰显了人是有意识的类存在物，这样就区分了人与动物的生命活动二者的重要差别。正是这样一种关乎人与动物本质差别的区分，进一步强化了人民对自身能够自由自觉地创造文化而衍生出的优越感和自豪感。这也充分证明和体现出人民对自身文化创造和建设能力的自信。同样，中国特色社会主义文化自信也必须依靠人民这个最具创造力和包容性的实践主体来完成。不难发现，不论是源远流长的中华传统文化，还是当前中国特色社会主义文化，都是人民群众创造性继承和发展的结果。因此，在中国特色社会主义文化自信的构建进程中，中国特色社会主义文化自信就是人民的自信，这种自信既表现为人民对自身文化创造和建设能力的自信，又表现为人民对自身所创造出来的文化成果的自豪与相信。这是一场波澜壮阔的文化软实力塑造和践行的伟大历程，它是中国特色社会主义实践发展到一定阶段的必然选择。而作为生产和文化创造的主体，这段历史同样需要由中国人民来书写和建构，正是在人民的文化创造过程中逐渐走向文化自信。

其次，作为中国特色社会主义文化自信的实践主体，人民群众是文化自信的呈现者。人民群众是实践创造的主体，同时也是社会发展的归宿。“正是在改造对象世界的过程中，人才真正地证明自己是类存在物。这种生产是人的能动的类生活。通过这种生产，自然界才表现为他的作品和他的现实。”② 因此，人民群众既是文化的创造主体，也是文化自信的呈现主体。中国特色社会主义文化自信的建构除了坚持人民群众是创造主体之外，还必须秉持文化自信的最终归宿是以人民幸福为建构目的和价值旨归。一种并不为人民群众所接受和认同的文化，最终也不会被人民所选

---

① 《中共中央关于深化文化体制改革推动社会主义文化大发展大繁荣若干重大问题的决定》，《人民日报》2011 年 10 月 26 日。

② 《马克思恩格斯文集》第 1 卷，人民出版社，2009 年，第 163 页。

择和践行。只有被人民群众创造出来，并经过历史冲刷和洗涤成为表征人民存在方式的文化，才能成为一个国家、民族的精神支撑，也才能成为建构文化自信的载体。“人类生活的基础不是自然的安排，而是文化形成的形式和习惯。正如我们历史地所探究的，没有自然的人，甚至最早的人也是生存于文化之中。”① 建构中国特色社会主义文化自信，人民群众作为其依靠主体，很大程度上就是因为人民群众就是生活在中国特色社会主义文化之中的人，而非其他文化样态。中国特色社会主义文化创造及文化自信的建构过程实际上也是中国人民群众自我创造、自我发展和自我提升的过程。生活于中国特色社会主义社会中的人民群众与中国特色社会主义文化就成为文化建设的一体两面，成为中国特色社会主义文化自信的呈现主体和鲜活的代言人。

最后，作为中国特色社会主义文化自信的实践主体，人民群众是文化自信的接受主体。所谓接受主体，就是指人民群众是社会主义文化建设的落脚点，是中国特色社会主义文化自信的评判者，更是中国特色社会主义文化自信成果的享有者。接受主体的问题是文化发展、文化自信不可或缺的维度。任何一种文化在现实中都会呈现出相应的接受主体。中国共产党自成立起就以人民群众作为文化建设和发展的接受主体对象。新民主主义革命阶段，“工人、农民、兵士和城市小资产阶级”，“这四种人，就是中华民族的最大部分，就是最广大的人民大众”，② 理所应当成为革命文艺的接受主体。人民群众正是在文化接受中彰显其主体地位。中国特色社会主义文化与其他文化不同的关键就在于始终坚持马克思主义的指导和人民群众的主体地位，这就决定了中国特色社会主义文化必能符合人民的需要，为人民所接纳和认同，从而满足人民的文化需求。因此，人民群众的评价是中国特色社会主义文化的根本评判标准。“作品的思想成就和艺术成就，应当由人民来评定”，③ “坚持把群众喜欢不喜欢、满意不满意、接受不接受、认可不认可作为评价作品的最终标准”。④ 中国特色社会主义文化一旦为人民群众所认同和接受，就会在社会实践中迸发出蓬勃力量，进而更加坚定文化自信；而中国特色社会主义文化如果失去了人民群众的认同和接受，势必成为无源之水、无本之木，最终会被人民群众和历史所抛弃。作为中国特色社会主义文化自信的接受主体，人民群众对中国社会主义文化自信的接受并不意味着文化自信塑造的彻底完成，文化自信的接受不仅仅是一种认同和消费的过

---

① 蓝曼德：《哲学人类学》，彭富春译，工人出版社，1988 年，第 260—261 页。

② 《毛泽东选集》第 3 卷，第 855 页。

③ 《邓小平文选》第 2 卷，人民出版社，1994 年，第 212 页。

④ 《十七大以来重要文献选编》中卷，中央文献出版社，2011 年，第 769 页。

程，更是对中国特色社会主义文化自信塑造的意义填充和诠释。

党的十九大报告强调："人民是历史的创造者，是决定党和国家前途命运的根本力量。必须坚持人民主体地位，坚持立党为公、执政为民，践行全心全意为人民服务的根本宗旨，把党的群众路线贯彻到治国理政全部活动之中，把人民对美好生活的向往作为奋斗目标，依靠人民创造历史伟业。"① 在中国特色社会主义文化自信塑造的过程中，必须坚持以人民为中心的价值导向，以满足人民日益增长的精神文化需求为着眼点，引导并丰富人民群众的健康精神生活。正如习近平所说："站立在960万平方公里的广袤土地上，吸吮着中华民族漫长奋斗积累的文化养分，拥有13亿中国人民聚合的磅礴之力，我们走自己的路，具有无比广阔的舞台，具有无比深厚的历史底蕴，具有无比强大的前进定力，中国人民应该有这个信心，每一个中国人都应该有这个信心。"②

发表于2018年第1期

---

① 习近平：《中国共产党第十九次全国代表大会报告》，《人民日报》2017年10月18日。

② 习近平：《在哲学社会科学工作座谈会上的讲话》，《光明日报》2016年5月19日。

新社会运动对西方传统社会主义运动的挑战与创新

孟　鑫*

以西德尼·塔罗、查尔斯·梯利为代表的研究者把社会运动定义为采取制度外手段进行政治斗争的一种手段。塔罗在《运动的力量》一书中，把社会运动称为一种以共同的目的和社会团结为基础的，在与精英、对手以及权威之间持续不断交锋中展开的集体挑战。新社会运动是社会运动在当代西方发达国家的最新表现，这个“新”是与传统工人运动相比较而言的。它“主要是指西方1960年代以来发生的学生运动、女权运动、生态运动、宗教运动、反核和平运动、动物保护运动、同性恋维权运动、少数族裔的民权运动等”。① 以美国反文化运动为起点，其发展历程走过了影响深远的新左派运动、风云激荡的法国“五月风暴”，直至21世纪初在美国出现的“占领华尔街”运动，至今绵延不绝。这些运动的核心特征是社会公众选择非体制化途径，自下而上表达对政府及其政策的抗拒和抵制，提出理念和诉求，目的在于推动社会变革，实现社会变迁。新社会运动在本质上体现为发达国家中推动和促进资本主义制度变革的重要社会力量，在某种程度上，它已经成为发达国家内部社会主义因素的现实表现，其在发展前景上展现出较为显著的社会主义倾向。

长期以来，在西方发达国家中由共产党、社会党引领和发动的传统社会主义运动不仅实际效果令人堪忧，而且由于理论与实践的较大反差，导致一些人对马克思主义产生质疑。他们开始在理论上寻求对马克思主义进行“发展和完善”，在实践上寻找变革资本主义的新主体和新道路，新社会运动就是在这种背景下出现的。它努力超越传统左派的思想和理念，用新视角研究垄断资本主义的新变化，并在挑战西方传统社会主义运动理念的基础上创新实践道路。

---

* 孟鑫，中共中央党校科学社会主义教研部教授、博士生导师。

① Hank J. Alberlt M. New Social Movement, Philadelphia, Temple University Press, 1994, p. 3.

一、超越传统左派理念，探索变革新方式

新左派运动是一股不同于欧洲共产党、社会党以及美国共产党等老左派，以反对资本主义为宗旨的社会变革力量，它也是早期新社会运动的主体力量。“新左派是20世纪六七十年代席卷西欧和北美核心资本主义国家的一场激进的思想文化运动，这场运动的参与主体是知识分子和青年学生，而不是以往历次激进运动的主角工人阶级。这些文化人不满资本主义社会的现实，带着一种理想主义的情怀期许社会主义的未来。”[①] 新左派虽然在一定程度上传承了老左派的理念主张和实践道路，但从本质上说，欧洲和美国的新左派都是在超越传统左派理念的同时，力图探索出变革资本主义的新道路。

（一）美国新左派的挑战与创新

美国新左派运动出现于20世纪60年代，大约10年后出现的以批判资本主义制度为宗旨的“马克思主义文化革命”成为其发展顶峰。它在思想主张、实践路径以及诉求目标等方面与老左派之间存在较大不同。

第一，更为激进的思想主张。美国新左派以青年知识分子和大学生为主要力量，他们对以共产党为主体的“老左派”所倡导的理念和实践深感不满。首先，它对美国的劳工运动这一重要左翼力量的现状极为痛心和失望，并把这种局面归因于工会主义的消极理念和失败实践；主张对美国的社会制度和意识形态进行深刻批判。其次，由于苏联的社会主义现实状况与新左派的社会主义理想目标之间存在较大反差，促使他们寻找一种非苏联模式的理想社会主义。再次，经典马克思主义的社会主义思想与发达国家社会发展实际状况之间的明显不同，导致他们认为马克思主义对资本主义的发展状况认识不够全面深入。鉴于此，在理论上创立新思想，在实践中寻找新道路，探索社会主义运动的新形式来取代传统社会主义运动方式，这是他们自己认为的历史责任。但是，这些青年知识分子从马克思列宁主义出发，最终却深受埃里奇·弗罗姆、赖特·米尔斯和赫伯特·马尔库塞等人的影响，接受了一些新左派理论家的激进思想，如马尔库塞的“现代乌托邦革命”等激进的革命理论。

第二，更加深入的现实批判力度。美国新左派主导的反传统价值观和反技术理性的思潮与老左派反对资本主义制度的主张相比，展现了更强大的现实批判力。他们认为，作为当代资本主义发展典型特征的科学技术革命在促进生产力发展的同时，其消极作用不可忽视。一是科学技术高速发展和生产力迅速提高的确促使美国走向

---

① 赵国新：《新左派》，《外国文学》2004年第3期。

了“富裕和繁荣”，但同时也引发了一系列消极负面的现实后果，促使人们深刻反思科技发展和发达工业社会的得失利弊。二是在物质财富迅速积累的同时，国家和社会的价值体系、道德观念却遭遇崩塌和溃败。一些学者从人本主义和人道主义的立场出发，反思和审视科学技术的发展，结果直接导致反传统和反现代文明思潮的出现和蔓延。三是青年知识分子对垄断资本主义现实的抗拒和对自身前途的迷茫，导致他们的思想和行为不断趋向激进，反叛社会和批判现实成为他们的首要选择。

第三，诉求目标由政治革命演变为参与民主。20 世纪 50 年代末，美国政府的意识形态管控有所松动，政治环境的变化为新左派运动的拓展创造了新条件。在此期间，美国多年无法解决的种族矛盾以及越陷越深的对越战争成为新左派运动爆发的直接导火索。其中反越战成为贯穿新左派运动的主线，全国性的反越战运动在 1968 年前后达到高潮。在此期间，美国新左派的政治目标超越了老左派的革命诉求，主张建立“平行社区”实行“参与民主制”。“平行社区”就是一种与当前社会制度相平行存在但又有自身经济、政治、文化和生活准则的小型社会体系。美国新左派特别强调参与民主是促使人们走出压抑反抗异化的重要途径。

第四，变革方式在改良和革命之间游移。美国新左派认为，马克思所关注的工人阶级已经被资本主义体制同化，不再可能成为资本主义制度的否定力量，更不可能成为变革社会的主导力量。在米尔斯和马尔库塞等理论家的影响下，他们将青年知识分子作为变革资本主义制度的主体力量和领导力量，认为他们能够领导和发动其他社会阶层从事变革运动。但早期一些成员并不认同马尔库塞暴力革命理论，主张用非暴力的改良方式实现对西方社会的变革。到了中后期，成员之间的主张开始出现分化，部分人认为暴力手段更有助于实现革命目标，强调内部改良不可能使资本主义制度走向新生，必须推翻它建立新的社会制度。

（二）欧洲新左派的重生与拓展

欧洲新左派与美国新左派在产生原因上虽然有较大差异，但它与美国新左派一样努力超越老左派的思想主张、实践路径以及目标宗旨，力图在理论上和实践上走出老左派的传统模式。总体上看，欧洲新左派运动走过了三个阶段的发展历程：开创阶段（1956—1962）、拓展阶段（1963—1969）、深化阶段（1970—1977）。在拓展阶段，“E. Y. 汤普森等老一代新左派与佩里·安得森等新生代新左派在争吵与合作的双重变奏中推动了欧洲新左派运动的进展”。[①] 深化阶段“是新生代新左派大力发

① 赵国新：《新左派》，《外国文学》2004 年第 3 期。

展西马理论、发扬光大马克思主义学术的重要时期”。[①] 欧洲新左派对老左派的超越主要表现在以下几方面：

第一，幻灭中的重生。英国新左派的形成和发展成为欧洲新左派运动最突出的表现和最高成就。1956年的英法联军入侵苏伊士运河事件和苏军入侵匈牙利事件，对传统左派的思想形成了颠覆性的打击，导致他们对西方世界的资本主义制度和苏联模式的社会主义制度均大失所望。同时，战后西欧发达资本主义国家与其战前的状态迥然不同：福利国家制度的实行促使劳资关系渐趋向缓和，传统无产阶级的生产条件改善，生活水平提高，社会中充斥弥漫着消费主义和物质主义，而阶级意识却趋于消弭淡化。传统左派的社会主义信仰和主张不断遭遇现实挑战。但作为当时英国左派代表的两大政党——共产党和工党都没有认真对待这种新形势，也没有做出及时的反应并提出相应对策。“英国共产党在匈牙利事件上紧跟苏联，导致党内严重分化，致使三分之一的党员出走。”[②] 这一现实直接导致了新左派运动的孕育和发展。其成员主要包括两部分人：一些是英国共产党的退党人士，包括E. P. 汤普森、雷蒙·威廉斯、克里斯托夫·希尔等；另一些是工党内的政策不满者，包括佩里·安德森、斯图亚特·霍尔等信仰社会主义的青年学者，还有查尔斯·泰勒等人。“他们要求根据资本主义的新变化，及时更新社会主义的理论和实践，创设民主社会主义的政治制度。这正是他们与以英国共产党为代表的老左派的不同之处。他们认为马克思主义的社会主义理论和对资本主义的批判仍有价值和意义，但是必须实现更新和发展，力图促使马克思主义在英国和欧洲大陆走向重生。”[③]

第二，理论深化与实践游移。作为一场理论和实践运动，欧洲新左派必须确立自己的文化主战场，英国的《新左派评论》承担起了这一历史使命。它吸收欧洲大陆较为系统成熟的社会发展理论，深化并“创新改造”马克思主义思想，同时继承了英国民众的批判理念和思辨传统，对当时英国政府的政策发展产生了独特的影响。由于欧洲新左派主要成员在思想主张上存在较大差异，研究者将其划分为老一代新左派和新一代新左派。

老一代新左派不认同传统马克思主义关于文化的观点——文化是社会关系的反映和经济发展的产物，而是特别强调以文化为代表的价值观念和社会传统在历史发

① 赵国新：《新左派》，《外国文学》2004年第3期。

② Nick S. Culture Ideology and Socialism，Raymond Williamsand and E. P Thompson Aldershot：Avery，1995，p. 93.

③ Dennis D. Cultural Marxism in Postwar Britain：History，the New Left and the Origins of Cultural Studies. Duke University Press，1997，pp. 45—61.

展和阶级斗争中的重要影响。其中威廉斯、汤普森等人的观点影响较大，理查·霍加特也是这种观点的代表人物。他们关注的核心问题就是文化的作用，强调文化是新社会理念形成的主要影响因素，认为只有发挥激进文化的作用才能促进公众社会批判意识的形成。为此，他们勤于著书立说，出版了《识字的用途》（霍加特）、《文化与社会》（威廉斯）等著作。

佩里·安德森在1962年成为《新左派评论》的主编，这标志着新左派运动主导权的代际交替。老一代学者坚持传统的文化分析路径，固守工人阶级的革命斗争理念；新一代学者却主张采用欧洲大陆的新思想对英国社会进行全面分析，两代学者之间的分歧在20世纪60年代达到高峰，但新老交替已是不可逆转的现实。“老一代的失势原因很多，根据后来研究者的总结，最主要的原因是，他们未能制定出一套社会运动的纲领，又没有建立起雄厚的群众组织基础。结果是，既未能掀起劳工运动的风潮，又错过了把‘核裁军运动’改造为社会主义运动的良机。”[①] 鉴于马克思主义在英国传播的现实状况令人堪忧，安德森等新一代学者将翻译和介绍欧洲大陆的马克思主义著作作为首要任务，这一艰巨工程历经十余年才宣告结束。“这项事业一方面推动了英国的马克思主义学术文化，另一方面打破了英国本土的左翼思想界与欧陆隔离的状况。在欧陆西方马克思主义的影响下，英国新左派重新思考了经典马克思主义的一些命题，例如经济基础与上层建筑的关系问题，重新评价了历史唯物主义。”[②]

面对资本主义的新变化，新左派坚持在发达国家中探索如何发展社会主义的现实策略，在理论主张和实践道路两方面均有所建树。但到底是走革命之路还是改良之途，他们一直游移其中，导致其不断提出矛盾的实践策略。“历史学家拉尔夫·米利班提出了一项折衷方案：革命与改良双管齐下，以改良服务于革命；利用罢工、游行示威、请愿以及其他非议会斗争方法，改变资本主义国家的性质和资产阶级民主形式。”[③] 实际上，这只能看作一种学术构想，并不具有现实可能性，因为它们所要求的前提条件即大规模传统工人运动正在消失。到20世纪70年代末期，新左派运动的社会影响力渐趋消弭，从英国和欧洲大陆政治舞台上逐渐消失。

总的来说，新左派运动作为新社会运动早期的理论与实践表现，有一定现实意义。首先，它从价值观的角度动摇了资本主义社会的核心理念，揭露了资本主义制度的弊端和缺陷，加剧了人们对现存制度的审视和批判，尤其是它促使新中间阶层

---

① 赵国新：《新左派》，《外国文学》2004年第3期。

② 同上。

③ Lin C. The British New Left, Edinburgh, 1993, pp. 133—134.

对福利国家制度产生质疑和否定，也使传统中间阶层对福利国家制度的妥协态度遭遇持续批评。其次，它从理论创新这一高度提出了深入研究马克思主义的现实要求。新老两代左派学者对当代资本主义发展状况的分析，对公民自治的追求以及对第三世界民族独立运动的支持，尤其是他们对民族、种族及性别平等问题、生态问题和可持续发展的高度关注，都促使西方左翼加强对这些重要领域的关注和研究。

二、直面资本主义新变化，寻找变革新战略

马克思主义认为，无产阶级是实现社会主义的主体力量，这一观点对西方左翼思潮的形成和发展具有重要影响。但到了垄断资本主义阶段，福利国家体制在改善了劳动者的生存状况和生产条件的同时，也改变了传统工人阶级的构成基础并动摇了一些人的思想认识。"这种劳动与劳动者都已经变化了的现实，推动了西方社会主义道路选择理论与实践探索的历次改变。"① 新社会运动的发展与垄断资本主义的形成基本上处于同一阶段，其内在联系尤其值得关注。"从某种意义上说，正是新社会运动暴露和凸现了当代资本主义新产生的社会矛盾和冲突，从而引发了西方关于'后工业社会'即晚期资本主义的热烈讨论。"② 新社会运动的发展促使研究者走出传统理论框架，形成分析垄断资本主义的新视角。

（一）从社会结构变化中寻找社会变革战略

后工业社会的生产方式促进了经济体制和社会结构的调整，生产劳动及劳动者的定义也随之变动。工业时代的劳动领域逐渐萎缩，后工业时代的劳动领域不断拓展。20 世纪中后期信息产业从业者曾被认定为高级"白领"，现在他们已经被视为普通劳动者。美国"白领"工人在 1975 年第一次超过"蓝领"工人的数量。"在 1961 年至 1988 年间，工业工人阶级的规模已缩减到了英国的 44％、法国的 30％、瑞士的 24％和西德的 18％。在 1975 年至 1986 年的 12 年间，三分之一甚至一半的工业工作已在几个欧洲国家消失。在 20 年中，法国失去了它在 1890 年至 1968 年间所创造的几乎同样多的工作。与此同时，大量的工作在服务部门被创造出来。"③

一些西方马克思主义者面对工人阶级的新变化，提出了诸多变革垄断资本主义的新理论及新策略。其中，早期代表人物如卢卡奇、科尔施和葛兰西等学者关注阶级意识、文化思想及意识形态领导权在社会变革中的重要作用，强调无产阶级掌握文化领导权和意识形态控制权对于社会主义实践进程的重大影响。马尔库塞认为文

---

① 贾学军：《社会主义运动的消沉与"新社会运动"的兴起》，《前沿》2011 年第 1 期。

② 周穗明：《新社会运动与未来社会主义》，《欧洲》1997 年第 5 期。

③ 周穗明：《新社会运动：世纪末的文化抗衡》，《当代世界与社会主义》1997 年第 4 期。

化革命是走向社会主义的可行道路。而列斐伏尔的主张是通过走出日常生活的重复固化或批判日常生活的异化来实现对垄断资本主义的革命。高兹强调用渐进变革的方式促进无产阶级革命的实现，他不认同在较短时间内夺取政权的观点，主张运用合法抗争手段和改良举措实现掌握政权的目标。

（二）从文化冲突视角构建社会运动主题

社会结构的改变导致了社会文化的变迁，也加剧了文化冲突。随着发达国家中教育的普及和大众消费的发展，传统的社会结构、普遍的政治信仰和稳定的价值观念逐渐被解构，而新的产业结构、新的劳动方式和新的发展模式导致社会走向分化和多元。这既为个体的存在发展提供了更多的机遇，也迫使个体承受信息社会的全方位控制。图海纳认为，后工业社会“具有创造出管理、生产、组织、分配和消费模式的能力，进而使社会——在其所有功能层面——看起来像是社会自身行动的产物，而非各种自然法则或文化特殊性的结果”。[①] 这一切直接导致了当代西方发达国家中公众的价值观出现了重大转变，其表现为从关心现代主义的经济问题转为关心后现代主义的存在状态，从重视物质价值转为重视后物质价值，“新中间阶级”的出现就是这种价值观转折的表现，它同时也在改变传统社会主义运动的主题。

“行动社会学”的理论基础是将社会视为“一个行动的系统，即一个由社会关系和文化取向所界定的行动者们构成的系统”。[②] 而“行动”则是指“在某种文化观念的引导下，在多种社会关系尤其是针对这种文化观念的社会控制之间的不平等关系的限制下，行动者所作出的行为”。[③] 图海纳认为，社会运动是人们寻求自我解放、促进社会变革从而创造历史的主要方式，尤其是在程控社会中，社会运动发挥着越来越重要的社会铸造作用。

正是当代社会对“人”主体权利的侵蚀及其造成的文化冲突，导致抵制侵蚀和反抗冲突的新抗议形式层出不穷。新社会运动的多数主题都直接指向垄断资本主义带来的消极后果。它高度关注人的异化、文化冲突、生态问题、种族歧视等，重视对日常生活的批判和反思。它深刻反映了资本主义进入垄断阶段后的本质矛盾和内在冲突，表明这种矛盾和冲突不仅发生在物质生产领域，而且已深深侵入社会、文化以及日常生活领域，文化意识层面的冲突表现最为突出。新社会运动成为垄断资本主义阶段生产方式转变、社会结构调整和文化意识变迁的直接产物。劳伦斯·威

---

① 阿兰·图海纳：《行动者归来》，商务印书馆，2008 年，第 139 页。

② Touraine, Alain. The Voice and the Eye: An Analysis of Social Movements Cambridge University Press, 1981, p. 2.

③ 同上书，p. 61.

尔德在《现代欧洲社会主义》一书中指出，新社会运动既是由经济发展和政治合理化导致的新怨恨，也是由丰裕社会中人们不断提高的预期和不断调整的价值观念导致的新选择。正因为如此，新社会运动作为发达国家大众对新的社会矛盾和文化冲突所进行的新抵抗，它一直在不断提出迥异于传统工人运动的运动主题。

（三）修正传统马克思主义阶级理论

工人阶级出现的新情况强化了研究当代工人阶级的内涵和组成、地位与影响等基本问题的必要性。尼科斯·普兰查斯在《政治权利和社会阶级》一书中提出应对马克思主义的阶级构成理论进行修正和完善，他强调，确定一个人的阶级地位应全面考察其在经济、政治和意识形态三方面的地位和影响，以往只依据经济因素进行判断是不全面的。“社会成员的经济地位在确定社会阶级中具有主要的作用，但我们不能由此得出结论说这一经济地位就足以确定社会阶级。马克思主义宣称，在一种生产方式或者社会形态中，经济确实起着决定性作用，但是，政治的和意识形态（上层建筑）的东西也具有重要作用。每当马克思、恩格斯、列宁和毛泽东分析社会阶级时，远不是使自己局限于经济标准，而是明确提出政治和意识形态标准。”①

普兰查斯根据三位一体的新标准分析阶级构成，提出了工人阶级总量萎缩的观点。他认为，只有直接从事物质生产并创造剩余价值的人，才可被纳入为工人阶级范畴，除此之外，都属于非工人阶级。其他类别的劳动人群，都属于“新小资产阶级”。他坚持认为，发达国家工人阶级总量萎缩是由于“新小资产阶级”大量出现导致的，而且这一点正是这些国家进入垄断资本主义阶段的重要体现。只有在正确把握当代资本主义国家工人阶级构成基本状况的前提下，才能够制定合理的革命战略，而传统左翼对阶级状况变化的漠视直接导致了其革命理论和革命策略的挫败。“在他看来，只有深入研究当前资本主义社会的阶级关系，加强工人阶级和‘新小资产阶级’之间的联盟，才能为成功的社会主义革命奠定基础。正如图海纳所言，由于后工业社会的来临，工人阶级正在从政治舞台隐退出去，不再是社会运动和社会革命的主要力量；社会运动研究者的迫切任务就是要寻找新的社会运动主体，并且发现新社会运动。”②

安德烈·高兹在《资本主义、社会主义和生态学》一书中就这一问题特别指出：“历史发展和技术变迁，即便不是造成无产者的消亡，也造成了无产阶级的消亡，社

---

① Poulantzas N. I. Classes in Contemporary Capitalism，translated by David Fembach，London NLB，1975，p. 14.

② 贾学军：《社会主义运动的消沉与“新社会运动”的兴起》，《前沿》2011 年第 1 期。

会主义已经丧失了它的‘历史主体’。”① 他明确提示西方各国左派在制定革命战略时必须深入分析发达国家阶级构成在当代的新变化，重点分析工人阶级本质属性的演变与组成结构的调整，它已经不再是马克思所论证的那个可以独立承担推翻资本主义这一重大历史使命的阶级了。因为，传统社会主义革命的目标是建立一个属于无产阶级（包括工人阶级）的社会主义社会，为工人的解放而斗争，但工人阶级“总量萎缩”的现实，说明这一阶级已经失去了作为社会革命领导者的资格，也失去了构建新社会的力量和能力。

当代资本主义新变化所形成的关于社会主义运动的新认识和新理念，是西方马克思主义者和部分左翼学者在探求社会主义发展新道路过程中形成的。这些思想主张在革命主导力量、现实战略和未来前景等领域都提出了独特的与传统马克思主义有较多差异的认识。实际上，这些理论和认识在一定程度上发展和完善了马克思主义理论的同时，更多的是对马克思主义的阶级理论和社会主义革命理论形成了新挑战。

三、挑战社会主义运动理论，创新社会主义运动实践

在新社会运动者的视野里，20世纪存在着两种社会主义模式，即苏联社会主义模式和西方民主社会主义模式，但这二者都令其失望。因此，新社会运动一直在努力构建自己的理论基础，探索自己的实践路径，这些探索对传统社会主义运动的理论与实践都构成了挑战，而这种挑战正在成为实践创新的前奏。

（一）理论上的质疑与再创

一些新社会运动参与者和研究者认为，西方发达国家社会主义运动衰落的主要原因包括两方面：一是苏东剧变后人们对苏联社会主义模式的质疑；二是西方社会民主党的理论主张所遭遇的现实挫折。二者消弭了人们对社会主义的信心和信仰，但仍有一些学者不甘社会主义运动遭此境遇，努力再创社会主义理论。

苏联社会主义模式政治上权力高度集中，经济上排斥市场，民主法治不够健全。在社会主义建设初期，这个模式有利于集中有限的资源稳固新生政权，发展社会经济。但是，这种政治体制和经济社会发展方式，一直处于某些西方学者的批判和质疑之中。霍克海默就是其中的代表人物之一，他在《独裁主义国家》中特别提出，苏联、法西斯德国甚至美国实行的都是独裁主义，它们的共同点是国家作为总资本

① Ander G. Capitalism Socialism and Ecology, translated by Chris Tumer, London Verso, 1994, p. 4.

家，掌控着剩余价值的生产过程和分配方式，可它却无法消灭剥削。而且在这种独裁主义的中央集权体制中，社会生活不同领域都受到独裁威权体制的监视和控制。社会物质财富不断增长，人们生活条件不断改善，可人的自由却在不断丧失，人的存在不断被异化。他特别指出，对于那些自我认定为“社会主义”的国家来说，只实行计划经济完全放弃市场经济是其作为独裁国家的典型特征。

马尔库塞强烈认为，苏联并不是典型的马克思主义所界定的那种社会主义国家。因为，与经典马克思主义理论相比较，苏联的制度体制和方针政策存在严重的偏离倾向和违背事实，“只要对生产资料的控制和对产品分配的控制不属于‘直接的生产者’本身，也就是说，只要没有‘来自下面’的控制和主动权，国有化仅仅是更有效的统治以及工业化的手段，是在大众社会的框架内提高和操纵劳动生产率的手段。在这方面，苏联社会紧随晚期工业文明的普遍趋势之后”。[①] 虽然马尔库塞认为苏联的社会主义模式与经典的社会主义理论并不一致，但是他仍然强调，即使遭遇苏东剧变的挫折，经典社会主义理论仍不失为一种有效的理论。因为正是经典马克思主义理论确立了社会主义的真正标准，为人们了解到苏联社会主义模式是如何的脱轨与怎样的异化提供了判断依据。

苏联社会主义模式的瓦解和剧变，使得一些人寄希望于西方的民主社会主义。虽说民主社会主义在一些国家的发展历程和实践成果令人瞩目，但其存在无法克服的内在缺陷——不能撼动资本主义制度的根基，其议会革命或政治民主的主张最终都沦落为延长资本主义存在周期的改良策略。客观地看，正是战后资本主义的科技进步、生产力发展和经济复苏，才使得那些实行民主社会主义的政府能够推行福利国家政策和其他改良措施。但左翼学者却深刻地认识到，这些进步事实和改良举措都无法改变资本主义的本质并消除周期性经济危机。20 世纪 70 年代中后期，随着凯恩斯主义的失利，新自由主义和新保守主义的推行，资本主义经济陷入“滞胀”无法脱身，作为民主社会主义核心支柱的福利国家政策无法持续，充分就业许诺更是无法兑现。尤其是，“当因经济利益的冲突导致民主社会主义与资本合作的蜜月期的结束时，这一‘治理资本主义危机’的政策就不可避免地发生‘治理危机的危机’了”。[②] 在人们对这种民主社会主义也大失所望之际，寻找新的变革路径更是在所难免。新社会运动正是在这种大的社会历史背景下，作为一种新的促进资本主义制度产生社会变迁的力量而出现的。

---

① 徐崇温：《西方马克思主义理论研究》，海南出版社，2000 年，第 338 页。

② 贾学军：《社会主义运动的消沉与“新社会运动”的兴起》，《前沿》2011 年第 1 期。

作为传统社会主义运动与民主社会主义运动之后出现的变革资本主义的新式政治运动，新社会运动实际上是当代资本主义新变化的最新反馈。它是西方国家民众对垄断资本主义阶段出现的新矛盾和新冲突所作出的新抗议和新斗争，它既不同于早期的无产阶级运动，也异质于各种左翼运动。“历经 20 世纪后 30 多年的发展，新社会运动已成为工业化后的西方各国最主要的社会运动和政治冲突形式。新社会运动的异军突起，改变了传统的社会运动格局，构成了一种巨大的、潜在的革命力量。但是，它却不同于传统的工人运动与其他左翼运动，它是一种在发达资本主义社会政治和经济相对稳定中出现的对抗和挑战。”① 这一运动的诉求和目标一直在推动资本主义社会产生变迁，它很大程度上改变了发达国家的政治生态和社会样态。

（二）实践上的探索与变革

正是因为发达国家民众对苏联社会主义模式和民主社会主义体制都失去了信心，在这些国家中传统社会主义运动走向衰落就成为社会主义理论研究者必须直面的现实。与此同时，资本主义基本矛盾日益突出，矛盾表现也日益多样，霸权政治、恐怖主义、难民危机、金融危机、生态危机、性别问题和福利制度危机等，此起彼伏，促使西方理论界和社会公众开始探索和寻求新的社会变革形式。多种多样的抗议和反对资本主义体制的社会运动形式不断出现并持续发展，其中包括生态运动、女权运动、反种族主义运动，以及反核抗议运动、民族主义运动、动物权利运动等等。这些依靠阶层、族群和性别等类别构建认同感而形成的社会运动，反映了在发达国家阶级意识日渐消退的现实中，社会公众在寻找变革道路时的非阶级化趋势。与西方早期社会主义运动相比，新社会运动在实践上进行了多方面的探索与变革。

第一，扩展社会基础，弱化阶级倾向。新社会运动参与人员的身份复杂多样，如环保主义者、和平主义者、性别主义者、青年学生、专业技术人员和边缘人群等，难以用马克思主义的传统“阶级”标准对其进行归类和划分，因此，运动组织者往往会采用利益联系更加紧密的行业、职业以及社会团体，来逐渐取代阶级、阶层和政党的组织联系作用。参与主体的多元性展现出了其社会基础广泛化的特征。从社会经济结构的角度看，“新社会运动的参与者主要是来自‘非生产性的服务部门’，即从事教育、艺术、卫生保健、社会工作的人员和在校学生等”。②

第二，意识形态多元化，价值取向个人化。汉克·约翰斯顿认为，“旧的分析方

---

① 杰弗里·伊萨克：《后马克思主义与新社会运动》，《马克思主义与现实》2004 年第 6 期。

② 秦德占：《变动中的当代欧美社会》，当代世界出版社，2004 年，第 67 页。

法是通过意识形态和社会结构分析去解释运动形成的过程”。[①] 总的看来，很难确定在长达半个世纪的新社会运动中哪一种思想理论是其主导意识形态，那些反传统的、创新的思想和理论往往会成为某一运动在某一阶段的主导思想，但也往往会很快失去其主导地位。如后现代思想、后物质理论、新马克思主义思想、生态伦理思想等都曾经对新社会运动产生较大影响，但任何理论都无法成为其长期指导思想。其原因在于各种运动的价值取向个人化倾向非常明显，这使得新社会运动一般无法形成整体性认识，也无法形成正式的领导者，参与主体也无法形成相对稳定的身份。在各种社会运动的形成和发展中，参与者具有随时加入随时退出的自主决定权。新社会运动是由很多无论在形式上还是在本质上都相对独立的群体、组织或个体构成，在运动发展过程中，这些群体、组织和个体具有极强的自主性，他们可以根据运动发展环境的变化及运动发展态势的走向，自主选择参与或放弃、联合或分离。

第三，组织形式分散化，动员方式网络化。各种社会运动大都没有形成较为稳定的组织结构和较为固定的动员系统，大多数运动也没有统一的章程和明确的纲领。在一个宏观的运动主题下，常常会形成持不同观点的流派和相互矛盾的思潮。总体看来，“新社会运动的运动形式以体制外、超议会的、非常规的直接参与为特征”。[②] 它在组织形式上采取了集群、分权和流动的方式，更具开放性和包容性。在这一点上它根本区别于早期社会主义运动采取的有组织、有纲领的工会和政党的斗争方式。随着互联网的发展和普及，新社会运动的动员方式网络化、媒体化的趋势越来越明显。

第四，抗议手段走向非暴力化，活动范围趋向国际化。传统工人运动多采取对抗性的激进动员策略，主张通过暴力革命推翻资本主义制度，建立工人阶级性质的政权。新社会运动受多方面因素的影响，强调采用非暴力手段以及和平表达方式实现诉求目标，放弃传统工人运动的激进斗争策略以及民族主义的暴力手段和恐怖主义方式。很多人信奉托马斯·韦伯的观点：“从历史上看，非暴力的和平方式一直被看作是一种行之有效的斗争策略，它通过促使对手在心智上的变化而发挥作用，旨在打击对手士气，消磨对手意志，摧毁对手信心、热情和希望；作为政治干预的一种更为有效方式，非暴力通过对第三方力量施加影响力而造成社会的变迁。”[③]

---

① 周穗明：《“新社会运动”的性质、特点与根源——西方左翼理论家论“新社会运动”》，《国外理论动态》1997 年第 15 期。

② 陆海燕：《新社会运动与当代西方政治变革》，武汉大学出版社，2011 年，第 42 页。

③ Thomas W. The Marches Simply Walked Forward Until Struck Down Nonviolent Suffering and Conversation. Peace and Change，1993. 18（3）.

萨米尔·阿明在《全球化时代的资本主义》中明确提出，“无疑，人类正处于一场危机之中”。尤其是现今移民问题、生态问题、恐怖主义问题等议题的产生和解决都已经呈现跨国化倾向，因此这些问题所引发的社会运动也呈现出明显的国际化的趋势。新社会运动的国际化趋势主要表现在两方面：一方面，各种运动的发展呈现出超越民族国家界限的趋势，甚至出现大规模的跨国联合趋势。另一方面，民族国家内的各种社会运动同样也受到全球因素的影响。

新社会运动一直是以当代资本主义制度的异己力量而存在，努力实践走出一条变革资本主义的新道路，但它对西方传统的社会主义运动却构成了明确的挑战，因为新社会运动之所以“新”就是相对于无产阶级政党领导的传统工人运动而言的。在西方国家政治革命意识日趋弱化的现实中，新社会运动成为推动资本主义制度变迁进而走向社会主义的重要力量。作为西方近半个世纪以来最具代表性的社会抗议形式，它正在成为变革西方社会的重要因素，代表着发达国家新的社会走向。值得关注的是，新社会运动正是在挑战西方传统社会主义运动的过程中逐渐走向了对社会主义的认同。

当今世界社会主义的发展道路是多元的，发达资本主义国家也可能会不同于现实社会主义国家走出一条自己的社会制度进化之路，走向社会主义。从这个角度看，我们可以把新社会运动看作是世界社会主义运动的组成部分，是发达资本主义国家中社会主义运动的特殊表现样态。

发表于2018年第2期

公共管理

政府再造

——公共部门管理改革的战略与战术

陈振明*

20世纪最后的20余年，为迎接全球化、信息化、国际竞争加剧的挑战以及摆脱财政困境和提高政府效率，西方各国相继掀起了政府改革（政府再造）的热潮，采取了一系列改革的战略和战术。这场改革使支配了20世纪大部分时光的传统公共行政模式向“管理主义”或“新公共管理”模式转变。而目前我国正处于由计划向市场转轨的时期，市场经济的发展特别是加入WTO的现实，要求转变政府职能、规范政府行为，形成新的政府管理或治理模式。要达成这一目的，借鉴发达市场经济国家在公共管理及政府改革方面所取得的经验（包括所采取的合理的战略与战术），无疑是一个不可忽视的重要方面。

一

在公共管理世界中，变化是最习以为常的。自70年代末80年代初以来，西方各国掀起了政府改革（政府再造）的浪潮。代表工业化国家的经济合作与发展组织（OECD）在1993年的一份调查中发现，它的24个成员国都处于行政改革的浪潮中。

根据张成福教授在《公共管理学》中的说法，① “政府再造”（Reengineering Government）一词，与行政改革、新政府运动等概念，成为目前公共管理理论及实务界共同关注的焦点。“再造”一词是美国管理大师汉默和钱皮（Hamlmer and Champy）提出来的，依他们的观点，“再造”是对组织流程（Process）的基本问题进行反思，并对它进行彻底的重新设计，以便在成本、质量、服务和速度等衡量组织绩效的重要尺度上取得剧烈的改善。要点是：

——剧烈性（Dramatic）。再造带来的并非是微不足道的改善或进步，而是要使

---

* 陈振明，厦门大学政治学与行政学系教授、博士生导师，中山大学行政管理研究中心研究员。

① 张成福、党秀云：《公共管理学》，中国人民大学出版社，2001年，第351—352页。

组织绩效实现大幅度的突破。

——彻底的（Radical）。再造并非改进现有状况，而是重新创造，深入到事物的根基。

——流程（Process）。指一组结合一起的能为顾客创造价值的机关工作。

——重新设计（Redesign）。重新设计组织过程。

“政府再造”一词，在很大程度上标明了现如今人们在行政改革问题上的观念更新。依德国行政学者塞顿托夫（H. Siedentopf）的观点，政府再造应包括现代行政国的概念，也就是通过“再造工程”去重塑社会，以引导、管制及控制经济、社会的发展。政府再造不只是注意政府在量方面的成长，而更重要的是质的方面的改变。

“新公共管理”（“政府再造”）运动起源于英国、美国、澳大利亚和新西兰，并逐步扩展到其他西方国家乃至全世界。有如著名公共管理学者胡德（C. Hoo）所说，新公共管理并不是由英国单独发展起来的，而是70年代中期以后公共管理领域中出现的一种显著的国际性趋势。[①] 可以说，“政府再造”浪潮席卷西方乃至全世界。“代表这一股潮流、全面推进行政改革的既有君主立宪制国家，也有民主共和制国家；既有单一制国家，也有联邦制国家；在政府制度上，既有内阁制政府，也有总统制政府；在市场体制上，既有自由型市场经济，也有政府导向型经济；高举改革旗帜的，既有右翼政党，也有左翼政党。”[②] 西方各主要国家纷纷根据本国的实际，分别制定了各自的“政府再造”方案，如美国的“企业化政府”改革运动、奥地利的“行政管理计划”、丹麦的“公营部门现代化计划”、法国的“革新公共行政计划”、希腊的“1983—1995年行政现代化计划”、葡萄牙的“公共选择计划”、澳大利亚的“财政管理改进计划”等。

当代西方公共部门管理改革（“政府再造”）具有普通性、广泛性和持久性的特点。这场改革涉及几乎所有的西方国家，改革的内容涉及公共管理尤其是行政管理的体制、过程、程序及技术等各个方面。可以从不同的角度或侧面来概括，也可以分成若干不同的类型。

西方政府改革运动以及“新公共管理”实践模式的兴起有其深刻的背景和原因：

——经济和政治因素在将改革提上议事日程中起决定的作用；

——经济全球化的出现是当代西方政府改革的一个推动力；

---

① C. Hood, *A Public Management for all Seasons*, Public Administration, 69 (Spring), 1991, PP. 3—19.

② 方克定：《西方国家行政改革述评·序》，载国家行政学院国际合作交流部编译《西方国家行政改革述评》，国家行政学院出版社，1998年，《序》第4页。

——新技术革命尤其是信息革命是当代西方政府改革的一种催化剂；

——传统的官僚体制（科层制）的失效和商业管理模式的示范性影响是当代西方“新公共管理”运动兴起的另一个动因。

二

西方各国的“新公共管理”改革或“政府再造”采用了各种各样的战略与战术。

美国著名公共管理学者詹姆斯·W. 费斯勒和唐纳德·F. 凯特尔在《行政过程的政治》一书中认为，① “新公共管理”改革具有三个典型特征：重建、不断改进、精简。对精简、重建和不断改进这三种改革思想的相应比较，使他们之间的差异昭然若揭。它们寻求的目标、实现的方向、驱动的方法、奉行它们的管理者的中心着眼点以及达成的行动都体现了出来：

精简——来自世界范围内缩小政府规模的举措。由愤怒的公民从外到内施行，寻求更少的政府开支，它的方法就是目标直率，假设政府有极大的浪费因此必须削减。精简者试图通过战略性干预缩减政府规模，事实上是通过凶猛的炮轰来标榜自己对已有的政策指定者和管理者的藐视。

重建——来自私人部门对重建组织过程和组织结构的努力。试图通过对组织流程的激进变革来寻求更高的组织效率。高层领导者凭着对组织发展方向的战略感知，极力利用竞争和服务顾客的迫切性，转变组织。

不断改进——来自质量运动。通过启动一道持续的程序改进组织产品的质量从而寻求对顾客需求的更大回应。不断改进的倡导者相信职员最清楚如何解决组织的难题，所以与重建不同，不断改进是自下而上塑造起来的。职员间的合作取代了必要的竞争，而且雇员间更紧密的联系比组织结构和流程更重要。如下表所示：

	精　简	重　建	不断改进
目　标	开支减少	效　率	回应性
方　向	从外到内	自上而下	自下而上
方　法	目标明确	竞　争	合　作
中心着眼点	规　模	流　程	人际关系
行　动	非持续	非持续	持　续

① James W. Fesler and Donald F. Kettl, *The Politics of the Administrative Process*. Chatham, New Jersey: Chatham House Publishers, Inc., 1996, pp. 68—81.

劳伦斯·R. 琼斯（Lawrence R. Johnes）和弗雷德·汤普逊在《面向21世纪的公共管理体制改革》（1999）一书中涉及了新公共管理改革的五个"R"（即公共部门管理改革的五个战略）：Restructuring（重构）、Reengineering（重建）、Reinventing（重塑）、Realigning（重组）、Rethinking（重思）。他们说，这五个R提供了理解构成新公共管理的分散概念的一个框架。他们力图以一种合理和有顺序的方式安排这五个概念，以便用于现实的组织革新和变迁，并认为进行这样一种系统改革的时间不少于5年，10年更合适。他们对公共部门管理体制改革的五个阶段（五种战略）作如下的总结：①

1. 重构（Restructuring）

——查明组织的核心能力（或权能）；

——消除组织中任何不能增加其服务价值的事情尤其是那些妨碍绩效的规则；

——将一切不属于核心能力的事情承包出去；

——工具：全面质量管理（TQM）、价值链分析、基于成本的活动（ABC）。

2. 重建（Reengineering）

——改变而非固定现有的流程；

——将计算机以及其他信息技术置于运作的核心；

——由下而上而非由上而下进行组织建设；

——以过程而非职能为基础进行组织设计，并确定其在组织图中的适当位置；

——以改善服务质量为焦点，并减少循环时间和成本；

——工具：现代数据基础、专家系统和信息技术；团队、标杆技术。

3. 重塑（Reinventing）

——发展出一种战略计划过程；

——确定一种服务或市场战略；

——使组织走向一种新的服务提供模式和市场；

——工具：战略规划，市场研究，目标成本网络和联盟。

4. 重组（Realignment）

——将组织的行政和责任的结构与它的市场和服务提供战略结合起来；

——将组织的控制/报酬结构与其行政和责任的结构结合起来；

——将使命中心放在前位；仅仅对于那些提供特殊服务的组织（如临时的人事

① Lawrence R. Johnes & Fred Thompson, *Public Management Renewal for the Twenty-First Century*. Stamford, Connecticut: JAI Press Inc., 1999, p. 32.

机构和财务机构)，功能专门化的活动（包括人事和财务管理）才是核心使命；如果一个单位不履行核心使命，那么应将其视为支持性中心。

——工具：基于绩效的组织，多分支结构，责任预算和审计，转移价格、高效力的诱因等。

5. 重思（Rethinking）

——加快观察、定位、决策和行动周期的速度，以改善绩效和更快学习；

——授权于一线工人，以此评估服务绩效，并提供服务和战略的反馈；

——建立一个学习、教学和适应性的组织；

——工具：非集中化，灵活的控制，快速分析，新的学习模式等。

奥斯本在《摒弃官僚制：政府再造的五项战略》一书中提出了“再造政府”的五项战略，即核心战略（Core Strategy)、结果战略（Consequences Strategy)、顾客战略（Customer Strategy)、控制战略（Control Strategy）和文化战略（Culture Strategy)。他称之为改变政府 DNA 的“五个 C”。他认为公共管理的变化有其五个基本的杠杆，每种杠杆对应一项战略，而每一项战略包含着各种不同的途径或工具。他用下表来说明他的这五种战略：①

五个 C

杠杆	战略	途径
目的	核心战略	澄清目的
		澄清角色
		澄清方向
激励	结果战略	竞争管理
		企业管理
		绩效管理
责任	顾客战略	顾客选择
		竞争选择
		顾客质量保证
权力	控制战略	组织授权
		雇员授权
		社区授权
文化	文化战略	打破习惯
		触摸心灵
		赢得人心

① David Osborne and Peter Plastrik, *Banishing Bureaucracy: The Five Strategies for Reinventing Government*. New York: the Penguin Group, 1997, p. 39.

美国的“政府再造”（“新公共管理”改革）。1993年，克林顿上台，开始了大规模的政府改革——“重塑政府运动”（Reinventing Government Movement），其目标是创造一个少花钱多办事的政府，并坚持顾客导向、结果控制、简化程序和一削到底原则；改革的基本内容是精简政府机构、裁减政府雇员、放松管制、引入竞争机制以及推行绩效管理。这场改革的一个纲领性文献是戈尔所领导的国家绩效评价委员会（NPR）的报告《从过程到结果：创造一个少花钱多办事的政府》（简称“戈尔报告”）；其先导则是奥斯本和盖布勒的《改革政府》一书。

英国的“新公共管理”运动。1979年撒切尔夫人上台以后，英国保守党政府推行了西欧最激进的政府改革计划，开始以注重商业管理技术，引入竞争机制和顾客导向为特征的新公共管理改革。商业管理技术在英国公共部门的引入始于1979年，并以雷纳（Rayner）评审委员会的成立为标志。1983年“财政管理创议”启动，建立起一个自动化的信息系统来支持财政管理改革；1987年著名的《下一步》（Next Steps）报告（全名是《改变政府管理：下一步行动方案》），提倡采用更多的商业管理手段来改善执行机构，提高公共服务的效率。“新公共管理”的顾客导向和改善服务的特征，特别明显地体现在1991年梅杰政府的“公民宪章”的白皮书上；而引入市场竞争机制这一特征则明显地体现在1979年以来英国公共公司以及公共机构的私有化浪潮之中，也反映在1992年梅杰政府的“为质量而竞争”的政策文件上。这些措施促使提供公共物品和服务的公共部门接受市场检验，各公共部门之间、公共部门与私人部门之间为公共物品和服务的提供展开竞争，尤其是通过公开投标，赢得竞争并提供优质服务的单位才能生存与发展。

新西兰、澳大利亚与英国一起被人们视为新公共管理改革最为迅速、系统、全面和激进的国家。特别是新西兰，它因改革的深度、广度、持续时间和成效而被许多西方国家奉为典范。在新西兰和澳大利亚，旧的公共行政传统以管制经济和由政府部门提供一切公共服务（即福利国家）为特征。20世纪70年代末80年代初，两国面临相同的问题与压力。80年代初、中期相继开始了全面的行政改革（澳大利亚从1983年开始，新西兰从1984年开始）。改革几乎涉及所有公共部门以及公共部门的组织、过程、角色和文化等方面；改革的具体措施包括结构变革、分权化、商业化、公司化和私有化等。

欧洲大陆各国（德国、法国、荷兰、瑞典等）的行政改革有所不同，它不具有英、美、新西兰和澳大利亚等国的行政改革那种系统、全面、连续和激进的特点。但是欧洲大陆的行政改革同样带有明显的管理主义色彩，或多或少以“新公共管理”

为取向。

三

西方各国在“政府再造”的过程中，采用了不同的改革途径、步骤和措施（战术或策略）。

奥斯本等人在《摒弃官僚制：政府再造的五项战略》中讨论了政府再造的战术（他们称之为“元工具”），主要有：①

1. 绩效预算（Performance Budgeting）

政策制定者使用绩效预算来详细说明每笔拨款所要购买的结果和产品。例如，新西兰的内阁部长与部门执行官签订“采购协议”，就详细规定了机构所提供物品的数量、质量和成本。绩效预算可以改进掌舵职能（核心），因为它要求政策制定者对所要购买的结果和产品非常清楚，并允许其看到花钱所能得到的结果。

2. 灵活绩效框架（Flexible Perfoance Frameworks）

该元工具具体体现为再造者签订的最普通的协议：以灵活性换取责任性的交易。由英国和新西兰的再造者首创。解决之道，也许明确体现于英国的“下一步行动”之中，即将划桨的职能分解至各个独立的组织；签订绩效契约，以明确规定组织目标、预期结果和绩效结果；并且给予其对资源的管理控制权。灵活绩效框架可以运用于任何公共组织。新西兰甚至将这种元工具运用到政策咨询组织。

3. 竞标（Competitive Bidding）

印第安纳波利斯和英国使用过这种元工具，效果良好。竞争性投标迫使私营业主和（通常是）公共组织共同竞争来提供服务。那些能以最低成本提供优质服务者就会胜出。否则，就得承担后果。

4. 公司化（Corporatization）

公司化即指将政府组织转化为公众拥有的企业，这种企业半独立于政府之外，但应当符合企业的底线，如利益以及投资利润的最大化。如空中交通控制、邮政传递和林场管理组建公共公司。

5. 企业基金（Enterprise Funds）

作为企业化管理比较弱势的一种形式，企业基金就是由顾客收入而不是纳税人

---

① David Osborne and Peter Plastrik, *Banishing Bureaucracy*: *The Five Strategies for Reinventing Government*. New York: the Penguin Group, 1997, pp. 305—311.

的资金来资助的公共组织，但并非一种半独立公司。它们一般必须在政府人事、采购和审计制度范围内运作。

6. 内部企业化管理（Internal Enterprise Management）

这是指将企业化管理手段运用于政府内部服务单位，如印刷店、计算机服务中心和车队等。内部企业化管理要求这些服务单位对顾客及所服务的行业机构负责。

7. 竞争性公共选择制度（Competitive Public Choice Systems）

当企业化管理不适用时，再造者通常仍给顾客提供选择服务提供者的权力，并要求这些服务提供者为了收入而竞争。明尼苏达提供了跨学区的学校选择。这样可以迫使服务提供者对顾客做出回应，并为绩效规定后果。

8. 代金券和补偿计划（Vouchers & Reimbursement Programs）

要使对顾客和绩效后果承担的责任最大化，方法之一就是向顾客发放代金券（或背书政府补偿的信用卡），以用来购买物品或服务，如支付房屋、保健、幼托甚至食品。

9. 全面质量管理（TQM）

全面质量管理是人所共知、运用最为广泛的一种元工具。全面质量管理能够帮助公共组织持续、渐进地提高服务和执行职能的质量。它通过授权、培训和操练雇员来重新设计工作流程。这样一来，TQM结合了三种战略：顾客、控制和文化。

10. 企业流程再造

企业流程再造（BPR）也强调了改进工作流程，但它从一开始就对工作流程进行重新设计，以提高效率、效能和质量。通常这种重新设计会撤销或改变人们所从事的工作，并变革职能部门和职能单位的组织结构。

11. 选择退出或特许制度（Opting Out & Chartering）

这种元工具允许现有的或新型的公共组织在大多数政府控制系统以外进行运作。最有名的例子就是美国的“特许学校”，以及英国的“靠补助维持的学校”。

12. 社区治理机构（Community Governance Bodies）

社区治理机构就是由社区来控制的掌舵组织。在美国，一个古老而熟悉的例子就是通过选举产生出来的校董会。新近的例子是发源俄勒冈和其他一些州的“进步委员会”。

周志忍把当代国外（西方）的行政改革的基本内容和措施（战术）归纳为三方面：第一，社会、市场管理与政府职能的优化（包括非国有化、自由化、压缩式管理等）；第二，社会力量的利用和公共服务社会化（包括政府业务合同出租，以私补公，打破政府垄断，建立政府部门与私营企业的伙伴关系，公共服务社会化）；第三，政府部门内部的管理体制改革（包括建立与完善信息系统，分权与权力下放，部门内部的组织结构改革，公共人事制度改革，提高服务质量以及改善公共机构形象，公共行政传统规范与工商企业管理方法的融合等内容）。[①]

美国学者英格拉姆（P. Ingraham）把当代西方政府改革的内容和措施（战术）概括为四个方面或四类："（1）预算和财政改革；（2）结构改革；（3）程序或技术层面的改革；（4）相互关系方面的改革。每一类改革都涉及公共组织的内部运转及其与外界的关系，每一类改革都试图从略为不同的角度解决公共管理和公务员中的问题"。[②]

另一位美国学者彼得斯（G. Peters）则从组织结构、人事管理、政策制定和公共利益四个方面来讨论当代西方行政改革的走向及内容。[③]

詹姆斯・W. 费斯勒和唐纳德・F. 凯特尔在《行政过程的政治》一书中讨论了政府再造或重建途径所采用的程序性和分析性战术。

引入市场机制或市场手段是西方各国公共管理改革（政府再造）的重要举措，常用的市场化工具有如下几种：（1）私有化（民营化）；（2）使用者付费；（3）招标投标；（4）合同外包；（5）委托代理；（6）分散决策；（7）产权的交易与变更；（8）内部市场。

四

我国目前正处于由计划向市场的转轨时期，市场经济的发展要求转变政府职能，建立起一个灵活、高效、廉洁的政府，形成新的管理模式。现阶段正在进行的行政体制改革以及新一轮的机构改革的目标也正在于此。当代西方政府改革的"新公共管理"取向及模式对于我国市场经济的发展和行政改革的深化，对于在市场经济条件下处理好政府与市场、企业和社会的关系，完善宏观调控机制，形成新的管理模式，提高政府行政效率具有一定的参考价值，必须加以认真的跟踪研究。

——政府改革或行政体制改革必须采取恰当的战略与战术。政府改革是一个系统工程，必须全方位、多层次推行，单靠某一方面、某一层次或领域的改革是不能

---

① 参见周志忍：《当代国外行政改革比较研究》，国家行政学院出版社，1999 年，第 30—37 页。

② 国家行政学院国际合作交流部编译《西方国家行政改革述评》，国家行政学院出版社，1998 年，第 42 页。

③ 同上书，第 2 页。

奏效的。以往历次机构改革的效果之所以不理想、不成功的一个重要原因就在于，改革往往局限于机构和人员的裁减，忽略了其他方面的配套改革。根据西方政府再造的经验，组织重建仅仅是政府再造的一个方面，必须辅之以流程重构、职能转变和管理方式的更新。因此，在转轨时期以及加入 WTO 的背景下，必须重视改革的系统配套，将组织重建、职能转变、流程重构和管理方式更新有机地结合起来，全方位推进行政体制改革。

——必须加大政府体制创新的力度，切实转变政府职能，尽快改变政府垄断公共物品的供给（或公共物品基本上由政府提供）的局面。我国的行政体制改革的一个主要目标是建立起一个与市场经济发展相适应的灵活、高效的政府管理体制。在新一轮的机构改革以及推进行政体制改革的过程中，应借鉴西方“新公共管理”运动在这方面所取得的经验，加快政府体制创新的步伐，彻底打破政企不分、权力过分集中的传统政府管理体制，打破政府垄断公共物品供给的局面，将部分公共服务职能转交给社会和企业，即让其他公共机构、中介组织、社会团体和企业参与公共物品及服务的提供。政府甚至可以不直接提供公共物品，只起指导作用，即政府充当“掌舵”而非“划桨”的角色。

——充分认识市场机制是改善政府绩效的一个有效手段，引入竞争机制，用市场的力量改造政府，提高政府的工作效率。这是当代西方“新公共管理”运动以及政府改革的一个基本精神。新公共管理者的一个基本信念是，既然政府的力量可以弥补市场缺陷，纠正市场的失灵，那么，反过来也一样，即市场力量可以弥补政府的不足，防止政府的失败。公共管理尤其是行政管理在许多方面可以利用市场机制。近年来，随着市场化进程的加速，我国政府管理的某些部门、领域或方面已经尝试利用市场机制。

——必须增强政府公务员的“管理”和“服务”意识，重塑政府与社会的关系。“新公共管理”运动在处理政府与社会关系方面也有可借鉴之处。它要求政府官员及其他公共部门服务人员由“官僚”转变为“管理者”，由传统的“行政”向“管理”和“治理”转变，提倡顾客导向、政府提供回应性服务，满足公众（顾客）的要求和愿望，提高服务质量，改善政府与社会的关系。我国的行政体制改革应根据市场经济的要求，着力于建立一种新型的政府与社会的关系，克服目前在这种关系中存在的种种弊端，大力发展和培育社会力量，增强社会自治能力；政府组织及公共部门必须由领导者转变为服务者，必须有强烈的服务意识和公共责任感，必须改善政府与社会的关系，努力提高管理水平和服务质量。

——注意研究借鉴当代工商管理（企业管理）领域发展起来的管理经验、原则、方法和技术，实现由传统的行政管理模式向当代（新）公共管理模式的转变。目前我国公共管理或政府管理水平不高的一个重要原因，就是管理手段单一、管理方式陈旧、管理方法落后。这就迫切需要一整套与市场机制相适应的公共管理的理论、原则、方法及技术，并构筑起新的公共管理新模式，而这套新理论、原则、方法技术和模式的一个重要来源正是当代工商管理实践及其经验。

发表于2002年第5期

地方政府的治理创新战略

——美国凤凰城的案例及经验

蓝志勇*

一、为何介绍凤凰城经验

凤凰城是美国西部重镇之一，在规模上为美国的第六大城市，拥有130万人口，与周边十几个卫星城相连，形成有300万左右城市人口的大城区。它的热带气候和长久的日照时间，使之成为好莱坞制作西部片的理想乐园。据本州负责影视合同的有关官员介绍，有90%以上的西部片拍摄与凤凰城大城区中间或周边的地带有关。

凤凰城也是一个快速发展的城市。近几十年来，迅速从过去的农业州发展成为拥有财富五百强大公司的高科技工业中心，是著名半导体公司英特尔（Intel)、摩托罗拉（Motorola)、微电子芯片（Microchip）和著名的航空动力公司汉尼韦尔（Honeywell)、道格拉斯（McDonald-Douglas）的重要生产基地或总部。它也是一个重要的旅游城市，以临近大峡谷和热带气候的优势，每年在秋后至夏初的时间段里，吸引成千上万的北方游客来此休闲、居住和锻炼。更有成群的北方居民和西部高收入阶层的名人，在此购置土地和房产，将它作为冬季主要居住地。它周边的几个海拔较高的山地城市，更是垒球和足球运动员冬训的圣地。以凤凰城为核心的大城区人口增长迅速，从1990年到20世纪末的时间里，人口增长率为30%，是美国发展最快的城市之一。面临许多快速增长的大城市所面临的压力——水资源、交通压力、环境污染、城市犯罪、城市向周边扩张等等。所以说，凤凰城是一个很典型的发展迅速的现代化城市。

总体说来，在发展过程中，凤凰城成功地处理了迅速发展的城市所面对的多项问题，不断提高自身的行政效率和公民服务水平，多次被评为管理优秀的城市。

---

* 蓝志勇（Lan，Zhiyong），博士，美国亚利桑那州立大学公共管理学终身教授，中国人民大学2004—2005年弗布赖特教授。2000—2001学年由亚利桑那州立大学校长办公室派往凤凰城市政府挂职工作，为市政顾问。

1993 年与新西兰的克里斯乔治（Christchurch）共同被德国贝特施曼基金会评为全球市政管理最佳的城市。全美公民协会四次在年度总评中评凤凰城为公民参与度最高的城市。2000 年，设在麦克斯韦尔公共管理学院的全国政府业绩评估研究小组（National Performance Project）在认真研究和比较了美国 35 所大城市的财政、负债率、人力资源、电子政务、综合市政效益等指针后，评定凤凰城为管理最佳的城市，是唯一一个总分为 A 级的城市（Lan，2001；Grading Cities，2000）。

凤凰城的管理经验在美国市政和地方政府协会的同仁中也是有口皆碑。他们最快速的应急反应机制、精良的交通管理设备、层出不穷的管理方法创新，常常是美国各地兄弟市县羡慕和学习的对象。其实施近三十年之久的“管理条件下的竞争政府”的方法，通过奥斯本和盖普勒在《重塑政府》一书中的推介（Osborne and Gaebler，1992），成了克林顿政府重塑政府改革的一项重要指南，是近年来各个地方政府市政服务的改革措施中的一项经典性经验。

凤凰城的居民对市政的满意率长期高栖和不断提升，从 1991 年的 79%到本世纪初的接近 90%。凤凰城的员工满意率更是高达 97%（Lan，2001）。

是什么原因使凤凰城能有这样的成就呢？本文运用作者的观察、对凤凰城高层领导的访谈和文献研究，试图作一些粗浅的回答。

二、凤凰城的市政结构

美国的市政管理的具体组织形式和管理办法千变万化，是区域和城市管理历史演变的产物。但比较普遍的管理形式可以归纳为两种。“市长—市政议会型”和“市政议会—市政经理型”（Mayor-Council 和 Council-Manager）。“市长—市政议会型”政府模式又包括强市长型和弱市长型。

“市长—市政议会型”的政府模式比较传统。在美国 36000 多个市镇中，特别是中小市政中比较普遍。

强“市长—市政议会型”模式认可强市长的管理方法。民选的市长不但是市政议会——市里的最高决策机构的负责人，也是行政执行机构的最高长官，往往控制预算和警察局的核心部门，可以直接任命部门负责人，介入和参与市政的日常管理工作，有对市议会提案的有效否决权。由于市长是全市直选，而市议员往往是市内区域里的选举，只有市长是唯一在形式上代表全市公民意见的民选官员。每个市政议员都有自己负责的部门以及面和点。这一模式的优点在于决策与执行相对集中在同一组领导人身上，决策执行的力度较强。缺点是如果政治支持不稳定，靠民选而上任的政治领导人频繁变换，就会影响地方管理策略的稳定性和长期性，达不到长治久安的效果。或政治官员素质不高，不能操作复杂的现代管理机器和专业分工。所以，这种模式往往在人口少、管理才能少和管理内容相对简单的小城镇。但也有例外，如美国数一数二的国际大都市纽约市，就还是沿革使用“市长—市政议会型”这一管理模式。一是纽约是传统的民主党城市，政治支持相对稳定。前任民主党市长朱利安从1994年起连任两届市长，深受公民支持，由于不能超过两届的任期限制而下台。二是在错综复杂、相互依赖极强的城市生活中，虽然在个体行为方面更容易各人自扫门前雪，但在公共生活和公共决策方面，传统的共和党经济个人主义的理念反而要让位给民主党的增大公共干预的理念。三是纽约城市巨大，议会规模就有51人之多，市长集权操作的困难十分巨大，必须分权。同时，纽约市人才资源丰富，不乏热心公益的有能力和有时间的人才。市议员与市长争夺治理权限的事也常有发生。如，在纽约的市法中就明文规定，市议会是市长管理城市的一个平等的合作伙伴。另一个例子是市长布鲁门贝格，他本人就是一个在金融上大获成功、身家25亿美元、辞去公司总裁的职位用个人的经费竞选甚至补贴市政运作的人物。他虽然以共和党的身份选举，但在理念上是结晶民主党人的思想的。当然，像纽约这样集世界的美丑、人间的天堂与炼狱、大资本家与平民于一地的城市并不多见。

弱市长型市政府中市长的权利受到市政宪法和市议会的许多限制，不足以对市政的重大问题有关键性的影响。因而市政管理常常在市政议员之间的博弈中进行。

在20世纪初美国的进步和改革运动之后，一种新的市政管理的模式——“市政议会—市政经理型”的管理模式——开始出现。这一模式强调市政管理的专业化和职业化，用现代企业的主人与委托人的模式将市镇管理职业化和稳定化。1908年在弗吉尼亚州的斯多屯市设立了第一个法定的市政经理的职位，1912年在南卡罗来纳州的隼特市（南北战争中的一个名城）率先采用了新的市政议会的基本原则（Morganand England，1999）。根据新的市政制度安排，市议会的功能是雇佣市政经理，为本市立法，审批财政预算和各种重大项目和议题，但不介入市政的日常工作。市长的功能是本市的形象代言人，主持市议会的各种立法程序，与市政议员一起代表民众对市政管理进行督导。作为民选官员，他们只拿工资补贴，不拿全工资。市长的工资水平在市政经理的1/3到1/4左右。这一模式在城市人口10万以上的大城市中越来越普遍并取得了显著的成功，是美国地方政府协会推荐的市政管理模式。到目前为止，有2500多个市和一部分县用的是市长（或县长）——市（县）议会的管理模式。在195个人口超过10万的城市中，有106个已经采用了市长—市政议会的组织形式。这些城市包括凤凰城、圣地亚哥、达拉斯、辛辛那提、堪萨斯等。

凤凰城有八个市政议员，各从八个不同的选区选出，其中一名被市长提名和议员推举为副市长。市长则由全市居民选出，为市政议会的班长。市政议会招聘职业市政经理，再由市政经理组阁，确定其经理团队：助理经理、副经理、各部门主管等。经理主持和管理全市的日常工作，就如管理企业一样。有些类似中国的市长负责制的体制。市政经理对市政议会负责，市政议会对全市市民负责。市长和市政议员每四年一选，市政经理的服务期限不定，长的达数十年，短的为数月，由市政议会与雇来的市政经理签约决定。凤凰城有近 140 万人口，14000 多雇员（含 1500 名临时或不在编雇员），年预算为二十多亿美元。

从美国城市的组织形式来看，也是传统、现实可能和新时代改革需要的结合体。在中小城镇，用传统方法的比较多；在大城市，用新的方法的比较多。市议会的分区选举可以保证市政最高立法机构议会的地区（也往往是社会阶层）代表性。雇佣市政经理又可以保证城市管理的专业化和管理班子的相对稳定性，对无原则的政治干预也是一种制衡。市议会的功能是决策，宏观调控、反映民意和有效监督市政管理。作为美国的大城市之一，凤凰城的领导人认为自己找到了最适合他们的地方管理方法。

三、凤凰城的经验种种

打造和维护昂扬向上、为民服务、不断创新、富有民主气氛的市政文化是凤凰城市政领导奉为神明的一条经验。在总结凤凰城的成功经验时，凤凰城的市政经理费尔班克认为，市政的价值文化观是重中之重。他说："很幸运，我继承了一个良好的市政文化，我和我的同事们也是不遗余力地努力维护和实践这一文化中的价值理念。我们把它们总结成七个警句，鼓励每一个员工将他们印在名片上。时时提醒自己有这些责任。"这些警句是：我们会全心全意为我们的顾客服务；我们是一个工作团队；我们每人都尽自己所能；我们不断学习、变化和改进；我们注重结果：我们廉洁公正：我们的凤凰城更加美好。凤凰城定期向员工灌输这些思想，举办各种各样的活动来提醒员工，这是他们作为城市雇员应该尊崇的价值观。领导们也以身作则，身体力行，将这些准则贯彻到他们的行动之中。笔者在进行访谈时，就亲身观察到许许多多这方面的实践。有一次，一位部门级的官员，接了一个二十五分钟的电话，中间只是聆听和简短表示他在听。我问他这是怎么回事。他说："市里买下了他的一块不愿转让的地，他有一些意见，给他一个机会发发牢骚，他会感觉好一些。我们的目的就是要让我们的百姓感到满意和高兴。"凤凰城的高级领导人在第一线倾听群众意见的例子不胜枚举。一位在凤凰城工作了三十多年的副市政经理就对笔者说过一段心里话。他说："我们有时会碰到一些十分不讲道理的人和事。但是我们在解决问题的条件下，尽可能不与他们对抗或使他难堪。政府给我们很高的工资，对我们不薄，我们也要尽可能按照它的要求使我们的每一个公民满意，哪怕自己受些委屈。退休后，我的私人空间就多了，那时候对不讲理的人就不需要搭理了。”

凤凰城高标准为市民服务的思想也体现在城市的市政过程中。他的市政经理就曾经自豪地说：“在我们凤凰城，你在马路上看不到一个路坑。一经发现，马上填平。如果有人看到墙上有涂鸦现象，可以打热线电话，马上解决。”这就叫零容忍度。决不容忍任何不良现象的出现。这种对市政服务提出的高要求，使得凤凰城的干部不断要寻求创新的途径，以高效地解决不断出现的复杂问题。

凤凰城的第二条重要的经验就是努力聘用和培养优秀的员工，并在适当的时机大胆提拔，放在能起作用的岗位上。这一条，只要与凤凰城的中高级干部有所接触的人马上就能感觉到。在这个城市，有一批口才出众、行事果决、才干超群的干部，在他们周围有一批精练肯干、忙忙碌碌的年轻人。

凤凰城的人事部门对甄选雇员有一套完整的操作规程和推荐录用体系。他们对雇用新的雇员审慎细心，要求相关的推荐材料，并做认真的核对。一旦雇佣，就会尽快组织培训，使市政文化的价值观和为民服务的理念深入到新的雇员的理念之中。如条件容许，他们会对新人进行一帮一的训练和管理。

在培养优秀员工的多项方法中，有一项特别值得提及的就是凤凰城的青年干部实习项目。凤凰城每年向全国公开招聘三到五名有志于地方政府工作的应届硕士研究生（基本以MPA毕业生为主）。这些学生来后的第一年被放在自己选择的三到四个部门轮岗，每个部门三到四个月时间。轮岗期由各部门首长（局长）直接管理和分配工作，向各部门首长做定期工作汇报。一年后，经双向选择决定实习生的去留和工作分配。凡是经过人事评定留下来的，都会被作为定点培养对象，分给部门领导或市政经理办公室的领导（市政经理或副经理）当助手，在待遇上也会有相当的提高，一般为三到五年工作经历的级差。这些年轻人被重点培养，让他们观察和参与市政的重要决策，做研究，准备资料，与领导一起接触群众或面对市政议会。他们一般也比普通的工作人员辛苦，上下班不光以八小时的工作时间为标准，而是以按时完成任务为目标。一般一年至两年就换一次岗。这样，在三五年后让他们负责一个项目或跨部门改革小组的组长，锻炼领导和协调能力。有业绩和表现优秀的就迅速提拔到有担子的岗位上。这样，许多有才华、有精力的青年人，在年轻和棱角尚未抹平的条件下就得到了应有的锻炼，能为市政管理做出具体的贡献，保证市政管理的活力和决策的有力执行。美国著名的组织理论学者早在六十年代描述官僚的弊病现象时就说过，在一个组织里，由于知识更新的速度往往快于干部在科层体制下升迁的速度，所以，往往最拥有新知识、新观念和能力的人不是这个组织中最有决定权的人。凤凰城这一多年总结出来的青年干部培养和使用方法，恰恰是针对这一弊病的一个克星。青年人往往经验不足，主要是机会少，就像学习汽车驾驶的前提是要有一定的坐在方向盘后的经验一样。凤凰城将青年干部培养制度化和程序化，给他们创造了锻炼和成长的机会。同时，在他们部门意识不强、工作热情的棱角又在时，让他们成为项目改进的具体负责人，职位是某某任务组的组长，而非某处或某科的处长或科长。他们跨部门协调一具体工作，如推行某一服务项目的电子化，解决某一区域的拆迁和发展问题，或组织一项大型活动。在有了相当的经验后，才待岗进入被提拔系列。到他们正式任职时，都已业绩累累，也有了一定的资历。这时候，如对工作有一定的懈怠，新一批干事的青年人早就等在一边了。加上干部对外流通，如有职位空缺，在全国范围内竞争上岗，保证最适合的人入选。这一策略，行之有效。笔者就目睹了一些改革措施的实施过程，往往是高层领导在外界的压力下经过讨论，通过一些改革的决议，在部门受到不同程度的抵触或拖延，因为改革会影响一些部门或个人的利益。但由于有了年轻助手的细致考察和可行性调研，并被派到部门进行身体力行的实践，给中层的部门领导造成很大的压力，进而改变态度，积极加入到改革的过程中来。否则，成果旁属，奖励轮不到，位置也有问题。

凤凰城的青年干部实习项目实行了50多年的时间，为自己和兄弟市政培养了许多优秀的人才，有口皆碑。许多政府或公司都有实习项目，但凤凰城的项目一直是管理实施最好的之一。

高层干部定期轮流更替分管的工作是凤凰城的第三大行之有效的管理实践。在一个城市里，高层指的是部门首长与副市政经理以上的干部。由于市政经理对民选的市政议会负责，副市政经理和部门首长就对市政经理负责。凤凰城有一个助理市政经理，协助市政经理工作，往往被认为是下一任市政经理的候选人，下设五至六个副市政经理，每人具体分管三到四个部门。每若干年（两年左右），这些副市政经理就要更替他们分管的部门，如原来分管警察局的下一年就分管城市用水部门或民政服务部门。这样做的好处是帮助高层领导树立全市主体的整体观念，一方面扩大了他们的视野和知识，也避免高层领导部门化和变成部门的代言人。业务专长能力往往停留在部门甚至副职的部门领导这一层次，凸显了技术和专业要为百姓利益和意愿服务这一市政管理的设计思想。

当然，凤凰城不乏有技术头脑和视野的高层管理人员。比如说，凤凰城有美国市政府里最好的电子政务管理设施之一。其原因就是因为在高层市领导中有倡导使用技术的热心人。他们热心学习新技术，跟踪新技术的使用，适时地提出倡导建议和拨给专款，鼓励技术创新。比如说，凤凰城早在九十年代初就自己提出了实施电子政务的全套思路，并努力在各部门间协调，逐步向这个方向努力。当时分管信息技术和管理信息网络的副市政经理布列屯就反复说：“我们应该在这个领域投资，不是我们要做什么，而是现在这一技术已开始成熟，有应用前景，很多公司已开始使用了。百姓不管你是政府单位还是企业单位，他们看到这一技术存在而且方便，他们就会有要求。如果我们不能提供这样的服务，他们就会不满意。”他的这一战略思想被领导层接受，所以他们行动早，准备充分，在电子政务思想开始流行的九十年代末，凤凰城早就行动在先，因而有电子政务全国评级得高分的结果。

民主治理模式是凤凰城领导认可的第四大管理支柱。民主治理的核心内容是尊重和珍视每一个雇员，倾听他们的意见，认可他们的贡献，认真地报偿他们，将他们的福利放在心上。雇员们得到了应有的尊重，也就有工作积极性和奉献的精神，他们就会就工作问题提出许多好的建议。市领导们也会专心认真听取他们的建议。市政经理费尔班克说：“我的大门随时都向员工们敞开，他们可以在任何时候来找我，我一定会认真听取他们的意见。或许，一千个建议里只有一个可行，但只要有这一个，也是对工作的一种改进，我们就在这孜孜不倦的小改进中前进和提高。”凤凰城还专门设有意见箱。员工的好建议一旦被采纳并获得实效，员工会得到表彰和数额不等的奖金。许多好的意见都是改造工作流程，省时省钱的，鼓励员工多动脑筋，提出创新的意见，对提高市政的效率大有好处。著名的“管理条件下的竞争政府模式”，便是在群策群力、反复试验和磋商的情况下提出和实施的。在20世纪70年代末，凤凰城与许多其他城市一样，经历了一场经济危机，通货膨胀率高，人口增长过速，地方政府有压缩财政收入和地方支出的压力。开源节流，提高服务效率，成为一个重要课题。

当时，一些私营公司来到市政议会，提出一些政府的服务工作如果包给他们来做，他们保证可以更有效率，可以为市政府节约开支。政府在当时没有跟风走，而是仔细比较了私营公司提出来的服务行业和价格，根据自己的需要，选择了可行的项目，让市政府的职能部门与有外包可能的私营公司竞争。当时的公共项目服务局的城市固体垃圾处理部面临服务质量不高，群众意见大，内部矛盾突出，设备老化等等问题。这一部门管理344,000户的垃圾处理工作，每年要对付650,000吨的垃圾和回收的废品，有365个雇员，169部大型垃圾车和6500万美元的年预算（wallace，2003；Leonard and Roberts，2004）。于是，决定使用招标的方法，让市政府的固体垃圾处理队与私营企业竞标。在市政府的垃圾处理队竞标失利的情况下，将员工送去培训，或尽可能内部吸收暂时安置。这一竞标过程对本市的固体垃圾处理部的员工和干部触动非常大，自尊心也受到了冲击。在市领导的组织下，他们开始对自己的工作进行反省，群策群力，重新设计工作方案和流程，比照私营企业的运营价格，提出了更合理的车人搭配和行车路线，在两年后的新一轮竞标中，重新赢回了属于他们的工作。在外包的过程中，凤凰城也发现了一些外包的弊病。如私营公司在竞标胜利后，偷工减料，服务工作不到家，引起市民的不满，当市政府要求他们提高服务质量时，他们就要求加价；他们在竞标中将价格压得很低，亏损经营，当市政府丧失或减弱了自己的垃圾处理能力时（设备闲置和报废，技术工人流失等等），他们就开始要求垄断价格。

市政府及时总结经验，将整个城市的服务区划成了六块，将参加竞标的区域控制在 50%（即保有三块是在市政府的服务队手中）。这样，一方面可以保证市队的服务能力和竞争力，另一方面私营的垃圾处理服务企业也有竞争压力。如果他们价格过高，他们在竞标中就会输给市队。同时，市政在竞标的程序和后续管理中也加强了力度，在竞标过程进行严格的价格审计，在外包合同中明确细致地列出要求，在服务评估中建立了指针体系。这一切，都需要市队自己对所有的程序有详尽的了解。从 1979 年以来，凤凰城总共有 61 次垃圾处理的项目竞标，其中市队在竞标中赢了 25 次，其余的 36 次包给了私营的垃圾公司。在过去的 20 多年里，仅这一项外包就为凤凰城节约了近 4000 万美元。从这一程序中，凤凰城打破了一个美国政治文化中只有私营企业才能有效做好工作的神话，提出竞争、组织和员工的服务精神是改善市民服务的关键。市场化的优点只有在有效监管和竞争制衡的条件下才能最大地发挥。

这一管理条件下的竞争模式给传统的公共服务部门增加了难度和复杂度，如监管程序和业绩评估的复杂化，但提高了服务质量和服务效率，增强了市民对公共服务的信心，也增强了员工的竞争力和自豪感。事实上，凤凰城的员工可以在同等价格标准的条件下得到比私营企业员工更好的报酬和福利，因为他们的收入分配是按人事管理标准，不如私营企业悬殊。

在整个的过程中，大量的员工建议和参与改进、完善管理程序中的许多细节，功不可没。

在民主化管理的思想中，凤凰城的领导努力改善员工待遇。他们员工的报酬在同类地方政府是最好的。在正常情况下，员工的薪酬增加率都在平均 5%左右，其中优秀员工年增长 8%，差一些的增长 3%。在美国长期经济衰退，很多地方政府捉襟见肘的情况下，这是一个非常了不起的成就。凤凰城的市政经理对笔者说过："我们全心全意地努力为市民服务，改善城市的居住和投资环境，税源就好，百姓满意，也愿意付给政府工作人员好的薪酬，我们也因而能够雇用和留下优秀的人才，这是一个好的良性循环。”

笔者的不少 MPA 毕业生，在毕业时的工作首选就是地方政府，尤其是凤凰城。相对来说，他的回报要高于联邦和州政府，而且还有相当的成就感。

加强员工培训是凤凰城保持优质高效服务的五大支柱之一。凤凰城每年都要花费百万美元以上用在员工培训上。这些培训有的是市内自己办的短训班，强调基本工作技能、城市工作条例和为民服务的精神；有的是鼓励员工到就近的大学修课，学习复杂的现代管理思想和方法，提高教育水平，获取学位，市里会给予学费补贴和工时上的优惠照顾；有的是送员工参加各种相关的专业会议，了解新动态和思维，并与其他城市的员工交流思想和方法；还有的是定向选送高级管理人员，花巨资入名校进行培训。凤凰城就经常有管理人员去参加哈佛大学的高级管理人员训练班。目的是非功利的。有时就是去看看这些学者和兄弟政府的同僚们又在弄什么新名堂。由于在人力资源上凤凰城敢于和愿意进行投资，凤凰城干部的思维是前卫和活跃的。很多新的城市创新活动都由此开始。一般说来，在地方政府工作的交流会上，只要有凤凰城的主要领导作会议发言，都是座无虚席，这是一个绝妙的评估市政管理水平的指针。

政治与专业管理的良性互动是凤凰城领导视为市政管理的第六大核心支柱。在美国的国家和市政管理中，政治考量是一个至关重要的因素。很多地方政府长期为政治斗争所困扰，不能有效和长期地为民众提供高水平的服务。在长期的管理历史中，凤凰城的管理者开始有了专业市政管理的共识，采用了市议会和市政经理的管理模式。在实际运作中，民选的政治官员和专业的市政管理人员随时都保有强烈的意识，各自在自己的职责范围内行使职权。凤凰城的民选政治官员清楚指导自己的职责和他们所代表的选民的需要。他们认真讨论和审阅交到他们手里的各种大政方针的建议，定期开会，听取汇报和公众的意见，参加各种群众集会。他们非常敬业。虽然他们的报酬是按业余人员的薪酬（正常工资的三分之一到四分之一），但他们实际花在市政管理的时间远远超过他们所得的报酬。有的议员常常说，这绝对是一个全职或超过全职的工作。但他们乐此不疲，从来不忘自己的主人翁职责，兢兢业业，得到选民的支持。市政经理的班子对市政议员们高度尊重，所有重大决策和拨款都要按程序往市政议会报批。所有露脸的事情也都是请相关的市政议员或市长出面，在受到高度尊重的条件下，市政议会的班子对市政经理的工作也是高度支持。公共决策透明度很强，高层的经理人员都有很强的公众意识。当年古德若所提的政治与行政的两分法，在凤凰城的市政管理中得到了很好的体现（Goodnow，1900）。

有了正面的方法，凤凰城也有自己的纪律。它的奖惩条例清楚。工作人员在工作中出错，上一级管理人员会迅速反应，从口头批评、书面批评、记过处分、限制提薪，甚至解职，一点也不含糊。核心点是保证程序的公正和完整的程序记录。在文化、民主程序、宽松的管理环境下，凤凰城并没有忘记执行纪律的重要性。一位管理办公室服务的官员就给笔者说过："我手下有一些在市内各部门间传递内部邮件的工作人员。有一次，一人在传递一份重要文件时晚了五分钟，我就给他写了一个书面批评。他不服，我就叫他找原因。结果他找不到任何与工作有关的借口，是由于他的懒惰和与别人聊天而耽误的，批评当然成立。像这样的员工，如果他屡教不改，我们可以理直气壮地解雇他们。"

四、结束语

从以上的讨论可以看出，凤凰城之所以被誉为美国管理最优的城市并不是偶然现象。他们从人才、文化、纪律和高度的为市民服务的态度入手，不断努力学习和创新，鼓励交流信息，以拥有知识和信息为荣。一个新的思想和方法，往往在很短的时间内就会传到高层领导的耳朵里，如果可行性强，很快就会被实施。彼得圣吉所提的学习型组织，可以很大程度在凤凰城的管理实践中得到印证。

当然，凤凰城并非一个完美的典型。人际竞争、抱怨、保守、懒惰、小山头等现象也时有出现，但一经发现会成为市政良好运行的羁绊，就会被立即解决。一支强有力的经理队伍，有市政议会的有力政治支持，配上有经验的部门领导和充满活力的青年助手，使很多棘手的问题在凤凰城都不成为问题。凤凰城最难管理的有两大部门：警察署和救火队。他们的专业化程度较高，工作性能特殊，雇员中有高学历的相对较少，但他们用准军事化和标杆管理的办法，使他们的业绩也名列全国之先。

纵观凤凰城管理的种种，我们能发现，精神、制度与方法的有机结合是它成功的关键所在。

发表于 2005 年第 1 期

参考文献：

［1］"Grading the Cities：A Report Card on Urban Management." *Governing* (Special Issue). Feb. 2000.

［2］Goodnow，Frank Johnson（1900）. *Politics and administration*；*a study in government*. New York，MacMillan Co.，1900.

[3] Lan，Zhiyong. "Phoenix is a Benchmark for Excellence." *PA Times*. March 2001，pp. 1—6.

[4] Leonard. Mark E. and Roberts. Tiana. (2004). "City of Phoenix Innovation，Management Competition：Refuse Collection." Unpublished manuscript.

[5] Morgan，David，R. and England，Robert E. (1999). 5th Ed. *Managing Urban America*，New York：Chatham House Publishers：Seven Bridges Press.

[6] Osborne，David and Gaebler，Ted. (1992). Reinventing government：*how the entrepreneurial spirit is transforming the public sector*. Publisher Reading，Mass.：Addison-Wesley Pub. Co.

[7] Wallace，Marsha. (Oct. 11，2003). Speech made at the Best Practices in Local Government——Striving for Excellence in a Global Environment-Local Government Reform，Economic Development，and International Learning. Airport Hilton Hotel，Phoenix，AZ.

论“公共性”及其在公共行政中的实现

张康之*

在我国，20世纪80年代中期恢复和重建行政学的时候，我们是在行政管理学的名义下来进行学科规划和理论建构的。近些年来，由于公共行政概念的引入，关于公共性的概念以及其所指称的内涵引起了人们的关注和讨论。这一讨论不仅是有理论意义的，而且具有直接的实践价值。因为，它关系到对“行政”的性质的认识和界定。如何认识和界定“行政”的性质，又对政府目标的实现、政府行为的规范以及行政体制和程序的设计，都有着直接的指导意义。或者说，“公共性”这个概念所标示的是最为基本的行政理念，是整个行政体系和行政行为模式建构出发点和原则。

在行政发展史上，公共性的概念是与公共行政这一行政模式联系在一起的，只有对于公共行政来说，才有公共性的问题。然而，在这个问题上的认识混乱，往往使我们在考察行政管理历史的时候误用公共行政的概念。从我国的情况来看，学术界在概念使用上的混乱是惊人的，人们甚至谈论所谓奴隶社会的公共行政、封建社会的公共行政。在这些社会历史阶段中，有行政是毫无疑问的，但这时的行政在多大程度上属于“公共的”？显然应当做出否定的问答。同样，人们对 Public Administration 与 Public Management 也不加区分，要么将两者都称作为公共行政，要么将两者都称作为公共管理，这实际上是在横向的维度把“公共行政的公共性”与“公共领域的公共性”加以混淆了，而在纵向的维度上则把不同的社会治理模式的公共性混淆了。如果我们在这些概念上经常出现误用或乱用的情况的话，说明我们的理论是缺乏系统性和一致性的，说明我们关于现实的认识是混乱的，说明我们提出的行政改革方案在目标上是不明确的或有着错误导向的。可见，需要对“公共性”的概念进行讨论。

---

* 张康之，哲学博士，中国人民大学行政学系教授、博士生导师。

一、公共性问题的由来

哈贝马斯是一位在公共性问题研究中做出了突出贡献的学者，他在《公共领域中的结构转型》这部著作中对公共性的生成进行了耐心细致的考证。根据哈贝马斯的研究，公共性的问题并不是历来就有的，而是与近代社会一道成长起来的，在公共性问题的早期存在中，只能到咖啡馆、信息栏、俱乐部小报中去发现公共性的雏形。至于人们对公共性问题的认识则更晚得多。就“公共”（Public）这个词语来看，在英国，大致是从17世纪中叶才开始使用。虽然英国这个时候使用了“公共”这个词语，却往往是在“世界”或者“人类”这个意义来使用这个词语的，也就是说，它尚不具有现代语汇中“公共”一词的内涵。在法语中，“公共”（LePublic）一词最早是用来指称“公众”，这与现代语汇中的“公共”一词已经有了一定的相近性，考虑到“公共”与“公众”在现代社会的一定程度上的相关性，应当说，法国人较早开始觉知到公共性问题的存在。大约17世纪末，法语中的“Publicite”被借用到英语里，变成了“Publicity”。在德语中，直到18世纪才开始出现这个词。当这个词被移植到德语中的时候，主要是从属于批判的目的，大概是指“公众舆论”。这也就像当代中国有人使用“善治”这个词来达到批判目的即批判某种治理是“恶治”一样。至于法语中的“公众舆论”（opinion publique）和德语中的“公众舆论”（offentliche Meinung）一词，则是到了18世纪下半叶才被造出来。

哈贝马斯的书是一部哲学著作，他的目的是从哲学的角度考察公共领域的生成及其转型。所以，他在这里所作出的考证还是属于对公共领域中公共性生成的考古学发掘。在哲学的意义上，公共性只能是一种形态或属性，即公共领域的属性。但是，对于一些具体的学科来说，公共性就需要在与某些实体性存在相对应的关系中来加以把握。考虑到公共行政是公共领域的一个实体性的构成部分，那么公共行政的公共性也就可以在哈贝马斯关于公共性生成的历史中来加以把握。但是，“公共行政”（Public Administration）这个概念是美国人的创造，是在威尔逊提出了“政治—行政二分”原则之后才被创造出来的。起初，它所表明的是行政的“价值中立”和工具性。到了20世纪中期以后，“公共行政”这个概念开始向早期的“公共”一词回归，有了广泛而充分的“代表性”的含义，即充分地反映公众意志、积极地回应公众要求、以一切特殊利益背后的社会普遍利益为目标取向等内容。这样一来，“公共”一词所指称的就是行政的性质，即具有公共性的行政，它既不同于“政党分肥制”条件下的服务于阶级或阶层利益的行政，也不同于“政治—行政二分”原则下的工具性行政，而是一种具有公共性的行政。所以，公共行政这个概念的出现已经有了 100 多年的历史，但其内涵却发生了变化，我们大致可以把 20 世纪 60 年代末和 70 年代初看作公共行政的转型期，在此之前的公共行政与在此之后的公共行政是有着不同内容的。也就是说，是经历了这样一个转型过程，公共行政才进入了自觉建构公共性的历史阶段。在这之前，虽然包含着公共性内容和有着公共性的问题，但一直处在一个不自觉的状态。这也就是弗雷德里克森所说的："简而言之，第二代行为主义者与其先驱相比，不太偏重于'一般的'，而较偏重于'公共的'：不太偏重于'描述的'，而较偏重于'顾客影响导向的'：不太偏重于'中立的'，而较偏重于'规范的'。并且按照人们的愿望，它并非是不太科学的。"①

正如哈贝马斯在考察公共领域时回溯到 14 世纪、15 世纪一样，对公共行政的考察也可以回溯到近代政府的出现，即回溯到根据启蒙思想家的设计原则而建立起来的政府。

有了国家，也就有了政府。在人类文明史的早期历史阶段中，国家与政府并没有得到分化，而是合为一体的，以至于直到今天，人们还会在国家的意义上使用政府的概念或在政府的意义上使用国家的概念。或者，人们为了把国家和政府区别开来而把国家称作广义的政府，而把实现了与国家分化的政府称作狭义的政府。其实，国家与政府未分化状态下的政府是近代社会出现以前普遍存在的政府形式，对于这种政府和国家的关系，我们已经没有必要在今天的学术语境中来加以严格区分了，因为它已经失去了作为建构对象的学术探讨价值。但是，对于这种政府及其行政的性质进行定位却是有意义的，它可以帮助我们认识近代以来的政府及其行政的性质，也有益于我们需要致力于建构的走向未来的政府及其行政的性质。

根据马克思阶级分析的理论，国家、政府及其行政是在社会分化为不同阶级而且阶级斗争日益激烈的历史条件下出现的。社会分化为不同的阶级，意味着阶级利益的出现，而不同阶级的利益之间的冲突和矛盾，则是阶级斗争的总根源，为了把阶级斗争控制在一定范围内，就出现了国家、政府及其行政。表面看来，国家、政府及其行政出于维护社会的秩序而控制阶级斗争，拥有了公共性的内容；实质上，这种类型的国家、政府及其行政是出于统治阶级利益实现的目的。事实上，在世界各国的历史中，我们都可以看到，统治阶级在其利益能够得到实现的时候，会表现出维护社会秩序的主动性，而一旦其利益得不到有效实现时，总会首先破坏秩序。对于这一类型的国家和政府来说，它的行政目标完全是从属于统治阶级利益的实现的，行政就是阶级的行政，是阶级统治和阶级压迫的工具，根本不具有"公共"性

① 彭和平、竹立家等编译《国外公共行政理论精选》，中共中央出版社，1997 年，第 304 页。

质，也不存在所谓公共性的问题。所以，我们把这种行政称作“统治行政”。对于这种行政是决不可以使用“公共行政”这一概念来加以指称的。

近代社会，随着资产阶级革命和资产阶级国家的出现，国家与政府开始分化。政府对公共事务关注的程度也在逐步提高。但是，在西方刚刚进入近代社会的时候，资产阶级的首要目的是巩固新生的政权，资产阶级政府需要在两个战场上强化暴力职能：一方面，它需要防止旧势力的复辟；另一方面，又需要应对新生的无产阶级的挑战。所以，其重点就放在阶级镇压和政治统治上，对社会事务的管理就相应地显得薄弱和有限。毕竟，资产阶级的政府是在启蒙思想家们的设计原则下进行建构的，特别是国家的权力制衡原则决定了这种政府包含着统治职能弱化和管理职能强化的可能性。到了近代社会发展的中期，随着资产阶级政权的稳固性加强，随着经济和科学技术的进步，政府逐渐开始了用社会管理职能取代政治统治职能的进程。虽然这个时候的政府行政还不能被看作公共行政，但已经在一定程度上拥有了公共性。当然，由于“政党分肥”等政治操作上的原因，阻碍了行政公共化的进程，但行政管理化的历史趋势必将要求结束“政党分肥制”。因而，在 19 世纪 80 年代前后，英美等国开始了政治与行政分化的历程，最终出现了不同于“统治行政”的“管理行政”模式。

管理行政就是公共行政，但是，还只是工具性意义上的公共行政，这种行政具有公共性的特征，却是形式上的公共性，而实质上的公共性，则是比较薄弱的。所以，公共行政进一步发展的前景，就必然是形式上的公共性与实质上的公共性相统一的公共行政。20 世纪 70 年代以来的行政改革，在其深层动力上可以看作是公共性的躁动。也就是说，人类历史到了这样一个时刻，公共行政形式上的公共性已经不能适应社会治理的需求，人们也不再满足了公共行政只在形式上拥有公共性。从全球范围来看，行政改革在每一个国家都有着独特的路径选择，彼得斯在《政府的未来治理模式》一书中就概括出了四种行政改革模式。但是，在如何根据走向实质公共性的要求来建构公共行政方面，都远远没有达到 60 年代的“新公共行政运动”在公共性问题上完成的理论自觉。所以，我们可以断言，各国行政改革下一步的目标必然会朝向更加逼近实质公共性的获得，自觉地去围绕着如何增强公共行政的公共性问题而进行制度设计和制度安排。如果一个国家不能走向这个目标的话，那么它的行政改革就必然是走了弯路甚至歧路。

二、公共行政公共性的价值

吴琼恩认为，由于威尔逊提出了政治与行政二分的原则，对行政人员提出了坚持价值中立的要求，从而出现了一次行政典范变迁，实现了从传统的行政管理到公共行政的历史性转换，公共行政开始强调“公共性”。[①] 结果，行政不再以服务于阶级统治和党派政治为宗旨，而是像威尔逊所说的那样，积极地考虑“首先，政府能够适当地和成功地进行什么工作。其次，政府怎样才能以尽可能高的效率及在费用或能源方面尽可能少的成本完成这些适当的工作”。[②] 这就是行政的效率主义化或管理化，从而突出了行政的合理性和合法性问题。

出于合理性的目的，“行政学的主要目的在于提高行政效率……行政效率是行政学的一个中心问题，若离开了效率，则行政学亦将无法成为一门单独的学问了”。[③] 然而，仅仅关注效率的合理性还是一种形式上的合理性，这种合理性只有实现了与合法性的整合才是公共行政所具有的特征。“不论是否向国家意志负责，只要是肩负公共目的责任的组织，皆是公共行政关注的对象。然而是否存在有一种责任机制或者是否有能够达成公共同意的方法，来决定这些组织的功效（Efficacy）与合法性（Legitimacy），这才是公共行政的公共性所隐含的意义。”[④] 合理性与合法性是公共行政的两个必要向度，正是这两个向度的统一，才赋予了公共行政以公共性的内涵，而且在一定程度上，公共性的含义应该超越管理的技术层面，更加关注公共行政的合法性问题。

关于合法性，《布莱克维尔政治学百科全书》是这样解释的：“这一概念意指某个政权。政权的代表及其‘命令’在某个或某些方面是合法的。它是一种特性，这种特性不是来自正式的法律或法令，而是来自由有关规范所规范的，‘下属’据以（或多或少）给予积极支持的社会认可（或认可的可能性）和‘适当性’。讨论的焦点在于两个方面：第一是统治、政府或政权怎样及能否——在某一社区或社会范围内，以价值观念或建立在价值观念基础上的规范所认可的方式——有效运行；第二是这种有效性的范围、基础和来源。”[⑤] 根据这种解释，公共行政的合理性是包含于合法性之中的，是作为合法性的一项指标而存在的。然而，合法性又是在很好地回应社会的需求和满足环境的需要中获得的。可见，对于公共行政来说，公共性、合理性与合法性是密切联系在一起的，它们之间互为前提、基础和手段，只有三个方

---

① 吴琼恩：《行政学的范围与方法》，五南图书出版公司，1992 年。

② 彭和平、竹立家等编译《国外公共行政理论精选》，第 1 页。

③ 张润书：《行政学》，三民书局，1985 年，第 671 页。

④ 吴琼恩：《行政学》，三民书局，1996 年，第 14 页。

⑤ 戴维·米勒、韦农·波格丹诺：《布莱克维尔政治学百科全书》，中国政法大学出版社，1992 年，第 410 页。

面实现了统一，才能形成公共行政的整体。所以，对公共行政公共性概念的认识，需要同时在合理性和合法性概念的探讨中进行，如果离开了合理性和合法性的概念，公共性的概念也就成了空洞的抽象，对于公共行政的公共性质也就无从把握。

但是，公共性并不是关于公共行政的解释性概念，对这个概念的理解，还需要有着规范性的视角。从社会治理的角度看，公共行政是在工业社会的历史阶段中为适应社会治理需要而产生的一种基本的社会治理途径，工业社会的治理体系为它确定了总的目标，它从属于这个目标，担负起主要的社会治理责任。在参与社会治理的过程中，公共行政的基本任务就是处理个人与集体、不同的社会团体、不同的利益阶层等之间的关系，以求在多元的利益冲突中发现共同的基点，这个基点就是公共利益。对公共利益的追求，又使公共行政获得了公共性。对于公共行政而言，公共利益是它的目标，公共性是它的实质，其他方面则都是手段，即作为工具体系的手段。目标决定性质，性质则规范着手段。所以，公共性的问题，对于公共行政的全部过程及其行为主体，都有着规范的意义。在更广泛的意义上，对公共行政的制度、体制和行为模式，都有着终极性的规范意义。公共行政既是“实现公共性的行政”，也是“公共的行政”。

如果追踪溯源的话，就会发现，公共利益还只是一个抽象，它必须在两个方面与人联系在一起考虑才会有着现实意义：其一，公共利益并不是无主体的利益，它虽然是存在于个人与集体、不同的社会集团、不同的利益阶层之间的普遍性的利益，是超越任何个人、集体、社会集团、社会阶层的，却又是与人直接关联在一起的。如果不联系到人来考虑公共利益，就会把行政目标导向误区。其二，公共利益需要通过人来加以实现，具体地说，就是通过行政人员将公共行政的公共利益追求变为现实，行政人员的观念、态度和行为对公共利益的实现有着至关重要的影响。正是由于这个原因，罗伯特·达尔认为：“公共行政的大多数问题是围绕着人来考虑的。因此，公共行政研究本质上是对处在具体环境中表现出某种行为以及预计或预测会表现出某种行为的人研究。”① 进一步地说，在公共行政公共性的概念中，包含着“以人为本”的内涵，行政组织以及行政人员能否有着以人为本的观念和行为意向，也决定着公共行政的公共性能否得到实现。在此，作为公共行政性质的公共性就转化成了行政组织和行政人员的行为目标，而以人为本则是通向这一目标的根本途径。这一点也决定了行政学研究的学术方向，如果行政学的研究忽视了人而在组织结构、行政体制、行政程序上谋求公共行政运行的科学化、技术化解决方案的话，肯定是

① 彭和平、竹立家等编译《国外公共行政理论精选》，第155页。

一个错误的学术方向。但行政学的研究现状却向我们展示：恰恰是这种错误的学术方向得到了鼓励和倡导。

从人的角度来思考公共行政，除了公共行政的合理性和合法性之外，还在公共性的题旨下引入“以人为本”的向度，而且这一向度的引入，从根本上解决了合理性和合法性有可能流于形式的问题，即赋予了合理性和合法性以实质性的内容。也由于“以人为本”向度的引入，公共性的概念变得更加具体和更加丰满了，具有了更加明确的内涵。落实在公共行政的职能上，则会实现从以政府运行为中心向以社会和公众的需求为中心的转变，从以行政效率为中心向以社会和公众的根本利益的最大程度的实现为中心，从权力支配的行为模式向服务的行为模式的转变。至于谈到行政人员，他应当“是一个见闻广阔的、积极参与的公民；他有明显的个人效能感：在同传统的影响来源的关系中，他有高度的独立性和自立性，特别是在他决定如何处理个人的事务时尤为如此；他乐意接受新经验以及新的观念，也就是说，他是相当开放的，在认识上是灵活的”。[①] 公共行政的公共性，正是依赖于这样的行政人员才能得以实现。

三、公共行政公共性的表现途径

马克思认为：“在亚洲，从很古的时候起，一般说来只有三个政府部门：财政部门，或对内进行掠夺的部门；军事部门，或对外进行掠夺的部门；最后是公共工程部门——亚洲的一切政府都不能不执行一种经济职能，即举办公共工程的职能。”[②] 如果说古代的政府有什么公共性的表现的话，那么也只存在于马克思所说的第三个部门中，而对于整个行政体系来说，却不具有什么公共性的问题，即使是存在于这第三个部门中的公共性，也是从属于阶级统治的目的的，所以它只是以手段的形式存在而不能看作这种行政的性质。所以，我们不在古代国家与政府一体化条件下思考公共性的问题，也不认为古代政府的行政具有实质性的表现公共性的方式。

近代社会，在三权分立和制衡学说以及“民有、民治、民享”的理念下所做出的制度设计和制度安排，为政府表现公共性提供了一个可能性的框架。因为，根据“代议制”的原则，人民选举议员，组成议会，议会的适当职能不是管理而是监督和控制政府：把政府的行为公开出来，迫使它对人们认为有问题的一切行为作出充分的说明和解释；谴责那些该受责备的行为；并且，如果政府人员滥用职权，或者履

① 阿列克斯·英克尔斯、戴维·H. 史密斯：《从传统人到现代人——六个发展中国家中的个人变化》，中国人民大学出版社，1992 年，第 424 页。

② 《马克思恩格斯选集》第 2 卷，人民出版社，1975 年，第 64 页。

行责任的方式同公共舆论相冲突，就将他们撤职，并任命新的继承人。此外，议会还有一项职能，即表达民众的意见，并根据这种意见向政府行为提出要求。这种政体实际上对政府做出了这样的要求：(1) 公共行政应当成为公共利益的代言人，需要有着作为公共利益代言人的责任感，需要执行公众意志和表达公众意愿。(2) 公共行政应当具有普遍的代表性，从行政组织到行政人员，在政策和行为上应当公开，能够在构成和行为动机上公平地反映社会的主要人口类别。(3) 公共行政应当具有充分的开放性，不仅对代议机构开放，而且应当对全体民众开放，防止行政人员独占与公务有关的信息，杜绝行政人员可能以机密或欺骗的手法损害民众的利益。(4) 公共行政应当接受民众的广泛参与。这四个方面，是近代政府表现公共行政的公共性的基本途径，在威尔逊和韦伯理论基础上建立起来的公共行政模式就是近代行政的典型形态。在这种公共行政表现公共性的各种途径中，"代表性"又是最为重要的途径，特别是在行政人员这里，如果能够有着充分的代表性，也就意味着公共行政拥有了公共性。因为，从行政人员这个层面上看，如果行政人员缺乏代表性，比如说只有代表资产阶级的行政人员，其所执行的政策与方案，可能会对工人阶级带有偏见，这样一来，公共行政的公共性就会显得不足甚至丧失。

从本质上说，当代公共行政与近代以来的传统公共行政相比，政体环境并没有发生根本性的变化，因而它在公共性的表现途径方面，一方面进一步强化传统公共行政的表现途径，另一方面又在具体的表现方式上有所改进。概括地说，当代公共行政在公共性问题上的表现有以下四个方面。

(1) 从抽象的公共利益到公民的实际要求。传统公共行政，即在威尔逊的政治与行政二分原则和马克斯·韦伯官僚制基础上建立起来的公共行政体系及其运行机制，都定位在强化政府维护公共利益和提供公共产品的能力上，因而要求公务员不能结党营私，必须确立官僚成员维护公共利益的诚实形象，并且致力于提供各种公共产品，诸如改善教育及卫生保健等，以求凸显政府追求"效率"的天职。但是，"公共利益"是一个抽象的概念，依此概念为前提而制定的各种计划方案，一旦交由各机关来执行，就会造成政策变形的结果。因为官僚成员无法感受到计划方案与人民之间的密切关系，他们有可能会只重视自己的需要和前途而罔顾民意。所以，当代公共行政强调政府机关及其成员以实现公民的价值为行动的指导原则，致力于对公众的具体需求做出回应，同时，重视公共资源的投入和执行政策的过程，以求能够达致顾客所期望的结果。

(2) 从片面而狭隘的效率观到对公共服务品质的考虑。传统公共行政是一种效率主导型的公共行政，它所持有的是片面而且狭隘的效率观，在一定程度上是工业社会“投入—产出”相对应的“制造业”模式在公共行政中的反映，因而，它的全部精力就放在组织层级结构的合理性和系统运行的高效率方面来了，然而，却造成了周期性的机构膨胀、职能交叉和权责混乱的局面。结果，效率目标不能得到实现，而公共性也丧失了。当代公共行政接受了这一教训，审慎地重新界定公共服务的品质和价值，强调依公民的需要来“量体裁衣”和“对症下药”。而且，当代公共行政特别强调可以具体评估和促进绩效的公共服务行为，要求行政行为及其绩效能够接受评估，其基本标准就是公众的满意度。当代公共行政还努力塑造开放的公众参与公共产品生产的流程，使公共产品的提供更具有回应力。

（3）从严密控制下的被动性到自觉遵守规范的主动性。传统公共行政把严密的控制作为效率的保证，其实，官僚制组织本身就是一个等级控制体系，把整个政府变成了一架严密的机器，把行政人员变成行政执行的工具。事实上，严密的控制不仅未能实现高效率，反而会经常性地引发机关成员的消极抵抗，特别是从根本上抑制了行政人员任何提高服务品质的创造性思考能力，使行政人员失去了创新追求，成为被动的行政执行工具。对于当代公共行政而言，遵守法规章程是不容置疑的，但需要通过工作流程不断的改善来提高和强化服务品质。在这方面，当代公共行政为了鼓励行政人员积极主动的创新意识而做出了许多新的探索，比如：在行政过程中，以阐明任务的意义来替代死守规章，在大的原则下阐明机关的规范，借以激励机关成员创造性地开展活动；在人事管理中，把奖励同工作中的积极表现联系起来，以激励那些原来只会照章行事的人员去勇于承担责任和解决问题；在组织定位上，强调“服务”取向。

（4）从强制履行职责到树立行政伦理精神。根据传统官僚制的概念，所谓管理者，主要是指扮演所要求履行的职责的角色。这种一个命令一个动作的管理手段，只会造成机关充斥形式主义组织文化的现象。当代公共行政要求，应让公务人员具有主动性和责任感，认为公共行政的实质就是要通过树立公务人员的责任感来激发其积极的工作态度，即让行政人员感到自己负有责任。在这个过程中，政府在服务取向和顾客导向的原则下，扩大行政人员的自由裁量权，给予行政人员更大的发挥个人积极性和主动性的空间。至于自由裁量行为扩大所造成的偏差，则通过经常性的评估来加以控制。

通过上述考察，我们看到，公共行政的发展史就是一部探索改进公共性实现方式的历史，甚至公共行政这一社会治理途径的发现，就是在追求公共性的引领下完成的。公共性的问题有一个从潜在存在到显性化和从不自觉到自觉的过程，随着公共行政这一社会治理途径的出现，公共性的问题也显露了出来，这是人类社会治理文明化的具体体现。近代社会的行政，特别是近100多年来的公共行政，在公共性的实现问题上做出了许多可贵的探索，这是人类社会治理文明的成果，我们需要加以吸收和借鉴。但是，我们也需要看到，公共性是公共行政的根本性质，因而成了公共行政发展的永恒目标，公共行政发展过程中的每一个前进步伐，都是朝着这个目标前行的步骤。根据这一认识，可以说，公共行政自觉建构的每一项举措，也都必须是有益于公共性实现的。比如，行政改革如果不是有益于公共性的实现，而是出于某个（些）利益集团的要求，那么就不是方向正确的行政改革。因此，对于公共行政来说，认识公共性问题，实现公共性自觉，是根源于把握公共行政的发展方向和推动人类社会治理文明进步的要求的。

发表于2005年第1期

“回归国家”与现代国家的建构

徐 勇[*]

如果说20世纪80年代政治学视野中“有国家无社会”的话，那么90年代政治学界最为流行的是国家与社会的二元分析框架，旨在发现市民社会（公民社会）在中国的萌生。在这一过程中，学界有意无意地遮蔽了国家与社会框架中的另一维度——国家。进入新世纪以后，对国家的论述逐步增多，大有“回归国家”之势。由此出现了种种政治设计，如回归传统的儒学政治，要求建立王道国家等。在“回归国家”的风向中，我们需要追问：我们要回归的是什么“国家”，对国家的回归是一种分析路径，还是一种回归传统的政治实践？我以为是前者。随着市场经济发展和市民社会的成长，必然指向现代国家的建构。相对市民社会而言，现代国家的研究还相当不够。笔者早在90年代初开始“发现社会”，提出了国家政治和社会政治的二分法，[①] 并一直从社会的角度研究农村村民自治和城市社区自治。10年后，笔者开始“回归国家”，但着眼的则是现代国家的建构。[②] 正如没有一个以市场经济和公民权利为根基的现代公民社会，就难以建构一个现代国家，同样，没有一个现代国家，现代公民社会也难以建构起来。本文试图就现代国家的基本理论做一分析。

一、现代国家的组织形式：民族—国家

国家是一个众说纷纭的概念。列宁在撰写《国家与革命》一文时曾深有感受。这其中的重要原因之一是不同文明时代的国家特性不同。尽管在马克思主义看来，国家的本质是阶级统治的暴力工具，但不同类型国家对暴力的拥有程度和使用范围则不一样。20世纪社会科学大师韦伯将国家定义为：“国家是一种持续运转的强制

* 徐勇，教育部“长江学者”特聘教授，教育部人文社会科学重点研究基地——中国农村问题研究中心主任，华中师范大学政治学研究院院长、教授、博士生导师。

① 徐勇：《非均衡的中国政治：城市与乡村比较》，中国广播电视出版社，1992年。

② 徐勇：《现代国家建构中的非均衡性和自主性分析》，《华中师范大学学报》2003年第5期。

性政治组织，其行政机构成功地垄断了合法使用暴力的权力，并以此维持秩序。”①当代著名政治学家吉登斯完善了韦伯的国家观点。② 在这里，必须明确的是，他们的国家定义都指的是现代国家，是相对前资本主义，即传统国家而言的。界定现代国家的关键词是：主权与合法性。由此引申出现代国家的双重特性：民族—国家（nation－state）与民主—国家（democracy－state）。

民族—国家通常被认为是“两种不同的结构和原则的融合，一种是政治的和领土的，另一种是历史的和文化的”。③ 它是以民族共同体为组织基础的政治共同体。人类社会是以多种形式组织起来的共同体。在滕尼斯看来：“共同体是一种持久的和真正的共同生活。”④ 最早的组织形式是以血缘关系为基础的氏族。部族则是血缘关系扩展的血缘—地缘共同体。由于血缘—地缘关系和长期的共同生活，形成共同文化，从而构成民族。当人类生活区域扩大并需要特殊的公共权力——有组织的暴力维持共同体秩序时，便有了国家。氏族、部族、民族、国家等都是为了区别“我者”与“他者”的共同体概念。但这一概念只有在共同体之间的交往中才能确立什么是“我者”，什么是“他者”。哈贝马斯对此有过深刻的阐述。⑤ 作为民族—国家范畴的国家要素，“是指现代理性国家，它形成于西方现代初期，是一种自立于其他制度之外的、独特的、集权的社会制度，并在已经界定和得到承认的领土内，拥有强制和获取的垄断权力”。⑥ 当国家和民族融为一体时才形成现代民族—国家，它是伴随近代资本主义产生而构建的现代政治共同体，同时也是现代化锻造的现代性在政治生活中的反映。

传统国家是一个相对性概念，一般被认为是前现代，或者前资本主义的国家。在前现代化时期，人类社会主要以氏族、家族、部族、地方性族群等共同体构成，并形成相应的政治单位。这些政治单元独立存在，分散而互不联系。尽管也存在国家，但是其行政机构并没有成功地在其领土范围内垄断合法使用暴力的权力，并加以有效的统治。这就是吉登斯所说的，传统国家的本质特性是它的裂变性，“传统国

---

① ［德］马克斯·韦伯：《经济与社会》，转引自王焱编《宪政主义与现代国家》，生活·读书·新知三联书店，2003 年，第 31 页。

② ［英］安东尼·吉登斯：《民族—国家与暴力》，生活·读书·新知三联书店，1998 年，第 18—21 页。

③ 《布莱克维尔政治学百科全书》，中国政法大学出版社，1992 年，第 490 页。

④ ［德］斐迪南·滕尼斯：《共同体与社会》，商务印书馆，1999 年，第 54 页。

⑤ ［德］哈贝马斯：《交往与社会进化》，重庆出版社，1989 年。

⑥ 《布莱克维尔政治学百科全书》，第 490 页。

家有边陲（frontiers）而无国界（borders）”。[①]

现代化不仅是由传统农业社会向现代工业社会的转变过程，而且是由一个分散、互不联系的且以族群为基础的地方性社会走向一个整体、相互联系并以国族为基础的现代国家的过程，这就是国家化，或者说国家的一体化，也即现代民族—国家的建构。而在民族—国家的建构中，作为民族—国家另一要素的“民族”的含义也将发生实质性变化。斯大林对民族有一个著名的定义，即“民族是人们在历史上形成的一个有共同语言、共同地域、共同经济生活以及表现在共同文化上的共同心理素质的稳定的共同体”。[②] 斯大林的民族定义实际上指的是现代民族，即与民族—国家的“国家”要素相对应的“民族”要素。这里的民族更准确地说应为“国族”。这也是“nation”既可译为民族，也可译为国家的重要原因。[③]

民族—国家的构建是一个过程。它是历史与逻辑的统一体，既是历史的发展过程，同时也是根据人的理性建构的过程。它起源于西欧中世纪后期，兴盛于18世纪至19世纪，并由西向东推进，在20世纪扩展到全球，由此构成现代世界体系的主体要素。

推动民族—国家建构的原始动力是军事暴力——以战场为领地的军队，主角是君主。中世纪西欧是一个分散的庄园共同体且互不联系的封建社会，相当长时间是一个教会权力主宰的文化共同体。随着商品经济发展，特别是海路的开通，西欧逐步出现了一些实力日益强大的王朝。这些王朝为了扩大领土，发动了持续不断的战争。最著名的是1337年至1453年间的英法百年战争。正是经过长期的战争，将一个个族群和政治单位粘连起来，逐步在英国和法国率先形成了民族—国家的雏形。在这两个国家，首先是形成了国王至高无上的统治权，形成了国王权力统辖的领土和人民，形成了为统辖领土和人民而设立的政府体系，并在战争中形成了人民对自己国家的忠诚和热爱，有了“我者”（祖国）和“他者”（他国）之分。由此锻造出新的以国家为组织载体的新兴民族——英吉利民族和法兰西民族及以此为基础的新型政治共同体。吉登斯将这一历史时期定义为绝对主义国家时期。

在恩格斯看来：“日益明显日益自觉地建立民族国家的趋向，是中世纪进步的最重要的杠杆之一。”[④] 也正是在这一过程中，西方思想家产生了构建国家的设想。这

---

① ［英］安东尼·吉登斯：《民族—国家与暴力》，生活·读书·新知三联书店，1998年，第4页。

② 斯大林：《马克思主义和民族问题》，载《斯大林选集》上卷，第64页。

③ 宁骚教授对“部族”“民族”和“国族”的概念有相当精当的概括。宁骚：《民族与国家——民族关系与民族政策的国际比较》，北京大学出版社，1995年，第18—20页。

④ 恩格斯：《论封建制度的瓦解和民族国家的产生》，载《马克思恩格斯全集》第21卷，人民出版社，第452页。

一设想来自于中世纪后期萌生的理性主义。根据理性主义，人是世界的主体，世界秩序应该根据人的自由、根据人对世界的认识来安排，并由此确定其合理性。出生于1469年的意大利思想家尼柯罗·马基雅弗利深感封建割据、四分五裂带来的内忧外患，强烈主张建立统一强大的民族—国家。由此提出了“国家理性”学说，认为国家有其独立和自主的特性。君主作为统一国家的代表，为了实现统治可以不择手段。英国的霍布斯则充分论证了建构统一国家的必要性。在霍布斯看来，人最开始处于自然状态，遵循的是“一切人反对一切人的战争”逻辑，为了生存与和平，必须有一个大于一切人的权力的公共权力，这就是“国家”。霍布斯用一种巨大的海兽“利维坦”来形容国家的强大无比，强调国家统一和整体性。

然而，真正推动民族—国家构建的基本动力则是经济暴力——以市场为领地的资本，主角是资产阶级。当资产阶级力量还较弱小的时候，他们主要借助于国王的力量建立统一的国家以开拓市场。而随着其力量的强大，特别是地理大发现大大拓展了人类交往的空间，使他们成为推动现代民族—国家建构的主角。这主要在于资产阶级是一个与历史上其他任何阶级所不同的阶级，是一个精于算计的理性主义者。在韦伯看来，经济社会的合理化，首先起自于家庭与经营活动的分离，其次是经营活动中的合理算计，而这种算计又服从于追逐利润的经营目的。追逐利润是现代经济组织的终极目的和永不遏止的动力。这便是资本的逻辑。这种逻辑要突破一切不合乎资本目的的限定，而无论这种限定是多么神圣。这正是马克思在《共产党宣言》中所说的，“资产阶级在它已经取得了统治的地方把一切封建的、宗法的和田园诗般的关系都破坏了”，它“使一切国家的生产和消费都成为世界性的了”，“过去那种地方和民族的自给自足和闭关自守状态，被各民族的各方面的互相往来和各方面的互相依赖所代替了”，“它们按照自己的面貌为自己创造出一个世界”。①

经济社会的理性化必然要求建立统一的现代民族—国家。资本的私人性要求通过作为公共性权力的国家界定和保护产权和私人利益。而这种国家是有特定的领域边界的，并能在其领域范围内成功地垄断暴力，进行持续不断的制度化统治，以维持长期稳定的公共秩序。因此，现代民族—国家的建立是一个将分散的互不联系和依赖的地方性族群形成一个统一的主权整体的过程，这就是所谓的国族化。现代化进程同时是国族化的过程，是民族与国家的熔合过程。“共同语言、共同地域、共同经济生活以及表现在共同文化上的共同心理素质”的国族得以在主权国家内被建构。民族—国家的产生，一方面表明分散的世界联为一个整体，从而有了统治边界明晰

① 《马克思恩格斯选集》第1卷，人民出版社，1995年，第274—276页。

化的国家主权及其作为主权代表的中央权威，有了国家与国家之间的关系；另一方面表明分散的社会联为一个整体，国家统治日益深入地渗透到主权国家领域内，每个人都为国家机器所控驭。正如吉登斯所说："'民族'指居于拥有明确边界的领土上的集体，此集体隶属于统一的行政机构，其反思监控的源泉既有国内的国家机构又有国外的国家机构。"①

现代国家是政治社会的理性化产物。在哈贝马斯看来，合理的国家机构表现为：依据一种集中的和稳定的税赋体系；控制一种集中领导的军事权力；垄断立法和法律权力；通过一种专职官员统治的形式组织行政管理。② 除了这种实体性的国家机器以外，还产生了来自于知识且可以支配大众社会的话语权。③ 所以，只有到了现代民族国家，建立现代国家机器和权力体系并借助现代交通、信息、学校等现代工具，国家的权力才能真正覆盖到所有的国家疆域，行使对主权国家的统辖。吉登斯为此指出："只有现代民族—国家的国家机器才能成功地实现垄断暴力工具的要求，而且也只有在现代民族—国家中，国家机器的行政控制范围才能与这种要求所需的领土边界直接对应起来。"④ 为此，他给民族—国家下了一个经典定义："民族—国家存在于由他民族—国家所组成的联合体之中，它是统治的一系列制度模式，它对业已划定边界（国界）的领土实施行政垄断，它的统治靠法律以及内外部暴力工具的直接控制而得以维护。"⑤ 现代民族—国家的建构作为一个过程，标志着国家整体和代表国家主权的中央权威日益深入地渗透于主权国家领域，并支配整体社会。

建构民族—国家的核心是主权。主权是一个国家拥有的独立自主处理其内外事务的最高权力。主权作为一个国家固有的权力，国家凭借这一权力可以以最高权威和独立自主的方式处理其一切内部和外部事务，而不受任何其他国家或实体的干涉和影响。因此，主权具有内部和外部双重属性。主权对内的最高属性是指国家的政治统治权力，它通过立法、行政、司法、军事、经济、文化等手段来实现国家内部一体性。主权的外部属性派生于主权对内最高的属性，是指国家的独立自主性和领土的完整性，并以军事、法律、外交、经济等方式加以实现。在主权理论创立者布丹看来，主权是一个国家之所以得以存在的原则。霍布斯将至高无上的"主权"视为国家的"灵魂"，强调主权者的权力不受任何个人、团体的权力的限制。1648 年签

① ［英］安东尼·吉登斯：《民族—国家与暴力》，第 141 页。

② 转引自陈嘉明等：《现代性与后现代性》，人民出版社，2001 年，第 137 页。

③ 参见［法］福柯：《权力的眼睛》，上海人民出版社，1997 年，第 37 页。

④ ［英］安东尼·吉登斯：《民族—国家与暴力》，第 20 页。

⑤ 同上书，第 147 页。

订的《威斯特伐里亚和约》确认国家主权原则，至此才开始在西欧形成了民族—国家的国际体系，也成为现代民族—国家建构的起点。

主权作为不可分割、不可转让的最高权力，同时又是有地域边界的权力。只有在确定的地域边界内，主权才是成立的。正如只有在交易中才能体现产权一样，只有在国家与国家的交往中，主权的意义才被凸现。主权的实质是区分“我者”（我国）与“他者”（他国）的基准线。由此就有了一系列体现主权国家的象征和符号体系：国名，即国家的名称；国旗，即代表国家的旗帜；国徽，即国家的标志；国界，即确立国家领土范围的界线，界线以内的为本国国土；国歌，即代表一个国家的歌曲，为其政府所制定或采用；国籍，即一个人属于某一国家的国民或公民的法律资格；国语，即法定为本国共同使用的语言；国民，即具有一个国家国籍的人；国庆，即法定的对国家产生的庆典日。这一系列国家象征都是对“我者”的确认与“他者”的区别。尽管当今全球化浪潮风起云涌，但民族—国家的特性并没有消失，“地球村”内的界限仍然十分明确，即使是最为强大的美国，也不得不反复追寻和忧虑“我们是谁”?[①] 因此，所谓民族—国家，即由统一的中央权威在其领土边界内实行自主治理，并有共同民族利益和国民文化的主权国家。

二、现代国家的制度体系：民主—国家

学界在论述民族—国家时，很少提及现代国家的另外一个重要特性，这就是民主—国家。这是因为在西方学者视野里，民族—国家的建构本身就已体现了民主—国家的原则，民族—国家建构的同时也是民主—国家的建构。但是，民族—国家的概念并不能简单代替民主—国家的概念。

由于世界体系未形成，传统国家更多的是一种文化共同体，其核心是基于共同的血亲文化而产生的伦理关系。而在世界体系中的现代国家，则主要是一种政治共同体，其核心是基于利益分化而产生的权力关系。权力可以说是理解现代国家的基础。马基雅弗利是历史上最早将权力作为国家特性的思想家，我们因此将其称之为现代国家的理论奠基者。

与传统国家相比，现代国家是一种持续运转的强制性政治组织，其行政机构成功地垄断了合法使用暴力的权力。主权是现代民族—国家的核心，主权对内属性是统治国家的最高权力。那么，这一统治权归属于谁，由谁来行使，按照什么法则来行使，从而才能保证国家的持续运转呢？这是现代国家建构必然会产生的权力归属、

① ［美］塞缪尔·亨廷顿：《我们是谁？——美国国家特性面临的挑战》，新华出版社，2005年。

权力配置和权力行使的制度性问题。如果说，民族—国家是现代国家的组织形式，所要解决的是统治权行使范围的问题，那么，民主—国家则是现代国家的制度体系，所要解决的是现代国家根据什么制度规则来治理国家的问题。

在民族—国家建构的初期，新兴的资产阶级力量还很弱小，他们主要依靠国王建构统一的民族—国家。所以，当时国家与国王是一体的，即法国国王宣称的“朕即国家”，忠于国家就是忠于国王，实行主权在君、“君权神授”的君主专制制度。但是，这一制度逐步成为阻碍经济社会发展和资本力量扩张的桎梏。随着资产阶级力量的日益强大，他们要求按照自己的意志建构国家，以形成能够保护产权，有利于自由发展、平等竞争的制度环境。由此他们提出了主权在民的政治要求，并以其特殊的经济能力逐步弱化君主的权力，实行主权者的转移。

英国的洛克适应这一要求，提出了现代民主—国家的建构理念。与霍布斯不同，在洛克看来，在国家之前的自然状态是“完美无缺的自由状态”，生命、自由、财产是自然法为人类所规定的基本权利，不可让与，也不可剥夺。为了更好地保护人身和财产权利，人们订立契约，将一部分权利转让给所指定的人，并按照一致同意的规则行使权力，由此而形成国家。为此他否认主权在君，提出议会主权论，即国家的最高统治权应该归属于由人民委托的代表行使。同时，与霍布斯关于主权者不受制约的观点不同的是，洛克将国家与政府区别开来，认为人们建立政府是为了更好地保护人权，政府也要受到制约，如果政府不能实现保护个人权利的目的，人们有权改变它。为了制约权力，他提出了应该根据分权原则配置权力。同时，政府只有以正式公布和经常有效的法律，而不是临时的命令和变化无常的决定进行统治，实行法治原则。议会主权、权力分立和法治政府可以说是洛克对现代制度国家的重要贡献。正是基于此，洛克强烈反对主权在君的专制制度，认为专制制度导致君主只是用心血来潮或毫无拘束的个人意志进行统治，容易产生“暴政”。“暴政”比自然状态还坏。因为在自然状态下，人们还享有运用自己的权力保护自己的生命和财产的自由，而在“暴政”下，人们不仅会受到君主的侵害，而且会失去以前的自由。

法国的孟德斯鸠发挥了洛克的分权学说，提出了立法、司法、行政三权分立和制衡的学说。而卢梭则第一次完整地提出了人民主权学说。他认为，人们通过订立社会契约组成共同体，每一个结合者及其自身的全部权利都转让给整个集体，因而主权的实质就是全体的意志，主权属于人民，每个人都可以构成主权者的一个成员。法律和政府原则都是为了保证人民主权的权威，政府的权力来自人民并服从于人民的意志，由此确立了人民才是国家主人的“主权在民”原则。

正是在主权在民的民主主义思想的导引下，以资产阶级为主的人民以各种方式，甚至暴力革命，推翻了专制统治，建立起主权在民的国家，这就是民主—国家，即以主权在民为原则构造的国家。所以，现代国家是民族—国家与民主—国家的统一体。其国名一般都反映了这一特征。如法国大革命后建立的法兰西共和国。法兰西体现了民族—国家的特性，共和体现了民主—国家的特性。

民族—国家突出的是主权范围，主要反映的是国家内部的整体与部分和国家外部的国家与国家之间的关系。那么，民主—国家强调的则是按照主权在民原则构造的国家制度，主要反映的是国家内部统治者与人民、国家与社会的关系。因此，衡量民主—国家的重要标准就是统治的合法性的民意基础，即统治权力是否按照体现人民意志的法律取得和行使。作为主权在民原则创立者的卢梭就是要以“公意”（或者为“人民意志”）确立现代国家制度的合法性，通过合法性来确认统治权力的归属、配置与行使的主体和边界。现代国家与传统国家的重要不同之处就在于其暴力垄断的合法性基础不同。如杜赞奇所说：“国家权力在现代的扩展涉及一个双面的过程：一是渗透与扩张的过程，一是证明此种渗透与扩张过程的合法性。”①

马克斯·韦伯对于合法性统治基础给予了大量研究，在他看来，合法性是指人民对统治的同意或认可。他认为，世界上的统治类型莫过于三种：传统型统治、魅力型统治和法理型统治。传统国家的统治合法性来源于自古有之的“传统”，人们对这种无论是“天意”还是人为的“传统”深信不疑，由此保证统治体系的连续性。而现代国家的统治是法理性统治，法理性统治则是为了保障主权在民原则得到具体的体现。

正是出于人民同意的这一合法性基础，现代国家均是依据民主的原则构造其政治体系，并以明确的法律形式固定下来。其主要特征表现为：在权力归属方面体现权力属民的原则，如中华人民共和国宪法规定，中华人民共和国的一切权力来源于人民；在权力配置方面实行代议和分权原则，代议制指由人民委托产生的代表行使统治权力，分权制将公共权力按其功能分开并由不同的机构和人员执掌，形成相互制衡关系；在权力行使方面遵循法治原则，明确的成文法律是权力行使的基本依据，任何人都不得超越于法律之上。由于合法性统治的基础是人民同意，因此，在现代民主—国家的制度体系中，公民权利是重要组成部分。

如果说民族—国家建构的核心是主权原则，那么，民主—国家的构建则是人权原则。在理性主义看来，人的权利是天赋的，国家存在的理由正是为了更好地保护

---

① ［美］杜赞奇：《从民族国家拯救历史——民族主义话语与中国现代史研究》，社会科学文献出版社，2003年，第86页。

和确认人的权利。建构民主—国家的目的就在于能以法律制度的方式确认其本国国民为享受法定权利的公民。公民权利是主权在民原则在国内政治生活中的具体体现。主权在民和公民权利可以说是现代民主—国家的两个基本准则，并体现在国家基本法律制度之中。

由于公民权利的存在和发展，必然生长出一个以公民权利为核心的公民社会。现代国家与公民社会是相互依存和相互制约的伴生物。如果没有现代国家，就不可能以国家法律的形式确认公民权利，也不可能运用国家力量保护公民权利，因此也不可能有公民社会。从这个意义上说，黑格尔认为“市民社会”是由现代国家创建而成的观点有一定道理。但是，国家作为一种公共权力，作为一种被垄断的暴力，并不能总是合理和有效地保护和确认公民权利，甚至有可能运用其垄断性暴力侵害和妨碍公民权利。这就需要有一个自由自主自治的公民社会，以此制约国家权力，防范国家权力的无限扩张并脱离人民意志。

一个健全的公民社会不仅是现代国家建构的产物，更是现代国家建构的基础。现代国家之所以得以在欧美国家先行成长，就在于这些国家在现代国家成长时期就已发育出一个现代公民社会的雏形。与构成传统国家的社会基础是一个个血缘—地缘性的族群单位不同，在中世纪西欧发育出一个个新兴的共同体及其政治单元，这就是市场关系下由自由民组成的自治体，即通常所说的“市民社会”。

作为现代国家，民族—国家和民主—国家是相互依存的统一体。民族—国家是具有领土边界的行政实体。没有民族—国家提供的领土平台，主权在民和人民权利就没有实现的基础。正如近代世界中的殖民地，没有独立的国家主权，也就无法产生平等的人民权利。与此同时，没有民主—国家，民族—国家的生长和持续不断地构建也缺乏制度保障，这在于国土、人民和统治权是构成国家的基本要素。如果一个国家的人民长期处于被奴役状态并对统治的合法性产生动摇，就会对国家产生离心力。民族—国家的意识形态基础是人民对自己祖国的热爱和忠诚。“民族国家建构作为一项国家政策，以美国革命和法国大革命为背景提了出来。在当时，民族国家构建的意蕴就是公共权威和公民的忠诚感实现同步发展。”① 如果人民不能作为国家主人享受公民权利，不能享受平等的国民待遇，就不会将国家作为“我国”（我们自己的国家），其对国家的忠诚意识就会弱化，甚至背离自己的祖国。美利坚合众国正是由于一些对自己祖国失望并背离自己祖国的人组成的一个新国家。亨廷顿认为：“人们对国家的认同并不是固定的和永远不变的，民族主义也不是时时处处都具有压

---

① 《布莱克维尔政治学百科全书》，中国政法大学出版社，1992年，第490页。

倒一切的力量。只有当人们认为自己同属一国时，国家才会存在，而人们对自己的看法可能是有高度可变性的。”① 除了背离祖国以外，在国内，对国家的失望还会促使人们回归到自己更加认同的政治单位，从而造成国家的分裂和地域化、族群化，由此大大动摇统一国家的根基。特别是对于那些民族—国家体系还相当脆弱的国家，由于对国家忠诚感下降而产生的民族分离主义和族群分立主义，很容易导致国家的解体，如苏联和前南斯拉夫地区。

作为现代国家体系，民族—国家和民主—国家是内在的统一体，但又是一个矛盾的共同体。其深刻的根源在于民族—国家和民主—国家之间的内在理念逻辑之间的矛盾和冲突。主权与人权、统治与合法性并不总是均衡一致的。尽管现代国家是根据理性原则建构的，但人的行为经常会受多种具有内在逻辑矛盾的原则所支配，甚至为非理性所左右。民族—国家的建构理性是民族主义，强调的是国家整体性，国家利益的至高无上性；民主—国家的建构理性是民主主义，强调的是构成国家的个体性，个人自由和权利的至高无上性。这两种主义如果不能保持相对均衡而走向极端就会导致现代国家的生长困难，甚至崩溃。如极端民族主义造成德国和日本脆弱的现代民主制度的崩溃，使这两个国家走向法西斯主义。而民主主义的过度也容易使国家在激烈的世界竞争体系之中，缺乏整体竞争力而走向失败和解体。

由于现代国家的建构是在现代化和全球化的时空中展开的，能够给予民族—国家和民主—国家达到相对均衡条件的国家，实在是太少。大多数国家的现代国家建构都曾经或正在经历着民族—国家与民主—国家相对不均衡的过程，这也使得现代国家的建构过程充满着多样性。特别是对于许多在民族独立进程中建构现代国家的发展中国家来说，不仅民族—国家的建构尚是一个未完结的过程，而且更缺乏对民主—国家的深刻理解。这也是在当代世界里，民族—国家和民主—国家同步建构、相对均衡的国家相对稳定，民族—国家与民主—国家建构不同步并相对不均衡的国家的政治充满变数的重要根源。

三、“回归”抑或构建：现代国家在中国

与欧美国家相比，中国的历史进程有其特殊性。但现代化进程带来的世界体系不可能使中国置身于以现代性为核心的世界体系之外，其历史过程也必然有其普世性。越是进入现代世界体系，愈是这样。因此，现代国家的建构不仅是一种理念，更是一个真实的历史过程，只是这一历史过程有其自身的特点而已。

---

① ［美］塞缪尔·亨廷顿：《我们是谁？——美国国家特性面临的挑战》。

如果运用传统国家的理论，20 世纪以前的中国具有典型的传统国家的特点。前些年，学术界有人对于用“封建主义”这一西方化的尺度标识 20 世纪前的中国社会表示质疑。事实上，如果从经济社会组织的角度，20 世纪前的中国社会的确具有分散的互不联系的“封建主义”特性。传统中国的社会基础是由一个个分散孤立、互不联系的家庭和扩大了的家庭——村庄等构成。与西欧封建社会所不同的是，在这一个个分散孤立的家庭村落之上有一个庞大的君主专制官僚体制，拥有绝对权力的君主通过居住在地域性城市的官僚实施统治。只是“王权止于县政”，中央官僚统治权力从未直接深入到广阔的乡村社会。正如韦伯所说：“政权领域的各个部分，离统治者官邸愈远，就愈脱离统治者的影响；行政管理技术的一切手段都阻止不了这种情况的发生。”① 为此，他认为，在传统中国，“‘城市’是没有自治的品官所在地，——‘乡村’则是没有品官的自治区”!② 因此，传统中国更主要的是文化国家，而不是政治国家。

庞大的君主官僚专制体系严重抑制着新兴社会力量的生长，使传统国家的历史在中国特别长。直到 19 世纪，由于西方国家的入侵，传统国家的合理性和合法性才受到极大的质疑和挑战，从而才有建构现代国家的可能。

中国的现代化和现代国家的建构是在外国入侵的情况下发生的。现代国家的建构首先是以民族主义为旗帜，要求建立独立统一的民族—国家。孙中山是现代国家在中国的创立者。他深刻地反思了为什么作为人口最多的中国在西方列强的入侵下不堪一击，甚至有亡国灭种之忧的原因，这就是“一盘散沙”。他认为，“民族主义就是国族主义。中国人最崇拜的是家族主义和宗族主义”。“中国人的团结力，只能及于宗族而止，还没有扩张到国族”。③ 为此他首先倡导民族主义，建立以国族而不是家族、宗族为组织基础的现代国家。这一现代国家应该以民权而不是君权所构造，为此提出民权主义。他认为，“政就是众人之事，治就是管理，管理众人之事便是政治。有管理众人之事的力量，便是政权。今以人民管理政事，便叫作民权”。④ 民权主义实际上是中国式的民主主义。为了对广大人民进行政治动员，孙中山又提出了民生主义。正是在以孙中山为代表的革命党人的推动下，中国于 1911 年推翻帝制，建立中华民国。中华民国反映了民族—国家和民主—国家的双重特性。中华民族是与中国主权范围相一致的国族，民国是以民权而不是君权为最高权力的制度体系。

---

① ［德］马克斯·韦伯：《经济与社会》下卷，商务印书馆，1997 年，第 375 页。

② ［德］马克斯·韦伯：《儒教与道教》，商务印书馆，1995 年，第 145 页。

③ 孙中山：《三民主义》，岳麓书社，2000 年，第 2 页。

④ 同上书，第 69—70 页。

1912年公布的《中华民国临时约法》规定："中华民国，由中华人民组织之。"中华是多民族共和的新兴国族，标志着国家权力归属民而不再是君。

然而，中华民国的建立只是现代国家的形式确立，只是现代国家建构的开端，并随时有崩溃的可能。一是现代国家能力十分脆弱，随时会受到外敌入侵，主权尚不完整；二是国家处于地方性军阀割据状态，未能建立成功地垄断合法暴力的行政机构和中央权威，乡村社会为土劣所控制。为此，蒋介石试图以强大的军事力量和专制政权统一国家，提出所谓"一个党、一个领袖、一个主义"。但是，这一努力给人民带来的是无穷的战争和沉重的赋役而遭受人民的强烈反抗，产生了中国共产党领导的中国革命，并于1949年建立了中华人民共和国。

中华人民共和国的建立标志着现代国家建构在中国的真正开始。首先是结束了半殖民地的历史，主权国家得以形成，除了内战造成的台湾地区以外，国家主权能够成功地延伸到其领土范围。其次是结束了半封建社会的历史，并通过强有力的中央权威、党和政权组织系统对主权范围的地方成功地实施了政治统治。

但是，1949年后的现代国家建设却是十分不平衡的。由于多重原因，民族—国家的建构远远快于民主—国家的建构，也就是说随着民族—国家的建设，没有能够及时地建构一整套民主制度，以保持政治体系持续不断地运转。政治统治的合法性在相当程度上仍然来自于长期革命和政治动员时期形成的特殊的领袖魅力。这种领袖魅力保证了民族—国家的迅速建构，但其个人意志的多变性和至高无上性使国家建构处在一个不稳定的状态之中。脆弱的民主政治体制难以节制领袖的能量扩张，结果发生了长达十多年的"文化大革命"。"文化大革命"说明，没有民主—国家的建构，民族—国家也缺乏稳固的基础。正是基于此，"文化大革命"后，邓小平提出了"没有民主就没有社会主义，就没有社会主义的现代化"[①] 的主张，认为"领导制度、组织制度问题更带有根本性、全局性、稳定性和长期性"。[②] 由此提出了政治体制改革和建设社会主义民主政治的任务。然而，由于缺乏对民主的深刻理解，更缺乏民主—国家建构所需要的公民社会基础，使民主—国家建构的过程充满着曲折，民主主义的理想不再具有广泛的号召力。

与民主主义消退相映照的是民族主义的重新复兴。其深刻的背景：一是改革开放以后致力于经济建设，大大提升了国家的实力，中国作为一股不可忽视的力量在世界舞台上崛起，从而大大增强了民族自信心。二是随着科技进步和资本力量的进

---

① 《邓小平文选》第2卷，人民出版社，1994年，第168页。

② 同上书，第333页。

一步扩张，全球化浪潮更加猛烈。中国在开放的世界中与他国的交往愈来愈多，也必然与全球化的强势逻辑发生碰撞。强烈的历史记忆和正在生长但尚不够强大的实力，使人们对于国际碰撞特别敏感。正是这一背景下，人们试图在全球化的交往中寻求自己的国族性，以自立自强于世界之林。

然而，在现代化和全球化的当今世界里，什么是中国的国族性，怎样才能区别于“我者”（我国）与“他者”（他国）呢？为此，出现了对中华文化的不断追寻和回溯，只有向中华文化的回归才能确立国族性，识别“我者”与“他者”。在全球化进程中，国族性的建构除了政治整合以外，在相当程度上依靠历史记忆和“对祖先的崇拜”，甚至为此“重构历史”和“发明传统”。① 愈是政治整合无法满足国族建构的需要，文化整合就愈强烈。曾经作为中国国学的“儒学”因此得以复兴。“儒学复兴”如果仅限于文化领域，对于民族—国家的建构还有一定意义。但是问题在于，当今的“儒学复兴”者恰恰要超越“新儒学”的文化整合的限度而具有强烈的政治指向，其目的是使国家回归于儒学政治。②

在当今现代化、全球化浪潮中，我们不说是否能够回归于传统国家，就是能够回归又有何意义呢？儒学复兴者的假设，就是当今世界的所有人都已陷入黑暗的迷惘之中，唯独在古老的传统中有一束光芒在那里孤独的笑傲人间。只要向那里奔去，世界从此就会一劳永逸的大同和清明。然而，这一假设却是虚幻的。如果说儒学政治能够带来一片清明，为何以儒学政治为根基的传统中国却充满着“官逼民反，不得不反”的霸道和残暴的循环呢？为何人口众多却越来越难以抵御少数民族的侵犯，甚至时时有亡国灭种之忧呢？为何强大的帝国在西方文明的挑战下不堪一击呢？可见，回归传统国家并不具有政治的合理性。特别是为了建构国族而“重构历史”和“发明传统”的取向，只能将人们引向那从未存在、在当今更无可能的“虚幻世界”。“祖先崇拜”只能识别“本我”，但没有一个处于世界体系之中的现代国家的支撑，这种“本我”的认同只不过是一个难以持续的梦想。

对于处在现代化全球化浪潮中的当今中国来说，更主要的任务仍然是建构，是建构一个民族—国家与民主—国家相对均衡的现代国家。通过民族—国家的建构为每个国民的自由发展提供组织平台，通过民主—国家建设为每个公民的平等发展提供制度保障，由此达致每个国民对国族的高度认同和忠诚，并不断提升国家的能力。换言之，通过增进社会福祉和保障公民权利而获得政治认同的意义要远远大于回归

① 20世纪90年代以来，大量美化帝王，甚至渴求历史上强大的帝王“再活500年”的影视作品的出现，正是这一思潮的集中反映。

② 蒋庆：《王道政治是当今中国政治的发展方向》，“世纪中国网”2004年6月29日“学人文集”。

历史传统和伦理关系的文化认同。舍此，别无他途。除非，你想置于现代化全球化的当今世界之外！

而在当今中国，现代国家的建构尚是一个漫长过程，为此，中共十六大报告将政治建设作为一项重要任务而提出。当然，儒学政治的兴起对于政治学界的最重要意义，就在于它提醒我们，在政治学的视野之中，不能没有“国家”！我们不能在一味地“发现社会”之中而遗忘了“国家”。

发表于2006年第4期

参考文献：

[1] 陈嘉明等：《现代性与后现代性》，人民出版社，2001年。

[2] [德] 斐迪南·滕尼斯：《共同体与社会》，商务印书馆，1999年。

[3] 俞可平等：《全球化与国家主权》，社会科学文献出版社，2004年。

[4] [美] 伊曼纽尔·沃勒斯坦：《现代世界体系——十六世纪的资本主义农业与欧洲世界经济体的起源》，高等教育出版社，2000年。

[5] 宁骚：《民族与国家——民族关系与民族政策的国际比较》，北京大学出版社，1995年。

[6] 中国社会科学院民族学与人类学研究所：《族际政治与现代民族国家》，社会科学文献出版社，2004年。

[7] 杨心宇：《现代国家的宪政理论研究》，上海三联书店，2004年。

国民幸福指数指标体系的构建

黎　昕　赖扬恩　谭　敏*

国民幸福指数是关于人民群众幸福感测量与评估的综合指标体系，它是衡量社会进步发展、监测社会良性运转的评估体系，同时也可以作为社会政策调整的主要依据。2006 年 4 月，时任国家主席胡锦涛在美国耶鲁大学发表演讲，阐述了中国政府坚持“以人为本”的思想，表示要“关注人的生活质量、发展潜能和幸福指数”，“使 13 亿中国人民过上幸福生活”。① 这是我国领导人首次向全世界宣布中国政府重视和关注国民幸福指数。共产党的最根本宗旨，就是为人民谋幸福。人民幸福是科学发展的目的、动力和检验标准，人民幸福是科学发展观的出发点和落脚点。构建幸福指数指标体系是一项复杂的系统工程，政策性强，涉及面广。整个指标体系不仅应反映物质生活方面的情况，而且还涵盖社会建设、政治建设、文化建设和生态建设等领域，体现广大人民群众对于物质丰裕、精神充实、政治清明、社会和谐、生态舒适等幸福感的迫切需要。科学构建国民幸福指数指标体系，发挥幸福指数对实践科学发展的引领作用，对于纠正“唯 GDP”发展倾向，落实“发展旨在提高人民幸福水平”的正确政绩观具有十分重要的现实意义。

一、国民幸福指数指标体系构建的原则

1. 以人为本的原则。“以人为本”是科学发展观的核心，人民幸福是科学发展的目的、动力和检验标准。构建国民幸福指数指标体系，必须始终坚持“以人为本”的指导原则，强调在经济发展基础上实现社会全面进步，多干群众急需的事，确实提高城乡居民幸福水平。构建国民幸福指数指标体系，应着力体现在关注幸福指数与提升幸福指数的有效结合，体现在把关注幸福指数的热情转化为执政为民的具体

---

* 黎昕，福建社会科学院副院长、研究员；赖扬恩，福建社会学科院社会学研究所副研究员；谭敏，福建社会科学院社会学研究所博士。

① 邢平均：《关于提升国民幸福指数的若干思考》，《科学对社会的影响》2007 年第 2 期。

行动。

2. 以科学发展为基础的原则。幸福必须以经济实力为基础。发展才是根本，发展才是解决农民增收困难、就业总量压力与结构性矛盾并存、收入分配差距拉大、城乡区域发展不协调等一系列问题的根本途径。当前不抢抓机遇促发展，不科学发展，就很难提升人民群众幸福指数。必须坚持在发展中提升人民群众幸福指数，努力实现好、维护好、发展好最广大人民的根本利益，让人民群众得到实惠、共同富裕、享受幸福。国民幸福指数指标体系的构建必须综合反映经济社会发展实际情况，反映广大人民群众的迫切需要，决不能使用忽视经济发展客观现实、过于强调主观感受的指标体系。

3. 全面性原则。国民幸福指数指标体系的构建应充分考虑借鉴国际通行标准、立足我国经济社会发展阶段性新特征、体现地方特色等综合因素，力求做到内容与结构的两个全面。内容的全面是指构建指标体系要尽可能涵盖与幸福感有关的因素，大致可归纳为经济状况、健康状况、家庭状况、职业状况、社会状况、环境条件等六大方面。结构的全面是指构建指标体系要注意层次性要求，注意地区与整体之间、不同地区之间、同一地区不同层次之间的区别与联系，确保对人民群众幸福水平发展全过程及效果作全方位的、多角度的、综合性的评估。此外，全面性原则还体现在指标体系的构建既要有客观指标，又要有主观指标。通过引入一些必要的主观指标，让人民群众对一些难以用客观指标测度的指标进行定性评价，通过客观反映与主观感受的比较，真实测评人民群众幸福水平发展程度。

4. 可操作性原则。国民幸福指数指标体系的构建是否科学、是否合理都必须通过具体实践来检验。这就要求在构建指标体系时，必须充分考虑指标的可获取性与可考核性，应综合考虑指标的资料来源、指标的认同程度、指标的测评方法、指标的测评环境等因素。选取的指标通过一定的统计手段可以建立，能通过利用已有信息资源，从现行统计报表以及相关统计部门获取数据资料，或运用已有的数据资料加以间接计算可以得到。指标应尽量简单明了，要选取关键变量，变量不宜过多，便于理解、易于操作。要用有代表性的、尽量少的指标反映尽量多的内容，既便于收集和计算分析，又可节约人力、物力和财力。

5. 可比较性原则。国民幸福指数指标体系的可比性原则表现在纵向的可比性与横向的可比性。纵向的可比性方面，必须能动态地反映国民幸福水平发展进程的历史基础、建设现状和发展趋势。横向的可比性方面，指标体系的构建可以衡量和评估不同区域人民群众幸福水平发展程度的差异性。

二、国民幸福指数指标体系的架构

按照上述原则，参照国内外主要区域幸福指数指标体系的构建，我们认为应基于人民群众经济状况、健康状况、家庭状况、职业状况、社会状况以及环境条件等六大方面来构筑幸福指数指标体系，具体从中遴选出 44 个指标，力求科学、客观、准确地反映人民群众幸福感。

1. 经济状况指标：主要反映影响人民群众幸福感的地区富裕程度、居民收入情况、居民消费情况、居民收入差距情况等，包括人均 GDP、城镇居民人均可支配收入、农民人均纯收入、居民消费价格指数（CPI）、房价收入比、城乡居民收入比等 6 个指标；引入一项主观性指标，即“收入状况满意度”调查指标。

“人均 GDP（元）”指一个国家或地区核算期内（通常是一年）实现的国内生产总值与这个国家或地区的常住人口（目前使用户籍人口）比值。指标用于衡量地区经济发展的人均水平，反映人民群众物质生活水平的内在要求。

“城镇居民人均可支配收入（元）”指城镇居民家庭在支付个人所得税、财产税及其他经常性转移支出后所余下的人均实际收入。指标用于测量地区城镇居民人均收入情况，反映城镇居民生活水平的变化。

“农民人均纯收入（元）”指农民人均各种收入（包括实物按市价折算）之和扣除各项生产性支出后的收入。指标用于衡量地区农民人均收入情况，反映农民生活水平的变化。

“城乡居民收入比”是指城镇居民可支配收入与农民人均纯收入之比。指标用于衡量城乡居民收入的协调发展状况，是全面建设小康社会的监测指标。

“居民消费价格指数（CPI）”指一定时期内城乡居民所购买的生活消费品价格和服务项目价格变动趋势和程度的相对数，是对城市居民消费价格指数和农村居民消费价格指数进行综合汇总计算的结果。指标用于反映与居民生活有关的产品及劳务价格统计出来的物价变动情况，通常作为观察通货膨胀水平的重要指标。

“房价收入比”是指住房价格与城市居民家庭年收入之比。指标用于描述城市家庭收入与房价之间的关系，通过年度比较，衡量城市居民购买住宅的支付能力。

2. 健康状况指标：主要反映影响人民群众幸福感的生理健康情况、心理健康情况、社会健康情况等，包括人均预期寿命、传染病报告发病率、精神障碍发病率、食品抽检合格率、每千人口卫生技术人员数等 5 个指标；引入一项主观性指标，即“健康状况满意度”调查指标。

“人均预期寿命（岁）”指 0 岁时的预期寿命，反映新出生人口平均预期可存活的年数。指标用于衡量社会经济发展水平及医疗卫生服务水平，是反映人口健康状况的一个重要指标。

“传染病报告发病率”指某年某地区每10万人口中甲、乙类法定报告传染病发病数。指标用于描述一定时期内地区传染病的发病状况，是衡量地区传染病疫情稳定状况和居民健康水平的重要指标。

“精神障碍发病率”指在一定期间内，一定人群中精神障碍疾病病例出现的频率。指标用于描述一定时期内地区精神障碍的发病状况，是衡量地区居民精神卫生水平的重要指标，一定程度也反映了地区居民的心理健康状况。

“每千人口卫技人员数”指地区卫生技术人员总数与千人口数的比值。指标用于衡量地区每千人口拥有的卫生技术人员数量，反映地区卫生技术人员健康服务水平的变化。

“食品抽检合格率（%）”指重点食品安全项目的检测抽查的综合合格率，即食品抽验合格数占总监督抽样数的百分比。指标用于反映地区市场上食品质量和安全的总体状况。

3. 家庭状况指标：主要反映影响人民群众幸福感的家庭稳定状况、家庭经济富裕程度、家庭负担状况、家庭居住状况等，包括粗离婚率、城镇居民恩格尔系数、农村居民恩格尔系数、城镇人均住宅建筑面积、城镇家庭负担比、农村家庭负担比等6个指标；引入一项主观性指标，即“家庭满意度”调查指标。

“城镇人均住宅建筑面积（平方米）”是指按城镇居住人口计算的平均每人拥有的住宅建筑面积。指标用于衡量城镇居民住房水平，反映居民居住条件的变动状况。

“城镇居民恩格尔系数（%）”指城镇居民食品支出总额占个人消费支出总额的比重。指标用于衡量城镇家庭经济富裕程度，反映城镇居民生活水平的变动。

“农村居民恩格尔系数（%）”指农村居民食品支出总额占个人消费支出总额的比重。指标用于衡量农村家庭经济富裕程度，反映农村居民生活水平的变动。

“城镇家庭负担比”是指城镇家庭平均每一就业者负担的人数，即城镇平均每户家庭人口与平均每户就业人口之比。指标用于衡量城镇家庭就业人口的负担状况。

“农村家庭负担比”指农村家庭平均每一劳动力负担的人数，即农村平均每户家庭人口与平均每户劳动力人口之比。指标用于衡量农村家庭劳动力人口的负担状况。

“粗离婚率（‰）”指当年离婚对数占年平均人口的比重。指标用于反映某时期婚姻解体状况，也是评估婚姻和谐程度与家庭离散趋势的重要依据。

4. 职业状况指标：主要反映影响人民群众幸福感的就业状况、职业收入状况、职业安全状况、劳动关系和谐状况等，包括城镇登记失业率、行业收入比、每万人受理劳动争议案件数、职业病发病率、亿元 GDP 生产安全事故死亡率等 5 个指标；引入一项主观性指标，即“职业满意度”调查指标。

“城镇登记失业率（%）”指城镇登记失业人员与城镇单位从业人员、城镇单位中的不在岗职工、城镇私营业主、个体户主、城镇私营企业和个体从业人员、城镇登记失业人员之和的比。指标用于衡量城镇居民失业状况，反映宏观经济运行和社会就业形势的变化情况。

“行业人均收入比”指一定时期内，人均职工工资最高行业与最低行业的工资比率。指标用于反映地区行业职工工资收入的差距状况。

“每万人受理劳动争议案件数（件）”指每万人口中，劳动争议仲裁委员会根据国家有关规定，对劳动争议当事人的申请予以审查，符合受理条件而正式立案、准备处理的劳动争议案件数。指标用于反映劳动人事争议纠纷的发生率，衡量劳动者与用人单位之间的矛盾争议状况。

“职业病发病率（‰）”指每千名作业职工中，新发现患有某种职业病的病例数。指标用于反映一定时期内职业病的发病状况，衡量各种职业对职工健康的损害情况，也反映了劳动保护工作的质量好坏。

“亿元 GDP 生产安全事故死亡率（%）”指每生产出 1 亿元 GDP 过程中，因生产安全事故导致死亡的人数。指标用于反映生产经营单位安全生产状况、从业人员的职业安全状况以及社会安全状况。

5. 社会状况指标：主要反映影响人民群众幸福感的个人与外界交往情况、社会安全情况、社会事业发展情况、政府治理情况等，包括 15 岁以上人口平均受教育年限、科教文卫体经费投入占财政支出的比例、全口径社会保障支出占 GDP 的比例、社会保障性住房占本区住宅总量的比例、万人刑事案件立案数、民事纠纷调解成功率、城市人均道路面积、无障碍设施率、建制村客运班线通达率 9 个指标；引入一项主观性指标，即“基本公共服务满意度”调查指标。

“15 岁以上人口平均受教育年限（年）”指 15 岁以上人口平均接受教育的时间。指标用于反映地区人口的文化教育程度，衡量地区教育事业发展的水平。

“科教文卫体经费投入占财政支出的比例（%）”指一定时期内，用于科学、教育、文化、卫生、体育等基本公共服务的经费投入占政府财政支出的比例。指标用于反映地区科教文卫体事业的投入发展状况，衡量基本公共服务水平的变化情况。

“全口径社会保障支出占 GDP 的比例（%）”指通过税收、收费、单位和个人缴费、彩票公益金、接受捐赠等方式筹集资金，用于就业和社会保障方面的支出占 GDP 的比重。指标用于衡量地区社会保障发展的总体水平，反映社会保障水平的变化情况。

“保障性住房占地区住宅总量的比例（%）”指经济适用房、公共租赁房、廉租房等具有保障性质的住宅占地区住宅总量的比例。指标用于衡量地区人民住房保障的总体水平，反映保障性住宅服务居民能力的变动。

“无障碍设施率（%）”指地区新建的公共建筑、道路车站、文教医疗、园林广场等公共设施中，拥有达标无障碍设施的公共设施所占百分比及既有公共设施无障碍改造所占百分比。指标用于衡量地区无障碍设施建设情况，反映人性化设施建设的要求。

“城镇人均道路面积（平方米）”指按城镇人口计算平均每人拥有的道路面积。指标用于反映城镇交通建设的总体状况，是衡量居民出行条件的重要指标。

“建制村客运班线通达率（%）”指当年开通客运班线的建制村数量占地区建制村总数的百分率。指标用于反映农村交通建设状况，是衡量农村居民出行条件的重要指标。

“每万人口刑事案件立案数（件）”指地区每万人口中年内发生并达到公安等司法部门规定的立案标准的刑事案件数，其中刑事案件是指需依法追究刑事责任并由公安等司法机关立案处理的案件。指标用于反映地区刑事案件的发案状况，是反映某一地方社会治安状况、人民群众社会生活安全感的重要指标。

“民事纠纷调解成功率（%）”指人民调解组织调解成功的民事纠纷件数与其调解的民事纠纷件数之比。指标用于反映基层调解组织的民事纠纷调解能力，也是反映人民群众的安全感的指标。

6. 环境条件指标：主要反映影响人民群众幸福感的生态建设情况、环境污染和治理情况等，包括森林覆盖率、单位 GDP 能耗、城镇生活污水集中处理率、空气 API 指数达到二级天数占全年的比例、城镇生活垃圾无害化处理率、区域道路交通噪声达标率、人均公园绿地面积等 7 个指标；引入一项主观性指标，即“生态环境满意度”调查指标。

“森林覆盖率（%）”指一个国家或地区森林面积占土地面积的百分比。指标用于反映地区森林面积占有情况或森林资源丰富程度及实现绿化程度。

“单位 GDP 能耗（吨标准煤/万元）”指每产出万元国内生产总值所消耗的能源。指标用于衡量地区能源的使用效率与资源“减量化”使用水平，反映资源利用率的变动。

“人均公园绿地面积（平方米）”指地区平均每人拥有的公园绿地面积，主要指向公众开放的以游憩为主要功能，有一定的游憩设施和服务设施，同时兼有健全生态、美化景观、防灾减灾等综合作用的绿化用地等。指标用于衡量地区公园绿地保护与建设的情况，反映城乡居民享有的公园绿化设施条件。

“空气 API 指数达到二级天数占全年比例（%）”指 API 指数介于 51 到 100 的天数占全年比例，API 是一种我国现行普遍采用的反映和评价空气质量的评价方法。指标用于衡量地区空气质量状况和空气污染程度。

“城镇污水集中处理率（%）”指地区通过污水处理厂处理的污水量与污水排放总量的比率。指标用于衡量地区城镇污水达标处理的程度。

“城镇生活垃圾无害化处理率（%）”指城镇生活垃圾无害化处理量与生活垃圾产生量之间的比值。指标用于衡量城镇生活垃圾无害化处理的程度。

“区域道路交通噪声达标率（%）”指区域内机动车辆、飞机、火车和轮船等交通工具在运行时发出的噪声达标情况，国家《声环境质量标准》（GB3096—2008）4a 类区标准有具体的规定。指标用于衡量区域道路交通噪声污染情况。

三、国民幸福指数指标体系的测度

测度幸福指数应根据各大类指标对幸福感的影响程度来确定其重要性，并以此赋予其不同的权重，再依据各大类指标数值和相应权重综合测算。以上六大类指标对幸福感的影响程度从大到小依次为：经济状况、健康状况、家庭状况、职业状况、社会状况和环境条件。根据影响程度进一步赋予相应的权重：经济状况、健康状况应视为首要部分，所占权重应最大；家庭状况、职业状况应作为中间部分的权重考虑；社会状况、环境条件应作为次要部分的权重考虑。国民幸福指数指标体系的权重及评分标准可参见表 1。

1. 关于二级指标权重的确定。权重值的确定直接影响综合评估的结果，权重值的变动可能引起被评估对象优劣顺序的改变。所以，合理地确定各指标的权重，是综合评估能否成功的关键问题。国民幸福指数二级指标可采用 Delphi 法（德尔菲法，也就是专家调查法）确定各级指标的权重，各个专家通过 Likert 五分量表的形式，对各级指标按重要程度（很重要、较重要、一般、较不重要、很不重要）依次给以 5 到 1 的分值，最后按照统计学的相关方法确定各级指标的权重系数。六大类各个部分的二级指标按满分 100 计算，具体情况参见表 1。

2. 关于一级指标权重的确定。根据一般的均等赋权原理，赋予中间部分为均权即 33%；而在剩下 67%的权重中，考虑到由经济状况、健康状况所构成的首要部分对幸福感影响重大，而由社会状况、环境条件所构成的次要部分对幸福感的影响程度相对较低，因此可把三大部分的权重设定为等差递减 10%左右，次要部分的权重比中间部分33%小10%即为23%，首要部分的权重比中间部分33%大11%即为44%。在首要部分44%的权重中，经济状况的权重大于健康状况的权重，且这两类指标的权重都必须大于均值17%（由100%除以6得到），再考虑到计算和划分的简便性，可确定经济状况的权重为24%，健康状况的权重为20%。在中间部分33%的权重中，家庭状况、职业状况两大指标对幸福感的影响差距不大，因而确定家庭状况的权重为17%，职业状况的权重为16%，基本处于均权（17%）水平。在次要部分23%的权重中，社会状况、环境条件对幸福感的影响力低于六大类指标的平均水平，其权重相应地低于17%，且这两大类指标对幸福感的影响程度也不悬殊，确定社会状况的权重为13%，环境条件的权重为10%。[①] 总之，六大类指标相应的权重是：经济状况24%，健康状况20%，家庭状况17%，职业状况16%，社会状况13%，环境条件10%。

3. 关于主观性指标及其测量。收入状况满意度、健康状况满意度、家庭满意度、职业满意度、基本公共服务满意度、生态环境满意度等六项主观性指标，应委托专业性社会调查机构进行评估，采用抽样调查方式获取数据，通过随机抽取一定数量、有代表性的群体进行问卷调查；调查问卷采用Likert五分量表的形式，按满意度的强弱程度分成五个等级："非常满意""满意""普通""不满意""非常不满意"，要求调查对象根据自身感受进行评分，指标评分标准详见表1。

4. 客观性指标的评分标准。有关职能部门通过指标分解，结合国家以及各地区"十二五"规划、《国家全面建设小康社会（2020年）标准》和国际通用标准等方面的内容与精神，通过理论测算或直接运用来确定各二级指标的可实现目标值，各二级指标的评分按照该指标在目标值上的完成度计算，在二级指标基础上依次计算出各自对应的一级指标得分。

表1 国民幸福指数指标体系架构及评分标准

一级指标	二级指标		二级指标权重	二级指标类别	评分标准
经济状况指标（0.24）	1	人均GDP	25	正向	实际值/目标值·权重
	2	城镇居民人均可支配收入	15	正向	实际值/目标值·权重
	3	农民人均纯收入	15	正向	实际值/目标值·权重
	4	城乡居民收入比	10	优化	达到目标值得满分，高于目标值扣分，最低0分。

① 沈妍：《在发展中提升幸福指数》，《新湘评论》2007年第4期。

续表

一级指标	二级指标		二级指标权重	二级指标类别	评分标准
经济状况指标（0.24）	5	居民消费价格指数（CPI）	10	优化	达到目标值得满分，高于目标值扣分，最低0分。
	6	房价收入比	10	优化	达到目标值得满分，高于目标值扣分，最低0分。
	7	收入状况满意度（主观性）	15	正向	按抽样调查方法抽取一定数量样本进行人民群众满意度测定，求其均分（非常满意100，满意80，普遍60，不满意40，非常不满意20）
健康状况指标（0.20）	1	人均预期寿命	25	正向	实际值/目标值·权重
	2	传染病报告发病率	15	负向	达到目标值得满分，高于目标值扣分，最低0分。
	3	精神障碍发病率	10	负向	达到目标值得满分，高于目标值扣分，最低0分。
	4	食品抽检合格率	20	正向	实际值/目标值·权重
	5	每千人口卫生技术人员数	15	正向	实际值/目标值·权重
	6	健康状况满意度（主观性）	15	正向	按抽样调查方法抽取一定数量样本进行人民群众满意度测定，求其均分（非常满意100，满意80，普遍60，不满意40，非常不满意20）
家庭状况指标（0.17）	1	城镇人均住宅建筑面积	15	正向	实际值/目标值·权重
	2	城镇居民恩格尔系数	15	负向	达到目标值得满分，高于目标值扣分，最低0分。
	3	农村居民恩格尔系数	15	负向	达到目标值得满分，高于目标值扣分，最低0分。
	4	城镇家庭负担比	10	负向	达到目标值得满分，高于目标值扣分，最低0分。
	5	农村家庭负担比	10	负向	达到目标值得满分，高于目标值扣分，最低0分。
	6	粗离婚率	15	负向	达到目标值得满分，高于目标值扣分，最低0分。
	7	家庭满意度（主观性）	20	正向	按抽样调查方法抽取一定数量标本进行人民群众满意度测定，求其均分（非常满意100，满意80，普遍60，不满意40，非常不满意20）

续表

一级指标	二级指标		二级指标权重	二级指标类别	评分标准
职业状况指标（0.16）	1	城镇登记失业率	25	负向	达到目标值得满分，高于目标值扣分，最低0分。
	2	行业收入比	15	优化	达到目标值得满分，高于目标值扣分，最低0分。
	3	每万人受理劳动争议案件数	10	负向	达到目标值得满分，高于目标值扣分，最低0分。
	4	职业病发病率	15	负向	达到目标值得满分，高于目标值扣分，最低0分。
	5	亿元GDP生产安全事故死亡率	15	负向	达到目标值得满分，每高0.1扣5分，最低0分。
	6	职业满意度（主观性）	20	正向	按抽样调查方法抽取一定数量样本进行人民群众满意度测定，求其均分（非常满意100，满意80，普遍60，不满意40，非常不满意20）
社会状况指标（0.13）	1	15岁以上人口平均受教育年限	15	正向	实际值/目标值·权重
	2	科教文卫体经费投入占财政支出的比例	15	正向	实际值/目标值·权重
	3	全口径社会保障支出占GDP的比例	15	正向	实际值/目标值·权重
	4	社会保障性住房占本区住宅总量的比例	10	正向	实际值/目标值·权重
	5	万人刑事案件立案数	7	负向	达到目标值得满分，高于目标值扣分，最低0分。
	6	民事纠纷调解成功率	7	正向	实际值/目标值·权重
	7	城市人均道路面积	7	正向	实际值/目标值·权重
	8	无障碍设施率	7	正向	实际值/目标值·权重

续表

一级指标		二级指标	二级指标权重	二级指标类别	评分标准
社会状况指标（0.13）	9	建制村客运班线通达率	7	正向	实际值/目标值·权重
	10	基本公共服务满意度（主观性）	10	正向	按抽样调查方法抽取一定数量样本进行人民群众满意度测定，求其均分（非常满意100，满意80，普遍60，不满意40，非常不满意20）
环境条件指标（0.10）	1	森林覆盖率	15	正向	实际值/目标值·权重
	2	单位GDP能耗	15	负向	每万元GDP消耗煤量小于目标值得满分，每超过0.1吨扣分，最低得0分。
	3	人均公园绿地面积	15	正向	实际值/目标值·权重
	4	城镇生活污水集中处理率	10	正向	实际值/目标值·权重
	5	空气API指数达到二级天数占全年的比例	10	正向	实际值/目标值·权重
	6	城镇生活垃圾无害化处理率	10	正向	实际值/目标值·权重
	7	区域道路交通噪声达标率	10	正向	实际值/目标值·权重
	8	生态环境满意度（主观性）	15	正向	按抽样调查方法抽取一定数量样本进行人民群众满意度测定，求其均分（非常满意100，满意80，普遍60，不满意40，非常不满意20）

总之，新时期应以发展民生经济带动内需增长、加强社会事业建设、推进生态环境建设、注重社会善治、把幸福指数评估体系纳入领导干部政绩考核重要范畴等方面入手，不断提高人民群众幸福感和满意度。

发表于2011年第5期

中国公民意识的本土特质

傅慧芳*

马克思曾指出："一切划时代的体系的真正内容都是由于产生这些体系的那个时期需要而形成起来的，所有这些体系都是以本国的历史形成及其政治的、道德的、哲学的以及其他的后果为基础的。"① 公民意识体系同样根植于本土的整个文化历史、社会政治、道德哲学等基础，在不同的民族国家中，公民意识的衍生发展、内在实质、追求价值、表现形态等方面有着很大的差异，在滋养该国公民的精神、形塑其行为习惯、传承其群体认同、维护其共同体稳定中所发挥的实践功能也极不相同。

一、中国的公民意识形成的特殊历史文化预制

（一）特殊的演进逻辑

西方公民意识的形成是一个原生态的、内在的自发过程，而中国公民意识属于典型的诱发或被迫的"后发外生型"，它是在市场经济不发达、臣民文化根深蒂固、国内国际局势内忧外患的背景下发生的社会思潮激变，自始就肩负着救国救民、建立独立自强的现代民族国家的重担，发展的过程更是一波三折。19 世纪末 20 世纪初，康有为、梁启超、严复等改良派在广大民众中倡言自由平等，传播和阐述"民权"思想，探索和思考"权利与义务"问题，试图以"君主立宪制"为主线，通过变法维新救民族于危亡，扶社稷大厦于将倾。如梁启超就曾以平等、权利和义务为主要表征，将"国民"阐释为："国民者，以国为人民公产之称也。国者积民而成，舍民之外则无有国。以一国之民，治一国之事，定一国之法，谋一国之利，捍一国之患，其民不可得而侮，其国不可得而亡，是之谓国民。"② 他对"权利、义务"的

* 傅慧芳，马克思主义基本原理专业博士，福建师范大学公共管理学院副教授。

① 《马克思恩格斯全集》第 3 卷，人民出版社，1960 年，第 554 页。

② 梁启超：《论近世国民竞争之大势及中国前途》，载《饮冰室合集・文集之四》，中华书局，1989 年。

认识已然浸润着西方天赋人权和法制权利思想，“义务与权利，对待者也。人人生而有应得之权利，即人人生而有应尽之义务，二者其量适相均”；“有权利思想者，必以争立法权为第一要义”；[①]“凡人所以为人者有二大要件：一曰生命，二曰权利，二者缺一，时乃非人”。[②] 先进的有识之士对这些概念、论题的演绎与传播，意味着一种崭新的公民观念已经冲破了传统臣民意识的藩篱，对近代公民意识的觉醒起了先导作用。但是其中的思想体系，抑或是内容形式都是不完整、充满局限的。中华民国时期，公民身份、公民权利与义务作为法律制度被肯定下来。[③] 1912 年颁布的《中国民国临时约法》，在总纲中明确了国家主权的国民归属，第二章关于国民的选举、参政、居住、言论、出版、集会、信教等权利条款达七条，另还附有依法纳税和服兵役的两条义务性条款，第一次从宪法的高度否定了传统的臣民身份和臣民观念，肯定了公民的地位和权利。自此之后的法律制度，如《中华民国宪法》(1923)、《中华民国训政时期约法》(1931)、《中华民国宪法》(1946) 等，均以“国民”概念替代了封建典章制度的“臣民”称谓，[④] 然而，法规政令中称谓的改变并不意味着现实中民主政治确立和国民意识发展的必然。由于近代中国绵延不断的战火，“守旧之武人及学者”等反动势力的阻碍，“且宪法上之自由权利，人民将视为不足重轻之物，而不以生命维护之”，[⑤] 公民意识的生根和繁茂在当时并没有实现的基础和可能。“五四”新文化运动把批判的矛头指向传统文化，高擎“民主”与“科学”的大旗，以期通过真正的“国民的运动”，实现全社会观念的普遍更新，可是十年之后，鲁迅仍在疾呼：“此后最要紧的是改革国民性，否则，无论是专制，是共和，是什么什么，招牌虽换，货色照旧，全不行的。”[⑥] 可见，在遭受了几千年封建专制制度的摧残，饱受帝国列强蹂躏，承载着历史、政治和文化风俗重负的旧中国，不经过彻底的革命，要培养出具有公民意识的新国民，并由此来改变国家和民族的命运，乃是一个复杂、沉重而无法实现的课题。

中华人民共和国成立后，虽然国体性质和政体形式发生了根本性的变化，广大人民在实质上成为国家主权的归属者，但是意识的发展具有其自身的独立性，直至改革开放之前，我国公民意识的发展并不顺畅。1949 年具有临时宪法性质的《中国

---

① 梁启超：《新民说》，载《饮冰室合集·文集之四》。

② 王忍之：《辛亥革命前十年间时论选集》(第一卷上)，三联书店，1960 年，第 10 页。

③ 张昌林：《共和主义公民身份研究》，山东大学 2010 年博士学位论文，第 178 页。

④ 姜士林等：《宪法学全书》，当代世界出版社，1997 年，第 27—28 页。

⑤ 陈独秀：《吾人最后之觉悟》，《青年杂志》1916 年第 1 卷第 6 号。

⑥ 鲁迅：《鲁迅全集》第 11 卷，人民文学出版社，1981 年，第 31 页。

人民政治协商会议共同纲领》颁布，其中交替使用“人民”和“国民”概念，“人民”作为整体性概念并与权利紧密相连（“人民”是权利的主体），“国民”则作为个体性概念与义务相接，[1] 但甚为缺憾的是“公民”概念并未在字里行间中显现。1953年《中华人民共和国全国人民代表大会及地方各级人民代表大会选举法》颁布实施，自此，我国的法律文件开始统一采用“公民”的称谓。1954年《宪法》的颁布是中国公民意识在制度上成长的一个里程碑，其中专章设立了公民的基本权利和义务，但由于当时特殊的历史环境，人治思想泛滥，公民权利实际并没有获得保障。中国公民意识的发展获得突破和飞跃得益于改革开放，市场经济的繁荣发展、政治民主的稳步推进、公民社会的逐渐发育为公民意识的发展提供了崭新的契机和坚实的基础。1982年的《宪法》在制度形式上明确了我国公民的普遍性、权利义务的平等性，将国籍作为区分公民与否的唯一标准；在内容上进一步完善和细化关于“公民的基本权利和义务”的规定；在结构体系上，“公民的基本权利和义务”被置于“国家机构”之前，很好地体现了人民主权原则和公民的主体地位。此后，我国的宪法又经过了修改和完善，但从公民权利内容、保障体系、实现途径的设定等方面来看仍然存在一些不足，如没有关于公民居住和迁徙自由的条款；城乡公民在经济、政治、文化、社会等主体性权利之间仍然存在较大差异。不仅如此，我国尚处在社会主义初级阶段，商品经济不发达、民主政治没有充分实现、社会的组织形式未经充分分化、一些封建残余观念还得不到根本改造，以上种种因素的存在都会阻滞我国公民意识的进一步发展。一言以蔽之，中国公民意识的发展起步晚，发展的过程、演进的顺序并未遵循西方公民意识发展的规律和特点，因而用西方流行的“话语范式”是无从解释的。

正如马克思主义经典作家在论及人类由原始社会进入文明社会的历史进程时，认为东西方曾经走了“亚细亚的古代”和“古典的古代”两条不同的道路，“古典的古代”是从氏族到私产再到国家，国家替代了家族的进程；“亚细亚的古代”则是由氏族社会直接进入到国家，国家与家族相混合的过程。[2] 与此相一致，中国和西方在公民意识上也经历着各自不同的发展路径。在西方，人们的思想意识沿着“子民意识—市民意识—公民意识”的线路发展；而在中国，人们的意识发展线路则表现为“子民意识—公民意识”。具体地说，西方公民意识的诞生是经过几百年“私产”的孕育，历经西方漫长的科技革命、工业革命和政治革命，伴随着工业文明、商品社

---

① 顾成敏：《公民社会与公民教育》，知识产权出版社，2008年，第170页。

② 侯外庐：《中国思想通史》第1卷，人民出版社，1957年，第6—12页。

会及资本主义的兴起，才逐渐破茧而出的。它的相对成熟和长足发展是以占据强大的政治经济特权的资产阶级为主导前提，以雄厚的资本、科技的发展、完备的市场为经济基础，以市民社会的完整发育、国家与社会的相对独立和分离为现实支撑的，公民有着参与公共生活以谋取经济利益的经验和传统，独立主体意识、个体权利意识、契约规则意识、民主法治观念也有较广泛深厚的自主发育空间，西方公民意识知识、思想和信仰体系发展的基础背景、文化传统及现实资源先天饱满、后天充盈。但是中国的情形却截然不同，中国进入文明社会的方式是由家族到国家，国家的组织形式与血缘氏族制长期交融，个体与国家的关系混杂在个体与家族、家族与国家的关系之间，个体活动的私域与公域界限不清，公私观念不明。只有当无产阶级经过长期的革命斗争，颠覆了封建君主专制政权，完成了对私有制的社会主义改造，此后又经历了“国家一揽子统筹”的计划经济向市场经济的转变，公民意识的雏形才初露端倪。它的发展是在缺乏发达完善的市场经济体系，也没有一个独立的公共领域，公民社会远不成熟的前提下，由中国知识界的精英分子直接介入到公民意识的情境中，探索中国现代性理路的观念设计和意识践行，并展开与西方公民意识培育的交流和对话、对现代性危机的意识反省和观念碰撞，这客观上造成了中国公民意识的“早产性”“抽象性”和基础的“羸弱性”。

（二）特殊的动力机制

美国学者格尔申克隆用于阐明19世纪欧洲工业化类型的观点，对于解释中西方公民意识发展的不同动力机制有一定的启示，他认为，欧洲国家的现代化大多源于个体的经济诉求，而亚非拉国家的现代化大多源于整体的政治诉求。人的思维观念的现代化亦是如此，西方公民意识建立在私有产权明晰的自由市场的基础上，资产阶级的“以个人主义作为通约性的基本原则和价值范式”的公民理想与其经济愿望相互支持，并以契约和规则来维系，推动其发展的动力来自于私人资本的扩张而非国家的政治需求，公民通过公众舆论、社会运动等方式参与公共生活的主要目的也是为了达到经济利益。然而在中国这样一个以道德观和价值理念为支柱的东方国度，国家主权与家族伦理具有同一性，对“群族价值为先”和“关系中的自我”的观念认同，业已成为人们认识个人、国家和社会之间关系的内隐倾向。从清末民初的国民性的培植理想，到20世纪二三十年代中国公民意识的蒙昧，个中缘由都与中国沉重的历史积弊和刻不容缓的内外现实危机息息相关，实质是企盼以国民精神的唤醒和先进公民意识的确立来谋求国家独立与自强的路径，从动机和立场看，主要是基于国家利益的考量、基于民族大义。中国近代史是一部饱受列强凌虐与战火洗劫的血泪史，在百年苦难岁月的历史磨砺和特殊背景下，中国公民意识的培育，常常带有强烈的爱国主义或民族主义情绪，着眼于民族国家在经济领域的持续影响力，实现国家富强、民族昌盛的价值目标凸显，这一状况与西方公民意识的“民主宪政”“尽可能减少国家的干预”“制约权力保障权利”等理念之间存在较大差异。

（三）特殊的路径选择

西方公民文化比较倾向于“分”，公民、社会与政府、国家之间保持一种相对分离和独立的契约关系，以便于维护公民、公民社会的相对自由和理性状态，从而更好地发挥对政府的监控和制约作用。西方公民意识的发生和发展实际上是一个公民抗争与政府赋权相互融合的过程，公民在与国家或政府争权甚至反抗的过程中，国家或政府被迫让渡出一部分权力，公民由此而获得一些权利。因而，公民的抗争与公民社会对国家或政府行为的制约等“自下而上模式”成为西方公民意识发展的主要和适宜的路径。国家在公民意识的培育中更多起到的是引导而非主导的作用，“自上而下模式”只是公民意识建构的辅助路径。这主要归因于西方公民参与公共生活的传统，也得益于公民对自身权利的珍视。早在古希腊、古罗马时期，参与政治就已经成为公民的一种生活方式，古雅典的广场政治、罗马人的库利亚大会、伯利克里在葬礼上的演说等都为西方公民积极参与政治提供了历史的佐证。人们将公民资格、公民权利看作如同生命一样宝贵，西方社会为争取公民身份和资格权利的斗争自古罗马时期就存在，中世纪之后更是风起云涌。这种斗争的实质就是争取自己及其所在的阶级阶层在制度创设中的发言权，从而为争取自己及其所在的阶级阶层的利益而博弈，随着参与的公共活动的广度和深度的提高，公民意识也不断发展成熟起来。

中国传统文化更强调“合”，崇尚个人与国家或政府之间的和平、和谐、和睦，而非相互排斥、相互对立，主张“倾巢之下无完卵”“国强才能民富”，个人应该融入家庭、社会与国家等集体中。对个体而言，中国人的忍耐精神是举世闻名的，只要能够生存就可以“安居乐土”，至于“通过冲突和对抗从制度层面上争取维护自身乃至阶级、阶层的利益”并不是一种遍在的思维方式，更不是一种普遍接受的生活方式。长期以来，治国理政被理所当然地认为是“肉食者谋之”的事情，绝大部分人缺乏参与政治生活的基本条件和知识方法，参与意识淡漠，公民文化始终未能获得有效生长。从国家角度看，在中国的政治发展史上没有城邦国家，不存在平民和贵族力量的制衡，也不具有二权制或三权制特征的氏族权力结构模式，而是基于个人性质权力结构和等级分层的酋邦模式，[①] 国家一经产生就置于社会之上，国家侵吞

① 马长山：《国家市民社会与法治》，商务印书馆，2003 年，第 41 页。

了社会，国家机构服从于唯一的权力中心，个人权利淹没于皇权之下，形成了“普遍奴隶制”，“政治国家成了其他一切方面的制度”[①] 国家在维护社会秩序稳定、组织社会动员、集中资源以及目标实现等方面发挥极大的作用。由此可见，历史文化造就的国民性格，以及国家与公民之间力量的悬殊对比，决定了中国公民意识的产生和发展不可能是公民对抗国家或政府的过程，尽管我国在社会主义制度建立，特别是改革开放后，公民的参与意识、公民社会的力量有所成长，但公民意识的发展从目前情况看，个体自觉的程度还处于较低水平，它的进一步发展主要还是取决于国家或政府“自上而下”的推动：一方面国家或政府从社会自主领域缓慢撤离，向社会和公民转移部分权力，并主动制定相应的制度、法规或政策，以支持和保障公民的权利，为公民社会提供成长空间；另一方面公民在国家或政府的指导与动员下，积极主动地参与公共活动，在有利于公民意识发育的公共空间中运用和发展自身权利，提高参与的能力和水平，在实践中推动公民意识的发展。

二、中国公民意识的内在实质——社会主义性质

公民意识直接体现着公民对国家和社会的基本观点和态度，但它并不是无阶级的或超阶级的，当代中国的公民意识脱型于“公民意识”这一大的理论范畴之下，源出于西方的历史经验及知识传统，但它主要是在有着六十多年发展历史的社会主义国家内形成和发展的，深受社会主义国家这一性质的影响，它的主体内容、价值体系、理论构架也是随着我国现代社会主义理论的产生才逐步显现出来，是社会主义公有制和人民当家做主的社会主义民主政治的本质和核心的反映。公民意识建构的主要目的是为了传递社会的特定价值，教导正确的价值观，培养认同国家的善良公民（good citizenship），“按政体的精神教育公民”，[②] 这种强调公民资质传递（citizenshipt ransmission）的取向一直是各国公民意识培育的最悠久并且占据主流的传统。[③] 由于国家之间的政治制度和社会结构各不相同，历史文化、背景条件迥异，因而需要建构与本国自身经济基础和上层建筑的其他部分相适应的公民意识，以维系国家与社会的稳定和发展。西方公民意识理论是欧美等发达资本主义国家占统治地位的资产阶级，反对封建专制主义和重商主义国家、捍卫个人自由和权利的重要武器，目的是培养符合资本主义经济方式和政治制度要求的公民；而社会主义公民意

① 《马克思恩格斯全集》第1卷，人民出版社，1965年，第85页。

② ［古希腊］亚里士多德：《政治学》，吴寿彭译，商务印书馆，1965年，第275页。

③ Giruox, Henry A. & Purple, P. The Hidden Curriculumand Moral Education [M]. Berkeley: McCutchan, 1983. pp. 321—360.

识的发展目标必须坚定社会主义方向，在广大公民中培育与社会主义基本制度相适应、符合社会主义市场经济和民主政治发展要求的思想观念、意识形态和行为方式，为最终实现人的全面而自由的发展而努力。由此可见，社会主义属性体现了我国公民意识的最大特色，是我国公民意识与西方公民意识的根本区别。

社会主义公民意识这一概念的正式提出最早见诸彭真同志的《关于中华人民共和国宪法修改草案的报告》，《报告》认为，宪法规定的公民的义务具有法律的强制的性质，但更重要的是要求公民提高自己作为国家和社会的主人翁的自觉性，提高自己对国家、社会和其他公民的责任感，按照社会主义、集体主义原则来处理公民个人同国家和社会的关系、同其他公民的关系，建立同社会主义政治制度相适应的权利义务观念和组织纪律观念，养成社会主义的公民意识。随后，在党的十二届六中全会通过的《中共中央关于社会主义精神文明建设指导方针的决议》中，把“增强社会主义公民意识”作为建设精神文明的重要内容和加强民主与法制建设的根本目的之一，突出和强调“要在全体人民中坚持不懈地普及法律常识，增强社会主义的公民意识”，“培养有理想、有道德、有文化、有纪律的社会主义‘四有’公民”。党的十四届五中全会和六中全会以及党的十五大报告，进一步强化了在新形势下坚持这个根本任务和重要目标的要求。江泽民同志在纪念中国共产党成立八十周年的讲话中再次重申：“发展社会主义文化的根本任务，是培养一代又一代有理想、有道德、有文化、有纪律的公民。”随后，《公民道德建设实施纲要》颁布实施，中共中央发出通知要求认真加以贯彻执行。引起学界广泛关注和热烈讨论的是，党在十七大报告将公民意识和社会主义民主法治、自由平等、公平正义理念的培养置于显著位置，社会主义公民意识建构进入了一个跨越发展的新阶段。

社会主义制度的优越性集中表现在，它比资本主义制度更符合社会发展的规律，更能与生产力发展相适应，从而可以在改革中实现自我完善、自我发展、自我提高。社会主义国家制度和法律制度不再是与人民群众自身相脱离的、异己的、望而生畏的绳索，而是“人民的自我规定”，集中反映了人民群众的根本利益和整体意志，并“表现出本来面目，即人的自由产物”，[①] 因而能够实现对平等和自由的极端偏向的制约，使二者真正和谐地达到各自的最大限度。目前，我国正以“三个有利于”为标准，建立和完善社会主义的市场经济体制和民主政治，建设社会主义法治国家，努力为公民搭建起独立自主、公平交换、竞争向上、协作发展的经济平台，真正体现民主法治的政治舞台以及实现人的本质联系的社会公共空间，促进权利与责任相一

① 《马克思恩格斯全集》第1卷，第437页。

致、平等与差异相协调、自由与规制相统一的公民文化氛围的形成，推动公民的普遍利益与特殊利益、个性与共性、权利与自由的发展。社会主义公民意识是在充分发挥公民的积极性、主动性基础上的自觉建构过程，它的发展在本质上也就更为内在自觉、更加稳定普遍、更具有“自由理性”。①

三、中国公民意识发展的基本特征

（一）先进性与广泛性

社会主义公民意识作为社会主义制度下的现代文明意识，建基于良好的政治体制和最好的国体，它服务全体国民，是民主进步的产物。② 首先，社会主义公民作为人民的现实的、具体的常规存在形态和表现形式，超越了资本主义社会公民的资产阶级狭隘性，克服了“没有获得自身或已经再度丧失自身的人的自我意识和自我感觉”的阶段，即“还没有获得主体地位或已经再度丧失主体地位的人”的个体存在阶段，在双重组织生活中广泛享有真实的自由、平等等权利和切实的主人地位，因而其公民意识也就具有优越的人民民主属性。其次，社会主义市场经济以生产资料公有制为基础，从根本上消解了公民之间、公民与社会之间造成利益矛盾激烈对抗的经济基础和思想根源，根本利益的一致性确保了公民自我认同与国家认同、社会认同的协调统一，规定着公民对集体利益、公共利益和社会整体利益的重视和追求。各理性经济主体在根本利益一致的前提下追求自己相对独立的市场利益，尽管他们在具体的经济行为中也会有矛盾，在经济理性和道德理性之间、工具理性和价值理性之间也存在冲突，但这些矛盾和冲突并不是不可调和的。再则，社会主义民主政治以人民代表大会制度、多党合作制度、基层群众自治制度等为根本制度，具有鲜明的优越性，这些制度赋予了公民参与公共生活的权利和自由，保障了公民参与的合法化、组织化、规范化。当然，这些制度在具体和实际的操作过程中并不是完美无缺的，我们的政治体制改革正是针对具体问题平稳推进，在平等、自由、政治参与、政治透明等基本变量上实现长足进步。我国的民主政治制度所提供的民主生活方式正鼓舞和引导公民以独立的人格积极主动参与国家的政治生活，在政治实践中熏染和教育公民逐渐养成民主的习惯、形成民主的意识和品格。

（二）长期性与艰巨性

中国的社会制度具有优越性，并不意味着我们的公民意识就是先进的，虽然我

① 马克思曾指出：“不应该把国家建立在宗教的基础上，而应建立在自由理性的基础上。”参见《马克思恩格斯全集》第1卷，第127页。

② 刘须宽：《从伦理视野审视中国公民观》，《伦理学研究》2006年第3期。

国告别“臣民时代”已有半个多世纪，但是我们的公民意识还比较落后。正如李慎之先生在《〈哈维尔文集〉序》中说：“如果一个人还能有下一辈子，那么我的最高愿望是当一辈子公民教员，因为我知道在我们国家，要养成十来亿人民的公民意识，即使现在马上着手，也至少得一百年或五十年才能赶上先进国家。”观念意识的历史沉疴并不会随着社会形态的更迭而彻底改变，根除积习也不是一朝一夕、一人一事就可以马到成功的，更何况是在中国这样一个古代农业文明发达、礼法制度成熟、修齐治平独善其身的观念备受推崇的超稳定社会结构体系，像公民意识这样的属于观念形态上的东西，不可能随着某种先进制度的创设而立刻被解构和冰释。加上中国公民意识的发展起步晚，受到封建残余意识的影响深，1949 年后我们又长期实行高度集中的计划经济体制，并由此形成了单一的经济模式、统一的思想意识形态和高度集中的政治体制，个人缺乏独立性，公民社会羸弱，公共空间发育不完全。中国在如此贫瘠的基础上，一方面要在极短的时间内通过实现社会主义现代化，完成市场经济、制度建设、社会独立的进程，来促进个人的权利意识与独立自由意识的提升；另一方面又要发扬价值批判精神，关注到现代化对公民意识产生的负面影响和后果防范，其中的艰难由此可见一斑。

（三）统一性与多样性

在我国社会主义条件下，作为与国家制度和社会制度相适应的公民意识，反映的是社会主义国家公民主体的权利与责任的平等实践，广大公民对自己在国家中的地位，自己与国家、社会和他人的关系，以及公民具有的权利、义务、责任等问题上的看法基本一致，因而公民意识具有基本统一的内容。然而，“一体化、作为整体的民族”是由“多样化、作为组成部分的族群”构成的，如果民族内部的族群数量越少则差异度越小、同质度越高，反之，族群数量越多，则差异度越大、同质度越低。在我们统一的中华民族内部就包含大大小小的 56 个族群，既然族群有所分殊，公民意识也就表现出一定差异性和多样性。我们在建构社会主义的公民意识中，要注意处理好统一性和多样性的关系，如果过于强调统一的公民特性，就有可能忽视群体的多样性，从而破坏民主性，并导致群体之间的疏离及特殊群体成员的情感伤害；如果过度突出多样性，就有可能否定民族意识的统一性，从而损害群体之间团结协助的基础，弱化国家凝聚力，危及国家的认同，导致国家的分裂。最终使民主的公民实践陷入绝境。普林斯顿大学教授斯蒂芬·马塞多（Stephen Macedo）对此的观点是：应该将二者结合起来，并以统一性为基础来思考公民意识的培育，因为统一性着眼的是更大的整体。他指出，多样性有很大的价值，但不是首要的价值。公民意识培育的基本目标应该超越差异，形成广泛的社会规范和期望，培养保证民主稳定所需要的共同的政治道德，以便鼓励人们逐步实现共同的公民事业。① 统一的中华民族内部的族群之间固然有差异，民主、正义、多元、尊重、宽容、和平等观点，就是对群体差异的认可。但族群彼此之间并非没有共性，共性相对差异而言是主要的，“公民资格的认定应本于社会主义国家，需要从社会主义、中华人民共和国、中华民族三个层面来认定，因而公民意识的目标在于培养对社会主义、中华人民共和国和中华民族的认同”，② 即利用主导价值观奠定民族性格的基调，利用优秀的传统道德价值塑造共同的公民价值，借此维护国家的统一、民族的团结及公民的平等、自由和幸福。

发表于 2012 年第 5 期

---

① 唐克军：《比较公民教育》，中国社会科学出版社，2008 年，第 34 页。

② 同上书，第 171 页。

郡县国家：中国国家治理体系的传统及其当代挑战

曹锦清　刘炳辉*

党的十八届三中全会《中共中央关于全面深化改革若干重大问题的决定》中指出："全面深化改革的总目标是完善和发展中国特色社会主义制度，推进国家治理体系和治理能力现代化。"① 这一表述的重大理论和现实意义，目前还未被学术界所充分意识到。首先，在中国现代化转型历程中，围绕政治问题的思考与争论长期被西方的"政体问题意识"牵制大量精力和智慧。但我们首先要意识到"政体问题意识"是西方的特殊传统和经验，并不具有普世性，中国的传统政治问题意识更集中在"政道问题"和"治道问题"，② 注重的是实质，而非形式。其次，即使从学术上讨论"政体问题"，也应该意识到西方自冷战中出于意识形态对抗需要将政体问题简化为"民主/专制"两分法，是缺乏严肃和不严谨的。因为政体问题是一个历史问题、具体问题，需要探讨其历史传统、客观条件、时代问题等诸多背景，而绝非是一个抽象的形而上学问题，抽象地大量讨论政体问题，弊多利少，尤其是对于我们这样一个还处于战略追赶和民族复兴前夜的大国而言。第三，治理问题才是当代中国的真问题。具体在文件表述的就是治理体系现代化和治理能力现代化两个方面，这就将我们的问题意识从西方设置的议题中拉回到中国的时代真问题上来，这是执政党睿智和理性的表现。

同时，显而易见的是，中国国家治理体系和治理能力现代化是一个动态过程，即隐含着从传统的治理体系向现代转型之意。当前的理论关注往往聚焦于"过程"与"目标"，如近年流行的对西方以"多元"和"参与"为核心治理理念与体系的介

* 曹锦清，华东理工大学社会与公共管理学院教授、博士生导师；刘炳辉，华东理工大学社会与公共管理学院博士研究生，浙江大学宁波理工学院讲师。

① 《中共中央关于全面深化改革若干重大问题的决定》，http://politics.people.com.cn/n/2013/1115/c1001-23559207.html。

② 王绍光：《中国·政道》《中国·治道》，中国人民大学出版社，2014年。

绍，以及围绕党政科层运作机制的项目制、行政发包制、运动式治理、锦标赛体制、策略主义、简约治理等。但在这股学术潮流中，却普遍忽视了“源头”与“传统”，即传统的中国国家治理体系是什么？有哪些核心特征？为何需要转型？传统的治理体系在今天彻底消失了吗？如果没有，又发挥着怎样的影响并规制着选择路径？要回答这些问题，必须回到历史的宏大视野中对传统治理体系进行梳理。

本文认为从传统农业社会向现代工商业社会及后现代信息社会转型过程中，中国从一个“静态社会”向“流动社会”转变，这个转变构成了中国国家治理体系和治理能力现代化的长期与根本挑战。中国传统社会经过漫长的摸索，逐渐形成了针对治理“中原农耕乡土社会”和“边疆游牧流动社会”两种不同社会基础之上的“上层建筑”：即“郡县制＋六部制”和“盟旗制度”的二元国家治理体系，这个二元体系以郡县制为核心和主导，笔者称之为“郡县国家”。自元朝开始这种二元体系初见端倪，及至清朝日臻成熟，美国汉学界兴起的“新清史”潮流中提出的“内亚史观”无非是对边疆中国重要性予以突出和强调，“但清朝多元治理的成功，可能恰恰不是‘多元’的成功，而是背后‘一体’或‘同体’的成功。实际上，正是‘多元一体’的治理模式，是清朝相对于元朝的成功之处。……‘大一统’作为中华体制的制度精神却始终贯彻于中国历史当中”。[①] 随着新中国的建立，持续两千年的代表治理静态社会核心经验的郡县制达到了顶峰，终于在新疆、西藏、内蒙古等边疆地区最终确立而覆盖全国。“郡县国家”在这种一体化的过程中发挥了重要作用，至今依然发挥着重要影响。“郡县国家”有四大支柱：中央集权为核心导向、文官制度为中层支撑、乡土自治为基层设计、行政区划为技术保障。

看似郡县制一统天下时，另一个趋势却日趋明显，即近代尤其是改革开放以来，中国逐渐进入一个高频率、大规模、长时期、广空间的“流动社会”，“流动中国”已是事实并将是长期的趋势。“郡县国家”的静态社会治理经验出现了严重不适应，国家治理体系自清末开始的长达百年的调整与变革过程至今尚未完结。

一言以蔽之，作为上层建筑的整个国家治理体系与与其对应的社会基础结构之间发生了深刻的不适应。这对关系才是当前中国国家治理体系现代化问题的最核心命题，而非简单的政府间的层级关系、部门关系等科层制内部的组织社会学问题，或者干部行为动机、行动策略等行为主义导向的研究问题。

---

① 张志强：《超越民族主义：“多元一体”的清代中国——对“新清史”的回应》，《文化纵横》2016 年第 2 期。

一、乡土与郡县：传统中国农业社会结构与国家治理体系

中国近代以来面临的“三千年未有之大变局”的要害在于，整个社会的生产方式和性质发生了完全不同于农业社会的转变。我们在农业社会历史阶段长期领先于世界的一整套治理体系、意识形态、制度规范都面临着失效的危机。中国农业社会的国家治理体系可以简单概括为“郡县制＋六部制”。

郡县制核心在于“中央集权＋文官制度”，中央集权解决央地关系的价值取向问题，以中央集权为主导，以皇权为最高象征，自秦朝始延续两千年基本稳定。以往人们常常集中于探讨“集权”的是与非，但却忽视了产生集权“与否”问题的来源是“央地关系”。为何“央地关系”会成为一个如此突出而带有根本性的问题？因为“大国的治理，注定和小国的治理很不相同。首先是基本的制度，即宪制/构成（constitution）不同。例如，小国就不大会有什么地方割据或分裂的风险，也很难说什么中央与地方关系。而中国至少从西周分封诸侯开始，就一直有一个大致可谓‘中央与地方关系’的问题”。[①] 中央集权的政治功能，其根本在于保障国家的版图统一，而国家的统一对百姓而言是安居乐业的前提条件，否则分裂必然导致内战，内战则百姓生灵涂炭。对于我们这样大版图、人口众、多民族、多宗教、区域差异极大的大国而言，维持统一无疑具有政治上压倒一切的优先性，也是任何执政集团先进与否的关键指标。对中华民族而言，郡县制的这一灵魂至今并不过时。由此，我们才能够理解为何中央集权对于我们这样国家的治理体系和治理行为具有如此深厚的影响和心理基础，以至于今日依然规制着我们变革的基本方向和选择空间。一味倡导“多元”，显然是与这个“郡县”传统相去甚远，在实践中也很难成为各方的首选方案。

文官制度是中央集权的手段和方式，中央派遣流动的不可世袭的官员到各地就职实现治理任务，所以中国较西方更早实现了中央集权和文官制度，二者不是偶然的，而是有内在的关联性，这一点在以往讨论郡县制时常常被忽略，仅注意到其央地关系的价值取向，而忽视其催生的实现手段。六部制，自隋唐始延续了千余年，解决的是部门关系，是农业社会治理的分门别类的精细化，代表着农业社会治理事务专业化的成熟和定型，本质上也是文官制度的成熟与发达。从科层制的角度看，郡县制代表“层”的问题解决，六部制代表着“科”的问题解决。由于郡县制在这个科层结构中占据核心位置，所以下文中除非特别注明，一般以“郡县制”代指整

① 苏力：《大国及其疆域的政制构成》，《法学家》2016 年第 1 期。

个“郡县制＋六部制”的传统汉族农耕地区的国家科层治理体系。

（一）中央集权

从封建制向中央集权的郡县制过渡，在中西方历史上都出现过，并且都不顺利。只是相对而言，中国出现得较早并基本完成了这个过程。中国在整个春秋战国时期，从封建制向中央集权的郡县制过渡。秦朝打下了基础，汉初重新恢复半封建半中央集权的郡县制度，郡和国并存，国王多是刘氏家族子弟，后引起“七国之乱”，到了汉武帝时期逐步收权。此后历代王朝都有封王制度，实为半封建制度。晋朝建立以后封了八王，皇帝死后引发“八王之乱”，结果导致当时已经进入黄河流域的五胡趁机作乱，北方一百多年不得安宁，是为“五胡乱华”。然后汉族政权被迫南迁建立东晋。北方动荡一百多年后进入少数民族拓跋氏建立的北魏，进而到北周一直到隋统一，有三百多年时间。唐代“安史之乱”以后地方势力坐大，史称“藩镇割据”。九世纪初，柳宗元的名篇《封建论》就是总结这段历史经验。中国在宋代以后南北方关系逐渐变化，政治中心和经济中心远距离地分离了，此影响极其巨大。唐朝的藩镇格局，整个河北山东都是地方藩镇控制，中央缺乏足够的实力反制。京杭大运河的开通意义非常，沟通了南北，国家更便利从南方汲取赋税增强中央财政能力，此后中央可以调集足够的力量抑制藩镇。故唐以后，再无地方藩王可以造反成功，仅明朝的朱棣是个极偶然的例外。相对于西方中央集权的高度困难和不彻底，中国是比较特殊和幸运的，秦汉以后中央权力持续扩大，到宋代以后占据绝对主导地位，地方权力日渐式微。

尽管如此，新中国的缔造者毛泽东对于国家分裂割据的担忧从来不曾放松过。“一五”计划期间，中央权力和各部委权力极大，毛泽东感觉不妥，遂将权力下放。但又放得太彻底了，1958年时地方上已出现诸多乱象，所谓“一放就乱，一乱就收，一收就死，不断循环”。改革开放的三十年，整体是中央向地方放权，以至于地方市县乡各个层级都有权力或能力把农民的土地聚集起来。这种状态的优点是高度地竞争政绩，百强县、百强市的评比很受各地欢迎；而缺点则是分化加大，使得中央统一的政策法规难以贯彻到各个地方去。十八大以来，中央对此再次进行调整，加强了中央权威性。

农业社会需要农民稳定地进行耕种，从剩余非常有限的千家万户中汲取税收以维持上层建筑，进而保持整个社会的稳定。而郡县制恰恰具有定居的功能，这源于郡县制首先要“编户齐民”，即“地不动、户不动、人不动”，目的在于把人固定在土地上。“所谓‘编户’，是指正式纳入国家户口登记序列的人口；所谓‘齐民’，是说凡登记入国家户籍之中的人口，一律都是皇帝的臣民，原则上都要纳税服役，在这一点上，大家彼此彼此，不分你高我低。”[①] 古代农业社会的流动速度比较慢，人被固定在土地上后就定居了，税收也因此稳定了。楚汉之争时，刘邦可以胜出，就是因为有萧何提供稳定的后方财税兵员保障，仗打败了还可以东山再起。萧何何以做到？因为当时关中平原和成都平原两地农业已比较发达，他们竭力打通两地的通道。战国时期，秦国也是因为掌握这两个地方而具备问鼎中原的实力。萧何掌握秦国的所有户籍钱粮资料，其实只要掌握了户籍，就必然掌握赋税钱粮。民政部门的户口工作，就是为赋税服务的。那时关中平原和成都平原都比较肥沃，关中有足够能力供养中央的官僚管理人口，再有成都平原的支持，实力极强。

但这种功能也并非一劳永逸的，一般到了王朝中期，这种郡县管理也会慢慢失效。因为人口膨胀，加之权贵的土地兼并活动难以抑制，一遇天灾导致失地农民食不果腹而不断流动。如太平天国运动，因广东人口众多，一部分涌入广西，以致现在广西东部的语言都是粤语。太平天国的几个领袖多数祖籍广东，土著是萧朝贵。外地人到了广西，难以获取土地，只能到山里去砍柴烧炭，地方政府也难以管理。外来的和本地的就容易起冲突了，抢地抢水，地方政府也不知如何处理，因为原来的职能里也没这个设计，就采取简单镇压的行动，结果导致事态扩大。

这里需要补充一点的是，为什么在边疆少数民族地区无法实现郡县制？因为郡县制在汉族农业地区实行的社会条件，少数民族地区恰恰不具备。边疆地区往往生产技术不高、地广人稀、农业剩余有限，历史上往往是汉族人进去之后，提高了当地的生产力水平，农业剩余增加，可提供的赋税上涨，养得起官了。此时才会先有一个县官，设立县制。可供养的财政人员越来越多之后，职能进一步分化，才有县一级的六部制与中央对应。所以一定是先有郡县制，再有六部制。

现在舆论时常抱怨县委书记权力过大，不受约束。为何权力这么大呢？这是因为历史上传统的县官权力就很大，不受约束，他并非代表一个个体，而是代表条块里的“块”，是一个行政层级的人格化象征。在省一级的设置上是要相互制约的，因为省一级规模就比较大，具备造反的条件了，所以省一级分权制衡，总督、巡抚等互相监督制约。县一级没有这一套设置，因为县一级的力量还不至于能够造反。当然这样一种约束较少的县官权力，是否还适应今天的社会需要，值得思考。

对于为何小农为主的农业社会时期就往往倾向于形成中央集权的上层建筑，迄今为止依然是马克思的回答最为经典。马克思认为，“（小农）他们不能以自己的名义来保护自己的阶级利益，无论是通过议会或通过国民公会。他们不能代表自己，

① 宋昌斌：《编户齐民——户籍与赋役》，长春出版社，2004年，第1页。

一定要别人来代表他们。他们的代表一定要同时是他们的主宰，是高高站在他们上面的权威，是不受限制的政府权力，这种权力保护他们不受其他阶级侵犯，并从上面赐给他们雨水和阳光。所以，归根到底，小农的政治影响表现为行政权支配社会”。[①] 通俗地讲，就是小农的社会基础支持中央集权的治理方式。马克思的这个重要论断和判断，对我们今天的理论和实践依然具有极其重要的意义。尤其是当我们将“小农”替换为“小生产者”时，如果这个结论依然是有效的，则对我们思考当下和未来的中国国家治理体系和治理方式，将会产生重要影响。

中央集权为的是国家统一，国家统一从底线的角度看是避免内战和生灵涂炭，于积极的角度看，统一意味着国家存在整体利益，而且这个整体利益是可以被发现认识的。整体利益往往与长远利益相关联，要实现长远利益就要克服短期的困惑、诱惑与掣肘，故可以长期执政的领导集团殊为重要，制定稳定的中长期发展规划必不可少，高效奋进的文官队伍就成为关键。

（二）文官体制

郡县制解决的是央地关系的原则导向——即中央集权，中央集权原则的一个具体实现方式就是“流官”制度，中央可以派遣官员到各地就任主政一方，而不许地方官僚或贵族世袭治理权力。所以郡县制的逻辑中就包含着官僚制，尽管传统中国的官僚制度与现代官僚制还是有很大差异，但毕竟官僚制的传统肇始于此。

中国传统农业社会用郡县制解决了中央与地方关系问题。因为农业社会的管理事项比较简单，静态社会的治理职能容易渐渐稳定下来。“吏户礼兵刑工”六大部门可以涵盖农业社会的主要社会治理事务。唐以后就是固定下来这六个部门，到了清朝皇太极时期，形成了六部、都察院和理藩院合成的八衙门。但核心依然是六部，且六部中主要户部和刑部这两个部门。核心是户部，它管户籍、土地、税收。刑部管治安。还有就是工部，管一些水利建设、道路、城墙等。中央的职能容易做到细致分化，但到了地方就捉襟见肘了，县官只能统筹都管了。在县级层面，其实很多事情管不过来就不管了，所以中国古代乡土社会主要依靠乡绅自治。“日出而作，日入而息。凿井而饮，耕田而食。帝力于我何有哉!”[②] 这民谣更符合绝大多数古代中国农民的生活实际感受。传统农业社会乡村里不实行科层制，就是因为农业剩余有限，养不起那么“官”。“到了清代，在县衙设置了三班六房，三班即皂、壮、快班，

---

① ［德］马克思：《路易·波拿巴的雾月十八日》，载《马克思恩格斯选集》（第1卷），人民出版社，1995年，第678页。

② 《击壤歌》，载沈德潜选《古诗源》，中华书局，1963年，第1页。

六房即吏、户、礼、兵、刑、工房。”①

六部制到了清朝后期就难以维系了。中央层面，因为西方入侵而无力抵挡，被迫将“外交事务”上升为重要政府工作内容，远非以往理藩院职能所能涵盖，不得已成立一个机构“总理各国事务衙门”专门对应和处理与西方人的关系，放到跟六部平级尚无法获得西方认可，最后是高于六部，相当于今日的副国家级了，由恭亲王负责。此时，传统“六部制”被突破并一发不可收拾。地方层面，外交事务显然不是地方治理工作的突出内容，但大量农村人口进入城市导致的秩序混乱和市政基础设施破败不堪，成为突出的城市治理问题，“警察局”的出现成为地方政府职能与机构变革的突破口和切入点。“警政的兴起是我国城市管理向现代化转变的重要标志性事件，对中国城市现代化进程意义十分重大。”②“北京警察负责人口普查、公共工程、消防、救济贫困、公众健康、公共卫生及社会治安等。”③“晚清警察在中国城市出现后，扮演的角色是多重性的，可以说超越了现代意义上的警察职能，更类似现代城市政府，可以说是传统官衙门向现代城市政府转变的一种过渡型管理机构。”④

民国政府时期，由于持续的内外战争导致政府无法正常稳定运转，这方面不再赘述。新中国建立后，我们可以注意到计划经济时代的政府部门明显具有传统社会不具备的以工业革命和促进生产计划的性质。改革开放以来则以促进市场经济发展和服务为主导，行政机构改革几乎是每五年就有一次，变动频繁，但总体的趋势显然是现代党政治理机构数量远远超过传统农业社会。仅国务院部门而言，“2013 年 3 月 10 日，国务院机构改革和职能转变方案公布。这次改革，国务院正部级机构减少 4 个，其中组成部门减少 2 个，副部级机构增减相抵数量不变。改革后，除国务院办公厅外，国务院设置组成部门由 2008 年的 27 个变为 25 个”。⑤ 除了政府，还有党、人大、政协、纪委、军委等组织下辖的诸多部门。笔者曾经细数过一本县政府印制的内部通讯录，各套班子的部门加起来近百个。从“六部”向“百部”的转变不过是百年的时间，足见社会管理服务职能的增长之迅速。

对于这种职能部门的增多与转变，不能简单以“民少相公多”的批判色彩来看。毕竟古代社会县衙里不需要教育局，也没有交通局、城管局、环卫局等等。这些职

---

① 宋亚平：《中国县制》，中国社会科学出版社，2013 年，第 206 页。

② 何一民：《中国城市史》，武汉大学出版社，2013 年，第 548 页。

③ 史明正：《走向近代化的北京城——城市建设与社会变革》，北京大学出版社，1995 年，第 29 页。

④ 《国务院机构改革和职能转变方案》，http://news.xinhuanet.com/2013lh/2013-03/10/c_114968104.html。

⑤ 史明正：《走向近代化的北京城——城市建设与社会变革》，第 29 页。

能部门都很好地体现了社会的发展变化。在快速的变动中，有些政府职能部门可能某项工作职能消失了，编制却还在，所以工作人员平时闲散，人浮于事被舆论批评为官僚机构。但还有的部门非常繁忙，手忙脚乱地在适应这个变动的社会。

当人口流动之后产生新的社会管理服务需求，政府设置新的部门来管理应对，这从理论上是简单清晰的。但在实际运作中往往极其困难和波折重重，因为科层制下的部门设置往往需要全国统一，有的地方有这个需求就设立新部门，有的地方没有这个需求就不增设，那么大一统的格局就破坏了。这是设置新部门背后涉及的中央集权统一与地方自主性之间的矛盾问题。是否需要给地方党政设置行政管理服务机构的自主权？给到什么级别？可以设置哪种类型的机构？条件需要哪些？这些都是非常具体而真实紧迫的当代中国地方治理问题。

从西方国家的发展历史来看，也概无例外地发展起了官僚制，地方的权力逐步收为中央所有了，但其起步时间和过程都较中国坎坷得多。

欧洲诸国中，法国大约在1500年以后就最早发展起来了，路易十四时期达到一个高峰，其官僚制是反封建制过程中实行的中央集权的郡县制度。在英国，13世纪初英王集权，结果被贵族联合起来打败了，1215年签署《大宪章》，贵族议会制确立。由此可见，议会民主制是封建制的一部分，是当初反中央君主集权的产物，确立了贵族的权限。当时英国的主政者都是贵族，何来资产阶级？英国议会采取两院，上院全是贵族，下院日后才逐渐对资产阶级开放。英国从封建制向中央集权制的过渡，一直极为困难。美国的建国时间较短，且一开始就是自下而上组建的国家，“自由”成为最核心的价值观，“不信任政府”是传统，在这样一个国度实现中央集权的难度自然可想而知。即便如此，现在西方各国的中央政府承担的责任也是越来越多，所以虽然表面上保留一些地方自治系统，但趋势也是日益弱化了。

马克思对国家机器和官僚制的批判是全面而彻底的，尤其是针对当时法国的变革写作的《法兰西内战》和《路易·波拿巴的雾月十八日》都有专门章节阐述。法国的行政官僚体制在大革命以后就完备起来并不断变动。对于国家，《法兰西内战》时期的马克思和恩格斯认为“国家无非是一个阶级镇压另外一个阶级的机器”，国家是“一个废物”“一个祸害”“一个要由社会供养的寄生赘瘤”“一个凌驾于社会之上的寄生赘瘤”。[①] 马克思在总结巴黎公社的经验时，最核心的是两条：国家消亡和公务员普选。他认为无产阶级不能简单地掌握官僚机器，要摧毁它。第一条就是取消官僚制，第二条就是官员的工资不能高于普通职工的工资。当然，后来的历史我们

---

① 《马克思恩格斯文集》第3卷，人民出版社，2009年，第157页。

已经看到了，列宁根据实际情况修正了国家消亡的理论，“一是把无产阶级专政等同于无产阶级国家，二是把国家的存在时间无限期的推后了”。[①]

有趣的是，在此问题上托克维尔和马克思的意见是基本一致的。托克维尔在其《旧制度与大革命》和《论美国的民主》中也都有详细描述。早于马克思的《黑格尔法哲学批判》之前出版的《论美国的民主》中，对于民主制度和国家消亡，托克维尔写到“在新英格兰，公民是通过代表参与州的公共事务的。不是这样办不行，因为无法直接参与。但在乡镇一级，由于立法和行政工作都是就近在被统治者的面前完成的，所以没有采用代议制”，“乡镇的公务活动是极其繁多而又分得很细的。但是，大部分行政权掌握在几个每年一选的名为‘行政委员’的手里”，“于是，在美国乡镇，人们试图以巧妙的方法打碎（如果我们可以这样说的话）权力，以使最大多数人参与公共事务”。[②] 托克维尔和马克思都看到了美国是一个民主国家，没有官僚和常备军，而这两点恰恰是传统和现代国家都非常重要的特点。马克思对这两点特别重视，认为用民兵来替代常备军，用民选来替代官僚，废除军队和官僚，那么美国没有常备军、官僚，因而税收就少了，且都是民选的官。同时，马克思也看到了美国的高度腐败，且民主和高度腐败相伴生的。那么如何解除腐败呢，他建议进一步民主，随时可以撤换来替代四年一选。当然我们现在可以总结出来，选举并不是腐败的天敌，法治才能约束腐败。美国自身也在其 19 世纪后期陷入了极其严重的分肥政治泥潭中，激起了社会各界的普遍不满，最后在“扒粪运动”中推动了现代文官制度（官僚制）的建立才予以一定程度克服。

今日我们看到所有的国家都存在着官僚机器，而且日益完整，军备竞赛也是愈演愈烈，这或许就是理想与现实之间的距离吧。韦伯对官僚制（科层制）的分析总结，与日后的历史相对更接近一些。按照其理想类型的方法，科层制概括起来主要有以下几个特点：专业分工、权力等级、注重文书、规章制度、非人格化、铁饭碗。[③]

总而言之，科层制体系管理一个常态的、人口流动性少、区域差异性小、阶级分化弱的社会，是很有效的；反之，则会捉襟见肘，难以应对。中国现在需要认真思考的是，几千年的中央集权郡县制度一直保留到现在，这个制度是不是适应当代中国经济社会需要，亦或是一种落伍的东西？

---

① 李惠斌：《马克思〈法兰西内战〉研究读本》，中央编译出版社，2013 年，第 85 页。

② 《马克思恩格斯文集》第 1 卷，第 68—75 页。

③ Gerth, H. H. and C. W. Mills (eds.), 1946, From Max Weber, New York: Oxford University Press, pp. 196—203.

（三）乡土自治

传统农业社会的上层建筑比较简单，以“六部制”为典型体现，而基层农村社区则以“乡土自治”为主导。之所以能够实现乡土自治，源于农业社会要处理的人际关系也比较简单，“三纲五常”足够解决多数日常问题了。整个社会人际关系的核心有两条：一是平辈的男女之间关系，夫为妻纲；二是纵向的父子辈关系，父为子纲。但现代社会的流动性增强了，要处理的关系复杂多了，无法简单用熟人社会中的伦理道德来解决，而必须依靠更加专业化和强制性的法治科层体制来处理陌生人与半陌生人社会事务。现代社会到县一级还是科层制的，也是专业化的管理，但到了乡镇就不行了，村就更做不到了。所谓“上面千根线，下面一针穿”就是这个状态的真实写照。科，就是“条”，是一个社会里稳定的某一类专业事务管理工作。但到了乡镇无法完全落实，就混在一起干了。有关乡土自治的研究汗牛充栋，本文就不展开。

（四）行政区划

行政区划之所以被笔者列为郡县制的四大支柱之一，源于它是实现中央集权的一个技术保障，尽管这个技术细节往往被政治制度研究者所忽视，而仅仅为舆地学或政治地理学者所注意。郡县制，本质上是一种国家治理的空间制度安排，其采取的原则导向是中央集权的，其行动主体是文官集团，但其最终注定无法回避技术上的行政区划的地理因素问题。“夫仁政，必自经界始”，① 中国传统社会一直高度重视行政区划问题的经验总结，最终自元朝起，“犬牙相入”原则取代了“山川形便”原则而占据主流。② 这种空间上的变动往往极为缓慢，不易为擅长制度和行为研究的学者所洞察，只有放在历史的长河中才能窥探其深远影响和重要意义。

行政区划是传统郡县制的题中应有之义，此处特别加以强调，只是突出郡县制是一个“空间问题”。而当大流动时代来临时，这个“空间问题”原有解决方案的社会基础裂变了。过去讲“郡县治，天下安”，是因为绝大多数小农一生都不会走出自己生长生活的县，农业时代的交通、信息流动皆较为困难，而人口流动也十分困难。建立在地理限制基础上的郡县制治理体系的确是高度有效的。但今天我们面临的真问题是“天下已不安（大流动），郡县何以治”，此时再一味抱守古训而不解其中条件和基础，则无异于刻舟求剑。在高铁航空四通八达、网络全面普及、资金全球涌动、人口大规模流动的当代中国社会，诸多社会治理事务的解决显然早已经突破郡

① 杨伯峻：《孟子译注·滕文公上》，中华书局，2008年。

② 周振鹤：《中国地方行政制度史》，上海人民出版社，2005年，第226—249页。

县的范围，需要国家进行大范围统筹的事务越来越多。“天下安”的地理基础还是不是“郡县”，成为一个我们不得不认真思考的问题。而当前学界在讨论县域治理、县域政治等问题时，往往没有走出传统观念的窠臼，多集中于政治与治理，而忽视了县域的时代意义已经悄然变化。

二、游牧与盟旗：传统中国的北方边疆社会结构与国家治理体系

除却汉族聚居的中原和南方的农耕区域外，在边疆中国则是另外一番景象，这里长期不以农耕作为主要生存方式，上层建筑自然也不是郡县制与六部制的组合。传统中国的北部边疆盛行游牧生活方式，以盟旗制度作为主要管理制度。西南山区则是农业狩猎相结合，以土司制度为主。本文主要关注静态社会与动态社会的不同治理经验，西南土司制度主要体现在相对于中原开放核心地带而言的封闭边缘地带的治理经验，所以不作展开论述。

（一）游牧边疆：农业时代的流动社会

相对于农业社会的生活方式已经成为多数中国人的常识，游牧生活方式则略显生疏，在此需在基本背景上稍作补充。从概念上讲，马克思给“游牧”一词所做的定义为：游牧，总而言之流动，是生存方式的最初形式，部落不是定居在固定的地方，而是在哪里找到草场就在哪里放牧，所以，部落共同体，即天然的共同体，并不是共同占有和利用土地的结果，而是其前提。① 庄孔韶在《人类学概论》中论述人类生计方式时提到的“游牧”定义：游牧（nomadism）一词（和游猎、游耕）同样标明这也是一种具有流动性的生计方式。在全球不同的环境中，绝大多数牧人依赖自然生长的草场提供生计基础，放牧着牛、骆驼、绵羊、山羊、驯鹿、马、美洲鸵、南美羊驼、牦牛等各类群居动物，并依靠畜类提供的肉、奶、奶制品、毛等产品维持生计和生活。② 在《文化人类学》中，哈维兰将“畜牧”定义为在一种社会中，人们把放牧啃食牧草的动物看作是理想的谋生方式，而且把整个或部分社会的迁移看作是正常的或自然的生活方式，把“Transhunmance（转场）”定义为在不同环境地带之间严格地根据季节流动的模式。③ 吴宁在综合学术界对游牧的不同界定后，将传统上的游牧重新界定为“游动型畜牧业”，他认为游牧（nomadism）指一种依靠牲畜的生存方式和经济系统，其中涉及的群体（部落、联户）携带起主要家产——

---

① 《马克思恩格斯全集》第46卷（上），人民出版社，1979年，第472页。

② 庄孔韶：《人类学概论》，中国人民大学出版社，2006年，第212页。

③ ［俄］巴托尔德：《蒙古入侵时期的突厥斯坦》，张锡彤、张广达译，上海古籍出版社，2007年，第535—537页。

牲畜在一定地域范围内进行间歇性或周期性的空间迁移，以保证在特定环境、经济和社会政治条件下的生活。“transhunmance”在中文里常被译为“游牧”，该词最早是指法国南部阿尔卑斯地区的一种放牧方式。①

围绕着长城一线，几千年来北方游牧民族与汉族农耕文明展开了持续的拉锯战，先后兴起的匈奴、鲜卑、突厥、契丹、蒙古、女真等不同力量，随气候周期冷暖而不断南侵。宋之前汉族胜多负少，宋之后则胜少负多。在农业文明时代，汉族人在人口、经济和文化发展上均占据更为优势的地位，长期以来一直以主流文明和中心地位自居，对繁衍生息于北方草原大漠的游牧民族缺乏深入的了解，往往持有各种偏见和想当然的误解。大概最流行的就是一句“逐水草”，由此联想到的自然是自由、居无定所、流动、出没没有规律而难以管理、无组织无纪律、生活艰辛、骁勇善战、粗鲁野蛮等。这些联想有些是对的，有些则是缺乏了解的无知。据《史记·匈奴列传·第五十》记载：匈奴“随畜牧而转移……逐水草迁徙，毋城郭常处耕田之业，然亦各有分地”。②“分地”正是游牧民族边界的表述，并非汉族所想象的自由自在、漫天遍野地驰骋。不但在空间边界上有所固定，在时间上也遵循特定的规律进行“转场”。“转场是游牧规律的一种体现，这种规律保证了游牧社会的流而有序，动而不乱。”③ 他们不固定在一个土地上耕种，而是到处放牧。把牛羊圈在一个地方，是无法生活下来的，草不够吃，必须逐水草而居，远距离放牧，一定季节再返回，即“转场”，或者半耕半牧的生活方式。我国西南西北地区，一个县的面积经常跟东部中部地区一个省一样大，就是因为地广人稀。在农业文明时代，中央政府要派多少人去管理如此地广人稀的区域，才是财政投入和治理收益上划算的呢？显然无法简单复制汉族农耕地区管理方式和体系的根本社会基础条件，所以只能让当地土人管，这样制度一直延续到明清，直到雍正时期才明显改变。

游牧民族的流动是按季节走的，在今天的眼光看来算是缓慢流动了，但放在农业文明时代，游牧民族已经算是流动性很高的一个群体了。他们如何实现有效的管理，这些经验对我们今天治理流动社会是否还有借鉴意义，或者我们其实已经在不自觉地运用呢？

（二）盟旗制度：北部草原的传统治理体系

“在游牧社会，转场虽然体现了游牧社区流动的特点，但是这种流动是传统的、

---

① 吴宁：《川西草地的传统利用——关于游牧的辩驳》，《山地学报》2004年第11期。

② ［汉］司马迁：《史记》，台海出版社，1997年，第811页。

③ 解志伟：《游牧：流动与变迁——新疆木垒县乌孜别克族游牧社会的人类学考察》，知识产权出版社，2012年，第155、158页。

自然的，社会结构是稳定的，也可以说是静态的，礼俗社会的特点在游牧社区中都有充分的体现。”①

游牧民族虽然是流动的，但这种流动并非无序，而是“有序”的，是有组织的，以整个社区（部落）为单位进行，且遵守特定的时间节奏。比之我们今天近 3 亿规模的农民工流动大军而言，其组织化程度要高很多。简单地说，游牧社会是流动的社区，而非流动的个人。

高度无序流动的个人难以管理，所以面对必须流动的生存环境，游牧民族创造了有序流动的管理制度——盟旗制度。该制度不是为了鼓励流动，而是为了限制无序流动的负面作用，引导流动实现有序化。盟旗制度让流动有序起来，是高度组织化的流动，军事、行政和社会三位一体的组织，实属草原上的“郡县制”。这恐怕是绝大多数汉族人所没有料想到的，但却是合乎情理的实践经验。我们今天党政力推的农民工流动党团支部、各类商会、社会组织其实也是新时代的“盟旗制度”。只是传统的盟旗制度，游牧民族的组织形式是靠血缘和地缘纽带组织起来的，是军事、经济、行政社会多元一体的混合组织，而我们今天的组织形式多是国家政治社会组织，且很难与经济生产活动结合起来，这也是我们的组织动员力度相对弱于盟旗制度的原因。

这种游牧地区的管理制度也在近百年里经历了巨大变迁，中华人民共和国成立前北方游牧地区实行“旧苏鲁克制度”，对牧民压榨较为严重，生产和生活水平整体低下。中华人民共和国建立后，施行“新苏鲁克制度”，大幅改善和提升普通穷苦牧民的收益分成比重，促进了百姓生活水平提高，但集体劳动中的生产积极性问题也同时存在。20 世纪 80 年代初期先后经过“草畜双承包”之后，游牧地区以往以部落集体为生产单位的方式迅速向以家庭单位转变，整体而言，是一种从游牧生计方式向定居生计方式的剧烈转型。“如今的牧民依然游牧，但这是一种在定居点与夏草场、自草场和租草场、牧区与城镇以及更大范围内的游牧，‘居而不定’一词也许更能确切地表述如今牧民的游牧生活。”②

在吉登斯眼中，“断裂”是现代性的基本特征，现代社会变迁的速度、范围和深刻性都是以往社会无法比拟的。③ 现在看来，结论下得未免过于武断，在断裂中其实还是有大量的延续。不仅游牧民族的这种“从动到静”的变化中有延续，下文还会

① 张昆：《蒙古族定居牧民的生计选择与草原情节——以东乌珠穆沁旗调查为例》，中山大学博士学位论文，2014 年，第 240 页。

② 同上。

③ ［英］吉登斯：《现代性的后果》，田禾译，译林出版社，2004 年，第 6 页。

谈农耕民族“从静到动”的过程中依然有延续，中国农民在城镇化过程中的“同乡同业”正是在异乡的流动中延续着故乡的亲缘关系。

概而言之，相对于汉族农区而言，中国北部的边疆地区以游牧为主，首先他们是一个流动的社会。其二他们是有序的流动。其三是近代以来游牧民族开始了定居化过程，流动性在下降。其四在这种从流动向定居的转变过程中并不是“断裂”的，而是定居中依然保持着某种“流动性”。从这样一种“传统农业时代的流动社会”的治理经验中，梳理出有益于我们当下时代要求的思路与方法，是中国应对“流动社会”中亟须补课的领域。因为这样的经验，往往根植于我们若隐若现的传统和习惯之中，最容易为治理主体和治理对象双方所接受和掌握，实现更高水平和社会条件下的“秩序”。

三、郡县的胜利与江湖的韧劲

（一）郡县制的胜利

郡县制可以采取编户齐民，税收比较平而均，每个县的事务都差不多，管理起来比较容易。古代的郡县制度，从来没有蔓延到长城以北，因为流动的牧民无法适应。也没有蔓延到南方山区去，因为那里生产太落后，农业剩余过少，而且南方族群也是半流动的，经常从一个山跑到另一个山上去耕作生活。南方山区经常以氏族部族形式出现，主要是属群的，而非属地；中原汉族主要是农耕群体，以属地为主。

长城以北，两百年来最大的变化——游牧不游，开始属地化管理了。尤其是中华人民共和国成立以后，其实北方游牧已经消失了。为什么？因为“旗”原来是流动的，现在不流动了，相当于“县”建制。空间被划定了，就是人不能出“旗”了。“旗”从一个属群的部落称谓，变成一个属地的空间称谓。再往下，“苏木”是乡镇区划概念了，村一级叫“嘎查”。游牧不游，就可以用郡县的办法来管理了。南方丘陵山区开发以后，少数民族也获得了一些农业技术，也不是半农半狩猎了，也可以用郡县化管理了。

郡县制从秦汉开始在汉族地区推行，明朝开始试图推进到西南边疆的贵州广西等地。明清时期因为人口增长，向山区流动，引起了汉族与当地苗族的矛盾。持续的苗民起义，主要因为汉族过去与其“争地”，核心还是土地问题。一直到清朝雍正年间才彻底在西南地区完成了“改土归流”，实行郡县制，至今也才三四百年。清政府自认从明朝继承十八行省，1884 年在新疆设省，成为第 19 行省；1884 年置台湾府，1885 年建台湾省，成为第 20 行省；1907 年在覆灭前夕，将东北地区析为三省。1928 年，国民党政府定都南京后，当年就在内外蒙古地区设省，以及在宁夏、青海也设省。而西藏一直到新中国成立后，1951 年和平解放，1965 年设立西藏自治区，实行以郡县制为核心特征的治理方式。由此我们可以发现，自秦始皇开始的中国“郡县国家”一直持续到 1965 年在大陆彻底完成，前后持续两千余年。毛泽东曾言“百代皆行秦政制”，“秦政制”的核心就在于郡县制，此言不虚，确实是把握住了历史的脉络。

郡县制在中国的彻底推广完成一直持续到现代。所以，郡县制离我们并不遥远，其所体现的中央集权大一统为特色的央地关系对当下的中国国家治理体系依然发挥着根本性的作用。尤其是当我们与美国、法国、印度、巴西等世界主要人口大国进行对比时，这种差异性会更加明显。但我们对以郡县制为核心的传统治理体系的研究，还显得很不充分。比如，为何一个地方之前不设县，后来可以设县呢？为什么一个地方可以改土归流？需要出现哪些条件？当这些条件变化之后，是不是“流”与“土”的关系也要变化？如何变化？

（二）游民与江湖：二元结构的边缘

上述二元结构的划分，涵盖的是传统中国在空间和数量上占据主流的两大部类，在这两大群体之外还有一些边缘群体。这里也稍作补充，传统农业社会真正的无序高流动人群也是存在的——就是游民——包含流民与游士。“随着人口的增长和社会的动荡，有一部分人从网络中脱离出来，成为游民。宋以前游民是旋生旋灭的，没有形成群体和独立的力量。宋代由于城市格局的变迁和商业的繁荣，给游民在城镇生存提供了机会，于是产生了活跃于城镇的游民群体。皇权专制社会中期以后，游民成为脱离现存社会秩序的最重要的群体。”“游民意识有四个特点：（1）强烈的反社会性；（2）在社会斗争中最有主动进击精神；（3）注重拉帮结派，注重团体利益，不重是非；（4）失去了宗法网络中地位的游民，同时在社会中也没有了角色位置，丧失角色位置的人们当然也就没有了角色意识。”[①] 只是农业社会的政府从来不准备认真地去“治理”一个高流动的游民群体，而总是想办法“消灭”这个群体，因此也就形不成所谓成熟的治理体系。当王朝建立初期，人地矛盾不突出，农民基本附着于土地上，游民不构成一个明显的问题。王朝中期，土地兼并难以抑制，豪强并起而挤压农民脱离土地成为流民。到了王朝后期，无立锥之地，游民群体日益增多则起义内乱纷纷，加之外族入侵与疫病流行，最终难免残酷的战乱洗礼而王朝覆灭。新王朝建立时人口锐减，人地矛盾不突出，农民再次附着于土地之上，故事周而复始。在当时的时代背景下，游民得不到合适的对待和当作治理对象，秩序只能在

① 王学泰：《游民文化与中国社会》，同心出版社，2007 年，第 720—721 页。

“江湖”中自发产生形成“帮会”等地下秘密组织。

传统中国社会中也有少量的边缘流动群体，却没有成熟的治理体系。当今我们面对大规模的流动人口时，或多或少带有传统社会对待游民与流民的思路和警惕，须知这二者之间还是有很大不同的。传统农业社会游民的流动更多属于“逼上梁山”被迫型，而当代工商业社会的流动人口更多属于追逐利益融入城市的发展型。更为关键的是这种城市化进程即使完成之后，现代信息社会的特点也必然是一个人才不断流动的时代，高流动将成为常态，而非从固定在农村的土地变化为固定在城市楼房的简单变化。

另外，值得顺带提及的是沿海渔民的生活方式。渔业的生产具有较强的流动性，如果说侠士们组成的“江湖”是个形象的比喻的话，渔民们的“江湖”就是实实在在的了。根据范涛对广东省台山市赤溪镇大襟岛的人类学研究，“中国的农耕文化孕育出传统的社会结构，现代社会处处可见传统的影子，社会并没有发生结构性的质的变化。海岛社会仍然是汉人社会，通过和陆地的联系，传统型的关系概念得以在延伸和发展。……在陆地村落社会盛行的关系概念在海岛村落社会依旧盛行，它建立在亲属关系的基础之上，流动性是其重要特征”。[①] 这与笔者在全国最大的群岛——浙江省舟山群岛的调研相吻合，渔民的生产确实具有较强的流动性，与农民的劳动范围相对狭小固定很不一样。但这种流动并非无序，而是也遵循一定的规律，渔民之间也有相应的习俗规范协调彼此的行动。即使今日交通工具发达到可以远航南半球捕鱼，却依然如此。渔民们在海上的行为也是有高度管理性，甚至等级感更加森严，更加有组织纪律性，而不是一般汉族农民想象的漫无目的自由自在地在大海上作业。渔民与牧民的流动，之所以都具有有序性和规律性，源于作为一种农业生计方式，他们与农民一样，都依赖大自然，而大自然是有规律的，所以建基在其上的生产经营活动也必然有规律可循。但考虑到海洋渔业在中国传统治理历史上所占据的影响较游牧地区又小很多，所以不再专门展开。

四、“郡县国家”遭遇大流动社会的挑战

当传统的郡县制在中国彻底推广时，却发现其原来所依赖的以静态为主的社会基础逐渐松动瓦解了，一个高流动的现代中国日益迅猛地呈现在历史面前，郡县制何去何从？是会被釜底抽薪而难免盛极而衰，还是在新技术条件下浴火重生？这都

① 范涛：《流动的关系——大襟岛的个人、亲属与社会》，中山大学博士学位论文，2009年，第147页。

是执政党带领人民实现伟大复兴所遇到的仍未完全解决的命题。

（一）大流动时代的本质

“中世纪本质上是个农业社会，它到处弥漫着庄园。作为经济组织和社会组织的庄园，具有宗法性质。在此，无上权力的领主决定着一切。由于缺乏市场，这些领主并不追逐利润，也无须剩余产品，一切够满足就行了。”① “现代工业通过机器、化学过程和其他方法……不断地把大量资本和大批工人从一个部门投到另一个生产部门。因此，大工业的本性决定了劳动力的变换、职能的变动和工人的全面流动性。”②

古代社会是静止的，为什么现代社会要流动？因为基本的生产在流动和变化。为什么生产要流动和变化？因为人的欲望在不断的变动。这种变动在世界进入资本主义时期以来尤为突出。中国几千年历史中，进入如此大规模的流动社会，还是仅仅最近二十多年的事情，“2015 年全国流动人口有 2.92 亿人……同 2010 年第六次人口普查相比，增长 11.89%”，③ 占总人口的五分之一略多。

人类生产效率的不断提高，资本、信息、技术、人口等各种要素流动加快，这个趋势是无法改变的。所以如何应对高速流动的社会，是一个有意义的真问题，而且是一个长期有效的问题。“整个 19、20 世纪迁徙搬家的美国人总数清楚地凸显了美国居民的流行性。人口流动性是美国历史最有活力也最普遍的特点之一。……今天，分析家们惊异地发现，每年有约五分之一的美国人换居住地。今天居住地流动性和一个世纪前一样频繁。”④ 考虑到美国早已成为一个高度城市化和后工业的社会，即使美国人是一个“热爱搬家”的民族，也必须意识到大流动是一种未来的常态。人口大流动，不仅仅存在于城镇化过程中的农民工身上，也依然存在于城镇化高度发达之后的白领身上，原因如上述所言。当然，不同群体和阶层之间的人口流动性是否有差异，值得我们日后更细致的研究。如美国，“外国移民的流动性比本地人差，白领阶层的流动性比蓝领工人阶层差”。⑤ 反观国内，我们当前的一些政策和思路总是想把社会再固定下来，多少有些一厢情愿，必须从社会大流动的原因上去分

---

① ［比］亨利·皮朗：《中世纪欧洲经济社会史》，乐文译，上海人民出版社，2001 年，第 61 页。

② ［德］马克思：《资本论》，载《马克思恩格斯全集》（第 23 卷），人民出版社，1992 年，第 353—354 页。

③ 2015 年中国 1%人口抽样调查主要数据公报（全文），http：// www.china.com.cn/news/txt/2016-04/20/content_38288171.html。

④ ［美］霍华德·丘达柯夫、朱迪丝·史密斯、彼得·鲍德温：《美国城市社会的演变》（第 7 版），上海社会科学院出版社，2016 年，第 99 页。

⑤ ［美］Howard P. Chudacoff，Mobile Americans：Residential and Social Mobility in Omaha，1880—1920. New York：Oxford University Press，1972.

析，而不能仅仅从治理的主观愿望去入手。

（二）大流动时代的特性

当我们意识到大流动时代的来临具有必然性和长期性之后，需要更细致地对流动中国的诸多特征进行认识，否则建立在似是而非的错误判断基础上的决策和对策，都将造成进退失据甚至南辕北辙。关于当代中国流动社会特性，笔者认为至少在以下三个领域值得深入展开：流动本身、内外有别、有序流动。

学术界常常被“乡土中国”的衰败甚至“空心化”所震撼，要拨开表面的迷雾深入流动中国的内里和实质，需更多深入的研究和有创建的概念阐释。近期学界从“同乡同业”的角度也做出了一些论证与探讨，都是极有价值和贴近中国实际的研究。吴重庆从人口流出地的“无主体熟人社会”延伸到人口流入地的“同乡同业”，修正了“乡土社会解体”的简单片面流行判断，揭示了“大流动格局下的农民积极运用本土社会网络在远离家乡的广大城镇，依托同乡关系，开展同业经营，并凭借快捷的行业信息沟通及融资，击败同乡关系网之外的竞争者。可以说，农民离土离乡，不见得就会导致乡土社会资本流失，相反，可能因为在外同乡同业间互动机会及互惠需求的增加而加速了乡土社会资本的运作，并使乡土社会资本增量”。① 谭同学对于湖南新化人在数码快印业的研究显示，“从事数码快印业的新化人以亲缘、地缘关系网络为基础，加上技术上的优势，在市场上占据了主导地位，其企业呈‘内卷化’方式发展”。② 夏循祥的“作为酵母的社会关系——湖北监利一个被馒头改变的乡镇”和郑莉的“东南亚莆田人的同乡同业传统——马来西亚芙蓉坡的例证”，都是这方面的优秀研究。比新化人从事快印业更为全国所熟知的是兰州拉面和沙县小吃，遍布全国各地的兰州拉面餐馆主要都是青海化隆县人所经营。诸如此类，还有河南周口人在出租车行业的广泛覆盖，福建“莆田系”民营医院等。

“同乡同业”是描绘流动中国真实图景的一个重要而有趣的视角，值得有志于建立中国学派的学者投入更多精力。反之，如果认识不到流动中国的这些真实画面，对流出地的判断彻底悲观，认为其毫无区别地陷入瓦解和衰败之中，则必然会采取将农村的生产资源和资料集中到大户或者大企业手中。其实很多地方在本地人口流出的同时也依然有其他地方人口的再次流入，进而继续保持着活力。“事实上，在目前的客观环境下，小农场仍然享有众多比大农场有利的条件。”③ 推演开来，这直接

① 吴重庆：《无主体熟人社会及社会重建》，社会科学文献出版社，2014 年，第 189 页。

② 谭同学：《亲缘、地缘与市场的互嵌——社会经济视角下的新化数码快印业研究》，《开放时代》2012 年第 6 期。

③ 黄宗智：《中国的隐形农业革命（1980—2010）》，《开放时代》2016 年第 1 期。

涉及对农村地区的基本经营体制改革方向的争论，意义十分巨大。

（三）大流动时代的挑战

国家治理体系一般以政府科层组织为核心，加之中国历来国家与社会彼此嵌入的传统以及当代党政紧密结合的国情，党政科层结构显然是当代中国国家治理体系的关键，这也是笔者将“流动社会”治理的研究聚焦于“国家视角”的原因。这套带有浓厚“郡县国家”传统色彩的治理体系在面对一个“流动社会”的突然到来时，其所产生的诸多困惑背后涉及的深层次挑战主要有以下三方面。

第一，新事物层出不穷，政府职能无法适应稳定。在东部中国的田野调查中，党政机构负责流动人口相关工作的人员经常抱怨的事情，就是涉及流动人口的诸多事务不知到底该归口到哪个部门负责。大量具体治理事务，远非高层级机构几句姿态性的话语就可以化解。原先以户籍人口为对象的整个治理和服务体系，面对一个庞大的大范围流动的人口群体时，显得异常吃力。因为之前的“属地管理”和“属人管理”之间并不冲突，事随人走，人已经附着在地上，属地本身也蕴含着属人之意。但在流动中，人地分离，同时也意味着人的信息无法为属地的机构所掌握。掌握被服务对象真实可靠的信息，是提高服务质量和效率的基本保障，属于国家基础能力的基础。“证明”成为当下基层单位和工作人员实践中解决信息不对称问题必不可少的“基础”，这绝不是什么官僚作风和为难流动人口那么简单，有其深刻的社会背景。笔者在拙作《当代浙北乡村的社会文化变迁》一书中最后一章曾专门记录了中华人民共和国成立后到九十年代四十余年的基层政府机构变化，背后体现的就是乡镇政府职能的变迁。[①] 而最近二十余年这方面的变化依旧非常剧烈，若能深入梳理六十年来一个县和乡镇的政府职能变迁，会是一件极有现实和理论意义的事情。

理论层面上总结，就是以“规则导向”的科层制，在剧烈变动时期，难以满足“问题导向”的弹性治理的现实要求。而此类情况中，中国共产党作为执政党始终保持着对民意的高度敏感，“回应性”较快，以“党的领导”的“政治性”克服科层行政系统的因循守旧。学界近年热门的“运动式治理”“项目制”等本质上都是这方面的体现。

第二，区域发展不均衡，地方改革冲击统一结构。尽管新事物层出不穷，政府职能难以稳定，但处于东部人口流入地的地方政府解决实际治理难题的紧迫性促使它们采取了诸多探索。以党政机构的科层组织体系变革为例，浙江省先后有嘉兴、

---

① 曹锦清、张乐天、陈中亚：《当代浙北乡村的社会文化变迁》，上海人民出版社，2014 年。

绍兴、温州、舟山四个地级市成立了专职的流动人口服务管理部门，还有一些县区如义乌也成立了相应的单设部门。同处长三角的江苏，在苏南的县级市张家港等地方也成立了类似的专职机构。珠三角地区先后有深圳、东莞、广州、惠州在地级市层面成立专门政府机构负责流动人口事务。但笔者在以上诸多城市的实地调研中，无不发现其在现有科层结构中的生存困难和诸多困惑。成立于2008年的东莞市新莞人服务管理局已于2014年底并入人力资源局。① 同样的尴尬在近两年的浙江也普遍存在。其背后凸显的是，中央集权大背景下的科层体系对自上而下的组织结构统一性高度敏感，与区域发展不平衡进而治理任务迥异所需要的地方自主性产生了深刻矛盾。人口流入地需要专设部门解决相关问题，但人口流出地却因为人少事简倾向于撤乡并镇压缩机构。即使是在东部地区同一个省内，不同城市间的治理任务也有较大差异，如广东的珠三角区域和非珠三角区域、浙江省内的浙东与浙西、江苏的苏南与苏北等都属于经济社会发展地区不平衡的复合体，同一个省内尚且无法在机构设置上整齐划一，又何谈跟中央“对口”呢？所以单设部门的城市陷入了与国家整个科层体系对接的困难之中。回顾当下，“领导小组”模式在此中显现出自身适应当下体制的优势，“增设部门”与“领导小组”之间的竞争与优劣则是另外一个需要专门探讨的问题了。

对此，我们不能简单地说中央集权的方式就不好，考虑到中国多元一体的多民族国家现状，如果没有以中国共产党为核心的坚强权威，版图的统一恐怕都会出现挑战。因此，这个问题其实是中央集权的统一性与地方有效治理的自主性之间的平衡问题。中央在此方面始终保持着足够的权威进行调整和收放，不要忽视了那些曾经增设部门的城市尽管最近有所收缩，但毕竟也同样是在现有体制下仅仅是几年前就增设了。而且，中央对机构进行整合撤并，地方对其权威性保持足够的敬畏前提下，最基层的原来已经存在的工作队伍并没有撤销，这是笔者在长三角和珠三角调查中都注意到的现象。

第三，人口低序大流动，管理服务财政成本极高。现在总结来看，计划经济时代的将人口固定下来的做法短期可行，长期是控制不住的。当时一个户籍证明和工作证就可以起到管束作用，到哪里一查便知。现在人口和户籍地已经脱离了，人们可以在全国各地流动，户籍无法约束。随后工作单位也不断变化，工作证也作用式微。最后只能是采用身份证，个人必须随身携带以备查验。身份证与犯罪记录、金

① 秦小辉：《新莞人局成立6年后被收编》，《羊城晚报》2014年9月19日A21版。

融信用等信息绑定，这是国家治理的一个重大变化，国家机器要直接对接个人。但这需要大量的技术设备投入，属于技术与资本密集型治理。即便如此，还是需要有一个庞大的基层的治安巡防与人口信息登记队伍，不论市县两级的机构采取何种形式应对人口大流动，但在最基层的街道社区，东部人口流入地普遍存在这样一个编外人员群体。这个群体与传统社会中的“吏”有些相似，叶静对此的研究显示“职能扩张是编外人员扩张的充分必要条件，但只有加上了财政支出软约束，才一起构成了编外人员扩张的充分必要条件。在一定意义上，是编外人员的扩张使得紧张的编制体系在中国一些经济社会快速发展、政府职能急剧扩张的地区依然可以延续的重要原因”。[①] 可供养如此庞大一个编外人员队伍，所需要的财政支持也是沉重的，在过去经济长期繁荣期或许还可以应对，一旦经济陷入低增长的新常态，财政能否持续是个问题。笔者在苏南和深圳的调研中，根据两地这支队伍建设的最好的情况来看，人员配比一般在外来人口的1‰—2‰，基层巡防员（或称网格员、协管员等）一般年收入要在5万元出头。即使如此，编外人员工作往往较为辛苦，却拿着科层体系中最低的薪酬，对于提升待遇有着强烈的吁求。这支队伍较高的人员流失率就是这方面的典型体现，甚至当经济萧条时期，这支队伍是否本身会构成问题也是需要思考的。

五、结论

认真总结中国在农业时代的国家治理体系的基本构成和经验，既要看到我们“郡县国家”治理静态社会的成功的一面，也要看到其时代条件和局限。而且不能忽视即使传统中国时期，我们依然有北方游牧地区、东部海洋地区和民间江湖社会的“流动社会”的一面，哪怕这些传统历史时期的流动社会是属于支流、补充和边缘，也依然有其重要的借鉴意义。汉族学者和群众往往将传统时期的边疆牧渔生产生活方式想象成无拘无束的“自由流动”，其实是一种深深的误解和农耕文明的偏见，无论游牧还是渔业的流动，都是“有序流动”，而且这种有序流动的优点和方式很可能是我们未来治理流动社会时最基本的思路和传统治理遗产。

历史有其惯性和内在逻辑，郡县国家的四大核心支柱依然深刻影响着当下的中国国家治理体系形态和发展方向，中央集权的原则不可动摇，文官制度日益规范、精细和现代化，行政区划在省级层面变动极小。变化最为迅速明显的是乡土自治，

① 叶静：《地方软财政支出与基层治理——以编外人员扩张为例》，《社会学研究》2016年第1期。

因为中国正快速地从乡土中国转变为城市中国，“行政下沉”的趋势继续发展，国家要直接面对和组织个人的趋势较历史上任何时期都更为有能力和有意愿。20 世纪 90 年代初开始的人口大流动，似乎在市场条件下将人们从原有的村社和单位中解体出来成为一个个自由的个体劳动者，回头看来也仅仅是短暂的历史瞬间。本世纪初以来，执政党迅速意识到这种无序的流动对于治理所带来的严峻问题，着手以各种形式重新将亿万分散流动在城市中的劳动者重新组织起来。而且这种再组织化明显具有以党建带社建的鲜明中国特色，各类群团组织、社工机构等社会组织必须认识到这个中国特色是有其深厚的传统逻辑和惯性在其中的，即国家在组织动员个体居民过程中的核心地位。西方近几十年流行的深受新自由主义思潮影响的新公共管理运动中，诸如一些业务外包等思路和做法，与中国的传统与国情相去甚远，并不能简单套用。如果最基层的组织动员群众的工作都可以通过“购买服务”而实现“外包”，那么如此简单的“花钱”的工作岂不是谁来干都可以？在服务组织动员群众的过程中，其实还有一个执政党的政治合法性再生产问题，这类事务是不可能主要假手他人来做的，这也是为何中共高度强调“群众路线”的一个原因。而且，中共恰恰是在服务组织动员人民群众和文官制度两大的领域，大幅度地改造了中国传统郡县国家的治理体系，构建了一个更加强有力的现代国家治理体系，其基层的民众更有组织性，其干部队伍充满工作积极性。

“郡县国家”遭遇“流动社会”会是当下以及未来相当长历史时期内，中国国家治理体系变革所必须回应的深层次根本问题。其核心要害在于：第一，是中央集权与地方自主之间的平衡，或者说“中央和地方两个积极性”问题。第二，是科层制的僵化呆板与大变革时代有效治理的灵活性的矛盾，或者可以说“政治”对“行政”的短板的克服。我们会发现，这两个问题的关键都在于中国共产党，而且要看到中国共产党在应对这个流动社会过程中的权威、弹性、灵活等特点，总体上是起到积极正面作用的，是基本应对了这个史无前例的“流动社会”。而且，对比处于相同工业化、城市化、市场化历史阶段的西方国家而言，中共的治理绩效无疑更为出色，还要考虑到当前我们处于全球化、信息化的新环境下，难度会更大。只是对政府治理过程、政府组织机构的研究因为较难获取信息和资料，所以理论上的提炼总结还显得很不到位，政府更多是在凭借实务工作中的“手感”和“直觉”开展工作，不过随着中国的自信不断提升和对学界的开放度不断加大，这方面的研究条件也在日渐成熟。

当今的流动社会，是城市中国的一个表征，已突破原来农业时代的空间上二元划分，无论长城内外大江南北，都混合相近，国家治理体系更接近“一元”。但这种新的“一元”，却是混合着“动静”的一元，这种新的国家治理体系，会兼有“郡县”与“盟旗”的特点。中共在这个过程中如何调适，从过去组织静态小农的经验转变成组织流动的农民工与白领，将成为长期的新课题。我们曾经在农业时代的治理流动社会的经验至今仍有意义，但却往往被汉族学者构成的学术界主流所忽视；我们在当下的变革中潜意识里仍保留着农业社会的治理经验中对“流民”的恐惧惯性，自觉不自觉地倾向于排斥、限制人口流动，并希望恢复到一个静态社会进行治理。这样的实践方向是值得探讨的，这样的心态是值得检视反省的。我们应积极准备应对治理一个“流动社会”（城市中国），对传统治理经验进行梳理和总结，并认真分析其成功条件和当代挑战。从社会具有了高流动性并要求相匹配的“上层建筑”这一结构功能视角出发，我们会对当代中国国家治理体系的变革性质和方向有新的理解和把握，并认识到中国共产党的“弹性与权威”在适应这个大流动时代中相对于政府科层体制的“僵化与分权”的特殊优势和积极意义。

发表于2016年第6期

参考文献：

[1] 俞可平：《中国治理变迁30年（1978—2008）》，《吉林大学社会科学学报》2008年第3期。

[2] 徐勇、吕楠：《热话题与冷思考——关于国家治理体系与治理能力现代化的对话》，《当代世界与社会主义》2014年第1期。

[3] 渠敬东：《项目制：一种新的国家治理体制》，《中国社会科学》2012年第5期。

[4] 黄宗智、龚为纲、高原：《“项目制”的运作机制和效果是“合理化”吗?》，《开放时代》2014年第5期。

[5] 史普元：《科层为体、项目为用：一个中央项目运作的组织探讨》，《社会》2015年第5期。

[6] 周雪光：《国家治理逻辑和中国官僚体制：一个韦伯理论视角》，《开放时代》2013年第3期。

[7] 周黎安：《行政发包制》，《社会》2014年第6期。

[8] 冯仕政：《政治市场想象与中国国家治理分析：兼评周黎安的行政发包制理

论》,《社会》2014 年第 6 期。

[9] 周雪光:《运动型治理机制:中国国家治理的制度逻辑再思考》,《开放时代》2012 年第 9 期。

[10] 刘剑雄:《中国政治锦标赛竞争研究》,《公共管理学报》2008 年第 3 期。

[11] 欧阳静:《论基层运动型治理:兼于周雪光等商》,《开放时代》2014 年第 6 期。

[12] 欧阳静:《压力型体制和乡镇的策略主义逻辑》,《经济社会体制比较》2011 年第 3 期。

[13] 黄宗智:《集权的简约治理:中国以准官员和纠纷解决为主的半正式基层行政》,《开放时代》2008 年第 2 期。

[14] 任剑涛:《国家治理的简约主义》,《开放时代》2010 年第 7 期。

复合政治：自然单元与行政单元的治理逻辑

——基于“深度中国调查”材料的认识

邓大才*

近几年，中央“一号文件”均提出了“基本单元”的概念，鼓励各地以自然村或者村民小组为基本单元开展村民自治的试验。广东省清远市提出了“重心下移”，将村治单元下移到自然村或村民小组；湖南省却反其道而行之，合村并组，扩大村庄规模。我们的疑问是，为什么中央会一再强调“基本单元”，并鼓励在基本单元中实施村民自治；广东清远市和湖南省为什么会相向而行，一个缩小自治规模，一个扩大治理规模？笔者认为，产生这一问题的根本原因是不清楚农村治理的基本单元是什么，基本单元从何而来，又在哪里，更重要的没有搞清楚自下而上的“自然单元”和自上而下的“行政单元”之间的区别及其组合设置。本文拟通过对中国农村基层治理基本单元（包括自然单元和行政单元的形成、属性、功能及国家为了统治、管理、治理农村而改造利用自然单元）的考察，研究基本单元的类型、功能演变、互动关系，及其对国家基层治理的价值和意义。

一、文献梳理与问题意识

（一）基本概念界定和阐释

所谓基本单元，是人们为了满足生产生活需要，以家庭或者个体的方式聚集在一起，或是国家、政治团体将一定的人群按一定的区域划分为一定的行政空间。这种聚集或者组合可能是一个组织，也可能是一个空间，还可能是一个平台。基本单元是最接近家庭、位于治理层级最底端且不可再分割，但是又能满足一定公共生活的组织平台、范围和空间，它由若干自然人或者若干家庭构成。

基本单元有几个主要的特点：

1. 位于社会或者行政链条的最底层。从纵向来看，基本单元是处于纵向链条的

* 邓大才，政治学博士，华中师范大学中国农村研究院教授、博士生导师，青年长江学者。

最后，是最接近家庭和个人的组织、平台、范围和空间。

2. 规模最小且不可再细分。从规模来看，基本单元虽然是大于家庭的若干家庭或个人的组合，但在纵向行政链条中，位于最底端，因此规模最小。从内容来看，基本单元是难以再细分的组合，如果能再细分便不是基本单元，所以说是最小的组合。

3. 有一定的公共生活。人们聚集或者组织在一起就是为了实现公共生活，没有公共生活的群体不能称为基本单元。

（二）基本单元的分类

中国农村基层治理基本单元分为两类：自然单元和行政单元。在人类历史发展过程中，自然形成的基本单元称为自然型基本单元，简称为“自然单元”，有些地方称为“自然村”，有些又称为湾、冲、屯等。自然单元又分为原生性自然单元、再生性自然单元、派生性自然单元三类，其主要功能是群众性自治，通过自治解决生产生活的公共性问题。因此有些人也将其称为自治单元。[①]

有些村庄会形成双层自然村，即在自然村规模比较小，无法解决生产生活的公共性时，上一级自然形成的单元会变成次级自然村，本文称为组合性自然村；如有些自然村随着发展，越来越大，下面相继形成了更小的单元，这个小单元便称为自然村，而原有的单元则称为组合性自然村。但组合性自然村与自然单元对应，国家为了便于统治和治理，用行政的方式设置和划定了统治、管理、治理的基本单元，这些单元称为行政型基本单元，简称为“行政单元”。1949 年以前主要是保甲、邻闾、里甲、社村等制度，1949 年以后为初级社、高级社、生产队、生产大队、村民小组、村民委员会等。与自然单元位于最底层不同，行政型基本单元具有一定的规模，其基本单元不是甲、邻、初级社、生产队、村民小组，而是保、闾、高级社、生产大队、村民委员会等，行政单元的主要功能就是保障国家的统治和治理功能的实现。

（三）文献梳理和问题意识

对于农村基层治理基本单元，学界尚无专门的研究，但有几位学者的研究领域有所涉及。其中，摩尔根在其《古代社会》中对基本单元有诸多探讨，并进行过规律性研究。摩尔根的观点主要有如下几个方面：一是氏族成为古代社会的基本单元和基础，“随之而来的趋势是使氏族成代替婚级而成为社会组织的基本单位”。[②] “这

---

① 邓大才、张利明：《多单位治理：基层治理单元的演化与创设逻辑》，《学习与探索》2017 年第 5 期。

② 摩尔根：《古代社会》，杨东莼、马雍、马巨译，江苏教育出版社，2005 年，第 47 页。

也是一种社会政治制度的基本组织单位，它是古代社会的基础。”[1] “在社会的组织中，氏族是基本组织，它既是该体系的基础，又是其单元。”[2] 二是以氏族为单元构成的社会结构具有单元特点，“因为印第安人组织其社会时所依据的社会政治体系即以氏族为其基本单元。这种单元组成的社会结构必然也带有这种单元的特色，因为单元如此，其组合物也会如此”。[3] 三是低层级单元组成高级单元，“民族以部落为其单元，部落以胞族为其单元，胞族以氏族为其单元，但是氏族并不以家族为其单元”。“氏族则是社会制度的基本单元，是长期存在的”。[4] 四是乡区是政治社会的基本单元和基础，“乡区及其固定的财产以及它所拥有的、组成政治团体的居民，成为一种截然不同的新政治制度的基本单位和基础”。[5] 乡区基本单元取代氏族基本单元则使古代社会迈入到政治社会之中。“这个国家的基础是地域而不是人身，是城邑而不是氏族，城邑是一种政治制度的单元，而氏族是一种社会制度的单元。”[6] 五是基本单元的性质决定其上层体系的性质。“基本单元的性质决定了由它所组成的上层体系的性质，只有通过基本单元的性质，才能阐明整个的社会体系。”[7] “基本单元是怎样的，其复合体也是怎样的。”[8] 六是基本单元是一切治理的开始。“人民如果要学会自治之术，要维护平等的法律和平等的权利与特权，那就必须从基本单元开始。”[9]

迈克尔·曼对各种单元有过相关阐述，一是提出过各种不同单元，如家庭单元、人群单元、部落单元、文明单元，这四个单元的规模依次变大，紧密程度依次降低。另外，他还提出过群体单元、行政单元、政治单元、自治单元、地域单元、人种单元、血亲单元、联合单元、经济单元等具体分类，但没有明确解释及分析其性质、功能。[10] 二是对基本单元规模的上限做出相关论述。他认为，史前社会基本单元的规模在50—500人之间，最大的土地面积为200英亩。一旦超过400—500人，要么是

---

① 摩尔根：《古代社会》，2005年，第51页。

② 同上书，第188页。

③ 同上书，第68页。

④ 同上书，第186页。

⑤ 同上书，第52页。

⑥ 同上书，第96页。

⑦ 同上书，第191页。

⑧ 同上书，第222页。

⑨ 同上。

⑩ 迈克尔·曼：《社会权力的来源》（第一卷），刘北成、李少军译，上海人民出版社，2002年，第57－58页。

居留点分开，要么就发生角色和身份的特化。① 三是提出社会单元具有固化性和交叉性。“前历史显示了一种走向地域和社会的更加固化的社会单元趋向……社会单元是交叠的。”②

国内学者邓大才对基本单元或单元治理理论进行过系统的论述，一是从产权单元与治理单元的对称性来研究治理的成效。③ 二是探讨村民自治基本单元的确定原则，认为自治的基本单元由产权相同、利益相关、血缘相连、文化相通、地缘相近等要素来决定。④ 三是探讨中国农村基层的多单位治理，认为中国基层的治理是从单单位治理转向多单元治理的过程。⑤

虽然摩尔根、迈克尔·曼和邓大才等都对基本单元有过论述或者研究，但非专门研究，基本单元是什么，如何才算基本单元？基本单元如何形成，有何分类，有什么功能？如何处理好自然单元与行政单元之间的关系？更为重要的是基本单元与国家治理之间的关系如何？这些问题尚不清楚，需要学术界对此进行专门的研究。

（四）研究目标和假设

本文将以中国农村研究院的村庄田野调查资料为基础，对中国农村基层基本单元进行专题研究。通过对中国农村基层基本单元的形成、性质、类型、功能的研究对如下假设进行验证：

基本假设一，基本单元的功能与国家治理能力相关。其中，自然单元的社会功能与国家治理能力反相关，行政单元的行政功能与国家治理能力正相关，即在国家治理能力比较弱的情况下，自然单元较行政单元承担更多的公共生活的组织功能；而随着国家治理能力的逐渐增强，自然单元承担公共生活组织的功能会逐渐减少，行政单元则将承担较多的公共生活组织功能。

基本假设二，自然单元与行政单元的功能互补。自然单元的功能维持自然村的生产和生活；行政单元的功能最初是保障国家统治的需要，后来扩展到对辖区的公共管理、公共建设、公共服务等治理的需要，行政单元逐渐覆盖或取代自然单元的

---

① 迈克尔·曼：《社会权力的来源》（第一卷），第59—60页。

② 同上书，第92页。

③ 邓大才：《产权单位与治理单位的关联性研究》，《中国社会科学》2016年第7期。

④ 邓大才：《中国农村村民自治基本单元的选择：历史经验与理论建构》，《学习与探索》2016年第4期。

⑤ 邓大才、张利明：《多单位治理：基层治理单元的演化与创设逻辑》，《学习与探索》2017年第5期。

社会功能。[①]

基本假设三，行政单元的行政功能呈扩张趋势，但是行政功能无法完全取代自然单元的自治功能。在一定的条件下，行政单元的功能和自然单元的功能会同向增长。

二、自然型基本单元的形成与治理功能

中国农村自然型基本单元就是自然村，本文称为“自然单元”。自然村是农民在生产生活过程中自然形成的一种聚落、村落。在自然村内，农民有一定的协作性、共同性和认同性。它是农民自我组织生产生活的社会性基本单元，也是国家治理农村基层社会的最重要载体。自然村的形成具有一定共性，但是因为区域地理、社会条件等不同，自然村形成的过程、组织方式、凝聚程度及功能都会有一定的差异。

（一）以血缘为基础的自然单元及治理功能

华南地区的自然村与宗族的发展紧密相连，血缘是自然村最重要的影响因素。宗族的形成过程就是自然村的形成和分化过程，而且因为血缘与宗族的关系，自然村的社会功能比较多，自治能力比较强。

广东省连平县司前村，为吴氏单姓村，1949 年司前村有近 600 人，现有约 1600 人。明朝初年（1374 年）吴氏祖先在此开基立籍，由此逐步形成司前单姓自然村。1949 年之前，吴氏宗族为自然村内的居民提供安全防卫、水利建设、社会保障、救灾救济、公共教育等方面的服务和保障。从行政建制来看，明朝初期，司前村设为司前围，隶属于河源县忠信图，正式纳入行政建制；民国二十四年（1935 年），司前村隶属于连平县忠信区，设 1 保 6 甲，保甲行政单元主要是收税、征兵，要做好这件工作还需要族长、房长配合。1949 年改为司前村，后来变成高级社和生产大队，1987 年设立司前村民委员会。可见，司前自然村为原生性自然村，1949 年以前治理功能比较多。司前村与保甲分立，互不干涉。1949 年以后行政单元与自然单元一致，具有民政、民兵、水利建设、经济发展、教育等多种功能。[②]

广东省龙川县山池村，1949 年有 1740 人，其中谢姓有 1500 人。现在约有 6000 人，依然以谢姓为主。明朝中早期谢姓开基祖迁入前，当地就有罗、许、邝等多姓

---

① 自然单元具有社会功能，这种社会功能又称为社会自治功能，简称为自治功能。行政单元具有行政功能，这种行政功能逐渐演化为公共管理、公共建设、公共服务等治理功能。

② 张利明：《和合共生：农商并举之族的立与兴——粤北司前村调查》，载于徐勇、邓大才等：《中国农村调查》（总第 3 卷 · 村庄类第 2 卷 · 华南区域第 2 卷），社会科学文献出版社，2017 年。

居住，形成了山池自然村，经过几百年的发展，谢氏成为山池自然村的最主要的居民。1949 年以前，谢氏宗族为自然村内的谢氏居民提供防卫、教育及孤寡老人扶持等社会功能。1805 年山池村设置为山池约（堡），成为正式的行政建制单元。民国 19 年（1930 年）成为山池乡（小乡制），下辖 3 保 18 甲，保直接对乡负责，与山池自然村没有关系。保甲长的责任是征税、抓兵，与族长、房长互不干涉。1949 年设置为山池村政府，后来变成高级社、生产大队，1987 年改为山池村民委员会。山池村为再生性自然村，1949 年以前有较多的功能，1949 年以后行政单元依托自然单元设置，具有几乎所有的政府功能。①

福建省龙岩市永定区中川村，现有约 2832 人，是一个胡氏单姓村庄。1420 年左右，下洋胡氏第九世铁缘公迁入“枫坑”（中川村旧时叫法），渐渐形成了枫坑自然村。在胡氏迁入枫坑之前，村内还有张、谢等姓氏的几户村民居住，胡氏日渐强大，逐渐成为枫坑自然村主要村民。1949 年以前，胡氏宗族以族田为经济基础，为自然村内的胡氏村民提供教育、防卫、救济等社会功能。1478 年，枫坑自然村设置为金丰里中坑村（中川村曾用村名），正式成为行政建制单元，1935 年中川村隶属永定县第五区下金区下洋联保管辖，1949 年正式设置为中川村，合作化和农村人民公社时期分别为中川高级社和生产大队。1987 年变为中川村民委员会。可见，中川是一个再生性自然村，中川自然单元与行政单元的范围一致，1949 年以后因为行政单元的强力运行，自然单元的功能逐渐为行政单元取代。②

广东省蕉岭县福岭村，现在约有 2966 人，以陈姓为主。明朝中后期在陈姓迁入之前，当时的福岭村由唐、卜、练等多姓组成一个自然村。陈姓迁入之后，其他小姓搬迁或者消亡，陈氏成为聚落的主体。随着人口的增多及一些有较强实力房支的形成，自然村的统驭功能减弱，一些房支自我组织公共活动，形成次级血缘聚落（房），各个分裂的房拥有自己独立的公共财产，举办公共活动，提供公共保障，自然形成的房单位是基本单元。1633 年，福岭村设置为“龟浆二图八里”。1949 年福岭村有 5121 人，形成二十多个以房为单位的聚落。每个聚落就是一个房支，每个房支有自己的祠堂和族产，承担本房的公共事务，如扶弱助残、义教等事务。合作化时期福岭村为高级合作社，农村人民公社时期为生产大队，1999 年设置为村民委员会。可见，房成为派生性自然单元，而福岭村则具有组合性自然单元性质，房成为

① 胡平江：《大族崛起：以分促合的治理——粤北山池村调查》，载于徐勇、邓大才等：《中国农村调查》（总第 2 卷 · 村庄类第 1 卷 · 华南区域第 1 卷），社会科学文献出版社，2017 年。

② 材料来源于唐丹丹对华南宗族村庄的调查报告，未刊稿。

福岭村的基本单元。[①]

从四个村落来看，有如下几个特点：一是在华南宗族地区，原生性自然村、再生性自然村、派生性自然村并存。二是在传统时期，自然单元与行政单元分立，互不干预，但有时会相互支持。1949 年以后国家以自然村为依托设立了行政组织，两类单元合二为一。三是在传统时期，自然单元承担了较多的治理功能，而行政单元仅限于基本的统治功能：征税、抓兵，两类单元一直分设。1949 年以后行政单元取代、覆盖了自然单元，拥有了更多的社会、政治功能，自然单元的社会功能有所弱化。

（二）以地缘为基础的自然单元及治理功能

长江流域的自然村主要是因为移民、垦荒、围湖造田等因素形成，人们在自然村的范围内生产、生活和协作，形成了基层社会的基本单元。以地缘为基础的自然单元，其规模比较小，治理功能比较弱。

湖南省汉寿县乌珠湖村，位于西洞庭湖湖汊地带，湖泊、河流、堰塘、沟渠纵横。1862 年国家允许开荒、围堰造田，一些有实力的人“插草为标、挑土围堤”，形成了 3 个垸子：安家、周家和范家。安家与周家毗邻，共享一个土地庙和土地会。范家大多为自耕农，相对较富，有独立的土地庙和土地会。其后周家搬到较远的一角，也形成了一个聚落，3 个聚落之间的距离均超越了 500 米。三个聚落构成乌珠湖一甲（因为当时没有人愿意当甲长，所以三个聚落合成一个甲），属于岭湖保。1949 年时，安家湖有 11 个姓 13 户、范家湖 8 个姓 16 户、周家湖 6 个姓 15 户。3 个聚落之间的距离较远，有明显的边界，每个聚落都有自己的土地庙和土地会，除了丧葬需要 3 个聚落共同完成外，生产和生活互助都在各个聚落内部形成。可见 3 个聚落就是 3 个自然村，1949 年后 3 个自然村组成了 1 个行政村，合作社时期为 3 个初级社，农村人民公社时为 3 个生产小队，隶属于凤凰大队，1987 年后者改为凤凰村民委员会（后更名为乌珠湖村），3 个自然村为其中的 3 个村民小组。可见，不管是 1949 年以前还是以后，自然单元均小于行政单元，前者只有一定的生产生活协作功能，没有其他的治理功能。

湖北省宜都市余家桥村，位于长江支流九道河岸边，境内小河、水沟、堰塘、沟渠纵横交错。明初很多村民从江西南昌县迁移而来，“纨草为基、垦荒耕种”，或向县衙购买土地形成 4 个聚落。4 个聚落之间的边界明显，或以沟渠、河流为界，或

---

① 白雪娇：《分形同气：农工并举之族的裂变与整合——粤北福岭村调查》，载于徐勇、邓大才等：《中国农村调查》（总第 4 卷·村庄类第 3 卷·华南区域第 3 卷），社会科学文献出版社，2017 年。

以堰塘为界，聚落相距 50 米至 500 米。民国时期，余家桥村有 29 个姓氏、81 户农户，划分为两甲，归属太平乡第五保，保甲的主要功能就是征税和抓壮丁。1949 年后 4 个聚落组成 1 个行政村，合作社时分成 3 个初级社，农村人民公社时分成 5 个生产小队。4 个聚落各有一座公共的土地庙、一至两口公共堰塘。日常生活中的生产合作、丧葬互助、社会交往等以聚落为单位，有些协作和合作，如求雨、土地会、打醮、洪灾后的赈济、抬杠班子、“水管会”等需跨越聚落来完成。由此可见，4 个聚落是典型的自然村。不管是 1949 年以前还是以后，自然单元均小于行政单元。在 1949 年以前自然村只有一些生产、生活的协作及聚落秩序维护功能。1949 年以后自然单元归并于行政单元，因为行政单元比较强势且功能较多，自然单元的功能也逐渐消失。

安徽省望江县南湾村，最早可以追溯住户为吴姓，其先祖于南宋末年为躲避战乱由淮北迁居于此，当时此地为泥塘河洪水过后形成的无主之地，吴氏先祖在高士岭下挑水塘，汲湖水，开垦田地，繁衍生息，逐渐形成单姓村落，称为吴屋。吴屋与周边村落大致以土地、河流、山岭等比较固定的自然边界为界，各个村落之间相隔 1000—2000 米。保甲制时期，吴屋改名为南湾村，设置童岭保第一甲。南湾村有自己的龙王庙、土地庙、祖堂和堤委会，村落内任何一家婚嫁，其他各户都要送礼和帮忙；土地灌溉由村落内相邻的几户共同挑塘或提水灌溉。1949 年南湾村有 120 多人，与周边 5 个自然村合为一个行政村。1955 年为南湾初级社，后来归属于同圩高级社、同圩生产大队，后者 1987 年改为村民委员会。可见，源于吴屋的南湾村属于原生性自然村，一直小于行政单元，在传统时期，自然单元只有一些生产生活的小协作和帮忙，没有治理功能。1949 年以后行政单元将自然村归并于其下，承担了大量的社会、政治和文化功能。

江西省都昌县胡家坝村，位于鄱阳湖中下游地区，村落境内河塘密布、沟渠纵横、水网交错。元朝末年胡姓搬迁至此，圈地画宅，拓土围屋，以姓立村。随后其他姓氏逐渐随迁，人数逐渐增多，最终形成了以血缘为纽带的八个姓氏小聚落，称为胡家坝村。在婚丧嫁娶、重修庙宇、修坝围堤时，八个聚落相互合作，共建共用土地庙。为了弥补单姓氏力量的不足，各姓氏联合成立了“八大家”组织。民国时期，八个聚落分成四甲，隶属丁仙乡第九保，合作化时期是初级社、农村人民公社时期为生产小队。胡家坝与周边的自然村相距 500 米左右，属于典型的原生性自然村，自然单元一直小于行政单元。

四川省成都市新都区曲水村，元末明初和明末清初“湖广填四川”，移民迁徙至此，各自插站落业，最终形成十四个姓氏、十四个小聚落。聚落由相互邻近的数个同族聚居，或是佃户共居的“院子”“院落”组成，聚落内农民在生产上合作挖沟、换工；在生活上红白喜事相互往来；聚落之间则常相隔数亩田地。村内有几个土地庙，日常修建与维修为土地神所保护范围内的农户共同集资与出工；秧苗醮为保甲长组织，以其中一个土地庙为活动地点。民国时期，曲水作为行政村，设为一个保，下设为8个甲，主要功能是征税、抓壮丁。1949年曲水村由保改为行政村。合作社时期曲水村为初级社，与通联村共同组织成高级社。在农村人民公社时期，改为第三生产大队，1987年改为村民委员会。可见。曲水村属于再生性自然村，但是村庄规模较大，除了初级社时期外，自然单元与行政单元基本一致。1949年以后国家建设行政单元的功能逐渐增多，自然单元及其功能也逐渐弱化。①

从长江流域来看，自然村主要有如下几个特点：一是自然村的性质，自然村主要是因租佃、围垸、开荒而形成；规模比较小，一般只有几十户左右；姓氏比较多、比较杂。自然村之间的距离比较大，但聚落相距很小。二是自然村的功能，自然村居民之间只有生产生活的协作、合作关系，如丧葬等无法独立完成的活动会跨越自然村合作，长江流域的自然村会有一些共有的设施和仪式，但是很少有社会功能。三是自然单元的规模一般小于行政单元，1949年以前行政单元与自治单元一直分设，互不干涉。1949年以后行政单元的功能逐渐增多、能力增强，自然村的社会功能被行政取代，社会功能逐渐消失，但其社会功能并未完全消失。

（三）以多缘为基础的自然单元及治理功能

华北地区是中国最早被开发的地区，具体形成的历史难以溯源，但生存环境较好。其自然村的规模一般比南方要大，且形成多样，有些以血缘为基础，有些以地缘为基础，还有些是以军缘为基础形成的自然单元。

江苏省丰县赵集村，原名永宁集，源于明朝永乐年间。1949年前约有1000多人，以赵姓为主，其余9个姓氏均为“住亲戚”而来，占比很小。赵姓始迁先祖及其族人助明破元，随军而下，占籍于此，形成村落。村落为村民提供安全防卫、公共教育、水利建设等服务。赵集村距离周边村落约1.5—5公里不等。1919年以前赵集村有寨主，且可以参与县域官员选举。1928年，国民党重划区域、撤寨设保，赵集村被分为南保、北保，隶属第五区单楼乡。1949年后，两保又重新合并，行政单元沿革至2000年。合作社时期赵集是一个初级社，后为一个高级社。人民公社时期是一个大队（赵集大队），下设8个小队，后来增设为12个。2000年后，赵集、宋

① 以上引用材料来源于中国农村研究院长江流域的村庄调查，分别来自史亚峰、李华胤、董帅兵、林龙飞、刘思的村庄调查报告，尚未正式出版。

园两个行政村合并，统称为“赵集村”。由此判断，合并前的赵集村为原生性自然村，政府的行政单元设置晚于自然村单元，行政单元小于自然单元。1949 年后自然村落的社会功能为行政单元取代，自然单元的功能逐渐消失。

山西省永济市城子埒村，地处黄河冲积平原。明朝洪武年间，因实行军垦制度，郭、王、陈、朱等四大家族的兵役来到城子埒村东边开荒，形成了城子埒营聚落。四大姓氏的村民聚族而居，分别形成了营里、后营、西营、东营四个聚落，各个聚落有明确的边界，但是相隔只有一条路或者一个围墙。在信仰方面，每个营都有自己的神庙和祠堂。在生产合作方面，每个聚落的村民，生产合作、红白喜事等事务互助合作。在治安方面，每营的人自主组织巡夜打更。1949 年以前城子埒营共有 141 户、709 人。当时村子分为四个闾，每个营为一闾。初级社时，每个营是初级社，四个营构成高级社；人民公社时期，城子埒营为生产大队，城子埒营和隔壁的城子埒村合并为一个行政村。可见，城子埒营是因为兵役而形成的自然村落，自然单元与行政单元基本一致，1949 年以前城子埒营有一定的社会功能，多于长江流域的自然单元，可是少于宗族地区的自然单元。1949 年以后自然单元的功能逐渐为行政单元所取代。

山东省东平县王仲口村，始建于元朝，原名刘老庄，最初仅为 10 余户刘姓族人聚居之地。明洪武年间（1368 年至 1398 年），京杭大运河山东段的会通河重修，外来王姓迁居此地，并在此处建成渡口，更名为王渡口，后演变成王仲口村。而后张姓、蒋姓等姓居民也前来此地定居，在村的东南、东北侧有张家海子和蒋庄村落，为了防止土匪抢劫，3 个村落统一安排打更、巡夜等安全防卫，但宗族祭祀活动均在各村落自行开展，婚丧嫁娶中的生活互助圈、帮工换工的生产互助圈也主要限于各个自然村落内部。民国时期，3 个自然村落组成一保，设六甲。由于战乱水患，王仲口村周边的小村落为抵御自然灾害与安全风险，也逐渐迁至王仲口村附近，各村落的空间边界逐步靠近乃至消失。1949 年 5 个聚落构成王仲口村；在合作化时期，刘老庄成为初级社、王仲口为高级社；在人民公社时期，刘老庄为生产小队，王仲口设置为生产大队。可见，刘老庄是一个自然村，王仲口村是五个自然村形成的组合性自然村。

河南省偃师市南蔡庄村，因明朝初年奖励垦荒，由山西省洪洞县迁民 40 多户至此，开垦荒地，开枝散叶。民国二十三年（1934 年）实行保甲制，全村被划分为南、北两个总保，南保有 6 个小保，北保有 7 个小保，全村有鲍、刘、朱、郭等 40 多个姓氏 2400 余口人。南蔡庄村与周边村庄相距 500 米到 2000 米之间。1949 年以前，南蔡庄村的绅士设立有义学，村中学生免费读书。村庄有大小 13 座庙宇，每年由村庄举办7次大型公开庙会。一家一户难以完成的生产生活事务常常通过村内关系好的几家自发组成的会、社完成。婚丧嫁娶之时，同一条街道居住的人（范围大致和现在的村民小组相符合）要帮忙和送礼。1949年以后，在合作化时期南蔡庄成立了20个初级社，农村人民公社时期设置为生产大队。1983年取消人民公社建制，改为南蔡庄行政村，将原来的20个生产小队改为20个村民小组。显然，南蔡村是一个移民性自然村，也是一个再生性自然村，1949年以前行政单元小于自然单元，1949年以后行政单元与自然单元一致。1949年以前的行政单元仅限于收税和抓丁，1949年以后行政单元的功能增多，自然单元的功能逐步消失。

陕西省泾阳县社树村，据《泾阳县志》记载，唐朝时社树村建有东公寺，元末皇室驸马姚成从河南举家迁至寺背后村一带置地居住，经商致富后逐步向泾河北岸延展，并最终在社树村修建城堡，成为村中最大家族。随姚家来到社树的管家姓刘，账房姓邢，发展为村中另外两个大姓。社树村与周边的村庄相隔600米到1500米。1949年以前，该村属泾阳县百谷乡管辖，置1保10甲。民国年间，公共教育、水权分配、灾荒救济、安全防卫等公共职能均由“保”来提供。村内寺庙基本废置，除个人自发组织的社火等活动外并无公共活动。1949年时，社树村约有900人，合作化时期设置为高级社，后变成生产大队。可见，社树村是一个再生性自然村，行政单元与自然单元一致。不过此村的行政单元的功能一直强于自然单元的功能。

河北省馆陶县常儿寨村，明朝永乐二年（1404年），常儿寨四大姓氏从山西洪洞县迁至于此。四大姓的先民在此拓地、繁衍。各姓以片（街道）为聚居单元，具有明显的族际边界。村民同挖水井，凑钱修建本姓聚落的土地庙和神庙，以姓氏为单元祭祀祖先，以片为单元进行生产生活互助和共同防卫。常儿寨与周边的村庄相距1000米到2000米。1949年前，常儿寨村实行庄闾制，全庄共分为8个闾，各片被分为1个或若干个闾。1949年，常儿寨有900人。合作化及集体化时期，常儿寨分别为高级合作社、生产大队。显然常儿寨是一个典型的移民性自然村庄，一直以来行政单元与自然单元一致。①

从华北地区来看，因为开发时期比较早，且缺少文字或者家谱记载，因此自然村的性质不太清楚，而且北方也没有自然村的概念。但是根据自然村的判定标准，上述几个村寨均具有自然村特点，几个共同的特点也总结如下：一是自然村规模都比较大，大几百人到几千人不等，远远大于长江流域的自然村。有些地方因为村庄

---

① 以上引用材料来源于中国农村研究院黄河流域的村庄调查，分别来自邓佼、郭瑞敏、孔浩、董帅兵、余孝东、姜胜辉的村庄调查报告，尚未正式出版。

较大，在一个村落范围内会分成几个聚落，这些聚落有一定的公共性且形成生产生活的协作圈。因此可说聚落是一个自然村，整个村落也是一个自然村，前者为基本单元自然村，后者为组合性自然村，即是两级自然村。二是1949年以前自然单元的规模一般大于或者等于行政单元。1949年以后华北地区基本上以自然单元为依托建构行政单元。三是华北地区的自然单元有一定的社会功能，强于长江流域的自然单元，但弱于华南宗族的自然单元。1949年以前行政单元的治理功能通常比自然单元要多，1949年以后后者的功能基本被前者取代。

表1 各个区域自然单元的基本特点

	华南宗族地区	长江流域	华北地区
规模	几十户到数千户之间	几十户	百户以上比较多
与行政单元关系	大于、等于或者小于行政单元	小于行政单元	大于或者等于行政单元
两类基本单元设置	1949年前：分设 1949年后：合二为一，或者自然村归并行政单元的下辖单元	1949年前：分设 1949年后：自然村归并行政单元的下辖单元	1949年前：分设 1949年后：合二为一
主要社会功能	提供较多的公共性：防卫、养老、教育、救助等	不提供公共性：但是邻里之间互助、调解	提供一定公共性：村落防卫、调解、邻里互助
仪式及设施	有共同的仪式、设施	有一定的共同仪式、设施	有一定的共同仪式、设施
类型	原生、再生和派生性自然村都有	原生性自然村为主	再生性自然村为主； 组合性自然村

三、行政型基本单元的形成及治理功能

中国农村基层的基本单元除了自然村以外，还有国家建制的基本单元，即行政型基本单元。虽然上文对不同区域的行政型基本单元的设置与自然单元的关系已经有所考察，但是行政单元的历史脉络仍旧模糊，在此拟对它的嬗变进行相关梳理。

（一）传统时期行政型基本单元

传统时期，国家为了便于统治，建立了保甲、里甲、社村等多个体系，从而形成了基层社会的统治与治理单元：保甲、里甲、社村等。

1. 保甲单元

保甲制度形成较早，但是全面的正式实施则在清朝。一般情况下，十户为一牌，

十牌为一甲，十甲为一保；牌设牌长，甲设甲长，保设保长。① 保甲的主要功能：人口管理、治安监察。在现实操作时，有时为了方便，每保、每甲的户数也可能多，也可能少。按照十进位制确定的保甲制，通常与自然村并不吻合，有些保比自然村大，有些则比自然村小。萧公权先生认为，清朝政府有意让国家建制的保甲制与自然村分离。②

2. 里甲单元

里甲制度最早可以追溯到元朝的里社制度，在明朝改为里甲制度，清顺治时期正式设置。每 11 户设一甲，每 110 户设一里。里甲作为国家征税的基层组织，主要就是收税、登记土地台账。里甲只有两个层级：里、甲；保甲有三个层级：保、甲、牌。萧公权先生认为，在保甲制中，户是基本单元，牌是基层单元；在里甲制中，户也是基本单元，里是基层单元。③

3. 社村单元

中国地域广阔，基层治理单元存在区域差异。除了上述保甲、里甲单元外，还存在“社”制，以社作为基层行政治理单元。不同时期的“社”的功能和组织形式不同。不同地区的社也不同，有的比村大，有的比村小。社主要是为了农事合作与祭祀，有些时期和地区还会征税。④

国家设置的行政单元中，征税单元与治安单元相互分离，且行政单元远远大于自然单元，但是各个区域存在一定差异。清朝时期在华北平原，保甲的保、里甲的里与自然村的规模较为一致；在长江流域，甲与自然村的规模较为相当；在华南宗族区域，保甲、里甲可能大于，也可能小于或者等于自然村。自然单元与行政单元不论是否一致，两者都是分设，以实现不同功能。

（二）民国时期行政型基本单元

民国初期，基层社会建立了以自然村为单元的村庄制度，1923 年开始实施邻闾制，并在《县组织法》中规定，每 5 户为一邻，25 户为闾。⑤ 但其成效并不理想。1937 年开始实施保甲制，每 10 户为一甲，每 10 甲为一保。根据《保甲条例》，保甲

---

① 各个朝代的保甲会有所区别。

② 萧公权：《中国乡村：论 19 世纪的帝国控制》，张皓、张升译，台湾联经出版公司，2014 年，第 36—42 页。

③ 同上书，第 43—47 页。

④ 同上书，第 47—50 页。

⑤ 中国第二历史档案馆编：《国民党政府政治制度档案史料选编》（下册），安徽教育出版社，1994 年，第 525 页。

制的功能可以归纳为四个字："管"主要包括清查户口，查验枪支，实行连坐切结等；"教"包括办理保学，训练壮丁等；"养"包括创立所谓合作社，测量土地等；"卫"包括设立地方团练，实行巡查、警戒等。①

民国时期，国家建制的基本单元为保，有些地方为联保。保、联保有些与自然村单元一致，有些则不一致，但是随着保甲制的建立，保甲长取代了传统社会的村长、会首、庄长、寨首等治理主体，也取代了自然村的部分功能，除了征税、征兵外，其功能逐渐增多，开始承担教育、防卫、调解、管理控制、服务、组织等社会功能。

（三）激变时期行政型基本单元

1949年中华人民共和国建立后，农村基层社会的治理单元发生多次变化。首先建立村政府，以自然村为依托。其次建立合作社，先是在自然村内推行互助组、初级合作社，进而组成高级合作社。再次建立农村人民公社，1958年若干高级合作社，包括几个甚至几十个，组建成农村人民公社，相当于现在的乡镇规模。最后调整农村人民公社的制度。最初以人民公社为核算单位，但是管理相当困难；后以生产大队为核算单位，仍旧导致与生产单位的分离；直到1962年才再次将核算单元下移到生产小队。② 即将核算单元下放到自然村。

1962年以后，公社、生产大队、生产队已经分工明确，公社是国家政权在农村的"基层单位"，生产小队为"基本核算单位"。按照群众的意愿，可以实施三级组织：公社、大队、生产队，也可以实施两级组织：公社和生产队。在三级组织中，生产大队具有计划、公共建设、征粮征税、民兵、民政、治安、文教卫生等功能。而生产队则具有生产、利益分配，济贫、救助等社会功能。③

显然，1949年以后，国家致力于对农村基层的治理单元的重构，从初级社、高级社到农村人民公社，后来又逐渐回到生产大队、生产队。在北方，生产大队一般与自然单元一致；在南方，除广东以外生产队与自然单元一致。这一阶段，基本单元不仅具有生产的经济功能，还有大量的社会治理功能。行政单元的功能极其强大，几乎将自然单元的功能完全覆盖。虽然如此，人们对自然单元仍有认同感，生活中的互助、协作、帮忙等，还是以自然村为单元组织实施。

---

① 公安部户政管理局编《清朝末期至中华民国户籍管理法规》，群众出版社，1996年，第228—231页。

② 中共中央文献研究室：《建国以来重要文献选编》（第十五册），中央文献出版社，1997年，第616—625页。

③ 同上书，第625—627页。

（四）改革时期行政型基本单元

农村实施家庭承包责任制以后，“政社合一”的公社体制已不再适应农村经济社会的需要。1983 年中央的 35 号文件规定，“政社分开，建立乡政府”，其下面建村民委员会，作为“基层群众性自治组织，应按村民居住状况设立”，“有些以自然村为单位建立了农业合作社等经济组织的地方，当地群众愿意实行两个机构一套班子，兼行经济组织和村民委员会的职能”。村民委员有两大主要职能，“积极办理本村的公共事务和公益事业，协助乡人民政府搞好本村的行政工作和生产建设工作”。① 可见，此时的村民委员会兼具了自然村的自治功能，也承担国家的行政功能和经济发展功能。

1987 年的《村民委员会组织法》进一步明确规定：“村民委员会根据村民居住状况、人口多少，按照便于群众自治的原则设立。村民委员会一般设在自然村；几个自然村可以联合设立村民委员会；大的自然村可以设立几个村民委员会。”村民委员会的主要职能：“办理本村的公共事务和公益事业，调解民间纠纷，协助维护社会治安，向人民政府反映村民的意见、要求和提出建议”，同时也规定：“村民委员会协助乡、民族乡、镇的人民政府开展工作。”②

可见，改革开放后建立的村民委员会，职能更加丰富，既有自治职能，也有行政职能。在基本单元的选择方面，虽然文件明确提出了依托自然村、借助自然村建立基本单元。但是在实践中，各地多以高级社或者生产大队为行政性基本单元，这些在北方与自然村吻合度比较高，但是在长江流域和华南地区则相反，导致行政凌驾在自治之上，自治逐渐虚化和形式化。可见，自然单元与行政单元之间长期存在张力。

（五）当前各地对基本单元的选择与探索

在南方地区，行政单元远远大于自然村，行政、自治上存在不少问题，因此南方的部分区域开始探索基层治理的基本单元。从各地实践来看，主要有两个途径：一是下移基本单元，如广东的清远提出了“自治下移”到村民小组，广东的蕉岭实施以“自然村”为单元的自治，湖北京山实施“湾冲自治”，广东的宜州实施“屯自治”。③

---

① 中共中央文献研究室、国务院发展研究中心：《新时期农业和农村工作重要文献选编》，中央文献出版社 1992 年版，第 222 页。

② 同上书，第 493—496 页。

③ 徐勇、吴记峰：《重达自治：连结传统的尝试与困境——以广东省云浮和清远的探索为例》，《探索与争鸣》2014 年第 4 期；邓大才等：《蕉岭创制“四权同步”的基层治理模式》，中国社会科学出版社，2016 年；邓大才：《村民自治有效实现的条件研究——从村民自治的社会基础视角来考察》，《政治学研究》2014 年第 6 期。

二是上移扩大基本单元，如湖南省实施合村，再如巴东县为了推行“农民办事不出村”制度，合并多个村庄设置行政中心。① 河南省、山东省在进行新农村建设过程中，多村撤并建立“农村社区”。② 两种路径反映了两种视角之间巨大的张力：“下移派”强调自然村性质，强调自治的功能，主张充分利用农民的自我认同、自我组织、自我教育来治理农村。“扩大派”强调行政效率和成本，但是忽视了自然村的价值和自治的功能。

从行政单元及其功能的变迁来看，晚清、民国到中华人民共和国，行政单元的功能渐趋增强，只在20世纪80年代初，基层单元的行政功能才开始减少，但是在2005年后又开始上升。与行政单元的变化对应，自然单元的社会功能逐步降低，有些地方的自治功能几乎虚置了，只有在20世纪80年代初，自然单元的自治功能才开始回升。2005年以后自然单元和行政单元的功能同时增长。

四、基本结论和进一步讨论

总体来看，中国农村基层存在两类基本单元，国家建构的行政单元和自然形成的自然单元，前者具有行政性治理功能，后者具有自治性治理功能，从长期来看，两者的功能互补，且存在此消彼长的趋势。行政单元与自然单元的治理功能及其演变构成具有中国特色的基层“复合政治”。

（一）自然单元的属性与社会功能

中国农村的自然单元是在人们开垦荒地、围湖造田及生产生活中慢慢形成的。一是自然单元的基本类型：原生性自然村、再生性自然村和派生性自然村。在自然单元规模相当小的情况下，邻近的自然村会组合成次级自然村。二是自然村的确立标准。自然村是自然形成的村落、聚落，它有一定的标准：自然形成的聚落；明确清晰的边界；与周边自然村存在一定的距离；可提供基本的公共服务，有公共活动或仪式、设施；邻里互助、协作的圈子；同时是心理认同的圈子，即在“我们”“我村”的认同范围之内。

自然村有如下几个特点：一是自然性，即自然村是人们在生产生活中自然形成，非人为建构或者划定。二是稳定性，自然村聚落相当稳定，如果不是人为拆分不会消失，即使将自然村与其他的自然村合并后，原自然村的地理边界、心理边界及地

---

① 肖余胜：《关于做好合乡并村后村“两委”换届选举工作的建议》，《中国民政》2016年第23期；邓大才等：《巴东创举：技术牵引下政府的自我变革》，中国社会科学出版社，2015年。

② 黄亮宜：《关于扎实推进河南新型农村社区建设的若干建议》，《河南社会科学》2013年第1期；袁其谦、李理：《建设新型农村社区　推进城乡一体化》，《中国财政》2011年第14期。

理距离、心理距离依然存在。三是认同性，自然村比较稳定主要源于村民对聚落的认同感，以聚落来区分“我们”和“他们”。四是规模的适度性。自然村的规模大小取决于生产生活的条件，也取决于人们的需要。如果生产生活条件比较好，规模就会大些，反之则会小些。如果村民的需要在现有的自然村落中不能解决，就会扩大自然村规模，否则会缩小自然村规模。

自然单元具有一定的社会功能，从传统时期来看，华南宗族地区、华北地区、长江流域的自然村在某种程度上都能解决农民生产生活的公共性需求，但其社会功能呈现依次递减。从历史视角来看，在行政单元的治理功能的挤压下，自然单元的社会功能在逐渐减少，但随着近几年社会建设的推进，其社会功能在有些地区却有增加的趋势。

（二）行政单元的属性与治理功能

行政单元是自下而上划定的统治单元和治理单元，主要经历了国家统治、国家管理和国家治理三个阶段。在国家统治阶段，行政单元的功能主要是征税、征兵或者其他的徭役，与此同时，也分设为征税单元和治安单元。在国家管理阶段，行政单元的功能有所增加，如控制、管理、督促、服务功能。在国家治理阶段，则主要是国家以公共服务、公共管理与自然单元进行协商，共同治理行政单元与自然单元。总之，行政单元的治理功能随着时间的推移在逐渐增多，治理能力也逐渐增强。

（三）自然单元与行政单元的基本关系

自然单元主要是自治的功能，包括自我服务、自我管理。行政单元主要是统治、管理、治理的功能。在传统社会，自治单元与行政单元是分设的，前者反映了农民的需要，后者反映了国家需求，两者共同维持中国农村基层的生产生活秩序（见图1）。在民族国家建构阶段，即1911年至2005年期间，行政单元的功能与自然单元的功能呈反向变化，前者的功能在增加，后者的功能在减少。只有在2005年以后两

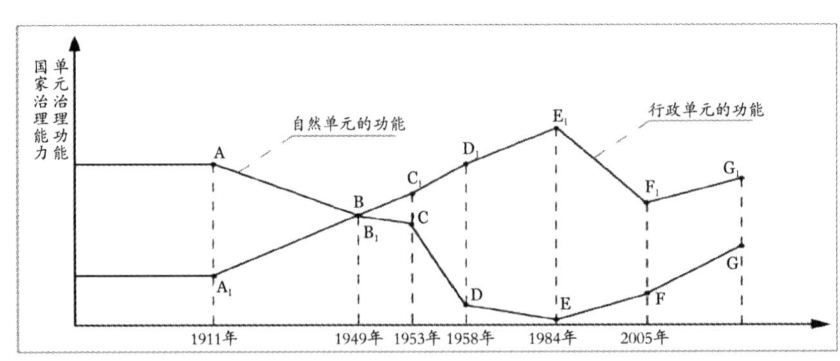

图1 自然单元、行政单元的功能与国家治理能力

者的功能同步增长，可以预期随着国家治理能力增强，国家对自然单元认识深入，自然单元与行政单元的治理功能、治理能力会继续实现同步增长。

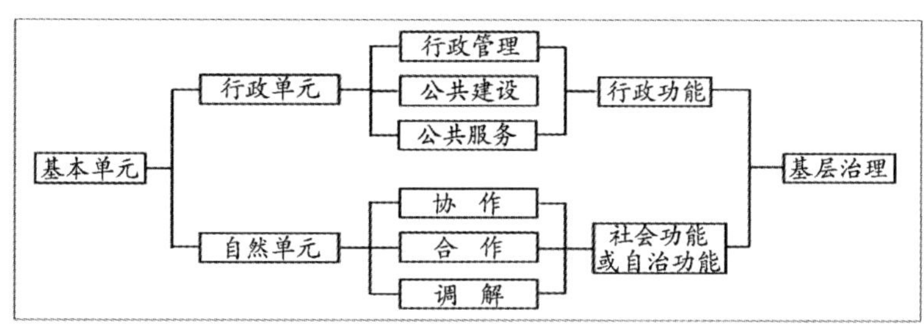

图 2 现代社会基本单元的功能结构图

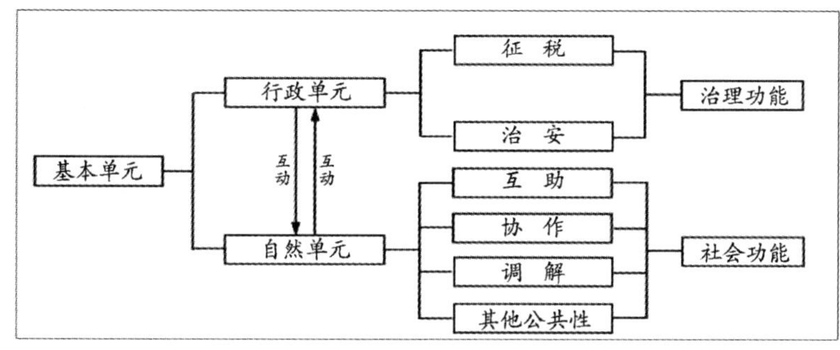

图 3 传统时期基本单元的功能结构图

从历史来看，自然单元和行政单元的选择和设置方面主要有五个阶段：第一阶段，自然单元阶段，因为自然单元先于行政单元产生，在很长时间中只有自然单元，没有行政单元。第二阶段，两类单元共存而且分设的阶段，传统时期两者分设，互不干涉，且行政单元本身也分设为治安单元和征税单元。第三阶段，相互借重阶段，主要是行政单元借助自然单元，如村、寨、堡、屯等来完成征税和人力摊派，有些自然单元也会借助行政单元调解纠纷和进行防卫。第四阶段，相互归并阶段，当两类单元规模相当时，合并在一起；当两类单元规模不一致时，某类单元归并到另一单元。第五个阶段，开始分设阶段，即在最近一段时间，各地开始探索自然单元与行政单元的分设，以便让自然单元发挥自治功能，降低行政单元的治理成本。

其中有一个比较特殊的时期，即民国政府后期到合作化、农村人民公社时期，行政单元几乎完全覆盖、取代了自然单元，自然单元的自治功能、自治空间几乎被挤压殆尽，但是自然单元并没有被消灭，还在以一定的程度、一定的方式存在并起作用。

（四）国家治理能力与基本单元的关系

经过对基本单元的实证描述和行政单元的历史分析，可以清楚地看到基本单元与国家治理能力之间的关系。总体来看，自然单元与国家治理能力成反比，即随着国家治理能力的增长，自然单元的功能逐渐减少，但是其功能绝对不会完全消失。只要自然单元存在，或者在心理层面存在，自然单元的功能就会存在。所以自然单元的功能只是减少的问题。行政单元与国家治理能力呈正比，随着国家治理能力增强，国家有能力、有财力提供更多、更好、更细致的管理和服务，两者的正向关系还会持续下去。

鉴于上述结论和规律，国家和地方政府要高度重视中国农村基层的基本单元，充分利用自然单元的属性，赋予合适的功能，以提高国家治理能力。尤其注意，自然单元与行政单元的组合和选择，两者可以一致，也可以相悖。在一致的情况下，也要保证自然单元发挥治理作用，切忌用蛮力使行政单元取消、替代自然单元，切忌“一元论”：只考虑行政成本和效率，置自然单元及功能不顾，片面扩大行政单元；或者只考虑自治成效，置行政单元及功能不理，片面缩小治理单元。根据经济社会发展条件，按照“复合政治”的基本原则选择和设置中国农村基层的基本单元将是提高国家治理成效的重要举措。

发表于2017年第6期

经济学及金融

论知识经济的形成、发展将对管理会计体系产生重大影响

余绪缨*

一、从工业经济向知识经济的转变

总的说来，当今的世界正处于历史性转变的时期，具体表现为经济发达国家正处于从工业经济向知识经济转变时期，这一转变将对社会经济和人民生活的各个方面，产生深刻的影响。

回顾人类社会历史的发展，从经济上看已经历了农业经济、工业经济阶段，现在有些经济发达国家已发展到从工业经济向知识经济过渡的阶段。

在农业经济阶段，是以土地为主要的生产要素，可称为生产的单要素阶段。

工业经济阶段又可大致地区分为两个依次继起的阶段，即初级阶段和高级阶段。工业经济的初级阶段，是手工业工场和低机械化生产阶段，这一阶段的生产可称为“劳动密集型生产”，是以土地、劳力、资本作为主要的生产要素，可称为生产三要素阶段。工业经济的高级阶段，是生产的机械化、自动化程度较高的阶段，这一阶段的生产，可称为“资本—技术密集型生产”。在这一生产阶段，由于社会经济环境、条件发生了重大的变化，生产的要素除原有的土地、劳力和资本外，还需其他的要素与之相配合，生产才能卓有成效地进行，因而可称为生产的多要素阶段。所以，在工业经济阶段，整体上看，可称为生产三要素和生产多要素阶段。

知识经济阶段是工业经济阶段进一步的发展和深化，其基本特点表现为以人类高度发展的知识（广义地理解的知识）作为最关键的居于主导地位的生产要素，可称为生产的新要素阶段。

由生产的多要素阶段发展到生产的新要素阶段，体现了人类社会的发展实现了一个新的飞跃。

---

* 余绪缨，厦门大学会计系教授、博士生导师。

关于“知识”在促进经济发展和社会进步中的作用，其实早在300多年前，英国哲学家弗兰西斯·培根（1561—1626）[①] 就说过一句至今仍是家喻户晓的名言：“知识就是力量!”在知识经济体系中，高知识转化为高智力。而高知识又是创造性思维的结晶。创造性思维与一般思维不同，往往表现为具有超常性（不墨守成规）、富有个性（独出心裁）、富于开拓精神、独创性与灵活性。这种创造性思维转化为独特的策略、构思，进而形成种种具有开拓性的设计和发明、创造等等，它们的定型化（物化），就形成独特的专利权等无形资产。在知识经济体系中，智力资产（具有非凡的创造性思维的人才）和他们超常智慧的物化而形成的无形资产将比传统的有形资产（原材料、厂房、设备等）发挥更大的作用，从而使经济的发展不再属于资源依赖型，而转化为知识依赖型（依赖于人的知识的发展程度）。由于地球上的资源总是有限的，而人的头脑中的知识却可源源不断地开发出来，因而知识经济，作为知识依赖型的经济，就可保持长期的持续发展。这是知识经济对比传统的工业经济的一大特点。

其次，知识经济既是以知识（广义地理解的知识）作为最关键的居于主导地位的生产要素，因而智力资产（具有非凡的创造性思维的人才）和他们的超常智慧的物化而形成的无形资产是提高企业活力和竞争力的无穷尽的源泉，其作用远比传统的有形资产（原材料、厂房、设备等）重要得多。这是由于任何有形资产（物质资源）都要依靠高素质的人才去掌握和使用，在生产中首先要做到“人尽其才”（充分发挥人的创造性智力的作用），才有可能转化为“物尽其用”，从而尽可能提高生产经济效益。

据有关统计资料，我国目前单位国民生产总值的能源和原材料消耗比西方经济发达国家高七八倍甚至十几倍，正说明我国经济目前的知识依赖程度对比西方经济发达国家还有较大的差距。可见我国经济的21世纪发展，尽快从资源依赖型转移到知识依赖型上来，步入知识经济发展的康庄大道，已属刻不容缓。

再次，知识是无国界的，而且在当今的信息时代，它可以通过先进信息技术近似于光速在全世界各地广泛传播，从而使经济活动突破国与国的界限而成为全球化的活动，因而使世界性的经济竞争达到前所未有的剧烈程度，企业的生存、发展自然也由此承受着前所未有的巨大压力。面临着这一全球性竞争的新形势，任何企业如果不能争分夺秒地进行各种形式的创新（包括体制创新、管理创新、科技创新等），要取得“以智取胜”的效果是根本无法实现的。

① 马克思曾称培根是“英国唯物主义的和整个现代实验科学的真正的始祖”。

综上所述，知识经济不同于发达的工业经济，主要表现在：

1. 资产的组成是以智力资产和他们的超常智慧的物化而形成的无形资产（专利权、商标权、商誉等）为主体。

2. 人员的组成是以高智力的员工为主体。

3. 产品（服务）的生产以高科技含量为主体，同时致力于对现有产品进行更新改造，大力提高其科技含量，使之进一步“软”化。

4. 投资取向以智力投资为主体，要以长远的战略眼光，在人才开发、科学研究、技术开发和新产品的研制等方面投入足够的资金，以确保企业长期的竞争优势。

5. 在竞争策略上，以智谋、创新取胜，尽可能做到人无我有、人有我优、人优我奇（出奇制胜）。

二、“知识经济”的形成与发展将对管理会计体系产生重大影响

（一）管理会计内容上的丰富、发展

1. 提供的信息要由单一化向多样化转变

知识经济是以知识为其核心的生产要素，而人是知识的主人。形成一种能促使人的聪明才智和开拓创新精神得以充分发挥的机制，是一个极为复杂的过程，它涉及物质、精神的许多层面。因而与此相适应的管理会计提供的信息就不应是单一化的，而必须是灵活、多样化的，包括数量信息与质量信息、财务信息与非财务信息、静态信息与动态信息、内部信息与外部信息、物质层面的信息与精神层面的信息等等，使之与知识经济的特点和要求相适应，并据以形成多视角的激励机制，在高层次上激发员工的奋发创新精神，借以为知识经济的发展提供无穷尽的智力源泉！

2. 智力资产和相应的智力资本的确认、计量及其效益的评价与分配等将处于最重要的地位

在知识经济体系中，智力资本及与其相对应的智力资产作为人类超常智慧的结晶，是企业创造超常效益的最基本的源泉。它们的确认、计量及其效益的评价与分配等，将在管理会计中处于最重要的地位。这是因为，在知识经济中，智力资产与传统的素为管理会计师所熟悉的物质资产与财务资产有所不同，它们作为人类超常智慧的结晶，是生产价值很高的知识产品的基本要素。而与智力资产相对应的智力资本，则是智力资产创造者所拥有的知识产权。这两个范畴所反映的是一个问题的两个方面，在会计上表现为“借方”与“贷方”的关系。在这里必须着重指出，为了正确反映智力资产在知识经济中的地位、作用，必须把它同通常所说的无形资产

区别开来。如前所说，智力资产是指具有非凡的创造性思维的人才，而无形资产则是他们的超常智慧已经物化了的部分，在现有文献中，对无形资产的相关问题论述较多，而对本文所说的智力资产则极少涉及。因而笔者认为对知识经济中这一具有重大意义的智力资产问题，有必要引起高度的重视，并通过周密的确认、计量与评价程序，将它们的价值同现有其他资产一样，以“智力资产”项目列记在资产负债表的资产方，同时以相同的金额列于资产负债表中的“资本”项下，并同对企业投入现金或其他资产而形成的“资本”一样，参与收益的分配，以实现价值的创造与分配的统一。这样做，同时也体现了按劳分配与按生产要素分配相结合的精神。至于已入账的智力资产的金额，则应视其寿命周期内不同阶段的增值或减值情况相应地进行调整或逐次摊销。由于这是知识经济条件下，管理会计内容上的一个新发展，目前的认识还是初步的。因而必须把它当作一个新的专门问题，从理论与实践的结合上深入地进行开拓性的研究。①

3. 投资方案效益的评价要从财务效益向全方位效益转变

现行管理会计对投资方案的效益评价，主要考虑财务效益，而且把重点放在寻求直接材料和直接人工的节约上。这种做法是导源于劳动密集或低技术密集型的生产条件，从知识经济的要求看，无异于舍本逐末。知识经济既是以知识为核心生产要素的经济，自应以智力投资作为基本的投资取向。与此相适应，投资方案的效益评价，就应站在时代的高度，面向国际大市场体系，从整体观和长期观来观察、认识和处理问题，尽可能超前地在人才开发、科技开发和产品开发等方面投入足够资金，力争这些领域超前地取得创造性成果。因为在知识经济体系中，人才的知识优势和创新精神，是企业的生命。依靠深厚的人才、科技积累，谁能最先推出具有独创性的产品，因为它享有专利权，谁就可以最大限度地占领世界市场，从而为企业全面、长期地提高其竞争、发展能力奠定牢固的基础。由此而取得投资效益，是属于高屋建瓴式的全方位效益，它是传统的、狭隘的财务效益根本无法比拟的。因此在知识经济体系中，投资方案的评价与选优，应以方案可能产生的全方位效益作为基本的出发点。

较具体地说，在知识经济体系中，投资于先进的技术设备，提高生产经营的电脑化、自动化水平，可能产生的全方位效益可进一步区分为直接效益（如直接人工成本的减少、能源成本的节约、废料的减少、生产经营各个环节存货的减少等）、间接效益（如减少占地面积、保障劳动安全、改善生产条件等）和无形效益（如改进

① 参见《Intellectual Capital》，by Bemadette Lynn，CMA Magazine（monthly），Feb. 1998。

产品质量、提高生产的弹性、提高顾客的满意程度、改善企业的社会形象和提高企业的综合竞争能力等）三大类。利用这三大类指标对先进技术设备的投资决策进行效益评价，如何量化它们，据以得出较具体的数据，是传统上人们十分关注的一个问题。

但对以上三类指标进行较具体的分析，可以看到，有些指标易于进行量化，并可直接采用货币计量的方式；有些指标只可从它的某一个侧面进行量化，据以得出的数据具有较大的不完全性；有些指标则难以用较具体的数据来较确切地反映其可提供的效益。

一般地说，上述第一类反映“直接效益”的指标易于进行量化，且可用货币计量其效益的大小。如存货减少，一方面可以减少存货的仓储费用，并且可以相应地减少在存货上占用资金所需支付的代价（利息费用）。

上述第二类反映“间接效益”的指标，有的可以量化，有的只可从它的某一种侧面进行量化。例如占地面积的减少，可以用由此而少支付的“租金”反映其效益，在经济发达地区房地产租金极为昂贵的情况下，这是一个不可忽视的因素。但从保障生产安全、避免工伤事故这一因素看，其效益可以部分地用减少保险费的支付来反映，但人的生命是无价的，由此而避免了人员的死亡，其效益就无法用货币来计量了。再如，改善生产条件，使劳动者的健康不致因此而受到伤害，虽可用减少医疗费用的支出来反映，但劳动者在比较舒适的条件下进行工作，由此而导致劳动热情、工作效率和敬业乐业精神的提高，其可能产生的效益就难以进行量化了。

上述第三类反映“无形效益”的指标，虽有些包含了可部分量化的因素，但它们的基本方面都是难以量化的。例如：产品质量的提高虽可以通过废、次品和修复、赔偿成本的减少而显示其效益，但在大的方面，由于产品质量超群而提高市场占有率、顾客满意程度和改善企业形象等而可能增加的效益就难以进行量化了。又如顾客的满意程度，虽可通过顾客的投诉、订货撤销和销货送回等部分地表现其负效益，但由此而形成的对企业的“不信任感”从全局上有损企业的声誉和形象，其可能产生的负效益就难以量化了。

由此可以看到，先进技术设备投资决策的效益评价，对有关指标的量化问题不能作绝对化理解，量化本身并不是目的，它只是为决策者正确地进行决策提供相关的参考数据。数量信息只是信息的一种形式，但并不是唯一的形式。对于难以量化的指标，只要将有关情况较完备地进行收集分类、整理，并据以进行由此及彼、由表及里的分析研究，洞悉其中所隐含的内在联系，及其发展、变化的一般趋势和基本规律性，亦足以为决策者正确地进行决策提供重要依据。而且即使是可以量化的指标，脱离活的情况而只提供死的数据，其作用也是极为有限的。因此在效益的评价中，必须特别强调数量因素与质量因素并重，货币计量与非货币计量并重，数量计算与综合判断相结合。显然，面临的问题越复杂，涉及的可变性因素越多，决策者的综合判断就越重要。而综合判断的成效如何，则主要取决于决策者的素质、经验和水平。它说明我们必须清醒地认识到：涉及的越是属于高层次、全局性、战略性问题的决策，越有赖于决策者全面根据相关材料（包括量化的和非量化的相关材料）进行高屋建瓴式的综合判断，才能得出既具客观现实性又具科学前瞻性的结论，由此而形成的具有远见卓识的决策方案付诸实施，才有可能取得较好的实践效果，否则将事与愿违，甚至形成巨大损失。

（二）管理会计师职能的扩展

在知识经济的大环境中，企业员工的组成是以高智力的员工为主体，说明企业员工的总体素质已大大提高了！与此相联系，管理会计师的职能也大大扩展了，已转变为跨专业的具有广博知识和深入洞察力的管理顾问，为企业提供高智慧的谋略，为全面提高其综合竞争能力服务。管理会计师职能的扩展和现代信息技术的发展有着密切的联系。这是因为：基于现代信息技术，管理会计师许多传统的职业服务已可为相关的电脑网络所取代，从而要求管理会计师进一步提高其综合素质，在决策支持系统中，提供更高层次的、非现代信息技术所能取代的智力服务，借以在知识经济的大环境中，更好地为决策系统卓有成效地进行科学决策提供智力支持。根据知识经济条件下已经大大改变了的客观实际情况，笔者认为，管理会计已经不能从传统的原始意义上的“会计”去理解它了，它将形成一个独特的不同于传统的以财务信息为主体的新的信息系统。这将意味着它将与现行财务会计分道扬镳，走上独立发展的道路。而管理会计师则将转变为以履行具有远见卓识的管理咨询服务为其基本职能。

（三）进一步提高新型管理会计师的综合素质

在知识经济体系中，随着管理会计师职能的扩大和任务的加重，对其应具备的综合素质也应有更高的要求。否则，就难以同迅速发展着的客观经济环境相适应。

新型管理会计师的综合素质，从总体上看，应要求他们面向风云变幻的世界经济，具有战略头脑、开阔的思路、高瞻远瞩的谋略、敏锐的洞察力和准确的判断力，善于抓住机遇，从整体发展的战略高度来创造性地认识和分析问题，才能为决策系统的科学决策提供宝贵的智力支持。而要实现这些要求，就必须通过不断学习、思考与实践，来不断地提高、发展自己。特别要从以下三个方面进行坚持不懈的努力：

1. 具有博、专、新的知识结构

这里所说的“博”，是指学识广博，对跨学科、多学科的相关知识，能融会贯通、综合运用。这样才能开阔视野、启发思路，不断提高创造性思维能力，以适应具有高度综合性的管理咨询（出谋划策）工作的需要。

这里所说的“专”，要从广义上理解，既立足专业，又超越专业，使之成为视野宽广、“一专多能”，具有高度应变能力的柔性人才。

这里所说的“新”，要从动态上理解。因为进入知识经济时代，各个领域的新鲜事物层出不穷。这就要求在决策支持系统提供管理咨询服务的管理会计师，决不能墨守成规，而必须把握时代的脉搏，积极、主动地不断进行知识更新。只有这样，才能顺应时代潮流，提出既具客观现实性又具前瞻性的有价值的意见和建议。

2. 加强自我修养，达到较高的思想境界

管理会计师，作为决策支持系统的参谋人员，在工作中必须坚持实事求是的原则，不为各种世俗的利害、得失所困惑。为此，就必须不断加强自我修养，努力实现“宁静以致远，淡泊以明志”。达到了这样的思想境界，就能以超然的态度，冷静地、客观地思考、分析、研究问题，进而提出各种具有远见卓识的意见和建议。

3. 重视理性思维与悟性思维的正确结合

世界上的事物是极为复杂的，有的表现为有序的确定性现象，有的表现为无序的随机性现象。一般地说，前者可用理性思维进行处理，并量化其间的因果关系，从中找出其内在的客观规律性。后者的处理则更多地有赖于悟性思维。悟性思维是理性思维的进一步深化，也是中国优秀传统文化所体现的东方智慧的特点和优点，闻一知十、举一反三、见微知著、触类旁通等等，皆悟性思维的具体体现。许多表面上看来是无序的随机现象，实际上其中也深藏着一定的有序性。大量无序现象中的有序性，并不是直接通过电子计算机可以“算”出来的，而有赖于高智慧的人通过悟性思维“悟”出来，据以作为行动的指南。

发表于1998年第6期

所有制结构的调整和完善与财政关系的若干思考

邓子基*

一、正确认识所有制结构的调整和完善

在21世纪到来之际，具有划时代意义的党的十五大关于调整和完善所有制结构的理论和把“公有制为主体、多种所有制经济共同发展”的方针确定为基本经济制度，这在理论和制度上是又一次新的突破。这也表明，在所有制认识问题上，党中央不仅为我们澄清了模糊思想，给出了明确、坚定的回答，而且还指明了所有制关系的改革思路和方向。我们可从三个方面去理解这一突破的科学性。

（一）多种所有制经济共同发展，是由我国现有生产力发展水平决定的

马克思主义一贯认为，生产关系必须要适应生产力，否则就会成为生产力发展的障碍。我国人民是付出了很大代价才领悟了这一原理的真谛的。从20世纪50年代后期一直到70年代后期，我国曾追求过所有制关系上的“一大二公”“纯而又纯”和“穷过渡”，超越了社会发展阶段，脱离了我国生产力发展水平和具体的国情。这些“左”的思想和行为严重束缚了社会生产力的发展，使国民经济濒临崩溃。

改革开放以来，中国共产党恢复了实事求是的思想路线，认识到我国目前还处在社会主义初级阶段，人口多、底子薄，生产力总体水平还很落后，发展也不平衡，呈现多层次的结构，必须大力发展多种所有制经济、充分发挥各方面的积极性和创造性，才能促进生产力水平的提高。在党的正确方针指导下，个体、私人企业和三资企业从无到有，从小到大，迅猛发展，并成为国民经济的一个重要组成部分。1996年，我国非公有制经济对国内生产总值的贡献率达到24%；在社会消费品零售总额中，国有经济占27.6%，集体经济占19%，其他经济成分占53.4%。在多种所有制经济共同发展的前提下，国民经济持续高速增长，1978年至1996年，GDP年

---

* 邓子基，厦门大学经济学院教授、博士生导师。

均增长9.8%；农村居民家庭人均纯收入从133.6元提高到1926元，城镇居民家庭人均年收入从316元提高到4377元，剔除价格因素后年增长率分别为8.1%和6.2%。正反两方面的经验教训告诉我们，社会主义初级阶段的生产关系必须要与社会主义初级阶段的生产力水平相适应，必须坚持多种所有制经济共同发展的制度。

（二）要确保公有制经济的主体地位

首先应该看到，即使是在西方一些发达国家里，国有经济也占有相当的比重。根据西方经济理论，在现代市场经济中，存在着“市场失灵”现象，政府除提供公共产品外，往往还掌握具有垄断性和外部效益特征的、对整个国民经济起基础作用的产业或行业，仅仅依靠市场机制是无法满足社会需求的。因此需要政府的大力扶持和资助，包括政策倾斜、政府投资或政府参股。虽然西方国家国有企业的性质和比重不能与我国的相提并论，但仅就存在的事实而言，就足以证明在西方国有企业存在的必要性和重要性，何况社会主义国家？这些年来，我国理论界有人提出“财政要完全退出生产领域”，这是不正确的。

其次，从我国目前的状况看，几十年累积形成的国有经济规模庞大。截至1995年底，全国经营性国有资产总量为45063.3亿元。

更为重要的是，我国是社会主义国家，必须坚持公有制特别是国有经济作为社会主义经济制度的基础，它不仅是社会主义政治制度的根本保证，也是贯彻以按劳分配为主的分配原则、使全体人民走上共同富裕道路的基本保证。正如邓小平同志所说：“一个公有制占主体，一个共同富裕，这是我们所必须坚持的社会主义根本原则”，“只要我国经济中公有制占主体地位，就可以避免两极分化。”

（三）公有制是否占主体地位，要从多方面把握，决不能仅用某个数量标准去衡量

首先要理解公有制的含义。公有制经济包括国有经济和集体经济，还包括混合所有制经济中的国有成分和集体成分。公有制的实现形式可以而且应当多样化，一切反映社会化生产规律的经营方式和组织形式都可以大胆利用，包括资本的联合和劳动的联合，都可以为我所用。

其次，公有制的主体地位主要体现在三个方面：（1）公有经济在社会总资产中占优势，不仅要重视量的扩大，更要有质的提高，特别是对全体社会资本的支配作用和能力。（2）国有经济控制国民经济命脉，对经济发展起主导作用，主要体现在它对国民经济发展的导向性作用和对经济运行基本态势的控制力上。（3）在其他领域，要通过资产重组和结构调整，增强国有资本在市场中的竞争能力。1996年，公有经济在GDP中的比重为76%，今后随着非国有经济的发展，这一比重可能还会进

一步减少，但只要做到上述几点，公有制经济即使比重下降一些，其主体地位仍不会改变，社会主义性质也不会改变。

二、财政收支变化及政策调整

伴随着所有制结构的调整和完善，财政同公有制经济和非公有制经济之间的关系将发生收支结构、比重与政策等方面的变化，这是财政部门深化改革面临的新课题。下面只谈几点思考意见。

（一）财政收入方面

(1) 从整体的和长远的角度看，所有制结构的调整和完善有利于建立社会主义市场经济体制，有利于发展生产力。而经济总量持续、稳定的上升，又必然给财政带来更加丰裕的财源，使财政收入更加稳定、可靠。因此，财政收入各部门要讲究生财和聚财之道，制定切实可行的措施，努力提高“两个比重”。

(2) 从财政收入的来源结构看，1996 年全国工商税收收入中，国有经济占 58.6%，集体经济占 17.7%，非公有制经济占 23.7%。今后，公有制经济尤其是国有经济的财政收入比重会下降，非公有制经济对财政收入的贡献会越来越大，但我们不应因此而怀疑财政的社会主义性质。但是，由于私人资本是以追逐利润为目的的，偷漏税和抗税的现象也会增多，因此税收部门要适应市场经济的要求，在公平税负、一视同仁的基础上依法治税，加强管理。

(3) 从分税制税源划分看，还需进一步调整，这主要是由于所得税收入的变化而造成的。首先，个人所得税的收入规模和在财政收入中的比重会大幅度地提高，将成为一个较大的税种。其次，在企业所得税方面，由于今后“纯”的国有企业会减少，股份制企业会大大增加，按行政隶属关系确定收入归属的做法就会使经济的运行产生扭曲，并且在操作中难度也会加大。可见，税源划分办法需要适时调整。

(4) 从税收优惠政策来看，我们还要逐步改变现有按资本来源和按地区区别对待的税收政策。对三资企业的优惠措施，成绩是巨大的，它对引进竞争机制、引进国外先进的生产技术和管理经验乃至国民经济增长起到过不可估量的积极作用，但是市场经济的进一步完善，客观上要求有一个公平竞争的外部环境，否则市场机制就会失败。地区优惠，主要是由于层次太多而产生了很多的问题、矛盾和弊端，需要缩小范围，对五个经济特区和上海浦东等少数地区的税收优惠可以保留，但优惠的程度要适当降低。我们主张采取产业优惠政策，主要是对需要优先发展的产业给予税收上的优惠待遇。另外，从政治的角度考虑，少数民族地区的税收优惠政策应予保留。

（二）财政支出方面

市场经济条件下，政府的支出应当如何安排才能满足社会经济发展的需要？西方财政学以现代混合经济为背景，形成了一整套较为完整的财政支出理论体系。他们从市场出发，寻找在经济运行过程中有哪些地方是市场机制无法有效运行而需政府支出予以解决。我们认为，西方财政学关于“市场失灵”“公共产品”政府支出效应评价等方面的理论分析和观点，可以为我借鉴。

（1）按照由市场对资源起基础性配置作用、由政府去弥补市场缺陷的思路，我国财政支出中，还存在不少缺位和越位现象，因此必须调整和优化支出结构。为此，我们认为，应将财政满足国家实现其职能的需要划分为四个层次：第一是保证国家机构如国防、行政，以及公检法等部门执行社会管理职能的需要，这些部门为市场经济提供的“产品”基本上都是“公共产品”；第二是保证科教文卫以及社会保障等事业中必须由财政提供的部分的需要；第三满足对公共设施、基础设施、国民经济命脉部门以及重要行业的投资需要；第四是满足对竞争性、营利性企业投资的需要。财政在安排支出时，应根据“保三争四”的原则，在前三个需要都能较好满足并且在财力允许的情况下，安排满足第四个需要的支出。

（2）重视对科技和义务教育的投入。科技是第一生产力，当今世界的竞争是科学技术的竞争。这些年来，我国政府对科技事业的投入，已取得了显著成绩，一些高新技术达到了世界先进水平，科技成果向生产的转化加快，科技对经济增长的贡献率由1992年的30％左右提高到1996年的38％左右。但是对基础理论研究的投入还不足、科技转化为现实生产力的步伐还不够快。一个典型的例子是，多年前我国科技人员就已经在克隆鱼方面取得了重大突破，但由于种种原因而未能继续下去。九年义务教育属基础教育，与大中专教育相比，其教育特点是毕业生还不能直接就业，实行收费对于学生和家长来说就不合适，于是私人投资者就不会去投资，属于“市场失灵”。因此，义务教育应主要由政府去承担投资任务，今后，政府必须加大这方面的支出，而不能依赖于社会和私人部门。

（3）建立规范的政府间转移支付制度。按照“公共产品”论，各级政府要按事权划分财权、实行分税制，其中，规范的转移支付制度十分重要。目前，我国东部和中西部地区经济发展之间的差距还很大，这就要求中央政府要采取更为有力的措施支持中西部地区的发展，优先安排基础设施和资源开发项目，通过规范化的政府财政转移支付，促进中西部地区对资源进行深度加工、发展劳动密集型产业，促进中西部经济增长和人民生活水平的提高，努力缩小地区间的经济差距。

（4）加强对财政支出效益的分析。过去，财政部门在对财政支出使用情况的监督中，只注重量的审查、忽视质的分析，只注重使用的合法性、忽视对使用效益和支出合理性的分析和总结。在发展市场经济的过程中，应当对一切支出，包括经常性和投资支出，都要跟踪管理，以利于对以后的支出结构和规模进行科学的安排和调整。

三、资源配置、社会公平、失业、人口老龄化与财政

(一) 资源配置的优化与国有资产重组

如何优化资源配置，是经济学家的一个重要研究课题。现代西方经济学中所讲的“帕雷托效率”，是从个人享受的主观满意程度来判断资源是否达到了最佳配置状态，这与人们通常所讲的“效益”不同，后者是指产出与要素投入的量的对比关系。其实，资源的最佳配置固然有其主观成分，但仍然可以从发展的角度、从一些经济现象的量的变化上去认识和把握它。按照我们的理解，资源的最佳配置，是指各要素在社会经济各部门、各行业和各地区的投入和布局，足以使国民经济实现良性循环、经济增长持续稳定、人民生活总体水平不断提高，但这些增长或提高不能以损害以后时期的社会经济发展为代价。在现实生活中，最佳不容易实现，但优化却是可行的。

1996年，我国实现了国民经济高增长（9.7%）、低通胀（6.1%）的“软着陆”。但存在的问题还很多，诸如：(1) 物价涨幅的回落，带有浓厚的行政色彩。(2) 供求总量基本均衡，但结构上的供求矛盾依然普遍存在，如工业产销率仅为95.8%，多年来累积形成的产品积压不仅浪费了有限的资源，而且还威胁着不少企业的生存和发展。(3) 国家统计局对94种主要工业品的生产能力进行了调查，28种工业产品（发电设备、洗衣机、汽车、彩电等）生产能力有四成以上闲置，26种工业产品（盐酸、铜、收音机、钟表、啤酒等）生产能力利用率为60%—80%，只有32种工业品（如天然气、原油、工业木材等）生产能力利用率在80%以上。生产能力闲置、产品过剩的原因有很多，有竞争的因素、管理的因素，根本的因素却是重复、盲目的投资。(4) 能源工业的增长速度远远落后于国民经济的增长速度，1978—1996年能源的年平均增长速度仅为4%左右。电力、原油等关系国计民生的产业发展严重滞后，使国民经济的长期稳定发展面临着严峻的考验。(5) 生产中能耗高、污染严重，产品的科技含量不高；铁路、水利建设等基础设施的投资也严重不足。这些都不利于可持续发展战略的实施，也不利于财源的建设。

以上情况表明，从中、长期的发展眼光看，我国的资源配置还有许多亟须改进的地方。诚然，在资源配置过程中，市场机制应当起基础作用，这是毋庸置疑的。

但是，我国的市场尤其是资本市场发育还不完善，同时市场配置也存在失效的地方，因此拥有庞大国有资产的政府除运用法律、政策予以引导外，还应当对现存国有资产进行结构性调整，运用所拥有的资产参与并推动资源配置的最优化。

首先，在对国有经济进行战略性改组过程中，应对不同行业在国民经济中的地位进行研究，明确政府投资重点。借鉴西方经济学关于“市场失灵”的理论，并结合我国生产力发展状况和市场发育情况，可将那些具有垄断性和外部经济特征的行业、投资规模较大的产业以及关系国计民生的行业，如铁路、航空、电力、石油、天然气、冶炼、煤炭、通信等，确定为政府的重点投资对象。政府投资的来源可以是经常性预算收入结余，但更多的应该是用其他现存国有资产置换出来的货币资本。在部分行业还要注意吸收非国有经济的资本入股，只要保证国有资本控股即对其他资本有较强的控制力，就可以保证该行业的公有制主体地位。要做到“产权清晰、权责明确、政企分开、管理科学”，进一步放开对某些行业价格的限制，使国有大中型企业能够真正发挥其在国民经济中的基础和骨干作用。

其次，对一般性的加工工业和其他竞争性的行业，包括纺织、轻工、一般机械和某些原材料等行业，可以通过股份制改造、转让、拍卖等方式，有计划、有步骤地把一部分国有资本置换出来，集中投入到政府重点发展的行业和产业中去。

我们向来主张财政“一体两翼”。在国有资产重组的过程中，财政部门和国有资产管理部门既要解放思想、支持和推进改革，又要加强监督、依法管理。财政是以国家为主体的分配，资本置换出的货币资本和再投资都必须经过财政部门；资产评估工作直接和间接影响着国家总资本的变动，国有资产管理部门要认真审查，防止国有资产的流失。要注意防止“左”的和右的两种倾向。

（二）社会公平与所得税

不同的社会对价值、道德、伦理等的看法和认识不一样，因此对什么是社会公平的理解和标准也不尽相同。世上没有绝对的公平，但是当通过某种机制将业已存在的收入差距缩小，使社会分配朝着社会所能接受的方向移动时，人们就会承认公平程度提高了。西方理论认为，效率来自市场，公平来自政府，只有政府才能对市场带来的不公平予以纠正。二战后，西方各国纷纷建立并完善了累进程度不一的所得税制度，在一定程度上纠正了分配不公，缓和了日益尖锐的社会矛盾。随着实践经验的不断积累，人们又进一步认识到，累进的所得税（以及福利支出）虽然削减了不公平，但同时损害了人们的工作积极性，并且还要付出与之有关的管理成本，这些都可能造成经济的扭曲，导致效率损失和经济增长速度下降。近年来，在一直以所得税为主体税种的美国，人们普遍感到个人所得税太复杂、太无效率，对私人管制太多、太不灵活，以至于从平民、经济学家到政治家，“人人无不痛诋现行税制”（《美国税制改革前沿》，经济科学出版社），大有一举埋葬个人所得税之势。可见，对社会公平必须有一个辩证的认识。效率与公平的选择，是经济学的一个永恒的课题。

回头看看我国。我国的经济改革最早是从收入分配入手。在农村，推行家庭联产承包责任制；在企业，从承包、两步利改税到税利分流；在职工个人，从等级工资到计件工资、超产奖；等等。非公有制经济迅猛崛起，股票等证券市场也从无到有，飞速发展。个人取得收入的渠道越来越多，既有工资收入，又有利息收入、股息分红收入、证券转让收入、税后利润收入（私营企业主）、独立劳务收入等；既有按劳分配，又有按生产要素分配。所有制关系和分配关系的改革和完善，的确大大地调动了人们的劳动积极性，促进了生产力的大发展，但与此同时，个人收入分配的差距也呈现日渐拉大之势。在国民生产总值的最终分配格局中，个人所得从1978年的51.2％增加到1995年的70.3％；1990年行业之间平均工资最高与最低之比为2.7：1，1995年扩大到3.9：1；1990年城镇居民中最高收入户和最低收入户（各取10％），人均收入差距为2.9倍，1995年扩大到3.8倍。

我国政府从改革开放之初就密切注视着这一问题，并在税收收入层次上对市场的初次分配进行了适当的再分配，目前已形成内外统一的个人所得税法。但由于种种原因，个人所得税的收入比重还很低，1996年，我国个人所得税收入仅占GDP的0.3％。

今后，随着经济的增长和所有制关系的进一步调整，人民生活水平会进一步提高，个人收入的差距可能还会进一步扩大。我国的个人所得税要向何处去？我们认为：

（1）在思想观念上，要正确认识社会公平的重要性，以及公平与效率之间的对立统一关系。在公平与效率的选择方面，应根据社会经济的发展状况作适当的调整。我们赞成目前效率优先、兼顾公平的做法；但在收入差距过大以至于会对社会经济造成危害之前，就要有所防范、有所调整。体现在税制模式上，既不能因西方普遍以所得税为主体税种而对所得税推崇备至；又不能因美国要“埋葬”所得税而忘记所得税的基本功能（促进社会公平）和流转税的弊端（累退性）。两大税系各有利弊，不能偏废。预计我国在不久的将来，以调节社会分配为目标的所得税（包括个人所得税和企业所得税）在财政收入中的比重将会有较大幅度的上升，最终会形成流转税与所得税并重的税制模式。对这种发展趋势，要有清醒的认识。

（2）适应上述发展趋势，要逐步将现行的分类所得税制向综合所得税制过渡，因为后者会在更高的程度上促进社会公平。在此基础上，降低最高边际税率，因为边际税率过高，会影响人们的工作积极性，甚至会诱发更多的偷漏税。另外，生计费用扣除也应灵活调整，以抵消通胀等因素对纳税的影响，但我们不主张指数化，因为那样会使税制出现不必要的复杂化。更重要的是，要在税制调整的同时进一步加强税收稽查和管理。

(3) 随着股份制经济的扩大，我国个人从企业取得的股息红利和从股票市场上取得的转让收入（资本利得）将增多。因此要重视对个人所得税与企业所得税交叉之处的研究。

个人取得股息收入，要承担两道税收，一道是企业环节的所得税，一道是个人环节的所得税，这样就会产生经济性的双重征税。从国外的实践看，这种双重征税对投资和经济增长有严重的阻碍和扭曲作用，因此外国政府大都采取减免措施，如在公司环节的“分劈税率法”和在个人环节的抵免法等等，做法不一，各有利弊。

对于转让股票取得的收入，目前我国基于各种考虑，暂缓征税。这样就会给企业和股东运用减少利润分配等手段逃避税收提供一个法律漏洞。但若征税，又会给税制设计带来麻烦，增加征管难度，对资本市场的发展也不利。在这方面，国外的做法五花八门，顾此失彼而且经常变动，没有一个固定的模式可以引用。

我国应如何处理，尚需进一步研究。我们认为，应当把握科学合理、便于征管的原则，结合不同时期的国情有所选择、有所放弃。

(4) 随着时间的推移，人们的遗产和赠予所得也会增加。因此，作为个人所得税的补充和调节，遗产税和赠予税应尽早开征。

（三）失业、人口老龄化等问题与社会保障

失业是现代市场经济的必然产物，优胜劣汰、物竞天择；失业又是市场经济发展的一个必不可缺的条件，资本需要失业人员的存在以便于新增和扩大投资，在职人员也会因失业的威胁而努力工作、自觉提高技能和更新知识结构。但过高的失业率反映出一个国家的劳动力资源没有得到充分运用，是一种资源浪费；而且，失业会带来很多社会问题，造成严重的社会矛盾，威胁着社会的稳定和经济的正常运行。

人口老龄化现象是现代物质文明和先进医疗技术的产物。对于一个社会来说，它意味着参加工作的人口比重会越来越少；同时，老年人体弱多病、无固定工资收入、易产生精神抑郁。这一切将给社会和经济带来沉重的负担。

为了保证失业人员和老年人都能有一个基本的生活费收入，就需要有一个机构来支付这笔开支。在这方面，私人保险无法做到：收入较高的在职人员往往是知识层次高、有一技之长，无失业之虞，也不会为退休后的生活开支发愁，因此他不会去投保；只有那些知识层次低、在职收入不高的人才愿意投保。而这一切，恰恰是以盈利为目标的私人保险业所不能接受的，因为风险性太高、太集中。而以维持社会安定为主要目标的政府却可以运用强制性手段，迫使所有在职人员为失业和退休投保，使风险性分散。因此，在许多市场经济国家中，都由政府承办这些保险。另外，很多国家的政府还提供医疗保险、建立最低生活保障线等等。

在这些方面，我国政府面临着巨大的压力：（1）职工下岗。造成下岗的原因有很多，如知识更新跟不上岗位要求、被优化组合淘汰下来，农村剩余劳动力涌入城市增加城市居民就业压力，但更多的是由于老的国有企业因设备老化、规模不足被迫停产关闭所造成。所有制结构的调整、国有企业的改组以及企业破产制度的真正实施，使失业率有进一步升高的趋势。1996 年，全国 200 个城市中仅参加“再就业工程”的失业人员就超过了 300 万人。目前我国正在继续扩大失业保险覆盖面，国家要求要把失业保险与再就业相结合，强化“再就业工程”，在地级城市建立最低生活保障线制度。（2）人口老龄化。1990 年，我国 65 岁以上老年人比例为 5.6%，我国人口专家预测，2000 年将上升到 6.9%，2020 年将达到 10.6%，2040 年将达到高峰，为 17.4%，之后才有可能降下来。国家最近做出规定，各省市要在 1998 年内与国务院的基本养老保险制度实现并轨，鼓励发展其他养老保险形式。（3）医疗开支。近年来国家一直致力于医疗制度改革，个人医疗费支出国家不再全部包下来，个人也必须承担相应部分。最近又要求所有单位（不论中央还是地方）都要参加基本医疗保障。但由于传统制度的拖累、管理上的困难等原因，目前医疗保险仍处于改革试点阶段。

如何规划下一步的社会保障工作呢？我们认为：

（1）要从思想观念上正确认识建立社会保障体系的重要性和紧迫性。它是所有制改革和社会主义市场经济建设的必要前提和重要保证。社会保障制度不建立，企业的改组、所有制的调整、破产制度的实施等就无法向前推进。

（2）迅速建立起一个专门、统一的管理结构。社会保障涉及劳动、卫生、民政、工会、财政、银行等诸多部门，急需建立一个专门的机构统一管理社会保障事宜。但不论该结构如何设置，其资金的收付都属于财政范畴，因为它是以国家为主体的分配，因此还必须建立社会保障的预算制度，并接受国家财政等有关部门的审查和监督。

（3）建立基金制，实行专款专用，收不抵支时由国家财政安排拨付。必要时，收入的形式可以采用税收形式如建立“社会保险税”，用法律的形式将其固定下来，目的是运用国家的强制力使所有人都要参加以分散风险。

（4）对于收入和支出的比率，国家要制定一个统一的标准，由各地根据当地具体情况在一定范围内上下浮动。国家制定的统一标准应在不同的时期适当调整，既要保证社会稳定，又要顾及效率，既要考虑通胀等因素，又要避免同代人之间和隔代人之间的过度的福利转移，特别要防止对财政正常收支平衡的干扰、寅吃卯粮损害下一代人的利益和出现类似国外的福利制度“瑞典病”现象。

发表于1998年第4期

所有制理论与社会主义政治经济学创新

吴宣恭*

近年来，经济理论界普遍呼吁进行社会主义政治经济学的改革和创新。虽然对存在问题的性质、原因，尤其是解决问题的方向、道路，看法分歧很大。但有一个比较共同的意见，即认为它脱离我国实际，难以有力地解释现实问题，未能充分发挥指导社会主义建设和改革并充当其他经济科学理论基础的应有作用。

笔者认为，各门社会科学理论都是对某一社会关系的内涵、特征和变化发展规律的抽象归纳和概括。它来源于生活、深究生活的本质又高出于生活。不能要求它处处同丰富多彩的生活现象完全一致，否则就等于取消科学理论的必要性。即使是作为有些人理想目标的西方经济学，同经济现实的差距也是非常大的。因此，必须正确认识理论和实际的关系，合理对待理论的实践性。当然，不能因此就忽视我国政治经济学在某些方面存在与实际相脱离的问题。但是，要解决这些问题，不能像有些人主张的那样，以西方经济学取代马克思主义政治经济学。因为那样只会离我国的国情更远，更难以适应我国社会主义建设和改革的需要。正确的思路应该是，以已经在中国扎根和发展了的马克思主义基本原理为指导，吸收西方经济学的科学成果，紧紧从我国社会主义初级阶段的客观条件出发，通过对“以公有制为主体、多种所有制共同发展”的基本经济制度的分析，全面研究社会再生产过程的各种关系及其运行规律。人类社会的历史证明，生产资料所有制是生产关系的前提和基础，所有制改变了，其他的生产关系也必定随之发生变化。所以，在社会主义政治经济学的改革和创新中，建立正确反映客观实际的所有制理论，对科学分析和阐述各方面的经济关系，揭示它们的发展规律，增强经济理论解释和解决现实问题的能力，起着十分重要的作用。

---

* 吴宣恭，厦门大学经济学院教授、博士生导师。

一、所有制理论在社会主义政治经济学中的重要地位

所有制指人们围绕和凭借各种客体建立和形成的责任、权能和利益关系，是一个包含着各种产权的复杂体系。适应于不同的生产力，各个社会阶段不仅存在着不同的所有制，各种所有制内部也存在不同的产权结构。在所有者不变的条件下，同一种所有制可能出现不同的产权配置格局，即产权制度或所有制实现形式，它们是所有制的具体化。相对于具体的产权制度，所有制则是根本的产权制度。政治经济学不能把所有制关系简单化，把它仅仅理解为财产归属于谁的问题，只看到狭义的所有权，即归属权，而应该认识它的复杂性，从主体和客体、各种主体的外部关系和内部关系，具体研究它们如何随着客观条件的变化不断改变其结构。只有这样，才能建立正确反映现实的所有制理论。

既然生产资料所有制是生产关系的前提和基础，离开了生产资料所有制，就无法充分说明生产关系其他方面的特点和它们的相互关系以及它们形成和发展的规律。因此，尽管在各种经济学的体系中，对所有制的理论探索详简不一，理论阐述的结构次序各异，却毫无例外地要以一定的所有制作为分析经济关系和经济运行的前提。而且，一种经济学理论的科学性，与它所依据的所有制理论密切相关。

马克思虽然从商品的剖析开始《资本论》鸿篇巨构的铺展，但仍然是以资本主义的私有制作为立论前提的。例如，他强调私有制是商品经济存在的基本条件，商品交换必须承认对方是商品的所有者，强调小商品生产和资本主义商品生产的差别，指出在资本主义所有制条件下，劳动力才成为商品，商品生产的所有权规律才转化为资本占有权规律。至于剩余价值的生产、流通和分配的理论、对资本本质和资本积累规律的揭露、关于资本主义的基本矛盾和资本主义必然被社会主义所代替等重要原理的阐述，更无一不是在剖析资本主义私有制的基础上展开的。社会主义理论能够从空想转为科学，就在于马克思不是笼统地反对私有制，而是如实地分析资本主义私有制的历史作用以及它带来的一系列弊病，深刻揭露资本主义私有制与高度发展的生产力的矛盾。劳动人民正是在这一科学学说的指引下，夺取革命的胜利，建立了社会主义制度。马克思也阐述了未来社会生产关系的基本特点，可是，它们仅是根据资本主义私有制的发展趋势做出的预言，与后来建立的社会主义国家的实际条件不可能完全相同。这就需要根据社会主义的实际情况加以发展。

西方传统经济学以资本主义私有制作为理论分析的既定前提。他们关于自由市场制度能够自动实现资源的最优配置的基本观点、关于提出市场体制及其运行规律的阐述，也是以资本主义私有制为出发点的。这使得他们的理论在许多方面符合资

本主义实际，能够解决许多现实经济生活中的问题。但是，他们为了回避客观存在的阶级矛盾，讳言所有制关系，加上他们构建理论体系时不得不设置的种种假设条件，又使他们的理论在很大程度上脱离实际，在诸如外部性、劳资关系、分配关系、劳动效率、企业制度演变等重大问题面前显得苍白无力，削弱了解释问题和解决问题的能力。

西方现代产权经济学修改了传统经济学的某些假设，强调在交易费用为正的条件下产权制度对资源配置效率的决定性作用，并且以此为理论核心，分析了资本主义经济的微观和宏观发展的一系列问题，出现了西方经济学和经济史学的重大突破和创新，也为资本主义社会新出现的某些问题提供了解决办法。但是，西方产权学派仍然以资本主义私有制为既定的前提。它不研究根本产权制度的变化发展，而只关心在具体运行层次的产权关系，甚至是那些已有的法律、法规还未具体明确的细小的产权界定，分析它们对运行效率的影响。特别是，他们仍然站在维护资本主义私有制的立场，解释资本主义具体产权制度变化的必然性和合理性，掩盖了资本主义的剥削关系，因而严重歪曲了经济生活的实际，也无法从根本上解决资本主义的矛盾。他们的所有制理论的这些缺陷，当然不能不影响到它们整个理论体系的科学性。

社会主义政治经济学，既不能像西方传统经济学那样，把所有制作为无须说明的既定前提；也不能像西方现代产权经济学那样，避开根本所有制关系，只在细小枝节的产权关系上做文章；还不能停留在马克思关于未来社会的所有制的预言上，而需要对现实的所有制关系进行比较全面的分析和论证。这是因为：第一，社会主义是人类历史上崭新的生产关系。它从社会主义公有制建立之时开始形成，随着公有制的成长与变革而变化、发展，离开了公有制就谈不上真正的社会主义经济关系。因此，不阐明公有制关系就无法正确分析社会主义生产关系的其他方面。第二，由于社会主义首先在生产力相对落后的国家出现，还要经历一个相当长期的初级阶段，公有制还不能覆盖整个社会的生产资料，它的内部产权配置也会因客观条件的差异而呈现多样化，需要根据实际情况及时调整；与公有制同时存在的还有其他的所有制，各种不同性质的所有制互相竞争、共同发展，处于复杂的关系之中。这些所有制关系都会影响到社会主义社会各种经济关系的发展。政治经济学要研究不同产权制度对生产关系其他方面以及对经济效率的影响，不能不全面深入地分析所有制的这些复杂关系。第三，在社会主义建设和改革过程中，出现了许多理论和实际的疑难问题，诸如，怎样探索有效的公有制多种实现形式和现代企业制度、社会主义公有制与市场经济能否兼容、为什么社会主义必须实行多种分配形式、如何建立现代企业制度等等，它们有的本身就是所有制关系问题，有的则与所有制关系的变化密切联系着。把有关的所有制、产权制度阐述清楚了，这些问题就能比较容易理解，易于看清解决问题的方向和途径，社会主义政治经济学也就能够有更深刻的理论依据，与现实也能有更加紧密的联系，更有说服力。第四，政治经济学的发展当然需要吸收西方经济学的有益研究成果，尤其是有关经济运行和提高资源配置效率的一些理论。但是，这些理论是否适合我国的基本国情和由它决定的所有制关系，将在很大程度上影响它们的利用效果。研究清楚社会主义的所有制关系，将有助于判别这些理论对我国的适用性，弄清如何对它们进行改造、吸收，丰富社会主义政治经济学的内容。

掌握好所有制理论，可以比较有力地解释社会主义政治经济学的一系列疑难问题。下面着重以难度较大、分歧较多的市场经济和多种分配方式并存与社会主义所有制的关系为例作一些说明。

二、关于公有制与市场经济的关系

长期以来，许多人把公有制，特别是国家所有制同商品经济对立起来，认为它们之间互不相容。根据这种认识，曾经有不少人认为在国家所有制内部不可能存在真正的商品关系，并将市场经济视为私有制所独有，不赞成在社会主义制度下搞市场经济。另有一些人则从这种“对立论”出发，认为要发展商品经济，实行市场经济，就不能搞公有制，特别是不能搞国家所有制，主张私有化或非国有化。产生这些偏差的理论认识根源在于：（一）没有认识到所有制是复杂的经济关系，把归属关系当成是所有制的唯一内容，看不到除此之外还有其他重要的权能和利益关系，也看不到所有制主体的各种权能可能互相分离，而且随着权能的调整，经济利益必然相应发生变化，使同一所有制出现不同的实现形式。（二）对我国国家所有制的产权关系在十几年改革后的重大变化认识不足，看不清现阶段我国国家所有制内部关系与苏联模式和我国过去的传统体制的巨大差别，笼统地谈论国有制与商品经济的矛盾。（三）除了以上两方面的原因，对于主张按照商品经济和市场经济的要求改造公有制的人来说，症结还在于他们没有真正弄清所有制与商品经济和市场经济的关系，不懂所有制关系不仅决定商品经济的有无，而且决定商品经济的特点，不会区分不同的所有制或公有制的不同实现形式对商品关系的重大影响。此外，还有一些人把所有制和商品经济当成各不相干的两种关系，他们虽然也认为国有制可以同商品经济相兼容，实质上却把商品经济当成是无需所有制基础的东西，离开了马克思主义关于所有制和商品的基本原理，在理论上也是缺乏充分论据的。因此，要扭转把公有制与商品经济、市场经济对立起来的旧观念，对长期困扰着经济理论界的问题做出正确的回答，必须首先正确掌握所有制的丰富内涵，从社会主义初级阶段国家所有制的具体产权制度出发，分析国有企业之间的交换关系及其对经济权力、职能和利益的影响，然后根据马克思主义关于所有制与商品经济相互关系的基本原理，对国有企业间交换关系的性质，对它们是否真正的商品做出判断。

在这里，最重要的是必须区分和明确分析研究的对象和根据：所有制关系。因为，无论是在国外或国内，许多人之所以否认公有制存在商品经济和实行市场经济的可能性，或者认为两者互不相容，重要的原因是，他们心目中的公有制是马克思和恩格斯所设想的发达的、成熟的全社会所有制，或者是像苏联和我国改革前实行的那种将产权全部集中于国家的全民所有制。过去瑞典学派的卡塞尔、奥地利学派的米塞斯、自由主义学派的哈耶克与罗宾斯等人将社会主义同市场经济对立起来，除了他们的私有制偏见之外，重要的原因就在于他们是以当时苏联的高度集中的产权制度作为分析对象。至于兰格，虽然主张社会主义与市场机制不抵触，却只能提出模拟市场的方法，而无法以实际资料证明公有制与真实的市场能否相容，理论弱点也在这里。现代一些外国经济学家，从东欧的奥塔・锡克、弗・布鲁斯到美国的迪夸特里、法国的勃拉尔顿、英国的 A・马科利，虽然也主张社会主义可以同市场经济兼容，但也都没有从公有制的具体产权制度进行分析，理由都不够充分。如马科利认为："在生产垄断化后，即使不进行全面私有化，社会主义国家的市场也可以是有效的，只要所有市场主体的活动服从刚性的市场规律就够了。"但是，当国有企业处于改革前那种无权又无利的时候，它们能灵敏地感受市场信息并自主地做出应对决策吗？市场规律对它们能够发挥应有的作用吗？它们的活动可能服从市场的刚性规律吗？我国有些经济学家在公有制和商品经济能否兼容问题上的认识也有同样的缺陷。总之，离开了公有制产权关系的具体分析，它与商品经济的关系就无法得到有说服力的证明。

马克思和恩格斯认为在未来社会不存在商品生产，是因为他们预料社会主义将在最发达的国家取得胜利。到那个时候，与生产力高度发展、生产高度社会化的条件相适应，社会的全部生产资料都将归整个社会所有，一切社会成员对生产资料的权利将完全相同，在生产资料使用上的差别不形成独立的局部利益。在这种所有制条件下，社会生产和流通的组织和实施，不会受到集体或个人的产权利益的干扰，完全可能由社会按计划统一安排，人们的劳动将直接成为社会劳动的组成部分，劳动耗费能够直接按照劳动时间计算，不必借助于价值以迂回曲折的方式去衡量。

历史证实，马克思和恩格斯关于社会主义必然代替资本主义的论断是正确的，但是历史的进程却没有完全按照他们的设想发展。社会主义不是在高度发达的资本主义国家，而是在生产力相对落后的国家首先取得胜利。受到这种落后的生产力的制约，归全社会所有的只是部分的生产资料。除了全民所有制以外，社会上还存在着生产资料归部分劳动者共同所有的集体所有制。斯大林注意到苏联的所有制状况与马克思、恩格斯预言之间的差别，批驳了那种认为社会主义社会不存在商品生产的观点，指出由于公有制存在两种基本形式，集体企业和全民所有制企业是不同的所有者，集体企业之间以及集体企业和全民所有制企业之间进行经济联系时，为了保障自己的所有权，只能采取商品交换的方式，因而社会主义社会必然存在商品经济关系。这是斯大林在新的历史条件下对马克思和恩格斯商品理论的突破，在公有制与商品关系的认识上取得了重大发展。他的理论进步正是立足于正确分析现实的所有制关系的基础之上的。

但是，斯大林在商品理论上取得进展的同时却认为，在全民所有制内部不具备商品经济的基础。因为全民所有制企业互相交换产品时，不发生所有权的转移；它们之间出现商品交换，是受到两种所有制间交换的影响；在全民所有制企业之间互相交换的产品没有商品的实质，而只有商品的“外壳”。这种认识显然是同当时苏联的全民所有制的实际状况相符合的，表明一种受制于历史条件的局限性。因为，当时苏联的全民所有制实行的是产权高度集中于国家的体制。企业只是全民所有制这个大工厂的“车间”，没有任何独立的经营自主权利，也不存在企业的局部利益。就是说，国有企业还不是具有自身权能和利益的产权主体。因此，国有企业之间交换产品时，当然不会发生任何所有权的转移。这与真正的商品交换显然是不相同的。而且，在这种产权制度下，企业对市场信息的反应是迟钝乃至麻木的，也没有适应市场变化的自主权和机动权，根本谈不上运用市场机制去调节资源配置，当然也不可能提出建立市场经济的任务，甚至把市场经济当作资本主义所特有的，是社会主义的异己力量。可见，限制商品和市场理论进一步发展的就是苏联所有制关系的现实，而不是当时的经济学界（包括斯大林），在理论素质和分析方法方面的原因。我国建立社会主义公有制以后，长期采用苏联的模式，在国家所有制内部实行产权高度集中于国家的制度。公有制的这种状况当然也同样地制约着我国的商品理论，使它在长时期里无法用有说服力的论据突破斯大林的观点。

经过十几年的经济体制改革，我国不仅在整个社会的所有制结构上发生了重大变化，对国家所有制内部的产权关系也进行了重大的调整。大多数国有企业实行了所有权和经营权分离的产权制度，部分企业还建立了出资者所有权与法人财产权相分离的公司制度。就前一类的国有企业而言，它们虽然不拥有本企业生产资料的狭义所有权（即归属权），却有权占有、使用和在不同程度上支配国家委托给它们的资产，并得到经营所带来的一部分经济利益。社会主义国家通过一系列法律、法规确认国有企业的法人地位，保障企业的自主经营权利和相应的经济利益。这样，原来只相当于国家所有制的大车间、没有自己的自主权力和局部利益的国有企业，就变成具有相当一部分产权的所有制主体。它们从狭义的所有权看，是国家所有制的一部分，是由全体人民组成的统一的所有制主体的一个局部，但从生产资料的占有、使用、支配和收益方面看，又是具有自身产权的不同所有制主体。或者说，它们从整个社会看，只是全体劳动者联合体的一个部分，彼此不是不同的所有者，但从企业的层次看，却是各有自身权力和利益、彼此独立的产权主体。在这种产权关系下，各个全民所有制企业之间是否进行等价交换，就关系到企业的劳动耗费能不能得到实现，成为同企业和职工的利益密切相关的事情。当国家和企业或者国有企业之间互相需要对方的产品时，就不能像过去那样采取无偿调拨或其他变相方式，而必须通过市场实行等价交换，做到互不多占对方的劳动成果、互不侵犯对方的经济利益。这是确认和维护企业产权制度的内在要求。于是，在国家和企业以及国有企业之间就必然存在实实在在的商品关系。

当国有企业享有自主经营的权力和利益，真正成为独立的商品生产者、经营者的时候，它们为了争取自身的经济利益，求得生存和发展，只能按照市场状况调节其经济活动，服从于价值规律和市场机制的权威。国家也不能再像过去那样只凭计划和行政手段去指挥企业的活动。于是，市场机制必然成为调节社会资源配置的基本手段和方式，计划经济便不能不逐步被市场经济所取代。

可见，只要认真分析改革后发生了巨大变化的公有制（包括国家所有制）内部的产权关系，便可认识到，商品经济和市场经济与公有制不仅存在内在统一的关系，而且是公有制经济发展的客观的必然要求。不仅如此，国有企业独立产权的出现，还为实现市场经济的要求提供了客观条件和现实可能性。正是在这种新的所有制关系下，邓小平同志和党中央及时提出建立社会主义市场经济的目标，并迅速得到全国人民的响应。我国才由计划经济体制顺利地过渡到社会主义市场经济体制。

正确理解马克思主义的所有制理论不仅可以解决公有制与市场经济能否兼容的问题，还能揭示社会主义市场经济不同于资本主义市场经济的许多特点，包括社会主义市场经济体制和运行机制、市场体系、市场秩序和市场组织等的一系列特点。这些都能很容易地在教材中进行具体的分析。

三、关于多种分配方式并存的理论依据

党的十五大提出要“坚持按劳分配为主体、多种分配方式并存的制度”，“把按

劳分配和按要素分配结合起来”。如何正确理解这种分配制度，经济理论界的看法分歧很大。

有的同志主张从市场经济规律的要求去说明这一制度的依据，认为生产要素参与分配是市场原则的重要体现，是优化资源配置的需要。这种意见是难以令人满意的。因为，市场规律只要求商品按照由社会必要劳动时间决定的价值进行交换。它并不会使生产要素的所有者通过交换得到比自身价值还要多的价值，否则恰好是破坏了等价交换，违背市场原则。所以，市场并不会产生价值的余额，不能成为要素参与分配的理由。持这种意见的同志还以利息是“资本的价格”，同让渡一般商品得到价格的道理是相同的，解释按要素分配是市场经济的原则。这也是一种源于西方经济学的不科学说法。利息、地租等收入实质上是剩余价值的分配形式，是货币和土地所有权的体现，不是一种交换关系，但在资本主义关系中，利息却被歪曲为“资本的价格”，似乎货币能自我增殖。这与将工资当作“劳动的价格”一样，是西方经济学的庸俗概念。当然，按要素分配也不是同市场经济毫无关系。这主要是，在市场经济条件下，按要素分配必须通过市场进行，不可避免地会受到市场机制的影响，如利息率的高低要受到市场货币供求关系的影响。但这与市场原则决定生产要素能参与收入分配是不同的两种关系。至于合理配置资源，则是市场经济中产权发挥的功能之一。正是由于所有制主体可以凭借生产要素的投入获得一定的经济利益，调动了所有制主体充分利用生产要素的积极性，使资源得到有效的利用。可见，将合理配置资源的要求当成生产要素参与分配的原因，恰恰是颠倒了因果关系。

“坚持按劳分配为主体、多种分配方式并存”只能以现阶段我国所有制的特点去说明。既然要以社会主义公有制为主体，自然必须坚持按劳分配为主体。这是多年讲过的社会主义消费品分配原则，无须重新论证。新的发展和需要说明的只在于按要素分配，而它则是由社会主义初级阶段存在多种所有制和各种所有制都存在多种实现形式决定的。

所有制按最高度的概括，包含着所有、占有、支配、使用关系。它们从产权的角度说，就是狭义的所有权、占有权、支配权、使用权。每种关系或产权都包括所有制主体对客体的权力、职能以及行使权能所带来的经济利益。收益或受益是同所有制主体的权能联系在一起，与各种权能孪生或由各种权能派生出来的。主体的权能与利益互相依存，不可分割，存在着内在统一的关系。一方面，利益是权能的目的和权能行使的结果，是权能的一种体现；权能是获得利益的条件和手段，是利益存在的前提和基础。另一方面，利益又是使一定权能得以成为所有制内涵的条件；离开了利益的获得，单纯的权能就不能构成为所有制权利。所有制关系的这四个方面可能统一由一个主体行使，这个主体就能得到全部的收益。它们也可随着社会分工的发展互相分离，归不同的主体行使，这时产生的利益就要由各个主体分享。这就在主体之间形成了收益的分配关系。各个主体都可以根据拥有的产权，分得应有的部分。在社会主义公有制经济中，劳动者在企业中共同劳动，对生产资料具有平等权利，不存在按生产资料份额分配所得的条件，只能以劳动作为同一的尺度分配消费品。但是，在社会主义初级阶段，除了公有制还有其他各种类型的私有制和混合所有制；公有制也采取了多种实现形式，在有些实现形式中，除了公有的资产以外，还有个人或非公有制主体的投资。因而，按劳分配不能成为唯一的消费品分配方式，在以按劳分配为主体的同时还要按要素分配。这是由社会主义初级阶段的所有制关系决定的。只有它，才是按要素分配的原因和基本依据。

有的同志以生产要素对价值创造的“贡献”作为按要素分配的理由或它的合理性的证明。其论证的方法也不尽一致。有的人修改马克思的劳动价值论，主张生产资料也和活劳动一起共同创造新增价值，所以劳动以外的生产要素参加分配是公平合理的。另一种意见认为，非劳动生产要素虽然不直接创造价值，但对价值的创造做了贡献，因而它参与分配是公平合理的。前一种意见明显违反了马克思的劳动价值论，其价值论的谬误是易见的，且已受到多方面的驳斥，不必在这里分析。后一种意见看来虽不直接反对劳动价值论，却背离了马克思的所有制理论。马克思曾经论证过为什么独立小生产者“能够占有他自己劳动的全部产品”，指出：“这并不是靠他的劳动（就这方面来说，他同其他工人毫无区别），而是仅仅靠他占有生产资料。因此，仅仅由于他是生产资料所有者，他自己的剩余劳动才归他所有。”（《马克思恩格斯全集》第 26 卷第 1 册，人民出版社，1972 年，第 441 页）但是，在资本主义私有制条件下，劳动者却无法得到他创造的产品。关键就在于他们不是生产资料的主人。马克思在分析资本主义制度下劳动产品的所有权时深刻指出：“最初，在我们看来，所有权似乎是以自己的劳动为基础的，至少我们应当承认这样的假设，因为互相对立的仅仅是权利平等的商品生产者，占有别人商品的手段只能是让渡自己的商品，而自己的商品又只能是由劳动创造的。现在，所有权对于资本家来说，表现为占有别人无酬劳动或产品的权利，而对于工人来说，则表现为不能占有自己的产品。”（《马克思恩格斯全集》第 23 卷，人民出版社，1972 年，第 640 页）可见，无论采取什么方式以对价值创造的作用论证非劳动生产要素参与剩余劳动分配的合理性，都离开了马克思主义的所有制理论，难以做出有说服力的论证。

其实，以公平或合理之类的伦理标准分析包括分配方式在内的经济关系并非政治经济学的正确方法。马克思主义一贯坚持以生产力和生产关系、经济基础和上层建筑的矛盾分析社会经济、政治关系的变化和发展，将它当成是不以人的意志为转移的客观必然过程。尽管奴隶制度的剥削是野蛮残酷的，马克思和恩格斯仍然把它当成是人类社会的巨大进步。他们也讴歌创造出前所未有的强大生产力和高度文明的资本主义制度，而同时根据社会发展的规律论证它必然被社会主义所代替。不是人们依照伦理标准选择所有制和其他生产关系，相反的，生产关系决定了人们的观念，决定了有关公平合理的判断标准。奴隶主掌握对奴隶生杀予夺的权利，在奴隶社会里是天经地义的；对雇佣劳动的剥削也完全符合资本主义的商品买卖关系；即使是社会主义的按劳分配原则，也存在尺度的平等与实际分配结果和消费水平的不平等。这表明，“权利永远不能超出社会的经济结构以及由经济结构所制约的社会的文化发展。”（《马克思恩格斯选集》第 3 卷，人民出版社，1956 年，第 12 页）多种所有制共同发展是由社会主义初级阶段的客观条件决定的，不是人们按道德标准选择的结果。哪怕在其中的某些制度里还不能消灭剥削，只要它们符合“三个有利于”的原则，还得承认它们的存在。同时，也无须为它们的公平合理寻找各种各样的辩护理由。这个道理对于受所有制关系制约的分配方式同样是适用的。因此，只要具体分析社会主义初级阶段的所有制结构，讲清马克思主义关于所有制与生产和分配相互关系的原理，就能解释清楚“以按劳分配为主体、多种分配方式并存”的客观原因。

四、其他例证和结束语

除了解决一些理论疑难问题之外，分析好所有制关系还有助于正确认识社会主义各方面经济关系的特点，包括企业、农户、居民等社会主义微观主体，特别是公有制企业的行为和经营机制；了解影响社会主义经济发展的各种因素，如社会发展目标、增长速度、增长方式、资源配置、产业结构、地区结构、人口和就业、消费方式和水平等等；调整国家的经济职能，解决宏观调控模式、体系、形式和手段等问题。这里不一一叙述了。

尽管所有制理论在政治经济学中居于重要的地位，能够发挥重大的作用，但是，如何准确地阐述其内容，妥善地安排它在整个政治经济学体系中的位置，如何将其原理在各个篇章中加以贯彻论证，都有待进一步考虑。而且，社会主义所有制关系还处在继续变革之中，所有制理论还不够完善，还将随着所有制的变革不断充实和发展。因此，为了进行政治经济学的改革和创新，必须重视和继续加强所有制理论的研究。

发表于 1999 年第 2 期

社会劳动价值论的十点理解和见解

钱伯海*

拙作《社会劳动价值论》系统汇集了笔者的30篇文章，由中国经济出版社出版，已经两年，受到众多专家学者的关注。这是出于工作需要，① 系统学习马克思劳动价值论的一些心得和体会，其中有理解也有见解。一则是随着经济技术的巨大发展，情况发生很大的变化，有些需要做出新的认识和理解；二则是研究中发现，过去理论界对劳动价值论的认识确实存在一些扭曲和误解，需要做出说明和解析。归纳起来主要有以下十点，故定题为十点理解和见解。

一、确认三次产业共同创造价值

社会劳动是第一、二、三产业劳动的合称，由物质生产的第一、二产业和劳务生产的第三产业所构成。传统的政治经济学只承认物质生产，认为工业、农业、建筑业和作为其继续的商业、运输业才是生产部门，即所谓五大物质生产部门，计算产值。其他所有劳务生产，统统称为非生产部门，不计算产值，作为物质生产成果的再分配处理。以此理论为基础，建立起来的国民经济核算体系，称为物质生产核算体系（MPS体系），显然存在历史的局限性。作为商品二因素——使用价值与价值，使用价值指商品的有用性，物质成果具有使用价值，称之为生产；而劳务生产成果，包括文化教育、医疗卫生、生活旅游、国防治安、城乡交通管理等服务，同

* 钱伯海，厦门大学经济学院教授、博士生导师。

① 改革开放，扩大国际经济往来，国民经济核算制度需要同国际接轨。1984年，国务院成立专门组织——国民经济统一核算标准领导小组，我受委托担任所属的国民核算总体规划组组长。改革的中心是要由我国和苏联等国采用的MPS体系，又称东方体系，结合我国特点，转轨到西方发达国家和绝大多数发展中国家采用的SNA体系，又称西方体系，核算范围由物质生产扩大到三次产业，与传统政治经济学的理论相矛盾，受到众多学者的指责。有的提出它陷入了资产阶级生产三要素论的泥坑。笔者很不以为然，出于工作需要，撰写文章，阐明三次产业创造价值和有关理论，并坚定认为：我国新国民核算体系的理论基础，依然是马克思主义的劳动价值论。

样具有使用价值，发挥如下两方面的重要作用。

1. 作人们生活之用，满足人们生活的需要。现代社会如果没有文化教育、医疗卫生、生活旅游、城乡交通管理和国防治安等服务，那人类的生活就倒退，无法维持，更谈不上现代的所谓精神文明。

2. 作社会生产之用，是社会大分工、大协作的基础和条件。以上种种服务，包括生活旅游在内，对物质生产都是必需的，离开了这些服务，物质生产就中断，就不能进行。而且现代物质生产的高效率，从事第一、二产业的人数愈来愈少，正是建立在第三产业大发展的基础上。现在一些发达国家和地区，第三产业的从业人数和产值比重，已占到整个生产的60%—70%，以后还有进一步扩大的趋势。

然而，传统的政治经济学教材为什么坚持物质生产，对服务列入生产持批评态度，认为综合性生产的SNA体系，建立在资产阶级三要素理论基础上呢？一方面是因为受传统观点的影响过深，而早先的服务比重微不足道，现在是极大增长。另一方面是在认识上存在两个方面的误解：把生产的活动性质与生产的活动效益相混淆；把经济活动与经济收支相等同。而且又习惯于从微观考察，疏于宏观考察和平衡推算。详细论述，请参见拙著《社会劳动价值论》第七章——理论的关键在于确认第三产业同样创造价值。

二、关键在于确认物化劳动创造剩余价值

第三产业进行劳务生产，提供劳务产品，满足人们生活和社会生产需要。劳务产品包括文化教育服务、医疗卫生服务和城乡交通服务等等，它们虽然不具有物质形态，但同样有使用价值。也就是第三产业的具体劳动创造的使用价值，通过交换而形成抽象劳动，创造劳务价值，或用于社会生产，作为生产的中间消耗；或用于人们生活，作为劳务成果的最终使用。但是许多劳务成果很难说清楚做什么使用，例如科学技术，它特别重要，被认为是第一生产力。它又如何形成第一生产力，并且创造价值和使用价值呢？

科学技术表现为精神形态，表现在科学技术人员知识技艺、论文著作，或者是图书资料、设计方案等等，既不能吃，也不能穿，更不能供人们住用，怎么体现它能创造价值和使用价值呢？好像很难理解。我国有位知名度很高的经济学家，就怀疑科技是生产力，写文章、做报告，阐明他的观点，并且说就是把美国图书馆全部搬到中国来，中国也不能现代化。事实也正是如此，不要谈图书馆，就是把全世界最优秀的科学家、工程师、设计师，包括诺贝尔奖获得者全部集中到中国来，使中国科技人员集全世界的大成，中国也不能发展生产力，实现现代化。但事实证明，

科技是生产力，是第一生产力，知识经济时代实际就是科技真正成为第一生产力的时代。关键是过去存在一个至关重要的理论扭曲——只有活劳动创造价值，物化劳动只起转移价值的作用。

物化劳动指劳动手段与劳动对象，指生产中的设备、材料和工艺。现代生产的主要特征，就表现在它采用先进设备、材料和工艺，可以大大提高劳动生产率、节省必要劳动时间、延长剩余劳动时间。剩余劳动时间的物化，就是剩余价值。正如邓小平同志在全国科学大会上指出的，同样的劳动力在同样的劳动时间里，表明价值总量并没有变化，但可以生产出比过去多出几十倍、几百倍的产品。假设过去全部是必要产品，现在多出几十倍、几百倍的产品，全部是剩余产品。商品二因素，有剩余产品，必然有剩余价值，靠的是什么，是科学的力量、技术的力量。上面指出，只有把科学技术凝聚在物化劳动上，体现为先进的设备、材料和工艺，提高劳动生产率，减少必要劳动时间，延长剩余劳动时间，即创造剩余价值。工欲善其事，必先利其器，器就是物化劳动，磨刀不误砍柴工，刀也是物化劳动。所以现代人类的进步和发展，完全依靠不断改进劳动手段、劳动对象，体现为先进的设备、材料和工艺，也就是依靠物化劳动。但长期以来，理论界认为物化劳动只能转移价值，不能创造价值，并且一提到物化劳动创造价值，就要被扣上帽子，受到各种指责和批判。这是多么大的理论扭曲和历史误解？这是为什么？主要原因有两个：(1) 把资本等同于物化劳动；(2) 把两种劳动——物化劳动与活劳动对立起来。下面先就第二个问题作回答。

三、物化劳动全部来自本期的活劳动

物化劳动——设备、材料和工艺，是其他企业的活劳动成果。不仅是其他企业活劳动成果，而且是本期的活劳动成果。因为不论是作为固定资产的机器设备，还是作为流动资产的原材料、辅助材料，它们对生产起着决定性作用，但并不构成本期的总产品、总产值的内容。因为上期留下来的固定资产——机器设备和流动资产——原材料和辅助材料，参加本期生产的周转，也就是被生产耗用，但同期又要生产出相应的设备和材料加以补充，并要留到下一期去，以维持企业再生产的正常进行。一般说生产都要逐年扩大，因此不仅把上期留下来的固定资产、流动资产通过周转全额留到下一期去，而且还要把本期生产的计入总产品的产品——机器、设备与原材料、辅助材料中的一部分，作为积累留到下一期去，作为扩大再生产之用。所以本期耗用的物化劳动，全部是本期活劳动生产的成果。不仅不是过去的劳动，而且根本没有过去的劳动（除非实行萎缩性生产），全部是本期的活劳动形成的。对此很多学者想不通，甚至认为不可能，说什么至少也要包含一部分过去的劳动成果。

其根本原因在于他们习惯上从微观、从企业看问题，现在从宏观、从社会看问题就感到难以理解了。

关于物化劳动全部来自本期的社会活劳动，是基于从宏观、从社会来看待物化劳动，拙著第三章——《从社会看的活劳动创造，恒等于从企业看的物活劳动创造价值》，其代表公式为：

$$\sum_{i=1}^{n}(c_{ki}+v_{ki}+m_{ki})=\sum_{i=1}^{n}\sum_{j=1}^{ki}(v_j+m_j)$$

式中 c 是社会最终产品价值（c+v+m）中的物化劳动，是其他企业活劳动的生产成果，而且是本期的劳动成果。马克思著名的再生产公式Ⅱc=Ⅰ(v+m)，表明第二部类的生产资料，是第一部类活劳动生产的。肯定是同一期——本期生产的，否则就无法建立等式的关系。这点，亚当·斯密有着精辟的见解。过去把物化劳动称为过去的劳动，认为一定是过去生产的，至少也有一部分是过去生产的，这是明显的理论误解。

既然本期生产耗用的物化劳动，作为总产值（c+v+m）的构成部分，全部是本期劳动生产的，那意味着本期生产的最终成果——用于消费积累（投资）的产品，是全社会各企业的活劳动，实行大分工、大协作，以物化劳动为中介共同完成的。好像是接力赛跑，物化劳动相当于接力棒，但比接力棒复杂得多，它本身是活劳动制造的，因而归根结底，还是活劳动创造价值。

四、社会生产的两大要素

生产力与生产关系是经济学中两个最基本而又重要的范畴，初学者往往感到抽象，知其然而不知其所以然。为了说清两个范畴的内涵和相互关系，有必要对另外两个范畴——生产要素与经营要素作扼要的介绍。这是两个不同而又密切联系的范畴，在理论界和实践中，生产要素和经营要素常常被等同或混同了。

生产要素包括劳动力、劳动手段、劳动对象，这是生产力的内容，所以又称生产力三要素。它代表着人们运用劳动手段作用于劳动对象，对自然资源进行加工再加工，改变其内在成分和外观形态，适合人们需要的能力，也就是人们利用、改造和征服自然的能力，代表着人与自然的关系。任何社会要进行生产，都必须具备劳动力、劳动手段、劳动对象三要素，它在人类社会的长河中是永远少不了的，而且随着经济技术的发展，愈益发挥其重要作用。因此，物化劳动作为活劳动的凝结物，是永存的，可以讲它万岁、万岁、万万岁！

经营要素指人们所拥有的各种条件，即人、财、物，在西方惯称劳动、土地和资本，以谋取利益。劳动者以劳动谋生，资本持有者以资本谋利，土地所有者以土地谋租。就资本来说，它是在特定条件下的经营要素，它属于生产关系的范围，体现着人与人的相互关系。生产关系变化了，经营要素就会发生相应的变化。资本按照传统的词义解释，是指用于雇佣劳动而带来剩余价值的价值，体现着一种剥削被剥削的关系。与物化劳动存在极大的不同，不要说万岁、万万岁，就是千岁都不敢说。社会主义生产是生产资料公有制，作为历史范畴的“资本”，在我国销声匿迹达几十年之久，而用“资金”来替代。改革开放后，外资引入，私有经济也有很大的发展，经济多元化、经营多元化，为了包揽兼容变化的经济形势，我国会计部门创造了一个新名词——“资本金”，兼容资本和资金两种不同的含义。可见，资本与物化劳动存在严格的区别，但历史和现实社会都对此发生了混淆。最早、最著名的要算法国资产阶级庸俗经济学的创始人萨伊了。萨伊把经营要素混同生产要素，把资本主义生产当作社会生产的一般，把资本等同于生产资料（物化劳动）——认为劳动、土地和资本共同创造价值。显然这是错误的，马克思主义经济学家曾经给予严厉的批判。问题是，十分缺憾，出于对作为经营要素的资本与作为生产要素的物化劳动的混同观点的否定，反而认为提出物化劳动创造价值，就是因袭庸俗经济学萨伊的三要素理论，就是讲资本创造价值，并给以种种批判，有的还相当尖锐。现在这个理论扭曲到了克服的时候了。

五、物化劳动的二重性质

物化劳动是物质化活劳动的简称，是凝结或凝固了的活劳动，具有物质和劳动二重性质。作为物质属性，它不同于天然物，具有价值内容，必然为一定所有者所有，有它的所有制归宿。作为劳动属性，它不同于一般的活劳动，各种各样的活劳动凝结其上，赋予各种特殊性能，即各种使用价值，供人们作各种目的使用。正因为物化劳动具有二重性，在实践中容易产生各种矛盾和误解，需要从两方面区别各自的特点和关系。

（一）作为物质属性，一定要和资本相区别。作为物化劳动，在企业是以生产资料——劳动手段和劳动对象出现的，前者如厂房建筑、机器设备和各种工具，后者如原材料、零部件和各种配套产品，这些都是由生产单位生产，由使用单位通过市场购入的。购买需要资金，对生产经营者来说表现为资本。没有资本就无法取得物化劳动，只能参观参观，望物兴叹。但资本不等于物化劳动，二者之间存在严格的区别。马克思就曾指出：“纺纱机是纺棉花的机器，只有在一定的关系下，它才成为资本。脱离了这种关系，它也就不是资本。”① 并以黑人做比喻，指出：“黑人就是黑

① 《马克思恩格斯选集》第1卷，人民出版社，1995年，第362页。

人，只有在一定的关系下，它才成为奴隶。”如果离开这个关系，他就不是奴隶了。资本与物化劳动是既有密切联系，又有严格区别的经济范畴，一个属于生产力，一个属于生产关系，决不能相互混淆。

（二）作为劳动属性，要和生产经营的企业相联系。物化劳动作为物质化的活劳动，是其他企业的活劳动成果，只有在商品生产条件下才表现为价值，离开商品生产，劳动就不能成为价值。因而对物化劳动的确定，一定要和独立的生产经营单位——企业相联系。产品的生产过程，也就是活劳动的物化过程，棉纱由棉花纺成，棉纱生产过程正是纺纱活劳动凝结在棉花上的物化过程，由棉花逐步转化为棉纱。但不同企业有不同的表现，纺纱和织布分开设厂，织布厂购纱织布，纱是物化劳动，构成布价值中的物化劳动。如果把纺纱厂与织布厂合并而为纺织厂，纺织厂既纺且织，用本厂纺的纱织布，纱作为纺织厂纺织车间的生产成果——半成品，不出售，就不构成布价值中的物化劳动。而棉花和机器折旧才是布的物化劳动。所以作为物化劳动，一定要与生产经营的企业相联系。社会分工愈细，企业愈多，物化劳动愈大，反之社会分工愈粗、企业愈少，则物化劳动愈少。如果扩而大之，全社会只有一个企业，企业内部分工，没有出售，没有购买，也就没有什么物化劳动了，则所有产品都是这个社会大企业的活劳动的成果，即（v＋m）的总和。

六、价值范畴的两种表现

价值范畴有多种概念——对商品生产来说，有“所用”“所值”和“值不值得”。“所用”指使用价值，亚当·斯密早就指出：“应当注意，价值一词有两个不同的含义，它有时表示特定物品的效用，有时又表示由于占有某物品而取得他种货币货物的购买力，前者又叫使用价值，后者又叫交换价值。”[①] 因而在“所用”含义上的价值是指使用价值，可以称之为“实物价值”，而作为“所值”含义上的价值，是指凝结在商品中的人类劳动——社会必要劳动，以劳动时间长短表示，这是政治经济学中最常用的价值，我们称之为理论价值。“值不值得”则是将实物价值与理论价值相对比，看单位产品劳动投入的多少，或者指单位投入所得产品的多少，考察其经济效果。下面谈两种价值，即作为“所用”的实物价值和作为“所值”的理论价值。和理论价值相对立，实物价值从内容来说，可以称之为实际价值。

理论价值在政治经济学最为常用，是指生产商品社会必要劳动量的大小，以劳动时间计量，单位产品价值量与劳动生产率的高低成反比变化。实物价值过去没有

① 亚当·斯密：《国民财富的性质和原因的研究》上册，商务印书馆，1992年，第25页。

被提出，指价值量以实物量计量，它与劳动生产率高低成正比变化。例如企业计算产值指标，价格定了，劳动生产率高的企业，产量高，产值就大。反之劳动生产率低的企业，价格定了，产品少，其产值就低。其产值大小与劳动生产率呈正比变化。这与理论价值显然不大相同，计量单位不同（一个计产量，一个计劳耗），变动趋势不同（一个成反比，一个成正比）。正因为如此，从使用价值方面提出价值范畴，常常遭到这样那样的批判，认为它违反了马克思的劳动价值论。

理论价值与实际价值存在巨大差异，计量单位不同，与劳动生产率的变动趋势又相反，好像是互不相容，实际上二者又是统一的，是同一价值的两种表现，在此“必要产品”既是因又是果，使表面看去完全不同，而实际上又把他们统一起来了。因为理论价值是指社会必要劳动，以劳动时间计量。随着社会劳动生产率的不断提高，“必要产品”的制造时间，不断缩短，“剩余产品”生产时间不断延长，而劳动力又不比一般商品。马克思指出：“和其他商品不同，劳动力的价值规定包含着一个历史和道德的因素。”① 即随着经济技术的不断发展，劳动生产率的不断提高，劳动者的报酬——必要产品量（指实物量）要相应地增加。而物化劳动消耗，表现为原材料、辅助材料和折旧，也都指实物量。而且前面已证明，物化劳动来自活劳动，而且是本期的活劳动，也是由必要产品工资报酬构成的。因而体现在成本（c＋v）中的 c 和 v，都是以“必要产品”的购买力或实物量计算。至于商品价值构成中的 m，相当部分是作为公共产品的服务报酬，我们称之为 m_c，也是由活劳动报酬 v——必要产品构成的。

综上可知，在产品价值构成（c＋v＋m）中，绝大部分都是由必要产品构成的，工资报酬 v 就是它的货币量，从而使价值量的两种形式——理论价值以劳动时间计量，与实际价值（实物价值）以实物（必要产品）计量，保持基本相同的内容。如果工资与劳动生产率同步增长，那理论价值与实际价值更是相一致了。马克思提出剩余价值转化为利润，产生了生产价格，生产价格等于生产成本加平均利润，生产价格是价格，价格是价值的货币表现，生产价格就是实际价值（实物价值）的货币表现。生产价格在《资本论》第三卷中提出，而第三卷是马克思身后由恩格斯精心整理完成的，马克思没有同时提出实际或实物价值，以致引起两个方面的后果。(1)资产阶级经济学者抓住机会，攻击马克思的劳动价值论。例如奥地利著名资产阶级学家庞巴维克就宣称：《资本论》的第三卷的论述和第一卷的基本学说相矛盾，讲马克思的生产价格理论和劳动价值论完全相对立，甚至发表《马克思主义体系的终

① 《马克思恩格斯选集》第 2 卷，人民出版社，1995 年，第 194 页。

结》，讲马克思主义体系因而陷于“崩溃”，显然这是一种恶意的攻击。(2) 在马克思主义经济学的学者中，有人提出价值指标与劳动生产率成正比变化，就要受到批判，认为它违反马克思劳动价值论。如果明确上述关系，一个是理论上的价值，从劳动时间的投入看问题；一个是现实中的价值，从劳动成果的投入看问题。彼此相差极大，甚至完全相反，但内容则一致。如果能够知己知彼，了解其内容实质，看到必要产品的因果作用，则现存的种种对立和分歧也就迎刃而解了。

必须指出：实际价值（实物价值）非常重要，决不仅仅是理论上的争议，而且具有极其重要的实践意义。只有承认实际价值，人们才有可能据以进行现实经济的核算和管理，特别是在：(1) 会计上，才能利用它，按实际消耗计算成本（c＋v）；(2) 统计上，也能据以计算产值指标，包括总产值、净产值、国民生产总值等等。

七、按资分配与三要素理论批判

党的十五大正式做出决议，允许和鼓励资本和技术等要素参与市场收益分配，进一步确定了按资分配在我国的合理合法地位。这在过去不可想象，而实践证明它是完全正确的，是对马克思剩余价值理论和传统分配理论的重大发展和创新。然而与此同时，有人在私下议论，过去讲我国经济落后，需要补补课，容忍资本主义剥削。现在不同了，讲初级阶段，至少需要 100 年，而且巩固和发展社会主义制度，甚至需要几十代人坚持不懈的努力，比从资本主义产生到现在的三四百年还要长。时间如此之长，那存在剥削，就不是什么补课、容忍的问题了。是不是情况变化了，接受资产阶级的生产三要素理论，至少也默认了三要素理论的正确性。据笔者理解，不是，绝对不是！

前面提到，作为资产阶级庸俗经济学的创始人，法国经济学家萨伊首创的生产三要素理论，认为商品价值是由劳动、资本和土地三个要素“协同创造”的，是由这三个要素在创造效用中各自提供的“生产性服务”所决定的，并且以生产三要素论为基础，提出了他的“三位一体”的分配公式。这样，就把本来都由劳动创造的三种收入说成是各有自己的独立源泉，从而掩盖了在资本主义条件下，资本和土地所有者对劳动者的剥削和社会各阶级之间的对立关系。马克思曾借用基督教义中同一个上帝区分为“圣父、圣子、圣灵”这个“三位一体”的说法，来加以揭露和批评，并且指出：“‘三位一体’公式是符合统治阶级利益的，因为它宣布统治阶级的收入源泉具有自然的必然性和永恒的合理性。”①

① 《马克思恩格斯选集》第 2 卷，第 939 页。

资产阶级庸俗经济学之所以提出三要素理论并有其广泛的影响，还有它的理论、方法论根源，包括两个方面的原因。

1. 把资本主义生产的特殊，看成是社会生产的一般。这在前面已经作了较多的阐明。

2. 把价值分配等同于价值生产。价值分配与价值生产密切相关，但决不相等同。分配是指生产成果的转移和归宿，一般说，可以按劳，可以按资，也可以按需。按需分配从整体看，是作为共产主义分配形式，但并不是只有共产主义才有按需分配。实际上作为社会劳动成果的一种分配形式，古来有之，如救济、抚恤、捐赠以及行乞、化缘等，分享一部分社会生产成果，既不凭劳动，也不凭资本，而是凭困难和需要，凭社会公益和同情。虽然在过去社会为数极少，但性质上属于按需分配。所以把价值分配等同于价值生产是错误的，而这种错误有着广泛的影响。

发生误解的原因很多，但主要一条就是把生产要素与经营要素相混同。作为生产要素的劳动力、劳动手段与劳动对象三者结合，制造新产品——新的使用价值和价值。作为经营要素的土地、劳动和资本，取得相应的报酬——地租、工资和利润。如果把两种不同要素的关系讲清楚了，相信绝大多数人，包括相当一部分资本所有者，都会面对实际，摒弃资产阶级三要素理论。现在世界上很多大富翁，亿万资产，富可敌国，但谁也不敢说他的资本（一种货币购买力）创造了他所拥有企业产品的使用价值和价值，但肯定又会讲，他的资本非常重要，并经营有方，善于借助物化劳动——先进的设备、材料和工艺，大幅度地提高劳动生产率，创造大量的剩余产品、剩余价值，归其所有，即供其进行“分取”和剥削，从而占有大量的社会财富、劳动成果。但所有者不等于创造者，占有财富不等于创造财富。创造价值和使用价值的永远是劳动者，其中特别是科学技术的力量。因此归根结底是社会活劳动创造价值。

八、改革开放，推动财政理论的巨大发展

改革开放后，我国进行国民经济核算制度的重大改革，由 MPS 转向 SNA，建立了新国民经济核算制度。1992 年 8 月，国务院正式批准了改革方案，并确定 1995 年起，全面转入新国民经济核算体系的轨道上去。

改革的中心是扩大生产范围，由原来的五大物质生产部门，拓展到包括国家管理、国防治安、文化教育、城乡交通管理等行政和事业部门。它们提供各种公共服务，又称公共产品，为社会生产和人民生活所使用。对公共服务总量需要计算产值，包括在国内生产总值 GDP 之中。有生产必须有使用，广大生产部门享用了各种公共

服务，必须给予相应的报酬，但又无法直接支付，只能采取税收缴纳的形式。税收属于 m，而对公共服务的使用属于 c，所以企业产品价值构成（c+v+m）的 m，一部分用以支付所享用的公共服务部门的报酬，它和原材料、辅助材料、旅差费支付等是属于同一性质的，即中间消耗 c。对于以税收形式上缴，而实际是作为公共服务报酬的部分，即形式是 m，实际是 c 的部分，我们称之为 m_c。

财政支出或财政使用，一般可归纳为三大块：行政、事业费；扩大再生产拨款；社会保障经费等。在我国，第一项行政费、事业费占到整个财政支出的 80%以上。过去公共产品、公共服务不作为生产活动，不计算产值，作为国民收入再分配，可以含糊其事。现在国家正式认定其生产性，并且计算产值，那就要求财政理论作相应的调整和发展了，要求将财政理论建立在新的生产理论基础上。国家分配论、公共需求论等著名的作为财政本质的理论提法，都渗入了种种主观因素，“分配”也好，“需求”也好，容易因人、因观点而异。而社会劳动价值论，m_c 得之于众，用之于众，要求按客观规律办事，并对财政工作赋予更为重大的任务和使命，特别是要发挥其对公共服务部门规模结构的优化作用。

财政收入主要来自生产部门对所享公共服务的报酬，生产部门的生产收益就包括了公共服务部门的贡献，得之于众，还之于众，理所当然，可以协调赋税关系，减少纳税者的心理阻力。而财政部门也应立足于搞好社会生产，设法使有关部门提供更多更好的公共服务。就是说服务部门，包括文化教育、科学技术、社会治安、城乡交通和国家管理等部门必须有一个合理合适的规模结构，而且会随着经济技术发展和政治形势的变化而变化。社会不稳定，安全无保证，一切生产再生产都无法顺利进行。现代高科技，教育是基础，必须把科技教育放在重要地位，实行科教兴国。但又不能脱离现有的经济技术基础。财政拨款，建立在促使各公共服务部门优化资源配置为社会劳动创造价值提供更好硬软环境的基础上。

理论源于实践，高于实践，并指导实践。伴随改革开放对财政工作提出的新课题、新任务的付诸实践，必然会推动财政理论的相应发展，从而建立与财政实践相配对的新财政学理论体系。

九、核算改革，解决了会计学的理论难题

会计学的研究对象，长期存在着争论，比较有代表性的主张是研究资金运动、研究资金的分布状态和资金的增值情况。要增值必须有来源，来源只能是生产，由生产创造剩余价值，进行分配再分配。离开生产，离开价值创造，企业增值利润就变成无源之水、无本之木，从而使会计核算、会计学的研究对象，产生如下几个基

本的理论难题。

第一个难题是会计核算的范围。过去生产仅限于物质生产，在五大物质生产部门外，其他所有服务部门，包括服务企业和事业部门，不是生产部门，不计算产值，仅仅是国民收入的再分配，再分配不创造价值，就不能采用会计核算。因而便出现了会计研究对象理论与实践的矛盾。通过改革，现在拓宽了，社会劳动创造价值即一二三次产业创造价值，所有服务企业包括国家行政和事业单位，都是生产部门，都计算产值，都创造价值。因此，改革开放后批准采用新国民核算体系，为会计核算克服了一个极大的理论障碍。拓宽了应用范围，不仅仅是物质生产部门需要会计核算，所有过去被排斥在生产之外的服务企业，也都要会计核算，而且大量的行政、事业单位同样需要会计核算。所不同的，只是后者不是以市场价格而是以成本价格核算。

第二个难题是会计核算的计量标准问题。各部门会计都是立足于生产和经营，通过成本（c＋v）的核算，研究资金的增值和分布，研究资金的来源的使用，以加强管理。不可能用劳动时间计量，如果只以劳动时间为单位，就无法进行核算。所以过去会计学讲坚持劳动价值论，实际上牵强附会，中间存在理论上的脱节。现在有了实际价值，即有了实物为内容的实际价值，以生产经营中的实际消耗的料工费计算，而且又与理论价值保持相同的内容，必要产品既是因又是果，解决了这个理论难题，从而为会计学坚持劳动价值论提供了充分的理论证据和材料。

第三个难题是会计核算中的配比问题。也就是会计分配应该有个标准和依据，过去经济学理论只认定活劳动创造价值，物化劳动只能转变价值。那企业购置再好、再现代化的机器设备都不能增加价值，不能创造剩余价值，那什么研究集资增效与收益分配就发生了矛盾，按资本配比利润、支付银行利息就失去了理论前提。集资增效不行，配比缺乏理论依据，会计核算就失去其基础了。现在确认物化劳动能创造剩余价值，而资本又对物化劳动形成现实生产力的贡献很大。物化劳动创造的剩余价值，投资者“分取”一部分由剩余价值转化的利润，储蓄存款者取得一定的利息，这是顺理成章的。保护所有者权益，给以相应的回报。存款计息，集股分红，为会计核算的配比分配提供了有力的理论依据。但资本决不能创造价值，物化劳动来自活劳动，劳动依然是价值的唯一源泉。

十、克服扭曲、维护马克思劳动价值论的理论光辉

劳动二重性是理解马克思政治经济学的枢纽，它是马克思首先提出的，是马克思继承前人，继往开来划时代的伟大贡献。它的核心是认定生产商品的劳动具有具

体劳动和抽象劳动的二重性。它和商品二因素相联系，具体劳动创造使用价值，抽象劳动创造价值，从而使劳动价值论成为一个完整的科学体系。在价值构成中，有必要劳动价值和剩余劳动价值，剩余劳动价值即剩余价值，马克思提出三种剩余价值——绝对剩余价值、相对剩余价值和超额剩余价值。马克思剩余价值理论是马克思经济理论的基石。然而，对于马克思的价值理论和有关范畴，不要谈非马克思主义经济学，就是在马克思主义经济学的学者中，虽然都极力维护，并加以宣传和阐明，但由于理论扭曲和理论模糊，马克思的劳动价值理论受到冲击和影响。下面作简要的剖析。

关于理论的扭曲，主要表现在物化劳动只能转移价值问题上。这是一个严重的扭曲，给剩余价值理论造成了困难。

马克思在讲述相对剩余价值时指出："为了延长剩余劳动，就要用各种方法缩短生产工资的等价物的时间，从而缩短必要的劳动。"① 采用先进的设备材料和工艺，则是缩短必要劳动时间，延长剩余劳动时间最主要的方法。可见，物化劳动（设备、材料和工艺）在创造剩余价值中发挥了最主要的作用。由于历史的理论扭曲，讲物化劳动只能转移价值不能创造价值，主要是剩余价值，那么相对剩余价值包括超额剩余价值就没有来源了，这给剩余价值理论增添了极大的困难和障碍。

由于上述历史的理论扭曲，对劳动二重性也造成了困难。在上面引用的邓小平同志讲话中，指出同样数量的劳动力，在同样劳动时间里，依靠科学技术，实际是依靠物化劳动——先进的设备、材料和工艺，生产出比过去多几十倍几百倍的产品。假定过去只有必要产品没有剩余产品，那后来多生产的几十倍几百倍的产品，都是剩余产品，这表明靠科学技术，实际是依靠物化劳动创造如此多的剩余产品。但过去讲物化劳动，设备、材料和工艺也不能创造剩余价值。按这样的逻辑，这些比过去多生产几十倍几百倍的剩余产品，就变成了有使用价值而没有价值的"怪物"了。它直接动摇了商品二因素的理论。劳动二重性表明，具体劳动创造使用价值，抽象劳动创造价值。"怪物"有使用价值没有价值，就会导致有具体劳动而没有抽象劳动，从而使劳动二重性失去其必要的逻辑基础。

关于理论的模糊。价值是具体劳动的抽象，包括复杂劳动与简单劳动的抽象，加以平均化。很多学者对复杂劳动与简单劳动的抽象平均问题进行了研究，提出了看法。对此，马克思曾经指出："比较复杂的劳动只是自乘或不如说多倍的简单劳

---

① 《马克思恩格斯选集》第2卷，第557页。

动，因此少量的复杂劳动等于多量的简单劳动。经验证明这种简化是经常进行的。”[①] 复杂劳动等于多少倍的简单劳动，这就是复杂劳动对比简单劳动的“倍加系数”。由于复杂劳动等于简单劳动的倍加，加上劳动者技术装备的千差万别，使折算起来更加困难，以致引起众多西方经济学家一系列的质疑和批评。甚至在西方国家中被认为是著名的马克思主义经济学家 R. 米克，1972 年在其为自己的《劳动价值学说的研究》一书的第二版所写的导言中也认为，马克思对复杂劳动向简单劳动还原问题的处理是零碎的、不完整的。这就是一种理论上的模糊。深刻分析颇费篇幅，简单说来原因有二：第一，马克思在上面引文中讲过，这种简化是经常进行的，也就是通过市场交换进行的，特别是货币作为一般等价物出现以后，复杂和简单已经在交换中体现了，不需要计算什么“倍加系数”。第二，不同技术装备水平的劳动者，也就是物化劳动介入了。但前面已经论述，所有作为社会总产品（c＋v＋m）中的物化劳动 c，全部是由本期活劳动生产的。归根结底，活劳动是价值的唯一源泉，说明因复杂劳动向简单劳动还原困难，而导致对马克思劳动价值论的怀疑，是不正确的，是理论模糊导致的结果。

不论是基于理论扭曲或理论模糊，引起对马克思劳动价值论的冲击和影响，都发生在马克思主义经济学者中。因此，我们应该认真讨论，相互切磋，克服扭曲，并广为宣传，共同维护马克思劳动价值的理论光辉。

发表于 1999 年第 5 期

---

① 《马克思恩格斯选集》第 2 卷，第 52 页。

风险经济学引论

黄良文*

在我国，经济学特别是投资经济学的研究经历了许多阶段。最初认为投资的目的在于向社会提供生产能力或劳动服务。因此经济学就要研究生产什么、生产多少、什么时候生产，力图把社会生产和社会需要尽可能完善地衔接起来。我们把这种经济学称为使用价值经济学，它统治我国计划经济年代整整30年。随着改革开放，出现商品经济，特别是生产要素市场的形成，使人们逐步认识到，投资作为资本市场的交易行为，不但要提供生产能力，而且要保证资本的增值。如果说起初人们还把提供使用价值当作经济活动的目的，而提供价值自然只是手段，但随着改革开放的深化，特别是市场经济迅速占领支配地位，价值规律作为通行的准则，资本增值就由手段转变为目的，而使用价值则处于从属于价值的增值，由目的变成了手段。于是观念、体制、规则、组织、企业、机构等都发生了天翻地覆的变化。在理论上引进了优化方法、费用——效率分析、经济博弈理论等等，都是以经济效益为中心，力图追求合理的投入产出对比关系，以尽可能少的投入获取尽可能多的产出。我们称这种经济学为效益经济学，它一直是我国改革开放持续至今的主导内容。随着我国经济增长由粗放型向集约型转变，以高新技术为基础，以知识经济为动力，追求稳妥、可靠、可持续的经济增长，以及最近出现的金融市场不稳定引发的世界性的经济震荡，范围之广，时间之久，都深刻地教育着人们，经济学不但要研究效益，而且更加需要研究风险的问题。经济风险是20世纪末呈现的尖锐现实，无疑它将成为21世纪研究的热门话题。

一、经济风险的风源探讨

在经济活动中，经济效益总是伴随着风险，从总体上说，高效益伴随高风险，

* 黄文良，厦门大学经济学院教授、博士生导师。

要保平安便只有低效益。但就具体单位、具体事件来说，效益与风险的关系就比较复杂。有时虽然冒很大风险也未必就得到很大效益。由于对风险认识不同、防范方法不同或决策不同，相同的效益水平可能承担不同的风险；或者在一起事件中，千百人遭受风险损失的负担，而少数人却因此而攫取巨大的效益，这就发生社会利益的再分配问题等等。当前经济风险成为突出的问题，主要源于以下事实。

1. 高新科学技术的开发和应用潜存着巨大的风险。我国经济增长由外延型、数量型、速度型向内涵型、质量型、效益型转变，基本保证在于高新科技的开发和应用，不断提高以高科技和信息化为特征的知识经济在推进经济发展和社会进步中的作用。我国正面临着发达国家的经济、技术优势的强大压力，更充分说明加快发展高新技术产业的紧迫性和重要性。但是高新技术的开发和推广不但投资大而且风险也大，所以高新技术产业投资也称为风险投资。促进科技成果的商品化、产业化不仅需要资金的支持，而且要加强风险的评估和风险管理和监控，建立风险投资的新机制。这都是我国在21世纪扩大开放、产业升级、体制创新中将会长期遭遇并要求解决的问题。

2. 世界经济一体化，加速了各国间风险的传递。世界经济一体化是经济发展的趋势，它有利于世界资源的再分配，有利于发挥各国、各地区的比较优势，提高总体效率，促进经济繁荣。但是由于各国、各地区的经济基础差异，经济一体化的过程，大大增加了“套利”机会，促进了世界资金的流动。再加上完备的信息系统，及时充分地提供各地市场信息，保证同一市场在不同地区的同步运作。这样就使得经济上风云变幻，从一个地区波及另外一个地区，引起连锁反应。亚洲金融风暴迅速蔓延的程度就给了我们深刻的教训。

3. 金融衍生商品的出现大大扩展了风险的空间。金融衍生商品是从基础金融商品如股票、债券、利率、外汇、股价指数等等为中介派生出的新的金融工具，如金融期货、金融期权、掉期互换等等。它是金融创新的商品，它的出现是金融市场发展的产物，对于开拓基础金融商品业务、繁荣资本市场、提高金融体系效率和降低筹资成本等方面都有其积极的作用。而且金融衍生商品本身也有防范风险的功能。例如，利用衍生商品工具锁定价格风险，进行资产负债匹配以减少风险等等。但是另一方面，金融衍生商品的发展又大大提高了资本杠杆的作用，使经营主体能够以少量的资本进行巨额资金的交易，导致金融市场投机蔓延，炒买炒卖，恶性膨胀，再加上金融行业的多米诺骨牌效应，容易引起整个金融市场震荡。近年来世界性金融风暴总是从金融衍生商品引发出来的事实，清楚地说明了这一点。

4. 泡沫经济的堆积大大延续了风险的时间。亚洲金融风暴来得很猛很快，而复苏却蹒跚慢步，甚至还有反复，旷日持久，元气大伤，足见经济滑坡，生活不景气，不仅仅是国际炒家炒作的结果，更暴露了各国自身内在的致命弱点。一个共同的问题就是泡沫经济作祟。泡沫经济是由虚假的高盈利预期带来过度的投机，或某些市场垄断因素引起的一系列资产的市场价格远远高于实际价值的经济现象。它促使人们只关心未来价格的变动牟取高利润而不关心资产本身的经营状况和盈利能力。一旦价格回归价值，泡沫经济破灭，在泡沫形成的过程中发生的债权债务关系就难以理顺，就会导致信用危机，给国民经济的运行带来相当大的冲击，金融机构不良债权大量增加，上市公司股票狂跌，企业亏损倒闭，形成恶性循环，连锁反应，延续很长时间。

在传统的经济学中很少研究这类风险问题。

二、风险的形式和度量

一般地说，风险是指遭受各种损失的可能性，它是由于人们对未来行为的决策以及客观条件的不确定性而可能引起的后果与预定目标的偏离。投资可以理解为经济主体为了获取预期不确定的效益而将现期的一定收入转化为资本的运动过程。这里存在着实际效益和预期效益的偏差，我们把投资风险理解为实际效益与预期偏差的可能性。经济风险可以多方面引发，但其中最基本的是市场风险和信用风险。市场风险属于经济营运的风险。供、产、销各个环节都可能存在风险的因素，但其中价格风险是主要的。这里价格不仅是商品价格、劳务价格，其他如利率、汇率、证券指数等也都是相应的交换价格。从理论上说，价格的波动受供需关系调节，但市场供需状况以及其平衡程度却不易为经营者所认识，再加上市场价格，特别如股票价格受购买者的预期心理因素左右很大，就更难加以考察了。信用风险属于财产风险的组成部分。它是由于交易对手不履行合约责任（包括故意违约和被迫违约）而引致的风险，信用风险大小又和结算方式和信用评级有关。

经济风险按其受控制的程度，可以归纳为系统风险和非系统风险两类。系统风险是指对所有单位都造成影响的外部因素引发的风险。如价格变动、利率下降、自然灾害、政治风波等等。系统风险无法由单位加以控制调节。非系统风险是指只对局部或单位发生作用的因素引发的风险。如企业经营风险、企业信贷风险等等。这类风险带有随机性，有时风险属于正偏差，有时属于负偏差，从长期或项目总体来说偏差相互抵消，接近于零风险，所以它是可控制的。在现实中通常基础产业、原材料产业、汽车及其相关产业受系统风险作用比较大，而非耐用消费品如食品、服装、水电等则受到非系统风险影响比较大。

经济风险不只是抽象的概念，它应该是可以度量并且可以进行定量比较的，这里就产生了风险的量化问题。

风险总是和收益相伴而生的。如果用单位投资的回报（如资本利润率）来表示效益水平，当然不可能每次投资效益都相同，所以讲效益时总是指其平均效益水平。表示为：

$$\bar{r}=\frac{\sum r_i}{n}$$

式中 $\bar{r}$ 为平均收益率，r_i 为第 i 次投资收益率，n 为投资次数。

风险则表示各次收益率对平均收益率的偏离程度。用收益率的标准差来表示：

$$\sigma=\sqrt{\frac{\sum(r_i-\bar{r})^2}{n}}$$

式中 σ 表示收益率的标准差。由此可见，收益率反映收益水平的高低，而风险则是反映收益的分散程度。在同一收益水平下选择比较小的风险，或同一风险要求下采取比较大的收益水平都是有利的投资策略。

这里是以各次收益率与平均收益率的偏差（不论是正偏差还是负偏差）作为衡量风险的尺度，是否与一般认为风险是指遭受损失的可能性存在概念上不一致的地方？中外学者都有研究,① 持肯定意见的学者认为投资交易双方，对一方有利的风险必同时又是对另一方不利的风险，而风险都是来自同一源头，所以可以把所有的偏差看作风险，不论它对谁有利。我认为以标准差作为衡量风险尺度在数学分析上也有它简便之处。

三、风险的控制

经济风险是客观存在的，但一个投资主体采取合适的策略来规避风险、分散风险，甚至消除风险则是可能的。下面从微观经济的角度分析风险的控制问题。

1. 风险转换。风险来自对未来事件预期的不确定性，如果把不确定的事件转换为确定的事件，那么自然原来的风险也就消除了。例如某公司需要在 6 个月后支付一笔日元还贷，该公司在未来的半年时间里就要承受日元汇率变动的风险。如果该公司目前就用人民币按现价购买日元，以备半年后支付，很显然在半年内人民币的购买能力不变，日元汇率变动的风险也就不存在了。然而这种风险转换未必都是可

---

① 参阅 Lawrence Galitz《金融工程学》、余鹏博士论文《投资统计决策理论问题研究》等有关著作。

取的。因为避免了风险的同时也损失了获利的机会。从机会成本角度来考察问题，购买了日元，同样也就承担了人民币升值的风险。

2. 风险分散。对具有不同收益率与风险水平的资产进行投资，其组合投资的收益率变化与组合风险的变化具有很不同的特征。通常是高收益要冒高风险，低收益可以少冒风险，收益与风险成正相关的关系。若从低收益的投资中抽调部分资金投入高收益的项目，则平均收益就会提高，而平均风险却未必增加，甚至有可能减少。这就是风险分散的原理。

设甲、乙公司的收益率分别为 r_1、r_2，收益率标准分别为 σ_1、σ_2，收益率的相关系数为 ρ_{12}，投资的资金比重分别 x_1、x_2 则有：

组合投资收益率

$$r_\rho=\sum_{i=1}^{2}x_i r_i$$

组合投资标准差

$$\sigma_\rho^2=\sum_{i=1}^{2}x_1^2\sigma_1^2+2x_1x_2\rho_{12}\sigma_1\sigma_2$$

已知甲、乙两公司收益率与标准差资料如下：

	收益率 r_i	标准差 a_i	投资比重 x_i	相关系数 p_{12}
甲公司	10%	15%	0.5	0.4
乙公司	8%	12%	0.5	

组合投资的收益率

$r_p=0.5\times10\%+0.5\times8\%=9\%$

组合投资的方差 $\sigma_p=(0.5^2\times15\%^2+0.5^2\times12\%+2\times0.5^2\times0.4\times15\%\times12\%)^{1/2}=11.3\%$

以上事实说明：乙公司收益率低于甲公司，相应风险（标准差）也较低，现在从乙公司抽出资金50%投到甲公司，则组合投资的收益率也有所提高，界于两公司收益率之间达到9%，而组合投资风险（标准差）不但没有增加，甚至比最低的乙公司更低，只有11.3%。根据这个原理，推广到多个项目的资产投资，便可以得到在相同平均收益率的要求下，找到风险最小的投资组合方案。

3. 风险免疫。在分期付息到期还本的债券投资中，由于市场利率变动，同时引发资本风险和收入风险。这两种风险的利益又是矛盾的。例如，当市场利率上升，引致债券价格下降，因而发生资本亏损的不利风险。同时由于市场利率上升，又会引致债息收入再投资增加效益的有利风险。这种情况提供了一种机会，即可以找出债券的必要的持有期，按时发售债券则不论市场利率如何变化都可以保证实现预期的收益。

例如，老年基金收到社会退休保险 745 万元，年利率 10%，必须在 10 年后支付 $745(1+10\%)^{10}=1931$ 万元。但是由于市场利率变动，未必都能保证达到 10%的收益率，因此必须进行利率风险免疫，不论市场利率如何变动，在 10 年的持有期后都能保证支付 1931 万元的目标。为此，基金可以用 745 万元投资购买面值为 1000 万元、每年支付利息 70 万元、到期年限为 20 年的债券。在这种条件下，经过 10 年将债券出售，不论市场利率如何变化，利息（包括利息的再投资）收入与债券卖价收入，总是能够保证支付 1931 万元的收益。各项收入比较如下表：

	市场利率不变 10%	利率下降为 4%	利率上升为 16%
10 年累计利息及再投资收入	1115	842	1492
10 年末债券卖价收入	816	1243	565
合　计	1931	2085	2057

上表可以看到，当市场利率下降，不利于利息再投资收入，但却有利于债券市价提高。反之当市场利率上升，有利于利息再投资收入，但债券市价却下降了。不论何种情况，都足以应付 1931 万元的支付。

4. 风险对冲。风险对冲的目的不在于追求效益，而在于避险保值。有一些资产的投资，由于价格波动激烈，会使投资者蒙受巨大损失。例如，买入股票如果股价大幅下降，卖空股票如果股价大幅上升，都会招致投资者的惨败。为了回避风险，投资者可以在一种市场买进一种资产，同时在另一种市场卖出同种资产，使风险对冲，减少损失。这种资产配对可以多种多样，例如现货与期货配对、现货与期权配对、买入期权与卖出期权配对等等。举例说明，某公司在股票市场以 P_o 价格买入一批股票，同时在期权市场上买入相当数量的卖出期权，卖出期权的价格是 P_p，履约价格为 P_E（其中 $P_E<P_o$）。这种组合投资相当于购进买入期权，期权价格是 $P_p+P_o-P_E$，履约价格为 P_E。单独就买入股票来看，当市场股价 $P_M>P_o$ 时，可以获得正收益，如果市场价格 $P_M<P_o$ 便会产生损失，随着股价下跌，损失甚至无限。而从组合投资来看，如果市场股价 $P_M>P_p+P_o$ 时可以获得正收益，但股价下跌时，最大损失为 $P_p+P_o-P_E$。因此，这种投资策略实质上就是用收益的有限减少来防止无限损失，以达到减少投资风险的目的。

随着金融工具不断创新，控制风险的策略也不断增加和改进。我们可以在实践的过程中，认真探索，总结经验，提高自己的应变能力。

四、建立风险的制约机制

从宏观经济的角度，建立社会风险的制约机制，也是一项重要的工作。风险的制约机制包括观念改变和体制创新两方面问题。

1. 加强风险的防范意识。风险防范意识是保证经济健康发展的必要条件。全方位的风险防范意识包括对潜在的风险有清醒的估计和认识，不为经济繁荣景象冲昏头脑；对将来的风险有预见，未雨绸缪，化解危机；对危机的爆发有回应措施，不至于惊惶失措，回天无力。这是我们多年来吸取教训、总结经验而得到的共识。要充分认识到国际的金融动荡，此起彼伏。国内的国企改革既有机会，也有压力，这个局面无可避免要带入 21 世纪，防范风险意识不可一日松懈！

2. 建立和完善风险投资体系。我国正面临着国际先进国家的高新科技的强大压力和国内适度经济增长的迫切要求，只有靠科教兴国，支持高新技术产业的发展。但是高新技术企业在发展之初规模总是比较小，实力薄弱，而且还要承受新产品开发、市场不确定等种种风险，依靠常规的办法向金融机构申请贷款或通过证券市场筹集资金都存在困难，沿袭传统的政府拨款进行投资更是走不通。所以必须由国家组织强有力的风险投资体系，给予中小型高科技企业发展以金融、技术支持。主要内容包括建立风险投资基金，设立中小企业信用保证基金或由中小企业组建联合担保共同体，为中小企业获得金融机构贷款提供担保；成立风险投资公司，提供市场策划、管理咨询、投资理财等多方面服务，并以少量种子资金吸引大量社会私人或法人资金投入风险大的领域；组建风险投资的资本市场，促进风险投资企业公开上市，拓宽风险投资的渠道，加速风险资本的流动。风险投资体系是一种全新的制度创新，还需要比较长的时间探索，以累积经验，开创新的局面，为我国经济腾飞做出新的贡献。

3. 建立宏观的投资风险约束机制。我国通过改革开放及其深化发展，已形成了投资主体多元化、投资审批多层次、融通资金多渠道的格局。但并没有从根本上改变我国投资规模失控、投资结构失衡和投资效益不佳的问题，这说明宏观的投资风险约束机制没有相应建立或运行有问题。只有投资冲动没有投资约束是新条件下值得注意的新问题。

所谓宏观的投资风险约束机制，是指投资管理活动中形成一种激励和制约力量，协调好投资项目的风险与收益关系，促进投资主体努力降低风险提高效益。协调好项目之间的关系，调节、控制各投资主体各自的投资行为，达到整体最优效益。

宏观投资风险约束机制可以从投资主体风险约束机制、投资审批风险约束机制和资金融通约束机制三方面来考虑。目前我国政府有投资决策权，但政府又不作为主体承担投资风险，投资经营者既然没有投资决策权，自然就没有责任承担投资风险。再从投资审批风险约束机制来说，必须保证审批机关有独立自主的投资审批权，不受其他个人或机构的随意干扰，也要明确审批权限、审批责任和相应的奖惩措施，没有解决这些问题也就无法形成审批的约束机制。同样在融资风险约束机制方面，由于融资机构没有独立自主的融资决策权，当然就不能承担融资风险。这样事实上投资活动几乎没有任何风险约束，难怪投资规模失控、结构失调、效益不佳的问题难以获得解决。建立投资风险约束机制是我国投资管理体制改革的重点和难点，也是国家宏观调控的重要课题。

发表于1999年第6期

金融资产管理公司：模式比较、绩效分析和我国的现实选择

张亦春*

1999年10月19日，旨在分离工商银行不良资产的华融资产管理公司成立，至此，四大国有独资商业银行都设立了自己的资产管理公司，这标志着我国对国有商行不良资产（主要是由历史原因和体制原因造成的部分）的清理。对包蕴其中的巨大的金融风险的化解即将进入一个全新的阶段。金融资产管理公司于是成为金融学界乃至整个经济学界的焦点话题。遗憾的是，很多研究者都仅仅满足于进行粗略浮泛的国别经验介绍，而未能对此种组织机制及其绩效做一整体、系统的分析和阐述。有鉴于此，本文将在这一方面做出尝试和努力。

一、金融资产管理公司模式比较

金融资产管理公司（Assets Management Company，AMC）是许多国家化解商业银行（或储贷机构）危机经常采用的一种组织形式，笼统地讲，其要旨在于将问题银行的不同性质的资产进行分离，从而既使问题银行马上拥有一张健康的资产负债表，又有利于及时、迅速地处理不良资产，防止金融风险的进一步积累和传播。关于AMC具体的组建和运作，各国因国情不同、所处的经济环境和问题银行不良资产成因各各有异，因而是大相径庭的。虽然如此，根据公司的服务对象、组建动因和规模大小，仍可将AMC大致分为两种模式：集中模式和分散模式。

（一）集中模式

指由政府发起（组建者通常为财政部或金融监管机构）、财政注资组建而成的资产管理公司。此种模式的AMC通常是一场金融危机或突发事件的产物，是政府为消除因同一原因引起的大批不良资产所形成的巨大的金融风险、挽救因该原因而处于困境的商业银行（或储贷机构）系统而斥资组建的政策性金融机构。此类AMC

---

* 张亦春，荣誉博士，厦门大学教授、博士生导师。

面向全国所有商行，对之进行不同程度的产权重组甚至接管，再对因此集中于公司中的巨额不良资产进行重组和出售。其着眼点不在于保全哪家具体的商行，而在于挽救整个商行系统，使之不致陷于因连锁效应而导致的大面积倒闭和系统崩溃。易言之，此类 AMC 的作用对象是整个金融行业和商行系统，运营目的在于消除金融风险和促进金融安全，它更多体现了政府作为行为主体的求安全、求稳定的效用函数和政策意图。

集中模式的 AMC 以美国的重建信托公司（Resolution Trust Corporation，RTC）最为典型，它集中反映了此类 AMC 的特点。RTC 是美国在 20 世纪 80 年代末为解决其储贷协会（Saving&Loan Association，S&L）危机而组建的。早在 20 世纪 80 年代初，S&L 借短放长（其主要资金来源是储蓄存款，而主要资金运用则是发放 30 年固定利率的长期住房贷款）的致命缺陷就因当时的高通胀和高利率而显现出来。此后美国尝试了各种方法，因种种原因收效均不大，至 1988 年有问题的 S&L 机构已达 243 家，不良资产金额达 743 亿美元，三分之一的 S&L 机构亏损，一场储贷危机诱发的金融震荡迫在眉睫。此时，RTC 作为布什总统的挽救计划之一环被推出。该机构以国会批准的 500 亿美元预算作为资本金，归联邦存款保险公司（FDIC）领导，其主要任务是作为清算人和托管人，把问题 S&L 机构整个接收下来，支付由 FDIC 担保的存款，然后在非充分市场的环境下尽可能迅速地出售其资产。在美国，RTC 是一个典型的政策性金融机构，其行为模式不在于追求利润的最大化，而是在由政府承担一定损失从而消除了金融风险的公共性之后，由市场最终决定不良资产的结局；因此，RTC 总是会在一个极短的时间（往往只有几个月）里以较低廉的价格将资产售出。这样一来，政府承担亏损就是不可避免的了，但从政府的成本—收益角度看，金融风险的化解和金融危机的消除带来的效用增进显然要远大于为此支付的亏损成本。

两德统一后，德国政府为清理原民主德国国有银行的不良资产而创设的托管局也是一个 RTC 式的资产管理机构，所不同的是它比 RTC 承担了更多的义务：它不仅要为原民主德国银行的产权重组置换提供金融支持，还直接接管了原民主德国的国有企业，对之进行民营化、折价出售、委托管理以至停业整顿等一系列重组置换措施。在这个意义上，德国托管局成了名副其实的金融百货公司。至 1994 年底，大量原民主德国国有银行的不良资产得到了清理和处置，为此，德国政府和托管局承担了 4000 亿马克的损失。值得注意的是，同为集中模式的资产管理公司，德国的托管局与美国的 RTC 之所以在行为模式上存在着这么大的区别，其原因不仅在于它们面临的经济环境和待解决的问题性质不同，而且在于其金融系统结构、职能设计以及由此产生的非正式制度安排（Informal Institution Arrangements，指习惯、思维和行为定式等）存在着重大歧异。众所周知，美国的各类金融机构采取的是较为严格的分业经营格局，而德国的商行则是全能型、综合型的金融机构。商行（或储贷机构）职能和行为模式的歧异必然使得两国以商行（或储贷机构）为主要服务对象的资产管理公司也存在重大区别。

东亚金融危机后，韩国、泰国、马来西亚等国家为清理本国银行的不良资产，亡羊补牢式地化解危机前积累下来的大量金融风险，也纷纷设立了集中模式的资产管理公司。尽管成立的时间都不长，AMC机构对于这些国家走出危机阴影、重建金融体系还是发挥了相当的作用。并且，随着AMC机构本身的日渐成熟和其资本运作业务的进一步展开，这一作用还将大大提高。

（二）分散模式

指在政府或金融监管部门支持下，主要由问题银行发起设立的资产管理公司。此类AMC并不必然是金融危机的产物，而是商行为解决困扰其自身的不良资产问题、保持其继续正常运营能力而采用的应急措施；它的服务对象通常仅限于一家特定商行，主要任务就是帮助该家商行进行好坏资产分离，以经过评估、较为公平的价格接受不良资产，对之进行管理运营，最终逐步变现。此种AMC模式有别于商行直接以其计提的呆账准备金冲销不良资产之处，不仅在于资产管理公司这一专设机构有更大的对外融资的权力，更在于政府或金融监管部门对之的鼎力支持，有些AMC甚至就是在政府的授意之下建立起来的。而政府之所以如此热心，则是由于该问题银行通常都是规模巨大、影响深远、在本国的商行体系中占据着举足轻重的地位。

分散模式AMC的起源可追溯到二战后的日本。当时，日本由于战争在银行中积压了大量的不良债权，使其工商业与金融业都处于崩溃的边缘。为解决这一问题，日本银行普遍实行新旧分账法：将自己资产中的不良部分记入旧账，留待与企业协商处理；健康部分与新开始的业务则记入新账，原则上不与旧账相关联。这种新旧账分离的办法尽管有别于分散模式的AMC（它并没有专设一管理不良资产的组织机构），但其将不同性质资产分离的做法则堪称现代意义上AMC的雏形。

分散模式AMC的典型仍应数美国的好银行/坏银行（Good－banks/Bad－banks）模式。该模式的启用同样在20世纪80年代末90年代初。在这个时期，美政府及其金融监管部门（主要是FDIC）一方面设立RTC以处理大批S&L机构的不良资产问题，另一方面以“好银行/坏银行”模式解决一些大型商业银行的清盘关闭危险。在此种模式下，作为“坏银行”的资产管理公司实质上是一家清算银行，它在筹资方面虽然得到 FDIC 的有力支持，但本质上它并非政策性金融机构，其资产管理运营和出售变现均应按市场准则进行，这一点集中体现在好坏银行交接不良资产时原则上必须以市值进行（当然，由于不良资产基本上不存在市场，因而所谓“市值”是通过有关中介机构和专家的评估而获得的）。当然，坏银行最终清盘时的亏损主要由 FDIC 承担，但既然在资产购进时是根据市值进行的，则清盘时 AMC 发生亏损的概率与数额也就相应小得多了。美国政府对 S&L 机构与商业银行不良资产问题之所以采取两种截然不同的 AMC 模式，是考虑到两类机构性质不同、规模大小、问题成因也截然有异之故。S&L 机构通常规模较小、实力较弱，其资金来源又主要是储蓄存款，破产清算后金融风险已极大外部化了；另外，S&L 的问题政府也要负相当责任（S&L 机构的资金运用主要是发放居民住房贷款，它本身就是美政府“居者有其屋”政策的主要手段），于情于理，政府对 S&L 机构的不良资产问题都不能置身事外。而商业银行通常规模较大、实力较强，有相当大的承受亏损的能力（它还未破产），并且其不良资产的形成一般来说与政府政策关系也不太大，因此，更适于由市场而非政府去寻求解决问题的途径。

波兰于 1993 年推出的银行重组计划中对分散模式的 AMC 机制的引入和改造也是较为成功的范例之一。波兰政府责令每个国有银行成立专门的“沉淀资产管理部门”，着手处理不良资产；另一方面，通过财政拨款和发行债券向国有银行提供资本金，以便其能从事正常的信贷业务。此举虽然只是在银行内部设立一专门机构解决不良资产而非专设一家“坏银行”，但其体现的资产分离、机构分立的精神与分散模式的 AMC 正相符合。当然，波兰的银行重组计划内容甚为广泛，其中也包含了一个集中模式的 AMC 机构（即国家建立的“清算部门”，接受专门企业的债务以保证银行安全，并对这部分不良资产进行管理和变现）。笔者认为，基于经济环境和银行不良资产成因的更大相似性，波兰的经验对我国具有更大的借鉴意义。

二、金融资产管理公司业务简介和绩效分析

AMC 的主要业务因其模式不同而有较大差异。集中模式的 AMC 以清算人和托管人的身份出现，其主要业务是将资不抵债的 S&L 机构整个接受下来，交付由政府（或存款保险机构）担保的存款，然后将其资产出售。此种模式的 AMC 并不一定要将 S&L 机构的好坏资产进行分离，相反，倘能将该 S&L 机构整个售出，那是最好不过的（这既有利于保留原 S&L 机构的无形资产，又可免去 AMC 进行资产重组的成本投入）。但问题 S&L 的资产中总会有相当一部分是不良资产，而对潜在购买者来说，购入不良资产（哪怕是以一定的折扣）显然风险很大，可能因此打消了买入

的念头。为吸引此类心存顾虑的潜在购买者，使资产（尤其是其中的优质部分）能尽快变现，AMC也常采用好坏资产分离的办法，将不良资产暂时划出，留待将来设法处置，先行出售优质资产，并通过各种机制与买方共担风险，如承担买方购买资产后一定时期内蒙受损失的一定比率等。至于分散模式的AMC，它是问题银行的清算行，其主要任务是对问题银行的资产进行好坏分离，因而其作用对象仅限于问题银行的不良资产部分。此种模式AMC主要业务包括资产收购、管理和变现三个阶段，广泛涉及资产的评估、定价、重组置换、运作和市场营销等各个领域。关于此种模式AMC的业务运作，国内已有不少介绍性文章，在此不再赘述。

关于AMC的实际绩效，目前国内研究者大多持正面评价态度。单从其处理不良资产的规模和速度看，AMC模式也确实可称得上是“成功者众、失败者寡”。但另一方面，银行不良债权的迅速大量变现是以AMC投资者（通常就是政府）的巨额亏损为代价的。美国RTC虽然在短短的5年之间出售了4000亿美元的不良资产，但总共耗费了1200亿美元的政府财政资金和存款保险基金。德国托管局顺利实现原东德国有银行的产权重组，为此共耗资4000亿马克。法国里昂信贷银行使用分散模式AMC进行资产重组，共获得政府援助1470亿法郎，占1997年法国GDP的1.8%；由此导致的银行业竞争环境的扭曲则使欧洲银行业总共付出3100亿法郎的代价。由此可见，无论何种模式的AMC，其造成的经济、社会效果都是复杂的，远不能仅用一句“AMC模式好”就简单概括，而仍须对此种组织机构及其运作机制的经济社会绩效作进一步的分析。

AMC因其本身固有的性质和机构特点，在处理不良资产时相对商行而言具有如下几点优胜之处。

（一）所受法律法规限制较少，手段灵活多样。由于商业银行汇集了大量居民储蓄存款，在经济和社会中处于一个极其敏感的地位上，其金融风险包含着极大的外溢性（Externality），因而各国通常都对之进行较为严格的业务限制和法律法规约束。这些限制约束平时固然能抑制商行进行高风险投资、保证其稳健经营，而一旦出现了大量不良资产，又成为捆缚商行手脚、使之不能综合运用多种手段有效处理坏账的障碍。而AMC因其成立就是为解决这一问题，有关部门总是对这一特殊机构开绿灯，从而使其在处理不良资产时遇到的法律法规约束小得多、业务限制少得多，通常AMC可从事投资银行业务。

（二）无外溢性顾虑。如上面所分析的，商行在处理不良资产时总会因其特殊地位而产生外溢性顾虑，而AMC则有财政支持为其后盾，没有这一层顾虑，开展业务时就能放开手脚、得心应手。

（三）政府的支持。如第一部分所介绍的，无论何种模式的AMC，都将获得政府或金融监管部门政策上和财力上的支持（尽管程度不一），这一点显然也是一般商行所无法企及的。

（四）规模效应。不同于商行的逐笔处理不良资产，AMC是成批地解决问题的；再加上其业务范围广，因而可以相当自由地进行产权重组和资本运营，以构建金融工程的气魄和手段进行运作经营。

（五）信息集中。资产的集中和规模的宏大必然包含着一个信息集中的过程，本来分散于各商行或同一商行不同分支机构的信息随着资产的集中而汇集于AMC，从而大大降低了信息传递和交易的费用。当然，在信息的汇集过程中必然存在大量的信息泄漏和失真（一般来说，AMC职员总及不上商行具体负责该项不良资产信贷工作的信贷员了解该资产的来龙去脉和企业的实际情况），因而这里存在着一个信息的“厚度”和“精度”的比较择优问题，进而存在信息的交易费用和泄漏损失高低的比较问题，故此，AMC是否在信息方面相对商行具有优势，在缺乏实证分析支持的条件下尚所难言。

（六）最后但并非最不重要的，AMC以清理不良资产为己任，在成立之际就预先确定了自己的清盘计划和存续年限，这决定了它处理不良资产必须是迅速而果断的，从而能够在最短的时间内解决最多问题，快刀斩乱麻式地一次性消除金融风险；而商行从其当前利益出发，常是能拖则拖，狠不下心来对自己大动手术。我们知道，金融风险的解决是长痛不如短痛，早一刻解决，就少一分令其传播扩散、酝酿风潮的可能。

缺陷与优点总是相伴相生，AMC此种组织机构和运作机制也存在着一些缺陷，有的甚至是无法克服的。

首先，机构本身的激励——约束机制难以确立。AMC在很大程度上可算是一种政府机构，它不以盈利为自己的行为目标，而代之以政策的贯彻执行，因而其运行处于非充分市场的条件之下，基本上不受三重市场（资本市场、经理市场和产品市场）的约束和规范。如何建立起一种完善的激励约束机制，有效防范和制止公司职员隐藏行为的道德风险和以权谋私、内外勾结以超低价售出资产的寻租行为，充分激发其创造才能和积极性，在规范运作的条件下实现资产变现价值的最大化（也即财政损失的最小化），一直都是困扰着各国政府的一个难题，尽管在这方面各国都积累了一定的经验，但与完美的自发机制目标显然差距尚大。

其次，造成银行业的市场扭曲和不平等竞争。这一点是AMC作为政府施救手段所固有的先天性缺陷，是无法克服的，除非政府对整个银行业界乃至金融业界进行同等力度的财政支持（在开放经济的环境下，则必须是对全球金融业界提供支持），而这既远非一国财政所能负担，也早偏离了组建 AMC 的初衷。法国里昂信贷银行重组导致欧洲银行同业损失达 3100 亿法郎之巨，正是这一缺陷的集中表现。当然，这一缺陷并不为 AMC 所独有，任何政府干预市场的行为都不可避免地会存在该缺陷。另一方面，外溢性又常常使政府不得不进行干预，这无论对政府还是对市场而言都是一个两难选择（理论上可对政府是否干预进行成本—收益分析，从而决定其行为，但时间和事件发生的不可逆转性决定了这一分析只能是基于预测而非客观事实，因而政府是否干预取决于政府本身的效用函数，进而取决于决策者的偏好和分利集团的博弈）。

再次，财政负担重、资金筹措难。AMC 的亏损主要由财政承担，为此政府将付出巨大的代价，这一缺陷显而易见。另外，尽管 AMC 的资本金通常由政府拨给，在其运营过程中还需大笔资金以便为不良资产的购买方提供融资服务，这就对 AMC 本身的融资能力提出比较高的要求。这一点对资本市场发达的国家或许问题还不大，但对一个资本市场刚刚起步的发展中国家（如我国）则是一个不小的难题。

最后，在信息汇集过程中产生的信息泄漏和失真（见上文分析）增加了不良资产评估定价的难度，扩大了 AMC 职员的寻租空间。

当然，任何事物都是优点和缺陷的综合统一体，资产管理公司也不例外。对其绩效的评价也远非“好”或“坏”所能简单概括，而应将之置于特定的时间和环境中加以考察。我们知道，金融是现代经济的核心，而金融风险又具有极大的公共性（外溢性），因此金融安全直接关系到经济安全、社会稳定，进而影响国家安全。从这个意义上看，当金融风险积累到一定规模时，政府承担相当的损失设立 AMC 以迅速有效地清理不良资产，犹如对肿瘤患者施行切除手术，实在是一种必需且无可替代的措施。

三、我国的现实选择：对几个问题的探讨

我国银行业存在着大量不良资产，这已是不争的事实。据国家公布的数字，目前四家国有独资银行共有不良资产近 2 万亿元之巨，占其贷款总额的 25%，其中约有 6%到 7%是无法收回的，这一数字已远远超出东南亚各国 1997 年危机爆发前的同类指标（泰国 7.9%，马来西亚 6.4%）。巨额不良资产及其中包蕴着的巨大金融风险已使对这一问题的解决到了刻不容缓的地步。四家国有商行在短期内纷纷设立 AMC，正是基于此点考虑。

分析我国成立的这四家 AMC，可以发现它们并不属于上面介绍的两种基本模

式，而是介于两种模式之间，具有中国特色的AMC。这是由我国的经济政治环境、金融体系结构及商行不良资产的特殊性成因所共同决定的。在对我国AMC的结构、特点和发展前景进行观察、分析和预测之后，笔者认为以下几个问题值得做进一步的探讨。

（一）AMC模式的选择和确定

正如上文所述，我国AMC并不属于上面介绍的两种模式，而是介于它们之间：各商行均未破产，分设专门处理其不良资产的AMC，这是分散模式的特点；而各AMC均由国家财政全额注资成立，是财政而非银行在其业务运作中占据主导地位，这又带有浓厚的集中模式AMC的意味。有的研究者认为我国的AMC是具有中国特色的RTC，对此笔者不敢苟同。诚然，美国的RTC模式对我国AMC具有相当的借鉴意义（尤其是在资产管理和出售方面），但从组织机构和性质看，二者是截然不同的。RTC是一种事后补救措施，它成立于20世纪80年代末的储贷危机之后，主要任务是接管已破产的S&L机构；而我国的AMC则是一种事前挽救措施，主要任务在于剥离、清理商行不良资产，化解金融风险，从而防止金融危机的爆发。我国商行不仅没有破产，而且AMC的成立目的就在于防止其破产。就这一点看，我国的AMC与成立于1994年为挽救法国里昂信贷银行而设立的CDR倒是更为相似。

之所以对四家国有商行分别设立资产管理公司，除了研究者们已阐述的诸多原因外，笔者认为还有以下两个决定因素：第一，有利于降低组织成本。由于我国金融格局的特殊性，四大国有商行彼此之间是最大的竞争对手。若只成立一家AMC对它们的不良资产进行统一处理，极易导致其隐藏信息的逆向选择风险和隐藏行为的道德风险，使AMC处于极端的信息不对称境地。另外，AMC建立之初，职员大多由商行抽调，本来分属不同商行的职员免不了各存门户之见（由于AMC只是一个暂时性机构，而我国又缺乏有效的人力资本市场，这一可能性是极大的），这进一步妨碍了信息的交流和汇集。这主客观两方面的原因使统一的AMC的组织成本变得非常巨大，其解决方法唯有分别设立。第二，有助于构建AMC本身的相互竞争机制，从而为其规范化经营和讲求绩效提供外部压力。这一点显而易见，不再具论。

（二）不良资产划拨方式

我国AMC划入不良资产依据其账面价值。这一点是广为研究者们所诟病的。确实，这一举措既在一定程度上与我国构建公共财政的构想和实践相背，也不利于调动银行参与处理不良资产的积极性。但也应看到，目前我国商行积累的大量不良资产在很大程度上是政府因素（包括历史原因、体制原因、政策法规变化原因等）造成的，政府作为始作俑者，于情于理都应承担起主要责任；而鉴于目前金融风险的敏感性与商行本身资本金的紧缺，以市价（或评估价）转让资产，从而让商行承受主要亏损在事实上是不可能的。当然，我国的国有商行毕竟还未破产清算，为激励其积极参与不良资产清理工作、充分利用其占有的信息，在资产划拨时进行一定的折扣，形成财政和银行亏损共担、利润（在具体层面上当然不会产生什么利润，但清理不良资产、消除金融风险无论对政府还是商行体系而言都是一种效用的增进，可以说是一种无形的利润）共享的局面，无疑是应该的，也是可行的。这也正是我国 AMC 有别于集中模式 AMC 的特有的优胜之处。

（三）AMC 的定位问题

无论是集中模式或是分散模式的 AMC，在国外都是作为消化（或防范）金融危机的一种应急性措施加以运用的，因而其定位都仅限于清理不良资产、化解金融风险、挽救商行体系这一层面。而关于我国 AMC 的定位，则有不同的看法。有的研究者对之寄予厚望，以为“AMC 在中国必须达到‘好银行’‘好企业’和保持‘好财政’的‘三好’目标”。有的研究者则认为 AMC“肩负着两个历史使命：盘活国有商业银行不良资产，推动国有企业改革脱困”。笔者认为，尽管我国 AMC 具有一些自己的特色，但在本质上它仍然是一种化解金融风险、防范金融危机的应急性手段，赋予它过多的所谓“历史使命”是不相宜的。譬如“保持‘好财政’”，AMC 处理不良资产时发生的亏损主要由财政来承担，这必然加重财政负担、扩大财政赤字，怎么谈得上 AMC 反而会保持“好财政”呢？至于国有企业的转机建制、改革脱困，其关键在于明晰产权关系的确立和规范市场竞争环境的营造，它涉及我国经济改革的方方面面；AMC 对不良资产的清理和重组置换，确实对国企改革颇有助益(譬如债转股，就有利于企业产权的明晰化和资本市场的发展)，但也不能据此就认定推进国企改革也是 AMC 的“历史使命”。对 AMC 的过高定位，一方面容易使之承担过多过分的义务，导致非驴非马的制度异化和机制扭曲，另一方面也影响人们对其经营业绩进行适当评价。因此，笔者认为仍应将我国 AMC 基本定位于清理不良资产、化解金融风险这一层面上。

（四）筹资问题

AMC 将以账面值向商行收购不良资产，在这一过程中需要巨额资金；此后的资产出售阶段，需要对购买者提供相应的融资服务，仍需大笔资金。这些资金如何筹集？显然是一个很大的问题。虽然有财政的全额注资（每个公司 100 亿元），但与待处理的不良资产相比（达近 2 万亿元之巨），这一数额真是小得不成比例。国外通常是通过发行公司债券来筹集资金，而我国的债券市场并不发达，尤其是公司债券，基本上就不存在市场；靠发行国债吧，国债市场容量也有限，不可能承担如此巨额的发行量。关于这个问题，笔者认为，既然没有一个单独的市场有足够的容量成为AMC的主要筹资场所，那么可以采用多管齐下的法子：（1）发行优先股。此种筹资方式可与公司的资本运营（如债转股）相结合，规定在特定的时期内可以公司股票按一定比例自由换成企业股票，从而融筹资与资产变现为一体，既有利于减轻AMC的筹资压力，又有利于不良资产处理迅速、有效展开。（2）发行AMC公司债券。由于AMC规定了具体存续年限，并且是财政全资附属机构，因而其公司债券具有准长期（10年）国债的性质，对稳健的投资者应有相当的吸引力。（3）发行国债。应量力而行、规模适度，不宜成为资金主要来源。（4）商行以折扣方式承担相当比例的损失，以其计提的坏账准备金冲销。四种渠道尚不能解决的部分，则只好暂且挂账留待日后处理了（毕竟AMC还有10年的存续期）。

（五）AMC本身的激励约束问题

如上文所述如何建立有效的激励约束机制，一直是各国、各种模式下AMC所面临的一个棘手的难题。在这方面，我国既有较有利的条件（四家AMC并存，可以相互竞争），又有不利的因素（缺乏规范、高效的市场中介机构和市场仲裁机制）。为有效构建我国AMC的激励约束机制，笔者认为应从以下几方面进行努力：（1）建立四家AMC相互之间有序竞争的机制。为实现这一目的，作为四家AMC共同产权主体的财政部在具体业务运作方面应尽量避免直接介入，而把重点放在规则的制定和维护、信息的及时公开和对AMC业绩的适时适当评价上。（2）广泛引入民间中介机构，如会计师、审计师、资产评估师、律师事务所，使这些“非利益相关者”的专家们在AMC的运作中具有更大的发言权和评议权，从而逐渐形成一种有效的外部监督机制。（3）所谓外部人也有自己的利益追求，为防止其“化外为内”，还应健全、完善有关的法律法规、加强执法力度。市场经济是法治经济这一论点在此再次得到印证。（4）完善AMC本身的组织机制，将职员的报酬与其实际业绩相挂钩，釜底抽薪式地降低职员发生道德风险的可能（或确切地说是提高其寻租行为的机会成本）。至于具体的挂钩方式，笔者认为可采用AMC职员购买公司优先股的方式来实现。（5）通过银行、企业参股AMC的途径，建立起银行、AMC、企业相互监督的机制。具体操作可试行如下方案：中行、农行、工行及一些相关的大企业参股为建行而设的信达公司，以此类推，形成一种循环监督机制。这样一来，在竞争者严厉甚至是苛刻的监督之下，应能最大限度、最及时地发现问题。而由于AMC的控股股东是财政部，因此问题性质的判断及其处理方法的决策掌握在财政部手中，不会因此种交叉持股而发生相互掣肘的扯皮现象。当然，要实现这一点，有赖于财政部作为仲裁者的机制的完善，这又回到了（1）。

关于我国AMC的特点与发展前景，尚有很多问题，限于篇幅，在此就不再赘述了。

发表于2000年第4期

参考文献：

[1] 周小川：《重建与再生——化解银行不良资产的国际经验》，中国金融出版社，1999年。

[2] 蔡利安：《银行不良资产重组的国际比较与启示》，《经济学动态》1999年第7期。

[3] 黄志凌：《当前中国资产管理公司的若干关注焦点》，《金融研究》1999年第9期。

[4] 李扬：《日本的主银行制度》，《金融研究》1996年第5期。

[5] 李俊杰：《论我国银行的不良资产及其处置》，《金融研究》1999年第6期。

[6] 朱民、曹建增、加里·韦斯：《匈牙利与波兰国有银行的不良资产重组模式》，《国际金融研究》1999年第3期。

[7] 俞达：《从美国70—90年代的金融动荡中得到的经验及教训》，《国际金融研究》1999年第3期。

[8] 杨明：《金融机构危机处理》，《国际金融研究》1999年第3期。

[9] 金晓、徐师范：《金融资产管理公司的基本运作框架》，《国际金融研究》1999年第4期。

[10] 赵春堂：《美国“好银行/坏银行”模式的运作》，《国际金融研究》1999年第4期。

[11] 袁翔：《最后的保护伞——里昂信贷银行资产重组的经验与启示》，《国际金融研究》1999年第5期。

[12] 王雪冰：《论我国银行的不良资产及其处置》，《国际金融研究》1999年第6期。

《资本论》中文版的翻译、理论传播及其运用和发展

宋 涛 胡 钧*

一、《资本论》中文版的介绍、翻译与理论传播

“中国人最早知道的第一部马克思的著作就是《资本论》”，① 《资本论》作为攸关人类历史命运的马克思主义经典著作，在其出版后我国就有许多先进的知识分子和资产阶级小资产阶级有识之士，其中也不乏资产阶级改良主义者、无政府主义者、政治投机分子，他们或东渡扶桑，或西涉欧洲，从事《资本论》介绍、中文版的翻译、宣传和传播工作。最初虽具有零碎的片段性质，甚至带有某些受历史局限的片面性和肤浅性，但《资本论》的理论本身反映和顺应了当时的社会历史潮流，以其伟大的革命意义受到当时革命的有识之士的热情关注与执着追求。

（一）早期对《资本论》的介绍与宣传

中国人最初是通过翻译外国有关介绍马克思及其《资本论》的著述，而间接地认识了解这位伟大的思想家及其理论的。

“中国人在自己撰写的论著中最早介绍马克思及其学说的是资产阶级改良派代表人物梁启超”。② 1902 年，梁启超在《进化论革命者颉德之学说》一文里赞扬颉德的进化论的同时，也介绍了马克思及其学说，文章指出：“麦喀士（即马克思——引者注），日耳曼人，社会主义之泰斗。”③ 1903 年 2 月，上海广智书局出版赵必振翻译福井准造所著的《近世社会主义》，其中第二篇《第二期之社会主义——德意志之社会主义》如是评价《资本论》：“加陆・马陆科斯（即卡尔・马克思——引者注）之

---

* 宋涛，中国人民大学经济学院教授、博士生导师；胡钧，中国人民大学经济学院教授、博士生导师。

① 雍桂良：《〈资本论〉的写作与传播》，求实出版社，1982 年。

② 钟家栋、王世根主编《20 世纪马克思主义在中国》，上海人民出版社，1998 年，第 17 页。

③ 《新民丛报》1902 年 10 月 16 日第 18 号。

《资本论》为一代之大著述，为社会主义者发明无二之真理，为研究服膺之经典”，马克思“稽其资本之变迁与历史，述其起源与来历，以明经济学界之现组织，全然为资本之支配”，而“殖产社会发达之结果，依其自然之变迁，资本私有制必归全灭”之后，社会主义方才成为科学，誉称马克思“为社会主义定立确固不拔之学说，为一代伟人”，“马陆科斯之《资本论》，为一代之大著述，为新社会主义之根据，以攻击现社会，以反对现制度，而创立新社会主义，以唱道于天下，舍加陆·马陆科斯其人者，其谁与归?”该书重点介绍了马克思的价值论、剩余价值学说，和他对资本主义必然灭亡、社会主义必将实现的论述，并引用了纽约人民追悼马克思的“决议”中的话“吾人以君之芳名与遗稿，传于万世，且扩布其思想以垂示于世界”，陈独秀曾对此书给予极高评价。与此同时，马君武在《译书汇编》第 2 号第 11 期（1903 年 2 月）发表的《社会主义与进化论比较》将《资本论》列为马克思主义重要著作，这是有文字记载的最早的马克思主义著作书单。著名资产阶级民主革命派活动家和理论家朱执信 1906 年以笔名蛰伸在东京出版的《民报》（第 2、3 号）发表《德意志社会革命家小传》，该文重点介绍了马克思与拉萨尔的生平和学说，其中着重谈了《资本论》这部书的主要观点，尤其盛赞“马尔克此论（即马克思剩余价值学说——引者注），为社会学者所共尊，至今不衰”，也“是中国人的著作中第一次提到《资本论》的书名”，[①]“在十月革命以前，可以说朱执信是宣传、介绍资本论最突出的一位”。[②] 1908 年，陕西籍同盟会员创办的《夏声》杂志第 3 号署名侠魔的文章《二十世纪之新思潮》中也介绍了《资本论》和《共产党宣言》的光辉思想。1911 年，天津出版的《维新人物考》有专门一章写马克思，明确指出“其最为著名的著作为《产业》(即《资本论》）”。与此同时，孙中山 1912 年 10 月 14 日至 16 日在上海中华大戏院的演讲中称赞“马克斯（即马克思——引者注）所著的书和所发明的学说，可说是集几千年来人类思想的大成”，孙中山在另外一篇文章指出马克思“苦心孤诣，研究资本问题，垂三十年之久，著为《资本论》一书，发阐真理，不遗余力，而无条理之学说，遂成为有系统之学理。研究社会主义者，咸知所本，不复迎合一般粗浅激烈之言论矣”。[③]（1912 年上海出版的《新世界》第 2 期刊登蛰伸翻译、煮尘重治著的《社会主义大家马儿克（即马克思——引者注）之学说》，其中辟有专门一节为“资本论之概略”。1919 年以前朱执信还曾和人译过考茨基的《马克思

---

① 杨国昌：《谈谈〈资本论〉在我国的传播》，《北京师范大学学报》1979 年第 2 期。

② 胡培兆：《〈资本论〉在中国的传播》，山东人民出版社，1985 年，第 66 页。

③ 孙中山：《在上海中国社会党的演说》，载《孙中山全集》第二卷，中华书局，1982 年，第 506 页。

经济学说》一书。)

(二)俄国社会主义革命一声炮响，给我们送来了马克思主义

这一时期，直接间接论及甚至较为系统地研究马克思及其《资本论》的相关文章就常有发表，譬如，介绍马克思的革命思想、《资本论》的写作过程、《资本论》的某些观点等。其中最为有名的是李大钊的3万字长文《我的马克思主义观》发表在《新青年》第六卷第5、6号（1919年5月、11月）。他的另外一篇是《马克思的经济学说》，1922年2月19日发表在《晨报》副刊上，这两篇文章中李大钊较为详细地阐述了马克思主义经济学说的历史地位和主要内容。他“是我国认真研究《资本论》的第一人，他在这篇著名的论文中首先宣传了《资本论》的基本思想”。[①] 在此期间，进步知识分子和革命志士创办刊物、印发传单、组织社团、撰写发表文章、进行演说，对《资本论》乃至马克思主义进行积极宣传和初步的研究。

在对马克思《资本论》的释疑解惑方面，也出现过大量的论著，以帮助人们对《资本论》理论本身的理解。北京《晨报》副刊开设“马克思研究专栏”，1919年6月2日至11月11日共138次连载了柯祖基的《马氏资本论释义》（即考茨基著的《马克思的经济学说》）；同年《建设》也刊登了考茨基的《马克思资本论解说》，该书于1920年9月由商务印书馆首次出版，到1922年共出过四版。社会主义研究社也在1919年9月出版了李汉俊根据日文版转译马尔西（即马克思——引者注）著的《马格斯资本论入门》。这两本书是当时重要的《资本论》启蒙书与入门书，对《资本论》乃至马克思主义在中国的传播起了不小的作用。1919年11月11日至12月4日，“作为南中国第一个传播马克思主义的先驱”[②] 的杨匏安以《世界学说》为题在《广东中华新报》发表了较长篇幅的译述，介绍西方各流派的哲学和社会学说，其中最重要也是最长的一篇《马克斯主义》一开始就说：“自马克斯（即马克思——引者注）氏出，从来之社会主义，于理论及实际上皆顿失光辉。所著《资本论》一书劳动者奉为经典。”1920年，李汉俊翻译的德国米里·伊·马尔西《经济漫谈》以《马格斯资本论入门》为名由社会主义研究社出版。该书将“马克思经济学说底骨子即商品、价值、价格、剩余价值，以及资本和劳动底关系，用很通俗的方法说明了出来，说得这样平易而又说得这样得要领”。这些都对《资本论》的传播起到了明显的积极作用。

颇需一提的是，周恩来同志1920年被捕入狱后仍然积极无畏地宣传马克思和

---

① 杨国昌：《〈资本论〉研究资料汇编》，河北人民出版社，1983年。

② 钟家栋、王世根主编《20世纪马克思主义在中国》，第64页。

《资本论》，他在狱中写的《检厅日录》中说："五月三十一日。晚间全体会，讲演会仍由周恩来讲马克思学说，唯物史观。""六月四日。……讲演会继续由周恩来讲《马克思主义——经济论中的余工余值说》。""六月七日。……周恩来继续讲马克思学说——经济论中的《资本论》，同《资产集中说》。今天马氏学说已讲完了。"① 陈独秀1922年7月发表在新青年第九卷第六号的《马克思学说》和发表在第九卷第三号上的在广州公立法政学校的讲演《社会主义批评》，都对《资本论》的内容有较多的介绍，对马克思及《资本论》的宣传产生了很大影响。

对《资本论》的翻译。有研究表明北京大学马克思学说研究会成立的德文翻译组所翻译的《资本论》第一卷是国内最早的中文译本，② 虽然这部译稿已经遗失，但它应该是最早的，而且陈启修教授后来的译本也参考了这一译本。就目前的文献看，费觉天的《资本论自叙》刊登在上海《国民》月刊中文版1920年10月第2卷第3号，也就是《资本论》第一版序言，"这是现在所知关于《资本论》最早的部分中译文了"。③ 邝摩汉摘译《资本论》第一卷第三至五篇的若干内容，发表于1922年3、4、5月《今日》的第1卷第2、3、4号。李达1929年写的《社会之基础知识》第二篇《现代社会之解剖》，对《资本论》第一卷的内容作了简要介绍。而第一分册则是由陈启修（后改名为陈豹隐）教授依据德文版并参照日本河上肇的日译本翻译，由上海昆仑书店于1930年3月出版，内容包括了《资本论》第一篇。这是第一个《资本论》的中文节译本。接着由潘冬舟继续翻译，1932年8月至1933年1月，北平东亚书局分别出版了第二、三分册，也就是第一卷的第二至四篇。在此期间，侯外庐在法国以恩格斯1890年最后审订的第一卷第四版为蓝本，参照英、法和日文版本，译完第一卷前二十章。回国后经人（陈翰笙）介绍认识了王思华（又名王慎明），两人开始合译。1932年，译者署名为王慎明、侯外庐在北平国际学社出版了《资本论》上册，内容包括第一卷的前七章。1936年6月，由王思华出面出版了下册和第一卷合订本，只是译者署名为玉枢、右铭，出版者改为世界名著译社。至此，《资本论》第一卷中译本已经诞生了，中国在《资本论》第一卷出版73年后才有了第一个完整的第一卷中译本。1934年至1937年，侯外庐单独翻译完第二、三卷，并交由续范亭将军带往延安，不幸书稿化为灰烬。在此期间的1934年，上海商务印书馆出版了由吴半农翻译、千家驹校订的第一卷第一分册，虽只有第一卷的头两册，但有较大影响。在这个时候中国还没有《资本论》第二至四卷的中译本。

---

① 周恩来：《检厅日录》（第40、42、43页），连续刊登于天津《新民意报》1921年。

② 胡培兆：《〈资本论〉在中国的传播》，第133页。

③ 杨国昌：《〈资本论〉研究资料汇编》。

《资本论》三卷全译本首先是由我国著名经济学家郭大力和王亚南冲破种种阻挠与渡过种种艰险共同翻译并于 1938 年 8、9 月由上海读书生活出版社出版。这样，《资本论》前三卷终于在一个拥有 4 亿人口的大国诞生，虽然比日本晚了 20 年，比俄国晚了 58 年，但毕竟是中国马克思主义传播史上一件盛事。1947 年重印 2000 部，翌年在哈尔滨解放区第二次重印 3000 部。

（三）新中国成立后，对《资本论》的学习研究进入一个全新的阶段

对郭、王版的《资本论》北京三联书店在上海重印 10000 部。后经郭大力全面校订，1953 年人民出版社出版修订第一版，1963 年至 1966 年出版了修订第二版。中共中央马恩列斯著作编译局依据业已问世的德文版《马克思恩格斯全集》第 23、24、25 卷重新翻译，参考了俄文版的译本和郭大力王亚南的合译本，1975 年由人民出版社出版新译本。这也是迄今最为权威的版本。

作为《资本论》第四卷的《剩余价值理论》由郭大力按照考茨基编的《剩余价值学说史》从 1940 年开始翻译，1949 年上海三联书店出版。嗣后，他又根据苏联马列研究院重新编辑的《资本论》第四卷（即《剩余价值理论》）进行重译，分三册，第一册 1975 年底由人民出版社出版，第二、三册分别于 1978 年 5 月、10 月由人民出版社出版。郭大力将《资本论》这部巨著的中译本完整地交给了中国人民。《资本论》这部不朽的政治经济学著作，伟大的哲学著作，著名的科学社会主义著作在神州大地的诞生，对中国人民的革命与建设事业有着极其深远的影响，有着不朽的功勋！

与此相适应，马克思为撰写《资本论》而准备的大量手稿也相继被翻译成中文。其中，中文版的《1844 年经济学哲学手稿》《政治经济学批判大纲（1857—1858 年草稿）》《卡尔·马克思经济学手稿（1861—1863 年）》由中共中央马恩列斯著作编译局分别于 1975 年至 1978 年、1979 年在人民出版社出版。这样《资本论》从它的写作手稿到理论主体本身，再到理论史，全部被翻译成中文，有力地促进了马克思经济学理论乃至马克思主义在中国的学习、应用和发展。

二、《资本论》的基本内容

马克思在《资本论》第一版序言中写道：“我要在本书研究的，是资本主义的生产方式以及和它相适应的生广关系和交换关系。”“本书的最终目的就是揭示现代社会的经济运动规律。”①

---

① 《马克思恩格斯全集》第 23 卷，人民出版社，1972 年，第 8、11 页。

为了清晰地揭示出资本主义社会经济内部结构和它的运动规律，马克思运用矛盾分析方法，把资本主义生产方式看作是直接生产过程和流通过程的矛盾统一体，这是它与以往历史上存在的生产方式相区别的根本特征。

基于这种分析方法，马克思对资本主义的考察先是研究矛盾的一个方面（直接生产过程），再研究矛盾的另一个方面（流通过程），然后把二者结合起来从总体上考察（资本主义生产总过程），最终揭示出这种制度的整体结构和它的运动规律。这种研究方法决定了《资本论》分为三卷的结构。

第一卷直接生产过程是要揭示资本主义生产关系深层的本质关系，也就是揭示它的基本经济规律，剩余价值生产是资本主义生产的根本目的和动机，剩余价值是第一卷的核心范畴。但剩余价值不过是商品价值的一部分，是商品生产过程所创造的价值中超过劳动力商品的价值的一部分。要理解剩余价值就必须先理解价值。所以，在考察剩余价值之前，必须对商品、价值做独立分析。

在第一篇中，马克思通过对商品二因素、劳动二重性、价值形式、货币形式到价值关系历史性的考察，在继承并对资产阶级古典学派的劳动价值论作了根本性的改造基础上，建立了马克思自己的科学的劳动价值理论。在价值理论的基础上又建立了科学的货币理论。这些都为创立剩余价值理论奠定了基础。

马克思运用逻辑方法，通过概念的运动阐明了现实运动的发展。他通过货币到资本的转化揭示了小私有制商品经济到资本主义经济的演变过程。

对资本主义生产过程本质的分析，先从单个资本主义企业（微观）的考察开始，揭示了资本主义生产过程是生产过程和价值增殖过程的统一，揭示了剩余价值的生产过程和剩余价值的本质及资本的本质。马克思揭示了生产剩余价值的两种方法：绝对剩余价值生产方法和相对剩余价值生产方法。资本家在追求相对剩余价值这一内在动力的激励下推动劳动生产率的提高和生产规模的不断扩大，以及生产方法和生产工具的不断进步，从手工工场发展到机器大工业的建立。这表明资本主义生产关系已经成为当时社会生产力发展的决定力量。当然这是以广大雇佣工人遭受残酷剥削为代价的。

在第二篇到第六篇阐明了剩余价值生产这一资本主义基本规律后，第七篇资本的积累过程，从一个新的角度，即从全社会的角度进行动态的宏观的考察，这里涉及的不再是部分工人与单个资本家的关系，而是工人阶级和资产阶级之间的阶级关系，马克思的分析也不再是限于个别资本家对工人的剥削实质的揭露，而是进一步分析资本主义生产关系在推动社会生产力迅速发展的同时，给工人阶级整体带来怎样的命运。

在资本主义条件下资本积累的加速和劳动生产力的不断提高表现为资本有机构成的提高。马克思通过资本有机构成会随着生产力的发展不断提高的原理，揭露了它必然会产生大量过剩人口。相对人口的增大使得就业状况趋于恶化，必然要造成工人地位的下降和生活趋向贫困，这是资本主义积累的一般规律。结果导致由资本主义工厂组织起来的工人阶级对资产阶级的压迫和剥削进行反抗。资产阶级在推动社会生产力发展的同时不以人们的意志为转移地培植了自己的掘墓人。这样《资本论》第一卷对直接生产过程的分析揭示了资本主义社会经济运动规律。

《资本论》第一卷对直接生产过程的考察，是把流通过程暂时舍弃掉了，《资本论》第二卷对流通过程进行了独立的研究。

马克思对流通过程的考察分为两大部分，第一篇，从质的方面揭示了资本流通不同于一般商品流通的本质规定，从而也揭示了作为货币的货币和作为资本的货币的本质区别。在一般商品流通过程中，货币是作为交换的媒介，而作为资本的货币，它是货币形式的资本，是资本的货币形式。由它的购买引出了一个剩余价值生产过程。

资本作为一个独立价值，在流通过程中循次采取货币形式、生产形式和商品形式，最后又到货币形式。这是一个循环过程。通过这个循环，资本价值增殖了。从这里可以看出：单纯流通过程（仅指买与卖的行为）是资本价值增殖的重要阶段。没有流通过程，就没有剩余价值生产过程，剩余价值的实际来源开始被掩盖，剩余价值似乎不仅仅是生产过程的结果，而是生产和流通的共同结果。

第二卷第二篇考察资本周转。资本的循环，不是当作孤立的行为，而是当作周期性的过程，叫作资本的周转。这是从量的方面，即加进了时间因素对资本整个运动过程的进一步分析。

在这一篇中，马克思特别研究了加速资本周转对增加剩余价值的重大作用。从表面上看，资本周转加快，同量资本就会产生更多的剩余价值，就会有更高的年剩余价值率。这种现象更进一步掩盖了剩余价值的来源，似乎流通本身也会产生剩余价值。马克思运用劳动价值理论和剩余价值理论，科学地解释了这个问题，关键在于可变资本的加速周转，使得不同周转速度的资本的预付可变资本与实际使用的可变资本之间产生了差别，从而清楚地解决了这个问题。这也再次证明了剩余价值只能是生产过程中剩余劳动创造的这一理论的科学性。

第二卷第一、二篇从微观上把资本流通的一些基本规律都阐释清楚了，但各个企业的资本运动是怎样连接成全社会的总流通过程呢？全社会资本的正常流通又需要怎样的条件作保证呢？这些条件又是以怎样的方式实现的呢？这就是第三篇所要阐释的问题。

各个单个资本的流通都能正常进行，一个基本条件就是当企业生产的商品都能销售出去，它再生产所需要的生产资料和劳动力都能在市场上买到。所以，社会总资本流通过程研究的核心就是总产品的实现问题。在市场上，企业的产品都正常得到实现，就表明全社会资本的再生产是在正常进行。

为了论述社会总资本流通正常进行的条件，马克思把全部产品分为两大部类，即生产资料生产和消费品生产；商品价值分为三部分，即 c、v、m，设计了简单再生产和扩大再生产两个模型，清楚地阐明了社会资本再生产正常进行的基本条件，这就是两大部类之间，即生产与消费之间、各种生产之间必须具有应有的比例。

另外，马克思还揭示了在资本主义制度下，这些比例和实现的特点，是与各个单个资本循环相联系，并借助于货币流通自发实现的。只买不卖和只卖不买的现象是单个资本循环的正常状态。因此，这使得总资本运动条件遭到破坏的可能性大大增加，结构性的生产过剩危机产生的可能性也进一步增加。

在分别考察了资本直接生产过程和资本流通过程之后，马克思进一步把两个方面统一起来，考察作为二者统一的资本主义生产总过程，也就是考察现实的资本主义生产过程。因此，这里的范畴和人们之间的关系与第一卷在直接生产过程中的那些范畴和关系比较起来，更接近于资本主义现实状况。形象一点说，那就是第一卷那些反映深层本质关系的范畴经过流通过程的洗礼（多方面掩盖着这种本质关系）后，在现实中呈现出的各种现象。如马克思所说的："我们在本卷中将要阐明的资本的各种形式，同资本在社会表面上，在各种资本的相互作用中，在竞争中，以及在生产当事人自己的通常意识中所表现出来的形式，是一步一步地接近了。"① 譬如，在第一卷中，资本和剩余价值还是在抽象、片面的形式上进行考察的，而在第三卷中，资本则是作为剩余价值的源泉呈现在人们面前，从而剩余价值也就转化为利润这种虚假形式。

资本在现实中不是以抽象的形式存在，而是具体化为产业资本、商业资本、借贷资本、农业经营资本，与此相适应的，剩余价值也具体化为产业利润、商业利润、利息和企业家收入及地租等形式。马克思阐明资本怎样从"无偿占有剩余价值"的关系，转化为资本成为剩余价值源泉的，这一转化导致剩余价值转化为利润。马克思说："剩余价值，作为全部预付资本这样一种观念上的产物，取得了利润这个转化

---

① 《马克思恩格斯全集》第 25 卷，人民出版社，1974 年，第 30 页。

形式。"[①] 利润成为《资本论》第三卷的核心范畴，它是反映资本家之间的现实关系，其他内容都是围绕它展开的。

利润的本质决定了它必然转化为平均利润。因为利润既然是作为全部预付资本的产儿，那么等量预付资本就有权利要求得到相同的利润，从而形成一般利润率。资产阶级就围绕着平均利润和超额利润展开竞争，生产价格就成为资本主义制度下资源配置的机制，价格围绕着生产价格的波动也就成为资源在各部门分配的调节机制。

随着资本主义生产关系推动生产力的发展和劳动生产力的不断提高，一般利润率有着下降的趋势。这引起了资产阶级及其理论家的恐惧。资产阶级力图用扩大投资，用利润量的绝对增长抵消利润率的下降，这进一步促进了社会生产力的加速发展，但同时也加深了资本主义生产关系与社会生产力之间的矛盾和对抗，具体表现在生产与消费、流通、实现之间的矛盾，生产目的和达到生产目的的手段之间的矛盾，特别是造成资本过剩和人口过剩同时并存这样一种荒谬现象，显示出资本主义这种制度的历史局限性。由资本主义生产关系所推动的巨大的生产力"同这个惊人巨大的生产力为之服务的、与财富的增长相比变得越来越狭小的基础相矛盾，同这个日益膨胀的资本的价值增殖的条件相矛盾。危机就是这样发生的"。[②]

在这里马克思总结了他对资本主义社会经济运动规律的考察。在利润理论分析的基础上，在以后几篇中揭示了资本和利润的几种具体形式，从而也就把资本主义经济的内部结构不仅仅从纵向方面，而且也从横向方面清晰全面地展示在人们的面前。

三、《资本论》在新民主主义时期的传播、运用和发展

从 1919 年五四运动到中华人民共和国的建立，中国处于新民主主义革命时期。在这一时期，马克思经济学巨著《资本论》经历了传播、学习、研究和同中国具体实际相结合的运用过程，这个过程伴随着毛泽东思想的形成过程，《资本论》在其中起了重要的理论指导作用。

（一）从五四运动到大革命失败：《资本论》的传播、运用和毛泽东思想的萌芽

1919 年至 1927 年，《资本论》刚刚传入我国，还没有正式中文译本，主要是一些通俗读本和专题研究。但作为"工人阶级的圣经"，它在中国先进知识分子中已得

① 《马克思恩格斯全集》第 25 卷，第 44 页。

② 同上书，第 296 页。

到传播并产生了广泛影响。五四运动使中国工人阶级第一次登上历史舞台，为接受马克思主义提供了客观社会基础。《资本论》使一些中国先进分子逐步树立起了无产阶级世界观，正如李大钊所说："马克思是社会主义经济学的鼻祖。现在正是社会主义经济学改造世界的新纪元。"① 正是在马克思的科学世界观的影响下，1921 年 7 月，中国共产党在上海宣告成立，并依据马克思主义一般原理，提出无产阶级武装夺取政权，建立无产阶级专政，消灭资本家私有制等纲领。这个纲领中，中国共产党虽还不能把马克思主义同中国具体实际相结合，但它表明无产阶级世界观在中国共产党人中已经确立。

《资本论》在这一时期的影响，很重要的一个方面体现在中国共产党人运用唯物史观和阶级分析方法对中国社会生产力和生产关系状况的正确分析上。其中最杰出的代表人物是毛泽东，他在《中国社会各阶级的分析》《湖南农民运动考察报告》等文章中，运用马克思主义唯物史观和阶级分析方法，从生产力和生产关系相结合的角度，科学分析了中国经济结构和各阶级的地位以及与之相适应的革命态度，指出革命领导力量以及可以团结的力量等。毛泽东对马克思经济学分析方法的成功运用，不仅为正确分析中国复杂的社会生产关系提供了理论武器，而且为进一步明确中国革命的性质、任务、动力等提供了理论指导。毛泽东的分析也使中国共产党逐步明确了中国革命分资产阶级民主革命和社会主义革命两步走，创造性地提出半殖民地半封建社会下无产阶级革命理论，开辟了把马克思主义与中国实际相结合的道路，为新民主主义理论的创立奠定了理论基础，这标志着毛泽东思想的萌芽。

（二）土地革命时期：《资本论》的传播、运用和毛泽东思想的初步形成

1927 年至 1937 年是中国土地革命时期。这期间，《资本论》第一卷部分内容翻译出版，这加深了人们对资本主义本质和无产阶级革命的认识；同时，这一时期，一些政治经济学教科书在我国出版发行，这些教材通俗易懂，扩大了马克思主义经济学的传播范围，壮大了马克思经济理论工作者队伍，也为马克思主义指导下在中国农村进行土地革命奠定了基础。

这一时期，《资本论》的影响主要体现在中国共产党人对中国农村社会性质、经济状况、革命任务及"农村包围城市"的革命道路理论的形成上。

大革命的失败，促使以毛泽东为代表的中国共产党人对中国的革命道路进行了重新探索，特别是 1935 年遵义会议后，中国共产党结束了"左"倾路线的干扰，开始独立运用马克思主义解决中国的实际问题。他们根据中国国情，开始把革命从

---

① 《李大钊文集》（下），人民出版社，1984 年，第 49 页。

“以城市为中心”转移到去农村开辟革命根据地，这使得农村经济在理论和实践上都引起了人们的注意。同时，由于世界经济危机和“九一八”事变的影响，中国城市经济受到打击，帝国主义及官僚资本家为给他们的银行资本寻找出路，于1933年在“复兴农村”的口号下开展了“资金下乡”运动；打着“改良”的旗号，进行所谓的“乡村建设”“土地村公有”“合作运动”等，反对中国共产党的革命主张。为了对这些问题的本质在理论上阐述清楚，共产党人同各种思潮进行了斗争，出现了“中国性质论战”和“农村社会性质论战”。这次论战的焦点是中国社会以及中国农村社会性质是资本主义社会还是半殖民地半封建社会，研究中国农村经济是研究生产力还是研究生产关系等。这些问题能否澄清，直接关系到中国革命的性质、任务、动力的确定及农村革命的方向和纲领等问题。中国共产党人运用马克思主义经济学方法论，深刻指出中国社会的性质是半殖民地半封建社会，农村问题研究的核心是土地问题，解决农村问题的前提是反帝反封建。他们还批驳了国民党御用文人和托派关于中国社会和中国革命的错误论调，宣传了中国共产党关于中国革命的正确主张。

在理论论战的同时，以毛泽东为代表的共产党人在广大农村革命根据地进行深入的农村经济和阶级状况的调查，相继写出了《中国红色政权为什么能够存在?》《井冈山的斗争》《星星之火，可以燎原》等马克思主义论著，运用唯物史观和大量事实，从理论和实践相结合的角度，揭示了中国在半殖民地半封建社会性质下，中国红色政权能在白色恐怖下存在的经济原因，并指出中国经济发展存在严重的不平衡，不同于欧洲资本主义国家的城乡一体化发展，中国必须在农村建立革命根据地，进行彻底的土地革命，消除封建生产关系。土地革命是中国生产关系领域的一场伟大革命，是中国资产阶级民主革命的主要任务，它具有反帝反封建的双重性质，它是中国共产党人把马克思主义同中国具体实际结合的产物。也正是在这一时期，毛泽东提出马克思主义必须与中国实际相结合的主张，并逐步确立了农村包围城市的革命道路，这是对马克思主义革命理论创造性的发展，标志着毛泽东思想的初步形成。

（三）抗日战争和解放战争时期：《资本论》的传播、运用和毛泽东思想走向成熟

这一时期马克思经济学主要著作《资本论》《剩余价值学说史》等在中国翻译出版，这又掀起了学习和研究《资本论》的热潮。在国统区，《资本论》是禁书，但在北大、清华的进步学生中却成立了一些《资本论》研究会；在延安和其他解放区，《资本论》和其他经典是作为革命指南书来学习和研究的。在革命圣地延安，不仅有张闻天、王学文等对《资本论》有很高造诣的革命者，来传播和研究《资本论》，而

且党中央还通过党校、马列学院、《资本论》研究小组等形式进行学习和研究。这一时期，出现了运用马克思经济学基本原理对中国经济进行理论研究的论著，如王亚南的《中国经济原论》，许涤新的《中国经济道路》《新民主主义的经济》等，这些表明中国理论工作者对马克思经济学的研究和运用上了一个新台阶。

同时，这一时期中国共产党人对《资本论》不仅在基本理论上有了更深刻、全面的理解，而且在方法论的理解和运用上有了新的突破，他们更强调理论联系实际的学风，批判教条主义和经验主义。其中毛泽东在他的著名的方法论文章《矛盾论》《实践论》《反对党八股》中都谈到了《资本论》的方法论意义。在《矛盾论》中，毛泽东引用列宁的话，赞扬马克思在《资本论》中分析事物发展过程的自始至终的矛盾运动的科学方法，指出："这是研究任何事物发展过程所必须应用的方法。"① 正是基于《资本论》这一分析方法，毛泽东提出了关于主要矛盾和次要矛盾、矛盾的主要方面和次要方面相互关系的创新见解。在《整顿党的作风》一文中，毛泽东又一次讲到马克思创作《资本论》的科学方法，他说："马克思不但参加了革命的实际运动，而且进行了革命的理论创造。他从资本主义最单纯的因素——商品开始，周密地研究了资本主义社会的经济结构。……只有马克思科学地研究了它，他从商品的实际发展中作了巨大的研究工作，从普遍的存在中找出完全科学的理论来。"② 1939 年刘少奇在延安马列学院演讲《论共产党员的修养》时，同样强调了用《资本论》武装全党的重要性。

在理论上，中国共产党人这一时期完成了中国半殖民地半封建社会经济形态学说和新民主主义经济形态学说。前者集中体现在毛泽东的《中国革命和中国共产党》一书中，后者集中体现在毛泽东的《新民主主义论》《论联合政府》《目前形势和我们的任务》等文章中。新民主主义究竟是什么样的社会形态？毛泽东指出，新民主主义既不是资本主义经济，也不是社会主义经济，它是向社会主义过渡的经济形态。在如何过渡上，毛泽东提出新民主主义时期的三大经济纲领。他依据《资本论》关于生产资料所有制形式决定一定经济性质的理论，指出新民主主义经济的基本特征是国营、合作、个体、私人资本主义和国家资本主义五种经济成分并存，其中国有经济占领导地位，其方向是社会主义；提出了新民主主义国民经济发展的总目标是：发展生产、繁荣经济，公私兼顾、劳资两利。此外，毛泽东还阐述了新民主主义的政治纲领和文化纲领。由此，新民主主义理论从生产力、生产关系到上层建筑，从

---

① 《毛泽东选集》第 1 卷，人民出版社，1991 年，第 307 页。

② 《毛泽东选集》第 3 卷，人民出版社，1991 年，第 816—817 页。

经济制度特征到经济运行规律都给予了全方位分析，从而为新民主主义向社会主义过渡提供了理论基础，标志着毛泽东思想走向成熟。

（四）由新民主主义到社会主义的转变时期：《资本论》的传播、运用和毛泽东思想的继续发展

1949年至1956年，中国社会开始进入由新民主主义向社会主义转变的历史新时期。革命胜利后，新中国如何逐步建立起社会主义生产关系，成为理论和实践急需解决的问题。在以毛泽东为首的中共中央的大力倡导下，又一次掀起了马克思主义经济理论特别是《资本论》的学习高潮。中共中央编审了一套12种的“干部必读书目”，较多地介绍了马列主义经济思想。1949年至1956年，各出版机关多次重印、再版了《资本论》《剩余价值学说史》等经典著作。机关、部队、学校等都安排专门的学习时间，进行马列原著学习。各高校各专业都把《资本论》列为必读书，财经类院系都开设《资本论》专门课程。1954年，毛泽东又重读了《资本论》，这一切都极大地推动了马克思主义经济学说在中国的传播和研究。中国人民大学最先聘请苏联专家来校讲授《资本论》和社会主义经济学，成为中国培养系统、全面、深入研究《资本论》和社会主义经济理论人才的基地。在马克思经济理论的指导下，以毛泽东为首的党中央提出了过渡时期总路线。从新民主主义向社会主义的过渡时期，中国共产党提出了“一化三改”的总路线。毛泽东把“一化”与“三改”的关系比喻为主体与“两翼”的关系，即社会主义工业化是主体，农业、手工业和资本主义工商业的社会主义改造就是“两翼”，它们之间相互联系、相互促进、相互制约，体现了发展生产力和改变生产关系的有机统一。过渡时期总路线的提出，是中国共产党对马列主义过渡理论的创造性发展，标志着毛泽东思想的继续发展。

后来，尤其是改革开放以来，我国又掀起了学习《资本论》的高潮。为了推动这一学习进程，福建师范大学陈征同志率先推出了第一套全面解释《资本论》三卷内容的论著。此后，不少学校又陆续出版了《资本论》的阐释著作，这对帮助学生学懂《资本论》的基本内容起到了积极作用。

四、《资本论》在开创建设中国特色社会主义事业方面的指导作用

（一）《资本论》关于新生产关系是生产力进一步发展的决定力量的观点，是我国经济体制改革和提出建设中国特色社会主义的根本理论依据

生产力与生产关系之间的相互作用，适应生产力性质的生产关系是生产力进一步发展的决定力量，是马克思主义观察历史发展最基本的理论和方法。

《资本论》通过对资本主义发展的分析，清楚地揭示了资本主义生产关系的建立对资本主义生产力的巨大推动作用，充分证明了马克思关于生产关系与生产力矛盾运动在社会经济发展中的地位。正是运用《资本论》中充分证明了的这一原理，使我们探索到了加速社会经济发展的根本道路。邓小平依据这一指导思想，着力抓生产关系的调整，针对中华人民共和国成立以来经济发展中的经验和教训，提出了为实现我国的现代化，必须实行经济体制改革的方针。虽然我国基本上建立起社会主义生产关系，但其中很多具体方面与当前生产力性质不相适应，体制方面的一些因素挫伤了劳动者的积极性，严重阻碍了生产力的发展。因此，改革和调整生产关系，使其适应当前生产力发展是推动社会生产力更迅速发展、更快实现现代化、大力提高人民生活水平的决定性因素。邓小平说："改革的性质同过去的革命一样，也是为了扫除发展社会生产力的障碍，使中国摆脱贫穷落后状态。"① 据此，提出了实行经济体制改革的方针。经济体制改革就是在坚持社会主义基本制度的前提下对生产关系的调整。江泽民在 2000 年九届全国人大三次会议上海团的讲话中说："科技创新是生产力的重要的变革，经济体制创新是生产关系的重要变革，把这两种变革结合起来，把这两个都搞好，我国经济就会更好地持续快速健康发展。"

经济体制改革的目标是什么呢？《资本论》为此提供了基本理论依据。

社会主义的根本任务就是发展社会生产力，"在发展生产力的基础上体现出优于资本主义，为实现共产主义创造物质基础"。② 鉴于以往在发展生产力方面一直没有"制定出为发展生产力创造良好条件的政策"，③ 生产力发展相对缓慢，人民生活未得到理想的改善。邓小平指出："多年的经验表明，要发展生产力，靠过去的经济体制不能解决问题。所以，我们吸收资本主义中一些有用的方法来发展生产力。现在看得很清楚，实行对外开放政策，搞计划经济和市场经济相结合，进行一系列的体制改革，这个路子是对的。"④ 为了加速发展生产力，一方面发挥社会主义固有的特点，譬如可以集中力量办大事，另一方面采用资本主义的一些方法（只是当作方法来用），这是邓小平提出的经济体制改革的基本内容。

采用资本主义的哪些方法呢？发展经济的资本主义方法有很多方面，中心是什么呢？资产阶级利用什么方法实现生产力的较快发展呢？《资本论》在理论上充分阐明了这一点，这就是资本主义很好地利用了市场经济这个方法。市场经济的特征就

---

① 《邓小平文选》第 3 卷，人民出版社，1993 年，第 135 页。

② 同上书，第 137 页。

③ 同上书，第 134 页。

④ 同上书，第 149 页。

是价值规律成为生产调节者，并起着促进技术进步的作用。但小商品生产这种生产方式，不可能充分发挥市场经济中的价值规律作用。只有到了资本主义生产方式的建立，商品生产成为占统治地位的生产方式，生产的目的不仅是为取得其价值，而且是追求剩余价值时，这时市场经济的规律才得以充分发挥它的内在潜力。马克思在《资本论》中指出："这种为了价值和剩余价值而进行的生产……包含着一种不断发生作用的趋势，要把生产商品所必需的劳动时间，也就是把商品的价值，缩减到当时的社会平均水平以下。力求将成本价格缩减到它的最低限度的努力，成了提高劳动的社会生产力的最有力的杠杆……"[①] 资本主义正是发挥市场经济这种作用，推动经济效益的不断提高，资本主义的发展证明了这是一种很好的方法。

现在的问题是资本主义利用市场经济发展了自己，社会主义是否也能够利用这种方法发展自己呢？发展市场经济会不会导致资本主义呢？这里有一系列问题需要解决，只有理论得到论证，才能取得全党和全国人民的支持。这许多理论问题中最重要的是市场经济与资本主义生产方式之间的关系，即市场经济是否是资本主义的专利产品，市场经济是否等于资本主义？

（二）《资本论》提供了在社会主义制度下可以发展市场经济的理论支撑

1. 关于商品经济的一般特征和作用的理论

《资本论》中阐述了商品关系的一般特征，它存在的条件是社会分工和商品属于不同的所有者；价值实体和价值量、商品价值量与劳动生产率成反比的分析；价值形式的发展引致商品到货币的转化；商品经济的内在矛盾和价值作为资源配置的一种特殊历史形式的考察等等，这些都是利用商品货币关系所必须具备的理论准备。

2. 商品经济不等于资本主义

《资本论》研究的对象和目的是揭示资本主义经济的运动规律，但在开头一篇，考察了一般商品关系，即抽去了资本主义关系的商品关系，这就表明不能把商品经济与资本主义等同。而资产阶级经济学（包括古典的和庸俗的学派）则有意或无意混淆二者区别，目的在于把资本主义关系说成是一般商品关系，掩盖了资本主义这种特殊剥削经济关系的实质。《资本论》通过货币到资本的转化，揭示了商品货币关系与资本主义关系的本质区别，阐明了资本主义是通过剥夺小私有制商品生产者，把他们变为雇佣工人的一种阶级剥削关系。劳动力成为商品，标志着资本主义生产资料所有制关系的确立。只有把一般商品经济与资本主义经济区别开来，才有可能确立社会主义经济可以利用市场经济的理论基础。邓小平认为建立社会主义市场经

---

① 《马克思恩格斯全集》第25卷，第996页。

济体制的改革目标，必须扫除把市场经济等同于资本主义这一理论障碍。他一再阐述市场经济是一种方法。“说市场经济只存在于资本主义社会，只有资本主义的市场经济，这肯定是不正确的。社会主义为什么不可以搞市场经济，这个不能说是资本主义。虽然方法上基本上和资本主义社会的相似，但也有不同，是全民所有制之间的关系，当然也有同集体所有制之间的关系，也有同外国资本主义的关系，但归根结底是社会主义，是社会主义社会的。”① 到1992年，邓小平仍然强调这一点，他一再强调指出：“计划多一点，还是少一点，不是社会主义与资本主义的本质区别。计划经济不等于社会主义，资本主义也有计划；市场经济不等于资本主义，社会主义也有市场。计划和市场都是经济手段。”② 从邓小平主张发展社会主义市场经济的论述上可以清楚地看出，《资本论》关于市场经济不等于资本主义的基本观点，是他关于中国改革方向的充分理论依据。

正是在《资本论》理论的指导下，我们确立了建立社会主义市场经济体制的改革方向。

（三）《资本论》生产价格理论在社会主义市场经济中的应用

《资本论》指出，在劳动社会化过程中，先进的生产工具在生产发展中的作用日益增大，管理的作用也日益提高，在这种条件下，物质财富不断增长，劳动资料的比重日益增大，作用日益提高。在资本主义条件下，劳动资料是以资本的形式出现的，所以资本在现象上也就表现为价值增殖的源泉，相应的，价值也就转化为生产价格。简单商品经济按形成的价值分配就转化为按成本价格加平均利润形式的生产价格来交换，从而剩余价值按投入的资本量分配。

那么，社会主义国有企业之间的商品交换，究竟是按价值交换还是按生产价格交换呢？

《资本论》指出价值转化为生产价格、企业的利润量由投入的资本量决定，是小商品经济转化为资本主义经济的结果。但是马克思在从生产关系变革角度论述这一问题的同时，也揭示了剩余价值转化为利润和平均利润这一过程能够实现的物质技术基础（不是原因），这就是劳动资料在使用价值生产中日益增大的作用。正如马克思所说：“总资本虽然只有一部分进入价值增殖过程，但在物质上总是全部进入现实的劳动过程。或许正是由于这原因，它虽然只是部分地参加成本价格的形成，但会全部参加使用价值的形成。”③ 这一现象在社会主义商品生产过程中也是同样存在的。

---

① 《邓小平文选》第3卷，第236页。

② 同上书，第237页。

③ 《马克思恩格斯全集》第25卷，第44页。

另外，既然社会主义也要利用市场经济，国家所有的劳动资料和生产资料也仍然采取价值形式，采取了国有资本的形式，因而剩余产品也采取利润的形式。为了更有效地发挥国有生产资料在物质生产过程中的作用，督促企业更有效地使用它，不断提高企业效益和效率，也就当然地把企业创造的利润与国有资本量联系起来。投入较大量的国有资本，就应为国家提供更多的利润。这种方法能迫使企业竭力降低成本、节约耗费，同量资本至少能获取同量利润，以此可以检验企业对国有资本利用的效率。因此，生产价格理论也就被社会主义利用来处理国家与企业和企业与企业之间的关系，以利于企业效益的提高。

五、学习《资本论》：树立正确的世界观和人生观

《资本论》既是经济学思想宝库，又是哲学和科学社会主义宝典，因而它既是世界观，又是方法论。新时期，学习《资本论》有助于树立正确的世界观和人生观；有助于自觉运用马克思主义的立场、方法，深入理解和研究中国经济发展面临的各种理论问题。

（一）树立无产阶级世界观、人生观，坚定共产主义信念

马克思在《资本论》中，运用唯物辩证法这一根本方法，从生产力和生产关系、经济基础和上层建筑的辩证关系出发，深刻揭露了资本主义制度的剥削本质，揭示了资本主义经济制度与经济运行之间无法克服的矛盾，指出了资本主义必然灭亡、共产主义必然实现这一人类社会发展的基本规律。正是基于唯物主义历史观和剩余价值理论这两大发现，马克思才使社会主义从空想变为科学。他深刻指出了无产阶级是最先进的阶级，他们不仅代表着全人类最根本利益，而且代表着社会的发展方向，无产阶级是推动人类社会进步的主要力量，他们的解放就是全人类的解放。马克思公开申明自己是站在最大多数人——无产阶级立场上，不是因为别的，而是因为这个阶级的利益与社会经济运动规律的要求是一致的。《资本论》中所体现的马克思主义世界观指引我们用唯物史观去认识人类社会的发展规律，认识个人与社会的辩证关系，自觉把个人利益同人民大众的整体利益紧密联系起来，推动社会的进步。尤其是在世界范围内共产主义运动遇到挫折和挑战的今天，我们更应用无产阶级世界观来武装自己，坚信资本主义必然被社会主义所代替，这是人类社会发展的自然历史规律。只有这样，才能在复杂多变的环境中，把握历史发展的脉搏。就我国而言，我们还处在社会主义初级阶段，在经济制度上，还是多种所有制经济共同发展；在经济体制上，还要利用市场机制作为资源配置的基础手段，这是我国社会主义发展的必经阶段。但也应注意不要因此削弱对社会主义和共产主义的信念，忘记了无

产阶级的世界观、价值观，丢掉了人民群众的利益，照抄照搬资本主义市场经济制度，鼓吹私有化，否定公有制和共同富裕思想，宣传个人主义、功利主义至上，这些观点严重扭曲了整个社会的价值取向，造成了不良社会影响。因此，我们必须大力宣传马克思主义的科学世界观，这是正确人生观、价值观的基础，它教育我们相信人民群众是历史的创造者，把全心全意为人民服务作为根本宗旨，使个人行为符合客观经济发展规律的要求。

马克思恩格斯在对资产阶级各种思潮的批判中早就指出过，从马克思主义的世界观和方法论来看，共产主义是一种现实的运动，即“共产主义对我们说来不是应当确立的状况，不是现实应当与之相适应的理想。我们所称为共产主义的是那种消灭现存状况的现实的运动”①。列宁在批判一些人把社会主义仅仅说成是一种脱离现实的美好信仰时指出：“谁都知道，科学社会主义其实从未描绘过任何未来的远景，它仅限于分析现代资产阶级制度，研究资本主义社会组织的发展趋势，如此而已。……谁都知道，例如《资本论》这部叙述科学社会主义的主要的和基本的著作，对于未来只是提出一些最一般的暗示，它考察的只是未来的制度所由以长成的那些现有的因素。”所以，马克思提出科学社会主义和共产主义，“根本不是靠指出什么远景，而是靠科学地分析现代资产阶级制度，说明在这个制度下剥削的必然性，探讨这个制度的发展规律”。② 可见，马克思主义不是教义，而是科学世界观和方法论。我们要自觉地用它来武装自己的头脑，树立正确的世界观、人生观，坚定为共产主义奋斗的信念。

（二）用《资本论》的历史观、方法论指导我国经济学理论的研究和创新

恩格斯指出，马克思的政治经济学“本质上是建立在唯物主义历史观的基础上的”。③ 他在对资本主义制度的分析中，运用了大量史实，从各种社会关系中抽象出生产关系，进而把生产关系又归结为生产力的水平，从而划分出各个社会形态。然而，马克思的经济学并不是研究所有社会形态，他从各个社会经济形态中取出一个形态（即商品经济体系）加以研究，并根据大量材料，对这个形态的活动规律和发展规律做了极详尽的分析，把资本主义社会形态活生生揭示出来了。列宁指出：“既然运用唯物主义去分析和说明一种社会形态就取得了这样辉煌的成果，那么，十分自然，历史唯物主义已不再是什么假设，而是经过科学检验的理论；十分自然，这种方法也必然适用于其余各种社会形态……同样，历史唯物主义也从来没有企求说

① 《马克思恩格斯全集》第3卷，人民出版社，1956年，第40页。

② 《列宁选集》第1卷，人民出版社，1995年，第51—52页。

③ 《马克思恩格斯选集》第2卷，人民出版社，1995年，第38页。

明一切，而只企求指出‘唯一科学的’（用马克思在《资本论》中的话来说）说明历史的方法。”[①] 同时，马克思在研究资本主义经济制度中，运用唯物辩证法的方法，否认那种认为存在适合一切社会制度的一般经济规律，“在他看来，这样的抽象规律是不存在的……根据他的意见，恰恰相反，每个历史时期都有它自己的规律。一旦生活经过了一定的发展时期，由一定阶段进入另一阶段时，它就开始受另外的规律支配。……这种研究的科学价值在于阐明了支配着一定社会机体的产生、生存、发展和死亡以及为另一更高的机体所代替的特殊规律”。[②] 他反对对历史现象进行简单的类比，并指出极为相似的事情在不同的历史环境中出现时会导致不同的结果。只有对具体的历史环境进行深入细致的研究，才能找到理解事物的钥匙，如果只是“使用一般历史哲学理论这一把万能钥匙，那是永远达不到这种目的的”。[③] 马克思主义这种科学的历史观和方法论，对我们今天的理论研究同样具有重要的指导意义。

我国社会主义市场经济体制的提出，本身就是马克思主义基本理论与中国实际相结合的产物。公有制与市场机制的结合，无论在理论和实践上都是前无古人的事情，它需要在马克思经济理论的指导下进行探索。这是一项伟大的理论创新，实践表明我们已经在这方面取得了巨大成功。然而，目前中国经济学研究有一种倾向，就是盲目推崇西方经济学，轻视甚至否定马克思主义经济学。一些人认为指导中国搞市场经济的理论只能是西方经济学，而不是马克思经济学。他们指责马克思的《资本论》是研究自由竞争资本主义时期的经济制度，现在已经过时了。显然，这些看法没有认识到马克思《资本论》中所包含的研究经济发展的方法论意义。必须看到，西方经济学坚持的是唯心史观，他们把资本主义生产关系看作永恒的制度，并且认为资本主义是实现自由、博爱、平等的美好制度，他们的整个经济理论都是建立在这样的历史观基础上的。他们不可能把公有制和市场经济的结合问题纳入他们的分析框架。在他们看来，公有制与市场经济是根本无法结合的。马克思经济学则运用唯物史观创造性地解决了这个问题。

还应该看到，西方经济学的唯心主义历史观还突出表现在它是从人的生理属性出发，把人假设为永恒的“经济人”，认为人天生就是自利的，个体“经济人”通过追求自利的理性选择，实现利益最大化。显然，在他们的价值观中，除了人性自私之外，根本不存在利他行为、集体主义行为、无私奉献行为等等。马克思经济学则不同，他不仅重视个人追求自利的行为动机，《资本论》对经济运动规律的考察明确

① 《列宁选集》第1卷，第13—14页。

② 《马克思恩格斯全集》第23卷，第23页。

③ 《马克思恩格斯选集》第3卷，人民出版社，1995年，第342页。

证明了个人物质利益的社会性内容，马克思经济学是以现实的人作为出发点，把人的本质概括为“社会关系的总和”，他强调个人利益的社会性，认为个人利益的内容从根本上是由社会生产关系决定的；个人利益的实现程度，不完全是个人理性选择的结果，它是由一定生产力水平所决定的生产关系的运动规律所决定的，在阶级社会里，个人物质利益总是从属一定的阶级利益。因此，个人不能抛开社会关系去孤零零地实现自己的利益，个人利益只有符合客观规律，同集体利益、人民大众的利益有机结合，才能更好地得到实现，并推动社会历史的进步。由此可见，西方经济学以个人主义方法为逻辑起点，以资本主义生产关系为既定前提，研究市场机制运行中资源配置和个人选择行为，在人生观、价值观上必然导致个人主义；而马克思经济学则以唯物辩证法为根本方法，在社会生产关系中，从整个人类社会发展的动态变化和人的全面发展的广阔视角来研究个人利益的实现问题。由此可见，《资本论》作为一种科学的世界观和方法论，是指导我们树立正确人生观、价值观的思想基础。作为理论工作者，在新的历史时期，我们应该自觉以马克思主义为指导，树立正确的世界观、人生观，力求对中国经济学的理论研究和理论创新做出自己的贡献。

发表于2002年第1期

（参加撰写人：中国人民大学经济学院博士生 刘凤义 马晓强）

论簇群式城市化发展路径

黄家骅*

城市化在国外称之为“Urbanization”，是指城市人口为一个地区或一国总人口的相当比例而产生经济上的集聚效应与扩散效应，从而使城市发挥经济增长极与社会进步中心的作用。在中国的城市化进展过程中，路径选择一直是理论界和政策制定部门激烈争论的焦点。就经济自组织的系统观点而言，选择大城市还是偏重中小城镇都不失偏颇。长期以来，我们过于注意“大城市病”而把就地安置剩余劳动力、就地发展乡镇企业的小城镇模式当作中国城市化的推崇目标。近二十年实践的结果证明，小城镇模式虽然在江浙粤一带取得成效（这种成效还是取决于这些地区大中城市数量比较集中的结果），但它无力提供资本、技术和人力资本的密集投入的空间，必定是粗放型的城市化发展模式，难以具备国土综合利用效率和产业的长期竞争力。所以，笔者提出以中心城市为核心，中小城市为环绕集群，广大城镇为外延圈层的簇群式城市化发展路径，并主要借助于市场资源配置的核心力量，相应依靠产业化、移民化、国际化来提升城市化的发展速度和发展质量，据此而制定的政策才有清晰的思路和事半功倍的成效。

一、福建省城市化的现状和存在问题

改革开放以来，福建省凭借其地理优势和对外开放的先行机遇，大力引进外资，放手发展民营经济，增强了经济实力，同时也吸引了大批省外人口入闽，直接增加了第二与第三产业的人口比重。与此同时，福建省各地政府不失时机地推进交通等基础设施的建设，努力改善城市生活条件，并凭借地理优势、产业优势、制度优势促进了福州、厦门、泉州三大城市圈的发展，从而使福建省的城市化有了良好的势头。

---

* 黄家骅，经济学博士，福建师范大学经济学院教授。

但是，与福建省的经济发展水平相比较，城市化的现状显然还是差强人意。

特别福建省城市化发展战略曾经出过一些偏差。在改革开放之前，福建省由于海峡两岸的军事对峙而疏于城市基础设施建设；20 世纪 80 年代，福建省政府高层一直在农民可否进城、沿海城市是否优先发展、战略取向是城市化还是城镇化这些重大问题上摇摆不定。直到 2001 年提出福建省发展的“三个战略通道”与“三个发展层面”的战略大计之后，人们对于福建省的城市化道路才有了明晰的认识。

然而，要扭转福建省城市化发展的不利局面恐怕不是短期能够奏效，主要问题有：

第一，各个城市的人口规模都够不上国内中型城市的规模（200 万人口），离大城市的规模更是十分遥远。

第二，福、厦、泉三个城市的主导产业都不够规模，更难以成为区域经济的支柱。

第三，由于行政区域的历史沿袭与现实体制安排，福、厦、泉难以成为中心城市，并无法充分发挥辐射作用，山海通道既狭窄又薄弱。

第四，各地城市化发展战略有偏差，行政上一轰隆上项目、辟园区，争夺政策资源扩大地盘，地域上相互配套和协作水平较差，容易出现产业雷同与城市复制，而难以形成地域特色。

第五，由于人口迁徙政策（户籍制）、土地政策（农地转城市用地的土地使用权问题）、市政建设资金不足等瓶颈问题的束缚，使得城市扩容进程缓慢，尤其是城市的内部软件建设更是十分落后，制约了城市效能的发挥。

第六，由于对城市化的认识上的偏差和体制上的障碍，福建省城市化存在着“城小市大”或“城大市小”两种倾向。

“城大市小”，即城市成长只重视“规模扩张”，但忽视城市的功能建设，许多城市满足于盖大楼、建新街，但对于城市建设的商业设施、物流网络、金融中心、信息传播渠道等功能方面的培育却重视不够，以致城市并不能发挥经济中心增长极的角色，无法起到带动区域经济竞争力上升的作用。

“城小市大”，即城市成长是依托交通位置、主导产业、文化底蕴发展起来，虽然有较高的知名度和竞争力，其人均产值、财政税收、居民收入各项指标也在区域内名列前茅。但是，这类城市并没有相应扩大人口聚集，城市规模上升迟缓，除了户籍制等制度方面的阻碍因素以外，主导产业向辅助产业的衍化过程缓慢、基础设施建设滞后等等原因也抑制了城市规模的扩大。福建省的部分工业城镇、交通枢纽、旅游胜地、文化教育中心都存在着城市配套设施薄弱、人气不旺的问题。除了城市聚集与成长过程缓慢的自身因素以外，更重要的是我们对城市建设存在着一些误区。比如，工业区旁的生活区只是单纯地起“宿舍区”的作用，无法扩展为一个市区；又比如，大学城旁的人流十分可观，但基础设施薄弱，形成商机旺盛但街市陈旧的“学生街”特色；还比如，福建省的一些风景胜地“可游而不可住”，同样制约了旅游景点的人气增长。所以，“城”小人寡是制约城市化的一个重要因素。

二、福建省城市化应确立簇群化发展战略

福建城市化应走“簇群化”的发展道路。什么叫作簇群化的城市化发展道路？简单地说，就是确立中心城市为簇群核心，各个中小城市和乡镇按照产业化与市场化的资源配置规律结成簇群的外围圈层，从而实现区域经济一体化，并提升簇群整体竞争力。笔者认为，根据这个簇群化的定义内涵，其基本特征的设定应包括：簇群化的外部特征是各个大中小城市按照经济自组织系统地结成圈层形状的簇群，冲破原有的行政区域藩篱，从而凸显区域优势；其内部动力机制是各个簇群按照市场力量对资源配置的最终决定作用，形成相互兼容和交叉的产业集群和城市集群，最终获得以中心城市为核心对各个簇群的子系统圈层的拉动与推动作用，从而发挥其聚集作用和扩散作用，推动区域经济的一体化；其运作目标是通过簇群内部有效的人口、产业、资本、市场的重组和整合，以产业集聚为龙头，带动工业化、移民化、市场化、城市化这些进程，在产业集聚基础上形成城市的集聚，从而提升区域竞争优势和资源优化配置的优势，更快地促进经济与社会的发展。

选择簇群化的城市化发展道路，主要是从福建省生产力布局的实际情况出发。其依据是：

第一，区域经济发展的非均衡。沿海与内陆地区的经济条件与社会发展程度差异甚大，不可能齐头并进地达到同等城市化水平，而应该选择沿海区域的中心城市为簇群核心，内联外引，山海协作，带动内陆中小型城市非均衡、有倾斜力度地推进城市化。

第二，区域经济发展的增长极。要重点培植沿海中心城市为簇群核心，以发挥其拉动与推动作用，特别要注意扶持那些经济发展迅速的重点城镇，以释放其对内陆山区的经济辐射与扩散作用，从而拓展市场化的山海通道，带动一大片城镇成网络状、圈带状地迈向城市化。

第三，区域经济发展的梯度推进。福建沿海地带，特别是福、泉、厦一线将成为城市化优先启动的区域，同时这些点、线、片也将优先成为交通中心、物流中心乃至包括产品市场、要素市场、资本市场都将成为省域经济增长的引力与张力并重

的最活跃区域，并因此而逐步向福建中部、福建西部呈梯度推进，形成全省波浪式的城市化浪潮。

三、簇群式城市化道路的创新之处

根据以上城市经济学、发展经济学所推崇的非均衡路径、增长极路径和梯度推进路径，福建省推进城市化的战略取向就不应该停留在计划与行政推动的崇拜上面，即以往按照传统的行政区域（简称“政域”）自上而下、由大到小地平头推进，而应该更多地倚靠市场对资源配置的根本决定作用，凭借市场区域（简称“市域”）对生产要素的重新整合与引导，由东向西、由点成片、由大变强地有序推进，最终形成簇群式的福建省城市化格局。

确立簇群式的福建省城市化发展战略是对以往福建省城市化路径反思和批判的结果，是摒弃传统计划经济的行政意志与封闭思维而做出的战略创新。这种批判与创新主要表现为如下几个方面：

第一，是对传统的“扶小抑大”的城市化战略的超越。多年来，我国的许多学者和政府官员都对城市化的消极面看得比较多，而对城市化的积极意义却视而不见，长期奉行所谓“严格控制大城市规模，合理发展中等城市，积极发展小城市，大力发展小城镇”的战略，实践证明这是一种“逆城市化”的政策取向，它直接抑制了我国城市化的发展速度，导致了产业矮丛化和城市散小化，其损失是不可估量的。因此，我们主张反其道而行之，就是要充分发挥大城市的聚集与扩散功能，加快发展中小城市，才能达到事半功倍之效，而这正是簇群式城市化所倡导的理念。

第二，是对传统计划经济以地级市为中心的城市化增长极的否定。在20世纪的80至90年代，由于市场意义的资源配置尚未占据主导地位，由各级政府部门自上而下的要素整合与公共资源分配还起着决定性的作用，因此，“政府推动”往往被作为城市化的先决条件。而就省域范围而言，各个经济与社会发展条件相互差异的城市化就有赖于地级市的“政府推动”。然而，随着产业集聚与城市集聚的兴起，并且随着我国加入WTO之后市场化对资源配置占据了主导地位，人们发现，原有的地级市的存在，极大地妨碍了区域内部的专业化程度和区域之间的分工协作，妨碍了产业配套与产业扩散的市场化路径的延伸，妨碍了中心城市的确立及对周围相关城市的辐射与吸引。一句话，地级市的行政区划限制了土地、资本、劳动、管理等要素的市场化流动与配置，同时还抑制了人口流动与产业、市场的自由延伸。因此，应逐步取消地级市这一级政府机构，而不是纷起升级为副省级，最终在行政上只保留“省管县”，并逐步从“市管县”转变为“省管县”，发挥中心城市（大城市或中等城市）通过市场聚集要素的吸力与引力作用，让小城市（县城）通过市场路径依附于大中城市，因此而形成省域内不同地区大小不等的“城市簇群”，最终提高区域竞争力。

第三，同时也是对“城镇化”战略的一种修正。中国是走“城市化”还是“城镇化”的发展道路？这个问题已经争论了20年，仍然是见智见仁，各持己见，我的看法是不应该把“城市化”与“城镇化”对立起来，而应该以“城市化”统领小城镇的发展，以小城镇的发展促进城市化的升级，关键是形成以大中城市为中心，众多小城市拱卫，以大量小城镇为网络依靠的簇群式城市化模式，这样才能使小城镇既能安置人口又能有经济活力，成为中国城市化的基本依托。因此，从大中城市、小城市到乡镇一级，中国城市化的空间排列不是“金字塔式”的众多小城镇拱卫少量大中城市，也不是“倒金字塔式”的人口大部分集中大中城市，使得乡镇凋敝并衰落，而是簇群式的城市圈层空间有机组织，其中心为大中城市，然后发挥其产业与市场的聚集和扩散效应，最终在区域经济一体化的框架内使小城镇获得生命力。

四、簇群式的福建省城市化发展战略的规划目标

簇群式城市化发展路径的首要条件是选择“簇群核心”，即确立某些中心城市的核心拉动与推动作用，从而对整个经济区域起到舞龙头动龙身的作用。毫无疑问，这种中心城市的发现与确立是通过市场竞争而实现的，而不是政府拔苗助长的结果，这是簇群式城市化发展的关键。据此原则，笔者认为福建省城市化应形成福州、泉州、厦门三大簇群，并以这三个中心城市为“簇群核心”，来推动区域经济一体化并提升竞争力。

以福、泉、厦三个城市为中心，形成对全省网状的辐射带动作用，从而确立三大簇群为核心的城市化结构。具体分工为：

福州簇群应覆盖南平、宁德两个地级市，发挥省会城市的优势，将南平、宁德两市的产业与市场纳入区域分工与协作范围，形成南控泉、厦，北接长三角，西邻内陆省份，东连海外的中心城市簇群。

泉州簇群应囊括莆田、三明两个地级市，对这三个原有地级市的人口、交通、城市、产业、市场等结构进行重新规划与整合，清除原本三个地级市之间人为阻碍要素聚集与扩散的藩篱，以充分发挥泉州这个中心城市对莆田、三明的引导与推动作用，并把莆田与三明的第二、第三产业与泉州相应产业群对接，避免原来三地“小而全”或“大而全”的重复建设，有利于区域资源配置的优化。

厦门簇群应涵盖漳州、龙岩两个地级市，以实现其海湾型城市中心的发展战略。

关键是厦门市既要立足海岛，以其地理与人文优势吸引海外投资及其他资源；同时厦门市又要跳出海岛，先把周边本来属于漳州市的一些县区纳入其产业链与市场圈中，然后再向漳州其他县区及龙岩市发挥其辐射与吸附作用，同时以漳州、龙岩的丰富自然资源及工业基础成为厦门中心城市发展后劲的源源不断动力，进而形成综合的比较优势及区位优势。那么，厦门市就不仅以美丽著称而且将以富强成为全国一流城市。

概而言之，确立福、泉、厦这三大中心城市成簇群式的福建省城市化格局，有利于打破传统行政割据的资源配置框架，形成全省统一同时又有分工协作的大市场，产业聚集将以更大的空间来实现，当然也就能够促进全省人流、物流、商品流、资本流、信息流的活跃流动，从而迅速提高福建省经济增长的实力。

五、簇群式的福建省城市化发展战略的推进途径

要实现上述的簇群式城市化发展目标，至少需要 20 年的时间完成，要想加快这个进程，必须从“点、线、片、边”这四个方面加以促进：

第一，以“点”带“面”，形成“簇群”核心点。福建三大产业分别有“农业高科技园区”“老工业基地”“新兴旅游点”等具有增长示范效应和要素聚集效应的城市增长点，如福州马尾的琅岐生态农业、泉州的晋江鞋城、厦门的集美学村，都具有迅速膨胀的城市化机遇，只要适当地给予政策、技术和投资方面的扶持，就会成为新兴城市。同时它们自身极具活力和扩张力，能够带动周边县镇迅速加入城市化进程，因而是“簇群”城市化的一个子系统或“次核心”。

第二，以“线”扩“带”，扩大“簇群”分布面。福建出省的鹰厦铁路、梅坎铁路、温福铁路和京福高速公路、同三线福建境内高速公路、漳龙高速公路，以及闽江流域的两岸县镇、九龙江流域、赛江流域这些交通便利的沿线城镇，将依靠发达的交通网络而吸引人口与投资，从而加速发展当地的三大产业，提升市场的规模，并且它们的城市化进程完全可能依靠沿交通线而形成“带”状的发展模式，即循着铁路、公路或水路扩展带状化的城市化格局，这将在原来经济发展相对落后的闽北、闽西、闽东地区表现得最为显著，所谓“要致富，先修路”说的就是这个道理，因为它将促进农村剩余劳动力向外转移而获得收入增加，又将促进城市吸纳外来人口而获得城市化的聚集与扩散效应，其意义自不待言。

第三，以“片”结区，增强“簇群”圈层环。在福建实现初级工业化的进程中，已初步形成种类繁多的工业区、科技园区，如泉港的石化基地、福清的耀华玻璃、闽侯青口的东南汽车、莆田涵江城区的加工工业区等等。历史上我们对工业城区的

建设往往是“重生产，轻生活”，城市基础设施跟不上，导致人口留不住、进不去、住不下，一旦产品周期变动乃至产业变动，工业城区的人口就会随之增加或大规模减少，工业周期与城市发展周期过于拟似，极易构成产业规模对城市规模的冲击，不利于主导产业部门扩展其产品链和服务链，也不利于城市第三产业的发展。因此，要在福建省的各个工业区、科技园区、开发新区、大中型港口、机场、大学城等等经济新增长点发展新兴城市，尤其要通过政策倾斜加大对新兴城市的基础设施建设，造就一大批环境优美、配套齐全、人文景观俱佳的新城，以吸引外地移民和本省移民入住，坚决克服以往那种“生产与生活分家”并且每天靠大巴运送职工上下班的普遍做法，通过“新城市、新移民”运动造就一大批贴近中心城市的功能齐全的卫星小城，以增强城市“簇群”内部的有机联系，从而提高“簇群”圈层的密度与活力。

第四，沿“边”造市，营造开放式“簇群”。福建地处东南海疆，既有与内陆省份相邻的众多“边”远县镇，又有与我国港澳台及日本琉球毗邻的众多海岛。本来这些边远地区由于交通不便，远离行政中心而难以获得政策性的资源配置，所以一般都比较贫穷落后。然而，在国内市场乃至国际市场开放的格局下，这些县镇就可能“风水轮流转”而一跃成为优势区位。最近，由于同三线高速公路的南北贯通，福建省东北面的福鼎、柘荣、福安等工业与商贸基础较好的县镇就获得了与长江三角洲区域经济相对接的机会；而福建省东南面的诏安、东山、云霄等地也就获得了与珠江三角洲区域经济对接的机遇；即使是西部的龙岩、三明、南平这些区域也将由于漳龙出省高速公路以及京福高速公路而带来莫大的城市化良机。因此，现在应抓住这些机遇，加快在周边县镇修建辅助公路，加快交通网络的形成，以便适时推进沿边省际物流中心的建设，引进外省的资金、技术和项目，形成人口集聚与产业集聚的效应，从而在福建省边沿建设一批开放式的城市簇群。

第五，疏村并乡，强镇扩城，加大“簇群”单位密度。福建省城市化绝不能遍地开花、平均使力，否则，不仅将违背城市化的客观经济规律，而且也将浪费资源、破坏生态，造成不可估量的损失。因此，簇群式城市化战略的出发点是注重效率兼顾公平，注重生态保护与环境改善，注重人口形成与产业集聚以提升“簇群”的竞争力。要做到这一点，必须相应推行下列举措：

“疏村”，就是将自然资源贫乏、交通条件恶劣、经济落后并且人均收入长期低下的村落撤销，将其人口移到经济条件较好的城镇或市郊，可以一次性到位解决扶贫问题，并且有助于城市人口的经济性增长。

“并乡”，就是将经济条件恶化、人口分散贫穷的乡级单位撤销，通过几个乡的合并，或将相邻的几个乡合并到一个镇中，以便留出大片土地作为大农场、大牧场乃至国家级森林公园、自然保护区，这样既可以节省土地资源，改善农业生产结构，又可以减轻农村财政支出，减轻农民负担。

“强镇”，并不仅仅是将上述乡村中的人口接纳下来就完事了，而且还应该通过镇内基础设施的加强建设，创造良好的人居条件与发展基础，把镇一级城市化事业做大做强。这里，我们必须明确，一方面，“镇”是中国城市化的最基础性的单位，镇的数量多少直接关系到一个地区城市化的“簇群”内部密度与竞争力，因此必须大力发展乡镇企业，大力吸引农村剩余劳动力就地转换身份为“镇民”；另一方面，“镇”又是中国城市化进程中最为薄弱的一个基层组织，镇的质量高低直接关系到能否引得进、留得住、住得下农村剩余劳动力。令人遗憾的是，中国的众多“镇”的生活质量与经济条件都不高，以至于理论界不少学者曾经都把小城镇当作中国城市化的主要出路，但至今仍难以实现这个目标。今后的出路在于我们对“镇”在城市化中位置重新审定，赋予其使命的同时给予其“城市待遇”，要通过制度设计使国家、企业、居民都将投资引向镇的基础设施建设，做大做强“镇”级经济，以发挥镇在“簇群”中的地位。

“扩城”，这是对每个县城的共同要求，但视经济发展条件，有些县城发展快些，可以成为小城市、卫星城市乃至中等城市，另一些县城可能发展慢些，仍然保留作为县域的经济与社会发展中心。无论如何，县城或小城市都将是城市化的一级重要支撑组织，其产业集聚、人口吸纳、基础设施建设都值得我们重视。

六、加快福建城市化“簇群”发展的主要举措

基于以上分析的思路，福建省城市化应立足于人口、产业、资本、项目的聚集效应与扩散效应，其核心是市场力量为主导的城市化进程。但是，这并不排除政府的作用，尤其在市场失效的时候和城市化的初期，更需要政府大力推进制度创新，构建良好的经济与社会发展秩序，从而优化簇群式城市化的组织架构。政府可行的主要举措如下：

（一）行政人口性聚集向市场性人口聚集的过渡

以往城市人口的增长主要取决于政府在某些方面对人力资源的需求，并相应颁布一些行政措施放宽国内移民或乡村农民进城的限制，如“专家与技术人才引进”“蓝印人口发放”“购房给居民身份”等等，基本上属于行政推动而扩大城市规模。然而，今后我国资源配置将主要取决于市场推动，自谋职业和人力资源市场属下的事业单位也将通过人事制度改革而面向市场招聘职员。为此，今后应着力促使政府

取消各种人口聚集城市的限制，特别是户籍制更为灵活松动，为人口移向城市提供更多便利的交通、居住、文化、教育等基础设施，加快人口聚集的速度。

（二）外延性城市扩展向内涵性城市拓展的转变

福建城市发展在过去二十多年取得了令人瞩目的成就。但我们不能不看到，许多城市在发展规划方面虽然有雄心勃勃的街道、广场、花园、城区建设目标，但缺乏要素市场功能方面拓展的大力举措，往往忽视了对人才、资金、技术、信息等各类要素的聚集能力的挖掘，以致外延扩张下功夫多，内涵拓展练内功少，从而抑制了城市经营效率与城市竞争力的发挥。今后福建省应该走内涵为主、外延为辅的城市化发展道路，特别是中心城市更要注重在基础设施建设的同时培育要素聚集功能，以延伸资金链、技术链、信息链等要素联结链条，从而在“造市”的同时获得“强市”效应。

（三）从政府造市向产业扩市的转变

中国城市尤其是中心城市同时是重要政府行政机关的所在地，因此，传统思维方式往往把城市等同于政府机关，城市内涵提高与外延扩大都取决于政府机关是否“升级”或“编制扩大”，即使在现今的城市化的浪潮中，相当部分的“市长”仍然期待通过政府造市来获得短期的成果，这实在是一种过时的城市化认识。在市场经济条件下，我们应充分认识到，城市化的主要主体是企业和居民，而不是政府。企业是通过产业的空间聚集而发挥资源配置和财富创造的作用，而居民则是通过要素贡献而获得收入与财富的积累，而这二者作用都离不开城市这个载体。所以，城市发展归根到底还是有赖于企业与居民这两个主体，通过经济增长过程中居民要素聚集和企业资源配置，通过产业扩充与产业聚集，从高度和深度上开拓城市发展的空间。

（四）适应新型工业化而促进城市的可持续发展

当工业革命兴起时，也就预示着城市化的发端。但那时的城市并没有居住质量和经济发展质量可言，城市中到处充斥着交通事故、环境污染、犯罪帮派、道德堕落，城市在一些经典作家的笔下简直就是罪恶的深渊。而今，这种状况在城市中有了很大的改观。但是，作为工业化的产物，城市中仍然存在人口增长与资源供应、经济增长与环境保护的尖锐矛盾。要避免城市化过程的这些负面影响，并不是取消或停止工业化进程，而是应该通过走新型工业化的道路，改进技术，减少资源浪费，以化解人与自然的矛盾，造就生态型、共享型、可持续的新型城市发展模式。

（五）从贫弱城市向全面实现小康社会的转变

城市化并不直接等同于“小康化”。虽然现今城市居民人均收入、社会福利水平、享受社会保障的程度都要高于农村，但仍然有不少城市存在着基础设施贫乏、人均收入低下以及人数不少的“城市贫困阶层”这些问题，归结起来是一个“贫市”而不是“富市”的挑战问题。全面建设小康社会，不仅要通过工业化、移民化、城市化来增加城市人口的聚集程度，更要花大力气清理城乡接合部贫民区、破旧街区贫民窟，以及解决下岗职工、失业者、孤寡病残人士组成的低收入阶层的各种问题，这是今后政府各部门所面临的主要任务，即扶持弱势群体、创造就业机会、扩大社会保障覆盖面、提高低收入阶层的所得水平、提供他们所急需的廉租房或解困房。只有这样，城市化才能真正担当起全面建设小康社会的重任。

发表于 2003 年第 4 期

国际产业转移的空间结构塌陷及其治理方略

陈心颖　陈明森*

现代空间经济学认为，在产业转移中区域空间结构演进，呈现由封闭模式到中心—外围模式再到区域专业化模式，在此过程中区域经济结构将从低端均衡到非均衡再逐步趋向高端均衡。但发展中国家承接国际产业转移并未完全循此路径演进，往往出现空间结构演变分岔，从中心—外围模式落入外围—外围模式。在全球经济一体化背景下，发展中国家承接国际产业转移进程中，为什么会出现中心区产业的逃逸，导致空间结构塌陷？不同地区工业化之初产业集群形成机理的差异，如何导致产业再转移进程中生产要素呈现不同的空间再分布，进而形成不同的区域产业空间结构？如何运用产业空间结构演进的规律在国际产业转移中指导发展中国家的产业政策从而顺利实现产业转型升级？本文试图应用空间动力学原理，并结合中国区域发展的典型案例比较，就以上问题进行理论探讨和实证分析。

一、产业转移与空间结构模式演进

（一）产业集聚的向心力与离心力

生产要素空间流动进而区域间产业转移，总是由低回报率地区转向高回报率地区。要素空间流动进而发生产业区域转移的主要条件为：一是各个区域内部要素价格的差异，二是区域之间运输交易成本。在区域开放前提下，只要存在区际要素价格差大于要素区际流动的运输交易成本，就必然存在要素区际流动，即由要素回报率相对低的地区流向要素回报率相对高的地区。

然而要素区际流动又会影响、改变要素相对价格，进而影响要素区际流动速率与流动方向。这里存在着两种不同趋势：在规模收益递减条件下，产业区际转移会

* 陈心颖，中共福建省委党校产业与企业发展研究院、经济学教研部教授；陈明森，中共福建省委党校产业与企业发展研究院院长、教授。

降低价格较高要素价格，提高价格较低要素价格，导致区际要素价格或要素回报率的趋同化，进而使得要素区际转移速率趋缓甚至出现反方向流动，要素空间布局区域趋于收敛，因此规模报酬递减成为要素集聚和产业集中的离心力。但是在规模收益递增条件下，要素的区际转移会提高要素流入地的要素回报率，抑制要素流出地的要素回报率，导致区际要素回报率差异的扩大，进而进一步刺激要素区际转移的规模与速率，生产要素价格与产业集聚相互联系、相互促进，形成因果累积循环效应，导致要素空间布局差异呈现不断扩大趋势，因此规模报酬递增成为要素集聚和产业集中的主要向心力，也是块状经济区域形成的拉力。

块状经济产生的区域经济规模效应通常是由各种因素共同作用的结果。规模报酬递增进而产生产业空间向心力，主要源于知识溢出效应和产业关联效应等。知识溢出效应也称为学习、模仿效应。学习效应强度对于距离是相当敏感的，特别是一些难以编码的缄默知识，不能以文字、语言加以精确表述，难以跨越更远的地区传播，必须面对面地交流、互动，必须直接观察、体验，才能心领神会。产业关联效应是指具有投入产出关系的企业由于在地理空间接近而产生的外部经济性，不仅可以提高物流效率，降低交易成本，而且可以更好地接近客户，了解市场需求，与其他供货商竞争中处于优势地位。学习效应吸引同类厂商在同一地区集聚，而产业关联效应则吸引上下游厂商在周边集聚，进而形成强大空间向心力。

规模报酬递减产生产业空间离心力，源于拥挤效应、非流动市场需求、比较优势地区差异。拥挤效应既体现在土地价格和工资成本上升，也体现在交通拥挤、环境污染、居住条件恶化等，空间拥挤将促使产业由中心向外围迁徙倾向。当市场需求在空间上离散分布且无法流动，相应地进行产业空间分散布局，既可以节省运输成本，又能接近市场，便于信息收集。比较优势的地区差异主要表现为地区之间资源禀赋差异，根据不同地区资本、劳动和自然资源的丰裕程度，相应进行资本密集、劳动密集和资源密集的产业或生产环节的配置，可以获取区域间比较利益，因此比较优势可能成为一种离心力从而阻碍产业集聚。

表 1　影响产业空间布局的向心力与离心力

向心力（规模报酬递增）	离心力（规模报酬递减）
产业关联效应	人口过度拥挤
接近原料产地	工业污染
信息共享效应	地价攀升
技术溢出效应	市场需求约束

续表

向心力（规模报酬递增）	离心力（规模报酬递减）
示范效应	过度竞争
类同文化	资源有限性

影响要素区际流动进而产业区际转移另一个因素是，区域间交易成本包括区域间运输费用、通信费用以及区域之间政策法律壁垒所导致的各种费用，也就是萨缪尔森提出的冰山交易成本。产业区位布局取决于供给因素、需求因素与贸易成本的互动。当贸易完全自由时（即零贸易成本），需求分布无关紧要，供给是决定产业区位的唯一因素，由技术和资源禀赋差异所决定的比较优势决定了各国的生产结构。而在存在贸易成本条件下，供给和需求两方面的因素共同起作用，各种驱动力的交互作用影响产业空间布局的具体机制和作用方向，进而呈现出纷繁复杂的不同形态。

（二）区域空间结构的基本模式

区域之间的空间经济结构关系有三种基本模式：

一是各个区域内部实现完全独立的自给自足产业体系，区域之间形成产业完全相似的对称结构，称为封闭模式。封闭均衡的主要条件是区域之间交通闭塞，市场管制壁垒森严，运输、通信成本极为高昂，边际交易成本大大高于区际之间要素价格差异，此时区域之间实行任何产业分工与区域间贸易都是不经济的，产业布局主要受到非流动的需求拉动，区域经济结构趋于建立“大而全”“小而全”的产业体系，实行自给自足的封闭模式。

二是中心—外围结构，区域中心为制造业集聚区，外围区域为农业集聚区，称为中心—外围模式。法国经济学家佩鲁较早从增长极角度探讨中心—外围关系。中心是由主导部门和有创新能力的企业在某些地区或大城市集聚形成的经济中心，这些中心具有生产、贸易、金融、信息、决策以及交通运输等多种功能，类似物理学的“磁极”，能够对周边地区产生吸引和辐射作用，带动其他部门和地区的增长。外围是作为受力场的经济空间，对中心区具有极大依附效应。中心—外围均衡的条件是中心区域内部的交通运输条件得以改善，运输成本得以降低，产业集聚边际效应（包括知识溢出效应、产业关联效应等）高于区域运输边际成本，规模报酬递增导致生产要素和人口倾向中心区聚集，二者之间的因果累积循环，使得区域中心成为经济“黑洞”，对周边区域资源具有极大的吸引力和吞噬能力，以致最终形成中心为制造业集聚区，外围为农业区的中心—外围的均衡模式。克鲁格曼（1993）认为，在区域之间资源禀赋、区位条件大致相同情况下，中心区崛起在很大程度上取决于历史的路径依赖。“最初存在的极小的不对称性经过不断的循环式积累后会逐渐扩散，最终导致区域之间出现极大差异。因此，历史上偶然性往往能决定区位优势。”① 他首先假设存在两个区域，称为南部和北部，每个区域内都对称地分布着工业和农业企业，并假设工业企业存在规模收益递增而农业企业则规模收益不变。两个区域的初始条件是一样的。但是，当一个工人偶然从南部迁移到北部时，这种初始的对称均衡就会遭到破坏。由于迁移到北部的工人会把自己的收入消费到北部，使得南方的市场规模变小，而北部的市场规模变大。由于存在市场接近效应，市场规模的变化将使得南部的一些企业迁移到北部。尽管南北两个区域的名义收入一样，但是由于价格指数效应，这种产业的迁移使得北部的生活成本更低，也就会吸引更多的工人前往北部。初始的一个小的冲击会不断得到加强，工人的迁移改变了实际工资水平，进一步激励工人从南部迁移到北部，工业企业为了扩大自己的规模经济范围也不断在北部聚集。

三是区域之间实行完全产业分工的对称结构，称为区域专业化模式。当中心区极化效应达到一定程度，由于产业过度集聚而造成拥挤效应，包括土地租金、住房价格、工资成本上升、交通堵塞、环境污染、城市犯罪行为等，以至于离心力（中心区拥挤效应）大于向心力（中心区集聚效应），进而从规模报酬递增转向规模报酬递减。随着区域之间运输成本逐步降低，产业会从中心向周边外围地区迁徙，以避开城市中心区较高的土地租金、住房价格（Tabuchi，1984；② Helpman，1999）。③ 随着企业不断向边缘地区迁移，中心区拥挤程度开始降低，经营的边际成本开始下降，这一过程一直持续到中心区生产边际成本与从外地购进的运输边际成本相接近为止，区域之间产业转移才会停止下来，区域二元经济结构开始趋于收敛。尽管区域之间专业化分工会增加区域之间产品贸易额，进而产生较多总运输成本，但由于单位运输成本下降，以及区域分工深化导致的生产效率提升、市场扩大引起的规模经济，都将克服各地区之间较多的贸易引起的运输成本增加。只要增长极已经扩张到足够强大，就会产生向周边地区的扩散作用，将生产要素扩散到周边区域，从而带动周边地区增长。其扩散强度可用公式表示：$S_r = S_0 \cdot e^{-ar}$。S_r 式中，S_r 表示中心

---

① Krugman，P. Development，geography and economic theory [M]. Cambridge：MA，Press，1995.

② Tabuchi，T. Urban Agglomeration and Disperson：A Synthesis of Alonso and Krugman [J]. Journal of Urban Economics，1998，(44)：333—351.

③ Helpman，. E. A Simple Theory of International Trade with Multinational Corporations [J]. Journal of politicaleconomy，1984，(92)：451—472.

区对周边地区的扩散程度，S_0 表示中心区的经济扩散能力，α 表示经济扩散的衰减系数，r 表示中心区与外围区的空间距离。这说明，中心区对周边地区的影响辐射效应，是与中心区与外围区的熵值呈现正相关关系，而与空间距离呈现负相关关系。只要运输成本低到足够抵消区间空间距离，区位熵值又足够高的情况下，比较优势因素在产业转移的区位选择中就将发挥基础性作用，导致区域之间空间结构趋于专业化分工的均衡状态。

（三）产业转移时间窗口与空间结构模式转换

区域之间空间结构演变存在 2 个主要时间窗口（见图 1）。第一个时间窗口为 X_1，在这之前产业转移边际成本大于产业集聚边际效应（即 MC＞MR），产业集聚

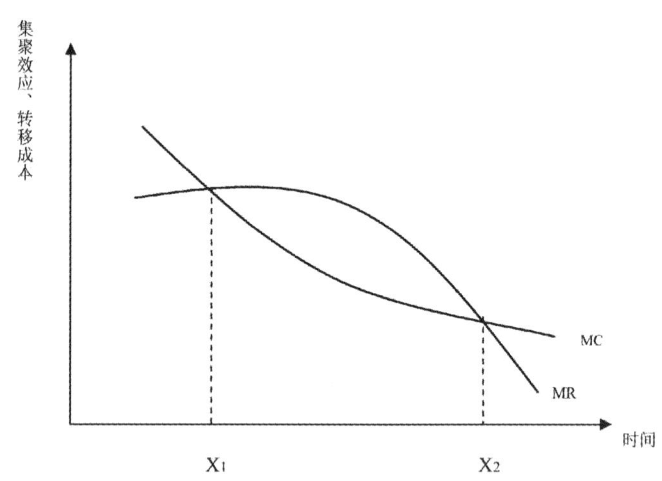

注：S 为经济空间布局，1/X 为区域之间交易费用的倒数。

图 1 区域空间经济结构演变

是不经济，经济空间结构呈现区域间独立产业体系。一旦越过这一时间之窗，产业集聚边际效应开始逐步大于产业转移成本（即 MR＞MC），产生产业集聚的经济动因，原有均衡就会被打破，新的均衡就会产生，并在因果累积循环效应作用下，使得新的均衡不断得以维持和扩大，当然这是一个转移动态，可能是一个连续、渐进和累积的正反馈过程。如果转移的速度很快，经济空间结构可以更经常处于稳定状态；如果转移速度很慢，经济空间结构可能远离稳定均衡，而将更多时间花费在转移动态上。这个过程会不断持续下去，直到另一个时间窗口 X_2 到来，此时受到中心区拥挤效应的影响，集聚效应开始下降，产业出现反向转移，区域之间非均衡状态又开始向均衡状态转变。当然这种均衡模式与封闭状态下的均衡模式存在本质区别，前者主要受到不能流动的需求的拉动，产业布局表现为自给自足的封闭结构，而后

者主要受到区域比较优势作用，产业布局则表现为区域之间专业化分工结构。总之，在多种向心力与离心力同时发挥作用时，交易成本与产业空间集聚关系不是单调的，而是呈现钟摆式关系（如图 2 所示）：高交易成本和低集聚效应都将导致产业分散的均衡分布；只有当产业集聚效应大于产业转移成本时，产业集聚的向心力大于离心力，企业倾向向拥有较大市场的中心地区集聚。因此，藤田昌久、保罗·克鲁格曼（1999）等指出，交易成本的长期下降不仅可以解释世界上工业区与非工业区的最初分化，还能解释制造业向新兴工业化经济扩散的现象。[①] 依照新经济地理理论的观点，集聚效应、交易成本和要素流动三者之间的相互作用是空间经济结构形成和变化的主要驱动力。

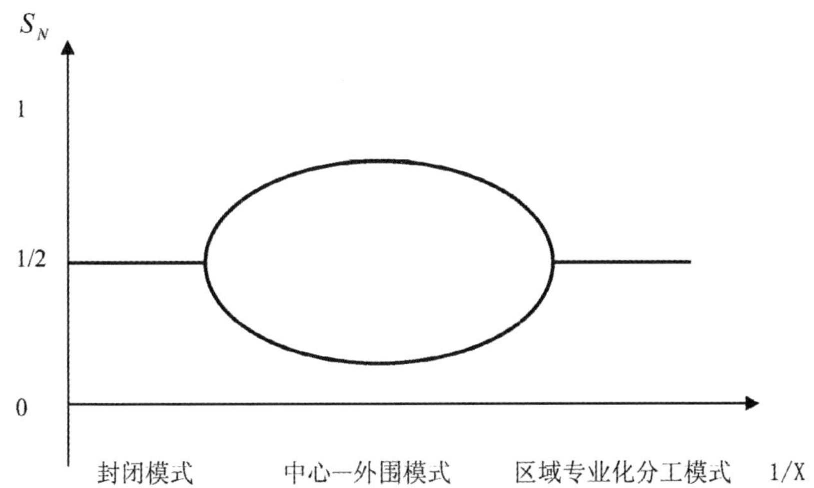

注：S 为经济空间布局，1/X 为区域之间交易费用的倒数。

图 2　交易成本与空间经济结构关系

二、国际产业转移泄露与区域空间结构塌陷

（一）国际产业转移地方集聚与中心区形成

国际产业转移是以利益导向为导向的跨国资本全球性运动，在经济全球化不断深化的今天，产业集群转移逐渐成为国家和区域产业参与全球一体化进程的主要力量。Porter（1998）将产业集群定义为某一特定区域内，大量产业关联紧密的企业以及相关支撑机构以一个主导产业为核心，依托比较稳定的分工协作关系在空间上集

---

① ［日］藤田昌久、［美］保罗·克鲁格曼、［英］安东尼·J·维纳布尔斯等：《空间经济学：城市、区域与国际贸易》，中国人民大学出版社，2005 年，第 15 页。

聚，形成有竞争优势的群体。[①] 产业集群转移则是产业集群参与全球化进程的形式。所谓产业集群转移，是指集群企业或采取集体行动抱团转移至同一目的地，或大量采取独自行动分散进行转移，但为同一目的地。该目的地由此形成的产业集群，往往也就成为东道国的中心区，可称为外生性产业集聚区。但这类国际产业转移所形成的东道国外生性中心区与东道国本土产业自发集聚所形成的内生性中心区，存在如下截然不同特点：

一是形成动因的差异。无论是内生性的产业集聚还是外生性的产业集聚，其内在的动力之一都是基于聚集经济产生的外部经济、协同性和学习创新效应。但外生性的产业中心区形成还有赖于更低的生产成本、特定的市场机遇和当地政府的政策支持，其中包括生产要素的低廉、基础设施的完备、有效的公共服务、优惠的政策、优越的区位等等。而内生性的产业中心则是依托本地区域内的生产要素，依靠本地力量和市场自发发展起来，更少地依赖政府。因此外生性产业中心区由“看不见的市场之手”与“看得见的政府之手”共同催生，内生性产业中心区更多是本地市场经济自发的结果。

二是产业根植性差异。在内生性产业中心区，集群内企业通过地缘、人缘的邻近与扩散，形成基于相同文化社会背景的有机的产业网络，其生产要素和资源多在区域内部聚集，再通过溢出效应带动周边地区发展，其萌芽和成长根植于特定的本地要素和条件，具有不可复制性，并且可以观察到一个渐进发展壮大的过程，因此内生性产业中心区的形成具有较强的根植性。外生性产业中心区多通过产业转移发展起来，带嵌入性特征，其特点是可以在较短时间里快速成长、扩大规模，迅速发挥集聚效应，但与此同时外生性产业中心区也是个较为“平滑”，缺乏“黏性”的区域，其产业具有较强的可复制、可迁移特点，因此具有较差的根植性。尤其是一些轻资产模式的高新技术产业，退出门槛很低，根植性更差。

三是企业规模差异。外生性的产业中心区形成一般是外来的大资本先行入驻，如大的跨国公司，之后将相应的配套企业带入或在本地培植部分相关配套小企业，以大带小，以点带面，产业集聚的龙头效应十分显著，且其产值会在短短几年出现井喷式增长。而内生性的产业中心区内的企业形成具自发性，因此多表现为中小企业的聚集，龙头企业不突出，较为典型的是我国浙江、福建泉州地区民营聚集的“块状”特征。

---

① Porter M. Clusters and the New Economics of Competition [J]. Harvard Business Review, 1998, (76): 77—90.

四是产业利润的差异。相对内生性产业中心区而言，发展中国家外生性产业中心区的形成，更多依赖当地政府的政策驱动。尤其是招商引资之初，当地政府往往通过搭建“政策洼地”吸引外来资本进入。而在国际产业转移中，发达国家的跨国转移是以全球价值链组织各生产环节，将低端环节转移到发展中国家和地区，挤压发展中国家的利润空间。如IT制造业，发达国家如美国一直垄断核心技术，占据价值链最高端，回报最丰厚，东亚四小龙则在一些硬件技术，如硬盘、存储器等分享次一级利润，而中国大陆则处于IT价值链末端，靠组装获取微薄利润。因此，发展中国家和地区外生性产业中心区的产业易被“低端锁定”，利润空间有限。

外生性中心区的产业聚集形成犹如注射生长素，固然成长快、扩张迅速但同时黏性差，若当地在外生性产业聚集过程中未培植起本地产业，那么一旦外生性产业集群整体迁移，将导致中心区面临产业断层。

（二）国际产业再转移泄漏与中心区塌陷

产业集聚不但是产业分工深化和产业转移的结果，也进一步推动了产业分工深化和产业转移、重新组合。产业集聚具有自我增殖的优势，并产生区位空间的“锁定效应”和“扩散效应”，会形成拥有更广地域的产业集聚，即产业带或广域的产业集聚。这一方面会容纳更多的地区进入分工网络，另一方面也会因更强的经济增长极和产业结构升级而带动新一轮的产业转移。

改革开放以来，我国东部地区抓住当时国际产业转移的一波浪潮，承接发达国家因生产要素成本提高、环境约束等而退出的中低端制造业，利用劳动力、土地等要素优势吸引大量海外产业资本流入，弥补了东部地区发展急需的资本需求，并带来大量就业机会，推动中国驶入城市化的快车道，尤其中国东部沿海地区的经济实现强劲增长，并确立了“世界工厂”的地位。在此轮转移中，中国东部沿海地区逐步形成了若干个外生性的产业集聚中心区。然而进入21世纪后，我国东部沿海地区在经济繁荣发展30年后，开始面临劳动力成本高企，土地紧缺，中低端制造业最敏感的要素成本优势丧失，而多年重经济增长轻污染防控的生产模式也使东部地区的环境承载力几近饱和，聚集经济的外部不经济——拥挤效应显化。

在这种背景下，近年来，我国部分外资为主导的外生性产业集群中心区，对外来产业资本的向心力（聚集经济）式微，离心力（集聚不经济）渐强，加上前述外生性产业聚集根植性差、区域黏性较弱的特点，这部分中心区开始出现集群式产业转移。中国东部地区面临这一波的集群式产业转移，其转移方向有三：一是向中国的中西部转移，二是向东南亚一带转移，三是在欧美“再工业化”战略下，回归欧美等发达地区。按照产业区际空间转移理论，当中心区域内生产成本的上升超过中心区与外围区域的交易成本时，离心力大于向心力，一部分企业（包括外资企业）就开始向周边和欠发达地区迁移，中心地区工资、土地等生产要素价格增速逐步趋缓，一直到中心区生产边际成本与运输边际成本相接近为止，区域之间产业转移才会停止下来。

经验表明，对于外生性产业集聚中心区而言，尤其是发展中国家的外生性产业集聚中心区，往往要面临国际产业再转移中产业泄露和中心区塌陷的隐忧。产业泄露与中心区塌陷存在因和果的关联关系。在国际产业再转移的动力机制作用下，产业从中心区流出，从而发生产业泄露，若在此进程中中心区旧生产要素优势丧失，新的要素优势尚未建立，则原有的中心区的聚集力将发生逃逸，中心区面临产业空巢期，中心区可能因此塌陷沦为外围区。美国汽车城底特律则是在国际产业转移中聚集力逃逸、中心区塌陷的典型代表。

造成外生性产业集聚中心区塌陷的主要原因是新旧产业发生断层。这样的断层要区分两种不同的情况：其一，发生在中心区产业转型升级过程中。尤其是发展中国家的外生性产业聚集的中心区，在中心区形成之初，低廉的生产要素价格成为对成本较敏感的中低端制造业产业资本的主要聚集力量，当成本竞争力不复存在，而在中心区此前未能或较少从外生性聚集的产业中获取技术溢出效应、结构优化效应、优势升级效应、关联带动效应、竞争引致效应和观念更新效应，[①] 产业升级乏力，则随着外生性产业的“离本地化”，新产业未能及时接续，中心区塌陷成为必然。其二，发生在外生性聚集回流母国的过程中。随着发展中国家部分外生性聚集中心区的产业成长，较好的产业基础、基础设施、政策环境可能吸引跨国企业将中高端制造业引入这些外生性聚集中心区。然而随着欧美发达国家的“再工业化”战略实施，这些缺乏区域黏性的外生性中高端可较为轻易地回流，从而导致中心区塌陷。总之，中心区塌陷表现为产业空巢，其背后的推手则是外生性产业易滑动性和产业升级遭遇瓶颈。

（三）外围—外围结构：国际产业转移中空间结构演进的分岔

当前关于国际产业转移的动因主要可以分为要素禀赋论、产品生命周期论、反梯度转移论等，这些理论从不同角度探讨产业转移在空间上的聚集和扩散，再聚集和再扩散的形成机制。如本文第一部分所述，从空间经济学的角度看，产业转移在不同空间域的集散，其区域空间结构的演进一般遵循从封闭结构到中心—外围结构再到区域专业化分工的路线。

---

① 陈红儿、陈刚：《区域产业竞争力评价模型与案例分析》，《中国经济问题》2001 年第 5 期。

封闭结构的区域由于与区外的贸易自由度低，交易成本很高，既无聚集力也无扩散力，区域内产业体系呈现小而全，自给自足的特点，资源空间配置为低水平的均衡状态。中心—外围结构内，贸易自由度适中，中心区具有较强的聚集力，区域经济活动的强度和密度在中心与外围分布上差异显著，中心区吸纳外围区生产要素并在聚集经济作用下，产生优势自我强化的循环累积因果效应，区域中心的地位突出，资源的空间配置呈现非均衡。区域专业化分工结构，则是在贸易自由度进一步下降，产业扩散成本较低的情况下，以比较优势达成区域间的平衡，在空间上形成多个区域产业集聚之间的关联，并实现专业化分工，可以说是产业转移和产业分工深化的一种表现形态。

从中心—外围结构向区域专业化分工结构的转换也是中心—外围区逐步打破区间内的"马太效应"，实现区域整体平衡发展的有效路径。但该转化是有条件的。首先，中心区的拥挤效应大于聚集效应，中心区本身有产业扩散的压力；其次，外围区拥有所承接产业在中心区丧失但在外围区具备的某些生产要素上的优势，按产业梯度转移的观点，中心区向外围区最先扩散的是对成本敏感以及对聚集体依赖弱的产业；第三，区间转移成本低，也即贸易自由度高，有利生产要素的流动。

但发展中国家的外生性产业聚集中心区在中心—外围结构向区域专业化分工演进中，极可能在转换过程中出现分岔的倾向，即从中心—外围结构走向外围—外围结构。所谓外围—外围结构是指由于旧生产要素向欠发达国家和地区转移，高端产业向发达国家回流，旧产业离心力大，新产业的向心力尚未形成，产业出现空巢，或者说该结构就是产业转移中产业泄露和中心区塌陷的空间表现形式。（四类产业空间结构对比见表2）

表2 产业空间结构模式比较

	模式Ⅰ	模式Ⅱ	模式Ⅲ（1）	模式Ⅲ（2）
产业空间结构类型	封闭结构	中心—外围结构	区域专业化分工结构	外围—外围结构
基本特征	小而全，自给自足	中心区具有较强的聚集力，吸引外围的生产要素，中心与区域经济差距大	产业价值链空间分布的离散化、网络化，实现多区域协同生产	高端产业向境外转移，东道国各个区域不同程度成为境外中心区外围
驱动力	高转移成本，低集聚效应	低转移成本，中心区高集聚效应	低转移成本，区域比较优势呈现	低转移成本，东道国各区域离心力增大，向心力不足
资源空间配置	低水平均衡	非均衡	高水平均衡	低水平均衡

发展中国家的外生性产业聚集中心区之所以易从中心—外围结构步入外围—外围结构的分岔道，主因是外生性的产业集聚在区域经济增长中往往未能培植出产业升级新优势。外生性产业在产业资本转移过程中，跨国企业通常在通过质量保证、供应链管理等体制，向其加盟者扩散组织能力或让渡竞争优势同时，利用战略隔绝机制（Isolating mechanisms）避免关键知识向生产网络外的企业扩散①（王益民等，2007）。尤其工序型国际产业转移也可能加剧发达国家与发展中国家企业间分工地位的不平等，具体表现为：一是不同发展层次国家的企业分处在产业价值链的不同环节，其所获得的利益分配是不均等的；二是在产业技术链上存在着不同发展层次国家企业间的控制与被控制关系。此外，为了降低成本，跨国企业往往要比较世界各地零部件供应商的价格，甚至实行“全球价格”下的零部件采购，这种竞争机制加剧了价值链同一环节的企业间的市场竞争，可能把发展中国家的本土企业排挤出分工网络。显然以上行为将阻碍欠发达国家在国际分工中通过产业升级获得更多分工的机会。当发展中国家通过外生性产业形成的中心聚集区遇到产业升级阻滞，不能完成从中心—外围结构到区域专业化分工结构的递进时，则可能落入资源空间配置低水平均衡的外围—外围结构的陷阱。

三、东莞与泉州：产业空间结构演进实证分析

东莞与泉州同属是我国改革开放以来经济发展较快的地级市。两个城市具有接近的总量和人口规模，其中2013年东莞GDP为5490.02万元，人口822.02万人，泉州GDP为5218.00万元，人口812.85万人。2014年《第一财经周刊》按照综合商业指数对全国400个城市进行排名，东莞和泉州均被列为二线城市。两座城市都抓住了生产要素在全球流动和重新配置的机遇，从一个经济实力落后的贫弱市实现经济起飞。但在产业发展路径和空间演进上两个城市却各具特色，同时也影响各自未来的发展潜力。

（一）产业集聚类型的比较

东莞电脑资讯产业集群的形成得益于国际产业梯度转移进程中，次发达经济体（尤其是中国台湾地区）在基本完成产业结构优化升级后，将高科技产品的劳动密集型的生产环节大量向欠发达地区转移。彼时的东莞恰好拥有较好的地理区位，较为开放的政策，既是侨乡又富有廉价劳动力资源，从而很快成为承接电脑资讯产业中

① 王益民、宋琰纹：《全球生产网络效应、集群封闭性及其升级悖论》，《中国工业经济》2007年第4期。

劳动密集环节产品生产的集聚地。由于不少电脑资讯的关联企业在中国台湾已建立起密切的分工协作关系，为获取成本优势而将电脑资讯业的生产网络从台湾整体移植到东莞，快速产生集聚效应，同时一定程度上也带动了东莞本土企业的发展，共同推动东莞经济实现跨越式增长。如表3所示：东莞不同所有制企业数量的占比中，规模以上港澳台、外资工业企业数的占比在60%—80%之间，居主导地位。当地产业集聚具有较显著的外生性产业集群特征。

泉州目前拥有6个百亿元以上的产业集群和8个50亿—100亿元的产业集群，主要集中在泉港石化产业、石狮晋江服装纺织、晋江运动鞋、泉州箱包、惠安石雕、南安石材、罗山糖果食品等，具鲜明的空间集聚特征。其产业集群内以本土非公的中小企业为主。改革开放之初，泉州人依靠侨资，以家族工业起步，逐步形成民营经济为主体的劳动密集型产业，这些家族式企业发展壮大过程中具有很强的市场意识，并建立起自身的品牌和销售渠道，表现出十分旺盛生命力。泉州非公经济组织创造的产值占工业总产值的95%，占泉州GDP的87%。从表3的数据看，泉州的规模以上内资工业企业数始终保持半壁以上的江山。① 外商投资金额泉州也远远低于东莞（见表4）。不难看出，内资是泉州产业发展资本的主要来源，而东莞产业发展资本的主力靠外资。

表3 泉州、东莞外资企业与内资企业份额比较②（%）

		2003	2004	2005	2006	2007	2008	2009	2010	2011	2012	2013
泉州	外资占比	49.48	48.53	47.85	47.18	46.46	45.16	42.63	40.90	42.48	40.40	38.84
	内资占比	50.52	51.47	52.15	52.8	53.54	54.84	57.37	59.10	57.52	59.60	61.16
东莞	外资占比	79.73	79.75	73.27	73.25	74.13	74.11	66.89	65.86	68.25	64.03	—
	内资占比	20.27	20.25	26.73	26.75	25.87	25.89	33.11	34.14	31.75	35.97	—

资料来源：根据2004—2014年《泉州统计年鉴》和《东莞统计年鉴》的数据整理计算。

表4 泉州和东莞实际利用外资金额比较（单位：亿美元）

年份	2003	2004	2005	2006	2007	2008	2009	2010	2011	2012	2013
泉州	7.44	6.16	7.10	9.20	12.75	17.00	17.20	14.93	16.15	13.20	13.91
东莞	25.63	30.34	37.51	43.38	50.44	32.26	29.42	31.63	32.18	37.19	—

资料来源：根据2004—2014年《泉州统计年鉴》和《东莞统计年鉴》的数据整理计算。

① 实际上，泉州部分三资企业是民营资本转到避税地区后再返回大陆投资，目的是为了享受三资企业优惠政策，如果扣除这部分因素，民营企业的比重还会更大。

② 这里企业是指规模以上工业企业，外资企业也包括中国港澳台地区企业。

（二）嵌入 GVC（全球价值链）方式的差异

全球价值链按驱动力来源可区分为生产者驱动型（P—GVC）和购买者驱动型（B—GVC）。生产者驱动型以投资推动的市场需求组建纵向分工的全球生产网络。购买者驱动型则是通过 OEM、ODM 或全球采购形成国际商品流通网络。前者多为技术资金密集型产业，后者多为劳动密集型产业，无论 P—GVC 还是 B—GVC 发展中国家多通过制造环节嵌入。从表 5 泉州和的东莞国际贸易方式对比看，东莞以加工贸易为主，尤其在 2008 年国际金融危机前，加工贸易占出口的份额连续多年高达 90%以上，泉州一般贸易占出口的比重多在 80%以上，加工贸易占出口的比重仅 15%左右。由此可见，东莞出口为外资企业主导，“两头在外”的特点十分显著，显然东莞是以外商直接投资的方式嵌入 GVC。而泉州的国际贸易以一般贸易为主，并以本土企业主导通过进出口贸易形式嵌入 GVC。

表 5 泉州与东莞贸易方式对比（单位：亿美元，%）

		2003	2004	2005	2006	2007	2008	2009	2010	2011	2012	2013
泉州	出口总额	19.16	25.97	32.07	40.36	49.80	57.95	58.91	82.79	107.8	123.7	164.7
	一般贸易占比	75.38	77.9	79.86	82.21	83.65	85.06	84.21	86.5	89.64	85.80	84.44
	加工贸易占比	24.64	22.00	20.13	17.78	16.35	14.95	15.78	13.50	10.30	14.13	15.58
东莞	出口总额	280.0	351.9	409.2	473.6	602.3	655.3	551.6	695.9	783.2	850.6	—
	一般贸易占比	1.75	2.42	4.29	5.61	5.94	7.43	10.36	13.71	17.12	19.89	—
	加工贸易占比	98.23	97.57	95.68	94.32	93.53	91.76	88.42	84.80	81.04	77.76	—

资料来源：根据 2004—2014 年《泉州统计年鉴》和《东莞统计年鉴》的数据整理计算。

（三）产业空间结构演进中的抗风险能力不同

从产业空间结构看，无论东莞还是泉州，其较大规模的产业集群都形成了中心—外围模式的中心区域。然而因各自依托发展起来的产业集群形成机理的差别，可能导致中心区域在未来产业空间演进中出现迥异的路线。东莞的产业集群为“复制群居链”，即外生性的产业集群，企业繁衍速度快，集聚效应发生快且显著。然其缺陷也显而易见：对外资依赖强，在 GVC 中仅充当出口加工基地角色，核心技术缺失，技术的学习扩散效应有限，产业集群抗外来风险能力弱。尤其 2008 年在国际金融危机冲击下，海外市场低迷，东莞经济受重创，经济增长速度从 2000—2007 年年均 18%左右的增长速度，到 2008 年出现断崖式下跌，仅剩 5.3%的增长，代工厂大量亏损倒闭（2008 年东莞企业的亏损面达 31.72%，其中中国港澳台和外商投资企业的亏损面达 42.78%）。金融危机之后，随着土地、劳动力、环境等的约束，加上基于初级生产要素形成的外生性产业在区域经济中的易滑动性，外商投资企业的企业战略布局转型，开始将产业布局到生产成本更加低廉的东南亚一带。根据《东莞统计年鉴》的数据，东莞规模以上港澳台及外资工业企业数 2010 年尚有 3885 家，至 2012 年已下滑至 2898 家，短短两年收缩了近千家。外商投资企业数量的骤减某种程度是外商投资企业响应产业环境约束，企业区域布局战略调整的表现，进而在宏观层面上也倒逼东莞经济发展方式、贸易发展方式转变。但是由于长期以来本土配套企业不强，多限于高新技术产业链里的劳动密集型环节，利润空间狭小，缺核心技术，无自我品牌，无自身的国内国际销售渠道，其产业优化升级后劲明显不足。随着东莞外生性产业集群离心力渐强，其中心—外围结构均衡被打破，在劳动密集型的外生性产业陆续迁移、外来高级要素聚集缺乏基础的大背景下，若本地产业的优化升级（产品升级、功能升级、流程升级、产业链升级）未能顺利推进，那么东莞将面临产业的空间塌陷，有沦为外围区之隐忧。

泉州产业集群的形成和扩散是自发的，孕育时间较长，但其空间的块状分布更符合市场规律。泉州的产业发展优势是本土企业面向“两个市场”不断学习积累提升中形成的，其劳动密集型产业集群多年来在产品升级、工艺升级、品牌拓展方面积极努力，提升劳动密集型产业的科技含量。因此泉州的企业体量虽小，却能通过众多中小企业形成的产业集群，表现出高效率。特别在 2008 年的国际金融危机中，泉州的企业相比东莞表现出更强的抗风险能力，尽管部分从事 OEM 的企业也出现经营风险，但整个泉州地区未发生东莞式的大面积倒闭潮。这主要得益于内生性产业集群的根植性和泉州民营企业牢固树立的品牌意识、科技意识和在国内市场建立起的销售营销网络，充分展示出内生性产业集聚的相对优势。

以上对东莞和泉州产业集聚形成和特点的对比分析表明，区域产业的形成和转移必然是企业产业资本在风险控制基础上追求更高回报的表现，产业空间结构变化的实质则是企业产业资本基于外部产业环境的一种回应。东莞和泉州两座城市的工业化进程中都利用人口红利、优越的政策和市场条件形成了产业集群，成为区域经济的制造业中心区。但东莞的外生性产业集群为单纯的劳动密集型，代工特征显著，在工业化初期虽能赚得快钱，但抗外来风险能力却弱，产业后续发展缺乏可持续性，尤其近年在初级生产要素成本优势丧失和技术力量薄弱的双重约束下，一方面引致集体性的外商投资企业全球布局战略转变，另一方面其产业结构优化升级缺乏合理化基础，产业空间结构塌陷的风险增大。泉州的内生性产业集群的产业发展优势来自本土企业根植本地的经济社会市场环境，区域黏性大，同时泉州注重改造提升传统劳动密集型产业，将初期纯粹的制造环节向价值链其他环节扩展，从中获取了较强的抗风险能力和生命力。当前泉州产业转型升级中固然也面临诸如低端要素流出、高端要素难以流入等的困难，但产业优化升级的基础好于东莞，经济发展较为稳健，从图 3 可以看出转型过程中经济的平稳度明显优于东莞。

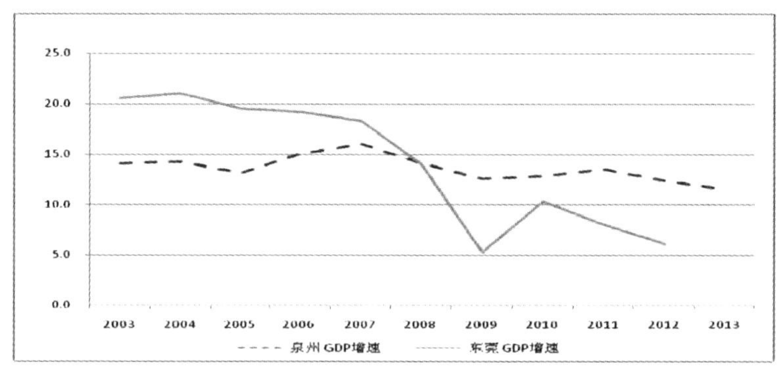

图 3　泉州与东莞 2003—2013 年 GDP 增速比较

资料来源：根据 2004—2014 年《泉州统计年鉴》和《东莞统计年鉴》的数据整理计算。

四、国际产业转移中空间结构塌陷的治理方略

在区域经济发展进程中，劣势产业退出，腾出更多资源配置给更高级的产业是实现区域经济可持续增长的必然。进入 21 世纪后，我国沿海中心城市 FDI 中心集聚区、产业集聚区拥挤效应开始逐步显现——中心区域的人口、工资、土地等生产要素价格上升，聚集租金降低，由此开启中心区产业向外围地区扩散的序幕。同时，随着中国国内市场化程度的不断深化、世界区域性贸易投资合作伙伴关系的建立，国内区域间和国际贸易投资壁垒不断降低，贸易自由度进一步提高，使外生性产业聚集区的产业转移更趋于平缓。

据前文分析，国际产业转移中的产业泄露与空间结构塌陷，意味着中心—外围的空间聚集模式向区域专业化分工的空间聚集模式演进过程未能实现顺利对接。其中，产业环境约束是打破中心—外围均衡的初始动因，外生性产业聚集的根植性差是导致外围—外围结构发生的直接原因，中心区支撑产业转型升级的新优势未建立是导致外围—外围结构发生的关键所在。

依照外围—外围结构的形成机理，为防止我国东部地区在此轮产业转移进程中发生中心区空间结构塌陷，避免外围—外围结构对区域专业化分工结构的替代，本文认为当前应以产业优化升级为导向，自主创新能力为核心，壮大内生性产业为驱

动，区域经济一体化的制度安排为必要条件，建构 NVC（国内价值链）为路径，发挥 NVC 与 GVC 的协同发展促进产业分工空间布局的合理化。具体治理策略如下：

（一）着力建构 NVC，实现 NVC 和 GVC“双轮驱动”

我国东部沿海外生性产业聚集中心区地区改革开放以来通过嵌入 GVC 的低端环节成为中国经济增长极。然 GVC 毕竟以发达国家为主导，其对发展中国家的产业溢出至多止于生产组织、产品工艺升级等方面，核心技术依然牢牢把控，而为跨国公司配套的本土企业极易形成“路径依赖”，导致创新动力不足而在全球价值链中被俘虏，难以实现价值链的攀升和产业升级。刘志彪等（2009）认为构建 NVC 有助于摆脱中国经济增长对 GVC 的依赖，实现产业升级。① 相比“两头在外”的嵌入式 GVC，NVC 为本国龙头企业所主导，立足国内市场需求，以本国价值链的分工实现中心—外围模式向区域专业化分工模式的演进，有利于绕过 FDI 聚集中心区因产业集群转移、产业升级乏力而产生的中心区空间结构塌陷的风险。但如同硬币的两面，着力建构 NVC 并不意味着完全抛弃 GVC，未来中国东部发达地区应瞄准 GVC 的高端环节，欠发达地区则可继续利用初级生产要素优势，在协调人口资源与环境的基础上引进 FDI，参与 GVC 的分配。NVC 与 GVC 的有机结合应是发展中国家经济腾飞的双翼，当然在我国部分严重依赖 GVC 的地区，尤其要重视 NVC 的打造。

（二）产业升级进程中应着力培育、深耕内生性产业，为产业升级提供坚实基础

内生性产业虽然形成发展较外生性产业缓慢，但具有较强的区域黏性，对于中心区而言，未来产业升级应依托内生性产业。否则，若依赖扩张速度快却黏性差的外生性产业，则可能发生经济大起大落，在较短时间内因产业集群的整体迁出而发生产业空巢，造成中心区塌陷。因此在政策上应提供内外资同等国民待遇，打造有利于内资中小企业发展的外部环境，尤其是要通过内生性产业的深耕，生长出龙头企业，通过价值链的融合，带动上下游企业，增强产业集群的竞争力。

（三）以二次开发为核心应对跨国公司、海外资本产业转移中的战略隔绝

“引进—消化—吸收—再创新”战略在东部沿海地区已经取得了阶段性成果，自主创新能力将成为我国东部地区经济发展的新引擎。东部沿海应通过增强人才优势，优化科技创新环境吸引全球服务设计研发资源，防止在新一轮国际产业转移中仍被“锁定”为低端生产区域。政府要增强人力资本投入，提高投入效益，建立产、学、研合作培育人才的新机制，提供培养自主创新能力环境，为产业转型升级提供人才

---

① 刘志彪、张杰：《从融入全球价值链到构建国家价值链：中国产业升级的战略思考》，《学术月刊》2009 年第 9 期。

支撑。

（四）推动国内区域经济一体化，降低区域内交易成本

在区域的资源禀赋一定条件下，交易成本与一定规模的产业集聚是空间经济结构形成和变化的重要参数。区域内部交易成本下降，有利于地区内部分工细化，形成区域专业化分工结构。因此对中心区域的我国东部沿海发达地区而言，在部分丧失比较优势的产业向中西部梯度转移的同时，应着力实施本国区域发展一体化战略破除地方保护主义和各地的市场、信息等壁垒，降低区域间交易成本，提升位于高端产业链的聚集力，以支撑中心区产业结构升级，构建国际市场竞争新优势。

发表于2015年第4期

有关从战略上调整国有经济布局的几个问题

陈　征*

一、国有企业改革和发展的指导方针

从战略上调整国有经济布局和改组国有企业，是十五届四中全会确定的国有企业改革和发展的一项指导方针。所谓从战略上调整国有经济布局，就是在社会主义初级阶段基本经济制度和完善社会主义市场经济体制的要求下，从搞好整个国有企业出发，通过国有资产的流动和重组，适当收缩战线过长的国有经济，改善国有资产的配置结构和国有企业的组织结构，集中力量加强关系国民经济命脉的重要行业和关键领域，支撑、引导和带动整个社会经济的发展，使国有经济在社会主义市场经济中更好地发挥主导作用。上述基本思路，是随着国有企业改革和发展的实践，不断总结经验，提高认识，逐步明确和逐渐形成起来的。1984 年党的十二届三中全会指出，国有企业改革是整个经济体制改革的中心环节。这时已把国有企业改革工作放在相当重要的位置上。但那时的着眼点是从个别国有企业出发，力图搞好每个国有企业。经过放权让利、承包经营、利改税等改革发展阶段，虽然也取得一些成绩，但囿于力图搞好每个国有企业思想的束缚，一直没有实现整体性的突破。1995 年 5 月，党的十四届五中全会通过的《中共中央关于制定国民经济和社会发展“九五”计划和 2010 年远景目标的建议》中指出：“要着眼于搞好整个国有经济，通过存量资产的流动和重组，对国有企业实施战略性改组，这种改组要以市场和产业改革为导向，搞好大的，放活小的，把优化国有资产分布结构、企业组织结构同优化投资结构有机地结合起来，择优扶强，优胜劣汰。”上述思想后来被总结为“国有企业改革要结合国有资产存量结构的调整”“抓大放小”的改革新思路。但这时设想的改革重点，主要放在对国有资产的存量调整上，对于增量资产则未予重视。1997 年

* 陈征，福建师范大学教授、博士生导师。

9月在党的十五大报告中，对国有经济的主导地位和国有经济的战略性调整，在理论认识上有了更进一步的发展，在指导思想上也更为明确。十五大报告指出："要从战略上调整国有经济布局。对关系国民经济命脉的重要行业和关键领域，国有经济必须占支配地位。在其他领域，可以通过资产重组和结构调整，以加强重点，提高国有资产的整体质量。"这是国有企业改革与发展在理论和实际工作指导上的重大转变。由于这个转变，即力图从搞好每个国有企业转变为着眼于搞好整个国有经济，由着重抓存量调整转变为既抓存量、又抓增量、从全局范围内进行战略性调整，国有企业改革从整体布局和企业创新两个方面同时推进，使调整具有全局性和战略性，从而加快国有企业改革和发展的进程。1999年十五届四中全会通过的《中共中央关于国有企业改革和发展若干重大问题的决定》（以下简称《决定》），在总结十五大以来国有企业改革和发展的经验的基础上，深入分析了国有经济面临的新形势和国有企业组织结构的现状，确定了国有经济布局调整和国有企业改组的方向、方针、重点和措施，明确地把"从战略上调整国有经济布局和改组国有企业"作为全局范围内深化国有企业改革和发展的一条重要的指导方针，明确指出要"着眼于搞好整个国有经济，推进国有资产合理流动和重组，调整国有经济布局和结构，积极发展大型企业和企业集团，放开搞活中小企业"。概括起来，上述指导思想是：着眼全局，控制关键，加强重点，放开一般。把上述指导思想作为国有企业改革和发展的十条指导方针之一。贯彻执行这一重要指导方针，对于推进国有企业改革和发展，搞好整个国有经济，有着重要而深远的理论意义和实践意义，这是四中全会总结十五大以来国有企业改革和发展的新经验而做出的新贡献和新发展。

二、从战略上调整国有经济布局，要同产业结构的优化升级和所有制结构的调整完善结合起来

为什么要从战略上调整国有经济布局？也就是说从战略上调整国有经济布局的必要性和紧迫性，我认为有如下几点：

（一）是发展与完善社会主义市场经济体制的客观要求。在长期计划经济体制和粗放型经济增长方式的影响下，国有经济战线过长，布局不合理，政企不分，经营机制僵化，产品结构、产业结构、企业组织结构都存在严重问题。《决定》在分析国有经济布局不合理时指出："主要是重复建设严重，企业大而全、小而全，没有形成专业化生产、社会化协作体系和规模经济，缺乏市场应变能力。"这是由于计划经济把全部国民经济看成是一个大工厂，所有企业应该都由国有企业来经营，把发展国民经济的任务落实为建立国有企业，致使国有企业在社会生活的各个领域几乎无处

不有、无处不包。1998年在608个工业小类行业中，国有企业涉足的行业有604个，占99.3%。国有经济分布过宽，导致力量过于分散。国有企业资产总额的57.9%分布在一般加工业、商贸和服务等行业，45.6%分布在国有中小型企业，致使国有大型企业资本金不足，负债率过高，亏损严重。据有关部门提供的数字表明，目前我国真正用于生产性经营的国有资本不足3万亿元，这些资产分布在29.1万户国有工商企业中，平均每个企业只有1000万元左右。这就使企业规模偏小，产业集中度和产品集中度低，专业协作程度不高，难以实现规模效益，在社会主义市场经济中缺乏竞争力。根据市场经济优胜劣汰原则，凡不适应市场经济、缺乏竞争力的企业早晚要被淘汰。为了发展和完善社会主义市场经济体制，必须对国有企业进行战略性调整，以提高国有企业的竞争力和控制力，使国有企业真正成为社会主义市场经济的主体。

（二）是推进产业结构优化升级的客观要求。从世界范围看：当前世界经济正处在一个新的产业结构优化升级的调整期。世界范围内的竞争主要是经济竞争，而经济竞争又主要依赖于现代科学技术的发展，实质上是高科技领域的竞争。谁掌握了现代高科技，谁就在经济竞争中立于不败之地。世界范围内的新一轮科技革命和产业革命目前正在发生。信息技术、生物技术、新材料技术、新能源技术、航天技术和海洋工程技术等高新技术，正在带动光电子信息产业、智能机械产业、软件产业、生物工程产业、生物医学产业、超导体产业、太阳能产业、空间产业、海洋产业等新兴产业的形成和发展。它在推动整个经济发展的同时，也带动了传统产业的调整与升级。世界范围内的这种产业结构的变动，必然影响到我国。我国如不努力发展高科技，大力提高科技水平，通过产业结构调整，优化升级，培植新企业，改造老企业，加强国际竞争力，我国经济发展就将处于不利地位。从国内情况看：虽然近年来我国科学技术发展很快，在有些高科技领域已占有一席之地，但技术落后的状况还未得到根本的改变。我国关键生产技术的掌握和应用以及大中型企业技术水平普遍落后于国际先进水平5到10年，能源消耗普遍比国际先进水平高40%以上。据对国有企业为主的大中型企业1180种主要专业技术设备技术水平的普查，1995年达到国际先进水平的占26.1%，一般水平的占33.4%，落后水平的占12.8%。要改变上述技术落后状况，必须大力进行技术改造和技术更新。特别是技术和资金密集度要求较高的产业，更要注意科技开发和创新。但由于一些企业特别是高科技产业的科技开发的周期长、投资大、风险也大，国家必须投入大量的财力和人力；在上述资金分散的亏损企业要进行科技创新是十分困难的，也几乎是不可能的。为此，必须调整产业结构进行优化升级。国家计委主任曾培炎同志指出：“我国产业结构调整升级正处于关键时期，这主要涉及三方面内容：一是产业结构合理化，中心是解决现有产业的资产重组和关联产业的协调问题；二是产业结构高级化，中心是解决新兴产业或先导产业的发展和现在产业技术结构升级问题；三是产业组织结构合理化，中心是解决企业规模结构、特别是大中小企业之间的关系问题。产业结构合理化和产业组织结构合理化，必然要求对国有经济布局进行战略性调整。”① 由此可见，从战略上调整国有经济布局，是推进产业结构优化升级的客观要求。

（三）调整与完善所有制结构的客观要求。如前所述，我国原有的国有经济布局，是在计划经济时期形成的。由于受国有经济必须在整个国民经济中占绝对支配地位的思想所指导，国有经济的比重越多越好，越大越好，几乎造成公有经济一统天下的局面。党的十一届三中全会以来，认真总结了所有制问题上的经验教训，根据生产关系一定要适合生产力性质的基本原理，从我国社会主义初级阶段生产力水平还处在多层次、不平衡的实际情况出发，逐步建立以公有制为主体、多种所有制经济共同发展的所有制结构，党的十五大又确定为社会主义初级阶段的基本经济制度。但从目前情况看，国有经济范围过宽、比重偏大，非公有制还需大力发展，这说明所有制结构中还有许多不适应生产力性质的环节和方面，需要进一步调整和完善。十五大报告指出，我国现处在社会主义初级阶段，需要在公有制为主体的条件下发展多种所有制经济；非公有制经济是社会主义市场经济的重要组成部分；公有制的实现形式应当是多样化；在关系国民经济命脉的重要行业和关键领域，国有经济必须占支配地位；等等。以十五大精神为指导，根据社会主义初级阶段基本经济制度的要求，在当前调整工作中，既要坚持公有制的主体地位和国有经济的主导作用，又要鼓励和引导集体经济以及个体经济、私营经济、外资经济等非公有制经济的发展，积极参与股权多元化改革，参与发展混合所有制经济。可见，从战略上调整国有经济布局，内在地包含了继续调整完善所有制结构的客观要求。

三、要坚持有进有退，有所为有所不为

《决定》指出，从战略上调整国有经济布局，要“坚持有进有退，有所为有所不为”。这是国有经济战略性调整的基本指导方针。所谓有进有退，从总体上看，退是为了更好地进；没有退就没有进，退是手段，进是目的。有所为，就是在那些国有经济应该进入能够充分发挥自己的特长和优势的领域，集中力量，增加投入，使之壮大、发展；有所不为，就是在市场机制、市场调节作用比较充分发挥的领域，在

① 《求是》1999 年第 24 期。

社会成员可以自主竞争、充分发展的一般行业和领域，国有经济不必全部包揽，而是实现社会投资主体多元化，让各种产权主体更多地进入。这样做的实质是，收缩战线，集中力量，加强重点，改善国有资本的配置结构和国民经济产业结构，使国有企业在社会主义市场经济中更好地发挥主导作用。具体地说，就是要使国有资本从分散的中小企业向大型企业或企业集团集中，从低效的劣势产业向高效的优势产业集中，从一般性领域向需要由国有经济发挥作用和关系国民经济命脉的关键性领域集中，从而提高国有经济的控制力和竞争力。

有进有退地调整国有经济布局，既要研究进，又要研究退。改革的目的是增强国有经济的控制力，充分发挥国有企业在国民经济中的支柱作用，进就成为主要矛盾，首要的问题是进。在哪些领域进？十五大报告原则地指出，要加强国民经济的重要行业和关键领域。但具体是哪些行业，哪些领域？《决定》进一步具体化地指出，要加强三种行业和二类产业。这就是：（一）涉及国家安全的行业。如军事工业、造币工业、航天工业等。由于这类企业的性质比较特殊，目前必须全资控股，国有国营。当然，有些发达市场经济国家，军事工业可由民间企业经营，政府采取订货采购方式。但由于我国市场经济尚未完全成熟，如果由民间投资经营军事工业，既不能保证军需品的供应，还会引起军事技术的扩散，直接危害到国家的安全和社会的稳定，这就必须在军工领域保持国有经济的垄断地位。（二）自然垄断的行业。如石油、天然气、大型煤矿等开发项目。由于这些项目投资规模大，回收期长，目前非国有经济还没有能力投资；出于经济安全考虑，又不宜让外资控股；国有经济必须在这些行业中占据主导地位。（三）提供重要公共产品和服务的行业。如大型基础设施建设（包括城市基础设施和交通运输设施）、大江大河治理、重点防护林工程、重点公益事业等社会效益大、受益面广、非国有经济目前尚无力承担或不愿承担的建设项目。至于全国性或跨省区的商贸公司和国家银行、商业银行、政策性银行构成的银行系统以及金融机构，由国有经济控制这些企业，可以起到稳定供给、平抑物价、安定人民生活、防止金融危机的作用。（四）支柱产业。目前我国确定的支柱产业有机械工业、电子工业、石油化工、汽车工业、建筑业、轻纺业等，国有经济在这些支柱产业中占支配地位，可以促进规模经济的形成，提高产品附加值和市场占有率，大幅度地提高国际竞争力，确保国家财政收入，对社会投资起龙头和导向作用。（五）高新技术产业中的重要骨干企业。如高新技术的开发、大规模集成电路的研制、重大技术设备的国际化等，对我国经济长期发展具有战略意义，但投资多，风险大，许多私人资本不愿投资，必须由国家给予有力的财政支持，重点投入，并通过投资引导和行业政策推动这些行业发展。上述三种行业和二类产业，都属于关系国民经济命脉的关键领域，是国有经济必须加强和控制的领域，都属于进的范围。在这里，国有企业要进，并不等于说其他所有制企业都不能进。有些行业，如一些支柱产业和高新技术产业，国有企业要控制，但也不必要完全把非国有、非公有经济的企业绝对地排斥在外。在此，国有企业必须进，非公有经济的企业也可以进，只是国有经济必须在上述领域起绝对的控制作用。

在作了上述分析之后，《决定》接着指出："在其他行业和领域，可以通过资产重组和结构调整，集中力量，加强重点，提高国有经济的整体素质。在坚持国有、集体等公有制经济为主体的前提下，鼓励和引导个体、私营等非公有制经济的发展。"对于这一段的内容，目前理论界有不同理解。有人在上段引文后接着说："这就是说，除了国家所控制的五个行业和领域之外，国家允许国有经济根据实际情况从其他行业和领域中退出来，以便缩短战线，集中力量，加强重点，提高国有经济的整体素质。而退出来的基本上属于竞争性和以盈利为目的行业和领域。""其他行业和领域可以放开，实行民营。"① 根据这种理解，国家所要控制的只是三种行业和两类产业，此外都要全部放开实行民营。这就是理论界较为流行的一种认为国有企业要从竞争性行业全部退出的观点。笔者认为，上述解释是不符合《决定》的原意的。《决定》明确指出，通过资产重组和结构调整，集中力量，加强重点，是指的"其他行业和领域"，并不是指国家必须控制的五种行业和产业。也就是说，在其他行业和领域中的国有企业，如果是规模大，起点高，整体素质好，在资产、产品、技术、人才、管理、市场营销、综合经济效益等方面具有一定优势，这种国有企业有一定的市场竞争力和发展后劲，不仅不要退出，而且要作为重点，集中力量，加大投入，作为"进"的对象。其他国有企业确实符合"退"的条件就要坚决退出。这也就是说，"在其他行业和领域"中，有进有退，而不是只退不进，完全让位。完全让位论是不符合《决定》的基本精神的。对于这点，从《决定》中对改组的分类指导可为实证。第一类情况是，"极少数必须由国家垄断经营的企业"，国家必须支持和发展；第二类情况是，"竞争性领域中具有一定实力的企业，要吸引多方投资加快发展"，这就是笔者认为在其他行业和领域中需要集中力量、加强重点的部分；第三类情况是，"对产品有市场但负担过重、经营困难的企业"，可以通过兼并、联合等形式，进行资产重组和结构调整；第四类情况是，"产品没有市场，长期亏损、扭亏无望和资源枯竭的企业"，以及浪费资源、技术落后等小企业，要实行破产、关闭。如果说第一类情况是指国家需要控制的五种行业和企业的话，那么后三类情况，

---

① 《经济日报》1999年11月15日。

都是指“其他行业和领域部分”，第二类情况属于“进”，第三、四类情况属于“退”，这就充分证明了，不是全部退出“其他行业和领域”，更不是全部退出“竞争性领域”（因为竞争性领域还应包括第一类中的有关部分），而是除了控制第一类的五种行业和企业以外，在“其他行业和领域”中也要有进有退，有所为有所不为。事实上，在“其他行业和领域”国有企业全部退出，既是不可能的，也是不现实的。这是因为：第一，在这些行业中，国有企业还有相当大的比重，有些企业已有一定的规模和水平，如果全部退出，一下子就大大削减了生产总量，形成畸形的供求关系，使这些领域的经济发展水平突然大大下降。如果这样做，实质上等于破坏国民经济的发展。第二，现有的非公有制经济的资本、技术、管理能力、经营水平都不可能有这么大的力量，能把这些行业从国有企业中全部接受过去，并很好地经营以促进经济的发展。这些不可能实现的事，如果强行退出，必将受到客观经济规律的惩罚。所以说，全部退出论，从理论上说是不正确的，从实际上看是行不通的。但有人硬说成是《决定》的精神，实际上是对《决定》的曲解。

四、抓大放小，提高国有经济的控制力和竞争力

国有经济的主导作用主要体现在控制力上。要提高国有企业的控制力和竞争力，必须“抓大放小”，推进国有企业的战略性改组。

（一）从宏观上来看的控制力。“国有经济在关系国民经济命脉的重要行业和关键领域占支配地位，支撑、引导和带动整个社会经济的发展，在实现国家宏观控制目标中发挥重要作用。”这是从宏观角度、从全国产业分布上来看如何增强国有经济的控制力。国家控制力的主要手段，一是对财政金融等经济部门的控制和运用，二是通过对关系国民经济命脉的关键领域和行业的国有企业的发展，掌握必要的社会经济资源，构成控制力的物质基础。通过这些部门和国有经济的发展，把控制力扩展到国民经济的其他各个方面，从而支撑、引导和带动非公有制经济和整个社会经济的发展，在实现国家宏观调控目标中发挥重要作用。相反，如果把非公有制经济全部取消，让国有经济百分之百地控制整个国民经济，就会分散国有经济的力量，背上沉重的包袱，既不利于国有经济的发展，更无所谓控制力的加强和主导作用的发挥。

（二）从微观上来看的控制力。企业是经济的微观主体，国有企业采取什么微观形式，用什么实现形式来增强国有经济的控制力，是研究如何增强控制力的重要课题。《决定》指出：“国有经济的作用既要通过国有独资企业来实现，更要大力发展股份制，探索通过国有控股和参股企业来实现。”改革开放前，我国国有企业的实现

形式主要是国有国营。改革开放后，开始探索公有制的多种实现形式。十四届三中全会后开始建立现代企业制度。但从目前情况看，公司制改制不太规范，没有形成权力有效制衡的公司法人治理结构。要建立现代企业制度，必须对国有企业实行规范的公司制改革。国有大中型企业适合搞股份制的要改为股份制企业，已改为股份制的要深化改革，进一步规范化，调整不合理的股权结构。大量国有企业可以是国家相对控股、实现股权多元化；即使是国有独资企业，也应尽量实现多家国有单位持有股权。实行股权多元化，有利于切实转换企业经营机制，形成有效运转的法人治理结构；实行股权多元化，可以改革企业的资产负债结构，减少企业对银行贷款的过分依赖，降低企业的财务成本；实行股权多元化，通过股份制筹集大量资金，解决企业技术改造和重点项目建设的资金，增强市场竞争力；实行股权多元化，能够吸收、组织更多的社会资本，放大国有资本功能，提高国有经济的控制力。在这里，形成了国有经济与非国有经济的联合合作，形成了多种所有制经济联合的混合企业组织形态，国有经济不再是对其他经济成分的排斥和否定，而是通过联合、合作的渠道来实现共同发展，以少量的国有资本运用大量的社会资本，真正实现放大国有资本的功能。

（三）从量和质的统一上实现国有经济的控制力。“国有经济应保持必要的数量，更要有分布的优化和质的提高。”国有经济在国民经济总量中必须占有一定的比例，否则国有经济的控制力就是一句空话。但这种一定的比例必须适当，也就是要把握好一个“度”。这个“度”，既能为国有经济起主导作用提供必要的数量基础，又不能因为所占的比例过大而影响到非公有制经济的发展。但控制力不仅是一个数量概念，更是一个质量概念，必须把数量基础和“分布的优化和质的提高”结合起来，才能从根本上增强国有经济的控制力。有数量而没有质量，不会有多大的控制力；数量少而质量高，就会以少控多，就会有更大的控制力。数量固然重要，而分布的优化和质的提高则更重要。随着国有企业改革和发展的日益深入，国有经济总量将会继续增加，但国有经济在国民经济中的比重将有所下降。这种比重下降和控制力的加强，是同一过程的两个方面，是国有经济战略调整过程中的辩证法，这种现象，《决定》明确指出：“不会影响我国的社会主义性质。”

如上所述，要从宏观角度上、从微观形式上、从量和质的结合上增强国有经济的控制力，发挥国有经济的主导作用，在目前阶段，在实际工作中，就要实行“抓大放小”的战略方针。“抓大”，就是要通过国有资产重组，集中力量，加强重点，着力培育实力雄厚、竞争力强的大型企业和企业集团，使之成为国民经济的支柱和参与国际竞争的主要力量。“放小”，就是要放开搞活国有中小企业，要积极扶持中小企业特别是科技型企业，使他们向“专、精、特、新”的方向发展，同大企业建立密切协作关系，提高生产的社会化水平。抓大放小，既是调整国民经济布局的客观要求，也是发挥国有经济控制力和竞争力的客观要求，更是国有企业改革和发展的一项重要而实际的具体工作。

必须重视大型企业和企业集团在国民经济发展中的重要作用。第一，大型企业和企业集团是我国经济发展中的重要骨干力量。他们能够适应社会化大生产的要求，具有雄厚的资金、大型现代化的专用设备，集中一批高科技人才，有较强的科技开发创新能力和比较科学的管理水平，因而产品的成本低、质量高、市场竞争力强，他们大都是在国民经济的关键行业中起着关键的作用，实际上是国有企业中的龙头。例如，国家集中力量抓好的1000户国有大企业和企业集团，只占全部国有企业总数的0.33%，却占国有资产总额的48%，占销售收入的49%，占利税的71%，在国民经济发展中起着举足轻重作用。因此，要发挥国有经济的主导作用，促进整个国民经济的发展，首先必须依靠大企业和企业集团的发展。第二，大型企业和企业集团是转变经济增长方式的主要依靠力量。要实现由粗放型经济增长方式向集约型经济增长方式转变，这一重要历史任务将主要由一批大型企业和企业集团承担。这是因为，要实现上述转变，必须依靠技术进步和管理水平的提高。大型企业和企业集团是产业技术进步的策源地，是现代化管理的推进者，具有强大的财力和物力，拥有相当数量和较高水平的科技人才，对产业技术开发和产品开发具有相当强的创新能力。在经济发展进入技术密集型和资本密集型阶段后，大型企业和企业集团就成为推动产业技术进步、实现科技成果转化的主体，成为实现经济增长方式转变的主要力量。第三，大型企业和企业集团的改革和发展，是实现整个经济体制转变的中心环节。建立和完善社会主义市场经济体制，是我国经济体制改革的战略目标。由于大型企业和企业集团在国民经济中的重要地位，决定了社会主义市场经济发展和完善的过程。国有企业改革的成效如何，国有经济结构调整的进展如何，国有经济的主导作用发挥得怎样，国有企业的实力和活力有否发展，控制力和竞争力有否加强，都会集中表现在国有大型企业和企业集团的机制转换和制度创新、科技创新、管理创新等一系列工作上来。国有大型企业的发展，也会引导和带动其他所有制企业的发展。第四，大型企业集团是我国参与国际经济竞争的主力军。由于大型企业集团的科技含量高、产品质量高、成本低、有较强的竞争力，因而比其他企业更具有开拓市场的能力；资本、商品、技术在国际间的流动，基本上是依托大型企业集团和跨国公司实现的。现在我国大企业的规模甚小、生产成本高、经济效益低，缺乏国际竞争力。中国500家大企业的资产总额、销售收入和总利润，还不及美国500家大企业的前三家之和。1998年美国《幸福》杂志排名推出的新的世界500强，中国虽有5家，但没有一家制造性工业企业，这说明代表我国生产力水平的工业企业还无力与国际大企业竞争抗衡。随着世界经济日益走向全球化和我国对外开放程度不断提高，跨国公司对我国的直接投资将会不断增加。随着入世的逐步实现，国内竞争国际化已悄然来临，如不尽快发展国有大型企业和企业集团，不尽快走向规模经营，国内企业不仅在国际市场上缺乏竞争力，在国内市场上也将有被跨国公司挤垮或兼并的危险，这不能不算是一个十分重要而又严重的问题。因此，发展国有大型企业和企业集团，既是国有经济发展所必需，也是增强国际经济竞争力所迫切要求，从这个意义上说，不仅是一个经济问题，而且是一个政治问题，是关系到我国的国际地位和社会主义发展前途的重大问题。

世界上一些国家的经验表明：经济稳定而又高速发展，不仅需要一批大型企业和企业集团，还需要有一大批专业化的中小型企业作为大企业的基础。以大企业为核心，周围聚集着一大批中小企业，通过专业化协作把大企业和中小企业有机地结合起来。大企业以资金、技术、名优产品的优势影响和带动中小企业的发展，中小企业则以小而精、小而专的特长围绕着大企业的整体目标行动，这既有利于克服众多中小企业之间的盲目竞争，也有利于加强政府的宏观调控和促进经济增长方式的转变。特别是在制造业中，能否建立起一大批由“小、精、专”组成的充满竞争活力的零部件生产体系，已成为各国经济振兴成败的关键。从我国目前情况看，中小企业已成为国民经济中的重要组成部分。1997年，在全国独立核算工业企业中的中小企业已达444568家，占企业总数的94.89%，在全国工业产值和实现利税中，分别占60%和40%左右。中小企业不仅可以成为大企业配套服务、成为专业化生产经营的企业群体，还可以吸纳更多的劳动力，创造市场活力。因此，抓大，不是只要大的，不要小的；放小，不是一放了之，撒手不管，而是要积极扶持中小企业，采取更加灵活的多种形式，加快中小企业改革的步伐，使他们尽快适应市场经济要求，在竞争中自主发展，优胜劣汰。当前我国国有中小企业存在着多而不强、多而不精的问题，急需进行调整，集中力量，加强重点，做大做强，向“专、精、特、新”的方向发展。有人认为，过去放开的只是国有小企业，为什么《决定》提出“中小企业”？把国有中型企业纳入放开搞活范围，这是中央不断总结各地实践经验的基础上做出的重大决策。我国原有企业划分标准，是在当时生产力水平和国内经济发展状况基础上形成的，现在与国外相比，与我国当前经济状况相比，企业规模较小，中型企业也仅仅相当于发达国家小型企业的规模。把中型企业纳入放开搞活的范围，有利于集中力量搞好大型企业，更好地推进国有企业实现战略性改组。[1] 由此可见，只有做好抓大放小工作，才能真正集中力量，加强重点，搞好搞活国有经济，充分发挥国有经济的主导作用。

五、对几种看法的商榷

一种看法认为，对国有经济进行战略性调整，是在国有企业经营困难条件下采取的撤退措施。笔者认为，这是比较表面而肤浅的看法，未能真正认识这次战略性调整的本质性的重要意义。的确，在国有企业改革的三年近期目标中提出：用三年左右的时间，使大多数国有大中型亏损企业摆脱困境。这是从当时的实际情况出发而采取的措施。由于当时部分国有大中型企业亏损严重，如不走出困境，一切改革都无从谈起。但改革的目的不只是为了摆脱困境，而是要使国有经济发展壮大，真正成为国民经济的支柱。所以近期目标在谈到用三年时间摆脱困境的同时，还提出了到20世纪末要初步建立现代企业制度，为今后的进一步改革打下基础。所以《决定》又及时提出2010年的中长期目标，最终要使国有经济在国民经济中更好地发挥主导作用。所以对国有经济进行战略性调整，从有些行业退出来，不是说国有经济不行了，要退出，要让位，实质上是通过对国有企业的改革促进其发展，集中力量，加强重点，发展大企业，提高质量，提高控制力和竞争力，使国有企业真正成为“我国国民经济的支柱”。调整，绝不是碰到困难无可奈何地实行撤退的选择，退是为了更有效地进，而是为了充分发挥国有经济的重要作用。通过调整，有进有退，一方面，一些国有大企业更强大了，科技创新力提高了，管理水平提高了，产品质量提高了，经济效益提高了，成为先进的国家队、世界队，可以参加世界市场并与跨国公司竞争，大大提高国内和国际的竞争能力，有力地发挥主导作用并推动整个国民经济的发展；另一方面，在国有企业引导、支持下，非公有制经济也将得到迅速发展，在统一的市场经济中，形成各种所有制经济公平竞争、共同发展的繁荣昌盛局面，更好地实现社会主义初级阶段基本经济制度的要求。可见，调整的最终目的，绝不是为解困而撤退，而是为了国有经济的发展壮大，为了社会主义市场经济更加发达繁荣。因此，调整不是权宜之计，而是重要的战略方针，是推进社会主义

---

① 1999年8月，由国家计委牵头，国家统计局、国家经贸委和财政部共同参与对《大中小型工业企业划分标准》进行修改。新的划分标准，不再沿用旧标准中各行各业分别使用的行业标准，而是统一按销售收入、资产总额和营业收入的多少归类，主要的考察指标是销售收入和资产总额；划分的依据是根据1998年的统计数据，参照一些国家的标准及各类企业占企业总数的比重，结合我国的实际情况，大型企业的标准定为年销售收入和资产总额均在5亿元及以上（其中特大型为50亿元以上），中型企业为5000万元以上，其余为小型企业。

经济发展的重要战略方针，这就是问题的实质所在。

有一种看法认为，在社会主义国家，把国有企业出售给个人成为私营企业，就是实行私有化。的确，上述情况，如果按照人们的一般理解，或从西方经济学的定义来看，这无疑是属于私有化的举措。但是在这里，必须从科学的概念出发来解释私有化的含义。把个别国有企业卖出成为私营企业，这只是个别企业为私人所有，并不是社会经济制度的私有化。什么是个别企业的私有，什么是社会经济制度的私有化，是必须严格区别认真弄清楚的问题。个别企业的私有，着重在该企业内部，由私有者确定企业管理体制、组织资本营运、进行财产的分配与再分配。社会经济制度的私有化，例如资本主义经济制度的私有化，即在资本主义私有制的基础上，全面建立与私有化企业运行相适应的市场体制，创造使资本主义所有制能够再生产的一切条件。又如前社会主义国家的私有化，是在个别企业私有化的基础上，实现“制度转型”“制度变迁”，即整个社会经济制度向资本主义转变，用资本主义经济制度取代社会主义经济制度。我国是社会主义国家，当前处在社会主义初级阶段，实行以公有制为主体、多种所有制经济共同发展的基本经济制度。只要我们坚持以公有制为主体，充分发挥国有经济的主导作用，即使存在一定数量的私营企业，也不会出现社会经济制度的私有化。防止社会经济制度私有化，必须大力改革和发展国有经济，坚持以公有制为主体和国有经济为主导，发挥国有经济的控制力和竞争力。个别私有企业在数量上的增加并不等于社会经济制度的私有化。只有到个别企业私有达到相当高度，公有制虽未完全消失但已不占主体地位，国有经济在国民经济中失去控制力已不再起主导作用，这时就会由个别企业私有的量变引起社会经济制度私有化的质变，就会出现“制度转型”，出现由社会主义经济制度向资本主义经济制度的转变，才会出现社会经济制度的私有化。由此可见，是否出现私有化，主要在社会经济制度方面，而不是在个别国有企业转变为私营企业的数量方面。《决定》明确指出，随着调整的进行，国有经济在整个国民经济中的比重还会有所减少，“只要坚持公有制为主体，国家控制国民经济命脉，国有经济的控制力和竞争力得到增强，这种减少不会影响我国的社会主义性质”。江泽民同志在东北和华北地区国有企业改革和发展座谈会上的讲话中指出：“我们要积极开拓，勇于进取，但决不搞私有化。这是一条大原则，决不能有丝毫动摇。”[①] 我们必须将个别企业私有与社会经济制度私有化严格区别开来。如果将出售个别企业说成是私有化，就有可能束缚实事求是处理某些国有企业问题的手脚，影响调整的进行。如果将国有企业出售后改为私营

---

① 《光明日报》1999 年 8 月 13 日。

的企业仍然硬说它是公有制企业，也不可能令人心悦诚服。必须从实际出发，实事求是，将上述两个不同含义的概念区别清楚，才有理论的说服力。

又一种看法认为，国有企业是国家所有，代表国家执行职能的是政府，政府应积极组织一些国有企业退出，必要时还应给予实物资产或货币资本补贴，也可给予某些优惠的政策补贴。这里说的是如何退出的问题。但有一个问题必须明确，我们的目标是建立和完善社会主义市场经济体制，在退出时主要是实现政府行为还是实现市场行为？笔者认为，主要应该采用后者。政府不必对退出的企业作硬性规定，但应允许其他所有制企业自由进入，与国有企业平等竞争，由市场决定国有企业的进退，使那些适应市场经济要求的具备竞争力的各种不同所有制经济的企业，由市场推选出来，并能顺利淘汰那些适应性差、不具备竞争力的企业。随着市场环境的继续改善，非公有制的投资能力不断增强，不同所有制平等竞争的格局逐步形成，市场选择功能进一步增强，通过竞争，优胜劣汰，逐步选择出最适宜于市场经济的企业，这就是在多种所有制经济共同发展中逐步完善社会主义市场经济体制，在国有经济日益发展壮大中充分发挥主导作用，充分发挥控制力和竞争力，使社会主义市场经济出现完善、壮大、繁荣的新局面。

发表于2000年第3期

落实税收法定原则与坚持依法治税的中国道路

邓力平*

一、对落实税收法定与坚持依法治税的基本看法

从根本上说，我们是在坚持中国特色社会主义的前提下推进税收法定与依法治税进程的。我们要在把握现代国家治理与市场经济对法治税收一般要求的同时，探寻符合我国国体政体、体制特征、发展阶段等国情条件的税收法定与依法治税之路，要形成共性与特性结合的中国法治税收模式。在当今中国，落实税收法定原则，全面推进依法治税，就是要持续推进中国特色社会主义税收发展，就是要在现有基础上加强对新观点的研究，持续走好中国特色法治税收道路。必须说明的是，税收法定与依法治税相互联系、相互交叉，是相辅相成、依次递进的整体进程。在本文中，税收法定主要是指税收法制建设与相关的税收法治思维，依法治税强调的则是国家税务部门据法而从事的征收活动及相关工作思路。

就税收法定而言，伴随着改革开放进程与多轮税制改革，我国税收法制建设持续地向前推进。虽然在特定的历史条件下，税收法定原则的现代表述还需要继续探索，但其精神实质已在实践中逐步体现并发挥作用。我们创造性地探寻并实践了“体现精神，逐步实行；内外有别，分类推进”的中国税收法定路径。一是在理论上，我们已经形成了这样一种辩证认识。一方面，对现代税收法定原则的基本要求已经形成共识。这些要求包括，现代税收必须依法而征，必须有一个完备规范的财税法体系，税收要素要能法定，征税程序要能法定，税收作为公民财产权利的一种必要让渡必须得到法律的确认与保护。另一方面，税收法定原则既是国际社会公认的现代法治税收的重要准则，但并不存在脱离具体国情的普世实现模式。一般的实现模式应该与不同国家的特殊要求相结合，要把握的是税收法定精神，要坚持的是

---

* 邓力平，厦门国家会计学院院长，厦门大学经济学院教授、博士生导师。

税收法定现实，要依据的是一国特定阶段的实际要求。二是在实践中，改革开放之初，对于从计划经济中走出来的中国税收而言，必须从实际出发，探寻一个能在法律框架内有效发挥税收功能的现实路径。一方面，我们对涉外税收直接制定法律，适应着当时扩大对外开放与对接国际惯例的需要，涉外税制成为我国税制改革与法制建设的突破口。另一方面，我们对国内税收主要采取了授权立法的方式，以适应经济社会发展与体制改革探索的需要。全国人大在1985年通过了“全国人大税收立法授权决定”，开启了在特定发展时期用税收条例取代税收法律的发展进程。30多年来，这种带有鲜明时代特征的现实做法已经起到了积极作用。简言之，从特定时期需要、已有法律规定、立法工作实践与税收功能发挥等事实出发，可以认为，税收法定原则在我国已经初步成型与基本确立，这就是为何在党的十八届三中全会决定中对“税收法定原则”采用的是“落实”而不是“确立”之原因所在。我们也要看到，用今天全面依法治国的要求来衡量，税收法定原则在我国税收立法工作中还没有得到全面落实，还有许多税种仍依国务院的暂行条例来实现征收，税法授权的时间也相对过长、范围也依然过广。因此，今天既有全面落实税收法定的现实基础，又有全面落实这一原则的时机与条件。当前我们对中央“落实税收法定原则”要求的贯彻，是已有税收法定原则实现之中国道路的持续前行，而绝不是另辟新径、再起炉灶，这种“落实”是在中国国体政体与国情条件下的落实，而不是重寻他国模式的“落实”。

就依法治税而言，在改革开放的30多年中，我国税务部门持续坚持依法治税这一现代国家税收与市场经济的要求，在实践中探索具有中国特色的依法治税模式，特别是在我国运用市场经济为主配置资源以后，国家税收与法治税收结合的要求使得我们不断提高对依法治税的重视，不断赋予“收税带队”这一我国税务系统永恒主题新的时代要求。历任国家税务系统领导都对依法治税持续地予以重视并提出了许多有效的工作思路。特别是在1997年“依法治国”被写入党的十五大报告后，时任国家税务总局局长的金人庆同志在1998年明确提出的“依法治税、从严带队”口号，第一次将“收好税”与依法治国有机地结合起来，体现了中国税收在现代法治条件下继续前行的决心。而本届国家税务总局党组上任伊始，就响亮地提出了“提升站位、依法治税、深化改革、倾情带队”的口号，更是给中国税收“收税带队、服务大局”的主题注入了新的活力。而在党的十八届三中、四中全会后，国家税务总局更是提出了“全面推进税收现代化”的战略目标，并将“完备规范的税法体系”置于国家税收现代化六大体系的首位，使依法治税成为全面推进国家治理与依法治国的重要组成部分。与此进程相适应，我国税收理论工作者也在不同时期做了许多创新意义的工作。例如，如何在依法条件下发挥国家税收的职能，如何妥善处理好依法治税与税收任务关系，如何妥善处理好依法征管与纳税服务关系等，都涌现了一些重要的观点，当然，我们在依法治税方面也还存在着不足，理论上也有深入探讨的必要。但站在今天这个时点上，伴随着全面深化改革与全面依法治国进程，依法治税理念已是根植于中国税收中的指导思想。要研究的是在新形势下依法治税的实现形式并赋予更丰富的内涵。

二、在新形势下探寻“落实税收法定原则”的中国道路

当前，按照“落实税收法定原则”与加快法治税收建设的要求，我们在落实税收法定方面又迈出了新的步伐，其标志性成果有四。一是2015年十二届全国人大第三次会议对《立法法》进行了修订，对原来就已有所体现的税收法定原则进行了重申与强化，对全国人大及其常委会的税收专属立法权做出了单列细化规定，使之更加明确。二是有关方面就“力争到2020年前全面落实税收法定原则”目标达成了共识，形成了与深化税制改革步伐相协调、将现有税收条例逐步上升为法律的时间表。三是全国人大与国务院财税部门各尽其职，做到税收立法与税收执法的有效分工与合理衔接，在税收法定条件下有效地发挥国家税收职能。四是财税理论工作者继续探索落实税收法定的中国道路，尽管在具体观点上还存在分歧，但探索税收法定原则落实之中国模式的方向是一致的。

（一）税收法定原则在《立法法》修订中得到了重申与强化

十二届全国人大及其常委会对《立法法》的修订，体现了税收法定原则在我国的进一步落实进程。这次修订前，2007年通过的《立法法》第八条“下列事项只能制定法律”中的第八款为“基本经济制度以及财政、税收、海关、金融与外贸的基本制度”，这已将税收作为全国人大的专属立法权加以表述。同时该法第九条规定：“上述规定事项尚未制定法律的，全国人民代表大会及其常务委员会有权做出决定，授权国务院可以根据实际需要，对其中的部分事项可以制定行政法规，但是有关犯罪和刑罚、对公民政治权利的剥夺和限制公民人身自由的强制措施和处罚、司法制度等事项除外。”正是依据这些规定，我们开启了前述的国内税法授权进程。

认真比较修订前后的《立法法》中关于税收法定的相关表述，认真研究此次修法中体现的基本精神与法理基础，至少可以得出下面三个基本结论。

1. 必须把握税收法定原则在我国立法中体现的动态进程

笔者的基本判定是，税收法定原则在修订前的《立法法》中已经存在并在修订后的《立法法》中得到强化。有些学者认为，税收法定原则在原《立法法》中没有

得到体现，这是不合实际的。税收法定原则在原《立法法》第八条第八款中已有体现，只是税收是在基本经济制度之下并与财政、海关、金融与外贸等基本制度并列，没有特别加以突出。而修订后的《立法法》将税收法定原则单款单列，是为了突出强调与更好落实。笔者还认为，原来之所以把“税收基本制度”和“财政基本制度”“海关基本制度”“金融基本制度”“外贸基本制度”一起，作为“基本经济制度”的“以及”而出现，作为一款来共同表述为全国人大的专属立法权，主要是从基本经济制度以及财政、税收、海关等“子制度”设立的角度来看问题，这是正确的，“税收基本制度”还是从属于“财政基本制度”的。但是，修订前《立法法》的这种表述，用税收法定原则来看，主要不足有二：一方面，这种表述无法体现税收是国家对公民财产的一种“占有”和“获取”，无法体现纳税人缴纳税收是一种“奉献”的特定含义；另一方面，税收法定是国际社会公认的特定领域行为准则，但在金融、外贸等领域中没有这样的对应。税收与金融、外贸等并列只是在“基本制度”上对应的。因此，这次《立法法》将税收专属立法权单列，并将其位置从二审稿时的第九款调为最终稿时的第六款，与国家对公民其他权限“剥夺”的对应款项相联系，直接置于这些款项之后，主要就是基于这样的考虑。

2. 正确理解修订后的《立法法》第六款对税收专属立法权的表述内容

一段时间内，对这些专门表述的解读成为理论界争论的焦点，也是广大纳税人与新闻媒体关注的问题。在十二届全国人大期间，常委会先后对《立法法》进行了两次审议。在二审稿时，关于税收法定的单列表述是，“税种、纳税人、征税对象、计税依据、税率和税收征收管理等税收基本制度”必须由法律规定。广大委员就此进行了认真讨论，也出现了正常的意见交流。笔者在审议中提出的观点是，税收法定主要针对税收基本制度与税收征管基本制度，同时应该为财税部门行使税收职能留下必要的运作空间。而后的三审稿根据委员们的审议意见，将这一专门表述改为“税种的开征、停征和税收征收管理的基本制度”必须由法律规定，并最后以此表述提交十二届全国人大第三次全体会议审议。笔者认为三审稿的表述比较合适，因为这已经反映了“税收基本制度与税收征管基本制度”这两个税收法定的基本方面。众所周知，在大会期间，这一修改后的表述引起了一些争议，焦点就在于“税种是否包含税率”这一涉及原属于税收常识的内容。作为税收理论工作者，笔者从来认为，税种的设立就已经包含对税率的确定。而作为人大代表，笔者也理解在当前我国经济社会发展阶段上广大纳税人对税率确定问题的特别关注与敏感程度。因此，笔者最后赞同有关方面提出的表决修订稿，即“税种的设立、税率的确定和税收征收管理等税收基本制度”应该由法律确定。应该说，《立法法》审议过程中对税收法定单独表述的充分讨论，并最终以大会修订立法的形式加以通过，体现的是广大代表对落实税收法定原则要求的支持，也体现了科学立法、民主立法与党管立法的要求。现在《立法法》已经通过，对于税收法定的表述已经确定，必须予以执行，必须站在落实税收法定的高度进行理解，而不再纠缠“税种是否包含税率”问题。理论探讨依然可以有，各种表述依然各有道理，但税收法定得以确定的意义始终是首位的，法律的严肃性必须得到尊重。

3. 深刻体会修订后的《立法法》第九条对税收授权保留的意义

在改革开放进程中，根据原《立法法》第九条的规定，行政部门从全国人大得到的税收授权是合法的，也是必需的。当然用今天落实税收法定原则的要求来看，现实中税收法规的层次上显然不够，至今为止，我国目前 18 个主体税种中仍有 15 个是根据相关条例运行。因此，税收条例上升为税收法律的进程还有待加快。但这里有一个关键问题，就是既要通过对税收专属立法权的单列来加快落实税收法定的进程，又要考虑在过渡期内使行政部门在行使税收职能方面具有合法性。正是基于这样的考虑，在新修订的《立法法》中，继续保留了第九条授权国务院可以根据需要制定税收法规的条文，为在过渡期内依法治税提供了法律保障。还要特别指出的是，在修订后的《立法法》第八条中，虽然将“税收专属立法权”列为第六款（主要从税收是国家对公民财产权的“占有”和“获取”的一般意义上说），列于“犯罪和刑罚”（第四款）、“对公民政治权利的剥夺和限制公民人身自由的强制措施和处罚”（第五款）之后，但在第九条中，“税收专属立法权”并没有同“犯罪和刑罚、对公民政治权利的剥夺和限制公民人身自由的强制措施和处罚”和司法制度等事项一起归入“授权”除外的事项中。在修法过程中，之所以没有采纳某些学者提出的“将税收立法、对公民财产权剥夺等”也纳入“授权除外”的观点，主要是表明“对公民财产权占有”的税收与其他对公民权利的剥夺，既有其一定程度上的共性，但又存在着明显差异。缴纳税收是每个公民必须承担的义务，这与其他被剥夺的权利是不一样的。因此，修订后的《立法法》在“授权除外”中区分了这两类“占有”或“剥夺”的情况，这不仅是过渡期中保留税收授权的法律必要，也是在法理上坚持了国家税收与对应征纳关系的特定含义。

（二）税收法定原则在中国落实的现实性

“力争到 2020 年全面落实税收法定原则”的路线图与时间表已经形成。这一共识的达成体现了税收法定原则在中国落实的现实性，主要有三个方面。

1. 确定了税收法定原则全面落实的目标

党的十八届三中与四中全会提出了“深化财税制度改革、建立现代财政制度”

与推进法治财税建设的要求，有关方面就是在这样的背景下加快了税收法定的步伐。以后凡是要开征新税的，要由全国人大及其常委会制定税法，即“先立后征”。同时，要根据“改革要和立法同步”“改革成熟的经验要上升为法律”的要求，对现行税收条例进行修改的，一般都要上升为法律。此外，对于其他的税收条例，也要根据实际情况，要区别轻重缓急，特别是要在权衡对税收收入的影响，加快税收法定层次提高的步伐。

2. 税收法定原则的落实要与税制改革进程相适应

多年来，当我国税制还处在不断变动时，许多条例还不具备上升为法律的条件，这时依法治税的层次虽然较低，但符合现实。而当税制改革进程已经开启，特别是当我们已经提出了构建税收现代化目标时，在改革与法治的旗帜下，就必须加快税收法定的进程。增值税条例就是典型的例子。当“营改增”改革还在进行时，该条例就还有存在的必要。而当现在已经接近“营改增”的最后阶段时，该条例尽快上升为法律就是水到渠成，这种渐进次优的税制改革成功经验必然要体现在税收法定的实现过程中。

3. 税收法定原则的落实必须在顶层设计引领下积极稳妥地逐步实施

这里的顶层设计，就是包括对我国国体政体的坚持，包括对中国特色税收所具有的“做大蛋糕、促进发展”等功能的把握，包括对税收法定原则落实必须考虑的现实性等方面。对这一进程的把握，既要积极稳妥又要实事求是。当前，各方对这一进程已经形成了统筹兼顾的路径共识。要全面衡量税收条例上升为法律可能涉及的改革方案。既要加快税收立法步伐，从现在到 2020 年，要完成 15 部条例的法律提升工作，平均一年 3 部，这是繁重的任务，要有紧迫感；但又要实事求是，这就是我们在总目标提法上加上“力争”二字的深刻含义。

（三）全国人大与国务院在落实税收法定原则方面更加密切配合

在中国特色社会主义的国体政体中，全国人大及其常委会作为税收立法机关，国务院及其财税部门作为税收执法机关，都是在党的领导下，为全国人民共同利益而奋斗的，两者目标一致，应该在落实税收法定原则的进程中相互理解、相互配合、各司其职、共同努力。税收立法人大确定，税收工作财税部门承担，税收立法与税收执法既要各自定位，又要互相促进。只有这样，税收法定原则才能真正加以落实，税收的收入职能与调控职能才能得到有效实现。

1. 全国人大及其常委会为落实税收法定原则做了大量工作

要落实税收法定，最终就是要逐步实现每一个税种都要以国家立法机关制定的法律作为征收依据的目标。这里主要有三个方面。首先，全国人大要主导提出实现所有税种都有对应法律的任务要求，要通过顶层设计，努力形成完备规范、税制要素科学规范、征纳权利义务明确、税收征管有效运作的税收法律体系。其次，基于实事求是的原则，全国人大应在财税部门的配合下，分期分批明确落实税收法定原则的具体时间表。对拟新开征税收的法律制定，要加快推进步伐，如环境保护税；对正在进行和需要改革的税种，要通过制定法律来推动改革，如资源税与消费税；对已经进行试点改革的税种，要通过加快法律的前期工作来推动全面改革的步伐，如增值税转型；而对于中央决定明确提出立法要求的，则要作为人大牵头的重点立法工作加以推动，如房地产税的立法与相应改革启动。再次，对税收授权立法制度在当前的实施，全国人大要在法律框架内依法履职，同时予以实事求是的对待。在税收授权立法依然有效的期间内，全国人大要旗帜鲜明地支持财税部门履行其调整税率等政策行为，并对税收政策运用进行监督。全国人大还必须创造条件来提升税收立法层次，通过与执法部门的沟通协商，通过机制评估等有效机制，在适当的时间并用适当的形式来逐步实现全面立法的目标。

2. 财税部门在实际工作中不断提升对税收法定落实意义的认识

首先，财税部门对全国人大的税收立法工作给予了全力支持，配合全国人大相关专门委员会分门别类地做了大量前期工作。其次，在税收立法授权存在的现阶段中，财税部门特别注重对税收法定原则的尊重，在税收政策运用（包括税率变动）时更加注意方式方法的调整。例如，在油价下跌时，财税部门上调了燃油税率有时也根据需要上调了烟草税率。一些学者认为这些做法违背了税收法定原则，指责有关主管部门已经越权。这种观点是一种误解。全国人大对国务院的税收授权依然存在，对燃油税率与烟草税率调整的职权依然在财税部门，这是合法的，而且有关部门在行使这些权限时已经经过了必要程序。需要特别强调的是，就是在将来所有税收都上升为法律的条件下，法律或执行细则中还是可以且必须赋予财税部门必要的处置权限，对税率也是可以制定调整幅度的。税收法定的核心是要在法治框架内发挥税收的职能，税收工作、税收政策运用在任何国家都是财税部门完成的，不可能由立法机关来完成，这是常识，也是必须坚持的。

3. 理论界对建设中国特色法治税收的观点更趋一致，为落实税收法定提供了理论支撑

我们既要坚持现代国家对税收法定原则的一般要求，还应在中国特色社会主义法治国家建设的前提下，在中国特色社会主义税收的持续发展中来把握税收法定原则的实现形式。就现代法治国家中税收法定原则的要义而言，最简单地说，税收法定原则要求的是，对于征税行为，一是必须由立法机关立法决定，二是征收机关必

须据法而从事税收征收活动。然而，正如市场经济作为资源配置方式有其基本原则，但在现实世界各国实践中却存在着不同实现模式一样，税收法定原则受制于不同国家的国体政体与发展阶段等国别政治经济因素，其实现形式必然是既有共性又有差异。我们绝不能将西方国家税收法定原则实现形式视为放之四海而皆准的普遍模式而生搬硬套地加以模仿，而应在持续构建中国特色社会主义税收的进程中，探寻税收法定原则之中国特色实现模式与推进路径。

笔者要强调的是，税收理论工作者要有社会与体制责任感。不少学者为落实税收法定原则做了大量工作，贡献有目共睹，这里不予展开。但也要看到，还有一些学者（特别是个别年轻学者）片面强调税收法定原则的共性，或者沿用西方国家“三权分立、两院制”下的税收法定原则之做法来对比我国实践，或者片面夸大全国人大与国务院在税收法定问题落实上的分歧，这些都是不恰当的。特别是在当前经济下行压力、社会矛盾复杂存在的条件下，在社会舆论急需引导与社会急需正能量的条件下，理论工作者要有更强的社会责任感。关于税收法定的不少研究，常常不仅仅是理论探讨，往往会带来较大的社会影响。因此，我们要多强调税收法定就是要努力让国家税收在法律框架内发挥作用的观点，要多强调国家税收是为广大人民群众根本利益服务的观点，要多强调经济社会发展都有纳税人贡献的观点，要多强调全国人大与国务院都是在党的领导下各司其职、相互配合的一致性，要多宣传税收理论界在税收法定理论上已经达成的共识。

三、在依法治税框架内完成“预算确定的税收收入任务”

当前，在中国特色税收发展的新阶段中，如何依法组织好税收收入，这是税务战线面临的重要任务。在《预算法》修订后，在我国预算管理体制进行改革后，特别是面对经济下行压力的现实，如何理解依法征管与税收任务的关系，这是重要的理论与现实问题。正是在这样的背景下，国家税务总局提出了“预算确定的税收收入任务”的新提法，这需要税收理论界工作者深入加以研究。笔者（2015 年）明确支持这一提法，这里结合《预算法》和财政体制改革做进一步的论述。

笔者认为，从组织收入的必然性、制约性与合法性来看，“预算确定的税收收入任务”是在经济发展新常态下依法征管与税收任务共存的新形式，应该理直气壮地予以坚持。这一观点有五层含义，一是税收任务必须存在；二是在新预算管理体制下，这一任务是预测性指标；三是预测性任务仍然也是任务，当预测性指标通过人大程序后，就是预算确定的税收任务，税务部门就必须努力完成；四是在完成预算确定收入指标的过程中，要努力克服各种执行中的偏差；五是如果在实践中，由于种种原因难以完成预算确定的税收任务，可以通过法定程序报人大批准调整预算。这一理解体现的就是依法治税下依法征管与税收任务的统一，就是探寻在全面依法治国下依法治税的实现形式。

（一）税收任务在我国必须长期存在

在我国特有的“经济税收观”与“集中力量办大事”等体制特征下，税收任务从来都不是可有可无，无论采取何种形式，无论是强制性的还是预测性的，税收任务的存在都是必然的、长期的。“经济决定税收”，强调的是在经济发展的前提下必须依法治税；而“税收反作用于经济”，强调的是税务部门必须要完成的围绕中心、服务大局、促进发展、维护稳定、支持就业，乃至支持小微企业发展等重要任务。长期以来，税务部门这些职能发挥的主要载体就是税收任务，就是通过这些任务的变动来实现税收政策作用的力度与方向。在新时期中，要改革与完善的只是税收反作用于经济的形式，而绝不是改变或取消税收反作用于经济的职能。源于这种判断，我们对于税收任务与我国经济制度及关键体制的长期并存性，必须始终保持清醒的认识。

（二）在新预算管理体制下，税收任务将体现其预测性指标的特性

根据党的十八届三中全会的要求，我国财政年度预算的重点从收支平衡、赤字规模向支出预算、财政政策拓展，并在时空上扩展了对财政平衡的理解，赋予了收支平衡更多的内涵，例如，各级政府都要制定跨年度平衡预算，都要逐步制定中长期财政规划，乃至中长期预算。在这种新预算管理体制下，年度的支出是刚性的，而以税收收入为主的预算收入就由约束刚性转变为预测性。我们必须在新预算体制下来全面理解财政收支平衡原则，要在这种新解读下来把握对必须存在的税收任务之影响。一方面，必须明确税收收入转为预测性收入有其必然，因为我们已经不再拘泥于年度平衡的传统做法，要更好地把握短期赤字措施应用与长期财政平衡地位的关系，要在把握这种关系的前提下看待税收任务存在形式产生的变化。但另一方面，预测性任务依然也是任务，税收任务的存在是中国特色税收的立足之本，其本质内容将长久不变，将始终与体制共存，改变的只是形式，而不是内容。特别要强调的是，在现行财政管理体制主要转向支出管理的条件下，财政部门主要从事支出管理，税务部门主要完成税收任务，财政主管部门与税务执行部门在税收任务提法上的一些区别，反映的是两者职责的不同，本质上是没有矛盾的，反映的是各方在实现财政收支平衡新原则过程中的各尽其责与不同侧重。

（三）预测性税收任务一经人大批准，就是法定的税收任务

执行预算确定的法定任务指标就是依法治税这一观点是理解当前依法征管与税

收任务的关键。作为预算收入征收单位的税务部门，必须全力完成具有法定要求的预测性税收任务。在这里，通过对修订后《预算法》第 36 条、55 条与 62 条的全面解读，有助于我们把握依法治税与税收任务并存的法律依据。首先，修订后的《预算法》第 36 条指出："各级预算收入的编制，应当与经济社会发展水平相适应，与财政政策相衔接。"这里讲的是编制包括税收任务在内的收入预算时，应该考虑与经济社会发展水平相适应，这讲的是经济决定税收；而这次修订时新增加的"与财政政策相衔接"的要求，强调的就是新预算管理体制对税收任务存在特征的新要求。而将这种"相适应"与"相衔接"的要求考虑在内后，一旦各级人大对收入预算予以表决通过，就形成了"预算确定的税收收入任务"这一事实。其次，修订后的《预算法》第 55 条，专门对包括税务部门在内的预算收入征收部门提出了明确要求。该条指出："预算收入征收部门和单位必须依照法律、行政法规的规定，及时、足额征收应征的预算收入。"这里强调的就是税务部门必须全力完成预算确定的税收任务。再次，修订后的《预算法》第 62 条对各级政府提出了要求："各级政府应当加强对预算执行的领导，支持政府财政、税务、海关等预算收入的征收部门依法组织预算收入。"将《预算法》的这三条联系起来看，结论是清楚的。落实预算确定的税收收入任务就是贯彻执行预算法，预算收入指标（任务）经本级人大批准后，就应按照批准的预算执行，这就是依法治税。而在实践中，也就是落实国务院依法而制订的《关于深化预算管理制度改革的决定》，税务部门要努力做到"应收尽收"，全力做好"依法组织预算收入"的工作，而各级政府要全力支持依法治税工作的开展。

（四）要克服执行预算确定的税收收入任务中可能出现的各种问题

多年来，税务部门在完成税收任务时也的确出现过一些问题，主要就是极易导致财政政策"顺周期"运用的"收过头税"与"藏富于民"行为。也正是基于此，人们对税收任务的存在常常多有微词，对协调依法征管与税收任务之间可能出现的矛盾产生怀疑。为了克服这些问题，修改后的《预算法》第 55 条做了明确规定："预算收入征收部门和单位……不得违反法律、行政法规规定，多征、提前征收或者减征、免征、缓征应征的预算收入，不得截留、占用或者挪用预算收入。"这里讲的"多征、提前征收"就是经济下行压力大、税收收入任务完成有困难时往往容易出现的"收过头税"问题；而这里讲的"减征、免征、缓征"，就是指经济形势较好、税收任务较易完成时易出现的"藏富于民"问题。这里特别要提及的是，在《预算法》第 55 条中，新增加了这一表述："各级政府不得向预算收入征收部门和单位下达收入指标。"当前税收理论界对这句话有不同解读，有的学者将这句话解读为从此不再有税收任务。笔者认为，这是一种误解。这里仅点明《预算法》审议过程中的一个事实。在三审稿中，这句话是放在第 36 条中（对应的是第四章预算编制），而最后表决稿中是将这句话挪到了第 55 条（对应的是第六章预算执行），这一变动含义清晰，意义深远。各级政府不得在预算“执行”过程中向税务等预算收入征收部门和单位下达收入指标。显然，这里讲的是“超预算”的收入指标，而不是“预算确定”的收入指标，要纠正的是在“执行”中常常出现的问题，而不是否认收入征收部门对“预算”收入任务的执行。

（五）预算确定的税收收入任务难以完成时，可采用预算调整的办法进行变更

一方面，税务部门要努力依法征收、应收尽收；但另一方面，给定现行经济结构与税制结构条件，在经济处在下行区间的情况下，经预算确定的税收任务的确也存在着难以完成的可能。在这种情况下，可以通过预算调整来实现税收任务的变动，这也是依法征管与税收任务结合的另一种表现形式。

最后，还必须强调的是，在《预算法》内对税收任务进行规范是符合依法治税与国情体制要求的。《预算法》第一章“总则”就点明：“为了规范政府收支行为，强化预算约束，加强对预算的管理和监督，建立健全全面规范、公开透明的预算制度，保障经济社会的健康发展，根据宪法，制定本法。”将“规范政府收支行为”作为预算调整的目标，是《预算法》立法的核心，将税收为主的政府收入都纳入预算管理范畴，这就为“预算确定的税收收入任务”提供了法律框架。有些学者认为：“不要预算不也照样收税，依据单行税种法与《税收征管法》不也可以收税。”这种观点就是要把税收任务从法律框架中排挤出去。认为《预算法》只应管支出，不必管收入，实际上就是要在法制框架内不给税收任务于空间。这是对依法治税的曲解，是对税收任务必然存在之中国特色的不理解。同样是现代意义上的支出管理体制，在各个国家与体制下的表现形式是不同的。笔者认为，依法治税，依的法就是由《预算法》、税种单行法与《税收征管法》等共同组成的中国财税法体系，“预算确定的税收收入任务”在这一体系中的地位是不容否认的。总之，在法治税收条件下，我们就是要把税收任务纳入中国特色法制框架内，赋予法治精神，给予理论支撑，让税收任务在依法治税的前提下得以完成。

发表于 2015 年第 5 期

参考文献：

［1］邓力平：《对中国特色税收新发展的几个问题的思考》，《国际税收》2015 年第 6 期。

[2] 邓力平：《和谐税收与“十二五”时期我国税收发展》，《税务研究》2010年第10期。

[3] 冯淑萍、张永志：《全面落实税收法定原则》，载全国人大常委会办公厅等编《庆祝全国人民代表大会成立60周年理论研讨会文集》，中国法制出版社，2015年。

试析社会主义市场经济条件下更好发挥政府作用的理论依据

李建平*

党的十八届三中全会通过的《中共中央关于全面深化改革若干重大问题的决定》(以下简称《决定》)指出:“经济体制改革是全面深化改革的重点,核心问题是处理好政府和市场的关系,使市场在资源配置中起决定性作用和更好发挥政府作用。”① 关于“为什么要让市场在资源配置中起决定性作用”,《决定》的回答是:“市场决定资源配置是市场经济的一般规律,健全社会主义市场经济体制必须遵循这条规律。”② 但为什么要“更好发挥政府的作用”呢?《决定》在第四部分“加快转变政府职能”首先就提到:“科学的宏观调控、有效的政府治理,是发挥社会主义市场经济体制的内在要求。”③ 那什么是“社会主义市场经济体制的内在要求”呢?这些都涉及市场经济条件下是否需要政府干预的问题。本文拟从学理上作进一步探讨。

在市场经济条件下,是否需要政府的干预?这个问题在西方已经争论了100多年。在新自由主义者那里,对这一个问题的回答是否定的。因为按照他们的教义,既然市场是理性的、万能的,也就不需要政府这种外部力量的介入,否则就会适得其反。但在西方经济学界,也有一部分学者认为,市场不是万能的,也会存在市场失灵,如宏观性失灵、公共性失灵、分配性失灵、外部性失灵、信息性失灵、垄断性失灵,市场还存在自发性、盲目性和滞后性的缺陷,这就为政府发挥作用提供了空间。在笔者看来,这些关于市场失灵、市场缺陷的论述,只是涉及市场经济的外在表现和枝节问题,并未触及市场经济的本质,但即使如此,也仍然遭到了新自由主义者的极力反对。比如有一本书叫《市场的逻辑》,就是只能说市场的好,不能说市场的坏,认为“捍卫市场经济是经济学家的职责”。该书处处为市场经济的所谓

* 李建平,福建师范大学马克思主义研究院院长,经济学院和马克思主义学院教授、博士生导师。

① 《中共中央关于全面深化改革若干重大问题的决定》,人民出版社,2013年11月,第5页。

② 同上书,第5—6页。

③ 同上书,第16页。

“失灵”作辩护，比如，“有人认为市场经济的结果一定是贫富差距扩大。这是一种误解”。[1] 在作者看来，“市场越开放、政府干预越少的地方，收入差距越小”。[2] 这一辩护显然是在强词夺理，但这也说明，用“市场失灵、市场缺陷”来说明政府干预的必要性，并不显得理直气壮。

凯恩斯是西方公开批判古典经济学、论证政府干预必要性的经济学家。1936 年，凯恩斯出版了划时代的著作《就业、利息和货币通论》（简称《通论》），从而开创了西方经济学领域的一个重要分支——宏观经济学。在这之前，在古典经济学中占统治地位的是萨伊定律，按照这一定律，“供给能够自动创造自己的需求”，充分就业是资本主义经济的一种均衡状态，从而在政策上政府应实行不干预的自由放任主义。凯恩斯在《通论》中抛弃了这一传统古典理论，用于支撑其新说的是所谓资本主义市场经济中的三大基本心理规律：边际消费倾向递减、资本边际效用递减以及流动性偏好。由于这三大规律的作用导致了消费需求和投资需求的不足。凯恩斯认为，这种总需求的不足导致了非自愿失业的存在，而单纯的市场机制无法解决失业问题，只有通过国家干预，实行“需求管理”，才能有效地克服 20 世纪 30 年代旷日持久的经济萧条和通货膨胀，降低失业率，实现经济的稳定。这一理论观点与古典经济学完全不同，被后人称为“凯恩斯革命”。从马克思主义的观点来看，凯恩斯用“有效需求不足”掩盖了资本主义社会的基本矛盾，用所谓“三大基本心理规律”来代替对资本主义市场经济本质的客观分析，不足以构成对政府干预的有力论证，因而是非科学的。更何况，在西方经济学界，从凯恩斯理论诞生之日起，质疑和批评就从四面八方涌来，其中不乏经济学界著名的大腕，如奥地利的冯・哈耶克、英国的庇古、美国的海尼曼・奈特等。另一些经济学家，如弗里德曼、布坎南等人，甚至认为凯恩斯主义对现实经济产生了严重的不良影响。他们认为，正是凯恩斯让人们丧失了对很好的市场自发调节机制的信任，打开了政府干预经济事务的大门，出现了对个人权利和自由日渐增多的侵犯。在批判凯恩斯主义的大合唱中，中国的新自由主义者也不甘落后。当 2008 年美国金融危机演变为国际金融风暴时，曾经备受推崇的新自由主义在西方受到了严重质疑和严厉批判。前述《市场的逻辑》一书的作者，却把金融危机的责任归咎于凯恩斯主义的政府干预，他说：“有人把这次危机归结于市场失灵，特别是经济自由化导致的结果。确实，危机出现后，凯恩斯主义的经济干预政策已经开始在全世界大行其道，各国政府都在慌乱中出台各种各样的

① 张维迎：《市场的逻辑》，上海人民出版社，2010 年，第 28 页。

② 同上书，第 29 页。

救市政策……但事实和逻辑分析表明，这次危机与其说是市场的失败，倒不如说是政府政策的失败；与其说是企业界人士太贪婪，不如说是主管货币的政府官员决策失误；政府目前应对危机的政策与其说是在解决危机，不如说是在延缓和恶化危机。在我看来，这次危机也许是复活奥地利学派经济学和彻底埋葬凯恩斯主义经济学的机会。”（着重点为引者所加）[①] 作者对凯恩斯主义，进而对政府干预的理论和政策是多么厌恶和仇视！

显然，市场经济条件下政府干预的必要性，既不能从所谓的市场失灵、市场缺陷的理论那里寻求答案，也不能靠凯恩斯的三大基本心理规律来帮忙，只能通过对市场经济本质的科学分析获得理论依据。

习近平总书记在关于《决定》的说明中指出：“市场决定资源配置是市场经济的一般规律，市场经济本质上就是市场决定资源配置的规律。”[②] 这无疑是正确的。讲市场决定资源配置，也就是马克思主义经济学所说的利用价值规律调节商品生产和流通。在商品经济中，价值规律起调节作用，就是通过价格在价值基础上随着供求状况的变动而涨落，自发地将作为资源的生产资料和劳动力分配于不同的部门。因此，价值规律的调节作用也就是决定作用，这里价值规律的决定作用与市场的决定作用是一回事。但是，体现市场经济本质的不仅是价值规律这个一般规律，还有其他的一般规律。市场经济作为商品经济发展的高级阶段，不仅包含了商品运动的一般规律——价值规律，还包含了资本运动的一般规律。马克思用毕生心血写成的《资本论》，既研究了商品运动的规律，也研究了资本运动的规律。马克思在《资本论》第一卷第二篇研究了货币是如何转化为资本后，从第三篇到第七篇，乃至《资本论》第二、三卷，都是研究资本运动规律的。马克思指出：“在一切社会形式中都有一种一定的生产决定其他一切生产的地位和影响，因而它的关系也就决定其他一切关系的地位和影响。这是一种普照的光，它掩盖了一切其他色彩，改变着它们的特点。……资本是资产阶级社会的支配一切的经济权力。”[③] 马克思通过对资本主义生产的彻底的生理解剖，揭示了资本运动的各种规律。这是马克思留给后人的宝贵精神财富，因为这些规律不仅适用于资本主义市场经济，在剔除其资本主义性质外，也可适用于其他的市场经济，包括社会主义市场经济。马克思所揭示的资本运动一般规律主要有以下三个，它们一方面反映了资本主义市场经济的本质，另一方面也

① 张维迎：《市场的逻辑》，第 282—283 页。

② 习近平：《习近平谈治国理政》，人民出版社，2014 年，第 77 页。

③ 马克思：《〈政治经济学批判〉导言》，载《马克思恩格斯选集》第 2 卷，人民出版社，1995 年，第 24—25 页。

为市场经济条件下政府干预提供了“内在要求”的依据。

一是资本追逐价值增殖的规律。市场经济是商品生产占统治地位的经济社会形态，商品生产者的目的不是为了满足自己的物质和精神生活的需要，而是为了交换价值。在资本主义市场经济条件下，则是为了获得尽可能多的价值增殖。赚钱是其唯一的目的和决定性动机。马克思指出，一旦货币所有者变成了资本家，“他这个人，或不如说他的钱袋，是货币的出发点和复归点。这种流通的客观内容——价值增殖——是他的主观目的；只有在越来越多地占有抽象财富成为他的活动的唯一动机时，他才作为资本家或作为人格化的、有意志和意识的资本执行职能。因此，决不能把使用价值看作资本家的直接目的。他的目的也不是取得一次利润，而只是谋取利润的无休止的运动”。[①] 马克思把“生产剩余价值或赚钱”当作资本主义市场经济的“绝对规律”。[②] 这种“绝对规律”会使人变得十分贪婪和冷酷，以致不惜跨越道德和法律的底线。西方经济学所列举的种种市场失灵现象，其根源就在于资本疯狂追逐价值增殖最大化所产生的恶果。就以生态环境的恶化来说，马克思早就指出：资本主义生产方式“一方面聚集着社会的历史动力，另一方面又破坏着人和土地之间的物质变换，也就是使人以衣食形式消费掉的土地的组成部分不能回到土地，从而破坏土地持久肥力的永恒的自然条件。这样，它同时就破坏城市工人的身体健康和农村工人的精神生活。……资本主义生产发展了社会生产过程的技术和结合，只是由于它同时破坏了一切财富的源泉——土地和工人”。[③] 所以，在资本追逐价值增殖这一“绝对规律”的作用下，必然产生严重社会后果，客观上要求政府进行干预。在资本主义市场经济条件下，唯一能够对市场的弊端进行局部的一定程度改良的外部力量，就是国家权力。马克思在《资本论》第一卷中用了很大的篇幅来叙述英国工厂法的历史、内容和结果，“英国的工厂法是通过国家，而且是通过资本家和地主统治的国家所实行的对工作日的强制的限制，来节制资本无限度地榨取劳动力的渴望”。[④] 马克思《资本论》中多次提到国家的作用（按照马克思原来的写作计划，《政治经济学批判》六册中“国家”作为单独的一册），例如，在论述信用在资本主义生产中的作用时，就指出：“它在一定部门中造成了垄断，因而要求国家的干涉。”[⑤]

---

① 马克思：《资本论》第 1 卷，载《马克思恩格斯全集》第 23 卷，人民出版社，1972 年，第 174—175 页。

② 同上书，第 679 页。

③ 同上书，第 552—553 页。

④ 同上书，第 267 页。

⑤ 马克思：《资本论》第 3 卷，人民出版社，1975 年，第 496 页。

社会主义市场经济根本区别于资本主义市场经济，但是只要是市场经济，只要有资本运动，追求“价值增殖”的绝对规律就必然起作用，既有正面效应，也会有负面效应。正面效应是促进经济的快速增长、人民生活的显著改善和国家实力的日益增强；负面效应则是市场上屡屡出现的不正当行为和丑恶现象，诸如制假售假、生产和销售有毒食品、非法集资和传销、不正当竞争、虚假广告、欺行霸市、市场垄断、黄赌毒市场、行贿受贿、权钱交易、环境污染、损害生态平衡等等。雾霾是中国生态恶化的一个典型现象，现在已经到了谈霾色变、人人自危的程度。上述各种负面现象的总根源，就是马克思所指出的：“在这个世界里，资本先生和土地太太，作为社会的人物，同时又直接作为单纯的物，在兴妖作怪。”[①] 要解决以上种种问题，则必须要有政府的强有力干预，发挥“降妖伏魔”的作用。《决定》提出：“加强中央政府宏观调控职能和能力，加强地方政府的公共服务、市场监督、社会管理、环境保护等职责。”[②] 这完全体现了市场经济本质的要求。

二是资本生产过剩的规律。这一规律在简单的商品交换中就已初见端倪。马克思说：“商品价值从商品体跳到金体上是商品的惊险的跳跃。这个跳跃如果不成功，摔坏的不是商品，但一定是商品所有者。”[③] 在资本主义市场经济条件下，如果“生产同价值实现不一致，因而是生产过剩，或者同样可以说，这是产品不能转化为货币的、不能转化为价值的生产；是不能在流通中得到证实的生产”。[④] 普遍生产过剩“不是对消费者来说过多，而是对保持消费和价值增殖之间的正确比例来说过多；对价值增殖来说过多”。[⑤]“不考虑市场的现有界限或有支付能力的需要的现有界限”，[⑥] 于是就爆发了经济危机。马克思认为资本生产过剩必然导致经济危机是一种不以生产者为转移的自然规律的形式，由市场本身是“无法控制”的。自19世纪20年代以来，西方资本主义世界已经爆发了多次生产过剩经济危机。2008年爆发的美国金融危机，其实质就是美国长期累积的产品和产能过剩。在资本主义市场经济中，光靠市场既不能有效防止危机的发生，也不能在危机发生后尽快走出危机的阴霾，因

---

① 马克思：《资本论》第3卷，第938页。

② 《中共中央关于全面深化改革若干重大问题的决定》，第18页。

③ 马克思：《资本论》第1卷，载《马克思恩格斯全集》第23卷，第124页。

④ 马克思：《政治经济学批判（1857—1858年手稿）》摘选，载《马克思恩格斯文集》第8卷，人民出版社，2009年，第93页。

⑤ 马克思：《1857—1858年经济学手稿》，载《马克思恩格斯全集》第30卷，人民出版社，1995年，第433页。

⑥ 马克思：《政治经济学批判（1857—1858年手稿）》摘选，载《马克思恩格斯文集》第8卷，第274页。

此，必须要有国家的干预。20世纪30年代，美国为应对世界性经济大萧条而实施的罗斯福新政，可以说是适应了美国市场经济发展的内在要求，而在这时应运而生的凯恩斯主义，绝不是历史的巧合。

我国在确立了社会主义市场经济体制后，经济获得了快速增长，但由于市场经济的内在规律的作用，生产过剩的弊端也逐步显露出来，21世纪以来，特别是近几年在有些行业甚至达到了比较严重的地步。根据工业和信息化部统计，2012年产能过剩已从钢铁、水泥、有色金属等4个扩展到电石、煤炭、纺织、化纤、风电、多晶硅、光伏等十几个行业，企业经济效益大幅下滑，工业企业累计亏损数同比增长26.9%，[①] 关停并转企业大量增加。以新能源光伏产业为例，2008年至2011年，我国光伏行业产能加速发展，已有及在建的组件产能总量约30GW（1GW＝100万千瓦），占2011年全球光伏组件总产能的60%。2012年，全球晶硅组件产能共60.39GW，其中中国的产能就高达40GW，占比66.33%，而2012年全球光伏组件的需求为25GW，显示产能已严重过剩。再从一些省份的情况来看，浙江省单晶硅硅片生产企业96%停产，光伏电池、组件生产企业中，中小型企业开工率不足50%。浙江省30家光伏企业中有2家破产、5家停产清算、20家离开光伏产业，亏损面达到80%以上，总亏损额50亿元左右。江苏省硅片、电池和组件的产能利用率均未超过60%，规模以上光伏企业数量从418家减少为380家，2013年全省产能利用率虽然提高了10%—20%，但硅片、电池和组件的产能利用率仍然较低，分别是62.6%、65.7%和67%。[②] 我国工业和信息化部原材料工业司相关负责人近日指出，2014年我国原材料工业通过严控新增、淘汰落后、扩大需求等措施，产能利用率有所提高。但从产能总体水平来看，仍处于高位。其中钢铁行业2014年底粗钢产能达11.6亿吨，全年新开工项目2000多个；水泥行业2014年建成投产熟料生产线54条，总产能7000多万吨；化工行业2014年新开工项目1万多个。而从市场需求看，国内对大宗原材料消费已呈现缓中趋降态势，过剩问题仍将长期存在。[③]

生产过剩已引起了国务院和有关部门的高度重视，从2009年以来，已连续下发文件，要求坚决抑制部分行业产能过剩和重复建设，引导产业健康发展。政府的干预已取得了显著成效，避免了经济的剧烈波动。《决定》在谈到“加快转变政府职能”时，强调要健全宏观调控体系，“保持经济总量平衡，促进重大经济结构协调和

---

① 周振华等：《新机遇·新风险·新选择：中国经济分析2012—2013》，上海格致出版社，2013年，第9页。

② 张军扩、赵昌文主编《当前中国产能过剩问题分析》，清华大学出版社，2014年，第73页。

③ 《经济日报》2015年2月26日第10版。

生产力布局优化，减缓经济周期波动的影响，防范区域性、系统性风险，稳定市场预期，实现经济持续健康发展”。[①] 这是十分正确的。《决定》还特别指出，要“建立健全防范和化解产能过剩的长效机制”。[②]

三是资本积累过程中收入分配差距拉大导致两极分化的规律。在《资本论》第一卷中，马克思在揭示资本主义积累的一般规律时指出：“不管工人的报酬高低如何，工人的状况必然随着资本的积累而日趋恶化。……这一规律制约着同资本积累相适应的贫困的积累。因此，在一极是财富的积累，同时在另一极，即在把自己的产品作为资本来生产的阶级方面，是贫困、劳动折磨、受奴役、无知、粗野和道德堕落的积累。”[③] 在《资本论》第三卷的“规律的内部矛盾的展开”一章中，马克思进一步指出：“社会消费力既不是取决于绝对的生产力，也不是取决于绝对的消费力，而是取决于以对抗性的分配关系为基础的消费力；这种分配关系，使社会上大多数人的消费缩小到只能在相当狭小的范围以内变动的最低限度。这个消费力还受到追求积累的欲望的限制，受到扩大资本和扩大剩余价值生产规模的欲望的限制。这是资本主义生产的规律。”[④]

马克思所揭示的资本主义市场经济的这一规律，由于触及资产阶级的根本利益，所以受到了代表资产阶级利益的经济学家的坚决反对。他们一方面认为，财富的增长是每个人都受惠的普遍增长，资本主义的性质决定了它是缩小贫富差距的机制而不是扩大贫富差距的机制；另一方面则认为，只要财富和收入的获得满足程序公正的原则，那么由此带来的分配结果就是公平的，不管差距有多大，嫉妒富人最终有损我们自己的利益。法国经济学家托马斯·皮凯蒂2013年出版的《21世纪资本论》，用大量无可辩驳的事实揭穿了他们的谎言和诡辩。该书通过分析300年来西方国家收入和财富分配的历史演进，充分验证了资本主义市场经济具有一种使收入和财富分配不均等程度日益加剧的长期趋势。在这本近700页、62万多字的论著中，皮凯蒂分析了资本—收入比长期演进的未来趋势和21世纪全球范围内国民收入在劳动和资本之间的分配情况，深入探讨了不平等的现状及其本质，认为西方国家的资本收益率从长期来看总是高于国民收入的增长率，这是导致一切不平等的根源，而资本主义的自由市场机制则是催生这一根源性不平等的温床。尽管皮凯蒂为解决不平等问题所提出的政策建议（如向富人征重税以及实施全球累计资本税等）是否具有现

---

① 《中共中央关于全面深化改革若干重大问题的决定》，第16页。

② 同上书，第17页。

③ 马克思：《资本论》第1卷，载《马克思恩格斯全集》第23卷，第708页。

④ 马克思：《资本论》第3卷，第272—273页。

实可行性尚可讨论，但是他所得出的基本结论却是不容置疑的，这就进一步证明了140多年前马克思所揭示的由于资本积累必然产生收入分配差距过大最终导致两极分化的规律是十分正确和有效的。

中国作为社会主义国家，是以“促进社会公平正义、增进人民福祉为出发点和落脚点”。[①] 但是，我国现在所实行的是社会主义市场经济，因此也要遵循市场经济的一般规律。市场经济奉行的是优胜劣汰的原则，能否在激烈的市场竞争中获得生存和发展，决定着收入的高低。而适应市场的能力，既决定于生产经营者的才能，也决定于他们的经济实力，在这里资本积累规律就必然要起作用，收入分配差距扩大是不可避免的。中国的新自由主义者为了美化市场的作用、反对政府干预，竟然说“平均而言，市场化程度越高的地区，收入差距倒越小而不是越大”。[②] 我国自改革开放以来，打破“大锅饭”和平均主义，逐步确立了以按劳分配为主，多种分配方式并存的分配制度，有效地激发了社会创造力，促进了社会财富的极大增加，居民的收入水平普遍提高。但是毋庸讳言，在经济持续增长的背后，居民收入差距不断扩大，已受到了社会各界的高度关注。根据《中国统计摘要》数据，2012年我国城镇居民人均可支配收入与农村人均纯收入二者的比例为3.1∶1，而20世纪80年代我国城乡居民收入差距一直处于2.5倍以内。根据《中国居民收入分配年度报告(2013)》数据，2012年我国城镇居民人均可支配收入和农村居民人均纯收入最高地区与最低地区之间的比例分别约为2.34∶1和3.95∶1，而1990年城镇居民人均收入最高地区与最低地区之比为2.03∶1，20世纪80年代前期农村居民人均纯收入最高地区与最低地区之比均在3∶1以内，其中差距最小的年份只有2.64∶1。根据国家统计年鉴数据，2012年我国行业门类之间最高与最低平均工资差距为3.96∶1，而1993年至1998年，我国按行业门类划分的行业平均工资差距为2.12—2.35∶1。[③] 根据国家统计局公布的数据，二十世纪八九十年代我国的基尼系数都在0.4以下，1996年为0.3，1999年为0.39，而从2003年以后则一路攀升，2008年达到0.491后虽然逐年回落，但也都在0.47以上（2009年至2013年，分别为0.490、0.481、0.477、0.474、0.473）。[④] 基尼系数是国际上通用的测量贫富差距程度的方法，一般认为这一数据达到0.4以上是收入分配不平等程度扩大的标志。按此标准，当前我国贫富差距已超过国际公认的警戒线，这不能不引起我们的高度警惕。《决定》明确

---

① 《中共中央关于全面深化改革若干重大问题的决定》，第3页。

② 张维迎：《市场的逻辑》，第273页。

③ 《中国经济时报》2014年2月19日。

④ 《文汇报》2013年2月6日；《经济日报》2014年2月21日。

指出，全面深化改革必须“紧紧围绕更好保障和改善民生、促进社会公平正义，深化社会体制改革，改革收入分配制度，促进共同富裕”。① 只要政府干预得力，政策对头，我们就能遏制收入分配差距扩大的趋势，避免两极分化。

追求价值增殖规律、生产过剩规律和收入分配差距扩大导致两极分化规律是资本运动的三大一般规律，不论是发达国家，还是不发达国家，只要实行的是市场经济体制，这三大规律就必然要起作用。马克思在《资本论》第一卷第一版序言中指出：“问题本身并不在于资本主义生产的自然规律所引起的社会对抗程度的发展程度的高低，问题在于这些规律本身，在于这些以铁的必然性发生作用并且正实现的趋势。工业较发达的国家向工业较不发达的国家所显示的，只是后者未来的景象。”②我们不能因为在市场经济前面冠以“社会主义”一词而无视这些规律的存在，而应该更好地发挥社会主义制度的优越性，把这些规律所产生的消极作用尽可能降到最小程度，这就需要政府的正确干预。所以习近平在《关于〈中共中央关于全面深化改革若干重大问题的决定〉的说明》中，在强调市场在资源配置中起决定性作用的同时，也明确指出：“当然，我国实行的是社会主义市场经济体制，我们仍然要坚持发挥我国社会主义制度的优越性，发挥党和政府的积极作用。市场在资源配置中起决定性作用，并不是起全部作用。……全会决定对更好发挥政府作用提出了明确要求，强调科学的宏观调控、有效的政府治理，是发挥社会主义市场经济体制优势的内在要求。”③

发表于 2015 年第 3 期

① 《中共中央关于全面深化改革若干重大问题的决定》，第 4 页。

② 马克思：《资本论》第 1 卷，载《马克思恩格斯全集》第 23 卷，第 8 页。

③ 习近平：《习近平谈治国理政》，第 77 页。

我与《〈资本论〉简说》

——对三个理论问题不同解读的辨析

卫兴华*

一、《〈资本论〉简说》的出版和社会效应

《资本论》是涵盖马克思主义政治经济学、哲学与科学社会主义的一部重要的经典著作，首先是一部政治经济学经典著作。它是改造旧世界、建设新世界的指路明灯，是社会主义运动、社会主义革命和社会主义建设事业的指导思想。这一指导思想载入我国宪法和中国共产党的党章之中。

习近平同志于2012年6月12日到中国人民大学考察时，首先考察了经济学院《资本论》教学与研究中心，认真察看了经济学院教师们的有关论著，并做了重要讲话。他指出：我们党是一个马克思主义指导的党，所以我们要重视马克思主义经典理论的学习。马克思主义中国化形成了毛泽东思想和中国特色社会主义理论体系两大理论成果。追本溯源，这两大理论成果都是在马克思主义经典理论指导下取得的。《资本论》是最重要的马克思主义经典著作之一，是经典的经典，经受了时间和实践的检验，始终闪耀着真理的光芒。习近平同志语重心长地鼓励我们要旗帜鲜明、理直气壮地坚守。这是对《资本论》教学与研究工作者的最大鼓励和鞭策。

《资本论》三卷的内容博大精深、卷帙浩繁，非专业者难以尽读其内容。考虑到不同读者群的需要，我选编了《〈资本论〉精选》和编写了《〈资本论〉精选讲解》（中国人民大学出版社，2014年），又编写了《〈资本论〉简说》（中国财政经济出版社，2014年）。《简说》共5万多字，全书篇幅小、内容少，但涵盖面大，力求将三卷《资本论》的精义包括其中。"简说"一词不是简单论述，而是"简明""精简"之意。本书虽然字数少，内容简要，但既力求准确和系统地阐述《资本论》的基本理论与方法，又对某些难解和学界存在不同解读和争论的有关问题提出自己的辨析，

---

* 卫兴华，中国人民大学经济学院荣誉一级教授、博士生导师。

不回避任何难点和疑点。我认为，有些疑难问题，在《资本论》中已有明确说明，但有些学者硬要离开其本意另辟蹊径，而且有的解读颠倒了其原意。我在《简说》一书中直面这类问题，做了自信符合原意的简要解读。关于这个问题的处理，我在撰写《简说》时，曾经犹豫过：有些疑难问题和争论问题，在某些政治经济学教材和《资本论》解读类著作中都避开不讲，我在一个 5 万多字的通俗读物中，是避开好，还是面对好？特别是对在学界长期争论不休的一些理论问题，我若按照自己的理解做出解读，会不会产生负面社会效应？经考虑之后，我还是按忠于原著原意去写、由他人评述的精神对 10 多个理论是非问题进行了辨析。《简说》出版后，产生了我没有预想到的社会效果。不仅获得了不少同仁的认同，而且被中宣部理论局和中组部干部教育局推荐为党员干部第十批学习书目之一。《简说》在学者群中获得了好评。中国人民大学经济学院一级教授胡乃武同志读完《简说》后接连给我两封亲笔信，说他连夜一口气读完，获益颇多，并主动写书评在《人民日报》2014 年 11 月 10 日发表，对本书概括了以下特点：一是少而精，5 万字，可用较短时间读完；二是内容全，涵盖《资本论》三卷的基本原理和方法；三是解读新，既科学准确，又有理论深度；四是文风好，语言简洁明快，便于阅读，易于理解，澄清了一些理论是非。《北京日报》2015 年 2 月 2 日还发表了天津财经大学石晶莹教授阅读《简说》的收获。文章题目是：别误读了《资本论》。主要内容是对我在《简说》中澄清《资本论》研究和争论中的一些理论是非表示认同。“卫兴华教授在本书中，以简明扼要、画龙点睛的手法对这些容易引起歧义的关节点进行了分析与梳理。”在中央推荐《简说》为党员干部学习书目后，光明日报特约中国财政经济出版社撰写了点评这本书的文章，发表于《光明日报》2015 年 7 月 7 日。书评中讲：“卫兴华先生撰写的《〈资本论〉简说》一经出版，便得读者的认可。《简说》的精炼让《资本论》更贴近读者。”“《简说》一书内容仅 5 万字，加上附录《力求准确解读〈资本论〉的原理和方法》一文的 1 万多字，总共也仅 6 万多字。”《资本论》的“艰深之著作读成 6 万字通俗易懂、不失其精髓，为专业和普通人共享的内容，其间需要的智慧和过程的冷暖甘苦也许只有作者自己能够体会”。

中央推荐书目中也对《简说》做了评介：该书是作者在多年《资本论》教学基础上编写的一本《资本论》精读读物。作为哲学和科学社会主义的经典著作，《资本论》博大精深，是广大党员干部学习马克思主义理论的基础。《〈资本论〉简说》对这部经典著作作了系统解读，有针对性地对重要的、难点的理论问题进行阐述，深入浅出、简明清晰，有助于党员干部学习和理解《资本论》的基本要义，对党员干部夯实理论基础、树立坚定正确的理想信念，具有很好的指导意义。①

我讲这些情况，不是想借此显示自己什么，而是要借此说明：我在一本通俗性的《简说》中，对《资本论》解读中的一些理论是非问题提出自己的辨析，竟得到学界和媒体以及中央有关部门的正效应评介，增强了我的理论自信，增强我进一步展开辨析的信心。《简说》中涉及对《资本论》解读中存在争议的问题有15个以上，若对每个问题都展开论述，需篇幅很大。本文只提选政治经济学教学与研究中作为基础性概念和观点的三个需要澄清理论是非的问题，展开论述。

二、怎样按照原意理解和把握《资本论》中的三个理论问题

（一）关于“资本积聚”的解读问题

这个问题在中外政治经济学教材和某些《资本论》的讲解中，存在着不很准确或模糊不清的解读。由于这被视为是个小问题，过去我也没有公开提出讨论，但在自己的有关著作包括《简说》中，还是按照《资本论》的原意做了解析，觉得有必要在本文中展开一些分析。

我国有关论著中，对资本积聚的理解，多来自苏联的有关论著。就从苏联《政治经济学教科书》第三版来看，它是这样讲解的：“靠积累本企业获得的剩余价值而增加资本总额，叫做资本积聚，资本家把占有的一部分剩余价值投入企业，他就拥有愈来愈多的资本。”（人民出版社，1955年）国内有关教材普遍沿袭这种解读。如蒋学模教授主编的《政治经济学教材》是这样论述的：“资本积聚就是个别资本通过资本积累即剩余价值资本化而扩大它的规模。举例来说，某皮鞋制造业的资本家，原有资本10000元，通过每年的剩余价值资本化，五年后资本扩大到15000元，这就是资本积聚。”（上海人民出版社，2003年）在张维达教授主编的《政治经济学》中讲：“资本积聚是个别资本家通过剩余价值资本化来增大自己的资本总额，即本来意义的资本积累。”（第二版，高等教育出版社，2004年）许征帆教授主编的《马克思主义辞典》中的解读也一样：“资本积聚是单个资本因资本积累而增大其总额的一种形式。单个资本，随着资本积累的增长，它的总额也随之增大。”（吉林大学出版社，1987年）作为马克思主义理论研究和建设工程成果的《马克思主义政治经济学概论》中讲：“资本积聚是指个别资本依靠自身剩余价值的资本化来增大资本总额……资本积累的规模越大，资本就积聚得越多。”（人民出版社、高等教育出版社，

① 见新华社北京2015年4月29日电，中宣部理论局、中组部干部教育局党员干部推荐第十批学习书目。

2011年）以上所有对资本积聚的解读，都不够清晰和准确。这种对资本积聚的解读，难以与资本积累的概念及其内涵区别开来。资本积累是剩余价值资本化，积累的结果必然是资本总额的增大。没有资本总额的增大就不叫积累。剩余价值资本化本身就意味着存量资本加入了增量资本，即资本总量的扩大。怎么能把资本的量的扩大看作是与资本积累有别的资本积聚呢？

与众多有关著作的解读不同，由宋涛教授主编的《〈资本论〉辞典》中是这样讲的："资本积聚——生产资料和财富在单个资本家手中的积累，是单个资本因资本积累而增大的一种表现形式。每一个资本都是生产资料的或大或小的积聚，并且相应地指挥着一支或大或小的劳动军。"（山东人民出版社，1988年）这个讲述与《资本论》中的本意基本一致，但还没有讲得十分明确。

我在《简说》中，设一小题讲资本积聚。"资本积聚与资本积累紧密联系。资本积累是剩余价值资本化，是资本价值的增大；而资本积聚是随着资本价值增大表现为生产资料的相应增多和劳动力的一定增加。"就是说，资本积累是从资本价值总额的增大来看的，而资本积聚是实物形态主要是生产资料的总量的增加来看的。这样讲是对《资本论》有关论述的简要概括。为了进一步弄清这个问题，需要明确两点：其一是《资本论》中所讲的资本积聚的本意是什么；其二是马克思运用资本积聚概念服从于解决什么问题。

先看资本积聚概念是怎样提出来的。在《资本论》第一卷第23章第2节讲资本积累和积聚问题时指出："一旦资本主义制度的一般基础奠定下来，在积累过程中就一定会出现一个时刻，那时社会劳动生产率的发展成为积累的最强有力的杠杆。""社会劳动生产率的水平就表现为一个工人在一定时间内，以同样的劳动力强度使之转化为产品的生产资料的相对量。工人用来进行劳动的生产资料的量，随着工人的劳动生产率的增长而增长。"[①] 就是说，与资本积累相联系，劳动生产率会提高，从而生产资料会随之增多。这既是资本积累的结果，又是资本积累的条件。这种随着资本积累而生产资料的增多就是资本积聚。"每一单个资本都是生产资料的或大或小的积聚，并且相应地指挥着一支或大或小的劳动军。"[②] 资本积聚涉及生产资料与劳动者的量的比例关系。劳动生产率提高，同一劳动者所需生产资料增加，从而生产资料总量会增多。但所需劳动者数量可以不变，可以减少，也可以增多，与生产规模扩大状况相关。因此，生产资料总量增多的积聚，"相应地指挥着一支或大或小的

---

① 《资本论》第1卷，人民出版社，2004年，第717—718页。

② 同上书，第721页。

劳动军”。从单个企业来看，资本积聚并不一定意味着“劳动军”的相应增大，可以有不同的组合关系。但从社会范围来看，劳动军总量与生产资料总量相比，虽会相对减少，但绝对量会增大。

其二，讲资本积聚是服从于资本有机构成理论的。《资本论》中讲资本积聚，是“在积累和伴随积累的积聚的进程中资本可变部分相对减少”的标题下论述的。是与资本的有机构成相联系而提出的。正是由于随着资本积累而形成的资本积聚，才导致资本的技术构成、价值构成从而资本有机构成的提高。在此基础上进一步论述与此相联系的相对过剩人口或产业后备军的累进生产。可见，资本积聚问题，看起来是一个不很重要的概念问题，许多政治经济学教材中甚至不提这一概念。其实，《资本论》中讲资本积累、资本积聚、资本集中、资本有机构成、相对人口过剩，是环环相扣的。理应按《资本论》原意将资本积聚概念解读清楚。

（二）关于货币的本质规定多种表述的评析

这本来也不是一个重大的理论问题，但涉及怎样按原意准确理解和把握《资本论》中的理论观点问题。这个问题我在报刊已讲过多次，但直到目前还存在理解和表述上的差异，还存在颠倒马克思原意的论述。这个问题，我在《简说》中专设一小节讲货币的本质。其中讲：“货币是从商品世界中分离出来的充当一般等价物的商品。各种商品都有自己的特殊使用价值，都是一种特殊商品，贵金属货币原来也是商品世界中的一种特殊商品，但它一旦成为起一般等价物作用的货币，就成为代表一切商品的一般商品。”书中引证了《资本论》第一卷和第二卷中马克思在三处所讲的原话。同时，又说明：货币成为一般等价物，具有了一种特殊职能，作为货币材料的金银，依然具有特殊使用价值，因此，从其自然属性上看，依然是特殊商品。但从其社会属性看，货币是作为一般等价物的一般商品。“一般”不是“普通”之意，是指货币可以代表一切商品，具有普遍通用之意。

目前有关货币的本质规定即社会属性问题，虽然越来越多的有关论著放弃了货币是特殊商品的表述，但还未形成共识，不同政治经济学教材和多种《资本论》的讲解、导读类的论著中，有多种不同的表述。有必要进一步做些分析和评析，以澄清理论是非。

新中国成立前后的一个时期，我国学习政治经济学的教材主要是来自苏联的中译本。早在1949年前的解放区，就把苏联列昂节夫的政治经济学教材作为党政干部的学习读本。三联书店出版的列昂节夫《政治经济学初级教程》（1962年，第74、75页）中，将货币的社会属性描述为：“货币是普通商品，是一般等价物”。“随着货币的产生，商品界分为两极：一极是一切普通商品，另一极是起货币作用的商品，后一种商品具有特殊的属性，它成为特殊的商品。”

这个论述，存在逻辑上的混乱。先说货币是作为一般等价物的“普通商品”，后又说货币是具有特殊属性的“特殊商品”。说货币具有特殊属性，应是指其具有特殊的社会属性，而不是指具有特殊的自然属性。作者将两种不同的特殊属性相混淆。从货币具有一般等价物的特殊社会属性来看，它是一般商品。我在《简说》中引证马克思的话：“货币的属性是……同特殊商品并存的一般商品。”① 货币“在一般等价物这一规定中已包含着一般商品的概念规定”。② 苏联的其他政治经济学教材中，也多半把货币的本质或其社会属性定义为“特殊商品”。如由经济科学出版社出版的维佳平等主编的《理论经济学（政治经济学）》中讲：“货币是充当一般等价物的特殊商品。”（2005 年，第 86 页）应该注意到在我国曾作为主流教材的苏联科学经济研究所编的《政治经济学教科书》（1959 年第 3 版）中的提法：“随着货币的产生，商品界分为两极：一极是普通商品，另一极是起货币作用的商品。……货币是充当一切商品的一般等价物的商品。”没有再讲货币是特殊商品。

苏联解体前的 1988 年，由著名经济学家、苏联科学院通讯院士梅德韦杰夫任主编，苏联科学院院士阿尔巴金任副主编的《政治经济学》教材出版，作为苏联高校的教科书。天津人民出版社于 1989 年出版中译本。其中对货币的社会属性或本质的说明是：“货币是以贵金属这种特殊商品为代表的一般等价物的完成形式。”“货币充当一般等价物的本质，在它执行的职能中展示出来了。”（第 159、155 页）这里没有讲货币是“特殊商品”。虽然提到“货币是以贵金属这种特殊商品……”这样的语句，但这是指贵金属的特殊自然属性而言的。认为货币的本质就是充当一般等价物职能，未讲货币是“特殊商品”。

从国内有关教材来看，最早摆脱苏联有关教科书影响，不再提货币是特殊商品的著作，是徐禾等于 1963 年完成、由中国人民大学出版社出版、作为校内用书，于 1973 年由人民出版社出版的《政治经济学概论》。此书是“文化大革命”期间出版的唯一一部政治经济学教材，并在日本和德国出版了日文译本和德文译本，社会影响很大。书中对货币的本质是这样论述的：“从上面的分析中，我们对于货币的本质已经可以得到一个明确的理解：货币无非是一般等价物，是固定充当一般等价物的商品……它又和普通商品不同，它是唯一专门充当一般等价物的商品。”（第 32 页）这里没有把“特殊商品”作为一般等价物的附加。

① 《马克思恩格斯全集》第 46 卷（上），人民出版社，1979 年，第 90 页。

② 《马克思恩格斯全集》第 46 卷（下），人民出版社，1979 年，第 438 页。

我于1981年在《学术月刊》用化名韦行（“衞”字的拆写）发表论文提出：把货币的本质界定为固定充当一般等价物的特殊商品，不符合《资本论》的原意。后来又在《光明日报》《人民日报》《北京日报》等报刊发表文章，论述这个问题。虽然这不是个重大理论问题，但它涉及怎样准确地按照原意理解和把握马克思的理论观点问题。我有时感到困惑：为什么马克思已经讲得很清楚的某些理论观点，学界硬要离开原意，自作解读、争论不休，甚至将与马克思的原意相悖的观点加之于马克思主义呢？改革开放以来，不少政治经济学教材中，已放弃了“特殊商品”的提法，更多地讲货币的本质是作为一般等价物的商品。既不提“特殊商品”也不提“一般商品”。这本来无可厚非。但遭到王峰明的批评。他在《教学与研究》2004年第11期发表《超越货币本质“一般论”与“特殊论”的对立——对马克思主义政治经济学教科书中一个变化的质疑》，质疑什么？他质疑为什么过去教材中都讲货币的本质是固定充当一般等价物的特殊商品，而现在有些教材包括我主编的《政治经济学原理》不讲特殊商品了。王峰明说：“20世纪80年代初，一些经济学辞典和教科书中较为普遍的界定‘货币充当一般等价物的特殊商品’。进入90年代后，许多政治经济学教科书中关于本质的认识则发生了变化，把货币规定为‘固定充当一般等价物的商品’，原来限定货币商品的‘特殊’两字消失了。”王峰明批评这种消失，主张讲货币的本质不能不讲“特殊商品”。但是在他面前摆着一个矛盾：我在多篇论著中引证马克思的原话，说明货币是作为一般商品同其他一切特殊商品发生关系。他不能否定马克思的话。于是提出：货币的本质是“一般论”与“特殊论”统一。这个提法本身就有问题：“一般论”“特殊论”是理论观点，而货币的本质是“一般商品”还是“特殊商品”是指货币客观存在的社会属性。怎么能把两种不同的理论观点作为货币的客观属性呢？再者，如果一般讲货币是特殊商品，只表示作为货币材料的贵金属也具有特殊的使用价值，但这只是货币材料的自然属性，而不是货币的本质属性即社会属性。讲货币的本质，是讲货币在商品交换中所体现的经济关系。所以，撇开讲货币的本质是一般论与特殊论的统一的提法不当（将主观的“论”当作客观社会属性）不说，即使讲货币的本质是一般商品和特殊商品的统一，也是悖理的。在马克思的著作中只讲货币属性是一般商品，没有讲过其本质属性又是特殊商品。货币的本质或一切事物的本质怎么会具有两种对立的不同属性呢？如果讲货币既有其社会属性又有其自然属性，是社会属性与自然属性的统一，从这个意义上讲货币是一般商品与特殊商品的统一，是完全可以的。但货币的社会属性只能是作为一般等价物的一般商品，不能把作为其自然属性的特殊商品也作为货币的本质即社会属性。而且作者只批评不讲“特殊商品”的教材，丝毫不批评不讲“一般商品”

的教材。其主要观点还是落在坚守“特殊商品”上。鉴于这种“超越”理论的混乱，我在《当代经济研究》2005年第2期发表了《货币的本质规定究竟是什么？——评〈超越货币本质“一般论”与“特殊论”的对立〉》。由于对方是中青年学者，我未提作者的名字，只对其观点进行讨论。拙文发表后，王峰明又写文章指名与我进行辩驳。他投《当代经济研究》未予采用。又投向多家刊物——从东北到广州到处投放，都被拒绝采用。南方某刊物的一位主编说，该文是“胡搅蛮缠”，一语中的。最后他投到上海的《探索与争鸣》，于2006年第8期刊发。该刊发表此文前，其负责人先给我来电话说，有名叫王峰明者，投他们刊物文章，与我商榷，决定刊用。请我写文章与其回应。我回答说：我不回应，没有必要。该文发表后，我的博士生们看后很不赞同，有位博士生在该刊发表文章，进行辩驳。王峰明之所以强调“特殊商品”是货币的本质，是由于他把货币具有作为一般等价物的特殊社会职能，看作是货币的特殊性。特殊性就是“特殊论”，“特殊论”就是“特殊商品”。于是他批评：讲货币的本质不讲是特殊商品，是理论的倒退。其两篇文章中的口气是傲慢无理的。这个问题我们还要谈到。

实际上我国目前出版的中外政治经济学教材和《资本论》的多种解读中，不仅有许多早已放弃了特殊商品的提法，而且有的明确讲货币是作为一般等价物的一般商品。也有一些读物继续讲货币是充当一般等价物的特殊商品。并不存在王峰明所划分的什么“20世纪80年代初”和“进入90年代后”两个不同时期对货币本质界定的差异；说什么80年代初讲特殊商品，进入90年代后不讲特殊商品了，是倒退了。

从20世纪80年代初我国翻译出版的外国政治经济学教材来看，除前面已经提到的外，再看我国于1981年由吉林人民出版社出版的苏联鲁缅夫主编的《政治经济学》中译本的论述：“货币是起一般等价物的特殊作用的商品。”（第59页）讲起特殊作用，就是指一般等价物的作用，指其具有特殊的社会职能，不是讲“特殊商品”。还有由人民出版社于1987年出版的康斯坦丁内斯库等著的《政治经济学·社会主义》一书中讲：“黄金除了一般使用价值之外，还有特殊的使用价值，即作为有商品价值的一般等价物的社会职能。”这里所讲的“一般使用价值”，是从货币的自然属性来看的，如金可用以镶牙、制作各种装饰品等。讲“特殊使用价值”，是指货币起一般等价物作用的特殊职能，是社会属性的使用价值。由南斯拉夫的米拉丁、科拉奇等著，人民出版社于1982年出版的《政治经济学》中讲：“货币首先是商品，但是它是这样一种商品，这种商品在长期交换过程中履行一般等价物的职能。”货币“有特殊的社会使用价值，就是起一般等价物的作用”（第82页）。同样未讲货币是特殊商品。就是说，早在20世纪80年代，许多中外学者的有关论著中就放弃了货币的本质是特殊商品的提法。

再从国内的有关论著来看。从20世纪80年代直到现在，有关论著中对货币本质的表述有三种情况：一是只讲货币的本质是固定充当一般等价物的商品；二是讲货币是固定充当一般等价物的一般商品；三是依然讲货币是作为一般等价物的特殊商品。例如，由张雷声教授主编、中国人民大学出版社于2003年出版的《马克思主义政治经济学原理》是这样界定货币的："货币的出现，使整个商品世界分成了两极：一极是商品，它们都具有特殊的各不相同的使用价值；另一极是货币，它是一切商品价值的代表。……货币的本质是固定地充当一般等价物的商品。"没有再将"特殊商品"作为货币的本质内容。由丁堡骏教授主编、高等教育出版社于2012年出版的《现代政治经济学教材》中，同样放弃了"特殊商品"的本质规定。我国著名经济学家于光远和苏星主编的1985年版本《政治经济学·资本主义部分》，放弃了他们于1961年在人民出版社出版的版本中对货币本质的界定，将货币"是充当一般等价物的特殊商品"，改为"货币也是商品，但它和其他一切商品不同，它是固定充当一般等价物作用的商品"。而且还引证《资本论》中的原话：货币出现以后，"其他一切商品只是货币的特殊等价物，而货币是它们的一般等价物，所以它们是作为特殊商品来同作为一般商品的货币发生关系"。1983年由宋涛教授主编、人民出版社出版的《政治经济学》中是这样论述的：货币"是固定充当一般等价物的一般商品。金银充当货币，是商品交换关系所赋予它的一种特殊社会职能"。这一表述，是按《资本论》的原意讲的，将被颠倒了原意的"特殊商品"改为"一般商品"。同时说明，作为一般等价物的一般商品，是货币的一种特殊的社会职能。2005年由洪银兴等著、经济科学出版社出版的《〈资本论〉的现代解析》中，同样把长期被颠倒的理论观点颠倒过来："货币是固定地起着一般等价物作用的商品。货币也是商品，不过，它区别于普通商品的特点是：在商品世界中，只有货币起着一般等价物的作用，货币作为一般等价物，是一般商品，能够和各种特殊商品交换。"我特别注意到，于2012年由暨南大学出版社出版的胡世祯教授著的《〈资本论〉研读》一书中的解读，它对有关问题说得更明确、更透彻："货币是在商品世界中由贵金属充当的统一的、固定的一般等价物的商品；它是同一切商品对立的一般商品。要认识货币的本质，首先，要明确它也是一种商品；其次，还要明确，它不同于一切特殊商品，而是和其他一切特殊商品相对立的一般商品。"并引证马克思的话："所有其他商品都用它的价值来衡量，它也因此成了一般的商品，成了一种同一切其他商品相对立的真正意义上的商品。"[①] 作

① 《资本论》第3卷，人民出版社，2004年，第584页。

者说："马克思并没有将货币说成是特殊商品，而是说它是和'一切特殊商品'相对立的'一般商品'。这是因为货币的使用价值是充当一般等价物，这是一般使用价值，而不是特殊使用价值了，这种使用价值已经脱离了货币材料的自然用途。"又引证马克思的话："货币作为单纯的流通手段，可以说它不再是商品（特殊商品），因为货币的材料是无关紧要的……另一方面，也可以说货币只是商品（一般商品），是具有商品的纯粹形式的商品，它的自然特殊性无关紧要。"① 作为中央马克思主义理论研究和建设工程重点教材的《〈资本论〉导读》（高等教育出版社和人民出版社，2012 年）中是这样论述的："货币无非是商品交换发展到一定历史阶段、从商品世界分离出来固定充当一般等价物的商品。""贵金属一旦成为货币，它就具有二重的使用价值：一方面，它作为商品具有特殊的使用价值，如金可以镶牙，可以用作奢侈品的原料，等等；另一方面，它又取得了一种由它的独特的社会职能产生的形式上的使用价值，即作为一切商品的等价形式。"以上这些论述都是正确的。它抛弃了把"特殊商品"作为货币本质的规定。但是作为《资本论》的导读，在讲解《资本论》第一卷第二章《交换过程》的内容时，忽视了其中一段的专门论述："因为其他一切商品只是货币的特殊等价物，而货币是它们的一般等价物，所以它们是作为特殊商品来同作为一般商品的货币发生关系。"作者引证了第二章中的不少内容，独不引证这段话的内容。似乎回避"一般商品"的提法，留下的是一种遗憾！

令人更为遗憾和不解的是，有个别很有马克思主义经济学理论根基，并在坚持和发展马克思主义经济学方面多有建树的学者，在他（她）们的有关论著中，依然坚持和重复货币的本质属性是特殊商品的提法。例如，程恩富教授等主编、由上海财经大学出版社于 2012 年出版的《中级现代政治经济学》和《现代政治经济学新编》两部教材中，关于货币的本质是这样分别论述的："货币正是在商品交换过程中固定充当一般等价物的特殊商品。""货币的本质在于它是固定充当一般等价物的特殊商品。"在马恩列的论著中，没有任何地方对货币的社会属性做过这样的界定。作者也没有对"特殊商品"的界定做任何说明。

长期以来，中外有关教材中，之所以将"特殊商品"纳入货币的本质属性中，其一是出于语言上的误解。他们认为，与货币相交换的各种商品都是普通商品。而货币不是普通商品，是特殊商品。将"一般商品"理解为普通商品。其实，在马恩列的著作中，"一般"具有"普遍适用"之意。如"资本主义积累的一般规律"、马克思主义的"一般原理"。说货币是一般商品，其他商品是特殊商品，是指货币作为

---

① 《马克思恩格斯全集》第 30 卷，人民出版社，1995 年，第 166—167 页。

价值的代表，作为一般等价物，可与一切商品交换，具有普遍适用性。“一般等价物”就是普遍适用的等价物，不是普通等价物。其二，“一般商品”是从“一般等价物”的概念中延伸出来的，前后两个“一般”是相互对应的，是同义的。马克思明确指出：“在一般等价物这一规定中已包含着一般商品的概念的规定。”① 其三，对马克思某些论述的误解。《资本论》中讲：“充当一般等价物就成为被分离出来的商品的独特的社会职能。这个商品就成为货币。”② 把独特的社会职能误解为特殊商品。

目前，更多的有关论著中，只讲货币的本质是固定充当一般等价物的商品，放弃了“特殊商品”的规定，这不是什么倒退，而是回归马克思。有些论著中做了完全的回归，明确说明货币的本质是固定充当一般等价物的一般商品。其实，在表述中还有必要引证马克思最成熟的经典著作《资本论》中的一些相关论断。

（三）作为《资本论》研究对象的“资本主义生产方式”是指什么？

我在《〈资本论〉简说》中设专题讲述了这一问题。我在别的论著中对这个问题也提出过自己的解读和对不同的解读的评析。这里不拟展开阐述。对不同学者的有关见解，也不具体引证。只是说明几点。

1. 要从系统性和整体性上把握马克思的这一观点。我认为马克思对这个问题已经讲得很清楚了，可是学界长期进行着争论，有多种不同的解读，无视马克思的一些明确说明。有人认为，作为《资本论》研究对象的资本主义生产方式是指生产力，那你就应该从《资本论》中找出在什么地方把资本主义生产方式界定为生产力。同理，如将其解读为劳动方式，或生产力含义上的劳动方式，就应当从《资本论》中找到明确的根据。不要离开马克思的明确论述，按照自己设想的逻辑去做推理性的解读。总之，不管怎样解读，应有马克思自己的原话和原意作为论证和论据，不能把自己的推测作为根据。

2.《资本论》研究的对象是“资本主义生产方式以及和它相适应的生产关系和交换关系”。这里所讲的生产关系是什么？是狭义的即直接生产过程中的关系。《资本论》中研究的是广义的生产关系。广义的生产关系包括什么？学界流行的观点是《〈政治经济学批判〉导言》中所讲的“四环节”即生产、交换、分配、消费四个方面的关系。其实，这里存在着误解。讲“四环节”的关系不是马克思提出的研究对象。只是对前人在“四环节”关系上“肤浅的认识”进行了评析，提出自己对此的科学见解。《资本论》中不仅讲资本主义直接生产过程中的关系，还论述了作为资本

① 《马克思恩格斯全集》第46卷（下），第438页。

② 《资本论》第1卷，第106页。

主义生产前提的原始积累关系，特别是分析了作为资本主义直接生产过程的前提条件和入口处的“货币成为资本、劳动力成为商品”的关系，也就是通过原始积累所形成的资本与雇佣劳动的相互关系。因此，《资本论》中所研究的生产关系是多层次的生产关系体系。我们讲生产资料所有制是生产关系的基础，这是马克思主义的原理。这意味着先有资本主义所有制的形成，才有资本主义生产关系体系的建立。但是，《资本论》中并没有专门章节讲资本主义所有制问题。其实，讲原始积累就是讲资本主义所有制开始形成的过程。讲货币成为资本、劳动力成为商品，就是讲资本所有权和劳动力所有权的形成及其相互关系。资本主义生产关系体系是多层次的：资本原始积累关系——资本主义所有制形成——资本所有权与劳动力所有权的结合——资本与雇佣劳动相结合的生产方式——资本主义生产关系——资本主义交换关系和分配关系。有的学者用狭隘的观点理解资本主义生产关系。他们从马克思所讲的研究对象，即资本主义生产方式——生产关系——交换关系这一程式中，得出一种误解：既然资本主义生产方式是先于资本主义生产关系的独立概念，就排除了它也属于资本主义生产关系的范畴。于是就推理出与资本主义生产关系不同的生产力或劳动方式等解读。《资本论》的研究对象与政治经济学的研究对象是一回事。马恩列讲政治经济学的对象，始终是社会生产关系。资本主义生产关系体系是以一定的生产力发展阶段为条件的，但并不因此而将生产力作为研究对象。

3. 要准确理解作为《资本论》研究对象的资本主义生产方式究竟是什么，需要进一步从《资本论》和马克思的其他论著中相同程式中探寻答案。我在《〈资本论〉简说》中讲：“学习和研究《资本论》，应系统性和整体性地把握其基本原理。只要从《资本论》三卷的相关内容去综合研究和系统把握，作为《资本论》研究对象的‘资本主义生产方式’的实际内涵就会迎刃而解。”《资本论》第三卷第五十一章《分配关系和生产关系》中，提出了一个明确的程式：一定历史水平的生产力决定着资本主义生产方式；资本主义生产方式决定资本主义生产关系；资本主义生产关系决定资本主义分配关系。其原文是：“对资本主义生产方式的科学分析却证明：资本主义生产方式是一种独特的、具有独特历史规定性的生产方式；它和任何其他一定的生产方式一样，要把社会生产力及其发展形式的一个既定的阶段作为自己的历史条件，而这个条件又是一个先行过程的历史结果和产物，并且是新的生产方式由以产生的既定基础；同这种独特的、历史地规定的生产方式相适应的生产关系……具有一种独特的、历史的和暂时的性质；最后，分配关系本质上和这些生产关系是同一的，是生产关系的反面。”[①] 从这段论述中可以得出资本主义社会制度的运行程式：

---

① 《资本论》第3卷，第994页。

一定历史阶段的社会生产力发展形式——资本主义生产方式——资本主义生产关系——资本主义分配关系。而《资本论》第一卷序言中所讲的作为研究对象的程式是：资本主义生产方式——资本主义生产关系——资本主义交换关系。将两个程式相比较：前者在“资本主义生产方式”之前，加入“社会生产力的发展形式”，把“社会生产力”放在程式的首位，而后者没有提生产力，直接把“资本主义生产方式”放在首位。还有，前者讲：与资本主义生产方式相适应的是生产关系和分配关系；而后者讲的是生产关系和交换关系。其实，生产关系既决定交换关系，也决定分配关系。在《〈政治经济学批判〉导言》中的排序是生产、分配、交换。在《资本论》的第一、三卷中，一个程式之后是交换关系，未讲分配关系；另一个程式之后是分配关系，未讲交换关系。这在理论上并无差异之处，不必要讨论。重要的是在第三卷的程式中，是一定历史阶段的社会生产力水平决定资本主义生产方式，从而又决定资本主义分配方式。显然，这一程式排除了将作为《资本论》研究对象的资本主义生产方式解读为生产力和生产力含义的劳动方式的观点。而且，这里明确指出，这种由生产力决定的资本主义生产方式，具有独特的历史规定性，也就是具有历史暂时性，表明只存在于一定的历史阶段。显然，在生产力与生产关系的关系中，只有属于生产关系的内容才有历史的规定性和暂时性。生产力和劳动方式不具有历史暂时性。

4. 那么，排除了生产力、生产方式的解读后，这个“资本主义生产方式”究竟该是什么？其实，《资本论》中也明确做了回答。在《资本论》第二卷中，提出一个相关的重要观点，也是多年来理论界没有予以足够重视甚至在有关教材中和《资本论》解读中不提及的观点：“不论生产的社会的形式如何，劳动者和生产资料始终是生产的因素。……凡要进行生产，它们就必须结合起来。实行这种结合的特殊方式和方法，使社会结构区分为各个不同的经济时期。在当前考察的场合，自由工人和他的生产资料的分离，是既定的出发点，并且我们已经看到，二者在资本家手中是怎样和在什么条件下结合起来的。”① 这段理论论述事实上补充了生产资料所有制是生产关系体系的基础的理论观点。单讲所有制基础是不够的。为什么都是生产资料与劳动者两个生产要素分离——非劳动者占有生产资料，而劳动者不占有生产资料，只有自己的劳动力，却会区分为奴隶制、封建制、资本主义制度等不同的社会经济制度呢？这就需要用生产资料和劳动者两要素相结合的特定方式来说明。两要素相结合的方式分两种：一种是相结合的技术方式，属于生产力范畴；另一种是相结合

① 《资本论》第2卷，人民出版社，2004年，第44页。

的社会方式，属于生产关系范畴。这里所讲的是相结合的特殊社会方式。正是这种相结合的特定社会方式，决定“社会结构”即社会制度“区分为各个不同的经济时期”。如果非劳动者占有生产资料，劳动者既缺乏生产资料，又缺乏人身自由，在主人的棍棒皮鞭下进行强制性劳动，劳动者就是奴隶，生产资料所有者就是奴隶主，这就形成了奴隶制社会。如果非劳动者占有土地，劳动者以缴纳地租的形式取得耕种权，存在不同程度的人身依附关系，前者就是封建地主，后者就是封建农奴或农民，这就形成了封建社会制度。如果生产资料作为私人资本，劳动者虽有人身自由，但缺乏生产资料，通过出卖劳动力与生产资料（资本）结合起来，形成资本与雇佣劳动相结合的特殊生产方式，这就是资本主义社会经济制度。所以，可以说，在一定的生产资料所有制关系下，生产资料和劳动者相结合的特殊生产方式，决定着不同的社会经济制度，即决定着不同的生产关系体系。事实上，前引《资本论》中的一段话，已经点明了资本主义生产关系与之相适应的资本主义生产方式是什么：“在当前考察的场合，自由工人和他的生产资料的分离，是既定的出发点。并且我们已经看到，二者在资本家手中是怎样和在什么条件下结合起来的。”在《资本论》中已经系统地说明：工人是作为“自由的一无所有”的雇佣劳动者，与作为资本的生产资料相结合，在“经济强制”下为雇主提供剩余价值。这表明，决定着资本主义生产关系的资本主义生产方式，或者说资本主义生产关系与之相适应的资本主义生产方式，就是资本与雇佣劳动相结合的生产方式。

5. 在《资本论》中，有多处明确指出，决定资本主义生产关系即经济制度的资本主义生产方式，是资本与雇佣劳动相结合的生产方式。例一，“我们称为资本主义生产的是这样一种社会生产方式，在这种生产方式下，生产过程从属于资本，或者说，这种生产方式以资本和雇佣劳动的关系为基础，而且这种关系是起决定作用的、占支配地位的生产方式”。① 这段话清楚地指出：以资本和雇佣劳动关系为基础的资本主义生产方式，对资本主义制度起着“决定的作用”，占有“支配地位”。例二，“只是由于劳动采取雇佣劳动的形式，生产资料采取资本的形式这样的前提——也就是说，只是由于这两个基本的生产要素采取这种独特的社会形式……雇佣劳动的形式对整个过程的面貌和生产本身的特殊方式有决定的作用”。② 这同样说明：由于生产资料成为资本，劳动者的劳动成为雇佣劳动，这两种基本生产要素相结合所采取的社会形式（也可说是社会生产方式）对整个资本主义生产过程起着“决定的作

① 《马克思恩格斯全集》第47卷，人民出版社，1979年，第151页。

② 《马克思恩格斯全集》第7卷，人民出版社，2009年，第998页。

用”。还可以引证很多。但就这两条已可以完全表明马克思的本意是什么。

6. 从三卷《资本论》的逻辑结构来看，第一卷阐述资本的直接生产过程。第一篇《商品和货币》，是论述作为资本主义生产的前提条件的商品货币关系的一定程度的发展。第二篇《货币转化为资本》，是过渡到第三篇《绝对剩余价值的生产》的入口处。第三篇才开始讲直接生产过程中的资本主义生产关系。第二篇只一章成为一篇，表明这一篇具有独特的理论逻辑意义。它论述了货币怎样转化为资本，劳动力怎样成为商品，从而使劳动成为雇佣劳动，是要说明社会生产的两大基本要素怎样采取了资本与雇佣劳动相结合的生产方式。以这种生产方式为条件，基本生产要素才会进入资本主义生产过程，才会形成资本主义直接生产过程中的生产关系，以及由生产关系决定的交换关系与分配关系。

7. 如不认同作为《资本论》研究对象的资本主义生产方式是资本与雇佣劳动相结合的方式，应当对我提出的这些论证与论据进行反证、提出理由。并对自己的解读和观点提出有理有力的论据与论证。我认为找不出例证能证明马克思讲过资本主义生产方式是指生产力或生产力含义上的劳动方式，或与生产关系无关的其他什么。要把《资本论》中所讲的“资本主义生产方式”和“生产方式”两个提法区别开来。讲“生产方式”，有多层次含义，有的地方是指生产力或劳动方式，有的是指经济制度，有的是指商品生产方式，等等。但凡在生产方式前面加上“资本主义”这一定断词的地方，则只有两个层次的含义：大多是指资本主义生产关系的内容，或指资本主义经济制度，或仅指资本主义所有制等。只有少数几处是指生产力和资本主义生产关系的统一。如果认为“资本主义生产方式”概念是与资本主义生产关系无关的生产力、劳动方式等，那就会出现一个悖理的逻辑关系。请注意：在资本主义生产方式——生产关系——交换关系这一程式中，“生产关系”和“交换关系”前面，都没有加“资本主义”一词，因为“资本主义生产方式”中的前置词“资本主义”，已涵盖了后面的生产关系和交换关系的资本主义性质。如果将“资本主义生产方式”换成生产力或劳动方式之类的排除资本主义生产关系的内容，那就变成：生产力或劳动方式——生产关系——交换关系。“资本主义”没有了！变成《资本论》的研究对象不是研究资本主义生产关系的著作。显然是于理不通的。

发表于 2016 年第 1 期

《资本论》越读越爱，不读不爱

胡培兆　邹文英*

在新旧世纪交替的20世纪末，西方主流媒体公推马克思是高居榜首的“千年伟人”（紧随其后的是爱因斯坦）。即谓过去的1000年中，马克思是对人类社会影响最大的思想家。而其皇皇巨制《资本论》是马克思思想的集大成者，素有百科全书之称，是人类文化遗产中的瑰宝，理应受到特别珍重。就在当代资本主义世界，2008年爆发国际金融危机以来，《资本论》又成了畅销书，不得不叹服马克思对资本主义弊病的批判是正确的。我国学者韩毓海说：“2008年，我在纽约大学教书。那一年爆发的金融危机，如海啸般从华尔街向全世界蔓延，难忘我在百老汇大街一家书店排队买《资本论》的情景，书店门口挂着的海报写着‘马克思所说的都应验了’。”① 德国虽然是资本主义国家，也为能出马克思这样的巨人而感到骄傲和光荣，至今有许多纪念马克思的建筑。除马克思的老家特里尔有博物馆外（开馆之日由原德国总理勃兰特剪彩揭幕），还有以马克思命名的“马克思城”（原叫开姆尼茨城）。市中心有一座13米高40吨重的马克思的大头像雕塑。全德国有以马克思命名的大街550条（就像我国中山路一样），最长的一条卡尔·马克思大街有2.3公里，被称为欧洲最长的纪念碑。以恩格斯命名的街道和广场也有243处。柏林有一个马克思恩格斯广场，现今是举行婚礼、朗诵诗歌的喜庆活动中心。

我国自改革开放以来，坚持马克思主义的指导地位，是道路自信、理论自信、制度自信的表现。党和国家领导人也教导“老祖宗不能丢”。可令人遗憾的是，言之凿凿下听之藐藐者也不乏其人，在理论界和高校总有人不认这个老祖宗，甚至嗤之以鼻。究其原因，不言而喻。但有一点未必都能注意到，就是不认老祖宗的，大凡都是对老祖宗著作没有认真读过或只曾浮光掠影般地浅尝过而已的人。无知不为过，

---

* 胡培兆，厦门大学经济研究所教授、博士生导师；邹文英，厦门大学马克思主义学院副教授。

① 韩毓海：《属于年轻人的马克思》，《光明日报》2015年1月27日。

却又爱胡说八道，就有失学者风范了。真希望我国经济学者能读一读《资本论》。《资本论》是不朽的伟大著作，蕴含丰富的科学知识宝藏，令人越读越爱。不读当然也就无爱可言。不过读者也应当明白，《资本论》始终是历史著作，它的生命力须臾离不开具体时空。今天我们对它只有历史地读、现实地用，才能避免本本教条倾向和虚无主义倾向，最大化取得正能量，获益多多。说《资本论》是百科全书，名副其实。如果再结合相关文献，读者尽可各取所需，从中读到自己所需要的学术涵养。这里着重讲四方面。

一、可以读到伟人以天下为己任的崇高品格

如果马克思走出大学校门后想追求个人前途和幸福，他有很好的条件。他本人是哲学博士；父亲是律师；岳父威伦华斯特是贵族，有爵位，特里尔市的枢密官；妻子燕妮的哥哥是俾斯麦首相手下的内务大臣。凭个人才华、家庭出身、社会关系，要谋个心满意足的高官厚禄是唾手可得的事，可以飞黄腾达。事实上，当他带《资本论》第一卷书稿回德国汉堡（敦克尔）交付出版时，俾斯麦首相还派人请他到政府里工作。可他拒绝了，坚定地站在受奴役、受剥削、受压迫的农民工人这一边，过贫困生活。

1841 年大学毕业后，除了在《莱茵报》担任过两年主编之外，从 1843 年转向政治经济学研究以来，就没有再就业，把一生无私地奉献给人类的解放事业，仅靠稿费、朋友救济、妻子嫁妆的典当维持着清贫的生活。在《莱茵报》当主编期间，他从大量来稿中了解社会，其中最令他困惑的是两个问题。一个是莱茵省的所谓“林木盗窃案”。森林原是共有的，农民世代可以上山采伐林木和狩猎。实行原始积累后，森林就成了少数人的私有财产并受法律保护。农民的孩子上山采集野果、拾拣柴火都被认为是“盗窃林木”。于是所谓的盗窃林木和违反森林、狩猎法的案件层出不穷。1836 年法院审查受理的 20.7 万多件案件中，有 15 万多件是涉及“盗窃林木”方面的，约占 2/3。议会和媒体虽然围绕什么是林木盗窃问题争议多年，却始终没有结果。另一个是关于法国社会主义理论的争议。这类涉及“所谓物质利益”关系的深层次问题，已不是靠他所学的法律知识可以解决的。于是他辞去主编职务，转向政治经济学研究，为无产者、农民的命运抗争。从此进行了整整 40 年艰苦卓绝的理论工作，并领导了国际共产主义运动。为此，他不时遭到各国政府的驱逐，成为四处迁徙的“世界公民”，最终定居英国，直至 1883 年病逝。这种以天下为己任的社会责任感，以及不受金钱交易束缚、全心全意为劳苦大众奉献的精神，就是在当今时代也是难能可贵的。正因为有这种海阔的胸怀和天高的境界，才能有伟人的贡献，

并赢得人类的敬仰。

马克思又是怎么死的？我有一个感觉，总好像马克思最后是放弃治疗，自寻安乐死的。他为无产阶级和全人类的解放事业长期劳累过度、又受到政敌和贫困的迫害，不断患病。从往来的书信中可以看到，痈、疖子、神经痛、牙痛、支气管炎、喉头炎、慢性鼻炎、风湿痛、痉挛性咳嗽、胸膜炎、肺气肿等 10 多种病不断轮番折磨他。最后病倒时，马克思自感生命已衰竭到没能康复继续工作，在废人般地赖活不如死的心情下放弃了继续治疗而安乐死。根据是恩格斯的一封信。在马克思逝世的第二天也就是 3 月 15 日，恩格斯写给左尔格的信中，讲了马克思逝世那天的经过。信上说：当他像往常一样，下午两点半钟去马克思家里探望，看到全家都在流泪。似乎快到临终的时刻了。询问了情况，想弄清原因，进行安慰。得知“先是少量出血，接着体力就立刻衰竭了”，“处在昏迷状态”。当我们上楼看望时，马克思“已躺在那里睡着了，但是已经长眠不醒了。脉搏和呼吸都已停止。在两分钟之内，他安详地、毫无痛苦地与世长辞了”。恩格斯接着说：“医术或许还能保证他勉强拖几年，无能为力地活着，不是很快地死去，而是慢慢地死去，以此来证明医术的胜利。但是，这是我们的马克思绝不能忍受的。眼前摆着许多未完成的工作，受着想要完成它们而又不能做到的唐达鲁士式的痛苦，这样活着，对他来说，比安然地死去还要痛苦一千倍。他常常喜欢引用伊壁鸠鲁的话，‘死不是死者的不幸，而是生者的不幸’。不能眼看着这个伟大的天才像废人一样勉强活着，去给医学增光，去受他健壮时经常予以痛击的庸人们嘲笑——不能那样，现在的情况要比那样好一千倍。”“根据过去发生的、连医生也不如我了解得清楚的情况来看，我认为只有这一条出路。”① 这是说，“这一条出路”是马克思自己选择的。马克思觉得这样活着只是活受罪，不仅不能工作，还会给敌人嘲笑，不如死了好。梅林写的《马克思传》里也含有马克思死得有些蹊跷的意思：“由于 15 个月来不断服用各种药物，以致药物对他的身体已不再起任何作用……他眼看一天天消瘦下去。但是医生们还没有放弃希望，因为支气管炎已经差不多痊愈了，而吞咽食物也比较容易了。因而死亡是意外地来临。3 月 14 日午后，卡尔·马克思坐在自己的安乐椅上，安静而毫无痛苦地长眠了。”② 说明病已有好转，支气管炎好了，咽喉吃东西也容易了，为什么突然死了呢？

马克思一生，生的伟大，死也伟大，多悲壮！真像太阳，日出日落都是红亮的。

---

① 《马克思恩格斯全集》第 35 卷，人民出版社，1971 年，第 458—460 页。

② ［德］梅林：《马克思传》（下），人民出版社，1965 年，第 675—676 页。

说到马克思，自然离不开恩格斯。他们俩是不可分离的同心一体的亲密战友。恩格斯是工厂主的儿子。中学毕业后，服兵役当过炮兵（因此马克思的孩子戏称恩格斯为“将军”）。22 岁时父亲派他到英国曼彻斯特管理自家工厂，但他的兴趣在理论研究上。他抛弃上流社会的社交活动和灯红酒绿的宴会，把空闲时间几乎都用来接触和了解当时正处在水深火热中的工人阶级。他比马克思小两岁，却比马克思成名早。1839 年 19 岁时他就开始发表系列政论文章《乌培河谷来信》，1844 年 24 岁发表被马克思称为“天才大纲”的《政治经济学批判大纲》。1845 年 25 岁时出版了《英国工人阶级状况》一书，将英国工人阶级的骇人听闻的深重苦难公告给全世界。1844 年恩格斯与马克思在巴黎结识后就开始共同创建马克思主义。1845—1846 年出版了两人合作的第一个作品《德意志意识形态》一书。恩格斯对《资本论》的直接贡献有四方面。一是承担顾问，协助马克思解决写作中的理论疑难；二是在经济上给马克思救急解困；三是为能使马克思集中精力写作《资本论》，负责对付论敌的攻击；四是马克思逝世后义不容辞地放弃自己的写作计划，把主要时间和精力用来整理马克思的遗稿，历经 11 年的艰辛，先后在 1885 年、1894 年完成整理出版《资本论》第二、三卷，翌年他就与世长辞了。对恩格斯的无私奉献，马克思生前就万分感激，曾写信给恩格斯说：“没有你，我永远不能完成这部著作。坦白地向你说，我的良心经常像被梦魇压着一样感到沉重，因为你的卓越才能主要是为了我才浪费在经商上面，才让它们荒废，而且还要分担我的一切琐碎的忧患。”① 但恩格斯十分谦恭，不论在马克思生前还是死后始终把自己放在配角地位，乐于落次座。他总说马克思是“比自己高大的人物”，而自己不过是他“不大出色的战友”。特别是在马克思逝世后，他仍然把主要功绩都归于马克思。1884 年 10 月 15 日，他给约·菲·贝克尔的信中说：“我一生所做的是我注定要做的事，就是拉第二小提琴，而且我想我还做得不错。我高兴我有像马克思这样出色的第一小提琴手。”② 他坚拒一切对自己评价过高而有损马克思的做法。1887 年，德国社会民主党人布尔诺·舍恩兰克要把自己即将出版的著作《富尔特的水银制镜业和该行业的个人》在扉页上题款敬赠给恩格斯。恩格斯当即复信谢绝。他说：“我觉得我的功绩被许多人估计得太过了。谁有幸在四十年间同一个比自己高大的人物合作并能够每天与之相比较，谁就有可能学会正确地估计自己个人的功绩。而对我的活动的任何过度赞扬，在我看来都是无意中贬低了我们大家都应归之于马克思的功绩。”③

---

① 《马克思恩格斯全集》第 31 卷，人民出版社，1972 年，第 301 页。

② 《马克思恩格斯全集》第 36 卷，人民出版社，1974 年，第 219 页。

③ 同上书，第 675 页。

马克思与恩格斯的伟大友谊，给我们演绎出千古美谈。列宁说得好："古老传说中有各种非常动人的友谊故事。欧洲无产阶级可以说，它的科学是由两位学者和战士创造的，他们的关系超过了古人关于人类友谊的一切最动人的传说。"① 多难得啊！这不使那些在荣誉面前就反目成仇的"合作者"汗颜么？不使那些缺乏社会使命感而擅长名利场上为排名、为政绩、为晋升、为考核等名目而设计的妄为者三思么？伟大人格才能铸就伟大学说，有社会使命感才能写出有分量的华章，这是历代社会科学特别是政治经济学的光辉标杆。

二、可以读到科学巨著中的学问之道

《资本论》是部公认的博大精深的科学巨著，其学问的许多方面都值得有志于学者学习。就当前而言，就可作比对性学习。

（一）学习其政治经济学批判的创新精神

《资本论》的副书名叫《政治经济学批判》，是马克思对古往今来的经济思想和经济学说进行批判的吸收和批判的否定的基础上，提出自己革命性的创新理论而完成的。贯穿全书的核心理论是剩余价值理论，第一卷揭示资本生产剩余价值的理论，第二卷阐述资本再生产和扩大再生产剩余价值需要在流通过程实现循环周转的理论，第三卷剖析剩余价值通过市场机制在资本家阶级内部进行分配的总过程。就像达尔文的进化论引起生物学的革命一样，马克思的剩余价值理论引起了政治经济学的革命，从此有了无产阶级和劳苦大众的政治经济学——马克思主义经济学说。一个划时代的理论创新，必定是由许多围绕创新主轴的大小创新构成的一个创新体系。剩余价值的发现就是由创新的商品与货币理论、劳动价值理论、劳动力商品理论、资本理论、资本积累和原始积累、资本循环与周转理论、生产价格理论等等合力驱动的产物。我们正面临驱动创新的时代，学习《资本论》就要学习这种合力创新体系的逻辑思维。

（二）学习其善于抓本质的思想准确性和深刻性

"千年思想家"中独占鳌头者，可知马克思思想深度无与伦比。马克思说人"天生是社会动物"②。既如此，人必然生活在社会关系的网络中。而错综复杂的各种关系中，经济利益关系是最根本的关系，其他一切关系都以它为出发点和归宿点。马克思在第一版序言中就直说："我决不用玫瑰色描绘资本家和地主的面貌。不过这里

---

① 列宁：《弗里德里希·恩格斯》，载《列宁选集》第1卷，人民出版社，1995年，第95页。

② 《资本论》第1卷，人民出版社，2004年，第379页。

涉及的人，只是经济范畴的人格化，是一定的阶级关系和利益的承担者。”[①] 典型的例子是英国高教会是利益关系最坚决的卫道者。“英国高教会派宁愿饶恕对它的三十九个信条中的三十八个信条进行的攻击，而不饶恕对它的现金收入的三十九分之一进行的攻击。在今天，同批评传统的财产关系相比，无神论本身是一种很小的过失。”[②] 经济关系中的核心是生产资料所有制。谁掌握生产资料，谁就在经济关系中起主导作用。这是深触本质的规律性的绝对真理。就在今天，全世界没有一天安宁，每天都是吵吵闹闹、打打杀杀，为什么？不论说得多么冠冕堂皇，都是为了各自的利益。《资本论》有些原理的深刻思想性甚至令人匪夷所思。如马克思在论述资本主义积累的一般规律中所说的产业后备军，“他们的贫困同他们所受的劳动折磨成反比”。[③] 这个“反比”法国人看不懂，我国也有许多人看不懂。20 世纪 50 年代，不少读者写信给《资本论》译者之一王亚南，置疑这“反比”应该是正比，问他是否翻译错了。他的助手陈可焜就把德文本、英文本、日文本中的这话抄复他们，说没错。王亚南听他汇报后说：“你不用这么仔细，告诉他们没错就是了。”事实本是清楚的，因为有“劳动折磨”，说明还没有失业，至少还有口饭吃。不受“劳动折磨”了，就是失业，不是更痛苦了吗？这“反比”更显得心酸悲惨。但马克思还是照顾法国人，在法文译本中把这“反比”改为“正比”了。我国现在的中译本也加了个“注”，就不会再误解了。

（三）学习其应用数学方程计量分析的科学典范

马克思的业余爱好之一是数学，往往以演算代作休息。他精通数学。他的两千多页数学遗稿中还有后人未能破解的难题。在《资本论》里他也常用数学公式和方程来表述重要原理，如日均劳动力价值量、剩余价值率和剩余价值量、剩余价值率与利润率的关系、资本循环与周转、市场价值向生产价格转化、土地价格与利率关系等。最典型的是社会资本简单再生产和扩大再生产的方程与公式。马克思把社会资本生产划分为生产资料生产和消费资料生产两大部类。生产资料生产为第一部类（Ⅰ），消费资料生产为第二部类（Ⅱ）。为了使简单再生产和扩大再生产能顺利进行，两部类的产品必须通过交换才能在价值上得到实现，在物质形态上得到替换，从而取得均衡。经过两大部类之间的产品交换的方程计算，简单再生产的实现条件是第一部类的可变资本（v）加剩余价值（m）等于第二部类的不变资本（c）。其公

① 《资本论》第 1 卷，第 10 页。

② 同上。

③ 同上书，第 742 页。

式是：

$$Ⅰ(v+m)=Ⅱc$$

扩大再生产的实现条件是第一部类的可变资本（v）加剩余价值（m）大于第二部类的不变资本（c）。其公式是：

$$Ⅰ(v+m)>Ⅱc$$

这是经济增长理论的天才创建。美国著名的经济增长理论家多马就给以很高评价，认为马克思是最早提出增长模型的人。对资本积累和就业关系的研究，“最出色的贡献应归功于马克思”。[①]《资本论》对数学的应用十分贴切，但这和当前强行地为经济学数学化而数学化的做法，有天壤之别。

（四）学习其贯彻始终的唯物史观

唯物史观是马克思的两大发现之一（另一大发现是剩余价值理论）。唯物史观的认识论就是实践论，崇尚理在事中，从客观现实中探蕴索真，做出科学的正确结论。社会科学是历史科学，离不开社会实践活动这个大背景。马克思说得好：“辩证法不崇拜任何东西，按其本质来说，它是批判的和革命的。”[②] 所以，当社会发展、时代进步、科学发达了，理论也要不断发展和升华。在唯物史观的视域里，社会科学的任何真理都是绝对的又是相对的。真理之所以是绝对的，因为它是正确的，有充分的事实根据。但又是相对的，因为当它所依据的事实发生变化了，时过境迁，就需要有新的理论来代替。这符合社会发展的新陈代谢规律。因此，我们对任何真理包括《资本论》的真理的理解和应用都不能脱离它所依存的特定时空条件。

《资本论》是唯物史观的经典产物，主题思想和全部学说都来自社会实践和批判吸收世界相关文化遗产的精华内核，每个原理和结论都有当时大量典型的客观材料依据，铁证如山。如第一卷以事实材料分析为主的论述绝对剩余价值生产的《工作日》，相对剩余价值生产的各种特殊方法《协作》《分工和手工业》《机器大工业》，资本主义积累的一般规律和例证及《所谓原始积累》这些部分，就有400多页，约占正文的一半篇幅。事实胜于雄辩，也最易理解。这就是马克思寄书挚友库格曼医生时嘱他夫人先读这些部分的道理。因此我们只要按照唯物史观去读唯物史观的著作，就能读懂，取得共识，减少许多误解性的争论。如过去对战后无产阶级绝对贫困化规律问题的冗长争论，对资本有机构成提高平均利润率呈下降趋势的规律，对资本主义必然灭亡规律等的争论，就都可避免。

---

① ［美］多马：《经济增长理论》，商务印书馆，1983年，第72页。

② 《资本论》第1卷，第22页。

马克思为了回答资本主义积累和发展对工人阶级的命运会产生怎样的影响，是否像庸俗经济学家所说的那样会得到改善时，以严密的逻辑和大量无可辩驳的事实得出工人生活变得更加悲惨的结论。虽然《资本论》里没有用“绝对贫困化”的字眼，但有绝对贫困化内容和结论。“不管工人的报酬高低如何，工人的状况必然随着资本的积累而恶化。”① 如书中就引用当时伯明翰市长在市卫生会议开幕词上说的话：曼彻斯特的医官李医生证实，城市富有阶级的平均寿命是 38 岁，而工人阶级的平均寿命只有 17 岁。利物浦前者是 35 岁，后者是 15 岁。富人阶级比工人阶级有两倍的生命权。② 又如兵源主要来自工人阶级，因为生活条件恶劣，身材变矮小，于是征兵要求的身高标准降低。如法国在革命（1789 年）以前，步兵身长的最低标准是 165 厘米，1818 年是 157 厘米。德国萨克森 1780 年军人身长标准是 178 厘米，19 世纪 60 年代后降到 155 厘米，③ 这都是“贫困积累”的铁证。按唯物史观的审视，马克思时代，无产阶级绝对贫困化是客观存在的，《资本论》说的是真理。现代却已不存在，这也是客观事实。虽然发达国家的现代工人也还是雇佣劳动者，但生活条件在二战后已有明显改善。

至于随着资本有机构成提高平均利润率下降在当时是客观事实。但在今天因为是知识经济时代，现代企业劳动主要是脑力的知识劳动，这可遏制在资本有机构成提高下使利润率下降，甚至促使提高。说到资本主义必然灭亡问题，20 世纪就有人说马克思的“丧钟敲早了”“敲错了”。这也是形而上学的错误观点。马克思说要灭亡的资本主义是马克思时代的那个资本主义，也就是《资本论》里所描绘的那个资本主义。试问马克思心目中的那个资本主义现在还有吗？没有了，灭亡了，马克思的预言实现了。今天的资本主义已有很大的变化。早在 1987 年 12 月 7 日，我国以稳健著称的著名马克思主义经济学家薛暮桥在《人民日报》发表的一篇题为《破除教条主义和僵化模式》的文章中，就说明了这个问题。所以，我们今天学习《资本论》的直接目的和任务也起了变化。过去工人阶级处于水深火热的绝对贫困中，学习《资本论》是为了进行无产者革命；今天在社会主义初级阶段，学习《资本论》是为了改革，以马克思主义的唯物史观不断调整好经济关系，以发展生产力，促进经济繁荣，增进人民福祉。

本本教条者习惯于昨是今非的思维，《资本论》说有的，今天也就得有，否则就是错的；虚无主义者则相反，习惯于今是昨非的思维，今天没有的，《资本论》说有

① 《资本论》第 1 卷，第 743 页。

② 同上书，第 706 页。

③ 同上书，第 277 页注 46。

就是错的。于是就各执一端，争论不休，实际双方都违背马克思主义的唯物史观，不问历史与现实，犯了形而上学的错误。为什么过去有的现在也就一定要有，现在没有的过去也就一定没有呢？荒唐的逻辑！

三、可以读到大手笔叙述的艺术气概与文学韵味

在一般人的观念中，经济学在文体上几乎是枯燥与抽象的别名。然而《资本论》却不同凡响，别具一格，它叙述的文学艺术表现魅力为读者所惊叹。俄国、英国等国的评论家对此都有过极高的评价："使最枯燥无味的经济问题具有一种独特的魅力。"以致日本剧作家板本胜曾将《资本论》戏剧化，搬上台公演。

马克思学生时代酷爱文学，博览名著，也写过诗歌、小说、剧本，想当作家。虽然听从父亲的劝阻，放弃从事文学的打算，但也造就了他深厚的文学涵养和功底。所以，马克思的哲学、经济学论著，都独具匠心，除思想深刻外，还富有文学韵味，飞光流彩，生动感人。这里就仅从《资本论》第一卷中采撷几朵花絮以共飨。

为了揭露、比喻、分析，第一卷中直接引用了许多名家名著和神话传说之佳句典故。荷马、但丁、莎士比亚、狄更斯、笛福、歌德、海涅、席勒、塞万提斯等几十位大名家的名作都在书中大放异彩。例如，讲到商品价值的抽象性时说，价值作为人类抽象劳动的凝结，是纯社会性的，和粗糙的可感觉可触摸的商品体不同，没有包含一个自然物质原子。就是把上衣磨成只见几根纱了，也找不到它的价值。它"和瞿克莱夫人不同的地方，就在于我们不知道哪里方才可找到它"。[①] 瞿克莱夫人是莎士比亚的剧本《亨利四世》中的酒店女店主。酒鬼福斯泰夫和她吵架时骂她是水獭，既不是鱼，也不是肉，是不可捉摸的东西。瞿克莱夫人回骂这恶棍冤枉了她，说自己是老老实实的女人，从来不藏头盖脸。马克思以此说明商品价值不像是瞿克莱夫人那样抛头露脸可见的。同时，为了说明商品的交换本性（希望和一切东西交换），引用了塞万提斯的《堂吉诃德》中的主人公的荒唐行为作比拟。堂吉诃德为了满足与美丽公主幽会的幻想欲，就把丑陋不堪的客店女仆马立托奈斯当作公主来拥抱。马克思写道："商品是天生的平等派和昔尼克派，它随时准备不仅用自己的灵魂而且用自己的肉体去换取任何别的商品，哪怕这个商品生得比马立托奈斯还丑。"[②] 商品交换中最困难的是卖，能否卖得出去，能换取多少货币？马克思说，商品价值从商品体跳到金体上，是"商品的惊险的跳跃。这个跳跃如果不成功，摔坏的不是

---

① 《资本论》第1卷，第19页。

② 同上书，第104页。

商品，但一定是商品占有者”。[①] 于是又巧妙地引用莎士比亚剧本《仲夏夜之梦》中的台词，说商品爱货币，但是“真爱情的道路决不是平坦的”。[②] 当英国纺织品市场出现收缩，许多工人流落街头时，有些社会组织提出要帮助失业工人迁移到殖民地去就业，资产阶级的代言人就出来强烈抗议，叫喊说专业工人是长期培养积累的结果，现在走了，将来产业发展需要这些工人了“怎么办”？马克思就引用席勒的悲剧《阴谋与爱情》的剧中人卡尔勃来嘲笑挖苦他们，说：“这种发自内心的叫喊使人想起了宫廷侍卫长卡尔勃。”[③] 宫廷侍卫长卡尔勃原来拒绝参加宰相的一项阴谋。宰相就以辞职相威胁。可宰相一辞职，他的职位也就要跟着免除。卡尔勃吓死了，就叫喊：“如果殿下免我的职，那我怎么办呢？”充分说明了资本家一旦失去对工人的所有权，就无能为力。

庸俗经济学家西尼耳为美化资本家，提出资本积累是资本家“节欲”的结果。马克思一方面对西尼耳的“节欲”一词作了机智辛辣的讽刺，说西尼耳忘记了斯宾诺莎的“规定即是否定”的话，人的一切行为都可以看作是他的相反行为的“节欲”，如“吃饭是绝食的节欲，行走是站立的节欲，劳动是闲逸的节欲，闲逸是劳动的节欲等等”，[④] 说资本家节欲是最滑稽可笑的；另一方面，马克思引用了歌德的《浮士德》中那个“胸中有两个灵魂”的主人公来嘲笑资本家：“资本家的挥霍从来不像放荡的封建主的挥霍那样直截了当的，相反地，在它的背后总是隐藏着最肮脏的贪欲和最小心的盘算；但是资本家的挥霍仍然和积累一同增加，一方决不会妨害另一方。因此，在资本家个人的崇高的心胸中同时展开了积累欲和享受欲之间的浮士德式的冲突。”[⑤] 说明资本家并无也并不需要有节欲可言。

机器的资本主义应用给工人带来了痛苦。在工场手工业时代，是工人主动使用工具，动手又动脑。在大工业时代的工厂里，工人是被动地受机器役使，一天 15 个小时重复干枯燥单调的工作，身心备受折磨，苦不堪言。资产阶级经济学家却予以否认，只说机器的资本主义应用只是有所“暂时不便”，但能因此否定机器的使用吗？还振振有词地说，哪个徽章没有反面？谁要是否认机器的资本主义应用，谁就是社会进步的敌人。马克思反驳说：“这完全是著名的杀人犯比耳·塞克斯的道理。”这个比耳·塞克斯是 19 世纪英国著名作家狄更斯的小说《雾都孤儿》中的强盗和杀

---

① 《资本论》第 1 卷，第 127 页。

② 同上书，第 129 页。

③ 同上书，第 664 页。

④ 同上书，第 668 页注 41。

⑤ 同上书，第 685 页。

人犯。他杀了人却在法庭上辩解说，人是他杀的，但这不是他的罪过，是刀的罪过。刀的作用很大，没有刀哪有农业和手工业？它在外科上还能为病人造福。刀有罪过，就能禁止用刀吗？这是强盗的逻辑。以此说明资产阶级经济学家和这个杀人犯的逻辑一样，把机器和机器的资本主义使用混同了。[①]

除引经据典外，马克思本身写作的文学造诣高深，文字功夫极好，笔锋犀利，韵味诙谐，行文精辟绝伦，深刻透彻。如对工人命运的描述，字字是血与火。农民在资本原始积累中被剥夺以后，“自由”得一贫如洗，像飞鸟一样，四处流浪。可怜的盖尔人，“一部分土著居民被赶至沿海地区，以捕鱼为生，他们变成了两栖动物”。“鱼的气味传到‘大人’的鼻子里去了。他们嗅到其中有某种有利可图的东西，于是把沿海地区租给伦敦的大鱼商。盖尔人又一次被驱逐了。”[②] 他们不习惯进厂劳动，就以血腥的立法惩治他们。“年老和无劳动能力的乞丐获利一种行乞许可证。相反地，身强力壮的流浪者则要遭到鞭打和监禁。他们要被绑在马车后面，被鞭打到遍体流血为止，然后要发誓回到原籍……‘从事劳动’。”“如果在流浪时第二次被捕，就要再受鞭打并被割去半只耳朵；如果第三次被捕，就要被当作重罪犯和社会的敌人处死。”有的“在额头或脸颊打上 S 字样的烙印”等。在亨利八世执政时就有 72000 名流浪者被按上大小盗贼罪名处死。马克思说：“现在的工人阶级的祖先，当初曾因被迫转化为流浪者和需要救济的贫民而受到惩罚。”[③] 后来，工人在劳动市场上也同样受到宰割。劳动力的买卖市场像其他商品交换领域一样，“确实是天赋人权的真正伊甸园。那里占统治地位的只是自由、平等、所有权和边沁”，[④] 劳动力的卖不卖和买不买，是自由的，都取决于自己的意志；这买卖也是平等的，通行等价交换；互相尊重所有权，交换的都是自己的东西；同时贯彻边沁原则，双方都为了自己的利益，人人只顾自己。可劳动力买卖成交后，一离开市场，“就会看到，我们的剧中人的面貌已经起了某些变化。原来的货币占有者作为资本家，昂首前行；劳动力占有者作为他的工人，尾随于后。一个笑容满面，雄心勃勃；一个战战兢兢，畏缩不前，像在市场上出卖了自己的皮一样，只有一个前途——让人家来鞣”。[⑤] 在资本家的工场里，工人就受尽折磨，他“‘只要还有一块肉、一根筋、一滴血可供榨

---

① 《资本论》第 1 卷，第 509 页。

② 同上书，第 839—840 页。

③ 同上书，第 843 页。

④ 同上书，第 204 页。

⑤ 同上书，第 205 页。

取’，吸血鬼就决不罢休”。[①] 对此，工人就会被迫愤起斗争。“为了‘抵御’折磨他们的毒蛇，工人必须把他们的头聚在一起，作为一个阶级来强行争得一项国家法律，一个强有力的社会屏障，使自己不致再通过自愿与资本缔结的契约而把自己和后代卖出去送死和受奴役。”[②]

相比我们今天的经济学著作，虽然读之有艺术兴味的也不乏于案，但读之如嚼蜡般艰涩难咽的居多。

四、只有唯实精神才能读对《资本论》

前面说不认老祖宗的，大凡都是对老祖宗著作没有认真读过或只曾有浮光掠影般地浅尝过的人。但这不是说凡读过《资本论》的就都能正确认知其中的经济原理。事实是常看到有些读过甚至研究过《资本论》的人好发奇谈怪论，并且还都煞有介事地说这就是马克思的或《资本论》的原意。这里不妨略举几例。

有人说，机器等物化劳动也创造价值，这是《资本论》里说的，并还兴师动众联名发表论文声明：“只有承认物化劳动也创造价值我们才相信马克思主义。”可是我们从《资本论》里看到写得清清楚楚、明明白白的是机器、生产资料等物化劳动在生产过程中是不创造价值的，只能把它们的价值转移到产品中去。《资本论》第一卷里还专门写了一节“机器的价值向产品的转移”问题。其中明确指出“像不变资本的任何其他组成部分一样，机器不创造价值，但它把自身的价值转移到由它的服务所生产的产品上”。[③] 马克思说得如此明白，何时何处说过机器等物化劳动也创造价值呢？马克思还批判了资产阶级经济学家萨伊、麦克库洛赫的机器提供“服务”创造那个虚构“利润”的价值的庸俗观点。正因为机器等物化劳动不能创造价值，所以也叫“死劳动”，能创造价值的是工人的“活劳动”。马克思把资本分为“不变资本”和“可变资本”，把劳动分为“死劳动”和“活劳动”，就是要划清不变资本、死劳动不创造价值和只有可变资本、活劳动能创造价值的界限。

有人说，社会主义条件下劳动有价值，个人劳动等于货币工资。劳动者付出个人劳动，企业支付货币工资。这说明劳动自身是有价值的。对此，我不想发表意见。但他将此说和马克思联系起来，就极为不妥。他说：“个人劳动＝货币工资，这和马克思分析的‘20码麻布＝2镑’那个等式的意义是一样的。”首先，马克思说的这

---

① 《资本论》第1卷，第349页。

② 同上书，第349页。

③ 同上书，第444页。

"20码麻布"是商品，而"个人劳动"在马克思看来不是商品。工人出卖的是劳动力商品而不是劳动，劳动是劳动力出卖以后才有的，它是一种生产过程中的行为。其次，在马克思那里有"20码麻布"的价值等于2镑的例子，可完全没有"个人劳动"的价值等于"货币工资"的逻辑！因为马克思根本否认劳动有价值，又何来的与"20码麻布＝2镑"有一样意义的"个人劳动＝货币工资"的联想呢！马克思说："劳动是价值的实体和内在尺度，但是它本身没有价值。"[①] 恩格斯也说："劳动作为创造价值的活动，不能有特殊的价值。"[②] 而且不论在什么社会，货币工资不可能是工人全部劳动不折不扣的报酬。"个人劳动＝货币工资"就在社会主义社会也不成立，只有经过积累资金、公益与保险基金等等的各种必要的扣除后才能进行按劳分配。

有人说，当下对马克思主义认识的"最大误区"是"认为马克思反对资本，主张取消资本"，真正的马克思主义经济学家应该知道，马克思反对的仅是"资本主义"，而不是"资本"，在未来社会，马克思不是主张取消资本，而是劳动者掌握资本。这是耸人听闻之说。《资本论》第一卷出版至今将近一个半世纪了，三卷中译本在我国出版也快80年了，这么漫长的岁月里中国乃至世界居然都没有人读出"资本"是个好东西，直至今天才有高智商者没有误读这个"资本"。《资本论》中的资本范畴的本质真是这样的吗？这里指出三点就会明白。首先，马克思经济学说中的经济范畴都是历史范畴，有生有灭，不是永恒的。其次，资本是《资本论》的主题范畴和核心范畴，外文书名就是《资本》。因为中国习惯加个"论"字，论什么、什么论的，所以《资本》就译成《资本论》了。三卷《资本论》分别讲的就是资本的生产、资本的流通和资本主义的总过程。我们不能把"资本"和"资本主义"截然分开。最后，就单个"资本"范畴而言，《资本论》里可见对其本质的深刻阐述。"资本"一词是15世纪意大利民族最先使用的。资本主义世界的第一个资本是通过残暴血腥的"原始积累"剥夺来的，"这种剥夺的历史是用血与火的文字载入人类编年史的"。[③] "资本来到世间，从头到脚，每个毛孔都滴着血和肮脏的东西。"[④] 在资本主义生产方式中，资本家使得资本人格化。"作为资本家，他只是人格化的资本。他的灵魂就是资本的灵魂。而资本只有一种生活本能，这就是增殖自身，创造剩余价值，用自己的不变部分即生产资料吮吸尽可能多的剩余劳动。资本是死劳动，它

① 《资本论》第1卷，第615页。

② 《资本论》第3卷，人民出版社，2004年版，第24页。

③ 《资本论》第1卷，第822页。

④ 同上书，第871页。

像吸血鬼一样，只有吮吸活劳动才有生命，吮吸的活劳动越多，它的生命就越旺盛。”[①]“资本是不管劳动力的寿命长短的。”[②]“资本是根本不关心工人的健康和寿命的”，[③]“只要还有一块肉、一根筋、一滴血可供榨取，吸血鬼就决不罢休”。[④]马克思笔下的资本嘴脸是如此的肮脏、丑恶、血腥、贪婪和残忍，读者怎么会误读呢？更没有读到马克思有只言片语说理想的未来社会还要保留资本！据说马克思不反对资本的例证是马克思的姑妈是资本家。这不足为据。马克思的父亲是犹太教徒，马克思就信教？恩格斯受资本家父亲之命在曼彻斯特经营纺织厂，他就爱资本？绝无此理！

在20世纪50年代我国划家庭成分时，说是根据马克思在《资本论》里说的，凡雇工8个以上的就划为资本家。结果将70万小业主错划为“资本家”。直到改革开放初期，胡耀邦鼓励回城知青办个体和私营企业，可国家工商总局在具体审批时一个司长说雇工不得超过7个，说这是《资本论》的论断，雇工8个就是资本主义经济，是剥削。这是对《资本论》严重粗暴的歪曲！《资本论》里只是说，货币只有达到雇佣一定量工人的最低额才能转化为资本。假设工人一天劳动12小时，其中8小时是必要劳动，4小时是剩余劳动，资本家获取的剩余价值能使自己生活得比工人好一倍，并有一半剩余价值用来积累，那么货币所有者至少拥有能雇佣8个工人的货币额，才能成为资本家，否则只能是“小业主”。[⑤]马克思明明说这是“假设”，怎么就成了“绝对”了呢？这“假设”是按工人的劳动生产率设定的。不同的生产率有不同的雇工数。假设其他要求不变，工人一天12小时的劳动，10小时是必要劳动，2小时是剩余劳动，那么就不是8个，而是雇佣20个工人才能成为资本家。《资本论》就这样被无端糟蹋。

对马克思的经济学说有不同意见尽可以明说，甚至可以据理批判，但不能把自己的见解说成是马克思的见解。对《资本论》的原理也不论是非，首先要尊重原样、原句、原意，不能任意增删和曲解。早在1894年，恩格斯曾对屡见不鲜的种种出于善意或恶意歪曲马克思《资本论》原理又硬说这是马克思原意的做法予以批评和警告，说：“一个人如想研究科学问题，首先要学会按照作者写作的原样去阅读自己要加以利用的著作，并且首先不要读出原著中没有的东西。”而能做到这一点的，“只

① 《资本论》第1卷，第269页。

② 同上书，第306—307页。

③ 同上书，第311页。

④ 同上书，第349页。

⑤ 同上书，第356—357页。

有马克思学派才取得了一些成就”。[①] 我们只有像“马克思学派”那样尊重原著的唯实精神才能读懂《资本论》的原理原意。至于《资本论》与当代关系，我们就要历史地读，现实地用。如资本范畴，《资本论》里是持批判否定的。因为资本和其他范畴一样，“资本不是一种物，而是一种以物为媒介的人和人之间的关系”。当前我国处于社会主义初级阶段，也沿用资本概念，但其体现的人与人之间的关系已有所变化，和马克思时代的资本就当以别论。我们既要尊重历史科学，也要尊重当代现实。但不能因为时代发展变化了，认识要发展，就否定历史科学。今天需要资本，就说马克思没有反对资本，可以肯定地说，如果马克思现在还活在英国，他定会续写新版《资本论》。因为马克思是伟大的辩证唯物史观的发现者和坚持者。

发表于 2016 年第 1 期

① 《资本论》第 3 卷，第 26 页。

从赶超型发展战略视野反思供给侧结构性改革

许经勇*

习近平总书记多次强调，要坚定不移地推进供给侧结构性改革。这意味着供给侧结构性改革面临的阻力还是比较大的。我们认为，这种阻力主要来自传统体制的制度性障碍。因为供给侧结构性改革的核心问题是如何处理好政府与市场的关系，校正由于政府的过度干预而导致资源配置错位，供给与需求不协调，以便更好地发挥市场在资源配置中的决定性作用。而与政府过度干预相关联的传统体制之所以还在起作用，是因为我国长期实行的赶超型经济发展战略，以及与其相辅相成的资本原始积累还没有终结。供给侧结构性改革要顺利推进，不仅取决于改革的力度，而且取决于发展的程度。同时，改革的力度又不能超越发展（水平）所能承受的程度。经济增长的两种体制机制动力还在同时起作用。只有实现旧体制到新体制的彻底转换，供给侧结构性改革的目标才能完全实现。

一、赶超型经济发展战略与资本原始积累

全球经济发展向来是不平衡的，既有少数先进的发达国家，也有比重很大的落后的不发达国家。作为落后的不发达国家，要在较短时间内赶上先进的发达国家，必然要选择超常规的发展方式或赶超型的经济发展战略。与其相联系，在发展战略选择上应体现后发优势，采取非均衡的发展战略。即在经济发展领域的主次安排和经济发展顺序方面，都应把重心放在能够迅速拉动经济增长的产业和部门。实践经验表明，后进国家选择赶超发达国家的战略，是优先发展重化工业的发展战略，这是历史发展的必然。因为重化工业不仅属于制造业，而且是制造业的核心。而一个国家的制造业是经济竞争力的决定性因素，它既可以使劳动生产率有较快的提高，又有较高的产业关联度。在国民经济中，重化工业最具经济拉动效应和投资乘数效

---

* 许经勇，厦门大学经济学院教授、博士生导师，国家级有突出贡献专家。

应。重化工业是资本密集型产业，需要投入大量的资本，而后进国家最为短缺的又是资本，怎么办呢？为了解决这个难题，唯有采取超常规的积累手段，即实行带有强制性的资本积累。

按照马克思生前的预见，社会主义应当是在资本主义高度发达国家首先取得胜利。但是，我国则是在一个经济异常落后的国家，即半封建半殖民地的国家，开始社会主义革命与建设的。历史经验告诉我们，经济落后的国家要在较短的时间内赶超经济发达国家，是不能选择协调的、平衡的发展方式，走缓慢增长的道路；而必须选择不协调的、不平衡的方式，走快速增长的道路。也就是说，在其经济发展的起步阶段，必须暂时牺牲分配效率，牺牲消费者利益，抑制市场机制的作用。不协调、不平衡的迅速增长，必然是一种强制性、指令性的增长，即政府把资源配置的权力高度集中起来，重点用于能够带动国民经济迅速增长的重点部门，即向重化工业部门倾斜。这就决定了我国超前工业化过程中，经济资源的开发动员，在相当程度上是依靠国家政权力量和行政系统的参与，即为了实现经济资源最大限度向重化工业倾斜，就必须形成与国家集中决策相联系的筹资模式，这种筹资模式必然被赋予超经济强制。运用超经济强制的方式来积累资本，被称之为资本的原始积累。①

我国传统选择的主要缺陷，与其说是选择赶超型的经济发展战略，倒不如说是选择与这种发展战略相依存的集权式的经济管理体制。然而，之所以选择集权式的经济管理体制，又是服务于赶超型经济发展战略。我们无法把这两者分割开来。问题的实质在于这种集权式的经济管理体制，几乎不赋予国有企业必要的生产经营自主权，严重地压抑着国有企业干部职工的积极性与创造性，导致国有企业的经济效益低下。在这种情况下，为了保持城市工业（尤其是重化工业）的较快速度发展，国家不仅无力改变对农村、农业、农民提供资本原始积累的依赖，反而被迫使其提供资本原始积累长期化、固定化。我国资本原始积累是建立在抑制农村要素市场发育的基础上的，这就必然导致农村要素（劳力、土地和资本等）市场发育比城市滞后得多。这是建国60多年来我国城乡差别较大的深层原因。美国芝加哥大学D.盖尔·约翰逊教授曾经对这个问题作了深刻的剖析："在我整个职业生涯中，我一直试图说明一点：农民的福利不仅取决于他们拥有多少资源（包括人力的、物质的和金融的），还取决于要素市场的运作情况（包括劳动、土地和资本市场）。""确保农民充分分享经济增长成果的途径只有一个，那就是改善要素市场的运作。这点在中国尤其重要，因为每一种主要的生产要素（劳动、土地和资本或信贷）的市场在中国

① 许经勇：《论我国资金原始积累》，《新华文摘》1992年第3期。

都依然受到很大的约束，存在很多缺陷。中国未来要素市场表现如何，将在很大程度上影响农业生产绩效和农民收入的提高。”[①] 早在20世纪50年代中期，毛泽东就意识到这种集权式经济管理体制的弊端，并力图着手改革。毛泽东指出：“把什么东西统统都集中在中央或省市，不给工厂一点权力、一点利益、一点机动的余地，恐怕不妥。各个生产单位都要有一个与统一性相联系的独立性，才会发展得更加活泼。”[②] 为此，还采取措施扩大地方和企业的自主权。值得引起人们深思的是，当时所进行的一些改革为什么不能取得预期的效果。一个极其重要的原因，即高度集中的计划经济体制是从属于资本原始积累的，因而是排斥市场经济的。而当前之所以会出现政府对市场的过度干预，以及农村要素市场发育受阻，也是源于我国资本原始积累的任务还没有完全终结。因为资本原始积累是依靠政府的行政强制来实现的。

二、资本原始积累与供给侧结构性改革

众所周知，重工业是资本密集型产业，其所需要的资本投入量很大。而在农村人口占全国人口90%、农业产值占全国生产总值70%的中国，资本原始积累的任务，主要落实在农村、农业和农民身上，这是不言而喻的。优先发展重工业的发展战略对农村、农业、农民提出的要求是：在使用价值形态上，要为国家工业化提供所必需的农产品数量；在价值形态上，要为国家工业化提供最低限度的资本原始积累。在我国工业化过程中，资本从农业流向工业、从农村流向城市，是一种必然趋势。但是，资本的这种转移，既可以是遵循市场经济规律要求的，也可以是采取抑制市场机制的超经济强制。我国在其初始阶段，政府所采取的主要措施，是强制性压低农产品价格，通过工农产品价格剪刀差形式，来实现资本从农村向城市转移。其具体形式是对关系国计民生的主要农产品实行统购统销。主要目的是保障城镇居民基本生活和国家工业化建设对农产品的需要，同时将一部分农业收入转化为工业化（优先发展重工业）的启动资本。农产品统购和一般意义上的商品交换不同，而是寓再分配于交换之中，具有从农村转移资本的特殊功能。1953年至1978年，我国农民通过与农产品统购相联系的工农产品价格剪刀差的形式，为国家工业化提供的资本原始积累金额达到5100亿元，占同期农业净产值的1/3。1979年至1994年，我国农民通过工农产品价格剪刀差，为国家工业化提供资本原始积累达15000亿元。我国经济体制改革之前的29年间，之所以长期实行带有强制性、指令性的计划管理

---

① D. 盖尔·约翰逊：《经济发展中的农业、农村、农民问题》，林毅夫、赵耀辉译，商务印书馆，2004年。

② 《毛泽东著作选读》（下册），人民出版社，1967年，第726—731页。

体制，对工农产品流通与价格实行全面管制，包括强制压低农产品购销价格，实行高度集中的计划经济，在很大程度上就是为了最大限度地集中一切可以集中的资本，用于优先发展重工业。从某种意义上说，我国以往之所以实行高度集中的计划经济，就是为实施赶超型经济发展战略，提供所必需的资本原始积累。选择这一发展战略的积极效果，是大大加快了我国工业化步伐，在短短几十年内就越过工业化中期阶段，向工业化后期转变，同时也使我国迅速发展成为世界上的国防强国。

但是，实行与赶超型经济发展战略相依存的资本原始积累，是要付出代价的。强制压低农产品价格的资本原始积累，是违背自愿互利、等价交换原则的，这就必须辅以强制性配套措施。具体表现在：在生产领域，自上而下地下达种植面积、产品品种、产品产量等指令性指标，并严格控制农业生产的范围；在产业政策上，限制农业劳动力向非农产业转移，限制农村人口向城镇转移；在流通领域，对主要农产品购销实行国家高度集中垄断经营。为了使农产品统购统销能够实行下去，其微观经济组织是“政社合一”的农村人民公社。实践经验表明，国家低价强制向农民收购农产品，没有农业集体化与农村人民公社化，是很难长期坚持下去的。在农业集体化基础上发展起来的农村人民公社化，其实质是国家直接控制农村经济权利的一种制度形式。资本原始积累、农产品统购统销、城乡二元体制以及政社合一的农村人民公社，是相互依存、相互制约的制度体系。而在这个制度体系中，城乡二元体制是重要环节。从我国粮食等主要农产品统购统销制度和城乡分割户籍制度政策出台顺序看，城乡分割的户籍制度，是为粮食等主要农产品统购统销提供制度保障的。粮食等重要农产品统购统销制度，是计划经济体制的典型体现。统购统销制度是把人们生活的各个方面，都纳入国家计划的轨道。城乡分割的户籍制度，把城镇居民与农村居民分割开来，是中国计划经济体制的重要支柱。在计划经济时代，这两者紧密结合在一起，起到了稳定城市、稳定社会的作用。但是其所必须付出的代价，则是由农村、农业、农民来承担。1953 年至 1978 年，我国农业为国家工业化提供的积累，约占同期农业净产值的 33%，1978 年全国农民年人均纯收入只有 74 元，连温饱问题都没有得到解决。许多集体经济组织甚至连简单再生产都不能维持，更谈不上扩大再生产。由于长期对农业积累的过度提取，在抽走资金的同时把日益增加的劳动力滞留在农村，农业劳动生产率低下，工农关系和城乡关系很不协调。1952 年至 1978 年，尽管我国农业净产值占国民收入的比重，从 57.7%降低到 22.2%，但农业劳动力占社会总劳动力的比重，仅从 83.5%降低到 73.8%。

改革开放以来，伴随着农产品购销体制改革的深入推进，工农产品价格剪刀差明显缩小。但是，相对于第二、三产业，农业的比较利益低，是一种需要特殊补贴的产业。为保护农民种粮的积极性，近些年来，我国政府采取了对主要粮食品种实行按保护价收购的政策，甚至使国家保护价明显超过市场价。例如，2015年国内玉米收购价格为每斤1.18元，而国外玉米进口到岸价格完税后仅0.8元。问题的实质在于，与包括农产品统购统销在内的资本原始积累相联系的“重城轻乡”的宏观政策，导致我国农业长期落后于第二、三产业，生产经营规模小，技术改造速度慢，劳动生产率低，单位产品成本高，迫使政府的保护价收购明显高于市场价格，出现国家收购价与市场价的明显“价格倒挂”。而在日益扩大的对外开放形势下，进口粮食的规模则是随之不断扩大，出现“进口粮食入市，国产粮食入库”的异常现象，导致某些粮食（特别是玉米）的高库存。如果说以往的以压低粮食价格为特征的粮食统购导致粮食长期供不应求，那么现阶段人为提高粮食价格的粮食保护价收购政策，则导致某些粮食供过于求。二者的实质都是同一的，即都是政府对粮食市场的过度干预，都是没有理顺政府和市场的关系。在农业部门中，以去库存、降成本、补短板为目标的农业供给侧结构性改革，便因此被提到议事日程上来。

在资本原始积累过程中，我国出现了一个很特殊的社会群体，即农民工社会群体。我国改革开放以来最大的分化，堪称农民的分化，即从农民中再分化出农民工。农民工是城乡二元户籍制度在城镇中的体现。城乡二元户籍制度设计的初衷，是为了限制农村人口向城镇自由流动。改革开放以来的最突出变化，是从不允许农民进城到允许农民进城，使我国的工业化和城镇化步入快速推进的新阶段。但我国的城镇化，是农村土地和劳力的城镇化，而作为“人”即农民则没有城镇化。虽然农民进城了，从事第二、三产业，但农民的身份却没有改变。不仅老一代农民工的身份没有改变，80后、90后的新生代农村转移人口，即所谓新生代农民工，他们从来没有种过田，也没有分到地，也称为农民工，即没有当过农民的农民工。为什么不让农民工的身份改变呢？其中的重要原因，是保持农民身份的农民工有利于降低劳动力成本，有利于提高我国制造业的竞争力。改革开放以来，外资企业之所以会大规模转移到中国来，其中的一个重要原因，就是中国有数量庞大的廉价劳动力大军，即农民工。近年来随着我国劳动年龄人口增长速度减缓，甚至已经出现负增长，我国农民工工资的增长速度明显加快，即从2010年的1600元增加到2015年的3000元，给我国劳动密集型制造业造成很大的冲击，一些劳动密集型的外资企业开始向劳动力成本更低的东南亚国家转移。不让农民工的身份改变，还有一个重要原因，就是农民工转化为市民，实现基本公共服务均等化，其所需要的费用，由谁来承担？能否承担得了？农民工市民化不仅是改变户籍登记，更核心的是基本公共服务的均等化。从目前的情势来看，要完全解决这个问题，不是十年八年的时间就能实现的。

因为农民工市民化，不是孤立的一个问题，涉及深层次的利益分配格局的改革。其中的一个重要方面，就是必须改革地方政府的财政收支结构。把地方政府很大一部分财力，投入到改善农民工的基本公共服务上。但是，在地方政府财政收入一定的条件下，用于农民工市民化的投入多一些，用于增加老市民的收入和改善老市民的福利就会少一些。当两者出现难以调解的矛盾时，地方政府必然把重心放在老市民这边，因为老市民有更多的话语权，支配着地方政府的行为。要化解这个矛盾，还有很多难题需要突破。这是当前正在进行的供给侧结构性改革必须面对的一个重要问题。

在供给侧结构性改革的过程中，我们必须防止“重物轻人”的现象。要充分认识，提高供给质量和效益，是供给侧结构性改革的重要目标，而科技创新则是化解供给侧矛盾的重要途径。要推进科技创新，就必须加大人力资本的投资。当前我国制造业部门，农民工占有相当大的比重，他们受教育的程度明显偏低，初中文化程度以下占 80%。根据马克思《资本论》所揭示的基本原理，在市场经济条件下，劳动力再生产费用包括维持劳动者自身生存所需要的生活资料费用、劳动者养活其家属所需要的生活资料费用、劳动者训练和学习所必须支付的教育费用。简单劳动力再生产费用包括劳动者本人和延续劳动者后代所需要的生活资料费用，也就是我们通常所说的最低工资。而复杂劳动力的再生产费用，还包括提高劳动者劳动技能所必需的培训、教育等费用。目前我国各地支付给农民工的工资之低，不仅没有包括复杂劳动力再生产费用，甚至连简单劳动力再生产费用都不够。这意味着只能不断再生产低素质的劳动者。在这种情况下，要实现科技创新、产业转型升级、提高供给侧质量和效益、增强国际竞争力，就只能是纸上谈兵。这是当前正在进行的供给侧结构性改革所必须攻克的重大难题。从理论上说，把农民工转化为市民，有利于使他们和他们的子女有更多的受教育机会，提高受教育的水平，提高劳动者素质。应当这样说，教育不平等是最大的不平等。农民工之所以成为城镇的“二等公民”，除了受农村户籍身份的限制，还受教育程度低的限制。而这两者又是相辅相成的。只有把农民工转变为市民，让农民工以及他们的子女与城镇居民一样，具有同等的受教育的机会，我国制造业的转型升级才具备其所必需的人力资本条件。以提高供给质量和效益为目标的供给侧结构性改革才能顺利推进。应当认识到，从投入产出关系看，传统生产要素对经济增长的作用是递减的，而人力资本报酬则具有递增的特征。如果能够强化人力资本投资，就能实现有质量有效益的供给侧，达到供给侧结构性改革的目标。强化人力资本投资的途径有两个：一是通过教育提高新成长劳动力的平均受教育年限，表现为人力资本增量改善；二是通过培训提高在职劳动者的技能，体现为人力资本存量的改善。

与城乡二元体制相联系的城乡二元土地制度，以及由此派生出来的城乡土地价格剪刀差，也是我国资本原始积累的重要形式。即借助于城乡二元土地制度，低价征用农民的土地，把相当大的一部分土地级差收益，转化为工业化、城镇化的启动资本。改革开放以来的我国农村土地制度，因用途的不同而沿着两条不同途径深化。农地制度是朝着强化土地物权和以农户为主体的市场交易（即经营权交易）方向演变，非农地制度则是朝着强化地方政府垄断和土地利益最大化方向演变。同一块土地因用途改变导致土地权利结构的改变和利益分配方式的变化，是现行中国土地制度的最大的特点。与农地政策相比较，农地非农化政策是一种国家高度垄断和政府全面管制的计划经济体制政策。农村集体建设用地必须纳入国家计划，并经有关部门审批；城镇建设使用农地则由政府低价征用，再由政府高价转让给开发商。其收益大部分归地方政府作为预算外收入。虽然是预算外收入，却占地方政府财政收入的30%—50%。人们通常称之为“土地财政”。始于1994年的分税制，其遗留的一个问题，是中央和地方的财权与事权不匹配。中央财权所占的比重由改革前的20%多上升到40%多，地方财权从改革前的70%下降到50%多，但地方政府的事权不仅没有减少，还呈扩大趋势，土地财政起着填补窑洞的作用。地方卖地越多，土地出让价格越高，地方财政收入就越充裕。土地是一种不可再生产的稀缺资源，其转让权、出卖权由地方政府垄断，出让收入主要归地方政府支配，这是我国土地价格和房地产价格之所以持续攀升的根本原因。这种土地政策和房产政策不改变，要把不合理的高房价降下来，是很难的。客观地说，21世纪初以来，我国国民经济之所以能够得到快速的增长，在相当程度上取决于我国房地产的快速发展，带动了60多个行业的快速发展，并使地方政府有较为充裕的财力，加大投资力度和改善民生的力度。当前我国还面临着经济下行的压力，为了稳定经济增长，就必须保持房地产的一定增长速度。对地方政府来说，要下决心把房地产价格降下来，是不容易的。但是，偏高的房地产价格，又会严重冲击制造业的发展。近年来我国央行增投的资金，很大一部分都流向房地产，一些大型企业也兼营房地产。更何况高房价带来高成本，严重削弱了制造业和服务业的生存能力和竞争能力。一个值得我们深思的问题，据央行发布的数字，2015年12月末，广义货币M2的余额139.23万亿元，比2014年同期增长13.3%，投放了这么多钞票，为何基本生活必需品的通货膨胀率不高呢？其中的一个重要原因，就是增发的货币很大部分被疯狂上涨的房地产价格回收了。即大部分货币都被凝固在钢筋水泥中了。对于我国来说，房地产是一把双刃剑。如何促进我国房地产健康发展，还有很多文章值得做。这也是供给侧结构性改革所必须解决的重要问题。

三、供给侧结构性改革的核心是理顺政府与市场的关系

我国资本原始积累的途径，在经济体制改革之前，主要是依靠低价征购农产品的工农产品价格剪刀差。经济体制改革以来，除了尚未完全消除的工农产品价格剪刀差，更主要是依靠低价征用农民土地、压低农民工工资和社会福利等等，俗称三把“剪刀差”。一句话，实行不平等的城乡之间要素交换关系，即形式上是商品交换，实质上是寓再分配于交换之中。城乡要素之间的交换关系是被扭曲的。这就形成了以城乡分割的二元户籍制度为核心的城乡二元体制。城乡二元结构是一切发展中国家所必须经历的发展阶段，中国的特殊性表现在把这种二元结构制度化，故称之为城乡二元体制。始于1978年的经济体制改革，高度集中的计划经济体制正在逐渐地被市场经济体制所替代。但是，直至今日，我们的经济体制还是不完善的市场经济体制，从严格意义上说，是政府主导型的市场经济体制，即很大一部分资源是由政府直接控制和配置的。与其相联系，城乡二元体制虽然已经有所突破，但还不同程度存在着。城乡劳动力价格剪刀差和土地价格剪刀差的存在，就是城乡二元体制的反映。

当前我国正在进行的供给侧结构性改革，就是为了理顺政府与市场的关系。由于现实生活中还存在着政府对资源配置或要素配置的过度干预，导致资源配置的扭曲、供给与需求的不协调。这是赶超型经济发展战略必然带来的负面效应。诚如前面所说，赶超型经济发展战略的一个重要特点，就是资源配置是向重点部门倾斜，即通过政府的行政手段，把有限的资源集中于重点发展的经济部门，即重化工业部门。重化工业包括两大类：一类是基础材料型的工业，如金属制品、钢铁、煤炭、橡胶、水泥等；另一类是加工装配型工业，如机械、电机、汽车、船舶等等。当前我国产能过剩特别严重的部门，是重化工业部门，如钢铁、煤炭、石化等。这些部门占主导的是国有企业，特别是中央企业，至今在重化工领域的资产仍然占总资产接近70%。不言而喻，其资源配置相当程度上和政府的行为联系在一起。与赶超型经济发展战略相联系，国家干预经济的重要政策，就是财政收支政策，特别是财政支出政策。为了赶超先进国家，财政政策的重要任务是为经济快速增长提供最有利的条件，以便使国民经济得到快速增长。所采取的一个重要对策，就是带有特殊性的财政投融资。财政投融资是以政府信用为基础来筹措资金。一般性的财政活动是以国家权力为基础，财政投融资是以政府信用为基础；一般性的财政活动是无偿的，而财政投融资是有偿的。财政投融资的具体形式，诸如发行政府债券以及政府借款。当前地方政府面临的债务风险，集中在财政投融资这一块。财政投融资具有政府融资的职能，建立在政府稳性担保的基础上，其突出问题是运作不够规范，融资规模

迅速膨胀。转型后的融资平台公司，应当按照市场化原则，剥离政府融资的职能。与财政政策相联系的是金融政策。即如何为拉动国民经济快速增长的主导产业即重工业提供廉价的融资条件。对于后进国家来说，企业资本严重短缺，直接金融又不发达，不得不严重依赖于银行，即间接融资。这就要求建立密切的银企关系，才能使企业获得充裕而又低成本的资金来源。为此，首先必须给予银行有效的激励，即实行有管制的低利率政策。通过低利率政策给予银行必要的补贴（市场利率与上限利率之间的差额，体现政府给予银行的补贴），并通过有效的金融监管，使银行将部分补贴转贷给国有大企业，起到激励国有大企业投资的作用。在赶超型经济发展阶段，国家银行几乎垄断了全社会间接融资的渠道，而重工业部门又主要是国有企业，这就为建立彼此密切联系提供了有利的体制条件。为了使企业得到低成本的资金来源，国家对银行的存贷款利率实行严格的国家管制政策。我国的重工业就是在这样特殊优惠的条件下发展起来的。这就决定了从一开始就潜伏着缺乏竞争力的弱质，从而成为今天正在进行的供给侧结构性改革的主要对象。供给侧结构性改革所提出的去产能、去库存、去杠杆、降成本、补短板，很大程度上是针对国有企业，特别是国有重工业企业。

与赶超型经济发展战略相联系的经济体制，不可能是完全的市场经济体制，必然是政府主导型的市场经济体制，也可以说是带有一定程度的计划经济色彩。即政府还直接控制很大一部分资源，并把这些资源投资于能够迅速拉动经济增长的部门（主要是基础设施和制造业部门），从而形成了投资、出口、消费拉动经济增长的“三驾马车”。这种经济增长模式是建立在抑制消费的基础上。为了解决过度投资所带来的产品过剩，就必须积极扩大出口。由于赶超型经济发展战略是建立在压低要素成本基础上的，使得我国的出口产品具有较大的竞争优势，并因此拉动经济的快速增长。但是，近年来由于全球经济发展速度缓慢，出口市场逐渐缩小，再加上我国要素成本因供求关系不断地上涨，出口形势面临严峻挑战，从而导致我国经济增长速度面临着明显下行的压力。这也是引发供给侧结构性改革的重要原因。但是，要把投资、出口、消费拉动经济增长的发展模型，转化为消费、出口、投资协调发展的发展模型，也有较大的难度。因为地方政府承担着稳增长的重要任务，而投资又是拉动经济增长的最有效的途径。在这种背景下，要实现供给侧结构性改革的五大任务，即去产能、去库存、去杠杆、降成本、补短板，是相当艰难的，阻力是不小的，因为去产能、去库存、去杠杆会影响经济增长速度。在这种背景下，就有可能出现差的企业死不了，好的企业活得很艰难的奇怪现象。习近平总书记因此一再强调，要坚定不移地推进供给侧结构性改革。

供给侧结构性改革的实质是改革，或者说供给侧结构性改革首先是改革，改革的对象是不合理的体制机制。而要进行结构性改革，就必须激发市场主体的活力，完善具有公平竞争环境的市场体系，更好地发挥市场在资源配置中的决定性作用。[①]供给侧结构性改革所面临的挑战是多方面的，其中的一个重要方面，就是与赶超型经济发展战略相辅相成的体制，至今仍然不同程度上发挥着作用。从某种意义上说，当前我国的经济体制，既有市场经济体制的一面，又有计划经济体制的一面。如果把这两种体制结合起来，也可以说是政府主导型的市场经济体制。十八届三中全会之前，中央文件在确认市场调节的地位时，是这样表述的：即发挥市场在资源配置中的基础性作用。那么，政府在资源配置中发挥什么作用呢？文件虽然没有说明。但实际上政府在资源配置中是发挥主导作用。作者因此把它称之为政府主导型的市场经济体制。因为直至目前，政府还直接拥有60%—70%的资源配置权。有些资源，如土地资源、金融资源，政府直接控制的比重就更高了。当前在制造业部门中，特别是国有制造业部门中，为什么会出现产能严重过剩、库存规模过大、杠杆率过高？很重要的原因是政府，特别是地方政府支撑着。如果我国现阶段的经济体制是完善的社会主义市场经济体制，真正发挥市场在资源配置中的决定性作用，推进供给侧结构性改革的阻力就会小得多。因此，要使市场在资源配置中起决定性作用，就必须深化改革，提高要素的市场化程度，破除城乡二元体制，以及与其相联系的城乡二元劳动力制度和土地制度，实现城乡要素的平等交换。目前，我国城市的生产资料和消费资料，均已商品化，包括土地、厂房、住宅等，都允许在市场上自由流通，而农村的土地、住宅等产权制度仍不完善，更谈不上在市场上自由流通。农民还不能与城市居民一样，享受城镇化进程中不动产增值的收益。而要破除城乡二元体制，实现城乡要素平等交换这个改革目标，既取决于改革的力度，又取决于发展的程度，而且改革的力度又很难超越于发展的程度。这就必须权衡我国的发展程度是否已经达到有条件、有足够的力量支付改革城乡二元劳动力制度和土地制度的成本。具体地说，要把农民工转化为市民，就必须实现基本公共服务均等化，这就需要有足够的财力保障。钱从哪里来？要形成城乡统一的经营性建设用地市场，使农民集体的经营性建设用地与国有土地平等进入市场，缩小土地价格剪刀差，由此而减少地方政府的财政收入，从哪里得到补偿？这些都说明，新旧体制的转换或新旧动能的转换，是需要经历一个逐渐推进的过程；与其相联系的，要完成供给侧结构性改革的任务乃是相当艰巨的。我们要有足够的思想准备。

发表于2017年第1期

---

① 许经勇：《如何认识从"基础性作用"到"决定性作用"》，《人民日报》2013年12月6日。

去产能、去杠杆、重构价值链与振兴实体经济

刘志彪*

一、以法律法规和标准“去产能”，优化实体经济的竞争环境

去产能是供给侧结构性改革的首要重点任务。2017 年政府工作报告数据显示，2016 年以钢铁、煤炭行业为重点去产能，全国退出钢铁产能超过 6500 万吨，退出煤炭产能超过 2.9 亿吨。这些行业的结构调整取得一定成效，景气度回升，价格提高，企业利润增加。当前，对于去产能这项重要的供给侧结构性改革工作，引发了社会各界的议论，主要集中在两个方面：一是认为在去产能实践中，有些部门和地方不是主要用市场经济的常规办法，而是主要用行政命令和计划指标来实施。行政命令去产能虽然简单，而且操作成本较低，令行禁止，但难免一刀切，容易不分青红皂白，反应过度，伤害无辜，简单粗暴。由此有人担心，会不会在供给侧结构性改革的名义下，某些计划经济的因素死灰复燃？二是认为“去产能”工作实质上打击了民营企业和中小企业的信心和能力，强化了民间一直颇有微词的“国进民退”的现象。据国资委公布的数据，2016 年中央企业化解钢铁过剩产能 1019 万吨，化解煤炭过剩产能 3497 万吨。由此据政府工作报告中给出的数据推算，2016 年我们去产能主要集中在民营企业。

政府要求 2017 年再压减钢铁产能 5000 万吨左右，退出煤炭产能 1.5 亿吨以上，增量有所减低，同时又指出了去产能的新领域：要淘汰、停建、缓建煤电产能 5000 万千瓦以上，以提高煤电行业效率，为清洁能源发展腾空间。今后一段时间，去产能的重点，是要紧紧抓住处置“僵尸企业”这个牛鼻子，严格执行环保、能耗、质量、安全等相关法律法规和标准，更多运用市场化法治化手段，推动企业兼并重组、

---

* 刘志彪，南京大学经济学院教授、博士生导师，教育部社会科学委员会经济学部委员，教育部人文社科重点研究基地“长三角经济发展研究中心”执行主任，长江产业经济研究院院长，教育部首批文科长江学者特聘教授。

破产清算，坚决淘汰不达标的落后产能，严控过剩行业新上产能。特别指出，去产能必须安置好职工，落实相关资金与措施，确保分流职工就业有出路、生活有保障。这事实上是对“去产能”工作的三个具体要求：一是要利用竞争政策和环保政策化解过剩产能，减少产业内的无效和低端供给；二是要善于利用资本市场，通过企业兼并重组，积极有效地调整资本退出；三是要实施有效的劳动调整政策，保护好去产能中的劳动者利益。

从理论上看，我国经济发展已经进入新常态，宏观调控面临的环境、内容、特点、任务已经发生了根本的质的变化，政策重心和特点也要相应地改变。过去我国是短缺经济，经济发展的目的就是要扩大供给量，消除短缺。在这个条件下，扩张产能当然需要利用产业政策、加大投资力度、增加生产能力和加速市场供给。现在我国早已进入买方市场，严重的产能过剩要求恢复企业正常的行业发展环境和基本的竞争格局。这时的去产能，政策工具就不能用反了，而应该及时地把鼓励产能扩张的产业政策，转换为公平和效率取向的竞争政策。这是优化实体经济竞争环境的根本性途径。

竞争政策保护竞争而不是某一类竞争者，它为市场主体创造公平竞争的市场环境，由此激发市场主体的活力和创造力。[①] 改革开放三十多年来，我国面临的发展问题已经不是没有市场竞争，也不是没有市场自由，更不是没有发展竞争，而是缺少“平等竞争”，缺少自由竞争中的公平环境和条件，具体表现为行政垄断、行政干预、各种利益团体借助于产业政策等手段，严重扭曲市场的资源配置功能，降低了市场运行的效率，导致了严重的寻租和不公正，以及市场取向的改革严重走样。这是中国经济运行存在着这次中央经济工作会议所说的“重大的结构性问题”的主要原因。因此，建设法治化的市场营商环境，首先必须推进经济从“发展竞争”转向“自由竞争”和“平等竞争”，产业管理转向竞争政策或反垄断法，以此来规范市场秩序和行为。确立横向的竞争政策在整个政策体系中的优先地位。竞争政策或反垄断法是市场经济的根本大法。这是我国在新常态下全面深化改革的重要内容和体现。

竞争政策主要包括两方面内容，一是可以通过鼓励企业间的收购兼并去消灭僵尸企业；二是让僵尸企业在竞争中自生自灭，实现市场自动出清。当下的政策取向，要鼓励前者，要把对产能过剩企业的补贴，转为对兼并重组方优势企业的补贴；对某些产业重点扶持的政策，也应该由对产能的补助，转变为对消费者和用户的补贴，以培育市场需求、扩大市场竞争和淘汰落后企业。实践中，则可以通过建立产能竞

---

① 马里奥·玛里尼埃罗：《中国应从保护竞争者转向保护竞争》，《经济导刊》2013 年第 11 期。

争标准去淘汰落后产能。这是在“去产能”中减少行政干预、避免误伤高效率民营企业的好做法。具体来说，我们可以把落后产能分为三种，并分类施策：一是在技术层面，落后产能是指以落后技术和工艺装备为基础的生产能力。这部分产能虽然技术可能已经落后，但是却可能存在客观的市场需求。二是在市场层面，落后产能是指丧失了竞争力的生产能力。丧失了竞争能力，自然会从市场中退出，并不需要政府费心费力。民营企业的高效率就是这样实现的。需要担心的是丧失了竞争能力的国有企业难以从市场中自动退出的问题。三是在政策层面，落后产能是指高耗能、高污染、质量不达标、有安全隐患的生产能力。这部分产能是竞争政策规则坚决不能让其存活下去的。

这样，对前两类落后产能，在竞争政策取向下的“去产能”工作，就应该全部交给企业和市场调节，而不是用行政命令简单地让其死亡。而对第三种落后产能，政府应通过提高环保、能耗、质量、标准、安全等各种准入门槛来完成淘汰目标。加强规则意识，减少计划意识；加强选择意识，减少指令意识，这是良性产能治理的要件。另外，建议在“去产能”工作中，要多多善于利用资本市场。资本市场是有效化解产能过剩问题的重要选择。一般来说，产能过剩的企业退出市场有两种办法。一种办法就是行政命令退出，另外一种是市场化退出。我们建议用竞争政策为主规范“去产能”，就是典型的市场化退出的办法。这其中又有两种具体的选择，一是倒闭退出，一是积极退出即兼并收购。鼓励有优势的企业收购兼并产能严重过剩的其他企业，产能过剩问题的解决变得十分简单，它只需要在公司的董事会决策中就能顺利解决。而且，从安置职工就业、缓解社会矛盾和避免社会冲突的角度来看，最好的方法就是鼓励企业去兼并收购。但是通过企业兼并收购的方法去产能，其前提是要有发达的资本市场。

二、“去杠杆”是振兴实体经济的前提和基础

2017 年的政府工作报告，有一个非常重要的、显著的特点，就是高度重视防止经济金融风险。李克强总理说，防范经济金融风险发生的主要措施是积极稳妥地去杠杆。要在控制总杠杆率的前提下，把降低企业的杠杆率作为重中之重。这既说明我国实体经济部门目前存在杠杆率过高的问题，防控可能发生的系统性、大规模经济金融风险的重点，源头主要在实体企业；又表明了我国实体经济部门目前为高负债所累，要想振兴实体经济，优化其发展环境，必须首先帮它缓解债务负担，摆脱债务陷阱，才能让其轻装前进。

中国金融风险问题既来自整体经济的高杠杆率，更来自高杠杆率的结构性。这

种结构性高杠杆和隐匿性，决定了金融风险来源和防控的重点，决定了完成三去一降一补这个供给侧结构性改革任务的突破口，决定了彻底振兴实体经济的前提和基础。

首先，根据央行公布的统计数据，截至2016年底，我国在居民家庭、非金融企业、金融企业和政府四个部门中，只有非金融企业杠杆率较高，总负债高达102.6万亿人民币，而其他部门负债水平并不高。按照国际清算银行的数据，2015年末中国企业部门的债务率高达170.8%，相比其他国家，特别是发展中国家而言已经很高，大致高出发达国家平均值80个百分点，高出新兴经济体国家平均值66个百分点。如果考虑到我们企业还有1.5万亿美元的外债，我国非金融企业的杠杆水平其实是非常高的。

其次，值得注意的是，中国非金融企业总负债虽然看起来很高，但是其债务结构非常倾斜，主要集中在几千家大型国有企业身上。据研究，国有企业负债占非金融企业总负债的70%左右。① 说明自2008年的量化宽松之后，发出去的货币大多都流入了国有企业。目前产能过剩的大多是国有企业，“僵尸企业”也是以国有企业为重点。

再次，国有企业负债中，隐匿着数量不清、规模不小的地方政府负债。现在仅仅从统计看，地方政府的负债率好像不高，但是这是一个统计现象。有相当一部分债务隐藏在国有企业中。主要在两个渠道：一个是政府融资平台是用企业形式来负债的，计入国有企业的负债；另一个就是通过PPP项目，理论上企业应该以股权形式投入，但操作中“明股实债”情况多见，也就是地方政府给社会合作者提供一个债务和利息的保障偿还水平。这其实是地方政府债务。

由此，防控金融风险的表面文章可能是降杠杆，其实内在的根本措施，还是要硬化国有企业和地方政府的债务约束。这种约束要求国企掌门人和地方政府长官，对超过偿还能力的债务负起经济、法律甚至必要的政治责任。为此也要求中央必须改变对其追求规模扩张为主的考核评价机制，改变既有的财政分配格局，改变地方政府的职能，改变中央和地方关于事权、支出责任的现有划分。

我国非金融企业杠杆率较高，这与储蓄率高、以信贷为主的融资结构有关，这既是资本市场不发达的国情，也是很多问题发生的主因。一般而言，发达国家的企业往往可以通过资本市场融资（主要是指债券融资和股票融资）来解决其60%—

---

① 钟宁桦、刘志阔、何嘉鑫、苏楚林：《我国企业债务的结构性问题》，《经济研究》2016年第7期。

70%甚至更高比例的资金需求问题，而向商业银行的间接融资并不占据主导地位，因此其负债率显然不会像中国企业这么高。

中国实体经济企业负债率高，除了上述客观主因外，还有：一是2008年以及后续的一系列宽松的货币政策实施后，国企、央企成为获得信贷资金的主体，民营企业因种种原因不仅没有加到这种杠杆，反而在预算硬约束下，自身的杠杆率有所下降，因而，目前整个中国经济正承受着“结构调整阵痛期”的后果；二是在过去世界经济增长的黄金期，中国面向世界市场实施出口导向战略。而自2013年以来，世界经济进入了低增长、高结构调整阶段，我国实体经济部门随之就出现了严重的产能过剩，一些国有经济部门因产品不适销对路而出现了比较严重的“僵尸企业”。这些“僵尸企业”其实都是由信贷资金堆积起来的。

现阶段，实体企业部门应该是去杠杆的重点。举例来说，企业负债100多万亿，按照5%左右的五年期银行贷款利率计算，一年支付的利息就是5万多亿，相当于2016年全年GDP增长总量。长期下去这将会掏空实体经济，使其提早进入产业空心化时代。在这种情况下，一是企业融资成本负担重，往往干一年活，最后都帮银行打工，根本无钱从事研发活动，发展后劲自然缺乏；二是因从事实业利润率低，各种资金必然不肯进入实体经济，而更倾向于选择虚拟经济部门投资，从而容易引起“脱实向虚”现象。所以非金融企业过高的杠杆不能够去掉，振兴实体经济就是一句空话。

我国实体经济发展中，一直存在着“融资难、融资贵”这个老大难问题。这是我国企业的制度性交易成本长期居高不下的重要原因之一。因此供给侧结构性改革中，“去杠杆”的一个重要目的，就是为了给实体经济“降成本”。其实，去杠杆、降成本、去产能、去库存、补短板这五项供给侧结构性改革的重点任务之间，是具有内在的相互联系的：严重的产能过剩和高库存，往往是由银行的信贷资金堆砌起来的，因而产能过剩和高库存，其实就是杠杆率高；产能过剩的企业或高库存的房地产企业，其实一定对应着成本高居不下，甚至亏损累累、资不抵债。而补短板，虽然短期中可能要给相关企业加杠杆，但是由于拓宽了产业发展的瓶颈，因此长期是一定有助于振兴实体经济的。根据政府工作报告所提出的要求，笔者建议振兴实体经济要从降低实体企业杠杆率出发，其政策取向和具体的措施，主要应该在这几个方面着力：

第一，以竞争政策和环保政策去产能、消灭僵尸企业。在竞争中失利、不符合国家环保政策重心的企业，都应该“早死早超生”。旧的不去新的不来，与其把资源留给其浪费挥霍，不如腾给更需要它的优秀企业。要注意的是，去产能、消灭僵尸企业，不要主要依靠行政手段，以免误杀真正有市场、有效益的企业，尤其是民营企业。

第二，对暂时陷入需求周期低谷的困难企业，应该用市场化、法治化的办法实施债转股，提高企业资本金比例。一时处于市场底部的周期性企业，尤其是大型的国有企业，不能因为暂时困难就定性为“僵尸企业”。按照发达国家经验，出于就业、稳定经济的考虑，对这类企业政府必须出手进行调整援助。最好是利用现在经济增长的低谷时期，由政府补贴资助其进行大规模的技术改造，为即将到来的经济复苏准备好竞争的利器。

第三，大力发展股权融资，降低间接融资、提高直接融资的比例，是中国金融改革的基本方向，也是振兴实体经济的必由之路。中国实体经济企业过于依赖间接融资，而间接融资的性质又天然地决定了它不适合承担创新等风险事业。建设一个法治化环境的资本市场，提高企业直接融资的比例，加强资本市场对企业技术创新的支持力度，对振兴中国实体经济来说是十分重要的。

第四，坚决硬化对企业尤其是国有企业的预算约束，强化企业特别是国有企业财务杠杆的约束和管理。软预算约束是中国企业尤其是国有经济负债率不断上升、信用恶化的主因。中国民营企业不存在这个问题，它的预算约束是硬的，借钱还不出，就要破产清算倒闭。因此在这方面，最重要的是要按照常识办事，按照市场经济规律办事，恢复必须通过市场来约束企业行为的基本共识。

第五，要加强对地方政府融资平台的管理。现在地方政府投融资平台的负债，往往表现为地方国企的负债，它们具有规模大、隐蔽性强、风险高等特点，是债务风险的主要来源。当前，这些风险还来源于政府与社会资本的合作项目，必须给予高度的重视并加强管理。

三、重构全球价值链：振兴中国制造的路径选择

中国制造的规模能有今天的世界地位，与中国企业主动顺应经济全球化潮流，深度嵌入由欧美日跨国企业主导的全球价值链进行国际代工有直接的因果关系。我们把中国制造的这种顺应全球化发展的特点，描述为基于加入全球价值链的制造业的出口导向发展模式。这种发展模式的基本内涵：一是在国内收入较低、消费水平低、内需较小的历史条件下，直接瞄准西方发达国家的市场进行生产加工和出口；二是采用国外技术、设计和设备，利用廉价的劳动力、土地等生产要素的比较优势进行国际代工；三是通过营造优良的投资环境，建设各种经济技术开发区，积极利用外资，主要由外资企业从事加工贸易业务；四是在全球价值链的底部，主要从事

“微笑曲线”底部位置的活动，即加工、制造、生产、装配等相对较低的附加值业务；五是在经济政策取向上，运用各种刺激政策推行出口导向的外向型经济发展战略；等等。

在这一制造业的全球化发展浪潮中，中国取得了巨大的全球化红利：一是加入全球价值链为中国制造业提供了巨大的市场，消化了丰富的有竞争力的产能；二是企业通过承接发达国家的制造业外包订单，在被俘获的全球价值链中成功地实现了产品升级、工艺升级甚至一定的功能升级；三是通过国际代工的技术外溢和竞争驱动，本地制造企业不仅学到了技术，也学到管理技能和有关国际市场的知识，为创造自己的独立品牌奠定了微观基础。

基于加入全球价值链的制造业出口导向发展模式，给我们既带来了机遇和繁荣，也带来问题和挑战。主要表现在：第一，在全球价值链的底部进行国际代工，容易出现大规模的产能过剩问题。进入壁垒低的产业特征，决定了在需求高速增长时期大量涌入的低端产能，很容易在需求浪潮退去的时期形成严重的产能过剩和过度竞争的态势。第二，在全球价值链的底部进行国际代工，容易陷入成本和价格的比较优势陷阱，忽视产业升级。中国企业现在面临着国内外要素成本上升的巨大压力，过去低价竞争的优势，正不断地让位于其他竞争对手。企业生产率的提升速度，越来越难以消化掉要素成本上升的强大压力，从而容易导致产业竞争力衰减。第三，在全球价值链的底部进行国际代工，可能会抑制企业进入自主创新发展轨道的可能性。在这一发展模式和长期锁定在价值链的低端，为未来产业转型升级自我设置了障碍。时下，中国企业做的是跨国企业事先研发设计好的外包订单，收取相应的加工费。这种“合理的”利润会让中国企业失去自主创新的欲望和动力。而且一旦进入这种代工体系，很容易被跨国企业“俘获”。

目前，过去攻城略地、无坚不摧的制造业附加值贸易活动，已经到了难以为继、必须转换发展模式的关键时刻。

就国内经济运行来看，中央指出目前我国存在着“重大的结构性失衡”。具体来说，就是一方面表现为产能严重过剩，另一方面表现为高质量的有效供给不足。究其原因，是我国相当多的产能是在世界经济增长黄金期面向外需以及国内高速增长阶段形成的，在那个时期大力实施了基于加入全球价值链的制造业出口导向发展战略，面向中低端市场出口、低端消费和投资，形成了巨大的产能。在应对国际金融危机冲击中一些产能又有所扩大。现在全球经济陷入了低增长困境，国内的需求结构也发生了重大变化，以消费为例，随着国内中等收入群体迅速扩大，中高端消费需求显著增加，早先的低端产能就变成了过剩产能。如果供给端不能提供更高质量的产品和服务，这些中高端需求将基本转向国外市场。更深刻的是人口结构变化，2012 年以来我国适龄劳动人口的减少，使住房、小汽车、家用电器、食品、服务等消费需求也发生了重大的变化。

纠正“重大结构性失衡”的关键之一，必须要从改变“基于加入全球价值链的制造业出口导向发展战略”入手，面向国内不断崛起的中产阶层的中高端需求，一方面压缩低端产能，提升产品质量，另一方面通过技术创新和实施品牌战略，增加高质量有效供给，使中国制造从数量扩张全面转向质量提升，全面重振中国制造。振兴中国制造业的最终目的是满足民众需求和现代化建设的需要，主攻方向是提高供给质量，根本途径是深化改革开放。这也是供给侧结构性改革的主要内容。

就国际经济关系看，中国作为产能巨大的经济体，长期在全球价值链的底部进行国际代工，不进行相应的转型升级，不转向不断成长中的巨大的国内需求，也会导致世界经济结构失衡，并对发达国家社会的中低阶层产生挤压效应，导致其反对这种全球化。若它们逐渐失去竞争优势的产业，会被迫向国外转移，造成其本国产业出现所谓的“空心化”趋势；使以传统农业和一般制造业为代表的“旧经济部门”和利益相关者的利益受到损害，出现利润下滑、失业率增加和社会不稳定。

这正是最近一些发达国家的经济政策内顾倾向加重，贸易保护主义、贸易战阴霾笼罩的复杂背景。这种“逆全球化”的思潮，显然会阻碍全球生产要素与资源在各国各地区之间的自由流动，阻碍资源在全球范围的优化配置和使用，从而阻碍全球福利的增加。在 2016 年 G20 杭州峰会上，习近平总书记认为经济全球化背景下各经济体一荣俱荣、一损俱损，应该争取通过宏观经济政策协调，放大正面联动效应，防止和减少负面外溢效应。为此他提出了以“命运共同体”理念重构全球治理的命题，以此引导经济全球化进程向着更加包容普惠的方向发展；要奉行互利共赢的开放战略，中国愿为国际社会提供更多公共产品。其中，“一带一路”的倡议，就是旨在同沿线各国分享中国发展机遇，实现共同繁荣。因此可以预言，崛起的中国将会高举经济全球化的大旗，以“命运共同体”理念重构全球价值链，用自己对全球化的理解，形成自己独到的全球化体系，包括一套完整的理念、模式、体制和举措等等。

这意味着中国新的全球化路径也正在崛起。未来随着全球贸易和世界经济的重振，一个更加开放、包容、协调的全球治理机制和规则体系将会建立。在 G20 安塔利亚峰会上，各成员国所倡导的建设“包容的全球价值链”，就是为了构建这种新型的全球价值链治理体系。对于有担当、负责任的中国政策决策机制来说，包容的全球价值链，就是要构建基于内需的经济全球化体系。

重构基于内需的全球价值链，是笔者这几年一直在倡导的中国参与第二轮经济全球化的主要含义。[①] 其主要内容，不是要回归过去的封闭经济，不是要关起门来搞建设，也不是要以自力更生为目标，简单地搞进口替代，而是要提倡开放、包容、协调的理念，扬弃过去单一的出口导向型经济，利用自己内需规模名列世界前茅的优良基础条件，以“一带一路”倡议实施为契机和基点，构建以我国为主的高水平全球价值链治理体系，以此促进全球经济的结构均衡，促进中国经济内生化发展，并通过创新驱动战略的实施和发展，加快我国制造业转型升级，培育我国参与新一轮全球竞争的新的动态竞争优势。

之所以这么强调重构这种具有包容性特征的全球价值链，不仅是因为世界经济低增长的外部环境的挤压，更重要的是因为我国要实现制造强国的目标，必须要从全球现有分工格局的调整基础上推进。建设制造强国需要一个很好的经济全球化的环境，不仅要从贸易方面着力，更要从生产和贸易一体化的角度上考虑环境和机制的优化。过去在全球价值链底部进行国际代工的全球化，使我们成为全球制造大国，现在要寻求建设制造强国的环境和机制，建立“以我为主”的全球价值链。

基于内需的、“以我为主”的全球价值链，将极大地推动中国制造业的振兴。这种重构的全球价值链，将助推创新驱动战略的实施，从而给中国制造壮体强心：

第一，可以利用中国巨大的内需、基础的创新促进平台等，广泛吸收国内外先进的生产要素，尤其是人力资本、技术资本和知识资本，它们是产业升级的基本要素，是促进制造强国崛起的“飞轮”；

第二，可以趁产业资本沿着全球价值链大规模地“走出去、走进去和走上去”的时机，为持续低迷的全球投资与贸易注入动力，为东道国创造更多就业机会，而且可以就地吸收和利用东道国的创新要素和人才为我国发展创新经济服务；

第三，中国企业可以在内需吸引力下，有意识地运用“逆向发包”原理，在发包中把发达国家的知识、技术和人才有目的地为我所用，让这些先进的生产要素进入中国经济运行轨道，并为中国发展创新驱动型经济做贡献；

第四，可以有利于我国企业在内需引导下，形成新的全球产业分工或产品内分工格局，成为全球创新链中的一个有机组成部分。

在这种新型的全球化战略下，着力振兴制造业、实现制造强国的宏观经济环境、发展机制和基本路径，跟过去在全球价值链底部进行国际代工的方式有本质的不同。

---

① 刘志彪：《经济全球化与中国产业发展》，译林出版社，2016年；刘志彪：《江苏社科名家文库·刘志彪卷》，江苏人民出版社，2017年。

顺应全球化大势推进中国制造业转型升级，在开放发展中提升其在全球价值链中的位次，其要点：一是要改革收入分配体制，提升收入和消费的基本现代化水平，大力发展消费的终端市场。二是以中国巨大的内需为基础，通过资本市场的兼并收购和资产重组，组建巨型跨国企业，以此把全球先进的人力资本、知识资本和技术资本“迎进来”；同时率领企业“走出去”，利用当地人才开发国内制造业需要的技术和技能。三是以此构建“以我为主”的全球价值链，占据价值链的“链主”地位。以“一带一路”倡议为依托，在沿线主要城市建设全球价值链的节点关系，以此转移中国具有竞争力的丰富产能，把一些发展中国家纳入我们的制造业价值链体系。四是除了发展消费者驱动的 GVC 外，还要加入全球创新分工体系，即全球创新链，发展生产者驱动的全球价值链。其中有两个关键的问题，一个是要实施最严厉的知识产权保护制度；一个是建立面向制造强国的职业教育体系。前者必然激励创新驱动，后者将重塑工匠精神，提供振兴制造业的高级技能人才。

四、振兴中国制造业的具体建议

第一，要坚决抑制虚拟经济过旺过火的趋势，让实体经济企业能够获取社会平均利润率。当前房地产这种原本主要用于居住的消费品，有演化为虚拟经济进行资产炒作的严重不良现象和趋势，将会严重挤压实体经济企业生存和发展的环境和基础。坚决地抑制住房地产经济的过旺过火趋势，是恢复和振兴实体经济的前提，也是走向创新驱动、转型升级的宏观经济环境和基础；

第二，主要利用竞争政策、环保政策而非行政手段去产能过剩，通过资本市场鼓励产业内的优势企业收购兼并，增加主要制造业行业的企业集中度，争取使各行业前五位市场占有率高的企业能够具有一定的市场实力，从而增加其调控市场价格的能力；

第三，构建法治化市场营商环境，增加外资、民资等实体经济企业的良好预期和投资信心，遵守过去给予的优惠政策的承诺，甄别纠正一批侵害民营企业产权的错案冤案，保护和支持民营企业家的创业创新精神；

第四，加大对战略性新兴产业投资的同时，运用一切手段鼓励传统产业中的企业在经济周期的底部阶段进行大规模的技术改造，如对企业技改的设备投资，可以在一次性全额抵扣的基础上，再按 1—2 倍的比例进一步给予抵扣，以及实施技改全额贴息等等；

第五，实施“品牌中国”战略，大张旗鼓地表彰中国制造业中为国争光的各类品牌企业、优秀企业家，对在国际竞争中胜出的企业设立“中国工匠”的表彰制度；

第六，技术工人是中国制造业的顶梁柱，是中国制造的未来，必须大幅度提高制造业中技术工人的待遇，实施首席技工制度，并鼓励他们持有企业的股份，跟企业共命运、同成长；

第七，为制造业中的民营企业减负 20%，尤其是要降低其融资成本、高额的社保负担、不必要的额外的费用支出负担，同时要打破一切为民营企业制造的人为的进入壁垒；

第八，鼓励中国制造企业从全球价值链底部开始升级，在实施“一带一路”倡议的几个重点城市构建企业总部，据此对外适度转移生产、加工、制造环节，以形成“以我为主”的全球价值链，在开拓内需中形成国家价值链；

第九，尽快实施严厉的知识产权和专利保护，坚决打击各种名义的侵犯知识产权的行为，激励制造企业加大自主知识产权的投资，尽快形成核心竞争力；

第十，大幅度提高职业技术教育的社会地位和经济地位，把一些优秀的大学改造为职业技术大学，对它们实施比“211”大学更加倾斜和优惠的政策扶持力度，而不是让办学水平较低的“三本”院校转制为职业技术学院。

发表于 2017 年第 5 期

系统性金融风险与预算软约束

厦门大学宏观经济研究中心 CQMM 课题组*

2008 年以来，为抵御国际金融危机，以“四万亿”财政刺激政策为标志，中国政府实施了多年的扩张性经济政策。它在抵御金融危机的冲击，使中国保持较高经济增长率的同时，也导致了中国非金融企业和政府部门杠杆率的整体快速上升。尽管与发达国家相比，中国目前的名义杠杆率并不高，但是潜在的风险却不小。一是表现为存在着较多的隐形债务，二是债务增长较快。过去数年，过多的流动性所导致的金融投机行为在不同市场、不同领域和不同部门之间相互影响传递，表明中国经济已经进入金融风险高发期，系统性金融危机的风险在明显提高。2017 年 4 月 25 日，中共中央政治局会议指出要坚定不移地推进经济结构战略性调整，确保不发生系统性金融风险。说明了这一问题的严重性。我们认为，防范系统性金融风险，关键在于找到金融风险源头，对症下药，从根本上消除产生系统性金融风险的病灶。

本文通过对不同领域的金融风险的表现分析，认为中国系统性金融风险的根源在于政府的预算软约束。在此基础上，我们通过中国季度宏观经济模型（CQMM），分析了在预算软约束和预算硬约束下逐步收紧货币供应量的数量型“去杠杆”政策可能产生的宏观经济效应，发现在预算软约束条件下的“去杠杆”政策无法实现预期的政策目标。在政策模拟的基础上，本文讨论了从根本上消除产生系统性金融风险病灶的政策建议。

---

* 执笔人李文溥，厦门大学宏观经济研究中心教授、博士生导师，教育部人文社科重点研究基地——厦门大学宏观经济研究中心主任；余长林，厦门大学宏观经济研究中心副教授、博士生导师；吴华坤，经济学博士，中国人民银行厦门市支行。

一、中国系统性金融风险的根源

当前，我国潜在金融风险的一个重要表现是国民经济各部门的高杠杆率。[①]

(一) 非金融部门杠杆率剧增是诸多金融风险源中的重要风险点

在诸多潜在金融风险中，非金融企业的高杠杆率是整个国民经济杠杆率持续保持高位的主要推动力量。因此，有效降低非金融企业杠杆率尤其是非金融国有企业杠杆率是优化宏观总体杠杆率的核心，是防范和化解金融风险的关键所在。

非金融企业的高杠杆是非金融部门杠杆率上升的祸首。以国际清算银行（BIS）统计的总负债与GDP之比作为杠杆率的衡量指标，测算结果表明，中国非金融部门杠杆率自2008年开始快速增长：2008年第一季度为144.7%，2016年第四季度迅速升至257%，增幅为77.6%。其中，政府部门的杠杆率从28.5%升至46.4%，增幅为62.8%；[②] 家庭部门杠杆率从18.8%升至44.4%，增幅为136.2%；非金融企业杠杆率从97.4%升至166.3%，增幅为70.8%（图1）。非金融企业杠杆率最高，政府部门居中，家庭部门最低。至2016年底，非金融企业杠杆率已经超过政府部门和家庭部门杠杆率之和。

横向比较，目前中国非金融企业的杠杆率不仅绝对水平而且增幅都明显高于其他国家和地区。从绝对水平看，截至2016年四季度，中国非金融企业的杠杆率为166.3%，而美国、欧元区、日本、英国和全球分别为72.5%、104.2%、95.5%、76.2%和91.4%，中国非金融企业的杠杆率水平远远高于其他国家和地区。从增幅来看，2008年第一季度至2016年第四季度，中国非金融企业杠杆率增幅为70.8%，同期美国、欧元区、日本、英国和全球杠杆率增幅分别为2.7%、7.3%、－2.9%、－11.6%和8.6%，中国非金融企业的杠杆率增幅也明显高于其他国家和地区（图2）。

值得注意的是，在中国的非金融企业中，国有企业的杠杆率最高，是非金融企业中发生金融风险的主要所在。BIS的数据显示：截至2016年底，中国国有企业的债务在中国全部非金融企业债务中的占比约为75%。进一步推算，非金融国有企业

---

① 杠杆率是本轮金融危机后国际银行监管领域新设定的监管指标。典型意义上的杠杆率是指商业银行持有的一级资本与调整后的表内外资产余额的比率。在经济研究中，分析杠杆率可以从微观和宏观两个视角展开。微观上，杠杆率一般是指经济主体的资产负债数量关系；宏观上，杠杆率可以用国家的总负债/总资产来计算，也可以用总债务/GDP来计算。

② 目前中国政府部门杠杆率仍远低于欧盟60%的国际警戒线标准。2016年末，中国政府部门杠杆率为46.4%，而美国、欧元区、日本、英国和全球的杠杆率水平分别为100.8%、103.0%、212.9%、116.6%、83.9%，而2008年第一季度至2016年第四季度，美国、欧元区、日本、英国和全球的杠杆率的增幅分别为59.7%、51.7%、45.0%、164.4%、29.7%。

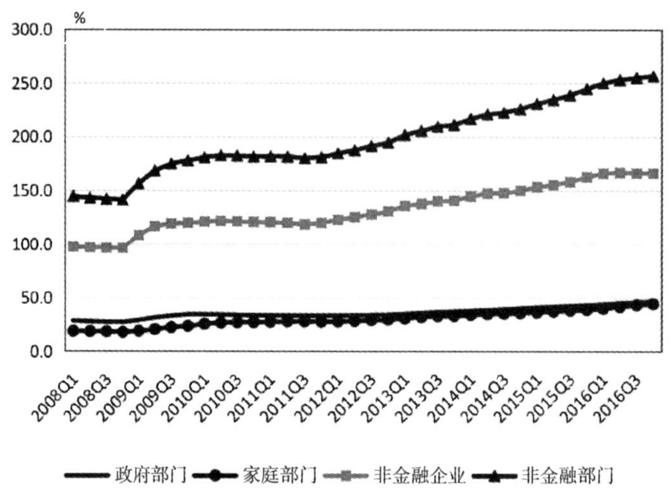

图 1　中国非金融部门杠杆率的结构变化

资料来源：国际清算银行（BIS）

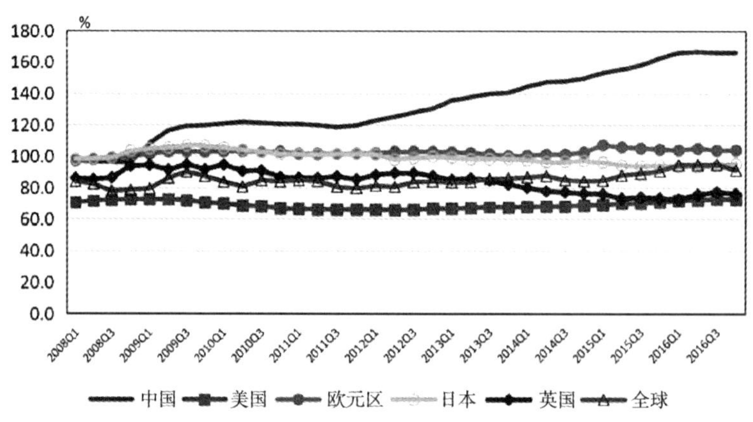

图 2　部分国家和地区非金融企业杠杆率

资料来源：BIS

负债占 GDP 比重将高达 124.7%。若去掉非金融国有企业的负债，则非金融非国有企业负债率只有 41.6%。

观察微观层面企业的资产负债率，也可以发现同样的趋势。近十年来，工业企业整体的资产负债率自 2008 年以来呈现稳定下降趋势，从 2008 年的 59.2%持续下降到 2016 年的 55.8%。与此同时，国有企业的资产负债率却呈现出不断上升的态势，从 2008 年的 61.6%升至 2015 年的 65.7%，上升了 4.1%。其中，大型国有企业的资产负债率甚至超过了 70%。同期，私营企业的资产负债率呈现出不断下降的趋势，从 2008 年的 56.4%持续下降至 2016 年的 50.7%（图 3)。由此可以看出，目前中国的非金融企业的债务率过高，主要是国有企业的负债率过高，相反，非金融非国有企业的负债率是逐步降低的，现在处于合理的水平上。两者的分化趋势，反映了金融部门融资的所有制歧视倾向，这也是导致国民经济范围投资效率下降，形成潜在系统性金融风险的重要原因。

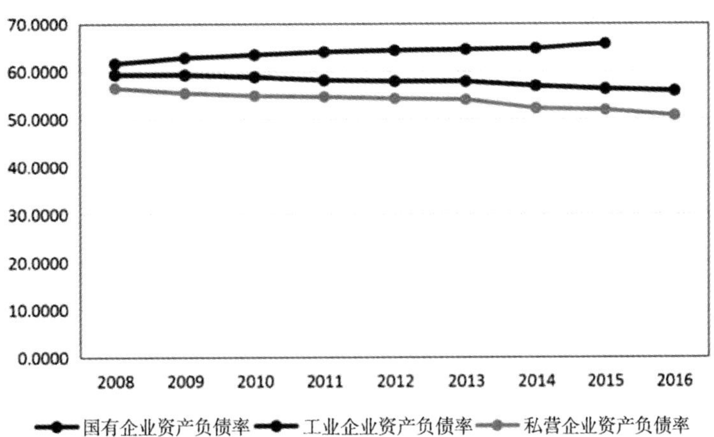

图 3　国有企业、私营企业和工业企业资产负债率

资料来源：Wind 资讯，CEIC

此外，中国非金融国有企业的偿债能力也令人担忧。(1) 据 BIS 估算，中国私人非金融部门（包括非金融企业和家庭部门）的债务偿付率（到期需偿还的本息额/GDP）自 2008 年以来呈现快速上升趋势，从 2008 年第一季度的 13.6%攀升至 2016 年第四季度的 20.1%，位居主要经济体前列。(2) 通过计算工业企业的利息备付率（息税前利润/利息费用）发现，从 2010 开始，国有企业和私营企业的利息备付率都出现了明显下滑。其中，在工业部门私营企业的利息备付率目前仍保持在 8 以上，但国有企业的利息备付率 2014 年已下降至 2 这一高风险区域。① (3) 计算企业资金周转率②可以发现，中国工业企业流动资金周转率由 2003 年的 2 次逐步升至 2008 年的 2.67 次，而 2009 年大幅下降至 2.43 次，此后又升至 2011 年的 2.62 次，此后逐步下降至 2.5 至 2.6 的范围内。而同期国有控股企业的流动资金周转率一直处于相对较低水平（图 4）。因此，如果说非金融企业的负债率过高，是中国潜在的系统性金融风险源之一的话，那么需要高度警惕的是非金融国有企业的偿债能力。

① 一般而言，利息备付率的数值处于 1—2 属于高风险阶段，2—3 以上才是正常水平。

② 资金周转率的高低反映了企业资金的利用效率，不仅会影响到利息备付率，而且还与杠杆率相关。

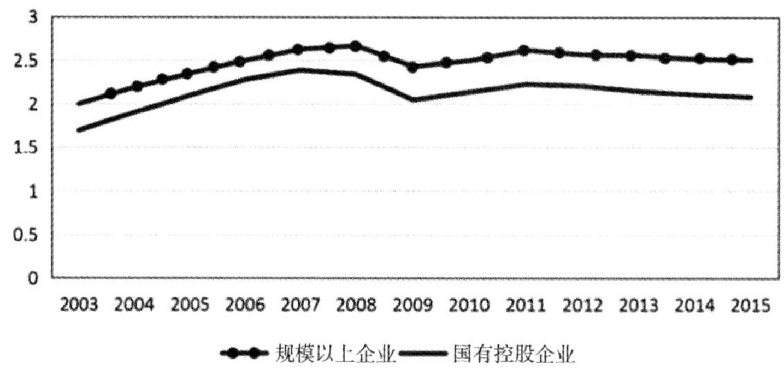

图 4 2003—2015 年工业企业流动资金周转率变化

资料来源：国家统计局

（二）非金融国有企业杠杆率高企的主要原因

1. 充裕的流动性

货币（M_2）增速长期高于同期经济增长率，是中国经济多年来实行货币宽松政策的必然结果。2008 年国际金融危机爆发之后，为了扩大内需保增长，中国政府扩大了货币投放以刺激经济增长。货币长期超发，导致了流动性不断攀升，经济的货币化率（M_2/GDP）大幅度提高：从 2008 年的 1.49 上升到 2011 年的 1.74，到 2016 年，更进一步攀升为 2.08。为稳增长而注入经济的巨额流动性，以及向国有企业倾斜的信贷政策导向，为非金融国有企业的高负债提供了良好的货币条件。

2. 债务融资为主的融资结构

由于直接融资市场不发达，中国的融资结构一直是以债务融资为主的，银行间接融资占比较高，提高了非金融部门尤其是非金融企业的资产负债率。[①] 同时，国民储蓄主要转化为银行存款，推动了银行业的发展壮大，也使得银行业有充足的资金为非金融主体提供信贷支持，为非金融部门尤其是非金融国有企业加杠杆提供了便利。

就社会融资规模的结构来看，银行贷款等债务融资占比一直处于较高水平。2016 年，中国社会融资规模中银行本外币贷款占新增社会融资规模的比例为 66.7%，全社会的债务融资占比为 93%，而以非金融企业境内股票融资为代表的股权融资在社会融资规模中的占比只有 7%（表 1）。债务融资占比较高的融资结构提高了企业的资产负债率，势必导致企业的高杠杆率。同时，中国非金融企业税负较

① 在会计处理中，债务融资是企业的负债，而权益融资是企业的所有者权益，因此债务融资会提高企业的资产负债率，而权益融资则不存在这一问题。

高，为了充分利用税盾效应，[①] 它们更偏好债务融资，也推动了企业提高杠杆率。

表 1 新增全社会融资规模与结构 单位：%

年份	总量（万亿元）	人民币贷款占比	外币贷款占比	委托贷款占比	信托贷款占比	未贴现银行承兑汇票占比	债权融资占比	股票融资占比
2008	7.0	70.3	2.8	6.1	4.5	1.5	7.9	4.8
2009	13.9	69.0	6.7	4.9	3.1	3.3	8.9	2.4
2010	14.0	56.7	3.5	6.2	2.8	16.7	7.9	4.1
2011	12.8	58.2	4.5	10.1	1.6	8.0	10.6	3.4
2012	15.8	52.1	5.8	8.1	8.1	6.7	14.3	1.6
2013	17.3	51.4	3.4	14.7	10.6	4.5	10.5	1.3
2014	16.5	59.4	2.2	15.2	3.1	−0.8	14.7	2.6
2015	15.4	73.1	−4.2	10.3	0.3	−6.9	19.1	4.9
2016	17.8	69.9	−3.2	12.3	4.8	−11.0	16.9	7.0

资料来源：中国人民银行

3. 影子银行的发展也推动了非金融部门尤其是非金融企业杠杆率的快速提高

根据国际评级机构穆迪估算方法对中国影子银行规模的测算结果显示（图 5），中国影子银行规模已从 2011 年的 19.2 万亿元升至 2016 年的 64.5 万亿元；影子银行规模占银行业表内总资产的比例从 2011 年的 18.3%攀升至 2016 年的 29.8%。而根据方正证券方法估算的广义影子银行规模（图 5），2010 年中国影子银行规模为 15.5 万亿元，是银行业表内总资产的 16.1%，2016 年 95.9 万亿元，是银行业表内总资产的 41.6%。[②] 究其原因，金融创新、监管放松、货币宽松等增加了影子银行的通道，拉长了资金套利链条，也推高了金融机构间的杠杆水平，导致影子银行规模过度扩张。此外，高企的房价所带来的房地产高投资回报导致资金“脱实向虚”，也加剧了影子银行的规模膨胀。

尽管在目前中国的金融结构下，影子银行在一定程度上能满足部分实体经济的资金需要，有其存在发展的必要性，但是，在始终存在政府隐性担保的情况下，因

① 根据中国的会计核算准则，如果考虑到税负问题，债务融资的利息支付可以抵扣应纳税额，也就是存在税盾效应，进而导致我国非金融企业更偏好债务融资。

② 2010 年以前，中国影子银行规模均在 8 万亿元以下，主要来源于银行非传统信贷业务资产。2010 年以后，随着非银行金融机构资产管理业务和其他融资类业务的迅猛发展，中国影子银行规模一路飙升。

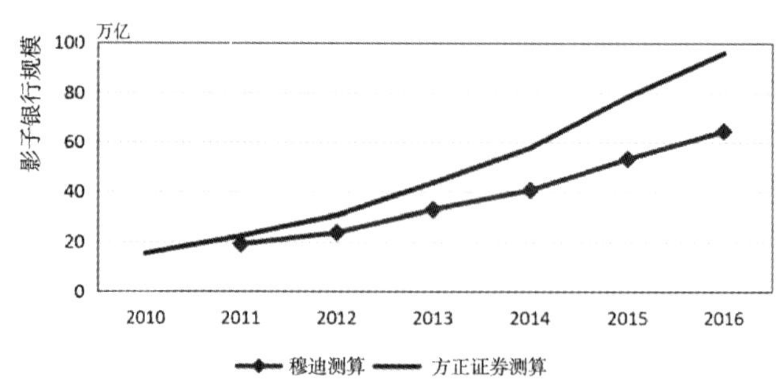

图 5　2010—2016 年的中国影子银行规模

资料来源：作者整理

2014 年底开启的新一轮宽松货币政策而释放的资金，通过影子银行体系更多是支持了房地产企业、地方融资平台以及“两高一剩”的国有僵尸企业，进而全面推高了政府和国有企业的杠杆率。①

4. 国有企业的预算软约束和向国有企业倾斜的贷款分配机制

长期以来，银行信贷资源分配始终存在着明显的所有制歧视。近十年来政府为保增长而超发的货币，多数转化成为对国有企业的贷款。政府对国有企业的隐性担保，使得国有企业融资被“过度润滑”，致使金融资源被低效率、大规模地配置到国有企业，国有企业对信贷资源的过度占用挤压了民营企业的融资。

国有银行承担着为国有企业融资的重任，再加上对国有企业提供贷款背后往往有政府信用背书，风险较低，银行业也偏好为其贷款。同时，由于在制造业中的国有企业主要分布在采掘、化工、建筑和交通运输等重资产行业，其本身也需要更多的资金支持。国有企业长期的预算软约束，也增大了企业主动负债的动机。加之刚性兑付及破产清算成本过高等问题，中国国有企业杠杆率较同类企业明显更高，甚至出现大而不倒的房地产企业。进一步，由于国有企业的资金利用效率不高，反而强化了其对贷款的需求。供求双方力量作用的结果是国有企业的杠杆率一向较高，负债率长期明显高于民营企业。随着国有企业杠杆率的提高，形成了金融部门和国有企业的双高杠杆率，成为金融与非金融部门的两大金融风险点。

（三）非金融国有企业的高杠杆率向其他领域的转移

非金融国有企业获得的巨额贷款，相当部分成为各级政府保增长的工具，被投

---

① 也有相当一部分资金通过影子银行体系流入股市、债市和楼市等领域，推高了相关资产价格，造成资产泡沫。随着实体经济回报率下降，资产回报率降低，开始出现资金滞留在影子银行体系内空转的现象。

入到大量的非生产性工程项目中如基础设施、市政工程、房地产中去，[①] 导致了国民经济投资效率迅速下降。同时，由于实体经济投资收益率较低，部分获得大量贷款的非金融国有企业一时无法找到合适的投资对象，便转手放贷，坐收利息，其行为对影子银行的发展和互联网金融投机起到了输血打气、推波助澜的作用。

综上，尽管金融风险存在于诸多市场、不同领域和不同部门，但是金融部门与非金融国有企业的高负债率是引发其他潜在金融风险的两大诱因。两者相辅相成，金融部门的高负债率因非金融国有企业的高负债而生。消除了后者，前者也就自然降至正常。降低了非金融国有企业的高负债率，经济中其他部门的风险点也就失去了大部分风险资金的来源。

（四）货币超发、地方政府（国有企业）的预算软约束是系统性金融风险的总根源

尽管非金融国有企业的高负债是国民经济各领域经济风险的主要诱因，但是国民经济系统性风险的源头却不是国有企业，而是国有企业的所有者——各级政府，尤其是各级地方政府。政府主导型市场经济体制下，各级政府对经济运行有着巨大的把控能力。长期以来，这也是形成各种社会经济问题的重要原因。

在政府主导型经济体制下，经济增长是各级地方政府多年来追求的第一政策目标。追求经济发展，使许多地方政府在社会经济发展决策中并不是考虑有多少钱办多少事，而是先定发展目标，然后找米下锅，筹集投资资金。想办多大事，就筹多少钱。由于地方政府在社会经济发展中的领导地位，各级国有企业甚至央企其实只是各级政府手中的工具。在国有企业的高负债率、国民经济各领域的投机性行为的背后，都可以看到各级地方政府的身影。

各级地方政府之所以成为目前潜在金融危机的源头，是由于长期以来，虽然建立了分级财政预算制度，但实际上中央与地方、各级地方政府之间并未真正分家，也并未建立独立的地方预算核算制度。各级地方政府不仅可以向上级政府申请拨款，以各种方式向银行贷款，利用各种政府融资平台借债，如通过土地招拍挂等获得土地财政收入，要求国有企业筹资实现其投资计划，以及通过 PPP 等动用国有企业甚至非国有企业的资金进行建设，等等。由于事实上各级地方政府不存在可以导致其破产的财政预算硬约束机制，因此各级地方政府不仅有突破预算约束的筹款能力，而且有突破预算约束的贷款欲望。两者结合，必然导致货币超发。长期的货币超发也成了各类金融风险的总根源。

---

① 有一段时期，房地产国企成为推高各地土地拍卖价格的主力，对各地土地财政、房地产投机风潮的形成，以及经济脱实向虚负有重要责任。

二、政策模拟与分析

根据上述分析思路，我们应用课题组开发的中国季度宏观经济模型（CQMM）进行政策模拟。① 政策模拟思路是：为了从源头上控制系统性金融风险，需要控制货币投放。我们将在国有企业预算软约束和预算硬约束两种不同情境下分别模拟分析逐步收紧货币供应量的数量型“去杠杆”政策可能产生的宏观经济效应，以廓清结构因素与数量因素在“去杠杆”进程中相应的地位与作用，为全面、有效降低中国经济体系所存在的系统性金融风险提供政策参考。由于在CQMM模型中没有独立的政府变量，因此在技术处理上，我们将上述分析所讨论的地方政府/国有企业预算约束简化处理为国有企业预算约束。鉴于地方政府相当规模的融资也是通过国有企业平台展开的，显然，这一简化不会使模拟偏离讨论的主题。

（一）模拟情景设计

1. 关于M_2增速的反事实假定

模型模拟期间选在2013年至2015年间，四个季度共计12期。在此期间，非金融国有企业的杠杆率持续不断上升，可为政策模拟提供一个良好的现实参照。我们假定，模拟期内，中国若采用收紧货币供应量增速的数量型“去杠杆”政策，即假设M_2同比增速较实际值降低且降幅逐季度增加0.25个百分点，至期末降幅累计达到3个百分点。模拟期内M_2增速的变动及其余额变化如图6所示。

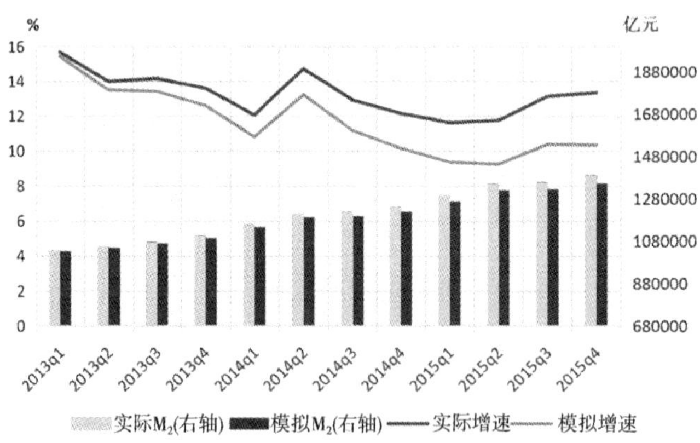

图6 2013年至2015年期间M_2增速的反事实假定与基准对比

资料来源：作者计算

① 关于中国季度宏观经济模型（CQMM），请参阅课题组：《中国季度宏观经济模型的开发与应用》，《厦门大学学报》（哲社版）2007年第4期。

2. 关于非金融国有企业预算约束的反事实假定

对于非金融国有企业，在模拟期内，我们假定存在两种不同的预算约束机制：一种是现实中存在的“预算软约束”，另一种是反事实假定即“预算硬约束”。[①] 在“预算软约束”下，国有企业的融资需求总是能够获得满足，其杠杆率可以不断上升；而在“预算硬约束”下，国有企业的融资需求将受其杠杆率的影响。当杠杆率超过一定阈值时，政府将收紧对国有企业的融资约束，[②] 其最终实际获得的融资量由融资约束和融资需求两者的下限决定。

（二）政策模拟的经济传导机制

如图7所示，首先，国有企业投资和民间投资分别受到国有企业融资和非国有企业融资的影响，其中国有企业融资对非国有企业融资存在“竞争性抑制”作用，换言之，社会融资总是优先满足国有企业，剩余部分才流入非国有企业。其次，国有企业投资和非国有企业投资共同构成全社会投资，决定资本形成，并内生地决定非国有企业投资占比。[③] 第三，非国有企业投资占比将影响全要素生产率，后者将进一步影响经济产出。第四，经济产出相对于潜在产出的偏离又会影响地方政府通过国有企业加杠杆、促投资、稳增长的行为。

在上面两类反事实假定下，我们将模拟调低 M_2 增速在情景一“国有企业具有

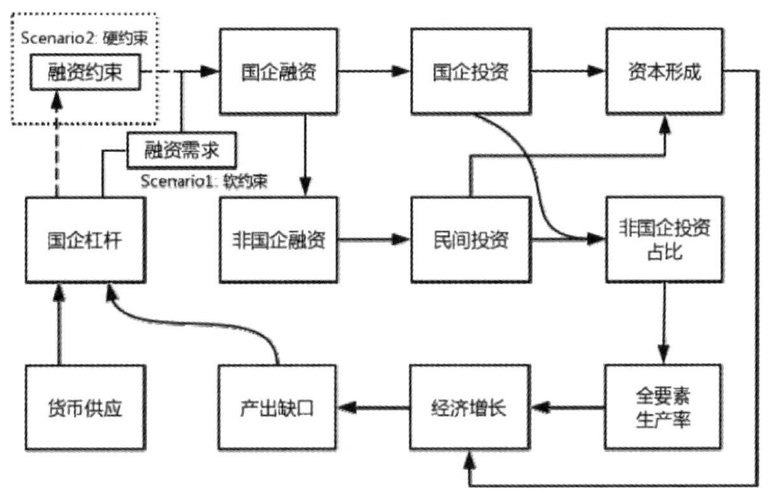

图7 模型主要传导机制

① 为便利起见，上文讨论的地方政府/国有企业预算约束简化处理为国有企业预算约束。鉴于地方政府相当规模的融资也是通过国企平台展开，这一简化不会使模拟偏离讨论的主题。

② 实际上呈现一个倒U形，倒U形拐点约为62%。

③ 中国季度宏观经济模型课题组：《中国宏观经济分析与预测——2017年春季报告》。

‘预算软约束’”与情景二“国有企业具有‘预算硬约束’”两种不同情形下分别可能产生的宏观经济效应。

（三）政策模拟结果

1. 情景一：国有企业具有“预算软约束”

在国有企业具有“预算软约束”的情景下，下调 M_2 增速所导致的资金面紧张会抑制国有企业及非国有企业的融资，国有和民间投资增速将双双下行，进而对全社会固定资产投资增速产生负面影响。由图 8 可见，模拟期内固定资产投资增速均较基准值有所下降，而且降幅持续扩大。

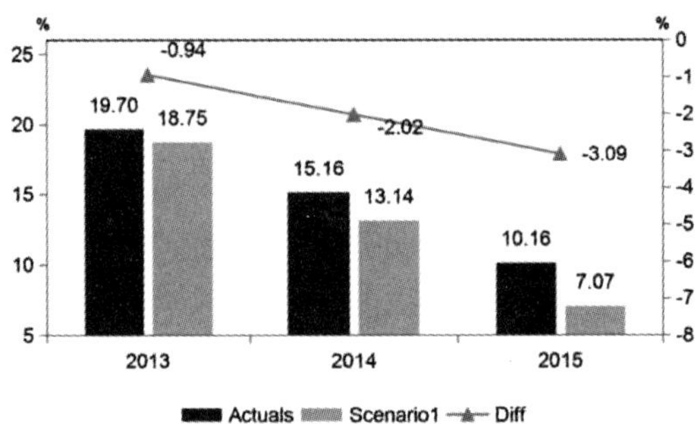

注：Actuals 表示模拟期内 M_2 增速为实际值时投资增速；Scenario1 表示模拟期内情景一下调低 M_2 增速后的投资增速；Diff 为模拟投资增速与实际值之差（右轴）。

图 8　社会固定资产投资增速变动模拟

资料来源：作者计算

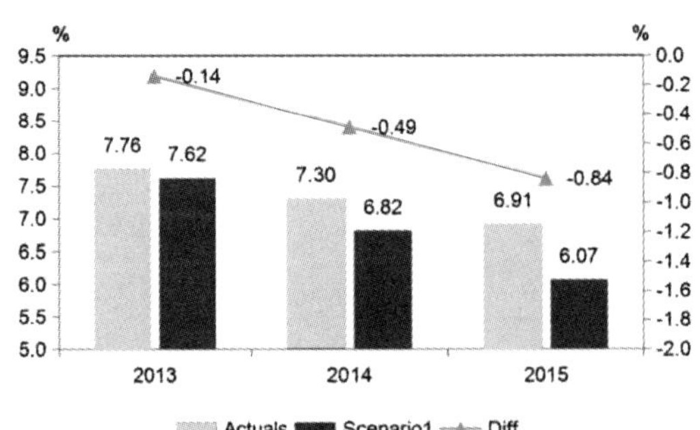

注：Actuals 表示模拟期内 M_2 增速为实际值时 GDP 增速；Scenario1 表示模拟期内情景一下调低 M_2 增速后的 GDP 增速；Diff 为模拟 GDP 增速与实际值之差（右轴）。

图 9　GDP 增速变动模拟

资料来源：作者计算

受投资增速下降的影响，GDP 增速也较基准值加速下行（图 9）。这可能会强化政府通过国有投资“稳增长”的动机。结果是，在 M_2 增速下降后国有企业投资因为存在“预算软约束”，其投资增速下降的幅度相对较小，其杠杆率提高相对较快（图 10）；但另一方面，民间投资由于本就紧张的资金被国有企业挤占，投资增速将大幅下滑（图 11）。随着国有企业投资所占比重的提高，国有投资较低的投资效率，将影响全要素生产率的提高，并对 GDP 增速产生负面影响。产出缺口的扩大，有可能引发新一轮的“稳增长”干预，国有企业的杠杆率将进一步提高。

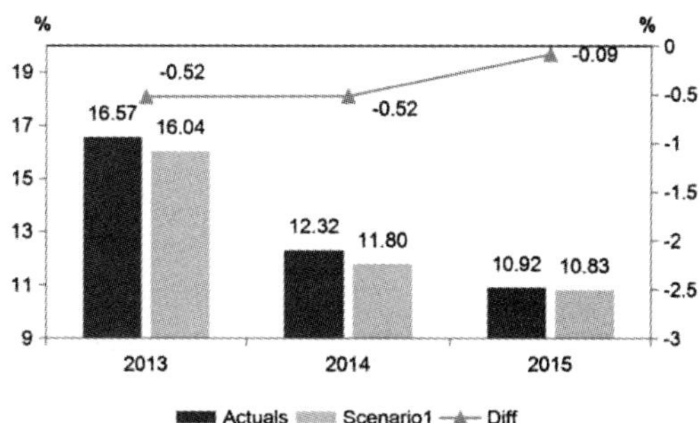

注：Actuals 表示模拟期内 M_2 增速为实际值时国有企业投资增速；Scenario1 表示模拟期内情景一下调低 M_2 增速后的国有企业投资增速；Diff 为模拟投资增速与实际值之差（右轴）。

图 10　国有企业投资增速变动模拟

资料来源：作者计算

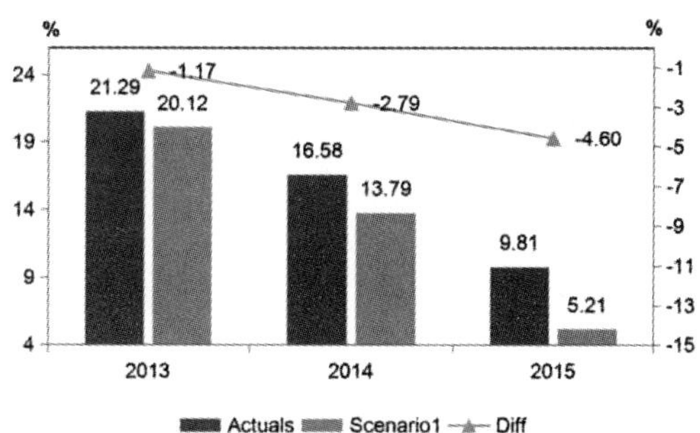

注：Actuals 表示模拟期内 M_2 增速为实际值时民间投资增速；Scenario1 表示模拟期内情景一下调低 M_2 增速后的民间投资增速；Diff 为模拟投资增速与实际值之差（右轴）。

图 11　民间投资增速变动模拟

资料来源：作者计算

2. 情景二：国有企业具有“预算硬约束”

在国有企业具有“预算硬约束”的情景下，下调 M_2 增速之后，资金面的趋紧同样会抑制国有投资和民间投资的增长。但与情景一不同，由于国有企业面临“预算硬约束”，其无法通过持续加杠杆来获取投资资金；不仅如此，当国有企业杠杆率超过一定阀值，其授信额度将受到限制，对其的融资约束就会收紧。因此，国有企业投资增速在各年不仅低于实际基准值，也低于情景一的情形，而且投资增速的降幅还会逐年增加（图 12）；而各期民间投资增速虽然低于实际基准值，却高于情景一；同时，投资增速的降幅在模拟期末明显收窄（图 13）。

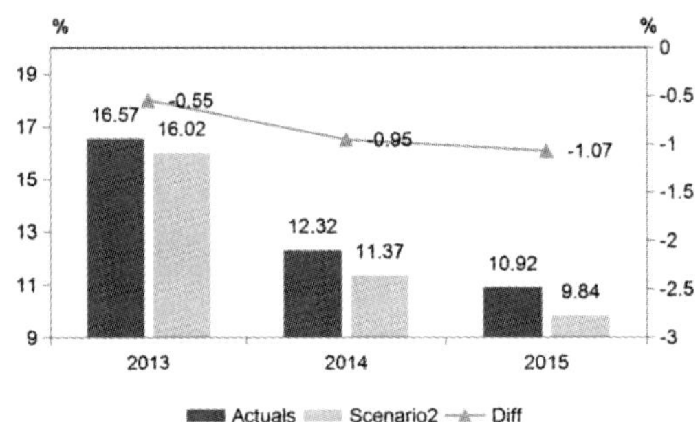

注：Actuals 表示模拟期内 M_2 增速为实际值时国有企业投资增速；Scenario2 表示模拟期内情景二下调低 M_2 增速后的国有企业投资增速；Diff 为模拟投资增速与实际值之差（右轴）。

图 12　国有企业投资增速变动模拟

资料来源：作者计算

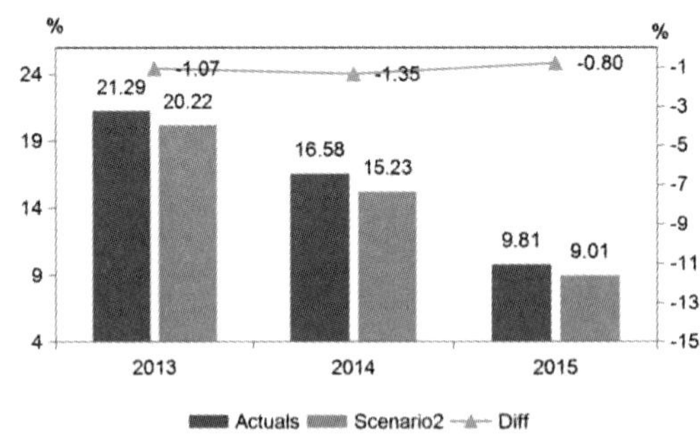

注：Actuals 表示模拟期内 M_2 增速为实际值时民间投资增速；Scenario2 表示模拟期内情景二下调低 M_2 增速后的民间投资增速；Diff 为模拟投资增速与实际值之差（右轴）。

图 13　民间投资增速变动

资料来源：课题组计算

在情景二下，由于占比较高的民间投资增速下降的幅度相对较小，全社会固定资产投资增速下降的幅度也较小（图 14），进而投资增速下滑对 GDP 增速的影响也相继减弱。此外，由于国有企业投资占比难以像情景一下大幅提高，因而 M_2 增速下调对全要素生产率的影响也有限。结果，在模拟期内各年末 M_2 增速分别较实际基准值下降 1 个、2 个、3 个百分点的情况下，各年 GDP 增速仅分别下滑 0.13、0.31、0.27 个百分点（图 15）。不仅如此，随着民间投资占比提升，投资效率逐步改善，全要素生产率不断提高，经济效率得到明显改善，更加具备长期可持续发展的潜能。

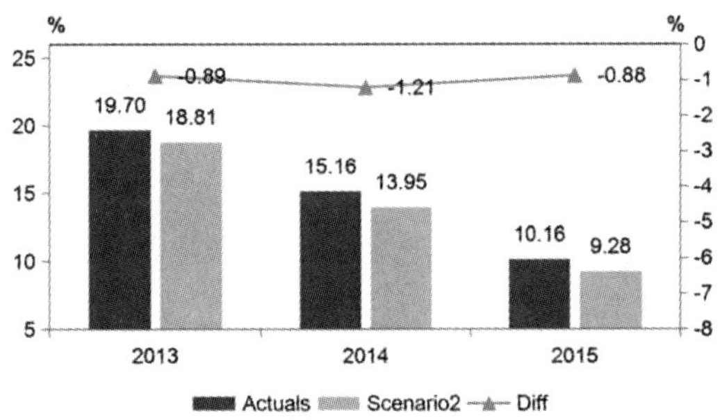

注：Actuals 表示模拟期内 M_2 增速为实际值时的全社会固定资产投资增速；Scenario2 表示模拟期内情景二下调低 M_2 增速后的投资增速；Diff 为模拟投资增速与实际值之差（右轴）。

图 14 全社会固定资产投资增速变动模拟

资料来源：作者计算

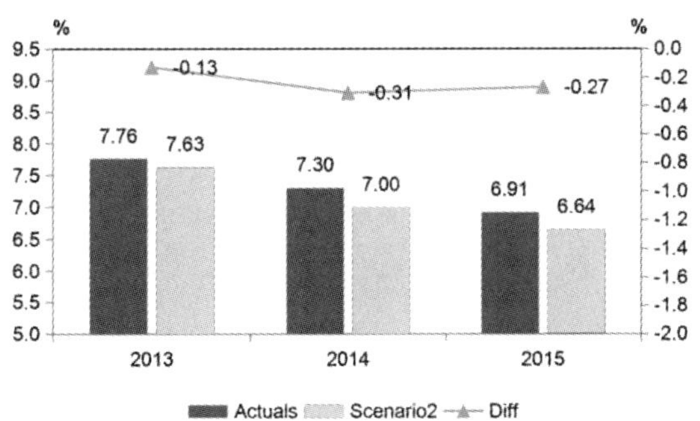

注：Actuals 表示模拟期内 M_2 增速为实际值时 GDP 增速；Scenario2 表示模拟期内情景二下调低 M_2 增速后的 GDP 增速；Diff 为模拟 GDP 增速与实际值之差（右轴）。

图 15 GDP 增速变动模拟

资料来源：作者计算

上述基于CQMM的模拟表明，应对当前中国经济潜在的系统性金融风险，不仅要逐个地消除在不同市场、不同领域、不同部门形成的不同风险表现（如各级地方政府的债务危机、非金融国有企业的高杠杆率、金融部门的高负债率，以及房地产市场、股市、债市、互联网金融的投机乱象，影子银行、表外业务等等），而且必须通过深化体制改革，从体制上根除形成系统性金融风险的总根源。

模拟结果表明，在地方政府（国有企业）存在“预算软约束”的情况下，单纯依靠降低M_2增速、回笼货币并不能有效化解金融风险。其一，在政府主导型经济体制下，各级政府始终具有较强的“稳增长”动机，各级国有企业不过是各级政府手中的工具，各级政府一定会为它们争取到实现政府政策目标的信贷额度，国有企业的杠杆率易增难降。即使是在M_2增速调低了3个百分点的情况下，模拟期末国有企业的杠杆率反而高于实际基准值0.25个百分点（图16）。其二，国有企业“预算软约束”实质上赋予其在资金紧缺时优先抢占资金的能力，从而将绝大部分信贷紧缩的压力转嫁给非国有企业，并回避“去杠杆”的“实锤”。这不但使民间投资增速受到较大冲击，出现“国进民退”，而且还会导致社会总体投资效率下降，从而对经济增长产生较强的负面影响，并进一步强化地方政府通过国有企业加杠杆增加投资以“稳增长”的动机。

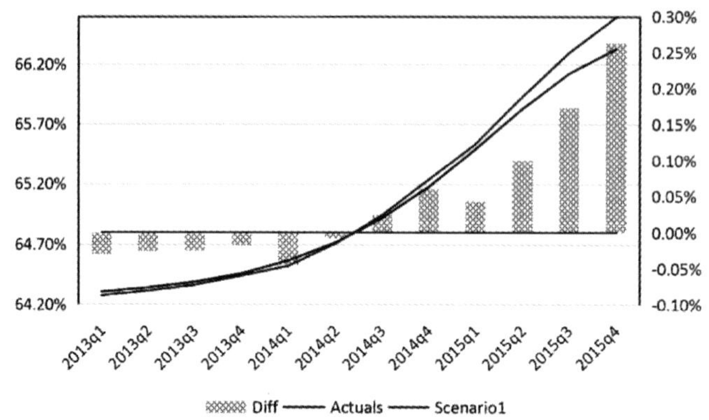

注：Actuals表示模拟期内M_2增速为实际值时国企杠杆率；Scenario1表示模拟期内情景一下调低M_2增速后的杠杆率；Diff为模拟值与实际值之差（右轴）

图16 国有企业杠杆率变化模拟

资料来源：作者计算

三、政策建议

在改革开放以来的近40年里，2010年前后是中国经济发展的一个转折点。2008年，国际金融危机结束了中国自加入WTO以来，长达近10年的经济高速增长期。至2010年，中国的人均GDP已超过5000美元，成为中等偏上收入经济体。中国经济在发展中悄悄地进入了一个新阶段，这就是经济新常态阶段。①

然而，人们往往在经济发展阶段出现转换时懵懂不觉，仍然以旧的发展思路应对新阶段的到来。国际金融危机到来之际，外需大幅度下降，决策者的应对措施是用大规模的投资刺激计划扩大内需，是十大产业振兴计划，是力图通过4万亿的投资刺激计划将经济拉回到原有的增长轨道上去，是千方百计地“保八”，企图通过“保八”恢复危机前的高增长率。在强刺激难以奏效，严重地得不偿失，难以为继之后，仍不愿意放弃需求刺激，只是改用了微刺激，力图阻止增长率下滑，保证虽然低于8%但仍然是较高的增长率。

新常态意味着经济发展的新阶段。新阶段不仅在于经济增长率异于此前，而且在于新阶段是建立在人均收入水平提高之后的需求结构转换基础上的。新的需求结构会使大量既有的生产能力缺乏需求，沦为过剩产能，不得不提前报废。同时，新的需求结构也在呼唤着新的生产能力。但是，新的生产能力并非新的需求出现便能自动产生。体制的障碍使投资难以顺畅地进入新的朝阳产业，使产能不足产业难以扩大其产能，改善其效率，增加产出以满足新的社会需求。新常态需要新的发展思路，需要相应的结构调整，需要进一步全面深化改革以解放相应领域的生产力。

因此，从某种意义上说，当前中国潜在的系统性金融风险，就其实质而言，是发展阶段转变之后，各级政府部门并未适时转变发展思路，调整结构，体制改革滞后而逐渐累积、凸显出来的风险。要防范和化解中国经济的系统性风险，必须从源头上做起，标本兼治。根本之策在于转变发展思路，调整结构，全面深化体制改革。具体而言：

（一）必须转变以保增长为中心的发展思路

此前的分析指出，之所以导致中国目前的流动性过剩，经济的货币化率（M_2/GDP）大幅度提高，是由于长期的货币超发。而长期货币超发的根源正在于各级政府对高增长的追求。在短期而言，经济增长取决于投资、消费和净出口的增长。国际金融危机之后，国外需求缩减，出口难以拉动经济增长，居民消费又相对稳定，

① 有关分析，请参阅李文溥主编《走向经济新常态》，人民出版社，2017年。

因而各级政府要想拉动经济增长，唯有依靠扩大投资。在非国有企业投资意愿降低、投资能力不足的情况下，各级政府只能依靠国有企业扩大投资。为了扩大投资，势必要通过各类政府融资平台、国有企业筹措资金，倒逼央行增加货币投放。因此，要想杜绝货币超发，就必须给各级地方政府降压减负，在政绩考核中，不再以经济增长率论英雄。更进一步说，在市场经济中，政府自有其职能，政府如以经济建设为中心，势必以增长为目标。因此，从根本而言，在新形势下，必须尽快实现国家治理结构的现代化。其中之一，就是政府应当放弃以经济建设为中心，逐步转向以公共服务与公共管理为中心，让市场做市场的事，让政府做政府的事。

（二）尽快建立现代财税制度，形成地方政府（国企）的预算硬约束

杜绝货币超发，不仅要放弃以保增长为中心的发展思路，还必须建立杜绝货币超发的体制机制。其根本在于建立各级政府和国有企业的预算硬约束机制。有人认为，在单一制（unitary government type）的国家结构形式下，地方政府不是独立的主体，不能实现地方政府的预算硬约束。这种说法是不正确的。因为，如果同意这一看法，也就意味着各级地方政府的预算是无法约束的，也就意味着，中国经济潜在的系统性金融危机是始终存在的。如果同意这一看法，就无法解释，为什么世界上有很多单一制国家都较好地解决了地方政府的预算硬约束问题。[①] 因此，在通过有关文件对各级地方政府的非法、不规范融资行为进行急刹车，予以规范、制止的同时，还应当通过建章立制，推动地方财税制度的改革，实现国家治理体系与能力的现代化。实现地方政府（国有企业）的预算硬约束，是全面深化体制改革，从制度上根本杜绝系统性金融风险的重要制度性建设。政府部门要规范中央和地方财税关系，再造中央和地方政府的税收分成制度。建立地方财政收支激励相容机制，确立事权和财力相一致的政府间财政关系，建立规范的地方公债发行制度，解决地方财政预算软约束问题从而消除其扩大负债的能力。

（三）下决心从制度上消除土地财政

实践证明，土地财政是导致地方政府预算软约束的重要环节。地方政府通过垄断土地拍卖权，获取了巨额土地拍卖收入，导致了城市房地产价格腾贵，将大量居民的毕生储蓄转化为一次性土地财政收入，改变了国民收入分配格局，抑制了居民消费，强化了以出口拉动、投资推动的粗放型经济发展路径；城市地价腾贵，导致了产业成本虚高，产业空心化，逼迫部分制造业过早地退出大中城市，甚至退出我

---

① 以日本为例，地方政府解决其当期收入与当期支出之间的不平衡，基本上是通过发行地方公债来解决的。相关法律规范了地方政府举债的条件和中央政府对地方债的管理权限。参阅：邓子基等：《公债经济学》，中国财经出版社，1990 年；《日本地方税法》，吴炳昌译，经济科学出版社，1990 年。

国，严重缩短了产业生命周期；地价腾贵所导致的经济泡沫化，导致资金更多地流向金融投机，严重地抑制了自主创新与产业技术升级换代。要消除系统性金融危机的潜在根源，必须从制度上消除土地财政。应当从实现地方政府预算硬约束，建立地方政府稳定财政收入来源的角度，用房产税取代土地财政。

（四）逐步收回超发的货币

长期货币超发所导致的流动性过多，是金融风险在不同的市场、不同领域和不同部门之间来回游走的重要原因。因此，要采取措施，逐步回收过多的流动性。通过完善法律法规，在充分保障国有资产不流失的前提下，可以采取公平竞争的方式，拍卖部分竞争性领域的国有企业，同时通过稳步推进国有企业混合所有制改革，推进自然垄断领域的竞争性环节及时向民营资本开放。在回收过多的流动性的同时，通过体制机制创新，实现国有资产管理从实物管理向资产管理的过渡，改变国有资产管理思路，创新国有资产管理方式，从而提高现有国有资产的经营效率。

（五）合理控制货币总供应量，充分利用金融手段降低非金融国有企业的负债率

中国潜在的系统性金融风险与较长时间里过多的流动性投放有着直接关系，其根本问题在于货币政策的非中性，货币政策过多地服从保增长的需要，常常被动超发。因此，从长远看，中国货币政策目标应当有所调整，更多地服务于保持币值稳定，控制通货膨胀。货币政策应保持中性，严格控制货币供应量，并积极协调配合宏观审慎监管和金融稳定政策，以达到有效防控金融风险的目的。债务融资占比过高是造成非金融企业杠杆率较高的重要原因，因此需要降低债务融资比例，发展好股权融资，利用股权融资来替代债务融资，降低非金融企业特别是国有企业的杠杆率。同时，改革金融监管体制，打破刚性兑付，充分发挥资本市场在降杠杆和优化资源配置中的功能；加强对商业银行的监管，杜绝其利用非银行金融机构为产能过剩行业提供贷款；积极开展市场化、法制化债转股，以此实现主动去杠杆的目的。

（六）要加大对影子银行的监管力度，回归金融的优化经济资源配置和利用职能

结合宏观审慎评估体系（MPA）考核严控影子银行规模扩张，减少不受监管的融资行为，积极引导影子银行充分发挥服务实体经济的功能。近十年来，地方政府融资平台和房地产部门不断加杠杆，国有企业、地方政府融资平台等低效率部门借助隐性背书和刚性兑付加杠杆占用了过多资源，而民营企业、制造业、生产性服务业等高效率部门被挤出。因此，应继续调整税制，放松服务业管制，并加强金融监管协调，提升实体经济回报率，使金融系统中空转的资金回流实体经济，回归金融的优化经济资源配置和利用职能。

发表于 2017 年第 6 期

参考文献：

[1] 马建堂、董小君、时红秀等：《中国的杠杆率与系统性金融风险防范》，《财贸经济》2016 年第 1 期。

[2] 纪敏、严宝玉和李宏瑾：《杠杆率结构、水平和金融稳定——理论分析框架和中国经验》，《金融研究》2017 年第 2 期。

[3] 金鹏辉、王营、张立光：《稳增长条件下的金融摩擦与杠杆治理》，《金融研究》2017 年第 4 期。

[4] 娄飞鹏：《非金融部门杠杆率现状与去杠杆建议》，《西南金融》2017 年第 7 期。

学而论道

——《东南学术》二十年（1998—2018）文选

东南学术杂志社 编

海峡出版发行集团 THE STRAITS PUBLISHING & DISTRIBUTING GROUP | 福建人民出版社 FUJIAN PEOPLE'S PUBLISHING HOUSE

社会学

中国社会转型加速期的义利问题：一种社会学的研究范式

郑杭生　冯仕政[*]

一、作为研究范式的社会运行论和社会转型论

从1840年鸦片战争开始，中国即进入了一个从传统社会向现代社会过渡的"社会转型期"。而自1979年实行改革开放以来，中国更是进入了一个社会转型加速期。社会转型（social transformation）着重指的是社会结构的转型。这种社会的加速转型是以"市场转换"（transtition to the market）——即从计划经济体制向社会主义市场经济体制过渡——为核心和主轴展开的。曾几何时，市场经济还被视为一种为了追求个人和局部利益而你争我夺、尔虞我诈、充满剥削和罪恶的经济形态，而今却转过头来成了我们的目标之一。这种市场转换引起的社会结构的变化，也不能不引发价值观念的变化，引发一系列我们曾经闻之心惊的道德问题。一系列与市场经济相关的道德评价和道德事实的急剧变换，将一个非常严重的问题推到了人们的面前：经济发展与道德进步的关系究竟应该如何处理？这个问题几乎可以视为中国传统文化中一个非常古老的问题——义利之辨——在当代的回响，故我们不妨称之为"社会转型加速期的义利问题"。作为深层的价值观问题，义利问题也和公私问题一样，是社会结构转型的内涵之一。

对于这个问题，伦理学和经济学，特别是伦理学，已经进行了大量研究。检视这些研究所取得的成绩和存在的不足，我们感到，社会学的介入对于推动研究的深入是非常必要和迫切的。然而，就当前的情况来看，中国社会学界在这方面的研究却又是非常薄弱的。① 有鉴于此，本文拟就社会学在此问题上的研究范式做一探讨，

---

* 郑杭生，中国人民大学社会学教授、博士生导师；冯仕政，中国人民大学社会学系1998级博士研究生。

① 根据笔者对"人大报刊资料索引总汇（1979年至1997年）"的检索结果，1979年至1997年间《社会学研究》和《国外社会学》两种社会学核心期刊所发表的所有论文中，关于道德和伦理研究的只有2篇，即使加上有关"失范"研究的论文，数量亦微不足道。

以为今后的研究打下基础。

社会学作为一门关于社会良性运行和协调发展的条件和机制的综合性具体社会科学，它在中国社会转型加速期义利问题上的研究范式可以简单地概括为两个观点：社会运行论和社会转型论。

首先是“社会运行”的观点。所谓社会运行，指的是社会有机体运动、变化和发展的状态和过程，表现为社会多种要素和多层次系统之间的交互作用以及它们多方面功能的发挥。这种思想的主导观念，“是强调社会运动、变化和发展的整体性、联系性”。(郑杭生、李强等）而社会运行的轨迹，是由深层的社会结构决定的。

在社会运行论看来，道德和经济都只是社会这个巨系统中多个子系统中的两个，它们之间的良性互动和协调发展是整个社会系统良性运行和协调发展之条件和机制的一个重要组成部分。与此同时，它们各自以及二者之间的良性运行和协调发展，又与整个社会系统的良性运行和协调发展是分不开的。也就是说，第一，不但道德和经济这两个子系统的运行是根植于社会之中的，而且它们之间的互动也是根植于社会之中的。因此，不但单独研究道德行为和经济行为时应当考虑到社会因素，而且研究道德行为和经济行为的相互作用时也要考虑到社会因素。第二，社会学研究的根本目标，一是促进道德和经济的良性互动和协调发展，二是促进整个社会系统的良性运行和协调发展。基于社会运行论，社会学对中国转型加速期义利问题的研究范式可以用下图来直观地表示：

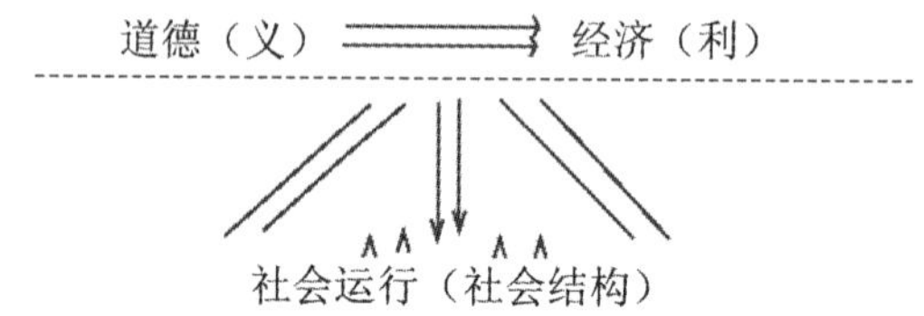

一般地说，虚线以上的内容是纯粹伦理学或经济学研究的主要内容；虚线以下的内容则主要是社会学研究的内容，也是体现社会学研究范式的主要内容。

社会运行论研究义利问题的视角，一是微观分析，包括人的社会化、社会角色、社会互动、社会群体等角度；二是宏观分析，包括社会组织、社会控制、社会分层与社会流动、社会设置、社区、社会变迁与社会现代化等角度。

其次是“社会转型”的观点。社会转型论本是内涵于社会运行论之中的，但由于对研究中国社会具有特殊的指导意义，所以将其单列出来。所谓社会转型，指是这样一种特殊的、过渡形态的社会运行状态：从农业的、乡村的、封闭的传统社会逐渐过渡为工业的、城市的、开放的现代社会。它是社会运行状态的质变。社会转型过程的客观存在，使传统社会和现代社会之间出现了一个特殊的社会运行状态：

转型社会。转型社会既不完全是传统社会，也不完全是现代社会，而是同时蕴含有这两方面的要素。西方从 18 世纪中叶即开启了社会转型过程，到现在已经基本上完成了这一转型过程。中国社会的转型则是从 1840 年鸦片战争正式开始的。中国社会的转型可以划分为三个阶段：1840 年至 1949 年为第一阶段，为低速转型期；1949 年至 1978 年为第二阶段，为中速转型期；1978 至今为第三阶段，为加速转型期。三个阶段分别在转型的速度、广度、深度、难度和向度方面存在着差异。

从社会运行的角度来考察，“转型社会”各子系统之间功能耦合、结构耦合以及功能与结构耦合程度较低，社会整合程度亦较低，社会良性运行和协调发展的问题更为尖锐、更为突出。因此，更要加强社会良性运行和协调发展的条件和机制的研究。义利问题是这一研究的一个重要组成部分。基于社会转型论，社会学对义利问题的研究，既不能单纯套用中国传统社会中的义利关系模式，也不能单纯套用西方现代社会中的义利关系模式，而必须立足于中国正处在社会转型加速期这一社会现实，从当前道德方面和经济方面的经验性事实出发，探讨它们良性运行、良性互动、协调发展的条件和机制。

社会运行论要求研究的综合性，社会转型论则强调研究的经验性。可以说，社会运行论和社会转型论两个观点再加上研究的综合性和经验性两个特点就是社会学在中国社会转型加速期的义利问题上的研究范式。“两个观点”“两个特点”是我们对社会学在该问题上研究范式的简明概括。

二、从社会学学术传统来看

郑杭生在其专著《社会学对象问题新探》（1987）一书曾详细论证了，社会学虽然存在着西方社会学和马克思主义社会学两大传统，两大传统之下还分别存在着名目繁多的流派，但万变不离其宗，社会学研究始终未曾离开过“社会良性运行和社会发展的条件和机制”这一主题。因此，将社会运行论以及由此派生出来的社会转型论作为社会学在中国转型加速期的义利问题上的研究范式，应该说是合乎逻辑的结论。但为了加深对这一观点的理解，我们还是来具体地看一看社会学史上关于义利问题的研究。

社会学作为一门学科是在 19 世纪中叶由法国思想家孔德开创的。社会学直接就是社会转型的产物。在当时，一方面，资产阶级思想和政治革命如火如荼，封建主义制度已经被推翻，但资本主义社会制度尚在建立和完善之中；另一方面，资本主义市场经济在促进生产力的迅速发展，推动工业化、城市化和现代化的同时，也带来了失业、犯罪、贫困、道德沦丧、经济危机等等社会问题，资产阶级思想家所鼓吹的“理性的王国”“自由、平等、博爱”等理想并没有实现。这些都向资产阶级思想家们鲜明地提出了如何实现新生的资本主义社会良性运行和协调发展的问题。（郑杭生）

社会学家回答这个问题的具体角度虽然有所不同，但他们不同程度地涉及社会道德与资本主义市场经济的关系问题。其中非常明确地谈到道德与市场经济关系的社会学家有孔德、迪尔凯姆、韦伯等人。这三位社会学家中，孔德是社会学的创始人，其重要性不言自明。而迪尔凯姆和韦伯都是社会学史上承先启后的重要人物。一般认为，迪尔凯姆开启了社会学中的实证传统，而韦伯则是人文传统的始作俑者。他们二位还与马克思并称为社会学史上的“三大神明”。有鉴于此，本文不再花大量的篇幅去详细论列每一位社会学家在义利问题上的研究成果，而认为重点研究上述三位，管窥一豹足矣。因此，我们下面重点来谈谈这三位的观点。

社会学的创始人孔德坦率地承认新生的资本主义制度带来的种种不幸遭遇，并对此做了不遗余力的揭露和批判。但他认为，这些罪恶并不是资本主义制度所固有的，根本的问题出在现代工业制度没有置于道德的控制和管辖之下。因此社会改良的办法，不是推翻资本主义制度，而是：首先，对资本家实施“人道教”的道德教育，使他们认识到他们有义务保证所有人有饭吃、有工做、有学上，而不是凭借手中的巨额财富进行专制；其次，培养一批“实证宗教”的牧师，充分发挥他们在道德评价和道德监督方面的功能。这些牧师“是共同体在道德方面的引路人和监察官，他们用自己的广博知识提醒人们注意责任和义务；他们是教育的指导者和每一社会成员能力的最高评判者”。（科塞）总而言之，只要“以爱为原则，以秩序为基础，以进步为目的”就能保证社会的良性运行和协调发展，改进和完善资本主义制度。

孔德虽然立志建立一门区别于那种思辨的社会哲学或历史哲学的“实证的科学”，但他的社会学还是免不了传统的痕迹。法国社会学家迪尔凯姆是确立社会学实证研究范式的第一人，也第一个把道德社会学变成了“一门独立的科学”（宣兆凯，1993）。迪尔凯姆的社会学是以“社会团结”为主线展开的。他认为，任何一个社会必须依赖某种程度的社会团结方能存在。社会团结的基础，不是所谓的“理性契约”，不是关于个人利益的自由竞争，也不是国家的强制力，而是共同的价值观念、共同的道德规范，即“集体意识”。在传统社会中，社会分工不发达，社会成员的经历和生活方式大致相同，同质性很强，所以道德观念比较一致，集体意识强烈，在此基础上形成了“机械团结”。资本主义市场经济制度下，社会分工越来越细，社会成员在相互依赖日益紧密的同时，生存竞争日益激烈，个性、生活方式方面的异质性大大增加，道德观念方面差异扩大，共同的道德规范越来越难以维持，于是传统的以强烈的集体意识为基础的机械团结将会向现代的以分工为基础的有机团结转变。在这种转变过程中，原有的道德规范约束作用弱化，出现了不同程度的“失范”。这将导致社会团结的松弛，社会因此而有“解组”的危险。为了避免社会解组，必须为资本主义制度建设新道德。他认为，“职业道德”就是道德建设的突破口。

迪尔凯姆还用他的道德社会学理论对当时欧洲的自杀问题进行了实证研究。根据自杀的原因，他将自杀区分为利他型自杀、利己型自杀、失范型或宿命型自杀等三种。区别的根本依据就在于道德规范的约束和引导作用不同。如果道德约束过紧，社会整合过度，个人义务过于沉重，会导致利他型自杀；如果道德约束过松，个人欲望膨胀，欲壑难填，会导致利己型自杀；对于处于危难之中的社会成员，如果道德方面的引导不够，使他们难以看到生存的希望，会导致失范型和宿命型自杀。

迪尔凯姆本来立志建立一门完整的“道德社会学”，最后虽然未能克竟其功，但他这方面的思想却深刻地影响了后人的研究。(唐晓阳)

与孔德和迪尔凯姆不同，德国社会学家马克斯·韦伯主要从历史发生学的角度探讨“理性资本主义制度”的发生与伦理观念的关系。他认为，是新教伦理培育和催生了以工具理性为核心的现代资本主义制度。这表现在：第一，经过路德改造过的“天职”观念教导说，上帝既然安排教徒们生活在尘世中，教徒们就必须安于尘世生活，并且尽一切可能地完善尘世生活，这就是每个教徒的“天职”，也只有这样才有获救的可能。第二，加尔文宗的“预定论”观念认为，每个教徒是否获救，是否义民，是上帝早已预定了的，每个教徒既无法窥知天意，也不可能通过忏悔、苦修等俗世手段来改变上帝的决定。于是，教徒们在心理上保持着高度的紧张，他不但要理性地组织生活，而且必须是系统地过理性的生活。只有这样方能保持获救的信心。天职观念和预定论观念相结合，新教徒们就必须过一种系统的、理性的、禁欲主义的尘世生活。这与将剩余劳动转化为资本、理性地组织生活和生产等等资本主义精神是一致的，从而导致了西方近代“理性资本主义”的产生。而在中国，“君子喻于义，小人喻于利”“君子不器”等伦理观念则阻碍了资本主义的发展。

相对迪尔凯姆来说，后世社会学关于道德与市场经济关系的分析受韦伯的影响更大，特别20世纪60年代初兴起至今仍很活跃的现代化理论。现代化理论最初关注的仅仅是第二次世界大战后获得解放的发展中国家的工业化和经济发展问题。虽然后来它的研究主题呈多元化趋势，但工业化和经济增长始终是现代化理论一个不可或缺的主题。受韦伯的影响，现代化理论特别注重价值观在现代化过程中的作用，当然也就非常注重价值观对于工业化和经济增长的作用。现代化理论受韦伯的影响深到什么程度呢？可以这么说，现代化理论关于“价值观与经济发展的关系”的全部理论，总是围绕“韦伯命题”展开的，基本上是对它的赞同或反驳。

现在在整个社会科学领域都十分活跃的德国理论家哈贝马斯，也深受韦伯的影响，他的全部理论都围绕一个中心：即如何把马克思关于人类必然从资本主义过渡到社会主义并获得解放的乐观估计与韦伯关于资本主义必然成为人类的“铁的牢笼”的悲观分析协调起来。他认为，随着资本主义经济的发展，资本主义制度的主要危机，已经从马克思时代的“经济危机”发展到现在的“合法性危机”和“动机危机”，消除“合法性危机”和“动机危机”的途径就是恢复“公共领域”，使大家能够自由地沟通和交谈，这就是他所谓的“交谈伦理学”或曰“沟通伦理学”。

纵观社会学史上关于义利问题的研究，不难发现：第一，在现代社会，特别是在转型社会中，市场经济与社会道德的关系问题始终是关系到社会良性运行和协调发展的一个重大问题，所以社会学家们一直都十分关注它，在自己的理论中总留有这个问题的一席之地；第二，社会学家们都是从社会良性运行和协调发展的角度来研究这个问题的；第三，在社会转型期，社会转型是考察义利问题的一个重要视角。所以，如果要问社会学史告诉我们什么，那么可以说，将社会学在中国社会转型加速期义利问题上的研究范式确定为社会运行论和社会转型论，与社会学的学术传统和学科规范是一致的。

三、从中国社会的历史和现状看

从中国历史上看，义利之辨不敢说是儒家思想唯一的论题，至少也算是核心问题之一。宋代大儒朱熹说：“义利之说，乃儒家第一义。”（《晦庵集·与延平李先生书》）由于儒家思想一直是中国社会的正统思想，所以义利之辨对整个中国社会，包括国家意识形态、民众社会心理、社会治理方式和社会结构等等方面都有深远的影响。我们发现，义利之辨与中国的社会运行之间有一种非常有趣的联系，那就是，中国的思想家们总是用“治乱兴衰”的观点去概括社会运行状态，而对于“治乱兴衰之由”又总是用义利之辨去总结。并且，社会越是恶性运行和畸形发展，义利之辨就越是被以极端的方式突出出来。

春秋战国时期是中国历史上的一个典型的社会恶性运行和畸形发展的时期，中国的义利之辨就是从这个时候开始响起的，关于义利关系的伦理思想基本上是在这个时期奠定的。这个时期义利之辨的思想可以概括为两点：第一，义利之辨是关系到国家和天下安危的大事情，或用社会学的术语来说，是关系到社会良性运行和协调发展的重大问题；二是如果社会要良性运行和协调发展，就必须坚持义高于利，以义制利。这两个观点是贯穿儒家思想之始终的。

孔子："君子喻于义，小人喻于利。"（《论语·里仁》）

孟子："王曰何以利吾国，大夫曰何以利吾家，士庶人曰何以利于身。上下交征利而国危矣！何必言利，亦有仁义而已矣！"（《孟子·梁惠王上》）

荀子："义胜利者为治世，利克义者为乱世。"（《荀子·大略》）义利之辨关系到社会稳定。又说，"人力不若牛，走不若马，而牛马为用，何也？曰：人能群，彼不能群也。人何以能群？曰：分。分何以能行？曰：义。"（《荀子·王制》）义是"群"即社会存在的基本条件，与迪尔凯姆的思想庶几近之。

墨家虽然主张义利一致，但在认为义利之辨关系到天下安危这一点而言，却与儒家毫无二致。墨子说："义者正也。何以知义之为正也？天下有义则治，无义则乱。我以此知义之为正也。"（《墨子·天志下》）

将儒术定于一尊的汉代大儒董仲舒则明确地指出，"义则世治，不义则世乱"（《春秋繁露·王道通三》）、"正其谊不谋其利，明其道不计其功"（《汉书·董仲舒传》）。

宋朝也是我国历史上社会结构发生大变动的时期。当时，大地主封建土地所有制逐渐式微，农民逐渐摆脱了对地主的人身依附，成为拥有小片土地的小自耕农。商品经济也空前发展，这对农业社会来说，是一个非常活跃也非常危险的因素。遍地开花的小自耕农和商品经济，加大了封建统治阶级社会控制的难度，稍有疏忽，社会就有陷于恶性运行和畸形发展的危险。于是，传统的义利之辨重又响起。当时的理学家如朱熹、程颢、程颐等在重申义利之辨是关乎国运民祉的传统观点的同时，又进一步把义利之辨上升到理欲之辨的高度，企图从社会个体的内心（"欲"）的深处来加强社会控制。

到了清末，在外部力量的冲击下，中国开始从传统社会向现代社会转型，这种转型也总是伴随着义利观的转型（王小锡），总是伴随着义利关系的重新争辩，如戴震对"以理杀人"的抨击、洋务运动时期的中西体用之争，等等。

由于封建统治阶级"独尊儒术"，所以整个中国社会都深深地打上了儒家义利伦理观的烙印。诸种影响之中，最值得注意的有两点：一是将社会事务简单地区分为"取义"与"逐利"两种，所谓"天下之事，惟义利而已"。（《二程集·河南程氏遗书》卷十一）结果造成社会治理所依据的规则过于简单和空疏，社会设置不完善、不健全，不利于社会良性运行和协调发展。道德规范虽然是保障社会良性运行和协调发展必不可少的一个社会设置，但是道德设置的社会功能终归是有限的，如果没有其他社会设置的功能与之相耦合，单凭道德设置一项是难以承担保障社会良性运行和协调发展的重任的。一个社会除道德行为而外，还有大量的非道德行为，如果把一切问题都归结为道德问题，一切以“礼”为根本的准绳和最后的依归，只会妨碍道德设置以外的其他社会系统和社会设置的正常发育。

正如黄仁宇所指出的，在中国传统道德观念的支配下，种种以效率为最终目标的技术性制度很难发育，即使有也往往受到“义高于利”的道德观念的干扰而滞碍难行。比如，近代以来才在欧洲兴起的科层制度，是“理性资本主义”的一个标志，对于资本主义的发展起了重要作用。中国的文官组织虽然要比欧洲早上好几百年，也具有科层制度的形式特征，但它的精神原则与现代科层组织的效率原则相去甚远：它是“以仁义道德的立场，造成行政的逻辑……在这种前提之下，人事关系之合宜，超过对工作效率的需要”。

“义利问题所含蕴的问题有二：一是公利与私利的问题，二是物质生活与精神生活的问题。”（张岱年）那么，坚持义高于利，以义制利，必然坚持公利高于私利，以公利制约私欲。到宋明理学家那里，甚至被极端化为“灭人欲而存天理”“人欲肆而天理灭”，将公利与私欲完全对立起来，完全否认了私利的价值合理性。结果是，“当西方人为私欲的满足提供一种尽可能合理的秩序，并使之不断完善的时候，中国人却一直在做着另一件事情。结果，西方人创造了一种高度复杂的精细的技术体系，中国人却只有一套义利之辨的哲学”。（梁治平）

二是片面强调舍利取义，以义制利，结果阻碍了商品经济的发育，使中国社会长期停留在一个农业社会，妨碍了中国社会向现代的转型。这一点学者们论述得已经很多了，此不赘述。

如前所述，义利问题在中国传统社会中是一个关系到社会运行和社会转型的重大问题。那么在解放后又如何呢？我们发现，中国传统义利之辨形成的历史语境（historical context）对于中国人思维方式和行为方式的影响仍然很大，传统的义利伦理观在新社会中仍然以新的方式顽强地存在着。与历史上出现过的情况一样，它妨碍了国家的制度建设，妨碍了其他社会系统和社会设置的发育，也妨碍了生产力的发展，所以，对社会主义社会而言，义利问题仍然是一个关系到社会运行和社会转型的重大问题。

1949年以后，我国虽然建立了社会主义制度，但长期以来并未认识到社会主义的本质是解放生产力、发展生产力，而是反复强调社会主义根本制度在道德上的正义性、优越性，以为有了这种道德上的正义性，社会主义制度就会自然而然地良性运行和协调发展了（郑杭生）。这与传统的“以义定天下”的思维方式是相同的。其结果，是在强调社会主义根本制度优越性的“优势意识”下，忽视了根本制度之下的次级社会制度和具体社会制度的建设，结果反而造成大批次级社会制度和具体社会制度的不合理、不公正，甚至到了抵消根本制度优越性的程度。而另一方面，对于大量完全是技术原因、制度原因造成的问题，又总是倾向于从社会成员的道德、思想作风上去找原因，去制定措施。“文革”期间，此风尤盛。对此，邓小平同志客观地指出：“我们过去发生的各种错误，固然与某些领导人的思想、作风有关，但是组织制度、工作制度方面的问题更为严重，这些方面的制度好可以使坏人无法任意横行，制度不好可以使好人无法充分做好事，甚至会走向反面。”“制度问题不解决，思想作风问题也解决不了。”

从中华人民共和国成立到改革开放之前的三十年时间里，我国法治建设依然薄弱，这与传统义利之辨的思维方式是有直接联系的。

从社会转型方面来说，中国要加快从传统的、农业的、封闭的社会向现代的、工业的、开放的社会转型，必须解放生产力，发展生产力，坚持“三个有利于”标准。但在改革开放以前，由于“道德至上”“政治至上”观念的影响，大量的技术性问题也被当成道德问题来处理，比如对“反动学术权威”“白专典型”的批判，工农兵才能编教材、当医生，要“狠批私字一闪念”，要“割资本主义尾巴”，长期把市场经济视为一种与社会主义根本对立的罪恶的经济形态，等等。

不过，现在又出现了另外两种倾向：第一种倾向是将道德的社会功能与历史上“德治”和“人治”完全等同起来，认为“讲道德”是落后于时代的因而应该抛弃，现在是“法治”社会了，只要法律没有明确规定的，就可以为所欲为了，对社会主义精神文明建设也持消极或否定态度；第二种倾向认为，现在的根本任务是发展生产力，经济与道德是完全不同的两码事，只要经济能够发展，道德不道德都没有关系。这两种倾向没有认识到道德对于整个社会和社会主义市场经济的正效应，是不利于社会主义社会良性运行和协调发展的。

综上所述，从中国的历史和现状来说，历代思想家和统治者都是从社会运行的角度来认识义利问题的，并且义利问题确实至今影响着中国社会的良性运行和协调发展。因此，社会学从社会运行和社会转型的角度来研究中国社会转型加速期的义利问题，是切合中国社会历史实际的，也是中国社会所需要的。

四、伦理学与义利问题

现在我们来看一看伦理学和经济学对于社会转型加速期的义利问题研究了些什么。

对于社会转型加速期的义利问题，中国伦理学界是最先意识到，也是最先开始研究的。伦理学界研究的问题主要有：1. 如何评价市场经济对我国道德状况的影响？2. 市场经济与道德进步是一种什么样的关系？3. 社会主义市场经济到底需要一种什么样的社会道德？4. 在当前的形势下，我们如何进行道德建设？5. 道德建设的文化资源何在？如何处理马克思主义理论、传统文化和西方文化这三种文化资源之间的关系？（张晓明、李萍、绍村、王淑芹）

从视角上说，伦理学的研究存在着三种视角：一是从社会存在决定社会意识的历史唯物主义原理出发，试图从市场经济的规律和机制、优点和缺陷中引申出社会转型加速期的道德原则、规律和运行机制，即“内引说”；二是根据社会主义市场经济体制只是实现社会主义理想的手段，以及社会意识可以能动地反作用于社会存在的马克思主义原理出发，试图根据社会主义的道德原则去建构一种伦理的、合乎社会主义道德的市场经济体制，即将社会主义道德灌注于市场经济体制之中，此之谓“外灌说”；三是受马克斯·韦伯和新儒学的影响，从发生学的角度探讨伦理观念与市场经济发育之间的关系，这种视角其观点或偏重于“内引说”，或偏重于“外灌说”，或二者兼有之。（东方朔、王淑芹）

应该说，与经济学相比，在社会转型加速期的义利问题上，伦理学提出的问题是最全面、最深刻的，最贴近社会转型加速期的社会现实的，研究的角度也是最丰富的，但是它的不足之处也是明显的：

第一，停留在纯粹的理论分析上，缺乏对转型加速期生动社会现实的把握，这使其讨论缺乏历史的实际感，缺乏科学的确定性和明晰性。

“内引说”试图从市场经济基础中抽绎出新时期社会道德的原则、规律和运行机制，这个方向无疑是对的。但是，市场经济并没有一个统一的模式。美、英、法、德、日诸国的经济体制，大家都承认是市场经济体制，但它们之间的区别却是非常明显的。一个社会的经济模式总是与其特有的国情紧密相关的，经济学教科书上那种理想的市场经济体制，不但我国未曾有之，就是英美诸国亦未曾有之。因此，我们必须认真研究我国社会转型加速期的社会现实，在此基础上搞清楚我们现在存在的和将能建立的是一个什么样的市场经济体制，“内引说”才能有所倚靠。但笔者所见的有关文章，鲜有这方面的研究，而几乎都是从一种理想的市场经济模式出发进行推演，这岂非“失之毫厘，谬以千里”？

与“内引说”一样，“外灌说”企图依据马克思主义和传统文化中的几个道德原则来建构一种道德的市场经济体制，但是，在社会生活中人们到底奉行着什么样的道德原则，哪些道德原则是行得通的，哪些是行不通的，很多伦理学家恐怕缺乏真切的了解。举个例来说，传统文化中的“仁、义、理、智、信”等“五德”，很多伦理学家认为是可以“灌注”到市场经济体制中去的，因为它们有深厚的文化基础和社会基础。对这“五德”的具体含义，很多学者是根据儒家典籍来解释的。可实际上，根据文化人类学的研究，大凡一种思想符号体系，都有所谓“大传统”与“小传统”的区别。[①] 即，对于同一套思想符号体系，精英阶层与普通民众由于生活方式、文化水平、实际需要等等的不同，对它的认知、理解和践行是有很大区别的。因此，对于中国“道德传统”的研究，不能完全停留在“典籍研究”上，更重要的是看人们在现实生活中是如何践行典籍上的“传统道德”的。只有深入调查研究现实生活中的道德“传统”，真正搞清楚道德传统的“社会基础”，才有可能搞清楚人们需要什么社会道德，我们能够建构什么社会道德。不然，拿什么去“外灌”呢？

再则，不管是“内引说”还是“外灌说”，将市场经济与社会道德的相互关系都做了简单的理解。正像李鹏程所指出的，“市场经济与道德的关系不能陷于抽象的论证，而应该看到它们之间有着复杂多重的因果关系，存在着‘中介区域’，比如说，存在着体制和制度的因素、文化的因素、教育的因素、生活方式的因素等。应该加强这些中介区域的研究”。（转引自张晓明）这个意思如果从社会学的角度来解释就会较为明白：社会是一个包含着政治、法律、文化、经济、道德等诸多子系统的复杂的巨系统。两个子系统之间的互动是在社会这个“环境”中发生的，所谓道德和市场经济之间的“中介区域”，就是由道德和市场经济系统之外的其他子系统构成的。因此，市场经济与社会道德之间的互动，不管是“内引”还是“外灌”，都不能脱离对社会运行的整体性研究。

第二，着重个体的道德意识和道德行为，而缺乏对个体道德意识和行为赖以产生、存在和演变的社会背景、社会结构、社会制度因素的考察。

道德意识和行为本质上是社会的，离开社会背景和社会结构去讨论个体的道德意识和道德行为是不全面的。在资本主义制度崛起的初期，社会个体刚从种种封建身份制度的约束下解放出来，人的本质力量得到前所未有的张扬。与此种社会背景相适应的自由主义、个体主义和功利主义伦理学不但认为个人的自由、平等和幸福就是至高无上的道德价值，而且认为每个人的自由、平等和幸福就是所有人自由、

---

① 文化人类学家一般将国家和精英阶层奉行的象征符号体系称为“大传统”，而将民间社会奉行的象征符号体系称为“小传统”。杜赞奇在其《文化、权力与国家》（江苏人民出版社，1996 年，第 127—134 页）一书中为我们提供了一个关于“大传统”与“小传统”之区分的绝好范例。他在研究中发现，华北乡村社会遍布关帝庙，庙里供奉着“关帝”，即关羽。关帝这个形象，国家把他解释为忠义的象征，支持和鼓励民间对关帝的信仰，是希望借此机会能将国家意识形态延伸到基层社会，希望民众能够践行关帝的忠勇精神，从而保证对国家的效忠；但在民间社会看来，关帝却不过是一个禳灾佑福的神灵而已，想免祸去找他，想发财去找他，想得子也去找他。由此可见，“小传统”与“大传统”相去何其远也。

平等和幸福的条件。但资本主义制度运行的铁律打破了这个迷梦：资本自由运动的结果是造成垄断资本的出现和人的异化，社会出现严重的两极分化，不但一部分人的自由和幸福是以另外一部分人的不自由和不幸福为代价的，而且就是资本家也不过是人格化的资本，成了资本的奴隶。

20 世纪 70 年代以来，以新自由主义、社群主义和交谈伦理学为支柱的社会伦理学在西方开始全面勃兴。（万俊人）所谓“社会伦理”，是相对于个体伦理而言的，它所要研究的就是社会组织、社会制度、社会结构实际具有的和应该拥有的道德属性及其对于个体道德意识和行为的影响。其兴起的社会背景在于，很多伦理学家认识到，社会道德在很大程度上不是靠个体的道德修养来维持的，而是需要制度来保证的；个体的道德意识和行为在很大程度上并不决定于个体的先天“德性”和后天道德修养，而在很大程度上是一个社会环境问题、社会体制问题、社会结构问题。（姚介厚）在这种背景下，连个体主义特征最为明显的自由主义伦理学也开始改弦更张。从 70 年代开始，以罗尔斯为代表的新自由主义虽然仍然强调个体的自由、平等和幸福是至高无上的道德价值，但与自由主义以前将国家在道德上视为“恶”从而拒斥任何国家干预相反，它也不得不承认，个体的自由、平等和幸福离不开制度的保障，如果制度是不“正义”的，个体的自由、平等和幸福是得不到保障的。

对于这一点，当前中国伦理学界也已经有所认识。一些学者指出，对于当前存在的道德问题，不能总是指责社会个体道德沦丧，而要从社会的物质生产、分配和流通体制中找根源；另一些学者甚至提出，要创立一门“制度伦理学”，以专门对社会制度进行道德评价和道德引导。（唐能赋、苏晓离、方军、刘怀玉）

第三，片面强调“伦理本位”，对于社会主义道德与社会主义市场经济之间良性互动和协调发展的条件和机制缺乏深入研究，以至于用“道德批判”代替了“科学批判”。作为伦理学，坚持“伦理本位”，坚持“道德批判”是其本分，关键是要科学地坚持。社会道德作为上层建筑，是决定于经济基础的。在我国社会转型加速期，“发展才是硬道理”。在当前，我国道德建设的根本目标在于促进经济发展并保证经济发展不偏离社会主义方向。因此，我们必须科学地说明社会道德与经济绩效之间的关系及其条件和机制，否则一切道德说教都会显得十分苍白。遗憾的是，一些伦理学家“伦理优位意识”太强，要么脱离经济绩效问题，急于去为市场经济进行“道德立法”；要么涉及社会道德与经济效率的关系时，大而化之，人云亦云地说些道德“可以增强社会凝聚力”“为社会主义市场经济提供精神动力”之类的套话。这些说明，伦理学关于社会道德与市场经济良性互动和协调发展的条件和机制的研究，还欠深入和科学。

五、经济学与义利问题

1979 年以来，特别是近几年来中国社会加速转型将种种深层次问题暴露出来，也暴露了中国经济学原有的研究范式在解决这些问题上所面临的困境。在自我检讨过程中，一些经济学家认为，“不讲道德”是导致这种困境的重要原因之一。所谓“不讲道德”，就是只讲资源配置的效率，而不问资源配置公正与否。花开两朵，各表一枝。我们还是先来看看经济学在历史上是如何“讲道德”的。

亚当·斯密等西方古典经济学家是有“道德关怀”的。斯密不但写出了《国富论》这样的经济学名著，他的《道德情操论》一书在伦理学史上也享有盛誉。亚当·斯密认为，在“看不见的手”作用下，每个人不管出于什么样的道德动机，他对个人最大利益的追求，最终总会导致每一个社会成员的最大的福祉。也就是说，在市场机制作用下，个人利益与公共利益是完全一致的。由此可以推论，资本主义市场经济制度也是完全合乎道德的。

事实上，这是不可能的。正如马克思所揭示的，商品的私人价值和社会价值之间存在着永恒的矛盾，这种矛盾是资本主义市场机制发挥作用的基础和内在要求，是资本主义制度本身不可能消除的。私人价值与社会价值矛盾运动的逻辑结果，必然是社会日益分裂为根本对立的两个阶级：剥削阶级和被剥削阶级。因此，资本主义市场经济制度是不道德的，是必然为社会主义制度所取代的。我们可以看到，马克思对资本主义的“道德批判”，是通过“科学批判”来执行的，市场经济与道德的关系是通过科学的方式来说明的。

亚当·斯密在当时也看到了资本主义制度的种种缺陷，在道德上也进行了严厉抨击。但他不具有马克思在道德上和理论上的那种彻底性。他一方面关心资本家的经济利益，一方面又保持着对社会的“道德关怀”，但又不能对二者的联系进行科学的解释，于是就出现了所谓的“斯密悖论”：在《国富论》中谈“看不见的手”时，大谈利己心的重要性；在《道德情操论》中谈道德情操时，又大谈利他心的重要性。在资本主义市场经济体制下，利己心和利他心是不可能统一的。所以，亚当·斯密的经济学和伦理学之间存在着高度紧张，他的道德批判和科学批判是分裂的。正因为亚当·斯密对资本主义市场经济与道德进步之间的关系没有用经济学的范式进行科学的说明，所以在他那里，与其说是经济学在“讲道德”，不如说是经济学家在“讲道德”。

资本主义市场经济一旦稳固地确立，就不再需要道德这块遮羞布。李嘉图也是古典经济学家之一，但他在他的经济学中就已经不再谈论道德问题。但马克思还是称赞他具有“科学上的公正”和“道德上的诚实”，因为资本主义制度本身就是不道德的，他只不过诚实地道出了真相。（孙伯鍨、孟捷）新古典经济学将李嘉图的观点贯彻得更为彻底。它撇开古典经济学既研究物与物的关系、人与物的关系，又研究人与人的关系的传统，单纯研究物与物的关系和人与物的关系，把经济学变成了一门只研究如何实现稀缺资源的最优配置的学科。在新古典经济学的模型中，人只是作为劳动力因素为实现经济效率而起作用，人只不过是一个生产要素而已。至于道德，那只不过是个人的主观偏好，它只对个人的效用函数起作用，对于经济效率，它是可以忽略不计的。至于对经济制度本身进行道德评价，那更是闻所未闻的事。

新古典经济学只注意到技术性因素对于经济绩效的贡献，而新制度经济学则指出，在技术性因素之外，制度因素也是经济绩效的决定因素之一。所谓制度，指的是“一种行为规则，这些规则涉及社会、政治及经济行为”。（卢现祥）这样，道德作为“制度性因素”之一就从此进入了正统经济学的研究视野。新制度经济学认为，道德对于经济效率的促进作用主要表现在两个方面：第一，市场经济的道德基础在于对他人经济权益的尊重。在市场经济条件下，经济权益是通过产权制度来界定的。产权制度安排是经济绩效的决定性因素，而社会道德有助于对有效率的产权制度安排的确认和支持；第二，节约交易成本。新古典经济学认为市场的运行是不需要成本的，即交易成本为零。事实上，由于人类的有限理性以及市场交易中的机会主义行为等因素的存在，交易成本是非常高的。为了节约交易成本，人们订立了种种制度。但相对其他种种制度而言，道德作为一种主观信念，它是自我约束和自我实施的，既不会发生机会主义行为，也不需要高昂的监督费用，是最节约交易成本的。

新制度经济学在最近十年传入中国后，非常盛行，成为一门显学。很多经济学家在“讲道德”时都奉新制度经济学的原理为圭臬。

如前所述，古典经济学家的道德关怀与其经济学理论是分裂的、矛盾的，而新制度经济学关于社会道德与市场经济关系的论证，却是按照规范的、正统的经济学范式进行的。它真正把道德因素从影响经济效率的一个外生变量变成了内生变量。两相对照，新制度经济学的高明也就立刻显露出来了。然而，这种高明也只是片面的。

第一，正如伦理学的研究所揭示的，中国社会转型加速期义利问题的内涵是非常丰富、非常复杂的，但新制度经济学的研究却是非常狭隘的、不全面的。这具体表现在：

1. 它之所谓“讲道德”，只是单方面地讲社会道德对于经济绩效的促进作用，而没有讲经济发展对社会道德的反作用。即是说，它讲了社会道德在经济上的功能，而没有讲市场经济在道德上的功能。因此，新制度经济学对市场经济对我国道德状况的影响、市场经济与道德进步的关系、道德建设等等问题全部付诸阙如。甚至对于市场经济到底需要一种什么样的道德规范这个问题，它也只是含蓄地表示：凡是有利于节约交易成本的、凡是有利于支持和确认有效率的产权制度安排的社会道德，就是市场经济所要求和承认的道德。这样，效率标准完全取代了道德标准，社会道德完全成了经济效率的婢女。

2. 新制度经济学出色地研究了制度的效率问题，也出色地研究了社会道德对于制度效率的功能，但是问题恰恰出现在这里：它忘记了对制度本身进行道德评价。是的，市场经济确实需要对他人权利的尊重，需要对自己义务的担当，但需要进一步追问的是，这种权利—义务分配是否合理，是否公正？某些产权制度安排可能是有效率的，却并不一定是公正的。

3. 与第二点相联系，正由于忽视了对制度来说还有个伦理问题，所以制度伦理对于个体伦理的制约作用问题，对新制度经济学来说就更是无稽之谈了。而如前所述，这个问题已经是新兴的社会伦理学的核心问题了。

第二，新制度经济学对于道德、经济体制、交易方式以及社会道德与经济绩效之间的关系缺乏历史的社会的分析。马克思主义原理、文化人类学的成果和经验事实都告诉我们，没有一个一般的、普遍的道德，在任何一种社会，道德总是会因阶级、阶层、组织、团体、文化传统、个体特性等等而分化的。经济体制和交易方式亦是如此。不同的社会道德对不同的经济体制的认可程度是不同的，那么根据新制度经济学的原理，这个经济体制运行的成本也就是不同的；不同的社会道德对于不同的交易方式的认可程度也是不同的，那么在不同的道德氛围中，交易成本的节约程度也是不同的。总结起来说，社会道德与经济绩效之间的关系及其与交易成本之间的关系，绝对不是简单的一对一的促进与阻碍的关系，而是排列组合成多种非常复杂的关系。还有，正如前面所说的，道德与经济的互动，是在整个社会系统这个环境中进行的。要分析清楚它们之间的关系，必须与社会运行、社会结构、社会控制、社会分层、社会组织、人的社会化等等社会学分析结合起来。

其实，新制度经济学反复言说的道德就是西方资本主义社会盛行的道德，它反复言说的经济体制和交易方式就是资本主义市场经济体制和交易方式。但在它的理论中，它们都分别被抽象成了普遍的道德、普遍的经济体制和普遍的交易方式。正像马克思批判庸俗经济学家所说的，它把道德和制度变成了静止的东西。所以，新制度经济学虽然没有明言其理论的社会背景，但却是暗含了社会背景的。这一方面说明了社会道德与市场经济之关系的研究确实离不开社会分析，另一方面也说明我们在将新制度经济学的理论移用于中国社会时，必须结合中国社会加速转型的历史现实慎思之、审问之、明辨之。

第三，与伦理学一样，新制度经济学的研究也存在着蹑空蹈虚之嫌，甚至比伦理学有过之而无不及。前面所说的种种不足，都在不同程度上从不同侧面体现了这个问题。更为严重的是，我国经济学家在研究中国问题时，也基本上是根据新制度经济学的原理进行推导，与中国社会转型加速期的实际脱离得很远。这也是一些新制度经济学看起来无懈可击的理论在中国每每触礁，一些从经济学上看起来很完美的经济政策推行起来却每每与初衷相违的重要原因之一。现在“经济学帝国主义”来势凶猛，这个问题更需要引起足够的注意。

当然，也有抛开新制度经济学范式来“讲道德”的，如厉以宁先生认为，道德调节是市场调节和政府调节之外的“第三种调节”，是第一次分配和第二次分配之外的“第三次分配”，等等。效率除了市场基础外，还需要有道德基础，明确地把道德作为与市场、政府并列的第三极力量，这与新制度经济学是明显不同的。

至于经济学要不要“讲道德”，我们暂时可以不管。但是有一点，如果经济学要“讲道德”，它就必须直面前面指出的种种问题，而这些问题的研究是需要社会学加入的；如果它不“讲道德”，它的研究就不是该问题的全部，它主动让出的领域，也是社会学所要研究的。不管哪一种情况，社会学都有可能而且必须参与中国社会转型加速期义利问题的研究。

上面用大量的篇幅分析了经济学和伦理学研究的不足，其实归纳起来，所有这些不足可以简洁地概括为两点：1. 缺乏“社会运行”的观点，致使其未能充分地将社会因素纳入研究范围，研究缺乏综合性和整体性；2. 缺乏“社会转型”的观点，致使其对中国社会加速转型期义利问题的现实缺乏经验的、真切的了解。导致这两点不足的原因，有些是研究者本身视野的狭窄造成的，有些则是学科本身的规范所限。但有两点是确定的，即：第一，这两点不足是社会学可以弥补的；第二，伦理学和经济学的研究为社会学提供了非常丰富的想象力。

总结起来，在中国社会转型加速期的义利问题上，社会运行论和社会转型论作为社会学的基本研究范式，它强调研究的综合性和经验性。这种研究范式既是符合社会学学术传统和学科规范的，也是切合中国转型加速期的社会现实的，对于经济学和伦理学该问题研究上的偏差和不足也是一种可供考虑的弥补。今后，我们将按这个范式作进一步的具体研究，拿出以实际调查研究为基础的成果来，以便使体现社会转型深度的两个方面——社会结构和价值观更加具体。

在文章的最后，还特别需要说明的是，对于伦理学和经济学，本文主要指出了它们研究的不足；而对于社会学，则主要指出了其研究范式的重要性，这给人一种厚此薄彼的感觉。实际上，这样做的目的，部分是为了引起对取消多年、恢复年头还不长的社会学的重视，并非要着意抬高社会学的地位。伦理学、经济学、社会学都有着自己特殊的学科范式，在地位上是平等的，在功能上则是互补的。只有三个学科加强沟通，协调发展，才有可能在中国社会转型加速期的义利问题上取得突破性的成果。本文作为一篇争鸣性的文章，如果能起到相关学科之间的沟通作用，引起争鸣，我们将感到十分高兴。

发表于 2000 年第 2 期

参考文献：

[1]《邓小平文选》（第 3 卷），人民出版社，1993 年。

[2]《邓小平文选》（第 2 卷），人民出版社，1994 年。

[3] 郑杭生：《社会学对象问题新探》，中国人民大学出版社，1987 年。

[4] 郑杭生主编《转型中的中国社会与中国社会的转型》，首都师范大学出版社，1996 年。

[5] 郑杭生主编《社会学概论新修》（修订本），中国人民大学出版社，1999 年。

[6] 郑杭生主编《邓小平与当代中国社会学——纪念中国社会学恢复重建 20 周年》，《华中理工大学学报》（哲学社会学版）1999 年第 3 期，第 23—30 页。

[7] 郑杭生，李强等：《社会运行导论——有中国特色社会学基本理论的一种探索》，中国人民大学出版社，1993 年。

[8] 刘易斯·A. 科塞：《社会学思想名家》，石人译，中国社会科学出版社，1990 年。

[9] 黄仁宇：《赫逊河畔谈中国历史》，三联书店，1992 年。

[10] 黄仁宇：《中国大历史》，三联书店，1997 年。

[11] 梁治平：《寻求自然秩序中的和谐》，中国政法大学出版社，1997 年。

[12] 杜赞奇：《文化、权力与国家》，江苏人民出版社，1996 年。

[13] 卢现祥：《西方新制度经济学》，中国发展出版社，1996 年。

[14] 厉以宁：《超越市场与超越政府——论道德力量在经济中的作用》，经济科学出版社，1999 年。

[15] 厉以宁：《经济学的伦理问题》，三联书店，1995 年。

[16] 厉以宁：《关于经济伦理的几个问题》，《哲学研究》1997 年第 6 期，第 13

—18 页。

[17] 厉以宁:《论效率的双重基础》,《北京大学学报》(哲学社会科学版)1998 年第 6 期,第 5—11 页。

[18] 李萍:《新义利之辨——市场经济与道德建设理论观点综述》,《前线》1996 年第 3 期,第 25—27 页;1996 年第 4 期,第 33—35 页。

[19] 张晓明:《"市场经济与伦理道德建设"讨论会纪要》,《哲学动态》1995 年第 12 期,第 8—11 页。

[20] 王淑芹:《市场经济与道德关系研究近况》,《哲学动态》1998 年第 9 期,第 12—14 页。

[21] 绍村:《"市场经济和道德建设"研讨会评述》,《哲学动态》1997 年第 2 期,第 10—14 页。

[22]《从改革的全局出发深化对当前道德问题的研究——"市场经济与道德建设"学术座谈会述评》,《哲学研究》1997 年第 1 期,第 3—6 页。

[23] 刘怀玉:《"制度伦理学"研究的近况》,《哲学动态》1998 年第 5 期,第 14—16 页。

[24] 孙伯鍨:《经济和道德——马克思〈1844 年经济学哲学手稿〉的当代意义》,《南京社会科学》1994 年第 1 期,第 9—15 页。

[25] 东方朔:《市场经济与道德衡论》,《哲学研究》1994 年第 1 期,第 13—20 页。

[26] 唐能赋:《市场经济疾呼"伦理制度学"的建构》,《哲学动态》1997 年第 1 期,第 27—29 页。

[27] 苏晓离:《制度伦理与市场经济》,《哲学动态》1997 年第 2 期,第 12—14 页。

[28] 方军:《制度伦理与制度创新》,《中国社会科学》1997 年第 3 期,第 54—66 页。

[29] 王小锡:《中国近代经济伦理思想的转型及其现代性》,《江苏社会科学》1996 年第 6 期,第 38—42 页。

[30] 张岱年:《新时代的义利理欲问题》,《北京大学学报》(哲学社会科学版)1994 年第 6 期,第 22—25 页。

[31] 万俊人:《美国当代社会伦理学的新发展》,《中国社会科学》1995 年第 3 期,第 144—160 页。

[32] 宣兆凯:《道德社会学——道德科学体系中的基干学科》,《北京师范大学

学报》(社会科学版) 1993 年第 1 期，第 58—66 页。

[33] 姚介厚：《当代美国社会伦理学说述评》，《哲学研究》1999 年第 4 期，第 59—66 页。

[34] 孟捷：《古典经济学与人道主义》，《社会科学战线》1997 年第 1 期，第 49—62 页。

[35] 张军：《道德：经济活动与经济学研究的一个重要变量》，《新华文摘》1999 年第 7 期，第 39—40 页。

[36] 张建伟：《经济理论中的制度分析：在批判中超越》，《财经研究》1999 年第 1 期，第 39—42 页。

[37] 黎均湛：《经济学如何关注道德》，《经济学家》1999 年第 4 期，第 82—86 页。

[38] 韦苇：《邓小平“义利观”的两个层次》，《经济学家》1999 年第 2 期，第 90—93 页。

[39] 把多勋、王冬兰：《经济学道德理论述评——兼论道德的制度基础》，《西北师大学报》1997 年第 4 期，第 89—94 页。

[40] 洪登永：《市场经济与伦理》，《财经研究》1999 年第 2 期，第 9—16 页。

[41] 方福前：《西方经济学关于效率与公平的争论——兼论我国现阶段的效率与公平问题》，《教学与研究》1995 年第 1 期，第 38—42 页。

[42] 高德步：《制度变迁理论：马克思与诺斯》，《经济学家》1996 年第 5 期，第 43—50 页。

[43] 滕祥志：《诺思的意识形态理论》，《学术月刊》1999 年第 2 期，第 23—25 页。

二战以后东南亚华族社会地位的变化

庄国土*

二战以后，随着东南亚民族国家的建立，华侨社会逐渐向华人族群过渡。① 作为移民及其后裔的东南亚华人，逐渐成为当地公民社会的组成部分。然而，从法律上成为东南亚各国的公民到实际上行使部分或完整的政治权利，东南亚华人的政治地位提升，经历错综复杂的过程。本文研究东南亚各国华人政治地位的变化，并探讨东南亚各国华族政治地位的差异。

一、从侨民到公民：东南亚华族的国籍问题

除泰国以外，东南亚其他国家都是二战以后才成为独立国家，其国内居民才取得国民身份的。尽管中华人民共和国政府鉴于与东南亚国家建立友好外交关系的需要和关注华侨在侨居国生存发展，从建国初期实行培养东南亚华侨国民意识的政策转为鼓励华侨入籍、效忠于当地国政府的政策，但东南亚当地民族政府成立后，由于对华侨优势经济地位的不满和对华侨全面认同中国状况的疑惑，普遍对华侨持排斥和歧视的态度，除华人占优势的新加坡以外，东南亚华侨加入当地国籍都程度不同地遭遇各种困难。

印尼共和国成立初期，对华侨入籍问题采取宽容态度，实施以出生地主义为原则的国籍法。1946 年 4 月，印尼公布《印尼共和国公民法和居民法》，规定在印尼出生、连续在印尼居住 5 年、已满 21 岁以及已婚的非原住民后裔，如在规定期限内不到政府机关表明自己的态度，即被认为选择了印尼国籍。到 1954 年，自动加入印尼国籍的华侨人数占印尼华侨总数的 30%。当时印尼外侨事务局估计华侨约 300 万人，即入籍的

---

* 庄国土，厦门大学南洋研究院院长，国家（教育部）重点研究基地厦门大学东南亚研究中心主任，教授，博士生导师。

① 关于东南亚华人族群的论述，参见庄国土：《论东南亚华族》，《世界民族》2002 年第 3 期。

有 90 万人，保留中国籍的有 210 万人。[①] 1954 年以后，印尼政府与民间排华情绪甚嚣尘上，认为华侨即使加入印尼籍，也是“身在曹营心在汉”，不会效忠于印尼政府。印尼政府不但在经济上实行多种限制和打击华侨企业的措施，在国籍法上也给华侨归化于当地设置各种障碍，其要害是将入籍原则从出生地主义改为以血统主义为主、出生地主义为辅的政策。根据 1958 年 7 月颁布的《1958 年第 62 号法令：关于印尼共和国国籍》，规定了主动制国籍法原则。所谓主动制，就是华侨必须在规定时间内，备齐足够的证件去选择国籍。这部国籍法规定了严格的入籍手续和条件，如须在印尼连续居住 10 年，会讲印尼话，会用印尼文书写申请书；要测验印尼语文能力、印尼历史知识等等。根据这些条件，当时能够申请印尼籍的华侨不多，印尼政府实际上是拒绝多数华侨归化入籍。1958—1965 年，数以万计的华侨被驱赶回中国。1969 年，苏哈托怀疑这些华人子女对印尼国家的政治效忠的可能性而废除“关于双重国籍问题的条约”，加大印尼华人后裔入籍困难。[②] 苏哈托政府上台后的 10 多年间，基本上停止接受华侨入籍。1980 年，苏哈托政府鉴于国内外形势的发展及其某种政治目的和需要，经过权衡利弊，采取了放宽华侨入籍的政策。苏哈托政府于 1980 年 1 月及 2 月连续签署两项关于鼓励华侨加入印尼籍的条例，目的是加速解决外侨加入印尼国籍的问题。该条例规定：居住在印尼的外侨，如符合 1958 年国籍法第 5 条所规定的申请归化者，年满 18 岁，在印尼出生，连续在印尼居住 5 年和有固定职业者，出示相关证件并交 3000 盾费用，经审核无疑问即可加入印尼籍。至于原来是中国国籍的申请人，只要附上由本人签名的放弃原来国籍的声明即可。许多过去想入印尼籍而又苦于条件苛刻、手续烦琐、费用昂贵而无法入籍的华侨，纷纷趁机办理入籍手续。到 80 年代初，630 万印尼华侨华人人口中，仍保持华侨身份的只有 30 万，约占 5%。[③]

马来西亚华侨是东南亚华侨中最早关注公民权利的群体。1949 年 2 月，不赞同马共政治主张的华人在陈桢禄爵士的领导下，组建马华公会，其宗旨是促进马来亚华人的团结与华人认同于马来亚，将“这块哺育与滋养我们的土地铸造为一个国家，成为我们效忠、热爱与献身的对象”，进而与其他种族建立和谐的友好关系。因此，马来亚华人最大的政党组织马华公会成立伊始，就明确其在政治上认同于马来亚的主张，作为马来亚多元民族之一谋求马来亚华族的权利，首先是争取公民权。在马

① 暨南大学东南亚研究所、广州华侨研究会编著《战后东南亚国家的华侨华人政策》，暨南大学出版社，1989 年，第 7 页。

② ［新］廖建裕：《现阶段的印尼华族研究》，新加坡教育出版社，1978 年，第 37 页。

③ 许肇林：《试析二战后东南亚华侨华人社会的变化发展》，《华侨华人历史研究》1996 年第 2 期，第 3 页。

华公会的努力争取下，立法议会于 1952 年 5 月 8 日通过马来亚联合邦协定修正案，适当放宽公民权取得的条件，申请公民权的外来人士的居留联合邦境内年限由 15 年减为 10 年。至 1952 年 5 月，已有 67 万华人取得马来亚联合邦公民权。1957 年马来亚宣布独立，华人国籍问题再次凸现。在马华的抗争下，以承认马来人的政治特权为条件，马来亚国籍之门终于对华人开放。根据联合邦宪法，非马来人取得公民权的条件为：据 1948 年协定规定已获公民权者；在独立日后生于联合邦者；非生于联合邦，但申请前 12 年内有 8 年居住此地，具有基本的马来文知识。申请归化成为公民的条件为：21 岁以上品行良好者且申请日前 12 年内有 10 年居住联合邦内、愿永久居住联合邦并通晓马来语者。如申请人年届 45 岁，且于独立后 1 年内申请的，可免马来语言考试。该公民权申请的规定基本上满足华人社会要求的以出生地主义作为国籍法原则和非出生于马来亚的华人申请公民权条件的诉求。根据此规定，约有 60％的华人具有资格成为公民，其他暂时不能获得公民权的华人也有了归化的前景。

新加坡华人占 76％，是东南亚地区唯一华人人口占优势的国家。二战后的新加坡华侨多半为第二代或第三代的侨生，他们在获得居住地的公民权后，其政治认同就逐渐转向所居住的国家。尤其在 1964 年新加坡独立以后，国家领导层竭力塑造国家意识，强化国民的政治认同。当前，以当“新加坡人”为自豪的新加坡华人可谓东南亚华人中最具国家意识者。

菲律宾政府在二战结束后的很长时间，一直严厉限制华侨入籍。菲律宾国籍法以血统主义为原则，除中菲混血儿外，其他华人取得国籍异常困难。菲律宾政府对来自中国的移民限制尤其严厉，1949 年准许中国移民入境人数大幅度减少 90％，而至 1950 年完全禁止中国移民入境。对申请入籍的华侨采取苛刻条件，用高昂费用、烦琐手续、拖延时日的办法加以限制。1966 年以后，为了利用华侨的资金、技术、经验于菲律宾经济建设，菲律宾当局逐渐开放华侨入籍，作为解决华侨问题的轴心。但入籍手续仍有诸多限制，华侨入籍者并不多。直到中菲建交后，菲律宾的马科斯政府才放宽华侨入籍政策。1975 年 4 月 11 日，菲总统马科斯发布了第 270 号总统命令书，12 月 3 日发布了总统第 836 号政令，1976 年 12 月 29 日又公布了第 491 命令书以修正 270 号命令书，放宽了入籍的资格，简化了申请手续，为华侨入籍大开方便之门。仅 1976—1979 年三年期间，由总统先后批准整批入籍的华侨就将近 3 万人（仅指户主）。[①] 从 1975 年到 1986 年期间，约有 20 万华侨加入了菲国籍。[②] 到 90 年

---

① 陈烈甫：《东南亚的华侨华人与华裔》，正中书局，1983 年，第 248 页。

② 《亚洲周刊》（英文版）1988 年 4 月 1 日，第 14 页。

代中期，菲华侨华人约有 110 万人，其中只有 1 万人保留华侨身份，仅占 1%。[①]

20 世纪初以前，泰国（时称暹罗）尚无国籍法，暹罗王室向来认旅居暹罗的中国移民为臣民。1913 年，暹罗王国颁布第一部国籍法，规定可拥有暹罗国籍者为：1. 父为暹罗人，无论其出生地；2. 父无可考，母为暹罗人；3. 出生于暹罗者；4. 外国人依归化法取得暹罗国籍者。外国人入籍条件为：品行端正、有固定职业的成年人；在暹罗连续居住 10 年以上且通晓教育部规定的泰语程度。[②] 1939 年和 1965 年，泰国（暹罗）政府先后修改过国籍法，但主要条文未变，依然遵循出生地主义原则。中华人民共和国成立后，泰国政府在很长时间内与中国政府交恶，影响其对华侨华人入籍的态度。1953 年，泰国銮披汶政府曾禁止在泰出生的华侨入籍，但引起朝野反对，故该禁令实行不到一年就取消了。1956 年，泰国政府与中国关系有所改善，也鼓励华侨入籍，入籍条件放宽为：在泰国连续居住 5 年以上者；对泰国有特殊贡献者；与泰女结婚者可获入籍方便。1975 年，泰国政府进一步放宽华侨入籍条件，申请人只需每月收入 100 美元以上、能说泰语且非政治犯者。与东南亚其他国家不同，入籍向来不是泰国（暹罗）华侨华人在当地发展的大问题，因为绝大多数华人早已有泰国（暹罗）国籍。到 1992 年，泰国华人总数近 600 万，绝大部分已入泰国籍，保留华侨身份者仅 22 万。[③]

越南统一以前，南北越政权各自有对华侨的国民身份的不同政策。1955 年，中共和越共中央就华侨问题达成协议，主要内容包括承认华侨和越南人民享有同样权利，说服华侨并按照自愿原则逐步转为越南国籍，华侨文化风俗习惯受到尊重等等。这一时期，北越政府基本遵守了以上原则。从 60 年代中期到 1975 年，北越政府也开始推行一些较为严厉的措施强迫华侨入籍，在一些华侨学校强制规定越语课程，限制中文授课时间。这一期间，绝大部分北越华侨仍保留中国国籍，据统计，到 1978 年，北越华侨人数约 27 万。[④] 在 1954 年至 1975 年期间，南越政权先后推行经济民族主义和强迫华侨归化运动。南越政权以强迫同化为目的，在 1955 年、1956 年、1957 年三次修改国籍法，放弃血缘主义而采取出生地主义，强迫华侨放弃中国国籍而加入越南籍。50 年代末，越籍华人总数约 110 万人，到 1961 年，持中国护照

---

① 许肇林：《试析二战后东南亚华侨华人社会的变化发展》，《华侨华人历史研究》1996 年第 2 期，第 3 页。

② 谢犹荣：《暹罗国志》，曼谷南洋通讯社，1957 年，第 279 页。

③ 《华侨经济年鉴》，台湾“侨委会”，1994 年，第 54 页。

④ 杜剑宣：《二次世界大战后的北越华侨》，《印支研究》1982 年第 2 期。

者只有 17299 人，[①] 绝大部分华侨已入籍。1975 年越南南北方统一以后，河内政权开始逐步有规划地推行排华政策。1978 年以后，越南公开大规模排华和驱赶华侨华人出境。1979 年 2 月，中越战争爆发，越南更变本加厉地公开驱赶华侨华人。1986 年，越共六大做出了“全方位改革，尤其是经济思想改革”的决定，强调市场机制，实行改革开放。此后华人社会地位有所改善，1992 年 2 月，越共中央在河内和胡志明市分别召开华人工作会议，称“越南党和国家对华人的政策是，既充分保障华裔公民的权利和义务，又确保实行民族平等，尊重、维护和发扬华人的美好民族文化传统”。[②] 此后越南政府采取了一系列改善华人政治经济地位的措施，华人的公民权利基本得到保障。

20 世纪 50 年代到 60 年代，中国与柬埔寨关系良好，柬埔寨政府对华侨的政策也相当平和。1954 年 9 月，西哈努克国王颁布外侨归化法令，规定凡在柬埔寨居住满 5 年，行为良好且会运用当地语言者，可申请入籍。1954 年 11 月，柬埔寨政府颁布新国籍法，以血统主义为原则，其 22 条规定：父母一方为柬埔寨人，其子女不论在何地出生，均为柬籍；父母一方在柬出生，其 1954 年 11 月以后在柬所生子女均为柬籍。[③] 由于柬埔寨华人大多在乡村和小城镇，与当地人通婚比例高，故第二、三代华人可顺利入籍。1956 年，柬埔寨政府颁布的新移民法第 26 条，规定了禁止外侨从事的 18 种职业，1958 年对外侨不动产做出了不能超过 99 年的规定，并下令取消华人会馆。但这些规定的实施比较平和，寓引导于管制之中，对华侨冲击不大，主要目的是引导华侨入籍，有钱的华侨因此多设法入籍，一般华侨持中国护照也能谋生，故保留中国国籍的华侨数量仍很多。到柬埔寨战争爆发前的 1977 年，华侨华人总数约 36 万，保留中国国籍者 12 万，约占三分之一。[④] 1975 年红色高棉政权统治柬埔寨时期，居住在城镇的华人被驱赶到乡下，死亡过半。无论有无国籍，华侨华人都遭受灭顶之灾，1979 年 12 月，越南入侵柬埔寨，红色高棉被逐出大多城镇，部分华侨华人得机重返城镇，以当地公民身份谋生。1987 年以后，柬埔寨政权为发展收敛其排华政策，开始允许华人自由经商，取消了华人从业的多项限制，通过各种渠道动员争取逃居海外的华人回柬定居和经营工商业，华人团体也开始重建。

1956 年，老挝华侨华人约 3 万人。老挝政府长期受越南影响，其对华侨华人的政策也一定程度上效仿越南政府。1976 年，老挝政府实行对私人企业改造的政策，

---

① 张文和：《越南华侨史话》，黎明文化事业公司，1975 年，第 46—52 页。

② 赵和曼：《越南华侨华人在振兴该国经济中的作用》，《华侨华人历史研究》1993 年第 1 期。

③ W. E. 威尔莫特：《华人移居柬埔寨概况》，《南洋文摘》1969 年第 11 期，第 79 页。

④ 萧永坚：《战后东南亚国家的华侨归化政策及其影响》，《南洋问题研究》1989 年第 2 期。

主要从事工商业的华人大量外逃，主要前往泰国。至 1980 年，老挝华侨华人仅剩 1 万人左右。1984 年以后，老挝政府调整对华人的政策，华侨华人回流老挝重操旧业，各城镇又出现华人商店。到 1999 年，老挝华侨华人已达 17 万人。①

1948 年缅甸独立时，华侨约 30 万人。② 缅甸政府成立后，随即推行以“缅人化”为核心的民族主义政策，对外侨施以种种限制。当年公布的联邦公民条例改变前殖民政府国籍法的出生地主义原则，而以血统主义为主和出生地主义为辅的原则作为成为公民的主要依据。该公民条例认为原住民可自然成为联邦公民，而将华侨作为外侨，对外侨归化设置种种限制。华侨基于种种考虑，仍大部分保持外侨身份。1962 年奈温政权成立，放宽外侨入籍条件，规定凡二战前已居住在缅甸的外侨和具有充分转籍条件的申请者，政府一律允许其入籍。1963 年，政府又停发入籍证。1978 年，入籍条例又放宽，规定凡在缅甸住满 5 年且又遵守外侨管理条例的外侨，可申请入籍。从 1962 年到 1988 年奈温执政期间，大部分缅甸华侨陆续入籍，归化为缅甸公民。

二、形式平等或事实平等：东南亚华族的政治权利

尽管到 20 世纪 80 年代，东南亚国家的华人基本上加入当地国籍，理论上享有充足的公民权利，但形式上的平等不等于事实上的充分政治权利。

入籍的印尼华人虽然理论上同印尼原住民享有同等的权利和法律地位，但实际上长期处于二等公民的地位，身份证打上特殊的族裔记号，几乎不能参加任何政党活动。在录用公务员时，原住民优先，华人公教人员很难得到升迁机会，华人学生考取国立大学只能录取 10%，华文报刊几乎被禁止，禁止华裔过阴历新年。尽管年轻一代华人认同于当地社会的程度很深，连名字也都是印尼名，但他们仍被视为外人。华人在政治上受排挤，只有尽量在经济领域找出路。印尼华人的经济成就屡屡成为排华活动的理由。1997 年的东南亚金融风暴中，印尼再次爆发大规模排华活动，华人再次成为社会挫折的替罪羊。苏哈托政权垮台后，印尼新政府逐渐改变排华政策，鼓励华人参政，允许华人结社。尤其是瓦西德当选印尼总统后，多次释出善待印尼华人的信息。2000 年，瓦西德总统签署了提倡民族平等的 2000 年第 6 号总统令，废除了歧视华人的十多项法规条例，华人政治地位有所改善。2001 年 7 月梅加瓦蒂取代瓦西德成为印尼总统，基本上仍然延续瓦西德对待华人的政策。

---

① 《华侨经济年鉴》，台湾“侨委会”，2000 年，第 76 页。

② 林锡星：《缅领党政府的政策与缅甸华侨华人》，《华侨与华人》1989 年第 1 期。

在马来西亚，华人在1957年公民权法中争取到的入籍机会，是以承认马来人在马来亚拥有特权为代价的。宪法规定马来语为国语，以马来人信奉的回教为国教，并确认马来人的保留地制度、服务公职的保留名额制度、高等教育优先、独享某些特殊行业经营等特权。因此，虽然华人与马来人密切合作、共同努力而获得国家独立地位，但从马来亚独立始，华人与马来人就处于不平等的政治地位。1963年，马来亚联合邦、新加坡、沙巴、砂捞越等四地区合组马来西亚联合邦，其新宪法系以马来亚联合邦宪法为蓝本而制定，华人在政治上仍未能获得平等待遇。到1965年新加坡退出联邦独立，马来西亚华人政治势力进一步削弱。尤其在1969年“5·13事件”后，巫统全面控制了政府，马来人在政治上从占有优势过渡到拥有全面统治权，马来人的特权得到进一步的加强和发展。马来西亚国会1971年初通过的宪法修正案，进一步巩固了马来人的特殊地位，并把这种地位提升到神圣不可侵犯的高度，宣布赋予国会通过法律的权力，禁止对宪法中规定的国语、马来人特殊地位、马来统治者的地位和主权及公民权条文进行质询。尽管马来西亚华人作为马来西亚公民，其政治认同与当地其他族群一样，但仍不得不接受在政治、经济和社会生活中继续存在马来人特权这一既成事实。无论如何，马来西亚华人的参政意识和政治地位优于华人居于少数的东南亚各国华人社会。在马来西亚历届中央政府中，通常有华人入阁。国会议员中，华人议员约占1/3左右。

二战以后，新加坡华人领导层以当地化、多元化战略，走出了一条自立求存的成功之路。新加坡华人的当地化战略有两个层面。一是塑造本国的国家意识，凝聚国民的国家认同；二是将新加坡定位于与东南亚其他国家利益共存的国家，在相当长的时间中实行政治上疏离中国的政策。从1957年11月起，华人陆续登记为新加坡公民，完成从移民转为当地公民的法律程序，并向全世界强调他们是新加坡人而不再是中国侨民，要求中国和国际尊重他们这个意愿和事实。为了凝聚国民认同，新加坡政府采取塑造国家意识的“新加坡化政策”，其对象是包括少数的马来族、印度族，也包括占多数的华族的国内所有民族，呼吁各族群成员首先是作为新加坡公民参与国家事务，强调国家利益高于族群利益，希望借此消除族群对立，建立国家统一的基础。“新加坡化政策”对华人的意义在于使华人意识到，他们不再是与中国利益共存的中国移民，他们的命运取决于新加坡国家的命运。在与中国建交方面持谨慎立场，是东盟中最后与中国建交的国家。华人主导的新加坡政府对中国采取的态度是为了向邻国和国内华人表明，新加坡属于东南亚，新加坡与中国没有特别的利益关系。新加坡华人主导的政府在有意压制华族传统文化和民族特性的基础上成功地塑造和巩固了国家意识，基本实现了社会和谐和经济的健康发展，也与邻国和各大国建立良好关系，但也失落了很多华族优秀文化传统和牺牲某些族群利益。尽管新加坡华人在短时间内确立了以国家意识为核心的政治认同，但这种认同缺乏强有力的民族精神和文化支柱。所幸的是新加坡领导人已意识到这一点，并开始重新寻求华族传统精神文化，作为国家意识形态的主要支柱之一。

1975 年菲华集体入籍是菲华政治认同转向的转折点。在菲律宾绝大多数华侨已完成政治上归化于居住国后，其参政意识也逐渐发展。特别是 1982 年 5 月巴朗盖选举，菲华提出了自己的候选人。1986 年 2 月阿基诺执政后，不少华人被任命为政府部长、驻外使节及各省、市、区的地方官员，许多华人企业家也纷纷参加竞选国会议员和地方议员。他们一改过去的心态，以其具有中国血统为荣，努力争取华人社会的选票。在 1987 年 5 月的国会选举中，至少有 10 多位华人及其华裔当选为国会议员。[①] 华人参加 1992 年大选，盛况空前。参加各类选举的华人人数增加，而且对总统选举起了重要影响。9 个总统候选人都表示同情华人或与华人亲善。华人社会也分成 7 个集团分别支持 7 个候选人，每个候选人得票多寡在很大程度上取决于他们与华人领导层的关系。华裔阿尔弗雷多·林将军竞选马尼拉市长获得胜利，部分要归功于华人的票数和财力上的支持。[②] 华人投票的原则更多的是基于整个菲律宾的利益而不仅是为了华人族群的利益。很多情况下华人与多数菲律宾原住民的选择是一致的，表明华人与原住民的政治倾向将逐渐趋同，有着共同的政治利益。更为可喜的是菲律宾年轻一代的华人政治家正在成长，他们在坚持华族文化的同时强调华人要融入菲律宾社会，以菲律宾社会为归宿，与原住民共同建设菲律宾。

1973 年，泰国制定宪法委员会通过一项决议，让在泰国出生、父母均为外侨的后裔，享受与泰人完全一样的政治权利，可以参加竞选议员，可以参加投票选举，而不必像以前一样，受到规定教育程度，或需曾服兵役等限制。[③] 1975 年 9 月泰国政府宣布华人入籍后，即可享受公民权，包括选举权与被选举权。这就为泰籍华人参政打开了更方便的大门。据报道，在泰国 1986 年大选中，“86 位华裔泰籍富豪之家的子弟，由生意人被选为众议员，成为 347 席的众议院中最大的职业团体，花用的选举总经费，竟高达 1 亿 2000 万美元，是泰国选举史上最高的纪录”。[④] 泰国政府中的部长乃至总理多有中国血统者，当选为地方议员的华人也不少。在差猜·春哈

---

① 温广益：《初访菲华社会》，《华人》月刊 1992 年第 7 期，第 18 页。

② [菲] 洪玉华：《华人在菲律宾的政治地位》，《南洋资料译丛》1994 年第 1—2 期，第88 页。

③ 崔贵强、古鸿廷合编《东南亚华人问题之研究》，新加坡教育出版社，1978 年版，第 97 页。

④ 《“中央”日报》1988 年 2 月 22 日。转引自暨南大学东南亚研究所、广州华侨研究会编著《战后东南亚国家的华侨华人政策》，暨南大学出版社，1989 年版，第 142 页。

旺任总理时，内阁阁员 44 人，有中国血统的占一半以上，包括总理差猜·春哈旺和多位副总理、部长、助理部长在内。担任内阁总理顾问或各部部长顾问的华人、华裔工商界巨子，人数更多。总理川·立派也是华裔，汉名吕基文。华人是泰国受教育较好的族群，华人及其子女普遍受过中等以至高等教育。据 1982 年统计，在泰国高等院校中，华裔学生占 80%，华人教授占 90%，到国外留学的泰国学生中 95%是华裔。[①] 在全泰政府机关、大学、医院、研究所的公职中，华人也占到 60%。[②] 泰国华文教育受到限制，但并没有禁止使用华文，华文报刊仍然保留，华文招牌举目皆是，华人习俗仍完整地保存了下来。

1945 年 9 月 2 日越南民主共和国成立以后，胡志明主席发表《致华侨兄弟书》，宣布废除法国殖民者针对华侨的各种苛法恶律、确保华侨生命财产安全与自由的基本政策，希望华侨与越南人民亲善合作，共同建设新越南。法国殖民者重返印支后，华侨积极参加各种抗法活动，与越南人民并肩作战，在中国的援助下，取得抗法斗争的胜利。1954 年至 1975 年间，越南南北分裂，在中国和北越关系友好时期，越共政权基本上善待华侨华人。这一时期，华侨在越南社会生活中也发挥了较大的积极作用。华侨享有选举和参加各级人民议会和行政委员会的公民权利，许多华侨被选为越南各级人民议会的代表和行政委员会委员。

1975 年越南南北方统一以后，河内政权开始逐步有规划地推行排华政策。河内政权在南越实行的“经济国有化”和“社会主义改造”的政策虽然名义上是针对全社会，但实际上受打击的主要是华人，南越华人数百年经济基业顷刻化为乌有。1978 年以后，越南公开大规模排华和驱赶华侨华人出境。到 80 年代初，越南当局就制造了 100 多万难民，而其中 50%以上是华人。1978 年越南华侨华人人数约 180 万人，经过这次驱赶，留在越南的华人已不足 100 万人。[③] 80 年代初以来，越南当局开始对国家经济体制作有限改革，承认市场经济的必要性，也容忍华人从事个体工商业活动。1982 年，胡志明市的小商贩中约有 20%—30%是华人。[④] 1986 年，越共六大做出了“全方位改革，尤其是经济思想改革”的决定，强调市场机制，实行改

---

① 谢美华：《八十年代泰国的华文教育》，《华侨华人历史研究》1991 年第 1 期，第 8 页。

② 许国栋：《从华人宗教信仰剖析泰国的同化政策》，《华侨华人历史研究》1994 年第 2 期，第 29 页。

③ 刘笑盈、于向东：《战后越南华人四十年历史之变迁》，《华侨华人历史研究》1993 年第 1 期，第 45 页。

④ L. M. Stern, “The Overseas Chinese in the Socialist Republic of Vietnam 1979—1982”, in *Asian Survey*, *May* 1985.

革开放。此后华人社会地位有所改善，华人被允许参政和入党。

老挝政府历来善待华侨华人。1975年老挝人民革命党执政以后，追随越南的内外政策，采取强制措施低价收购乃至没收华人资产，查封华文报刊，取消华人社团活动。[①] 1988年以来，老挝调整内外政策，与中国的关系正常化，采取吸引华商投资的各种措施，华人社会重现生机。

除马来西亚以外，缅甸是东南亚另外一个在公民法和政治权利方面明确规定“原住民”政治权利优先的国家。1974年缅甸制定的新宪法第177条规定，出生于父母双方也是公民的公民，才能被选为各级人民代表。[②] 这种以宪法规定的“一代公民和一代以上公民政治权利的差别待遇”，[③] 主要针对的是华人和印度人，意味着即使数代居住在缅甸的华人，只要父母有一方仍不是入籍公民，就不能进入立法和行政机构。1982年的《缅甸公民法》将公民分为完全公民（Full Citizens）、准公民（Associate Citizens）和归化公民（Naturalized Citizens），1823年定居在缅甸的民族及其后裔才是完全公民。[④] 华人被归入准公民和归化公民之列，不能竞选公职和担任政府机构职务。[⑤] 1988年军人政权成立以来，缅甸实行经济开放政策，华人的经济地位有所提高，但无论作为群体或者个人，缅甸华人参政的政治环境似乎尚未到来。

三、个体参政或群体参政：东南亚华族参政状况评述

尽管作为东南亚公民社会成员的华人实际上并未享有充分的政治权利，但总体而言，其参政热情与政治影响力仍逐步提升。东南亚华人参与当地政治活动可分为两种类型，一是华人政党或社团代表华族群体参与，如新加坡、马来西亚和最近的印尼，但唯有新加坡华族能平等参与社会政治。二是以公民身份参政，不凸显华族身份和代表华族群体，如泰国、菲律宾和越南。还有一些国家的华人基本上埋头经济活动，不参与或不公开参与政治活动，如柬埔寨、老挝、缅甸等国。

在东南亚，新加坡是唯一华族主导政局的国家。华人作为多数族群的新加坡岛国，处于马来人占绝对多数的印尼和马来西亚人的汪洋大海中。华人主政者如何取

---

① 许梅：《老挝华人社会50年变迁》，《地平线》1999年第6期，24—25页。

② 戴学正：《中外宪法选编》（下），华夏出版社，1994年，372页。

③ Robert Taylor, The Legal Status of Indians in Contemporary Burma, in K. S. Sandhu ans A. M ani, eds, *Indian Communities in Southeast Asia*, p. 678, Singapore, Time Academic Press and ISEAS 1993.

④ My a Than, Ethnic Chinese in Myanmar and their Identity, in Leo Suryadinataed., *Ethnic Chinese as Southeast Asians*, p. 135, Singapore ISAS 1997.

⑤ Praisal Sricha ratchanya, Some are more equal, in *Far Eastern Economic Review*, 1982, Oct. 8.

得国内的马来少数民族的合作，是成功建构多元社会，从而保持与邻国良好关系的关键。因此，新加坡华人执政者考量族群政治的重点，是如何保障非华人族群的政治权利。由于马来人处于相对弱势地位，为了使马来人逐步改变弱势处境，新加坡政府给予特别照顾，提供给马来人不低于其人口比例的社会公职数量和机会。在政治上，执政的新加坡人民行动党坚持党组织成员种族成分的多元化。在政府中，不同族群的公务员大致占与其人口数量相当的比例。在1988年大选中，考虑到马来人议员有逐渐减少的趋势和马来候选人素质问题，政府采用“集体当选制”来保证议员中有一定数量的马来人。1988年大选后组成的新国会，也特别注意推选一名马来人当副议长。在内阁有马来族和印度族的政治代表，更是自治独立以来的一条不成文的规定。新加坡成功地通过社会多元化战略使族群政治关系基本和谐，避免了其他东南亚国家经常发生的强势民族或社会群体与弱势群体之间的激烈对抗，使国家意识能为各族群所接受。

马来亚（及以后的马来西亚）华人的主要政党马华公会目前成员约70余万人，长期与巫统、国大党合作组成联盟，参加马来西亚的选举和政府组织活动，谋求华人的政治权利和经济利益。[①] 马来西亚的其他华人政党如1966年3月成立的“民主行动党”(DAP)、1968年出现的“马来西亚人民运动”(Gerakan Pakyat Malaysia)等，都以谋求在当地的政治权利为己任。马华公会领导层在涉及种族间利害关系时，通常采取妥协和退让的态度，这种妥协和退让的态度常引起华人社会责难。然而，这是基于华人在马来西亚乃至东南亚人口较少、长期处于弱势的政治和军事地位的现实而采取的态度，显示华人社会为了国家长期利益作出让步的诚意。华人社会的妥协既是不得已的，也是明智的选择。马华公会强调马来西亚各民族共同的经历、共同的命运，反对在文化、宗教和种族上以马来人为中心。同时，它也注意到马来人和其他土著人在经济上的软弱，主张给予必要的支持与保护。

在印尼的苏加诺执政期间，印尼华人仍有相当的社会政治地位。印尼国会中有几名华人议员和少数内阁部长，如税务、财政与审计部长陈金龙，国务部长黄自达等。土生华人参加印尼国籍协商会与其他由土生华人领导的社会政治组织，中华总会、商会、侨总等则是以新客华人为主的社团。[②] 中印（尼）断交后，华人社团活动被禁止。尽管在苏哈托时代有华裔参与政府内阁，甚至担任部长，但他们代表的是

---

① 张晓威：《〈马来西亚华人公会〉与马来西亚华人社会之研究》，载《台湾“国立中央大学”硕士论文》，1998年，第169页。

② ［新］廖建裕：《印度尼西亚华人近况》，载《华侨华人历史国际研讨会论文集》，中山大学东南亚历史研究所，1988年，第7页。

印尼土著政治集团的利益，并非作为华人群体的代表。在哈比比和瓦西德执政时期，印尼华人开始以华人族群身份参与社会公共事务和政治活动，参政意识如春潮勃发。主要由华人组建的政党有大同党、融合党、佛教民主党和中华改革党。1999 年 6 月印尼大选，大同党获得国会 1 席、省议会 25 席的成绩。华人也组建各种泛华裔社团，如印尼华裔总会、印尼百家姓协会、国家团结联合会、印尼华裔青年正义联合会，积极参与公众事务。此外，各种华人宗亲、校友和同乡社团也如雨后春笋。在组建华人政党和社团参政的同时，不少华人华裔精英则作为重要土著政党的骨干发挥维护华人族群利益的作用，如梅加瓦蒂的民主斗争党的骨干郭建义（Kwik Kian Gie）、印尼国民使命党的王宗海（K. Sindhunata）、人民民主党的史福仁（Aief Budiman）等。印尼华人参政的热潮正在兴起，但印尼民主制度薄弱，贫富悬殊，各种社会矛盾尖锐，一旦社会冲突激化，华人仍可能受到伤害。

与印尼华人凸现华族身份而参政不同，泰国华人则基本上以华裔泰人的身份参政。如所周知，泰国华人融入泰族的程度较高，华社精英通常以泰族认同为第一认同，以华族为第二认同。在 1965—1966 年泰国内阁的 19 名成员中，中泰混血儿占 12 名，包括总理他侬。① 华人血缘基本上已经不成为政治家需要掩饰的弱项。1990 年针隆·西蒙竞选曼谷市长，尽管有人指责他有华人血统，但仍以压倒对手的多数当选。② 此外，泰国华人财团通过为主要政党提供经费和邀请泰国政要参与企业管理的方式间接影响泰国政治，尤其是对华商的政策。③

越南华人的政治权利在 1986 年越南实行改革开放以来有所改善。1991 年 11 月，中越关系实现正常化，越南政府对华人采取实用政策，希望利用华人的经济能力，因此也重视保障华人的政治权利。1992 年 2 月，越共中央在河内和胡志明市分别召开华人工作会议，称“越南党和国家对华人的政策是，既充分保障华裔公民的权利和义务，又确保实行民族平等，尊重、维护和发扬华人的美好民族文化传统，为越南各民族大家庭丰富多彩的文化作出贡献”。④ 此后越南政府采取了一系列改善华人政治经济地位的措施，如允许华人参军、从事工商贸易和金融行业、恢复华文中小学、允许华人子弟上大学、可以成为国家公务员等等。迄今为止，越南华人尚未代表华人族群利益的政党和代言人。华人只是作为个体参与公众事务和担任政府官员

① 崔贵强、吉鸿廷：《东南亚华人问题之研究》，新加坡教育出版社，1978 年，第 94 页。

② ［泰］陈闻：《半世纪来泰国华人境遇的演变》，《华人》1990 年第 5 期。

③ 丘立本：《从世界看华人》，香港南岛出版社，2000 年，第 123 页。

④ 赵和曼：《越南华侨华人在振兴该国经济中的作用》，《华侨华人历史研究》1993 年第 1 期，第 54 页。

职务。胡志明市的华人工作处主任由华人何增担任，一些华人担任市、区、街道的人民代表会议副主席等。[①] 总体而言，即使是担任公共管理事务的华人，其级别也较低，且被安排在不太重要的位置上。无论如何，越南华人作为越南公民，基本上享有和其他公民平等的政治权利。

泰国、菲律宾、越南的华人即使是作为公民参政，只要是自认为华裔，通常能得到华人社会的支持。随着这些国家华人意识的重新增强，[②] 个人参政未尝不是华人族群参政的过渡。

结束语

东南亚华人政治认同当地化并先后加入当地国籍以后，其政治地位日渐改善。大体而言，新加坡、泰国、菲律宾的华人华裔政治地位已和东南亚原住民相当，马来西亚华人的政治地位尚可，仍有希望提升，印尼、印度支那、缅甸华人的政治地位较弱，但近年来已有改善。东南亚与中国关系的发展、世界华商网络的发展、中国台湾对东南亚的大规模投资和中国大陆经济的崛起等因素都有助于东南亚华人政治地位的改善和华人文化的复兴，但华人也应更关心当地社会经济、族群关系和原住民的利益。只有东南亚各族群均衡发展，社会冲突减少，华人的政治权益才能得到根本的保障。

发表于 2003 年第 2 期

---

① 于向东：《战后 50 年来越南华人政治地位的变迁》，载《暨南大学华侨华人研究国际研讨会论文》，2002 年，第 8 页。

② 关于东南亚华人族群意识的讨论，参见庄国土：《略论战后东南亚华族的族群认同》，《厦门大学学报》2002 年第 3 期，第 63—71 页，《中国社会科学文摘》2002 年第 4 期转载。

当代中国社会转型与环境问题

——一个初步的分析框架

洪大用*

尽管中国环境问题（特别是生态破坏问题）早就存在，并且有其深刻的历史背景，但是，当代中国环境状况日趋恶化，乃是与社会转型的进程加速密切相关的。正是当代中国社会的加速转型，导致环境问题具有若干重要社会特征①。本文将概略地分析当代中国社会转型加剧环境恶化的主要方面与具体机制。

一、当代社会结构转型与环境问题

当代中国的社会结构转型，可以从多种角度和多个层面进行理解。本文重点分析社会转型加速期的工业化、城市化和区域分化对于我国环境的负面影响。在笔者看来，这几种分化不仅是我国当代社会结构转型的重要标志，而且也是解释当代中国环境问题诸特征的最有力因素。

1. 工业化与环境问题

作为现代环境问题之主要内容的环境污染几乎就是工业化的直接产物。中国工业化的具体特点使得其对于环境的破坏更为剧烈。

首先，目前中国正以相当高的速度推进工业化，这种高速工业化在某种程度上造成环境问题呈暴发的趋势。从工业增长速度上看，50 年代，我国工业总产值的年平均增长率为 25％，60 年代为 3.9％，70 年代为 9.1％，80 年代为 13.3％，90 年代前五年高达 17.7％。② 这样的高速度在西方发达国家工业化过程中是罕见的。

其次，从工业发展过程看，工业发达国家一般是先轻工业和加工业（对环境污染较轻），后基础工业、重工业（对环境污染较重）的发展模式，我国却反其道而行

---

* 洪大用，1967 年生，博士，中国人民大学社会学系副教授。

① 有关环境问题的社会特征，详见拙文《当代中国环境问题的八大社会特征》，《教学与研究》1999 年第 8 期。

② 曲格平：《中国的工业化与环境保护》，《战略与管理》，1998 年第 2 期。

之，把基础工业放在优先发展地位，工业结构趋于重型化。重工业以能源和矿产品为主要原料，大大刺激了石油、煤炭、电力、冶金、建材、化工等初级加工部门生产的大幅度增长，而这些产业的迅速增长大大加重了环境负荷。①

第三，我国的工业化基本上是由三股力量推动的，即：原有工业的扩张、国际工业的转移和乡镇企业的发展。改革开放以来，后二者发挥着不可忽视的重要作用，特别是乡镇企业的发展。原有工业的扩张大多是在技术水平很低的基础上进行的外延扩张，工业技术水平低是难以减少环境污染的重要因素。而被誉为“中国农民的伟大创造”的乡镇企业，在改革开放以来获得长足发展的同时，由于其技术起点低，能源和原材料消耗多，加之布局不合理，生产管理不健全，用于控制污染的投入有限，从而造成更大的环境污染危害。此外，我国在吸引大量外资投资办厂的同时，也正在成为发达国家转移污染型工业企业的重要场所。已故著名经济学家、北京大学教授陈岱孙曾在一次重要会议上指出：在引进的外资中，至少有 1/4 属于污染转移的范围。

第四，我国工业化的组织方式不利于遏止环境污染和破坏。一方面，大多数乡镇企业规模偏小，稳定性很差，随利转移，不易集中管理，甚至失控，基本没有、也不可能进行污染治理；另一方面，无论是国有企业还是乡镇企业，都在很大程度上有着片面追求产值的倾向，这种倾向削弱了企业对环境影响的关心。

2. 城市化与环境问题

一般而言，一个国家或地区的城市化水平是根据城市人口占总人口的比重来确定的。根据比较保守的估计，我国目前的城市人口已占到总人口的 30%以上。历史地看，我国的城市化呈加速度发展的趋势，这种趋势在改革开放以来表现得更加明显。

一般而言，快速推进的城市化所直接导致的环境问题主要包括：大气污染、水体污染、噪声污染、固体废弃物污染、辐射污染和对自然生态及土地的破坏与污染等。②

更深入的分析表明，快速推进的城市化还有其不利于环境保护的具体机制。首先，快速城市化可以很快地造成一个地区人口及社会经济结构的变化，但是规范和价值意义上的文化变迁步伐则显得缓慢，从而导致文化堕距。这一点在宏观层面的表现是城市物质文明与精神文明建设的不协调，在微观层面则表现为许多城市居民

---

① 曲格平：《中国的工业化与环境保护》，《战略与管理》1998 年第 2 期。

② 贾生元、任文等：《中国城市化环境问题思考》，《环境与开发》1996 年第 1 期。

自身素质与现代城市生活不相适应，缺少市民意识和过公共生活的习惯，从而导致不利于环境的各种行为。其次，中国的快速城市化基本上走的是外延式扩张的道路，在侵占大量耕地的同时，土地利用率却很低，从而造成土地资源的大量浪费。第三，改革开放以来，小城镇的迅速发展在很大程度上支撑着我国城市化的高速度，这种中国特色的城市化加剧了环境污染和破坏。第四，在高速推进城市化的过程中，相对落后的城市规划与管理，在很大程度上也加剧了环境污染和破坏。

3. 区域分化与环境问题

不平衡性是当代中国社会结构转型的又一重要特征。这种不平衡性表现在许多方面，其中一个重要表现即地区（城乡）之间发展的不平衡，也就是区域分化。有关研究表明，自 80 年代中期，特别是 90 年代以来，地区（城乡）之间的发展差距确实在逐步扩大。

从总体上看，地区（城乡）之间的迅速分化对于我国环境也有着非常不利的影响。

首先，这种分化是在社会动员逐步扩大的情况下发生的。一个地区的落后如果没有与其他地区的先进形成对比，它一般不会对该地区的成员造成什么压力。但是，一旦该地区的居民知道外面的世界有着比他们那里好得多的生活，他们自然会产生对于这种好生活的向往，从而强烈地刺激着其赶超的愿望。就中国的实际情况而言，由于这种强烈的发展冲动所导致的无序开发，对于生态环境的威胁是巨大的。

其次，区域分化的背后，实际上是不平等的社会经济体系。在不平等的社会经济体系作用下，落后的中西部地区作为东部地区的原材料和能源基地，尽管有所发展，也是依附型的，其自身获利甚微。因而在造成环境污染和生态破坏的同时，却无力投入必要的资金进行环境保护。如果终止这种不平等的社会经济关系，走自主发展之路，势必又会造成不合理的社会分工和产业结构的低水平重复，这样做无论是对资源使用，还是对环境保护，也都是不利的。事实上，改革开放以来，已经积累了很多这方面的教训。因此，不平等的社会经济体系一旦形成，无论是安于现状，还是奋起抵制，其对环境的影响，最终都是不利的。

第三，区域分化为发达地区通过投资办厂和销售落后设备进行污染转嫁提供了便利。早期的乡镇企业，在某种程度上讲，就是上述过程的产物。

二、当代社会体制转轨与环境问题

社会结构转型和社会体制转轨实际上是互为表里的。我们可以说，社会结构转型的背后实际上是社会体制的深刻变革；同时，我们也可以说，社会结构转型进一步推动了社会体制变革。

在某种程度上，我们可以说当代中国社会体制的转轨是全方位的。但在本文中，笔者更为关注的是从计划到市场、从集权到分权的改革以及当代中国社会控制体系的转变。这三个方面互相关联，并且都对环境破坏有着较为直接的影响。

1. 从计划到市场：双重失灵

发端于20世纪70年代末的经济体制改革，逐步明确了市场导向。中共十四大正式提出了建立社会主义市场经济体制的目标。然而，选择了目标并不等于实现了目标。需要强调的是，目前实际上仍然处于从计划到市场的过渡时期。一方面，市场机制在逐步引入，成为资源配置的一种重要手段；另一方面，原有计划经济体制仍在发挥作用。在这两种体制的交叉时期，任何一种体制实际上都是不完整的。正是这样一种过渡时期的体制交叉及其不完整，对当代中国环境造成了极为不利的影响。

首先，这种状况会加剧、扩大“市场失灵”。在转型期，一个不完善的市场经济不仅意味着不规范的管理，甚至意味着没有管理或根本不想管理。这种不受约束或受很少约束的市场经济，其外部不经济性表现得更加明显。甚至，在某种程度上，内部成本的外部化，是一些企业成长、发展的重要条件，例如乡镇企业。① 而一些地方政府出于发展本地经济的考虑，也往往纵容这种内部成本的外部化，也就是所谓“先污染，后治理”。

同时，在原有计划经济体制仍然起作用的情况下，由于产权不明晰，加剧了企业经营者的短期行为倾向，使得他们只考虑眼前利益，而忽视长远利益，从而忽视环境保护。

其次，这种状况使得政府与企业的互动关系复杂化。（1）政府所面对的企业不再仅仅是国有和集体企业，还包括大量的私营企业和个体工商户等，这就使得政府进行环境管理的难度大大增加；（2）政府为了适应市场经济发展的要求，逐步在改变原来那种以行政手段为主的环境管理方式，而采取一些经济手段进行环境管理。但是，一方面由于政府并不熟悉经济手段，同时也不可能花很大成本对之进行研究，所以很多经济手段，例如排污收费制，是很不完善的，甚至在某种程度上只具有象征意义。另一方面，对于企业而言，它在执行政府的有关政策时，更多地考虑到这种政策对企业自身效益的影响，因此在很多时候，对于政策的所谓执行是要打折扣的。甚至，一些企业在与环保部门的互动中，总在考虑如何钻政策的空子，以截流

---

① 李培林：《中国社会结构转型——经济体制改革的社会学分析》，黑龙江人民出版社，1995年。

或套取更多资金上的好处;[①] (3) 在政企关系开始转变、有关市场规则尚不健全和企业自我约束很弱的情况下，行政管理手段向经济管理手段转变的本身，就意味着环境管理的效益可能会降低。例如，以前可以通过银行直接收取排污费等，但是，现在却遇到了麻烦。

第三，政府在创造市场的同时，并未像原来预期的那样，逐步退出市场，而是同时又在强化着对市场的干预，甚至其本身也开始市场化，更多地卷入经济活动，这样就使得政府自身具有相互冲突的目标，大大降低了环境保护与环境管理的效益。这种情形在地方政府身上表现得更加明显。

第四，更有甚者，对于一些环保部门和官员而言，环境管理本身已经成为谋取自己利益的手段，而改变了其保护环境的性质，这是最典型的“政策失灵”。一方面，受原有计划体制的束缚，政府财政所提供的环保人员编制和经费非常有限，而实际的环保工作又比较繁重，因此，向企业收取有关费用，就兼有维持环保机构自身生存的目的。这样，就发生了所谓目标置换[②]。另一方面，一些官员为了私人的利益，也可能放松甚至放弃有关环境政策，只要自己的利益得到满足就行。

2. 放权让利与协调之忧

从另外的角度看，20 世纪 70 年代末以来的体制改革过程可以概括为“放权让利”。这种放权让利的过程，不仅削弱了政府的宏观调控能力，而且在其他因素的作用下，加剧了社会摩擦和冲突，导致地方主义和部门主义的泛滥。所有这些变化，毫无疑问都妨碍了提供公共物品的环境保护。

放权让利的一个最明显后果就是社会资源的迅速分散和转移。这种分散和转移“表现在两个方向上：一是原有制度结构之外的新的地位群体的出现，及占有资源的大幅度上升；二是原有制度结构之内的资源向地方部门与具体单位的分散与转移”。[③]

这种资源分散和转移又导致两个最直接的后果。一是政府所面对的不再是完全仰赖于它、具有高度同质性并组织完好的各种管理对象，这些对象在以往是可以通过整齐划一的行政命令进行直接调控的。政府现在所面对的是具有相对独立性的、高度异质的多元化且非常松散的管理对象。这样，过去那种整齐划一的管理规则，特别是行政命令式的管理已经不再完全有效。仅仅由于管理的复杂性增加和管理规

---

① Jahiel, A. R., 1997 The Contradictory Impact of Reform on Environmental Protection in China, The China Quarterly, March.

② 同上。

③ 李路路、王奋宇:《当代中国现代化进程中的社会结构及其变革》，浙江人民出版社，1992 年，第 301 页。

则的转换，就大大增加了失控的可能性。

另外一个直接后果是削弱了政府的能力，特别是由于削弱国有企业的纳税能力而削弱了政府的财政能力。而政府财政能力的削弱，一方面意味着其进行财政支出，提供公共物品的能力削弱。很多公共物品的提供，不得不转而依靠地方政府。而在地方有着强烈的发展经济冲动的情况下，地方政府往往会绕过来自国家的监督，采取各种“变通”的手段，忽视环境保护工作。另一方面，也许更重要的是，它削弱了政府的宏观调控能力。这种能力的削弱是由于这样两个过程造成的：一是软政权化，二是地方政府和各部门（甚至包括国有企业）对于中央政府的依赖性降低。这些无疑会使政府权威下降和管理软化。

放权让利还产生了一个重要后果，即社会利益冲突的显性化。改革开放以来，由于个人、地方、部门或企业的利益被强化，显性化的社会利益冲突广泛体现在个人与个人、体制内与体制外、中央与地方、地方与地方、部门与部门之间。并且这种冲突又为中国历史上的“割据主义”文化、封闭排外的小农心理和原有体制下的实际分割状况所强化。为了满足眼前的一己之私利，而损害他人利益，甚至置整体利益与长远利益于不顾的现象普遍存在。

很明显，上述种种后果，是不利于环境保护的。这不仅表现在各种利益主体为了自身利益而加剧环境污染与破坏，而且表现在他们很难走到一起，共同对付所面临的环境问题。目前，中国许多区域性环境污染和生态破坏问题严重而难以得到有效解决，就是一个非常有力的例证。

3. 城乡二元控制体系与环境①

当代中国城乡环境问题发展的差异在很大程度上是由于城乡控制的二元性造成的，具体体现为控制手段的二元性和控制过程的二元性。

社会控制的手段是多种多样的。这里主要探讨组织手段、制度手段和舆论手段的二元性。

首先来看组织手段的二元性。众所周知，在改革开放前，城市的组织控制是通过各种单位进行的。社会成员只有进入某类单位，才能取得身份的合法性，并获取一定的社会资源，因而社会成员对于单位有着某种程度的依附性。同时，各类单位对于国家也有着较强的依附性，在某种程度上，它实际上是国家机构的一种延伸。因此，这种控制通常是较为有力的。尽管目前有人认为，城市的单位体系在逐步解

---

① 这一部分的详细内容可参见拙文《我国城乡二元控制体系与环境问题》，《中国人民大学学报》2000年第1期。

体，即便没有解体，它对于国家的依附性也大大降低，因此，通过单位所进行的控制也有弱化的趋势。但是，笔者认为，单位作为一种组织形式，在改革开放后的很长时间内，一直存在，即便是今天，也是如此。实际上，很多改革是通过单位进行的，很多政策也依然依靠单位才得以落实。各类单位，包括国有企业，并非是在一夜之间摆脱了国家的控制，它们依然与国家保持着千丝万缕的联系。因此，城市中的组织控制还是发挥一定作用的，至少在形式上是如此，与农村相比是如此。

在广大农村，随着土地联产承包责任制的推行，原来一度是强有力的组织控制体系——人民公社组织——迅速瓦解，农村的组织控制力量大为削弱，甚至出现了较大范围的失控现象。时至今日，农村基层组织瘫痪，农村失控的现象依然很严重。在正式组织衰落的同时，农村开始了“非组织化进程”，各种非正式组织，如宗法组织大量出现。这些组织“对国家具有潜在的危险：国家再要动员社会来实现那些与家族利益不一致的社会目标，将会困难重重”。[①]

从最直接的意义上说，城乡环境保护组织，无论在规模、力量，还是在其合法性上，也都明显地存在着城乡二元性。广大农村的环境保护机构和组织是薄弱的，这是乡镇企业污染呈加剧趋势的一个重要原因。[②]

其次来看制度手段的二元性。我国的环境保护工作，从一开始就把重点放在大城市、大工业和大工程上，在农村环境问题，特别是乡镇企业污染问题日趋严重的今天，依然如此。以往制定的许多技术政策、法规和标准，主要是针对城市国有大中型企业的，与农村乡镇企业和农业环境保护相关的环境政策和法规体系还不健全。此外，在制度控制的实施方面，城乡之间的规范化程度也很不一样，由此所导致的效果也不一样。因此，在城乡环境控制的制度手段上所具有的二元性是非常明显的。

再次来看舆论手段的二元性。社会舆论对于社会控制具有相当的重要性。舆论的产生有多种途径。在现代社会中，大众传播媒介是制造舆论的一个重要社会设置。通过提供信息和制造舆论，大众传播媒介监督、诱导、影响甚至决定着许多个人和团体的行为。

很明显，大众传播媒介在城市中的普及率比在农村要高得多。这不仅是指媒介的数量方面，还包括公众对于媒介的实际接触。由于城乡居民文化程度、工作方式和生活方式上的重大差异，城市居民比农村居民有着更强或更多的接触媒介的倾向

---

① 何清涟：《现代化的陷阱——当代中国的经济社会问题》，今日中国出版社，1998 年，第 287 页。

② 国家环境保护局自然保护司编《中国乡镇工业环境污染及其防治对策》，中国环境科学出版社，1995 年。

或机会。这样就意味着，传媒对于城乡居民所产生的影响是大不相同的。

此外，由于城市居民比农村居民的生活水平要高，所以，与农村地区相比，城市地区的经济发展压力要小一些。因此，城市人比农村人更有可能接受有关环境价值，而在农村，发展经济的舆论则更容易为人所接受。所以，从受众的选择倾向上看，大众传播媒介所制造的舆论，在城乡所产生的反响也不一样。

还有，在现代都市生活中，许多个人和团体对于自身的形象很注意，害怕因公开曝光而导致形象受损。因此，城市人有某种自觉接受舆论监督的倾向。而在广大农村，这种意识是不明显的。人们也许只是关注有限范围内人们对于自己的看法。

所谓控制过程，包括两个方面的含义。一是自在控制与自为控制相结合的过程，二是控制与反馈相结合的过程。

从自在控制与自为控制相结合的角度看，城乡之间存在一定的二元性。一方面，在城市，不仅有着较为完善、有力的外部自为控制，同时，由于居民对于环境问题和有关环保政策法规有着较多的了解，并且具有一定的环境意识，所以在某种程度上能够做到自我约束。这样，控制过程就比较全面，效果也就好一些。另一方面，在广大农村，人们对于环境问题和有关环保政策法规缺乏了解，环境意识较差，这样不仅导致自我约束的不足，甚至使得许多个人和团体难以接受外在的不健全的自为控制。这种控制过程的缺陷，必然导致控制效果的降低。

从控制与反馈相结合的角度看，城乡之间也存在着明显的二元性。一方面，由于城市居民对于环境问题及其危害有着较多的认识，并且更多地接受有关环境价值，拥有较强的反馈能力（如通过媒介、运用法律保护自己环境利益的能力），因而在很大程度上成为监督政府、促进政府采取有关环境控制措施的一股重要力量。甚至可以说，政府对于环境的控制与管理，越来越多地受到来自城市居民的压力。在某种意义上，政府环境控制活动是对公众压力的回应。因而，在一些城市，控制与反馈形成了良性互动。另一方面，农村居民与城市居民的情况有很大不同，农村环境控制因此而表现出明显的单向性和强制性，缺乏积极的反馈。这样就导致控制效率的降低，甚至导致控制与反馈的恶性循环，使得控制努力失效。

三、当代价值观念变化与环境问题

如果从广义上说，价值观念变化也属于一种制度变迁。但是考虑到它与正式制度在对人们行为发挥作用的方式上的区别，笔者在这里还是单独讨论。

改革开放以来，最大的价值观念变化，就是从以阶级斗争为中心转变为以经济建设为中心。这种思想观念的重大转变，对于全体社会成员构成了一种规范性压力和刺激。关于这种压力与刺激对于环境保护的影响，已经有学者进行了较好的研究。① 笔者在这里侧重分析道德滑坡、消费主义、行为短期化和流动变化对于当代中国环境的负面影响。

1. 道德滑坡与环境问题

改革开放以来，社会道德状况的发展难以令人满意。一项调查表明，82%的被调查者表示同意“如今生活水平提高了，道德水平反而不如从前了”这一说法。② 由此可见，道德滑坡是当代社会转型中的一个客观事实。事实上，道德滑坡在某种意义上已经成为一种社会文化。缺德是正常的，有德倒是有些“不正常”。而且，缺德者通常获益，而有德者则受损。这种不正常的道德状况对于保护环境是非常不利的，在很大程度上是导致环境破坏行为加剧的重要因素。

环境是一种特殊的公共物品。对于这种公共物品的提供与保护，需要社会成员具有相当的公德意识，能够考虑到社会的整体利益和长远利益。然而，所谓道德滑坡的一个重要表现就是社会公德的败坏。

当代社会公德的败坏主要表现在以下几个方面：（1）个人中心，自我封闭，缺乏社会关怀。人们过分关注自己的小圈子，缺乏起码的社会责任感。“各人自扫门前雪，休管他人瓦上霜”“事不关己，高高挂起”是对这种状况的较好概括。这样，社会公益事业的发展就缺乏起码的基础。（2）化公为私，占公家便宜。从经济领域看，当前国有资产的大流失，就是这种活动的结果。对于环境保护方面，一方面，对于公有环境资源，大家你争我夺，纷纷据为己有，而不考虑这种争夺的后果。经济学家哈丁所描述的“公地牧羊”之悲哀在当代中国有许多翻版。（3）以邻为壑。人与人之间，地方与地方之间，部门与部门之间，团体与团体之间，丧失基本信任，往往为了一方的利益而不惜损害另一方的利益，尽管这样有可能导致双方的利益都受损。在这种情况下，什么“唇齿相依”，什么“远亲不如近邻”，什么整体利益，都已不在考虑之列了。（4）只顾眼前，没有长远眼光。人们为了获得眼前的利益和满足，已经无暇考虑长远问题了。在很多农村，一些农民在污染强度很高的环境中工作，连自己的生命都已不再珍惜，哪里还能顾得上子孙后代？如果说这些农民的行为多少有些不得已，那么，那些奢侈浪费、暴殄天物之徒，则的确有着“我死以后，哪管洪水滔天”的心理！（5）物欲横流，拜金主义。有学者指出，“追逐金钱的活

① Jahiel，A. R.，1997 The Contradictory Impact of Reform on Environmental Protection in China，The China Quarterly，March.

② 郑杭生等：《转型中的中国社会和中国社会的转型》，首都师范大学出版社，1996 年，第 206 页。

动，在中国从未形成这样一种全民参与、铺天盖地、势头汹汹的金钱潮；对金钱意义的张扬，也从来没有达到这样一种藐视任何道德法则的地步。在这10多年商品大潮的强力冲击下，商品拜物观念已渗透中国社会各阶层的意识深处，以至教养、文化水准很不相同的社会各阶层，在追求金钱的过程中，其行为方式之不道德在本质上竟没有多大的差别”。[①] 狂热的拜金主义不仅使得人们公然违反任何公德，也使人们忽略了对于环境质量的热爱。

2. 消费主义与环境问题

许多学者在研究环境问题时，忽视了消费因素，特别是现代消费主义流行的负面影响。正如琳达·丝达奇在给艾伦·杜宁所著《多少算够——消费社会与地球的未来》一书撰写前言时所指出的那样："消费是三位体中被忽略的一位……这个三位体中的另外两位——人口增长和技术的变化——已引起了注意，但是消费却始终是默默无闻。"[②] 杜宁（1997）自己也认为："人口增长与高消费相匹敌成为生态恶化的原因，但至少世界上的很多政府和人民已经把人口增长看作是一个问题；与之相反，消费却几乎一直被普遍看作是好事——确实，消费增长是国家经济政策的首要目的。"[③]

一般而言，大量消费对于环境所造成的负面影响主要表现在以下几个方面：（1）增加对资源的压力；（2）产生过多的废弃物，特别是生活垃圾；（3）通过带动工业发展而加剧环境污染；（4）破坏生物多样性；（5）破坏自然景观。而现代社会中的消费主义正是号召大量消费。这里，消费已经不是基于人之生存的基本需要，人们为消费而消费，并把消费看成是人生的最高目的。其具体表现有：对物质产品毫无必要地更新换代，大量占有和消耗各种资源和能源，随意抛弃仍然具有使用价值的产品，采取地球资源难以承受的、不可持续的生活方式，等等。

二战以后，消费主义在西方发达国家最先大规模地流行。客观地说，直到目前为止，还不能说在广大发展中国家，包括中国，出现了具有实质意义的、广为流行的消费主义。但是，应当承认的是，由于改革开放和社会经济的发展，由于社会经济的日益全球化，消费主义的某些方面已经进入中国，并产生一些重要的负面影响。[④]

---

① 何清涟：《现代化的陷阱——当代中国的经济社会问题》，今日中国出版社，1998年，第204—205页。

② 艾伦·杜宁：《多少算够——消费社会与地球的未来》，吉林人民出版社，1997年，第5页。

③ 同上书，第4—5页。

④ 郑也夫：《走出囚徒困境》，光明日报出版社，1995年；黄平：《未完成的叙说》，四川人民出版社，1997年。

尽管从总体上看，我国居民的消费主要还是为了满足基本的生活需要，那种消费至上、为消费而消费的观念和现象尚不普及，但是，仅仅由于消费水平的上升和消费内容的丰富，已经对我国的各种资源提出了挑战，并加剧了环境污染和破坏的趋势。近年来，生活污染的份额日渐上升，同时，垃圾围城现象也日趋严重，不能不说与消费增长有关。如果我们希望过上与西方国家一样的生活，如果我们完全接受西方的消费主义，未来中国的环境状况，实在是不可想象的。

3. 行为短期化与环境问题

如果说短期行为只是改革开放的产物，则未免失之偏颇。实际上，在改革开放之前，短期行为也存在，特别是政府的经济冒进行为，给社会造成了相当严重的后果。进一步说，任何社会都存在短期行为，都存在急功近利的投机冒险。然而，短期行为如此普遍，以致在某种程度上整个社会行为都有着短期化的趋势，与短期行为相对应的长期行为甚至失去其合理性，这样一种状况则不能不说与改革开放以来的社会加速转型有关。

孙立平在其文章中指出，我国社会中的短期行为特征可以概括为以下几个方面：（1）短期行为普遍化；（2）在个人性的短期行为之外，出现了一种群体性的短期行为；（3）社会中形成了影响广泛的“短期行为文化”。在笔者看来，短期行为还有一个重要特征，即自我强化。也就是说，如果行为者开始采取短期行为方式，在很大程度上将意味着他会继续、反复地采取这种方式，在这种行为的背后，实际上有着强烈的赌徒心理。①

行为短期化对于环境的危害是非常明显的。因为，保护环境要求具有全局的、整体的和长远的眼光。急功近利的短期行为不仅不利于环境保护工作的开展，甚至直接加剧环境状况恶化的趋势。有时，在行为者自身看来，也许是受益的，甚至有可能看上去没有造成环境破坏。但是，环境影响是具有整体性和长远性的。一旦人们明确意识到环境影响时，也许为时已晚。

以我国耕地锐减为例。单就一个地方而言，减少一些耕地也许影响并不大。但是，对于人均耕地资源非常有限的整个国家来说，从长远看，这就是一个巨大的危机。而有关研究表明，耕地锐减与人们行为的短期化直接相关。②

4. 流动变化与环境问题

改革开放20年，如果用一个字加以概括，那就是“动”字。的确，二十年来，

---

① 孙立平：《短期行为与社会的制度安排》，《探索与争鸣》1996年第4期。

② 卢荣善：《耕地锐减与人们的短期行为》，《中国农村经济》1995年第11期。

中国社会真正地动起来了。人、财、物，无论是流动规模还是流动频率，都比以前大大扩大或提高了。特别是人的流动，更为引人注目。

中国人本来是有着深深的乡土情结的。特别是中国农民，他们“与他们耕作的庄稼一样，深深地根植于土地之中。他们的生存完全建立在土地之上。他们并非一般意义上的依附土地，而是与土地有着‘生命之源’式的关联，犹如鱼和水那样不可分离”。[①] 在传统的乡土中国，定居是常态，而迁移往往是非正常的。[②]

但是，在当代中国，这种“安土重迁”无论是作为一种曾经存在的事实，还是作为一种观念，都已发生了巨大的变化。当代中国的人口流动规模与频率是前所未有的，特别是与改革开放前的情况相比，反差则更为明显。广大农民在没有外援的情况下，自发地走出了土地，走进了工厂，创办起今天在国民经济中发挥着重要作用的乡镇企业。尽管政府鼓励所谓“离土不离乡，进厂不进城”，但是，离土的过程一旦开始就呈不可逆转之势。农民们从来没有像今天这样，不再留恋土地，甚至对土地产生憎恶。他们离乡背井，拼命地寻找着其他的财富之源。那曾经散发着芬芳、凝聚着自己血与汗的土地，一夜之间变得不再那么可爱，甚至非常陌生。对于许多年轻农民而言，离开生养他（她）的土地，洗掉自己身上的泥土，则意味着可以获得美好的前程。

流动的世界，流动的人群，给人们造成一种居无定所、心无所寄的感觉。周围的一切仿佛转瞬即逝，人们越来越感觉到自己不过是匆匆过客，漂泊的心情在一天天滋长。人们已经不知道哪里是家园，甚至也不想知道。他们将自己连根拔起，而随风飘荡。

这样，人们就很难对环境有什么执着的情感，也很难踏踏实实地去保护环境。农村生态环境状况的恶化，实际上是农村衰败的一个方面。而这种衰败，在很大程度上与人们不再对它留恋有关。无论是住在那里的居民，还是外部社会的公众，都在向往或已习惯了灯红酒绿的都市。农村是什么？那是注定要成为现代化之代价的地方，是注定要成为历史的地方。偶尔去凭吊一下，观光，也许还可以，但它毕竟已不是生活的中心。

实际上，流动的事实和漂泊的心情已经使人们对污染和破坏环境更加没有犯罪感了。我们乘火车，在铁路线两侧，白色的垃圾长龙与我们同行；我们乘轮船，在大江大河上，一起一伏、逐流随波的是发散出臭味的各种垃圾；在旅游景点，多数

---

① 徐剑艺：《中国人的乡土情结》，上海文化出版社，1993年，第30页。

② 费孝通：《乡土中国》，三联书店，1985年版。

人在一番享受之后，要留下多少“纪念物”！

总之，以环境社会学的基本观点看，当代中国环境状况的日趋恶化，是与当代中国社会加速转型紧密相关的。当代中国社会的结构转型、体制转轨和价值观念变化都对环境恶化具有深远的负面影响。并且，这种影响具有叠加效应。关注当代中国的环境问题，首先必须关注当代中国的社会转型，只有深入研究这种转型，我们才能加深对中国环境问题的认识；同时，只有正确引导这种转型，我们才有望逐步缓解环境问题。

发表于2000年第5期

定性研究：本质特征与方法论意义

风笑天*

在社会研究领域中，定量研究与定性研究是两类不同性质的探讨方式。相当长一段时期以来，定量研究的方式一直占据着社会研究领域的主流地位。然而，随着各种定性研究的方式和方法逐渐由人类学、教育学扩展到社会学、政治学、传播学、管理学等各门社会科学的研究中，定性研究方法的介绍和应用也越来越广泛，越来越受到社会研究者的重视和关注。与此同时，有关定量研究与定性研究之间的差别，特别是二者之间孰优孰劣的争论以及二者能否结合、如何结合等问题的探讨也一直没有停止。

回顾当代我国社会研究领域中的研究历史，不难发现，人们对于社会研究方法的认识和运用可以粗略地概括为这样三个大的阶段：即从二十世纪二三十年代开始直到七十年代末的几十年为第一阶段，这其中既有以陶孟和、陈达、李景汉等为代表的社会学家采用社会调查等定量方法进行的社会研究，也有以吴文藻、吴泽霖、费孝通等为代表的社会学家、人类学家以及以毛泽东、张闻天等为代表的老一辈革命家采用实地研究等定性方法对中国社会的研究；第二阶段是从改革开放初期开始直到二十世纪末的二十年，这一时期中的一个重要特征是突出地对西方现代定量研究方法的大量介绍、引进、学习和应用，并逐渐使其成为社会研究方法的主流；第三阶段是从二十一世纪初开始直至目前的十几年，这一时期的特征是在继续学习和应用西方定量研究方法的同时，再一次开始对西方学术界相对更加成熟、更为系统也更为复杂多样的定性研究方法的介绍、引进、学习和应用。也可以说是在定量研究方法依旧在国内社会研究中占据着主流地位的同时，学术界对定性研究方法的需求和运用开始越来越普遍。

正是在当前的这一背景下，一些从事社会研究的研究者常常面临着对不同研究

---

* 风笑天，南京大学社会学院教授、博士生导师。

方式和方法的选择问题。实际上，要对具体研究方式和研究方法做出正确的、合适的选择，离不开对研究方式和方法本质特征的认识。因此，为了更好地进行社会研究，达到研究的目标和效果，研究者需要从更高的层面提高对研究方法本质特征及其意义的认识。特别是对于目前社会科学界相对不太熟悉的定性研究方式和方法来说，我们更应该给予足够的重视，同时也应该思考这样一些问题：为什么在已经有越来越精细、越来越系统、越来越成熟的定量研究方式的情况下，在社会研究领域中还要大力提倡、积极学习和广泛应用定性研究的方式？定性研究方式究竟能给我们社会研究事业带来什么样的效果？而回答这些问题首先需要研究者对定性研究方式的本质特征以及定性研究方式的方法论意义等有明确的认识。

一、定性研究方式的本质特征

了解事物的特征是我们认识该事物的重要方式。那么，定性研究方式最为本质的特征是什么？特别是对于定性研究的初学者和使用者来说，最应该了解和熟悉的定性研究的特征又是什么？关于这一点，在不同学者的著作中有着多种不同的回答。比如，德国著名的定性研究方法专家伍威·弗里克教授认为，定性研究的本质特征主要体现在以下四个方面：一是研究方法和理论相对于其研究对象的适合性；二是参与者的视角及其研究的多维性；三是研究者及研究的反思性；四是理论和方法的丰富多样性。[①] 而美国著名的教育学定性研究学者罗伯特·C. 波格丹教授等人则认为，各种类型的定性研究或多或少都具备下列五个方面的特征：即 1. 自然主义；2. 描述性的数据；3. 关注过程；4. 归纳法；5. 意义。[②]

从上述学者的看法和具体表述中，我们一方面可以了解到定性研究所具有的一些主要特征。但同时我们也不难发现，不同学者在表述定性研究的特征时，所关注的侧面并不一样，具体看法和认识也不完全一致。实际上，正是由于定性研究在具体方式的多样性，导致它们在特征上也往往互不相同，很难统一概括。笔者在综合相关学者看法的基础上，结合自己的认识，认为以下几个方面或许是定性研究的各种特征中最为本质的特征，同时也是研究者最应该熟悉和了解的特征（当然值得注意的是，不同类型的定性研究在体现这些特征的程度上仍然会有所不同）。

1. “到现场”“到实地”

与定量研究只有几种主要的研究方式（如实验研究、调查研究、内容分析、现

---

① 伍威·弗里克：《质性研究导引》，重庆大学出版社，2011 年，第 11—13 页。

② 罗伯特·C. 波格丹等：《教育研究方法：定性研究的视角》（第 4 版），中国人民大学出版社，2008 年，第 3—7 页。

有统计资料分析等）有所不同的是，定性研究的具体方式多种多样。尽管定性研究的方式和方法可能有十几种、几十种，甚至“多到了难以选择的地步”，[①] 但总体上看，研究者深入到研究对象所处的真实社会生活环境之中开展研究，可以说是体现在定性研究各种具体方式和方法中的一种最具代表性的特征。无论是民族志研究、实地研究的方式，还是参与观察、个案研究的方式，无一不深深地烙有“到现场”“到实地”的明显烙印。研究者正是通过到现场、到实地，通过在自然的情境中开展研究，才得以“耳闻目睹”，才可以“设身处地”，也才可以“感同身受”“将心比心”和“移情理解”。在定性研究的各种方式方法中，或许仅仅只有以收集和分析各种历史文本为主的“历史—比较分析”是一个例外。因为就连那些主要只是“专注于文本”的定性研究方式（比如叙事研究、谈话研究、话语分析等等），通常也同样必须通过“到现场”“到实地”，去多次接触和访问研究对象，通过与研究对象的互动来收集其分析所依赖的各种“文本”。

因此，“到现场”“到实地”这一特征既是定性研究在研究方式和具体方法上区别于各种定量研究方式和方法的突出标志，也是定性研究为达到更好认识和理解社会现象的目标所采取的最为重要的研究策略和指导思想。虽然在调查研究、实验研究等定量研究的方式中，研究者也会到实地去，也会接触研究对象。但一方面，他们到实地的目的主要是为了“联系”研究对象、为了“找到”研究对象；另一方面，他们与研究对象接触的时间也非常短暂，通常只有一两天，或者一两个小时，甚至只有一二十分钟。他们这种“蜻蜓点水”式的“到现场”和“到实地”，与定性研究方式中那种“相对长时期地完全‘投身于’‘沉浸于’社会生活场景，以及那种全方位、长时间、相对非正式地与研究对象进行日常生活接触是完全不同的”。[②] 因此，可以说，定性研究不仅是以“到实地”“到现场”的特征将自己与那些相对远离现实生活场景的各种定量研究区别开来；同时也是以此特征让自己在探索社会生活现象的队伍中占有十分重要的一席。在一定意义上我们甚至可以说，不到现场、不去实地，就无法进行定性研究。

2.“重情景”“重关联”

对于如何看待和探索社会世界，定性研究有一个重要的前提。这就是，任何一种社会现象既是“此时此地”的，也是相互联系的。正是这种“此时此地”和相互联系的观点，突出强调了任何一种社会现象、任何一种社会现实都是存在于一定的

---

① 德尔伯特·C. 米勒等：《研究设计与社会测量导论》（第6版），重庆大学出版社，2004年，第133页。

② 风笑天：《社会研究：设计与写作》，中国人民大学出版社，2014年，第99页。

社会情景之中、存在于与其相关的各种社会联系之中的。社会中不同人群的行为、他们行为的意义以及由这些行为和意义所构成的各种社会现象，都只有在与其相联系的“此情此景”中才能很好地被理解和解释。换句话说，要理解具体的社会行为，要理解由这些行为所构成的社会现象，我们就必须将这些行为、这些行为的主体放到产生这些行为的“情景”之中，放到与这些行为、这些现象客观联系着的其他行为、其他现象当中。只有认识和理解了那种“情景”，认识和了解了那些与此“情景”相联系的各种因素，研究者才能更好地认识和理解他所研究的这种行为和这种现象。

前述有的学者所指出的定性研究具有“自然主义”的特征，实际上强调的正是研究要在“现实的”“自然的”“真实的”社会背景中进行。在他们看来，以探索社会奥秘为己任的社会研究者，只有参与到现实的社会生活中去，在一个真实的生活情境中去观察、去体验，才能真正理解人们的行为，也才能达到社会研究的目标。也正因为如此，定性研究才特别强调研究者要“到现场”“到实地”。因为只有在那里，在人们的行为、态度以及社会生活事件发生的具体“情境”中，研究者才能真正感受到“情景”的力量，才能发现人们特定行为、特定态度以及特定社会现象背后所蕴含的各种相关因素，也才能真正理解这些行为以及行为所具有的特定意义。

3. “重意义”“重主观”

受其本体论、认识论思想的影响，定性研究方法论的一个重要观点是认为社会世界中并不存在所谓客观的事实。正如有学者明确指出的，“这个世界中的事实是被社会建构的”。① 这也是定性研究与定量研究在方法论上最大的差别之一。正因为定性研究认为所有事实都是被社会建构的，因此，与定量研究非常看重“客观事实”决然不同的是，定性研究格外重视对社会所建构的各种“意义”的理解，这可以说是定性研究方式的另一个突出特征。

定性研究一方面特别关注人们是如何赋予各种社会行为、社会事件、社会事物之意义的；另一方面，定性研究也特别看重人们的各种行为、意图对其自身来说所具有的意义。比如研究对象如何看待和理解自己的经历，如何解释和说明自己的行为，等等。这种“意义”在一定程度上甚至成为各种定性研究都努力追求的核心内容。用有的学者的话说，定性研究的“目的就是更好地理解人类的行为和经验。他们努力去把握人们建构意义的过程以及解释意义的过程”，② 而由于所有的“意义”又都是处于特定“情境”中的，都是离不开“情景”的。因此，这也可以说是定性

① 科瑞恩·格莱斯：《质性研究方法导论》（第4版），中国人民大学出版社，2013年，第6页。

② 罗伯特·C. 波格丹等：《教育研究方法：定性研究的视角》（第4版），第34页。

研究之所以特别强调要到实地、要参与研究对象的实际生活和特别看重与行为和态度相关的“情境”的内在原因。

正是由于对“意义”的看重和追求，导致定性研究在本质上更加依赖研究者的主观性，即依赖研究者作为研究主体在整个研究过程中的关键作用。这不仅体现在定性研究非常依赖研究者的深入实地和亲身参与、依赖研究者在特定情境中与被研究对象的长期互动上，也体现在其依赖具有明显主观性特征的个人体验、感悟、解读、分析和理解上，还体现在不以“客观性”来作为评价定性研究质量的标准上。由于定性研究具有的这种重视和依赖研究者主观作用的特征，因此，各种有关“研究人员的价值观、主观态度、观点、成见，特别是偏见，会对研究结果产生重大影响”的看法，也就很自然地成为定性研究所遭遇到的最主要的批评和责难之一。而许多定性研究者之所以把“研究者和研究的反思性”作为定性研究的重要特征之一，就是因为其所针对的正是这种在定性研究中无法回避且在很大程度上还是完全依赖主观性的特征。

二、定性研究的方法论意义

学习和了解定性研究方法，目的是为了用它来帮助我们更好地认识我们所生活的社会世界。然而，为什么在已有相对成熟的定量研究方式的情况下，还需要应用定性研究的方式？换句话说，定性研究独特的方法论意义究竟体现在哪里？这是一个重要的问题。与这一重要问题相关的其他问题还包括：实际研究中，研究者如何决定是该采用定性研究方法还是该采用定量研究方法？从研究效果上看，定性研究方法与定量研究方法哪种更好？对这些问题的回答都涉及对定性研究所具有的方法论意义的认识。因此，有必要从为什么是定性研究的问题开始。

1. 为什么是定性研究？

这一问题指的是在社会研究中我们为什么需要定性研究的方法？或者说，定性研究能为我们认识和了解社会世界做些什么？为了更好地回答这一问题，我们需要回到类似的“为什么是调查研究”的问题上。

在社会研究中，如果按照科学的标准来衡量，最科学、最严格的方式无疑是实验研究。正如有学者指出的，“早期的社会科学家将实验和测量看作科学方法的两个最核心的要素”。① 因为在高度控制的条件下，实验研究通过严格的实验设计和精确

① Keith F. Punch，1998. Introduction to social research：quantitative and qualitative approach. Sage Publications Ltd.，pp. 68.

的测量，同时通过组建可供比较的实验组和对照组，使得研究者能够依据经验观测的结果和合理的推断逻辑很好地探讨现象之间的因果关系。而现象之间的这种因果关系正是社会研究者所追求的最重要的目标。然而十分遗憾的是，由于实验研究对于实验的环境、实验的对象、实验的实施条件、实验的操作程序等方面所具有的严格性与苛刻性，使得其在成为社会科学中最科学的研究方式的同时，也成为了社会科学中受限制最多、最不适用的研究方式。因为社会科学的研究远不像自然科学的研究，对于社会现象的探讨往往很难达到实验研究方式中对实验设计的各种苛刻要求。这其中既包括研究者在现实社会生活中难以做到对实验环境进行高度的控制，也包括难以做到对实验对象的随机抽取，更包括研究者难以在同为人类的实验对象身上实施各种必要的实验刺激和经验测量。

正是在这样的背景下，调查研究的方式借助统计学的帮助，在不改变、不操纵社会现实环境和不控制研究对象、不对研究对象实施实验刺激的前提下，依据相关理论模型，利用对被访者询问所得到的资料进行统计分析，在一定程度上推断出社会现象之间的因果关系，以此来接近或达到实验研究的效果。换句话说，由于有了越来越复杂的统计模型和数据分析技术的帮助，调查研究的方式才得以在不控制、不操纵、不改变社会现实的情况下，通过收集和分析属于“事后的”“结果的”资料，反过来寻找和推断造成这种“事后结果”的可能“原因”，从而使得社会研究者很好地突破了实验研究难以面对真实社会生活的局限性，获得了类似的因果关系的结论。另外，由于调查研究的方式与实验研究方式相比，在现实社会生活环境中容易操作得多，研究过程中所受到的实践限制、伦理限制、道德限制也要少得多，因而受到了社会学、政治学、教育学、传播学、管理学等各门社会科学的研究者的青睐，也使得调查研究的方法得到了十分广泛的应用，成为各门社会科学最为常用的研究方式。而以调查研究方法为代表的定量研究方式也逐渐成为了社会研究的主流。

然而，在研究者广泛利用调查研究方式的同时，社会现象的复杂性、多样性、变化性、特殊性也在不断地突破调查研究方式在对社会现象测量上所具有的“客观”“静止”“精确”的特征，以及“整齐划一”、便于统计分析的要求。与此同时，调查研究方式那种为便于资料的精确测量、大规模收集以及进行统计分析而过度“裁剪”现实、“简化”现实、“假定”现实的做法，也带来了其在社会现实的描述上特别是在理解上过于“表面化”“静态化”“简单化”的弊端。有学者在批评以调查研究为主要代表的定量研究方式时指出，定量研究往往为了概括，因此简化了许多东西，忽略了许多东西，特别是有时“这些研究所忽略的内容比它们所揭示的还要多。例如，操作主义要求测量变量。虽然测量本身不失为一种描述世界某些方面的精确方法，但是它也牺牲了对很多细节的陈述”。[①] 更为重要的是，社会现象中还有许多的方面和内容是调查研究的方式难以处理，甚至是无法触及到的。硬要采用调查研究的方式去了解、去描述，特别是去理解和解释这些社会现象，其难度就如同在某些达不到实验设计要求的社会现实情境中硬要开展实验研究一样无效。

任何一种新的研究方式的出现，往往是基于原有研究方式的某种缺陷或不足，或是基于研究新的现实的需要。正是社会现象的复杂性和多样性，暴露出以实验研究、调查研究为代表的定量研究方式在面对和处理复杂的社会现实方面所存在的各种局限性，同时也催生了各种各样的相对适应这种复杂多样社会现象的定性研究方式。定性研究所弥补的正是以调查研究、实验研究为代表的定量研究方式的不足，它为我们提供了探索社会世界奥秘的另一种视角和另一条途径。这意味着定性研究不仅可以帮我们看到定量研究所看不到的东西，它还可以为我们提供定量研究所不能提供的东西。而这也正是定性研究的方式在方法论上所具有的最大意义。

与定量研究在程序上、形式上相对“千篇一律”的特征所不同的是，定性研究在研究的具体方式、方法、形式上展现的则是“千姿百态”“五花八门”。这种多样性所揭示的，正是定性研究特别强调研究方式和方法对研究对象、研究主题、研究现象的适合性，即不同的研究对象、主题和目标，导致形成不同的研究方式和研究方法。定性研究正是以其在研究策略、研究类型、研究设计以及研究方法上的高度开放性和灵活性，去主动地适应社会研究在研究主题、研究现象、研究内容上所呈现的复杂性和多样性，才使得现实中的各种纷繁复杂社会现象并没有被简单“裁剪”成相对孤立的“变量”，而是依然“保持着其复杂性和整体性，并在其所处的日常生活情境中得到研究”。[②] 因此，定性研究开始在了解、认识、理解各种复杂的社会现实的过程中发挥出独特的、无法替代的作用，也越来越多地受到社会科学各个学科研究者的关注和青睐。

2. 该采用定性研究还是采用定量研究?

这是研究者在社会研究实践中所遇到的一个十分常见的问题。如果社会研究中只有定量研究一种探索途径，这一问题就不会存在。然而，从前面的论述中我们不难看到定性研究对于社会世界的探索所具有的重要意义。那么，展现在所有社会研究者面前的就至少有两条不同的接近研究目标的路径。问题也随之而来：我们在实际研究中究竟是该选择定量研究方式，还是该选择定性研究方式？正确回答这一问

---

① 德尔伯特·C. 米勒等:《研究设计与社会测量导论》(第 6 版)，第 151 页。

② 伍威·弗里克:《质性研究导引》，第 12 页。

题的前提，是应该明白依据什么来做出选择某种研究方式或探索途径的决定。即我们选择采用某种研究方式或探索途径的标准是什么？是研究者的个人喜好，或是研究者个人所具有的知识背景和研究训练（比如会不会做统计分析），还是基于其他的因素？

客观地说，虽然研究者在一项研究中究竟是采用定性研究的方式还是采用定量研究的方式，的确会受到研究者个人的喜好、知识背景、方法训练等因素的影响。做出正确选择的决定性因素却既不是研究者的个人喜好，也不是研究者个人的知识背景和方法训练，而是这项研究所要探讨的社会现象的性质，特别是这项研究所要回答的问题的性质。正如有的学者所指出的，社会研究者“应该依据研究问题的性质来做出采用定性的或是定量的研究方式的决定”。①

举例来说，如果研究的问题是有关某一总体的现状、特征，或者是有关某一种社会现象与另一些社会现象之间的关系，或者是有关某一种理论命题是否在研究者关注的社会现实中成立，等等，研究者就应该采用适合回答这类问题的定量研究方式，比如调查研究、实验研究等。而如果研究的问题是有关某一类不太为社会大众所知晓的特殊人群（如同性恋）的行为方式、心理特征，或者是有关一个特定群体的内部结构及其相互之间的复杂关系，或者是有关一个特定事件的发生、发展和变化过程，或者是有关某种特定文化的实践和传统以及特定文化内部的社会互动，等等，研究者就应该采用适合回答这类问题的定性研究方式，比如实地研究、参与观察、个案研究、民族志研究等等。

总之，研究方式和方法的选择要以适合研究问题、适合研究目的、适合研究对象为标准。正是不同的研究问题、不同的研究目的、不同的研究对象，决定了我们应该采用、有时甚至是只能采用定量研究或者定性研究的方式。可以说，人们社会行为和社会现象的复杂性，既决定了社会研究方式的多样性，同时也在一定程度上决定了不同研究方式的适用性。这种研究方式与研究问题、研究目的之间的关系，可以用交通来做比喻：定量研究的方式就像飞机航线和机场、铁路线和火车站、轮船航线和码头、高速公路线路和汽车站，它们往往可以最直接、最快速的方式让我们迅速地到达许多地方，特别是遥远的地方；但是社会生活中更多的地方光靠这些交通工具仍然到达不了，还要靠其他的交通工具才能到达。比如大城市中的小街小巷、小院弄堂，就要靠自行车甚至是靠双腿步行才能到达；在乡村、山区、水乡，

---

① Scott W. VanderStoep，Deirdre D. Johnston. Research methods for everyday life：blending qualitative and quantitative approaches. Wiley & Sons，Inc. 2009，pp. 163.

就要靠拖拉机、马车、牛车、小木船，还有索道、吊桥等等才能到达；而在冰天雪地的北方就需要靠雪橇、爬犁，在干旱的沙漠则要靠骆驼才能到达。在一定意义上可以形象地说，定性研究就是这些多种多样、适应各种不同具体环境的特殊交通工具。它们可以带我们到达定量研究的方式无法到达的地方。

与上述问题相类似的另一个问题是：定性研究和定量研究哪种方式更好？一位学者对这一问题的回答非常直截了当：这是一个“愚蠢的问题”。① 因为对于社会研究来说，永远没有最好的方式，而只有最合适的方式。社会研究的不同目标往往只适合采用不同的研究方式来达到。如上所述，研究者所提出的问题的性质，决定了回答这一问题的最合适的研究方式是定性研究还是定量研究。从这种意义上说，哪种方式更好并不是由我们主观上的喜好或选择来决定，而是早就由我们所提出的研究问题的性质内在地决定了的。研究者所要做的，就是“依据”问题的性质和研究的目的来采用合适的研究方式，而不是由主观的喜好或自身的条件、能力（比如是否擅长统计分析等）来“选择”某种方式。还是用交通来做比喻，这就像人们旅行时选择交通方式和交通工具一样：选择什么交通工具和采用哪种旅行方式，完全取决于你想去哪里以及取决于你想要看什么。因为在特定的时间、经费、环境等客观条件限制下，有的地方只能乘飞机去，有的景色只能坐飞机在天上看；有的地方和风景则只能靠双腿徒步跋涉才能看到。自然的，两种不同的方式所看到的“风景”也是不一样的，但有一点却是相同的：它们的确都是在以自己的方式“观看”和“认识”现实的世界。

发表于 2017 年第 3 期

① 罗伯特·C. 波格丹等：《教育研究方法：定性研究的视角》（第 4 版），第 34 页。

文学

百年中国文论述略

谢 冕*

一

文学评论和文学创作是文学的两翼。这里用的文学评论的概念是广义的，不仅是指通常说的文学批评，并且还特指涉及对文学创作进行评价研究的诸种活动，包括文学思潮的研究、文学的比较研究、文学理论和文学史的研究等。通俗地说，文学评论既指关于文学的“评”，也指关于文学的“论”。所谓两翼，是就文学的整体构成以及它在实际生活中的功效而言。譬如鸟，仅有一翼飞不起来，欲要驱动文学产生实际作用和向前发展，则非评论、创作两翼并举莫成。作家的工作是生产作品，评论家的工作是对前者进行适当的评估、导引、研究和总结。

中国的文学评论有悠久的历史，也有自己的传统。若是撇开中国自成体系的古代文论和古代文学批评史不论，作为一种现代学科意义的文学评论范畴，出现在近代，发展在现代，而繁盛在当代。它是中国与世界进行广泛的学术对话和学术交流的新时代的产物。

二

自从20世纪中叶以来，伴随着人们寻求强国新民的明确目的，逐渐兴起了一个让人振聋发馈的文学改良运动。在这个运动中，出现了一批带有启蒙性质的萌芽状态的文学理论和文学批评。这些文论在推进文学改良以及呼唤新文学的出现方面，起着非常重要的作用。它扬弃和改造了因袭的文学观念，为文学改良运动提供了有力的理论支持，也为中国的传统文论注入了新的思路并开拓了新的视野。它甚至试图给文学的创作提供一种模式和范例。在文学改良运动中，理论先于创作是一个非

* 谢冕，北京大学中文系教授、博士生导师。

常突出的现象。

近代的中国是一个改弦更张的新旧交替的转型时期，当日的中国文论也如此。一方面，是传统的评论方式在继续，最常见的是那些以文集的序记形式出现的、通过感想式的片段以表现整体的文学观念的，从而对文章、人格进行统一的评论的方式。还有一种，似乎更常见，即是以随想的和灵感式的片断出现于诗歌中的评论方式。另一方面，则是期待着一种与社会发展和社会改造相适应的文学思想和文学实践。

在改良主义文学思潮未起初起之时，主导近代文论的仍是桐城派文学的力量。这一派文学标榜和秉承儒家的道统和文统，并奉行二者结合的所谓义理。他们的主张仍然是那些“文以载道”的道理。“百川止于海，百家莞乎道，畸于虚而言之无物，畸于实而言无心得，是皆道所不存不可以为文”（魏源：《国朝古文类钞序》）；“举凡典章制度，名物象数，无一非道之所寄，即无不可著之于文。阐而明之，探其奥颐，发其精英，斯谓之佳文”（冯桂芬：《复庄卫生书》）。上述这些位重一时的文坛巨擘的言论，其核心的思想除了沿袭儒家的发扬道统这类习见之论以外，并没有针对现实提出任何新的话题。

而当日文坛受到内忧外患的强烈震撼，正在寻求强国新民的道路。那些有识之士，当他们把目光投向这个了无新意的文坛时，那种失望之情是明显的。但即使如此，我们仍然不可低估中国文运的保守性，特别是怀旧法古的积习，因为它毕竟是一个处身于以儒家学说为正统的文化语境中。这种“遗传”，经历了戊戌、辛亥甚至五四运动的冲击而仍然顽强地存在。林纾的一些言论便是典型的代表，他在《国朝文序》中说：“古文惟其理之获与道无悖者，则味之弥臻于无穷。”这里维护的依然是自古而今的文以载道的原则。

近代文论破坏它的古旧面孔而立新姿态，源起于鼓吹变法维新的那一批元老人物，以及与他们同时代而又在政见上接近的学界人士，以康有为、梁启超、谭嗣同、黄遵宪、严复、夏曾佑等为代表。这些人的文学观念是与他们的政治主张相一致，或者甚至可以说，他们的文学理想也许更是他们的政治蓝图的一种预设。

这个时期开始大量引进新的学术思想和文学理念。黄遵宪著《日本国志》，严复首译《天演论》，林纾译了大量的西方小说，许多文士克服了诸多困难，在引进新学方面做出了重大的贡献。虽说其间有的并非文学类的著作，但这些著译在打破以往的学术封闭停滞状态、扩大国内学界视野，以及引进新的思想理论资源方面，其作用是非常巨大的。

即使是在文学理论和文学批评的领域，也出现了与前不同的新气象，新的具有现代学科意识的观念和方法已开始出现。值得提及的是夏曾佑所作的《小说原理》，其中所论已具有心理学、文艺学以及创作论的因素，这表明新型文论的萌芽已经出现。而此中最为突出的是王国维，作为一代宗师，他既有丰博的国学修养，又深知外国文学，比较的眼光使他的批评具有发人深省的尖锐性。举例说，关于《红楼梦》的研究，他能从文学的基本原理上为索引派指谬："我朝考证之学盛行，而读小说者，亦以考证之眼读之，于是评《红楼梦》纷然索此书中之主人公为谁，此又甚不可解者也。夫美术之所写者，非个人之性质，而人类全体之性质也——善于观物者能就个人之事实，而发现人类全体之性质。"其实，这里讲的是典型与个别的道理，而在传统的红学研究里则甚少涉及。这些迹象都说明，西方现代哲学和现代文论的影响已悄然进入，中国文论在它的影响下已出现新的转机。

近代文论一道最夺目的风景，即是维新派为强国新民所提出的改良主义的文学主张。首先，他们非常重视文学的运载工具，他们主张采用白话，提出"白话为维新之本"。为了使他们的维新思想能深入民众，他们又主张改革文体。于是，出现了以梁启超为代表的新文体。这些主张的核心是推进"文言合一"。正如刘师培在《论文杂记》中说的："盖文言合一，则识字者益多。以通俗之文推行书报，凡世之稍识字者皆可家置一编，以助觉民之用，此诚近今中国之急务也。"

在推进新文体方面，梁启超是主将。他有前进的文学观念，他认为古代中国文与言是统一的，当日那些华美的文字即是平常使用的语言，文学进化的关键，在于由古语之文学转而为俗语之文学，所以，他不避以口头平易之语入文，也不避外来语入文。他通过报章发表大量文章。他首创的新文体风靡一时，当时被称为"报章体"，有时也称"时务文体"。统观近百年来的文体试验，梁启超的实践最为成功，他自言：做文章"务为平易畅达，时杂以理语、韵语，及外国语法，纵笔所致不检束，学者竞效之"。梁启超在文言合一的改革路上所取得的成就，他个人通过写作所树立起来的文风，在近百年的中国，除了鲁迅，很少有人可与之比拟。

这种着眼于运载工具的改革的思路及其实践，对于中国历史悠久的文言文而言，当然是很不彻底的。但它无疑已成为重要的遗产，后来直接为五四新文化运动所继承。可以说，晚清的文体改良是五四白话文运动的先河。

三

另外，也许是更为重要的一点，即是维新派通过他们的言论树立起文学对改造社会的一种直接功利的观念。他们已经看到旧文学与民众和社会的脱节，感到了旧文学在惨痛的现实生活面前的无力和尴尬。但他们又未曾有后来新文化运动的先驱者那样的彻底反抗精神，他们缺乏创造新文学的预见和魄力。他们只是着眼于在他们力所能及的范围提倡。于是，他们把目光投向了那些与普通民众有着紧密关联的，而过去又受到轻视的通俗性文学品种，诸如戏曲、鼓书等，当然首先是小说。

近代文论对于小说的重视，可谓达到无以复加的地位。梁启超在这方面也是始作俑者。他在《译印政治小说序》中高度评价小说的作用，甚至说，“六经不能教，当以小说教之；正史不能入，当以小说入之；语录不能谕，当以小说谕之；律例不能治，当以小说治之”。在这篇文章里，他还认为欧洲各国的社会变革小说都起了不可忽视的作用：“彼英、美、德、法、奥、意、日本各国政界之日进，则政治小说为功最高焉。”此外他在《小说与群治之关系》一文中更把小说（文学）的普及与推广，与社会的进步和改造直接联系起来。他提出了一个著名的“欲新一国之民，不可不新一国之小说”的论点，认为无论是道德、宗教、政治、风俗的革新，均须从小说（文学）的革新做起，因为“小说有不可思议之力支配人道故”。

不仅是梁启超如此言说，当时的进步人士有感于时世，大抵都持此种观点，即非常重视通过某种文体的传播和推广，达到改造民众的效果。严复和夏曾佑在《国闻报》开辟小说专栏，他们在《国闻报馆附印说部缘起》中也明确论述：“夫说部之兴，其入人之深，行世之远，几几出于经史之上。而天下之人心风俗，遂不免为说部之所持。”这种强调文章与社会的紧密关联的言论，在中国并不特别新鲜，但是，这里不是在讲一般的文体，而是讲过去没有地位的通俗的文体—小说；不是一般地讲阅读和推广，而是讲把它们的内容深入到普通的民众中去；甚至也不是一般地讲欣赏，而是讲改造社会，讲“新人格”和“新人心”。这就和以往的言说有了根本的区别。

反观近代文论的建设，虽然它的改良主义的立场极大地束缚了它的发展，而且在实践方面并不若在提倡方面那般有力，即使是在提倡方面，也多半流于一般的号召和鼓动而不免留下空泛的弊端。总的看来，不论是“小说界革命”“诗界革命”，还是“文体革命”，提倡的结果多半也只留下那种精神，而实效则相当有限。但无论如何，它对于中国文学的发展而言，其意义却非常巨大——它是一个重大的转折，标志着与传统的中国古代文论的脱离，更预示着中国文学在未来的发展。

近代文论在世纪之交的这种转型，明确地启示着一种新的理论视野与新的批评精神的萌芽。由于它强调了文学与改造社会、改革民心的直接的、特殊的效用，特别是它在语言工具的革新上的言论，以及在对于各种文体的重新评估与强调方面，近代文论有力的也是有限的实践，却给了后来者以大的启发。可以这样认为，正是由于近代这些文界先驱者标举时论的大旗，以及他们在艰难中的倡导与实践，才有随后发生的中国新文学革命，以及中国现代文学理论和文学批评的诞生；也可以这样认为，近代文学的这种艰苦的奋斗，正是在为中国开天辟地的新文化运动作准备——这当然包括了他们并不成功的实践在内。

四

五四新文学运动的最初实践，它的先驱者首先着眼于语言工具的革命。他们认为，文言文的形式对于装载新思想和新内容已经造成了障碍，要建立新文学，必须从提倡白话文开始。从这里可以看出，五四新文学运动实际上是承继了文学改良运动中的对白话的重视，以及文言合一的主张。在五四最初一批从事文学改革的人中，他们依然继承着晚清改良派的思路。“当时也有一班远见的人，眼看国家危亡，必须唤起那最大多数的民众，来共同担负这个救国的责任。他们知道民众不能不教育，而中国的古文字是不能做教育民众的利器的。”（胡适：《中国新文学大系——建设理论集·导言》）

我们从胡适的《文学改良刍议》和陈独秀的《文学革命论》这两篇宣言式的论文中可以看出他们二人的文学革新思想的理路，即经历了从“改良”到“革命”这样一种质的变化。胡适的文学改良的主张有“八事”，中心思想是“不模仿古人”，是针对古文写作的弊端而发，即认为必须打破文言文的障碍，让新文章带着新思想走向大多数的民众中去。当然，这种新文章必须是采用白话文写作的。胡适在《逼上梁山》一文中说过：“今日所需乃是一种可读、可听、可讲、可记的言语。要读书不须口译，演说不须笔译，要施诸讲坛舞台而皆可，诵之村媪妇孺皆可懂，不如此者，非活的言语也。决不能成为吾国之国语也。”

可以看出，支配这一思路的，归根到底还是当日的社会情势。从戊戌到五四，中国的社会背景和存在的问题基本未变，是共同的。事情到了陈独秀这位被胡适称为“老革命党”那里，他就毅然地以宣战的姿态剥去了改良的外衣，高举起了“三大革命”的大旗。他提出要推倒贵族文学，建设国民文学；推倒古典文学，建设写实文学；推倒山林文学，建设社会文学。他的文学主张旨在建立一种贴近国民、社会的写实的文学，以改变以往那种文学与社会现实相脱节的状态。郑振铎这样形容继胡适之后的陈独秀的出现：“他是这样的具着烈火般的熊熊的热诚，在做着打先锋的事业。他是不动摇，不退缩，也不容别人的动摇与退缩的！革命事业乃在这样的彻头彻尾的不妥协的态度里告了成功。”（《中国新文学大系——文学论争集·导言》）

中国文论在五四初期，一批志士仁人为以白话文取代文言文进行了最顽强的攻坚战。按照胡适的说法，这是新文学革命的第一个“作战目标”：争取“活的文学”。如前所述，我以为这个阶段的文学思想是对近代改良主义的文学思想的继承和发展，是基于对中国社会和中国国情的了解，并为解决中国自身问题而采取的重大的对策。

关于活的文学的思想根源的定性，是在中国本土，是中国基于对自身的理解而采取的解决中国文学问题的措施。虽然从事这一运动的人大多都是受到西方教育的留学生，他们在决策过程中难免会受到西方文学思潮和西方哲学的影响，但这一阶段文论的基本特征是基于中国的实际、解决中国存在的问题——“死文字决不能产生活文学”，要用一种新的文学史观来改变古文学的正统地位，从而确立白话文为中国文学的正宗。

五

五四新文学运动曾经旗帜鲜明地提出文学工具的革命，即以白话的“活的文学”代替文言的争取和实践。此举在为产生新的文学扫清道路：唯有形式的问题解决了，新的内容才能进入；唯有形式的问题解决了，民众才有可能接受这些新内容。应当说，这时的“作战”目标着重在文学形式方面。待白话文站稳了脚跟，特别是以《尝试集》和《女神》为代表的新诗试验的成功，古文学最顽固的桥头堡已经被攻下了。

五四文论与此同时也展开了内容方面的革命。这种革命就是胡适说的，文学革命的第二个作战口号：争取并实现“人的文学”的目标。在当时人的心目中，旧文学中的内容是诱人躲避现世、教人遁入山林，而且是灭绝人性的非人的文学，它是封建思想体系的组成部分。五四文学的“呐喊”或“救救孩子”的呼声，都产生于对这个“非人”的批判，以及对于人性的召唤。

胡适自述，《新青年》1918 年复刊后决心进行两件事，其一就是不用古文，专用白话作文。另一件就是译介西方现代文学名著。当年，《新青年》就出了易卜生专号，即是对于后一种措施的实现。专号介绍了《娜拉》和《国民之敌》等作品。胡适为此作《易卜生主义》一文，指认当日《新青年》同人信奉的“健全的个人主义”的主张。胡适推崇上述两个剧本中的一些台词，如“无论如何，我务必努力做一个人”“世上最强有力的人，就是那最孤立的人”等。他们欣赏易卜生宣扬的“真正纯粹的个人主义”，这是真正的“舶来品”。它雄辩地说明，当日那些思想先驱者，是如何勇敢地向西方借来光明的火种，用以烛照中国封建的漫漫长夜的！

到了 1918 年的 12 月《新青年》出 5 卷 6 号，该期刊登了周作人的《人的文学》。胡适称此文是“当时关于改革文学内容的一篇最重要的宣言”。（《中国新文学大系——建设理论集·导言》）在这篇文章里有许多惊人的言论。开篇便说，“我们现在应该提倡的新文学，简单的说一句，是人的文学，应该排斥的，便是反对的非人的文学”。又说，“革除一切人道以下或人力以上的因袭的礼法，使人人能享受自由真实的幸福生活”“统营一种利己又利他，利他即是利己的生活”等等。这些言论，对于一贯忽视个人的价值，强调封建的忠孝节义、三从四德为传统的社会，可谓是天外飞来的“奇谈怪论”。

周作人这篇文章的主旨，其实可用一句话来概括，那就是崇尚和高扬“个人主义的人间本位主义”。为此他提出，“须介绍译述外国的著作，扩大读者的精神，眼里看见了世界的人类，养成人的道德，实现人的生活”。胡适高度评价周作人的这篇纲领性的文字，认为他的提倡“颇能引起一般青年男女向上的热情，造成一个可以称为‘人的解放’的时代”。最能体现这个思想解放时代的精神的，是这个“人”的发现。在以往的封建思想传统中，素来是“君为贵、民为轻”，即使没有“君”了，也还有神和鬼，也还有“社稷”等等抽象的超个人的东西。总之，在这个社会里，个人是微不足道的。

现在这个思想，显然与西方现代资产阶级的自由、平等、民主、博爱等代表现代文明的理想相联系。由个人主义的提倡，到人性的确认，再到个性的解放，是五四新文化精神最激动人心的内核。这与文学改良时期所倡导的强国新民的思想，无疑具有更为深层的内涵。所谓强国必先新民，是指先进思想通过文学的灌输，使民众首先能够接受，而后得到觉悟。但给民众灌输些什么，其内容只是“停留”而不曾“前进”。“人的解放”是一面鲜丽的旗子，使千万青年眼睛为之一亮。他们从自身的遭际，再推及社会和国家，这种觉悟便具有更为实际的内涵。个人感到了压迫，社会的压迫危及自身的幸福和安存，于是萌起革命的念头，走向了争取社会进步的抗争。这就是一种启蒙。

把这种启蒙的基础建立于“个人主义的人间本位主义”，是沉到底了的，是非常结实可靠而不虚幻的。这是五四时期中国文论迈出的历史性的一步。所谓的取法西方，所谓的向西方盗火或借来治病的药饵，最宝贵的便是这种代表现代文明的个人主义的思想启蒙。应当说，从“活的文学”到“人的文学”，这个跨越表明了五四新文学理论批评的实绩。

六

但是很快，这种文学个人主义的理论便受到了激烈的质疑和反驳。20 世纪 20 年代末，阶级斗争学说的引进和普及，加速了中国现代文学的左倾倾向。建立在阶级斗争学说基础上的文学理论，强调文学的社会性和集体性，这种文学把基础奠定在广大的劳苦大众之上，因此，从文学的审美性到文学价值的评估，都发生了质的变化。这种变化的最直接的结果，是对我们上述的五四文论最重大的成果“人性—人道主义—个人主义”的挑战和否定。

1928年蒋光慈在《太阳月刊》第2期发表《关于革命文学》一文，指出，“革命文学应当是反个人主义的文学，它的主人翁应当是群众，而不是个人。它的倾向应当是集体主义，而不是个人主义”，“革命文学的任务，是要在此斗争的生活中表现出群众的力量，暗示人们以集体主义的倾向”。这种理论从根本上否定了文学个人主义的存在的合理性。文学由个人的提倡转向集体的提倡，文学取消和否定个人主义的地位和价值，标志着五四新文学运动的根本转向。

中国现代文论进入五四的“第二个十年”之后发生的变化，可借用成仿吾一篇文章的题目来概括，这就是他写于1928年的《从文学革命到革命文学》。这篇文章论述的是五四文学面临着的新形势和新任务，它本身也成为五四文学重大转向的标志。

文学在20世纪二三十年代之交的这种转向，根源于这批激烈的文学家对于当时国际国内形势极端的同时也是一厢情愿的分析和判断。在成仿吾那篇文章中，他是这样分析当时的形势的，“资本主义已经发展到了最后的阶段，全人类社会的改革已经来到。目前在整个资本主义与封建主义二重压迫下的我们，也只是曳着跛脚开始了我们的国民革命”，“如果我们已挑起革命的‘印贴利更追亚’的责任起来，我们还得把自己否定一遍（否定之否定），我们要努力获得阶级意识，我们要使我们的媒质接近农工大众的用语，我们要以农工大众为我们的对象”。

这就是说，当日的形势已经到了全人类的最后革命的阶段，文学的基本任务也必须适应这一形势。郁达夫用“曰归”做笔名的《无产阶级专政和无产阶级文学》，写得更早，是在1927年。这样的题目后来是到处可见了，但是在当时确是超前的。中国文论在这个历史阶段，其主潮是激进的。这是一个高谈“革命”“无产阶级”“专政”和“农工大众”的年代。当然，也许更是必然，它更是排斥和否定“个人”“人性”以及大凡涉及创作的个人性的年代。这当然与我们在上面所肯定的、所定位的“个人主义的人间本位主义”有极大的反差。

但是主潮并不能覆盖和代替文学的全部复杂性。因此，从那时开始，中国文学理论便充满了论争和论战。这是红色的20世纪30年代，也是论战纷繁的年代。这些论争涉及的范围很广泛：“革命文学”“新月派”“大众文艺”“民族主义文艺”“自由人”和“第三种人”“两个口号”等。持各种立场的作家和理论家，以极大的热情参与了这些论争。这些持续不断的论战占据了五四以后的第二个十年的大部分时光，它已成为中国现代文学史最动人的现象，保留在人们的记忆中。

这种局面的形成与当时的国内外政治、文化的形势密切相关。新的政治势力的形成及其受到的挫折与压力，俄国以及世界各国的进步文学思想的输入与传播，特别是左翼文化运动的蓬勃开展，使进步的作家艺术家产生了一种自觉，他们要通过“文化革命”来配合当日正在展开的“农村革命”。这就是鲁迅说的，“在中国，无产阶级的革命的文艺运动，其实就是唯一的文艺运动”。

所谓“唯一”，大体是由革命文学的倡导者们的自信心决定的。他们自信他们掌握了真理，而且认为应当排斥异见、扩大并巩固革命文学的主流地位。当日的政治危机和后来的民族危机，决定着这些论争的合理性和它的“赢家”。开始是为争取工农大众的发言权和被表现权而斗争，后来则是为文艺如何适应民族危亡时世而斗争。这是一个激情的岁月，诸多的文艺工作者为着维护他们所信奉的文学理念而进行着不疲倦的抗争。但是，也因此埋下了宗派主义（当时叫关门主义）和教条主义的隐患。

但是，文学的问题是非常复杂的。文学的定于一尊的排他性未必是文学的福音，它可能会造成文学的颓势乃至不幸。而且即使是当时的形势决定着某种文学的主流地位，那些受到歧视乃至排斥的非主流文学中，极可能含蕴着不无价值的道理。而这些，在当时是完全被忽视的。例如胡秋原署名 H. C. Y. 的《勿侵略文艺》，过去是当作反面文章来读的。其中说，“我并不能只准某种艺术存在而排斥其他艺术，因为我是一个自由人”，“无论中国新文学运动以来的自然主义文学、趣味文学、浪漫主义文学、革命文学、普罗文学、小资产阶级文学、民族文学，以及最近的民主文学，我觉得都不妨让他存在，但也不主张只准某一种文学把持文坛。而能以最适当的形式表现最生动的题材，较为能深入事象，最能认识现实，把握时代精神之核心者，就是最优秀的作家”。这些话今天读来并不刺耳，应当说是正确的。

另一位当日也受到激烈批判的梁实秋，他也有一些很精辟的论述，那时由于偏见，也没有受到重视。他在《文学与革命》一文中，针对那时的一些僵硬的提倡，指出：“我们决不能强制没有革命经验的写革命文学。文艺的创作经不得丝毫的勉强。含有革命思想的文学是文学……然而，人生的苦痛也有多少种多少样，受军阀压迫是痛苦，受帝国主义的侵略是痛苦，难道生老病死的磨折不是痛苦，难道命运的拨弄不是痛苦，难道自己心里犹豫冲突不是痛苦？怎样才该叫做革命的文学?”这里，梁实秋维护的是文艺的可贵的多样性，和文艺表现生活的自由广泛的原则。可是，他的这些意见却受到激烈的批判。

现在回顾这段历史，虽然其间也留下了一些重要的作品，但是回首往事，人们也还是感到把太多的精力放在空泛的而且多少表现为幼稚的争论上面，而对于文艺规律的探索、研究和实践则非常缺乏。周扬回顾这段历史有过冷静的反省："左联时期，搬弄空洞的理论术语，而置创作实践于不顾的文章还是屡见不鲜的……我自己开始写文章时，便完全是跟着左的一套走的，把文艺简单地理解为革命的传声筒，忽视艺术本身的规律。"（《中国新文学大系——文学理论集导言》）

周扬说上述那些话的时候是 1984 年，是他生命的晚景。经历了"文革"十年的大劫难之后，作为一位终生坚持马克思主义的理论家，他以惊人的勇气反省自身，也反省中国现代文论在五四之后的大转折——这种转折改变了中国文运的理路，也可以说，在一定程度上改写了中国新文学最重要的精神传统，即自由的和民主的精神传统，从而给历史留下了丰富的正负面经验。

七

二十世纪二三十年代中国现代文论的这种改变，其中最显著的特征，即是文学试图通过确立某一种权威性理论的主流地位，把表现丰富的人生情状，以及满足人类多种情感需求的极其复杂的文学予以改造——其目标则在于建立一种适应单一的社会功利的、"纯粹"的文学。这种意图在二十年代末便开始显露其端倪。到了三十年代，受到整个国际文运左倾潮流的鼓舞，加上当时国难临头，文学救亡意识再度勃兴，此种形势更为猛烈地助长着、刺激着主流文学理论的生成与推广。

这里说的"再度"，其实还不甚准确。中国文学创作和文学理论从根本上看，是受到中国社会情势的制约和决定的，当政治意识表现得强烈时，更是受到了政治意图强大的控制。这应当从中国近代以来的处境去探源。自从十九世纪中叶，外国坚船利炮的威逼使中国感到了严重的危机。于是，从改良派开始，直至左翼文学运动的推进，中国的作家和理论家几乎是宿命般地倾向于对文学持一种直接的功利主义态度，即希望文学能够疗救中国的病痛，从而通过文学治愈社会的贫弱。可以说，不论是"救亡"还是"启蒙"，都体现着中国文学这种原初的动机——中国文学总是先天地倾向于激进。这就是为什么五四过后不久就发生了从"文学革命"到"革命文学"转变的原因。

这就是我们所熟悉的从 20 世纪 40 年代开始，跟随着异常艰难也异常复杂的中国社会震动而来的文学震动。尽管有时表现平缓，但平缓似乎只是一种非常，是在为一个更大的震动积蓄能量，犹如地震的潜伏期那样。但自然界的震动，激烈只是顷刻间事，更多更平常的是那些平时的积蕴。而中国社会不同，似乎静态只是非常的，而震动才是平常——不管这种震动的原因来自何方。这种局面在30年代纷繁的论争之后，进入了一个大的整合期。

革命文学由于革命理论（当然更由于革命形势）的强大支持而开始进入具体的实践期。整合是在以延安为中心的敌后根据地发起，并推广到其他根据地和大后方甚至沦陷区去的。这种整合当然取得了成功。它继承了革命文学的阶级性和实用性的实质，而在内涵上表现更为坚定、更为明确，它的命名也从一般的革命文学或革命文艺，具体地指称为工农兵文学或工农兵文艺。更为重要的是，它成功地排除了二十世纪二三十年代那种空洞的辞藻和浮华的渲染，采用了更实在、也更简洁的理论表述。由此，工农兵文艺理论的体系化建设也告完成。

至此，“革命文学”顺利地、合理地转移和过渡到“工农兵文学”的阶段。这个转移和过渡起始于1942年在延安召开的文艺座谈会，以及座谈会上发表的讲话。过去头绪纷繁的、纠缠不清的争论，在这里，由于政治权威的支持以及内容的完备化而画上了句号。《在延安文艺座谈会上的讲话》成为此后数十年始终不渝地予以大力贯彻的文艺指针。当然，围绕着它提出的命题，也有一些或明或暗的质疑，以及在具体实践中又出现更复杂甚至更严重的局面。但这一篇讲话的出现，的确在很大程度上改变了中国文艺的命运。

这种关于工农兵文艺的概括，因它的明确、简洁、坚定，而较之以往的诸多含混的甚至是华而不实的表述，而更显示出它的理论魅力。大致说来，文艺与意识形态的关系更为密切了，文艺与现实政治之间的主从关系也更为鲜明了，文艺到达它所规定的目标、步骤与方式，也都有了明确的规定。中国现代文学由激进思潮开辟的革命文学传统，在工农兵文艺的旗帜下得到了继承和发展。文艺体系也因此表现出它的整体性和完备性的特征。

这个建立在战争时期的文艺策略，随着战争的胜利和新的政权的建立，而顺理成章地被带到了20世纪50年代的门槛上。在叙述这一段历史时，我们不应忘记，在30年代就非常活跃的一位代表人物，他就是周扬。

周扬一直是代表革命意识形态的文艺问题的发言者，也是阐释和宣传工农兵文艺路线的权威人物。他为了这一文艺形态的推广和实现贡献出了毕生精力。他是工农兵文艺路线的忠实执行者，他在推进这一文艺路线时，理论上有很大的建树，由于他的工作，一种被他称之为“新的人民的文艺”取得了很大的成功。出现了赵树理、孙犁、柳青等一些在贯彻执行上述文艺路线得到成功的作家，以及像《白毛女》《王贵和李香香》这样一些经典性的作品。但是，由于这一理论本身的局限性，以及在执行过程中的偏离和失误，也产生了重大的甚至是灾难性的后果。

周扬就是这样一位起过重大影响的、功过参半的、集重大成果和重大过失于一身的、能够代表一个时代的理论家。在周扬的一生中，有许多风云迭起的大事件，他始终置身在狂风激浪中，有时他是掀起风浪的人，有时他又是被风浪淹没的人。他批判过很多人，很多人也批判过他。回顾这位非凡人物的一生经历，人们特别怀念他晚年的反思精神。巴金先生“文革”后倡导的忏悔精神，在周扬身上表现得最突出。

这里要特别加以叙说的是，1982 年至 1983 年间，他为纪念马克思逝世一百周年撰写纪念文章的事。他把经过“文革”动乱之后的思考，通过叙述马克思主义对于人道主义特别是关于“异化”的学说得到了集中表现。据顾骧在《此情可待成追忆》一文中介绍，经过深思熟虑，周扬决心要在这篇纪念文章中写下他的既针对现实、又反映他的反思成果的观点，如：克服一切形式的“异化”、人的全面解放是无产阶级人道主义观形成的关键、社会主义社会存在着“异化”、社会主义社会“异化”的表现形态等。顾骧在文章中说，周扬若是考虑自身的处境，他“大可不必冒风险做甚么理论‘探讨’，更不必顶风反‘左’，如果能大批‘自由化’，更会稳操胜券。他是在追求真理”。从顾骧的叙述中，我们不难看到一位严肃理论家的风范。

如前所述，周扬在阐释工农兵文艺的实质和特征，以及在运用这一原理指导文学创作实践方面，做了很多工作。但作为最有影响的理论家，他的最重要贡献还是在于，他为他所致力的文艺路线使之更具权威性——这就是进一步使之经典化。1944 年 4 月 11 日，周扬在《解放日报》发表他所编的《马克思主义与文艺》一书的序言。该序言指出，延安的讲话“给革命文艺指示了新方向”，是“中国革命文艺史、思想史上的一个划时代的文献，是马克思主义文艺科学与文艺政策最通俗化、具体化的一个概括”。该书把延安发表的有关内容，以及几位进步作家的有关言论，列入了马克思主义文艺理论体系，并对这个体系做出了最新的排列，这就是：马克思、恩格斯、普列汉诺夫、列宁、斯大林、高尔基、鲁迅、毛泽东。

在中国，自从《新青年》开始介绍马克思主义学说以来，有很多的论文和专著涉及这一话题，但对马克思主义文论作如今这样的整理、归纳和排列，则是始于周扬。其中最显著的特点，在于把文艺意识紧密地联系于政治意识，并且迅即把文艺意识升高到政治意识上面来。由于有中国内容的加入，马克思主义的文艺思想不仅更显丰富，而且富有中国的特点。由于他的工作，马克思主义与文艺的关系更显密切，而且第一次突显出它的全面性和科学体系的特性。

在中国的文学理论和文学批评的建设中，这是决定性的一步。随后发生的一切，似乎都与我们此刻谈论的归纳有关。说得明确一点，即是基于中国当时特点、植根于以广大的农民为代表的、建立于战时体制的工农兵文艺，与当代最具权威性的马克思主义的文艺思想，不仅产生了关联，而且得到了体系的维护和固定。这种体系一旦形成，再加上强大的意识形态的支持，终于成为神圣的、不可挑战的权威理论，出现在现实的中国。

中国现行的这种文艺理念，于是开始以经典的姿态在文学史中出现。它不再仅仅是一种具体的政策，而且是一种必须遵从的指针。它通过各种有效的手段，特别是行政手段予以贯彻。这在战时的延安是如此，而且顺理成章地延续到20世纪50年代以后的漫长岁月。在中国建立起新的政权之后，这种文学思想成为一种唯一正确的主流理论的姿态，在比以往更为广阔的时空中予以执行和推广。

八

中国文论就是这样从战时的一体制走到了战后的一体制。这种一体制与政治、经济、文化的一体化策略互为印证，而显得更具合理性。其实，自20世纪40年代初期开始，左翼文学运动逐渐形成的文学理念，早已结束了以往那种虽然有点居高临下的强制，但却基本上是以不同见解间进行论争的方式。而现在，则是一种几乎没有对手也几乎不容许有对手的唯一的理论权威。这种态势，由于革命的胜利和胜利者的身份，而变得更为无可置疑。

中国文论的此种状态的形成，是由于集合在革命旗帜下的几代理论家的不懈努力和始终坚持的结果。自20世纪20年代开始，经历了左翼运动的30年代和漫长的战争，革命文艺运动在广大的敌后根据地取得了大普及和大推广，在根据地以外的地区，也产生了大影响。但当时的权威舆论对此仍有强烈的批评。直至1948年，临近全国胜利的前夜，郭沫若在《大众文艺丛刊》的第一辑《文艺的新方向》中发表《斥反动文艺》，以及邵荃麟发表在同期刊物上的《对于当前文艺运动的意见》，都激烈地抨击了范围很广的各色各样的文艺。邵文指出，“文艺上人民大众集体意识的涣散，个人主义意识的高扬，因而招致堕落的和反动的文艺思想的抬头”，他强调指出，“个人主义思想终究是应付不了激烈变动中的现实的”。

这些现象都证实了四至五十年代之交主导的文学理论，正在推进一个雄心勃勃的普及经典理论的计划，正在酝酿着一个更大的、旷日持久的统一文艺运动。作为一种既定的文艺思想模式，继续进行抑制创作中的个人主义、发扬集体主义的文艺改造工程。正如周扬在第一届文代会上的讲话所指出的那样，延安讲话“规定了新中国文艺的方向，解放区文艺工作者自觉地、坚决地实践了这个方向，深信除此之外再没有第二个方向了，如果有，那就是错误的方向”。（《新的人民的文艺》）这一运动旨在排除一切非正确的文艺方向，从而维护周扬所指出的那个唯一正确的文艺方向，这已被事实证明是确定无疑的。

进入20世纪50年代的大陆文艺界，由强调文学服务于大众的机能出发，而极端重视文学自写作到欣赏的集体主义，这导致一个大趋势的形成，即否定文学创造的个人性品质。这种思潮把文学创作的个人性等同于资产阶级或小资产阶级的个人主义，并在长时期内予以否定。这在中国文学发展的相当时期中，几乎是一个不见尽头的、断断续续的批判运动。它和在知识界和文艺界进行的知识分子思想改造，几乎就是二而一的举措。50年代以后的文艺思想一体化工程，就是以对所谓的“个人主义”的否定为起点。

这种否定是在一个非常庄严的题目之下展开的，即既然一致认定文艺的主体和对象都只能是工农兵，那么，为了适应这样的文艺目标，当然只能以集体主义来代替个人主义。而在所谓的个人主义中，对实行这一文艺方针“危害”最大的，则是那些无视工农兵情感、思想、情趣、爱好，并与之相矛盾相冲突的作家的“经验主义”。在五十年代以后的文艺思想改造过程中，以批判和自我批判的方式涉及最多最深的，就是这个与创作、欣赏、批评至关重要的个人主义，特别是经验主义的彻底否定。

现在人们都很清楚，文学创作是建立在个人本位基础上的，创作主体是决定创作的根本，文学创作是个体性的精神生产活动。在创作的全过程中，作家艺术家个人的人生体验、思想情感以及心理活动，当然还有作家长期形成的审美趣味和独特的艺术技巧，这些都是决定作品优劣成败的根本。文学生产的基本方式，乃是通过作家个人殚思深虑的独特处理的结果。现在，这一决定创作命运的应有之理，却受到了致命的挑战。

在上述这种文艺思想的导引之下，当日的作家都自觉地或不自觉地扬弃对于创作来说是生死攸关的个人体验和个人旨趣，而代之以对他们来说是非常遥远和陌生的公众化的情感方式和表达方式。原先自由的文学已被置换为不自由的文学。文学迅速地荡涤着被舆论鄙弃为自私而丑陋的个人主义的结果，是文学远远地离开了审美创造的个人性。仅从这一点看，五四新文学运动中奠定的“人的文学”的路线，已在不知不觉中被改换为“人民的文学”。这是现代文学中的一次质变，它改变了中国文学的历史命运。

当然，文学再现阶段的变异是全面性的，它不仅意味着文学的由个人转向集体，事实上，它涉及现今文学的所有层面。例如，它意味着文学由个人性的体验转向社会性的反映，这种由内向外的转移，直接影响了文学的功能和性质。特别是原先表现为竞技状态的多少显得散漫的文学，在长期的演进中，而逐渐被要求成为一种有组织的严格的文学。

这种文学因其自认为代表正确和真理，特别是代表“绝大多数”的优越感，而具有明确的排他性。诞生于五四新文化运动并拥有科学民主传统的文学，当然无法适应此种状态，它受到窒息。单一的指令对于文学而言，本来就是悬顶之剑。更何况这种指令又是不容讨论的“唯一”！在很多的场合和被应用中，这种指令散发着明显的公式主义和教条主义的气味。这事实本身就孕育着反抗。

于是，我们在自 20 世纪 40 年代直至 70 年代的长达数十年的文学历史中，既看到了被组织和被导引的浩大主流文学的运行，也看到了在主流运行的缝隙中透露出来的那些为维护表达自由所进行的抗争。尽管这种抗争基于生存环境的羁约，经常表现为隐曲的和断续的状态，但却是始终不曾消失的。当然，其中也不乏很有勇气的反驳，以胡风为代表的群体，特别是胡风本人那些在马克思主义范围内而又持有异见的表达，即是重要的一例。

1945 年胡风发表《置身在为民主的斗争里面》一文，颇有针对性地指出：“作为主体的作家的一面，同时也就是不断的自我扩张过程，不断的自我斗争过程，在体现过程或克服过程里面，对象的生命被作家的精神世界所拥入，使作家扩张了自己。”一直到 1954 年，他写作著名的“三十万言书”，在文中他辩驳林默涵批判他的“三个原则性结论”，指出论争的关键在于“宗派主义统治方式”“更加集中力量运用组织方式”以及“作为统治武器的主观主义”等。随后，他提出了著名的“五把理论刀子”的论点，即是针对当时业已形成的经典理论体系的一个全面的驳难。

上述体系涉及决定文艺创作及批评的根基：作家的共产主义世界观问题、工农兵生活问题、思想改造问题、民族形式问题和重要题材问题。胡风指出，“在这五道刀光的笼罩之下还有甚么作家与现实的结合，还有甚么现实主义，还有甚么创作实践可言”？“问题不在这五把刀子，而是在那个随心所欲操纵着五把刀子的宗派主义”。这种言说的结果，就酿成了刻骨铭心的“胡风集团”的世纪悲剧。

胡风的理论陈述虽然被做了政治性的定性，即反革命的敌对性质，但实际是马克思主义思想体系内的斗争——对于单一性的主流思想的挑战。这种挑战在 20 世纪 50 年代以后多半以隐蔽的、委曲的，而且呈现为夹缠的和处于弱势的形态出现。但胡风是一种例外，胡风的陈述虽起于建议及为自己辩护，却掩盖不了它的鲜明的进攻姿态。这种性质当然也在更大程度上增强了事件的悲剧色彩。但不论这些挑战的隐显强弱，是防守还是进攻，当年萌生的这种驳难和质疑，除了极端严重的“文革”动乱时期以外，直至七十年代中叶“文革”结束之前，几乎就没有停止过。

20世纪50年代中叶“百花时代”的产生，是受到当时全球性的对于共产主义运动反思思潮的影响，特别是苏联“解冻文学”的直接鼓舞。当时，中国文艺思想和文学理论在这个主流留下的细小夹缝中所进行的思考，则是对于一体化文艺体制的虽有局限但却富有勇气的挑战。这种在浓重的笼罩中的坚持和抗争，在意识形态的密不透风的夹缝中所进行的严肃思考，为年代留下了悲怆甚至是悲壮的记忆。其中最为亮丽的一笔，是1956年、1957年之交通过一些文章所表达的、具有独立精神的思考，如何直关于现实主义的思考、钱谷融关于文学的“人”的性质的思考等，都表现了在严酷的、言论一律的环境下的良知和勇气。

九

自20世纪50年代开始，中国文学的生存环境是愈来愈艰难了。这表现在，长期的理论提倡和得到实践印证的文艺路线因自身的完善而更具体系化和权威性；同时也表现在政治要求文艺为新政权的巩固做出更为紧密的配合，这意味着文艺将进一步丧失它的独立性；由于战争在全国范围内的结束，胜利者有可能以更多的精力和足够的信心，通过行政手段在全国推进它的文艺改造计划。而这种推进所采取的通常方式，是以阶级斗争理念为前提的政治运动或准政治运动方式开展的“文艺战线的斗争”。纵观自50年代以来开始直至70年代政治动乱结束，长达数十年的时段中，这条“战线”几乎就没有间断过这种“斗争”。

其实，文艺创作本来无须“推进”，也许还无须“指导”，文艺本来具有自身的规律。这种规律自作家创作的准备，到进入创作状态，直至创作结束之后的读者接受，都始终处在无须外力推进的“自动”状态之中。文学的创作固然会受到各种各样外力因素的决定和制约，包括文学和政治的关系在内。但是外力的影响并不能替代文学的自动力。许多事实都证明，文学和社会各个意识形态之间，存在着不平衡和不协调的状态：社会发展而文学未必繁荣，经济落后而文学可能生长。

中国文学在漫长时间中的折磨和自我折磨的悲剧，其根源盖出于一种根深蒂固的观念，即一个统一的社会必须有统一的文学，而且这个文学只能是被规定好了的那种形态。而事实却是，文学是不可统一的，文学的杂呈和混沌是它的常态，而一致甚或高度一致则是它的非常态甚或是病态。文学界的生态犹如自然界的生态，多种的存在，多样的竞争，优胜劣败，适者生存。即使是在严重环境中生长的中国现代文学，尽管它经历了相当时间的“综合”的实践，但就其实际状态而言，依然是由多种的、各不相同的文学所组成。它并非是单一的文学——尽管它曾被要求成为单一的文学。

半个世纪以来的中国文学，在经典理论的指导之下进行了一个巨大的工程。这个工程就是要把事实上存在的异样的文学，改造成为同样的文学；要把由各不相同的世界观—艺术观组成的各不相同的作家、艺术家，改造成为清一色的“革命”的作家、艺术家；要把杂呈的、并存的、复杂的创作状态和理论状态，改造成为纯粹的、单一的、共同的创作状态和理论状态。于是，那些不纯粹的、不统一的、有杂质的一切，都被置放在一个统一的标准和统一的模式之中，进行“彻底”地、“脱胎换骨”地重组和改造。而进行这个改造工程的标尺，就是起始于20世纪30年代完成于40年代的经典理论。

这个浩大工程，在二十世纪二三十年代时是不自觉的、有限的开始，四十年代时体系已见轮廓，但囿于时空的限制未能全面展开，五十年代以后时局大定，行政制约能力大增，于是有了我们熟知的那一切旨在全面变革文学——从内容到形式、从题材到风格——的努力。历数50年代以来所开展的那一切被称为“文艺战线”（其实均是“政治战线”）上的“斗争”，都是上述经典理论指针对于各色各样的文艺和作家艺术家的强力施加。这种施加，有的因城市对于农村的“偏见”而引发（如对萧也牧的《我们夫妇之间》的批判），有的因统治阶级思想对劳动人民思想的“污蔑”而引发（如对电影《武训传》的批判），如此等等。到了被我们称之为的“百花时代”，即20世纪50年代中叶，则有了更为广泛的“反右斗争”，说这是“文艺战线上的一场大辩论”，其实“辩论”的内容早已大大超出了文艺的范围。

到了20世纪60年代，依然没有接受大饥饿和浮肿病的教训，依然是一往无前地“不断革命”。所谓的阶级斗争不仅存在，而且要年年、月月、天天讲。60年代著名的“两个批示”，是“文革”开始之前的一次预演。如同“文革”是从文艺“动刀”一样，这一番的阶级斗争，也是以文艺为发端。在新政权建立十多年，且又是一些重大的事件如“反右”“大跃进”等发生多年之后，批示还在说，“各种艺术形式——戏剧、曲艺、音乐、舞蹈、电影、诗和文学等等，问题不少，人数很多，社会主义改造在许多部门中，至今收效甚微，许多部门至今还是‘死人’统治着”，并说，“社会经济基础已经改变了，为这个基础服务的上层建筑之一的艺术部门，至今还是大问题”。

大约过了半年后发出的另一个批示，对现状的估计更严重了，认为当时的大多数协会以及这些协会所掌握的刊物，“不执行党的政策”，“不去接近工农兵”，“不去反映社会主义的革命和建设”。批示判断说，“最近几年竟然跌到了修正主义的边缘，如不认真改造，势必在将来的某一天，要变成像匈牙利裴多菲俱乐部那样的团体”。这里已不是一般的批判，而是发出了近于极限的警告了。

这些警示都产生于认为阶级斗争日益加剧的背景之中，它继续强调有什么样的社会意识形态就应当有什么样的文艺形态的观点。所谓“要认真地抓”，即是要对不适应于社会意识的文艺作一如既往的改造。像这样从提出问题到判断问题再到解决问题所提供的方式和思路，构成了一种循环。这是一种恶性循环，它的动机和效果都是非建设性的。从“净化”文艺的目标到经过“斗争”达到的结果，都旨在要把丰富复杂的而且是习性不驯的文艺，改造成为统一模式的、忠实地服务于政治的文艺。其结果只能是限制并扼杀文艺的无限生机与活力。

十

以上所述，是发生在1963年到1964年之间的事。此时距离惊天动地的“文化大革命”的爆发，大约还不到两年的光景。可以说，这是那个为中国人民造成了空前灾难的“大革命”的一次预演。不同的是，“文革”的规模和范围大大地扩展了。但不论是怎样的扩大，作为预演，其模式则是相同的。人们注意到，烧起漫天大火的“文革”，乃是缘起于对一部剧本的批判，新编历史剧《海瑞罢官》就这样成了草堆上的一点火星。

这次“大革命”造成的结果，要是撇去千家万户的悲剧，以及对于中国社会的灾难性后果不论，面对政治、经济、文化上的赤地千里的空漠，究其底，剩下来的，也许就是那著名的“八亿人民八个戏”的“奇迹”了。经过这一番“革命”的扫荡，中国古老的和现代的文艺成果，几乎毫无例外地受到了怀疑和否定，且不论那些中国人引为骄傲的古代灿烂的文化，就是最革命的20世纪30年代文艺，也在这种极端主义的批判下荡涤无存。而在文学思想上的最大“收获”，也许也就是那同样著名而且极其可怕的文艺“样板化”的思想。这种思想认为，文艺创作只需套用或模仿一个既定的“样板”即可奏效——这就是由那几个“样板戏”的“实践”总结出来的、最新的经典理论。“样板化”思想的确立，作了这样无情的宣告：中国文艺已经走到了毁灭性的尽头。

要是“文革”动乱的政治动因未被斩断，就不会有所谓的20世纪70年代后期文艺春天的降临。对于极端主义文艺思想的清算是逐步深入的。一旦政治禁锢的枷锁被解除，特别是社会思维中的现代迷信受到质疑和否定，继五四新文化运动之后的又一次规模巨大的思想解放的闸门就这样被打开了。

整个20世纪80年代都是这样洋溢着创造精神和浪漫激情的年代。政治上的拨乱反正带动了文艺上的拨乱反正。人们于是着手清理气息奄奄的文艺残局。人们开始从原初起点上来审视这被狂风巨浪摧折的园地。重申文艺自身的位置和价值，提出“为文艺正名”，旨在恢复被阶级斗争工具论所篡改的文艺真质。对于行政粗暴干预文艺的弊端，也提出了尖锐的批评：“管得太具体，文艺没希望。”鉴于以往数十年间文艺被外来因素所操纵的惨痛教训，于是开始省思文艺异化的原因和过程。关于文学主体性的话题，就是这样被提了出来。

人们怀想从“人的文学”到“文学是人学”这样一些熟悉而又变得陌生的、充满庄严感的题目，从问题的最初提出，到逆境中的抗辩，以至于它的最后消失。思考文学在无可挽回的历史性的强暴中，如何由“人”的文学，退化为“非人”的甚至是“神”的文学的可怖历程。于是重新呼唤文学的人的精神，重新确定人作为创作主体和实践主体的位置，提出文学研究应以人为思维的中心的论点。这些都是文学拨乱反正的最核心内容，其目标在于使文学回到它原先的出发点：人的文学的重新定位。政治动乱结束之后，中国文艺界把主要的精力投放于这一为文学恢复其本来面貌，重新确认文学的价值和作用，从而为文学重新定位的工作中，纠正文学蜕变的历史错误，从而结束文学被强暴的历史错误。

春天是万物复苏的季节，20 世纪 80 年代带给中国文学的这个春天，意味着意识形态所凝结的冻土层开始松软，并逐步解冻。春天也是播种的季节，在变得温暖的天气里醒来的中国文学，从此也结束了长期被杀伐和相互杀伐的异常历史。

中国文学理论和文学批评在以往的数十年中，经历了充满噩梦的、让人惊恐的年月。它被破坏性的思维所统治。阶级斗争无所不在的理念，确定了从属于这一意识形态的文艺理论的神圣使命，在于从事批判和斗争。中国的文艺批评一时间成了让人望而生畏的而且是声名狼藉的意识形态杀手。这不仅损害了文艺批评的声誉，而且也逼使文艺批评陷入了绝境。

中国政局的改变，使中国重新回到了国际化的环境中，并开始和平时期的经济建设，这给中国倍受摧残的文艺以恢复和发展的机会，所谓的新时期文学就这样地在 20 世纪 70 年代末诞生。尽管在这个历史转折的过程中还有许多困厄和干扰，但人们都相信，那种以无情斗争为手段和目标的大破坏的时代已经结束，一个充满生机和希望的文艺建设的大时代已经降临。

进入新时期的第一个具有建设意义的文艺事件，即是围绕着“朦胧诗”和现代派问题所展开的论争和批判。有一段时间，这种讨论被纳入了政治性的批判运动之中（反“精神污染”和反“资产阶级自由化”运动都曾经将其列入），并试图对之作政治性的定性。此举受到可怕的思维惯性的驱使，看似意外，实乃必然。经过长期营造的定型化的中国文艺，突然面对这些“陌生”的异端闯入者，不免有些大惊小怪，自在情理之中。但人们因而无视这些事件所拥有的建设精神，则是一种不可容忍的偏见——把艺术问题无限提高为政治问题，这原是以往岁月人们所司空见惯的现象。一叶知秋，一个文艺现象宣告了一个时代的结束，也宣告了一个时代的开始。

从20世纪80年代初到90年代末，中国文艺所拥有的生机和活力，固然是中国日益走向成熟的政治所诱发，但决定的影响却在文艺自身。本文一再强调文艺的自推动力，认定文艺思想的大解放，以及文艺争取到的相对独立性，必然会引发和激活与前迥异的创造欲望与创造热情。八九十年代文艺获得大发展的事实，已经证明了这一点。

发表于2000年第1期

中国新诗的“现代”潮流

刘登翰*

中国的现代诗①，如果从被称为“象征派”始作俑者李金发算起，以他发表于1925年2月16日出版的《雨丝》杂志第14期上的《疯妇》，和1925年11月由北新书局编入“新潮丛书”出版的诗集《微雨》为标志，迄今已近80年了。

这近80年的历史，悄悄改变了中国诗坛的现实。1925年，当李金发的作品最初问世时，“在贫困的文坛里，引起了不少惊异，有的在称许，有的在摇头说不懂”。②近80年来，对现代诗的这类批评，无论在20世纪五六十年代的台湾还是80年代的大陆，抑或到今天，仍然不绝于耳。③ 但它却无法抹杀现代诗在今天的中国诗坛——无论大陆还是台湾、港澳，都已经成为一个巨大存在的事实。有别于时时受到娇宠的现实主义和浪漫主义，回溯这段现代主义艺术把握方式在中国存在和发展的坎坷历史，在感慨良多的同时，将让我们更深入地思考现代诗在中国的命运、存在形式和它汇入中国新诗传统的特殊途径。

“五四”新诗革命对艺术方式的选择

中国新诗的“发难”，差不多都从海外开始。1916—1917年，胡适在留美期间开始他用白话写诗的“尝试”，尽管这些如钱玄同所批评的“未能脱尽文言窠臼”的“白话游戏诗”，很难以自己的“文本”进入经典，但却以开一代风气之先为后人所无法漠视。郭沫若《女神》中的绝大部分诗篇，都诞生于他在日本留学期间。徐志摩和闻一多，也在他们留学英美期间，完成了他们早期最重要的大部分作品。李金

* 刘登翰，福建社会科学院文学研究所研究员、博士生导师。

① 关于“现代诗”，可以有多种界定。这里所指的是五四以来新诗中具有现代主义倾向的作品。

② 李金发：《答纪弦先生二十问》，《创世纪》第39期（1975年7月21日）。

③ 历史有着惊人的相似。二十世纪五六十年代对台湾现代诗的批评和80年代对大陆“朦胧诗”的批评，都以“不懂”为立论的出发点，与70多年前对李金发的批评竟一个论调。

发也不例外，1925 年 6 月，当他从法国回到上海时，身边携带的是他后来成为中国“象征派”诗开创者的全部作品。

从创作时间上看，李金发比“五四”新诗草创期的开拓者胡适、刘半农、康白情、俞平伯以及郭沫若等人略晚一点，与新月派的徐志摩、闻一多以及有“清华四子”之称的朱湘、饶孟侃、杨纪恩等人差不多同一时期。李金发 1919 年 8 月到法国“勤工俭学”。他自谓“那时因多看人道主义及左倾的读物，渐渐感到人类社会罪恶太多，不免有愤世嫉俗气味，渐渐地喜欢颓废派的作品，波特莱尔的《恶之华》和魏尔仑的诗集，看得手不释卷”。[①] 于是诗兴大发。1922 年开始写《微雨》；1923 年由法国到柏林“游学”，又完成《食客与凶年》；1924 年他带着德国太太重返巴黎，在回国途中经历了意大利长达 7 个月的漫游，写了 120 首诗，编成他认为“最满意的、充满了恋情的、技巧表达已更成熟”[②] 的诗集《为幸福而歌》。然而这些作品的发表和出版，似乎不如先期或同期的诗人顺利和幸运。1923 年，在柏林完成了《食客与凶年》之后的李金发，把作品寄给当时名气很大的周作人，受到周氏的赏识，推荐给了北新书局。但《微雨》的出版，要到李金发归国后的 1925 年 11 月，《食客与凶年》则更迟至 1927 年；倒是《为幸福而歌》经郑振铎推荐于 1926 年编入“文学研究会丛书”出版。此时已是新诗革命头一个 10 年的末期，文坛正经历着从“文学革命”到“革命文学”的转变阶段，普罗意识的勃兴浸濡在诗歌的创作中，使左翼诗歌浪潮叠起，新诗革命初期的文体意识便也相对淡漠和被忽视。在此一背景下才被推出的李金发及其“象征派”诗，虽然从艺术发展的意义上说，它所提供的有别于前此写实和浪漫的另一种现代艺术观照和把握方式，对中国新诗未来有更深长的价值。但彼时的影响，自然不能与新诗草创初期如饥似渴吸取新的艺术方式来反叛旧诗同日而语。与李金发同时或稍后，虽然有王独清、穆木天、冯乃超乃至更年轻的蓬子、胡也频、石民等人对象征主义的倾心和尝试，但终未能形成与初期的“白话诗派”“浪漫派”和“新月派”等相同规模和影响的气候。李金发后来不无调侃地声称：“惜乎我们没有联络，没有互相标榜，否则还可以造成一次更有声色的运动。”[③] 相信这是连李金发自己也未必真正相信的戏语。中国现代主义诗潮（它最初的出现是“象征派诗”）在新诗发端的最初 10 年所以未能形成气候，自有更深层原因在。

“五四”的新诗革命（新文学亦然），并不仅只是语言和文体的革命。从 19 世纪

① 李金发：《飘零闲笔》。

② 杨允达编《李金发年谱》。

③ 李金发：《飘零闲笔》。

开始，国势的颓危和国力的贫弱，使中国这个东方的古老帝国，在西方凭借工业革命崛起的列强面前，变成被宰和待宰的羔羊。民族衰亡的危机，唤起中国知识分子普遍的救亡行动。而欲救亡，必先启发民智；要用新思想新精神启蒙民众，则须先打破已经僵死了的语言形式，寻找新的运载工具。在“五四”新诗的肇始者那里，这个思路是十分明确的。因此，胡适在1916年10月写信给陈独秀，讨论他的新文学构想时提出的八项主张，就包括了“不用典”等五项“形式上之革命”和“须言之有物”等三项“精神上之革命”。待到1917年1月他发表《文学改良刍议》时，便把“精神上之革命”的三项主张移在了“形式上之革命”的五项主张前面。在1919年发表的《谈新诗》中他说：“这一次中国文学的革命运动，也是先要求语言文字和文体的解放。……形式上的束缚，使精神不能自由发展，使良好的内容不能充分表现。若想有一种新内容和新精神，不能不先打破那些束缚精神的枷锁镣铐。”1920年，在《尝试集·自序》中又说：“先要做到文字体裁的大解放，方才可以用来做新思想新精神的运输品。”到了为《新文学大系建设理论集》写导言时，他更简练地表达了自己文学革命的理想：“简单说来，我们的心中理论只有两个：一个是我们要建立一种‘活的文学’，一个是我们要建立一种‘人的文学’。前一个理论是文字工具的革新，后一种是文学内容的革新。”而“死文字决不能产生活文学。若要造一种活文学，必须有活的工具。……有了新工具，我们方才谈得到新思想和新精神等其他方面。”（《逼上梁山》）可见，当时文学革命的发动者是十分明确的，自己所进行的语言、形式的革命，是为了实现启蒙，从而达到救亡的目的。

这不仅是“五四”新诗发生的直接原因，也是20世纪中国新诗存在和发展的大背景。纠葛在中国社会复杂矛盾和坎坷历史之中的新诗，无法完全摆脱艺术之外的社会因素对诗歌艺术发展的制约。特别是在一个诗教传统十分悠长的历史古国，对于过分沉重的社会使命的承担，很多时候甚至成为诗人的自觉——五四新文化运动虽然打出“反传统”的旗帜，但对于中国人文传统中的忧患意识和入世思想，以及儒家的诗歌功用观都是积极继承并予以发扬的。它首先就影响了五四新诗革命对艺术把握方式的选择。其实，发生在20世纪初的新文学运动，和彼时正风靡西方的现代主义运动，在时序上并不相距太远，而且大多从西方国家和东洋引介新文学薪火的“五四”一代诗人、作家，都不同程度地目睹或受到过现代主义文学浪潮的波荡。从本质上说，中国的新文学运动和西方的现代主义运动，都是寻求文学的现代化进程，但二者的性质却有很大的差别。在西方，现代主义文学是建立在现代科技进步和现代经济发展背景上的，对伴随工业文明而来的人的生存危机和精神危机所产生的一种新的审美观念和艺术方式；而在中国，新文学则是迫于启蒙的需要而对僵死了的古代文学语言和形式的现代更新。所着眼的并非本体意义的单个的“人”的存在，而是包含着国家和民族命运的“人们”的生存。因此，“五四”新文学常与欧洲文艺复兴相类比。蔡元培在为《中国新文学大系》所作的总序《中国的新文学运动》中就以此立论，称“五四”新文学是中国文学振兴起微的“复兴的开始”。20世纪初的“五四”新文学运动与酝酿于十三四世纪的意大利而后向北传播在16世纪达至极盛的欧洲文艺复兴运动，都从对人的关怀和肯定出发，但后者所肯定的是以新生的资产阶级为后盾的、反叛中世纪封建传统的个人；而前者则是在疗救中国危亡中，把对人性的漠视、压制、剥夺当作民族自身的问题来思考。因此，人的觉醒在“五四”“救亡图存”的背景下，导致的不是西方文艺复兴谋取个人世俗幸福的资本主义社会的发展，而是以解脱民族苦难为目标的对国家和民族命运的关怀。这样，从“五四”新文学的肇始，便命定地存在着两个既相悖又相谐的话语指向：实现国家和民族解放的“大众”话语指向，和实现个人精神解放的“个我”话语指向。前者居于主流、主导的地位，后者往往则只在边缘成为支流。在“五四”新文学运动中受到推崇的浪漫主义和写实主义，便因其易于和社会、民族的现实与理想相结合，而成为“大众”话语指向的主流形态，用来作为反叛旧传统、建设新文学的主要艺术形式；而被称为“新浪漫主义”的现代主义，则往往成为“个我”话语指向的主要艺术方式，被当时的新文学建设者（如沈雁冰）看作是中国未来的发展目标，而不是当下提倡的对象。

这就决定了“五四”新诗在艺术方式的选择上存在着某种“两重性”。一方面，在反叛传统的旧形式时，它表现出兼容并蓄的气度。在“五四”新诗头一个十年，各种艺术方式，从写实主义、浪漫主义、新古典主义到现代主义，都被宽泛地介绍进来。另一方面，在面对紧迫的启蒙与救亡的使命时，它又不能不有所选择和倚重。写实便于揭露时弊，浪漫易于鼓动激情，都很快成为新诗的主流形态而进入“传统”；讲究诗美的新古典主义常被视为艺术的奢靡；而感伤和朦胧的现代主义则被斥为颓废和病态，都只能列入支流甚至逆流。在启蒙和救亡的辩证命题中，中国新诗的语言策略也不能不向明白易懂的通俗指向发展。“五四”时期的白话诗，20世纪30年代的大众化讨论，40年代的民族形式提倡，乃至50年代对“在古诗与民歌基础上发展”的新诗的定位，都出自于让新诗成为“运载新思想新精神的工具”这一实用性原则的考虑，唯独忽略的是作为精神个体性投射的文学本体的美学创造。

这是中国新诗在中国特定历史格局很难解脱的一个“咒”。福兮祸兮、是耶非耶都在其中。它决定了现代诗在中国新诗发展中的曲折命运，它的特殊存在形态，和它进入中国新诗传统的特殊方式。

现代诗在中国的“运动”形态

中国新诗的这一大的历史背景，使现代诗在中国的生存和发展，有异于其他国家的现代主义文学运动。显然并非十分适宜的生存土壤，使它面临传统文化和主流文学的巨大压力，而显出命运的乖蹇；同时也因其善于适应环境改换生存方式而表现出这一新兴艺术顽强的生命力。

首先，如前所述，由于社会的原因，现代诗在中国新诗发展上（除了在某个很短的特定时期和区域，如二十世纪五六十年代的台湾），始终很难作为主流形态而成为新诗发展的主导力量，长久默居于边缘和处于支流的地位。然而，中心和边缘、主流和支流是两对互相泾渭也互相渗透、互相支持也互相颠覆的范畴。中国新诗的情况亦然。于是我们一方面看到，在中国新诗的发展上（特别是它的前30年），似乎很难找到一个固守初衷的彻头彻尾的现代主义诗人。横亘在中国诗人面前的巨大的社会不幸和民族危机，往往诱惑或者逼迫从现代主义出发的诗人改变初衷，或干脆放弃现代主义，或增强自己作品的现实性。写过《预言》的何其芳，和后来出版《慰劳信集》的卞之琳，他们艺术的转向是人所共知的明显的例子；戴望舒也在经受日寇牢狱的摧残之后改变了自己“雨巷”诗人的形象，写了现实性较强的《我的记忆》和《元旦祝福》。艾青也是一个典型的例子。他从巴黎带回来的那支现代的“卢笛”，一进入中国民族危亡的抗战的现实，便成为带有着巨大的浪漫主义战斗激情的“吹号者”。即使中国现代诗始作俑者李金发，在《为幸福而歌》之后已对新诗前景失望而很少发表作品，也不再那么前卫，甚至把兴趣转向古诗。另一方面，居于边缘或支流地位的现代诗，却又以一代又一代现代诗探索者形成的潜在艺术影响力，以现代主义哲学、心理学为基础建构起来的新的美学经验以及可操作的技术性因素，浸透到主流形态的现实主义、浪漫主义的诗歌艺术之中，使现实主义诗歌和浪漫主义诗歌都程度不同地、有意无意地运用了某些现代主义的艺术技巧或体现出现代主义的精神向度。于是我们又看到另一个有趣的事实，很难找到一个“完全”的现实主义诗人和浪漫主义诗人。在中国新诗史上产生重大影响的现实主义或浪漫主义诗人，都不同程度地在他作品呈现出一定的现代性。现代诗在中国，虽未能在名分上进入新诗的主流形态，但它以其实质上的精神向度和艺术素质，潜隐地存在于主流形态的现实主义和浪漫主义之中，成为中国新诗传统中与写实、浪漫水乳相融的一个部分。

其次，现代主义诗歌在中国的发展，往往需要某种特定的历史机缘。谢冕在论述中国现代诗的发展规律时曾经指出，在近代以来中国社会被各种内忧外患所充填的情况下，文学身不由己地沦为社会和经济的附庸而被迫放弃自己时，它出于自己要求的艺术发展，往往需要寻求特殊的“空隙”，这就是往往选择在艺术歧变深刻化和严重化而社会动荡和危机又稍为松缓的时机涌出地表。[①] 在这里，存在于历史转折缝隙中适宜于它生存的特定时期的社会气候，对于现代诗的发展，是十分重要的。李金发开始创作于1923年的象征体诗，直到1925年末才得以出版，并非仅仅只是一个偶然的时间安排。实质上，“五四”新诗革命在此之前出现过两个轮次的冲击，其一是以胡适为首所倡导的写实主义的白话诗及文学研究会诸诗人为人生而作的自由体诗；其二是以郭沫若为代表的创造社诸诗人的浪漫主义情感的喧嚣。二者在冲击中国古典诗歌的规范，把诗做得不像“诗”，和用诗来启蒙民众都起过不可低估的作用。然而，经过从1917年到1925年将近十年草创初期的艺术实践和积累，人们普遍不满足于仅仅止于把诗做得不像“诗”的白话革命，也对后期创造社受普罗意识的影响，把浪漫情绪宣泄变成空洞而无节制的叫喊表示不满。于是这一时期开始出现重视诗歌美学建设的艺术调整要求。1925年同一年出版的《志摩的诗》和李金发的《微雨》就成为艺术调整要求的信号。前者以1926年4月借《晨报》副刊创办《诗镌》，而成为新月派诗人的集结，他们以体现“音乐美”“绘画美”“建筑美”的格律的提倡来整束自由体诗的过分散漫；后者则引介法国的现代主义诗学，以象征性意象的展开和组合，来替代生活场面的直接描写和感情直接倾诉。无论就当时巨大历史动荡尚未到来的社会暂时安定而言，还是新诗艺术发展已有相当积累却又还相当幼稚，因而可能提供一个冷静的反思和总结的空间而言，都是历史为现代主义艺术发展提供的一个“空隙”。继此以来的30年代初以戴望舒为代表的现代派，也是在这样社会和新诗发展的双重的“空隙”中同样从法国象征派得到启示，以“纯诗”的标榜来反对诗歌的过分意识形态化，和过分注重精致形式而重新面临“带着镣铐跳舞”的束缚。这样的时机对于现代诗在中国的发展是十分难得而重要的。因为只有在这样的“空隙”中，现代诗人才可能越过诗歌沉重的社会承载，冷静地思索人在现代环境中的存在和艺术自身的建设。与现代诗在中国这两次“跳跃式”的发展“空隙”稍有不同的是，现代诗在20世纪五六十年代台湾的发展，和在80年代以后大陆的发展，都是历史在重大的转折之后提供的一个更为巨大的“空间”，同样有着社会的和艺术发展要求的双重机缘。

第三，鉴于现代诗在中国特定社会环境中的发展往往需要某种历史机缘，因此，现代诗在中国的发展，便带有某种“跳跃式”的阶段性特点，不可能如西方那样形

---

① 谢冕：《新世纪的太阳》，时代文艺出版社，1993年。

成连续性的波澜壮阔的运动。看似断断续续，却又绵延不绝。从总体看，现代诗在中国发展，大致经历了三个较大的跳跃性阶段：

首先是20世纪50年代以前。这是中国新诗走向成熟，也是中国现代诗初呈规模的时期。20年代中期以李金发为代表的象征派是它的发轫，为草创年代的中国新诗提供了相异于富写实和浪漫而忽略诗美建设的另一种“运输工具”，对完备“五四”新诗发展的艺术基础起着无可替代的作用。30年代初期以戴望舒为代表，包括卞之琳、冯至、孙大雨、梁宗岱等及后来去台的路易士（纪弦）、番草（钟鼎文）在内的一批诗人，和与《现代》杂志相响应的《水星》《现代诗风》《星火》《莱花》《诗志》第一批杂志，形成了颇具规模的一次现代诗的大潮。它们以上海为基地，在感受现代都市生活的紧张、刺激而兴发的现代人的感兴，无疑拓展了新诗创作的一片新的精神空间和艺术空间；而他们为纯正诗歌品质的关于“纯诗”的提倡，他们对诗歌内在精神的张扬，和应合诗歌情绪的内在韵律的肯定，既是对“五四”白话诗过分散漫的修正，也是对新月派格律诗过于凝固的反抗。如果说李金发是中国现代诗的肇始，那么这一时期则是中国现代诗艺术基础、形态和地位的确立。此后现代诗的发展，无论在大陆或在台港，都由这里分叉或延伸。40年代，由西南联大校园活跃到上海、北京的又一次现代诗大潮，无论在空间或时间的跨度上，都要比前两次更大和更久长。战争年月偏于中国大西南一隅由清华、北大和燕大合并的西南联大校园，既联结着整个中国硝烟与血腥的现实，又在先进学府广收博纳的学术风气，和中国第一流学者、诗人的推动下，关注世界文学思潮的发展和思考现代诗歌艺术在中国的实践。这一特殊的环境形成了民族战争年月文学发展的一个特殊“空间”，为年轻的校园诗人提供了以现代方式关注现实战争与人的一方天地。战争结束之后这群校园诗人复返城市，在重新感受城市生活气息和风雨欲来的历史氛围中，延续着他们的艺术思考与探索，出现了以《诗创作》和《中国新诗》汇合上海、北京等的南北城市诗人，后来被称为“九叶派”的现代诗群。他们在延续中国新诗的现代血脉中，努力把个人感受融汇于历史浪潮的涌动之中，既克服以往现代诗对于中国现实的某种冷漠，又规避了当时诗坛媚俗的浅薄轻浮和世俗的滥情说教，为中国现代诗创造了从单调走向繁复多样的个人风格。中国现代诗成熟的形象由40年代末这一群严肃的艺术探索者最后完成。

中国现代诗第二次大的跳跃是20世纪50年代中期直至60年代的台湾现代诗运动。这不仅是一次时间的跳跃，还是一次空间的跨越。1949年以后，中国社会的分裂导致诗坛的分流。在形成于战争年代的延安文艺运动及其方针、政策的延伸、扩展和深化中，大陆文艺强调的是与现实政治相结合的时代内容和民族大众喜闻乐见的艺术形式。前者要求诗成为社会革命的“炸弹”和“旗帜”，后者则形成“新诗在古典和民歌基础上发展”的理论指导。二者都使“五四”以来参与社会现实变革，体现大众话语指向的艺术方式成为新诗唯一可以承认和继承的传统。一切与此相悖的艺术方式，自然都受到排斥和漠视。现代诗在50年代至70年代于大陆几乎灭迹，便根源于这一背景。在台湾，新诗也经历过要求为政治所役使的“战斗诗歌”时期。但对现实政治的失望，使许多人回到自己的内心世界，开拓艺术创造的空间。而在整个社会仰慕西方的文化氛围中，西方的现代艺术思潮也汹涌而至，从而提供了现代诗人艺术创造的一个借鉴和参照系统。在这股浪潮的形成中，几位在三四十年代与现代诗有过联系的元老级诗人（如纪弦、覃子豪、钟鼎文等），和一群在创作准备时期受过“五四”以来现代诗艺术哺育的中坚诗人（如余光中、洛夫、痖弦、叶维廉等），成为台湾现代诗运动的推导者和弄潮儿。这是一次无论在时间、规模，还是艺术实验的多样性等方面都超过以往的现代诗运动。在长达十年（从“现代派”的成立到“笠”诗社的诞生）甚至更长的时间里，成为主导台湾诗坛艺术发展的主流形态，并且影响着此后台湾新诗的进程。现代诗从边缘、支流的地位，进入中心成为主流，在中国新诗的发展史上，这几乎是唯一的一个时期。尽管台湾只是中国新诗在50年代以后分流的一部分，但它证明，现代诗在中国的发展，其流脉未曾停息，犹如汩汩向洋的河流，在遇到重山阻遏时，会从另一处涌冒出来。

现代诗的第三次大发展在20世纪70年代末到80年代的大陆。“文革”十年的政治压抑，使人们对自身生存的荒谬感有切肤的体验，而借隐喻、暗示、象征和意象来倾诉长期积郁在胸的荒谬意识和对现实的抗议。正是这从现实境遇出发对艺术表达方式的选择，使这一时期尚未成名的年轻诗人不经意地走近了现代主义。到了80年代政治清明以后，人们从这时大量涌入的西方艺术思潮中，才逐渐使自己不经意的现代探索走向自觉化、理论化和系统化。而这时开始介绍到大陆的台湾现代诗，也以其各具特色的语言创造，为同是应用汉语创作的年轻诗人提供一份更亲切的经验鉴照。大陆的地广人众、厚积薄发，使现代诗浪潮迭起，迅疾发展，达到使人目不暇接的程度。在短短十余年间，共时性地几乎试验了西方百年来现代主义运动的各种形态。1985年《深圳青年报》和安徽《诗歌报》联合举办的“中国现代主义诗歌大展”，150多个诗歌团体五花八门的名称和理论，使人眼花缭乱。然而，纵使如此，现代诗尚未能够进入大陆诗坛的中心和主流地位。强大的传统力量和现实要求，仍以现实主义诗歌作为诗坛的主导。但现代诗的存在已成为一个巨大的事实，力图与现实主义诗歌平分秋色。这一时期新诗发展的另一特点是，出现了大陆、台湾和港澳诗坛的交流。而现代诗是这一交流中最为活跃的一脉。超越现实政治的生命认知和生存探索，与趋同国际现代主义和后现代主义诗歌大潮的艺术指向，使诗在沟通不同社会背景下的两岸四地诗人上有更多共同的语言。它可能导致半个世纪来随着社会分裂而分流的诗坛，在艺术层面最先走向新的整合。

这是现代诗在中国新诗发展的一幅意味深长的图景。这无言的曲折发展，告诉我们的将不仅只是诗歌艺术自身，还有诗歌艺术以外的更深层的蕴义。

中国现代诗的“中国”方式

前面说过，在西方，现代主义指的是伴随工业文明的发展而来的一种新的反叛传统的美学观念。1976 年出版的《现代主义》一书的编者马科姆·布雷德伯里和詹姆斯·麦克法兰在解释现代主义产生的文化思想背景时说：“显而易见，现代主义是一个正在迅速现代化的世界艺术，是工业迅速发展、技术先进、日益都市化、世俗化和具有多种社会生活形式的世界的艺术。”① 李欧梵在他著名的论文《中国现代文学中的现代主义》里也曾经引述依可林内斯可的观点指出，所谓的“现代风”，一方面指的是科技跃进、工业革命和资本主义带来势如破竹的经济和社会变迁，另一方面才是指随着工业文明发展造成日益尖锐的人的异化而产生的一种新的美学经验与理想。这一“现代”的美学经验，是建立在前一种“现代”的经济发展基础之上，并且是对前一种“现代”的反动。以科技跃进和工业革命为背景的资本主义经济和社会的发展与变迁，集中地表现在经济的市场化和社会的都市化上。市场经济的自由竞争和都市发展的空间挤逼都尤可置疑地要造成人性的异化和人生存环境的恶化。因此，建立在这一“现代”经济背景下的现代主义，在揭示市场经济和都市空间对人性窒息、异化的丑恶、污秽，和人在冷漠的金钱关系与恶劣都市环境中存在的孤寂与荒谬上，形成了反叛“现代”经济与社会的审美经验与规范。既反“一成不变而讲究完美的古典观念”，也反充满“市侩气息和粗鄙的功利主义”，还反对引起他们“对生活形式或生命形成真正厌恶”的浪漫与写实的人文因素，“以主观主义和摧毁偶像的姿态，毅然在他们自己的创作活动中再创立现实的关系”。②

然而在中国，现代主义发展的经济文化背景与西方有很大的不同。引发“五四”新文学运动的并非是工业文明的发展所带来的社会进步；恰恰相反，是西方工业革命后资本主义社会发展的扩张性造成对东方古老帝国的生存威胁，才推动了一批先知先觉的知识分子在寻找“救亡图存”过程中激起一场首先是文学工具，继而包括

---

① 布雷德伯里、麦克法兰编《现代主义》，上海外语教育出版社，1992 年，第 39 页。

② 李欧梵：《中国现代文学中的现代主义》。

了文学精神的革命。因此，“五四”新文学运动与西方现代主义文学运动，虽然在表面上都有相同或相近的“现代取向”，但在性质上却有很大差异。这种差异，首先就表现在西方现代主义文学的核心主题是对人存在的终极关怀，而在中国新文学，更紧迫的主题则是对国家和民族的生存关怀。它所关注的首先不是本体意义的单个的“人”的存在，而是代表国家和民族集体的、社会学意义上的“人们”的生存。这样，“五四”新文学便不能不在解救民族危机的大前提上，肯定和继承被西方现代主义所反叛的前一种“现代”的观念，如李欧梵所指出的，“进化与前进的观念，实证主义对历史前进运动的信心，以为科技可以造福人类的信仰，以及广义的人文主义架构中的自由与民主的理想”，[①] 等等。这些在西方现代主义作家笔下往往以嘲弄口吻提及的观念，在中国新文学运动的建设者面前，却是十分严肃而现实的命题。也因此，为西方现代主义所反对的浪漫主义和现实主义，恰恰成为负有重大社会使命的“五四”新文学最理想的武器。现代主义在中国的存在和发展，便也很难越过中国的苦难“现实”，而去做纯粹理性的终极关怀，和纯粹诗性的艺术本体的探索。现代主义艺术观念引进中国，便存在着两种前景，要么全盘照搬西方，常常招来“西化”之讥的对现代主义的批评，便缘于此；要么接受中国现实的“改造”，寻找和建构现代主义的“中国”方式，这正是中国现代诗和现代主义艺术走向成熟之路。因此，那种对于中国现代主义不是“原生”或“原型”的批评和责怪，并非一定是中国现代主义的缺点或耻辱，倒可能是中国现代主义的特点和通变之处。在中国现代诗的发展中，我们看到，李金发的不成熟，首先是他的“中国化”的不足；而戴望舒较之李金发把中国现代诗提高一步，恰也是他把脚印落在现代诗的“中国化”这一级台阶上。待到40年代中期以后的现代诗人，他们很明确的创造意识，便是把个人的感受置于中国历史大潮的涌动之中，来形成自己独特的现代艺术风格。他们成功的范例，不仅是中国现代诗成熟的标志，也是整个中国新诗艺术水平提高的象征。

在20世纪充满坎坷与酸辛的历史夹缝中曲折沉浮的中国现代诗人，不能不面对中国苦难而又多变的现实来完成自己的艺术创造。我们大致可以从两个方面来考察中国现代诗的这种“中国”方式的改造。

首先，中国现代诗人在现代工业文明发展不足背景下的现代诗创作，大抵是以在中国多难的战争与离乱历史缝隙中所产生的生存荒谬感、孤寂感和失落感，来代替西方现代诗人在机械文明对人的心灵侵扰、挤逼、异化所产生的荒谬感、孤寂感和失落感。这种情况，无论二十世纪三四十年代的现代诗人，五六十年代的台湾现

① 李欧梵：《中国现代文学中的现代主义》。

代诗人，或八十年代以后的大陆现代诗人，虽然程度不一，却大致相同。50年代中期形成于台湾并持续至今的现代诗浪潮，几乎是与台湾社会的现代化转型同步发展的。因此，常常受到“早熟”“亚流”之讥的台湾现代诗，几乎是到了80年代“后现代”情况出现之后，才因工业发展、资讯普及等社会现代化程度的提高而获得“解咒”。那么，既然不是工业文明的发展赋予诗人新的审美观念，是什么构成五六十年代台湾现代诗审视人生的荒谬意识呢？显然，是这一代的现代诗人（从纪弦、覃子豪到商禽、洛夫、痖弦、余光中等）他们个人坎坷人生经历与中国离乱历史的叠合，在漂离故土之后赋予他们茫然无着的沧桑感、失落感和荒谬感。这是我们从他们典范的现代诗文本背后都能读到的那段凄怆人生故事所投射在文本上的迹影。台湾五六十年代的现代诗人与八九十年代以后有着“后现代”特征的诗人最大的区别，就在于他们文本背后的历史与现实蕴涵的不同。今天的现代诗人，主要来自对资讯手段高度发展而改变人的存在状态的现实关注，在拓展平面、放弃深度的同时已很难如50年代的现代诗人那样容易让我们聆听到历史深层的回响。这种现象也存在于50年代初期的香港诗坛。以创办《文艺新潮》而为香港早期现代主义诗歌奠立基础的马朗，他的文学活动和现代诗创作，虽有着香港都市发展的“现代化”因素的刺激，但更主要的是他希望以倡导现代主义来拯救时势、振奋人心。他在后来忆述自己于1951年初抵香港，重新观看里外的世界而意识到“处身在一个史无前例的悲剧阶段”时，“感到需要有一个中心思想，在文学上追求真善美的道路，从艺术上建立理想的乐园。这便是朋友们后来所说的推动新的浪潮的历史任务，也就是我们最初要在革命的狂流中开始一个新的革命。这个新的潮流就是现代主义”。① 显然，马朗对香港早期的现代主义的推动，带有很强的由中国社会历史所引发的政治倾向。马朗在这一时期的现代诗创作（后来结集为《焚琴的浪子》出版），也烙印着他个人在中国历史波折中的人生经验。

“文革”中后期开始以地下流传方式出现的大陆现代诗，其发端也来自于对中国当代这一段黑暗而荒谬的历史的反叛。这种源自于中国现实政治的历史乖谬意识，一直是20世纪80年代大陆现代主义诗潮的最有特色也最重要的主题。80年代后期以来，当这种历史荒谬感从诗坛上淡出以后，同时也意味着以“朦胧诗”为代表的这一现代诗的退潮。当然，它也意味着希望从开放的现实中获得新的情感支撑的另一波现代诗正在酝酿和形成。

① 马博良（马朗）：《香港现代诗的过去和未来》，1985年提交香港大学亚洲研究中心主办的“香港文学研讨会”的讨论稿。

其次，在对现代诗的哲学、心理学、美学基础和艺术技巧的某些可操作的层面上，中国的现代诗人不仅引介自西方的哲人和诗人，往往还从博大的中国文化和艺术的经典中找到了可以与之相沟通、融洽、替代的对象，从而从精神内涵到外在形式上，赋予了现代主义的“中国”方式。洛夫诗歌对法国超现实主义的解构与重建，就是一个典范的例子。他自称，在他写作被称为中国超现实主义经典文本的《石室之死亡》时，“尚未正式研究过超现实主义”，“最多只是在技巧上受到国际性的广义超现实主义者所诠释所承认的作品的影响”。因此，他把超现实划分为狭义的和广义两种。狭义的超现实主义是指出现在两次世界大战之间，以法国巴黎为中心的一次新艺术运动；而广义的超现实主义则包容在所有真正诗人中的一种超现实的艺术精神。他认为，“大凡伟大艺术的形式中都含有超现实的精神因素”。在这样解构了法国超现实主义概念之后，进一步指称，“中国诗人易受超现实主义艺术之感染的另一个因素（是）……中国艺术传统中即隐含着那种飞翔的超越的暧昧而飘逸的气质。这种气质——也许就是中国文学中所谓的灵性——正与超现实主义精神相吻合”。并且更加具体地指出：“中国的禅与超现实主义多有相通之处。……这种不落言诠而能获致‘言外之意’，或‘韵外之致’，即是禅宗的悟，也就是超现实主义所讲求的‘想象的真实’，和意象的‘飞翔性’。超现实主义诗中有所谓的‘联想的切断’，以求感通，这正与我国‘言在此而意在彼’之旨相符。”[①] 在这里，洛夫把西方奠立在尼采哲学、弗洛伊德心理学基础上的现代主义审美方式，与东方建立在庄子哲学与禅悟精神基础上的艺术思维方式沟通起来。认为二者处理人与周围环境的关系上都具有共同的关注个体生命的存在，企望挣脱桎梏、走向超越和升华的哲学精神；在艺术表达上也具在相似的以直觉观照手段，在个体自身的体验中达致超越语言表达的自然、圆融和含蓄的美学境界。洛夫自觉地从庄、禅哲学拓展了它的现代视野，也为中国的现代诗创作寻找到它的民族本源。洛夫一开始就声称自己超现实主义的“血统纯然是中国”的，后来又进一步宣称自己的超现实主义是按照禅宗的方式写作，追求主体与客体的融合，以有限暗示无限和反逻辑的直觉观照，等等，[②] 都表明他企望在诗的纯粹与空灵上最后达致禅的境界，从而建立中国超现实主义诗歌的特殊形式。

这种把现代诗的创作引入中国人文传统精神的努力，还表现在相当多的现代诗人都积极地从中国的古代的历史与文学中开拓重新诠释与蕴寄现代空间。他们或者

① 洛夫：《超现实主义与中国现代诗》。

② 同上。

翻用前人的辞章、典故、境界以创造新的意境，或者重构历史故事和人物，给以现代诠释和观照，或者溯游在古代人文环境的历史胜迹中，以抒写现代的感怀。这一趋向，从“五四”新诗草创初期即已开始。郭沫若《女神》中便借用不少中国古代神话、传说和历史故事，却又洋溢着狂飙突进的现代精神；闻一多借古诗的意境写过《红烛》和《红豆》；而朱湘最善于翻用古人的诗词，在他的诗中常有从《诗经》、唐诗、宋词中脱化而来的句子。即使现代如卞之琳诗歌所主张的“戏剧性情境”，也可以找到它与中国古典诗论中“境界”说的关系。在台湾现代诗的发展中有一个时期，被余光中称为“新古典主义”而在命名上为洛夫坚决反对的艺术趋向，曾经成为许多诗人共同的实验，并以此来扭正屡受“西化”非议的现代诗与中国人文传统的联系。20 世纪 80 年代以后的大陆现代诗，在“朦胧诗”的初潮过后，也出现了一股回溯传统的努力，以和当时文坛上的“寻根”热潮相呼应。不管如何为中国现代诗发展上这一趋向“命名”，它表现了现代诗人重新诠释历史与经典的现代意识的另一侧面，和现代诗人从接受西方的引介到寻回自己人文传统的努力，同时也为现代诗呈现出它在中国的一种存在方式。这是一段漫长而曲折的历程。从 70 多年前引自西方的最初一声绝唱，到 70 年后以“中国”方式广泛存在于至今还残留裂痕的国土，中国现代诗的起起落落，无不与我们的生命、土地和时间息息相关。

发表于 2000 年第 5 期

文学史的叙述问题

——文学史学的基本话语研究

郑家建*

一

随着现代人文教育体制的确立和发展，文学研究已成为这一日益细密化的学科体制中一个不断膨胀的知识生产群。比如，近一个世纪以来，人们对文学史的写作一直保持着强烈而持久的兴趣，就是这一知识生产的重要表征之一。先有王国维、胡适、鲁迅、郑振铎等大师们的垦拓、开创之功，后有源源不断、数量惊人的文学史著作的出版。[①] 这些日益积聚和丰富的学术资源，都预示着"文学史学"作为文学研究领域中的一个独立分支，将"呼之欲出"。同时，这也对建立"文学史学"提出了内在的学术要求。

然而，在这种生机勃勃的文学史研究和写作的学术格局中，一些原先潜伏着或者被有意忽视但又确实需要在理论上做出回应和总结的问题，也随之变得尖锐和急切起来：（一）已有的文学史研究和写作，多是借助于一般历史学[②]（比如社会史、思想史甚至革命史）的观念、框架和理论模式，而且没有充分考虑到文学史作为"文学"史和文学"史"的双重性。（事实上，这种双重性正是文学史研究与写作的独特性之所在。）（二）与此相关的另一个更深层的困境，是我们一向缺少对"文学史"作为一种独立的学术对象，进行深入的理论反思和理论建构。这样就使得文学

---

* 郑家建，福建师范大学文学院副教授，文学博士。

① 1949 年前出版的各种文学史著作有 300 多种（据黄山书社 1986 年出版的《中国文学史书目提要》统计），1949 年到 1991 年间出版的各类文学史著作多达 578 部（据辽宁大学出版社 1992 年出版的《中国文学史著作版本概览》统计）；1991 至今出版的各类文学史著作虽然还没有人做过完整的统计，但估算起来至少也在 400 种左右。也就是说，全部加起来，在这一个世纪中，出版的各类文学史著竟达 1200 多种。

② 戴燕：《中国文学史：一个历史主义的神话》，《文学评论》1998 年第 5 期。

史的学术个性经常摇摆于一般历史学和文学批评的两个极端之间，有时甚至成为某种意识形态的附庸或图解。正是基于对上述文学史研究、写作现状和困境的理论反思，我提出了“文学史学的本体性研究”这一命题。我认为，这一命题的理论展开，其面临的最大困难就是，如何确定一套建构文学史学所必不可少的、基本性的理论话语体系，即确定“文学史学”作为一个独立的学科范畴所必要的理论范式：它的理论规范（这其中又包括框架、特点、功能）和话语方式。我的研究就从对建构文学史学的一些基本话语的讨论开始。

二

虽然任何一种的文学史写作都有自己的话语形态，但就话语方式来看，它与一般的历史著作并没有根本性的差别，从某种意义上说，二者都是一种叙述方式。那么，关于叙述的一些根本性问题，就成为我们进入文学史的具体写作之前首先要分析的对象。

一是文学史的叙述框架问题。即应该如何把文学的历史演进放在一个相互联系的关系网络之中来加以叙述。应当承认，已有的大多数文学史著作，正如韦勒克所指出的：“要么就是社会史，要么就是文学作品所阐述的思想史，要么只是按编年顺序写下的具体作家、作品的印象和评价。”[①] 因此，如何解决文学史叙述框架中的几对矛盾——文化史（思想史、社会史）与诗学史之间的矛盾，具体作家、作品的独创性和文学传统的持续性、稳定性之间的矛盾，文学作品作为研究对象时的历史性和作为审美对象时的“现时性”之间的矛盾——就成为探讨文学史叙述框架的核心问题。为此，我提出了共生互动框架说。所谓的共生互动框架说，就是在新的文学史叙述形态中，我们不能因噎废食，简单地把文化史（思想史、社会史）的内涵排除殆尽，而走向另一种极端，即只一味地关注形式、风格等诗学因素的演变过程。在这里，问题的关键在于：必须找到文化与诗学在历史进程中真正的耦合点。我认为，反映着时代面貌的具有普遍性的文化思想和文化精神，不是由于个别作家或作品形成的，并且是不以他（它）的意志为转移的。所以，相对于具体作家、作品来说，一个时代的文化思想、文化精神是外在的。但是，作为个体的作家、作品又不能脱离时代及其文化思想、文化精神。比如，一个作家思维方式、情感方式和艺术观念总是被他的时代具有普遍性的文化思想、文化精神所浸染。所以，在这个意义上说，文化思想、文化精神又是内在的。换言之，具有普遍性的文化思想、文化精

① 韦勒克等：《文学理论》，三联书店，1984 年。

神给具体的诗学创造注入了丰富的意韵，同时，诗学创造又把一个时代的文化思想、文化精神加以个性化、典型化和精粹化。在整个历史过程中，文化和诗学一直是在不断地相互催生、相互交融、相互创造。这二者是处于一种共生、互动的内在关系之中。同样，独创性和文学传统之间的内在关系也是如此。独创性不是对传统的背离，任何一个作家都在一个特定的传统内进行创作并采用它的种种技巧，纯粹的"空无依傍"的艺术创造是不可想象的。问题的关键就在于，任何一种真正的创造，都必须具有新的感性力量和艺术价值，正因为有了这种新的感性力量和艺术价值，才使文学传统作为一个变化的整体能够不断地增长着。① 这也就是说：一方面，正是与那个传统背景发生对照时，创造才可能被理解，被接受。另一方面，正是由于部分偏离已经形式化了的传统，创新才可能实现。在历史过程中，对一个具体作家、作品，读者、批评家和同时代的作家对它的看法是在不断变化的。即解释、批评和鉴赏的过程从来没有完全中断过，并且看起来还将无限期地继续下去，② 于是，这些批评、阐释的资源及其可能连同那些具体作家、作品一起构成了文学史的对象。然而，对于一个文学史的叙述者来说，虽然拥有如此众多的阐释资源，但他仍然不能排除自己的"当代性""个人性"。因此，重要的是，必须在这种对象与阐释的历史性和叙述者的"当代性""个人性"之间建立起一种共生、互动的框架。也就是说，要求文学史的叙述者对所能接触到的尽可能多的过去和现在读者的印象进行本质的、客观的分析。（理论上是如此提倡的，但事实上这又是很难做到的。）同时，在对历史的叙述中，尽可能地在自己的叙述之中唤起那些作品的活跃的特性、激励人心的力量和形式的美感。我认为，这种强调共生、互动的叙述框架，能有力地改变已有的文学史叙述中的文化/诗学，独创性/传统，历史性/当代性的相互分离，静态的二元论思维方式，从而把对文学的历史叙述建立在一种综合的、整体的、动态的框架之中。当然，在这一新的叙述框架中，我们也必须警惕那种体系化的、扩张性的"文学史帝国"的方法论倾向。因为，所谓的框架不是一个包容万象的容器或实体，而是一种关系范畴。

二是文学史的叙述形态问题。即任何一个研究者都不可能把有关文学的一切过去都原封不动地搬上纸面。他必须有自己特殊的眼光、角度和价值立场。这里，我们就接触到了文学史的叙述形态问题，这其中有两个影响深远的理论模式需要检讨：一个是认为文学的历史过程，存在着一种从生到死的封闭进化过程。这一观念常常

---

① 韦勒克等：《文学理论》，三联书店，1984 年。

② 同上。

认为，一个文学类型或一种文体，一旦达到某种极致的阶段，就必然要枯萎、凋谢，最后消失。从五四新文化运动开始，进化的观念就逐渐被引入到文学史的叙述模式中，文学演进的历史被描述为如同生物体一样，经历萌芽、生长、开花、成熟、僵化以至最后死亡的全过程。[①] 这一进化的历史观使得中国人有力地纠正了在过去的文学史叙述中，过分拟古、崇古的价值取向，而获得一种强调运动、变迁和联系的动态的、整体性的视野。但是，在这一文学史的叙述形态中，由于过分突出进化的必然和衰亡的命定，排除了文学演进过程中的偶然性和作家主观努力以及天才发挥的余地，因此，在这种文学史的叙述形态中，很难理解文学发展的多种可能性。第二个理论模式认为，文学的发展、演变是向一个目标接近的过程，即一种典型的历史目的论的观念。这一隐藏在文学史叙述形态背后的历史目的论观念，在 1949 年到新时期之间出版的大量的文学史著作中，都曾留下很深刻的痕迹。比如，在这期间出版的众多的新文学史著作，都一致强调运用新民主主义理论来阐释新文学的发展的内在方向。这种历史目的论观念，其潜在的思维方式，是过分相信历史与逻辑的一致性。所谓的逻辑和历史的一致性，在黑格尔的哲学意义上认为，人类的认识历程和逻辑的发展历程彼此相符，都是由低级向高级，由萌芽状态向成熟状态，不断向前推进。但是，如果过分相信逻辑推理，或以逻辑推理代替历史的实证研究，就会形成以抽象代替具体的弊端。历史的发展固然可以从中推导出某些逻辑性的规律，但历史和逻辑毕竟并不是同一的，后者不能代替前者，同时，历史的发展往往也不是可以根据逻辑推理，顺理成章地得出结论的。比如，由于这种历史目的论的影响，导致了在过去的几十年中，我们对中国现代文学有过许许多多的不同“定性”的理论兴趣，先是把中国现代文学定性为“新民主主义文学”，而后又提出中国现代文学是“现代化（性）的文学”，这些提法都隐含着某种所谓的“深层历史意识”：即相信纷繁复杂的文学现象背后（或者说深层）必然存在着某个具有“客观性”“本质性”的东西，只要把这一东西“浮出海面”，我们就能梳理出一个历史结构来。这样，一方面，就必然把作为精神活动的文学创作的丰富可能性化约成一种特定的状态。（事实上，我们根本不可能把充分个性化的文学想象与文学创作，用一种明确的方式加以确定。）另一方面，也把我们理解历史的多样性方式给简化了，或者说整合了。因为，既然历史能够通过一个中心概念（无论是新民主主义，还是现代性）把一切现象逻辑地整合起来，那么，在此之后，我们除了对这一中心概念加以证实、推论之外，将毫无作为。鉴于上述两个方面的理论困境，我提出了感性—知性—理

① 最典型的例子就是胡适的《白话文学史》。

性这样一个不断演进深化的动态的文学史叙述形态：即从混沌的关于整体的表象开始（感性）——分析的理智所作的一些简单的规定（知性）—经过许多规定的综合而达到的多样性的统一（理性）。马克思曾把这样的一种分析模式和理论方法称为"由抽象上升到具体"的方法，并且指出这种方法"显然是科学的正确的方法"。[①] 如果我们把这一方法引入到文学史的叙述中，那么就能够有效地避免进化论和历史目的论所潜在的形而上学的思维困境。具体地说，在文学史的叙述中，我们一方面要把具体的作家、作品与一般的历史价值与审美价值联系起来，但这并不是要把每一个具体的作家、作品贬黜为仅仅是一般历史价值或审美价值的样本，而是在这种一般历史价值或审美价值的背景下，发现出具体作家、作者所内含的新的历史经验与审美经验，即是要给个体以新的历史与美学意义。另一方面，也不是要把历史理解为一种直线前进的理论预设或一条不连续的无意义的流，而是既要保持历史中的具体作家的个性，同时又要呈现历史过程的多样性。[②] 也就是说，在新的文学史叙述形态中，感性—知性—理性这三个环节，缺一不可。而过去的文学史叙述，常常是在知性面前就止步了。其结果就是，在文学史的叙述中，或者不得不承认那种认为历史是无意义的变化的流的看法，或者不得不运用某些超文学的标准，即用一些绝对的、外部的标准来研究文学演进的历史进程。[③] 因此，只有运用这种"感性—知性—理性"的叙述形态，我们才能谈论历史进化，而且在对这一进化过程的叙述中，每一具体作家作品的个性和魅力又不被削弱。

三是文学史的叙述时间问题。这又包含着三个相关层面的内容。第一，是关于文学史应该如何分期的问题。已有的文学史著作在分期上多数是采用依据政治变化进行分期的办法，也有少数著作采用依据历法上的世纪、十年等不同的分期，把文学史写成编年史的样子。[④] 这两种分期的方法在某种意义上都有截断众流，简洁明快的方便之处。但是，文学史的发展有其自身的特殊性与规律性，即它的分期往往与政治史、历法的分期有不相一致的地方。当遇到这种情况又该如何处理？处理的依据是什么？这都是值得探讨的。第二，与此相关的问题是，对于一个断代的文学史叙述来说，上下限又该定在何处？这就要求我们不仅需要辨别出一种传统惯例的衰退和另一种传统惯例的兴起，同时还要探讨为什么这一传统惯例的变化会在某一特

---

① 王元化：《思辨随笔》，上海文艺出版社，1994年。

② 韦勒克等：《文学理论》，三联书店，1984年。

③ 同上。

④ 同上。

定的时代发生?[①] 第三，生存于两个不同时期的作家之间，又是如何相互影响，并且，这种相互影响的历史痕迹又是如何在文学史的分期上留下许多模糊、交叉的地带。所以，仅仅以历法上或政治史的依据来划分文学史，是不足以解释文学变化的。因为，文学变化是一个复杂的历史过程，它随着场合的变迁而千变万化。这种变化，从某种意义上说，部分是由于内在的原因，由文学既定规范的枯萎和对变化的渴望所引起，但也部分是由于外在的原因，由社会的理智的和其他的文化变化所引起的。[②] 我们说，把历史理解为一浪推一浪、一代胜一代的连续链，那只是一种历史幻觉，但是从当前的文学史写作之中，我们却能很分明地看到当代人在不同程度上都染上了历史时间的焦虑症。一个最典型的例子就是，一方面，我们在文学史的叙述中，把历史时段划分得越来越短，越来越密；另一方面，在每一个限定的时段内，都努力寻找一种所谓的转换。我以为，目前人们正热衷讨论的所谓近代向现代的创造性转换这一课题，就存在着这种历史时间的焦虑症。因为我们不能从它们之间时段的相邻接这一外在特征，就推导出这其中必然存在着某种的转换关系。所以，我以为，在讨论文学史的分期问题上，我们应该保持一种开放的心态，充分考虑到历史中的变异和转换。同时，也应该拉开更加广阔的历史长度来考察、叙述历史。

发表于 2001 年第 1 期

---

① 韦勒克等：《文学理论》，三联书店，1984 年。

② 同上。

小说20年：人性描写的历史演进

管 宁*

新时期20年来，小说创作无疑在理性内涵的拓展、艺术观念的更新及表现技巧的丰富上都取得了骄人的成绩，但由这一成绩所构织的艺术画廊里，人性描写是最引人注目的一笔。新时期小说所走过的20年历程，事实上是一个不断向文学本体回归的历程，因而也是一个将人性的表现不断引向深入和多样化的历程。在我们勾勒这一历程基本轨迹之前，有必要对人性的内涵、文学中的人性及其特征作一探讨。

关于人性的内涵，历来就有各种不同的概括，但不论是哪一种概括，要搞清人性的内涵，首先得了解什么是人的本性与本质。依照马克思的论述："人的本质并不是单个人所固有的抽象物。在其现实性上，它是一切社会关系的总和。"① "评价人的一切行为、行动和关系等等，就首先要研究人的一般本性，然后研究在每个时代历史的发生了变化的人的本性。" "人直接地是自然存在物。" "人只有将现实的、感性的对象作为自己的本质即自己的生命表现的对象；或者说，人只有凭借现实的、感性的对象；才能表现自己的生命。"② 约翰·杜威的阐述是："我不相信能证明人们固有的需要自有人类以来曾改变过，或在今后人类生存于地球上的时期中将会改变。" "我所谓'需要'，是指人们由于其身体构造而表现的固有的要求。例如饮食的需要和对行动的需要，等于是我们存在的一部分，因此不可设想在任何情况下，这些需要会停止存在。" "有些倾向是人的本性的不可分割的部分；如果这些倾向改变了，本性便不再成其为本性了。"③ "人性不变的理论是在一切可能的学说中，最令人沮丧的和最悲观的一种学说。如果逻辑地贯彻它，它将意味着个人的发展在其出生时即

---

* 管宁，福建论坛杂志社副总编辑、副编审。

① 马克思：《德意志意识形态》。

② 马克思：《1844年经济学哲学手稿》。

③ 约翰·杜威：《人的问题》，上海人民出版社，1986年，第150页。

已预先决定的一种学说，其武断性将赛过最武断的神学的学说。”① 综上所引之论述，对于人性，我们可以作这样的理解和概括：

一，人作为一种以生命的形式置身于自然的存在物，有着其基本的、相对稳定的自然欲求，或称自然属性和一般本性；

二，人的一般本性的实现有赖于相应的对象，只有通过相应存在对象的确认，人自身的生命表现才能得以实现；

三，人的一般本性在现实的生命活动中，或者说一般本性一旦进入具体的、现实的生命活动，就不再是抽象的、凝固不变的，而会有不同的表现形态和特征。

根据这种归纳和概括，我们对人性的内涵便有了比较清晰的理解：人性是人在其生命活动中所表现出来的全部自然属性的综合，是人在现实活动中所体现出的全部规定性。很显然，完整的人性内涵应包括两个方面：即一般的、普遍的人性和现实的、具体的人性；前者事实上指的是人与生俱来的自然属性，如食欲、性欲、享受欲、进攻欲、获取欲等，这些人的本能欲望在现实中则体现为一种生理需要（如衣、食、住、行、性、睡眠等）；后者指的是人性在特定的社会、历史、经济、文化背景下之具体环境中的表现形态，这些形态在现实中则体现为种种心理活动和行为，反映着人的心理和行动的需要，如人的交往、理解、爱、尊重以及自我实现中表现出的善良、同情、正义、仇恨、嫉妒、邪恶等善恶心理和情感。这两方面的内容基本上构成了完整的人性内涵。尚需明确的是，除了人的自然属性具有相对稳定性外，现实的、具体的人性则是随着社会历史文化的变化而变化，随着具体环境的不同而表现出差异性，具有明显的可变性和开放性。正是这种可变性和开放性才使人性呈现出无限丰富的形态，显示出变动不居的特征。当然构成人性这一特点的不仅是外在的社会历史条件，不同个体的个性心理气质的差异在事实上起着更为根本的、关键的作用，它是构成人性丰富性、多样性和可变性的最本质、最内在的动因。

在我们了解了一般人性和现实人性之后，再来看看文学中的人性。作为以人为表现对象的文学，它在探悉和摹写人的个体心理活动及其特征方面有着独特的优势：不论是社会变革还是现实人生遭际，抑或是个体之生命体验，其所激发起的人的心理感受和情感活动，均能借助于文学加以形象的表现。当然，文学作为人类表达心智情感、心理活动、思想理念的语言艺术，它对人性的表现自然要遵循其固有的艺术法则和规律。因而文学中的人性虽以现实中的人性为模本或依托，但在经由作家的艺术创造之后，现实的人性便会在不同的程序上发生变化，被演绎、融合成艺术

① 约翰·杜威：《人的问题》，第155页。

作品中的人性。鉴于文学作品中的人性之于现实中人性所存在的区别和差异，我们有必要对什么是文学中的人性，它具有哪些特征作一简要阐述。

所谓文学中的人性，就是作家依凭自身对现实中所观察和体验到的人性现象，经由取舍和艺术加工后，成为作品艺术魅力之重要构成的人性内容。文学中的人性较之现实中的人性具有以下几个特征：

一，感性化与形象化。文学作品不论是对一般人性还是现实人性的描写，都是或借助于生动的感性材料或借助于具体可感的形象来表现的。任何抽象的、理性化的人性内容都将对作品的艺术品质构成损害。文学中的人性表现是与作家的个人艺术气质和所秉持的艺术观念相联系的，是经由作家主观审美情感投射后的产物，它虽与现实人性有着诸多的联系，但已经明显区别于现实人性而具有感性化、形象化的特征。

二，变异性与凸显性。由于现实中人的个性心理特征和意识倾向的互不相同，也由于个体自身心理和意识的矛盾性和可变性，决定了人性的极端复杂性与无限多样性。文学不可能完全穷尽现实人性的复杂状态，但文学却能以其独特的方式去揭示和表现人性的矛盾性、变化性。以文学观照和表现世界的手法所揭示出的人性的矛盾性与可变性，相形于现实人性就有了某种向度上的变异，或者说作家在某个向度上对人性进行了重新打造，从而凸显了人性的某一方面内容与特征。

三，主观色彩与个性化。文学中的人性虽然根源于现实人性，但由于艺术创造过程中，作家个人美学情趣、价值观念的渗透，通常要将现实的人性材料按照个人的意志和审美理想进行重新编码，从而构织成带有强烈主观色彩的人性形态。此外，由于小说作品常常要以人物、情节结构及话语方式来传达人性内容，这样，不同人物各自特有的心理、情感及思维方式所构成的个性化世界、不同作家笔下相同人性内容的不同传达和表现方式所呈现出的独特性，就形成了文学中人性显现所具有的个性化特征。

以上我们探讨了人性的基本内涵、文学中的人性及其特征，在此基础上我们将就新时期 20 年小说创作中的人性描写轨迹作一番粗略的梳理，以期勾勒出其历史演进的大致轮廓。

综观新时期 20 年的小说创作，在人性描写上大致可分为三个时期：一，人性的觉醒期（1977—1985），这一时期在两个向度上展开人性描写；二，人性的探索期（1985—1987），也在两个向度上展开人性描写；三，人性的拓展期（1987 年至 20 世纪 90 年代），有三个向度上的人性描写。这三个时期七个向度的人性描写构成了 20 年小说创作的总体面貌和基本轨迹。

一、人性的觉醒：呼唤尊严与抒写真情（1977—1985）

新时期伊始，当人们刚刚从荒谬的政治理性阴影和文化荒原中走出时，长期的精神窒息、文化饥渴和人性压抑所积郁的巨大心理情感能量，迫切需要有一个宣泄、释放的通道。在电视还远离人们生活的当时，小说理所当然地承担起传达人们情感和心声的主要作用，迎来了它值得骄傲的辉煌时期。20 世纪 70 年代末 80 年代初，伴随着思想解放的脚步声，小说创作一开始就将艺术的笔触聚焦在人性描写上。虽然这时期小说的人性描写尚未在整体上表现出足够的深度和广度，但已经在两个向度上卓有成效地展开了：一是以觉醒了的人性意识去观照刚刚结束的非人性的政治意识统摄下的畸形人性；二是以解除禁锢后的自主心态去叙写作家真实之个人情怀，表现出富有个性的人性情感。前者以一批引起强烈反响的“伤痕”“反思”小说为代表，后者以一批初涉文坛的中青年作家创作为主体。这两个向度上的人性表现，迅速打破了“十七年文学”在人性描写上的缺失，使新时期小说一开始就向文学的本体复归，获得较高的美学品质。

在经历了一场历史性的精神劫难之后，作家们积郁于胸的感触无疑是复杂的。但无论这些感触有多么复杂，在这一时期几乎都指向了酿就如此众多非人性事件与情景之历史动因和人性动因的追问，指向对人的尊严的深切呼唤。卢新华的《伤痕》、刘心武的《班主任》《如意》、张贤亮的《吉普赛人》、莫应丰的《竹叶子》等一批小说，以敏锐的艺术触角率先洞悉了历史劫难在人们精神和心灵上留下的深刻印痕。这种洞悉并不单纯是一种作家对社会生活的敏感，更是一种人性意识复苏与觉醒的结果。当然，倘若不是新时期思想禁锢的解除，不是政治理性高压的结束，这种人性的觉醒还将有待时日。作家人性意识的觉醒，不仅对人性被扭曲的状况拥有敏感，而且对人性的自我扭曲投以关注的目光。王蒙历经打成右派的长达 20 年的人生磨难之后，一旦从政治理性的漩涡中挣脱出来，其对人性便有着较深入的透视和揭示。《布礼》中，在泛政治意识的濡染下，连谈恋爱写的情诗都需与革命联系在一起，更令人感到可悲的是，人性已被扭曲的钟亦成非但没有丝毫的痛苦，反而陶然其间，表现出荒谬政治环境里不但人的尊严被剥夺，而且个体自身也将尊严视为异己之物加以推拒。《蝴蝶》中，作家通过张思远副部长于颠簸的吉普车上恍若梦境的往事联想，从正面表现出人性意识的觉醒——“把爱情叫做‘问题’，把结婚叫做解决问题，这真是对祖国语言的歪曲和对人的情感的侮辱”。对人的正常情感欲望的遮掩，事实上是一种非正常的观念理性统摄的结果。这种统摄排斥了一切人性内容，而把种种非人性的空洞、呆板乃至虚幻的理念装填进来，这不仅窒息了情感，也窒息了生命。不难看出，不论是钟亦成还是张思远，他们的人生悲剧，既是一种政治悲剧，也是一种人性被扭曲的悲剧。

历史浩劫中人性被扭曲的现象，不仅上述作家给予深切的关注，其他一批作家的小说中也作了充分的表现：从维熙《大墙下的红玉兰》、郑义《枫》、鲁彦周《天云山传奇》、张一弓《犯人李铜钟的故事》、古华《芙蓉镇》、高晓声《李顺大造屋》、周克芹《许茂和他的女儿们》、张贤亮《邢老汉和狗的故事》、李国文《月食》、孔捷生《在小河那边》等，均展现了置身那荒诞岁月中人物曲折的生活道路和历经磨难的心灵创伤，回响着对非人性的历史存在的谴责之声，寄托着呼唤人的尊严的强烈意愿。

泛政治意识解除后人性意识的觉醒，使上述作家对人性扭曲、尊严丧失的历史境况进行深刻反思和揭示，并试图清理和打捞失落的人性，同时也使另一批作家毅然打开了一扇透视真实人性情怀的窗口，从展呈真情、书写情爱的角度，绘状出一幅情美意深的人性画卷。王安忆、张洁、铁凝、张抗抗、汪曾祺、张炜、黄倍佳等一批新老作家，纷纷将笔触伸向以往较少涉及的人性情感空间，以剥离了僵硬的政治化、概念化的躯壳而呈露出真性情、真情感的清新动人的面貌，给文坛注入了一股蓬勃的生机。

爱情不仅反映着人的自然的情感欲求，也反映着个体独特的情感方式、性格禀赋以及对人生的体悟，虽然它同时也映射着一定历史阶段的伦理规范和道德观念，但爱情毕竟是一种个人性很强的情感，蕴含着丰富的人性内容。一批作家涉足于此，并表现了种种突破传统道德框范的情感方式，率先打破了某些禁区。张洁《爱，是不能忘记的》、张弦《未亡人》《挣不断的红丝线》、谌容《褪色的信》、王安忆《金灿灿的落叶》、陆星儿《美的结构》《啊，青鸟》、尤凤伟《因为我爱你》、陈可雄和马鸣《杜鹃啼归》《飞向远方》等作品，均在爱情的表现上倾注了心力，呈示出新的内涵，从而丰富了新时期小说的人性描写。

张洁《爱，是不能忘记的》因涉笔女主人公与有妇之夫的爱情而引起当时评论界的聚讼纷纭，但这部作品的意义并不在于它触及婚姻家庭制度、观念习俗与情感之间的矛盾，而在于它表现了两性之爱在某一既定的人伦规范下所达到的一种极致状态，呈示出爱情所具有的无限伸展性，表现了作家对爱情这一人性之重要构成的大胆肯定。张弦《未亡人》以女主人公内心独白的方式铺写出周良蕙在真爱的觉醒后受伦理道德的挤压而痛苦挣扎，最终归于妥协的人生悲剧。张弦另一部作品《挣不断的红丝线》中的傅玉洁尽管曾经为追求真爱而与世俗力量抗衡过，但终因环境压力和生活的困顿，无奈地回到她抗拒过的世俗之中，在她身上闪现过的人性之光不仅没有带给她幸福，反而带给她曲折磨难的人生体验。周良蕙、傅玉洁在爱情上的人生遭际，既表现了人物觉醒了的人性意识，又展示出现实社会中与人性抗衡以至扼杀人性的世俗力量。不难看出，张洁、张弦对其笔下人物命运的关切与悲悯之心，表明作家意识深处所拥有的一种可贵的精神关怀：即对人的生存质量的关怀。这无疑是根植于人性觉醒基础上的一种现实情怀，一种对真情真爱的呼唤。

二、人性的探索：把脉民族文化，彰显现代意识（1985—1987）

在新时期小说的发展史上，1985年无疑是个不平凡的年份：一部部突破传统审美观念、呈示出全新的理性内涵的作品，几乎是不约而同地在这个年份纷纷登场亮相，同时引发了批评界众说纷纭的理论阐释，使文坛呈现出一派热闹繁荣的景象。

这一时期的人性描写，虽然是前一阶段的自然延伸，但总体上已有较大程度的拓展。主要表现在两个向度上，一是从反思历史到反思文化，“文化寻根”事实上是历史反思朝纵深发展的逻辑必然，是通过对人性负面的审视以达到对健全人性的张扬；二是通过有着现代意识的人物的表现，正面肯定那些有助于实现人从传统到现代转化的人性品格，这一表现在客观上与负面地反映人性形成了对照，二者殊途同归，目的都在探寻和建立与现代化的民族理想相适应的人性品格。由这两个向度上展示的人性描写，不单是表明了作家人性思考的深入，而且表明了整个社会在向现代化迈进的过程中，对于那些潜藏、隐伏于文化心理结构中可能或正在构成阻碍现代化进程的人性因素的自觉反省。

这一时期作家们纷纷把笔触伸向传统文化并非偶然。这样一种不约而同的集体行动的出现，不仅是历史反思的必然延伸和现实文明进程的内在要求，同时还与当时大量体现现代西方文化、哲学思想和价值观念的学术著作的译介、传播有着密切的关系。在西方文化、哲学思潮的流播所带来的一种新的、迥异于民族传统文化的价值体系观念的对照下，富有使命感的作家敏锐地察觉到传统文化塑造的人性品格中，存在着诸多需要扬弃和重塑的东西。尽管文化传承是一个民族繁衍、发展过程中必然要相伴的精神因袭，具有很强的生命活力和历史惯性，但当一个民族面对新的生存抉择和发展契机时，其文化中富有生命力的东西不一定都能成为积极的因素被吸纳利用。许多体现着人性负面的因素甚至是一些正面的因素，其富有生命力的特点未必都有助于民族的新生，反而会成为新的历史变革中最不易逾越的障碍。事实上，对于人性问题的深入探究，民族文化是绕不开的对象。

在现实世界里，任何人性行为是离不开人的意识倾向的，而人的价值理想则是人的意识倾向的重要构成，对人的行为产生巨大的影响。换句话说，个体的行为方向，是建立在个体所处特定文化环境下而形成的对于人生的价值判断上，有什么样的价值判断，就有什么样的现实行为。而价值判断的形成，在相当大的程度上要受制于人所处的文化背景。文化就像一只无形的巨手，它在形成人们对于世界的认知过程中，常常是不知不觉地将已然形成的价值准则像接力棒一样无可推拒地传递给你，从此你就如同接受了既定的运动规则一样，身不由己地按照既定轨道向前运动，任何脱离规范的行为都将被认定为违规而被社会视为异类，而这种违规是否有利于人的发展和正常人性的张扬，则无人问津。

王安忆的《小鲍庄》借助对一个偏僻、落后乡村人们生存状态的描写，着力揭示出传统文化规约下烙印着浓厚的农业文明色彩的一种内敛、委顿、寡欲、麻木以及随遇而安的人性形态，表现出作家面向现代社会、面向世界的姿态下对民族文化的积极审视。韩少功的《爸爸爸》则摹写出同一文化传统统摄下的一种单一化的、亘古不变的人性形态。王安忆、韩少功的创作，从发掘民族文化的“根”出发，着力于探寻那些酿就了种种历史悲剧而至今依然普遍存在的人性形态，其所依赖的文化土壤是怎样产生并延续着与文明相悖的人性内容。这样一种富有人性内涵的文化反思，无疑可作为人们在建构新的社会文化秩序时所依凭的一种有益的参照。

除王安忆、韩少功外，汪曾祺、郑万隆这一时期的作品也以探究民族传统文化之根、深入审视决定着民族发展和人类生存的内在文化动因见长，他们笔下的人性描写多半具有单向性的特点。此外，还有一些作家则从当代人的心理模式、行为习惯、人生态度入手，去捕捉和揭示隐藏其后的民族文化心理之特质，其笔下的人性描写表现出同一文化心理基础上的多向性特点，如陈建功、张承志、贾平凹、郑义、李杭育、阿城等作家的小说。所有这些作家均以自身的艺术方式，将笔触深入到人的内在心理情感和思维层面，不仅揭示出人性形态的文化基元，而且展示了现实中人性表现的内在动因，这与“伤痕”“反思”文学相比，在人性的开掘上无疑向前迈进了一大步。

当寻根作家在传统文化的深度审视中表现了与现代文明进程不相适应的人性形态时，另一批富有现代意识的青年作家，其小说借助具有浓厚个性意识的人物的摹写，传达出对人性张扬的积极态度与价值肯定。徐星的《无主题变奏》、刘索拉的《你别无选择》、张辛欣的《我们这个年纪的梦》等作品的相继出现，其意义在于从另一个向度上进行人性探寻，表现了那种敢于向常规和正统挑战的叛逆姿态所含蕴的人性内容，呈露出浓厚的现代意识。这些作品在 80 年代中期出现并非偶然：经济体制改革初见成效，社会思想文化形态正发生着显著变化。西方哲学、文艺学著作的超密集的译介和传播，使人们关注现实的热情与吸纳西方现代思想的渴求汇聚在一起，构成变革现实和传统的强烈愿望。如果说寻根小说是以现代观念去审视民族文化，那么徐星、刘索拉们的创作则是在最直接的层面上展呈现代观念和价值理性，表现符合现代社会之价值需求的人性形态。作家赋予了小说人物以新的人性内涵：不但在诀别传统中获得个体人生设计的自主权利，而且能通过现实的实践努力获得对个体价值的真正确认。很显然，与寻根作家不同，徐星们的创作绕开了历史，绕开了文化，绕开了传统，直接以现时的需要为出发点，表现出一种截然不同于传统人格的人性形态。

三、人性的拓展：传统理性框范的解体和人性形态的多元展现（1987—1998）

当历史步入20世纪90年代前后，迅速掀起的商业大潮使整个社会被物质主义洪流所淹没，这一客观社会环境的移变以及由此引发的相当一部分作家创作主体精神世界的蜕变，致使这一时期的人性描写呈现出斑斓多姿的面貌。这一时期社会经济结构所发生的变化，使既往的价值理念发生了根本性的变化。作为长期处于社会中心而又有着优越心态的作家对此有更为深切的体验，从社会的代言人到社会的边缘人的急遽变化，使他们首先感到价值的失落，心态的失衡曾一度导致作家在艺术上滑向媚俗和低俗。这种社会大转型时的心态失衡是必然的，但也是暂时的。经过一定时间的调整，作家在面对一个主体个性获得极大解放、价值观呈现多元化的社会现实时，其创造力便有了理想的用武之地。在这样一种现实里，体现着人性之丰富内容的个性心理和意识倾向获得了充分表现和展示的空间。在对物质利欲的趋赴中，在对价值理想失落后的精神重建中，在社会结构调整导致利益重组的矛盾纠葛中，甚至在商海弄潮儿并非全然得意的心态中，人性势必会表现出繁复多姿、千奇百态的形态来。置身于这一被激活了的人性所装扮起来的人情世相中，作家的感受无疑是极为丰富的，这些感受不仅是作家的创作之源，同时还会激发其对人性的深入思考，从而使作品的人性表现更为深入和多样。

这一时期小说的人性描写主要在三个向度上展开：一是通过表现远离崇高和神圣的普通人的日常生存状态及其人生态度，展示人的生存本相中所蕴含的人性内容；二是借助新的文体形式和叙事方式所展现的带有后现代特征的人物情感、意识氛围，表现身处特殊社会环境中人性的特异形态和可能形态。三是以强烈鲜明的个性化体验为基础的“私人化”写作，表现富有个性特征的情感与心灵体验，拓宽了人性描写的视域。这些向度上的人性书写，或注重于当下现实人性状况，或依凭作家对人性的独特理解加以表现，在广度和深度上都有了引人注目的拓展。这一切显然与这个时期社会转型过程中所发生的社会经济结构、价值观念体系的深刻变化分不开：

不论是商业时代物质主义、金钱至上的价值取向形成对人性的扭曲，致使人性恶的一面——诸如贪婪、嫉妒、憎恨、暴力、攻击性、性变态等负面心理情感找到一块得以滋生的沃土；还是自由宽松、平等竞争的社会人文环境带给人的心智、才情、抱负、理想以广阔的施展空间和多样化的抉择机会，激发出人性潜在的、多样的内涵与形态——无不在相当程度上丰富着人性的范型和境界，这给作家的人性表现提供了丰富的现实素材和艺术灵感。作家们从艺术创新的意愿出发，发现了适合其自身艺术特质和人生感知的人性书写方式和内容，从而摹写出各具特色和理性蕴含的人性形态。

20 世纪 80 年代末，文坛出现了一批表现城市普通百姓平凡生活的作品。这批作品主要有池莉的《烦恼人生》《不谈爱情》《热也好，冷也好，活着就好》、方方的《风景》《白雾》《白梦》、刘震云的《一地鸡毛》、王朔的《空中小姐》《顽主》《过把瘾就死》等。这些小说之所以引人注目，关键在于其透露出一个新的信息——作家的创作开始从表现重大、严肃和富有社会文化意义的主题，转向现实世界中无足轻重的普通百姓的生存本相。但这种描写重心的转移还不是问题的关键，以普通百姓为对象也能表现深刻的社会文化内涵，关键在于作家写作态度和价值取向发生了根本性转化——创作主体开始有意识地规避严肃、重大主题，不再热衷于绘写体现时代精神或理想人格的人物，而更为关注普通人平淡无奇的生活和琐碎平庸的人生烦恼，认为这才是社会人生的真实构成主体，才是人的生存世相的本来面貌。池莉说："我不篡改现实。"[①] 就是要将"有着毛茸茸的质感"[②] 的现实生存世相原汁原味地展示出来。很显然，作家心态和意识的平民化，使他们自觉地拒绝崇高和伟大，而趋同于凡俗人情。这一转化最根本的原因，无疑是与整个社会伴随汹涌而来的商业浪潮而出现的价值追求世俗化的倾向相关联，物质主义濡染下所形成的对于物质利欲一味趋赴的社会人文环境，迅速瓦解了人们昔日所尊奉的价值理想，淘金梦的瑰丽色彩，使一切现实的生存状态相形之下显得黯然失色、平庸乏味。

同样出现于 20 世纪 80 年代末的苏童、格非、余华、洪峰、孙甘露等一批新锐作家的小说，构成了这一时期人性描写的又一道景观。表面上看，这批作家格外热衷于在历史的语境中叙说个人或家族的故事，但事实上这些"历史故事"只是作家借以表现人性、传达对历史和生命之独特理解的一种载体。值得注意的是，这批作家不仅在对历史框架的叙写上与既往作品迥然不同，而且在人性内容的表现上也迥

---

① 池莉：《新写实作家、评论家谈新写实》，《小说评论》1991 年第 3 期。

② 池莉：《写作的意义》，《文学评论》1994 年第 5 期。

异于传统历史小说。传统历史小说通常是借助事件中人与人的关系来展示和表现人性，注重人性表现的因果关系；而苏童们则是将历史虚拟化为一种模糊的背景存在，注重于在某种隐然可感的历史氛围中去凸显人性形态。这种凸显常常是一种淡化了外部联系的直视与审察，是对某一人性构成的显微式的观照。因而他们通常是将单一的人性欲望从人性的整体结构中抽离出来进行表现，并使人物成为这种人性欲望的化身或符号，这虽然失却了人性的立体感和复杂性，但却在特定的角度上逼近了人性的真实，从而唤起人们对人的生命之本质存在的深沉思考。

进入 90 年代后，虽然商业社会的价值导向致使消费性的大众文学占居中心地位，许多作家迫于生存压力，要么弃笔从商，要么走向媚俗，造成文学一度沉寂的局面，人性描写也因失去内在的文化与理性的支撑而流于感官和肉欲的绘状；但仍有不少作家固守着自身的精神追求，特别是一些女作家，她们在商业浪潮中既不在精神上流于低俗，消弭自身独立的精神品格，又能从多元选择、崇尚个性的社会氛围中形成自己独立的个性品质和艺术追求。陈染、林白、海男等的“私人化”女性小说，便以其独特的对女性内心体验的细腻描写及其所表现出的强烈的女性意识，成为 90 年代文坛不可忽视的创作现象。这些作家的小说在明显的女权主义思想理念的统摄下，其人性描写呈现出自身的特点：以浓厚、鲜明的个性化体验为基础的女性内心隐秘情感、情绪和感觉的描绘，揭示出淹没遮蔽在男性中心话语和传统观念理性中女性世界丰富多彩的人性形态。这些人性形态不同于以往女性小说中那些与外部世界紧密相连同时又是出自男性视域的女性内心感受描写，而是一种既体现着强烈的女性意识，又具有现代人追求独立的个性空间的孤寂感，更富有鲜明的个人趣味倾向的生命感受。毫无疑问，这种人性形态的摹写，在一个新的向度上拓宽了人性描写的视域，使这一时期小说的人性描写呈现出多元化的特点。

以上三个向度的人性表现表明，这一时期小说的人性描写在广度与深度上有了显著的拓展，这一方面体现着作家人性探索的延续性和执着精神；另一方面也表明转型期商品经济所确立的社会运行机制和人际交往规则，在打破旧的价值系统、建立新的价值体系的过程中，人所面临的危机与生机使人性处于动荡而又活跃的状态，这不仅给作家提供了更丰富多样的素材，而且能带给作家更多的思想启迪、激发更多的灵感。这使得 90 年代的小说创作得以绘状出多样化的人性形态，为新时期小说人性描写增添了浓墨重彩的一笔。

发表于 2001 年第 5 期

中国辑佚学研究百年

曹书杰[*]

辑佚学是中国古文献学的分支学科，是中国古代史学研究的辅助学科，与校勘学、注释（传注、训诂）学、目录学、版本学、辨伪学等属同位类、同性质的学科。古籍辑佚历史悠久，但是辑佚问题受到学术研究者的关注，把其作为一种专门的学问加以研究总结则始于20世纪初，把其作为一门独立的学科进行理性探讨和学科构建，则是近十余年间的事情。辑佚学研究恰好与20世纪相伴而生，历时百年，其作为一门独立的学科现已基本形成，是20世纪中国古文献学研究领域中最重要的收获之一。在世纪之末，我们来回眸其过去近百年的发展过程和研究状况，以呼唤21世纪辑佚学研究取得更加辉煌的成就。

一、发端时期的研究状况

（一）发轫时期的基本状况

清末的最后十年至20世纪的最初十年间是中国辑佚学研究的发轫时期。纵观整个清代，古籍辑佚这一古老的文献活动在乾嘉考据学风的影响下开始逐渐繁兴，辑佚的方法日渐精密，影响日渐广大，意识不断强化，至嘉道时期达到鼎盛，几成一时之显学，直至清末流风不绝，为中华民族积累了数以千计的辑本文献。而对其进行真正意义上的研究和总结则是20世纪初的事情。

清人辑佚的文献成就虽高，辑佚的工作方法虽密，辑佚的文化影响虽大，然而他们的辑佚活动只是在感性经验的指导下进行的，只是通过辑佚文献的前言、叙跋、凡例来总结自己的辑佚工作，或说明自己辑佚的目的、原则方法、佚书流传、前人辑本优劣、取资依据等，这些虽然可以反映清人辑佚思想和方法，但还算不上是主观意识明确的辑佚学研究。当时辑佚的实践者虽多而研究者鲜有，对辑佚学的主动

* 曹书杰，历史学博士，东北师范大学古籍整理研究所教授。

性研究几乎是一片空白，更谈不到系统性和理论性意义上的研究了。直到 20 世纪初的季清时期，主动性的辑佚学研究才初露端倪，其标志就是经学家皮锡瑞在晚年所著、光绪三十三年（1907）刊行的《经学历史》一书中，在总结清代经学的繁兴时提出了“此（辑佚）学”“辑古佚书派”的概念，其次是文献学家叶德辉在宣统三年（1911）刊行的《书林清话》中明确地辨证了“辑佚起源”的问题。虽然皮锡瑞的论题阐述还不甚清晰，叶德辉的研究还极其微弱，但二者确属真正意义上的辑佚学研究。现代的辑佚学研究就是在这两个湖南人极其微弱的声音中艰难地启动了，正是这不甚清晰的阐释和极其微弱的研究揭开了现代辑佚学研究毫无色彩的扉页。

正是因为二者研究声响的微弱和论题阐述的不够精确，我们才把这一时期称之为辑佚研究的发轫时期。皮、叶二人的研究，与民国间研究者的情怀不同，皮氏主要是对传统经学倾心，叶氏则主要是对古籍文献的迷恋，他们不约而同地几乎同时关注到辑佚的问题，恰好说明辑佚活动发展到一定时期的必然结果。

（二）皮锡瑞两个概念的提出

皮锡瑞（1850—1908）是清末今文经学家，“他的著作内容，虽没有很伟大的创建，如同时几位著名的今文经学大师；但学术门径很清楚，善于整理旧说”。（周予同注《经学历史·序言》，中华书局 1959 年版卷首）皮氏在光绪三十三年（1907）刊行的《经学历史》一书中提出了两个概念——此（辑佚）学、辑古佚书（学）派：

> 国朝经师有功于后学者有三事，一曰辑佚书……至国朝而此（辑佚）学极盛。（《经学历史·经学复盛时代》，第 330 页）
>
> 王应麟辑《三家诗（考）》与郑（玄）《易注》，开国朝辑古佚书（学）派。（同上书，第 300 页）

皮氏把辑佚与校勘、训诂这两门古老的学科等同视之，而且认为在清代已经形成了相对独立的辑佚书学派，也提出了“此学”即辑佚学的概念。由于皮氏称辑佚为“此学”，作为相对独立于校勘学、训诂学的“辑佚学”概念从此即产生了，尽管皮氏对“此学”并未加以阐释和限定，其主观认识也未必清晰，如今看来其“辑佚学”所指不过是一种特定的文献现象，其含义和特指还有别于今天“辑佚学”的内涵和外延，还不是一个相对独立的学科概念，但其意义在于这种思想观点和概念的使用是前所未有的。他对后来研究辑佚者的启发却是极大的，是辑佚从被视作一种简单的文献活动，到被认为是一门有别于其他文献活动（如校勘、训诂等）的相对独立的学科的发展过程中颇为重要的一步，功不可没。

（三）叶德辉对“起源”的探讨

叶德辉（1864—1927）是清末颇有成就的古文献学家，其《树林清话》（著于清末，1911年刊行）是一部总结历代雕版印书知识的文献学著作，影响较大。关于辑佚的起源问题，清代官修的《四库全书总目》及著名史学家章学诚、王鸣盛都认为辑佚始于南宋王应麟（1223—1296）《诗考》，叶氏根据北宋黄伯思《东观余论·跋慎汉公所藏〈相鹤经〉后》“（《相鹤经》）今完书遗矣，特自马总《意林》及李善《文选注》、鲍照《舞鹤赋》抄出大略，今真靖陈尊师（陈景元，1025—1094）所书即此也”的记载，在《书林清话》卷八中专撰《辑刻古（佚）书不始于王应麟》一篇，明确指出：

> 据此，辑佚之书当以此《（相鹤）经》为鼻祖……虽不知真靖书如何，要之此风一开，于古人有功不浅。

这一观点受到文献学界的广泛关注，并引发了关于辑佚起源问题的讨论，持续长达半个多世纪之久，至今方兴未艾，研究愈加深入。

二、创始时期的研究状况

（一）创始时期的基本状况

中华民国的39年间是辑佚学研究的创始时期，又较为集中地体现在20世纪的30年代到40年代，其标志是民国十三年（1924）梁启超《清代学者整理旧学之总成绩（二）·辑佚书》的发表问世（《东方杂志》第21卷），辑佚现象开始逐渐受到研究者的一定关注。这一时期的代表学者有梁启超、刘咸炘、王重民等三人。

20世纪初的中国社会，一是思想文化战线异常活跃，西方的各种思想文化纷纷传入，倡导者有之，以其可以挽救积弱积贫的国家，抵制者有之，以其对传统国学构成了极大的威胁。二是清王朝灭亡，民国建立，统治中国两千多年的封建君主政治制度土崩瓦解。民国虽然是一种新的社会形态，但是中华民族善于总结前朝历史文化的传统不仅没有受到丝毫的冲击，反而在东西方两种思想文化的碰撞融合中得到了继承和发扬。以民国政府组织修纂《清史稿》为契机，一些学人怀着较为复杂的心理和文化情怀，也开始总结清代的学术和文化，到30年代曾一度呈现“国学热”的局面，人们纷纷著书立说以守护、弘扬国学，作为清代文化和国学内容之一的辑佚也自然受到一定关注。

正是在这样的时代文化环境中，现代辑佚学研究形成并逐渐发展起来了。当时绝大多数学者仅限于对清代辑佚现象和辑佚书进行极其简单的粗略叙述或介绍，所以我们称这一时期为辑佚学研究的创始时期。其中梁启超《中国近三百年学术史·辑佚书》的泛化总结较为系统，影响广大；刘咸炘《目录学·存佚》的探微研究较为精细，颇多创建；王重民《清代两大辑佚书家评传》等的个案研究较为深入，极为精辟，并代表着三种不同的研究方法和路径。余者孙德谦、萧一山、许学浩、陈钟凡、赵万里、袁同礼、程会昌、金毓黻、陈垣、洪焕春、张舜徽、郝庆柏、郭伯恭、杨家骆等也各有介入。

总之，这一时期的辑佚学研究既不繁荣也不深入，泛说辑佚者相对较多而深入研究者却较少，整体的研究工作极其单弱。其原因主要有：一是辑佚经过清代学者的努力，特别是由于四库馆臣和王谟、章宗源、严可均、马国翰、黄奭、汤球等几位大辑佚书家所取得的巨大成就，社会对辑佚的存在虽然已经具有了一定的认识，但远不如校勘、训诂等影响那样广泛深入，仍局限在相对较少的学者范围内。这是由学术文化发展过程固有的局限性所决定的。二是由于取得突出辑佚成就的学者多非一流大学问家，辑佚文献的数量虽多而精品较少，所以有些学者特别是有些大学者对辑佚工作颇为轻视。这是其自身存在的缺陷性所造成的社会偏见。三是这一时期尚处在现代辑佚研究的起步阶段，还未引起大多数学者的足够重视，所以投身辑佚研究的学者较少，肯下大力气的则更少，加之一切都得从头开始，故而做泛泛之言者相对较多，深入研究尚待时日。这是由科学发展的内在规律所决定的。四是20世纪上半叶一直处在动荡战乱之中，学人或为政治奔走，或为救亡呼号，或为生存流浪，安放书桌无室，静心读书乏力，极大地滞缓了辑佚学研究的发展。这是客观存在的社会原因。

（二）梁启超的泛化研究

梁启超（1873—1929）治学，以思维敏捷、论述宏阔见长。所著《中国近三百年学术史》一书，原是他在清华大学、南开大学等院校授课的讲稿，约撰于1923年冬至25年春间，凡16章，现在所见的最早印本是上海民智书局民国十八年（1929）本，其中《清代学者整理旧学之总成绩》4章，曾于民国十三年（1924）先在《东方杂志》（第21卷12、13、15—18期）上连载发表。其第14章《清代学者整理旧学之总成绩（二）·辑佚书》一节凡7000余字，在总结论述清代官、私及经、史、子、集四部辑佚成绩、评列清代辑佚学者的同时，还概括出了辑佚“所凭之重要资料”“鉴定辑佚书优劣之标准”，并对清代辑佚的不足进行了尖锐的批判。70年来，梁氏的某些观点不断被辗转引证，至今对辑佚、辑佚学的研究仍有较大影响力。可以说，由于《中国近三百年学术史》流传广影响大，许多人对辑佚的认知就是从梁氏《辑佚书》一节开始的。梁氏在总结清代辑佚的基础上所确定的“鉴定辑佚书优劣之标准”是：

> 1. 佚文出自何书，必须注明；数书同引，则举其最先者。能确遵此例者优，否者劣。2. 既辑一书，则必求备。所辑佚文多者优，少者劣。3. 既须求备，又

> 须求真。若贪多而误认他书为本书佚文则劣。4. 原书篇第有可整理者，极力整理，求还其书本来面目，杂乱排列者劣。此外，更当视原书价值如何。若寻常一俚书或一伪书，搜辑虽备，亦无益费精神也。（第 406 页）

其标准实为 5 条，至今仍然是辑佚工作所遵循的主要标准。其所指出的辑佚“所凭之重要资料”是：

> 1. 以唐宋间类书为总资料。2. 以汉人子、史书及经注为辑周秦古书之资料。3. 以唐人义疏等书为辑汉人经说之资料。4. 以六朝、唐人史注为辑逸文之资料。5. 以各史传注及各古选本、各金石刻为辑遗文资料。（第 397—398 页）

梁氏所指出的辑佚所凭借的资料虽然还不甚全面，但已具有较强的概括性。对清代官府的辑佚工作，主要介绍了乾隆朝修《四库全书》时四库馆臣据《永乐大典》所辑古佚书的数量和意义。对私家的辑佚，以惠栋《易汉书》《九经古义》、余萧客《古经解钩沉》为清代“辑佚之嚆矢”，又以经、史、子、集四部为序，分别介绍了具有代表性的辑佚家和辑佚成果，且认为“嘉道以后，辑佚家甚多，其专以此为主业而所辑以多为贵者，莫如黄石原、马竹吾国翰两家”。

其研究虽然粗略泛泛，但梁氏的泛化研究却是第一次对前代的辑佚活动做出了较为全面系统的总结，在辑佚学发展史上占据极其突出的位置，所以历来备受辑佚研究者的重视。

（三）刘咸炘的探微研究

刘咸炘（1896—1932）在民国十七年（1928）用文言文撰写了一部《目录学》（1934 年成都大学印本），其第二章题名为《存佚》，以近万字的篇幅阐述了古书之亡佚、辑佚问题，引论古今，举列证言，颇多精见，发掘了许多有价值的辑佚学研究史料。又载其所撰《辑佚书纠缪》一文最为精辟，把清人辑佚存在的问题概括为四弊，即“漏”、“滥”（又分 2 端）、“误”（又分 2 端）、“陋”（又分 3 端），然综合分析其所述例，实为十事。一曰“漏”，即所辑佚文多有遗漏。二曰“臆断附会”（一），妄定书名而致“滥”，即本无其书，而辑佚者仅据某书中一语，附会其意，采辑有关资料而妄为一书。三曰“臆断附会”（二），“名实不符”而致“滥”，即或某人虽有某书，凡所见其人之语概视为其书之佚文，或妄采他人内容相近的彼书之文概视作此书之佚文。四曰“本非书文”而致“滥”，即或以史书所载人之对话而妄作其撰成之书文。五曰“不审时代”而致“误”，即不考辨佚书、佚文所反映的时间。六曰“据误本”而致“误”，即辑佚所据之书的板本不善，本身就多有讹误。七曰“不审体例”（一），不审辑佚所据之书的体例特点而致“误”。八曰“不审体例”（二），不知此书与彼书间体例、性质之差别而致“陋”。九曰“不考源流”而致“陋”，即不考佚书作者的著述源流。十曰“臆定次序”而致“陋”，即不考知佚书之体例特点和篇第次序，辑本对佚文妄定归属、妄分篇次。

每一论述皆详列实证加以说明。刘氏的论述，较梁氏更为深入翔实，非专心披览、学识渊博者所不能言也。此外，刘氏还提出一个非常重要的观点：

> 宋世所传唐人小说及唐以上人文集，卷数多与原书不和，校以他书所引，往往遗而未录，盖皆出于宋人掇拾而成，此即辑佚之事也。

刘氏此说，是驳斥叶德辉的辑佚当以北宋陈景元所辑《相鹤经》为鼻祖而发，其更大的意义在于把后世重新辑编的文集视为辑佚，对人们认识辑佚的特征、辑佚文献的范畴具有极大的启发。

（四）王重民的个案研究

民国间，一些学者开始对清人的辑佚进行个案研究，撰文论述评介清代的辑佚家、辑佚书，其中以王重民（1903—1972）的收获较多。先生是当代著名的古文献学、版本学家、目录学家，研究领域宽广。其对辑佚的研究主要在民国年间，先后发表有：

1.《补〈晋书·艺文志〉书后》（《北平北海图书馆月刊》第1卷第5期，1928年）；

2.《读〈汉书·艺文志〉拾遗》（《北平图书馆月刊》第3卷第3期，1929年）；

3.《孙渊如外集序》（《图书馆学季刊》第5卷第3—4期，1932年）；

4.《清代两个大辑佚书家评传》（《辅仁学志》第3卷第1期，1932年）；

5.《补〈晋书·艺文志〉》（《学文》第1卷第5期，1932年）；

6.《张澍辑佚书》（《学文》第1卷第5期，1932年）；

7.《仓颉篇辑本述评》（《辅仁学志》第4卷第1期，1933年）。

后又发表有《〈七志〉与〈七录〉》（《图书馆杂志》1962年第1期）及遗作《〈永乐大典〉的编纂及其价值》（《社会科学战线》1980年第2期）。这九篇文章，或记述自己的辑佚工作，如《孙渊如外集序》；或探讨佚书和辑佚书，有《补〈晋志〉书后》《读拾遗》《仓颉篇》《七志》等五篇；或研究清代辑佚书家，有《评传》《张澍》等两篇；或论述类书及其在辑佚中的作用，如《〈永乐大典〉的价值》。其中以《清代两大辑佚书家评传》一文最为精深，篇幅长达3万字，对章宗源、马国翰的生平家世、学术修养、辑佚的年代和过程、辑佚的成就和数量等做了极其深入的研究和考辨，并对“马窃章”这一流传甚广的历史疑案进行了有力辩白，得出了令人信服的结论——马国翰的辑佚书非窃取章宗源。按当时的研究状态，其在辑佚学研究方面本应有更大的建树，后因出国13年（1934—1947）而中断，归国后主要从事目录学、图书馆学的研究，对辑佚问题基本未再用心，只是在研究目录学时间有涉及。先生是对辑佚做个案研究的第一人，他所开辟的辑佚个案研究方法，对后人影响巨大，正是在他的研究的启发下辑佚的个案研究才开始逐渐活跃起来。

（五）关注辑佚问题的其他诸家

1. 20世纪30年代关注辑佚问题的诸家

（1）许学浩《辑佚书议》（《国学论衡》1934年第3期）。文仅数百字而已，主要建议人们要重视辑佚书的研究工作，虽然现在看来价值不大，但反映了当时对辑佚的研究问题已经引起了学界的一定关注。

（2）程会昌《清代辑佚考》。程氏在《清孙冯翼〈四库全书辑永乐大典本书目〉钞本跋》一文之末记文云："余作《清代辑佚考》，发凡起例，粤既有年，而才短志奢，学如不及；重之俗冗沓沓，小言詹詹，所成才十之二三耳。夜阑揽此，良用怃然！"（《图书馆学季刊》第9卷第2期，1935年）由"粤既有年"一语可知，程氏在1934年就开始撰写《清代辑佚考》，时已完成"十之二三"，但遗憾的是终未见刊行，不知完成否。

（3）金毓黻对史部辑佚书的总结。金氏《中国史学史》（上海商务印书馆，1939年初版）是较早的史学史著作，其中举列古佚史及其辑本甚多，间有评介，又于第八章《唐宋以来之私修诸史》中专列"辑逸诸史"一节。仅就史部辑佚书而言，无论举例数量还是引论评介都在梁启超之上。虽然其总结仅限于列表举例或略加评介，尚欠精细，但是对后来的史学史影响甚大，后人编撰史学史在体系的构建和知识的结构上多能注意到史部佚书及其辑佚问题。

（4）陈垣对《旧五代史》辑本的研究。陈氏对辑本《旧五代史》极为重视，曾遍检《册府元龟》，与四库馆臣据《永乐大典》辑成的《旧五代史》相比勘，从而发现了《大典》本《旧五代史》存在的许多问题，相继撰成《旧五代史辑本发覆》、《〈旧五代史〉辑本引书卷数多误例》，又计划以《册府元龟》校《旧五代史》辑本，并写出了《以〈册府〉补薛〈史〉计划》。（三文均见《陈垣学术论文集》第二集，中华书局1982年版）在现今流行的中华书局校点本《旧五代史》中，对先生的研究成果和想法未能很好地利用和借鉴，所以对《旧五代史》的进一步整理仍有参考价值。

2. 20世纪40年代关注辑佚问题的诸家

（5）洪焕椿对严可均的研究。洪氏撰有《乌城严铁桥生平及其著作》（《浙江省通志馆馆刊》创刊号，1945年）一文，专门探讨以辑编《全上古三代秦汉三国六朝文》而享誉后世的清代大辑佚书家严可均（1762—1843）及其著述、辑佚书。此文后收入洪氏的《浙江文献丛考》(浙江人民出版社 1983 年版),题名《乌城严可均著书辑书考略》,除《全上古三代秦汉三国六朝文》外,还举列严可均《全上古》之外的辑佚书四十余种,搜罗资料颇为完备。此文是继王重民之后的又一辑佚个案研究。

(6)张舜徽对辑佚工作的认识。张氏在 1946 年刊行的《广校雠略》一书中撰有搜辑佚书论五篇:《辑佚之依据》《古人援引旧文不可尽据》《辑佚之难于别择》《辑佚之必须有识》《辑佚为学成以后事》。其于梁启超的研究成果间有借鉴,于刘咸炘征用的史料和立论的观点间有取舍,然也颇多创建。如所云:

> 故学者苟有志乎搜辑遗书,首必究心著述流别,审知一书体例,与之名近者几家,标题相似者有几,皆宜了然于心,辨析同异;次则谛观征引者之上下语意,以详核之本书,庶几真伪可分,是非无混,别择之际或可寡过耳。(中华书局 1963 年版第 109 页)

又如所论辑佚产生的原因:

> 昔人搜辑遗佚,大氐皆学成以后之事,既博涉群籍,视天地间见存之书无复可究心者,不得已进而思得不存之书读之,非特势所必至,亦次第宜然耳。乾嘉中,学者盛张许(慎)、郑(玄)之帜,治经之士尤郑氏,故辑郑氏遗书者风起云涌。(同上第 111 页)

这些观点颇具理性色彩,不仅对辑佚实践极有指导意义,而且对辑佚学的研究也颇有启迪。

3. 20 世纪 40 年代对鲁迅辑佚作的研究

鲁迅是现代中国最伟大的思想家、文学家和学者,其成就是多方面的,在古籍整理研究方面也颇有成绩,以辑佚最为突出,辑有《会稽郡故书杂集》(8 种)、《古小说钩沉》(36 种)、纪传体史书(3 种)及《嵇康集》辑校等。鲁迅的辑佚工作特别是《古小说钩沉》,40 年代就引起了有关学者的关注。已知这一时期有:

(7)郑振铎《鲁迅的辑佚工作》(《文艺阵地》第 2 卷第 2 期,1938 年);

(8)戴望舒《〈古小说钩沉〉校辑之时代和逸序》(1945 年成文。《小说戏曲论集》,作家出版社 1958 年版);

(9)赵景深《评介鲁迅的〈古小说钩沉〉》(《银字集》,永祥印书馆 1946 年版)。

郑文是已知最早对鲁迅辑佚工作做个案研究的,也是迄今所知唯一专门对鲁迅的辑佚工作进行研究的论文,可谓研究鲁迅辑佚之首创。《古小说钩沉》辑古佚小说 36 种,是在鲁迅故后的 20 世纪 40 年代初编辑《鲁迅全集》时始得刊行,故郑振铎等认为《钩沉》是《中国小说史略》的副产品。戴文根据新发现的在 1912 年 2 月

《越社丛刊》（第一集）上发表的鲁迅《自序》等资料，否定流行的“副产品”说，指出《钩沉》当辑于1909年至1914年间。戴氏尚有《〈古小说钩沉〉校读记》一篇，专门校补鲁迅辑本的疏漏。赵文虽然较为简略，但是于鲁迅辑佚工作的研究也不可谓无功，其文后又相继收入《中国小说论集》（永祥印书馆1950年版）、《中国小说论丛》（齐鲁书社1980年版），故流行较广。

4.《永乐大典》辑本的研究

清乾隆朝编辑《四库全书》时，特设“校勘《永乐大典》纂修兼分校官”，专门从事自《永乐大典》中辑录唐、宋、金、元古佚书的工作，凡辑成数百种，其中收入《四库全书》者388种（另有存目者128种，散出馆外者若干种），是《四库全书》中最为珍贵的图书之一。此后据《大典》辑佚者不绝如缕，成为一种特殊的辑佚现象，而“《永乐大典》本”也成了一种特定的辑本，备受学者注重，并成为辑佚研究领域中一个特定的研究对象。

早在清嘉庆年间，孙冯翼既辑成《四库全书辑永乐大典书目》，清末缪荃孙《永乐大典考·四库著录存目所记大典本书目》更注意搜辑《四库》著录、存目以外的“大典本”40种。至20世纪20年代以后，研究范围更加广泛，或继续编辑书目以反映其辑本的数量，如赵万里《永乐大典辑出之佚书目》（《北平图书馆月刊》第2卷第3—4期合刊“大典专号”，1929年）、郝庆柏《永乐大典书目考》（《辽海丛书》，辽海书社30年代版）；或研究“大典本”的不足，如袁同礼《四库全书中永乐大典辑本之缺点》（《北平图书馆馆刊》第7卷第5期，1933年）；或研究其辑佚过程、辑佚学者、辑本流传等，如郭伯恭《四库全书纂修考》（北平研究院史学研究会1937年版）、《永乐大典考》（长沙商务印书馆1938年版）。杨家骆《四库全书学典》（世界书局1946年版）对史料搜辑较为全面，资料梳理较有条理，研究总结也较为系统，颇有参考价值。正是这些研究成果，为今人的《永乐大典史话》（张忱石）、《永乐大典及其辑佚书研究》（顾力仁）奠定了基础。

总之，20世纪上半叶是现代辑佚学研究的创始时期，对这一时期的研究成绩自然不能冀求过高，即从目前知见的成果已颇为可喜，为未来的研究工作奠定了良好的基础。

三、泛化叙介时期的研究状况

（一）泛化叙介时期的基本状况

中华人民共和国成立后的1950年至1985年的36年间是辑佚学研究的泛化叙介时期。这一时期的辑佚学研究，主要是继续沿着梁启超、刘咸炘、王重民等开拓的研究路径和范围向前发展，但由于梁启超《中国近三百年学术史》的流传较广、影响较大，从 20 世纪 30 年代到 80 年代长达半个多世纪的时间内，有关著作在述及“辑佚”时其基本框架大都沿袭梁氏而略加变通，或以刘氏引证的史料为补充而略发议论，甚至有的叙述还不如前人系统完整，因此形成了人云亦云的局面。所以我们称这一时期为“泛化叙述时期”。由于“文革”十年的学术研究基本是一片空白，所以这一时期又可分为两个阶段：一是 1950 年至 1966 年的“文革”前 17 年，一是 1977 年至 1985 年的“文革”后 9 年。

“文革”前 17 年间，一些前辈学者仍然把辑佚学视为一种专门知识和文献现象，从事着辑佚学问题的叙述介绍，间有少量的个案、专题研究问世。

从 1977 年开始，仅短短的几年间古籍整理研究工作就呈现出蓬勃发展的势态，辑佚学问题也受到热情关注，或在相关著作中以一定的篇幅叙介辑佚，或撰文进行个案、专题研究，取得了较大的成绩。

这一时期有三点需要首先说明：一是辑佚学研究未能获得较大突破和发展，在有关的著作中对辑佚叙述的基本框架、主要内容多循梁氏和刘氏，但其中或也不无新见。二是正是由于一些学者对辑佚学问题的叙述介绍，使人们认识到辑佚、辑佚学研究的意义，辑佚学研究能有今天这样的局面，这些前辈学者功不可没。三是个案和专题研究虽然比较寂寞，但也间有一定数量的成果相继问世。

（二）“文革”前 17 年

1. 泛化性的叙述和介绍

许忆彭《略谈辑佚书》（《人文杂志》1957 年第 2 期）只是泛言辑佚书的问题，尚谈不上精深宏阔，但确为新中国第一篇公开发表的有关辑佚学研究的文章，并从辑佚的角度重新审视所谓的“伪书”，认为所谓的《伪古文尚书》是辑佚书，颇有启发性。可谓新中国宣介辑佚的第一人。

李宗邺在 20 世纪 50 年代撰成《中国历史要籍介绍》（沈阳师范学院 1957 年版内部印本，“文革”后正式出版修订本），书中论述了《竹书纪年》《世本》《东观汉记》《帝王世纪》《旧五代史》等 10 余种史部辑佚书，并论曰：“到了南宋，就有人开始辑佚，如高似孙的《子略》《史略》《纬略》《骚略》《剡录》等书，王应麟的《玉海》《困学纪闻》等书。明朝吴琯的《古今逸史》，屠乔孙、项琳之的《十六国春秋》，范钦的《今本竹书纪年》，孙瑴的《古微书》，都是辑佚范围的工作。”（上海：上海古籍出版社，1982 年版第 467 页）李氏以辑佚的眼光重新审视了某些所谓的“伪书”，启迪人们重新认识“辑佚”的内涵。李氏还试图阐释“辑佚学”这一学科概念，这当然不是一位旧式学者所能圆满完成的，但这种尝试是有意义的。

张舜徽（1911—1992）早在1946年出版的《广校雠略》一书中就列有《搜辑佚书论》（五篇）。在此间出版的《中国古代史籍校读法》（中华书局1962年版）中专列《关于搜辑佚书的问题》一章（约1万字）。其资料虽然多是梁启超、刘咸炘所使用过的，但其整理梳通史料有功，宣传辑佚有功，尤其是该书是新中国较早的文献学著作，流传也比较广，其对后来辑佚学研究的影响仅次于梁启超的《中国近三百年学术史》。

胡道静在1962年发表了《由地方志的伏流谈到清人辑佚工作》（《文汇报》6月5日）一文，又在1966年撰成的《中国古代的类书》（同年交到中华书局，1982年出版）中专门论述了类书在辑佚中的特殊作用，列了不少辑佚研究的新资料，特别指出“明人辑佚的通病，是不把出处注明”，还列举了王仁俊以下鲁迅、余嘉锡、张国淦、范行准、赵万里、唐圭璋、隋树森等的辑佚成果。1983年又发表了《为什么要搞辑佚？怎样搞辑佚？》（上海人民出版社《出版业务》1983年第3期）一文，把辑佚分“辑录佚文”和“佚书”两类，所谓“辑录佚文”即“其书尚存，但不完全，有佚文可供辑补”者。

2. 鲁迅的专题研究

鲁迅的古籍整理研究以辑佚最为突出，先后辑有《会稽郡故书杂集》（8种）、《古小说钩沉》（36种）、纪传体史书（3种）及《嵇康集》辑校等。《古小说钩沉》在20世纪40年代就引起了学界的关注，所知这一时期尚有两家：

林辰《鲁迅〈古小说钩沉〉的辑录年代及所收各书作者》（《光明日报》1956年10月21日）、《鲁迅计划中〈古小说钩沉〉的原貌》（《光明日报》1960年10月30日）。

刘纪泽《鲁迅对于校勘和辑佚的工作》（《开封师院学报》1957年第2期）。

林氏二文对《钩沉》做了三个方面的研究：一是继40年代戴望舒之后，根据新发现的在1912年2月《越社丛刊》上发表的鲁迅《自序》，否定流行的“副产品”说，更具体地指出《钩沉》之辑始于鲁迅自日本归国后的1909年6月至1911年末或1912年初间，当与《会稽郡故书杂集》同时；二是对36种古佚小说的作者、内容、流传等逐一考释；三是根据北京图书馆所藏的鲁迅《小说钩沉目录》手稿，对《全集》第8卷中的编排次第提出异议，指出其原貌应是分为五集。鲁迅的辑佚工作与校勘密不可分，刘氏一文对鲁迅的古籍校勘和辑佚工作做了较为全面的研究总结，是继40年代郑振铎之后又一篇全面研究鲁迅辑佚成就的学术论文。

3. 其他个案研究

陈梦家《〈世本〉考略》（《周叔弢先生六十生日纪念论文集》第163—270页，1950年自印本）。《世本》是先秦重要史籍，《汉书·艺文志》著录为15篇，见于史志著录、史注征引的《世本》别本、注本凡 7 种，诸本约在宋代前后皆亡佚不传。自南宋高似孙以下，辑《世本》者凡十余家，今传清人辑本尚有 8 种（《世本八种》，中华书局 1958 年版）。陈梦家是先秦史学大家，是文对《世本》的内容体例、别本、流传等颇多发现。

张涤华《〈别录〉的亡佚及其辑本》（《合肥师院学报》1963 年第 3 期）。西汉刘向的《别录》，是综合性解题目录的鼻祖，清人辑录《别录》者有多家。张氏一文即专论《别录》的亡佚年代和诸家辑本的优劣等情况，似为最早系统研究《别录》辑本的文章，于目录学研究有较高的参考价值。

（三）“文革”后 9 年

1. 泛化叙介更加热烈

赵振铎《古代文献知识·搜辑阙佚》（四川人民出版社 1982 年版）一章，从图书的流传、形式、亡佚谈到辑佚，颇具新意。其学术内涵较梁启超、刘咸炘虽无大的突破，但举列的例证资料则时有翻新，是这一时期较早叙介辑佚的著作。

吴枫《中国古典文献学·辑佚书》（齐鲁书社 1982 年版）一节提出了辑佚三派的观点：“清代辑佚古书可分为三派：一是辑佚，如马国翰的《玉函山房辑佚书》与黄奭的《汉学堂丛书》；二是辑佚之外另加评议，如邵瑛的《春秋左传校注规过》，从《左传》注疏中辑出；三是辑佚之外另加引申，如陈寿祺的《尚书大传》辑本与《驳五经异义》辑本，李贻德的《左传贾服注》辑本。”（第 146 页）这一认识对辑佚研究的不断细密大有启发。

吴孟复（1919—1995）《古书读校法·辑佚与辑佚书》（安徽教育出版社 1983 年版）一节，在梁启超指出的辑佚“所凭借之重要资料”5 类之外，又指明有“地方志”“杂纂杂钞”“报刊”3 类，同时指出“不仅古代有佚书、佚文，近代、现代也有”。这与胡道静先生不谋而合。又认为：“辑佚要从实际研究的课题出发，如研究农、医的辑古农书、古医书……有人说，辑佚应在学问成熟后再做，以免躐等，此言也有深意。但我们认为：辑佚本应是在读书、查资料时发现佚文随时抄录，积有一定数量，再加排比整理，不应有为辑佚而辑佚之事。”（第 103 页）这些思想、观点颇有深意，丰富了辑佚学研究的内容，提出了现代辑佚工作的新原则，即辑佚应与研究相结合，否定了“辑佚为学成以后之事”的观点。

戴南海《校勘学概论·辑佚》（陕西人民出版社 1986 年版）一章，认为“辑佚总是和校勘工作联结在一起，自古皆然。同时亦可看出辑佚也是整理古代文献的具体工作之一”；特别强调方志在辑佚中的作用：“从方志中辑佚有两种情况，一是从未刊行过的佚文佚诗，唯方志中见存……二是一些曾经编撰成书或甚至刻行过，但随着年代流逝而亡佚的文字，也由于方志的引用而保存下来。”（第167、168页）这种认识较胡道静、吴孟复的认识更加深入细致。辑拾漏佚、辑汇散佚的工作证明这种认识是正确的。

其他如刘节《中国史学史稿》（中州书画社1982年版）有《重辑旧史各派》一节，赵仲邑《校勘学史略》（岳麓书社1983年7月版）、高国抗《中国古代史学史概要》（广东高教出版社1985年版）也有“辨伪与辑佚”一小节，而在同期的其他类似著作中也大都涉及辑佚问题，虽然语数无多，但于辑佚学问题的宣传介绍也有功。

2. 个案、专题研究有所加强

上举诸家都是对辑佚、辑佚书做较为泛化性的叙述介绍者。此外，这一时期尚有几家对辑佚作较为深入的个案或专题研究，其中以王云海的研究最为精专，其他诸家也各具特色。

王云海以20余年之功力研究清人徐松自《永乐大典》辑出的《宋会要辑稿》，撰成《宋会要辑稿考校》（上海古籍出版社1986年版），先此又发表研究论文5篇：《〈永乐大典〉本〈宋会要〉增入书籍考》（1980年《文献》第3辑）、《〈宋会要辑稿〉重要篇幅成因考》（1980年《史学月刊》第3期）、《〈宋会要辑稿〉校勘举例》（1980年《河南师大学报》第5期）、《〈宋会要〉两议》（1984年《宋史研究集》第1辑）和《〈宋会要辑稿〉的流传和整理》（1985年《古籍论丛》第2辑）。

王氏将辑佚书的整理与研究相结合，对《辑稿》的内容做了精微的考证，功力颇深，是一部难得的辑佚书专书整理研究的力作，其指出的《宋会要辑稿》所存在的问题，不仅对《宋会要辑稿》的利用具有极大价值，而且对其他的辑佚实践、辑佚学研究也有一定的参考价值。

赵俪生《张澍的生平及其著作》（《兰州大学学报》1980年第4期）。张澍（1781—1847）是清嘉道间较有影响的辑佚书家，所辑乡邦史地古佚书合刻为《二酉堂丛书》，可谓辑汇乡邦古佚书的首创，对晚清的陈运溶、民国的鲁迅大有影响。赵文对张澍的生平事迹、平生著述、辑佚成绩做了较为全面的总结和评价，较半个世纪前王重民先生的《张澍辑佚书》更为深入翔实。

陈光贻《辑佚学的起源、发展和工作要点》（《史学史研究》1983年第1期）虽然所论并非以理性的方法思考辑佚学的学科体系构建，其内容仍属统论辑佚一般问题的学术论文，却是迄今所知最先明以“辑佚学”命篇者。文中有两点新见对辑佚研究颇有启迪，一是“宋以前所辑录散佚古书，不是细致地真正从事搜辑佚书，由于宋以前，辨伪、校雠、考证等整理古籍的基本学说还未发展，对辑录佚书没有科学方法”，即认为先宋已经存在辑佚工作，只是方法未密、意识不明而已。二是总结辑佚工作的步骤，“第一步骤，先要明悉搜辑佚书逸文，辑录于今存的何种书籍……第二步骤，为辨证古书的真伪和逸文的真伪……第三步骤，辨别二书同名或数书同名，即同一书名而是二种书，或几种书同一书名……同一作者，著同样书名的二种书……一书有二名者”。尽管此说还不甚精细，又是从刘咸炘之说中引申出来的，但他毕竟探讨了辑佚工作的程序问题，颇有启发性。

曹书杰《〈四库全书〉采辑“永乐大典本”数量辨》(1985 年中国历史文献研究会论文油印本，后公开发表于《图书馆学研究》1986 年第 1 期)。清乾隆间编修《四库全书》时，从《永乐大典》中辑出古佚书的数量，诸家书目著录、论著称引颇多歧异。是文于诸家歧误逐一辨正，最后结论是：著录经部 70 种，史部 41 种，子部 102 种，集部 175 种，凡 388 种，其中佚书 312 种，未佚之书 49 种，校补之书 27 种；存目经部 9 种，史部 38 种，子部 71 种，集部 10 种，凡 128 种，其中佚书 117 种，未佚之书 11 种。这一结论已被学界广泛引用。

张忱石《永乐大典史话·永乐大典的价值及利用》(中华书局 1986 年版) 一节，专门叙述自清代以来从《大典》中辑录古佚书的情况，较全面地搜集、总结了从《大典》辑出的刊行和未刊行的图书。

总之，这一时期泛说辑佚、辑佚书者不少，而较深入的个案研究、专题研究成果还不多。但是此后的辑佚学研究发展证明，新的辑佚学研究意识正是在这一时期孕育生成，新的辑佚学研究力量正是在这一时期滋长壮大，辑佚学研究的新曙光正喷薄欲出。

四、理性探讨时期的研究认识

(一) 理性探讨时期的基本状况

1986 年以来的 10 余年间是辑佚学研究的理性探讨时期。从民国过来的老先生多已告退，研究的主力开始转为“文革”后成长起来的一批青年学子。如果说前代学者主要沿着梁、刘、王等开辟的路径和范围，把辑佚学视作一种专门知识和文献现象进行泛泛的介绍和考释，而新一代学子则突破了前人研究的藩篱，更倾心于把辑佚学视为一门独立的学科对其进行理性思考，并在此基础上进行学科体系构建。辑佚学作为一门独立的学科开始逐渐形成。

自 20 世纪现代古文献学产生以来，其诸分支学科皆有多部学术专著相继问世而成为独立研究发展的学科，唯有辑佚学未然，长期以来一直处于校勘学的附庸地位。经过多年的量变过程，自 1986 年开始，辑佚学研究相继出现了一些新的研究动态和成果。

一是有人于1986年发出了“辑佚学应成为一门独立的学科”的呼吁，这反映出把“辑秩学”作为一门独立学科的理性研究的时代已经到来。二是几位学者的研究成果不约而同地明确以“辑佚学”命题，这反映出“辑佚学应成为一门独立的学科”已经逐渐成为文献学界的共识。三是有的教学单位开始为古文献学硕士研究生独立开设“辑佚学”，这反映出辑佚学已开始走向独立。四是《古籍整理研究（八种）·辑佚学稿》《中国古籍辑佚学论稿》两部专著相继问世，反映出辑佚学作为一门独立的学科已经实现并开始走向成熟。所以我们称这一时期为“理性探讨时期”，是辑佚学研究的快速发展时期，是辑佚学作为一门学科走向独立和不断成熟的时期。此外，这一时期对辑佚学的泛化叙述介绍更加积极，个案和专题研究更加广泛深入，辑佚学的研究受到越来越多学者的关注。

（二）叙述介绍辑佚的诸家

这一时期，文献学界对辑佚学的宣传介绍较之先期更加积极热烈，凡在此间撰著出版的古文献学及有关著述中，几乎无不叙及古籍辑佚问题，或立专章，或设专节，或间有夹叙，诸家都从不同角度、不同方式论述、介绍辑佚历史、辑佚文献、辑佚方法、辑佚学等。笔者所知有：曹书杰执笔的《古籍知识手册·古籍辑佚》（详见后）一编，王余光《中国历史文献学·史书的辑佚与补阙》（武汉大学出版社1989年版）一章，张富祥执笔的《中国历史文献学·古代史籍的辑佚》（张家璠等主编，广西师大出版社1989年版）一节，邱久荣执笔的《中国历史文献学·辑佚学》（杨燕起等主编，书目文献出版社1989年版）一章，张大可主编的《中国历史文献学·辑佚》（陕西人民教育出版社1991年版）一小节，孙钦善《中国古文献学史》（中华书局1994年版），其中也列有清人“辑佚方面”一段，洪湛侯《中国文献学新编·辑佚》（杭州大学出版社1994年版）一章4节，另在其他章中尚设有《始有辑佚专书》《辑佚走向成熟》《辑佚风靡一时》等3节。

其中以洪氏的论述较为充分，颇多新见：王余光、张富祥（张家璠）两家论述史部佚书的辑佚颇有条理；邱氏（杨燕起）直以“辑佚学”名章，且试图对什么是辑佚学加以解说。正是由于诸家的努力，辑佚学及其研究的影响才得以迅速扩大，吸引越来越多的学者加入了研究行列。

（三）个案、专题研究的诸家

自1986年以来，对辑佚的专题、专人、专书研究开始活跃，不仅发表的成果数量多，而且研究涉及的范围也相对较为广泛深入，其中尤以徐德明、张升两家的研究收获较大。

1. 徐德明的严可均研究。徐氏最先公开提《辑佚学应成为一门独立的学科》

(《古籍整理研究学刊》1986 年第 2 期),并对清代辑佚大家严可均进行了颇为深入的研究,在《清严可均事迹著述编年》(台湾艺文印书馆 1995 年版)的基础上,又相继发表《〈全上古三代秦汉三国六朝文〉收作者知多少》(《华东师大学报》1986 年第 5 期)、《严可均辑佚方法初探》(《古籍整理研究学刊》1987 年第 4 期)、《严可均辑佚方法再探》(《古籍整理研究学刊》1989 年第 1 期)、《〈全上古三代秦汉三国六朝文〉作者考》(《华东师大学报》1990 年第 1 期)等论文。对一位辑佚书家做如此深入的研究,是近年来较为罕见的。辑佚学研究所需要的正是这种翔实的个案研究,其广泛展开将有力地推进辑佚学的发展。

2. 张升的辑佚系列研究。张氏对辑佚问题有较为广泛的研究,自 1992 年代以来相继发表有《清代辑佚研究》(《北京师大学报》1992 年增刊)、《对清代辑佚的两点认识》(《文献》1994 年第 1 期)、《论清代辑佚学兴盛的原因》(《古籍整理研究学刊》1994 年第 5 期)、《辑佚学简论》(《文献》1995 年第 1 期)、《辑佚起源说综述》(《历史文献研究》第七辑,1996 年)等论文。其研究颇具理性色彩,有较强的概括性。

3. 其他诸家的研究成果

白新良《清代前期的辑佚活动》(《南开学报》1986 年第 2 期)一文,简略地列述了自康熙朝所修《全金诗》《全唐诗》至道光朝百余年间的辑佚活动。王士让《鲁迅古籍研究概述》(《古籍整理研究学刊》1986 年第 4 期)一文中,也举列了鲁迅的辑佚成果。李德勤《谶纬的散佚和明清时期的辑佚》(《古籍整理研究学刊》1987 年第 1 期)一文,专门论述谶纬佚书的辑佚活动和有代表的辑本,颇为系统完整。褚赣《王谟及其文献辑佚活动评述》(《文献》1987 年第 2 期)一文,是迄今所见唯一研究乾嘉时期大辑佚书家王谟的生平及其辑佚过程、成果的文章。刘起釪在《尚书学史·逸〈书〉、逸注、逸纬的辑校整理》(中华书局 1989 年初版,1996 年订补版)等章节中,系统地总结了与《尚书》有关的各种辑佚成果。张富祥《关于辑佚起源问题》(《宋代文献学散论》,海洋大学出版社 1993 年版)一文,综述诸家有关于辑佚起源观点,阐述论证一家之言,颇多创见。

这些专题研究成果的相继问世,反映出辑佚、辑佚学已经受到更多学者的关注,研究已经走向较深较高的层次,研究的问题和领域也更加广阔。

(四)王玉德《辑佚学稿》

王玉德的《辑佚学稿》共分 12 章 38 小节,凡 7 万字,在《古籍整理研究(八种)》(武汉工业大学出版社 1989 年版)一书又相对独立,而且具有一定规模,可谓第一部刊行的辑佚学专著。它的问世是辑佚学摆脱附庸地位,成为一门独立学科的重要标志之一,是当代辑佚学研究走向成熟的重要一步。《辑佚学稿》首先冲出了辑佚学研究的陈迹，富有创造性地勾勒了辑佚学学科体系的架构，成为辑佚学研究的新起点，对辑佚学学科的成熟无疑具有极大的推动作用。尤为可喜的是，作者在第一章第四节《辑佚学的学术地位》中，从逻辑学的角度对“辑佚学”这一学科概念进行了较为科学的解说，然仅以 200 字的篇幅来阐述这一最重大的理论问题尚显单弱。全书以第七、八两章相对较为充实，可能是限于文字量的要求，其他章节的论述概括尚需细密深入，资料也有待更新充实，体系架构或可调整完善。凡此，主要在于前人对辑佚学的研究实在薄弱，加之作者出手又过于仓促，然首创之作不可苛求。

（五）曹书杰的研究工作

曹书杰从 1985 年开始公开发表有关辑佚学问题研究的论文，1987 年即为古文献学硕士生讲授《辑佚学》。15 年来公开发表有关辑佚学研究领域的论文 20 多篇，出版《中国古籍辑佚学论稿》专著一部。其研究可分为如下几个方面：

1.《古籍辑佚》的编撰，凡 3 万余字（见参考文献）；

2.《永乐大典》辑本的研究，有《四库全书采辑“永乐大典本”数量辨》《四库全书“大典本”辑目》《“永乐大典本”书目考释》论文 3 篇；

3. 辑佚理论及史料的研究，有《辑佚与辑佚学》、《辑佚学的性质对象任务内容和意义》、《辑佚起源新探》、《新中国五十年辑佚学研究的主要成就》（以“曲一曰”笔名发表）、《〈中国近三百年学术史·辑佚〉校注失误 12 则》、《述宋明清时期的辑佚研究》论文 6 篇；

4. 佚书、辑佚书及有关书目的研究，有《汉唐间文献聚散存佚说》《陈寿〈益部耆旧传〉成书年代考》《王隐家世及其〈晋书〉》《清乾道间补史艺文志的形成与发展》《晚清补史艺文志的繁兴》《清代补史艺文志述评》论文 6 篇；

5. 清代辑佚家黄奭的研究，有《黄奭辑佚书书名辨》《黄奭生卒年考》《黄奭著述考》《黄奭刻书考》《黄奭及其辑佚活动始末考》《辑佚家黄奭》《黄奭辑佚书版本考》论文 8 篇；

6. 其他辑佚家的研究，有《东晋辑佚家杨方及其逸著辑存》《马国翰》《汤球及其辑佚成就》论文 3 篇；

7.《中国古籍辑佚学论稿》（见参考文献）共分 11 章 45 节又 153 小节，凡 37 万字，是中国“第一部独立刊行且颇具规模的辑佚学专著”（卷首刘（乾先）序）。评者有云，是书“属于填补空白的专著。本书不仅总结了历代学人辑佚古书的宝贵经验和行之有效的方法技艺，同时对辑佚古书的历史源流、繁衍发展以及理论技艺问题提出了不少真知灼见；这是近年来古典文献学研究中的重要收获”，“书中纵论历代辑佚古书的发展过程，所收资料十分丰富，内容详备……横论历史各个时期辑佚古书的成果和特征，可补当代文化研究之不足。特别是作者指出的辑佚方法技艺，对青年学者从事古籍工作，颇多实用参考价值：提示的辑佚学研究进程，从中总结历史上辑佚大家的思想、观点及其成果，具有较深的理性思考”。（卷首吴（枫）序）是书“是在他多年教学、研究的基础上形成的，是他10多年来在辑佚学这块园地里辛勤耕耘的结晶。这部书不仅规模可观，而且阐发了辑佚学的系统理论，研究了辑佚、辑佚学发展历史沿革和各时期的发展水平、代表学者、主要成果等，概括了辑佚的方法，构建了独具特色的辑佚学学科体系和知识结构，是近年来古文献学领域的重要收获之一，是一部嘉惠学林、填补空白的力作，将对今后的辑佚活动以及辑佚学研究的深入发展起到重要的作用”。（卷首刘（乾先）序）是书将对促进古文献学及其诸分支学科——版本学、目录学、校勘学、注释学、辨伪学、考据学等知识结构的完善，推动整个古文献学领域的深入发展将有一定的积极作用。

五、21世纪辑佚学研究展望

作为20世纪中国古文献学最重要的收获之一的辑佚学研究，虽然取得了令人瞩目的成就，但是和其他同类学科相比，辑佚学作为一门独立学科还不够完善，辑佚学的研究还显得非常单弱，有许多空白领域尚待研究开发，有许多研究的薄弱环节尚待深入加强。21世纪所面临的深入研究工作还相当繁重，任务还极其艰巨，而研究者应特别关注以下几个方面的问题：

1. 辑佚活动的个案研究，其包括某个人的辑佚活动、某部佚书及其辑本等。以往的研究仅限于章宗源、王谟、严可均、马国翰、黄奭、张澍、汤球等几位清代的辑佚大家和鲁迅，而对清代其他辑佚者及民国、当代辑佚者的辑佚活动则很少有人研究；佚书及其辑本则主要体现在整理旧辑本时所撰写的序言或出版说明，独立撰写的学术论文并不多，而内容大都不够全面深入。所以，辑佚的个案研究仍将是21世纪辑佚学研究的重要课题。

2. 辑佚活动的类型研究，其包括：（1）根据文献内容的特点进行归类，对其做专类研究，所见如《谶纬的散佚和明清时期的辑佚》是也。此类研究的论文还太少，可作的文章还很多，如经注、小学、霸史、别传、地理、农书、医书、传奇小说、诗话等类型佚书及其辑本的综合性研究。（2）根据文献佚书遗佚的特点——亡佚、缺佚、脱佚、漏佚、散佚、佚书目等类型，对其做专类研究。此类的切题论文尚未有见，基本属于空白。（3）根据辑本整理形式上的特征——辑编性、辑存性、辑复性、辑证性、辑增性、辑合性等类型，对其做专类研究。此类的切题论文也未有见，基本属于空白。

3. 辑佚活动的现象研究，即辑佚不仅是一种文献现象，也是一种历史文化学术现象，要把它放在一定的文化历史背景、文献整体领域、社会客观因素之中加以研究，搞清影响其发展的各种因素及其对文化学术发展、文献整体活动的影响作用。所见如《论清代辑佚学兴盛的原因》可属此类，但此类研究尚不明确，有待积极开展。

4. 辑佚活动的横向研究，即断代定时研究，也即各时期发展水平、成就、因素等的专项或综合、系统的研究。所见如《清代前期的辑佚活动》是也，但此类研究也不甚发达。

5. 辑佚活动的纵向研究，即纵向历史发展过程的研究。其可对某一方面辑佚活动做纵向研究，也可对整体辑佚活动历史过程做纵向研究，当务之急是《辑佚活动年表》的编纂。

6. 辑佚活动的方法研究，即辑佚工作中的各种技术、方式、法则的研究。此类研究也不发达，需要作的文章很多。

7. 辑佚学的理论研究，即辑佚学研究的对象、意义、作用、知识结构及辑佚类型等问题的研究。这是辑佚学研究中最薄弱的侧面之一，几乎很少有人问津。

此外，辑佚的应用、比较、现状等方面或角度的研究，也有一些课目可作。另外，中国台湾学者的辑佚成就、日本学者的辑佚工作也是值得研究的问题。总之，辑佚学的研究方兴未艾，21 世纪的辑佚学研究会更加活跃，更加广泛，将成为古文献学研究的热点之一。

发表于 2001 年第 5 期

参考文献：

［1］曹书杰：《中国古籍知识手册·古籍辑佚》，山东教育出版社，1988 年。

［2］曹书杰：《中国古籍辑佚学论稿》，东北师范大学出版社，1998 年。

［3］曹书杰：《新中国五十年辑佚学研究的主要成就》，《长春社会科学》2000 年第 5 期。

中国诗学的文化特质和基本形态

杨 义*

一、尊重中国诗学的专利权

人类存在两种精神文化的智慧：一种是叙事学的智慧，一种是诗学的智慧。关于中国诗学的文化特质和它的基本形态这个问题，要讲得清楚，就要牵涉我们研究中国诗学，应该采取一种什么样的文化态度和文化立场。

我认为我们要采取这样一种文化立场：尊重中国诗学的专利权。因为中国的诗学研究要出现大气象、大智慧，就必须立足于现代中国文化发展总战略的思考之上，以拥有文化专利权的创造，作为安身立命之本。进入新世纪，我们面临着经济全球化这一潮流和国际政治多极化的趋势，综合国力的竞争成为一种根本性的竞争。综合国力应该包含人文的力量，文化工程就是人心工程，因为文化这一问题涉及一个民族的价值共识，涉及一个民族的理性思维能力，它的潜在力量是非常大的。甚至可以说，人文问题，事关国魂，事关国脉，事关国力，关系到一个民族的凝聚力。没有一个人文精神萎靡不振、疲软涣散、无所适从的民族和国家，能够在经济上、科技上大展雄风的。所以这要求我们从文化的总战略上要做好三件事：一，对传统文化的深度现代化，即对 3000 年中国文学发展的经验进行深入的现代化阐释和转化。二，对外来文化进行深度的中国化，因为外来文化经过转化就会变成中国的思想。比如佛教，我们对其进行转化变成禅宗之后，禅宗就是中国思想；马克思主义经由毛泽东等将之与中国的革命实践相结合提出一整套理论，再经过邓小平等跟中国现代化过程的结合提出一整套的理论之后，它实际上就成了现代中国的思想，所以要把外来文化进行深度的中国化。三，现实文化的高度学理化。经过这三化，我们既排除了对传统文化的抱残守缺，又排除了对外来文化的生搬硬套，还排除了对

* 杨义，中国社会科学院文学研究所所长、研究员。

现实文化的随波逐流。这样我们就可以把我们的人文结构建立在一个充分的科学性、现代性、开放性这样一种创新体制上面，以中国经验作为根基，以世界的视野作为境界，以原创精神作为内核，来创造出具有现代中国特色的人文科学的话语体系，包括概念体系，言说体系，学理体系和价值体系。

我们要立足于中国文学经验这一基点上，追求原创，发现几千年来中国诗人的原创性，他的专利，他的文化特质。中国的文学经验，在诗学上，经过几千年的民族创造，已经积累了世界上第一流的资源。关键在于我们要高度珍惜和深度开发这种资源，开发这种资源的深层次的智慧，从中转化出一些古今可以相贯相通的现代品格和中外共享的世界价值，使它成为名副其实的人类共同的精神智慧的财富。在转化过程中，对西方的现代理论，首先，我们应该借鉴它，参照它，而不要把自己封闭起来，要有世界的眼光。我从来提倡两个世界的思维。有一个中国世界，有一个外国世界，有了这两个世界，那么这个思维就是开放性的。比如我是农村出生的，我到了城市之后，有农村世界和城市世界，那么我的思维可能是开放的；右派他有一个落难的过程，后来又重新复出，他有落难和复出的两个世界，他这个世界是开放性的，他所达到的精神深度是一般人难以企及的，所以我们要找到一种双世界的思维方式。其次，对于西方理论我们还要质疑它，任何西方理论我们都没必要对它进行顶礼膜拜，因为它们很少甚至不曾考虑到中国的经验，我们要与它进行平等对话。西方理论家对中国经验所知甚少：在伦敦访学的时候，我和西方一些很著名的文艺理论家交谈后发现，他们对曹雪芹和鲁迅仅知其名，对他们的智慧的奥妙和文化的命运却很模糊。既然拥有这么一种经验，那么我们对西方的理论，所谓的“世界性”，就应该认识到它是一种“有缺陷的世界性”，是一种不完全的世界性，只有加上我们中国的和东方的文学经验，才能形成多元共构、充满对话可能的真正的世界性系统。

西方的理论不管有多么高明，都是在西方的经验基础之上，经过文艺复兴、宗教改革、启蒙运动，经过19世纪、20世纪各种思潮的涌动，在这么一种情况下建立起来的。西方的每一个术语的形成都有它的一个生命过程，一个术语就是一部精神生命史。在西方，在它们的历史文化积蓄中，它们可能是一种智慧，但是如果我们把它们游离于这个历史文化背景之外，它们就可能凝结成一种知识。智慧是可以产生结果的生命过程，知识则是游离于生命过程的结果。对智慧与知识的这个区别是不可不辨的。如果我们孤立地把一些外来的术语生硬地切割下来到处使用，它可能就成为无根之木、无源之水。我们要把它们的理论引用过来，就要加入我们自己的智慧，把它们放置在中国特殊的历史文化背景之中，加入我们的生命体验，这样才能把它的生命重新点化出来，才能变成我们的智慧。那种简单的贴标签、囫囵吞枣式的生搬硬套，是达不到这种效果的。拜伦在他的《唐璜》中说，理论家都是吃干草的动物。满园春色，到处都是绿草如茵，他们不吃青草，却去吃那些概念之类的干草。所以我们中国的学者应该回到我们的文学经验上来，来吃我们的青草。西方的一些概念，即使涵盖面很大、较为通用的术语，比如说浪漫主义、现实主义这样一些概念，如果拿来简单地套在屈原、李白、杜甫的头上，都可能使诗学原理中属于屈原、李白、杜甫的“专利权”的东西发生遮蔽和丢失。

能否发现中国诗人的“诗学专利权”，这关系到是否尊重中国伟大诗人的原创性，是否尊重中国文化的原创性。如果他们的全部创作都逃不出西方术语的标准，那么他们又从哪里获得资格在人类精神史上与外国诗人进行平等的对话呢？只有从这种专利权和原创性出发，我们才能使中国诗人获得恰如其分的世界性位置，才能建立起具有中国特色的现代诗学的理论支撑点和话语体系的原始生长点。对于这种诗学方法论的关键之处，我在《楚辞诗学》中已开始思考。我写过两部诗学著作，在写《楚辞诗学》时，我系统地清理了先秦文献和楚国文物，对楚国的历史和楚国的文物做了专门的研究。我们过去研究《楚辞》往往是从中原文化和经学的角度来看楚国人的思维的，如果你到荆州博物馆去，到长沙马王堆去看看，楚人思维的那种绚丽和神奇会使你从心灵上一下子受到巨大的震动，这样你对中华民族文化的理解，就能达到一个新的境界。因为我们过去对中华文化的理解，大体上以中原为中心，近几十年来我们发现了楚国的文物，发现了四川的三星堆，发掘出青铜面具祭祀的大坑，出土的青铜器具所显示出的青铜技术是高度发达的；中国农业文明的最早信息是在长江下游这个地方发现的，在江浙一带发现的河姆渡文化，其中就有7000年以前的稻谷种子。这些东西被发现之后，我们把长江文明加入到与黄河文明相对比的这么一个位置，这样我们对中华文明的认识，又达到了一个新的境界。因为我兼任少数民族文学研究所的所长，所以我也关心我们边疆的文明。藏族和蒙古族有一个长篇史诗《格萨尔王传》，长度大概在50万行以上，相当于世界五大史诗的总和。我把这个文明叫作江河源头文明（长江和黄河源头的文明）。它集中显现了一个新的想象空间和世界景观，它加进来以后，会使我们对中华文明多元一体的文化多样性的看法发生很大的变化，所以我们要从中华文明新的丰富多彩的文化生命中去发现我们的原创性。那么怎样去发现呢？我觉得一个根本的出路在于经典重读和个案分析，因为诗学的逻辑起点不是在哪个概念上，而是在对那些经典和那些最伟大的诗进行经典重读和个案分析上。尤其是具有中国特色的现代诗学，正处于探索和草创这一时期，进行经典重读和个案分析就会使我们的根扎在中国经验这块丰厚的土壤之上。因为伟大个案具有千古不磨的权威性，它们以天才的敏感和智慧，来支持这一权威性。我们重读它，对其进行还原，这样我们的文艺理论家才不是空头的耍概念的文艺理论家，而成为“文艺史家＋思想家”这么一个具有综合素质的人。

西方一些重要的文艺理论，多是从个案分析中得出来的。比如20世纪50年代的法国文学批评家乔治·布兰，他研究19世纪前期也就是一百多年前的法国作家司汤达的作品，从而创立了法国的小说诗学；20世纪60年代法国的托多罗夫研究叙事学，他以什么作为个案呢？他以14世纪意大利的《十日谈》作为个案，写了一本《〈十日谈〉的语法》，通过研究《十日谈》的“语法”来建构他的叙事学原理；苏联理论家巴赫金，他是对话诗学理论的创造者，他研究的是什么呢？他研究的是16世纪拉伯雷的《巨人传》和19世纪陀思妥耶夫斯基的小说，用这来建立他的以“对话原则”作为基点的文化诗学的理论依据。这些具有世界影响的诗学理论，都是从经典重读中汲取灵感、资源才形成自己的学理体系的，而不是把哪一个概念拿来演绎一番。从经典中看到人类最深层的智慧，看到这种智慧中最富有生命力的最生动活泼的形态，这是我们建立当代中国诗学而且具有原创性诗学的一种最根本的方法。把重要的经典当作伟大的个案，进行细读，进行感悟，把它上升到学理的高度进行思辨，这是我们返回中国文化的原点，确认中国作家的文化发明专利权的基本方法。这就需要我们直接面对经典文本，重视自己的第一印象。何其芳先生就讲过，读书要重视自己的第一印象，你读一本书，你最初的感觉是什么，而不是马上用理论把自己的直觉监禁起来。第一印象就是那种有血有肉的、真正有意义深度的直觉，它那里包含着我们原创性的最初理论萌芽。从经典重读创造出来的诗学，是原生性诗学；从概念术语推衍出来的诗学是再生性诗学。

我想以屈原的《天问》作为例子，讲怎样从第一印象开始，对其进行个案分析。屈原的《天问》是一篇非常艰涩的长诗，一百多问，可以说是一篇旷世奇诗，它在2000多年前就出现了，是人类文化史的一大奇迹。人类从神话、巫风中走出来，走到文人独立创作的黎明期，屈原他找到了一种人与天对话的独特而深有意味的形式。根据我的研究，过去我们讲《天问》，说作者的思维跳来跳去，从讲神话，讲天地的开辟，人类的出现，一下子又讲到周朝，周朝的兴亡，一会儿又跳到夏朝，一会儿又跳到商朝，这种跳来跳去的行文和思维方式，使我们有些楚辞学者以为这是错简。因为过去的书是由竹简编成的，如果绳子断了，重新把它编起来的时候，就有可能把简编错了。错简其实是一种臆说之词，因为你找不到原简，原简在哪？你找不到，你找不到原简就不能简单地断定它是错简。屈原的作品，前面有《离骚》《九歌》，后面有《九章》，它们都没有多少错简，唯独在《天问》这地方错得一塌糊涂，这很难解释得令人信服。这是研究者自己不能解释《天问》而提出的一种假设。

如果我们直接面对《天问》的话，就会认识到它实际上是一种时空错乱，它的时空是一会跳到这，一会儿跳到那，它的所谓“错简”现象实际上就是时空错乱。回到屈原《天问》文本本身，作为一种现象描述，我们才可能如同实际存在地承认他这个作品是一种时空错乱。屈原被流放到楚国的江泽地带去，神志非常凌乱，在这种情况下，他在精神上可能出现各种各样的幻觉，各种各样的联想，他的天才就是把这种精神现象抓住，《天问》是重现了他自己精神世界中凌乱状态的一种天才的表现方式。文学天才之所以为天才，就在于他能根据外在和内在世界的无比丰富性，创造崭新的审美方式。西方的意识流也是时空错乱，那屈原与它有什么关系呢？屈原是不可能受西方意识流的影响来写的。西方的意识流，是从近代心理学这一角度进入人类精神的深层的，弗洛伊德学说为它的出现提供了理论依据。中国的诗人是从哪个角度进去的呢？是从诗画相通这一个古老的东方艺术命题进去的。因为中国古代图画的时空是移动的，甚至是错乱的。王逸，东汉人，楚辞编纂者，留下了楚辞最早的本子；他在《楚辞章句》题解中讲：屈原被流放到山陵水泽去之后，在流放期间，心情非常彷徨忧郁。他看到楚先王庙和公卿祠堂上面的壁画，上面画着天地、山川、神灵，历代圣贤、帝王，他在壁上题诗，叫“呵壁之作”，来发泄自己的满腔愤懑，后人把他的这个东西整理起来，就成了《天问》。王逸是楚地人，他记载的这个事情，可能是听到当地的传说而记录下来的，也许屈原不是在壁上题诗，但这个故事却也向我们透露了一个信息：《天问》这首诗和图画有关系。王逸有一个儿子叫王延寿，他写过一篇赋叫《鲁灵光殿赋》，说的是西汉前期，汉武帝的一个兄弟被封为鲁恭王，他“好治宫室，苑囿狗马”，建了一个灵光殿，王延寿的《鲁灵光殿赋》就是对这座殿的描绘。他记载的这座灵光殿是在西汉前期修建的，离屈原也就100多年。在鲁国这座宫殿里，它的壁画也是描写天地开辟以来的神话、传说、历史故事、山妖海怪，千姿百态。比如说，有“五龙比翼，人皇九头，伏羲鳞身，女娲蛇躯”，以及后妃乱主、忠臣孝子、烈士贞女之类，确实非常奇异也非常具有心灵撞击力。时空不同于自然时空，头绪紊乱杂错。王逸当年知道他儿子写了这么一篇赋，那么王延寿好像是为他父亲写的《楚辞题解》作注解了。在这个“鲁灵光殿”里所看的壁画，和屈原在楚国的先王庙—公卿祠堂里所看到的壁画大可以相互参证。我们要知道西汉的帝王是楚人，“楚虽三户，亡秦必楚”，刘邦、项羽他们都是楚人。刘邦作《大风歌》，汉武帝作《秋风辞》，这是楚音，曾被过去的《楚辞》本子列入“楚辞后语”。刘邦的宠妃，也就是被吕后砍去手脚的那个戚夫人，是唱楚歌跳楚舞的。西汉前期也是楚文化进入王宫的时期，当时汉王朝喜欢楚文化。鲁灵光殿是西汉王族的宫殿，所以那殿里面的东西是楚风，因而对于这篇赋我们不能只简单地看到一个鲁人的灵光殿，还应该知道它是楚风，是楚国文化的表现。

我们现在看不到楚国的壁画，也看不到灵光殿了，但是我们可以看到汉朝的很多石画像。比如在南阳、山东、徐州都发现了几千种石画像，稍微完整一点的可能都是时空错乱的。像在山东嘉祥，有一幅石画像，顶层是西王母和一些神仙，再下来，可能是历代帝王，可能有尧、舜、禹，也有夏桀和商纣王，再下来可能是周公辅成王、孔夫子等圣贤像，再下来可能是刺客的故事，再下来可能是孝子的故事，再下来是日常生活中车马出行，这么一些场面混杂在一个壁画里面，就造成时空的错乱。所以我们的诗人看了类似的壁画之后，受它的启发写出了《天问》，并非不可设想。如果我们肯定诗画同源的话，那么诗人把自己心灵中如同壁画一般的混乱的幻象，用时空错乱的方式表达出来，是非常具有原创性的。我们确定这一点非常重要，就等于肯定屈原作为一个天才诗人，他抓住了人类的一种独特的精神现象，在人类诗歌史上和人类思维史上，他第一次大规模地使用了时空错乱。西方直到2000年之后才搞意识流，才抓住这么一种精神现象。这样一讲，不是比给屈原套上“浪漫主义”“想象力丰富”“爱国主义”这么一些常用的术语，更能说明屈原在人类诗史上的伟大创造，更能触及他的诗学本质？这是非常关键的一种学术方法，当你直接面对经典，首先要看到它的原本状态是什么，从原本状态上直接面对前人的智慧。不要过分迷信那些概念，要先把概念撇在一边，你要看它本来是个什么状态。这不是给古人戴高帽子，而是看文本的真实面目，看诗人感受到了什么？他对世界是怎样感觉的？如果我们尊重我们的第一印象的话，那么我们就应该承认屈原是人类思维史上第一个大规模使用了时空错乱的人。

不妨再深想一层。《天问》，我们历来解释为屈原问天，但是文中明明说的是“天问”。《天问》开头的第一个字是“曰”，说：“曰，遂古之初，谁传道之？上下未形，何由考之？”是说很古老很古老的时期，天地还没有形成，那时没有人，神话是怎么传下来的，又怎么去考证它呢？根据我们秦汉时期的典籍，凡是题目和开头两个字重复的，省掉开头两个字，所以这个“曰”是“天问曰”，天是主语，这一点非常重要。天在问你呢？那时没有人，这些神话是怎么来的？因为天在中国，既是自然，又是主宰者，还代表着天理、天数、命运，那么夏商周历朝的君王，斗斗杀杀，尔虞我诈，荒淫无耻，这些事情都要我天来负责吗？你楚国兴兴衰衰都是我的原因吗？他这是以一种很超越的眼光来看世界，是以一种理性的怀疑主义来瓦解和解构你的神话观和你的历史观，这是非常了不起的。用天来问人，西方的诗除了个别宗教书之外，哪些是用天来问人的呢？这实在也算得上一种卓尔不凡的创造。天是无所不包的，所以在天面前，它一会儿可以拿这件事情来问你，一会儿可以拿那件事情来问你，这样时空不就错乱了吗？所以我们只要这样解释的话，屈原在人类诗史上的地位就出来了。我们要认识到中国的诗人在人类思维史、文明史和诗歌史上是有原创性的，有专利权的，你不能由于西方有现成一个浪漫主义的筐子，就一股脑地把我们的智慧果子扔到它那儿去，我们还要先尝一尝这果子的味道。拥有中国这么丰富深刻的文化经验，我们完全可以创造出世界上第一流的诗学理论，如果我们有志气这样做的话。所以我们要发现原创，把发现原创这四个字作为我们基本的思维方式。一旦确立了这种思维方式和学术方法，我们就会发现中国的诗学是一种生命的诗学，是一种文化的诗学，是一种感悟的诗学，是一种综合着生命的体验、文化的底蕴和感悟思维的非常有审美魅力的多维的诗学。

二、生命诗学

我们回到中国文化的原点，来咀嚼中国诗学的味道，就会真切地领会到中国人写诗讲究生命气韵的流贯，中国人感受世界，讲究人和天地万象的生命境界的融通，中国诗学在很大程度上是一种生命的诗学。这不论从我们的哲学思考上，还是神话思维上，都有充分的根据。中国人对人有特殊的理解，建构了一种特殊的“人观”，那么中国人是怎样认识人自身的呢？在《礼记》里讲，人是“天地之德”，是“阴阳之交”，是“鬼神之位”“五行之秀气”，也就是说人和天地、阴阳、鬼神它们是交融在一起的，而不是孤零零的一个；又讲“人者，天地之心也，五行之端也，食味别声被色而生者也”。在这种思维方式下，中国人的生命本质是和天地、阴阳、鬼神、五行、声色交合在一起的。所以《老子》讲过一句话：“道大，天大，地大，人亦大，域中有四大，而人居其一焉。人法地，地法天，天法道，道法自然。”从以上这些言论中可以看出我们中国人的“人观”：人和天、地、道是生命相感相贯的。

中国人的宇宙模式和人生模式也使中国人创造出一些特殊的词语来，比如我们讲性：性天，人的性命和天；性命，人内在的性和外在的命连在一起。《易·乾》里讲：“乾道变化，各正性命。”也即人道对话，各证性命。我们读过明朝洪应明的《菜根谭》，他说：“性天有化育，触处都鱼跃鸢飞。”你碰到的地方都是充满着生命的活力，鱼在跳跃，鸟在飞。中国人理解的生命不是上帝创造出来的一个被动之物。我们观念中也有女娲造人这种神话，但在中国更普遍的观念中，认为人是天地化育的，人的生命和天道之间有着对应性和一体性。我们的神话思维也是这样体现着人与天地之间这种关系：“元气蒙鸿，萌芽兹始，遂分天地，肇立乾坤，启阴感阳，分布元气，乃孕中和，是为人也；首生盘古，垂死化生：气成风云，声为雷霆，左眼为日，右眼为月，四肢五体为四极五岳，血液为江河，筋脉为地理，肌肉为田土，发髭为星辰，皮毛为草木，齿骨为金石，精髓为珠玉，汗流为雨泽，身之诸虫，因风所感，化为黎甿。”（《五帝运年纪》）。这就是中国人的天地化育观，盘古用他的血肉之躯“化育”了天地，在天地的化育中产生了人。这就是我们的神话，这就是先民对人的原始性理解，对人和宇宙关系的理解。既然我们的诗存在于这么一种原型思维和宇宙模式之中，那么我们的诗也自然存在于人与天地之道相感相贯的生命体验之中，存在于人和天地、人和自然气息相通的宇宙结构当中。20 世纪 30 年代有一个美国教授要写一部世界文学批评的著作，叫钱钟书先生写中国的文学批评，并叫他比较一下中国的文学批评和西方的文学批评有什么不同？他没写，但他思考了这个问题，在 1937 年发表了一篇长文《中国固有的文学批评的一个特点》。在这篇文章当中他把中国传统文论的一个基本特征概括为：把文章通盘的人化。我们评文学通常把风骨、气质、气韵、肌理这些本来是讲人的术语拿来讲文章，我们对文学批评高度人化或者生命化。我们的生命诗学既是我们思维内在的一种形式，也是我们文学批评的一种基本方法。

生命诗学要从生命的角度来理解它。我们中国的诗人，比如李白，他最有特色的思维方式是什么呢？我们过去说他是浪漫主义诗人，其实他最有特色的思维是醉态思维，在醉态中酒力刺激了他的精神和神经，使他达到了一种生命巅峰状态，在这种巅峰状态中体验天地体验世界，并把这种巅峰状态的体验铸进他的诗学思维之中。所以我们研究李白，应该把最主要的注意力放在他的诗学思维的原创性上，放在他的诗学专利权上。我们如果相信西方有些人说这一千年最伟大的诗人是莎士比亚，上一千年最伟大的诗人是李白，但我们的李白干了一辈子就只是出色地实践了西方的浪漫主义，李白地下有知是不会同意这一点的。因为浪漫主义不是他的原创，他没有专利权。雨果是浪漫主义，但李白不是按照雨果教的方法来写诗的。他的气质和浪漫主义有相通的地方，但是他的本质在于他的原创，我们要有这么一种认识和解说。那么，什么是李白的原创呢？我们先从他用力最多的三个意象系统来考察：一，酒的系统；二，山水的系统；三，明月的系统。在这三大意象系统中，酒最狂肆，山水最雄奇，明月最灵妙。众所周知，诗和酒的渊源是中国文学史上一个非常重要的、非常广泛的、非常久远的文化现象，韩愈把这种现象称之为“文字饮”。李白代表盛唐风采，他从诗酒因缘中创造出一种非常独特的醉态诗学思维方式。在这方面，他受到六朝时期的孔融、曹植、阮籍、陶渊明，还有比他年纪大一点的贺知章、孟浩然等人的影响。但是从更深刻的意义上讲，他的诗和酒的关系带有李白的原创性，具有李白的专利权，这是需要我们证明的。比如竹林七贤中的阮籍，嗜酒如命，整天喝得醉醺醺的，但他写的《咏怀诗八十二首》，八十二首都是五言诗，文字上看不出，句式上也看不出醉态，而且八十二首诗中仅有一首讲到酒："对酒不能言，凄怆怀酸辛。"他对酒说不出话，那么醉态只是他的一种生活方式，是他的生活态度的一种表现，而非诗学思维方式，因为它没有渗透到他的诗学思维过程之中。陶渊明把酒和诗的关系推进了一步。他写了很多述酒诗，但是陶渊明的性情比较高逸恬淡，往往在吟咏酒中"深味"之时，以明净之心感悟和思考生命哲学，而未能潜入醉态狂幻的诗学思维方式的深处。如他的《饮酒》诗之十四："采菊东篱下，悠然见南山。……此中有真意，欲辩已忘言。"他忘了，也即是他不能言，说不出话来了。

从阮籍的"对酒不能言"到陶渊明"欲辩已忘言"，从其中一"不能"、一"忘"来看，醉态只是他们的一种生活方式，是一种精神境界，还不是一种思维方式。把醉态当成诗学思维方式的是李白，或者说，使醉态作为诗的思维方式而有实质性的原创性进展的是李白。比如杜甫《饮中八仙歌》说："李白一斗诗百篇，长安市上酒家眠。天子呼来不上船，自称臣是酒中仙。"李白把酒和他的诗打成一片，"斗酒诗百篇"成为他醉态思维方式的最好的概括说明。我们再用书法打个比喻，这也像王羲之也喝酒，在《兰亭集序》中他讲"又有清流激湍，映带左右，引以为流觞曲水"，这不是在喝酒吗？但是你在他的《兰亭集序》的书法中看不到多少酒气。但是到了唐朝的张旭、怀素，满纸云烟，喝醉了酒用头发写字，"墨池飞出北溟鱼，笔锋杀尽中山兔"，笔锋强劲奔放，就像墨池中飞出的能化成鲲鹏的北溟鱼。在这个时候，他已经是醉态如泥了，也就是把醉态变成一种思维方式溶进了笔墨，这是盛唐人的一个创造，是盛唐气象的一个表现。我们还必须看到，醉态思维对于诗人来说具有本质的意义，因为醉态把精神的自由和生命的狂欢，浑融为一体了。清人吴乔在《答万季野诗词》中说："意喻之米，文喻之炊而为饭，诗喻之酿而为酒。饭不变米质，酒形质具变。"诗把生活状态在形式上进行了很大的改造，而发生了实质性的变化。假如李白没有醉态思维几乎不可能写出这样的诗句："君不见黄河之水天上来，奔流到海不复回；君不见高堂明镜悲白发，朝如青丝暮成雪。"一句话，把黄河、天上、大海这么大时空包容在自己眼下，一句话"朝如青丝暮成雪"把早与晚由于忧郁使头发变白了的时间浓缩在一起，把时间凝缩到一朝一暮。醉态在这里毫无拘束地操纵着时空的变形。还有像"弃我去者，昨日之日不可留；乱我心者，今日之日多烦忧"，这样的句子如用散文的写法，只要"昨日不可留，今日多烦忧"就足矣，因为"不可留者"当然是"弃我去者"，"昨日之日不可留"为什么还加上个

“之日”呢？“今日多烦忧”就足矣，“多烦忧”当然是“乱我心者”，“今日”再加上“之日”打破了常规，“之日”是满口云烟的写法。接下来“俱怀逸兴壮思飞，欲上青天揽明月。抽刀断水水更流，举杯消愁愁更愁”，一会儿是仰视青天，一会儿是俯视流水，俯仰之间出入于人心和天地。我孤陋寡闻，但据我所见，这些诗句都属于全人类诗歌中最有才华、最为美妙的句子。这是醉态焕发出诗人自由创造潜力的结果。这种充盈着生命、充溢着力度的诗学，体现了盛唐的魄力和盛唐的气象。比如我们过去说“大”是杜工部的家畜，‘雄奇’是李太白的绝招。李太白写黄河，时空可以任意伸缩，黄河的大小、缓急竟是随心所欲的，可以是“黄河之水天上来，奔流到海不复回”（《将进酒》），可以是“黄河西来决昆仑，咆哮万里触龙门”（《公无渡河》），也可以是“黄河如丝天际来”（《北风行》），可以是“黄河捧土尚可塞”，又可以是“黄河落天走东海，万里写入胸怀间”（《赠裴十四》）。在他的心理时空中，黄河水是可大可小的。一会儿捧一把土把它塞住，一会儿是奔流到海不复回。很难想象，没有醉态思维能把现实世界中的同一个景观写得这么随心所欲，变化多端。诗人似乎不是站立在人间，而是站立在浩浩苍天，茫茫宇宙之间。

和竹林七贤、陶渊明相比，李白是醉态思维的创造者，这是从中国诗史的角度做出的判断。那么西方呢？有没有同样的东西呢？西方有一种酒神思维，酒神文化。中国的醉态思维和酒神文化有点相似，有可沟通的地方，但是它们在本质上有差别。德国的尼采曾经用日神阿波罗、酒神狄俄尼索士作为象征，来解释艺术的起源和它们的本质特征的差别。但西方的酒神文化和我们的醉态思维有很大的差别，因为西方的酒神文化是以民俗性的狂欢暴饮、载歌载舞这样一种宗教祭祀为特征的。中国诗人的醉态思维是什么样的呢？独酌，“花间一壶酒，独酌无相亲。举杯邀明月，对影成三人”。独酌，自己一个人喝闷酒，还有对饮、饯别等场合，也就是说中国的这种醉态思维带有明显的内在精神体验的特征。李白有一首诗《把酒问月》：“青天有月来几时？我今停杯一问之，人攀明月不可得，月行却与人相随。”这哪里可以同西方民俗性的聚众狂欢暴饮相提并论呢？它确确实实是中国式的，是李白原创有专利权的。这种醉态思维也贯穿到它的山水意象和明月意象之中。我们只有这样才能分析出属于中国自己的东西，这样得出来的东西才是我们自己的文化特质和特征。

文学作品和诗既然是一种生命，我们对它们进行生命分析，就可能揭示出属于文学和诗的深层本质。生命分析是我们深化文学研究的一种重要方法。只要作品写出来，它必然带有作者的生命投射，因此我们要分析作品中的生命痕迹、生命投影和生命密码。以《楚辞》中宋玉的作品为例，我们的文学史一讲到宋玉，不能不说他是楚辞中的两个大作家之一，但是除了讲《九辩》是他的作品之外，对于他的其他作品，尤其是他的五篇散文赋，就不承认或者不敢承认他的著作权。这五篇赋是《登徒子好色赋》《对楚王问》《风赋》《高唐赋》《神女赋》。因为从清代的崔述（崔东壁）以来，就怀疑它们是伪作；到了“五四”时期的疑古思潮，更是怀疑得越多越有学问。疑古思潮是一股泻药，当身体里积蓄了很多污浊东西的时候，它能疏通你的血液，能减少你的胆固醇，能清理一下你血管里面的沉积物，但是这个泻药如果服得过多是要伤人元气的。这就造成宋玉的很多东西被怀疑是假的，以至于不敢讲那些作品，那么我们的精神家园就支离破碎了。这么高明的五篇散文赋，我们竟然不敢进入它，不敢讲它，一讲就是伪作，是假托之作。我考察了自崔东壁以来的很多论据，很多都是臆测之词，其中最有学术价值、最有理由的是北大的游国恩先生讲的，他说这五篇赋开头都用这个话，“楚襄王”如何如何，显然不符合宋玉的口吻，宋玉只要说吾王就行了，不必讲楚。楚襄王是他死后的名字，楚国人讲楚襄王不必讲楚襄王，就像英国人讲英国女王只要讲女王就行了，汉朝人讲汉武帝不叫汉武帝叫孝武帝就行了。这不符合宋玉的口吻，不符合我们的习惯。要解释这个问题，有推理的方法、有实证的方法。在战国时候，各个国家的文字是不统一的，后来秦始皇统一了。到了汉朝时候，楚国原来的鸟型文字变成了只有专家才能认识的文字；那么汉人整理它就要把它改成汉隶，在这个抄写的过程中可能加上一些东西，或者夹着一行注解，如：“王”，旁边注上楚襄王。那时的书籍不是印刷的，是手抄的，那么过了几十年，就要重新抄一次，抄的时候注解也可能窜进去。我们决不能把宋朝的刻版印刷的书籍制度和唐朝以前的书籍制度等同起来，比如说《汉书·艺文志》记载，“《宋玉赋》十六篇”；到了《隋书·经籍志》，变成了“《楚大夫宋玉集》三卷”。十六篇是竹简，卷是什么呢？卷是帛卷，它的书籍变了，而且书的题目也变了，加上了“楚大夫”。“大夫”在中原是一个很大的官，但楚国为了歧视中原，把“大夫”变成了一个很小的官，是个候补官员。后人不懂，把它变成了《楚大夫宋玉集》，书名变了。又怎么能排除文中也有此类改？这是从书籍制度和文字转写来讲。我们再看出土文物，把它和历史文献相参证。长沙的马王堆出土了《战国纵横家书》帛书，它就是《战国策》的前身。我们把它和经过刘向刘歆父子整理的《战国策》做一个比较，因为楚辞也是由他们整理的，就可以明白这种整理过程的用力所在。兹举几例以明其例：

△帛书第二十则：“胃（谓）燕王曰：列在万乘，奇质于齐，名卑而权轻……”谁对楚燕王这么说的不知道。如果这样的话，没有《史记》和刘向整理的《战国策》作为参照，我们现在就读不懂。刘向的《战国策》里就说了，谁对燕王说的。你对照同样的条目，刘向整理过的《战国策》里面，就变了样子。

《战国策·燕策一》："齐伐宋，宋急。苏代乃遗燕昭王书曰：'夫列在万乘，而寄质于齐，名卑而权轻。"

△帛书第二十三则："胃春申君曰：'臣闻之，于安思危，危则虑安。今楚王之春秋高矣，□□□地不可不早定。"

《战国策·楚策四》："虞卿谓春君曰：'臣闻之《春秋》，于安思危，危则虑安。今楚王之春秋高矣，而君之封地，不可不早定也。"

这就是刘向整理书籍所谓的"辨章学术，考镜源流"，他所谓整理书就是加上人名、国别，加上当时的背景。这表明，汉人整理这类古籍，除了把异体字、错字改为正体，并增添个别助词、连词使语句更有弹性之外，主要还在于在开头认定这些话为谁所说，在何种背景下说的。因此所增添处，也多为战国时代复杂纷纭的列国名和人名。应该看到，如果没有经过刘向整理的《战国策》以及司马迁的《史记》作为参照，我们是很难理清这些帛书的头绪的。从汉人整理这些帛书的惯例中也可以领会到，不能因为刘向这些人加上楚襄王如何如何——即便《文选》所载宋玉的散文赋中采用了"楚襄王"的称呼，那都是文献整理和流布所致——并不能据此否定宋玉对这些散文赋的著作权。在春秋战国时期叫襄王的有七个，齐襄王、秦襄王、韩襄王、楚襄王……如果他要是不加上"楚襄王"我们就不知道是哪个国家的"襄王"，这就是汉人整理先秦典籍的习惯。我们过去认为《礼记》是汉人的东西，但是现在出土的很多竹简、帛书表明，《礼记》只是经过汉人整理，整理了一下顺序，改正了一些字，整理过后加上了一些小序，但它还是先秦的东西。流传到现在的所有先秦的文献都是经过汉人整理的，我们不能因为汉人对其加以了整理，就否定先秦人的著作权。我们讲过把地下的文物和传世文献加以比较之后，就可以肯定宋玉是这五篇赋的作者，因为《宋玉赋》十六篇在昭明太子编《文选》时可能还存在。

我们肯定了宋玉是这五篇赋的作者，那么我们就有信心进入这五篇赋的内在生命的深处。你说它是假的，那我们就不敢研究了。你只有肯定它是真的，只不过汉人作了点改动，这样我们就不妨认认真真地把它们作为宋玉的生命文本来阅读。宋玉留下来的生平史料很少，我们对他的作品很难编年，但是任何一部作品都包含着作家的生命烙印，我们可以从这五篇赋中，从年龄心理的角度，大致判断出这五篇赋的著作年代。我认为《对楚王问》《登徒子好色赋》是宋玉年轻时的作品。在文中他年轻好胜，楚王说："宋玉你有什么缺点吧？不然为什么别人对你有风言风语呢？"宋玉马上说："我是鲲鹏，人家都是燕雀，我是阳春白雪，人家都是下里巴人。"他这样回答不是把楚王都搁到里面去了吗？这是宋玉文章上的胜利，政治上的失败。《登徒子好色赋》里楚王说："宋玉，登徒子说你好色。"他马上就把登徒子骂了个狗血淋头，使登徒子后来成了好色者的代名词。当年金圣叹在评《对楚王问》就说它有一股桀骜之气。《风赋》把风分为“大王之雄风”和“庶人之雌风”；描写两种风过之处，引起的不同感觉，产生的不同后果；好像在吹捧楚襄王，又好像在讽刺楚襄王，阅世颇深，这是他中年的作品。

《高唐赋》《神女赋》我认为它们是宋玉晚年的作品，它开头一句话“昔者楚襄王”，有的前辈学者断定，昔者楚襄王如何如何，显然不是宋玉的作品。恰恰相反，我认为这是宋玉晚年回忆他早年的作品，是对早年往事的回忆。比如杜甫到了夔州之后，回忆他青年时代“裘马清狂”，与李白、高适一起在梁宋游玩时的情景，写了一首诗《昔游》：“昔者高与李，晚登单父台。”说过去我和高适与李白一块到单父台去游玩；“昔者”就是晚年回忆早年的口吻。把楚襄王放在“昔者”的语境中，可能意味着楚襄王去世不久。另外我们再一句一句分析他对高唐对巫山的人生体验，在文中他悲悲切切，带有一种暮年之气，可以看作是一个老者所写。而且我怀疑，这样写两代楚王追求同一个神女，对于一个臣子而言，有点奇怪。不管楚国怎么样野蛮，它终究接受了中原道德文化的影响，两代楚王追求同一个神女，未免有乱伦之嫌。事涉王者隐私，如果楚襄王活着的时候，宋玉是不敢写的。这篇赋可能是写于楚襄王死了之后，因为楚襄王曾经给宋玉讲过这个秘密之事，而这对于一个文学侍从之臣，是一种非常荣耀的事，因此他就把它写了出来。那么在文章中有没有这种蛛丝马迹呢？是有的。文中讲宋玉跟楚王出游的时候，一天走一千里，弓箭还没举起来，就已经是猎物满车了，这是灵魂出游而不是打猎啊！还说什么“千秋万岁”，而“千秋万岁”这个词是对人死了的一种谐隐说法，是以一种禁忌的方式谈论死。《战国策·楚策一》记载，楚王打猎时射杀了一头狂野牛之后，仰天大笑：“乐矣，今日之游也。寡人万岁千秋之后，谁与乐此矣？”在这，“千秋万岁”是死的意思，不是歌功颂德。所以，这篇赋很可能写于楚襄王逝世之后，楚国迁都到吴越之地，这时楚国形势已经失去控制，这就给宋玉回忆他早年时候的事，提供了相对松弛的环境条件。那为什么要写巫山神女呢？过去有人说这篇赋是屈原写的，说屈原要打到蜀国去，要与秦国抗衡，把屈原说得好像是一个军事家。而实际情况是巫山和宋玉的家乡宜城很近，宋玉写巫山神女是表现了宋玉晚年对家乡的一种怀念。那为什么楚怀王跟神女有云雨之情而楚襄王不管怎么样追都追不上神女呢？这是因为楚怀王给秦国骗去，说以秦国六百里之地来换取楚国一个地方，到了秦国以后，秦国人说只有六里地，又把他软禁起来，软禁之后，让他割让巫郡和黔中郡，楚怀王不干，就逃跑了；跑了不久又给抓了回去软禁起来，后来客死秦国。所以他至死都没出卖巫山。而楚襄王二十一年，秦将白起率军攻下郢都，也就是今天的荆州，第二年又占领了巫郡和黔中郡，因而楚襄王他失去了巫山神女对他的那份感情。因此宋玉实际上是借巫山神女的故事，借两代楚王追求神女的不同际遇来表达他对乡土的怀念，写出了他对失去的故土的哀思。我们这样理解是不是更符合作为才子型的诗人宋玉的审美心理呢？因为宋玉和屈原的区别在于：屈原更倾向政治化，而宋玉更近于人性化。所以这样分析，实际上是对宋玉作品中生命体验的分析，这样我们就可以脱离对文本简单的政治分析或者是东猜西测的分析方法。

三、文化诗学

中国诗学也是一种文化诗学。这与我们源远流长的文化、博大精深的历史有着深刻的关系；也与诗是文化的一部分，是文化的精华所在的文化整体性，有着深刻的关系。我们的文化深厚，我们的诗学是从我们文化的重重云雾中走出来的。中国诗学是以生命作为它的内核，以文化作为它的血肉；也就是说生命点醒了文化，文化滋养着生命；有生命的文化才是精彩鲜活的文化，有文化的生命才是博大丰厚的生命。中国古代诗人写诗都会用到典故，典故是一种文化想象，是一种时空错乱。在诗的创作过程中一会儿用唐朝的典故，一会儿用六朝的典故，这不就是一种时空错乱吗？所谓“秦时明月汉时关”，在这里我们的月亮、关口都带上朝代的气息，这使我们的诗带上了丰富的文化想象力、联想力和隐喻能力。我们的文化把我们天上的月亮，地上的江河，天上的飞禽，地上的走兽，还有树木统统都染上一层富有魅力的文化的色彩。我们一讲到柳树就可能想到五柳先生陶渊明，看到月亮就可能想到东坡的“千里共婵娟”，我们的诗学在文化的包容当中，它拥有无比丰富的历史文化资源和文化元素，供诗人来构建他的想象世界。因此研究文化诗学要达到原创性，就要做好三件事：一，以渊博的知识支撑我们的原创性；二，以宏大的魄力开拓原创性；三，以卓越的智慧来建构原创性。我们要对诗学的生命孕育、产生和发展的文化语境进行复原，恢复它的原状。这不同于考古学对物质文化遗物的复原，我们是对精神文化这种无形的东西进行复原，这些东西大多已消逝在或渗透在时间的长河之中了。所以“复原”有更多的难处，但是也有更多的自由度，我们要对其进行合情合理的如同身处其中的复原。我们的古典文化和文学是和史学、哲学、精神创造、思想创造和历史实录交织成一个生命有机体的，所以我们必须要用文化的视角、渊博的知识来托起我们的原创性。原创不是凭空产生的，渊博的知识所形成的古今精神对话和碰撞，才能使我们学者的原创性建立在丰厚的文化基础之上。

过去有一种说法，认为创造现代的文论和现代的诗学，看看古代的诗学和古代的文论就行了。但是我觉得光研究古代的文论还不足以揭示我们文化诗学的全部秘密，因为古代的文学经验是大于古代的文学理论的，诗的经验是大于诗话的。我曾经说过一句话：杜甫因宋人而名声大起，然而杜甫本身是大于宋人心目中的杜甫的。比如意象，中国诗很重意象，意象是生命感觉和文化的一个载体。中国诗的意象的组合方式曾经给西方20世纪初期的意象主义以启发。庞德正是在读了中国诗的译本和介绍之后，才产生“受灵感激发的数学”，要给人类的感知方式提供一个方程式的念头。他认为意象就是人瞬间产生出来的理智和感情的复合体。我们的意象实际上是和我们的文化体验与生命体验融汇在一起的。一讲到意象，我们就会想到“楚辞无梅，杜诗无海棠”，这是学古典文学的学者都知道的。王安石作《梅花》诗：“少陵为尔牵诗兴，可是无心赋海棠。”苏东坡也有一首关于杜甫和海棠的诗，他是为一个歌妓写的：“东坡居士文名久，何事无言及李宜？恰似西川杜工部，海棠虽好不题诗。”对于杜诗无海棠，宋人葛立方《韵语阳秋》颇感迷惑。因为海棠在四川最盛、最名贵，因此四川还有“香海棠国”的别名。而杜甫48岁到成都，57岁由夔州（重庆奉节）出三峡东下，在四川住了将近十年，竟然没有写诗赋海棠，有点不好理解。《古今诗话》作了这样的解释：“杜子美母名海棠，子美讳之，故《杜集》中绝无海棠诗。”事实果真如此吗？我们对意象的分析也就是对当时的文化环境的分析。事实上，不仅杜诗无海棠，李白诗也无海棠，韩愈、柳宗元诗，元稹、白居易均未写过海棠。王维有一首五绝诗《左掖梨花》，《文苑英华》注为“海棠花也”，可见海棠花在盛唐时代还叫梨花，或海棠梨，而且一直到中唐的前期海棠花还没成为诗人关注的意象。因此说杜甫因其母名海棠，所以杜甫不赋海棠诗是毫无道理的。再说北方的一个妇女怎么会取一个南方的名花作为名字呢？海棠成为诗人关注的意象是在中晚唐以后，王建《宫词一百首》中的一首写道：“元是我王金弹子，海棠花下打流莺。”这里的海棠花还是一棵树，还没完全成为审美意象。后来在中晚唐的薛能、郑谷、温庭筠等的诗中，才逐渐地采用了海棠意象。比如郑谷，他到四川住了一段时间后，写了《蜀中三首》，其一说：“却共海棠花有约，数年留滞不归人。”到了宋朝，写海棠花的人就比较多了，如苏东坡，他被流放到黄州，住在定惠院那里的东山上，旁边有一株繁茂的海棠花，看到这株海棠花，顿生同此天涯沦落之感，感到他和海棠花都是从蜀地流落到此偏僻山野的有名而孤苦之物，写了题为《寓居定惠院之东，杂花满山，有海棠一株，土人不知贵也》的诗，他还另外作了一首《海棠》诗：“东风袅袅泛崇光，云雾空蒙月转廊。只恐夜深花睡去，故烧高烛照红妆。”直到宋代，诗人才把海棠花炒热。宋人用自己对海棠花的感受去讲他所尊敬的一个唐代诗人，然而唐代人更多欣赏的是牡丹而不是海棠，他们写的很多意象可能是骏马，是苍鹰。像唐太宗的昭陵，那里有“昭陵六骏”，刻的是六匹与唐太宗一起战斗过有战功的战马，其中一匹马身上还有一支箭。唐人欣赏牡丹与宋人欣赏海棠这种娇媚妖艳的花二者之间的审美趣味是不同的。海棠意象兴起于晚唐五代和宋朝，与文人词几乎同时繁荣，这是精神现象史极有意味的事。在某种意义上说，词相对于诗，是文体上的一种娇艳的“海棠”。

我们对古代诗人审美意象的发生、发展和变迁过程的分析，实际上是对古代中国诗人精神现象史的分析。意象分析实际上和文化是有联系的，意象分析也就是一种关于精神关注点及其凝聚耗散过程的文化分析。因此我们的文化诗学必须从文化变迁史的角度，才能看透中国诗学的奥妙。诗是从文化中获得它的特质，获得它的神韵和方式的，文化是渗透到当时的诗学脉络中去的，文化是诗学的血液，是诗学的肌理。可以说诗是文化开出来的一朵审美之花，没有文化我们的诗之花就会枯萎。

诗的情感抒发和意义表达，往往不是直说的，而是潜伏在意象经营和文化展示的皱褶之间。文化诗学分析的过程，也就成了隐而不显的意义揭秘的过程。《楚辞》中有两篇“招魂”辞：《招魂》《大招》。过去我们对这两篇辞赋的著作权问题是众说纷纭，莫衷一是。这是因为我们找不到较为详尽的材料去解决其著作权问题。现在能找得到的材料一个是司马迁在《史记·屈原贾生列传》中讲的几句话，说《招魂》是屈原所作；另一个是王逸的《楚辞章句》，他的题解认为《招魂》是宋玉招屈原魂；而《大招》可能是屈原所作，也可能是宋玉所作，也可能是景差所作。除了这两则材料，我们似乎再找不到其他更多的材料来解答这两篇“招魂”辞的著作权问题。那么在找不到更多材料的时候我们该怎么办？这著作权的问题怎么解决？可靠的方法是分析文本，分析文本中的生命、文化蕴涵；因为最权威的原始材料就是文本。读了几千年的《楚辞》，我们为什么不分析文本呢？一分析文本，这著作权和作者的身份就隐约可见。简易的方法是我们可以对其进行形式上的分析，说《招魂》什么什么“兮”，它和《离骚》一样是骚体，是楚国的一种歌谣体形式：《大招》用的是中原音韵，什么什么“些”，四字一句；《大招》不写招魂仪式，而《招魂》写了招魂仪式。因此写了招魂仪式的就不能在招魂的仪式上用，没写仪式的是写给大巫师用的招魂诗。我们可以这样对它们进行形式上的分析，初步形成学术判断的框架。但这只是形式上东西，我们还要看它的内容，进入它的内部破解它的文化密码。那么“招魂”辞是如何写出来的呢？楚人招魂的惯例都是先外陈四方之恶之后，然后转向另一个抒写极端：“内崇楚国之美”，即是说外面非常凶恶，在外面的灵魂你快回来吧，楚国有许多可供你享受的东西！《招魂》招的是怀王。楚怀王客死秦国，到秦襄王继位三年时，其遗体才回到楚国。那么《招魂》是怎么样写的呢？在文中说，灵魂你回来吧，回来楚国很好哇！灵魂被招回来后又把他请到哪儿去了呢？是把他请到楚国的正殿和后宫中去了，而且在文中把后宫的背景，连同帷幕和蚊帐钩都写得清清楚楚。这可是不能随便就写上去的，因为现在的正殿和后宫楚襄王正住着呢！你把这个灵魂招到正殿和后宫，那你把楚襄王放到那儿啊?！你这样写是在怀疑楚襄王在楚怀王被拘秦国时称王的合理性。把灵魂招到正宫完了之后，又说有很多漂亮的女人侍候你；而且这些漂亮的女人都是九侯淑女，是贵族之女，她们是一个有王者身份的人才能享受的。从这我们可以看出被招的这个灵魂的规格很高。然后写处理政事，说劳累了还可以出去打猎，回来以后还可以花天酒地。因此在《招魂》中有两点值得注意：第一，作者是把楚怀王的灵魂招到上殿后宫并为他正位；第二，他说楚国所有财富都是灵魂享受的对象。《招魂》是隐藏着作者对楚国王位继承的合法性的质疑，这一点意味非常深长。

在《大招》中写的也是这类场面，但是所折射出来的文化密码却不一样。它说灵魂你回来吧！这儿有很多好吃的东西，显然是祠堂里面的祭祀，是要把灵魂招到祠堂里面来，而不是要他把招回到上宫和后殿。又说楚国有非常漂亮非常善解人意的女子，来侍候你。但是这些漂亮善解人意的女子却是巫女而不是九侯淑女，因此不管你多么漂亮多么善解人意，你没有身份，那别人是“九侯淑女”啊！灵魂回来始终没有让他到正殿去，到后宫去，而是让他到离宫去；是让楚怀王的灵魂安居离宫苑囿，观赏那里的檐头滴水，孔雀跳舞，享受林间之乐、濠上之趣，作者行文完全是一种侍候太上王的口吻。结尾的“美政”思想，曾受到前人的许多赞扬，说是国家已经治理得井井有条，天下也快要大一统了，这在当时已经衰落的楚国，是可能的吗？它实际上是说：“灵魂啊！你当你的太上王就行了，不要来干扰我们现在的国家统治！”这两个文本，一个是把怀王当成真正的王者，一个是把怀王的灵魂当作太上王。显然一个是屈原所作，因为他曾劝过怀王不要到秦国去，而且他和怀王还有些交情，所以他以悲哀的情调为怀王写了这么一首招魂诗，是一位已经失去文学侍从资格的诗人所写的私家著作，属个人写作，在文中用了通行的招魂形式。而《大招》呢？它是楚国的文学侍从之臣在招魂仪式上写给巫师看的招魂诗，是官样文章，所以在文中把楚怀王当作太上王来对待。因为它是在国家的仪式上用的，所以用一个“大”。因为这是文学侍从写给巫师看的，是没有著作权的，所以不知是谁写的。王逸的《楚辞章句》怀疑是景差写的，经过我考证也认为是景差。景差是在屈原和宋玉之间的一个文学侍从之臣。宋玉见楚襄王是景差引见的，所以他的辈分略小于屈原，略大于宋玉，所以很可能是景差所作。文本是最权威的，如果我们从文本的字里行间，去作解密性的意义解释，那么我们对楚辞的著作权和它的文化意蕴就有了更深的认识。这是从文化的角度来讲中国的诗学。

四、感悟诗学

中国诗学又是一种感悟的诗学。中国诗学的本原性原理都是以心居中，来讲诗言志、诗缘情，用心去反映、去统摄、去形容世界的万象，从而达到一种天人合一的境界。这种由心然后通到诗的心理学通道，显然和古希腊的模仿说通道是不同的。因为古希腊的诗学是受史诗、戏剧的影响和启迪，主张人和世界的二分，分离而模仿之。如果我们承认模仿说是西方诗学的核心遗产的话，那么中国诗学的第一关注点就不是模仿，而是把世界看作你中有我、我中有你，彼此交融的，不主张做戏式的、多见人工斧凿的模仿诗学。即便是由此派生出来的“虚构”这个概念，也是不能原封不动的用来解释中国诗学。因为中国诗学体现出来的神思和韵味，既是虚构的，也是非虚构的，既是非虚构的，也是非非虚构的；而且是虚中有实，实中有虚，虚实结合的。虽然中西诗学之间还是有许多可以相通的地方，可是对诗生成的特殊心灵通道和第一关注点的差异，决定了东西诗学各自不同的品格和特质。

中国的诗学从心讲到诗言志讲到诗缘情，它既有生命的深度和文化的厚度，又有感悟作为贯穿它的方法。诗人凭悟性聪明去作诗，追求物我如一、情志与外境相融合的审美境界。所以我们只有用感悟的方法来读中国的诗，才能找出一条确切的诠释中国诗学的方法。感悟，也就是一种有深度意义、又有清远趣味的直觉，是心灵对万物之本真的神秘默契和体认，以返本水源的方式切人生命与文化、人生与宇宙的结合点，电光火花，千古一瞬。宋朝的严羽在《沧浪诗话·诗辨》里面讲到：“大抵禅道在妙悟，诗道亦在妙悟。且孟襄阳学力下韩退之远甚，而其诗独出退之上者，一味妙悟而已。惟悟乃为当行，乃为本色。然悟有深浅，有分限。有透彻之悟。有但得一知半解之悟。……先须熟读《楚辞》，朝夕讽咏，以为之本；及读《古诗十九首》、乐府四篇……即以李杜二集枕藉观之，如今人治经；然后博取盛唐名家，酝酿胸中，久之自然悟入。”也就是说读书要读到无书的境界。应该说，感悟的揭示，其在中国诗学上的价值不在意象、意境之下，因为意象、意境都是以感悟作为其基本的思维方式或内在神髓的。我觉得搞中国诗学应建立一种感悟哲学，它不同于西方的分析哲学。感悟的说法，多见于禅宗，前人或讥为“以禅喻诗”。实际上中国诗学以心居中，追求言志缘情，要求直指心源。世世代代的这种诗学焦虑，一旦遇到讲求明心见性、顿悟成佛的南宗禅的思想，便豁然开朗，使中国诗学的心灵体验达到新的妙境。或如宋代苏轼诗云：“暂借好诗消永夜，每到佳处辄参禅。”他讲的是好诗与妙悟佳处相通。可惜过去我们把感悟译成 comprehension 或是 powerofunder-standing，几乎把“悟”译成了“解”。而悟恰恰在解前，应该是“pre-comprehension”。我们只有理解中英文有这样的差别才能理解中国诗学的特质。现在顺便讲一下“比较文学”这个词，comparative这个词是西方的，根据我们传统的文字学解释，《说文解字》里面讲到“比”是“二人为从，反从为比”，“比”就是两个人比肩而立。因此比较文学是二人比肩而立，而不是一个从着另一个。再比如说意象，我们一般翻译成：image，而这个词的主要意思是像、影像、雕像，如果要翻译的话，应该翻译成：ideal-image。因为中国人从《易经》开始，就先讲意后讲象，《易经》上讲，“书不尽不言，言不尽意”“圣人立象以尽意”，是先有意后有象的，而且意象是必须既有象又有意。这也许不符合西方人的习惯，但是我们就是要他们不习惯，如果我们都跟着人家讲，image就是中国诗学中的意象，我们的东西都符合了西方人的习惯，那么我们还有什么创造呢？我在英国牛津大学讲学的时候，写了一个英文的讲课提纲，一个女秘书对我说：“杨先生，你对这个女神的翻译有点不符合英国人的习惯。”我说，我就是要不符合你们的习惯，如果完全符合你们的习惯，那我的女神就变成了金发女郎了。所以我们要创造自己的诗学话语就是要不符合西方的习惯，在符与不符之间寻找创造的空间，因为这种拒译性，正体现了中国诗学的特殊质素和魅力。当然我们在重视中国诗学的感悟性的同时，也要注意吸收西方诗学的分析性之长；由悟入析，悟析兼备，以悟直逼诗中的生命存在，以析展开学理体系的思维。

中国古代的诗歌评论主要出现在诗话里面，而且比较松散、杂乱、零碎。也就是说，它们对诗歌体验的感悟性追求，压倒了体系性追求。诗话现存最早的是欧阳修的《六一诗话》。欧阳修晚年退居颍州，生活比较清闲，因此他以诗话这种形式颐养天年，《六一诗话》就是他随意记录逸闻趣事和瞬间感想所得。后人沿用了欧阳修这一体例。诗话比较散乱，一方面是由于它记录的随意性；另一方面是由于古代诗人和诗话作者重感悟，感悟所得，往往如电光石火，璀璨尽管璀璨，毕竟多是星星点点。星星点点也弥足珍贵，因为它们是悟性与经典的直接对话。感悟是我们把握世界的第一感觉，是我们对经典生命的第一印象，所以我们要把我们的感悟和分析结合起来，既追求学理的灵动，又追求学理的透彻。因此感悟可以催生学理原创性的萌芽。比如，司马光学欧阳修写了一本《温公续诗话》，他在评议杜甫《春望》这首诗时说：“惟杜子美最得诗人之体，如‘国破山河在，城春草木深。感时花溅泪，恨别鸟惊心’。山河在，明无余物矣；草木深，明无人矣。”他对杜甫《春望》的体验，使阅读时语性和诗作的悟性碰头，颇为精深地解读出一些极有滋味的言外之意。进而言之，花鸟溅泪惊心不仅是意在言外，而且已涉及悟性思维的另一个特征，即人把生命移植给外物，使此花此鸟已经如人一般感时伤世，怨恨离别。“感时花溅泪，恨别鸟惊心。”“感时”是思考着时代和国家，“恨别”是讲个人的情感和遭遇，“此花”“此鸟”已带上了前者为国、后者为家的无限悲哀了。

由于中国古代神话和哲学思考中，强调人与宇宙相通的整体性和对应性，因之我们的诗学讲究生命移植，就比西方理论讲究情感移植的“移情说”更进一层。悟性在接通大人之间内在的或精神的渠道的过程中，表现出把人的生命向外界事物移植的功能。杜甫可以说“好雨知时节，当春乃发生”（《春夜喜雨》），苏轼可以说“东风知我欲山行，吹断檐间积雨声”（《新城道上》），风雨均有“知”，一吹一洒，均带着生命的印痕。这种生命移植的功能可以表现强势，具有某种攻击性、侵略性；也可以是弱势的，具有明显的渗透性、亲和性。李白《陪侍郎叔游洞庭醉后三首》其三说：“铲却君山好，平铺湘水流。巴陵无限酒，醉杀洞庭秋。”这里的铲掉君山，让洞庭湖的水平铺起来，流到长江里面去，醉杀洞庭湖，其间都有一种强烈的精神力量，都是把大地湖山当成有生命的存在或把自己的生命移植给它们，从而把内心的愤懑和忧虑发泄并泼洒到天地万象上。这就是俗语所谓“不打不成交”，在把天地万象当作对手，在生命对抗中实现生命移植。

至于亲和性的生命移植，以李白的《月下独酌》中的“举杯邀明月，对影成三人”一句最为有名。在抒写自己孤独行乐、载歌徘徊、醉醒交欢的过程中，他招呼明月和身影，共享生命的悲欢。李白与月，因缘甚深，深到简直有点生死相许。洪迈《容斋随笔》卷三说：“世俗多言李太白在当涂采石，因醉泛舟于江，见月影而取之，遂溺死，故其地有捉月台。”传闻不足信，但反映了人们对李白与明月的生死因缘的某种别具会心的理解。李白和明月神交甚深，比如，《襄阳歌》写纵酒行乐有一句“清风明月不用一钱买，玉山自倒非人推”。买卖赊借，乃是人间的交往交易行为，清风明月本就不需要买，他在这里却要拿与天地做生意来比方。《送韩侍御之广德》说：“暂就东山赊月色，酣歌一夜送泉明。”《陪族叔刑部侍郎晔及中书贾舍人至游洞庭五首》其二说：“且就洞庭赊月色，将船买酒白云边。”在说了不用买之后，他还一再地说要赊要借，这就在奇思妙想中注入了生命体验和关怀。两次“赊月色”还不够，他又去“借明月”，《游秋浦白苛坡》说：“天借一明月，飞来碧云端。故乡不可见，肠断正西看。”这赊赊借借，可以看作人与天地的生命契约，奇思妙想，促成了生命的带亲和感的移植。由悟性而产生的生命移植带有浓郁的泛灵论色彩，它视天地万物皆有灵性，这乃是李白之为“谪仙人”的灵性感觉或生命感觉的重要特征所在。

悟性思维，是介于感性和理性，又浑融着感性和理性的思维，它有感性的鲜活而去其浮光掠影，有理性的深度而避其抽象的逻辑。它有时表面上看起来很无道理，但仔细思之，它的深层中却蕴含着出乎意料的深刻道理。因为悟性没经过理性整理，它的理性内核包含着妙处。悟性思维是一种“无理之理”“反常而合道”的思维方式。宋人魏庆之的《诗人玉屑》卷十记载苏轼谈柳宗元的《渔翁》诗：“柳子厚诗曰：‘渔翁夜傍西岩宿，晓汲清湘燃楚竹。烟消日出不见人，效乃一声山水绿。回看天际下中流，岩上无心云相逐。’东坡云：以奇趣为宗，反常合道为趣，熟读之，此诗有奇趣。其尾两句，虽不必亦可。”“反常合道”是说它常常违反常识、常事、常规、常语，但是它正是从这违反常规中体现出意味无穷的妙处来。

杜甫的诗常把颜色词放在句子开头，把形容词加以名词化，用颜色代替形容词。比如他的诗《陪郑广文游何将军山林十首》中的名句：“绿垂风折笋，红绽雨肥梅。”绿色垂下来了，原来是风吹折了竹笋；红色绽开了，原来是雨肥了梅花。理顺了说，就是经过一夜风雨，风吹折了竹笋，所以竹笋的绿色就垂下来了；下雨把梅花养肥了，所以红色的梅花就绽开了。如果这样写就不是诗了，诗是重感觉的，感觉优先，它还原出人的感觉的先后顺序。在森林里面你先看到的是竹的绿色，看到它垂下来的姿态，然后才想到这是风吹折了竹笋；先看到的是红色，再看到原来是梅花绽开，最后才想到原来是雨水把梅花养肥了。这颜色能够垂下来，能够绽开，简直匪夷所思。这是以感觉优先为原则所产生的“不隔”，带露折花，充满新鲜感和生命气息。感觉是人与世界打交道的第一回合，没有感觉谁也无法与世界发生联系。因此，感觉优先，在句式上似乎新鲜奇异得超出常规，但是，它意味着对你认知世界的心理过程的还原，还原出人与世界打照面的第一瞬间，还原出人对自然的生命移植。无理之理，或合理的反常，实际上是悟性思维的意义浓度和审美魅力所在。再如，杜甫有一首诗《放船》，里面有一句：“青惜峰峦过，黄知橘柚来。”诗人感觉的第一瞬间是青色、黄色，是颜色对心灵的刺激和唤醒。而还未细辨峰峦的轮廓，峰峦就已经过去了。到底是人惜峰闪过，还是青作为独立的主体，惜此峰峦闪过，一时也难以分辨。黄也是雨中行舟所见的色彩，因秋深而推知是橘柚熟了。黄在这里也是独立的主体，它和人一道不争尔我地感知橘柚的迎面而来。这瞬间感知的颜色的强调，令人如同身临其境地体验到雨色朦胧，舟行飞快，简直是一幅大写意画。在这里颜色好像也有灵魂一样，人把灵魂付与了颜色或者说它与人的灵魂、山川的灵魂混合为一了。感觉是诗与世界的接触点，据说德国18世纪的美学家鲍姆嘉通创造的“美学”这一词带有“感性学”（Aesthetik）的意思，并与古希腊的“知觉经验”（aesthesis）相通。可见杜诗提高感觉的位置，是具有感知和审美的本质意义的。

经过以上分析，我们大体可以了解到：中国诗学是“生命—文化—感悟”的多维诗学。它们的基本形态和基本特征，是以生命为内核，以文化为肌理，由感悟加以元气贯穿，形成一个完整、丰富、活跃的有机整体。由此可以派生出比兴（隐喻）、意象、意境和气象等基本范畴，从而在不同层面和不同方式上作为生命与文化的具有东方神韵的载体，作为感悟进行贯穿运作的基本方式。由于它是多维诗学，不同维度之间可以多姿多彩地交融，互蕴互动，形容丰富的内在审美张力和多义性的互相诠释的可能。只要把握了中国诗学的文化特质和基本特征，我们就能在一种现代文化战略眼光的观照之下，潜心探索，深入开拓，贯通古今，权衡中外，务求精深，在与世界现代文学理论进行深层次的平等对话中，建立起具有现代中国特色的诗学话语体系、学理体系、知识体系和评价体系，把丰沛的具有东方神韵的智慧注入世界人类的总体智慧之中。

发表于 2003 年第 1 期

游走与播迁

——关于明清之际一种文化现象的分析

赵 园*

游民与游士

男子以“天地四方”为自我界定。《礼记・射义》：“男子生，桑弧蓬矢六，以射天地四方。天地四方者，男子之所有事也。”秦一统天下后，“桑弧蓬矢”用少弃多，渐入严禁；农业社会，安土重迁，虽“四民”中的“商”（以及“工”的一部分）以流动为其生存方式，对于“游”——即如“游民”“游士”——的否定性评价，渐成舆论，却无妨于士民的游。上述“天地四方”云云，从来更是“士”的自我界定。到本书所论这一时期，黄宗羲说，“衣冠大抵皆侨寓也”（《复芹堂记》），是对一种事实的描述。[①]“衣冠”所以“侨寓”，正是下文将要谈到的。

美国汉学家孔飞力的《叫魂——1768年中国妖术大恐慌》，谈到发生在18世纪的大规模人口流动，说：“在中国各地，人们都在向上或向外移动。”（上海三联书店，1999年，第51页）这一“移动”起始的时间，可以追溯到17世纪明清易代之际，甚至更早。

既从口而税，即不能不有户籍制度之设；人与土地的关系，是户籍制度的基本依据。明初黄册（也作“黄籍”）即户籍簿。《明史・食货一》：“太祖籍天下户口，置户帖、户籍，具书名、岁、居地。籍上户部，帖给之民。”“其人户避徭役者曰逃户。年饥或避兵他徙者曰流民。有故而出侨于外者曰附籍。朝廷所移民曰移徙。”有户籍，即有逃户、占籍、附籍等。明代著名循吏周忱论户口所以减，有“或冒匠窜两京，或冒引贾四方”的说法（《明史・食货一》）。流民与游宦之士的被许可占籍，

---

* 赵园，原籍河南尉氏，现任中国社会科学院文学研究所研究员。

① 黄氏该文说：“予惟人生天地之间，尚蘧庐也，宫室居处，何尝之有？四北之盛，则且海岛东南；东南之盛，则且瓯脱西北。城郭兴废，而人民随之，衣冠大抵皆侨寓也。”（《黄宗羲全集》第11册，浙江古籍出版社，1993年，第15页）

即对于移徙有户籍制度上的认可。明太祖试图控制人口的流动，使“死徙无出乡”，而明代自中叶始，大规模的流民、游民却演成一幅动荡的图景，成其为中后期明代社会的重要景观。其间有举族迁徙，也有随处发生着流动中的宗族解体。到这一时期，宗法关系赖以维系的条件，确也在侵蚀、破坏中。①

讨论明中叶以降“资本主义萌芽”问题时，论者即已注意到较之同时期的欧洲，中国的土地早就可以自由买卖，农民有相对的离土自由。近年来的人口史叙述，以及其他有关移民、流民的研究，对此提供了进一步的证明。即如本书所论的这一时期，虽仍有“逃户”“占籍”一类名目，涉及的是移徙的合法性问题，并不能制止、控制事实上的流动。由后世看，明初由官方强制实行的大规模移民，本身就包含了关于“流动”的合法性的暗示。葛剑雄、曹树基、吴松弟在《移民与中国》一书中说：“明初大移民的总数超过一千万，涉及总人口约五分之一；无论是绝对数字，还是相对比例，都是空前绝后的。”（转引自王学泰《游民文化与中国社会》，学苑出版社，1999 年，第 384 页）到崇祯三年，徐光启仍在主张“均民”，即“徙远方之民以实广虚”（包括使“南人渐北”），以之为屯政的兴废所关（《钦奉明旨条画屯田疏》，载《徐光启集》卷五，上海古籍出版社，1984 年，第 227—228 页）。上述官方行为对于人与地域关系的随意更改，无疑鼓励了流动与迁徙。秦、汉以还，在官方干预下进行的规模不等的移徙，影响于人力资源的分配，为力甚巨。凡此，都构成着明中叶以降大规模的人口流动的深远背景。

“游民”之被认为一大社会问题，由来已久。只是在本文所论的这一时期，因了政治动荡与社会危机，其严重性得以凸显而已。对此最感不安的，是对“秩序”尤有关切的儒家之徒。张履祥就对游民造成的风俗败坏痛心疾首，说“今世极多游民，是以风俗日恶，民生日蹙，虽其业在四民者，莫不中几分惰游之习”（《杨园先生全集》卷三十六《初学备忘上》，道光庚子刊本）；他主张“户口册当一年一造，不分

---

① 黄仁宇《十六世纪明代中国之财政与税收》：“明朝初期要求人户不得随意离开原籍。居民个人的旅行，虽没有直接禁止，但却不予鼓励，而且出行必须取得路引。那些滞留本籍之外时间长的人必须向当地官员报告。不诚实的商人和不提出申请的人要受到惩罚。”（三联书店，2001 年，第 35 页）到 16 世纪，在上述限制废弛之后，地方官仍然颁发路引，但已不能控制事实上的流动。收入《皇明经世文编》的奏疏，明中叶后安抚流移的内容渐有增多（如卷六十二、六十三马文升奏疏）。朱建强《明代人口流动与社会变迁》李洵《序言》，关于出现于明代中叶（公元 15 世纪中叶）、延续至 17 世纪 40 年代尚未消失的“全国性的流民现象”，说：“明代的流民现象发生在中国封建社会后晚期，其社会条件与背景已不同于前此中国历史上所有发生过的流民现象。这一次中国历史上全国性的大规模流民历史运动，其深刻性要超过前代。”这一判断显然是以“资本主义萌芽”、新的生产方式的诞生等为预设前提的。

土著、流寓，在邑丽邑，在市丽市，在乡丽乡。僧尼道士，不得漏役，不丽籍者，仿古髡为城旦之法”，以此重建秩序（同书卷三十九《备忘一》）。至于被认为直接导致了明亡的流民，无疑是王夫之所谓“噩梦”的一部分。他推原流民起于元代，“相沿至成化而始剧。初为流民，既为流寇，遂延绵而不可弭”（《噩梦》，载《船山全书》第12册，岳麓书社，1992年，第591页）。当明清易代之际，上述“游”“流”均被作为了动荡的征兆，既有生活方式破坏的表征。[①]

游士自不同于游民，但在顾炎武的论述中，其为害社会则一。《日知录》卷七“士何事”条：“春秋以后，游士日多，《齐语》言桓公为游士八十人，奉以车马衣裘，多其资币，使周游四方，以号召天下之贤士，而战国之君，遂以士为轻重，文者为儒，武者为侠。呜呼！游士兴而先王之法坏矣！”顾氏以抄书为学术手段，却往往有对于时政、时事的针对性。即如此处所论游士，未必非暗中指向他生活的时代日渐活跃的游幕之士。张履祥不满于士的游，所针对的更是早已演成风气的士人的社集、讲学，以为士的此种游为害“更甚于游民”。[②] 王夫之的游士批评，也应有对其时士人游客、游幕的针对性。顾炎武所说游士兴起的“春秋以后”，士之游曾经是士渐成相对独立的社会集团、渐成王朝政治结构中功能性存在的过程。士以其“游”宣告了“士”这一角色的生成。到了本书所论的明清之际，士的游无论历史情境还是文化意涵，自然都有了不同。

由下文可知，明末清初，士人确也“游道日广”。钱谦益《教读谢君坟表》引韩愈语：“今人适数百里，出门惘惘，有离别可怜之色。持襆被入直三省，顾婢子语，刺刺不能休。”而谢君则不如是（《牧斋有学集》上海古籍出版社，1996年，第1249—1250页）。无论唐人是否如韩愈所说，到钱谦益生活的时代，岂惟谢君不如是，游历、游学、游宦、游幕，流寓播迁，“游”几乎成了常态，自不必如韩愈所形容。这里需要解释的倒是，士之不安于居，何以在张履祥这样的儒者看来，成为严重的社会问题。

龚鹏程论“游的社会”/“定着社会”，以为由春秋到战国、秦、汉，有“游的社会”及“游之精神”的变迁，“在一个以编户齐民为基本体制的国家里，游的精神及意识内容，不可避免地会与从前有所不同”，游的特殊化也即在此期间发生（《游的精神文化史论》，河北教育出版社，2001年，第81—82页）。该书还有关于晚明与

---

① 王学泰区分了“游民”与“流民”，说“游民与流民不同，流民是指成为‘流’状态的而离开其故土的人们。他们有可能没有脱离其所处的社会秩序”（《游民文化与中国社会》第18页）。

② 《初学备忘上》：“饱食终日，无所用心而已。群居终日，言不及义而已。究其为害，更甚于游民也。”

“游”“交游”有关的风气的论说（第 149—250 页）。写作本文，我的关心则依然在士人的处“易代之际”——游走于“易代之际”的士人，“易代”这一特殊情境中的“游走”与“播迁”。因而明亡前夕的两大游人徐霞客、王士性，不属于本文的分析对象。我将尝试着勾勒动荡、迁流中的士人身影，追究他们以何种心情登山临水，缘何动机寻幽访胜，以及他们当此际的其他诸种游，这些游与平世的异同。下文将要谈到，明清易代，世乱时危，却无妨于士人的山水遨游，倒像是为他们的“游”提供了更丰富的动机，以满足其意义追求。其中就包括以“游”为拒绝、反抗的姿态。我还将谈到，同在那一时期，游宦自游宦，游幕自游幕，士夫的诸种“游”并未因“代”之“易”而中止。

特殊时世的山水、边塞之游

山水诗盛，游即被认为文人从事创作的必要条件，以至文人的生存方式。到本书所写的这一时期，国亡而家未破，文人大可继续发挥豪兴，极游观之盛。游早已被文人强调了其非功利性，其作为审美的人生创造——易代之际的文人依然是文人。由元明之交、明清之交的吴越，尤其可以看出文人文化的上述延续性，尽管这一时期某些士人的游，由后人看去，像是过于奢侈。

游观原是士人积习，魏禧却说，“游道广而声诗盛，近古以来未有过于今日”（《江湖一客诗叙》，载《魏叔子文集》卷九，道光二十五年刊本）。明清之际的大文人，确也无不好游，不游像是不成其为大文人。顾湄《吴梅村先生行状》说吴氏“性爱山水，游尝经月忘反”（《吴梅村全集》附录一）。吴梅村本人也说：“诗不游不奇，不涉山川、历关徼，不足以发其飞扬沉郁、牢落激楚之气。”（杜登春《尺五楼诗集》卷首吴氏题词）黄宗羲到八十二高龄，“龙钟曳杖，一步九顿”，尚为黄山之游（《黄宗羲年谱》第 48 页）。东南文人的游，不消说也因多赀。但经济实力从来不被作为游的必要条件，富固然游，贫也未必不游，只不过富有富的游法，贫有贫的游法而已。周亮工序王猷定《四照堂集》，说王氏客死之日，“囊无一钱，至不办棺殓”。也因此，王氏的游更有不容已。明清之际的这种贫游，令人多少想到阮籍的穷途之哭，有一点绝望色彩——但这更可能是后人的想象过度。我在其他处已经说过，“遗民生存”未必即枯槁。归庄就不惜为看花而四处游走，不无自嘲地说“乱离时逐繁华事，贫贱人看富贵花”（《东行寻牡丹舟中作》，载《归庄集》卷一，上海古籍出版社，1984 年）。易堂魏礼自述游经海南，“陆路单轮车，乘船乘艓子。纵使寄巨舟，所得一掌耳”（《海南道中》之二，载《魏季子文集》卷二，道光二十五年刊本），不免自伤贫贱。拮据行旅，寒伧、卑微，确也损害了魏季子的自尊，否则不会有他的记游诗中那些关于物质条件的刻意记述。即此也依旧不安于居。[①]

游在文人，甚至有某种“信仰”的意味，以至明末大儒而有文人气味的黄宗羲，说“文人与山水相为表里”，“彼慧业文人者，即山川之神也”（《靳熊封游黄山诗文序》，《黄宗羲全集》第10册第96页）。[②] 黄氏自说其曾“发愿名山，拼十年为头陀行脚，咽嚎冷汰，涤濯滓窳”，倘非如此，即不免作一“尘网俗人”（《朱岷左先生近诗题辞》，同书第21页）。游而作如此想，不啻以之为特殊的修持；在这种意义上，可类比者确也只能是“头陀行脚”。你由这种譬喻，又约略可想“宗教方式”对士人的浸润。明代士人禅悦之风特盛，士人（尤其文人）之游，其方式与意境追求，的确也为僧伽所启示。大旅行家徐霞客，就每以僧人为其游侣，且像是与僧人毅力较量。熊开元记易代之际为僧的方以智，“肩大布衲，游行即以为卧具。别无幞袋、钵囊，亦复不求伴侣，日数十里无畏无疲”（《青原愚者智大师语录序》，载《启庵别录》卷一，转引自《方以智年谱》，安徽教育出版社，1983年，第178页），正有僧人式的苦行精神。钱谦益评论梁心甫的纪游之作，说其人之游，“以青鞵布袜军持漉囊为供亿，以高人逸老山僧樵客为伴侣，以孤情绝照苦吟小饮为资粮，与山水之性情气韵，自相映发”，说必如此“而后可以言游”；必如该人之记游，“而后可以言诗文”（《越东游草引》，载《牧斋初学集》卷三十二，第928页）——也可证士人、文人之游为僧人行脚所启示。钱谦益的《游黄山记》，笔力雄健，裁剪工致，堪称大手笔。钱氏却像是非但自愧其游，[③] 且自悔其纪游之作（参看其《越东游草引》），也见出明人在“游”之一事上的郑重。

如若承认僧人（尤其名僧）通常也是特殊身份的“士”，那么历代僧家中正有优秀的旅行家。紫柏大师说：“古之成大器于当世者，无一人不从行脚中来也。若不遍游知识之门，历炼钳锤之下，而欲成器者，未之有也。”（《紫柏尊者全集》卷四《示慈航运侍者》，转引自嵇文甫《晚明思想史论》，东方出版社，1996年，第129页）由陈垣《明季滇黔佛教考》可知，其时的僧人非但耐劳苦，而且有特殊的文化贡献，于人迹罕至之区，筚路蓝缕，开辟草莱，承担了动荡时世传播文明的责任。

易代之际的游观、游赏，亦自与平世不同。张岱的小品所记，多系旧日游踪，

---

① 魏礼为游甚至不惜举债。其兄魏禧对此持欣赏态度，认为他的季弟不过适其所适罢了（《吾庐记》，载《魏叔子文集》卷十六，道光二十五年刊本）。

② 陆世仪的想法不同，他甚至不以山川“益人神智”的说法为然，曰：“无情之物岂能益人神智！天下之能益人神智者，惟书卷耳。”（《毛氏伯仲具吹稿序》，载《桴亭先生遗书》卷四，光绪乙亥刊本）

③ 此文中钱氏说，“必当裹糇粮，曳芒屦，经年累月，与山僧樵翁为伴侣”，方可名“游”（《牧斋初学集》卷四十六，上海古籍出版社，1985年，第1156页）。

写在国亡之后，也如摩挲旧物，自有一层凄怆在字行间，只是未必能为偏嗜他的文字的近代人察知罢了。至于“播迁”，平世也有，非止在“易代之际”，然而“易代”毕竟造成了规模，且涂染了颜色。

士人的山水名胜之游，其意义固然在精神激发与超升，也在其他精神性的发现，包括自我认证。读山水也是读人，读文化，读解中就会有自我诠释。明亡之际追随史可法且以身殉明的江天一，生前曾说到黄山之于士人道德人格的塑造，说该山“以严凝之气，待天下耐劳苦处盘错之士，以使之大辅当世；又以其巉岩峻厉者，养天下独立不惧之器格，以撑拄滥觞”（《黄山寄远方士大夫书》，载《江止庵遗集》卷四）。当危亡之际，能“大辅当世”“撑拄滥觞”的，非豪杰而谁！到明既亡，刘献廷的《广阳杂记》，以纪游文字为文化诠释，以湘、鄂、赣与吴中人文比较，不难令人读出刘献廷本人的性情、人格追求。比如他说，“江西风土，与江南迥异。江南山水树木，虽美丽而有富贵闺阁气，与吾辈性情不相浃洽。江西则皆森秀疏插，有超然远举之致。”（《广阳杂记》卷四，中华书局，1957 年，第 188 页）读山水既如读人，寻访山水也就如求友，所求的无非性情之合。士人的游，可以看作其“创作”的非文字形式。士人本不乏此类人生意境创造的想象力与激情。至于对山水的“豪杰”面目情有独钟，又系于时势，亦风会使然。

有明一代西北与南中国（如琼州等地）的开发，明季滇黔的开发，大大扩张了士人的生存空间与活动范围。有明疆域虽不能比拟于元、清，但陆路、内河交通的有限发展，仍为士人之游提供了些许便利（参看白寿彝《中国交通史》，上海书店，1984 年）。明末清初，士人的游踪确有平世所不能比拟者，由此视彼，如谢灵运之流的游，的确像是过于轻巧了。钱谦益的《徐霞客传》，记其人“出玉门关数千里，至昆仑山，穷星宿海，去中夏三万四千三百里”（《牧斋初学集》第 1595 页）。毛奇龄《屈翁山诗序》说屈大均“游塞外，北抵粟末，过挹娄、朵颜诸处，访生平故人，浪荡而返。夫粟末去内地若千里；迁流者就道，扳轮挽绁，如不欲生，乃独从容往还若房闼间……”（《西河合集》“序”五）梁份的游踪，据朱书（字绿）说，乃“三历塞垣，由西安而东北至于榆林，北至于宁夏，西北至于西宁、河州，又西北至于凉、甘、肃，登嘉峪望合黎之山；西绝嘉陵，南浮汉，又南至于兴安；东升太华三峰，又东出潼关、函谷以归，回旋万里，穷西秦之疆境”（《梁质人西陲三书序》，载《杜谿文集》，转引自《梁质人年谱》，商务印书馆，1932 年，第 49 页）。其他如易堂魏礼的琼州（即海南）之游，阎尔梅（古古）的西北之游，都示人以雄豪气概。阎尔梅自称“东西南北之人”，其《崆峒山序》曰：“当失路时，望门投止，常因患难生情；及还家后，终岁应酬，翻觉平安无味。”（《阎古古全集》卷六，北京中国地学会，1922 年）这一种体验，非惯于行旅、漂泊者，则不能有。

交通条件的有限改进，并不被士人作为游的必要条件。白寿彝也说："元、明、清底交通工具，实质上不见得有什么进展。在陆地上的交通工具，更无可说。水上的交通工具也不过是海船底发展和舟底种类之加多而已。"（《中国交通史》第 208 页）诸种游记所述行旅之艰难，可以为证。魏禧说自己由吴门到芜湖，因舟为风所阻，迁延至二十天——可知水行之难（《赠刘毅可叙》，载《魏叔子文集》卷十）。屈大均记陆行的艰苦，有甚于此者。魏礼的海南之行则更具有艰苦性。正因为如此，明清之际士人之游，才更足称奇观。

士人从来不乏好奇者。明代发达的文人文化、名士文化，更鼓励了对奇境的狂嗜。钱谦益倾倒于徐霞客之游作为人生境界的辉煌。其《徐霞客传》说徐氏"生里社，奇情郁然"（《牧斋初学集》卷七十一，第 1593 页。按钱谦益关于徐弘祖旅行范围的说法不确），盛赞其人为"千古奇人"，其游记乃"千古奇书"（《钱牧斋尺牍》卷中《与毛子晋》之四十六），说其人死，"天下无奇士矣"（《徐仲昭诗序》，载《牧斋初学集》卷三十三，第 948 页）。用现代人的眼光看，徐霞客似兼有旅行家、科学工作者与圣徒的品格。[①]《四库全书》以山志、游记（如徐霞客游记）归入史部地理类，可资考近代地理学登陆前有关的知识状况。徐霞客之游，明末士人为之倾倒，固在其涉历地域之广及行旅的艰苦性，也在此种旅行的学术旨趣（舆地考察），与其人呈示于纪游文字的豪杰气概。时危世乱，士人无疑乐于从中读出挑战[②]——挑战自我、挑战命运的强毅。作为后世所称道的"旅行家"，徐霞客之游即与文人寻常的山水之游，有了轻重之别。明清之际的士人之游，正是在上述方向上又有推展：学人式的山川考察，与志士式的激情发越、意志显示。

龚鹏程认为，近代研究徐霞客，丁文江有奠基之功，"但自从他由地理学角度审视徐氏著作以来，论者一窝蜂地由科学（多识草木鸟兽虫鱼、民族、动植、地貌、水文……）来讨论徐书，未考虑到徐霞客的观察是审美的，而非科学的；其记录也不是客观的，更不是实验科学。其所发现者，乃旅游中自然之耳目所见，是因观赏而知之知。犹如一赏花者之知，不同于一位植物学家之知，不容混为一谈"（《游的精神文化史论》第 254 页注）。这个提示很有意义。顾炎武等人之游，有了更为明确的学术旨趣，亦一种"考察"，只不过类属"人文"罢了。黄宗羲《匡庐游录》纪游

---

① 明代可称"旅行家"者，尚不止徐宏祖。稍前于徐而雄于游者，即有陈第（一斋）其人。王士性则是陈、徐外的另一大旅行家。

② 《四库全书总目提要》关于《徐霞客游记》，曰："且黔、滇荒远，舆志多疏，此书于山川脉络，剖析详明，尤为有资考证。是亦山经之别乘、舆记之外篇矣。存兹一体，于地理之学未尝无补也。"

而兼文献考辨，即游亦不失学者面目。学术性的游，有学术旨趣的游，与文人的为游而游，为玩赏、怡悦而游，确也有风味的不同。

明清之际士人的山水之游，确也随处令人感到意味深长。《翁山文外》卷一系列性的长篇游记，自述其游踪甚详。诸篇有连续性：谒孝陵（《孝陵恭谒记》），由南京渡江，经安徽、河南至陕西（《宗周游记》），由代州赴京师（《自代东入京记》、《自代北入京记》等），俨然一次凭吊故国之旅。明末多纪游之作，《徐霞客游记》外，尚有谢肇淛《百粤风土记》、王士性《五岳游草》、潘之恒《新安山水志》、曹学佺《蜀中名胜记》等等。当明清学术风气转换之会，游记的价值也被由学术方面认定。即使如此，你仍不难注意到一时游记的遗民旨趣——上述屈大均的系列游记即是适例。这些文字中屈氏称明为“本朝”，“宗周”云云，更像是唯恐他人不解其深意。不惟屈氏，其他遗民之游，也不免有故国之思，到了山川阨塞，每每要议论明末军事，扼腕太息，情见乎辞。鲁迅《读书忌》引屈大均《自代北入京记》，以为文笔不在袁中郎之下。为鲁迅所特意提示的，正是屈氏文字间遗民式的悲愤沉痛。屈氏长于记述，记行程详尽而曲折有致，所见乃南国游子眼中的北方、西北，也如梁份，不惟健于行，且描述风俗有可资考察者。上述诸作外，《翁山文钞》中的《先圣庙林记》、《登华记》（卷二），也无不近于考察记录。屈氏不以学人见称，那种考察态度，未尝不得之于风气。

“山志”“舆记”自有其文体起源。明代多地志之作，与土习自然不无关系。张凤鸣的《桂胜》《桂纪》，清四库馆臣以为“典雅”“博赡有体”。到明清之际，热衷著述的风尚，以及舆地之学复兴的趋势，潜在地影响了游者的动机与期待。这一时期山志、舆记中的佳构，考名迹沿革，引证力求富赡；撰写者多能亲历其地，以实地考察与文献考辨并重，搜采金石之文以订讹正谬。至于抵抗之际的联络山砦，明亡之后的遁迹山林，山志的撰写未必没有上述因缘——如方以智的《青原山志》。王夫之《莲峰志》卷五有“癸未十月，予自郡西八十里逢寇钩索，草屦莽枝，奔命于峰之下，趾泥头雾，啮菜烧叶，而心翕然喜之。甲申岁，出自峰下，心不能忘，无岁弗至”云云（《船山全书》第11册第684页）。他的志此山，岂偶然哉！其他如因国亡家破之痛，甚或因了“恢复”期待，而有远游，山水记的撰写，不免有了为斯世存文献的深刻用意，如顾炎武的《昌平山水记》。至于从事舆地之学而又特具遗民情怀的梁份，他的《西陲纪略》，也被认为系于明亡这一历史情境。用后世的眼光看去“学术性”的游，在游者本人，究系何主何从，怕不容易说清楚的吧。梁份的西北边塞之行，即示人以学人与遗民的双重身份，为其时遗民学人那里的“学术”与“政治”，提供了一份标本。而地志、游记作为文章之一体，也由此编织进了易代之际的遗民人生。

梁份的游不止以雄豪见称，且暗示了其时的遗民之游所可能有的意义的繁复与隐蔽。姜宸英序梁氏的《怀葛堂集》，关于梁份的塞上之行，说："梁子尝游西塞，著《西陲今略》，未及成书，适今安徽按察张公前驻节西安，以千金资梁子纵游塞上。梁子以孱书生随数骑结束出关，遍历河湟四郡以极之朔方上郡，览其山川城郭之险隘，退而历讯之老将戍卒，得其可以资守御、习战攻，凡用兵地，所至各绘图，图有说，西塞三边环七千里之地，形势瞭然在目。"姜氏未见其书，其所说当得之于梁份本人。以梁份的西北之游为图谋"恢复"，固然出诸猜测，但游边塞而如此关注其地山川的军事意义，岂非有点欲盖弥彰——或本来就无意于盖藏。事实上，明末清初士人对"边疆史地"的兴趣，确也与明亡的刺激有关。至于梁份本人，强调的更是治舆地之学者的工作伦理。他说自己"向客河西，妄有记述"，因"身未游历，所知非真，采摭旧闻，岂无踵讹增伪、缘饰成书之病"。治舆地学，梁份以踏勘、"身历其地"为必要条件（《与熊孝感书》，载《怀葛堂集》卷一，民国胡思敬校刊本），以为"近代诸书，采摭参考，惟顾炎武之《昌平山水记》可谓不刊。身历其地也，犹不免于一二出入"，其他则"多挂一漏万，且悖谬舛错"（同卷《与朱字绿书》）。[①] 他本人所从事的步测，务求精确，尽管限于技术条件，仍被认为具有了某种近代科学的意味。而前此归有光就说过，"山川土地，非身所履，终无以得其真。太史公言张骞穷河源，乌睹所谓昆仑者。元世祖至元十七年，使驿治运河土番朵甘思西鄙星宿海，所谓河源者，始得其真"（《跋禹贡论后》，载《震川先生集》卷五，上海古籍出版社，1981 年，第 107 页）。方以智《东西均》也曾用了同一例。这也解释了风气所至，徐霞客必能为时人所欣赏，且非惟治舆地学者为然。

明亡之际，即使在后人看来有学术旨趣的旅行考察，也往往有豪杰式的精神发越与意志显示，强调涉历地域之广，足迹所至之邈远，与行旅的艰苦性；上述行为在遗民旅行家，更有抗拒厄难、挑战命运的意味。在我看来其游——包括边塞之游——的意义，当更在此而不在彼（图谋恢复），不如说与明亡之后的继续"谈兵"有某种相似。而这种由明亡之际的军事对抗所激发的热情，随着时间的推移而日益转向学术（如舆地之学），自然顺理成章。

姚椿序陆陇其的《三鱼堂日记》，说"唐李习之始为《来南录》以纪道里，而宋元诸儒如黄勉斋、许益之以至明之黄蕴生，皆有所述，见于纪载"（《陆子全书》，康熙四十八年刊本）。归有光文集中，如《壬戌纪行》，即逐日记行程，当可资考其时

① 《四库全书总目提要》史部"地理类"存目《昌平山水记》曰顾氏"博极群书，足迹几遍天下，故最明于地理之学。是书虽第举一隅，然辨证皆多精确。惟长城以外为炎武目所未经，所叙时多舛误"。顾炎武《北岳辨》考辨北岳之祭，曰前此"皆据经史之文而未至其地。于故先至曲阳，后登浑源，而书所见以告后之人，无惑乎俗书之所传写焉"（《顾亭林诗文集》第 9 页）。

水陆交通状况。清初王弘撰《北行日札》《西归日札》，屈大均《宗周游记》之属，陆陇其《三鱼堂日记》之“公车记”“南游记”等，无不详记日程、道里，均可资考其时的交通状况。魏礼《海南道中》三十首、《西行道上》一百零三首（《魏季子文集》卷二、卷四），以诗纪行，详述游踪，历历如绘，犹之旅行指南。凡此，与其时的“考察”风气，也未必不间接相关。

梁份自述其西行，以《与八大山人书》最为生动：“此行往还万里，以南方乘舟之人，策马五月，登顿劳苦，髀肉尽消。且天西绝塞，饮馔大异，进食又不以时，饥不得食，饱则罗列当前，夜卧土床多蚤，尤苦螫虱，大如瓜子，多至可掬，一土床藏可数升。移衾裯卧地上，则从屋椽间自坠下，如雨雹密洒，历历有声。一为所嘬，则泡高起半寸……”尚有其他非常之见闻、遭遇，均为书斋中人所不能梦见。踏勘所得，“河湟四郡，朔方北地，山水城郭，各绘图，图各有说”（《怀葛堂集》卷一）。梁氏为他人撰序，每说山川形势，风物习俗，其中当有其亲历所得，与仅得诸文字、耳食者不同——随处示人以舆地学者的本色。明清之际士人的有关著述，确也令人约略可知其时舆地知识的积累。

游边塞而着眼于军事，也非明亡之际方有此例。徐渭即曾“抵宣、辽，纵观诸边阨塞”（《明史》卷288《徐渭传》）。以其人号称“知兵”、参胡宗宪幕府的经历，你总不会认为那只是出于文人式的好奇。只不过明遗民的边塞之行，较之平世，不免“意味深长”罢了。吴伟业《宋幼清墓志铭》记宋氏“负奇略，规摹九边形势，亲历险塞，与其贤豪长者游”，“生平居燕者十之五六，居吴门者十之三四”（《吴梅村全集》卷四十七，第977页），尚在明亡前夜。顾炎武的卜居代北，屈大均的“仆仆边塞”，屡赴代州，流连于雁门关、居庸关等雄关要塞，已在明亡之后，无不别有深意。在这里，边塞之游被当作了特殊的表意方式，而山水、边塞则作为特设的意符“参与”了人事。[①] 这类“游”及“居”，是那一时期士人特选的表意方式，其中

---

① 赵俪生说，顾炎武“对关隘盘查常有异常心理状态”，有对其人从事秘密反清活动的猜测。其《顾炎武新传》述及顾氏北游期间在山东的与史地（且关涉军事）有关的考察活动及其成果。赵氏还说，顾炎武与王弘撰都“以游为隐”，萍踪不定，“顾晚岁25年一直在北方，在山东、山西、陕西一带不停地旅行着。王中年以后，四游江南，在南京、苏州、扬州一带旅行，还远去福建的泉州。一个南人，一直在北方往来，一个北人，一直在南方往来，‘事不可以无稽也，而竟莫之能稽’。”（《顾炎武新传》，载《赵俪生史学论著自选集》，山东大学出版社，1999年，第322、343、359页。按“事不可以……”两句，见全祖望所撰《刘继庄传》，赵氏指为王源所撰传，误）在赵俪生看来，无论顾炎武还是王弘撰，其行踪均有可能关涉“恢复”。赵氏《清初明遗民奔走活动事迹考略》（同书）一文考察顾炎武、屈大均易代之际的游踪，对遗民的“奔走”，也均由图谋反清的一面解释。其实文人习癖、志士情怀本非不相容，遗民之游也自有动机与内容的丰富性。

隐曲，同志者固不难领解。梁佩兰《寄怀屈翁山客雁门》，中有“平生论五霸，中具胆与识。边地多苦寒，欲以练筋骨”等句，即透露了此中消息。顾氏自写旅况，有“釜遭行路夺，席与舍儿争。混迹同佣贩，甘心变姓名。寒依车下草，饥糁鬲中羹。……疾病年年有，衣装日渐轻”等句（《旅中》，载《顾亭林诗文集》，中华书局，1983 年，第 322 页），其艰辛可想。王弘撰《山志》“顾炎武”条：“顾亭林，古所谓义士不合于时，以游为隐者也。”（《山志·初集》卷三，中华书局，1999 年，第 61 页）。明清易代之际，事每有暧昧不能明者。到全祖望时，如刘献廷，其形迹、心迹，已恍惚难知。全氏记刘献廷，对其人行踪的神秘性有露骨的暗示：“予独疑继庄出于改步之后，遭遇昆山兄弟，而卒老死于布衣，又其栖栖吴头楚尾间，漠不为枌榆之念，将无近于避人亡命者之所为？是不可以无稽也，而竟莫之能稽。”“盖其人踪迹非寻常游士所阅历，故似有所讳而不令人知。”“予则虽揣其人之不凡，而终未能悉其生平行事。”（《鲒埼亭集》卷二十八《刘继庄传》，四部丛刊本）方以智亦然(参看余英时《方以智晚节考》)。这恍惚暧昧，或也正是其本人蓄意的一种创作，所谓求仁得仁。明遗民中行踪诡秘的颇不乏人。其时遗民的漂泊，缘由、心理状态本各自不同，因了有意晦迹，或威压之下文字的刊落，已无从一一查考。至于注重游的意义，标明旨趣，也出于那一时期士人特有的道德严肃性，王汎森所谓“道德严格主义”。王士性曾说“游道”。游确有其道，只是这“道”因时世而有不同罢了。

“易代”，毕竟是一特别的背景，不能不使其上演出的诸种剧情见出特别，“游”的故事也不例外。余扬（赓之）说，“药地（按即方以智）常语我曰：‘今天下脊脊多事，海内之人不可不识四方之势，不可不知山川谣俗，纷乱变故，亦不可不详也。先生二子，以一人侍，一人游，毋不可者！何故局局阛阓，守一庐、读一经为也？且游亦何碍读书事。’”（《送俭儿游粤序》，转引自《方以智年谱》第 251 页）游在这里既被作为了回应“危机”的生存策略，语义焉能不严重。

此前的旅行者也有为求快感而“欲赌身命”者，与明清之际的类似行为，仍然有意境的不同。后者更像是出自悲怆的激情，快感与痛感同在，寻求愉悦与自虐、自戕兼有：由此也令人可感“遗民生存”的繁复意味。张履祥记倪寄生“有期登山者，疾必往，往必穷其幽，不避豺虎”，“几死者亦数，得生，游益奇。危崖崭壁，人迹罕至，莫不猿猱登而飞鸟集也”，“渡子陵滩，雪且久，强一僧登之。冻风所触，僧辄死，移时而苏，寄生乐方盈，沿江狂走十有余里。其嗜奇类如此”（《倪寄生传》，载《杨园先生全集》卷二十一）。好奇至此，也就不免悲壮以至有了残酷性。施闰章记魏礼“上太华山绝险处，访道人彭荆山，语从者曰：‘人何必终牖下？死便埋我。’”（《魏和公五十序》，载《施愚山集》第 1 册，黄山书社，1993 年，第 176

页）魏禧关于其弟之游，也强调其人的无畏。或许可以认为，这一种无畏也因了对生命不珍视，甚至未见得不缘于自杀冲动——大不同于魏晋名士的通脱；作为底子的，是不惜一掷的抑郁悲愤。①

前于此，徐宏祖（霞客）就已经说过，“吾荷一锸耒，何处不可埋吾骨耶”？（参看陈函辉《徐霞客墓志铭》，载《徐霞客游记》附编，上海古籍出版社，1987年）同样意思的话，由明亡之际、亡国之余的士人说来，意味亦自有别。殉山水，还是殉故国，这差异决不细微。上文所引魏礼语意的沉痛，是徐霞客所不能想见的。自虐在明代，本是一种时代病，易代之际确也更形惨烈了。

游，从来被士人当作大文章，命意却一向因人而异。遗民处新朝，有以土室牛车为拒绝的姿态的，也有以“漂泊”为人生选择，另有以“漂泊”为死亡之旅者，如孙奇逢所记饿夫（参看《夏峰先生集》卷七《彭饿夫墓石》）。黄宗羲笔下的谢泰臻，“或雪夜赤脚走数十里，偃卧冰上；或囊其所著书挂于项，登深崖绝巘，发而读之”，终蹈海而死，黄宗羲叹为“情之至者，一往而深”，非常情所得测度（《时禋谢君墓志铭》，《黄宗羲全集》第19册第427页）。王猷定《李一足传》说自己独怪其人“以击仇不死，悲愤穷蹙，竟窜身海外，复极幽遐辽远之游，夫岂专避祸，亦其志之所存，终不能一息安也”（《四照堂集》卷七，豫章丛书）。“不能一息安”，也是其时一些游走不止的士人的状态，非不欲安居，乃不能也。为内在的激情所驱迫，走于是几乎成了人生义务。钱谦益《徽士录》所记程元初“家累千金，妻子逸乐”，却“弃而游四方，行不携襆被，卧不僦邸舍，终年不澣衣，经旬不洗沐”，终于“身死绝域”（《牧斋初学集》卷二十五，第805页）——游作为这样的激情符号，也应当是末世景象的吧。由上述诸例，不难感知其时生死之为主题的重大、无所不在。

遗民之游，也是遗民声气联络的方式。彭士望说自己“自甲申来三十有七年，游行东南几万里，独好与其地之隐者交”（《顾耕石先生诗集序》，载《树庐文钞》卷六，道光甲申刊本）、魏礼亦且游且交，寻访穷岩幽谷豪杰非常之士，以此实践“易堂”的主张。彭士望《魏和公南海西秦诗叙》记魏礼游历途中由鹿善继的孙子那里得知孙奇逢事，“欢喜感激，误触道旁枣堕驴，足挂镫，驴惊逸，碎首血出，伤数处，裂衣裹伤复行”。彭氏竟据此批评徐霞客：“终不得草莽一二奇士，徒周旋名公

---

① 傅山《寄陈又玄》：“苦无伴侣，独我彷徨，劳劳奈何！若兄有游兴，弟当拟力疾从之，但遇尺山寸水，少豁愁苦，一旦溘焉，略劳锹锸，了此一场春梦……”（《霜红龛集》卷二十三，第636页）《与居实》：“六月仓皇一登北岳，时实觉死在旦暮，唯恐今世之不得了一岳之缘。非汗漫非消遣，实寻一死所，冀即横尸于大林邱山间，如翟生心事。”（同书同卷，第641—642页）

卿间，何足道！”易堂赋予了他们的交游以平世所不能比拟的严重意味。

最有惨烈颜色的，是为抵抗、恢复的游，全祖望记吴钽（稽田），说其“抱刘琨、祖逖之志，而又欲雪其王褒之耻，故终身冥行不返家园”（《涧上徐先生祠堂记》，载《鲒埼亭集》卷三十）。在明亡之际的忠义之士，所寻访的，毋宁说是“恢复”的希望。只是有关的记述通常恍惚暧昧，其人游踪也像是故意隐晦不彰。遗民中有名士习气者，却又唯恐其不彰——屈大均名其所居曰“轩”，以示为图“恢复”而不安其居，更撰文以释义，即属此类。屈氏确曾从事于复明，据说与魏耕通海、三藩之乱均有干系。①

值得提到的是，有明一代贸易与航海事业的发展，的确扩展了士人的生存与想象的空间。屈大均《送张超然浮海往日本序》说“张子生长闽中，闽之人以乌艚白艚为家，终岁之间，东走流求、吕宋，西走荷兰红毛曼丹，随风所向，倏忽数千万里。若日本，则亦在门户之间矣”。② 由此可以窥见沿海贸易所引起的士人生活方式的变更。屈大均即遗憾于未能作“海外乘桴”之游（《沙子游草序》，载《翁山文钞》卷一，商务印书馆，1964 年），他所记沙子雨、张超然，均游而至海外者。“吾友超然张子，其性好游，以海内之地山之高峻者止于五岳，川之宽广者止于四渎，其相距不过数千里而近，周流堂奥，未足以言游，游必于海之外，如彼鸿蒙者。始蓬蓬然至于东海，俄蓬蓬然至于西海，又蓬蓬然至于南海、北海，而后其游始畅，而襟抱乃极其开拓焉。”何等气魄！白寿彝说“在大陆交通，明固不及元时，而明初在南海之海上经营，则较元代为犹过之”（《中国交通史》第 197 页）。明亡之际志士遗民的“从亡”海上、“乞师”海外，遗民的向海外播迁，漂泊至于南洋诸岛、高丽、日本等地，直接凭借了上述背景——亦明遗民行为之异于前代遗民者。避居海外而终身不返，士大夫于明亡之际的此“游”此“旅”，其气魄与规模又该作何估量？③

宦游、游幕、游学、传道之游

宦游、游学、游幕之游，均非始于明清之际，却仍有可能由此线索考察这一时

---

① 屈氏《卧蓼轩记》宣称其“以轩名其所居，盖不忘有事于天下四方也”（《翁山文外》卷一）。其人与“恢复”有关的活动，可参看李景新撰《屈大均传》（收入《翁山文钞》）、刘献廷《广阳杂记》等。

② 其时所谓“海外”，包括了今属中国的沿海诸岛，如鼓浪屿等。黄宗羲《陈齐莫传》比陈士京之居鼓浪屿于管宁之避居辽海，说“使知海外别有天地”（《黄宗羲全集》第 11 册第 58 页）。

③ 孙静庵著《明遗民录》附录《原序三》（无锡病骥老人）：“尝闻之，弘光、永历间，明之宗室遗臣，渡鹿耳依延平者，凡八百余人；南洋群岛中，明之遗民，涉海栖苏门答腊者，凡二千余人。”（浙江古籍出版社，1985 年）

期士人之游的诸种动力、动机。

游，是古代社会即已许诺了士人的一份特殊权利。“子曰：‘士而怀居，不足以为士矣。’”（《论语·宪问》）到本书所论的这一时期，宦游、游幕、游学，早已成为了士的存在方式。其中“宦游”对于士人心性的塑造，尤其值得考察。归有光《壬戌纪行（上）》说自己仅“计偕”及“七试南宫”，行程就有七万里（《震川先生集》别集卷六，上海古籍出版社，1981年，第853页）。

至于士人因宦而致的迁徙，也由来已久。赵翼《陔馀丛考》卷十八《宋时士大夫多不归本籍》：“张齐贤由曹州徙洛阳，杨亿由浦城徙颍川，韩亿由真定徙雍邱，杜衍由会稽徙睢阳，范仲淹由苏州徙许州，范镇由蜀徙许，文彦博由汾徙洛，吕公著由寿徙洛，欧公由吉徙颍，二苏由眉徙颍，及阳羡司马温公由夏县徙洛，王文正由大名徙开封，周元公由道州徙九江，邵康节由范阳徙洛，朱韦斋由新安徙建安。前明如李东阳本茶陵人，致政后遂家于京师。杨一清云南人，家于镇江。”（《陔馀丛考》，商务印书馆，1957年，第349页）据说任用官吏的地区回避之为制度始自东汉，但“回避之例，至明始严”（同书卷二十七《仕宦避本籍》，第559页）。可以肯定的是，任官回避制度参与模塑了士的文化性格。到本文所论的这一时期，因宦的游，早已使得士大夫的流动、移徙普遍化、日常化了。[①] 明初即定有官员南北更调之制，后虽不限南北，却有不得官本省的规定（学官除外）。仅本省籍回避，牵动之大，也不难想见。仆仆道途、络绎驿站的官员，应当是当日人们习见的一景。有明一代甚至军户佥发为军者，“一般都不准在附近卫所服役。同一县的军丁也不准全在同一卫分或同一地区服役。一般是江南的调拨江北，江北的调拨江南，使他们远离乡土”（王毓铨《明代的军屯》，中华书局，1965年，第236页）——上述缘于制度的流动影响于人（包括士人在内的“四民”）与地域的关系，人与乡土的关系，似乎并未得到充分的估计。

游学求道，也起源甚古；为此而集群地游走，上古之世即有。明代中后期理学之士的会讲、会游活动，动辄有大规模的聚集、群体性的流动，几百、几千人（尚未计及他们的随行人员）数日乃至浃旬游处，“群贤毕至”，“共证交修”，由后世看去，未尝不也为易代之际士人的游走、播迁预作了准备。

上述大规模的讲学、党社活动，是明中叶之后一大人文景观。据说从名儒湛若

① “地区回避，即籍贯回避。明代的籍贯概以户口所在为籍。由于存在逃户、流民，以及官吏家属因所倚的官员老疾致仕死亡等因素不能归籍者，故明代规定这些人均可入籍当地。”（关文发、颜广文《明代政治制度研究》，中国社会科学出版社，1995年，第213页）

水游者“殆遍天下”。(参看容肇祖著《明代思想史》第52页)[①] 至于游而问道、传道、证道，游而求友（亦求“道合”者），因为士人通常所标榜，发生在明清之际，愈见出其时士人对意义之境的关心，对庄严性的耽嗜——不独儒家之徒为然，为此而不惜间关千里，其间固然有趋赴风会者，但也确有人表现出了圣徒式的热忱，这种氛围久久不能消散。清初颜元即以“化人”自任，当出游时，说的是“苍生休戚，圣道明晦，敢以天生之身偷安自私乎”（李塨撰、王源订《颜习斋先生年谱》，中华书局，1992年）？这类情节见诸颜元《年谱》，多少令人想起那个著名的西班牙骑士。[②]

明代大规模的讲学活动，无疑鼓励了游学的风气。《明儒学案》即记有远游问学讲学二十四年始还家的薛侃（该书卷三十）。明清之际学人之游最著之例，自然是上文一再提到的顾炎武。顾氏自说“频年足迹所至，无三月之淹”，“一年之中，半宿旅店”（《与潘次耕》，载《顾亭林诗文集》第140页）。傅山关于“游学”有妙解。其《家训》曰：“昔人云：好学而无常家。家似谓专家之家，如儒林《毛诗》《孟》《易》之类，我不作此解。家即家室之家。好学人那得死坐屋底！胸怀既因怀居卑劣，闻见遂不宽博。故能读书人亦当如行脚阇黎，瓶钵团杖，寻山问水，既坚筋骨，亦畅心眼。若再遇师友，亲之取之，大胜塞居不潇洒也。底著滞淫，本非好事，不但图功名人当戒，即学人亦当知其弊。”（《霜红龛集》卷二十五，第690页）——你在此又看到了僧人行脚之于士人的启示。傅氏本人即实践这主张，与其子若孙且游且学。易堂魏礼也说，“学问之道，未有封己而能成者也”，江西虽风习淳朴，“然而广己造大，必资于大国名区”，即使为此不免要冒丧失质朴的代价（《孔英尚文集序》，载《魏季子文集》卷七）。这里有士人有关“成学”条件的传统理解。

但明清之际士人的游学，仍较之平世风味有别。顾炎武即一再谒明孝陵“寻求悲壮”，其人的学术之游，见诸《裴村记》《齐四王冢记》（《亭林文集》卷五）等篇，也充溢着兴亡感怀与历史省思，其动人处更在学术兴趣中的现世关切，所谓“未尝一日忘天下也”（《与人书六》，载《顾亭林诗文集》第92页）。谈迁北游寻访故国历史，也以史家方式发抒了遗民情怀。只是由明到清，学术升值的大趋势，不免暗中

① 王汎森《日谱与明末清初思想家——以颜李学派为主的讨论》一文（台湾“中央研究院”历史语言研究所集刊，第十九本，第二册，1998年）中说：“晚明士人与清代士人的生活型态相当不同。晚明士人的特色之一是知识份子的群体性活动。他们到处游学，到处拜访同气相求的朋友，到处谈论，到处切磋，所以许多思想辩论的重要文献便是游记。”

② 《年谱》戊寅年记颜氏南游，国之桓步从，时国氏“年几七十矣”。

修改着“游”的意境——这话题已难以在本节展开了。

游客、游幕之为游，较之游学，有远为复杂的意味。至于游客与游幕，性质亦有别，[①] 游幕更是生计所系的“游”。游走于权贵门下，魏禧明白地指为“乞食”。但贫士确又缘游幕而得游历，即如江右的曾灿，就说过他“不是依人不得游”（《冬日同徐蘖庵崔兔床钱驭少丁勖庵访烟雨楼遗址》，载《六松堂集》卷七，豫章丛书）；语含酸楚。为饥所驱的游，“乞食”的游，较之上文写到的游赏，又别有风味。也是曾灿，说，“人间最苦是飘零”（同卷《庚申花朝前五日同王勤中姜奉世集棣华堂得青字》）。他一再说自己“走衣食”，即以“走”为衣食谋。作为战国时代“游士”的后身，到本书所论的明清之际，武将幕僚、权门清客早已成传统角色，明中叶以降兴盛起来的游幕，与此传统角色不无关系，却逐渐形成了职业规范。“幕师”之外，同一时期，“馆师”这一传统角色也进一步职业化。凡此，无疑都在推动着士的流动。

易代之际，无论宦游还是游幕都不免意味复杂。其时颇有人批评士人的热衷奔竞。世乱时危，似乎也鼓励了求售的急切。明乎此，对张履祥、陈确等人的极力劝阻朋辈远游就不难理解：“游”当此际，竟也关“节操”！[②] 严肃的儒者，在“游”之一事上，也不为苟且，必推究于义理合否。至于张履祥，关心的更是“游”这一行为在易代之际的道德含义——亦遗民式的关切。虽则他本人明亡前也曾说过“男子志四方，慕不在居室”（《杨园先生全集》卷二十九《读易笔记》）。即使以游幕而参南明、“义军”事，也未必就能免于疑论。王夫之激烈批评游学之禁，却对游幕者备极嫌恶，所直接依据的，就应当有他本人在永历朝的政治经验吧（参看《读通鉴论》卷三、卷十七载《船山全书》第 10 册）。李因笃自说其母曾责问他：“尔早自放废，而又好游于大人，出处之间将何据乎？”（《先母田大孺

---

① 尚小明《学人游幕与清代学术》说到顺、康之际遗民的“游客”与“游幕”：“从清初有关史料的记载可以看出，‘游客’与‘游幕’是两个不同的概念。‘游客’一般是指为友人（不在官场）之客，游幕则指为官员之客。例如，顾炎武一生屡次‘游客’，但从不‘游幕’。”（社会科学文献出版社，1999年，第 14 页注 2）魏禧《赠刘毅可叙》说“毅可善游，取贵于公卿，往往为州郡重客”（《魏叔子文集》卷十），即应系游幕。“游客”与“游幕”均之为“游”；且明清之际两种游均以社会动荡为近缘。

② 陈确、张履祥都曾力阻同侪以至晚辈的“浪游”（参看陈氏《遗祝凤师兄弟书》，《陈确集》文集卷二）。张履祥《赠张白方序》劝阻张氏的远游（《陈确集》中亦载其事），所警戒者在其人的“失身”（《杨园先生全集》卷十六）。同卷《送沈几臣之睦州序》则曰：“今之远行者，推其故，未有以仁义出者也。”《答徐敬可》以徐氏远游为“失途”，以“申酉以来”，士之“轻数千里远游”者，与“入山泽”、“入空门”者并论，以远游者为“资利达之润”（同书卷八）。可知易代之际“远游”这一行为的复杂意涵。

人行实》，载《续刻受祺堂文集》卷四，道光十年刊本）“出处之间将何据”，确实是严厉的一问。

流寓与播迁

一时的传记文字，“流离播越”“流离琐尾”，是常见的字样。志士遗民不得已的迁徙播越，自然是士人生当乱世的一份痛苦经验。明亡前夕，张慎言即已无家可归，流寓芜湖、宣城间，即客死其地（《明史》卷二百七十五《张慎言传》）。据《方以智年谱》，方氏曾变姓名在浙、闽、粤漂流。张履祥主张“保聚”而非“避地”，但其人也终不免于此“避”。黄宗羲的《避地赋》，由天启党祸中的避地说起，曰“最此二十年兮，无年不避，避不一地”，甫能安居，又逢世乱，“奉老母而窜于海隅”（《黄宗羲全集》第10册第613页）。天启党祸、明清之际两度避地，是黄氏的特殊遭际。潘宗洛《船山先生传》叙述王夫之明亡后的游踪，说永历朝覆亡后，“先生遂浪游于浯溪、郴州、耒阳、晋宁、涟邵之间。凡所至期月，人士慕从者众，辄辞去。最后归游石船山，以其地瘠而僻，遂自岳阳迁焉”（转引自侯外庐《船山学案》岳麓书社，1982年，第146—147页），与王氏之子王敔的说法一致（参看《薑斋公行述》）。潘文说石船山“地瘠而僻”。“僻”较易理解，至于“瘠”，倘由遗民的自惩自虐来说明，又怕将那意思错会或者说浅了。王氏的最终选定石船山，与顾炎武的滞留北方，用心均曲折深刻，非寻常播迁、卜居可比。至于孙奇逢率其族人、同志者的大规模避地之举，几乎成了当代神话。此种避世之游，与平世的山水遨游，风味自然更不可比拟。

本节开头说到了流民与游民。民之“流”与士人的播迁，尽管共一大背景，其间界限却一目了然。民的“流”为饥所驱，而士的播迁，即使在此非常时期，也有可能系于主动的地域、文化选择，动机、背景远为复杂，心理内容也远为丰富。对这一时期士人的游走与播迁，自然可以置诸“人口流动”的大全景中考察，但我所关心的，是士人流动的特殊背景与意义，尤其士人自觉的意义赋予。至于流动得主动还是被动，在这一论题下并不那么重要，甚至也并非总能作清楚的区分。

方志中原有“流寓”之目。上文已经说到因任官回避而造成的移徙。明清之际的政治、社会动荡，只不过使得“流寓”愈加普遍化罢了。曾灿身在异地，就曾发现座中“强半是流寓”（《林天友明府招同朱悔人陈蕊宫唐铸万蒋大鸿顾梁汾迁客吴孟举汉槎高澹游方共枢顾迂客虎邱燕集得路字》，《六松堂集》卷二）。这一时期地域性的结社，每有寓公混迹其间。余生生寓甬上，即参与其地的社事，久假而不归。这确也是明末清初士林一景。即使江、浙等文化过熟的地域，也得益于士人的流寓。

朱彝尊就说过，“浙词之盛，亦由侨居者为之助”（《鱼计庄词序》，《曝书亭集》卷四十，第490页）。

傅山自称“侨黄”“侨傅山”，“侨”应即侨寓，傅山以此自状其生存状态，其流寓不定。钱谦益作宋比玉（珏）墓表，谓其人“以都会为第宅，以山水为园林”，随处“侨寓”，“卒以客死”（《牧斋初学集》卷六十六，第1529页）。据赵俪生计算，屈大均第二次北游，由南京至关中，再至代州，待到返回番禺，历时四年零四个月，亦游亦居，非寻常山水之游可比（参看赵俪生《清初明遗民奔走活动事迹考略》，载《赵俪生史学论著自选集》第312—313页）。魏禧说其弟魏礼“一去十九月，绝不念乡里”（《辛丑仲冬过瑞金圣恩寺怀季弟在琼州》，载《魏叔子诗集》卷四）。至于顾炎武的北游，更是一往而不返。①

“浮家”“播越”，并非对于谁人都是痛苦的经验。拙著《明清之际士大夫研究》已谈到易代之际士人的漂泊、流寓，对寓居地的认同（该书上编第二章第一节）。曾灿说自己“浮家吴阊十余年”，还说“将买地三吴，挈家为终老之计”（《王春如诗序》《谢昼也诗序》，载《六松堂集》卷十二）。当然，幸不幸确也因人而异，不便作一概之论。有些机缘，也要由乱世才能提供。如易堂的彭士望、林时益，于寓居地宁都得良朋畏友，就未见得不是幸事。至于这两位到了乱后仍留在异乡，不消说更出诸自主的选择。孙奇逢则记李逸士甲申后携妻移居，即死于移居地，“诸子自伤贫窭不能归榇，泣下汍澜”，孙氏对他们说：“汝知而父之志乎？老死他乡，即所谓求仁而得仁也，夫何憾!”（《夏峰先生集》卷五《李逸士传》）正是夫子自道。孙奇逢本人携家寓江村，寓定兴之百楼，寓新安，寓祁州，“多年旅食”，“随在能安”（魏裔介撰《夏峰先生本传》，载《夏峰先生集》），对客居地正如对乡邦，文字间一派深情。后人于此，不但可以读出其时士人死生患难之际的旷达，甚至会疑心正是世乱，许诺了某种行动的自由，激发了士人的潜能、活力，刺激了破坏与重建生活的愿望。“王纲解纽”之于人的一种解放意义，由此可得一证。

有人指责魏禧不禁止其弟的“好举债游，往往无故冲危难、冒险阻”，禧的说法是，“人各以得行其志为适”，倘其弟以为“客死如家，死乱如死病，江湖之死如衽席”，“吾不强之使守其家”（《吾庐记》，载《魏叔子文集》卷十六），示人的是一种放达的人生态度。其时士人主动的流寓播迁，背景里就有这一种对于生死的达观。王猷定在《客纪诗序》中说“客”（指客居、客游）与“诗”，有如下的怪论：“今天

---

① 这种现象，也非惟乱世为然。归有光《张通参次室钮孺人墓碣》，曰张氏“父子皆好游名山水，不问家事。孺人独勤于治生，故于祭祀、婚丧、饮酒、伏腊之费，不至乏绝。公常出游，一岁中，还家率不过一二月”（《震川先生集》卷二十四，第574页）。

下之为客者众矣，而工于为客者不概见，何哉？盖以客于一时者多，而客于天下万世者寡也。客于天下万世矣，则何悲之足云!”（《四照堂集》卷二）在他看来，杜甫即“客于天下万世”者。在这种表述中，“客居”以至“客死”，已不大有通常言说中的悲怆意味。王氏本人亦“客死”异乡的一位。王源，直隶宛平人，曾流寓高邮，终客死山阳。刘献廷以北人（大兴人）久居江南（吴），终老于其地。据赵俪生所撰王弘撰年谱，王氏凡四游江浙，第四次竟栖迟达十六七年之久（《赵俪生史学论著自选集》），也近乎以他乡为故乡。至于顾氏的北游不归（据赵俪生《顾炎武新传》，顾氏在北二十五年），与李塨的意欲南迁，更可以作为士人主动的文化选择的例子。明末著名忠臣祁彪佳有佳公子祁理孙、班孙，班孙因谋反嫌疑流放宁古塔，竟称道该处的蘑菇味美，乾隆年间的全祖望说，“东人至今诵其风流”（《鲒埼亭集》卷十三《祁六公子墓碣铭》）。换一种眼光，不也可以视为士人即在苦难中也不失人生乐趣之一例？且未必即“苦中作乐”——人所以为的苦乐本不一定相通。事实上，何为游，何为客，也未必总能区分得明白。陈恭尹自序其《初游集》，叙述其庚寅之后的游踪，说七年之中“归锦岩者，前后百日有余，然而茕独一身，萧条四壁，犹之客也。故皆谓之‘游’”（《独漉堂全集·诗集》卷一）。曾灿也说“作客不归归似客”（《三巘峰送彭躬庵归南昌》，载《六松堂集》卷三）。故乡邱垅松楸之思，终不敌现实的计虑。他自说离乡十年后归家，“而世情之荒凉，人情之变幻，真如夏云奇峰，不可捉摸”，“愈觉家园之无可留恋，而播越他乡之为安也”（《与丁雁水》，同书卷十四）。无论是否因了时势的推动，我由文献中读出的明清之际士人的移徙，其中确有自主的选择，尽管选择的根据仍不免因人而异。发生在易代之际，士的轻于离乡井，勇于迁徙，不难于以他乡为故乡，固然有赖士文化的积累，有得自动荡时代的提示，也应有商业的日益发达、地域壁垒的破坏这一背景的吧。

易代之际的一种为时人艳称的特别的游，是“万里寻亲”。那尽管是通常的乱世故事，发生在明末清初的寻亲故事，仍然为人所津津乐道。《明史·忠义传》就颇载了这类故事，且也如遗民及遗民妇的苦节故事，度事主所历惨苦程度而等差之。这一时期的大儒李颙、颜元，就曾在这类故事中出演过主要角色（参看《二曲集》卷二十三《襄城记异》、《习斋记馀》卷二的《寻父神应记》）。其中李颙的故事更可以看作当道与遗民共同参与的传奇制作，由官方与民间合作进行的群众性的伦理教育运动，其耸动程度，已非今人所能想象。其时传在人口的寻亲故事，有即为伶人扮演者（参看黄宗羲《书钱美恭寻亲事》，载《黄宗羲全集》第10册），也可证大众的口味。上文提到的屈大均《沙子游草序》，记沙子雨“东至于日本，西至于暹罗、满剌加诸国，以求其父之所在”，终见其父于“扶桑之下”；

之后又泛海至交趾（越南）以寻其兄——这样的海外寻亲，也要赖上文提到过的商业及海上交通之为条件才有可能。读这故事，你甚至会疑心沙氏的动力更在于游，寻亲或许倒在其次。

寻父的故事平世也有，即如入了《明史·忠义传》的祝万龄（卷294）、入了《孝义传》的赵重华、谢广（卷297）等。谢广父“求仙不返”，广寻至其父，其父“乘间复脱去。广跋涉四方者垂二十年，终不得父，闻者哀之”。黄宗羲祖上也有寻亲故事，在景泰、天顺之际（参看《万里寻兄记》，载《黄宗羲全集》第10册），可知即平世、盛世，也自有一往而不返者。乐道此种故事，与社会心理的好奇甚至嗜酷多少有关。这类故事的主旨在宣扬孝道（寻兄故事宣扬的则是“悌”），却有意无意忽略了那被苦苦寻找者本人的意愿。明亡之际为世俗所嗜谈的寻亲故事，似乎只成就了若干“孝子”。至于那些不惜抛撇妻子的出走者，则固有被迫的离散，也未必没有为寻求解脱而主动的放弃。明亡之际很有些知名之士“不知所终”，即如陆圻（丽京）、如章正宸。黄宗羲《郑玄子先生述》说易代之际，郑铉亦变姓名，“不知去于何所”（《黄宗羲全集》第10册第568页）。尽管出走的原因未必尽同，其不肯终老牖下，则是无疑的。

归庄说他的朋友顾炎武是“东西南北之人”（《与顾宁人书》，载《归庄集》卷五）。前此王艮就说过：“予也，东西南北之人也。”（《王心斋先生遗集》卷一《安定书院讲学别言》，宣统庚戌东台袁氏刻本）顾炎武则说自己“他日南北皆可遗种”（《与李霖瞻》，载《顾亭林诗文集》第186页），何等潇洒！当然也有必要提到，顾氏较之其他遗民，处境原有不同。他说“鸿鹄之飞，意南而至于南，意北而至于北，此亦中材而处末流之一术”（《与李紫澜》，同书第199页）。那是在清廷征召、迫其就范的时候。但“意南而至于南，意北而至于北”，岂是谁人都能！至于北方之于他的性情的契合，确也是不争的事实。

作为顾炎武北游的一部分背景的他的家族关系，由他本人所写《从叔父穆菴府君行状》（《亭林馀集》），不难略知一二。据全祖望的《亭林先生神道表》，“其安人卒于昆山”，顾氏也不过“寄诗挽之而已”（《鲒埼亭集》卷十二）。[①] 前于此，为顾氏

① 顾氏的远游及不能归，甚至有不为其挚友所理解者。归庄即曾力劝他南归（参见《归庄集》卷五《与顾宁人》、《与顾宁人书》）。顾氏《与原一公肃两甥》中说，“或者讥其弃室家，离乡井，以为矫枉不情；又或以子夏不归东国，梁生不返西州，为达人之高致，皆未辨乎人事者也”（《顾亭林诗文集》第215页）。其他如《与杨雪臣》《与潘次耕》等（《亭林文集》）卷之六），都将其所以不能归，说得很明白。

所不齿的李贽，也有类似的选择。[①] 尽管不便将此类故事一概认作家族制度解体的消息，它们至少呈示了一种不安：士之不安于居，不安于乡土、宗族、家庭、日用伦常。动荡时世固然使得士人不能宁居，历此动荡的士人也未必就安于居。只是在当时，更为世俗所渲染的“寻亲”的伦理意义，将“出走”故事的繁复意蕴掩蔽了。由后世看过去，毋宁说“出走”的故事更耐人寻味。遗民、幸存者、劫后余生者的自我放逐，或也因不能承受“易代之际”经验的沉重，以“漂泊”自虐、自创，寻求解脱、忘却。那些因其人“不知所终”而蒙上了神秘色彩的“出走”，即使迫于时势，也未始不出诸自主的选择——选择消失于世俗视野；其背后很可能隐藏着“重造人生”的故事，只是我们无从得其详罢了。

李象先（焕章）《再与马汉仪书》：“某自丧乱以来，无家矣。不得已而放之山崖水次，僧寮道舍。”（《织斋文集》卷三，转引自《赵俪生史学论著自选集》第314页）“国破家何在”。李氏所谓“无家”，可以理解为国既破家即不存，亦可理解为不再以家系念，未必真的孤孑无亲人。王源《张梓庵诗序》记张氏欲“长往不返”，“会二子急其友之难，陷于狱，大难作，家悉破。梓庵闻之，不为动。徐曰：死生命也，吾儿死友，死义也，吾何恨。’未几，卒于云岩山”（《居业堂文集》卷十四）。对于家之破如此漠然无动于衷。“家”之为累，也算不得易代之际的特殊感受。在我看来，易代不过提供了机缘，削减了此种解脱的道义负担而已。黄宗羲《郑元澄墓志铭》，记元澄之父欲学避汉室之乱的梅福、宋亡不仕元的谢翱，与其子“相弃如断梗”。黄氏的同情，不消说在郑元澄的一边。在我看来，这故事中更有意味的，倒是那做父亲的一番话：梅福、谢翱与其子“各行其志”，吾欲为梅、谢之事，你难道就不能做梅、谢之子吗（《黄宗羲全集》第10册477页）？谁又能说这一问没有道理！摆脱烦琐物质的“日常性”、庸常人生，凭借陌生空间重构自我——“遗民”固然是时世所安排的一种命运，同一种安排又许诺了某种便利。你在此又看到了，“遗”的意义在遗民，是因人因情境而异的。

“游”一向被士人在不同意义上作为“自由”的象征，作为对“自由”的向往的

---

① 袁中道《李温陵传》记李贽解官后不回故乡，且曰：“我老矣，得一二胜友，终日晤言，以遣余日，即为至快，何必故乡也！”（《珂雪斋集》卷十七，上海古籍出版社，1989年，第720页）李贽《与曾继泉》：“后因寓楚，欲亲就良师友，而贱眷不肯留，故令小婿小女送之归”；“其所以落发者，则因家中闲杂人等时时望我归去，又时时不远千里来迫我，以俗事强我，故我剃发以示不归，俗事亦决然不肯与理也”（《焚书》卷二，中华书局，1975年，第52、53页）。引李贽为同道的袁宏道，也曾引贾岛“无端更渡桑乾水，却望并州是故乡”，说“人岂虾蟆也哉，而思乡乎？夫乡者爱憎是非之孔，愁惨之狱，父兄师友责望之薮也。有何趣味而贪恋之？”（《解脱集·与华中翰书》，载《袁宏道集笺校》，上海古籍出版社，1981年，第498页）

表达。易代之际士人借诸上述诸种名目的游（格于回避制度的宦游以及为了生计的“游幕”除外），其动力也多少应当在对“自由”的追求，由此也才便于解释那些不归之游、弃家之旅。归有光记张寰其人仕途失意，“晚岁惟务游览，在舟中之日为多，家事一无所问。人望之，萧然有神仙之气”（《通政使司右参议张公墓表》，载《震川先生集》卷二十三，第545页）；也只有不必问家事，才有可能飘然若出世间。一向为记述者所忽略的，是那些被寻求“自由”的男人们视为负累的妻孥（尤其妻）的命运。顾炎武说他羡慕第五伦变姓名往来河东，“亲友故人莫知其处”（《与李紫澜》）。这一种自由，自然是男人的专利，女人于无可逃之际唯有一死。这已经是另一故事，还是留待其他场合讲述。

发表于2003年第2期

人文学及其“现代性”命运①

万俊人*

引言:“人文学”的现代性问题

人文学(英文“Humanities”,亦译为“人文科学”)原本只是一个学科群的总称,或者一种知识的学科化概念。是什么原因使得这一知识的学科概念成为一个值得探讨的理论问题或学术课题呢?笔者以“人文学及其‘现代性’命运”为题的探究目的,正在于力求借助现代“知识社会学”(the Sociology of know ledge)和“社会批判理论”(the theory of social criticism)的基本方法,从文化精神哲学的层面对上述提问给予初步的解答,或者至少是对之提供一种初步而合理的分析或解释。当然,这种解释仅仅是笔者的个人理解,并不意味着任何意义上的解决方案。而且,鉴于这一问题本身的知识复杂性(涉及诸多学科的知识背景)和社会文化意义的复杂性(关乎诸多社会的和文化的影响因素),我所能企求的解释性目标,也只能定位于知识社会学的层面。然而,一种精神哲学的深层理解和由此进入对“现代性”知识状况的文化批判,仍然可以看作是我本人写作本文不言而喻的理论期待。

我个人的基本学术判断是:“人文学”作为一种人类自我理解最切近的学问,或者作为人类自我反思的学问方式,总体上已经处于现代知识世界的边缘。具体地说,

---

* 万俊人,清华大学哲学系教授、博士生导师。

① 本文是我在两次学术演讲的基础上整理而成的一部分文稿。2002 年 10 月 1 日上午,我应哈佛大学“哈佛—燕京学社”主任杜维明先生之请,在该社做了一次题为“人文学的儒学视景及其现代理解”的学术演讲。2003 年 2 月初,我又应邀在中国人民大学做了一次题为“人文学的现代命运”的学术演讲。我感谢这两次演讲的邀请者和参与者,他们在演讲期间所提出的各种问题以及我与他们之间的现场讨论,使我对人文学的知识问题有了更多更清晰的了解。我在综合考虑了他们的各种意见和修改两次演讲初稿的基础上,写成了一篇较长的论文。现在提供发表的是这篇论文的前半部分。论文的后半部分是专门讨论儒家人文学问题的,出于篇幅和学术技术的考虑,我将另外在进一步修缮的基础上,争取早日有机会发表论文的后半部分。

以文学、语言学、史学、哲学、诗学、艺术学等为主要学科元素的人文学知识传统，由于它们的非技术化知识特性和非实用化文化价值特点所致，在我们这个“技术统治”（史华慈语）占绝对优势的现代世界里，已然无可奈何地衰弱和式微了。无论是从人文学本身的知识状况来看，还是从她对现代生活世界的实际影响力来看，都证明了这一点。但另一方面，作为人类自我理解最切近的反思性学问，人文学又始终关切人类生活世界那些隐秘而深刻、复杂而持久的生存意义和生存方式问题，因而，总是不时地显示它们自身顽强的生命力，尤其是当现代人类面临某种或某些难以用技术性方式加以解决的文化难题时，其精神力量尤其彰显，以至于她始终都是人类不可缺少的知识资源和精神生活方式，因之能够顽强地保持着它们独特而持久的知识连贯性和文化影响力。于是，这两种截然不同的知识状况便形成了一种值得关注的强烈对照：一面是人文学在现代“技术统治”世界里被迫边缘化的状况；另一面则是它们在人类文化和精神的生活世界里始终保持其知识连贯性和文化影响力的事实。人文学内在生长状况的这种鲜明对照，给我们提出了一个值得认真探究的现代性知识课题：究竟应该如何理解和解释这种两极对照的人文学知识状况？形成这一知识状况的原因究竟何在？是否有可能或者有必要改变这一知识状况？如若可能或必要，又当以怎样的方式去寻求这一知识状况的改变？更确切地说，是改变人文学本身的知识结构或性质，以使她“适应”现代社会的技术合理化发展趋势，还是改变现代社会本身的知识技术化和价值合理化的行为方式，使其为人文学的知识生长留下必要的空间，抑或在这两极张力之间寻求某种文化妥协，开辟现代人文学发展的“第三条道路”?

在具体回答这些问题之前，我想特别强调一点：在现代知识状况底下，我们已经没有足够的理由将人文学与社会科学看作是一体化的知识学科群。事实上，这两个学科系统虽然有着密切的甚至是不可分割的知识亲缘关系，但它们在现代世界里的知识状况和文化境遇的的确确是难以同日而语了，更何况从知识学科的现代分化和演变的实际轨迹中，人们也不难察觉，大多数社会科学的独立和生长，原本就是现代社会的必然结果，或者说，它们本身就是应“现代性”之运而迅速生长起来的“现代性”的知识成果。比如，经济学及其当代分化繁衍（所谓“宏观经济学”与“微观经济学”，所谓“数量经济学”和“技术经济学”，所谓“经济管理学”和“经济工程学”，还有金融学、财会学等等）。即使是在现代经济学之父亚当·斯密所生活的18世纪，经济学还只是作为“道德哲学”的一个方面而存在于近代知识谱系之中。但时间仅仅过去200多年，今天的经济学及其繁衍景象早已变得让斯密难以辨认了。与之相关，作为现代社会的知识产物，像经济学、社会学、管理学这类社会科学，不仅生来就有着它们自身的“现代性”知识特性，而且由于它们本身具有高度的技术合理性而深受“技术统治”的现代世界的青睐和偏爱。它们身逢其时、深得其势的知识状况，无论如何是原本疏远技术理性的人文科学所无法攀比的。正是基于这一事实判断，我主张将人文学与社会科学作为两个不同的学科知识系统分别加以讨论。唯其如此，我们对现代知识图式的理解才可能达于清晰和准确。这正是我为什么强调首先必须从知识社会学的角度或层面来解释人文学知识状况的基本理由之所在。

毫无疑问，造成上述人文学奇特知识状况的根本原因，在于多种现代性社会力量的复杂作用，甚至可以干脆说，在于现代社会的“现代性”本身。构成现代社会之“现代性”的因素有多种，诸如，市场经济、民主政治、科技理性及其由此建立起来的现代进步主义价值理念。然而，究其根本，“现代性”的根本特征仍然可以归结为由科技理性所支撑起来的现代“启蒙心态”，即：以现代科技理性作为最高的因而也是最终的评价标准的认知心理和文化态度。近代初期，具体地说，在“文艺复兴”时代，人文学及其所表达的人道主义价值精神，曾经是近代科学技术得以生长和壮大的精神动力。然而进至19世纪中后期，具体地说也就是以孔德等人为思想先驱所谓“科学实证主义”时代，人文学却因为种种原因转而成为了现代科学技术发展的陌路者，当后者进入迅速发展的快速道，日益显示其勃勃生机时，前者却呈现老态龙钟、渐渐式微的知识景象。科学主义者甚至是那些崇尚科学主义的人文学者们抱怨，几百年来科学技术已经发生了天翻地覆、日新月异的变化，今天的科学技术，比如说，信息高速公路，微电子技术，生命科学，等等，已经进步到牛顿、伽利略都难以理解的地步，而今天的哲学家却仍然在重复着柏拉图或者孔子，甚至连如何真切地理解这些先哲的哲学文本，都还是让今天的哲学工作者们感到头痛的问题。与哲学相比，文学、语言学、诗歌和艺术的现代状况甚至更为难堪。[①] 即使现代人可以掌握克隆莎士比亚这样的大文豪的技术手段，也因为无法找到莎翁的DNA因子而只能成为一种梦想了。当然，更重要、更关键的是，现代人是否还欣赏莎翁的文学作品也已然成了一个疑问。近百年来，我们可曾见过堪与米开朗基罗的绘画试比高低的艺术作品？但丁那世纪寓言般的诗歌怎么仿佛就成了人间的绝唱呢？我想追问：科学主义者和科学主义的人文学家们的抱怨是否有理呢？如果我们关注的不

① 仿佛巧合，正在我写作本文时，国内的报刊媒体正就某位据说是“有希望的”青年作家（我不愿意写出该作者的名字）改编《沙家浜》戏说阿庆嫂一事展开争论。在此，我无法就此一争论发表具体意见，只是想提出这样一个直觉式的问题：戏说或调侃的文学方式本身是否就是一种值得深究的“现代性”文学现象？

仅仅是财富和金钱，而且还有生活，如果我们的生活不仅仅是山珍海味，或者灯红酒绿，那么，我们就有必要问一问这样的问题。对此，我想提供一种可能的解释。

我的解释前提有两个：其一，我设定而且确信，即使是我们现代人类也依然保留着某种人类灵性和人文精神，至少在我们遭遇到生活冲突或者精神焦虑的时候是这样。其二，我相信，人类所创造的知识本身不是一个单一的系统，如培根所言，人类的知识至少可以分为关于神的宗教知识，关于自然的科学知识，以及他认为最为重要却又最为缺乏的关于人自身的知识。进而我们还可以确定，人类创造、保存和传递知识与文化的方式本身也是多样的，而非单一的。确定了这两个前提，我们的话题就可以顺理成章地展开了。以下我拟从三个方面来展开本文的主题：(1) 人文学的现代知识状况；(2) 造成人文学现代知识状况的基本原因；(3)“现代性”背景下人文学知识的可能与限度。但我的看法肯定带有我个人的见解局限，有的还只是属于探索性的，希望得到方家同仁的批评指正。

一、人文学的现代知识状况

前面说过，“人文学”不是一个单一的学科概念，而是指具有密切的人文精神关切特性且与现代意义上的“自然科学”相对应的学科群概念。一般而论，人文学乃是人类理解自我、反思自我文化精神生活的基本方式，是一个特殊的知识系统。顺便提一下，我之所以在“自然科学”的概念前面特意加上“现代意义上的”这一定语，是为了特别点明一个事实，即：所谓人文学或人文科学与自然科学的分离继而两相对照，还只是19世纪中后期的事情，[①] 具体地说，是在19世纪晚期科学实证主义思潮兴起并成为普世化的知识价值理念之后，才开始首先从先行现代化的西方世界滋生并蔓延开来的科学知识理念和文化教育理念。这种结构性的学科知识分化本身也可以被看作是一个“现代性”的事件。

在一种宽泛的意义上说，各门人学学科都是最切近的人类自我理解的学问，都或多或少地具有人类自我反思的思想特性。作为最古老完备的人文学基础，哲学的反思特性自不待言。文学、诗歌当然是人类表达自身生活情意和经验的基本方式，但其中无不蕴藏着丰富、生动而深厚的人类对自身生活和生活世界的切身理解。语言学是关于人类话语表达方式、话语意义、形式规则，以及语词、语汇、词源、语法等问题的探究。然而现代哲学家海德格尔还提醒我们注意：“语言是存在的家。人

---

① 参见［英］阿伦·布洛克著：《西方人文主义传统》，董乐山，三联书店，1997年，第248—249页。

以语言之家为家。思的人们与创作的人们是这个家的看家人。”[①] 换句话说，人类是否存在，如何存在，存在为何，首先都是通过人的语言行为或话语方式表达出来的。这就使得语言和语言学具有了一个隐秘的价值本体论向度。与此类似，史学的存在理由，也决不只是为了记录业已发生的人类事件或事务，更是由于她本身就是人类自我理解的特殊方式。正是通过不断地叙述与记忆、逆溯与回味、反复与反省，人类不仅了解了自身的过去，也可以更深地理解其现在，对人类的未来有了更合理更确切的预期。因此有人说，史学是人类再现心志、保存生存勇气和希望的智慧。当然，你可以把先民们的结绳记事仅仅看作是纯粹的记录历时事件的行为，只不过这样一来，你就很难真正进入先民的生活世界，自然也就更难进入他们的精神世界了。

马克斯·韦伯曾经谈到，人文社会科学的基本对象是“文化事件”，而“文化事件”的根本特征就在于“价值”和“意义”。这是人文社会科学与以“自然事件”为基本研究对象的自然科学最根本的区别。[②] 不过，韦伯这里所说的人文社会科学实际上主要是指我们所谈的人文学科。因为在韦伯的时代，人文学同我们今天所说的社会科学仍然被看作是一体化的学科群，相当于我们今天泛泛而谈的“大文科”概念。这也表明，人文学与自然科学的知识分离是很晚才发生的知识事件，而人文学与社会科学的知识分化就更晚了。

西方学术史研究表明，“人文学”这一学科概念最早出现在希腊化罗马时期。[③] 在此之前，无论是在中国先秦，还是在古希腊早、中期，最初并没有出现明确的、具有学科分类性质的“人文学”概念。在孔子那里没有，在亚里士多德那里也没有。根据较新的《大英百科全书》第15版记载，“人文学”概念的出现最早始于古罗马著名哲学家和思想家西塞罗，他提出了一种理想化的人类教育理念，并将之命名为“Humanitis”（拉丁文），本意是指合乎“人性”“人道”“人情”的知识教育。由于该词与另一个拉丁文词“paidein”（本意为“教化”“开发”）相通，所以用来表达教育思想时，意思是指合乎人性的知识素质教育和人的智慧潜能开发。后人据此便将“humanitas”翻译成“人文学”或“人文科学”。现代英文用“Humanities”表述拉丁文“Humanitas”一词，保持了西塞罗原初理念的基本意义，但其语用学意味已经发生较大的变化。在西塞罗及其所生活的古罗马时代，“人文学”是指所有可能

---

① ［德］马丁·海德格尔：《人道主义信札》，熊伟译。转引自中国社会科学院哲学所西方哲学史组编《存在主义哲学》，商务印书馆，1963年，第87页。考虑国内通行译法，引者对译文略有变动。

② ［德］马克斯·韦伯：《社会科学方法论》，韩水法、莫茜译，中央编译出版社，1999年，第5页。

③ 详见［英］阿伦·布洛克著：《西方人文主义传统》。

成为社会“公民”（即“自由民”）的成人都必须学习修炼的基本知识和文化素养，具体科目则包括哲学、语言修辞、历史、数学、诗学等等。注意，在古希腊罗马时代，数学被视之为是与哲学直接相关的高度抽象的人类智慧，而非一种只关乎计算技术的技术性学问，故而被包含在“人文学”之列。

西塞罗的“人文学”教育理想包含着两个极为重要的预设：一个是人性的完善可能；另一个是人及其本性的完善必须通过特定的知识教育方能成为现实。前者实际上是一种人性可以趋于完善的道德假设，也就是相信人性中具有趋于完善的潜质潜能。这与我国先秦时期原始儒家的性善论多有暗合。后一个预设同样与先秦原始儒家的教育理念吻合，即把教育当作完善人和人性的基本有效方式。需要注意的差别是：先秦原始儒家把教育的宗旨主要奠基于人伦道德的教养上，且较少关注道德文化的知识特性；而西塞罗（乃至所有的古希腊罗马思想家和教育家）从一开始就比较看重教育的知识化进路。从古希腊哲学家苏格拉底的“美德即知识”（或可译为“知识即美德”）命题，到西塞罗将数学划定在人文学范畴的主张，这一教育观念取向一直都是很明显的。

进入中古时代，宗教神学的文化垄断和知识神秘主义几乎掩盖了“人文学”真实的知识图像，随着世俗事物的神圣化，所有关乎人类世俗生活的知识和精神追求也被神圣化了。而且，一个值得特别注意的观念转变是，中世纪宗教神学对人和人性的预定，恰恰是对西塞罗人文学主张中人性完善可能之预设的颠倒；而神学对一切世俗科学知识的轻视甚至否定，又正好是对西塞罗人文学的教育理想的颠覆——前者对人的基本文化要求不是人文学的知识素养，而是对上帝和神祇的绝对信仰。人文学以及一切相关于世俗生活的知识学问，都被限定在生活技艺的工具范畴。正是由于中世纪宗教文化对古希腊罗马人文学知识和人文精神价值的彻底颠覆，使得西方中世纪后期，也就是“文艺复兴”时期的“人文主义”复兴运动，成为一种冲破神学铁幕的世俗人性化知识的教育革命，具有了返本还俗的人道主义文化意味。“文艺复兴”时代的人文主义思想家们强调，人类需要了解和认识的全部知识，首先是关乎人的知识，而这一知识资源又必须首先到古希腊文化传统中去寻求，而不是向教会、牧师或者神学经典祈求。因此，他们呼吁重返古希腊罗马文化，学习古希腊罗马的文学、语言和语言修辞、哲学、历史学等等。

近代先驱思想家和哲学家弗兰西斯·培根曾经在其名著《崇学论》中明确地谈到，人类的知识有三大类：第一类是关于自然的知识，与之相应的科学是自然哲学和自然科学；第二类是关于上帝的知识，与之相应的学科是神学；第三类则是关于人类自身的知识，与之相应的科学是人类哲学。他特别强调指出：“我觉得对人的本性的综合概括性研究，应当是一门自身独立的知识。”① 培根的这一主张随同其“知识就是力量”的著名口号一起，成为近代西方人道主义启蒙运动的理论滥觞。近代人道主义是一种全新的社会思潮和思想启蒙，也是一场知识启蒙运动，是对中世纪神学的知识价值颠覆的再颠覆。它首先正是通过人文学的知识启蒙来开启其思想变革和价值颠覆的。诚然，“启蒙运动”给现代人文学带来的也并不全是人文主义中兴的福音，在稍后进一步的分析中，我们还将看到“启蒙运动”给人文学知识所带来的“现代性”负担。因为人文学和人文主义更多的只是“启蒙运动”或启蒙思想家所利用的文化工具，惟科学理性才是“启蒙运动”真正的价值目的和最终诉求。

社会进步变革的道义承诺与现代科学知识的思想启蒙业绩，为人文学在近代的发展赢得了巨大的精神荣耀和发展空间。用孔德的话来说，近代是人类世界文明从“神学阶段”走向“形而上学（哲学）阶段”的特殊时代，人文学和人文精神获得了巨大的发展。这个时代既产生了牛顿和莱布尼茨、爱迪生和瓦特，也产生了歌德、拜伦和雪莱；产生了贝多芬和莫扎特，当然也拥有了康德、黑格尔和马克思。可以毫不夸张地说，这的确是一个产生人文学巨人的时代！

然而，人文学的繁荣景象似乎随着孔德所说的“实证科学阶段”的到来而渐渐淡出知识世界的舞台。达尔文进化论所展示的经验科学的实证力量和进步主义取向，以及随后发生的一系列科学技术事件，让人文学逐渐显露出经不住事实验证和缺少知识进步的尴尬与窘迫，继而又不可避免地受到科学主义日益严峻的挑战。这一状况一直延续到了20世纪，而进入以“信息时代”“知识经济”为基本标志的21世纪后，改变这一状况的希望也似乎变得更加渺茫起来。

人文学的现代知识状况是：内在生长乏力，外在环境严峻，知识增长受到各种因素的严重制约，思想活力与理论创新严重不足。一般而言，知识生长的动力来源于生活世界与知识世界之间的张力，而这一张力的强弱和伸展方向，则取决于生活世界对知识世界的内在要求，和知识世界对生活世界的反映能力与方式。我们不能说现代生活世界与人文知识世界之间的张力已然减弱，恰恰相反，这种张力在现时代有增无减。所谓市场经济与人文道德的紧张，所谓科学精神与人文精神的紧张，都是在现代社会凸显出来的文化问题。然而关键在于，现代生活世界对人文知识世界的知识需求已经大大减弱，人文知识的“市场”已经被技术化的科学知识大规模地掠夺和占领，以至于在这个“技术统治”的世界里，人文学知识不得不步步退却，被迫退出生活世界的中心地带。另一方面还必须指出，由于人文学的知识特性所致

---

① ［英］培根：《崇学论及新大西岛》，牛津1980年英文版，第102页。

（稍后详谈），她对现代社会生活的反应能力和回应方式也产生了困难，这是她自我边缘化的一个重要的内在原因。人文知识世界本身并不适应现代生活世界的技术化结构和市场化生活方式，后者具有极强的技术制度的严格性和平整化或同质化的力量，而对于含蓄分散、间接迂回，且主要以学术个体为生产单位、以人文学者的“手工作坊”式生产方式为基本特征的人文知识世界来说，这的确具有内在瓦解的解构力量，所以人文知识生长的内在乏力自属必然。因此可以说，现代生活世界的外部环境并不利于人文知识的生长。如果这一分析可信，那么，人文知识在现代社会里的低效增长、缺乏思想活力、理论创新不足等状况的形成，似乎也可以得到合理解释了。

不过，情况可能并不是这么简单。任何对人文知识状况的因果决定论解释，都有可能导致问题的简单化，也容易让人文学知识分子获得过于轻松的道义豁免。即使对人文学知识生长的现代社会环境因素，也还需要做出具体细致的分析。因此，我们需要更进一步地追索造成这种现代人文知识状况的深层原因。

二、现代知识多样化衍生中的人文学知识及其文化定位

现代知识社会学的研究表明，随着现代社会的整体结构性转型成为现实，人类知识的生产方式也发生了根本性变化，其结果之一，就是人类知识图式本身发生了多样类型化的分化。古代世界的完备型或智慧型的知识系统，开始分化为专业化的、技术工具性的科学知识与价值实践性的文化知识。用康德的划分方法来说，就是所谓“纯粹理性”与“实践理性”，而用当代学者的划分方法来看，就是所谓“可编码化的知识”（codified knowledge）与“意会性知识”（tacit knowledge）。① 当代哈佛大学著名的数学与科学哲学教授普特南还有一个更明确的划分，叫作“科学的知识”（scientific knowledge）与“非科学的知识”（non-scientific knowledge）。②

很显然，上述种种知识划分，实际上都是对所谓“自然科学”与“人文科学”之知识分野的“现代性”表述。从 17 世纪的英国经验论哲学到 18 世纪的康德哲学，

---

① 参见美国信息研究所编《知识经济——21 世纪的信息本质》，王亦楠译，江西教育出版社，1999 年。特别是李大光先生为该本所属的“三思文库”所写的“总序”。该书第 4 页等处，应该是信息社会之知识状况更详尽的讨论，可参见 Manuel Castells，*The Information Age——Economy*，*Society* and *Culture*，VolumI. *The Rise of the Network Society*，Blackwell Publishers 1996.

② 关于普特南（Hilary Putnam）教授的这一见解，笔者是在 1993 年至 1994 年在哈佛大学哲学系做访问学人时，通过选听他的一门叫作“非科学的知识”的必修课程所了解到的。普特南教授的有关思想和理论，可参见其文集《语词与生活》（*Words & Life*，Edited by James Conant，Cambridge，Mass：Harvard University Press1994）一书。

再到19世纪至20世纪的科学实证主义哲学，都无一例外地认可了这一知识分类图式。依我个人的理解，这一知识分类图式至少包含着这样几个基本的学术判断和结论：第一，“科学的知识”是可验证的，无论是通过经验或实验实证，还是借助于数学逻辑的推演证明。第二，可验证的科学知识是纯粹理性的，因而是可普遍化的。借用“真理面前人人平等”的说法，科学知识不会因为任何人格的、社会文化的和其他自然环境的差异而发生变异。1＋1＝1只能作为某种数学推理的可能性猜想被提出，而1＋1＝2才是普天同一的数学真理。第三，在技术的发展已然进入信息化时代的今天，凡“科学的知识”都必定是“可编码化的”。这不仅是给知识的科学检测提供了一种新的手段或标准，而且也是“科学的知识”赢得新的文明身份的确证。与之相对，人文学的知识却常常是不可验证的，或者准确地说，是难以获得普遍持久的有效实证的。杀死年迈多病的父母，在一些太平洋岛屿的土著民族那里是合乎道德的，但即使是通过严格的医疗技术鉴定和法律确认程序，安乐死对于许多现代人来说也还是一道难以轻易跨越的门槛。与之类似，在柏拉图的《对话集》中，苏格拉底教导雅典的年轻人，为了确保城邦法律的普遍公正，必须主动控告触犯城邦法律的父亲，而在孔子的《论语》中，“子为父隐，父为子隐，直在其中”却被看作是孝慈伦理的基本准则。同样，对于拿破仑的“滑铁卢”，史学家们至今也没有达成完全的共识，更不用说当前联合国对有关伊拉克危机的处理方式产生的严重分歧了。可见，人文学知识从来就不是“纯粹的”，也没有“普遍理性（理由）”可言。至于说到是否可以“编码化”，就让人文学知识更加勉为其难了。数学天才纳什之所以对方型结构的汉字能够快速输入计算机感到惊讶不已，想必是他对汉字这一东方古老文字与计算机这一现代先进技术之间的相容感到意外，甚至不可思议。不过，汉字的计算机输入并不表明人文学知识的可编码化。互联网上的“情人天空”或者“绝对爱情”之类的聊天室，当然可以让痴情男女无拘无束地天上人间，醉生梦死，甚至比花前月下来得更迷人、更痛快，也可能真的成就几对恋人的爱情之梦。但是，谁能够担保网上恋爱一定比花前月下的卿卿我我更为真切呢？更何况，网上恋情及其所依附的虚拟世界，对于当代文学家来说仍然还是一个难以用文字叙述得清楚明白的故事。

的确，如果我们细究不同知识的表达方式，就会清楚地发现，人文学知识从来就没有奢望过“纯粹”。人文学所擅长的知识表达方式与其“意会性”知识特性要求是相辅相成的。它崇尚的是传统叙述、价值教化和非逻辑的实质性内容解释，而不是或主要不是逻辑程序化、形式化的理性推理。因此，它采用的知识教化体制方式多是诸如学院式的讲会制度、自由对话，甚至是师承式的单线传授，追求的知识效应也往往是学术化的知识积累和智慧流布，而不是逻辑论理式的知识推新。易而言之，人文艺术的“意会”所追求的主要是知识文化的“能指”效应，而不是描述性的“所指”事实和逻辑推演式的理性知识。再借用韦伯的话说，人文学的知识宗旨是“价值与意义”，而非普遍真理。当然，你可以说，柏拉图的哲学具有永恒的理论意义，莎士比亚的文学作品可以千古不朽，普天共仰。也可以列举爱因斯坦的相对论对牛顿力学原理的修正作为例证，证明自然科学的“纯粹性”和“普遍性”也只能是相对的。但这也不能证明人文学的知识能够像数学物理学一样普遍化，更不能证明自然科学同人文学知识一样不能达于“纯粹”和“普遍”。因为，即使柏拉图哲学的知识权威性能够得到普遍持久的认可，也无法排除不同时代、不同地区的哲学读者解读柏拉图《对话集》的差异多样性。但这种情形却不可能发生在对牛顿力学原理和爱因斯坦相对论的理解上，后者是知识增长的标志，而前者最多也只能被看作是文化的异质性事件。

对于人文学知识的产生来说，还有一个非常重要的区别于自然科学的特点，这就是它的产生和承载主体的特殊性。表面看来，人文学的知识产生主体与自然科学的产生主体并无不同，作为人类智慧的产物，它们都依靠人的心智与才能。但实际上并不是这样简单。在大多数情况下，文学知识的产生主体只能是单个的学者个体，知识共同体的形成并非没有可能，但人文学知识共同体的形成和结构，从来就不像自然科学那样能够达于高度严格的制度化和纪律性，毋宁说，前者只能是共享某种学术旨趣基础上的自由认同和相互攀缘，而后者却是知识增长和创新所必需的组织前提。由于实验手段和方式的复杂化，特别是实验程序和步骤的复杂性，使得科学组织和管理，特别是人力资源的综合组织和管理越来越重要，在许多情况下甚至成为科学研究得以成功的必要前提，在当代社会里尤其如此。还有，由于人文学以“价值与意义”为其知识宗旨，人文学知识的产生主体必须是知识与价值的一体承担者。所谓“铁肩担道义，妙手著文章”，说的正是这个道理。自然科学家当然不能全然超越于社会道义之外。居里夫人发现了镭这一新的化学元素，当她发觉这一新的化学元素有可能被利用来制造具有超强生命杀伤力的原子弹等核武器时，她为此深感不安。爱因斯坦等许许多多的科学家也曾经不遗余力地参与世界和平运动，为人类的公平正义奔走呼吁。这是科学家的社会良知。但是，作为科学知识的生产者，自然科学家并不需要时刻考虑其生产行为的社会文化效应，技术的创新才是他们第一的也是最终的目标。如果不是这样，居里夫人就不一定非发现镭元素不可，即使发现，她也未必能够毫不犹豫地及时公布自己的科学发现。

话说到这里，我们应该可以明了，现代知识的分化实际上既是现代社会知识需求发生转移的结果，也是造成人文学现代知识状况的深层原因之一。首先，现代知识系统的结构性分解是造成人文学知识边缘化的内在原因。现代知识系统的结构分解源于现代社会对科学技术化、实用化和可操作性的日益增长的需求，而这一基本要求是人文学知识所无法满足的，原因在于她自身的知识特性和局限。虽然人文学是最关切于人自身精神文化生活需求的，但是，人文学的知识关切并不是行为技术操作层面上的，人们的精神文化生活本身也没有统一不变的操作模式，其隐秘、深层、复杂和灵性化的特点，决定了人类对这一层次的生活了解不仅难以形成千篇一律的可操作的知识系统，而且也不是以人们行为的直接实质性效果为知识追求的。当然，我们决不能因此断定，人文学知识与人的生活福祉全然无关。但我们必须清楚，人文学对人类生活福祉的关注和意义也不是直接功利的。相反，她的知识志向始终在于告诉人们如何了解自身生活，特别是精神文化生活的意义和价值，如何反思已有的生活经验，从而避免生活失误，选择较为合理的生活方式，确立内在的积极的生活态度和生活理想，由此反思现存的生活经验和生活秩序。所以，人文学的知识是以人的内在“文”化素质需求为基本知识目的的，她确实属于一种内在素质型的知识。作为具有灵性的文化生物，人类不能缺少这种基本的人生素质知识，也正因为这样，所有人文学的知识几乎都是非技术化、非功利化的知识，因而不能符合现代性的“科学知识”的技术化标准。

其次，与上述社会的“现代性”要求相应，现代教育制度也发生了重点转移，也就是不断将知识教育的重心由综合知识和文化素质型转向专业知识和工程技术型。这样一来，从学校的办学宗旨，到学习课程体系的设置，直至整个教育体制，都集中偏向了专业技术知识的教学，特别是广义的工科（工程技术学科），包括现代管理科学在内。这样，工科知识门类也就自然而然地成为现代教育体系中的显学，成为现代社会最热门的需求对象。由此给人文学知识教育所带来的巨大压力是不言而喻的。更为重要的是，面对现代社会的人才市场化压力，教育管理部门和教育管理者不断强化这种“现代性”的技术工程化的教育理念，并强力实施之。结果是，人文学教育从体制上被边缘化，[①] 其知识教育资源被大大压缩，人才培养受到极大的限制。

再次，现代社会最强大的力量作用来源于不断普遍扩张的市场经济。“市场不相信眼泪。”它是最无情的生存游戏。在市场的游戏和游戏规则中，几乎没有给人文学知识留下任何回旋的余地。而且，只要人文学知识无法成为直接的投资资本，不能产生直接的经济效益，这一状况就很难有所改善。许多人文学者曾经多次喊出让人

① 参见刘大椿主编《中国人民大学中国人文社会科学发展研究报告 2002》，中国人民大学出版社，2003 年。

文社会科学研究“适应市场经济”的嘹亮口号。对于社会科学来说，这一呼吁或许是有效的。但如前所说，历史进至现代，社会科学在很大程度上也已然与人文学别然相向了。人文学知识如何“适应市场经济”？我至今还没有找到一个令人信服的答案，因而不得不把它看作是一个仅仅具有宣传意义而无实质教育学意义的假问题。

顺便说一下社会科学与人文学在现代社会里的不同境遇。我有一个不太恰当但自认为还能有所说明的比喻：在现代社会里，社会科学就像我国东北的黑土地，而人文学则有些类似于西北的沙化地。一方肥沃丰饶，硕秋可期；一方日见贫瘠，秋后不可奢望。为什么？理由仍然是知识社会学的。众所周知，现代意义上的社会科学本身就是现代社会的产物。它们就像是独立富足的儿女，挣脱了人文学母亲的怀抱，独立门户，过起了越来越富足充盈的小日子，几乎忘却了自己的父母。举经济学为列。直到18世纪后期，也就被称之为现代经济学之父的亚当·斯密的时代，经济学都还隶属于“道德哲学”，被看作是人类幸福之学的技术性手段和方式。但此后不久，经济学就独立于道德哲学之外，一跃而成为现代社会知识界的显贵。事实上，我们今天所说的社会科学大多是在现代社会的呼吁和期待中应运而生的，同时也是现代知识日趋分化的自然结果。我相信，在许多情况下，我们已经没有正当的理由再把人文学的知识状况与社会科学的知识状况相提并论了。

最后也是我感到最难以启齿的一点，就是现代人文学知识分子群体本身的心态问题。我想说的是，现代人文学知识分子的心态同人文学知识本身一样，陷入了空前的危机和焦虑之中。这当然不完全是一件坏事。但我担心的是，由此心态所可能导致的人文学知识分子群体自身的学术堕落，尤其担心现代人文知识分子的“文化资产阶级化”。我所谓的人文知识分子的“文化资产阶级化”，是指人文知识分子因屈从现代社会市场经济潮流而放弃自身特殊的知识身份和文化道义，卸脱知识分子自身的学术责任和学者职责，把人文知识的传承、教育和创造，当成谋求自己生活实利和经济财富的知识资本。很难想象，如果连人文知识分子自身都无法坚守人文学的知识承诺和道义责任，人文学的生存和发展还有什么希望？①

三、“现代性”中的人文学前景

人文学的现代知识状况和命运本身就是一个“现代性”的问题。因此我们必须在“现代性”的视野里来探讨人文学的知识前景问题。在某种意义上，我们有理由

---

① 关于这一点，我不能在本篇中展开详细的分析和讨论。为了弥补这一不足，我在一篇题为“作为‘知识分子’的现代学者”的学术随笔中有所感言，并随本文一起交《东南学术》一并发表，以资参阅。

断定，人文学的现代知识危机本身也是“现代性”危机的一种文化症候。因此，任何有关人文学的“现代性”知识前景的反思都具有“现代性”文化批评的意味，这一点是不用隐讳的。

源于西方 18 世纪启蒙运动的“现代性”是一种以“科技理性”为根本特征的现代理性。这一现代理性通过民主政治的“公共理性”、市场经济的“经济理性”和大众文化的“接受合理性”而展示其全面的社会宰制性力量，并共同构筑起科学进步主义的现代文明价值理念。历史地看，现代理性的精神力量和社会作用都是空前的，应当予以积极的肯定和评价。然而，这并不意味着“现代性”或“现代理性”本身已然成为无须反思和批判的绝对真理和绝对价值，恰恰相反，“现代性”所遭遇的生态危机、国际政治危机、文化危机和道德危机都提出了这样一种“现代性”的自我反思和自我批判的内在要求。这其中，关于人文学知识的批判反思尤其显得必要和急需。因为正是由于“现代性”的“科学理性”追求，导致了人类知识传统图式的分化和解构，进而导致了人文学的知识颠覆和发展困境。需要进一步追问的问题还不在于这种颠覆是否应该发生，而在于它是否合理；而且，衡量其合理与否的根本标准并不在于“现代性”本身，而在于人类生活本身与人文学知识之间的内在关联性质。如果后者对于人类的现代生活不再具有某种内在的价值意义，那么，“现代性”对人文学知识图式的颠覆就不仅是必然的，而且也是合理的。

事实表明，在现代知识状况下，人文学知识对于现代人类生活似乎不再像它在传统社会中那样具有直接的工具性价值（作为工具理性），这是导致人文学知识现代边缘化命运的根本原因之所在。然则，作为一种关乎人类自身存在和生活目的、生活价值意义的反思性学问，人文学在现代社会里仍然没有失却它所特有的知识目的性价值或内在精神意义，只要人类还想保持其特有的人性道德化生活方式；或者，只要人类不想让自身的生活变成机械化、工具化和实物化的日常经验，人文学所提供的灵性知识和精神资源就是必不可少的，人文学就将仍然作为人类自我认识和自我存在的内在知识源泉。由是观之，“现代性”对人文学知识的技术化解构和实质性颠覆就是值得质疑和反省的。

启蒙运动及其以后的思想家对人文学的知识解构或重构确乎是有其理由的。在大多数启蒙运动思想家的观念中，真正具有科学意义和行动价值的知识必须是符合“科学理性”的知识。正是在这一知识观念的驱动下，从启蒙时代开始，人类对“知识”的理解模式开始发生重大转变，直至 19 世纪中后期实证主义思潮成为西方知识论的主流，这一转变最终得以基本完成。具体说来，这一“知识”观念的转变主要表现在这样几个方面：

首先，用新的也就是符合“科学理性”的普遍化知识标准，取代中世纪乃至所有前现代的非科学理性的普遍化知识标准。如果说，17 世纪的培根、洛克和笛卡儿还能够给“自然科学”或“理性”范畴以外的其他人类认知领域留有某些余地，因而还能够给予诸如“人的知识”（培根）、“心灵”（洛克、笛卡儿）和人的理智直觉（笛卡儿）以恰当的“知识”名分的话，那么，经过启蒙运动思想家们的理性主义科学精神追求——以霍尔巴赫的“人是机器”、爱尔维修的“机械知识”和狄德罗的“理性高于一切”等著名哲学命题为例——最终到达孔德的“科学实证阶段”论，能够占据真正的“科学知识”地位的也就只有“自然科学”了；而了解这一点，我们就不难理解为什么在十八九世纪的西方学界如此崇尚逻辑学、数学和实验科学的深层原因了。因为在启蒙运动思想家和科学实证主义思想家这里，真正能够普遍化的知识只有符合“科学理性”的知识。这种“知识”观念直接导致了 20 世纪前、中期西方科学认识主义哲学和分析哲学的中兴和霸道。

其次，这一“知识”转变的主要标志之一是从“崇拜自然”转向“崇拜自然科学”，进而通过在“知识”与“道德”或“价值”之间划分出不可通约的知识论鸿沟，将“知识”置于“道德”或“价值”之上。如果说 18 世纪的英国哲学家休谟所提出的不能从“是然”（to be）中合符逻辑地推导出“应然”（ought to be）的著名哲学命题，[①] 还仅仅是划分了“知识”与“道德”或“价值”之间的知识论鸿沟的话，那么到了 20 世纪初期的“维也纳学派”（“Vienna Circle”）这里，“道德”“价值”以及一切具有非经验性或非逻辑性的知识，都被当作非科学的知识而被搁置一旁了。“维也纳学派”的中坚人物卡尔纳普曾经如是说：“只有数学和经验科学的命题才有意义，而一切其他命题都是没有意义的。”[②] 任何没有（科学）意义的东西都不能成为知识，甚至都不能被称之为“知识”，而只能叫作“意见”“信仰”一类的东西。

第三，“现代性”知识观念的根本性转变从所谓“反偶像崇拜”（iconoclasm）开

---

① 学界通称为“休谟命题”。它是休谟在其名作《人性论》一书中正式提出来的，其云：“在我所遇到的每一个道德学体系中，我一向注意到，作者在一个时期中是照平常的推理方式进行的，确定了上帝的存在，或是对人事作了一番议论；可是突然之间，我却大吃一惊地发现，我所遇到的不再是命题中通常的‘是’与‘不是’等连系词，而是没有一个命题不是由一个‘应该’或一个‘不应该’联系起来的。这个变化是不知不觉的，却是有极其重大的关系的。因为这个应该或不应该既然表示一种新的关系或肯定，所以就必须加以论述和说明；同时对于这种似乎完全不可思议的事情，即这种新关系如何能由完全不同的另外一些关系推出来，也应当举出理由加以说明。”见该书中译本，关文运译，商务印书馆，1981 年，第 509—510 页。

② ［德］卡尔纳普：《哲学和逻辑句法》，傅季重译，上海人民出版社，1962 年，第 18 页。

始，又以制造新的偶像崇拜而告终，亦即从反对中世纪宗教神学的偶像（上帝）信仰主义开始，以科学技术主义的知识崇拜而告终。当尼采在19世纪末叶宣告“偶像的黄昏”时，他其实不仅仅是针对基督教的，而且也是针对现代科技主义的，这是后来海德格尔对尼采的深刻解读所揭示出来的重要含义。对科学技术型知识的现代崇拜导致了科技对现代生活世界的统治，这是胡塞尔分析“欧洲科学的危机”时所得出的重要结论之一。我们所关注的是，这种科学技术型知识的崇拜，最终必然导致对人文学知识的排斥，至少是强行排定了科技知识之于人文价值知识的文化优先秩序。然而，任何偶像崇拜都是人类知识的天敌。制造新的知识偶像崇拜与旧的宗教偶像崇拜一样，都违背了人类的知识追求。应当承认并肯定启蒙运动以来的“反偶像崇拜”对于解放和推进人类知识发展的重大意义。但是，这一知识解放运动不仅在反对旧有偶像的同时，人为地制造了新的偶像崇拜，而且在客观上造成了人文知识传统的断裂。如果说，科学技术的知识是一种发现或发明的知识，因而发明创新是其知识生产和增长的基本方式的话，那么人文学的知识更多的是一种连贯的解释性知识，保持其知识谱系和文化传统的连贯性与持续性，才是人文学最基本的知识增长方式。启蒙运动以来的“反偶像崇拜”运动恰恰是以中断人文学知识谱系的连续性或连贯性为代价的。

总之，“现代性”知识观念的转变所带来的知识论后果是，把人文学知识当作非科学技术化的东西而肢解了，取而代之的是对知识的日用技术化和平面化。这是为什么现代社会和现代人普遍厌恶崇高和深刻、崇尚世俗日常和大众常识的社会文化—心理根源。了解到这一“现代性”社会文化和社会心理情景，我们对“现代性”中的人文学知识前景就很难建立起足够的信心，更不能寄予过高的价值期待。因此，我个人并不完全认同时下两种颇为流行的说法。一种说法是倡导科学精神与人文精神的统一；另一种说法是重新恢复和提升人文学的地位。在我看来，与其说，这两种说法甚或做法表现了某种重建人文学的知识努力，不如说，它们更多地反映了现代人在某种现代性心态支配下所寻求的文化策略。在一种科学技术主义宰制生活世界的情形下，人文学与科学理性很难建立某种知识共谋，也很难使人文学知识得到真正意义上的恢复和提升。只要我们稍微留意一下当代教育体制，特别是课程体系的设置情况，就不难承认这一点。①

因此，关键的问题似乎不只是改变我们的知识观念，而在于改变现行的知识教

---

① 对此，我们仍然可以参见刘大椿主编的《中国人民大学中国人文社会科学发展研究报告2000》一书，其中有很明确的分析和判断。

育体制。在现代社会的文化理智环境中，社会的基本制度结构常常具有决定性的作用。不过，这并不意味着我已然确信社会的基本制度或体制决定一切。事实上，现代社会的结构性特征也是很难人为改变的。用马克思主义的哲学话语来说，它是不以人的意志为转移的客观规律。我强调现代社会制度，特别是文化教育体制对人文学知识之现代发展的限制，目的是想表达我个人对人文学知识前景的一种保守低调的预期：在“现代性”的知识图景中，人文学在其知识地位上将长期处在现代社会的边缘，但其对现代社会和现代人的文化价值作用，却仍然具有合理可期的根本性意义。我相信，这一作用非但不会因为现代社会的技术化和商业化而减弱，相反，后者将对人文学知识产生越来越高的需求。这不仅因为人文学知识及其所传达的人文精神，乃是现代社会和现代人日益稀缺的文化精神资源——按照现代经济学的一般理论解释，资源的稀缺性程度与社会的需求函数成正比，而且因为人文学知识本身乃是人类改善其生活品质和生活世界的永不衰竭的精神动力。在此意义上，上述两种流行的说法虽然不一定可取，却的确是可以理解的。

发表于2003年第5期

西方的中国形象史：问题与领域

周 宁*

如果从《马可·波罗游记》(约1298年)问世算起，西方的中国形象已经有七个多世纪的历史。我们在知识社会学与观念史的意义上，研究该形象的历史，至少有三个层次上的问题值得注意：

一，西方的中国形象是如何生成的。在理论上，它必须分析西方的中国形象作为一种有关“文化他者”的话语，是如何结构、生产与分配的；在历史中，它必须确立一个中国形象的起点，让西方文化中中国形象的话语建构过程，在制度与意义上都可以追溯到那个原点。

二，中国形象的话语传统是如何延续的。它考察西方关于中国形象叙事的思维方式、意象传统、话语体制的内在一致性与延续性，揭示西方的中国形象在历史中所表现出的某种稳定的、共同的特征，趋向于套话或原型并形成一种文化程式的过程。

三，中国形象是如何在西方文化体系中运作的。它不仅在西方现代性观念体系中诠释中国形象的意义，而且分析西方的中国形象作为一种权力话语，在西方文化中规训化、体制化，构成殖民主义、帝国主义、全球主义意识形态的必要成分，参与构筑世界现代化进程中西方中心主义的文化霸权。

西方的中国形象史研究，是一个全新的领域，笔者在上述三个层次上，尝试提出并规划该研究中的基本前提、主要问题与学科领域。

* 周宁，博士，厦门大学人文学院教授、博士生导师、中文系主任。

一

首先是西方的中国形象的历史起点。西方的中国形象出现于 1250 年前后。[①] 1245 年，圣方济各会修士约翰·柏朗嘉宾受教皇之命出使蒙古，从里昂到哈剌和林，写出《柏朗嘉宾蒙古行记》，十年以后，鲁布鲁克的威廉出使蒙古归来，写出《鲁布鲁克东行记》。[②] 柏朗嘉宾与鲁布鲁克虽然没有踏上中国土地，但他们游记中介绍的“契丹”，确实就是中国。柏朗嘉宾与鲁布鲁克把“契丹”带入中世纪晚期的西方文化视野，开启了马可·波罗前后两个世纪的“契丹传奇”，而且确定了这种东方情调的传奇的意义：大汗统治下的契丹，是财富与秩序的世俗天堂。

蒙元世纪是人类历史上一个重要的时刻，成吉思汗家族横扫旧大陆带来的“世界和平”，瞬间推进了欧亚大陆的文明一体化进程。从柏朗嘉宾出使蒙古，到 1347 年马黎诺里从剌桐登船返回欧洲，一个世纪间到中国的欧洲人，历史记载中有名有姓的，就不下 100 人。从 1247 年柏朗嘉宾写作《蒙古行记》到 1447 年博嘉·布拉希奥里尼完成他的《万国通览》，整整二百年间，西方不同类型的文本中——其中包括游记、史志、书简、通商指南、小说诗歌——都出现有关契丹、蛮子的记述。[③] 旅

---

① 马可·波罗时代之前，西方就有关于中国的传说，我们从戈岱司编的《希腊拉丁作家远东古文献辑录》中知道古希腊一直到中世纪西方关于中国的种种“说法”，笔者在《永远的乌托邦》一书里，也从古希腊开始讨论西方的中国形象。但这些传说毕竟虚无缥缈、难以稽考，甚至经常难以确定地理与国家所指是否中国。从马可·波罗时代开始讨论西方的中国形象，将此前西方关于中国的传说，当作西方的中国形象的史前史，一则是因为蒙古帝国打通了欧亚大陆的交通，西方第一次有可能“发现”与“发明”中国，一时间出现许多表述中国的文本，而且这些文本中的中国形象，已经表现出某种套话性或话语性，不外是重复强调大汗的帝国疆土辽阔、物产丰富、君权强大。二则，此时出现的中国形象，不仅指涉明确、特征鲜明，而且具有一定的历史连续性，大中华帝国的神话，从马可·波罗时代一直延续到启蒙运动早期，虽然强调点有所变化。三则，也正是从这个时代开始，西方文化开始将中国作为文化他者，想象构筑一个具有确定乌托邦或意识形态意义的中国形象。比如说，马可·波罗时代西方的中国形象成为西方文艺复兴与资本主义早期的世俗精神、绝对主义君权、海外扩张欲望的隐喻。

② 参见《柏朗嘉宾蒙古行记·鲁布鲁克东行记》，耿升、何高济译，中华书局，1985 年。

③ 这些文本现存的主要有：《柏朗嘉宾蒙古行记》（1247 年）、《鲁布鲁克东行记》（1255 年）、《马可·波罗游记》（约 1299 年）、孟德·高维奴等教士书简（1305—1326 年）、《鄂多立克东游录》（1330 年）、《大可汗国记》（约 1330 年）、《通商指南》（约 1340 年）、《马黎诺里游记》（1354 年）、《曼德维尔游记》（约 1350 年）、《十日谈》（1348—1353 年）、《坎特伯雷故事集》（1375—1400 年）、《克拉维约东使记》（1405 年）、《万国通览》（1431—1447 年）、《奉使波斯记》（1436—1480 年）。这些文本的作者有教士、商人、文学家；文体有历史、游记、书信、语录体的记述（后者如《万国通览》），还有纯文学作品。文本的语言既有高雅的拉丁语，也有通俗的罗曼语或法—意混合语。至于文本的内容，既有纪实，也有虚构，而且经常是纪实与虚构混为一体。

行与器物的交流带来了观念的变化，中世纪基督教狭隘的世界观念被大大扩展，世界突然之间变得无比广阔，而在这个广阔的世界中，大汗统治的契丹与蛮子可能是最诱人的地方。赫德逊在《欧洲与中国》指出，蒙元世纪欧洲发现旧世界的最大意义是发现中国，"抓住了拉丁欧洲的想象并改变了它的思想观点的，更多的是去中国的旅行，而不是去亚洲的任何其他部分。当时大多数欧洲旅行家既前往中国，也到过波斯和印度，但是他们把最高级的描绘留给了中国。……马可波罗一家在哥伦布之前就已经为中世纪的欧洲发现了一个新大陆。使欧洲船只来到明朝中国海岸的这一海上事业的全部活动，应该看作是'鞑靼人统治下的和平'的余波"。[①]

1250 年是西方世界经济体系与世界知识体系的起点，也是西方的中国形象的起点。在中世纪晚期的东方游记中，影响最大的数《马可·波罗游记》与《曼德维尔游记》。《马可·波罗游记》是最让西方人想入非非的一本书。从某种意义上说，是马可·波罗创造了西方集体记忆中的契丹形象。《马可·波罗游记》有关中国的内容集中在三个方面：1. 物产与商贸；2. 城市与交通；3. 政治与宗教。契丹蛮子，地大物博，城市繁荣，政治安定，商贸发达，交通便利。契丹传奇不仅具有清晰的形象，还有确定的类型化的意义与价值。契丹蛮子，最大的魅力在于其物质繁荣。无论在经济上还是政治上，蒙古治下的中国相对于中世纪晚期贫困混乱的欧洲来说，都算得上是人间天堂，这是一个方面。另一个方面，中世纪晚期的欧洲文化也需要一个物质化的异域形象，因为这是他们超越自身基督教文化困境的一种启示。物质化的契丹形象可以激发中世纪晚期西方文化中的世俗欲望，使其变成资本主义文明发生的动力。

契丹传奇是关于东方世俗乐园的传奇。正如黄金是财富的象征，契丹话语中传奇化的大汗，则成为权力与荣誉的象征。马可·波罗、鄂多立克、马黎诺里的文本中，都有对大汗威仪的描述。在大汗的形象中，隐约透露出中世纪晚期欧洲的世俗政治理想。马可·波罗的故事主要流传在南欧、意大利半岛与伊比利亚半岛。中世纪晚期的英国人、法国人或德国人，在读另一部流传广度几乎与《马可·波罗游记》不相上下的东方故事——《曼德维尔游记》。1500 年之前，欧洲各主要语种都有了《曼德维尔游记》的译本。今天我们可以见到的《曼德维尔游记》的手抄本有 300 种之多，而《马可·波罗游记》则只有 119 种。曼德维尔爵士是位"座椅子上的旅行家"，旅行故事都是他虚构的，他也像其他游记作者那样用几乎程式化的套语赞叹中国的物产丰富、城市繁荣，然而他的兴趣并不在这里，在关于中国的章节里，大汗

① ［英］赫德逊：《欧洲与中国》，王遵仲等译，中华书局，1995 年，第 135、137 页。

的故事占去70%的篇幅。大汗国土广大，统治严明，拥有无数的金银财宝，像土耳其的苏丹，大汗有100多位妻子，大汗是世界上最强大的君主，长老约翰也没有他伟大。地理大发现之前，《马可·波罗游记》与《曼德维尔游记》，就是欧洲人拥有的东方知识的百科全书了。①

研究西方的中国形象，有两种知识立场：一是现代的、经验的知识立场，二是后现代的、批判的知识立场。这两种立场的差别不仅表现在研究对象、方法上，还表现在理论前提上。现代的、经验的知识立场，假设西方的中国形象是中国现实的反映，有理解与曲解，有真理与错误；后现代的、批判的知识立场，假设西方的中国观是西方文化的表述，② 自身构成或创造着意义，无所谓客观的知识，也无所谓真实或虚构。在后现代的、批判的理论前提下研究西方的中国形象，就不必困扰于西方的中国观是否"真实"或"失实"，而是去追索西方的中国想象，作为一种知识与想象体系，在西方文化语境中是如何生成、如何传播、如何延续的。蒙元世纪大旅行草草结束，但西方关于中国的乐园传说，却在社会不同阶层间流传，直到伊比利亚扩张，从"世界上最远的海岸"（指中国）带回最新的消息。

地理大发现的时代是个浪漫的时代，新消息与旧传说、知识与想象、虚构与真实，使人们的头脑与生活都分外丰富。尽管此时西方的中国形象传奇与历史混杂，甚至许多欧洲人还无法判断契丹或中国是否是同一个现实中的国家，但理想化的"大中华帝国"的形象已经出现。它在某种程度上是契丹传奇的继续，但已经有了更多的历史意义。门多萨神父的《大中华帝国志》出版，标志着契丹传奇时代的终结。中华帝国第一次在西方文本与文化中获得了历史化的清晰完整的形象。它塑造了一个完美的、优越的中华帝国形象，它的意义不是提供了某一方面的真实的信息，而是总结性地在西方文化视野中树立了一个全面、权威或者说是价值标准化的中国形象，为此后两个世纪间欧洲的"中国崇拜"提供了一个知识与价值的起点。

西方文化开始将中华帝国的形象塑造成一个在很多方面都优于他们自身文明的文化乌托邦。这既是一次发现又是一次继承，历史精神与道德色彩越来越多地渗入中国形象，一个财富与君权的物质化的契丹形象转化成一种文化智慧精神与道德秩序的中华帝国形象，契丹神话中的某些因素被遗忘了，某些因素又被植入新的中国

---

① 详见周宁：《契丹传奇》，学苑出版社，2004年。

② 霍尔研究文化的意义时使用"表述"（representation），他认为"表述"是同一文化内部成员生产与交换意义的基本方式，它将观念与语言联系起来，既可以指向现实世界，也可以指向想象世界。参见 *Presentation*：*Cultural Representations and signifying practices*，edited by Stuart Hall，London：The Open University，1997，Chapter I，"The Works of Representation"。

神话中，当他们描述中国人口多、国土大、城市棋布、河流交错、财富丰足时，我们感到契丹神话仍在继续。而当他们津津乐道中国的司法制度、文官制度与考试制度、中国的圣哲文化与贤明统治、中国的语言与中国人的勤劳时，我们又感到一种新话语或新神话的诞生，因为后者的精神价值明显高于物质价值。

中国形象从西方的地理视野进入哲学视野，从物质欲望进入文化向往。门多萨神父奠定了大中华帝国形象的基础，以后金尼阁、卫匡国、基歇尔神父又不断丰富，敏感开放的文艺复兴文化首先从宗教、历史、文化、人性等角度为中西文明确定一个共同的基础。这个基础可能是基督教普世主义的，也可能是人文主义的世界主义的，总之，一个共同的起点是文化理解与利用的前提。当传教士们穿凿附会地证明中国民族、宗教、语言的神圣同源性时，哲学家们也开始思考这种同源性是否可以引渡到世俗理念中去。孔子与苏格拉底的教导是否有共同的含义？中国的城市管理是否可以作为欧洲城市管理的范型？由伦理观念规范的社会秩序是否可以代替法律的约束？由文人或孔子思想培养出的哲学家管理国家，是否可以成就一种现世理想？① 西方开始在文艺复兴与地理大发现的文化背景中，在乌托邦想象的传统视野中，构筑并解读中国形象的文化意义。他们在中国发现了哲人王，发现了哲人当政的制度，发现了理想化的伦理政治秩序。

中国以“孔教乌托邦”的形象出现在早期启蒙哲学家的社会理想中，标志着欧洲的中国形象进入了哲学时代。启蒙哲学家对乌托邦的现实性与历史性的信念，来自于两个基本观念：一是性善论，二是道德理想通过政治权威达成社会公正与幸福。这两个基本观念，恰好又体现在孔教乌托邦的观念与制度原则中。这是他们利用中国形象将乌托邦渡入历史的主要依据。只有哲人政治，才是最完美、最开明的政治。这是中国形象的意义，同时也是一些启蒙主义者尊崇的新型政治伦理社会的理想尺度。乌托邦将从地理大发现时代的世界地图上移到启蒙运动中的世界历史中，证明乌托邦具有地理与历史的现实性，是历史的机会。“孔教乌托邦”体现着开明君主专制的理想：如果欧洲君主都像中国皇帝那样，柏拉图的理想国就不再是乌托邦了。改造世界从改造君王开始，启蒙主义者期望通过理性的建立与道德教育塑造开明的君主，成就人类幸福与正义。启蒙主义者都是真正的乐观主义者，他们坚信，人一旦掌握并运用了理性，所有的乌托邦都将在历史的进步中变成现实。孔教乌托邦成为启蒙主义者批判与改造现实的武器。②

---

① 详见周宁：《大中华帝国》，学苑出版社，2004 年。

② 同上。

二

我们在一般社会想象意义上讨论西方的中国形象。关注的问题是七个多世纪西方的中国形象的生成演变的意义过程，不仅涉及不同时代流行的特定的中国形象如何表述如何构成意义，而且更重要的是，发现西方的中国形象在不同社会文化语境下发生演变、断裂或延续、继承的方式，揭示西方中国形象叙事中那种普遍性的、稳定的、延续性的特征，那种趋向于套话或原型的文化程式。从 1250 年前后到 1750 年前后，西方的中国形象不断被美化；从早期资本主义世俗精神背景下的契丹传奇，到文艺复兴绝对主义王权期待中的大中华帝国神话，最后到启蒙理想中的孔教乌托邦，西方的中国形象表现出明显的类型化的一致性与延续性来。解释这种形象及其传统的意义，除了西方资本主义扩张早期的中西关系之外，还有西方现代的文化心理结构。

西方美化中国形象的传统在“中国潮”[①] 世纪达到高峰，“中国潮”开始于 1650 年前后，结束于 1750 年前后。一个世纪间，中国潮表现在社会物质文化生活的各个方面，从高深玄妙的哲学、严肃沉重的政治到轻松愉快的艺术与娱乐。孔夫子的道德哲学、中华帝国的悠久历史、汉语的普世意义，中国的瓷器、丝织品、茶叶、漆器，中国工艺的装饰风格、园林艺术、诗与戏剧，一时都进入西方人的生活，成为他们谈论的话题、模仿的对象与创造的灵感，在欧洲社会面前，中国形象为他们展示了“梦寐以求的幸福生活的前景”。[②]

“中国潮”实际上是那个时代西方人追逐的异国情调的一种表现。没有比中国更遥远的地方，也就没有比中国更神秘更有吸引力的地方，包括他们的思想观念、人与物产、生活方式。“中国潮”的发起人起初是商人与传教士，后来是启蒙哲学家，尤其是法国的哲学家。他们在中国形象中发现批判现实的武器。在推翻神坛的时候，他们歌颂中国的道德哲学与宗教宽容；在批判欧洲暴政的时候，他们运用传教士们提供的中国道德政治与开明君主专制的典范；在他们对君主政治感到失望的时候，他们又在经济思想中开发中国形象的利用价值，中国又成为重农主义政治经济学的楷模。中国形象不断被西方启蒙文化利用，从宗教上的自然神论到无神论、宽容主

---

① 17 世纪至 18 世纪间，西方社会文化生活中普遍出现一种泛中国崇拜的思潮，人称“中国潮”(Chinoiserie)。它既指一般意义上西方人对中国事物的热情，又特指艺术生活中对所谓的“中国风格”的追慕与模仿。

② China and Europe: Intellectual and Artistic Contacts in the Eighteenth Century, by Adolf Reichwein, Kegan Paul, Trench, Trubner&Co. Ltd. 1925, p. 25—26.

义，从政治上的开明君主专制、哲人治国到东方专制主义，中国形象已经经历了宗教之争、哲学与宗教之争、哲学与政治之争。值得注意的是，每一场争论的结果，似乎都对西方的中国形象不利，宗教之争最后证明中国人不是无神论者，而是更为原始的多神论者；政治之争证明中国不是开明的君主专制，而是依靠棍棒进行恐怖统治的东方专制主义暴政的典型；经济之争最后证明中国不是富裕，而是贫困，不是社会靠农业发展，而是社会停滞于农业。①

"中国潮"是契丹传奇以来五个世纪的美好的中国形象的高潮。"中国潮"在启蒙运动中期达到顶峰，退潮也开始了。人们普通注意到，1750年前后，欧洲的中国形象发生了明显的转变。这种转变不是突然出现，瞬间完成的，但转变的幅度仍然令人吃惊。五个世纪的美好的中国形象时代结束了。欧洲文化当年对中国的热情几乎荡然无存，如今除了贬抑与厌恶之外，更可怕的是遗忘。西方的中国形象研究，普通关注这次转变，但真正值得思考的问题，还不是这次转变如何发生，而是要解释这次转变何以发生。

西方的中国形象研究，更多地属于观念史或知识社会学研究，它试图从历史中不断变化的、往往是非连续性的观念与想象中，寻找某种文化策略与逻辑。文本是唯一的依据，而作为文本的语境出现的现实，在此也不是指文本所反映的现实对象（如中国），而是构成文本写作的社会语境与话语策略（西方文化）。西方的中国形象，真正的意义不是认识或再现中国的现实，而是构筑一种西方文化必要的关于中国的形象。启蒙运动中中国形象逐渐转变，造成这种观念变化的，不是中国的现实，而是西方的文化精神与中西贸易与政治军事关系方面的变故。可以这样说，真正使中国形象改变颜色的，主要有两个方面的原因：一是启蒙运动文化观念本身的进步，从有神论到无神论、从开明专制主义到共和主义、从传统的重农主义和重商主义到现代资本主义政治经济理论。到英国完成工业革命，法国开始大革命，封建专制的中华帝国无论如何也不可能再成为西方文明发展的楷模了。二是西方扩张中与中国的权力关系的变化。

异域形象作为一种文化隐喻或象征，是对某种缺席的或根本不存在的事物的想象性、随意性表现，其中内容包括三个方面：一，对地理现实的中国的某种认识与想象；二，对中西关系的焦虑与期望；三，对西方文化自我认同的隐喻性表述或象征。萨义德在对东方学概念进行限定性说明时，强调异域想象与现实权力之间的关系，认为正是特定时代东西方之间存在的那种"权力关系、支配关系、霸权关系"，

① 详见周宁：《世纪中国潮》，学苑出版社，2004年。

决定着西方“论说东方的话语模式”。[①] 在此意义上，西方的中国形象的生成与转化、断裂与延续，也不仅是纯粹的观念与文化的问题，而与西方现代扩张过程中中西之间力量关系的结构变化紧密关联。

首先是西方现代扩张史上中西权力关系的变化。西方的中国形象与西方的现代扩张的历史，几乎是同时开始的。蒙元世纪西方人走向世界，西方的中国形象也出现了。1250 年是西方人的世界知识的起点，也是西方中心的世界体系的起点。蒙元世纪西方的大旅行瞬间开始又瞬间结束。蒙古帝国崩溃、奥斯曼土耳其扩张，又将西方压制在欧亚大陆的西北角，直到新航路发现，西方扩张在西半球与东半球同时开始。他们征服了美洲，但在亚洲的经历却并不顺利。葡萄牙开辟了以果阿为中心的东方贸易网，荷兰人继承并发展了这个贸易网，将中心从印度西海岸移到更远的东南亚的巴达维亚，并且使贸易更加系统化。经过一个多世纪的努力，西方扩张势力只在亚洲边缘建立了一些贸易点和军事要塞，而且除了在东南亚，所有这些贸易点或军事要塞都岌岌可危。可以说，直到 18 世纪，东西方势力对比中，东方相对而言依旧强大。亚洲的游牧文明扩张达到历史的高峰，他们在波斯建立了萨菲帝国，在印度建立了莫卧儿帝国，在中国建立了清朝。这些游牧文明与农耕文明结合的东方帝国，虽然在经济技术上都已相对停滞，但政治军事、宗教文化的扩张仍在继续。

中国潮在欧洲出现的那个世纪里，西方扩张进入了一个停歇与调整期。1650 年前后，荷兰东印度公司开始衰落，西方扩张的第一次高潮已经结束。西方进入东方的扩张势力，基本上被阻止在东方帝国的海岸上。这种局势直到 1750 年前后发生转变。此时，欧洲已经能够大批生产瓷器，工艺也有了较大的改变，基本上可以满足西方社会的需求，无须再大量地从遥远的中国高价进口。瓷器的价格跌落了，进入寻常百姓家，漆器壁纸的欧洲产品甚至比中国进口的还优秀。英国人喝茶上瘾，商人们大量贩运茶叶，1716 年英国东印度公司建立了与广东的直接贸易，茶税从世纪初的 100％降到世纪中的 12.5％，茶价一路下跌，1750 年英国年进口的茶叶已达到 3700 万磅，茶也成了寻常百姓的日常饮料。更重要的是，他们终于找到了中国人需要的东西：鸦片。他们将印度的鸦片运往中国贸易茶叶，英国对华贸易出现顺差。英国东印度公司基本上控制了印度次大陆，欧亚贸易中亚洲从出口成品到出口原材料，欧洲不仅占有经济优势，而且也表现出政治军事优势。欧亚贸易已从重商主义自由合作贸易进入帝国主义殖民劫掠贸易时代。试想一个贫困的、出产廉价产品和原材料的、被掠夺的、即将被征服的国家，能够令人仰慕令人重视吗？欧洲的中国

① ［美］爱德华·W. 萨义德：《东方学》，王宇根译，三联书店，1999 年，第 8 页。

形象与欧洲的中国茶同时跌价。人们可以追慕那些富裕先进的国家民族的习俗风格，但不会效仿落后堕落的国家的生活、思想与艺术风格。

1750年前后在西方扩张史、东西方关系史和西方的中国形象史上，都是一个重要的转折点。1750年前后英国完成了对印度的殖民统治，以英国为首的西方扩张的第三波开始。同时，衰落出现于所有的东方帝国，首先是萨菲王朝，其次是莫卧儿，最后是清帝国。世界格局变了，英国军事与经济实力已强大到足以打破旧有的平衡。在整一个世纪里，英国人及时避免了革命的消耗，又放弃在欧洲争取霸权，他们一边发展国内经济，一边继续海外贸易，加强国际市场的竞争力。他们在美洲与印度战胜了法国人，普拉西战役基本上完成了英国在印度的全面征服，建立起有效的殖民统治。英国在印度殖民化统治的建立，对英国本土来说，有助于完成工业革命，对东方扩张来说，赢得了打开中国的基础。首先是英国人用印度的鸦片扭转了西方三个世纪对中国的贸易逆差，其次是英国以印度为基地，用印度的补给与雇佣军赢得了鸦片战争，西方持续三个多世纪向东方扩张的进程临近完成。在世界现代化竞逐富强的进程中胜出的西方，还有可能继续仰慕一个愚昧专制、停滞衰败的东方帝国吗？

其次，西方现代性观念的变化，也是中国形象转型的重要原因。现实世界中西方物质权力关系，影响着西方表述中国的话语模式。西方的中国形象在1750年前后发生转变，是有其深远的现实政治与经济原因的，这只是问题的一个方面。另外，还有西方文化心理本身的结构变化方面的原因。西方的中国形象，是西方文化投射的一种关于文化他者的幻象，它并不一定再现中国的现实，但却一定表现西方文化的真实，是西方现代文化自我审视、自我反思、自我想象与自我书写的方式，表现了西方现代文化潜意识的欲望与恐怖，揭示出西方社会自身所处的文化想象与意识形态空间。博岱在《人间乐园》一书中提出，考察近现代欧洲与非欧洲人的关系，应该注意到两个层次及其之间的关系。第一个层次是物质的、现实的、政治经济层次的关系，第二个层次是观念的、文化的或神话的层次的关系，这两个关系层次彼此独立又相互关联。①

西方的中国形象是西方现代文化自我认同与世界规划的组成部分。西方现代文明的扩张，在政治经济文化领域全面推进，起初是贸易与传教，启蒙运动之后，又自命肩负着传播推行现代文明的使命。这种扩张是自我肯定与对外否定性的。外部

① 参见 *Paradise on Earth*：*Some Thoughts on European Images of Non-European Man*，by Henri Baudet，Trans，by Elizabeth Wentholt，New Haven and London，Yale University Press，1965.

世界是经济扩张、军事征服、政治统治的对象，也是传播基督教或推行现代文明的对象。但同时，西方文明在观念与心理上，还存在着另一种冲动，这是一种自我否定与对外肯定的心理倾向。它的具体表现就是所谓的东方神话。而东方神话也是理解西方历史上中国崇拜的一个必要的心理文化背景。

东方神话根植于西方文化的源头，两希传统（古希腊与希伯来）中都具有深厚的东方情结。古希腊文明来源于近东文明，对于东方世界，古希腊文化心理中既有恐惧又有向往。这种心理延续到中世纪，恐惧来自于伊斯兰威胁，向往则指向传说中盛产黄金的印度与长老约翰的国土。马可·波罗的契丹传奇又将这种东方向往转移到中国，中国变成西方想象中的世俗天堂。地理大发现是一场革命，它不仅改变了世界，也改变了西方对自身、世界、历史的看法。改变对自身的看法是，西方文明并不是唯一的文明也不是最优秀的文明，由此形成一种宗教与文化上的宽容精神；改变对世界的看法在于发现世界是人的世界，由不同民族国家习俗法律组成，不是人与怪物的世界；改变历史的看法在于，历史体现为一种文明的进程。这种文化相对主义观点出现于文艺复兴时代，在启蒙运动中达到高潮。

东方神话推动了地理大发现，地理大发现似乎又确证了东方神话。当大中华帝国作为优异文明或现世乌托邦出现在启蒙文化中时，中西关系在观念心理层次上对西方文化的巨大的“现实价值与神话般的力量”就实现了。中华帝国在社会生活方面，它是时尚与趣味的乐园；在思想文化上，它是信仰自由与宽容的故乡；在政治制度上，它是开明君主制度甚至哲人王的楷模。东方产生优异的文明。东方神话在中华帝国形象中获得了某种新的、现实的解释。启蒙运动是文化大发现的时代。启蒙主义者相信，对广阔世界的了解，能够使他们更好地认识与改造自身的文化。在启蒙理性的背景上，有一种深厚的乌托邦冲动与浪漫主义精神。他们不仅仰慕中华帝国的文明，甚至以伊斯兰文明批判欧洲文明。值得注意的是，西方人在政治经济层面上扩张征服外部世界的同时，在文化上却敬慕颂扬这个正不断被他们征服的世界。在东西关系上，现实层次与观念层次的倾向完全相反，但又相互促进。对东方的向往与仰慕促动政治经济扩张，扩张丰富的东方器物与知识，又在推动已有的东方热情。两种完全相反的倾向又相辅相成，这就构成一种历史张力。

1750年前后，西方的中国形象随着西方整个的东方主义话语的转变而转变，这里除了东西现实权力关系的变化外，西方现代性文化结构自身的变化，也不可忽视。西方现代性从早期开放的解码化的时代进入逐渐封闭的再符码化时代。明显的标志是：一，“古今之争”尘埃落定，明确现代胜于古代，今人胜于古人；二，地理大发现基本完成，世界上再也没有未发现的土地，而在已发现的土地上，还没有人间乐园；三，西方政治革命、科学革命、工业革命的成功，使西方摆脱中世纪以来那种对神圣、对古代、对异邦的外向型期望与崇拜。西方文化视野从古代异域转向现代西方，价值取向也向心化了。启蒙哲学家在理性启蒙框架内构筑的世界秩序观念，是欧洲中心的。首先是进步叙事确立了西方的现代位置与未来指向，所有的异域文明都停滞在历史的过去，只有西方文明进步到历史的最前线，并接触到光明的未来。然后是自由叙事确立了西方社会与政治秩序的合法性与优越性，西方之外的国家，都沉沦在专制暴政与野蛮奴役中。最后是理性叙事，启蒙精神使西方外在的世界与内在的心灵一片光明，而东方或者整个非西方，依旧在愚昧与迷信的黑暗中。在强烈的西方中心主义文化价值秩序中，中国形象逐渐黯淡了，马可·波罗时代以来500年间西方美化的中国形象的时代也结束了。

三

尽管西方的中国形象话语的生成与变化，与西方现代扩张过程中中西之间力量关系的结构变化相关联，但建构中国形象的意义系统，最终来自西方文化本身，来自于西方的现代性意识与无意识。研究西方的中国形象，现代性是一个核心概念。一则是西方的中国形象出现在西方现代历史上，并且与西方现代历史具有相同的起点；[①] 二则是作为西方现代文化自我的投射，西方的中国形象只有在西方现代性叙事语境中，才能够得到系统深刻的解释。西方曾在文艺复兴与启蒙运动时代开放的现代性叙事中赞美中国，又在殖民主义与帝国主义自足的现代性叙事中批判中国。启蒙大叙事[②]构筑的世界观念秩序，建立在一系列二元对立范畴上，诸如时间的现代与古代，空间的西方与东方。东方与西方的二元对立的世界格局，以欧洲为中心、以进步与自由为价值尺度的世界秩序，是一种知识秩序，每一个民族都被归入东方或西方、停滞或进步、专制或自由的范畴；也是一种价值等级秩序，每一种文明都根据其世界与历史中的地位，确定为文明或野蛮、优等或劣等，生活在东方、停滞在过去、沉沦在专制中的民族，是野蛮或半野蛮的、劣等的民族；还是一种权力秩序，

---

① 笔者认为，西方现代的起点在1250年，而不是1500年。参见拙文：《中国形象：西方现代性的文化他者》，《粤海风》2003年第3期。

② 大叙事（Grand narrative）又称元叙事（Meta—narrative），指统摄具体叙事并赋予知识合法性的某种超级叙事，如启蒙运动构筑的有关现代性的一整套关于理性、自由、进步、人民等主题的宏大叙事，不仅确立了知识的规范，也确立了权力的体制。因此，大叙事在一定意义上又是“主宰叙事”（Master narrative）。参见［法］让—弗朗索瓦·利奥塔：《后现代状况》，岛子译，湖南美术出版社，1996年。

它为西方资本主义经济政治扩张准备了意识形态基础，野蛮入侵与劫掠就成为正义的进步与自由的工具……

西方现代性文化构筑中国形象，重要的是确立中国形象在西方的世界观念秩序中的位置以及中国形象与西方文化在西方自我认同过程中形成的差异对立、优劣等级的关系。中华帝国在精神上是愚昧的、道德上是堕落的、政治上是专制的、历史上是停滞的，与西方的现代性价值，诸如理性、素朴、自由、进步等完全相反。在这种意义上，中国形象的功能不是某种程度上反映或认识中国的现实，而是作为“他者”帮助确认了西方有关地缘文明的观念秩序。

如果说 1250 年是西方的中国形象史的起点，1750 年则是其间最重要的转折点。否定的中国形象出现于 1750 年前后，标志性的时间或文本是 1742 年英国海军上将安森的《环球旅行记》出版与 1748 年法国哲学家孟德斯鸠的《论法的精神》出版。《环球旅行记》介绍的那个贫困堕落的中国与孟德斯鸠《论法的精神》中分析的那个靠恐怖的暴政统治的中国，逐渐改变着西方人对中国文明的印象。此后的一个世纪间，邪恶堕落的东方专制帝国的中国形象，在西方不断被加强。马戛尔尼使团访华，没有明显的经济与政治效果，文化作用却很大，使团带回的有关中国的各种报道，足以“令中国人名声扫地”。半野蛮的专制帝国沉沦在“卑鄙的暴政下”，行将覆灭，那里“商人欺骗，农民偷盗，官吏则敲诈勒索他人钱财”。鸦片战争爆发，西方的中国形象终于走到另一个极端，封闭、停滞、邪恶、堕落的鸦片帝国，沉入西方想象的东方黑暗的中心。

西方现代早期的那种外向超越、离心开放的价值取向，在启蒙运动中发生变化，18 世纪后期出现的否定的中国形象，到 19 世纪达到高潮。这一阶段的中国形象特征，主要表现在东方专制愚昧、停滞野蛮的中华帝国形象上。进步与自由又是西方现代性“大叙事”中的核心概念。中国形象作为“他者”，正好确定了这两个核心概念的对立面：停滞与专制。在西方现代文化构筑的世界观念秩序中，中国形象的意义就是表现差异，完成西方现代文明的自我认同。中国是进步秩序的他者——停滞的帝国；中国是自由秩序的他者——专制的帝国。

文明停滞的中国形象出现于 18 世纪末，其出现的语境是启蒙主义以欧洲的进步为核心的世界史观。在这一语境中，他们确定中国文明停滞的形象，探讨停滞的原因，即可以证明西方文化的价值与优胜，又可以警戒西方文化不断进取，并为西方扩张与征服提供意识形态根据。西方曾经羡慕中国历史悠久，但很快发现，具有悠久历史的中国，同时也是一个停滞在历史的过去、正在堕入野蛮的国家。文明的悠久与停滞是一个问题的两面：当历史悠久同时意味着历史停滞时，荣耀也就变成了耻辱。孔多塞与马戛尔尼的中国观，出现在西方的中国形象史的转折点上，他们不约而同地看到的中国文明特征：停滞与衰败，以及停滞与衰败的原因——东方专制主义的愚昧暴政。[①]

停滞的文明的中国形象，出现于启蒙运动后期的法国与英国，到19世纪初在德国古典哲学中获得最完备的解释，从而作为标准话语定型。它既表现为一种具有教条与规训意义的知识，又表现为具有现实效力的权力。在理论上说明中国的停滞，进可以为殖民扩张提供正义的理由，退可以让西方文明认同自身，引以为戒。永远停滞的民族，自身是没有意义的，它只能成为其他民族的一面镜子；永远停滞的民族，自身也不能拯救自身，只有靠其他民族的冲击。进步是人类历史的法则，停滞是取得共识的“中国事实”。一旦这些问题都确定了，西方入侵中国就可能成为正义之举，在观念中唯一的障碍，如今只剩下人道主义在历史中设置的道德同情。

启蒙主义的进步神话为资本主义的世界性扩张提供了思想武器，但并没有完成其必然的意识形态。社会达尔文主义用进化概念取代进步概念，避免了启蒙思想的温情，进化的过程是一个生存竞争的残酷过程，适者生存，不适者就不生存，在进化的普遍法则中，过程的残酷与痛苦都是必要的。优等的欧罗巴民族创造的优秀的西方文明，最终消灭取代劣等的东方民族及其停滞落后的文明，就不仅是一个必然的进程，而且是正义的。文明的进行曲由优等民族的凯歌与劣等民族的呻吟合奏，一半是创造，一半是毁灭。社会达尔文主义将生物科学中的“适者生存”的观念植入社会科学解释历史的发展，“进步”变成了“进化”。表面上看，它更科学了，实质上，在科学的面具下，知识已偷渡成意识形态。

犹如进步与自由是启蒙大叙事的一对紧密相关的肯定性概念，停滞与专制也是一对紧密相关的否定性概念。中华帝国的专制主义形象一旦确立，在不断传播、重复的同时也不断确定、丰富，逐渐普遍化、自然化为一种“常识”，作为话语将全面地左右着西方社会的中国的视野与个别文本的话题与意义，以至于实践领域的中西关系或西方对华政策。话语指历史中生成的有关特定主题的一整套规训知识、发挥权力的表述系统。话语假设语言与行为、观念与实践都是不可分的，话语不仅决定了意义与意义表现的方式，还决定了行为的方式，甚至行为本身也是话语。西方的中国东方专制主义形象将中国确定在对立的、被否定的、低劣的位置上，就为帝国主义的扩张侵略提供了必要的意识形态，福柯认为话语中的知识/权力是不可分离的，知识不仅假定“真理”的权力而且使权力变成真理。一旦你确立了民主与专制、

① 参见拙文《停滞、进步：西方的形象与中国的现实》，《书屋》2001年第10期。

文明与野蛮的对立观念，并肯定民主消灭专制、文明征服野蛮是历史进步的必然规律，如果再将中国形象定位在专制与野蛮上，西方掠夺性的野蛮战争就获得了“正义”的解释与动机。

我们在三个层次上研究西方的中国形象。首先，探讨马可·波罗时代以来七个多世纪西方的中国形象的生成演变的意义过程，观察西方视野中的中国形象，作为一种有关“文化他者”的话语，是在何时又如何生成的，在什么社会语境下发生演变、断裂或延续、继承的；其次，分析西方的中国形象叙事的共同历史、传统和话语体系，以及该体系在空间上的扩散性与时间上的延续性，揭示西方的中国形象如何表现出某种稳定的、共同的特征，趋向于套话或原型并成为一种文化程式，又如何控制个别文本表述的；最后，解构西方的中国形象中暗含的权力结构，分析它作为知识与想象，是如何在西方文化中规训化、体制化，渗透权力并发挥权力，构成殖民主义、帝国主义、全球主义意识形态的必要成分，并参与构筑世界现代化进程中西方的物质与文化霸权的。

西方构筑的停滞专制的中华帝国形象，是西方帝国主义意识形态的一部分。塑造一个被否定的、邪恶的中国形象，不仅为鸦片战争与殖民统治掩盖了毒品贸易与战争的罪恶根源，而且为掠夺与入侵提供了所谓“正义的理由”；不仅赋予西方帝国主义者以某种历史与文明的“神圣权力”，而且无意识间竟可能让西方霸权秩序中的受害者感到某种“理所当然”。这种定型化或类型化的中国形象，与西方帝国主义在中国的殖民扩张同时出现，不仅说明现实权力结构在创造文本，文本构筑的他者形象也在创造现实，巩固这种秩序。这是话语的权力层面。①

我们很容易为西方的中国形象下一个萨义德式的定义：西方的中国形象是西方文化构筑的一套表述体系或话语，以某种似是而非的真理性左右着西方关于中国的“看法”与“说法”，为不同场合发生的文本提供用以表述中国的词汇、意象和各种修辞技巧，体现出观念、文化和历史中的权力结构，不断向政治、经济、道德权力渗透。在此定义的前提下开展西方的中国形象研究，可以将七个世纪西方的中国形象看作一个连续性整体，一个在时间中不断展开，延续变化，但又表现出某种结构性特征，由各种不同的印象、想象、比喻、象征、观点、判断等构成的织品。在这一整体性的中国形象话语中，许多思潮是纵横交错的，同一素材在不同时代不同视野中，可能显示出完全不同甚至相反的意义。因此，我们研究的问题与领域，不论是断代还是专题，都难以做到界限清晰，不仅素材是相互交织的，观点也相互关联。

① 参见周宁：《鸦片帝国》《第二人类》，学苑出版社，2004年。

在西方文化中，中国形象所指，并不是一个地理上确定的、现实的国家，而是文化想象中某一个具有特定文化意义的虚构的空间，这是西方文化在二元对立原则下想象“他者”的方式。在西方的想象中，有两个中国，一个是乐园般光明的中国，另一个是地狱般黑暗的中国。两种中国形象的转化，在西方的中国形象史上，发生在1750年前后，启蒙运动的高潮时代。同一个中国，在西方文化中却表现为两种完全不同的形象，而这两种形象在历史不同时期重复或者稍加变化地重复出现在各类文本中，几乎成为一种原型。20世纪西方的中国形象，依旧表现出两种类型，在可爱与可憎、可敬与可怕两极间摇摆，从黑暗开始，到黑暗结束；从一种莫名的恐慌开始，到另一种莫名的恐慌结束。①

我们分析不同时代西方关于中国形象的变异与极端化表现，并不是希望证明某一个时代西方的某一种中国形象错了而另一种就对了，一种比另一种更客观或更真实。而是试图对其二元对立的两极转换方式进行分析，揭示西方的中国形象的意义结构原则。其中反复出现两种极端类型表现出的二元对立原则以及两种相反的中国形象对西方文化认同与超越的功能，才是我们研究的理论前提与宗旨。中国形象是西方文化话语的产物。这种话语可能断裂性地在不同历史时期不断变化甚至完全相反，也可能在变化中表现出某种原型的延续性。20世纪中期一位美国记者对美国人的中国形象做调查时指出：中国具有两种肯定与否定截然相反的形象。“这两种形象时起时落，时而占据、时而退出我们心目中的中心位置。任何一种形象都从未完全取代过另一种形象。它们总是共存于我们的心目中，一经周围环境的启发便会立即显现出来，毫无陈旧之感，它们还随时出现在大量文献的字里行间，每个历史时期均因循环往复的感受而变得充实和独特。”② 20世纪末，这种总结基本上被证明无误。另一位研究者发现，二十多年过去了，美国人心目中的中国形象，依旧在传统的两个极端之间摇摆。无知、误解、一厢情愿、异想天开，依旧是美国文化构筑中国形象的基础。③ 令人困惑的是，即使已近“地球村”时代，世界上信息最发达的美国对中国依旧那么隔膜、陌生、无知，即使是那些有直接中国经验的美国人，对中国的印象与了解，也有那么多不着边际的想象与误解。这是令人失望的，甚至对世界未来大同幸福的美好前景产生怀疑。《被误解的中国》写到20世纪80年代末，重

① 参见周宁：《龙的幻象》，学苑出版社，2004年。

② ［美］哈罗德·伊萨克斯：《美国的中国形象》，于殿利、陆日宇译，时事出版社，1999年，第77—78页。

③ *China Misperceived*：*American Illusions and Chinese Reality*，By Steven W. Mosher，A New Republic Book，1990，上述观点参见该书第1—34页“Prologue”与“Introduction”。

点在30年代至70年代间。科林·麦克拉斯的《西方的中国形象》（修订版，1999年）则写到90年代末，重点在20世纪最后20年。而他认为，即使在最后这20年，西方的中国形象——以美国为主——也发生了一次两极间的剧烈摇摆，在20世纪内，它是50年代丑化红色中国形象的继续；在西方的中国形象史上，它是1750年之后丑化中国形象的传统的继续。

在西方的文化—心理结构中，潜在的中国形象的原型，比任何客观经验或外在经验都更坚定稳固，更具有塑造力与包容性。20世纪西方的中国形象，实际上是近千年历史中无数次典型经验的积淀和浓缩。其中有一些客观的知识，但更多的，尤其是在情感领域中，都是那些产生自独特的心理原型的幻想。西方人正是根据西方精神或文化传统无意识中的原型来规划世界秩序，“理解”或“构筑”中国形象的。这种原型是具有广泛组织力与消化力的普遍模式，任何外部知识都必须经过它的过滤与组构，变成可理解的形象。对于西方人来说，中国形象这一在长期历史积淀中形成的异域经验模式，使任何中国的“事实”本身都失去自足性，必须在既定原型框架中获得改造与装扮，以充分西方化的、稀奇古怪的形象，滋养西方人的想象以及他们对世界的理解系统。中国，这个飘浮在梦幻与现实之间的“他者”形象或异域，只有在为西方文化的存在提供某种参照意义时，才能为西方人所接受。

发表于2005年第1期

东方文化身份与中国立场

王岳川*

当代中国学术界的前沿学者大都关注西方，因为这种“西方镜像”对中国当代文化的影响不可忽视。没有西方这个“他者”形象，新世纪中西文化对话互动就是不可思议的。20世纪西学研究在中国占据独特地位，随着中国经济发展的GDP在新世纪达到新的高度，关注东方文化身份和中国立场的入思角度受到新的重视。可以看到，在不久的将来，中国文化问题将不再成为世界的边缘性问题，而会受到国际话语更广泛更深刻的研究。那种坚持西方中心主义立场，坚持全球化就是世界一体化的说法，将在中国现代经验中成为一种过时的另类性言说。

一、东方文化身份的确立

东方文化身份表明了中国立场的正当性。当务之急在于文化身份的确立，即在重视经济发展的同时重视中国文化的整体性发展。如果中国经济日益发达，而文化却不断萎缩，必然会因经济和文化发展不平衡而导致结构性内耗。因此，今天不仅需要全面振兴传统文化和创新文化，而且为了减少东西方之间的“文化误读”，需要坚持文化的可持续“输出”，从而形成文化和经济均衡发展。在全球化中抵制一体化神话，彰显东方文化身份，重申中国文化立场。

西方有人认为，没有东方的现代化，没有中国现代化或印度现代化，只有西方现代化模式才会成为人类的未来。这种观点进一步导致边缘化的东方贬损和忽视自身传统价值，无视中国对整个西方早期现代化做出的重要贡献而一味走向全盘西化。① 将

---

* 王岳川，北京大学中文系教授、博士生导师，中南大学文学院讲座教授。

① 中国对西方的影响是重要的，不可抹杀的，这方面的论著很多，可参［西班牙］门多萨：《中华大帝国史》，中华书局，1998年；安田朴：《中国文化西传欧洲史》，商务印书馆，2000年；韩琦：《中国科学技术的吸传及其影响》，河北人民出版社，1999年；史彤彪：《中国法律文化对西方的影响》，河北人民出版社，1999年；《中国文化对美国文学的影响》，河北人民出版社，1999年。

现代化观念置换成西化话语，西化则意味着东方无可挽回地成为弱势文化，东方价值的确被掩盖了。我在《发现东方》一书中提出“发现东方”，[①] 就是说在近两个世纪，西方不断在误读东方，或无视东方，或俯视东方，使整个人类文化发展失衡。西方中心主义权力正成为单边主义和霸权主义话语。如何通过多元世界和多极世界发现被忽略的东方文化，成为当今世界性课题。但是全盘西化之声仍然不绝于耳，有人一听说弘扬传统文化，就认为是张扬那些已经僵死的东西，是在走回头路。其实，弘扬不等于优劣不分地照单全收，批评是弘扬的前奏。经过五四批判运动之后，再没有人可以“弘扬”裹小脚、缠胸、“一个茶壶四个杯子”纳妾理论（辜鸿铭），更没有人去弘扬那些抽鸦片的劣根。作为四大文明古国的中国生生不已，没有随历史的延续而博物馆化，那是因其仍然秉承存在大道之故。

事实上，现代化不是美国化，现代化是各个国家自身的现代化。现代化也不是全盘西化，而是全世界脱离物质贫穷，脱离思想困境，脱离低下的生产力，是整个人类从农耕文明走向工业文明的进程。在西方处于奴隶制的时候，中国已经进入封建社会，比西方要先进得多，从而在两种文明相遇的时候进行了中国领先式的对话。[②] 中国发明了纸、火药、印刷术、指南针等，并在哲学、天文、工业、农业、医药、瓷器、园林、航海、茶叶、冶金、制度等方面影响了西方。可以说，如果没有纸，西方的文艺复兴就是不可思议的；没有指南针，西人的航海和地理大发现就不可能实现；如果没有雕版印刷、活字印刷，西方只能在羊皮上印供贵族阅读的沉重的《圣经》，西方的大学也不会成为平民的知识圣殿。所以，东方文明曾经在很大程度上启蒙、影响、推进了西方文明。西方现在反过来传给东方以生命科学、纳米技术、电子技术等高端文明，使东方文明走向现代。文明就是这样在不同历史阶段相互交融、互补互动的。但是任何一种文明都不可能一统天下，更何况一霸天下。

我们在重新发现中国文化的重要性时，也要注意其弊端，应避免再次落入阿 Q 的“老子先前阔”的精神误区。同时也不能虚无主义到将自己的文化看成一团漆黑或一无是处。一个世纪以来，全球没有哪个民族像国人那样对自己的祖先骂得这么惨。哪个民族没有自己的文化弊端？德意志没有吗？日本没有吗？美国没有吗？国人什么时候能把“审父”变成“审己”呢？说到底，中国的对手不是西方，发现东方不是针对西方，而是针对整个人类的文化盲点。我主张历史性—民族性—人类性，

---

① 王岳川：《发现东方》，北京图书馆出版社，2003 年。

② 赫德逊：《欧洲与中国》，中华书局，1995 年。卓新平主编《相遇与对话》，宗教文化出版社，2003 年。周宁：《中西最初的遭遇与冲突》，学苑出版社，2000 年。赵春晨等主编《中西文化交流与岭南社会变迁》，中国社会科学出版社，2004 年。

我反对过激的民族主义，主张宽博的世界主义——人类之“体”，世界之“用”。

文化的兴盛除了一定要有制度性调整以外，还需要文化氛围的良性调整。在文化氛围中，传媒起着重要作用。在全球传媒系统平台上，西方强势文化显得相当突出，而东方文化则被“非中心化”。随着世界格局的微妙变化，中国新文化传播西方而出现“新东方”热时，西方会认识到新的东方大国崛起的意义。文化精神的播撒在传播和宣传。当代传媒不应是西方单边主义和文化霸权主义张本之地，而是可以营造出东西方互动的文化趋势，这需要传媒对文化保持公正心态，重视对东方文化价值的宣传，使文化传播不是片面的，而是东西方平衡的，才能真正走向生态文化的新境界。①

近代以来，中国形象在不断变换。18 世纪，说中国是世界上最强的国家亦不为过；到 19 世纪末，中国失去了现代型转的机遇而综合国力大幅下滑，沦为半殖民的国家；20 世纪中叶，中国在战乱中衰落为第三世界国家。来自海外贸易和不断殖民的想象以及对大陆拓殖开发的欲望，使西方成为一个充满野心的殖民征服者。Angus Maddison 在《世界经济：千年展望》（巴黎 2001 年版）中有一条很重要的统计信息：从公元元年到 1820 年，中国一直处于世界的前列。公元元年到 1000 年间，中国的经济总量远远领先于世界其他国际经济体，占世界经济的 25%左右，也就是说中国当时这么小的一个地盘，但是占人类的四分之一的经济总量。而 1000 年到 1500 年占 23%。这 1500 年当中，中国不仅是世界经济总量最大的国家，而且是综合国力最强盛的国家，在政治、经济、文化、艺术都处于领先地位。但从什么时候开始落后的呢？从 1500 年到 1800 年这三百年间，中国经济的制度性障碍，使得中国成为“停滞的帝国”。这时候西方的工业化文明使得西方迅速崛起，1820 年左右 GDP 第一次追平并且超过中国。换言之，我们落后了 200 年，但并不意味着我们要落后一辈子，或者永恒落后下去。在中国和西方的这种差异当中，出现了一个特征，就是 1820 年到 1850 年中国是第一次最大限度拉开和西方的距离，可以说欧洲的人均 GDP 当时是中国的 2 倍，但是很快 30 年以后就达到了 10∶1，高到了 10 倍，美国比中国人均 GDP 高达 15∶1，就是短短 30 年中国人一下就拉开了距离。

经济上的成功使西方看中国的眼光发生了变化。16 世纪到 18 世纪末，西方人看中国人的眼光都高看一眼，伏尔泰对中国极尽赞美。为什么短短几十年，西方人眼中仰视的中国，中国园林、中国建筑、中国丝绸、中国艺术，在他们心中突然就失

---

① 参何怀宏主编《生态伦理》，河北大学出版社，2002 年；庞廷：《绿色世界史：环境与伟大文明的衰落》，上海人民出版社，2002 年；王诺：《欧美生态文学》，北京大学出版社，2003 年。

效了呢？除了他们发现了印度以外，还有一个很重要的原因，就是把中国变成一个自然资源的原产国。他不能够进入中国汉字文化的灵魂里去体会中国思想文化、艺术文化和物质文化的妙处，所以他们往往只听传教士的说法。到了 19 世纪，中西关系发生了根本性的移转，中西双方都是由一种理解到了仇视，到了敌视、憎恨。20 世纪上半叶，以美国为首的西方对中国多了一些同情的理解，但是 1949 年冷战时代开始，双方的对峙加剧，一直持续到 1972 年。到 1989 年以后，同样又出现了诸多反复，包括是“中国威胁论”“人民币升值”的提法等，都意在“遏制中国”。

进一步看，在浩如烟海的西方图书馆，中国的书籍如此之少。当务之急，是应该结束中西文化交流中的“单向透支”和“文化赤字”现象。有关材料表明：在今年第 9 届北京国际图书博览会上，国内出版社输出和引进版权的比例大约是 1∶8。第 54 届书展 20 余万平方米的展出面积中，中国图书只占 786 平方米，不足 0.4%；参展的 34 万种图书中，国内图书只有 4610 种，仅 1.37%。我们在东西方的文化交流中一直是“单向透支”，已经出现了巨大的文化赤字。国际交流中的经济赤字往往会引起国家间的争端，但文化赤字却没有引起注意。在经济全球化的当今世界，面对西方强势文化的步步进逼，中国如果不再注意文化的重建，也许会败在“文化战争”上。

有人认为，西方没有文化输出而风行天下。这种说法是一种不负责任的。西方没有进行特意的文化输出么？他们的文化是自然而然地被全球认同的么？我认为不是这样。西方一直在全球进行文化输出，而且愈演愈烈，这是不争的事实。任何既定的话语结构和权力中心都是权力和话语合作的后果，西方文化在全球的被接受也有一个漫长的过程，也是西方人自觉的文化输出获得的结果。至于第三世界国家能否有效地文化输出，涉及经济实力与文化之间的关系问题。文化输出与国家的经济实力之间联系紧密，后者并不是文化输出的决定性因素，事实上，甚至在西方国家的综合国力赶超中国之前，他们的文化输出就开始了。

作为东方大国的中国，要重建文化自信就要重新检阅自己，即“发现东方”——发现汉字文化圈的文化重量。在发现东方的基础上，要进行中国文化的可持续输出，即从一个世纪的拿来主义开始走向新世纪的文化输出主义。发现东方与文化输出，应成为 21 世纪中国的文化战略。这意味着，在东西方文化平台上，世界需要重新“发现东方”，发现中国文化的东方生态文化魅力；而中国也需要面对世界，读解自身的文化之谜并获得全新的普世性文化认同。

如何发现东方？首先要对中国文化做全面清点。考察中国文化当中哪些已经僵死了，哪些成为博物馆文化的文化历史片段，哪些可以将历史的碎片整合成文明的资源，哪些经过中西文化的冲突创生出新文化形态而可以成为新世纪的文化生长点，最后看当代中国人是否能创生带有中国新世纪文明特色的新东方文化，对人类文明的未来发展做出自己怎样的解答。研究中国文化必须研究经典而不是流行文化，必须对中国具有世界性影响的哲人加以重新阐释还其本来面目。文化人的学问与国家的命运紧密相关，从事学术需要怀有生命的价值关怀，要对民族文化有传承和创生新意义的激情和生命担当。

应该输出什么样的中国文化？文化可分为三个层面，第一层面是思想文化，第二层面是艺术文化，第三层面是物质文化或者说实用文化。以往输出的文化多是第三层次的物质文化即器物类（如丝绸、瓷器、园林、武术、烹调等）。今天的文化输出主要应在思想文化和艺术文化层面。思想文化又可分成三个层面，第一是知识型，第二是对话型，第三是生态型。知识分子的超越性在于“知其不可为而为之”，做文化输出工作的深远效果，是主动寻求中国文化在世界上的重新阐释和中西文化生态的新世纪整合。17 世纪至 18 世纪欧洲曾出现“中国热”，今天在法国再次出现，这是很重要的文化契机。我们应主动地同西方对话。

发现东方，用东方现代性经验为当今世界最棘手的问题提供另一种解决方案。在现代性高歌猛进的时代，敏锐的思想家发现世界精神文化出了根本性问题。福柯研究疯史，注意到现代性出现后人开始变疯狂了。根据联合国材料，当今世界精神病患者占人口的 1%；艾滋病在十年以后将占全球人口的 1%；社会的自杀率占人口总数的 1%。① 我们需要追问，现代世界究竟是什么出了问题？人为什么在物质上丰富了，而在精神上却赤贫了？在硬件上富足了，在软件上却缺钙了？当代人精神生态出现的巨大空洞表明，人类生活的质量和价值观出了重大问题，人因缺乏精神支撑而难以活下去。②

当代世界面临着种种冲突，如何解决这些冲突？战争尤其是核大战没有赢家，大家只能坐下来谈。谈什么？只能谈文化——以东方的优秀思想来达成世界和平。百余年来，中国走的是一条被西方不断文化误读与魔化之路。今天中国应重新向世界展示自己新的文化形象。当代中国已经真正走向了与其他文明对话的世界性开放之路，这意味着她更加理性地对“他者”文明，同时更清醒地面对自身文明，在质

---

① ［美］萨顿著：《悄悄的自杀》，世界知识出版社，1980 年；［美］柏忠言编著《西方社会病》，三联书店，1983 年；［法］杜尔凯姆：《自杀论》，浙江人民出版社，1988 年；［美］波伊曼编选《解构死亡》，广州出版社，1998 年。

② 曹荣湘选编《后人类文化》，上海三联书店，2004 年。

疑文化单边主义和霸权主义中寻求着真正平等对话的文化新秩序。[①] 与经济发展的高速度相比，在全球化时代的中国文化发展仍步履蹒跚，与一个文化大国的身份很不相符。国家应把相当一部分精力转移到文化上，制定一个高瞻远瞩的整体文化发展战略。

二、中国立场与和而不同

伟大的时代大多是转折的时代和急剧变革的时代，也是僵化保守思想让位于生气勃勃思想、狭隘的单边主义思想让位于多元主义思想的时代。正是在对东方文化精神之火的“拿来”中，西方走出了中世纪；近代中国也用西方文化思想之火，“煮熟了自己的肉”。在西方文化想借全球化之风而形成世界性文化一元主导时，中国文化当然应该在检讨西方中心观的同时，废除扭曲的文化交流观，坚持“西学东渐”[②]中的“中学西传”。[③] 这意味着，当代中国文化输出的内核是：重视原创性的思想创新和高层次的学术输出，保持文化生态而重建中国形象。

“古今之争”强调传统价值的失调。古今之争使得我们过去很多问题流传下来，随着时代的发展今天又不能完全解决，是老问题出现在新语境中。如果把西方之路变成人类最终解答自身困境的根基，危害相当大。应该张扬“人类主义”和“世界主义”，这意味着，人类历史上所有国家，不管是东方、西方、南方、北方，只要曾经为人类的推进做出过贡献，在今天都应将其好的东西加以整合。未来世界不再是一体化，不再是全盘西化，也不再是所谓的美国化，而只可能是“人类化”和“世界化”。现代化其实是有不同争议的。一种认为，从农业文明向工业文明转换是第一次现代化，从工业文明向知识文明转化是第二次现代化或后现代化。第一次现代化基本上重视物质输出，而第二次现代化强调多元差异，强调精神价值的合法性，不再是用物质文明来简单地评价。现代化是人类共同发达的途径，而不是西方发达的途径。人类不是单一模式的未来途径可以规范得了的。“东西问题”承载了过多的人为赋予的因素，而真正的问题“古今问题”却被忽略了。我们应该超越东方主义与西方主义，全球化与本土化，体与用，进步与落后等二元对立，以“和而不同”的心态看待多元文化。

有人说，当代政治经济文化问题很多，应该在全球化中强调一体化、现实性、

---

① 参安乐哲：《和而不同：比较哲学与中西会通》，北京大学出版社，2002年。

② 熊月之：《西学东渐与晚清社会》，上海人民出版社，1994年。江晓原等：《天文西学东渐集》，上海书店，2001年。

③ 参朱谦之：《中国哲学对欧洲的影响》，河北人民出版社，1999年。

转向性。我认为在全球化中应把握几个结构性关键：在全球化中的“一体性和差异性”中，应该更注重“差异性”；[①] 在后殖民时代的“现实性和可能性”中，应更注重“可能性”；在东方主义的“转向性和立场性”的问题上，应该坚持立场性。不断转向使我们长期透支自身的文化，让外在东西占有了我们，今天更需要表明我们的变中不变的立场。[②]

有人说，文化输出太急了，再等100年后中国成为后现代国家再说，换言之，需等落后的“前现代”中国追上先进的“后现代”西方才行。事实上，仅仅用时间的线性发展方式将社会形态分成前现代、现代、后现代，并不是唯一正确的。我们应该更多地注意价值理性，而对工具理性加以警惕。重要的是要有平等对话和文化输出的态度，要有一种不卑不亢的平和精神。事实上，以前现代、现代、后现代来划分社会形态存在很多误区。如丹尼尔·贝尔（Daniel Bell，1919—）否定以生产关系划分社会形态，主张按工业化的程度把世界分为三种社会：前工业社会（亚非拉各国）、工业社会（西欧、日本）的新型社会、后工业社会（美国）。这种分法遭到了很多西方学者的批评，可惜国内还有不少人抱着这种错误的社会形态划分法不放。我坚持有两种价值形成的“十字轴”判断，一是横轴所包含的过去、现在、未来，也可以称为传统、现代、后现代的“时间之轴”。在这一轴的矢量上，传统比不上现代，现代比不上后现代，后现代当然比不上后后什么现代。但人类精神的超迈性还使其有另一纵轴——“境界之轴”：底层是实用境界，中层是艺术境界，高层是思想人格境界。人类在时间之轴上（工具理性）耽误太久，而在空间之轴上（价值理性）又遗忘太久。文化的境界不以是否先进是否时髦做评价，所以，“文化输出”需要理性地估定文化本身的价值，而不应该不假思索地接受线性进步主义的支配。[③]

有人说，等经济强盛了以后再谈文化输出。文化中国经济的全面振兴是中国文化复兴的前奏。如果中国经济衰微了，什么样的文化输出都只会是纸上谈兵，仅仅变成知识分子曾经精神挣扎过的记录而已。如果经济发达了，而人们又成为仅仅看到眼前利益而追逐西方流行文化的群体，那么这事实上是人在无穷欲望扩张中，使“自我”虚无化和生存意义虚无化。自我的虚无使得人成为“非我”，对个体而言会造成自我认同危机而走向自杀，对民族而言会造成民族虚无主义和文化休克，这在本质上是对生态文化和文化生态美学的违背。但如果中国经济全面崛起，而我们的文化却还没有丝毫准备，那是我们的另一种悲哀。我认为任何对于前途的展望都是

① 萨米尔·阿明：《世界一体化的挑战》，社会科学文献出版社，2003年。

② 许宝强、罗永生选编《解殖与民族主义》，中央编译出版社，2004年。

③ 参皮特·布鲁克史密斯：《未来的灾难：瘟疫复活与人类生存之战》，海南出版社，1999年。

一次搏击，都具有一种新的“可能性”。①

有人说，中国文化输出是官方的事情，个体作用微乎其微。中国文化输出确乎有一个瓶颈，即“官方和民间”的问题——文化输出究竟是官方的做法，还是民间的做法？应该说，文化输出与国力增强紧密相关，但在相当长的一段时间内还是民间的做法。作为个体，我们通过自己的方式做文化可持续性发展工作，意义重大。只有个体觉醒了，群体的觉醒才有坚实的基础。

有人说，既然有了国际汉学，就不需要中国学者的文化输出了。我强调当代中国学者面临自身传统文化的变革和重新书写的工作，以及中国学术文化重建的任务。本土学者可以比汉学家更到位地理解真实的中国形象，结合中西学者阐释中国的长处整体性地推介中国文化。其目的是让世界认识到：经过汰变的中国文化不是西方人眼中的那种扩张性文化，不是持“中国威胁论”人士宣扬的那种冲突性文化，不是19世纪后西方人眼中的愚昧落后衰败脆弱的文化。② 中国文化是有深刻历史感和人类文明互动的历史文化，是具有书画、琴韵、茶艺等艺术性很强的精神文化，是怀有“天下”观念和博大精神的博爱文化。

有人说，中国过去一直在“输出”，现在应该不断“拿来”。器物层面的输出是文化输出的最早形式，但更为高层的文化输出应是思想和艺术层面。以电影为例，张艺谋电影《英雄》送到美国后，批评界出现了很大的文化困惑。过去看张艺谋电影如《秋菊打官司》，一个说陕西土话、又丑又脏、奔走于黄土高原之上的妇女，可以使西方人以文化优越的眼光居高临下地“看”，感受“中国形象”的落后。其他如《黄土地》《大红灯笼高高挂》以及《红高粱》，杜撰的民俗风情都让西人看得很开心。但在男性中心主义的西方眼中，中国被女性化了，西人已经习惯以西方男权眼光抚摸女性化了的中国形象。但在《英雄》中展示的却是大秦军队的威武雄壮、万箭齐发、气吞山河的气势，那只西方权力之手不再能抚摸了，因为这是自远古走来的一个个轩昂勇武的男人方阵。“中国形象”改变了！电影《刮痧》所展示的显然不仅是法律问题，而是一个文化差异冲突的问题。“刮痧”后孩子的背好像被打过一样。表面上看，刮痧是通过一个铜板在人体背后的反复摩擦达到治疗效果。使西方人迷惑的是，正是这个铜板在人背后运动后才变紫的，那与“打”有什么区别？刮痧是要顺经络而行，而经络的基础是阴阳的思想，阴阳思想则是中国哲学中的精微

---

① 参王岳川：《全球化与中国》，山东友谊出版社，2002年。

② 参费正清：《观察中国》，世界知识出版社，2002年；菲茨杰拉尔德：《为什么去中国》，山东画报出版社，2004年。

部分。缺少了这一文化背景，外国人只能认为，那是一个铜板在背后运动对人体造成的伤害。这已然说明文化隔膜必然导致文化冲突，消除文化冲突最好的办法就是不断文化输出。有必要指出，在现代化过程中，中国毕竟只是在近二百年才落后的，“学西”是应该的，彻底“西化”是不可能的，“化西”更是天方夜谭。应该回到问题的地基上来——学西或西化之后还要怎么做？我认为应该是平等对话，既不应是现代化初期的“东化”，也不应是现代化后期的“西化”，而应该是东化西化并行，我称之为多元互动。

有人说，文化输出，西方人不感兴趣怎么办？景教的先例表明，接受对象的兴趣虽是重要的指数，但不是文化输出的决定性前提。[①] 中国文化必须发出自己的声音，一个既不能说又不能听的中国，一个只是发展技术和经济的中国不是真正的大国形象。中西文化的深层交流是一个渐进过程，也是一个从不理解到理解，从不接受到接受，从不和谐到和谐的过程，[②] 这依赖于中国经济起飞、科技崛起和国人自信心的增长。文化输出意味着中国文化应该有可持续发展的意识——源源不断、坚持不懈地“文化吐纳”。不管他者接受心态怎样，我们都要放弃对立心态，说明自己的文化立场，强调自己的文化精神，以一种“善良的愿望”在对西方文化的拿来中，开始对其质疑、提问、反省、对话，使西方意识到当代中国开始耳聪目明，并且对中国文化不再是俯视而只能是平视。达到这种文化状态才是中国文化输出的成功形态和全球文化正态分布，发现东方的立场才是文化生态的和世界主义的。

有人说，“发现东方与文化输出”容易被西方看成与“自我扩张”的意识相关联。正如我屡次表明的，文化输出不是要制造出一个抵抗性的内在中心以抚平百余年来中国的文化自豪感所遭受的创伤，从而间接地助长自我优先性和对“他者”的歧视；也不是要在文化差异的理论框架中确立内部—外部视点，在“普遍性—特殊性”的共谋怪圈中强调以特殊性为认识论基础，从而兜售一种控制他者的权力意志。“发现”首先是重新阐释的过程，一个民族一个人的重大时期都需要反思精神使我们得以回到本体论根基上。“发现”其实是指中国知识界应该有一种精神的重新觉醒。如果我们没有这种觉醒，就会忘记一个事实：今天的中国已经不是陈序经时代的中国，今天的中国文化也不是非此即彼二元对立的文化，而是可以认真思考重新“发现中国”意义的时代。我们永远需要在“发现”中认识我们的历史局限性，但如果不开始思考自己真正的“中国形象”，所谓“拿来”和“发现”就失去了本真的

---

① 朱谦之：《中国景教》，人民出版社，1993 年。

② 参黄邦和、萨那、林被甸主编《通向现代世界的500年》，北京大学出版社，1994 年。

意义。

有人说，文化输出会不会被看成是民族主义的？在我看来，二者有很大的区别。发现东方与文化输出具有世界主义的文化互动立场，民族主义具有偏激的排外主义立场，不可同日而语。世界主义立场使我更为尊重中国文化的源远流长。每当我在国外看到母语汉字或书法艺术，都会产生一种深沉而持久的激动，难以平抑。这是古老华夏文明给我的精神空气和知识水源，丧失了这一切，作为个体就是无根之人，作为民族就只有短暂的呼吸而走向精神枯萎。

我意识到，中国不可能被“他者”正当而平等地发现，我们只能在全球化和后殖民语境中，自己发掘出文化的新精神和新生命，从而使中国文化不在新世纪再次被遮蔽，发现东方古国经过现代化洗礼以后的新形态。说到底，我坚持消除极端民族主义的平等对话，任何中国威胁论或者东方威胁论都是我们不能接受的。在文化转型与文化发展中，只能是尽可能多地遵守不断超越的“人类性”的共同价值和认识，遵循一定的国际审美共识（不管是文学的还是艺术的），同时加上通过中国知识分子审理过的中国文化的精华部分，才有可能组成为新世纪的中国新文化形态。只有这样的差异性和多元化文化的可持续发展，才能维持整个世界文化的生态平衡。

有人将亚洲称为“筷子文化圈”，我认为应该是“汉字文化圈”。吃饭的筷子可以变成刀叉，它只是一个运作的问题，它不会进入神经、进入身体，化成我们的血肉。汉字则可以进入思维、血脉和集体无意识中。我们可以不用筷子用刀叉，但是不可以废除汉字。历史证明，离开了汉字，中国文化仅仅两代人就中断了；韩国很多思想包括名字的叫法都不太清楚；日本的假名，在写一个名字的时候就可能出现许多歧义，因为它的名字用汉字表达时是浓缩了的意象。世界各国的本国文化输出其实已经走在了我们前面，西方国家自不待言，就连我们的近邻日本、韩国也在积极争夺对于东亚文化圈的领先权，日本文化的大力输出已经使得日本挡在了中国前面，成为西方人眼中东方文化的代表。因此，强调汉字文化圈的中心地位，在东西方互动并重新“发现东方”尤为重要。

三、东西互动中的拿来与输出

在西方中心主义话语霸权中，“发现东方”是一个艰难而漫长的历程。从中国“夏商周断代工程”遭受到西方偏见的攻击可见一斑。众所周知，中国古代文明史研究中有个很大的缺憾，那就是在中华民族五千年文明史上，包括五帝和夏、商、西周在内的两千多年未建立年代学标尺。从西汉的刘歆开始，历代学者就想尽各种办法推定西周共和元年（公元前 841 年）以前的年代，但两千多年过去了，始终未能得出令人信服的结论。[①] 于是，在学界对《史记》中五帝本纪、夏本纪、殷本纪“疑古”中，人们只能从《三字经》模糊的记载中远看中国史前史：“夏有禹，商有汤，周文武，称三王。夏传子，家天下，四百载，迁夏社。汤伐夏，国号商，六百载，至纣亡。周武王，始诛纣，八百载，最长久。”

1996 年 5 月 16 日，国家“九五”项目“夏商周断代工程”启动，在李学勤、李伯谦、席泽宗、仇士华等四位首席科学家领头下，组织了多个单位的多位专家联合攻关，2000 年底《夏商周年表》方案公布。《夏商周年表》的问世将我国的历史准确纪年由公元前 841 年向前延伸了 1200 多年。[②] 但只隔了两天，美国《纽约时报》刊载一篇题为《中国：古代历史引发现代怀疑》的报道，引述美国历史学家夏含夷（Edward L. Shaughnessy）的批评说，这是一种沙文主义的愿望，企图把中国历史记载前推到公元前三千年，把中国推到和埃及一样的水准上，表明这是一种政治和民族主义上的冲动。《远东经济评论》对此评论说：中国把夏朝列为中国神圣历史的证据，其意义等同于日本在 20 世纪 30 年代吹嘘自己历史，中国发动此项工程的目的值得怀疑。北京大学《古代文明研究通讯》以《夏商周断代工程引起的海外学术讨论纪实》为题的一篇长文，摘译报道了这场讨论，然后《中国文物报》六月中花了一整版篇幅，予以摘要刊登。

在我看来，《纽约时报》《远东经济评论》等出于西方文化中心主义的偏见，指责中国“民族主义”高涨和所谓“中国欲向海外扩张”，是极不负责的说法，反映出西方学人中仍然存在相当的文化种族偏见。虽然一些汉学家立场中肯，但有其他不少人附和西方媒介，不仅完全否定夏商周工程，攻击中国考古学的质量，甚至把对夏代历史的学术性质疑，加码到对中国传统历史记载的无端怀疑，进而借古讽今，称中国学者对夏朝的“盲信”代表一种“文化灌输的危险意识形态”。不少西方学者继续怀疑夏代的存在，这种西方文化中心主义立场问题很多，值得在分析批判的同时，认真地在学术思想上杜绝“文化战争”的错误观念。[③] “发现”并“重释”东方，进而形成良性互动式的文化输出，达到人类文化总体性平衡。

我意识到，“发现”和“输出”互相依存。至于“输出”首当其冲的是输出方式和途径问题。汉语言全球化在目前不具有可能性，因此，文化输出只有运用汉语—英语交互式方式阐释传播中国经典和当代文本，即用第一世界的形式（语言传播）

---

① 参李学勤：《缀古集》，上海古籍出版社，第 1—12 页。

② 岳南：《千年学案——夏商周断代工程纪实》，浙江人民出版社，2001 年。另参《夏商周颠带工程笔谈》，《中原文物》2001 年第 2 期，第 21—44 页。

③ 参 J. D. 亨特：《文化战争》，安获等译，中国社会科学出版社，2000 年。

传送第三世界的内容（思想文化）。文化背景的不同使得输出不可能是强制性的，而只能是对差异性文化的欣赏，当这种欣赏进入深层次时，进入文化的神经中枢时，西方就会打破语言的障碍，一窥东方文化的堂奥。正如李济所说："中国历史是人类全部历史的最光荣的一面，只有把它放在全人类的背景上面，它的光辉才显得更加鲜明。把它关在一间老屋子内孤芳自赏的日子已经过去了。"席泽宗也说："历史上的东方文明决不是只能陈列于博物馆之中，它在现代科学的发展中正在起着并且继续起着重要的作用。"①

在我看来，个体在面向世界和未来的学术历程中始终应发扬两种精神：一是玄奘那种锲而不舍的"拿来"与融会的精神，二是鉴真和尚将中国文化和宗教全面"输出"的精神。② 在这个意义上，发现东方是我们的心态，文化输出是我们的实践。要告诉西人一个真实的东方，不要让他们觉得中国人永远是愚蠢的。我认为当前重要的还是整理和输出，至于创造和转化等高级的文化输出还需要一代代人的势力。

如果说，过去中国习惯于认为自己是世界中心而饱尝恶果，为自己的现代化之路付出太大的"代价"，那么，在全球化时代中国将重新确立自己在国际事务中的地位，并且不再沉默，不再虚无，不再被文化殖民。中国文化学会了平等地看待事物的秩序和文化的演进，平心静气地看待多文明并存和文化互动的世界，并愿意为这个强权世界转化为一个自然生态和精神生态平衡的世界而提供自己的文化编码。历史已经将我们带到这样一个历史节点上：我们必须经过现代性的反省，意识到我们在"发现"一种不同于西方人的眼光、立场和观念，使西方文化霸权在对话中很难通过某种中介产生出新的知识权力关系，从而达到改写世界的文明发展史，追问人类价值共性和本土差异性问题，构想未来世界文明精神生态意义的目的。世界不应该也不可能由西方人说了算，东方南方北方都或早或晚会发出自己的声音，并使自己的声音在"自我言说"中逐渐进入"有效言说"。③ 在倾听和言说的"众声喧哗"中，人类将会找到自己的存在的多元地基。

正如赛义德所说："各个文化彼此之间太过混合，其内容和历史互相依赖、掺

---

① 转引自岳南：《千年学案——夏商周断代工程纪实》"扉页题记"，浙江人民出版社，2001年。

② 鉴真和尚从743年起到754年止，历经11年，前后6次东渡日本，前五次均告失败。年届66岁高龄且又双目失明的鉴真和尚，仍然坚持东渡日本，可谓备受艰辛，屡遭磨难，终于达到东渡日本、输出文化、弘扬佛法的目的。

③ 如果仅仅是自说自话，丧失了接受者的兴趣，这样的文化输出将是不彻底的。因此在我看来，强调"有效言说"已然成为文化互动中的重要原则。

杂，无法像外科手术般分割为东方和西方这样巨大的、大都为意识形态的对立情况。”① 我注意到，当今世界所有文化都不是隔绝的而是精神互动的，所有文化都不是纯粹单一的而是异质混杂的。没有所谓的不受西方影响的东方文化，也没有不受东方文化影响的西方文化，东西方文化彼此依存而休戚相关。正如美国学者郝大维、安乐哲所说：“中国借助西方模式，能够使他为期正在变化中的社会政治秩序确立更加规范的准则，同样，我们借鉴中国的模式，可能会促使我们更清楚地看到人权的礼的基础。它也许能提供更伟大的容忍精神，用以对待文化的多样性，并且能增强这样一种能力：它不仅使我们能看出自己的种种认识为西方所限，而且把这种限制当作人权观念的实际本质。”② 应该反省那种冷战式的“东方”“西方”二元对立的说法，关注核威胁下面的人类处境，使全球知识分子关注真正的问题——人性的良性发展和人类未来精神生态平衡问题。我意识到，人类文化史在不断造魅又不断祛魅中前进。任何思想都不可能成为永远正确的思想，也没有任何文化体系可以永恒成为他人拿来抄袭的模式，没有任何话语权力的消长可以逃脱历史的意味深长的一笑。只有飘逝的才是永恒的，一切都在变化之中重新发现、重新阐释、重新确立，一切都在互相交流中使可能性成为现实性。③

我坚持认为，新世纪世界学术的一个重要问题在于：不再是西方中心主义式的权力征服“东方”，而是如何重新“发现东方”。这是因为：在全球化过程中形成中心与边缘、自我与他者之间的错综复杂关系，使得任何国家不可能完全脱离整个世界文化发展的基本格局而封闭起来。在全球化整合中只能不断保持本民族的根本特性，打破全球格局中不平等关系，使自身既具有开放胸襟和气象的“拿来”，又坚持自我民族的文化根基和内在精神的发扬光大，不再自我陶醉，也不再自我虚无，而是向世界开放和不断创新，进而坚定不移地走向文化“输出”。在这个意义上可以说，“发现东方与文化输出”绝非要“拯救”西方文化，而是尽可能减少西方对中国的误读，并促成新世纪世界文化生态达到新的平衡。

海明威警告过人们，在这个世界上，你永远不可能成为一个孤岛，千万不要问丧钟为谁而鸣，那就是为我们自己而鸣。“发现东方”和“文化输出”的努力，或许就像加缪笔下的西绪福斯神话那样，具有无法克服的悲剧和悖论色彩，然而我们毕

---

① 爱德华·W. 赛义德：《知识分子论》，单德兴译，三联书店，2002年，第3页。

② 郝大维、安乐哲：《汉哲学思维的文化探源》，施忠连译，江苏人民出版社，1999年，第294页。

③ 参威廉·麦克高希：《世界文明史——观察世界的新视角》，董建中、王大庆译，新华出版社，2003年，第477—515页。

竟在一种蒙昧混沌状态下清醒过来，我们毕竟看到了世界与我的存在之间的荒谬关系，寻找一种将“不可能性”变为“可能性”的方式：大石继续从山顶滚下，而西绪福斯也将继续将它推上山去。我很欣赏《易经》中的一句话：“万物并育而不相害，是谓富有；道并行而不悖，是谓日新。”这或许是我心中的理想境界罢。

发表于2005年第1期

审美宽容：从主体性到主体间性？

刘小新*

一

众所周知，讨论文学现代性与审美宽容命题，不能不涉及文学的“主体性”重要概念，不能不回溯到启蒙时期的伟大的现代性计划。现代意义上的“宽容”概念正是在启蒙哲学时代诞生的，是启蒙主体性思想的一个有机组成部分，自由、平等、宽容、博爱以及人的尊严都是启蒙主体思想所追求的人类普遍价值。如同卡西尔在《启蒙哲学》所言，建立在理性基础上的哲学，分析精神上的自然科学，契约秩序之上的法律、国家和社会，与建立在古典主义艺术原则之上的美学精神，构成了启蒙精神的全部内涵。而在这一切之下起基本作用的，乃是宽容和自然（人性）的宗教基础。今天讨论审美宽容与文学现代性命题，“主体间性”同样是不可或缺的理论概念。许多研究成果表明，越来越多的思想者已经认识到“主体间性”思想对建构宽容、和谐的社会和审美理想的重要性，有些学者甚至试图在“主体间性”思想的基础上重构中国当代美学和文艺理论，认为主体间性思想可以解决主体与客体、自我与他者、人与社会、人类与自然等等的冲突与对抗问题，建构一种新型的交互主体性，建立一种自我主体与对象主体之间的平等、共生和宽容的交流关系。某种意义上看，这可能只是人文知识界一种理想化愿望的表达。

新世纪以来，美学和文学理论界越来越重视“主体间性”概念，“从主体性到主体间性”甚至成为一时流行的主题话语。一种共识似乎正在出现甚至已然形成：从主体性到主体间性的发展，是当代哲学、美学和文艺学发展的一般倾向。这成了某种定论，很少有人意识到这样理解思想史的变迁是否存在问题，认识和阐释思想史发展的线性史观又一次轻而易举地占据了思维的主导位置。在美学和文学理论领域，

* 刘小新，文学博士，福建社会科学院文学研究所所长、研究员。

有一种观点似乎以为审美宽容乃至更大范围的文化宽容的达成必须经历“从主体性到主体间性”的思想转折。这样的判断其实存在一系列的疑问需要进一步思考。第一，“主体性”与“主体间性”的关系问题，两者是对立的还是主体性思想中已经包蕴着“主体间性”的维度？今天我们重视主体间性是对启蒙主体论思想的解构与批判，抑或只是对启蒙主体论思想中的主体间性维度的重新认识？即是否真的存在“从主体性到主体间性”的思想转折？第二，宽容与主体性思想的关系问题。启蒙主体性是否导致不宽容？没有“主体性”，我们能否获得宽容这一弥足珍贵的文化权力？在一个“主体性”发育不良的时代，宽容是否可能？想起《自由中国》时期胡适和殷海光的论争，胡适在《容忍与自由》中表达了“容忍比自由更重要”的著名观点，适之先生说：“我们若想别人容忍谅解我们的见解，我们必须先养成能够容忍谅解别人见解的雅量，至少至少，我们应改戒约自己绝不可‘以吾辈所主张者为绝对之是’”。①

对此，殷海光却颇有些不认同，“从古至今，容忍的总是老百姓，被容忍的总是统治者。所以，我们依据经验事实，认为适之先生要提倡容忍的话，还得多多向这类人士说法”。② 的确，在威权统治的时代，在一个主体性没有真正确立的时代，真正的宽容如何可能？提出宽容或容忍如何保证其不变成某些自由知识分子犬儒的处世哲学？回到现代文论史，周作人以及一些自由主义作家关于文艺与宽容的论述是否不合时宜？如果“宽容”是一项基本的人权，是一项人的基本的文化权力，那么，它无疑应该是建立在人的主体性的根基上。没有普遍的主体性，就没有宽容，如果有也是不平等的，是主人对奴隶的“宽容”，或者如殷海光所言只是被支配者对支配者的容忍。没有普遍的主体性，所谓的“审美宽容”也只是某种意识形态的润滑剂。

二

“主体间性”概念1990年以后逐渐粉墨登场，从哲学领域扩展到美学和文学理论领域，迄今这一概念已经广泛进入人文学科包括基础教育的许多讨论之中，形成所谓的“主体间性转向”。2002年，《厦门大学学报》推出文学主体间性系列文章，包括杨春时发表《文学理论：从主体性到主体间性》《从实践美学的主体性到后实践美学的主体间性》、苏宏斌《论文学的主体间性——兼谈文艺学的方法论变革》、李咏吟《审美活动的主体性与主体间性》、张弘《主体间性：走出审美现代性的悖谬》

① 胡适：《容忍与自由》，《自由中国》第20卷第6期。

② 殷海光：《胡适论容忍与自由读后》，《自由中国》第20卷第7期。

等。之后，“主体间性”问题在当代中国美学和文学理论界俨然成为一个焦点。

2002年以来，关于文学和美学的主体间性问题的讨论，理论界提出了一系列的论述。杨春时是推动这一讨论的主要人物。在与刘再复的一次对谈中，杨春时如是而言：“主体间性可以成为中国现代文学理论建设的基点。过去我们找到了主体性作为文学理论建设的基点，实际上是走了第一步，不是反映论，不是客体性，而是主体性。第二步就是找到主体间性理论，把主体性充实，成为交互主体性。过去我们确立了主体性文学理论，认为文学是主体对客体的创造和征服，是自我的实现。现在我们确立了主体间性，认为文学是自我主体与世界主体之间的交往、对话，来达到对生存意义的体验、理解。这种文学理论显然比主体性文学理论推进了一步，具有更多的合理性。”① 从这段话中，我们可以看出杨春时的理论史观之大概面貌。在他看来，当代中国文论和美学经历了这样的转换历程：从反映论到主体论，再从主体论到主体间性。杨氏关于主体间性的一系列论文，一再重复阐述了这一理论史观。如从主体性的实践论美学到主体间性的后实践美学，或者从“再现说”（“客体性美学”）到“表现论”（“主体性美学”）、再从“表现论”（“主体性美学”）到“对话论”（“主体间性美学”），或者从“客体性”到“主体性”到“主体间性”等等。在杨春时看来，西方美学体系的历史是如此演变的，而当代中国美学、文学理论历史演变也是如此，当代文学批评范式演变也如此。我们从杨春时的一再重复中可以看出其对“主体间性”概念的高度重视。“主体间性”概念承担着重大的历史使命，是推动中国当代文论和美学史跨越性发展的主角。与李泽厚和刘再复当年曾经使“主体性”成为80年代美学和文学理论的核心概念有些相似，杨氏也试图赋予“主体间性”概念在现今美学和文学理论体系中一种基石性意义，从而推动文论范式的历史转折。

那么，杨春时是如何阐释“主体间性”概念含义的？在《文学理论：从主体性到主体间性》等文中，他把“主体间性”的含义分为本体论、社会学和人文科学方法论三个层次：从本体论层面看，“主体间性的根据在于生存本身，生存不是在主客二分的基础上主体构造、征服客体，而是主体间的共在，是自我主体与对象主体间的交往、对话”。② 从社会学层面看，“主体间性”是指自我与他者、个体与社会的关系，是一种在共在基础上协调个体性与社会性之间的平衡和共生关系。从人文科学方法论看，“主体间性”以主体间的体验和理解取代了传统主客二分的认识论。

---

① 刘再复、杨春时：《关于文学的主体间性的对话》，《南方文坛》2002年第6期。

② 杨春时：《文学理论：从主体性到主体间性》，《厦门大学学报》2002年第1期。

从“主体性”到“主体间性”，在杨春时看来，这个转折是人类思想史的巨大进步。因为这一思想转折超克了“主体性”的三大“缺陷”：“第一，建立在主客对立二元论基础上的主体性哲学不能解决生存的自由本质问题。主体性哲学把生存活动界定为主体对客体的构造和征服，导致唯我论和人类中心主义。其所形成的文学理论，把文学看作人的自我扩张和自我实现，而自我并不能成为文学的根据。第二，局限于认识论，仅仅关注主客关系，忽略了本体论，即存在的更本质方面——主体与主体间的关系。文学也被当作关于客观世界的知识，遗忘了文学与生活世界的关系；文学并不是一种知识，美学也不是知识学，而是一种生存体验和有关生存意义的学问。第三，主体性的认识论不能解决认识何以可能的问题。在主客二元论的框架内，客体不可能被主体所把握。而且，认识论和科学认知方法也不适用于精神现象，不能解决生存意义的问题，尤其不能解释文学活动，文学的审美意义和直觉想象、情感意志特征无法从认识论得到说明。正因为上述原因，在西方启蒙时代和在中国的80年代具有革命性的主体性理论，在西方现代和中国当代就已经或将要被新的主体间性理论所取代。”[①] 这段论述可谓是杨春时所谓“主体间性”文学与美学理论的核心观点，杨的所有相关论述都建立在这样的历史观上，是这一核心看法的展开和具体表述。从其逻辑看，“主体间性”自然是对“主体性”三大缺陷的有力克服，或至少提供了超越和扬弃的可能性。这是奥特加·加塞特1960年在《什么是哲学?》一书中批判笛卡尔的“思维主体”概念时，曾经指出：假如这个作为现代性根基的主体性观念应该予以取代的话，假如有一种更深刻更确实的观念会使它变得无效的话，那无疑意味着一种新的精神气候、一个崭新时代的开端。这也是美国思想家弗莱德·R. 多尔迈1980年在《主体性的黄昏》一书中曾经详尽梳理和阐述过的。

当然，在当代中国文论中，对思想史的这一认知并非属杨春时个人所独有，杨的论述是个典型，代表着某种普遍的认知取向。从西方到中国，对思想史这一认知取向的普遍性可能蕴涵着当代知识人祈望世界和平、社会和谐、文化宽容、人间平等的善良愿望和价值追求，是对现代性的负面性积极反思和批判解构的思想成果之一。但看起来，当代中国文论和美学中的“主体间性”论还只是对西方现代“主体间性”思想的积极引入和粗糙模仿，并揉进了一些中国哲学的古典“主体间性”思想。今天看来，这一有着宏大建构企图的论述还存在一系列需要进一步追问的问题。诸如，我们对“主体性”的理解是否准确？我们的知识语境、问题处境和现代西方相同或相近吗？“从主体性到主体间性”这一对思想史的认识与处理是否过于线性

---

① 杨春时：《文学理论：从主体性到主体间性》，《厦门大学学报》2002年第1期。

化、化约化甚至简单化了？主体性不能解决认识论问题，主体间性就能解决吗？把“主体间性”从“社会学”拉回到“本体论”真的能够解决当代文论和美学的根本问题吗？这种“本体论”的回返会不会削弱社会学意义的“主体间性”概念原本具有的现实与实践意义？“主体间性”的“本体论”化对解决“文学本质言说”危机是否真的有所帮助吗？“主体间性”的“本体论”甚至回到海德格尔式的“本真的生存”，在阐释主体间的各种复杂关系方面是从社会哲学上倒退了抑或往前迈进？“主体间性”概念是否被理想化、浪漫化了——只要出示这张牌一切（包括审美的、认识论的等等问题）就可以迎刃而解？那么，是否遮蔽了存在于主体之间的各种权力关系？是否遮蔽了存在于主体之间的各种对抗与冲突、矛盾与妥协、不宽容与宽容的复杂的社会学关系？在提出这一系列的疑问后，我们突然认识到在杨春时那里，“主体间性”只是一个纯粹美学化的概念，它已经抽空了其社会学的任何内涵，而抽空了社会学内涵的纯粹美学的“主体间性”概念在思想上无疑是贫血的。

对“文学主体间性”的内涵与意义，杨春时作了如下理解和阐述：“文学主体间性的特殊性在于，它不仅包含着个体性与社会性，而且还消解了二者的对立，达到了二者的同一。在现实世界中，由于主体间性受到主客关系制约，因此个性与社会性对立，社会性压制个性。但在文学中，文学主体超越了现实主体的局限，变现实个性为审美个性，即解放了的、充分发展的个性形式。充分发展的个性之间的关系是充分的主体间性，它不但不限制个性，而且成为个性实现的前提和手段。文学越有个性，就越有审美价值，从而就越有普遍性。文学既是主体间的充分交流、沟通，也是个性的充分发展。每一个作品作为审美个性的体现，都是独特的，同时又具有最大的可沟通性，它向一切主体开放，获得了最普遍的理解。最优秀的文学作品，都获得了最普遍的认同，同时每个人又保留着自己最独特的理解。在这个意义上，文学是自由个性的创造，是开放的个性化体验。”① 从这段表述中，我们可以清晰地看出杨春时所谓的“文学主体间性”理论的真正底牌，它实质上是浪漫主义和审美超越论或审美救世论的当代变种。如果说在80年代，李泽厚的美学主体论和刘再复的文学主体性具有解放人性、解放思想的激进意义，那么，今天的“本体论”化的“文学主体间性”在理论的意义上多少显得有些保守了。

杨春时“文学主体间性”理论的浪漫主义底牌，我们可以从杨氏对席勒美学的重读中得到部分的印证。他认为席勒《美育书简》已经开了“主体间性”思想的新河。的确，在对人与自然、人与人以及自我内部的关系方面，席勒都进行了“主体

---

① 杨春时：《文学理论：从主体性到主体间性》，《厦门大学学报》2002年第1期。

间性”式的阐释：“人在他的自然状态中只能承受自然的力量，在审美状态中他摆脱这种力量，而在道德的状态中他支配这种力量。”“在审美的国度中，人就只需以形象显现给别人，只作为自由游戏的对象而与人相处，通过自由去给予自由，这就是审美王国的基本法律。”[①] 杨春时对席勒的这两段著名论述做出了准确的解释：“在道德状态中，也就是在主体性关系中，人支配自然，必然导致对自然的压抑，以及自然的反抗，从而破坏了人与自然的和谐以及人自身的分裂。出路何在？席勒诉诸游戏冲动——审美。他认为，游戏冲动克服了感性冲动和形式冲动的对立，弥合了主体性与客体性的对立，从而也就弥合了人与自然、人与人以及人自身的分裂，实现了真正的、自由的人。”从中杨春时得出了这样的结论：“这是一种主体间性思想，是美学史上首次提出的新的观念，因此，席勒超越了同时代的人，超越了主体性美学，走向了主体间性美学。”[②]

“文学主体超越了现实主体的局限”的说法让我们想起了卢卡契和阿多诺对席勒浪漫派美学的批判：“席勒使美学原则远远地超出了美学的范围，并在这一原则中寻求解决人的社会存在的意义的问题钥匙。这时，古典哲学的基本问题也就暴露无遗了。”[③] 卢卡契揭示出浪漫派美学的二律背反性，这种二律背反性暴露出浪漫派美学的资产阶级意识形态本质：生活的全部内容只有在成为美学时，才能不被扼杀。这种审美救世论意味着回避真正的物化，使浪漫派美学堕落为资产阶级统治合法化的一种神话。浪漫派美学把世界划分为两个部分：一个是现实生活的世界，另一个是想象的、诗化的、审美的艺术世界。现实生活世界是异化的、沉沦的、机械的、原子化的，艺术世界或审美世界则是和谐完整、有机整体的。因此，对浪漫派而言，艺术作品就像自然一样是有机整体的。这种有机整体性是浪漫主体透过想象的综合或神话的神秘功能达成的，席勒指出：美是形式的形式，第一个“形式”指的是亚里士多德的“形式与质料”四因说中的形式因，后一个“形式”则是人类赋予对象的审美形式。近代以降，随着工业化资本主义的发展，生活世界越来越机械化原子化，异化为钟表。在席勒看来，通往自由和谐整体化的道路只有一条，那就是对有机整体的艺术的审美活动。这就是浪漫派的有机整体观，用卢卡契早期具有浓郁浪漫派色彩的著作《灵魂与形式》中的话说：“这种美学形式是一种能把生活构成的材料皆安排到一个自给自足的整体形式中，它规定着自己节拍速度、韵律、摆荡、命

① ［德］席勒：《美育书简》，中国文联出版公司，1984年，第121、145页。

② 杨春时：《审美主义和主体间性美学的先声——重读席勒〈美育书简〉》，“美学研究网”http：//aesthetics.com.cn/s50c905.aspx

③ ［匈］卢卡奇：《历史与阶级意识》，商务印书馆，1992年，第214页。

运和流动……”① 卢氏概括地指出了浪漫派美学的生活/形式的二律背反本质。浪漫派的有机整体论企图用艺术的整体性把原子式碎片化的生活现实整合成自足的整体形式，这是种审美救世主义的论调。在卢氏的基础上，阿多诺进一步揭示出形式/生活二元分裂观的审美救世学说的意识形态本质，在阿多诺看来，这种二元分裂是资产阶级的险恶分割。现实生活是痛苦的、压抑的、沉沦的、非诗意的，是一种机械性原子化的状态。但这无关紧要，你还可以躲进美学的世界里，想象自己生活在幸福的、诗意的、有机整体的世界里，在诗意的想象中，在审美超越中，遗忘现实的苦难和压抑。

在这里，特别需要加以说明的是，我们提到卢卡契和阿多诺对席勒等浪漫派的批判，并不是说杨春时的文学主体间性论是一种资产阶级美学——它肯定与这样的美学意识形态有着本质上的不同——而只是想提供某种参照，借卢卡契和阿多诺曾经对浪漫派所做的严厉批判，说明“审美超越论”先天具有或可能产生的偏执与局限。我们还想说明的是，美学在20世纪80年代之所以对中国社会生活和精神生活产生重大而深远的影响，并不是因为“审美超越论”的作用，而是由于“美学”对人性和欲望、人的感性生存、人的自我与价值的重新确立和肯定，从而冲破了政治意识形态对人性和人的感性的种种规训和钳制。而在90年代以后，“美学”不可避免地衰退了，蜕变成为大众文化的修辞学。“美学本体论”和“审美超越论”被更为内敛更超验的“信仰”活动所取代，“美学”的批判功能也被批判的“文化研究”所代替。作为形上知识的美学告退，批判的文化研究方滋。这看起来已是大势所趋。期望以“本体论化的主体间性”理论或“后实践论”重新恢复“美学”的荣耀和活力似乎困难重重，其可能性甚至是十分可疑的。

有趣的是，杨春时可能没有意识到对席勒的主体间性思想的发现和强调有可能对其一再申论的“从主体性到主体间性”演变逻辑构成了某种威胁和伤害。如果席勒是一个例外，那么这种威胁和伤害则可能很轻。但如果还有第二个、第三个甚至更多的特例呢？杨春时已经提出了不能被“从主体性到主体间性”逻辑所包容的这些例外：“像康德、黑格尔直至马克思、哈贝马斯等都在社会学领域涉及主体间性问题。它关涉的问题是人的社会统一性问题。马克思把人的存在规定为‘类的存在’和‘社会存在’；认为人的本质是社会关系的总和；通过社会实践将克服异化，建立人与人的自由关系。哈贝马斯认为在现实社会中人际关系分为工具行为和交往行为，工具行为是主客体关系，而交往行为是主体间性行为。他提倡交往行为，以建立互

① 石计生：《形式与整体》，《中外文学》（台北）第二十卷第十六期，第52—67页。

相理解、沟通的交往理性，以达到社会的和谐。”[①] 要消解这些例外对其逻辑的威胁，杨春时的论述策略是把“主体间性”分为三种：一种是社会学伦理学的；一种是认识论的；还有一种是本体论的。社会学伦理学的“主体间性”局限于“社会关系、伦理原则的范围”，它是不充分的，不可能解决美学的根本问题。而认识论的“主体间性”却又局限在主客对立的框架中，局限在认识主体之间的关系。只有“本体论的主体间性”（包括“存在论”和“解释学”）才能为主体间性美学提供本体论基础。康德、黑格尔、马克思、哈贝马斯的主体间性思想都被划入社会学、伦理学或者认识论的领域。而海德格尔、马丁·布伯、雅斯贝尔斯、马塞尔、狄尔泰、伽达默尔则被视为“本体论的主体间性”思想家，他们的思想为解决主体间性美学的根本问题提供了可能，即建构了主体间性美学的本体论基础。但这样的区分仍然存在一些不能规避的疑问，如社会学、伦理学、认识论和本体论是否可以截然分开？美学的根本问题是本体论问题吗？又如何解释康德美学曾经所做的统合本体论、认识论和伦理学的艰苦努力？去掉社会学、伦理学和认识论维度的本体论主体间性还剩下什么？有没有与社会学、伦理学无涉的纯粹美学的根本问题？抽离了社会关系、伦理关系的主体间性还有意义吗？这会不会导致“主体间性”理论的贫血？

三

在我们看来，当代中国美学从康德、黑格尔和马克思到海德格尔的转换，是“美学”从深刻介入当代社会生活和精神生活向诗意化、抽象化、虚灵化的纯粹美学的转换，这一转换导致当代中国美学患上了严重的贫血症。“美学”在“天、地、人、神”的和谐幻象中逐渐丧失了有效介入当代现实的能力。这是美学衰退的开始，这个衰退的故事一直延续到今天。现今，“美学”已经演变成为社会美容学，一种意识形态的修辞技艺。如果“美学”不能跨越在“人诗意地栖居”和“房价始终居高不下”之间存在的巨大鸿沟，那么所谓“本体论主体间性”拯救不了“美学”衰败的命运。“美学”以这样或那样的方式已经在海德格尔瑰丽宏大的宫殿里流连太久了，“本体论主体间性”美学就是其中颇为特别的一种。如今，美学复振的契机或许在于从海德格尔处重新回返到康德和马克思，重新寻回美学的社会学、伦理学和实践意义。“美学”学科的活化只有一途，即回到审美政治学或文化政治学的道路上。

关于当代美学的重构，阿伦特对康德的重读尤其具有启发性，她发现了康德美学对于今天进行“政治地思考”的意义。在其身后出版的《康德政治哲学讲稿》中，

① 杨春时：《本体论的主体间性与美学建构》，《厦门大学学报》2006 年第 2 期。

阿伦特认为康德的政治思想隐藏在实践理性批判和判断力的论述之中。康德对《实践理性批判》中的伦理学在处理政治问题时的无能为力感到沮丧，从而转到了霍布斯的政治学。在阿伦特看来，康德的伦理学在面对政治问题时的确显得有些幼稚，但倒退到霍布斯则明显不是一个好选择，也与康德“人是目的”的主体性思想相背离。那么，在康德的三大批判中，什么概念可以对今天的政治哲学提供思想基础呢？阿伦特找到了“判断力”这个概念，她认为自己在康德的判断力概念及其按照人类相互依赖这一事实调解自我与世界的关系的能力中发现了政治哲学的基础。①

与哈贝马斯的“重建理性”和强调经由交往理性达成共识不同，阿伦特试图在康德的基础上重建“判断”理论。她认为“判断”的根基正在于“共同体意识”或“社群感”中发展出来的“可沟通性”，这显然来自康德的审美判断理论中的“共同感觉力”观点。在阿伦特看来，政治哲学要求的正是这种普遍的可沟通性。“当我们听到他人表述的教条思想或概念，当我们接触到传统习俗遗留下的各种偏见，当我们想要形成自己的批判标准时，我们就必须运用到这种批判性思考，透过与他人思想的接触而让自己的思考受到公开性检验。”② 如果说康德把审美共同感归入一种先天的范畴，那么，阿伦特则把“共同感”概念公共化，纳入“公共领域”和“共同体意识”之中。所谓“共同体意识”或“社群的共同感”是相对于私人感觉而言的。愉快与不愉快对个人而言是一种私人化的感受，看起来是无法沟通的。但它可以转换成一种反思判断，纳入他者的感受，从而转变为可以沟通的共同体意识。审美判断和科学或逻辑演绎的必然性终究不同，每个人的审美判断不能强迫他人同意和接受，比如关于美和丑的标准等等，审美判断的形成只能基于共同体意识的说服。与哈贝马斯通过对话形成共识的思想不同，阿伦特强调意见的多元性，即使通过对话最终形成某种结论，也要记录各种异见，这些记录在案的多元异见在将来的对话中有可能对新的决策方向产生影响。

在阿伦特的判断理论中，“说服”的达成需要具备“精神的扩展”的能力，这种能力可以通过把自己的判断和他人可能存在的判断进行设身处的和感同身受的比较而获得。“不管一个人天赋能力的范围或程度多么小，只要他漠视他自己的判断的主观个人条件（而许多其他人就受制于这些条件），并且从一般的观点（只有当他把自己放在其他人的位置上，才能形成的观点）来思考，那么就能表明一个人的扩展思

① ［加］菲利普·汉森：《历史、政治与公民权：阿伦特传》，江苏人民出版社，2004年，第271、284页。

② ［美］阿伦特：《康德政治哲学讲稿》，芝加哥大学出版社，1982年，第42页。

维。"[1] 所谓"精神的扩展"必然包括了康德所讨论过的"同情""想象力""反思"和"社群感"等等心智能力的统合运作，经由想象的力量使他者得以呈现。"精神的扩展"实质上是借由想象与反思使个体的判断从私人限制和各种偏见中解放出来，进入公共空间，形成批判性的思考。

在康德的审美判断理论与当代政治思考之间，阿伦特找到了一种接合的路径。阿伦特如是而言：如果思考，两位一体的无声对话，在我们的同一性之中将意识所生成的差异化为现实，并且产生良知这个副产品，那么，作为思考解放性影响下的副产品，判断就实现了思考，使它在现实世界中得以显现，思想的显现不是知识，而是判断和区分美丑善恶对错的能力。这是精神生活中最为政治的，"一种政治地思考的能力"。[2] 阿伦特的思考找到了使个人性的趣味判断发展为公共化的思想判断的可能（这与伽达默尔批评康德美学具有鲜明的"非政治化倾向"完全不同）。这的确是一个富有启发性的重要贡献。

关于"主体性""主体间性"和"宽容"的当代阐释，康德的批判思想无疑是重要的理论资源。而如何从康德那里重新出发，建构当代的"主体间性"和"宽容"论述，存在多种多样的思想路径。上文我们略述了哈贝马斯、德里达和阿伦特的不同思考，目的在于为审美和文化宽容论述提供某种思想参照。在我们看来，关于主体性和主体间性的思考，不应该被限定在纯粹本体论的领域，更不应被审美超越论所局限，而应朝向公共领域和公民的文化政治权力打开思想的空间，我们或许需要从阿伦特那里学会如何"政治地思考"。无论如何，哈贝马斯、德里达和阿伦特等人所使用过的一系列术语，如"交往理性""共同感觉力""精神的扩展""公民权利""悦纳异己""对话"和"判断"……都应成为我们思考当代美学重构问题的重要概念。

总而言之，从主体性到主体间性，从实践美学到后实践美学，这一系列转换论述还"停留在纯粹思维的范围之中"，属于"纯思想线索"问题，[3] 没能有效切入现实经验，也无力回应我们时代的问题与挑战。在主体性原本发育不良的历史语境中，这种转换论述难以真正承担当代美学复兴与重构的使命。

发表于 2014 年第 4 期

---

① ［美］阿伦特：《精神生活・意志》，江苏教育出版社，2006 年，第 270 页。

② ［加］菲利普・汉森：《历史、政治与公民权：阿伦特传》，江苏人民出版社，2004 年，第 271、284 页。

③ 朱光潜：《西方美学史》，人民文学出版社，2002 年，第 21 页。

网络文学：庞然大物的挑战

南 帆*

一

现在必须是重视网络文学的时候了，我又一次郑重地提醒自己。

我愿意坦率地承认，在相当长的时间里，我对于网络文学没有研究的兴趣。我当然听到了围绕网络文学的各种传奇性故事，诸如惊人的点击率，诸如某些文学网站发出了令人咋舌的稿酬，诸如某些写手一天可以在键盘上敲打出数千乃至上万字，并且每日坚持不辍，诸如某些读者遇到一些心花怒放的桥段，一挥手打个赏就是几万元甚至数十万元，等等。尽管如此，我还是有权利不感兴趣吧？明星拥有无数的粉丝，富豪日进斗金，这些故事每一天都在世界各地上演。但是，既然没有考虑崇拜明星与货币，那么，我又有什么必要花费心血研究这些故事呢？

对了，还有他们如飞的写作速度。事实上，就是这种写作速度打消了我的研究兴趣。多年的写作生涯告诉我，这种速度写出来的作品多半不值得信任。偶尔有一天写出了数千字，晚上可以喝二两犒劳自己；每天都有这些字数进账，那就该对自己作品的质量产生高度怀疑。记忆之中，历史上没有多少文豪可以长期保持这种速度；相反，福楼拜常常向他的朋友表示，整个上午才写出了三句话，晚上又因为不满意将三句话删去了。网络文学的产量显然超出了绝大多数学科产出的平均值。如此之多超绝的天才一下子涌入了文学行业吗？如果不相信这种神话，那么，这些传奇性故事不妨姑妄听之，装模作样地摆上研究的案头就有些好笑了。

这种态度显然表明，我对于网络文学评价不高。的确，我的感觉之中，网络文学处于边缘位置。我对于绝大多数学科缺乏任何研究，天文学，数学，物理学，宇宙飞船使用何种燃料，量子力学正在关注什么——诸如此类的问题一无所知。即使

* 南帆，福建社会科学院院长、研究员。

在文学范围，我对于诗歌的现状也所知甚少。术业有专攻，这没有什么可耻的。但是，我的心目中，这些学科具有很高的价值。它们的价值并不因为我的无知而有所稍减。虽然网络文学的字数是诗歌所无法比拟的，可是，网络文学没有这种地位。我不想研究，是因为我怀疑这种课题的价值。

迫使我改变观念的是一个显眼的问题：为什么网络文学可以产生如此之大的影响——而且，这种影响看来还在持续增加？我清晰地意识到，我的判断以及判断依据的一整套观念体系正在遭到有力的挑战。我当然不会轻易放弃自己的观点，不会前倨后恭，因为网络文学的强大声势而跟随着发出种种恭维之辞。但是，我必须正视个人判断与社会接受之间存在的距离，清理这种距离背后隐藏的真正原因。不论可以在多大程度上弥合这种距离，对话网络文学肯定是有益的。如果我的观念因为对话而产生了某种修正，这无疑是可贺的收获。

为什么必须重视网络文学？这是我要提到的第一个问题。

二

何谓“网络文学”？确认研究对象，确认研究的范围以及力图解决的问题，这是许多研究工作的前提。不少批评家开始了归纳与概括，试图发现形形色色网络文学包含的公约数，推敲一个无懈可击的完美定义。人们可以从业已发表的相关论文之中查阅到种种严谨的表述。

我的考虑或许不是那么严谨——我企图从一个简单的参照开始：相对于传统的纸质文学，网络文学具有哪些值得研究的特征？换言之，纸质文学的电子复制没有纳入我的考察。网络上的《红楼梦》或者莫言小说不在研究之列。我所考察的网络文学必须包含一个特征：作为文学的传播工具，网络的性质内在地嵌入文学的生产和消费。

这种意义上的考察至少可以发现，网络的性质经过三个途径潜入文学：第一，文学的表述形式；第二，文学的生产模式；第三，文学的传播模式和读者的接受。

首先提到文学的表述形式。20世纪所谓的“语言转向”以来，文本成为许多思想家展示智慧的空间。结构主义、解构主义无不提出了一整套有关文本的理论构想。解构主义瓦解了语言的固定意义，一个文本隐含着多维的解读方向，用德里达的语言形容，这种文本犹如无底的棋盘。当然，纸张上无底的棋盘多半是一种理论模型，但是，奇特的网络技术竟然轻易地付诸现实。纸质文学的尽头突然推开了另一扇大门。这是网络文学的巨大潜力。

大约十五年前，我曾经发表过一篇谈论网络文学的论文《游荡网络的文学》。当时，我对于网络文学可能出现的“超文本”充满了期待。显而易见，超文本只能是网络的产物：

> 据考，“超文本”（hypertext）一词是由尼尔森首创。超文本是一种组织信息的奇特方式：尽管一个信息单位——例如一个词——从属于某一个信息集合体，但是，这个信息单位不受这个信息集合体统一意义结构的约束。如果用户愿意，这个信息单位可以随时利用链接的形式进入另一个信息集合体，或者说另一个文本。“K是一个身材高大、肌肉发达的男子，深蓝色的眼睛和迷人的微笑十分性感。除了偶尔的便秘，他有良好的健康记录。”——如果这句话是一个小型的超文本，那么，人们可以轻易地突破线性的文本逻辑而进入意义繁复的空间。只要使用鼠标点击诸如“肌肉”“性感”或者“便秘”这些关键词，人们就会跃入另一个文本——新的文本可能是对于“肌肉”“性感”或者“便秘”的阐述；当然，人们还可以在新的文本之中另外选择一些关键词点击，于是，第三层的文本又会呈现。理论的意义上，这是一个无穷的过程。注释、插曲、回叙或者补充介绍不再是文本的边角料，人们可以从一个文本穿行到另一个文本而不必返回规定的中轴线。……从一个文本的关键词转向另一个文本的关键词，鼠标开启了一个又一个的信息门厅，让用户永无止境地游历网络无数节点。这不仅摧毁了故事之中的人物等级，废弃了种种人为的结构，而且彻底地导致了线性逻辑的解体。于是，中心，主题，主角，线索，视角，开端与结局，文本的边界，这些概念统统失效。这时人们可以说，超文本是一种技术制造的深刻解构——布迪尔所形容的传统符号权力突然碎裂了。现在为止，网络文学还没有充分意识到超文本的巨大意义——超文本可能修改所有的文学成规。①

十五年之后，出乎意料的是，上面引文的最后一句仍然适用——十五年来的网络文学并未在形式实验方面走多远，大多数网络文学的作者对于这个主题不感兴趣。20世纪的许多思想家意识到，主体很大程度上来自语言文本的建构。这种观点显然可以延伸至网络时代。网络正在发育为这个时代的文化神经。众声喧哗、多维复调、图文共存以及即时的自我表达、即时的评论参与、碎片化的阅读方式都将对一代人自我意识的构成和社会组织方式产生深刻的影响。文学形式往往可能在这些方面得风气之先。然而，至少到现在，网络文学对于文学形式的探索还是按兵不动。

所以，目前为止，生产模式与传播模式的改变是将网络文学从纸质文学之中分离出来的主要原因。现在，可以稍稍集中一下我想考察的问题：对于网络文学说来，

---

① 南帆：《双重视域》，江苏人民出版社，2001年，第262页。

网络提供的生产模式与传播模式造就了哪些异于纸质文学的特点？这些特点意义何在？

三

考察开始之后，人们很快会遇到两个难题。一个是外围的，一个是内部的。

外围的难题显然与网络文学的生产模式密切相关。网络文学的作者常常喜欢自称“写手”，这个名称剔除了种种艺术家或者知识分子的高贵气息而接近于写作工人。写作工人不再高雅地伪装成所谓的灵魂工程师。写手隐身于这个世界的无数斗室，犹如工人置身于生产车间，他们十指翻飞地敲打键盘。只要按一下鼠标，写手敲打出来的所有文字即刻就会送上网络，供人阅读。没有写手的资格审查，没有编辑过滤，没有刊物篇幅的限制，文学生产可以毫无节制地扩张。

评价写手日常的“码字”工作，产量是一个极其重要的指标。写手往往异常勤奋，他们的文字数量与银两的获取直接联系。“两句三年得，一吟双泪流”，这种迂腐的精雕细琢一般不会发生于网络文学之中——这样的写作速度怎么养家糊口呵？这种生产模式的必然后果是，网络上的作品迅速堆积如山。据统计，截至 2012 年底，网络写手的产量已经逾 730 亿字，而且每日以 1 亿字的速度增加。这时，如果没有权威的索引，茫无头绪的批评家怎么知道杰作隐藏在哪一个角落？当网络文学的产出速度远远超出批评家的阅读速度之后，网络文学的基本概貌愈来愈模糊。如果说，文学史的纵横坐标常常左右了一部作品的评判，那么，对于网络文学说来，整体图景的阙如理所当然地影响到个别作品的评判质量。

其次，即使锁定一部很有口碑的作品，“研究什么”仍然会成为一个研究的内部难题。那些倾泻而下的文字一览无余，没有庞大的象征系统，没有远古的神话原型，没有深邃的哲学主题，也没有复杂多变的人物性格；许多文字粗糙的作品段落甚至缺少可供分析的修辞现象。从人物、结构、主题到意象、无意识、叙事模式，文学批评的众多术语只能空转。必须承认，相当多网络小说的情节设置极为出彩，漫长的故事悬念丛生，欲罢不能；遗憾的是，文学批评从来不肯对情节和悬念给予过高的评价。相反，许多作家和批评家的共识是，过分离奇的情节夺人耳目，以至于真正的主题可能陷落在眼花缭乱之中，这犹如荣华富贵的温柔乡将会消磨一个人的雄心壮志。所以，作为一个旁证，传统的文学史通常不愿意将经典的荣誉授予侦探小说。

我想补充的是，大部分网络文学并没有兴趣追求结构、无意识、叙事模式等等晦涩的话题。为了投合普遍的“碎片化阅读”，写手的意图就是浅白、通俗，甚至让读者可以一目十行地囫囵吞枣。他们心目中，艾略特的《荒原》也好，乔依斯的《尤利西斯》也好，这些深刻的玩意还是留给学院派享受吧，简单和好玩才是后现代的至高原则。

批评家可以轻而易举地训斥这些观点。可是，训斥之前遇到的疑惑是：为什么大众如此热衷这一切？事实上，真正的问题隐藏在这里。

四

现在，我们迎面遇到了一个重要的概念：大众。很多时候，大众与读者是同义词。

从革命年代到消费社会，从民主的理念到群众观点，“大众”始终是一个坚固的、无可置疑的正面概念。大众还能有什么不对吗？但是，知识分子圈内，某些专业主义的眼光之下，蔑视大众的精英主义还是有一定的市场。一些社会学家将大众视为“乌合之众”，一些心理学家研究了集体心理之后认为，群体性的狂热运动往往会降低个人的理性判断力。

文学史事例屡屡证明，这种精英主义的狂妄曾经寄居于文学领域。古代的士大夫多半看不上各种下里巴人的玩意儿，当代的诗人也曾赌气地说，你读不懂我的诗不要紧，到了你的孙子就能读懂了。不过，这种观念曾经遭受革命领袖的严厉谴责。毛泽东的《在延安文艺座谈会上的讲话》曾经尖锐地批判了知识分子的自以为是，这种气质被形容为“小资产阶级”作风。作为知识分子的相对群体，工农兵大众登上了文化舞台领衔主演。时至如今，“大众”的威望不可动摇。

网络文学的最大支持者就是大众。几个批评家说三道四又有什么意义？他们的渺小声音只能淹没在大众的呼声背后，完全可以忽略不计。当然，作为文学评价体系的一个核心范畴，现今“大众”的含义远比 20 世纪 40 年代复杂。各种论著引述“大众”观点的时候，隐藏在这个概念背后的理论谱系并不一致。革命年代的理论话语之中，“大众”是革命的主力军；消费社会，“大众”指的是消费者——作为消费者的“大众”显然是网络文学的衣食父母。当年，革命主力军“大众”负担的一个任务就是，摧毁资本主义市场体系；可是，如今作为消费者的“大众”就是市场体系的组成部分。批评家言必称“大众”，多少人意识到不同的甚至对立的理论谱系？

“大众”的另一个理论谱系是接受美学。接受美学绕开了作者和文本，读者的接受才是作品价值的最终实现。这种思想脱胎于现代阐释学。尊重读者与后现代的某种文化气氛不谋而合，同时，接受美学之中共同参与、开放话语权力的理念多少投合了文化民主的想象。

许多人已经意识到，大众的权力必须存在一个限度，大众不可能跨越一切专业的障碍主宰各个领域。不必说数学、物理、生物学、医学之类学科，即使是考古、甲骨文、先秦典籍乃至唐诗宋词和《红楼梦》，专家知晓的内容恐怕还是比大众要多一些。当然，人们有意无意地将这些学科产生的分歧和争辩控制在专家内部。争论一个出土的陶罐来自哪一个年代或者一篇佚文的作者是否庄子，争论诗与词的区别或者曹雪芹的身世，人们通常回避了“卑贱者最聪明”的命题。这时，大众的观点多半不是最有价值的观点。

我想指出的是，“大众”已经不是一个不言自明的群体。不同语境之中，“大众”的内涵迥异，另一些语境之中，“大众”甚至没有多少发言权。既然如此，这个问题慢慢地尖锐起来了：为什么网络文学的评价如此不同——为什么“大众”几乎成为遮蔽一切的唯一概念？

五

“大众”能够成为天然的标准吗？“大众”的理论谱系及其迥异的内涵，“大众”与专家之间的张力，“大众”与不同的传播工具……这些问题背后无不隐含着巨大的理论空间。当网络文学和市场推销者竭力造势的时候，“大众”是一个得心应手的概念；然而，如果批评看不见这个概念隐含的各种曲折，那不啻失职。然而，目前为止，种种多维的思想和复杂的权衡正在消失，正在逐渐演变为一个平面的数字：人数——不，钱的数目。

现今的文化评价体系之中，一些无足轻重的概念突然成为主角：印数、票房、收视率。网络文学的相对概念当然是点击率。毫无疑问，所有的统计数据终将兑现为利润。收入账本正在成为一部作品价值的最终评判。这时，所谓的文化评价已经为产业的经济学数据所替换——例如，网络文学出版产业的总体规模已经超过50亿，或者网络写手的前三名年平均收入800万，如此等等。文化评价体系之中，大众与专家之间的不同认识构成了持续的对话，二者之间的博弈和平衡亦即大众文化与精英文化的博弈和平衡。然而，在利润排行榜面前，大众与专家之间购买力的悬殊比例迅速使双方的动态结构化为乌有。“精英”正在成为带有耻辱意味的符号，作为革命主力军的“大众”余威尚在，作为消费者的“大众”再度让那些囊中羞涩的专家自惭形秽。

大众胜利了。然而，大众胜利了吗？

我曾经多次指出一种可能：由于商业舆论的迷惑，由于判断的失误，大众广泛认可的产品可能不利于大众，文化亦然——“大众追求的某些娱乐之作可能隐蔽地损害他们的利益，一如某些可口的垃圾食品可能损害健康。换言之，大众没有理由完全信任自己”。①

显然，由于这种观点倾心于专家，另一些可能的命题隐没在视野之外。至少，人们还可以提出另外两个争论的题目：第一，又有多少理由认定，畅销的作品质量低劣？第二，与第一个题目相反，小众难道就是质量的保证吗？

必须承认，这两种观点往往隐藏于无意识之中，成为许多批评家谈论问题的潜在前提。如果网络文学的争论有助于捎带地解决这些似是而非的命题，本身就是一个功绩。

六

设想一个测试：一部盛行的网络小说——譬如《甄嬛传》——与《红楼梦》共同放置于某一个网络空间，哪一部作品可能获得更高的点击率？任何一个熟悉现今文化氛围的人恐怕都会判断前者获胜。为了与现行的表述衔接，《红楼梦》姑且视为“雅文学”的代表。相对于网络文学的强大声势，雅文学常常铩羽而归。

晋升为不朽的经典多半是雅文学的追求，“传诸后世”是一个不可忽视的特征。大多数畅销作品昙花一现，可是，经典可以跨越数百年甚至数千年。这不仅意味着历代读者人数的相加，同时还表明雅文学的某种特殊品质：超越一时之需而相传久远，从而天长地久地重塑人心，重塑社会。这一点与通常的消费品远为不同。通常的消费品往往投合日常生活的各种短暂的需要，意义清晰可见，消费者或喜或弃，一目了然；雅文学的意义往往超出了大多数读者的意识范围，专家的阐释是对于这些意义的介绍、品鉴、挖掘和扩展。

畅销的网络文学如同某种令人喜爱的日常用品。读者事先无法猜想情节的轨迹以及悬念如何巧妙地解开，但是，读者事先估计到——或者说期待着——某种类型的阅读乐趣，譬如惊险、悬疑、乐不可支或者伤感落泪，准备哭湿三条手绢。这种乐趣与某种型号的汽车或者手机制造的乐趣相仿，即期待框架之中出现的意外惊喜。期待与意外，二者缺一不可。

显然，流传范围局限于小众并不是雅文学的目的，雅文学更不是那些味同嚼蜡的玩意儿自我辩护的借口。但是，有必要看到的是，雅文学的部分内容通常突破了日常生活的边界，突破了柴米油盐基础上形成的日常认知习惯，迫使读者卷入大问题。读者无法像对待日常用品那样判断这些问题，他们必须抬头仰望，或者深入地

---

① 南帆：《娱乐与大众的两副面孔》，《东南学术》2013 年第 2 期。

思考和体验，听取各种阐释和理解，力求可以在对话之中参与这些大问题。现今为止，没有人会幼稚地认为，日常认知习惯足以对付天文学或者生物学的疑难问题，雅文学也是如此——雅文学包含了一个学科的漫长积累。当然，专家的阐释和理解必将逐渐扩大小众的人数使之接近大众。尽管如此，愿意耗费心血并且拥有相关教育素质以及心智水平的人肯定仅仅是大众之中的一个部分。

“大众”与“小众”的分别显示了不同读者群体如何介入文学的复杂互动机制。可是，利润至上的原则之下，货币数目的区别淹没了所有的图景。

七

可是，网络文学的盛行迫使人们坦率地承认，大众之中的娱乐渴求远远超出了预计。

古代的《典论·论文》说过：“盖文章，经国之大业，不朽之盛事。”这种文章，通常指的是纵论国事的策论之类。诗赋可以偶一为之，但不得玩物丧志，至于小说戏曲等而下之，不登大雅之堂。雕虫小技，壮夫不为。这些小技无非闲暇之际逗人一乐，负担不起国家大事。一些士大夫技痒难熬，悄悄写了一些小说传给三两同道私下阅读，对外往往不敢暴露作者的真实姓名。这种观念直至20世纪之初才得到彻底的扭转。这时，梁启超开始力倡小说的济世匡时之效；随之而来的五四新文化运动，鲁迅等一批作家力图依靠小说剖析和批判国民性。马克思主义批评学派传入中国之后，文学逐渐成为革命机器之中的齿轮与螺丝钉。革命领袖提出，文学负有团结人民、教育人民、打击敌人、消灭敌人的神圣职责。总之，文学愈来愈严肃，小说仅仅为“残丛小语”“街谈巷议”的时代已经过去，那些消遣性的武侠小说或者卿卿我我的才子佳人故事遭到了左翼作家的严厉斥责。到了20世纪50年代至70年代，阶级斗争的气氛从未松懈，持续不断的革命熄灭了人们内心残存的某些娱乐欲望。人们被告知，反动派不时“利用小说反党”，无产阶级必须及时占领文化阵地，文学就是阶级斗争的工具。大半个世纪以来，这种文学传统日复一日地壮大强盛，不符合这种传统的文化观念撤到边缘，噤若寒蝉，继而销声匿迹。

20世纪80年代是一个解放的年代，打开了为时已久的文化禁锢，文学、哲学、美学的解放首当其冲。密集的观念性开拓如同一个富于人文风格的前奏，经济的解放随后姗姗登场。市场经济不仅带来了巨大的财富，而且整个社会的精神领域前所未有地翻腾起来了。这时，娱乐的渴求呼啸而至，并且迅速地与市场经济相依为命。出人意料的是，自命高雅深刻的文学、哲学、美学突然被晾在了沙滩上，无人问津。独领风骚的文化先锋再也无人喝彩，种种浅薄与低俗如日中天。许多知识分子对于这种状况不知所措。

知识分子多半没有估计到，压抑多年的娱乐渴求并未在潜伏之中干枯萎缩。相反，众多娱乐分子一夜之间冒出地平线，他们精力旺盛，活色生香，娱乐的规模、手段乃至放纵的程度远远超出了以往的任何时期——这一切仿佛是对于多年苦难的慷慨补偿。当娱乐裹挟经济的洪流汹涌而至，所谓的高雅和深刻几乎发不出任何声音。

这种状况也是网络文学与雅文学之间关系的写照。

八

毫无疑问，晋升为不朽的文学经典是至高的荣誉。然而，这能否证明，旋生旋灭的娱乐作品就没有价值？尺有所短，寸有所长，流传久远是一种价值，搅动一时为什么不是另一种价值？

某些时候，人们很容易在一个会计、一个工程师或者一个小学教师那里听到类似的观点：我们白天为本职工作劳累了八个小时，晚上有时间阅读一会闲书放松身心，为什么还要挑选意识流、存在主义、荒诞哲学或者那些艰涩难懂的实验性作品为难自己？我们愿意承认，深刻的经典作品令人景仰，但是，我们不过是一些凡夫俗子，种种通俗有趣的文化快餐更为适合我们的口味。

对于这些朴素的表述，批评家往往不予回应，或者说不知如何回应。批评家熟悉的大部分理论多半是阐述文学经典的伟大，阐述忧国忧民、经世致用、寓教于乐的悠久传统，这些理论体系内部似乎没有考虑如何答复如此平凡的设问。文学必须是历史与现实的反映吗？能不能恰好相反——文学就是幻想历史与现实之中匮乏的东西，文学就是利用幻想作为一种短暂的安慰，消除焦虑、释放情绪或者提供心理补偿？

或许，这种忽视已经构成了刺眼的缺陷。批评家的沉默并不能阻止娱乐作品源源而至。回到网络文学，武侠小说、玄幻小说或者穿越小说的规模及其声势业已对批评家的失声形成巨大的压力。批评家至少必须反思，为什么各种密集的术语和雄辩滔滔仍然无法围堵这些作品？这时，我愿意提到一个词——欲望。相当多的时候，欲望的能量是理性的栅栏难以阻拦的。

批评家对于故事情节曾经做过多方面的研究。情节是因果关系，情节是人物性格发展史，情节是角色的固定功能，情节是平衡的打破和恢复，如此等等。爱·缪尔说过，情节这个术语“指明故事中连续的事件和使这些事件交织在一起的原则”。这个解释看起来不足为奇，但是缪尔随后对于情节的进一步阐述很有意思：“情节是根据我们的愿望，而不是根据我们的认识展开的。它以比我们自己所具有的更大的力量，将我们期望生活既惊险又安然无恙的自然欲望具体化；使事情混乱，无视法规，而能逃避后果。这是欲望的梦想，而不是人生的描写。”① 在我看来，缪尔对于情节与欲望关系的观点尤为适合谈论网络文学。武侠、玄幻、穿越这些情节类型之中，欲望投射的分量远远超过了正常的历史描述。诚如许多批评家所言，武侠小说是“成人的童话”，是人们在一个虚拟的空间以英雄自居，间接获得代偿性的满足；与此相似，玄幻文学和穿越文学的虚幻性质隐含了某种现实失意造成的转移性寄托。相对于那些批判现实主义的严肃面孔，这些逃避式的梦幻不无幼稚，无法承受理性的挑剔；然而，作为欲望的投射，这些文学类型具有超常的影响力。

批评家能否富有说服力地回答：摒弃历史、放纵欲望又有什么不对？

九

依据自己的阅读经验，我倾向于认为，相当多的批评家对于娱乐作品的基本反应与大多数人无异。悲，笑，惊奇，刺激，想入非非的白日梦，自我想象为超人或者英雄上天入地，如此等等。或许与大众存在某种程度的差异，但没有证据表明批评家不食人间烟火。多数批评家并未拥有一个特殊的心智结构。文学教授可能躲在寓所的书房里偷偷阅读侦探小说或者武侠小说，只不过他们不会在课堂上堂而皇之地暴露自己的消遣读物罢了。也许，现在的文学教授同时也在阅读《盗墓笔记》《杜拉拉升职记》或者《步步惊心》，谁知道呢？

文学教授不愿意向自己的学生推荐娱乐作品，这恐怕并非“虚伪”这个说法所能完全解释。我宁可认为，批评家对于以下这个命题具有清晰的认识：好玩的作品不一定是好作品。他们因为好玩而阅读，因为不是好作品而无意推荐。初涉文学，不能以为消遣好玩就是文学的一切。沉溺于惊悚、悬疑、宫斗、穿越，文学的另一些探索性主题往往遭到了遮蔽，例如文学对于灵魂的拷问，或者，文学对于猥琐的内心以及无意识的披露。如果说网络文学开启了一个虚幻的通道逃离庸庸碌碌的日常生活，那么陀思妥耶夫斯基或者普鲁斯特、乔依斯这些作家让人们返回地面，意识到日常生活的重量，迫使人们洞察内心的许多自己从未意识到的角落。通常，批评家对于这一点保持某种不无残酷的清醒：认识自己比迷惑自己重要。

现在不妨回到先前曾经涉及的一个问题：为什么网络文学对于表述形式的探索

---

① 爱·缪尔：《小说结构》，罗婉华译，载《小说美学经典三种》，上海文艺出版社，1990 年，第 349、352 页。

没有兴趣，例如超文本的潜力？考虑到语言与主体的关系，人们可以认为，文学的表述形式对于意识结构的改造或者重塑具有非凡的意义。可是，至少在目前，这种意义似乎超出了网络文学大多数“写手”的关注范围。他们的理由是：作为消遣读物，网络文学有必要抛出如此“不好玩”的问题增添读者的思想负担吗？

然而，这就是许多批评家担心的问题：洪水一般的网络文学会不会淹没了纸质文学探索人生的各种努力，从而使消遣和娱乐成为唯一的选项？

所有的探索主题中止之后，文学只能造就一代没有深度的读者。

十

忍耐了这么久，现在终于可以谈谈网络文学的作者了——或者说写手。某些时候，他们被叙述为某些隐身于网络背后的神秘工作者。写手不像纸质文学的作者那般经常抛头露面。让自己的产品在市场上卖个好价钱，如此足矣，很少人愿意进一步在文化舞台上充当一个明星。他们常常对文化舞台上声名卓著的纸质文学作家表示不屑。当然，网络文学的写手不会在获奖、国际声望、多少批评家发表评论这些方面与纸质作家争一短长，他们的标准很简单也很实际：哥们，你去年的进账是多少？

不少第一代写手曾经回忆初涉网络文学的单纯追求。那个时候他们从未将写作与金钱联系起来，写作的动力是青春、激情与自由。然而，现在的写手一出道就是如此世故：没有钱为什么累死累活地写作呵？将写作视为一种换取口粮的生活技能，这无可非议。我的问题仅仅是，还有没有金钱之外的追求和标准？

与纸质作家比较，网络文学的写手仿佛相对年轻。考虑到他们写出的字数，年轻是一个必要的条件。年轻意味了精力和吃苦耐劳的精神，他们可以胜任激烈的写作竞争，充沛的体能是工作量的保证。许多时候，他们的工作强度令人想到了运转不息的写作机器。人们几乎可以得出一个不无贬损意味的结论：网络文学对于一个写手的体力要求远远超过了思想、见识、文化修养和语言能力的要求。这也是成功的秘诀之一：年轻的意义超过了积累。

网络文学写手的另一个特征似乎是不无莽撞的大胆。如果说，年轻的作者擅长的内容是青春感伤或者爱情的渴望，某些时候也可以批判老于世故的社会缺乏激情，批判泛滥的实利主义和犬儒主义，那么，那么多的网络文学写手拐入历史文学的确让人意外。通常，涉及历史的写作需要丰厚的知识储备。作者不仅要熟悉众多重大历史事件的来龙去脉，熟悉围绕这些历史事件的种种细节——这种熟悉的程度必须到了敢于参与历史学专业对于相关专题的学术讨论；而且，作者还要了解当时的各种日常生活细节，譬如服饰的特点，礼仪的特点，建筑的特点，民俗的特点，如此等等。这些方面的纰漏往往被称之为“硬伤”。在专业圈子之内，“硬伤”甚至比观念的失误还要糟糕。观念问题还可以用“见仁见智”加以辩解，学识的“硬伤”只能解释为无知。对于纸质文学说来，历史绝不是一个可以轻易涉足的地带。

然而，许多网络文学写手勇气十足地摆弄历史。他们没有上述的顾虑，甚至没有意识到这些问题的存在。与其说这是最为严谨的领域，不如说这变成了一个最好玩的领域。从武侠出没、后宫内斗、和尚道士的方术秘技到西域荒漠的奇花异草，所有日常现实无法展现的景象都可以塞入“历史”。除了历史学家，又有多少人有资格同时有兴趣追究这些问题呢？

我希望这些叙述不要仅仅留下一个否定的印象——我还想指出的是，网络文学是否打开了使用历史素材的另一种可能：没有必要考虑严格的历史真实——没有必要与各种历史著作相互参照，考辨求证，文学仅仅营造一种大致的历史感就可以了。纸质文学之中曾经出现过有趣的探索。20 世纪 90 年代初期，苏童曾经发表过一部长篇小说《我的帝王生涯》。这部小说虚构了一个古代的帝国，虚构了一个兄弟争夺皇权的故事——竞争的胜利者终于带着一片苍凉的心境面南称孤。尽管中国的历史上从未存在小说所描述的这么一个王朝，但是，宫殿、大鼎、后宫、太监等元素造就了一个真切的宫廷氛围，一种虚拟的历史感。这并非传统意义上的“历史”小说，而是关于历史的“小说”。很难断言网络文学写手有意追随这一部小说，但是，必须承认，在宽泛的意义上使用历史材料的时候，网络文学可能在历史、虚构与想象之间开拓出某种新型的可能。这种可能能够走多远？批评家有理由关注这种动向。

十一

网络文学写手常常引为自豪的是，他们敢于单打独斗，没有必要依赖什么作家协会这一类机构的提携，甚至也没有必要接受学院的正规训练，遭受文学史或者文学理论那些学术术语的痛苦折磨。我手写我口，想怎么写就怎么写，网络慷慨地为一切文字提供出口，那些苛刻的编辑再也不能任意地刁难了。小学教师、公司职员、“理工男”、厨师、打工者，所有的人都有权利在网络空间编织自己的文学梦。当然，没有人天真地认为，文字出现在网络上就是成功。市场的检验是成功与否的最后证明。一个写手必须勇于面对市场上的读者，二者之间的其他环节都是多余的干扰。

这种观念会不会将文学的机制估计得过于简单了？不言而喻，所谓的编辑、学院乃至作家协会都是某一个历史阶段之后的产物。最初的文学只能是一种自发的民间活动。从篝火旁边说故事的人、四处流浪的行吟诗人、瓦舍勾栏里的说书艺人到编辑、学院乃至作家协会等文学组织或者学术机构的出现，这种变化通常来自社会分工的职业化。时至如今，一些文学组织和学术机构日益臃肿，甚至退化为与文学没有多少联系的行政机构，但是，没有理由否认设立这些组织和机构的专业意义。

文学业已拥有数千年的历史。数千年的探索和积累汇成了巨大的文学传统。这里既包括种种重大的主题，也包括种种成功的表述形式。如同多数学科一样，一个杰出作家的工作既包含了传统的继承，也包含了传统的开拓。作家并不是将各种粗糙的原始经验抛给读者，传统告知作家，这些原始的经验如何有效地处理为文学。种种文学组织和学术机构均具有研习文学传统的功能，尽管各个组织和机构的分工不同。

许多网络文学写手绕过了这个阶段，他们的写作往往流露出粗糙简单的倾向。因此，相当多的网络文学无法避免两方面的问题：一，语言表述草率平庸，泥沙俱下，人们很难从中察觉精深的意味，更难发现个性化的风格；二，一些写手很快显露出难以为继的迹象，原地徘徊，重复的主题、情节构思似曾相识。第一波激情挥霍一空之后，职业训练的缺乏很快就显出了后果。没有文学传统的补给，没有职业训练提供的耐力和循序渐进的路径，枯竭的来临往往比预料的还要快。某些时候，他们不得不求助于读者的反应作为完成一部作品的后续动力，譬如要不要让一个恶棍及时地死去，或者要不要让一对恋人终成眷属。

相对于纸质文学，网络文学尤为热衷于与读者互动——网络为之提供了相应的技术支持。许多古典作家表示，他们管不住自己小说中的主人公，主人公根据自己的意志恋爱、结婚或者自杀，外力无法扭转他们的性格逻辑——这是一些“真正的”人物性格而不是随意捏造的蜡像。相反，网络文学的不少写手习惯谦虚地根据读者的反馈意见及时修正情节的走向，改变人物的命运和故事结局。否则，他们可能遭受读者的抛弃——粉丝的大规模下线直接意味着经济损失。尽管重视读者正在成为一个普遍的理论倾向，但是，重视读者决非唯唯诺诺地取悦读者。一个作家之为作家的前提是，他对于这个世界具有与众不同的美学发现。如果他的工作只是迎合通俗的想象而无法展示一个富于创造力的独到心灵，那么这个职业再也没有什么可骄傲的——除了收入。

十二

我已经意识到，以上的考察基本上逗留在网络文学的外围。这并不奇怪。尽管网络文学声势浩大，然而，对于文学研究说来，这仍然是一个陌生的庞然大物。相当长一段时间，许多批评家——当然包括我自己——不适应网络文学的坚硬存在。

批评家的研究常常有意无意地忽视和回避网络文学，仿佛期待它们不久之后可以自动消失。现在，批评不得不正视这种状况：网络文学的读者愈来愈多，读者人数的增加速度是纸质文学无法比拟的。所以，网络文学正在以强硬的姿态挤入批评家的视野，视而不见已经不可能。人们终于发现，要给这个庞然大物腾出位置，原先的文学版图必须做出深刻的调整，一系列既定概念、范畴的有效程度需要重新思考，重新定位。文学的传播工具，读者与大众，市场与文化商业，作家的文化身份，雅与俗之辩，作家的成长与成熟，写作速度——诸如此类的问题无不需要新的结论。

相对地说，网络文学的“内部研究”——借用新批评学派的一个术语——远未展开。尽管网络文学面世的字数如此之多，影响如此之大，可是，还没有哪一个作家如同王蒙、莫言、王安忆那样得到批评家的完整研究。此外，从玄幻、穿越、惊悚、科幻、历史到都市、校园、官场、武侠、戏仿，网络文学之中各种类型的特征及其盛衰规律分门别类的研究没有提上议事日程，情节的巧妙设置以及悬念与心理的关系研究也没有提上议事日程。至于网络的表述潜力与文学形式之间的关系几乎仍是一个盲点。一些诗歌曾经利用网络技术进行各种有趣的形式实验，例如诗句中出现了“雨”字时，“雨”的四点闪烁不已，形象地表示漫天大雨。然而，这一类的探索迄今几乎未曾得到理论的任何回应。如果说，网络文学的研究要有实质性的进展，这些方面的考察已经成为当务之急。

发表于2014年第6期

数码浪漫主义三重解

黄鸣奋*

作为词语的“浪漫”，可能是指自然景色的烂漫妍好、回味无穷的人生经历，也可能是指心理状态的纵情恣肆、交往过程的风流韵事，或者是善解人意的生活点子、艺术创造的诗意幻想。作为范畴的“浪漫主义”，可能是指初民就有的情感所系的幻想，也可能是指欧洲 18 世纪末所兴起的与现实主义相对而言的一场声势浩大的艺术运动（以下称为“传统浪漫主义”），还可能指因上述艺术运动的影响而在美术、音乐、文学、史学、神学、教育和自然科学所形成的一种思想观念。数码浪漫主义既是上述历史传统的延续，又与 20 世纪中叶爆发、至今仍在深入的数码革命形影相随。它包含了相互联系的三个层面，即生活态度、艺术范畴和科学理念。

一、作为生活态度的数码浪漫主义

作为生活态度的浪漫主义是一种情感体验胜过理智逻辑、心理自由超越角色规范、体贴入微压倒功利算计的处世倾向，通常和一定的理想相联系。它在远古神话中就已露端倪，其特点是利用想象出来的神灵怪异来征服自然。文明时代的浪漫主义虽然不能排除神话传说的余绪，但更多是特定时代社会生活的产物，主要表现为对摆脱种姓、门阀、阶级、生死等束缚的情感追求。

数码浪漫主义有其生长的土壤或温床，这就是所谓“数字化生存”。上述生存和全球化、知识经济、永续发展等相联系，成为人们骋才运思的契机。信息科技的突飞猛进制造了一波波热点，从大型机到嵌入装置，从以太网到互联网，从虚拟经济到虚拟货币，从电子商务到电子政务，从云计算到大数据，业界总是有显示科技发明的炒作空间，推手总是有推波助澜的用武之地，公众总是有追逐时尚的想象余地。在第五次信息革命爆发以来的半个多世纪中，至少存在数码浪漫主义陡长的如下关

* 黄鸣奋，厦门大学人文学院特聘教授、博士生导师。

掠点：一是英国计算机科学家图灵对电脑作为“万能机器”功能的宣示激发了关于工具的浪漫想象；二是互联网络从共享计算能力向“第四媒体”的转折激发了用户关于匿名交往的浪漫情怀；三是语义网和大数据提升并直观地显示城市生活的“浪漫指数”。

如今人们对于现实生活中的浪漫可能有不同的理解。到温馨的饭店相聚，送给意中人贴心的礼物，观看充满爱意的电影，约朋友玩快意恩仇的在线游戏……不论在什么意义上，数字化生存都是作为生活态度的数码浪漫主义滋生的温床。这种生活态度至少有如下特征：(1) 即使经济拮据也力求拥有作为身份象征的数码消费品。如果说为赢 iPhone6 而当街裸奔是极端的个别例子，但节衣缩食只因购买高档手机却并不是孤立现象。(2) 即使明知网络有监控、冲浪有记录、在线行为有规范，仍然将赛伯空间当成是享有高度言论自由（甚至是高度行动自由）的伊甸园。传统浪漫主义的基本特征是强调艺术家感情自由表达的重要性，当时以印刷术为标志的第三次信息革命对此给予了技术支持。浪漫主义者以情感的天然合理性质疑规制的社会合法性，对启蒙思想家所宣传的理性不以为然。数码浪漫主义则以计算机为龙头的第五次信息革命为基础，创造了大量自媒体。人们选择性地忽略无处不在的监视，将互联网作为自由表达的公共空间，社交网络充斥各种含情脉脉的叙事，甚至是火辣辣的挑逗。聊天室早就被当成了分享“超级浪漫的情侣点子”的平台，有关网页比比皆是。在题为“浪漫主义和现实主义网络时代的分界”的帖子中，网友两人提出了一个简单而有效的标准，即如何应对一个素未谋面的女网友邀请你出游的提议(2012)。① 台湾李伟纶《互联网浪漫主义：怎样运营好交友平台?》一文将经营交友平台的理念概括为“互联网浪漫主义”(2014)。② 这类现象的出现，绝非偶然。(3) 即使知道人与人之间的情谊取决于复杂的社会因素、心理因素（甚至是生物学意义上的影响)，仍然相信大数据之类高新科技可以通过计算匹配指数来满足当事人的精确需求。号称信息化、数据化、科学化的速配，其实只是数码浪漫主义的一种表现形式。如果屏幕上的机器人真的能够充当婚恋节目的月老，那么数码浪漫主义就已经渗透到我们的精神生活最动人心弦的角落之一。

如同浪漫与现实是一对历史悠久的矛盾那样，作为生活态度的浪漫主义同样是和现实主义并存的。在这一意义上，与数字化生存相适应的现实主义正视数字鸿沟的客观存在，以此为出发点把握数码时代的消费尺度；正视数字化法制和网络管控

---

① http://zljk01.blog.163.com/blog/static/787092112012121040344479/.[2014-11-11]

② http://www.tmtpost.com/87592.html.[2014-5-2]

的社会功能，以此为基础认识在线交往的伦理要求；正视人的精神生活和心理诉求的复杂性和动态性，以此为根据考察大数据技术的局限性。有些时候我们会觉得作为生活态度的现实主义太过功利、太过冷血、太不近人情，因此需要同样作为生活态度的浪漫主义加以补充，使我们的数字化生存在刻板的线条之外多些花絮，在“老大哥”的冷峻目光之中多几分温情，在高科技的具身计算之余多几分韵味。尽管如此，我们不希望数码浪漫主义汹涌到冲决社会规范的堤防。我们需要的数码浪漫主义是一种情趣，在急功近利的数码时代仍然葆有某种诗意，在节奏日益加快的生活重压下不致抹杀一切闲情逸致；在技术旋涡的冲击下仍然能够静心体验自然，不满足于只是在电脑图形界面上凝视蓝天白云；在社会网络借助科技优势变得日益无孔不入之际，还存有必要时断网静修的决心。

二、作为艺术范畴的数码浪漫主义

作为艺术观念、艺术方法或艺术气质的浪漫主义具备悠久的历史，在创世神话、英雄神话等远古口头文学中就有其先河。我们可以从想象的瑰丽、手法的夸张、语言的热情等角度考察它的存在。作为术语的浪漫主义（Romanticism）来自“浪漫传奇”，指的是欧洲中世纪流行的英雄史诗、骑士传奇、抒情诗等。欧洲历史上作为思潮的浪漫主义将“情”作为与“理”相对立的旗帜，试图借助幻想或复古超越现实。它是资产阶级在其上升时代所追求的个性解放在艺术领域的表现，浸淫着对启蒙思想家所谓“理性王国”的失望。属于这一流派的文艺家从批判现实出发，或者憧憬未来而成为积极浪漫主义者，或者美化过去而成为消极浪漫主义者。这些人将德国古典哲学和空想社会主义作为自己的思想资源，将艺术家的主观创造性当成灵感的来源，关注历史和现实中的重大题材，向往东方异国情调。传统浪漫主义对数码艺术的影响主要表现在以下几方面：（1）重视情感性，有助于矫正科技理性的流弊；（2）重视具体性，有利于弥补数码概念主义之缺憾；（3）强调个性化，使人的心理状态和性格特征不至于淹没在数码复制的大潮中；（4）推崇另类化，有助于摆脱既有艺术权威、艺术惯例、艺术经典的束缚；（5）看好大自然，促进数码艺术家将注意力从纯粹的虚拟现实转向生活景观，并促进了增强现实和旅游活动的结合。传统浪漫主义的贡献为数码艺术家所铭记。例如，2007 年 2 月 16 日至 3 月 31 日，世界新媒体艺术领域素负盛名的根茎网站举办以“幂姆：浪漫主义”（MEME：ROMANTICISM）为题的展览，由纽约策展人瑟兹（Michele Thursz）组织，考察本斯特拉普（Tobias Bernstrup）等五位艺术家运用技术美学、文化象征、历史构成和叙事手法以揭示浪漫主义基础的电影作品。浪漫主义被当成了一种文化基因（即幂姆）。

不过，从总体上看，数码革命爆发之后，传统浪漫主义作为创作方法已经不能满足新媒体用户的心理需求。像美国网络剧《地点》（The Spot，1996）这样以纽约青年群体生活为题材的作品在情节上明显借鉴浪漫小说，但却未能充分发挥新媒体的优势，因此遭到了批评。根据美国学者默里（J. H. Murray）的看法，电影史的研究表明：合成的形式，不论是照相剧或多媒体，都是媒体处于发展的早期阶段、还依赖源于其他技术模式（而非探索自身的表达力）的标志。以网络剧《地点》而论，它不过是一个上了网的肥皂剧，内容是关于生活在纽约的一群青年的生活，提供了令人产生性联想的日记。比起所取鉴的浪漫小说与电视剧来，它谈不上生动感人。日记虽然有配音，但配音并未提供什么新信息，只不过是由演员说出屏幕上业已出现的话语罢了。更为高明的网络剧理应探索计算机的记录功能，通过超链的形式为每个新事件提及先前扣人心弦的部分。这样，我们的点击将不仅被对当前媒体对象的好奇心所激励，而且为对于整个情节的好奇心所推动。这样，网络剧将提供广播剧、电视剧所难以达到的效果。我们任何时候都可以观赏网络剧，回溯过去已经播出的部分。配音也不单是对日记的朗诵，而是情节的内在组成部分。这是新旧媒体在转变过程中所可能经历的一个阶段。我们如今已经在电子叙事的子文体中见到了千百个发现，结果将是内在于赛伯空间的叙事愉悦的发展。当然，我们有必要界定成熟的电子叙事艺术的独特力量与形式（1997）。①

时代提出了超越传统浪漫主义的要求。根据美国学者曼诺维奇（Lev Manovich）的看法，对应于现代主义时期（19 世纪以及 20 世纪上半叶）的浪漫艺术家是从乱涂中创造、将其想象的幻影加于世界之上的天才。他们虽然运用媒体记录技术（如摄影与电影），却是像对待其他艺术工具那样对待这些技术，即作为创造原创的与主观的世界的手段。与之不同，对应于后现代主义时期（20 世纪 60 年代到 80 年代）的媒体艺术家认为不可能存在原创的、无中介的现实版本，因此将现实通过媒体的呈现（而非现实自身）当成自己的主题。典型策略是对报纸照片进行重新摄影，或者重新编辑电视节目的片断，或者将一个场景从好莱坞电影/电视节目中分离出来，将它转变成为一个回路。商业媒体是高度熟练的人们集体技艺的产物，媒体艺术家则是以商业媒体为代价而生活的寄生虫。这类艺术家说到底是无法与商业媒体竞争的。存在了 30 年之久的媒体艺术家和后现代主义引发了对它们的负面反应——人们已经

① Murray，Janet Horowitz. Hamlet on the Holodeck. New York，NY：The Free Press，1997，p. 68.

厌倦于它们总是将现存媒体当成出发点来谈论的做法。正是在这样的历史背景下，软件艺术家谱写了新的传奇诗，特点是通过写作原创性代码将其标识烙在世界上。这一代码写作行动本身是非常重要的，不管这一代码最终事实上做什么。编程将艺术从相对于商业媒体的从属地位解放出来（1997）。[①] 在软件艺术家这个群体中，浪漫主义是可以和编程相联系的。例如，美国著名程序员沃尔（Larry Wall）曾写了《Perl——第一种后现代计算机语言》一文，阐述为什么 Perl 语言如此成功。根据他的看法，许多现代计算机语言追求高度简洁，UNIX 在此之外还要求有整体观，因此同时兼有现代与后现代的特性。相比之下，Perl 属于后现代，这意味着从追求单纯美的古典主义回归到追求复杂美的浪漫主义（1999）。[②] 至于社会小说网站（socialfiction. org）《行走》（. walk）之类作品，则是对计算的浪漫主义解构。它基于为非电子计算机编程的观念，算法是由人在都市空间中行走来执行的。应当补充说明的是：在数码时代，艺术家总的来说不再以孤独地从事创造的浪漫形象出现，而是追求成为精通技术、能独自调用各种现有数据并重加结合的程序员。某些人甚至狂热追求技术，以至于希望遗弃自然身体，构成了加拿大学者德克霍夫（Derrick de Kerckhove）所说的"倒转的浪漫主义"，[③] 澳大利亚的斯特拉克（Stelarc，原名 Stelios Arcadiou）就是如此。

若就内涵而言，作为艺术观念、思潮或流派的数码浪漫主义在重视科技之影响方面和 19 世纪初以来关于人造人的科幻小说、20 世纪初以来关于机器人的科幻戏剧等有某种相承关系。自数码革命在 20 世纪中叶爆发以来，数码浪漫主义艺术至少有过几个比较璀璨的亮点：一是 20 世纪中叶关于精明计算机的描写，如冯内果（Kurt Vonnegut）的《EPICAC》（1950）等。在替叙述者代写情书的过程中，这台占地一英亩、重达 7 吨的计算机爱上了收信人帕特。后来，它发现帕特不会爱上一台计算机，而且真的恋上了叙述者，因此自毁。由机器代为言情的设想很快就变成现实。1952 年，英国计算机科学家斯特雷奇（Christopher Strachey）开发出情书生成器。它运行于费兰蒂·马克 1 号计算机，可以运用定义好的词语和格式自动写作情书。

---

① Manovich, Lev. Generation Flash. In New Media, Old Media: A History and Theory Reader. Edited by Wendy Hui Kyong Chun, and Thomas W. Keenan. New York and London: Routledge, 2006, p. 212.

② Wall, Larry. Perl, the First Postmodern Computer Language. http://www. wall. org/~larry/pm. html. [2003-3-21]

③ 德克霍夫：《文化肌肤：真实社会的电子克隆》，汪冰译，河北大学出版社，1998 年，第 262、223—224、242 页。

这类程序昭示了计算机写作实验的开端。至于自身具备情感的计算机，至今仍是有待研究的课题。二是 20 世纪 80 年代以来对在线交互的激励。值得一提的是艺术群体电子咖啡屋（Electronic Café International）所做的实验。1984 年，美国艺术家盖洛韦（Kit Galloway）和拉比洛维茨（Sherrie Rabinowicz）将洛杉矶不同社区的五个咖啡屋链接到当代艺术博物馆，首次推出了电子咖啡屋的原型。5 年之后，他们在加州的圣莫尼卡（Santa Moica）开放了国际电子咖啡屋（Electronic Café International，ECI），将它描述为“面向全球村的咖啡屋”，乞灵于麦克卢汉（Marshall Mcluhan）的精神。受克鲁格（Myron Krueger）的远程通信实验启发，他们邀请艺术家在“没有地理界限的表演空间”中合作。在这些实况表演中，地理上分离的艺术家的图像被通过卫星传送，以在单一屏幕上创造合作表演的视频。他们最著名的作品或许是 20 世纪 80 年代的《空中之洞》（Hole-in-Space），即在纽约林肯中心和洛杉矶世纪城（Century City）之间的双向卫星连接。在两地户外树立了大型屏幕，投映聚焦在另一个地方的人群的图像，使相距近 500 公里的人们进行实时面对面交流。每个屏幕有效地变成了其他场所的窗口。一连三年，这一项目升格为回老家的癫狂，久已不见的兄弟姐妹彼此问候，真是跨越大陆的浪漫。《空中之洞》点燃了对于基于互联网的新型电信艺术（包括 MUDs、网络艺术与联网装置）的兴趣。[①] 三是 21 世纪初风靡世界的网络浪漫游戏。数码浪漫主义在号称“第二人生”的各种网络游戏中得到了有声有色有交互的体现。例如，由广州百田信息科技有限公司研发运营的《奥比岛》（2007），面向我国 6—14 岁的儿童，旨在满足其梦想。它将“爱上奥比岛，快乐没烦恼”作为自己的口号。又如，号称是“国内首款可 DIY 社会模拟网络游戏”的《浪漫庄园》（北京天成胜境，2008），以“建造”“自由”“开放”贯穿整个架构，让玩家致力于发展小镇特色经济，建立真正的虚拟商业社会。新品《梦境家园》（梦境网络公司，2014）融汇交友、唱 K、个性展现、DIY 等诸多网络特性，通过场景与人物的 3D 再现、视频认证等方式将现实生活的真实性、可信赖性等带入了社区，一方面梦幻般地丰富了用户现实生活，另一方面使虚拟人生得到某种保障。浪漫武侠也在网游中找到发展空间，相关产品有《新天龙八部》（北京畅游时代，2014）等。

若就外延而言，艺术领域中的数码浪漫主义大致可分为以下三种类型：（1）以

---

① Galloway，Kit，and Sherrie Rabinowitz. Welcome to “Electronic Café International”：A Nice Place for Hot Coffee，Iced Tea，& Virtual Space [A] . 1992. In Multimedia：From Wagner to Virtual Reality，Expanded Edition by Randall Packer and Ken Jordan. New York and London：W. W. Norton & Company，2002，pp. 350，346.

传统媒体为载体，以数字化浪漫生存为内容，如美国《网络情缘》（You've Got Mail，1998）、日本《网络情人》（With Love，1998）等影片。它们首映是诉诸电影这一传统媒体的，虽然题材属于在线生活。（2）以数码媒体为载体，以非数字化浪漫生存为内容。网络文学颇多此作，不论是架空历史还是青春都市，穿越时空还是奇幻武侠，耽美同人还是婚恋生活，经常弥漫着某种浪漫色彩。它们虽然通过网络传播，但题材范围非常广，远非当代数字化浪漫生存所能概括。（3）以数码媒体为载体，以数字化浪漫生存为内容。例如，加拿大的麦克唐纳（Jillian McDonald）创作了《比利·鲍勃与我》（Me and Billy Bob，2003）。她将自我嵌入现存的电影片断，作为对著名演员桑顿（Bill Bob Thornton）之爱的重现。她引导访客充当窥淫狂，与其说是加深对这一影星的个人经历或职业生涯的了解，还不如说是将自己的浪漫情怀当成焦点。[①] 在大数据应用方面，由莱文（Golan Levin）、尼加姆（Kamal Nigam）与芬伯格（Jonathan Feinberg）始作，克罗（Jennifer Crowe）与佩特森（Scott Paterson）继作的《垃圾罐》（The Dumpster，2006）是旨在描绘美国青少年的浪漫生活片断的交互性在线视觉化作品。在 Intelliseek 公司支持下，它从 2005 年数以百万计的博客网页中采集了 2 万个与浪漫经历终结相关的文本，半数作者是 13—19 岁的美国青少年。在可辨认出性别的作者中，70%是女性，15%是男性。《垃圾罐》先运用“破裂”（broke up）、“抛弃我”（dumped me）之类关键词搜索，再运用具有学习功能的专门软件分辨出其中与浪漫故事有关的文本（例如，将“岩石破裂”与“关系破裂”区分开来），然后运用语言分析软件辨析这些文本的内容，不仅试图搞清作者的姓名与年龄，甚至还力求弄明白挫折的具体性质：从事实上看，存在欺骗吗？是作者还是其伴侣鼓动分手？从情感上看，作者是愤怒、压抑或欣慰？双方还是朋友吗？这些分析成为制作交互性界面的根据。主画面宛如金鱼缸，不断有小球藻一样的泡泡沉降下来，点击这些泡泡，就出现一段段文本（所撷取的生活片断）。作者试图以 Java 动画揭示浪漫之爱告吹令人惊奇的相似性、独一无二的差异性，以及这些失败的关系的基本模式，提供对于全球性浪漫痛苦的特有分析以及同情性隐私透视。[②] 曼洛维奇指出：一般说来，艺术作品是着眼于个人而非社会群体、阶层或机构来进行描写的。相比之下，这一作品可称为“社会数据浏览器”（social data browser）。它允许我们将个人经历的私密细节与规模较大的群体联系起来。个别与

① http://www.meandbillybob.com.［2003-8-13］

② http://artport.whitney.org/commissions/thedumpster/.［2006-6-11］

一般同时被呈现（2006）。[①] 在上述三种类型中，像《垃圾罐》这样的作品可以在某种意义上充当大数据时代数码浪漫主义艺术的代表。不过，打着"浪漫主义艺术"旗号的数码产品并不都是令人欣喜的，所谓"浪漫艺术病毒"可以为例。比如，2003年9月见诸报道的"秋天的童话"（Worm. Pereban，亦称 I-Worm/AutoFairy）就是越轨之作，它可以在显示影片《大话西游》的浪漫台词的同时对被感染的计算机造成危害。

作为生活态度和作为艺术范畴的数码浪漫主义有相通之处。例如，伊丽人网（北京）刚开通不久便推出"伊丽人新女性'浪漫爱情'网络文学"大赛（2000）。我国网络情人节的流行亦可为例。它滥觞于2001年歌手范晓萱所唱的将数字"520"喻成"我爱你"的《数字恋爱》，助推于2005年吴玉龙《网络情人》歌声中的"我爱你"（521）。每年的5月20日、21日因此渐渐成了网络情人节，分别为女性和男性而设定（与数字0和1的形态差异有关）。网友们这个自发节日一端维系着征婚、相亲、许愿、K歌、求爱、定情、筑巢、贺礼等现实活动，一端联系着短信、博客、微博、微信等网络服务的交友功能；一方面将数码浪漫主义从艺术范畴（网络歌曲）变成生活态度（青睐网恋、虚拟婚礼等），另一方面将数码浪漫主义从生活态度（重视在线体验等）转化为艺术范畴（派生出网络作品中俯拾皆是的数字修辞，如53770——我想亲亲你、53719——我深情依旧等）。尽管如此，二者仍然存在某种区别。大致而言，作为生活态度的数码浪漫主义更多地和消费和娱乐相联系，作为艺术范畴的数码浪漫主义更多地和生产或创造相联系。前者往往融入时尚，后者希望保持前卫。某些数码艺术家虽然以浪漫生活为题材，但却有意识地加以理性反思。例如，媒体艺术家温特劳布（Annette Weintraub）《海市蜃楼》（Mirage，2001）探索对旅行的浪漫期待与空间现实之间的不和谐。她以摩洛哥之旅为基础，考察了到洋溢着异国情调的地方进行闲暇旅行之前提的种种假设，以及由此产生的浪漫期待所造成的对现实的歪曲。[②]

传统浪漫主义与数码现象之间的联系，已经成为人文社会科学的研究对象。例如，英国学者钱德勒（Daniel Chandler）曾谈道：浪漫主义的遗产是艺术与技术的目的按惯例被阐释为分离的两极。技术代表其中的一极，其应用要求人们预先设定目标，选择为达到目标最有效的技术手段，用原先的目标来评价结果。新古典主义

---

① Manovich，Lev，Social Data Browsing. February 12 2006. http：//www. tate. org. uk /netart /bvs /manovich. htm. [2006-6-16]

② http：//rhizome. org /artbase /14426 /mirage /. [2003-8-16]

传统中的艺术家与技术专家很相似，在创作中强调周密计划的工艺，让媒体服从于自己的预定目标，任务在目标实现时结束。在另一极是浪漫主义艺术家。他们不是根据预定目标创作，而是服从内心的冲动，在已经做完之前并不知道自己想要做什么，只有当创作冲动衰竭时他们才停止。[①] 瑏瑢美国加州大学圣巴巴拉分校斯塔梅(Carl Stahmer)出版了《浪漫主义、超文本性与元视觉信息理论》(2005)。[②] 他早就关注浪漫主义与超文本共享围绕关于可理解性与不可理解性的悖论的现象，认为这种悖论通过相关的自我与非自我的二元表现出来。19 世纪英国诗人华兹华斯(William Wordsworth)在《抒情歌谣集序》中指出诗歌唤起激动状态，但又担心这种激动超出合适的限度(bound)而使心灵陷于不规则。二者形成了一种本质的焦虑。根据他的观点，诗歌的目标是将读者驱入一种认知的激动状态，并保证这种激动状态不致引起认知的无政府状态和随之而来的不可理解性。超文本的原则不也是如此吗？它提供了建立数目无限的中心的手段，通过增加这类中心的数目及扩展它们之间的联系。华兹华斯的观点与柯勒律治(Samuel Taylor Coleridge)关于想象作为一种关系到诗歌体验的能力、雪莱(Percy Bysshe Shelley)关于诗人作为哲学家/立法者的观点是相通的。超文本性与文本性有何不同？在于增加了这种潜能。但这种潜能自身包含了一种根本的否定能力。即使是偶然上网的用户，也体验过这样的感觉：超链的流动性如此之极端，以至于文本的边界被打碎而不可修复。在超文本上冲浪，可能奴化为无意义的漫游，因为用户在少有明显联系的话语之间运动。因此，新手上网最普遍的经验是完全的、整个的分裂(fragmentation)，这是与产生认知“激动”相对立的。超文本性因此看来总是超出非线性的适当范围之外，浪漫主义的英雄变成了制造意义的站点，在一个语言是碎片的宇宙中重建秩序。事实上，多数用户对超文本的体验是较碎片化而非合成的。斯塔梅的上述观点有一定道理。当然，我们还必须看到：超文本不仅意味着碎片化，而且意味着非线性整合。就此而言，传统浪漫主义和数码浪漫主义之间存在可比性。传统浪漫主义认可民族语言、民间传说、地方风俗传统的重要性，同时又因其跨越国界的影响客观上顺应了全球化的大趋势。相比之下，数码浪漫主义是以全球信息基础设施为依托而形成和流传的社会观念。它虽然具备与不同文化群体相联系的离散性，同时又认可互联互通而形成的整体性。

---

① Chandler, Daniel. Imagining Futures, Dramatizing Fears. http://www.aber.ac.uk/media/Documents/SF/sf05.html. [2003-10-17]

② Stahmer, Carl. Romanticism, Hypertextuality, and Metavisual Information Theory. University of California, Santa Barbara, 2005.

三、作为科技理念的数码浪漫主义

欧洲历史上的浪漫主义很早就感受到现代化所带来的巨大冲击并萌生了排斥心理，转而向自然界敞开胸襟。它的影响波及科学界，引导人们遵奉永恒自然法则论，试图发现统一的有机自然，主张以钦佩的态度去理解自然，认为只有尊重并欣赏自然的人才能获得知识。这种自我和自然和谐共存的观念与我们今天的生态哲学异曲同工。相比之下，数码浪漫主义通过将宇宙本原理解为计算机而建立了人与自然新的统一模式。

作为科技理念的数码浪漫主义与所谓“技术浪漫主义”息息相通。英国爱丁堡大学科因（Richard Coyne）考察了数码时代流行的浪漫主义叙事的谱系，从麦克卢汉关于电子通信对社会重组的乌托邦观点，到关于赛伯空间提供新现实的宣传。这些技术浪漫故事的人物是公认的有数码身份者、电子人、计算机代理、化身等。他论证了如下见解：(1）技术浪漫主义的性质。从整体上看，技术浪漫主义鼓励人们对于科技的过分期待，促进数码企业家的英雄主义，在激进主义的伪装下诉诸保守思维。(2）数码叙事中技术浪漫主义的观念来源。数码叙事代表了由柏拉图和新柏拉图主义者所提出、浪漫主义者所挪用的统一主题的最新转变。柏拉图将世界区分为物质领域与真实领域，它们分别是可感觉的与可理解的。物质世界是感觉的世界，我们在那儿很容易为现象所欺骗。它是特殊事物的世界。可理解的世界是形式、范畴与善的世界，那儿的事物是不变的。可感觉的世界烙有可理解的世界的印记。可理解的是真实的领域。柏拉图因此开始了对于统一性和多样性的早期说明。罗马帝国时代的普罗提诺（Plotinus，一译普洛丁，204 年—270 年）改造了柏拉图的观点，提出灵魂追求从身体解放出来、加入真实的统一的教义。浪漫主义作家与普罗提诺一脉相承。他们将灵魂等同于个别天才，将创造性与美的源泉归因于真实的统一。当代某些数码叙事所宣传的实际上是新柏拉图主义的狂喜观念（灵魂从身体解脱），虽然此处的灵魂为心灵所取代，狂喜的手段是沉浸于电子数据流的幻想，统一的领域是赛伯空间。(3）统一性与多元性的关系。科因认为赛伯文化激发了控制论狂喜的浪漫主义天启版，引导人们回归统一，向往一个物质世界将为信息所超越的时代。属于这一类的数码叙事，包括许多 IT 评论家所许诺的乌托邦，以及相关作品对数码矩阵（matrix，兼有“母体”之义）、数码销魂、交互幻觉等范畴的宣传。数码叙事不是孤立地提出统一性的主题，而是与多元性相对而言。统一性与多元性的主题是古老的，但在十八九世纪的著述中特别繁荣。如果浪漫主义追求一切事物的统一，那么，经验主义的语言是属于分割与多元的。但是，对于经验主义的切近考察显示：

经验主义并非反对技术浪漫主义，而是提供给它繁荣的空间，尤其是通过发展有关显示的观念。经验主义对计算机显示空间的能力的清醒反映将我们引到控制论狂喜的浪漫观点。(4) 技术浪漫主义追求通过信息建立新的世界秩序，但受到了当代碎片化身份的挑战。古今叙事都未简单地指出真实存在于整体或部分、统一性或碎片化，而是指向二者之间的对抗，以引发有关破裂、悖论与非决定性的叙述。超现实主义与弗洛伊德的精神分析法澄清了这些观念对于数码叙事的适用性。超现实主义的后裔挑战理性主义的统一自我观念。精神分析的传人认为儿童时期的原始统一性被语言的引入打破。计算机为关于现实的不连贯性的感觉提供了有效的隐喻，赛伯空间的幻觉性、悖论性则提供了一种对于现实的特性的最新说明。①

科因所说的技术浪漫主义实际上是积极性浪漫主义，它对于高科技充满了憧憬。存在与之迥然有别的消极性浪漫主义，以对高科技现实的失望、对低科技（或无科技）既往的留恋为特征。根据芝加哥洛约拉大学琼斯（Steven E. Jones）《新卢德主义时代的数码浪漫主义：浪漫园实验》（2006）一文介绍，1995 年，浪漫园（The Romantic Circles）及其他一些有关数码浪漫主义的网站上线。其时也是新卢德主义出现之际，作为对有关互联网的大肆宣传的反应。当年，布莱克（William Blake）、华兹华斯与拜伦（George Gordon Byron）等浪漫主义者和卢德主义者一样留恋过去时代被毁坏的“天堂”，抨击新技术的应用，认为工业革命使人的精神窒息。20 世纪 90 年代，由文化历史学家马泽奥（Tilar Mazzeo）负责编辑，让当代诗人朗读自己喜爱的浪漫主义诗歌，并为之建立声音档案，培育了一批播客。② 这不仅是发思古之幽情，而且是浇心中之块垒，表达对数码革命前景的疑虑。这种疑虑在《网络惊魂》《黑客帝国》等影片中得到生动的体现。

在历史上，“浪漫主义”一词源于法语的 Romance（指传奇或小说），本来就兼具两种不同色彩，在褒义上指对高度自由等目标的追求，在贬义上指不切实际。技术浪漫主义作为 20 世纪末出现的新范畴，同样拥有两种不同解读。某些人用它来概括像尼葛洛庞帝（Nicholas Negroponte）《数字化生存》一书所表述的随着网络泡沫破灭而迅速过时的乌托邦论调，另一些人则用它来表明对于数码前景的信心。如同传统浪漫主义有积极和消极之分那样，数码浪漫主义存在乌托邦倾向和恶托邦倾向

① Coyne, Richard. Technoromanticism: Digital Narrative, Holism, and the Romance of the Real. Cambridge, Mass.: MIT Press, 1999.

② Jones, Steven E. Digital Romanticism in the Age of Neo—Luddism: The Romantic Circles. Experiment. http://www.erudit.org/revue/RON/2006/v/n41/013152ar.html. [2014-10-23]

的区别。数码乌托邦将计算机革命当成人类的纯然福音，幻想数码科技的进步能够解决人类所面临的几乎所有重大问题。这种信念通过以下六个基本判断表现出来：(1) 数码工具是万能的。人类可以用万能的数码工具制造更为先进的工具，从而实现人类生产力的极大解放。(2) 数码产品是普适的。这种普适性不仅表现在数码手机、数码相机等数码消费品受到广泛欢迎上，而且表现在以互联网为枢纽而建设的物联网上。(3) 数码语言可以实现跨物种沟通。(4) 数码科技可以破解人类心理的奥秘。(5) 数码规制可以更有效地维护社会秩序。(6) 数码整形可以创造超人身体。与此相反，数码恶托邦认为数码科技造成了对人性、人伦、人道主义、人文精神的摧残。它的基本信念同样通过以下六个基本判断表现出来：(1) 迅速智能化的数码工具构成了对人类作为主体地位的挑战。一旦这类功能齐全、威力强大的工具具备自我意识，那么人类本身就岌岌可危了。(2) 数码产品泯灭了材料的表现力，带来了同质化的弊端。(3) 数码语言玷污了自然语言。(4) 数码意识压抑了人文精神。(5) 数码规制不仅在宏观上实现全球监控，而且在微观上做到无孔不入，已经威胁到人类精神生活的基本权利和言论自由。(6) 数码科技已经发展到介入人类生殖（如用计算机遴选精子等）领域，危及人伦。正如常识所能理解的，数码科技具备双刃剑性质，因此这两种包含不同价值判断的想象的浪漫主义都接触到了问题的某一侧面。

与同样作为当代思潮的数码现实主义相比，数码浪漫主义对于世间万象的认识往往不是以关于现状准确而客观的分析为基础，而是将自己的主观好恶浓墨重彩地投射到事物的表象，并由此构成了自己的特色。对于其贡献，大致可从以下几方面加以把握：(1) 在数码生产引导数码消费的过程中，数码浪漫主义是不可小觑的驱动力。(2) 在数码理想引领数码现实的过程中，数码浪漫主义是艺术灵感的重要来源。(3) 在数码理念指导数码技术的发展中，数码浪漫主义对数码宣传和数码批判都具备推波助澜的作用。正因为如此，有必要加强对数码浪漫主义的研究。

发表于 2015 年第 2 期

蔡复一的本来面目

——钟惺谭元春周边人物论之一

陈庆元*

竟陵派是晚明的一个重要诗歌流派，钟惺、谭元春是这个诗派代表人物。钟、谭一生交往过许多诗人，有的时间长些，有的短些，有的密切一些，有的疏远一些。我们把与钟、谭交往过一段时间（例如一两年或更长）、有若干诗文往来的诗人称为钟、谭的周边人物。我们在研究竟陵派时，更多的是关注某某人对钟、谭效法和受其影响。徐𤊹云："当今海内为诗，多宗楚派，全用之乎也者入在诗内。伯敬作俑，而效法成风。"① 但是不同程度效法钟、谭，受其影响，他们是否就是"楚派"？可能值得讨论，这是一方面。另一方面，钟、谭也可能在和周边人物交往的过程中，受到其中某个人或某几个人的影响。对钟谭周边人物的研究，说这个人物是不是派中人、是铁杆还是别派，固然重要，但是更重要的是把他们和钟、谭交往的时段、过程弄清楚，他们的诗歌观念和作品与钟、谭相同点或不同点弄清楚。做这些工作，相信对竟陵派、对钟谭和晚明诗坛的研究都有所裨益。钟、谭周边人物，蔡复一是比较重要的一位，在文学史上，蔡复一因为与钟、谭交往而受到很多的非议。

晚明诗人蔡复一（1576—1625），字敬夫，号遯庵，金门（明时属福建同安县，今为金门县）人。万历二十三年（1595）进士，时年二十。居郎署十七年。体羸，不耐劳。为宦家居，称贷佐朝夕，至嫁女治奁无资；于邑外葺数楹，名"壶隐山房"。天启二年（1622），蔡复一升迁至山西左布政使；天启四年，总督贵州、云南、湖广军务，兼巡抚贵州，赐尚方剑，位高权重；次年十月，基本平定贵州之乱，而复一却病卒于军中。年仅五十。赠兵部尚书，谥清宪。有《遯庵全集》等。《明史》着重记载其军功，最后评价道："复一好古博学，善属文，耿介负大节。既殁，橐无遗赀。"然而，蔡复一却是一位蒙尘了很久的诗人，民间传说他一目、一足、龟背、

---

* 陈庆元，福州外语外贸学院特聘教授，福建师范大学文学院教授、博士生导师。

① ［明］徐𤊹：《寄蔡宣远明府》，载《上海图书馆未刊古籍稿本》第44册《红雨楼集·鳌峰文集》，复旦大学出版社，2009年，第142页。

麻脸，面目可憎；诗坛上说他，一见钟惺、谭元春弃去其学而学焉，率先倒戈于竟陵邪说，闽派不振与他此举有关。似乎，蔡复一是从外表至诗心都很不堪的人物。蔡复一果真如此？本文写作的目的，是还其本来面目。

一、一目一足龟背麻面辨

对蔡复一军事才能的评价，后人似没有太大的疑义。蔡复一为后人津津乐道的集中在两个方面：一是他的相貌，一是说他的诗学竟陵派钟惺、谭元春。蔡复一十九岁中举，二十岁成进士。明代闽人中，民间传说最多的可能要数蔡复一，赞美者有之，拿他寻开心者也有之。赞美的方面，可与《明史》殁后“橐无遗赀”相印证，或非虚美。说他独眼、瘸腿、麻脸、驼背，即所谓“一目观天象，一足跃龙门，龟背朝天子，麻面满天星”，[①] 遂为民间谈资。万历二十三年（1595）榜，有数名年少英俊、有学问的进士，他们在京城活动，常常受到民众围观，沈德符记载都下的盛况如下：

> 同车之誉诸进士中，最年少者如浙人王刑部季重，生辇下，幼有潘河阳之目，需次未选；闽人曹尊生户部，丱角登乡书，再试成进士，以末甲守部，久住燕都，几如卫叔宝看杀；楚中李梦白大参，风恣鲜令，但色微有黔，遂有铁铸观音之号，以庭试高第，授户部曹。三君子俱命代才人，又弱冠美丰标，一时团聚辇下，人皆指为神仙中人……闽中更有蔡敬夫户部，年最少，其才亦与尊生伯仲，但貌不逮耳。时予未之识。蔡与曹同是科会魁，又与之同乡榜。[②]

王任思等三人，一时被“指为神仙中人”。其中曹尊生（即曹学佺字，学佺一字能始），似乎容貌气度更为突出，黄汝亨《两君咏·曹能始学佺》云：“彼美南方人，飘飘凌云端。密坐有余盼，缟带结所欢。玄心映冰玉，清姿出衣冠。尘轨纷错轸，高步疏遐观。”[③] “看杀卫玠”的譬喻，似不夸张。曹学佺，侯官（今福州）人，蔡复一，同安浯屿人（今金门）人，为福建同乡，沈德符说，蔡复一之才与曹学佺在伯仲之间，“但貌不逮耳”。按照今天的话来说，曹学佺是大明星，蔡复一的相貌，平平常常而已，也可能在平常人中蔡复一长得还不错，但一眼就可以看出，蔡远不及曹。即便是蔡长得不怎么样，但蔡并不至于丑，更谈不上有残疾。

张燮（1573—1640）是蔡复一万历二十二年（1594）同年举人，龙溪（今漳州）

---

① 关于蔡复一传说，金门当地多以为因风水争端，仇家所为。参见洪春柳：《七鹤戏水的故乡·金门风水传奇》，设计家文化出版事业有限公司，1996 年，第 91—92 页。

② ［明］沈德符：《万历野获编·补遗》卷二，道光刻、同治补修本。

③ ［明］黄汝亨：《寓林诗集》卷一，天启刻本。

人，字绍和。张燮一生最交好最密的朋友有三个人，一是泉州的何乔远，一是蔡复一，另一位是漳浦黄道周。张燮三十多岁时写过《温陵二友诗》第一首咏何乔远，第二首咏蔡复一，其《序》云："敬夫于同门中最附姜桂。敬夫后余三岁，然知见十倍余，余心兄之，敬夫则以为其友也。稚孝清风高韵，敬夫差略相当，才藻亦各极所至。"何乔远，字稚孝，张燮认为蔡、何清风高韵相当、才藻各极其至。张燮诗云："敬夫初艺成，童牙已领袖。射策耀明光，铜狄纡三秀。"这四句说蔡复一童稚之艺已领袖，连捷举人进士，廷试发放异彩。继而云："历落含香曹，尘稀貌亦瘦。"[①]"历落"，形容其待人接物，风度举止落落大方；"含香曹"，说蔡复一属于谈吐高雅，言词含香一类的人物；"尘稀"，世上罕见少有，也是称赞之词；至于"貌亦瘦"，则说其本貌偏瘦，为客观描绘，而非贬词。此诗与蔡复一残疾绝对沾不上边；如果强解"貌亦瘦"有残疾的含义在内，那么"历落""尘稀"之类的形容便成了对蔡复一的嘲讽。

蔡复一的体貌除了瘦，个子当不在中等以下。我们不妨将他和张燮稍作比较。张燮《自题小像赞》："其体不能逾中人。"[②] 蔡复一《叙张绍和北游稿》："调之曰：绍和短小秀羸人也，而诗深殊壮。使先见绍和，后读其诗者，不将的魏舒之恨；先读其诗，后见绍和，不将有留侯绰约之疑乎?"[③] 张燮说自己还达不到中等个头；蔡复一和他开玩笑说，你个子短小，瘦小清秀，诗却写得兴壮，所以不能以貌取人，个子短小瘦弱者如张燮，可以写出清壮的诗；身长秀伟者，未必能写出如张燮一般的好诗来。蔡复一取笑张燮，说明他俩之间关系亲密，不至于引起对方生气；同时也说明，蔡复一的个子比张燮高，要不然，彼此彼此，何从"调"起？如果蔡复一果真是体貌远不如张燮的残疾人，夸张燮就更像是夸自己，有违于古人为文忠厚之道。张燮说蔡复一"貌亦瘦"，"亦"字很可玩味，因为张燮也是瘦子，他便说蔡复一也和我一样，也是瘦子，说得很亲切。

蔡复一的身体确实不是很好，池显方《蔡敬夫先生传》："体素羸，不耐劳。"[④] 蔡复一的"羸"，和张燮的"羸"，其实并不太一样。张燮之"羸"，是体格瘦小、秀气，万历四十七年（1619）张燮四十七岁，落第过福州，冒雨登鼓山屴崱峰顶，天未明出城，暮抵逆旅，遍体尽湿，就知道他的体质不弱。蔡复一就大不一样了，天启四年（1624），年四十九，七月入贵，九月开始生病，"黔最善病人。弟九、十两

---

① ［明］张燮：《温陵二友诗·蔡比部敬夫》，载《霏云居集》卷二，万历刻本。

② ［明］张燮：《群玉楼集》卷四十五，崇祯刻本。

③ 郭哲铭：《遁庵蔡先生文集校释》，金门县文化局，2007年，第85页。

④ 池显方：《晃岩集》卷十三，崇祯刻本。

月，敛身药榻，几为二竖所笑”。[①] 此后军务繁忙，病亦加剧，“弟七月入黔，至正月半载耳。而四月卧痾，两月邻鬼，此奇病也……以弟之孤立善病，以黔之三空五尽，食寡事烦，势必身先贼危，今幸而得活，真为再造”。[②] 一年之间，与鬼为邻者再。天启五年十月，病卒。蔡复一入贵，故有水土、军务繁重的原因，“体素羸”，身体一向羸弱，则为主要原因。但是“体素羸”，也绝不是身体残疾。

是不是还有一种可能，即为尊者讳，蔡复一本有残疾，友人诗文及各种谱牒方志均不加记载？我们的回答是：这种可能性很小。终明一代，对身体有缺陷的诗人，诗友似都不加以避忌；不仅不加避忌，而且对他们格外尊重敬佩。朱彝尊云：“诗人形累者，孙伯融跛、偶武孟、张节之、谢茂榛眇，祝希哲枝指，何仲默秃笄，其他不可悉数。至唐仲言无目，李公起口哑耳聋，两君乃能勤于笺述，不废吟咏，是难能也。”[③] 李埈（1560—1635），字公起，又公逸，鄞县（今浙江宁波）人，纵观先世遗书，且吟咏不辍，有《盟鸥集》。唐汝询，字仲言，松江华亭（今上海）人，有《编蓬集》《唐诗解》。陈衎为作《唐仲言李公起两异人传》，其《赞》曰：“高凌霄汉，深及泉渊。”[④] 李埈、唐汝询生活年代和蔡复一相仿佛，他们身上的残缺引起社会的关注，以蔡复一在社会上的声名，如果他真的集目渺、佝偻、面麻、跛足于一身，投注于他的目光不知要比李埈、唐汝询多出多少倍！

综上分析，本文认为蔡复一少年成名，比起“明星”进士曹学佺等人，相貌不突出；个子不低于中等，瘦弱，易患病，经不起过分的劳累。蔡复一肯定不是残疾人。或说由于风水之故，蔡复一生来目渺、跛足、佝偻、面麻，纯系无稽之谈，缙绅不取；研究历史人物，顺便提一下传说亦无不可，但把传说和民间故事作为人物传记研究的依据，亦不可取。

二、尽弃所学而学竟陵辨

评价竟陵得失不是本文的任务，但是在评价或论述竟陵文学时，蔡复一却是一个绕不过去的人物。陈广宏教授在《竟陵派研究》一书中，专辟《蔡复一与竟陵派》一节对蔡氏与竟陵错综复杂的关系进行讨论，特别是提出蔡与钟、谭之间的“机捩”

---

① ［明］张燮：《群玉楼集》卷六十九附蔡复一《寄长安书》，崇祯刻本。

② ［明］张燮：《群玉楼集》卷六十九附蔡复一《秋日寄归书》，崇祯刻本。

③ ［清］朱彝尊：《静志居诗话》，人民文学出版社，1990 年，第 552 页。

④ ［明］陈衎：《大江集》卷十，崇祯刻本。按：陈田《明诗纪事》庚签卷二十六“李埈”条：“曹能始合华亭唐仲言为《二异人传》。”（上海古籍出版社，1993 年，第 2719 页）《二异人传》的作者为陈衎，非曹学佺。

问题，的确值得思考。在我看来，蔡与钟、谭之间的“机捩”之一，就是蔡复一是否尽弃所学而学竟陵。

钱谦益《列朝诗集》收载明诗十分丰富，编选者还为绝大多数诗人精心撰写小传，后来小传单独刊行为《列朝诗集小传》。《列朝诗集小传》未为蔡复一立目。蔡复一附在谭元春之后，而谭元春又附在钟惺之后，在整部《小传》中显得十分刺目。明三百年诗，钱谦益对竟陵最为不满，甚至斥其为“诗妖”；与钟、谭交往较密者，无不受其贬责，蔡复一即是其一。钱氏在列举谭元春“芜词累句”之后，遂把矛头转向蔡复一：“吴、越、楚、闽，沿习成风，如生人戴假面，如白昼作鬼语，而闽人有蔡复一字敬夫者，宦游楚中，召友夏致门下，尽弃所学而学焉。”[①] 嗣后，朱彝尊也有类似说法：“《诗归》出，而一时纸贵，闽人蔡复一等，既降心以相从。”[②]

“尽弃其学”的“学”，可能相当复杂。钱谦益《列朝诗集小传》所讨论的，应当指的是诗学。万历三十八年（1610），钟惺成进士，结识蔡复一。后又由钟惺介绍，与谭元春有诗文往来。万历三十九年（1611）之后，蔡复一前后在湖广任职。和钟惺、谭元春有较多的接触，促成蔡复一与钟惺、谭元春的诗歌唱酬、交流，以及在诗学理论方面的讨论。假如蔡复一不是游宦湖广而是江浙，可能就没有后来的或学竟陵弃闽之说。

万历四十三、四十四年（1615—1616）之间，有三件事似应特别关注。

第一件，蔡复一请钟惺选诗。诗人请诗友选诗，是一种文学交流的常态。有时选诗，是为了即付刊刻；有时不是，仅仅是为了求教而已，作为自己日后的参考。如果被选诗者地位较高，文名较甚，请地位较低者选诗，被选者与选者，不过是一般交流而已；如果倒过来，被选者地位较低，文名一般，选者地位高、文名盛，被选者多少有“受宠”之荣，至少是得到他人肯定或重视的满足。钟惺选蔡复一诗的心境，好像有异于二者。论地位，钟远不如蔡；论诗名，钟在当时已经有些追随者。钟惺选蔡复一诗，更多的，是想借此扩大自己和竟陵的影响，毕竟，蔡复一少年成进士，年未四十已经是社会名流。钟惺《选蔡敬夫诗讫寄示三律》云：

> 君庸不自知，必待我商之。要以古人眼，深看今日诗。直朝于见道，污岂至阿私。亦自关吾识，安容苟尔为。
>
> 自处不能恕，于君敢二焉？即今予所舍，犹使世堪传。甲乙何关俗，《春秋》颇责贤。细观新旧作，损益有由然。

---

① ［清］钱谦益：《列朝诗集小传》，上海古籍出版社，1983年，第573页。

② ［清］朱彝尊：《静志居诗话》，第502页。

去取了无忌，惟君知我诚。匪徒文字理，要自友朋情。藏亦何妨出，多当不易精。留此严冷意，事事与相成。[①]（《隐秀轩集》卷七）

“亦自关吾识”“去取了无忌”，钟惺按照自己的意趣选诗，无论新作的诗还是旧作，当删便删，当“损益”便“损益”，了无顾忌，“留此严冷意”而已。天下为人选诗者多矣，选完全诗又作诗表明己意者也许不多，也许正是钟惺的这首选诗诗，给天下人留下口舌，以为蔡复一尽弃其学而学竟陵。假如蔡复一真的非常看重钟惺的选本，他可以立刻将诗选付梓，然而从这一年到蔡复一病卒十年中，似未见这个选本刊刻。蔡复一卒后，《遯庵诗集》也是由复一弟复心所选，选诗中途复心卒，由复一之婿林文昌方毕其役。

第二件，蔡复一与谭元春会面。万历四十三年（1615），谭元春请蔡复一为其母撰《寿序》并为其《寒河集》作序。这一年，谭元春乡试再次失利，蔡复一邀请其前来辰州会晤，次年初春，谭元春成行，两人相与游览山水，唱酬较多，将别，蔡复一赠犀杯并《犀杯诗》，俱出在楚所撰《谭友夏母魏孺人五十寿文》《寒河集序》。此次会面，就蔡复一而言，是折节下士；对谭元春而言，此行则是当面拜蔡复一为师。谭元春《辰州呈蔡敬夫使君》其二略云：“此意非徒见面然，君前下拜语难宣。”[②] 谭元春《从蔡敬夫先生泛舟登塔至别日作三首》其二云：

眷言真刚者，下士何婉婉。物累既泊如，不觉投契简。道义缀人心，非必相劝勉。泛论人物时，此中机已转。松柏万花内，相关独静眼。[③]

谭元春乡试屡屡失利，山水之间，蔡复一似没有更多劝勉的话，但在言谈泛论人物之中，机锋之间，道义已经深入谭元春之心。此后十年间，谭元春对蔡复一始终执弟子礼。蔡复一卒，作《送少司马蔡师闽榇文》，略云：

昔公之知春也，初亦以亡友钟子，而春独以肝胆受知，则似乎不因人而自伸于知己。其间劲直无回之气，精微无漏之学，与孤介无染之品，一回见一回深，一书一番入，而春亦能细察其所以。盖其志不杂而切于军国，才不杂而力于书史，情不杂而笃于友朋，趣不杂而钟于山水，吾师乎，而虽以杂念如春，亦对公而知耻。呜呼！所不可及者，破书万卷而爱人一事之知，下笔千言而叹人一字之美。[④]

① ［明］钟惺：《隐秀轩集》卷七，李先耕、崔重庆标校，上海古籍出版社，1992 年，第 110—111 页。

② ［明］谭元春：《谭元春集》，陈杏珍标校，上海古籍出版社，1998 年，第 254 页。

③ 同上书，第 73 页。

④ 同上书，第 722 页。

这段话是谭元春的肺腑之言。与蔡复一每见一次面，每得到蔡复一的一封书，谭元春对蔡复一的气度、学殖、品格，都会有更深入的了解。蔡复一是一位志、才、情、趣都不杂碎的老师，是一位近乎纯粹的老师。蔡复一是严于律己、宽于待人的好老师，他虽然读书破万卷，但别人哪怕有一孔的见知，也会得到他的肯定；他虽然下笔千言，但别人只要有一句一字之美，他也会加以赞赏。蔡复一对谭元春奖掖提携，恐怕也能作如是观。蔡复一的气度、学殖、品格，以至见识、文字表达，都是作为学生的谭元春所仰慕的。不能因为蔡复一说了几句称赞谭元春的话，或者欣赏谭元春某诗甚至有和作，就说蔡复一尽弃其学而学竟陵；如果一定要这样说，谭元春地下有知，也是不会同意的。

第三件事，《诗归》去取的讨论与《诗归序》。《诗归》是钟惺、谭元春精心择选的一部诗选，这部诗选充分表达了竟陵诗人的诗学观，钟惺、谭元春都非常重视。《诗归》动手在万历四十二三年间，四十七年梓行，几乎人手一篇，洛阳纸贵。初稿既成，钟、谭曾将副本送蔡复一，请求发表意见。蔡复一致钟惺、谭元春的书信今已不存，我们只能在钟、谭的著作中找到一些批评的线索。其一，蔡复一说，“去取有可商处”；[①] 其二，“《诗归》中有太尖而欠雅厚者，宜删去一二”；[②] 其三，“情艳诗，非真深远者勿留，不喜人于山水花木着妇女语”。[③] 这三条意见归结起来，其实只有一条：《诗归》去取可商，或者说《诗归》选诗多有不当。不当表现在两个方面，一是欠雅欠厚，二是情艳诗多无深远之意。如果真如钱谦益所言，蔡复一弃其所学而学竟陵，他怎么可能对《诗归》提出尖锐的批评。欠雅、欠厚，无深远意，也正是竟陵派诗学最致命处。当然，钟惺、谭元春虽然请蔡复一发表意见，但蔡复一真的发表了意见之后，他们并不赞同，并在覆信中一一加以辩驳。

雅和诗歌之深意，先不论。当时批评《诗归》选诗欠厚者，不止蔡复一，高出、曹学佺对《诗归》也有相同的批评。钟惺对高出和曹学佺的批评颇为不快。他批评高出道：“若夫以顽冥不灵为厚，又岂吾孩之所谓厚哉！”批评曹学佺道：“言《诗归》一书，和盘托出，未免有好尽之累。夫所谓有痕与好尽，正不厚之说也。弟心服其言。然和盘托出，亦一片婆心婆舌，为此顽冥不灵人之设。”[④] 人家一批评他欠厚，他就指责说，你这个厚是“顽冥不灵”之厚，相对于对蔡复一的批评，钟、谭态度比较温和，无非是说，不然你说说看，哪些诗选得不好，哪些诗该删。态度的

---

① ［明］钟惺：《隐秀轩集》卷七，第471页。

② ［明］谭元春：《奏记蔡清宪公前后笺札》其四，载《谭元春集》卷二十七，第758页。

③ 同上书，第758页。

④ ［明］钟惺：《隐秀轩集》卷七，第478页。

不同，反映出钟、谭把蔡复一当成“自己人”，至少是竟陵的挚友，高和曹则不是；对蔡复一的批评是善意的，而对高和曹则未必那么友善。

万历四十四年（1616）夏，蔡复一离开辰州归闽，其《谭友夏母魏孺人五十序》云：“孺人五十之年在丁巳，而余丙辰春诺请文于二酉。友夏岳返遗人□前诺，适余去楚，俱出楚疆授之文而后返。”[①] 交给谭元春的文章，除了《谭友夏母魏孺人五十序》，还有一篇《寒河集序》（此文《遯庵蔡先生文集校释》卷三附于《谭友夏母魏孺人五十序》后，作《谭友夏诗序》），《寒河集序》文末云：

> 安得同执伯敬手，而三人者相与言乐哉？序友夏诗可也，以序《诗归》亦可也。[②]

据此序，前一年钟惺、谭元春可能相请蔡复一为《诗归》撰序，结果蔡复一只撰了此篇序，而没有为《诗归》别撰一篇，所以说，如果此篇作为《诗归》的序也是可以的。结果，钟、谭并没有将此篇也作为《诗归》之序收入《诗归》。此序未收入《诗归》可能有两个原因：首先，直接论述《诗归》的篇幅较少，论谭诗篇幅稍多；其次，未能揭示《诗归》选评最主要的特点，作者仅仅说：“吾读钟伯敬、谭友夏所定《诗归》，而于乐有所会。”所谓“乐”，即“自然真诗”[③]。如果联系到蔡复一对《诗归》一大堆的批评，钟、谭可能会感觉到与蔡在选诗方面的分歧，一时不容易消弭，将此序同时也作为《诗归》之序，也就没有必要了。

一位较长时间在某地游宦的诗人，与当地非常活跃的诗人交集、往来，在明代十分常见。我们当然相信，钟惺不阿谀人也不随便赞赏某人的话，但是也不能排斥谭元春有请蔡复一延誉的可能。不管怎么说，蔡复一与钟、谭的交往属于正常的文学交游。而就蔡复一这方面来说，他完全也没有必要“尽弃其学”去学竟陵。通过以上分析，我们大体上可以得出这样一个结论，蔡复一与钟惺、谭元春在诗歌创作方面相互欣赏，在诗歌理论也有相同或相近的一方面，所以钟、谭视其为知己，后世论竟陵也不能离开蔡复一，以至不喜竟陵者竟做出蔡复一“尽弃其学而学之”这样极端的判断；其实，蔡复一与钟、谭对诗歌见解仍然存在差异，这一点，似为学界所忽略。

三、率先倒戈辨

晚明诗派，以地域分，有吴派、楚派、闽派等。通常说的闽派，其实是闽中诗派，也即福州一郡的诗派，《明史·文苑传》讲邓原岳、谢肇淛等人复振风雅，明确

---

① ［明］钟惺：《隐秀轩集》卷七，第459页。

② ［明］蔡复一：《寒河集序》，载《谭元春集》附录一，第944页。

③ 同上书，第943、944页。

地说，就是闽中诗文的重振。蔡复一是同安浯屿人，同安属泉州，在福建的南部。蔡复一不属于闽中诗派的诗人。钱谦益《列朝诗集小传》云：“余观闽中诗，国初林子羽、高廷礼，以声律圆稳为宗，厥后风气沿习，遂成闽派。”这段话之后论述谢肇淛，地域的把握也没有问题，但是在谢肇淛之后突然播入蔡复一：“在杭之后，降为蔡元履，变闽而之楚，变王李而之钟谭，风雅凌夷，闽派从此熸也。”① 谢肇淛卒于天启四年（1624），此时距明亡还有整整二十年，这二十年间，闽中诗人徐𤊹、曹学佺仍然活跃于诗坛，而且他们的成绩也不比谢肇淛差，钱谦益自己的《列朝诗集小传》对徐、曹两家持肯定的态度，给予相当好的评价。即便说“闽派从此熸也”，也非蔡复一的责任，蔡复一不是闽中诗人，也不是一呼百诺的诗坛领袖；入郧之后无诗作，最后以少司马、贵州总督的身份劳瘁于军中的蔡复一，也担当不起这个责任。

清顺治初周亮工宦闽，以他省籍诗人的身份来观察福建晚明至清初的诗坛，清楚地看到莆田以下（泉州、漳州）和莆田以上（福州、建州）诗风是很不一样的。莆田以上，诗讲声律、讲工稳、圆润，莆田以下则不尽然。虽然明代莆田以下的诗人也不少，取得应有的成绩，但是他们毕竟未能形成如钱谦益所述的那种诗歌传统。钱氏对闽中诗派评价有所偏见，闽中诗在明代各期，仍然不断发展，到了万历中之后，陆续出现徐熥、谢肇淛、徐𤊹、曹学佺（二徐、曹名列汪端《明三十家诗选》正编，谢列外编）重要或比较重要的诗人，这是一方面。另一方面，长期形成的诗歌传统对其中一些人也有束缚作用，生怕逾越雷池，难免有缩手缩脚之顾忌。莆田以下，似不必如闽中那样讲究诗歌传统，较少受到约束，他们也没有必要奉永洪“十才子”作为楷模，为京官者该学台阁的就学台阁，在吴越的就追随吴越，漳州的张燮喜六朝就学六朝，想恣意挥洒的就恣意挥洒，所以有时人们读莆田以下诗，觉得比闽中诗来得痛快，道理也许就在这里。

我们不太知道蔡复一的学诗经历，通读《遯庵诗集》，我们可以肯定地说，他的诗风与闽中的二徐、谢、曹不大相同，他不是闽中诗派营垒中人。朱彝尊批评蔡复一：“景陵邪说行，率先倒戈者，蔡敬夫也。”② 那么，蔡复一不是由闽（派）变而之楚，又从何处变而之楚？蔡复一率先倒戈，当然也不是由闽倒戈，那么从何处倒戈？如果说，真有变而之楚，真有倒戈的话，都是从他个人的早期诗风变而之楚，由个人的早期诗风而倒向竟陵。就是说，他个人的诗风之变，他的倒向竟陵，完全都是个人的行为，和闽派无关，也和泉州、漳州诗风无关。

---

① ［清］钱谦益：《列朝诗集小传》，第648页。

② ［清］朱彝尊：《静志居诗话》，第483页。

钱谦益说蔡复一尽弃所学而学竟陵，举了若干例子，其中有“未见胡然梦，其占曰得书”二句，此二句见《正月二十七日之夜梦谭友夏余实未识面也晨兴微雪得友夏书若诗答寄》五首其一：

未见胡然梦，其占曰得书。清风来不易，黄鸟意何如？月尽有珠现，春生在雪余。袖之三四读，晤语不曾虚。①

此诗作于万历四十三年（1615），蔡复一和钟惺结交已经五六年，和谭元春的书信诗歌往来也有相当长的一段时间了，钱谦益认为此诗是蔡复一学钟、谭之体，从时间上来说，也没有什么不对。钱谦益批评此诗和蔡复一其他学钟、谭的诗：“之乎其若，逐字安排，钦肃澹静，连章铺比，钟、谭之体，家户传习。”② 问题是，蔡复一在结识钟惺，在与谭元春文字往来之前所作诗是什么个样子？请看《闰六月望立秋集张园玩月时积雨新斋》六首其三：

佳园舍月思园以月名，静者领其徽。共听今霄曲，方知此会希。诸声推肉胜，四序让辉秋。所喜杯当手，何辞露湿衣。③

再看《自遣》二首其一：

怀哉良曷极，逝者只如斯。密连相辞速，穷年独叹迟。殷勤留不得，惨淡去何之。无限新花眼，依然上故枝。④

此二诗都作于万历三十五年（1607），是岁闰六月。这一年诗人三十二岁，在京任驾部郎。此时钟惺尚未成进士，蔡复一亦尚未结识钟氏；至于谭元春，⑤ 这一年才二十二岁，蔡复一知有谭元春迟至万历三十九年（1611）。细比较此二诗与钱谦益批评的那首诗，我们不难发现，这两首诗与那首诗情调、遣词造句、用散文的笔法作诗，并无二致，不也属于钱谦益所说的“之乎其若，逐字安排，钦肃澹静，连章铺比”吗？

万历三十九年（1611），蔡复一擢湖广参知，镇沣州，赴任途中，读钟惺诗，并于武昌、沣州先后寄诗钟惺，钟惺作《报蔡敬夫大参》，略云：“今天下上下内外，别成一景象，非挥霍弘才，不能着手，然亦非幽恬渊净者，胆决不坚，识决不透，

① ［明］蔡复一：《遯庵诗集》卷三，载《遯庵全集》本，崇祯刻本。

② ［清］钱谦益：《列朝诗集小传》，第 573 页。

③ ［明］蔡复一：《遯庵诗集》卷三。

④ 同上。

⑤ ［明］钟惺《报蔡敬夫大参》：“吾邑谭元春字友夏者，异人也。比于某，真所谓十倍曹丕。读公之诗，知其人。今寄其《简远》《虎井》二集，当自知之。谭生今年二十六，尚为诸生。”（《隐秀轩集》卷二十八，第 460 页。）谭元春生于万历二十四年（1586），此岁年二十六，为万历三十九年（1611）。

亦未有不幽恬渊净，而可谓真挥弘才者，公其人也。睹前武昌寄诗及今见五诗，岂是下根人所为？某以为学术经济，识者于此可以潜窥。某非能为佞，公亦非受人佞者也。"[1] 如果我们把万历三十九年蔡复一入楚视为蔡、钟深交之始，那么，在这之前蔡复一已经具有"幽恬渊净"的秉性则是不容置疑的事实；钟惺似也把"幽恬渊净"视作蔡复一诗歌的风格，那么，这种风格也早已形成，也不必等到他们结识或深交之后。

既然，蔡复一在入楚之前，他的诗歌的特点、风格已经形成，而且恰好特点与风格与竟陵已经比较接近（或者说钟、谭诗的特点、诗风和他比较接近），钟惺已经将蔡复一看作是"自家人"，那么蔡复一的"倒戈"说也就无从说起。

如果我们再进一步谨慎地去探讨蔡复一和钟、谭之间的关系，或许也是很有意思的。我们上面说过，钱谦益认为蔡复一尽弃其学学竟陵，说蔡复一由闽之楚，朱彝尊说蔡复一倒戈向楚，主体都是竟陵，蔡复一只是客体，总之是竟陵影响太大了，把蔡复一原来所学击垮，于是蔡复一便投向竟陵的营垒。蔡复一欣赏钟惺的诗，对尚为诸生的谭元春折节礼遇，这是一方面；另一方面，钟、谭对蔡复一始终很尊重，谭元春时时执弟子礼。在编选《诗归》的过程中，蔡复一并没有随意附和钟、谭的意见，而且所提的意见应该还是比较"强势"，《诗归》还引用了蔡复一的两条材料。蔡复一对钟、谭的重视，参与《诗归》的讨论，都说明他对竟陵产生这样或者那样的影响，从这个角度看，蔡复一对竟陵文学的形成，功绩不容忽视。

钱谦益、朱彝尊以及此后的一大批诗人、学者对竟陵诗派带有很深的成见，只要提到竟陵，就说他们没有为学根基、肤浅、亡国之音，似乎只要和竟陵沾上边，都很危险，例如明代遗民诗人林古度，因为万历三十八年（1610）一段时间和钟、谭过往甚密，康熙间王士禛替他刊刻诗集，便删尽与竟陵交往之后诗。蔡复一入楚，与钟、谭游，非议也随之接踵而至。近数十年来，竟陵派已经不再是洪水猛兽，得到比较公正的评价，竟陵文学有它的精华所在，钟、谭在晚明文学中的地位也脱颖而出。有了这样的认识前提，蔡复一入楚与钟、谭交游，我们似也应当看到更多的积极意义。蔡复一入楚已经三十六七岁，可以说诗歌创作进入到成熟期，与钟、谭这样在诗歌方面下很大工夫的诗人一起切磋诗艺，或者说从钟、谭的诗歌中得到有益的启示，也是很正常的事。作于万历四十二年（1614）冬的《行园见蚤梅一花十月》三首，代表他入楚之后的新成绩：

梅虽与冬约，寒浅岂花期？以此香遍蚤，如形雪太迟。月来毋乃喜，风绥

---

[1] ［明］钟惺：《报蔡敬夫大参》，载《隐秀轩集》卷二十八，第459页。

未能知。仙子绝尘立，诸天失并时。

若曰开无异，胡为事不同。微香先入梦，孤色忽凌空。欲坠留残绿，初苞让浅红。花将月相见，造化果然工。

青松非晏岁，白雪是何年？自分心无竞，终知气有先。独清疑劫外，太晚笑春前。羌笛人间曲，安能动四禅。[①]

钟惺云："前寄《早梅》诗甚佳。"[②]《早梅》诗，即此三诗。为什么钟惺很喜欢这三首诗呢？陈广宏教授论述道："这三首诗是蔡复一精心结撰的剔幽抉微之作，正是自觉运用钟惺所倡导的以一己虚静之神情领悟奇奥物理的一种尝试。""其叙述的句式亦已有虚字构撰而成的散文化倾向，客观景物摹写渐为主观和知性判断所取代。"[③] 评价得体中肯。

蔡复一与竟陵诗人相互交流，但不等于倒向竟陵。万历四十四年（1616）蔡复一辞官离楚归家，天启二年（1622）岁晚以右副都御史抚治郧阳，再入楚之后，公务加剧，诗作已不多见。在郧阳，蔡献臣寄张燮其天启元年（1621）北行易州所作《旅吟》诗一册，此诗册今未见。蔡复一自楚辞官归家，及天启二年春迁山西左布政使，两次过宿曹学佺石仓园，蔡复一写了二三十首诗。曹学佺（1574—1646），才情横溢，诗近中晚唐，诗风新丽有韵致。蔡复一京城、南京、九江、福州等地都曾与曹相唱和；曹学佺参蜀藩，钟惺入蜀还特地吩咐钟惺代为问讯。早岁，曹学佺在金陵刻《石仓集》，蔡复一读后几欲焚砚。[④] 蔡复一与钟惺的交往，似从来未达到如此程度。天启二年春，蔡复一过宿石仓，曹学佺邀蔡复一步月，听泉烹茶，与诗友雅集，蔡复一诗作较多，也比较集中，蔡、曹唱和，试举两例：

正尔会心处，何须秉烛游。镜波含阁动，星火隔山流。所得真如画，虽凉不是秋。关人花里照，春意欲孤愁。（蔡复一《石仓步月》二首其二）[⑤]

君宿我园中，步月今方始。林影委在地，岸容倾于水。远火树深移，微风浪徐起。心寂相俱忘，色空何所指。（曹学佺《同蔡敬夫步月》）[⑥]

这两首，可能蔡复一作在前，曹学佺在后。曹学佺诗流丽灵动，自然流走，在

① ［明］蔡复一：《遯庵诗集》卷三。

② ［明］钟惺：《隐秀轩集》卷七，第471页。

③ 陈广宏：《竟陵派研究》，复旦大学出版社，2006年，第255页。

④ ［明］张燮《寄曹能始》："蔡敬夫读《石仓集》，几欲焚砚。每叹足下郎潜有日，乃用人者渐成积薪。岂造物以秣陵名山川政供吏隐，未便令他进贤，夺之而趋耶？"（《霏云居集》卷四十二。）

⑤ ［明］蔡复一：《遯庵诗集》卷三。

⑥ ［明］曹学佺：《林亭诗稿》不分卷，载《石仓全集》，日本内阁文库藏明末刻本。

曹集中虽未能算是上乘，但其五律，风格大抵如此。蔡复一诗虽然略显不如，比起以往的五律，也还算清新，和曹学佺诗摆在一起，唱和之作，诗风也还比较接近。我们再看看下面这组离别送别诗：

艰难天步日纷纷，戡乱持危定属君。牧领河山新入晋，望来宫室旧临汾。关愁独石多胡种，塞指双峰有雁群。报国许身男子事，凭将肝胆立功勋。（曹学佺《送蔡敬夫方伯之晋》二首其一）①

去鸿来雁思缤纷，临发江亭独待君。岂有卿才能用晋？漫将赋手答横汾。月因林湿难觅影，云到风惊易失群。泉阁围碁占破贼，可徒松火策茶勋。（蔡复一《答别曹能始》二首其一，用原韵）②

这两首，曹唱在前，蔡和在后。此二诗指事用典，都比较恰切。曹学佺诗似较落入俗套，应酬的痕迹也较明显。蔡诗虽也是应酬，似较得体自然。曹学佺此时家居已经十年，朝庭迟迟未加起用，故蔡诗多为其设想。“临发江亭独待君”，颇见情分，自然不造作。

我们在论述蔡复一不存在倒戈竟陵之后，再申述蔡复一离楚六七年间其中的一小段诗歌活动，其目的并非想颠覆蔡复一与钟、谭交往的事实和彼此间的影响，而是想进一步说明，万历四十四年（1616）蔡复一离楚之后，竟陵诗风对他可能还有影响，但并非根深蒂固地植入他的内心深处，成为他一生最终的归宿。蔡复一的诗学天地仍然很宽，他的创作也仍然随处挥洒。因此“倒戈”之说，可以休矣！

四、余论

我们现在能见到的蔡复一集序共有四篇，分别是蔡献臣《清献蔡公遯庵全集序己巳》③、何乔远的《蔡清公文集序》④、郑之玄《蔡清献公集序》⑤ 和谭元春《蔡清宪公全集序》⑥，蔡、何、郑三序均以较多的篇幅叙述交代蔡复一的才能、事功、忠义，谭元春则叙说蔡复一的好学，但是在文学方面也不过泛泛而谈罢了。不过，郑序有一句话似应引起注意：“公在楚言楚，岂非所谓君才子十倍曹丕者。”⑦ 有意思的

---

① ［明］曹学佺：《林亭诗稿》不分卷，载《石仓全集》，日本内阁文库藏明末刻本。

② ［明］蔡复一：《遯庵诗集》卷三。

③ ［明］蔡献臣：《清白堂稿》卷四，崇祯刻本。

④ ［明］何乔远：《镜山全集》卷三十九，崇祯刻本。

⑤ ［明］郑之玄：《克薪堂集·文》不分卷，崇祯刻本。

⑥ ［明］谭元春：《谭元春集》卷二十二，第590—593页。

⑦ ［明］郑之玄：《克薪堂集·文》。

是，钟惺向蔡复一推荐谭元春时也用了“十倍曹丕”之典：“吾邑谭元春字友夏者，异人也。比于某，真所谓十倍于曹丕。”① 看来郑氏用此典绝非无的放矢，而是有所指，意谓蔡复一入楚，就楚地而言楚地，蔡复一要比钟、谭高明得多，诗文成绩要高明得多。如果此序作在谭序之前，谭元春将做何感想？

在楚言楚，蔡复一入楚与楚人游，沾染楚风本不足怪，但也不必过分夸大。在闽言闽，蔡复一归闽，与曹学佺游，所作诗恐怕离楚远而离闽近。他在闽还有两位很好的诗友，一位是张燮（1573—1640），字绍和，与蔡复一同榜举人，龙溪（今漳州）人，张与蔡最为“姜桂”，有《霏云居集》等。另一位是同安县金门同乡蔡献臣（1563—1641），万历十七年（1589）进士，与蔡复一同为同安人，人称“同安二蔡”②，有《清白堂稿》。蔡复一与张燮、蔡献臣的交谊都超过三十年。楚地游宦不过五六年，万历四十四年（1616），重新回到生于斯长于斯的家山，与故人唱和，恐怕还是乡音浓于楚声。地域与文学，是一个多么有魅力的课题，说不尽，也说不完。

发表于 2015 年第 5 期

---

① ［明］钟惺：《隐秀轩集》卷七，第 460 页。

② ［明］蔡献臣：《祭司马总督蔡元履文》：“予与敬夫，情同骨肉，谊犹昆弟……昔襄阳太宰谬有‘同安二蔡’之称。”（《清白堂稿》卷十六）。

论读者心理的开放性与封闭性

孙绍振*

一、心理图式的同化和调节

本来文本、作家、读者三者处于对话之中，三者的主体性互相制约、不可分割，而西方文论却走向了读者中心论的极端。因为其极端，物极必反，所以现在正是从理论上调整其与文本的关系的机遇。不管读者决定论多么显赫，有一点不能否定，那就是在作家、读者和文本三个主体中，占据稳定地位的，甚至是不朽的，应该是经典文本。作家可以死亡，读者也一代又一代地更迭，而经典文本作为实体却是永恒的。人们可以不管《红楼梦》《三国演义》《水浒传》的作者，不了解荷马、莎士比亚的生平，不知道这些经典在解读、接受的历史过程中，产生过多少不同的解读和分析，而照样为其艺术形象所感染。而解读的目的是深化、拓展心理感受和认知领域，建构新的高度，也就是调节（accommodation）、提升心理图式（scheme）。如果仅仅是让读者自发认知结构作重复的同化（assimilation），充其量不过是主体观念的零碎投影，甚至只是主流意识形态的演绎。

读者中心论之所以经不起实践检验，原因是忽略了读者心理的局限性，这种局限性是人的局限性。从理论上说，读者的大脑是开放的，对信息相当敏感，特别是新的信息的刺激，神经反应比较强。但是，这种开放性只是问题的一个侧面。与此同时，人的大脑又有封闭性的一面，它并非英国古典哲学家洛克所设想的那样，是一块白板；也不是像美国现代行为主义者所说的那样，外部信息对感官有了刺激，就有相应的反应。按皮亚杰的发生认识论，外部信息只有与固有的心理图式相通，才能被同化，人才有反应，否则就视而不见、听而不闻、感而不觉。① 多年前，四十

* 孙绍振，福建师范大学文学院教授、博士生导师。

① ［瑞士］皮亚杰：《发生认识论原理》，商务印书馆，1985年，第60页。

二名心理学家在联邦德国哥廷根开会，突然两个人破门而入。一个黑人持枪追赶一个白人。接着厮打起来，一声枪响，一声惨叫，两人追逐而去。前后经过只有二十秒钟，另有高速摄影机记录。会议主席宣布："先生们不必惊惶，这是一次测验。"测验的结果相当有趣。四十二名专家，没有一个人全部答对，只有一个人错误在百分之十以下，十四个人错误达到百分之二十到百分之四十，十二人错误为百分之四十到百分之五十，十三人错误在百分之五十以上，有的简直是一派胡言。[①] 观察并不是机械地反映，它不同于观看，它是有目的，目的就是主体的预期，没有预期，往往就一无所知。

这是人的局限性。预期是心理的预结构，也是感官的选择性，感知只对预期开放，其余则是封闭。预期中没有的，哪怕明明存在也看不见。相反，心理图式已有的，外界没有，却可能活见鬼。和心理预期的封闭性相联系的，还有主观的投射性同化。明明没有的，因为心里有却看见了。"郑人失斧"，说有人斧头丢了，怀疑是邻居偷了，观察邻居越看越像小偷，后来斧头找到了，证明不是邻居偷的，再去观察，就越看越不像小偷。这是人类心理的封闭性，对于这样的局限性，除了承认以外别无选择。

读者不管主观理论上多么热衷于开放，但实际上，总是免不了有相当的封闭性。解读是读者和文本的对话，两个主体之间的封闭性和开放性不可能没有搏斗，完全排除了文本主体对解读主体的制约，是非常幼稚的。不管读者主观上多么开放，所持固有理论对文本来说却不可避免具有封闭性，人们心理往往倾向于认同主体的心理预期的东西。

当然，也不能因此而悲观。人就不能突破自己的局限了吗？不，人的心理图式在其边缘上，也有开放的可能。在新颖刺激的反复作用下，就会发生调节（accommodation），[②] 建构主义的教学要求在学生新知识与旧知识的交界处下工夫，就是这个道理。

机械唯物主义的特点是抹杀读者和作者主体性，余毒甚烈，尚未得到彻底清算。文学理论界和教育界又大吹大擂地引进了西方的读者中心论，把读者主体绝对化，似乎读者主体绝对开放，与封闭性完全绝缘。与之相应的所谓"多元解读"，既不参照作家的意图，又不顾文本的复杂内涵，读者主体性超越文本被当作天经地义的真理，阅读的审美经验的武断乃比比皆是。鲁迅说过，一部红楼梦，"经学家看见

---

① 参阅孙绍振：《文学创作论》，海峡文艺出版社，2007 年，第 56 页。

② ［瑞士］皮亚杰：《发生认识论原理》，商务印书馆，1985 年，第 60 页。

‘易’，道学家看见淫，才子看见缠绵，革命家看见排满，流言家看见宫帏秘事”。[1]毛泽东则从中看到了“阶级斗争”（“十几条人命”啊），而我们从中看到的是：封建大家族的接班人，特别是男性接班人的精神的、道德的、才能的危机。难道这一切都同样正确，没有深浅、正误之别吗？

由于读者主体这样的局限性，解读文本就可能产生一种与阅读目的相悖的情况：一些内容明明存在，却视而不见，一些名堂明明不存在却活见鬼。这是由于读者主体的心理图式本身有其强点和弱点，有其敏感点和盲点。英伽登在他的《对文学的艺术作品的认识》中说：“读者的想象类型的片面性，会造成外观层次的某些歪曲；对审美相关性质迟钝的感受力，会剥夺了这些性质的具体化。”文学作品的各个层次和形式的奥秘却很复杂丰富，读者要同时进行多种理解和体验，给予同样的注意，几乎是不可能的。英伽登具体说：“在具体化过程中，作品各层次和各阶段上有许多细节的意义，遭到或多或少的歪曲。作品结构的许多在具体化中可能被忽略，或者构造得不完全；或者它也许得不到恰如其分地强调，它们甚至可能被歪曲了。”[2]这就是说，对文学文本各个层次和环节的解读，是不是充分，是不是到位，要看读者的心理在各方面是不是有充分的准备，有了充分的准备才可能向新信息开放。哪一方面没有准备，哪一方面就可能封闭；哪一方面准备不对头，哪一方面就可能遭到歪曲。

文学解读要以文本为准则，这就是说，要以文本的各个层次和意象群落的整体为根据。在文学解读中，任意性解读、对文本歪曲，这种情况往往是放任审美感受贫乏的主体性，让审美“迟钝的感受力”膨胀起来，脱离文本的审美核心。以对《愚公移山》的解读为例，一些读者振振有词地提出：愚公何必移山呢？把屋子移到山的前面去就是了；或者说，凭借如此低下的手工业生产技术（锄头、扁担、畚箕），不可能完成改变大自然的任务；或者说，就算是把山移了，把山丢到海里，也是生态灾难；也有的说，愚公自信其子子孙孙万世不息地挖山不止，完全是空想，没有效益，没有饭吃，不能养活老婆孩子，必然无以为继，等等。貌似头头是道，但是对于文本，只能说是文不对题。解读历史经典最起码的原则，就是回归历史语境，脱离了历史语境，用当代观念强加于古代经典，必然把历史经典看成是一堆垃圾，实际上是一种反历史主义的幼稚病。解读文本、分析文本，只有从文本的具体

① 鲁迅：《集外集拾遗·绛洞花主小引》，载《鲁迅全集》第8卷，人民文学出版社，2005年，第179页。

② ［波兰］英伽登：《对文学的艺术作品的认识》，陈燕谷等译，中国文联出版社，1988年，第92—93页。

情节和意象中，提出问题才能进入文本，不从文本中提出问题，远离文本，对文本的核心价值，不但没有深化之功，相反只能造成歪曲。

严格从文本历史性出发，《愚公移山》的基本价值一望而知，那就是赞颂其坚忍不拔的意志，这是光凭感性就能明确的。但是，感知是朦胧的结论，而解读就是要从感性上升为理性，把朦胧的感知变为系统的语言，把理论的结论转化为在具体分析中层次的深化。

深邃的历史分析，只能从文本的语言之中层层深入地提出问题。第一个层次，是愚公和智叟的矛盾：山之巨大与人力之微小。第二个层次，是愚公认为山虽大却是有尽的，而人却是子子孙孙无穷的。仅仅从这两个层次来说，文章总体倾向是赞美愚公的奋斗精神的，但是，愚公必胜并不是必然的。到了第三个层次，情节发展的高潮——矛盾转化了，显示出愚公的乐观其实是空想，是真正有点“愚”的，而智叟却真正有点“智”的。因为最后把山移走的并不是愚公和他的子孙，而是操蛇之神命令“夸蛾氏”之二子。这个夸娥氏，当然是个大力神了。这就是说，把山移走的，并不是愚公和他的子子孙孙。但是，第四个层次，矛盾又转化了，这次转化，不是在情节的表层，而是字眼的底层。这个字眼就是“夸娥氏”。

有学者考证，在古代汉语中，“夸”者大也，“蛾”者蚁也。[①] 从字面上看，这是个大蚂蚁之神。但是，不管有多大，比之太行、王屋二山，也是极其渺小的。可就是这个渺小的蚂蚁，却有着伟大的力量，把愚公都移不走的山给移走了。从这里可以看出，《愚公移山》是一首大蚂蚁移山精神的颂歌。但是，光是看到这一点，对于这个文学经典的解读来说，还是有盲点。这个盲点就隐藏在“愚公”和“智叟”的命名上。

文本明明是赞美愚公的颂歌，可是人物的命名却用了带有贬义的“愚”；明明是批判那个自作聪明的反对派的，可给他的命名却是带着褒义的“智”。要深入阐释“愚”字和“智”字，就不能满足于直觉，必须通过分析，揭示表层和深层内涵的矛盾。其实，这个矛盾，早在晋朝张湛的注释中就感觉到了：“俗谓之愚者，未必非智也；俗谓之智者，未必非愚也。”[②] 这就是说，字面的“愚”和“智”和内在的含义恰恰相反，这是一种反讽修辞，这就是说，在愚公移山的颂歌中，还隐含着反讽。其实，张湛没有看出来的，还有一层反讽，那就是贬义的愚者，却又尊之“公”，褒义的智者，却贬之为“叟”。

---

① 李子伟：《夸蛾氏——蚂蚁神》，《天水师范学院学报》2003 年第 6 期。

② 刘思远：《为愚公移山正名》，《语文教学通讯》2009 年第 17 期。

在语义上，以极愚和极智、极渺小和极伟大、极尊和极贬的张力来建构了一首大蚂蚁移山的颂歌；表现英雄主义的崇高，却用了反讽的话语。满足于颂歌原生感觉，也就是封闭性，文本中颂歌与反讽的统一，几千年来成为盲点。而要真正解读清楚愚公移山的文学审美价值，就不能不在心理图式上消灭盲点。而消灭盲点，就要提高读者的阅读素养。只有提高心灵的开放性，读者才能从自发读者上升为自觉读者，从业余读者提高为专业读者。

像一切对象和观念都需要具体分析一样，读者自不例外。文学文本解读学之所以必要，就是要把自发封闭的读者变成自觉开放的读者；把业余读者变成专业读者。在这方面马克思有过非常深邃的洞察："对于没有音乐感的耳朵来说，最美的音乐毫无意义，不是对象，因为我的对象只能是我的一种本质力量的确证，就是说，它只能像我的本质力量作为一种主体能力自为的存在着那样才对我存在，因为任何一个对象对我的意义（它只是对那个与它相适应的感觉说来才有意义）都以我的感觉所及的限度为限。"① 这就是说，人的感官要经过训练、经过熏陶，要达到一定水平，才能领悟艺术的奥秘，并不是任何外行都能领悟艺术真谛的。这本来没有任何神秘性，凭经验就能领悟的。

马克思在同一书里说："五官感觉的形成是以往全部世界历史的产物。"② 这里所谓的"全部世界历史"，无疑包括全部文化积淀。人的感官就是在这样的积淀过程中，得以进化的。第一，和动物不同；第二，与没有文化修养的人不同；第三，和业余的感官不同；第四，人的感官从艺术中得到享受之感，恰恰又是对自身高度文化的确证，这种高度文化，也就是马克思所说的人内心丰富性得到自由发展的表现，用马克思的话来说，就是人的"本质"（人作为人在历史积淀基础上的修养）。在艺术欣赏中得到确凿证明的是人的审美价值超越于实用价值的精神自由。马克思在同一著作中还说："贩卖矿物的商人只看到矿物的商业价值，而看不到矿物的美和特性。"③ 那就是说，未经审美价值熏陶只能为对象的实用价值所窒息，对审美价值视而不见、感而不觉。西方有谚语云：少女可以为她失去的爱情而歌，守财奴不可为他失去的钱袋而歌。说的就是少女的审美价值对于守财奴的实用价值的超越。

在艺术欣赏中得到确凿的证明，通俗地说，你的本质是什么，你就能从作品看到什么。你看不到什么，就说明你在这方面文化的空白。对于文学来说也不例外。对于没有文学修养的读者来说，再好的文学经典也毫无意义。一千个读者眼中有一

① ［德］马克思：《1844年经济学哲学手稿》，人民出版社，1985年，第82—83页。

② 同上书，第83页。

③ 同上。

千个哈姆雷特，是需要具体分析的。一方面由于人的解读心理，有开放性的一面，阐释的可能性、创造性，探索的空间是无限的；但另一方面，由于人的解读心理，有其封闭性，因而其蒙昧性也可能是无限的。专业读者的专业知识并不是绝对真理，往往兼具澄明和遮蔽双重性质。就澄明一面而言，专业解读优于自发解读，但专业解读者的知识，不可能不包含着局限性（历史的和个人的），因而解读的结果并不一定是文学文本的最深层内涵，也可能包含着主体观念狭隘的遮蔽和扭曲。

说得通俗一点，就是专业读者，读到的往往不是作品的全部，而是他自己专业心理图式以内的部分。专业理论自然有其深邃的一面，作为理论，命中注定只能从一个方面深入，不可避免地也有专业理论的狭隘性，故专业读者也有个不断开放、不断提高、不断去蔽的任务。精于诗歌欣赏的，不会欣赏戏剧；长于小说评论的，对于诗歌缺乏判断力；对于浪漫主义精通的，对于现代主义隔膜；习惯于欣赏形容排比渲染的，看不出叙述的妙处，此等现象在文学解读中司空见惯。

文学经典在数量的消长上有一种相当矛盾的现象，一方面，不断淘汰、减少的同时，在质量上却在不断积累、增长。这种增长，在集体无意识中进行，可以用历史积淀来概括。其范围涉及形式、流派、风格，多样的统一，开放性与规范性，本身形成了一种相对稳定结构。另一方面，文学经典又不断增加、扩展，新风格、流派的产生不会绝对冲垮这个结构而是融入，这个结构按着正反合的模式不断增值，其特点是连续性，充其量不过是部分质变，而不是绝对的颠覆。这就不但增加了解读的难度，而且增加了专业的难度。

一个时代、一种形式、一种流派，稳定而开放的艺术规范成为潜在的共识，读者是要经过对规范的不断体悟、不断积累、不断开放，才能充分内化为自身的修养。这就意味着，即使自觉的、专业的主体性，如果满足于现状，也就是满足于封闭，只能陷于蒙昧。人类心理的封闭性，又是人带着宿命性质的局限，因而解读的历史曲折是不可避免的，当然，挣脱其封闭性，也是永远不会中断的。

解读乃读者封闭性与开放性的搏斗。这种搏斗既存在于解读主体，也存在于文本主体，故解读乃是读者主体与文本主体双向的同化与调节。本来阅读的题中之意就是从文本获得信息，而读者中心论却注定了信息来自主体图式对文本的同化。而主体图式不但有自发和自觉、专业和非专业之分，同为专业者也有流派之分、风格之分、个人偏嗜之分。而在此基础上确立的所谓多元解读，却混淆了这一切。

皮亚杰的心理图式在其自觉阶段，是一种系统配置：是各部分之间有序的结构，在其原生的自发状态，却是无序的。心理图式存在着内在的矛盾，它既是本我个体的张扬，又是个体本我的压抑。皮亚杰的主体图式同化学说有点绝对化。主体图式并不绝对封闭，其表层具有有限的开放性，如他所举的例子，婴儿把手指当作乳头来同化。但是，其前提是接受了不同于乳头感觉，并且有了不同的同化和调节，正如读者解读文本，首先接受从未经验过的文本文字结构。这种一定程度的开放，正如羊吃草，是把草同化为羊的机体的前提。但是，这种羊吃草式的开放性仅仅是无序的，要进入深层，就要被同化，其中同化结果就是有序化，草就变成了羊肉。

二、主流意识形态和思维模式的霸权同化

在解读中，这种有序同化起主导作用的是主体的核心价值，处于霸权地位的社会主流意识形态、处于权威地位的主流艺术观念和与之共生的习惯性思维模式（如形而上学的绝对化，或者僵化的二元对立），对于个体心灵的自由是一种统治。这种思维模式长期积累为某种潜意识，构成个体生命密码，变成某种盲目的定势、自动化的本能，不但排斥外部信息，而且迫使外部信息就范，甚至歪曲其基本属性。即使权威学者、大师，都不能逃脱这种机制。特别是当潜在的思维模式与主流意识形态的霸权观念一致的时候，主体同化即使带上了指鹿为马的性质，因为其有序性，人们也往往见怪不怪。苏辙注解《诗经》，把《关雎》这种爱情诗，规定为“后妃之德也”就是这样的例子：

> 关关，和声也。雎鸠，王雎鸟之挚者也。物之挚者不淫。水中可居者曰洲。在河之洲，言未用也。逑，匹也。言女子在家有和德而无淫僻之行，可以配君子也。①

苏辙的核心意识的同化结构中有两个要素：一是敌视爱情，将之硬性规定为“淫”；二是将“关关”之声定性为“和声”，归结为贵族女子的德行（“和德”），完全是武断，丝毫没有论证。这本来是无序的，但由于整个《诗集传》在这种观念和方法上是统一的、有序的，都这样不讲理、不顾常识，加上主流意识形态的权威使得这种武断带上了神圣的光圈，人们就往往见怪不怪。

再看韦应物《滁州西涧》：“独怜幽草涧边生，上有黄鹂深树鸣。春潮带雨晚来急，野渡无人舟自横。”明明是抒发隐逸心态，表面借助一幅无人的图画，但潜在的抒情主体的意脉动势很丰富婉曲。先是“幽”，也就是无声、荒僻，打破“幽”的是有声“鸣”，加强了“鸣”的，是紧张的春潮和急雨，结句转化了紧张的是“舟自横”。一个“横”字，在这里有三重内心感应暗示：第一，横是和“急”对应的，雨

---

① ［宋］苏辙：《诗集传》卷一，载《景印文渊阁四库全书》第70册“经部六四・诗类”，台湾商务印书馆，1983年，第316页。

不管多急，舟悠闲地横在那里，是为无人、自在、自如；第二，无人之舟，又是特别有人欣赏（“独怜”）的结果；第三，有人和长久无人的野渡构成内在张力：幽而不幽，不幽而幽，无人而有人怜，有人而无人景。内心和外物之间的多重互动构成了意脉，不在字面上明言，而在字里行间。正是由于没有明言，就给穿凿附会提供了可能。《七言千家诗注解》卷上偏偏说：“此亦托讽之诗。草生涧边，喻君子生不遇时。鹂鸣深树，讥小人谗佞而在位。春水本急，遇雨而涨，又当晚潮之时，其急更甚，喻时之将乱也。野渡有舟，而无人运济，喻君子隐居山林，无人举而用之也。”①

再看王维名诗《终南山》：“太乙近天都，连山到海隅。白云回望合，青霭入看无。分野中峰变，阴晴众壑殊。欲投人处宿，隔水问樵夫。”意脉明明是从自然景观高瞻远瞩的宏伟视野中，时而纵深细辨入微，时而俯视宇宙明暗对比，最后意脉猛地从宏伟山脉远眺的开阔起伏感受转折为微观的个人交流，平静淡定。但是，李颀在《古今诗话》却说诗的主题是“讥时宰”，“‘太乙近天都，连山接海隅’言势位盘据朝野也。‘白云回望合，青霭入看无’言徒有表而无内也。‘分野中峰变，晴阴众壑殊’言恩泽偏也。‘欲投何处宿，隔水问樵夫’言畏祸深也”。② 这种牵强附会，在中国古典诗话中自成风气，为睿智的诗话家名之曰“穿凿”。原因就在于意脉在丰富的直觉之中，要转化为语言，主体同化必有变异，其极端者则为质变。而这种倾向之所以难以克服，原因就在于：第一，读者心理的封闭性，也就是先入为主；第二，文学文本意脉层次的封闭性，这种封闭性与理性文本的最大不同，可以称之为“测不准”性。正是因为这样，这种测不准就变成了某种不透明的墙。

因为固有的主体图式同化意味着自我肯定，依着思维的惯性，驾轻就熟，心理消耗能量最小，符合弗洛伊德所说的快乐原则。封闭性与本能相联系，这就造成了整个社会、整个时代睁着眼睛说瞎话，重复着《皇帝的新装》的喜剧，滔滔者天下皆谬，故见谬不谬。

对读者主体的消极性失去警惕，陷入盲目性，必然造成文本主体的遮蔽，舒舒服服地用自己的舌头讲着统治着自己的主流意识形态的话语。不是接受文本中的新信息，调节自己的心理图式，而是向文本发出歪曲文本的信息。在 20 世纪 50 年代中期，学富五车的权威教授们振振有词地从鲁迅的《药》的结尾处那飞起的乌鸦中，

① 持这种穿凿观念非常流行，可能受了谢枋得的影响。谢氏曰：“‘幽草’‘黄鹂’，比君子在野，小人在位。‘春潮带雨晚来急’，乃季世危难多，如日之已晚，不复光明也。末句谓宽闲寂寞之滨，必有贤人如孤舟之横渡者，特君不能用耳。”转引自［明］高棅《唐诗品汇》卷四十九。

② ［宋］李颀：《古今诗话》，载《宋诗话全编》，江苏古籍出版社，1998 年，第 1294—1295 页。

看到了“革命者”，从李白的诗中看到了现实主义，从李后主诗中看到了“爱国主义”。在十年浩劫“批林批孔”期间，从《水浒传》晁盖和宋江身上看到了投降和革命的“两条路线斗争”，从贺知章的《咏柳》看到了对于“创造性劳动”的歌颂。而今天的课堂上，中学生从《背影》中的父亲，看到“违反交通规则”，从祥林嫂看到“拒绝改嫁的精神”，从《皇帝的新装》看到骗子是“义骗”，从《愚公移山》看到破坏生态环境，不一而足。这一切说明，读者的自发主体图式中的当代生活经验和价值的封闭性压倒了开放性，造成了对经典文本的肆意歪曲。这样解读出来的与其说是文本，不如说是读者自己的成见。

解读的任务，本来应该是从已知到未知，但某种现成的、贫乏的观念却把解读变成了从已知到已知，以荒谬现成见解遮蔽文本的精粹。这在解读花木兰中，显得特别触目。

一位中学教师讲《木兰辞》，遵照所谓“平等对话”的原则，问花木兰怎么样？学生说是个英雄。这花木兰什么地方“英雄”啊？学生想来想去，回答说花木兰英勇善战……英雄内涵仅仅就是英勇善战。多媒体、朗诵、对话，花样玩得不少，可是学生看到的却不是文本中的花木兰，而是预期的心理图式中的男性英雄。

说花木兰英雄善战，那么这首诗里写打仗一共几句？“朝辞爷娘去，暮宿黑山头，不闻爷娘唤女声，但闻燕山胡骑鸣啾啾。”这是不是打仗？不是，写的是想家。“万里赴戎机，关山度若飞”是打仗？不是，这是行军。“朔气传金柝，寒光照铁衣”是不是打仗呢？不是，这是宿营。“将军百战死，壮士十年归”可以说是打仗了。但是，第一，何其少也，只有两行，严格来说，只有一句。因为“壮士十年归”这一行，写的不是打仗，而是凯旋。就是“将军百战死”，也没有正面写她打仗，是别人牺牲了。打了十年，虽然后面有“策勋十二转”的间接交代，但是正面的，就这么区区一行概括性的叙述。她在战争中的英勇是全诗的重点还是“轻点”？战争场面轻轻一笔带过就“归来见天子”，写战争这样吝惜笔墨，可是写她为父亲担心，决心出征，却不惜浓墨重彩。写了多少句呢？十六句，“唧唧复唧唧，木兰当户织。不闻机杼声，唯闻女叹息。问女何所思，问女何所忆。女亦无所思，女亦无所忆。昨夜见军帖，可汗大点兵，军书十二卷，卷卷有爷名。阿爷无大儿，木兰无长兄，愿为市鞍马，从此替爷征。”然后写备马（从这里可以感到当时农民的负担是如何重，参军还要自己去买装备），四句：“东市买骏马，西市买鞍鞯，南市买辔头，北市买长鞭。”接着写行军中，对爹娘的思念，又是八句：“旦辞爷娘去，暮宿黄河边，不闻爷娘唤女声，但闻黄河流水鸣溅溅。旦辞黄河去，暮至黑山头，不闻爷娘唤女声，但闻燕山胡骑鸣啾啾。”这八句，想念爹娘的意思是相同的，句法结构完全相同，和前面的四句相比，只改动了几个字，几乎没有提供多少新信息。最多四行就够了，作者为什么要冒着重复的风险，写得如此铺张？奏凯归来以后，写家庭的欢乐，用了六句，写木兰换衣服化妆，一共十二句：“爷娘闻女来，出郭相扶将；阿姊闻妹来，当户理红妆；小弟闻姊来，磨刀霍霍向猪羊。开我东阁门，坐我西阁床，脱我战时袍，著我旧时裳，当窗理云鬓，对镜贴花黄。”如果作者的意图是要突出木兰作为战斗英雄的高大形象，这可真是货真价实的本末倒置了。

但是，这样的安排，恰恰为了表现文本两个方面的深层意脉：

第一，突出女英雄。本来，从军不是女孩子而是男人的义务。文本反复渲染的是，女人主动承担起男人保家卫国的任务，特点不在如何英勇，而是从军之前的亲情，立功归来以后，和男性衣锦还乡坦然为官作宰截然不同，她只在意享受亲情以及和平幸福的生活。女性的毅然担当，女性的亲情执着，女性的超越立功受奖的世俗功利，正是文本意脉的前半部分。文本意脉的后半部分，则是恢复女儿本来面目的自豪和自得。这个意脉是文本的生命线，为什么那么多学生和师生视而不见呢？就是自发主体心理预期图式中的“英雄”同化作用。

第二，在汉语里“英雄”从语义的构成来说，“英”就是花瓣，杰出之义，而“雄”则为男性，男性英雄气概就是打仗打出来的。本来英雄没有女性的份儿，而这里的英雄却是女性，又没有什么打仗的场面。但是，读者按固有的英雄观念去同化了花木兰，把花木兰当成“英雄”。本来，主题立意重点在女性从军立功与男性之不同，如果着重写英雄善战则与男性英雄无大差异。这一特殊性，在文本的结尾处特别透露出来。中国诗歌是讲究比兴的，可是这首诗，居然几乎全是叙述，极少比喻，到了最后却来了很复杂的比喻。扑朔迷离，“安能辨我是雄雌”，隐含着女性对于男性的粗心大意的调侃和女性心灵精致的自得。这是全诗点题之笔，至今保存在现代汉语书面和日常口语中，不是偶然的。把花木兰当成“英雄”本身就隐含着悖论，严格说来，花木兰应该是“英雌”才对。

非常不幸的是，我们课堂上包装豪华的所谓尊重学生主体，尊重其对文本独特体悟的多元解读原则，表面上是解放主体，使之无限开放，实际上是放任主流意识形态（如男性英雄善战的僵化概念）的恶性封闭。这就是当前课堂上荒腔走板的现象比比皆是的原因。可悲的不是这样的奇谈怪论没有得到恰当的分析，而是得到老师的肯定甚至表扬。问题的严重性还不仅仅在课堂，还在于学界，把花木兰“英雄”形象作文化分析。如认为花木兰的精神气质中，肇自于北方少数民族的原始观念，至魏晋时依然存续：“生产者和战士仍然是浑然一体的存在，平时的劳动者，就是战时的战士，在人们的自我意识中，也不存在二者人为的区分。自然劳动和战争是全部落人共同职责，因而在他们的集体意识里，也不存在厌恶或喜爱仅仅作为一个和平的劳动者还是仅仅作为一个战士的问题。在战争中阵亡并不是一种不应该的、倒霉的事情，男女差别已经存在，战争一般是男子的责任，但女性在劳动技能和军事技能的接受上并不与男性截然不同。”因而在花木兰的观念中，“生活的自我、生产者的自我与战士的自我是浑然一体式的存在。她不像我们一样害怕战争，但也绝不想施展自己的才能与抱负，一展自己英雄本质的人一样在内在意识中渴望战争；她重生轻死，便也不重死轻生；她并不是愚昧，但也不斤斤计较自我的得失。她那蓬勃的生命力是在极朴素、自然的形式中表现着的，意志力与情感的天然平衡”。① 这样的文化分析也许有着相当深刻的道理，也许在文献上还有相当的疏漏，② 但旨归乃是民族心理的共同性，而不是文本个案的唯一性。

无原则的多元解读，造成了反历史主义的流行病。本来，解读历史文本的起码条件就是进入历史语境。年轻的读者进入历史语境，并非不可能。心理图式的封闭性不是绝对的，与同化相对的是开放性，也就是调节。封闭性同化和开放性的调节，是对立的统一。开放性调节是封闭性同化的必要补救：一味同化，相同刺激的反复，导致注意力的疲劳，造成熟视无睹，熟知非真知，熟知为无知，更新信息能引起兴奋，任何词语加上“新”，均为褒义（新星、新潮、新人、新娘、新风、新政等）。喜新厌旧出于本能，故调节也源于人性。但是皮亚杰的不足是，没有突出二者并不平衡。与开放性调节相比，封闭性同化具有优势，新信息被纳入旧图式，调节赶不上同化也是规律性现象。这是因为，同化不改变心理图式，按心理惯性运作，消耗的心理能量较小，可以是瞬时的、自动化的；而调节则要改变同化图式，不是一次

① 王富仁：《‘木兰诗’赏析及其文化学阐释》，载《解读语文》，福建人民出版社，2010年，第260—262页。

② 按王先生论述北方民族和汉族的文化心理所据，似多以意为之。据钱穆《中国历代政治得失》：“唐代的‘均田’制度，承北魏而来。其与古代的井田制不同，井田属于封建贵族，而均田则属于中央政府，即国家。”“唐以前，中国兵役制度，遍及全民众，可说是一种兵农合一制……唐代兵役制度改变了，可说是另一种兵农合一制。我们不妨说，兵农合一制有两种方式，一是汉代的方式，一是唐代的方式。汉代的兵农合一，是‘寓兵于农’，亦即是‘全农皆兵’，把国防武装寄托于农民的生产集团，生产集团同时即是武装集团。唐代的兵农合一，则是‘寓农于兵’，在武装集团寄托生产，不是在生产集团里寄托武装。所以只能说是‘全兵皆农’，而非‘全农皆兵’。把武装集团变成生产集团，每个军人都要他种田，却并不是要每个种田人都当兵。这一制度，从北周苏绰创始，唐代不过踵其成规。”唐时“户口本分九等，这都是根据各家财富产业而定……下三等民户，是没有当兵资格的，只在上等、中等之中，自己愿意当兵的，由政府挑选出来，给他正式当兵。当兵人家的租庸调都豁免了，这是国家对他们的优待。此外更无饷给，一切随身武装也须军人自办”。见钱穆《中国历代政治得失》，九州出版社，2013年，第69—70页。

性奏效的，而是积累性的，需要有意识地运作，长期习得。故从现实价值同化古代经典，视之心同此理为易，辨析今人之理异于古人之理为难。潜在意识不同于习得，为其不学而能，而习得不同于潜意识，为其学而后不能立竿见影。能力不同于知识，几乎每一文本的分析都是对智能的一次挑战。

三、结语

解读的深化并不如权威教育理论家所许诺的那样，只要主体的自信就可以畅通无阻了。解读主体并不是想开放就开放的，首先要面临着一场主体开放性与封闭性的搏斗。在一般读者那里，封闭占有惯性的优势，对文本中的信息，以迟钝为特点，崭新的形象，在瞬息之间，就被固有的心理预期同化了。聪明的读者，则由于开放性占优势，迅速被文本中的生动信息所震动。但是，敏捷是自发的，电光火石、瞬息即逝的，而心理预期的封闭性则是惯性的、自动化的，仍然有可能被遮蔽。即使开放性十分自觉，也还要和文本的表层的、显性的感性连续性搏斗，才有可能向隐性的深层胜利进军。即使如此，进军并不能保证百战百胜，相反，前赴后继的牺牲为后来者换取山穷水尽柳暗花明的提示，是为无数解读历史所证明的事实。说不尽的莎士比亚，说不尽的普希金，说不尽的鲁迅，说不尽的《红楼梦》，说不尽的《背影》《再别康桥》。就在这前赴后继的过程中，经典文本才成为每一个时代智慧的祭坛，通过这个祭坛，人类文明以创新的心理图式向固有的图式挑战。每一个经典文本的解读史，都是一种在崎岖的险峰上永不停息的智慧的长征，目的就是向文本主体结构无限地挺进。

发表于 2016 年第 3 期

“周道如砥，其直如矢”？

——护国战争前后严复与梁启超的“对话”

陆建德*

严复致门生熊元锷（字季廉）从弟熊纯如（名育锡，曾任江西教育厅厅长）的信件（1912—1921）论及民国政治的诸多方面，是中国政治思想史上一份具有独特地位的重要文献。称其独特，乃因信中不少评论梁启超、袁世凯的文字摒弃了“修齐治平”的传统政治道德主义语言，体现了国家意识和一种与政治上的唯理主义（即英国哲学家迈克尔·欧克肖特所批判的 rationalism）相对立的现实主义政治学的特点，值得重新评说。

辛亥后，“共和”掩盖了无数乱象，企图乘乱获利的日、俄等邻国各有打算，在有一点上却是一致的，即如沙俄驻华公使廓索维慈直言，“始终反对（中国）建立一个强有力的政府”。①

中国国内一些政治势力的作为也有利于强邻贯彻抑制、分裂中国的政策。

1903 年之前的梁启超，常怀“扑满革命”的思想，诚如张朋园先生所见，“与其说他是维新派，不如说他是革命派”。② 关键的转折发生在是年梁启超访问美国的后期和初回日本之间，他的《政治学大家伯伦知理之学说》一文（1903 年 10 月《新民丛报》38—39 号连载）表明国家（the state）成为他思考的重要对象。其实，《清议报》早在 1899 年 4 月就开始连载伯伦知理《国家论》（饮冰室主人译），这也说明梁启超百日维新失败逃亡后不久已在关注国家学说。③ 民国初年，梁启超和严复都有维护中央、建立强政府之愿。列文森称 1912 年的梁启超已经完成了从文化主义者到国

---

* 陆建德，中国社会科学院文学研究所所长、研究员。

① 转引自章开沅、林增平主编《辛亥革命史》下册，人民出版社，1981 年，第 227 页。

② 张朋园：《梁启超与清季革命》，吉林出版集团，2007 年，第 79 页。

③ 据法国学者巴斯蒂考证，实际上梁启超的译文是根据日文译本转译、修润的。详见狭间直树编：《梁启超·明治日本·西方——日本京都大学人文科学研究所共同研究报告》，社会科学文献出版社，2001 年；郑匡民：《梁启超启蒙思想的东学背景》，上海书店，2009 年。

家主义者的转变，[①] 但是梁启超在现实政治中不免将派系利益与政治理想混同起来，无暇顾及国家，这在热衷于民初国会政治的人士中是较为普遍的。严复一直以为"治体"即统治的形式本无高下美恶之分，因此他事事以国家的稳定和有效治理为念，称严复为国家主义者也许更为贴切。两人之间的差异还应该进一步辨析。[②]

"宋教仁案"一发生，严复对时局极为悲观，担心从此内战不断。他在 1913 年 4 月 2 日信上的几句话是预言性的："恐从此国事日就葛藤，喋血勾连，殆无时已，而国命与之俱去。事已如此，虽有豪杰，又无魏武、秦王之势，以为所席之基，恐难挽回也。"[③] 此后几年，他的政治活动就是以尽量避免内乱割据、加强中央集权、维护社会稳定为转移，对直线型追求所谓理想政体的思维方式和拥兵自重、动辄宣布独立的行动深深戒惧。维克多·雨果在小说《九三年》中分析一位激进人士的性格时说："革命时代最险恶物，莫如直线。"此语打动严复，两次被他在 1916 年致熊纯如信中提到，用以总结并批判梁启超不计后果的政治、军事行动。本文将介绍严复援引雨果的背景，并比较他与梁启超在护国战争前后的一些言论，由此带出民国初期是否需要和如何实现中央集权的话题。

一

严复引用雨果名言是在 1916 年 3 月袁世凯放弃帝制之后。上一年，严复本希望，如袁世凯有"魏武、秦王之势"，统一国家，黎民百姓或可免于战乱，不料宣布帝制后海内外各反袁派系互相借力，串通日本，乘机发难，将中国拖入内战的泥潭。帝制取消后，袁世凯大总统之职不变，仍可根据 1914 年的约法任命总理组阁，在宪法的框架下施政。但是讨袁联合阵线逼迫退位，人心浮动，惶惶不定。晚清以来，省籍观念日强，武昌事件后多省宣布独立，表明地方专权的格局已经形成。民国初建，孙中山将中央集权列为首务，袁世凯被选为临时大总统后，继承中央集权的国策，但是党人只以自己集权为是，合法总统集权为非，己所不欲，必施于人。各党缺乏纪律与大局观的约束，不具协调合作的民主政治能力，致使立法与行政对立，

① 详见列文森：《梁启超与中国近代思想》，刘伟等译，四川人民出版社，1986 年。

② 两人的交往详见黄克武：《严复与梁启超》，《台大文史哲学报》第五十六期（2002 年 5 月），第 29—68 页。

③ 王栻主编《严复集》第 3 册，中华书局，1986 年，第 609 页。

统治机构忙于内耗，社会失治，故有回到权力集中的君主立宪之说。[①] 从 1916 年的 3 月 22 日（取消帝制、回到共和）到 6 月 6 日（袁世凯逝世），中国又在十字路口上彷徨。4 月 4 日，严复在致熊纯如信上追问帝制的来由，认为政府瘫痪，辛亥、壬子两年间兴起的“党人”难辞其咎：“所以使项城日趋于专，驯致握此大权者，夫非辛壬党人？参众两院之捣乱，靡所不为，致国民寒心，以为宁设强硬中央，驱除洪猛，而后元元有息肩喘喙之地故耶。”[②] 百姓盼治，只有“强硬中央”能使全国人民“有息肩喘喙之地”。宋案后，法律上的调查取证已经开始，李烈钧等辛壬党人本来就伺机而动，有了口实就发动兵变（“二次革命”），失败后逃窜海外。地方都督可以公然启衅，证明议会政治的失败，同时也突出了中央集权任法的必要性。包括严复在内的很多人士殷殷望治，只求久经战乱的百姓能够休养生息。1915 年 8 月筹安会成立，杨度的思想比较过激，有考虑不周之处，但是孙毓筠、李羲和、胡瑛是老资格的革命党人，为什么他们附议？当今学界更应该问的是“筹一国之治安”是在何种恶劣的政治生态下提出来的。同样知道国会已无可救药的梁启超却立即在天津与蔡锷等人密谋发起内战，又与革命党合流。二者眼中只有一个目标，直奔而去。严复在同一封信中写道：“法哲韦陀虎哥有言：革命时代最险恶物，莫如直线。”[③] “法哲韦陀虎哥”指的是法国小说家维克多·雨果。

雨果曾投身法国政治，是共和派，但是对法国大革命尤其是恐怖统治时期的集体狂迷是警觉的。《九三年》描写的是 1793 年发生于法国西南部旺代地区的农民武装斗争。1789 年大革命后成立的法兰西共和国政府的一系列激进政策是“旺代叛乱”的直接导因。在《九三年》卷一第二章，“巨剑号”巡洋舰装扮成货船从英国出发南下，遇风浪，剧烈颠簸，中间层的甲板上一尊大炮脱开铁链，冲击船体，压死水兵，击碎其他的大炮，就像“永恒的奴隶”一般不受管束。雨果借此喻指革命爆发后一系列无法控制的事件。[④] 那尊自由狂暴的大炮被舰上的重要人物、正赶旺代地区指挥叛乱的朗特纳克侯爵制服了，但军舰已受重创，未能避免触礁的命运。

---

① “政府恶劣、社会崩溃的形成，是谁之过欤？账不能都算在袁氏一个人头上。政党和政客各为私利，闹得纷纷攘攘，也太不成话。因此那时全国舆论似有共识（national consensus）：共和政体不合国情。”唐德刚：《袁氏当国》，广西师范大学出版社，2004 年，第 96 页。唐德刚在此书中还数次转述了古德诺《共和与君主论》一文中“继承式的寡头制”（hereditary autocracy）优于“非继承式的寡头制”的观点（第 96—97、160—162 页）。

② 《严复集》第 3 册，第 631 页。严复在 1916 年 5 月 2 日信上又说到“救时之士”相信，中国欲治，“非强有力之中央政府不可”。《严复集》第 3 册，第 635 页。

③ 同上书，第 633 页。

④ 雨果：《九三年》，桂裕芳译，译林出版社，1998 年，第 28—37 页。

小说卷二第一章是革命派戈万的精神之父西穆尔丹的画像。西穆尔丹曾是乡村的本堂神父，如雨果所说，一日为教士，终身为教士。他性不容恶，崇尚绝对性，科学摧毁了他的宗教信仰，现在他以逻辑代替情理，另有寄托："他善于沉思，就像人们善于使用钳子一样。凡有一个念头，他必定穷究到底。他思考起来奋不顾身。"①他没有家室，同情穷人，愿意无条件地奉献自己的一切，但是他又毫不留情，一颗巨大的灵魂容不下一点人情，他的人类之爱是泛泛而抽象的："这种巨大的充盈其实是空虚。"他崇高，"但他是在孤立之中，在崎岖中，在冷冷的疏远中表现崇高，在四周的悬崖峭壁中表现崇高。高山就有这种险恶的童贞"。② 现在他已投入革命之中，一味冲锋："西穆尔丹什么都懂又什么都不懂。他懂科学却不懂生活。因此他严峻刻板。他像荷马笔下的忒弥斯女神一样蒙着双眼。他盲目自信，像箭一样，眼中只有箭靶，直直奔向箭靶。在革命中最可怕的莫过于笔直的路线了。"③

这部小说早在1913年就有东亚病夫（曾朴）的译本，名《九十三年》，由上海有正书局出版，书名前还有"法国革命外史"六个小字。曾朴将作者名字译作"嚣俄"。④ 严复笔下的"法哲"名"韦陀虎哥"，与"嚣俄"相去太远。可以推测，严复没有读过曾朴译本。曾朴这一段的译文要简单得多，是原文的缩写：

> 薛慕丹［即西穆尔丹］之为人，谓为无所不知可，谓为一无所知亦可。盖其无所不知者学问，而一无所知者生活也。夫人至不知生活为何事，则不自觉其日趋于惨酷之途。彼常日瞠其两目，然其视线则恒为直线，而不能旁瞬。大类弩箭离弦，仅知赴的。的以外皆瞽矣。⑤

严复信上取自雨果的文字，很有可能转引自英国政治类著作。

西穆尔丹持身严正，是纯而又纯的所谓"好人"或孟子所说的始终如一的"大丈夫"。他和《日瓦戈医生》里拉拉的丈夫巴沙·安季波夫（后更名斯特列利尼科夫）堪称一对兄弟。两人出身不同，但是都绝对崇尚理性推断，道德上纯洁，却不近人情。安季波夫的脸上有"某种抽象的东西"，缺少光泽，"一张活生生的脸变成思想的体现，原则的化身"。他能理解的事物是完整的，但是"缺少应付偶然情况的思考力，还不善于利用意料之外的新发现去改变不会有结果的原来的完整设想"。⑥

---

① 雨果：《九三年》，桂裕芳译，译林出版社，1998年，第80页。

② 同上书，第84页。

③ 同上书，第82—83页。

④ 商务印书馆还在1921年出过这部小说的节译本（林纾与毛文钟合译），名为《双雄义死录》，作者名译作预勾。

⑤ 东亚病夫：《九十三年》卷二，上海有正书局，民国二年（1913），第9页。这段文字系原文简写。

⑥ 帕斯捷尔纳克：《日瓦戈医生》，蓝英年、张秉衡译，外国文学出版社，1987年，第551、350页。

根据小说改编的电影中还有一个场景——安季波夫站在火车驾驶员的位子上，眼睛紧盯着正前方，路轨笔直，正如箭的行程。

严复则和雨果一样，怀疑这类品德纯正者在现实中是否能真正造福社会。在变法呼声愈来愈高的时候，严复亦有隐忧。变法者应该“忘己”，这在中国尤其困难。1898年初《国闻报》连载未署名的《拟上皇帝书》。百日维新时，严复蒙光绪召见，承认自己是该文作者，意见偏激，思虑不周。不过，在《拟上皇帝书》中他已预见到更革之际容易出现“君子之把持”，这是必破的格局。王安石变法颇有“君子之把持”的特色：“宋王安石之新法，虽行之不皆合于道，然亦救时不得已之计也，乃一时为之助而匡辅者少，为之攻而排击者多，于是党论纷淆，而宋治终不振矣。”严复又将“君子之把持”与“小人之把持”相对照：“大抵君子之把持，生于智虑之有所不周，意见之有所偏激；而小人之把持，则出于营私自利而已矣。”[①] “西人讲群学者，所以称必有为群舍己之人，而后群强而化进也。且今者中国变法之难，不必改用西法而后尔也。但使人失私利者多，则虽经典之所载，祖训之所垂，不能据之以敌把持之势。”[②] 康梁在变法时正是在形成把持之局。严复在民国后目击国会各派不能合作的闹剧，预见到当时政党政治某些趋势，深以为忧。他在遗嘱中切盼儿女“事遇群己对待之时，须念己轻群重”，[③] 他大概在各派中很少见到真正轻己重群的人物。王安石变法为他考察变法者提供了合适的背景。《宋史》上记载王安石“自信所见，执意不回”。这种性格上的毛病是恶兆。

严复读《宋史·王安石传》时写了一段批语：

> 荆公之大弊二：一不知政之宜于一郡一州者，不必宜于天下，犹之今日之法，其宜于甲国者，不必宜于乙国也；一不知人之攻我而立异者，不必皆奸人，而其助我而和同者，亦不必皆吾利。微论吾所重者非也，就令而是，而智量相殊，吾之所知所及见者，彼有不及知不及见也。至于学术不同，信守互异，由是愤好之趣，烦然大殊，吾出死力以与之争，幸胜而所伤已众矣。是故西人有言，将为宰相，必知其国，而调停众异之际，尤必有操纵动静之术焉。相时而后可，得人而后行，徒自信吾道而任众人之汹汹，吾未见其能济也。

这是严复在辛亥七月二十八日（1911年9月21日）记的，即定国乐之前一周。在王安石“今奸人欲败先王之正道，以沮陛下之所为”这句话上，严复批道：“公不知天下之欲败吾法者，固不必皆奸人，而助吾法者，又未必非奸人，是其哲学逊处。”[④] 由

---

① 《严复集》第1册，第75页。

② 同上书，第76页。

③ 《严复集》第2册，第360页。

④ 《严复集》第4册，第1151页。

于君子敌我意识太分明，国家反而深受其害，“前人只说小人误国，而不知君子之可以迷邦也”。[①] 严复在辛亥前已有宽容异己的思想，这是最可贵的。

在1913年（大概在江西挑战中央前夕）致熊纯如信上，严复表示，理想主义者出于自以为是的道德原则，骤然行动，“为祸往往烈于小人”。“贵省李督，不佞不悉其人，不敢妄下论断，但如弟言，则与法兰西革命时之但唐、鲁白斯斐尔等，殆无以异。此中人才，其为祸往往烈于小人者，以其自恃坚而昧于审物故也。庚子之乱，刚子良、李剑潭、赵展如诸人，平日皆有好官之目，而嫉恶甚严者也。然而非此数公，则清室虽至今存可耳。”[②] 庚子年间，刚毅等人有好官的名声，且“嫉恶甚严”，但招来大祸。西穆尔丹恰是“自恃坚而昧于审物”的人物。信中的“李督”即李烈钧，江西人，1912年3月任江西都督，1913年5月5日联合谭延闿、柏文蔚、胡汉民共同反袁，7月12日在湖口宣布独立。严复不会不注意到这些地方上的实权派私念太重，与法国革命初期的丹东、罗伯斯皮尔不可相提并论。

严复了解英国历史，对各国的改革也有所比较，深知政治往往是两害相权取其轻的令人遗憾的艺术，“平等、自由、博爱、民权”诸学说，就同十全十美的直线式道路，非但不可靠，甚至危险。[③] 改良的路线是摸索而行的结果，不能预先凭理想、观念设定，必然迂回曲折，所体现的是实践智慧，而非先验的理论原则。

严复在戊戌变法之前，虽然有甚为激烈的言论（如“自由为体”），但也与康梁等不同。他在最初发表政见时就对改革的复杂性和长期性有着心理上的准备：“今夫民智已下矣，民德已衰矣，民力已困矣。有一二人焉，谓能旦暮为之，无是理也。何则？有一倡而无群和也。是故虽有善政，莫之能行。善政如草木，置其地而能发生滋大者，必其天地人三者与之合也，否则立槁而已。王介甫之变法，如青苗，如保马，如雇役，皆非其法之不良，其意之不美也，其浸淫驯致大乱者，坐不知其时

---

① 《严复集》第4册，第1167页。胡适在1925年对陈独秀说：“异乎我者未必即非，而同乎我者未必即是。”《胡适来往书信选》上册，中华书局，1979年，第356页。

② 《严复集》第3册，第610页。严复一般不以绝对的善恶月旦人物。“吾国之论人也，善则无不善，恶则无不恶，而不知形气之中，固无此物，莫不二者相参，而率有多寡。孟子亦人耳，虽圣贤，又安得无过言哉？必并其过者而守之，此吾学之所以无进步，而其敝常见于末流也！”“过言”是指孟子攻击墨子的兼爱之说。孟德斯鸠：《孟德斯鸠法意》，严复译，商务印书馆，1981年，第495页按语。

③ 严复在1916年9月12日信里对高尚的理念发过一通议论：“平生于《庄子》累读不厌，因其说理，语语打破后壁，往往至今不能出其范围。其言约：‘名，公器也，不可以多取；仁义，先王之蘧庐也，止可以一宿，而不可以久处。’庄生在古，则言仁义，使生今日，则当言平等、自由、博爱、民权诸学说矣。庄生言：‘儒者以诗书发冢。’而罗兰夫人亦云：‘自由，自由，几多罪恶假汝而行。’可知谈理伦人，一入死法，便无是处。”《严复集》第3册，第648页。

之风俗人心不足以行其政故也。”[①] 这是《原强》上的文字。改变“风俗人心”必须行之以渐。

因此，他对戊戌以来梁启超等高悬完美“无过”的政治理想并以此为唯一目标的思想家、行动者，大不以为然。紧接上引信中“韦陀虎哥”的经验之谈，他指出梁启超的理想中人“常行于最险直线者”：“任公理想中人，欲以无过律一切之政法，而一往不回，常行于最险直线者也。故其立言多可悔，迨悔而天下之灾已不可救矣！”这样一来，他和康有为一起在“百日维新”时“祸人家国而不自知非”。严复又在同一封信上自辩：反对袁世凯下台（即希望继续任总统），是考虑到“祖国无上”：“吾之不劝项城退位，非有爱于项城也。无他，所重在国故耳。……以目前之利害存亡言，力去袁氏，则与前之力亡满清正同，将又铸一大错耳。愚以谓使国有人，而以存国为第一义者，值此袁氏孤危戒惧之时，正可与之为约，公选稳健之人，修约法，损其政权，以为立宪之基础，使他日国势奠定，国民进化，进则可终于共和，退则可为其复辟（此时亦不相宜），似较之阳争法理，阴攫利权，或起于个人嫌隙之私，似有间也。”[②] 立宪的基本原则，即使在袁世凯准备登基大典之前，也从未被抛弃，所谓帝制就是君主立宪的别称。严复心中较为现实的蓝图是借“袁氏孤危戒惧之时”拟订出更能体现权力制衡原则的立宪机制，逐步建立一个能够有效统治全国的共和政府。从军事上说，当时北洋实力最强，袁世凯以他的资望应能对主要将领有所节制。去袁或许并不难，难的是去袁后如何确保军阀不打仗。[③]“阳争法理，阴攫利权”八字应该是指梁启超以“共和”法理为号召的“护国战争”。期间云南、贵州、广西三省宣布独立（袁世凯撤销帝制之后还有广东、浙江、四川、湖南、陕西五省宣布独立）。在这封信的末尾，严复预言第一次世界大战德国必败，但是看到自己的祖国依然为内战撕裂，近乎绝望：“欧战影响，遍于全球，便无近争，吾民已苦，况又竭泽以为同室操戈之事。兵祸不解，后此康复，益复无望，吾惟祈死而已，尚何云乎。”[④] 为国分忧是此信的基调。

在4月4日的长信中，严复表达了对康、梁的深深恶感。针对师徒两人在戊戌变法中行事不计利害，严复写道：“政治变革之事，蕃变至多，往往见其是矣，而其效或非；群谓善矣，而收果转恶，是故深识远览之士，愀然恒以为难，不敢轻心掉之，而无予智之习。而彼康梁则何如，于道徒见其一偏，而由言甚易。南海年高，

---

① 《严复集》第1册，第13页。

② 《严复集》第3册，第632—633页。

③ 如基辛格在《如何结束乌克兰危机》（2014年3月6日《华盛顿邮报》）中说：“对政策的考验是它如何结束，而不是它如何开始。”

④ 《严复集》第3册，第634页。

已成固性。至于任公，妙才下笔，不能自休。自《时务报》发生以来，前后所主任杂志几十余种，而所持宗旨，则前后易观者甚众。然此犹有良知进行之说为之护符。顾而至于主暗杀、主破坏，其笔端又有魔力，足以动人。主暗杀，则人因之而倜然暗杀矣；主破坏，则人又群然争为破坏矣。敢为非常可喜之论，而不知其种祸无穷。”“百日维新”过程中的各种各样的莽撞可以不论，梁启超逃亡日本路上，在日舰“大岛号”致书伊藤博文，请日本救光绪；① 庚子年康梁策划唐才常自立军“勤王”；1904年指使梁铁君潜回北京，图谋暗杀慈禧，② 都是可能“种祸”之举。所谓的保皇、革命两党，其基本行事方式是非常相像的，“护国”和稍后的“护法”均为

① “启超等明知他邦干预内政，非本邦之福，然日暮途穷，不得不倒行逆施。彼女后及满洲党执国权则亡也，诸邦群起干预内政亦亡也，其为亡一也。”转引自石云艳：《梁启超与日本》，天津人民出版社，2005年，第15页。

② 李永胜：《戊戌后康梁谋刺慈禧太后新考——以梁铁君案为中心》，《北京大学学报》2001年第4期。康有为曾浪费数万金供养豪杰（杀手），梁启超在1903年深秋表示不主张“舍钱买侠士”，但是并不反对暗杀的宗旨（见《长编》，第217—218页）。《暗杀之罪恶》（1913）是宋教仁案发生后梁启超对暗杀行为最雄辩的谴责。康有为的行为无非是太子丹、严仲子厚待荆轲、聂政的翻版。严复在他所译的孟德斯鸠《法意》（二十九卷）写了一条与此相关的按语：“以金购人杀人，自战国而始有，直至今日，视为当然，此真吾国之大耻。方其为此，反之于心而无所不安者何？曰，彼固吾仇，而吾所欲杀者也。不知人之所以可杀者，法杀之耳。法有时且不可杀，公理杀之耳。夫人与我为仇，以我视人，人固可杀，而以人视我，我亦可杀，是人与我交可杀，而孰果可杀，则未定也。抽身而决斗，倾国而交绥，固明言相杀，而孰杀孰不杀，犹听命于天焉。故其杀也，庶几以无罪。乃至暗杀行刺，虽有所奉辞，而皆为不义，况以国事之异同，敌忾之各主，乃行财焉，教人行至不义之事，宜哉，其为文明国所共疾也！昔者，甲申之役，额罗金见吾国购杀白夷之告示而焚圆明园。近者，梁启超以购杀亡人之旨而昌言暗杀。呜呼！自公羊作俑，以《春秋》为复仇之书，而吾国道德人心之蔀，经二千数百年而未去，犯五洲之不韪，而合群乃不可期，吾安得起禹、墨、伊、周之魂而相与痛哭乎？”孟德斯鸠：《孟德斯鸠法意》，严复译，第739—740页。这一条按语未收入《严复集》。严复能够指出“以人视我，我亦可杀”，这在中国文化中是极其少见的。《法意》（二十一卷）还有一条按语：“此泰东教化最为弱点者也。西之教曰爱仇，曰宥人之罪，祈天宥我。东之教曰以直报怨，曰复九世之仇，《春秋》韪之。以所习之如是，故每闻兼爱之说，则以为非人情，虽以孟子之贤，且訾其无父。夫所谓无父者，非真无父也，特不设差等于其间，待其父犹众人也。曰无父耳，然不知仁心之用，发于至性之自然，非审顾衡量而后为施；果然，则乍见孺子之入井者，必讯其父之为何如人，而后可以施匍匐之救，则所谓恻隐之端，所存不其寡欤？夫人类遍于大地之五洲，而人人有其所同得于天者，为相感召，由此而爱力生焉。此《老子》所谓常也。故其言曰：‘知常容，容乃公，公乃王，王乃天，天乃道。’呜呼！使人道必以仁为善长，则兼爱之说必不可攻。兼爱者不二本。孟轲氏之说乃真二本耳。”同上，第494—495页。孟德斯鸠在书中又论及宗教“解仇释怨”的功能，严复案：“宗教为物，其关于陶铸风俗者，常至深远。观东西二土之民，其于怨仇，可以见矣。西之宗教，重改过宥罪，曰，此教徒之天职也。虽有至深之衅，使犯者声言歉衷，以自谢于受者，则旧怨可以立捐。……脱既解矣，而犹以旧怨相绳，则其人必为国人所不数。此西国之俗也。至于吾俗，乃大不然。衅之既生，衔者次于骨髓，迁怒及其亲戚，寻仇延乎子孙。即有居间排难之家，以势相临，若不得已，虽曰解仇，察其隐微，固未尝释也。其居心如是，其揣人亦然。缊火常伏，其发也，特待时而已。故其民之相遇也，刻螫感愤之情多，而豁达岂弟之风少也。呜呼！此固宗教使之然耳。夫《春秋》号经世，而齐桓灭纪，所不忘者，哀侯九世之仇，然而经大之矣。惟二俗之行，其于社会，利害相远，此不具论。”同上，第592—593页。

“竭泽以为同室操戈之事”。

严复以秦孝公用卫鞅（即商鞅、商君）来比光绪用康有为。康有为“乃踵商君故智，卒然得君，不察其所处之地位为何如，所当之沮力为何等，卤莽灭裂，轻易猖狂，驯至于幽其君而杀其友，己则逍遥海外，立名目以敛人财，恬然不以为耻”。梁启超则“窜身海外以来，常以摧剥征伐政府，为唯一之能事”。① 在护国战争中，严复看到的是梁启超故态复萌，得理不饶人，发起内战，又“行于最险直线”，后果如何，全然不计。

同年 9 月 10 日，他又在致熊纯如信上提及雨果：

> 法文豪 Victor Hugo 谓：“革命风潮起时，人人爱走直线，当者立靡”；德文豪葛尔第 Goethe 戏曲中有鲍斯特 Dr. Fawst [当为 Faust] 者，无学不窥，最后学符咒神秘术，一夜召地球神，而地球神至，阴森狞恶，六种震动，问欲何为，鲍大恐屈伏，然而无法退之。嗟乎！任公既以笔端搅动社会至如此矣。然惜无术再使吾国社会清明，则于救亡本旨又何济耶？……且任公不亦曰‘共和则必亡乎’？然今日最难问题，即在何术脱离共和。……自吾观之，则今日中国须有秦政、魏武、管仲、商君，及类乎此之政治家，庶几有济。

梁启超以他大有魔力之笔扰动社会，社会不复清明，正如歌德《浮士德》中主人公招来地球神，无法退之。严复认为这种时候只有秦政、魏武这样的强有力人物出来收拾局面。他接着向熊推荐 Machiavelli（马基雅维利）和 Treitschke（特赖奇克）② 两人的著述。③ 这段引文之前，还有对晚清民国变世的分析。严复以为，局面不可收拾，主因不是袁世凯，而是“清室自为其消极，而康梁以下诸公为其积极，二者合，而大乱遂有不得不成之势”。④ 现在，乱局已成定局，凶恶无比的地球神呼唤出来了，谁能将它斥退？过了四年（1920 年 9 月 13 日），南北对立，迟早有一场漫长的血战，严复自知投老之夫，槁木死灰，无益于社会：“然今之所苦，在虽欲不为共和民主而不可能……惟有坐视迁流，任其所之而已。”⑤

---

① 《严复集》第 3 册，第 631—632 页。

② 特赖奇克（1834—1896），德国 19 世纪历史学家，主张德国统一。

③ 《严复集》第 3 册，第 646 页。

④ 同上书，第 645 页。下面这段文字常为人引用：“往者杭州蒋观云尝谓：梁任公笔下大有魔力，而实有左右社会之能，故言破坏，则人人以破坏为天经；倡暗杀，则党党以暗杀为地义。溯自甲午东事败之后，梁所主任之《时务报》、戊戌政变后之《清议报》《新民丛报》及最后之《国风报》，何一非与清政府为难者乎？指为穷凶极恶，不可一日复容存立。于是头脑简单之少年，醉心民约之洋学生，至于自命时髦之旧官僚，乃群起而为汤武顺天应人之事。……大抵任公操笔为文时，其实心救国之意浅，而俗谚所谓出风头之意多。”《严复集》第 3 册，第 646 页。

⑤ 同上书，第 711—712 页。

二

要充分理解严复对康梁的责难，还得再从辛亥年秋说起。

严复在宣统二年（1910）以硕学通儒征为资政院议员。宣统三年八月初八日（1911年9月28日），他将中国第一首法定国歌《巩金瓯》歌词改定。① 不到两周，武昌事发。清廷请已经被迫赋闲的袁世凯出山，先后任命他为湖广总督、钦差大臣，赴鄂镇压。10月30日，清廷因前一天的"滦州兵谏"连发四道上谕，解散"皇族内阁"，拟开国会，开放党禁，赦免戊戌以来因政变或革命逃匿海外的人士。11月1日，冯国璋率领的北洋军攻入汉口，清廷授袁世凯为内阁总理大臣。与"滦州兵谏"同时，传言驻扎保定的第六镇统制吴禄贞随时将率军直捣北京。梁启超见机不可失，于11月6日由日本返国，经大连到奉天，想与发动兵谏的张绍曾、蓝天蔚面谈，再联络旧友、新近成为"燕晋联军大都督"的吴禄贞。梁启超行前与康有为密议，显然有运动军队、驾驭大局的动机。这是他戊戌年逃亡后第三次回国（1900年夏因自立军"勤王"在沪居留十日；1904年正月在香港参加保皇党会议，初春由港至沪，化名住虹口日本旅馆数日），他在路上听闻吴禄贞已在7日被刺，大失所望，再说当地军队还打算拥他宣告独立，未免唐突，只得匆匆赶回大连东渡，国内逗留仅约一周。② 连奉天一支部队也不愿意听命于中央，可见"金瓯"已碎，再难复原。这些握有一定兵权的地方将军，一有机会，还是会自行其是。11月16日袁内阁组成，名单中梁启超为法律副大臣。梁启超得知入阁的消息，当在回日本后不数日，他在11月18日致电袁世凯，坚辞不就。梁启超的心理是微妙的。他在电文上自谦："超庸愚，何足赞鸿猷，备员伴食，于国于公，两无所裨，谨坚辞。深负雅意，无任惭悚。"③ "备员伴食"四字抱怨副职，还是带有传统文人不甘居于人下的俗味。袁内阁法律大臣是主持晚清法律改革、奠定现代中国法学基础的沈家本（1840—1912），梁启超缺少实践经验，位列其后，理所当然。他还在电报中进言，请速开国民会议，"合全国人民代表，以解决联邦国体、单一国体、立君政体、共和政体之各大问题，

---

① 辛亥年八月初八日（1911年9月28日）日记："到禁卫军公所，定国乐。"《严复集》第5册，第1511页。

② 丁文江、赵丰田编《梁启超年谱长编》，上海人民出版社，2009年，第363—368页。梁启超这次回国，日本非常重视。他在家信里告诉女儿："此行日人非常巴结，今日到站，奉天领事派人来接，派两警察随护，今午已到彼领事馆中饭。"《梁启超年谱长编》，第365页。

③ 转引自夏晓虹辑《〈饮冰室合集〉集外文》中册，北京大学出版社，2005年，第569页。

及其统一组织之方（法）条理”。[1] 袁世凯、清廷几次促驾不果。

武昌事发后，梁启超就在日本写了《新中国建设问题》，篇首《叙言》所署时间为“辛亥九月”（1911 年 10 月 22 日至 11 月 20 日）。文章先讨论单一国体还是联邦国体，强调“首在得一强固统一之中央政府”，然后梳理出世上各国六种共和政体（包括虚君共和、虚戴名誉长官之共和），胪陈厉害。梁启超此时已决定将现皇室抛弃（“行虚君共和制之望殆绝”），接着分析四种外国模式中哪一种最适合中国。梁启超重点比较美法两种共和制，尤其倾心于法国：“法之大统领，全摹仿欧洲各国君主，不躬亲政治以负责任，美其名曰神圣不可侵犯者也。质言之，则无用之装饰品也，不能直接用一人，不能直接行一政。政权所出，全在内阁总理。”[2] 他举出法国制度优于美国制度者有四，内阁总理由议院中多数党领袖担任。“若我国而必采用民主共和制，则师法其优于师美矣。”“法制行之不善，其极则足以致弱耳。美制行之而不善，则足以取乱亡。”[3] 梁启超比较法国和美国两种共和制度的优劣，是不是已经在思考将来袁世凯的地位并欲使之如“土偶”?[4]

梁启超有远图，说明还是比较乐观的。严复只有近忧，他料到民族仇恨驱动下的十八省革命必然破坏国家统一，置广袤的边疆地区于险境，故而视名义上的共和、民主治体为灾祸。[5] 而且，他历来不相信各国的政体可以简单归类，然后同而论之。这年 12 月初，袁世凯派唐绍仪为全权代表南下汉口议和（对方全权代表伍廷芳），严复作为福建代表同行。13 日，严复在汉口致书陈宝琛，披露了谈判内容。一个月前（11 月 15 日），宣布独立的各省都督府代表联合会在上海成立，11 月下旬联合会决定迁往武汉继续开会，12 月 3 日通过《中华民国临时政府组织大纲》，议决如袁世凯反正，将推他为临时大总统。严复洞察举事的党人在谈判中“以共和民主为主旨”的动机。所谓的“治体”实际上是极少数人士选中的名号，与民众无涉。党人的预谋也就是后来历史进程的轨迹：“彼宁以共和而立项城为伯理玺德，以民主宪纲箝制之，不愿以君主而用项城为内阁，后将坐大，而至于必不可制。”[6] 第二年 3 月 8 日，南京的临时参议院通过《临时约法》，取代《中华民国临时政府组织大纲》，将总统

---

① 转引自夏晓虹辑《〈饮冰室合集〉集外文》中册，北京大学出版社，2005 年，第 569 页。

② 梁启超：《饮冰室文集之二十七》，第 39 页。

③ 同上书，第 42 页。

④ 梁启超称英王“名虽为王，实则土偶”，未免太过。英国君王是国家的象征、国教的领袖，其地位、声望在民众心目中绝非一般政客可比，在公开出版物上对君王使用侮辱性语言是要治罪的。

⑤ 见 1911 年 10 月致张元济信。《严复集》第 3 册，第 556—557 页。反对狭隘的民族主义也是他一贯立场。

⑥ 《严复集》第 3 册，第 503 页。

制改为内阁制，总统权限更小，“不能直接用一人，不能直接行一政”。

革命党和各省都督府代表此时已意识到，如民国成立，袁世凯将是大总统的不二人选，但可以制订约法，以内阁架空他的权力。随后的局势几乎就是根据这既定方针演进，然而“坐大”甚至“必不可制”的不仅是革命党，还有地方上的军阀，二者的分分合合取决于一时之需。令人惊讶的是，党人所提出的无非是梁启超的法国式共和制方案，大总统只是“土偶”、装饰物而已。在日本，始终扶助、引导任何反中国政府力量的大陆浪人垂涎中国已久，武昌起义对日本军界而言，也正是千载难逢的机会，中国的未来，正是他们所放心不下的。大批日本人来到中国，施加影响。对中国的反政府事业出力最多的扩张主义右翼团体玄洋社（黑龙会）和外务省的外围组织东亚同文社的头山满、犬养毅不顾辛劳赶到上海、南京、武昌等地活动。党人的主张与梁启超选中的法国模式若合符节，中间是否有人暗中交通？有一点是同样的，即设计大纲，都是以人为转移。

平心而论，严复对一国政体是关心的，但为了防范暴烈手段和趋于极端的民族主义思潮，他有意淡化政体的差别。甄克思《社会通诠》（中译本 1904 年）原名《政治简史》，是较为通俗的读物，严复将它译出，本意是使中国读书人在政治上成熟起来，不能不顾中国民智、民德、民品的现实而迷惑于抽象的、脱离国情的政体，这样过激的民族情绪也可以稍稍缓和。他在《读新译甄克思〈社会通诠〉》（1904）中写道，中国一切弊病，其因在“贫”，只有救贫，才能救国。农工商的振兴，虽根本在学，还是要先开路矿，善用外资：“救贫无无弊之术，择祸取轻，徐图补苴之术可耳。”[①] 1905 年，他善意劝告国人，不要以为采用国外的立宪体制国家就振刷一新，有名无实，最终还是无用：“且立宪之所以救亡者，非其名也，实也。必以其名，恐虽议院沁涅特、地方自治、法权独立，与夫西人一切之法度，悉取而立之于吾国之中，将名同实殊，无补存亡，而徒为彼族之所腾笑。……苟为其实，则立法固善，而宪法未立之顷，其所谓当务之急何限，有不待再计而宜急急行者。”[②] 也就是说，体制的形式不能救国，立宪之前还有直接关系到国计民生的“要政”，如统一币制、独行“国币”、设国家银行、立造币局、绘制各省地图、清查户口、通过改良司法渐收治外法权等等。[③] 他一次次呼吁，“救贫”必先广交通、兴教育，一次性根

---

① 《严复集》第 1 册，第 151 页。严复在 1902 年的《路矿议》（载《外交报》）一文详论路矿如何开办。《严复集》第 1 册，第 104—114 页。

② 《论国家于未立宪以前有可以行必宜行之要政》，载孙应祥、皮后锋编《〈严复集〉补编》，福建人民出版社，2004 年，第 43 页。“沁涅特”是英文“senate”（参议院）的音译。

③ 孙应祥、皮后锋编《〈严复集〉补编》，第 43—51 页。

本解决的方案是不现实的。在1906年出版的《政治讲义》里，严复又说到国家的有机生成（“国家非制造物，乃生成滋长之物”[①]），一个社会的进退，不完全听命于人为，“天运之行，无目的也”。[②] 这年12月，严复在安徽高等学堂演说宪法大义，以该校的管理为例谈立宪，说明立宪并非“甚高难行之制”。但是，“顾欲为立宪之国，必先有立宪之君，又必有立宪之民而后可。立宪之君者，知其身为天下之公仆，眼光心计，动及千年，而不计一姓一人之私利。立宪之民者，各有国家思想，知爱国为天职之最隆，又济之以普通之知识，凡此非不学未受文明教育者所能辨明矣”。[③] 严复重教育，总以为立宪必先陶铸国民，安徽高等学堂多风潮，严复不得已辞去校长之职，一校的管理尚且如此困难，遑论一国？1912年12月，他又在《平报》发表《论国民责望政府不宜过深》，淡化“治体”的意义，指出“治体”只讲是否适用，本无美恶之分，“彼固于治体而强分高下者，天下之至愚人也”。[④] 这句不大客气的话重复了《社会通诠》中的观点，可能是针对梁启超《新中国建设问题》而发。严复应梁启超之请而为《庸言》作著名的《〈民约〉评议》一文，[⑤] 当在1913年岁末。他再次质疑卢梭“人生而自由”等议题，劝说国人不要企望完全的平等自由，因中国“今之所急，非自由也，而在人人减损自由，而以利国善群为职志”。[⑥] 这篇文章也可以理解为对梁启超的劝阻。后来恢复帝制的言论之所以不让严复特别反感，是因为他深知国家“治制”的名号经常误导国人，比如在举国为“立宪”激动的1906年他就说：“‘立宪’，西文曰Constitutional。顾通称立宪矣，而君、臣、民治权轻重，随国不同。英国上院权最轻，而美之上院则至重，美之伯理玺，其权又比英王为大。

---

① 这是“法人萨维宜”所言。《严复集》第5册，第1249页。《政治讲义》是1905年夏所做的系列演讲。“适夏间有以讲说政治为请者，不自知其寡弱，乃取病夫症结，审其部位，一一为之湔涤，反复剖解，期与共明并言后此立宪为何等事。”《严复集》第3册，第569页。这句话之前，严复说及“《新民》诸报之积毒”，因此，《政治讲义》也可以读作对梁启超的回应。

② 《严复集》第5册，第1254页。这是欧克肖特的主要论点。

③ 《严复集》第2册，第245—246页。民贫，不可能有国家思想，即便有立宪之君，也难有立宪之民。严复有感于中国民众在外军入侵时的表现，甚至写道：“民视其国之存亡若胡越之相视其肥瘠，外人入境甘为前驱，甚或挽其长留以为吾一日之慈母，无他，举贫之为患而已矣。”《严复集》第1册，第148页。

④ 孙应祥、皮后锋编《〈严复集〉补编》，第124页。

⑤ 章士钊指出这篇文章主要论点来自赫胥黎批判卢梭的《论人的自然不平等》一文（载赫胥黎：《论文集》第1卷，共9卷，伦敦，1894年，第290—330页）。详见章士钊《读严几道〈民约平议〉》，《章士钊全集》第3卷，文汇出版社，2000年，第19—37页。

⑥ 《严复集》第2册，第337页。“自卢梭《民约》风行，社会被其影响不小，不惜喋血捐生以从其法，然实无济于治，盖其本源谬也。”《严复集》第3册，第614页。

夫美号民权，非俗所谓共和之制者欤？而英非向称独治者欤？乃独治之国王，其实权反不及共和之选主，此岂耳食者所能明瞭耶？然则立宪二字，又不可一概而论明矣。"① 民国之后，如何赋予袁世凯在国内相当于美国总统的实权？这才是最难的，取何名号倒是次要的。严复洞见袁世凯的短处，在帝制之说将起未起之时（1915年6月19日）致信熊纯如，承认由袁世凯出任元首近乎无可奈何的选择："欲与列强君相抗衡，则太乏科哲知识，太无世界眼光，又过欲以人从己，不欲以己从人，其用人行政，使人不满意处甚多，望其转移风俗，奠固邦基，呜呼！非其选尔。"② 问题是当时舍袁之外无人能当此重任。

梁启超在宣统年间写了大量财政方面文章，涉及国债、税收和推行国币等"要政"，但是他在清廷的准备立宪上谕发布后，一心要速开国会，对国会制度组织、宪法、政体等等"大端"究心尤多。这是他与严复最大的不同。

两人订交不久，就发生一场论争。1896年11月5日的《时务报》载梁启超短文《古议院考》，将中国古代一些官制与议会政治曲为比附。我们可以从梁启超《与严幼陵先生书》得知，严复读《古议院考》后，给梁启超写了一封二十一页的长信（大约作于1897年初），批评颇为严厉。这封信已经不存，最为可惜。这是戊戌变法前中国思想界一次关键的思想冲突，而对清末民初的政治走向也是意义非凡的。严复认为建民主、开议院非中国当务之急，会误导读者。原文不可得，只能从梁启超这封回信中见其大概。

梁启超辩称古议院考系数年前读史札记，乃"游戏之作"："实则启超生平最恶人引中国古事以证西政，谓彼之所长，皆我所有，此实吾国虚憍之积习，初不欲蹈之，然在报中为中等人说法，又往往自不免。得先生此论以权为断，因证中国历古之无是物，益自知其说之讹谬矣。"但是他还是想用"多君为政""一君为政"和"民为政"来概括春秋据乱、升平和太平三世，指出希腊罗马的议政院议员多为极少数人世袭，并非民主，因此与"鲁之三桓，晋之六卿，郑之七穆，楚之屈、景"相类，实为多君（"其权恒不在君而在得政之人"），而非民权。③ 他后来的名言"以今日之我难昔日之我"的大意最初出现在这封信中："启超于学，本未尝有所颛心肆力，但凭耳食，稍有积累，性喜论议，信口辄谈，每或操觚，已多窒阂。……就今日而自观前此之文，其欲有所更端者，盖不啻数十百事矣。先生谓苟所学自今以往

① 《严复集》第5册，第1258页。"耳食者"中也有身处东瀛而为考察立宪大臣代写奏章的游学者吧。

② 《严复集》第3册，第624页。

③ 梁启超：《饮冰室文集之一》，第108—109页。

继续光明，则视今之言必多可悔。乌乎，何其与启超今日之隐念相合也。”[①] 梁启超在变法失败流亡日本后，依然对国家的组织机构、国体等产生浓厚兴趣，1899 年在《清议报》连载伯伦知理《国家论》就是证明。立宪派中的激进派一切从速的心态将晚清新政推上了不归路。梁启超在民国元年（1912 年）又作《中国立国大方针》（四月作，后在《庸言》刊出），力主基于“政党内阁”的强有力政府以及与放任相对立的保育政策。梁启超对社会土壤的决定性影响深有体会，但是他心目中的“人为”更加重要，如果“国家”对严复而言是有机的“生成滋长之物”，对梁启超而言，它身上也有一部分像机械装置，可以在纸上规图。可是，梁启超宏观设计方案，未必不计利害，冥冥中牵引他灵感之笔的，是他所归属、领导的一党一派将处于何种地位。相对而言，梁启超偏重统治的形式（即亨廷顿所说的“form of government”），尤其是议院之设，严复则更注意统治的有效性，或曰国家与社会治理的程度（“degree of government”），故而制无美恶，期于适时。

严复是独立人士，对清末党人颇多成见。他不能期望政党政治在当时的中国成功，还有更深层的原因。他早在 1898 年 1 月 2 日和 3 日的《国闻报》上发表《论中国之阻力与离心力》，讨论阻力与离心力如何“改物”。他说，中国社会有个人而无群体：“离心力者，由万物极微合成，内具向心力，若失其互相吸引之性，而每点互相推拒，则可使本物失其形性，而化为乌有。”离心力之害，甚于阻力。严复举家庭为例：“若其家之父子兄弟，互相猜忌，借助外援，自相鱼肉，以取一时之快意，则其一家所成之离心力，外侮之来未迫，而内讧之势已不可支矣。”[②] 因此真正的离心力还不是权奸内臣、外藩跋扈：“中国之不可救者，不在大端，而在细事，不在显见，而在隐微。故有可见之弊，有不可见之弊，有可思及之病，并有不可思及之弊。此病中于古初，发于今日，积之既久，疗之实难。无以名之，名之曰离心力而已。”[③] 两周之后，他又在《中俄交谊论》（载《国闻报》1898 年 1 月 15 日至 17 日）警告引进民主政治的危险：“论者动议中国宜减君权、兴议院，嗟乎！以今日民智未开之中国，而欲效泰西君民并主之美治，是大乱之道也。”[④]“百日维新”轰轰烈烈开幕前十余日，严复又告诫新派人士不要过于乐观，中国需要改进社会土壤，这是一个漫长的过程。他在《论中国教化之退》（载 1898 年 5 月 28 日《国闻报》）写道：“今支那之民，非特智识未开也，退化之后，流于伪巧，手执草木，化为刀兵，彼此相贼，

① 梁启超：《饮冰室文集之一》，第 107 页。
② 《严复集》第 2 册，第 465 页。
③ 同上书，第 475 页。
④ 同上书，第 483 页。

日趋于困。而又因其积渐而来，深根无极，中智之人，不见其厓，故日在苦中，而不知致我苦者之为何物，以深观而力改之。”[①] 文章见报后两周（6 月 11 日），光绪帝颁布“明定国是”诏书，变法正式开始。

这年夏天轰轰烈烈的变法，也因小集团的离心力，康党取一时之快意，造成内讧而致溃败。“百日维新”的初期，严复在《国闻报》载《论中国分党》，对照欧美政党与中国历史上的党人，不敢小看特殊文化传统、行为习惯的制约。欧美政党能在竞争中合作并存，当时中国不具备政党政治的条件：“中国之所谓党者，其始由于意气之私，其继成为报复之势，其终则君子败而小人胜，而国亦随亡。其党也，均以事势成之，不必以学识成之也，故终有一败而不能并存。”[②] 这一现象由来已久，也成了士大夫的根性。欧美素有公共政治的传统：“西人之党，则各有所学，即各有所见；既各有所见，则无事之时，足以相安，及有所借手，则不能不各行其意而有所争于其间，其所执者两是，则足以并立而不能相灭。此中西各党之不同也。”[③] 他继而分析，维新党中三种人都不能成为现代意义上的政党。谈新法是赶时髦，心里只求富贵，无心于国事；“有维新之貌，而无维新之心”。暗指张之洞的文字极其犀利：“极守旧之人，夙负盛名，为天下所归往，及见西法，不欲有一事为彼所不知不能也，乃举声光化电之粗迹，兵商工艺之末流，毛举糠秕，附会经训，张颏植髭，不自愧汗，天下之人，翕然宗之，郑声乱雅，乡愿乱德，维新之种，将为所绝。”[④] 所谓的守旧党，“彼之所守者，不过流俗之习气，为己之私心”。[⑤] 三个营垒的人士都不能以公心克服私心，维新运动的前途不难逆料。

此文发表时（1898 年 7 月 31 日、8 月 1 日《国闻报》），戊戌变法尚在猛烈推行

---

① 《严复集》第 2 册，第 487 页。

② 金克木曾说，“只愿有一，不喜有二，好同恶异”是线性思维的结果，平面思维与此相反。偏好线性思维的人心中只承认一条直线，即便知道线外还有点和线也置之不顾。“所谓天理、人欲，正派、邪说，左、右，前、后，说是两点，实际只是一点。从来不容两线平行，承认的是一个否定另一个，一实一虚，一真一假；有此无彼，非全宁无，所谓‘你死我活’是也。”而且这条线有方向：“一方为正号，是我。一方为负号，是反对我的，异己的。我是对的，所以对的都是我的。反我的是错的，所以错的都不是我的。……万马奔腾一条线，不承认线外有任何一点上可以有线和自己的线平行，决不左顾右盼。”金克木：《文化卮言》，上海文艺出版社，1996 年，第 13—14 页。“党同伐异”的线性思维方式阻碍了政治协商能力的发达。

③ 《严复集》第 2 册，第 483 页。

④ 同上书，第 487—488 页。严复对孙中山评价甚低：“西人之许可孙文，别无深意，因谋叛之罪，彼律甚轻，孙文又为其教中人，尝大言欲行其教于中国，以此之故，西人许之，非实见其人之足信也。而孙之为人，轻躁多欲，不足重任，粤人能言之者甚多。”《严复集》第 2 册，第 488 页。

⑤ 同上书，第 487 页。

之中，守旧者恐怕也没有如此言论。8月26日的《国闻报》又刊出《〈时务报〉各告白书后》，预示了变法的不幸结局。《时务报》自1896年夏创办以来，声誉日隆，但是总理汪康年与主笔梁启超不能共事，甚至公开到《国闻报》刊登告白，互相指责，该刊本来是要救种革习的，不料内讧再次证明国人不善合作的积习难改。“能群否？相爱否？无代旁观者赘一辞矣。前所石交，后乃仇雠，叩其所争，则仅仅万余金捐款，万余张销报之权与利而已。……诸公为此，独不嫌与救种革习之言本末不相称耶？《时务报》且为天下之笑枋诟资，尚何开化辅时之与有？《时务报》何足道！吾为四君子悲之而已。且四君子何足悲，吾流涕太息于中国之人心世道之果不可为而已。西人言民智人心未进化，则一切变法措注皆无益、皆枉为，偶伏于此，将见于彼，今征其言乃犹信也。”① 国中最先进人士依然为旧俗所拘牵，不能出于公心化解私心，政治能力之低下自不待言。尤其是梁启超利用康有为的影响力搬出光绪对汪康年施加压力，更引起严复不悦：“梁君平日持论云何？岂不曰：务凭公理以悦服人心，不宜藉贵位尊势以劫制天下乎？……乃一旦得志，遂挟天子之诏，以令钱塘一布衣，非所谓变本加厉者耶？”② 他在“流涕太息于中国之人心世道”之后又以基督教文化为参照，预言维新派的精英尚且动辄反目，说明大家缺少宽恕友爱的精神，不能成就改革的鸿业：“西祷文曰：‘我免人负，求免我负。’是至言也，曷各仿而行之。夫能群起于能爱，能爱起于相宥。不然，吾见其两败俱伤，而维新之事自此废矣。”③ 内部如此，对异己者的态度就不难料想。果然，9月18日谭嗣同密访袁世凯，动员他发动政变。师徒二人去国，更招致严复反感。④ 王夫之评论“二王八司马”昙花一现的永贞革新的文字也可用于康梁：“观其初终，亦何不可测之有哉？所可憎者，器小而易盈，气浮而不守，事本可共图，而出之以密；谋本无他奇，而故

---

① 《严复集》第2册，第493页。“四君子”即与《时务报》相关的汪康年、黄遵宪、康有为和梁启超。

② 同上书，第494页。指康有为通过御史宋伯鲁上书光绪，要求将《时务报》改为官办，光绪准《时务报》改名《时务官报》，迁北京出版，责康有为督办。汪康年为抵制此事将报名更改为《昌言报》。

③ 同上书，第495页。

④ 反感主要因康梁在海外的言论而起。1898年12月23日《清议报》在日本横滨创办，梁启超任主编。1899年9月24日（八月二十日），严复（时任北洋水师学堂总办）在致张元济信上对康梁表示恶感：“京津稍复静谧，无新闻可道者。每次见《清议报》，令人意恶。梁卓如于已破之甑，尚复哓哓，真成无益。平心而论，中国时局果使不可挽回，未必非对山（明文人康海字对山，在此指康有为）等之罪过也。轻举妄动，虑事不周，上负其君，下累其友，康梁辈虽喙三尺，未由解此十六字考注语；况杂以营私揽权之意，则其罪愈上通于天矣。……穰卿（汪康年）极袒对山，弟则自知有此人以来，未尝心是其举动；自戊戌八月政变以后，所不欲多论者，以近于打落水鸡耳。”《严复集》第3册，第533页。

居之以险。胶漆以固其类，亢傲以待异己。得志自矜，身危不悟，以要言之，不可大受而已矣。因是而激盈廷之怨，寡不敌众，谤毁腾于天下，遂若有包藏祸心为神人所共怒者，要亦何至此哉!"① 变法的目标固然不错，如此行事方式却又暴露暗伏的危机。严复在评《法意》中代议制不能运转时写道，真正爱国者，"所求在利国家而已，非必欲身揽其权而后快"。② 而康梁则推定，他们自己不"身揽其权"，就不能利国家。

要说梁启超不明白变法的艰巨性，也是不公平的。梁启超一方面承认改革不能躁进，同时又不断试走捷径。他对民品的忧虑是贯彻始终的，即使对戊戌之后的新党也不以为意。严复说的"教化之退"覆盖到整个社会，梁启超深有体会："就那号称民间志士的，也是满肚皮私欲充塞，变幻狡诈，轻佻浮躁，猜疑忌刻，散漫杂乱，软弱畏怯。他那心术行为，正是同旧党一鼻孔出气，或者反比旧党还不如哩。"③ 但是在现实中，他却试走"其直如矢"的周道。

梁启超早在1896年夏就致函严复表达仰慕之意。严复这年10月回复梁启超9月2日来信，与这位年轻的《时务报》主笔、《变法通议》作者探讨中国贫弱的本源："发明富强之事，造端于民，以智、德、力三者为之根本，三者诚盛，则富强之效不为而成；三者诚衰，则虽以命世之才，刻意治标，终亦隳废。……然则中国由今之道，无变今之俗，存亡之数，不待再计而可知矣。是以今日之政，于除旧，宜去其害民之智、德、力者；于布新，宜立其益民之智、德、力者。以此为经，而以格致所得之实理真知为纬。本既如是，标亦从之。"就在这封信上，严复盛赞梁启超的见识。"自仆观之，则足下虽未通其文，要已一往破的。无似因缘际会，得治彼学二十余年，顾自揣所有，其差有一日之长者，不过名物象数之末而已。至其宏纲大旨则与足下争一旦之命，胜负之数，真未可知。"④ 他承认自己有一些探究天地物理的具体知识（"名物象数之末"），而梁启超更加擅长"宏纲大旨"。他对"梁君"的评价和期望都是极高的。

政治上新的安排，容易动摇现有格局。难的是没有可以袭用的外国"富强之政"。"于是其于朝也，则建民主，开议院；其于野也，则合公司，用公举。练通国之兵以御侮，加什二之赋以足用。如是而亦期之以十年，吾知中国之贫与弱有弥甚者。"有善政、能人，也不能行。王安石变法，青苗、雇役等，法良意美，"坐不知

---

① 王夫之：《读通鉴论》，中华书局，1975年，第751—752页。

② 孟德斯鸠：《孟德斯鸠法意》，第226页。

③ 梁启超：《新中国未来记》，载《饮冰室专集之八十九》，第5页。

④ 《严复集》第3册，第514页。

其时之风俗人心不足以行其政故也”。要政不过三端，开民智、厚民力、明民德。不能从三端着手，不论怎样的西洋制度机构，到了中国，都是淮橘为枳。严复举了一例。贡院为选士之地，浑浊肮脏，没有重建的资金。即使有了资金又如何：“幸而费出矣，而承其事之司官胥吏所不盗蚀而有以及工者几何？其土木之工，所不偷工减料者又几何？幸而吏廉工疕矣，他日携席帽而入居于此者，其知此为上之深恩，士之公利而爱惜保全焉，不恣毁瓦画墁以为快者，又有几人哉？然则数科之后，又将不中以畜狗马。”①

梁启超的不少文章、著作也将严复所念念不忘的三端要政概括为“新民”二字，并视之为“今日中国第一急务”。②

严复也介绍政体，但这并不是他的着重点。在他看来，风俗人心改了，一切都是水到渠成。1905 年 12 月 8 日，陈天华在东京大森海湾自杀，梁启超闻讯奋笔写了他的代表作之一《开明专制论》。为抗议日本文部省管理规则，很多中国学生情绪激烈，他们的行为令梁启超深深失望。他在文中写道，共和不适于中国，即便是君主立宪也是时机未到。国人民智幼稚，“动以险诈卑劣之手段侵害他人”，幅员广大，民族众多，宜久用开明专制，中国议会难立。中国人好争权利，义务思想淡薄，“尤汲汲以轻担负为务”，他举出一例：“颇闻去年东京留学生总会馆议预算案，经数会期不决，而评议部挑剔节减，乃至原案屋租若干元亦修正而减给之，并屋主之允否不计及。此虽近于游戏，非可例他日，然亦未免模效人国而太求似矣。”③ 双方不知协商妥协，结果没有真正的胜者。民国初期国会的骚扰混乱，也是“近于游戏”：“程度幼稚之民，往往因辩论而生意见，因意见而生仇雠。故吾中国向来议事之场，动则挥拳拔刀，数见不鲜矣。”

这篇文章中以下一段是特别有名的：“而彼持极端破坏论者，乃谓于干戈倥偬血肉狼藉生计憔悴神魂骇丧之余，不数年而可以跻于完全优美之共和，一何不思之甚。呜呼！我青年之眩于空华困于噩梦者，其醒耶未耶？而附和君主立宪者，亦一若于数条宪法正文之外，更无余事，其可怜而可笑，亦正与彼破坏论者相类。使如彼等政策，抄译一二国成文宪法而布之也，则一二小时可了耳。何难之与有。且就令能制定极完美而适于我国之宪法，未及其时，而贸贸然布之，顾以种种障碍，一切不能实行，而徒使天下失望，则虽谓为立宪主义之罪人可也。”④

---

① 《严复集》第 1 册，第 14 页。

② 《新民说》的“绪论”之后就是“论新民为今日中国第一急务”。

③ 梁启超：《饮冰室文集之十七》，第 79 页。

④ 同上书，第 82—83 页。

吊诡的是，《开明专制论》在1906年1月至3月的《新民》杂志连载，就在这一年（1906年），作为行动家的梁启超又活跃起来。当他看到从政的机会就在眼前，立即坐立不安。1901年清廷颁布变法上谕，推行新政，梁启超未见符合心意的政策，就策动自立；1906年9月1日清廷宣布仿行宪政，他又躁动起来，在1907年发起成立政闻社（未列入发起人名单），创办机关报《政论》，专就政府大员的去留、任命指指点点，并到上海设立总部，联络立宪党人，发起速开国会运动。

严复和梁启超从心底里都不相信辛亥后的丑态百出的政坛政体适合于中国。严复从加强中央集权看见一线希望，梁启超倒是勇于任事，隐隐有割据西南、建立基地的用意，蔡锷一死，他就茫然无措，在袁世凯取消帝制后反而颓唐。即使这段时期没有丧父之痛，他仍然会希望远离政界。

严复在1913年初写《说党》，陆续发表于1913年3月6日至5月4日的《平报》。民国初建，国会各派实质上攀缘依附，谋求私利，未能有效推进政治。如果两大党左右政界，为害更大。两雄对立，只以击败对方为念，结果于国有利的法案，反而难获通过。严复下面这句话特意针对梁启超的“政党内阁”：“假其国而用政党内阁之制，则所用以组织政府而总司庶政者，势必用胜党之魁硕。顾党有魁硕，未必遂为庶政之长才也，而其势乃不可以不如是，此亦党政之一短也。……盖所谓党魁者，其人必擅辞令之才，而有献酬群情之能事，至于政事，则往往非其所长。”[①] 除了梁启超，还有哪一位魁硕“擅辞令之才”？

经过近一年的犹豫观瞻，梁启超于1912年10月回国，除了创办《庸言》，也将全副精力投入政党政治。严复是《庸言》特约作者，与主笔自然颇多交往。1913年1月中旬发生江西军械案，[②] 李烈钧对抗中央几乎无所忌惮，当时蔡锷也信奉国家主义，联名川、桂、黔三位都督（胡景伊、陆荣廷、唐继尧）通电不点名声讨“阴谋窃割”的“奸宄之徒”。[③] 宋教仁被暗杀后，一些地方势力不愿意法律解决，正好得到独立的口实。梁启超在李烈钧宣布江西独立（1913年7月12日）、通电讨袁后，支持袁世凯镇压“二次革命”，并称国民党捣乱国会。[④]

---

① 《严复集》第2册，第305页。

② 李烈钧未经陆军部批准自行从日本购买军械，在九江被扣，他调动军队威胁九江。此事因袁世凯让步而和平解决。

③ 转引自解玺璋：《梁启超传》下册，上海文化出版社，2012年，第143页。

④ 梁启超在1913年7月26日致袁世凯书上写道：“数日之前，国民党之党略，一面在南倡叛，一面仍欲盘踞国会以捣乱，一两日来见大势不利，又一变其方针，专务煽动议员四散，使国会不能开。”丁文江、赵丰田编：《梁启超年谱长编》，第438页。

到了1913年春夏，国会中很多领取高额薪酬的议员以国事为儿戏，引起严复和梁启超的鄙夷。读者从《论国会议员须有士君子之风》(5月21日《平报》)的最后一段感觉得到严复的愤怒："神经瞀乱者，谓之狼疾人，中华民国方以国会为之君，顾乃得此狼疾之人，不亦重可痛乎！夫自治力之不足，将必有外禁之力加之。使公等而长此终古，则吾侪小人，诚不知所税驾。往者法兰西初次革命，杜摩利埃偶其国会曰：'是中舍三百无赖，四百愚夫，更无余物。'至今载在史册，以为至污。"[①]这时国会中的共和、民主、统一三党为了以稳健抵制暴烈而合并成立进步党，梁启超为领袖。这是他在《国会之自杀》中描状的议员丑态：

> 八百员颅，攒动如蚁，汹汹扰扰，莫知所事。两旬不能举一议长，百日不能定一院法。法定人数之缺，日有所闻。休会逃席之举，成为故实。幸而开会，则村妪骂邻，顽童闹学，……销此半日之光阴，则相率鸟兽散而已。国家大计，百不一及，而惟岁费六千是闻。

其他百种"秽德"，更不忍言。梁启超说，国会是共和政体的信仰中心，如失信于民，国民必将"贱侮国会，厌倦国会，嫉恶国会"。而现在必先有"信仰中心之机关"替代历史上的君王，"国民之信仰国会，必使之如英人之视其巴力门"，然后政行国立。[②] 1913年9月11日熊希龄组阁，梁启超出任司法总长，他的党人、学生仍以为这不过是闲槽。1914年1月袁世凯解散国会(两个月前已解散国民党，取消国民党员议员资格)，也伤及梁启超进步党的利益，而严复对此举非常赞成。[③] 2月，熊希龄因所谓热河行宫盗宝案辞职，内阁随之解散，袁世凯专为梁启超设币制局总裁一职。《中华民国约法》5月1日公布，取代孙中山南京政府旨在架空国家领袖权力的《临时约法》，26日参政院成立，暂行立法职权，严复和梁启超同为参政。

一战爆发后，日本乘机出兵胶州湾，抢夺德国在山东的利权，严禁中方参与其事。1915年1月28日，日本又提出"二十一条"。[④] 中国政府在前所未见的威逼下利用参战国的矛盾，故意走漏风声，勉强周旋，忍辱退让的同时又有所抵拒。这段

---

① 《严复集》第2册，第326页。

② 梁启超：《饮冰室文集之三十》，第11—15页。

③ 袁世凯失德败政，罪愆自多，不能治标，更不能治本，但是"行事所最为中外佩服者，即其解散国会一事，谓其有利刃对乱麻之能，而抵制日本要求不与焉"。《严复集》第3册，第646页。

④ 欧战爆发后，日本政界元老和陆军立即商议侵夺中国利权的方案、备忘录，其中黑龙会头目、孙中山和同盟会的后盾内田良平在1914年秋起草的《国防协约私案》为"二十一条"雏形。日本方面将袁世凯视为解决中国问题的最大障碍，内田认为，只要让革命党、宗社党以及其他反对党蜂起，使中国陷于内乱，袁政府必将土崩瓦解，日本军队便乘势出动恢复秩序，与新政府缔结《国防协约》。沈予：《日本大陆政策史：1868—1945》，社会科学文献出版社，2005年，第195—196页。

时期梁启超写了一系列文章向日方陈说利害，[①] 他对日本企图逐步吞并中国的野心已有透彻认识，冷静指出日本种种托词太虚伪，经不起辩驳，至于中国方面玉碎之类言论不负责任，在现实世界中“势力即正义”（一般译为“强权即公理”）。梁启超语气克制和缓，希望日本朝野有识者考虑后果，反思对华政策，最后竟以“本是同根生”恳求。《痛定罪言》专为中日交涉的“和平解决”而作，梁启超劝士大夫不要委过于政府，先要自新革面，国事才有希望。善政良法引入中国，立即现出种种弊病，那就要问中国人是否具有统治自己国家的能力。在诸如此类的问题上严复并不会有很多异议，1915 年 3 月，他对袁世凯的处境是同情的：“大总统于一无可恃之时，尚能善用外交，以持其弊，可谓能者。”对中国这么一个古老国家，不行法治就无由改观：“中国前途，诚未可知，顾其患在士习凡猥，而上无循名责实之政。齐之强以管仲，秦之起以商公……凡为强效，大抵皆任法者也。而中国乃以情胜，驯是不改，岂有豸乎？”[②] 3 月 31 日，他在信上再次流露出对国人的失望。当时有人主张对日强硬，严复重复了中国人最缺乏“经理阿堵物（金钱、财务）之道德”[③] 的观点，道出还不能开战交锋的难处：“战必资器，器必资学，又必资财，吾人学术既不能发达，而于公中之财，人人皆有巧偷豪夺之私，如是而增国民负担，谁复甘之？……草衣木食潜谋革命，则痛哭流涕，訾政府为穷凶极恶，一旦窃柄自雄，则舍声色货利，另无所营……是故居今而救亡，学惟申韩，庶几可用，除却综名核实，岂有他途可行。”严复寄望于“申韩”“管商”之类的能人辅佐元首“任法”，加强中央集权和法治，而梁启超寄望于由他（而非国民党）领导的政党主持内阁。这就是两人最大的差别。但袁世凯还不是严复理想中的“魏武、秦王”或马基雅维利式的君王：“今大总统雄姿盖世，国人殆无其俦，顾吾所心憾不足者，特其人忒多情，而不能以理法自胜耳。”[④] 袁世凯“忒多情”，不然积蓄实力，养成“魏武、秦王之势”，国运还是有望挽回。

严复与梁启超的政见公开走向对立还是在关键的 1915 年夏。1915 年 7 月宪法起草委员会成立，严复、梁启超同为委员。8 月 14 日杨度发起筹安会，23 日发布成立宣言。严复名列筹安会，未必符合本人意愿，但是杨度加强中央权力、遏制地方势力和无政府趋势的本意还是与严复期望“魏武、秦王”之心相合的。再者，严复曾说为国家不惜牺牲生命与名誉，他的默允就更可以理解了。袁世凯准备承受帝位后，

---

① 见“中日交涉汇评”，《饮冰室文集之三十二》，第 89—115 页。

② 《严复集》第 3 册，第 619 页。

③ 1913 年 10 月 20 日信，同上书，第 612 页。信中说明这是张东荪之言。

④ 同上书，第 620 页。

严复反而想从公众的视野淡出，闭门谢客，显然意识到“大总统”不具帝王之威，帝制的名目又不合时代潮流，必然坐蜡，难以收场。梁启超比严复年轻近二十岁，志向远大，戊戌时配合康有为“挟天子以令诸侯”，1909 年发出过“中国前途非我归而执政，莫能振救”① 的豪言。辛亥年他在《与上海某某等报馆主笔书》中说：“吾之能归国与否，此自关四万万人之福命，非人力所能强致也。……天如不死此四万万人者，终必有令我自效之一日。……若梁某某者，除却做国务大臣外，终身决不做一官者也。然苟非能实行吾政见，则亦终身决不做国务大臣者也。”② 1913 年春，他得袁世凯巨款资助（也是收买）组建进步党，虽有在国会中与国民党抗衡、强固“开明专制”的中央政权之意，也想置袁世凯于自己政党的引导、监督之下执政，所谓监督“有威临之意，不听则施以压力而使之就范”。③

中国传统文人往往心高气傲，自以为有屠龙之术、经世之才。④ 严复没有以为自己学问好，就必须任国务大臣。斯密在《原富》里谈及阅历广、见闻多而且“毕生皆在学问思索之中”的“奇伟之士”。“世运之将进也，则是一二人者，幸而在上，为之君师；世运之不进也，则是一二人者，不幸不为时之所知，而隐于民庶。既同于民庶矣，彼虽有前识至虑，其可贵固自若也，而欲收之以为国家之功业，与夫其群之福祉，难矣。”严复按语：“斯密氏所论，固不诬也。第必谓贤者隐于凡庶之中则无以自见，而国民无由被其泽者，其言有坠义矣。”严复举出康德、笛卡尔、达尔文等人，“皆非有位者也，而以化民之功效广远言之，虽华盛顿、弼德何以加焉？且其事何烦远引，即自斯密氏之一身言之，当其居噶克洛谛也，形貌不逾中人，藐然若无能为者，而自其《原富》书出，西国养民经国之术斐然大变”。⑤ 严复以为讲学著述也会深刻改变社会，其功效绝不输于首相、总统，这种态度在非封疆大吏、国务员不为的中国士大夫中间是不常见的。

袁世凯解散国会后，进步党和梁启超本人主导实权掌握者的初愿也受到挫折。1915 年 8 月下旬，梁启超反对称帝的《异哉所谓国体问题者》在上海《大中华》月刊发表，对政体、国体作了一番笔者以为难以理解的区分，指责筹安会发起一场“革命”（但是他旋即与中华革命党联合）。《申报》等大报迅速转载，风行一时，帝制派在舆论上已经处于下风。袁世凯于 1915 年 12 月 12 日宣布承受帝位，次日在居

① 转引自张朋园：《梁启超与民国政治》，吉林出版集团，2007 年，第 89 页。

② 梁启超：《饮冰室文集之二十七》，第 56 页。

③ 转引自张朋园：《梁启超与民国政治》，吉林出版集团，2007 年，第 59 页。

④ 陆建德：《不得志的背后——代序》，载《自我的风景》，花城出版社，2015 年，第 1—9 页。

⑤ 亚当・斯密：《原富》，严复译，商务印书馆，1981 年，第 641—642 页。

仁堂接受百官朝贺，民国五年（1916）改用洪宪纪元。

此时中国已经处于战争状态中。1915 年 12 月 23 日，云南将军唐继尧、巡按使任可澄在梁启超、蔡锷指示下电请袁世凯将帝制祸首十三人（筹安会六君子加七凶）处以极刑，相当于最后通牒。25 日，唐继尧、蔡锷、李烈钧等人在云南通电全国，反对帝制，组成护国军讨袁。两年多前蔡锷劝说“二次革命”的发起者李烈钧，批评他不满于袁，亦不必“求诉于武力，以国家为孤注一掷”。[①] 梁启超两年多以前还与李烈钧（以及背后的孙中山）为敌，现在竟携手倒袁。敌友假共和之名重新组合，预兆了 1917 年护法运动中的再次分裂。进入 1916 年，北京的登基大典一拖再拖，袁世凯 3 月 22 日不得已宣布取消帝制，但仍以大总统名义统治，6 月 6 日背负耻辱病亡。黎元洪继任大总统后，在段祺瑞明确反对的情况下于 6 月 29 日宣布恢复 1912 年的《临时约法》和中华民国第一届国会，满足了梁启超和护国军的基本要求；一年后（1917 年 6 月 13 日），黎元洪解散国会。这一年 7 月 17 日，段祺瑞讨伐张勋成功后“再造共和”，任国务总理兼陆军总长，梁启超出任段内阁财政总长，段祺瑞拒绝恢复《临时约法》和第一届国会。

严复在 1917 年 1 月 24 日写道：“任公自是当世贤者，吾徒惜其以口舌得名，所持言论，往往投鼠不知忌器，使捣乱者得借为资，已又无术能持其后，所为重可叹也！须知吾人所身受苦痛，其由于恶人者浅，而成于好人者深，黄陂、合肥皆好人也，即如今番之复约法，召集旧国会，非任公一言，安得有此，然而效可睹矣。悲夫！悲夫！”[②] 任公确在袁世凯死后多方致电，要求“复旧约法”“召集国会”，黎元洪（黄陂）、段祺瑞（合肥）各表赞成。梁启超和西南方面还提出惩办逆党祸首（“六君子”加“七凶”），两位“好人”没有爽快回应，梁启超无奈，只得屈从。如果黎、段“速断”，将这“十三太保”拘留、重判，筹安会“六君子”之一严复也罪不容赦，后人记述这段历史，就不会再称任公为“当世贤者”了。但是旧国会很快又被黎元洪解散，段祺瑞内阁继续这一政策，梁启超作为内阁一员，间接否定了发起护国战争的部分原因。

三

其实，从梁启超对中国积弊的很多分析来判断，他与严复多有共同之处，比如他在《十种德性相反相成义》（1901）里论及“自由与制裁”时所说的“自由之德”

---

① 转引自解玺璋：《梁启超传》下册，第 145 页。

② 《严复集》第 3 册，第 661 页。

或“有制裁之自由”就是严复自由观（“自由之乐，惟自治力大者为能享之”）的翻版。[①] 在《新民说》里他表达了与严复相近的观点，首先是要有新民：“尚有新民何患无新制度，无新政府，无新国家。非尔者，则虽今日变一法，明日易一人，东涂西抹，学步效颦，吾未见其能济也。”正是两人的同中之异引起了严复对梁启超莫大的重视。梁启超善于自省，不能说没有自知之明。他在护国运动后，仍然长期处于舆论的聚光灯下，虽不知严复私下对他的严厉批评，却也曾做出真诚的回应。

一战后，梁启超以私人身份参加凡尔赛和会，借机在欧洲考察政治。《欧游心影录》中的《伦敦初旅》记述了他的一些复杂感想。参观了英国议会（“巴力门”）后，他突然悟出一个简单的道理，那就是议会辩论过程中有无数琐琐碎碎的细节，例如议长的假发和与众不同的服饰，它们莫不体现了法治精神和规则意识。辩论稍显混乱时议长大呼“阿达”（order，秩序），一呼就灵。于是梁启超又感叹，“秩序神圣”的观念深入英国人心，不论是政治还是体育运动，都离不开规则，只有服从规则，尊重对方，各种游戏才可能顺利进行，议会政治的机器才得以运转。梁启超感叹，中国人有不尊重规则的品性，麻将牌打输了，就把牌桌推翻，辛亥以来各种中听的民主政治旗号都服务于派系之私，人们习惯了推翻牌桌的行为：

> 我们办了几年共和政治，演的都是翻桌子把戏。……若是法律定了不算账，白纸上洒些黑墨来哄人，方便自己的要他，不方便的就随时抹杀，那么何必要这些法律，就有了立法权又中何用呢？讲到这一点，那些半野蛮未开化的军阀不足责了，就是我们高谈宪政的一派人，也不能不分担责任。因为他们蔑法的举动，我们虽然不是共犯，但一时为意志所蔽，竟有点不以为非了。就这一点，便是对国民负了莫大罪恶。我如今觉悟过来了，所以要趁个机会，向国民痛彻忏悔一番，并要劝我们朋友辈，从此洗心革面，自己先要把法治精神培养好了，才配谈政治哩。一面还要奉劝那高谈护法的一派人，也注意这种精神修养。若是拿护法做个招牌，骨子里面还是方便自己的法律就要他，不方便的随时抹杀，那罪恶岂不是越发深重吗？总之，我自从这回到了欧洲，才觉得中国人法律神圣的观念，连根芽都还没有。既没有这种观念，自然没有组织能力，岂但政治一塌糊涂，即社会事业，亦何从办起。唉，我国民快点自觉啊！快点自忏啊！[②]

---

① “凡最尊自由权之民族，恒即为最富于制裁力之民族。……文明程度愈高者，其法律常愈繁密，而其服从法律之义务亦常愈严整，几于见有制裁不见有自由。……然则自治之德不备，而徒漫言自由，是将欲急之反以缓之，将欲利之反以害之也。”梁启超：《饮冰室文集之五》，第46页。

② 梁启超：《饮冰室专集之二十三》，第63页。当时中国社会还没有讨论过轻视费厄泼莱（fair play）的恶果。

一度迷信立宪的梁启超这时并没有感到辛亥革命或表面上的统治形式有什么了不起——那不过是招牌："中国人最喜欢换招牌。抄几条宪法，便算立宪；改一个年号，便算共和。至于政治社会的内容，连骨带肉，都是前清那个旧躯壳。"① 梁启超看重社会土壤的品质，这倒是他一贯的特点，也是他与严复认识一致的地方。有这样的国民，自然会有这样的议员，"根本责任，仍在国民"。② 1925 年的鲁迅仇恨研究系，但他对中国改革之难的理解却来自严复、梁启超："所以此后最要紧的是改革国民性，否则，无论是专制，是共和，是什么什么，招牌虽换，货色照旧，全不行的。"他接下来的话非常像严复："但说到这类的改革，便是真叫作'无从措手'。"③

梁启超上面这段"自忏"的文字点明了民国初年议会政治争权夺利的性质，不同派别的人，读了都会赧颜。梁启超自己"如今觉悟过来了"，可见原先也缺乏法治精神，喜欢用听起来高尚的理想做招牌，至于法律，有利于自己的就维护，与己不利的就当它并不存在。如果请这样的人来设计政法条文，那么文字也势必偏护己方。总统与内阁孰轻孰重，完全取决于自己是总统还是总理。对第一届国会，梁启超心里是不认同而且也不相信的。他早在 1913 年 3 月 22 日给梁思顺的家书里就写道："吾频日见所谓新选议员者，但觉头痛欲呕，不知前身造何恶业，今世乃堕落为中国政治家也，愤悒之极，辄以告汝。"④ 附笔甚至说"常有欲再东渡之心"。

不能尊重对立面、异见者，不论立宪还是共和，都是空话。他的反省恰恰证实了严复说的"阳争法理，阴攫利权"。梁启超这里批评的是 1917 年"高谈护法的一派人"，即护法运动和护法军政府，而不是"护国运动"，看来还是区别对待。段祺瑞粉碎张勋复辟后组阁，拒绝恢复国会和《临时约法》，得到财政总长梁启超支持，1917 年 9 月孙中山在广州召开国会非常会议，组织"护法军政府"，就任大元帅并誓师北伐。孙中山手下两位元帅就是在护国战争中出大力的陆荣廷和唐继尧，护法军政府的总裁主席则是护国战争中的岑春煊（将大元帅制改为主席总裁制、"二次革命"时被黄兴推为讨袁大元帅）。其实这些人物的共同之处不外是不容中央插手地方治理，反对任何加强中央集权的举措。过了几年，当主张削弱中央政府的联省自治出现时，他们又联合起来了。护国战争期间（3 月 15 日），陆荣廷经梁启超策动宣布

---

① 梁启超：《饮冰室专集之二十三》，第 61 页。梁启超在熊内阁任司法总长时不断有人请托，康有为也有推荐党人。当时西河沿一带旅馆中运动官位者多达七万余人。丁文江、赵丰田编《梁启超年谱长编》，第 441 页。

② 同上书，第 60 页。

③ 《鲁迅全集》第 11 卷，第 32 页。

④ 张品兴编《梁启超家书》，中国文联出版社，2000 年，第 116 页。

广西独立，这是对袁世凯的极大打击，因陆刚以表示效忠骗得中央政府一批军火。为了反袁，梁启超、陆荣廷和孙中山都联合起来了，此前陆是民国死敌。1913 年 7 月，同盟会刘古香等人在柳州策划响应二次革命，被陆荣廷镇压，武昌起义的革命军总指挥、文学社社长蒋翊武二次革命失败后逃至广西全州，被陆荣廷部下逮捕，9 月 9 日在桂林被陆荣廷处死。孙中山后来在蒋翊武“就义”处修纪念碑并题词，称他“开国元勋”，碑文（出自胡汉民之手）上“贼酋阿袁氏旨，遂戕公于桂林丽泽门外”中的“贼酋”就是指陆荣廷。

严复在 1917 年 11 月（大约）亦即护法运动初起时（梁启超已任段内阁财长）所说的一句话，是再准确不过的：“此曹所争，不外权利，至于共和君主，不过所一时利用之口头禅。醉翁之意，固不在酒。”[①]“共和”的名义可以使私利合法化，这也是人人心照不宣的。严复对参与民国政治的多数军阀、政客不抱一点希望，这又与梁启超非常相像。他在第二次引雨果的信中揭发“党人宗旨”“在于猎官，在于植党”；[②] 1918 年 5 月 17 日，他又将内战与国家的危难归罪于“武人”与“民党”。前者（“以不义之徒，执杀人之器”）自不必说，然而稍有纪律约束，其为害或许还不及“狂愚谬妄之民党”。以下这些怒斥民党“护法”的言辞也适用于历史上一次次改朝换代中“一朝天子一朝臣”的惯例，与梁启超道破“翻桌子把戏”的“自忏”精神上非常相近：“侈言自由，假途护法。其在野也，私立名字，广招党徒，无事则以报纸为机关，有事则以电报为羽檄，把持倡和，运动报价，一日登台，所先用者，必其党徒，曰，此固美、法先进民主国之法程也。蜂屯蚁聚，虽廿二行省全国官僚，不足敷其位置。……而徒党之中，驴夫走卒，目不识丁，但前有摇旗呐喊之功，则皆有一脔分尝之获。国会之中，党党相倾，但闻诟谇……且其所谓护法者，亦不过所奉之辞而已。至于手握重权，则破法者，亦即此辈，事虽未至，可断言也。”[③] 将信中“护法”两字改为“护国”，并不见得不通。

应该说梁启超的“自忏”是诚心诚意的，就像他一次次以今日之我难昨日之我，但是蔡锷死后，他发表过很多纪念性文字，称自己这位时务学堂的学生“为四万万人争人格”，并不追问自己与他共谋兴师“护国”，是否也是“对国民负了莫大罪恶”。他的忏悔，也在严复的意料之中。三年之前（1916 年 9 月 22 日），严复已在信中道出梁启超“宋学主陆王”的危险性。“随时之良知”并不能用作行动指南，“偏宕之谈，惊奇可喜之论”风行海内，势必引起难以挽回的后果。梁启超可以说“吾

① 《严复集》第 3 册，第 673 页。

② 同上书，第 647 页。

③ 同上书，第 686 页。

不惜与自己前言宣战”，“然而革命、暗杀、破坏诸主张，并不为悔艾者留余地也”。[①]

1919年的梁启超虽然想痛改前非，却还是相信“直线”以及理想主义政治的。1919年3月6日至17日，在法国政府的安排下，梁启超与蒋百里等另五位中国来客离开巴黎参观一战时的战场。6日一早他们从巴黎坐火车到“兰士”（即兰斯），参观著名的大教堂和香槟酒厂，恰好还碰见市中心的广场上正在举行市长出席的仪式，一位高级军官代表总统向两位受伤军人授勋，市民重重围绕。见此景象，梁启超生出无限感叹：“你看人家行这个礼，何等庄严，何等诚恳，真可以叫人死心塌地为国家牺牲这条性命。这才是国家主义底下一种精神教育呢。”下午三点半，中国访客离开兰斯向东进发，晚上投宿一小镇，第二天上午抵达目的地凡尔登，一路所见是笔直的一条大路，梁启超又想到了外国的政治模式。

梁启超由《诗经》里的“周道如砥，其直如矢”做起“直道如砥”的比较政治学文章来：“我们拿英国的路政来比较，确是有点不同。英国的道路，不用说也十分修洁，但他总是因山林川泽的形势，而且绕避田园庐墓，所以不免弯回曲折。法国的道路，是仿古代罗马人样子，都画出纵横直线。”这条从巴黎到凡尔登的直道使他想到了法国与英国的政治与国民性：

> 英国人百事都是历史上自然发达。有一种环境起，便做出一种事实来和他顺应，好像是“行乎其所不得不行，止乎其不得不止”。法国人不然，百事都悬出一个理想，拿理想做标准来规立计划，依着计划演成事实。我们试从政治上艺术上种种方面观察，到处可以看出两国根本精神不同之点，路政亦其一端了。这两种精神，各有好处，别国人学步，怕还是学法国稳当些哩。这是我路上一时的感想。[②]

梁启超仿佛耳闻严复此前私信中对他的苛评（“行于最险直线者”），欲为自己辩护。“拿理想做标准来规立计划，依着计划演成事实”，说明梁启超还是偏爱直线，偏爱政治上的唯理主义，以完美性（“无过”）要求于一切政法。“一往不回”“猛进而不退转”的直线型行事方式往往直奔理想而去。他曾经中意英国的虚君共和，但是，英国道路创造中有守成，其基本特点是数方利益兼顾，结合、顺应本国“山林川泽”具体现实，植根于复杂的历史进程之中，其实是不可仿效的，即使要学，也必须从透彻认识本国的情形（而非英国议会里的假发、高帽等皮毛）开始。法国的如砥直道则可以凭着高悬的理想规划，图纸设计出来，施工者不顾现有的“田园庐

---

① 《严复集》第3册，第648页。

② 梁启超：《饮冰室专集之二十三》，第107—108页。

墓”（“当者立靡”），硬生生拼死开辟、碾出一条方便壮观的通衢来。曲折的道路是多方面对话、协商、妥协的结果，参与者竞争中有合作，能从持不同意见者的角度思考问题，有所坚持，有所放弃。直道则是零和游戏，胜者通吃。梁启超当时可以说是中国最成熟的思想家之一，他忏悔了，为小集团私利支配下的政治正确口号忏悔，连他都依然爱直线，就不必说其他那些见识远不及他的人了。

英国弯回曲折的渐进之路象征了“百事都是历史上自然发达”，因此脱离了国情、环境是学不得的，这也就是为什么埃德蒙·柏克在批判法国革命的同时并不向法国人推荐英国模式，因为后者是由特定的环境、条件、性格、气质以及人民的道德、民俗和社会习惯所决定的，不可能用机械手段照搬。因地、因人制宜，这是柏克的首要原则。“在我冒昧提出任何政治方案之前，我必须亲眼看一看，甚至必须亲手摸一摸，那些长期的和暂时的境况。我必须知道接受、执行和维持的能力与意向。我必须知道，如果需要，方案能否修改。我必须看一看相关的事物，我必须看一看相关的人员。”① 这种审慎的智慧是一位合格的改革者深思熟虑，抵制任何径直实现方案的率性行为。即便改进方案的提议来自能力、见识远不及自己的人，也要虚心听取，这是一种合作的意愿：“政治安排作为是为了社会性目标的一桩工作时，只能是以社会性的手段来铸就的。在那里，心灵必须同心灵协同合作。要产生那样的合作……是需要时间的。”于是计划可以随时加以调整、修改，协同合作本着稳妥的原则步步为营，不因一个优点而牺牲另一个优点，这样第一步的成败对第二步有所启发，“我们是在补偿，在调和，在平衡”。② 柏克在此描述的经典性的改革是一个缓慢而维持得良好的过程，灵活应对各种新的挑战，其线路是不大规则的，对立于梁启超“行之于直线”的理想，“社会性的手段”也对立于武装行动。正如英国经济史家诺拉斯所言：“法国任何变迁是属于智识的，即预先想出的智识计划之果，法国人每每喜欢从最初的地方开始做事。英国的变动，虽然结局也或许是彻底的，但只是渐进地实验的结果；捉住具体的问题，且捉住由此而发生的新问题。这不仅是工场立法的历史，而且是英国十九世纪其他一切工业立法的历史。”③ 梁启超推崇的法国式思维，正是这样的：“法国人不然，百事都悬出一个理想，拿理想做标准来规立计划，依着计划演成事实。”而严复从来不高悬理想，生怕直线式的行动伤害社会，他

---

① 《致国民大会一位成员的信》，转引自 Conor Cruise O'Brien 为《法国革命感想录》写的长序，企鹅出版社（英国），1968 年，第 63 页。

② 柏克：《法国革命论》，何兆武、许振洲、彭刚译，商务印书馆，1998 年，第 219—220 页。

③ 诺拉斯（L. C. A. Knowles）：《英国产业革命史论》，张格伟译，商务印书馆，1936 年，第 150—151 页。法文 bouleversement 的意思是“混乱、颠倒、动乱”等，其动词形式为 bouleverser。

的很多言论说明他是伯克的精神之友。[①] 他对卢梭学说（人生而自由平等）的批判（《〈民约〉平议》），对法国大革命的谴责，都是与伯克相近的。在《说党》一文中，还有这段文字："盖党之立也，必有其所以立之基。自其公者而言之，则所标宗旨之相合；自无（恐系'其'字之误）私者言之，则所俱权利之从同也。其立也，无全公，无全私，往往操杂公私，以成其团体。近二百年，学者皆晓然于其为民政之同产。自拔尔克以后，著论深非之者寡矣，然亦未尝即以是为瑞物也。"[②] 此处的"拔尔克"就是柏克。[③] 柏克曾在多处论证，政党政治在代议制中的出现，势所必然。[④]

英国经验主义时时体现在严复关于政治或政体模式的讨论中。他从来不从美好的理念或想象中的自由平等出发来规划未来，反之，他宁愿"以历史之所发见者为之本基"来检验卢梭。严复在《〈民约〉平议》写道，卢梭所说的自然状态是一种假设，以此为原则演绎出来的自由平等不会可靠，"大抵治权之施，见诸事实，故明者著论，必以历史之所发见者为之本基。其间抽取公例，必用内籀归纳之术，而后可存。若夫向壁虚造，用前有假如之术西人名学谓之 a priori 立为原则，而演绎之，及其终事，往往生害。卢梭所谓自然之境，所谓民居之而常自由常平等者，亦自言其为历史中之所无矣。夫指一社会，考诸前而无有，求诸后而不能，则安用此华胥、乌托邦之政论，而毒天下乎"。[⑤] 比较一下柏克下面这段论说，两人的相近之处就非常明显：

---

① 中国国家图书馆有一本严复手批的 John Morley 著 Burke，(1897 年纽约版)，上有严复签名以及开始阅读的时间（1902 年 9 月 5 日）。见黄克武：《惟适之安：严复与近代中国的文化转型》，社会科学文献出版社，2012 年，第 174 页。

② 《严复集》第 2 册，第 300—301 页。

③ 严复第一次提及"拔尔克"是在《论国民责望政府不宜过深》（载民国元年 12 月 11 日、12 日北京《平报》），该文有维护政府之意，提出变革之后三要素，为首的即是应该放弃"革命而主于种族之说"，不能陵暴旗民："英之拔尔克有言：'小度量与大国土不可并行。'"孙应祥、皮厚锋编：《〈严复集〉补编》，福建人民出版社，2004 年，第 125 页。

④ 柏克在好几处论证过立宪国中议员（从政者）结党的必然性。长文《论当前之不满情绪的根源》(1770) 中为政党政治的辩护最为有名。他承认："在政治结盟中，人们经常染上狭隘、偏执和党同伐异的作风；公益之心，每沉沦于党派的小利益。"形成乱国的帮派，固然有害，但完全是偶然的，可以避免："想尽职守，是不能不占据要地的，我们该做的是远离这要地的邪害，而不是弃逃。……人们结为政党，是为了依据他们共同认可的某一原则，同心协力，以推进国家的利益。对自己的政见自信甚坚，或认为它们将有功于世，却拒不采取手段付之于施行——这样的人，我是不知其可的。"该文收入《美洲三书》（缪哲译，商务印书馆，2003 年），第 293—297 页。"自拔尔克以后，著论深非之者寡矣"，从逻辑上是说得通的。此"拔尔克"即柏克。福建教育出版社新出的《严复全集·附卷》的汉英、英汉译名对照总索引未将"拔尔克"和"Edmund Burke"收入。

⑤ 《严复集》第 2 册，第 337 页。

> 建设一个国家或者复兴它或者改革它的那种科学，就像其他的每一种社会科学一样，并不是 a priori［先验地］就可以教给人们的。它也不是一次简短的实验，在那种实用科学里就能教会我们的；因为道德动机的实际效果并不总是直接的；而第一次就出现了偏颇的例子，有可能在其更遥远的作用中确实卓越的；而且它那卓越性甚至于可能来自它一开头所产生的种种不良的效果之中。也会出现相反的情形……每个国家中往往都有某些看不清楚的和几乎是潜伏的原因、许多乍看起来是无关重要的事情，确有可能是它们的兴旺和逆境在根本上所最需依赖的东西。因此，治理这门科学既然其本身是如此实际，并且是着意于如此实用的目的，所以就是一个需要有丰富经验的问题……任何一个人就应该以无限的审慎去冒险推翻一座大厦……或是去冒险重新建立起它来，而在自己的眼前却并没有什么经过考验的有效用的模型和样板。①

四

严复在 1916 年 12 月 1 日信中感叹，中国的政局非强人不能收拾，良善暗懦之人不能率国人走出困境。他甚至责怪梁启超不应该在袁世凯死后犹豫退让，造成事实上的分裂：

> 可知邦基杌陧，其能闳济艰难，拨乱而反正之者，决非仅仅守正高尚、如今人所谓道德者，有以集事。当是之际，能得汉光武、唐太宗，上之上者也；即不然，曹操、刘裕、桓宣武、赵匡胤，亦所欢迎。盖当国运漂摇，干犯名义是一事，而功成事定，能以芟夷顽梗，使大多数苍生环堵有一日之安，又是一事。此语若对众宣扬，必为人人所唾骂，然仔细思量，更证以历史之前事，未有不爽然自失者也。
>
> 任公、松坡与唐任辈倡义西南，以责洹上之背约，虽圣人无以非之。所不解者，袁氏自亡之后，不急出以把持国柄，除苛解娆，以建设共和不倾之国体，尔乃陁然隤然，一听元二乱党所欲为，以成此麻痹不能进行之政局。然则当日起事，固未尝原始要终，自诡作如何之收束，而只以感情意气，或有所不便于己，而反抗之，名为首义，实祸天下。②

“元二乱党”即指 1913 年（民国二年）“二次革命”的发动者。从第二段文字可以推知，梁启超如果“急出以把持国柄，除苛解娆”，严复绝不反对，可见他是对事

---

① 柏克：《法国革命论》，第 80 页。

② 《严复集》第 3 册，第 652 页。

不对人的。严复批评袁世凯同样是因为后者不审始终。1916 年 12 月 14 日，严复称道陕西一位教士所言："昨有陕西教士著一见闻录，谓：'袁世凯大罪不在规图帝制，在于不审始终，至于事败，转使强盗群称守正，匪人皆居成功，而国民之苦痛遂极。'"[①] 梁启超在帝制撤销后犹豫退让其实是有苦衷的。

1916 年 5 月 8 日，滇、黔、两广护国军在广东肇庆成立军务院，尊黎元洪为大总统，军务院代行国务院职责，统筹军机。这个临时"正统"政府组织的人员是梁启超精心筹划安排的，职务最高的为抚军长唐继尧，一周前刚成立的两广都司令部的都司令岑春煊任副抚军长，梁启超与蔡锷、陆荣廷、龙济光、李烈钧等同为抚军，梁启超兼政务委员会委员长。黎元洪在 6 月 7 日继任大总统，29 日宣布恢复民国元年的《临时约法》和旧国会，这也是梁启超的主张。这样军务院、两广都司令部也失去了存在的理由，7 月 14 日由唐继尧等通电全国，正式宣布解散。8 月 1 日旧国会开会，可以料想的是大致上由梁启超心底里痛恨的"元二乱党"主导。袁世凯一死，护国战争结束了，统一中国的希望实际上更加渺茫。

袁世凯死后的一两个月里梁启超精神上尤其痛苦，当时梁启超与同人屡次磋商出处，有归隐之意（"不复与此五浊恶世为缘"[②]），一方面他有丧父之痛，不愿结交政客。7 月 14 日，即军务院撤销之日，他内心的矛盾在与梁令娴书中有所交代："近日心绪殊不宁帖，因悲悯于时局，益怆念于死生，非全行摆脱外事，则忧患相缘者恐未艾，然正有不能摆脱者存，奈何奈何。"[③]

1917 年 4 月初美国宣布加入协约国参战，美日虽同在一方，暗地里却将中国视为角力的战场。中国政府在 3 月 14 日宣布对德绝交，因国会中反对派挟持成见，故意阻挠，加之府院之争和张勋复辟，正式宣战一直拖到整整五个月之后。梁启超主战最力，这是可以感佩的。严复持同样立场，两人不期然又走在一起了。严复在这一年 5 月《公言报》上发过几篇短文，讽刺、诘难国会中那些"保障共和"但是反对对德宣战的旧国会议员。美国宣战，威尔逊总统告国人，这是共和专制争存之机，美国参战，既"扶持人道"，又"保障共和"。"夫二语尝喧于吾国矣。扶持人道吾闻之于辛亥、保障共和吾闻之于丙辰。是二语者，真公等之旗帜也。乃今而欲弃之，

---

① 《严复集》第 3 册，第 658 页。

② 1916 年 7 月 6 日致蹇季常信。他还写道："吾侪若长作此且前且却之态，重以内部不能一致，非唯无以应外界之变，即精神上之痛苦，恐亦有加无已。"丁文江、赵丰田编：《梁启超年谱长编》，第 510 页。正是"且前且却之态"招致严复"陁然隤然，一听元二乱党所欲为"的批评。两人又是心有灵犀。

③ 丁文江、赵丰田编《梁启超年谱长编》，第 511 页。

然则所扶持保障者，果何物耶？”[①] 他还希望诸位议员为国计，为私（个人名声）计，早早决断，不要动辄说国会神圣。他嘲讽道，神圣也可侵犯，但问实力。“今之所谓议员，其自视神圣，殆过于昔时之君王；所潦草通过之宪法，其神圣殆过于国际之约书。顾其果为神圣与否，亦将问实力之何如。”[②] 6 月 12 日黎元洪迫于张勋压力宣布解散国会，但也为对德宣战作了前期准备。1917 年 7 月段祺瑞组阁，参与讨伐复辟的梁启超出任财政总长，主张召集临时参议院，意即维持一个多月前解散旧国会之令。当年 9 月，孙中山以捍卫《临时约法》的名义在广州成立护法军政府，形成南北对峙的格局。护国运动中的中坚力量现在反而成了梁启超的对立面。

严复 1917 年下半年告诉熊纯如，一年之前，黎元洪就职大总统时，他以有罪之身向段祺瑞进言：“劝其承认袁氏未帝制以前一切号令、法律为有效，而后急组机关，议定可久之宪法，更依新定之选举法，以召集国会，与国人一切更始。”梁启超作梗，劝说段祺瑞“用中山约法，而召曾经内乱之国会，自诒伊戚”。然后他再次说中国没有强有力中央政府，共和只是致乱：“总之，共和前途，无论如何，必其中央政府真具能力，能以约束进退此等武人者，而后国事可云顺轨，长此终古，惟有乱耳，他无可言也。”[③] 对严复而言，不论是帝制还是共和，他都期盼“中央政府真具能力”，有效统治全国，结束割据。其实严复与梁启超心中所希望的目标几乎一致，即以 1914 年的袁世凯约法（所谓“民三约法”）来重新选举国会，但是梁启超发动护国战争，为显示名正言顺，已将袁世凯“蔑弃《[临时] 约法》”列为主要罪状。他在 1917 年入阁后，支持段内阁拒绝召开旧国会，与严复不谋而合，但这不是违背护国运动的初衷了吗？

袁世凯对“二十一条”有所抵制，但是还是背负签署“卖国”条约的罪名，这是弱国元首的宿命。面对日本威胁，袁世凯只能“以夷制夷”，对英国、美国有所倚重。日本不愿见到中国的统一，阻止任何有利于集权的措施，对袁世凯必欲去之而后快。梁启超对此是清楚的。他在袁世凯死后，约在 1916 年 9、10 月间，致书段祺瑞，谈中美、中日关系，强调今后将利用美国（“新亲”）制衡日本（“近邻”），尺度要把握好：“能生我者新亲也，能死我者近邻也，必近邻全释其死我之心（暂不动手），然后生我者乃有所用力。”然后他回顾袁世凯外交之失及其教训：“项城联英之政策本不误，其误在挟英以排日。今吾新亲助我之力恐尚不及旧亲（英国），故今虽

---

① 孙应祥、皮后锋编《〈严复集〉补编》，第 364 页。《公言报》社论是否为严复所作，还不能作最后定论。但是语气立场确实像是严复。

② 同上书，第 367 页。

③ 《严复集》第 3 册，第 670 页。

得新亲，而依赖之程度当审慎，若令近邻窥见我有挟新亲以自重之意，恐外交上之盘根错节，方从此起，新亲为我解结解之不了也。”这话也在理，但是他提出的与日本“表示特别联络”的六条建议中涉及财政的三条却明显是在为“近邻”争取分外利益，它们分别是：“东三省金融机关决与日本合办”“决行金汇兑币制，用日本款，且聘用日本人”“关税问题等我依赖日本助我主持”。① 这三条意见的目的是将中国的财政独立权拱手相让，比“卖国”的袁世凯走得更远。这是他对日本的回报吗？

严复在袁世凯死后不几日就察觉财政危机，他在 1916 年 6 月 16 日信上重提政府在财政上的窘境和日本的野心：

> 现时烧点，无逾财政。政府百方乞贷，皆无成议。美款将次告成，经唐某［应为唐绍仪］电沮，谓国会未召，约法未复以前，切勿借与，美资本家居然听之。日本之意，则欲我独向彼中借贷，但肯经济同盟，或许其监督财政，六七千万，唾手可得。此自卖国政策，不独政府不敢任责，即欧美诸国，亦暗中反对甚力者也。……吾国度支之纷，底里尽露。中国人无管理财政之道德能力，竟成无可驳复辩护之问题。……呜呼！中国之亡，人人有责，然其催促于粤人者，盖不少矣。悲夫！②

梁启超向段祺瑞献策是在此后三四个月，主因或是回报日本在护国战争中的大力支持，严复所揭示的“日本之意”（“欲我独向彼中借贷，但肯经济同盟，或许其监督财政”）竟由梁启超直接提出，似有几分蹊跷。再来回顾一下梁启超护国战争初期如何遥控西南的局势，谋求日本的直接帮助。

五

蔡锷系梁启超在长沙时务学堂教书时的学生，在辛亥年武昌革命后就想乘乱称王一方。唐继尧当时奉蔡锷命率滇军入黔，名义上是“勘定黔乱”，实际上是要变邻省为藩属，独霸西南。滇军在四川也挑起战端，其北伐讨满的旗号背后的真实动机是骗不过当时重庆、成都军政府的。孙中山的南京临时政府电令滇军回滇，蔡锷不予理睬，但是碍于实力，未能鲸吞黔桂。四年后他又故技重演，扩大割据地盘依然

---

① 丁文江、赵丰田编《梁启超年谱长编》，第 513—514 页。

② 《严复集》第 3 册，第 640 页。1916 年 9 月 22 日信：“康梁生长粤东，为中国沾染欧风最早之地，粤人赴美者多，赴欧者少，其所捆载而归者，大抵皆十七八世纪革命独立之旧义，其中如洛克、米勒登、卢梭诸公学说，骤然观之，而不细勘以东西历史、人群结合开化之事实，则未有不熏醉颠冥，以其说为人道惟一共遵之途径，仿而行之，有百利而无一害者也，而孰意其大谬不然乎？”《严复集》第 3 册，第 648 页。

是最终目标。

梁启超在1916年1月8日从上海致蔡锷（已在20天前回到昆明）的第一封信，最为挂念的是四川（“全力规复三川，自是滇军第一责任”），不过蜀中多会党，“若犹有怀挟私见，不受节制，则所以镇辑之者，亦宜惟力是视，不能稍事姑息。盖必能奠蜀，然后能奠西南；必能奠西南，然后能奠中国。如有害马，在所必去也”。梁启超的口气仿佛就是《隆中对》里的诸葛亮，“蜀”就是益州了。他也预见到袁世凯覆亡后中国必然大乱，首先要经营好云南，当为割据之雄：

逆贼不患不覆亡。然谓覆亡之后，天下事即大定则殊不敢言。莽、卓伏诛，大乱云始。前事屡然，今亦胡幸。毒根既种之极深而滋蔓极广，芟夷蕴祟，岂旦夕闲事，而况海疆诸区有人眈眈以视夫其侧者耶？吾辈当认定西南一隅为我神明氏胄唯一遗种之地，挟全副精神以经略而尊之，而必毋或视他方之态度以为欣戚。……吾前所云，莽、卓伏诛，大乱方始，当知此实为今后无可逃避之祸矣。[①]

护国战争胜利之日，也是天下大乱之时，即便是西南一隅的“海疆诸区”（两广等地）也心怀觊觎，梁启超对独立的可怕后果，完全是清楚的，但是抱定宗旨经略西南，以为基地。明知有此内乱结局，仍然一意向前，这是梁启超“常行于最险直线”的一例。他这时还以全副精神，配合日本反对袁世凯承受帝位的外交。

梁启超流亡日本后，此前主动结识孙中山的平山周、宫崎滔天很快就来见他。日本政府对流亡者予以关照，除了人道主义的原因，也对他们有所期待。梁启超到日本后，日本政界人士并不是对他评价甚高，反之，他们可能更加看重张之洞、李鸿章等实力派“有秩序、有规律的方法、循序渐进地去革除旧习”。[②]梁启超到日本两个月后就在横滨创办旬刊《清议报》，“明目张胆，以攻击政府”。该报的宗旨，除了维持清议的传统，增长知识，还有“交通支那、日本两国之声气，联其情谊”和“发明东亚学术以保存亚粹”，[③]这就和日本东亚会、同文会的宗旨比较符合了。《戊戌政变记》上的文章就是先在该刊发表的。

1908年11月光绪、慈禧接连去世，袁世凯奉命回籍“养疴”。康梁还是不忘戊戌旧仇（是否袁世凯“告密”），积极倒袁，上书摄政王载沣和肃王善耆，建议宣布袁世凯罪状，又是老手法的问罪学。第一是：“甲午战祸，全由彼所酿成。当时东学党之乱，本由彼煽动，煽动之后即求出兵剿之，而光绪十一年《天津条约》有中国

① 丁文江、赵丰田编《梁启超年谱长编》，第477—478页。

② 转引自石云艳：《梁启超与日本》，天津人民出版社，2005年，第33页。

③ 丁文江、赵丰田编《梁启超年谱长编》，第110—111页。

出兵日本亦出兵之语，彼全然不计，徒欲借此以成一己之功名，以此搅乱东亚平和，酿出弥天巨祸。”康梁声讨袁世凯，完全袭用了日本方面的语言。所谓的东学党之乱背后，还有日本右翼扩张主义团体玄洋社的“天佑侠团”借机挑动中日战争，而他们视袁世凯为最大的障碍。第二条大罪就是：“戊戌之事无端造出谋围颐和园一语，以致两宫间常有介介。”①

严复对日本的干涉是非常敏感的，在前引1916年4月4日信的起首他写道，北京风谣骤起，背后是日本方面的影响：“有《顺天时报》者，东邻之机关报也，一意主于破坏。政府权力既绌，民间销售遂多。”② 代表日本利益的中文报刊，中国政府无力弹压，在舆论上袁世凯已经失控了。袁世凯之死意味着更多内战，是日本的胜利，中国那些反袁人士被日本人利用，为虎作伥，梁启超和蔡锷概莫能外。

袁世凯死后，严复作《哭项城归榇》五律三首，第一首云：“近代求才杰，如公亦大难。六州悲铸错，末路困筹安。四海犹群盗，弥天戢一棺。人间存信史，好为辨贤奸。”③ 这首诗又道出严复一度希望袁世凯像魏武帝曹操那样统一中国的心意。陆机的《吊魏武帝文》中有“违率土以靖寐，戢弥天乎一棺”之句，痛惜曹操辞世，他的宏远之志不得不收缩于棺中。严复诗中的“四海犹群盗，弥天戢一棺”就是与陆机呼应的。陆机因读到曹操的遗令而作《吊魏武帝文》，遗令暴露了曹操作为一个普通人柔软的一面。陆机感到伤怀，还因这位枭雄竟为物情人情所累，非贤俊之所当为。这也正与严复批评袁世凯“忒多情”相一致。

袁世凯死后，日本幸灾乐祸，国内诸反袁势力不明国家利益所在，也自以为有功于挽救“共和”的“招牌”。这时的严复在国内几乎无人可以深谈。大约在1916年袁世凯死后不久，他在给熊纯如的信上预言，梁启超等人发动战争，实质上是帮日本人去掉了袁世凯，他们将来或能醒悟，但是祸害已经造成，反悔也来不及了：“国事羌无可言，东邻眈眈，幸灾乐祸，而举国狂子，大抵为虎作伥而不自知。即梁、蔡诸公，庸中佼佼，顾异日事见，亦将深悔所为，特无及耳。”④ 这封信应作于1916年11月蔡锷死于日本前。严复对各国间谍活动和战前的情报收集是再三留意的。他在孟德斯鸠《法意》的一条按语中说：“日本之谋我也，亦深考中国沿海之形势军实，与朝廷军机督抚之能事性情，而后有甲午之役。当李鸿章之阅海军，日谍

---

① 丁文江、赵丰田编《梁启超年谱长编》，第312页。

② 《严复集》第3册，第630页。

③ 《严复集》第2册，第394页。

④ 《严复集》第3册，第642页。严复1916年9月22日致熊纯如信：“又其时赴东学子，盈万累千，名为求学，而大抵皆为日本之所利用。”《严复集》第3册，第648页。

不离左右，英人尽知其谋，愦愦者独此老耳。乃至目前俄日之役，则乙未至今，日本之所为何如，夫人所能言者矣，呜呼！中国言练兵矣，练兵固当，而吾国之知彼者谁乎？知己者又谁乎？”① 这条按语写于日俄战争期间，多年之后重新阅读，还能使人汗流浃背！

回观护国战争时梁启超求助日本的一次次举动，就看得出他与严复的巨大反差：他完全没有以国家统一为旨归，“为虎作伥而不自知”。他在1916年1月8日第一封信致蔡锷信里解释不能立即去滇的原因：“此书方写成适得日本来书，言滇若缓发一星期，则对日交涉已妥协，然则速发终是幸事也。”② 这句话排小字，置于括弧之中。目前笔者还不能提供这句插语的确解。是谁从日本来书？信中是否微有责备之意？（即云南不宣布独立，北京方面将妥协，为什么没有事先征求意见？）假如写信者是日本人，那么日本要将中国反袁势力掌握在手的意图，梁启超不会读不出来。第二封信谈及对日宣传：“吾在此惟曾晤日领一次，余皆未晤。拟致书大隈、松方、犬养；又致书驻京英、法、美、日四使，日内即发。又拟派静生或觉顿往驻日本，若能抽空则当亲往一行，旬月即返。”③ 致蔡锷第三书有一段专谈日本对云南独立的反应。“及义师一起，而日本全国态度乃大变，政府系自以观察不谬大鸣得意，反对派亦尽屏息。今全国表同情于我如潮斯涌，伪政权派周自齐为特使送礼乞怜，而东邻婉拒屡宕行期，即此一着，老贼之气已夺矣。”④ 梁启超在致蔡锷第四封信（1月21日）中颇得意，甚至准备东渡日本，联络外交：“外交界消息极佳，日本公然拒绝卖国专使，闻三次警告，不日将提出，且日本刻意联络吾党，（青木少将特派驻沪，专与吾党通气，日内便到。）饷械皆有商榷余地。……我决以二十八日东渡，或能有大发展，亦未可知。”⑤ 在这样的场合反而称政府“卖国”，拒绝“卖国专使”的日本反而是真正爱中国者，真是不知“反讽”为何物。

此行未果。1月28日应是梁启超东渡的时间，他仍滞留上海。是日他致函犬养毅：“犹记辛亥深冬，我公冒病西渡，在神户相见，促膝密晤。公极言袁氏之必毒中国，忠告南军，勿养虎以遗患，机先远瞩，令吾曹深愧斯言也。”这指的就是犬养毅1911年12月17日启程赴沪前与康梁的一次密谈。犬养毅到了中国，极力联合立宪派与革命党，使之与袁世凯形成对立之势，但是熊希龄等人识破他制造南北分立的

---

① 孟德斯鸠：《孟德斯鸠法意》，第209页。

② 丁文江、赵丰田编《梁启超年谱长编》，第477页。

③ 同上书，第480页。

④ 《梁启超年谱长编》中有小字案文：“此段原批删去。”是谁批删的呢？

⑤ 丁文江、赵丰田编《梁启超年谱长编》，第485页。

用心。在孙中山临时政府最危急的时候，犬养毅在 2 月 16 日再度来华，为孙中山谋划。[①]“极言袁氏之必毒中国”，为日本还是为中国？由“辛亥深冬”可知，这正是袁世凯复出组阁、梁启超在谋划中国未来政体的时候。回观梁启超写于辛亥革命之后的一些大文章，也可以约略窥见以犬养毅为代表的日本人士意图。梁启超在护国战争前后一直将袁世凯改变国体称为“革命”（故而要反对），但是不顾一切代价求助于日本的做法则是与革命者一致的。而在大约一年之前，日本攻占胶州湾，继而进一步勒索。梁启超没有为日方狡辩，日本舆论界妄称他袒护德国，系受人嗾使，忘恩负义。清末民初，按照日本舆论的逻辑，一些中国人得到日本政治庇护，受恩于日本，就应该时时处处维护日本利益。梁启超回应道，曾受日本保护十余年，亦不应放弃自己对国家的责任，然后他责问日本为不同政见者提供政治避难的动机：“日本人得毋欲鄙人如乱党首领某某辈日思引外人以扰乱祖国而始为报恩耶？果尔，则日本光明义侠以履行国际法上之天职者，其究也乃有所为而为之，则初志荒矣。”[②]梁启超在护国战争期间求援于日本，“引外人以扰乱祖国”，不正与“乱党首领”同样吗？至于“乱党首领”是谁，梁启超的读者是知道的。

1916 年初的日本对“二十一条”所获意犹未足。袁世凯的帝制使日本生出干涉的野心，并不是说日本从政体或道德原则上反对君主立宪，力主共和。帝制可能加强中央集权，提升国力。一个能调动全国资源的中国政府，才是日本最不愿见到的。1915 年 10 月，内田良平（黑龙会创始人，该会会名来自黑龙江，暴露了领土野心）提交《支那帝制问题的意见书》，敦促大隈内阁利用“帝制”（亦即君主立宪）倒袁。他断言，“帝制”问题对日本来说是“最有利机遇”，可以在袁称帝后不予承认，使之陷于窘境。护国战争又给日本陆军看到颠覆中国政府的好机会，军官中有人准备“明目张胆地干”。[③] 日本强硬派主张出兵中国，暗中鼓动第三次革命，“接济宗社党及蒙匪，扰乱东三省，大拆袁世凯之台”。[④] 云南独立，赠送给日本一份大礼。1916 年 1 月 21 日，中国驻日大使陆宗舆电外交部：“石井报称……严词警告中政府，延缓帝制，如不听，则出自由行动，派兵驻中国要地。一面认云南为交战团体，一面

---

① 详见黄自进：《犬养毅与孙中山的革命活动——援助动机探讨》，《“中央研究院”近代史研究所集刊》第 19 期（1990 年 6 月），第 235—251 页。作者指出，犬养毅保护、资助孙中山无不是从日本的国家利益出发，将革命派用作牵制中国政府的工具。他或反对袁世凯，或在护国战争期间保持中立，从来不是由他跟孙中山的交情所决定。

② 梁启超：《中日时局与鄙人之言论》，载《饮冰室文集之三十二》，第 95—96 页。

③ 沈予：《日本大陆政策史：1868—1945》，社会科学文献出版社，2005 年，第 208 页。

④ 王芸生编著《六十年来中国与日本》第 7 卷，第 1 页。

宣告中国现政府妨害东亚平和云云。”[①] 四周前（即 1915 年 12 月 25 日）的云南通电中有“列强干涉，民气骚然，外侮之袭，责有攸归”等字，此刻以“外侮”相威胁，反而暴露了“护国”的军事行动，以日本为强大后盾。深可怪异的是梁启超以及各种派系的反袁势力都谋取日本的支持，毫无顾忌，如岑春煊赴日向日商竹内维彦签订借款日金一百万元合同，作为护国军行政经费。岑春煊与袁世凯同为清末重臣，两人积不相能，有南岑北袁之说。他的反袁也是意气多于共和理想。清末民初，中国人凡有内部争议，不能妥协以求双赢，总要借重外国势力打击国内政敌，而国家命运则被牢牢握于外人之手。对这种行为模式的危害性，学界避而不谈，其原因之一就是太看重听起来正确的名号，即梁启超自己所承认的哄人的“招牌”。我们经常看到这样的文字：“梁启超为了完成反帝护国的事业，正在拼命寻找外交上的支持，日本态度的转变，当然是他所欢迎的。”[②] “反帝护国的事业”就是可以用来赦免一切的名号了。处心积虑的日本怎么可能支持“反帝”，极力维护中国利益的事业呢？

云南宣布独立前十天（12 月 16 日），梁启超已由天津乘中国轮船新济号南下上海，两天后到达，在上海从事倒袁两个多月，一直到 3 月 4 日才乘日轮横滨丸赴香港。他在上海期间，与日本方面联络紧密。据黄溯初在 1929 年致丁在君信上所言，梁启超的电文避开了中国邮电局，部分是在日本的监视下。“当时任公在申，并未向中国邮电局直接寄发，所有致滇、黔、桂之商电或托人带往……或由日邮及外人代发，或托胡潘在宁代发，故绝不受检查。”[③] 梁启超的筹划并非全部向日本交代，他在《从军日记》记道：

> [一九一六年] 三月初一日，日本驻沪武官青木中将来谒，亦既有所闻，持以相质，吾告以实，遂乘势托以代筹旅途，盖逆料此行之艰阻不能免也。青木慨然自任，而使其属官松井者负其责，翌日松井报命，言既与东京、香港往复商定，属乘初四日由上海展轮之横滨丸，至香港更乘妙义山丸入越南之海防……[④]

“青木”即多次出任日本驻华使馆武官的青木宣纯，他是日本在华谍报机关的头目，大陆侵略政策的主要策划人。日本当时已有支持任何反袁势力的国策，青木宣纯说起来是袁世凯旧友，但是始终不忘国家至上，摇身而为中国各种反袁势力背后的总

① 王芸生编著《六十年来中国与日本》第 7 卷，第 29 页。石井即当时日本外相石井菊次郎。

② 董方奎编著《梁启超与护国战争》，华中师范大学出版社，2012 年，第 138 页。

③ 丁文江、赵丰田编《梁启超年谱长编》，第 489 页。

④ 梁启超：《从军日记》，载《饮冰室专集第三十三》，第 121 页。

牵线人。“亦既有所闻，持以相质，吾告以实”，这是有点吞吞吐吐的文字。对于梁启超未将自己的计划全部相告（如梁启超暗中还在求助于英、法、美），青木是很不高兴的。既然梁启超不欲讲出实情，那么现在他一到上海就登门拜访，[①] 心情急切，要对梁启超加以控制，宣示领导权。青木宣纯素有中国人只有利己心，不顾及国家利益的成见，梁启超的曲从配合，又印证了他的论断。这次南行在日本的悉心安排下进行，符合日本意图，青木有何必要“慨然自任”？梁启超 3 月 11 日秘密搭上日本运煤货轮妙义山丸，16 日成功偷渡海防，由日本驻海防名誉领事横山安排，假冒日本人，混在一批日本人中间，27 日潜入镇南关，一到广西，处处“悬旗燃爆欢迎”。[②] 此时他才听闻袁世凯已于 22 日宣布撤销帝制，立即指使军阀陆荣廷等人拒绝言和，坚持袁世凯必须退位。日本人一路安排周全，其高效让梁启超佩服，甚至受宠若惊。[③] 后来两广都司令部成立，梁启超因外交与财政之需动身去上海，还有赴日之议，不料 5 月 5 日夜临下船时，“忽日本太田领事至，阻其行，谓龙济光极愿与君商量一切，凡可让步者当无不退让，请偕赴广州”。[④] 这位太田派驻广州，领事一职专为统合反袁势力而设。他阻止梁启超登船，梁启超不得不从，也可见日本的主导之力。龙济光为广东都督，4 月 6 日宣布独立，此前广东不少地区已宣布独立，非但不听他管辖，还想里应外合攻打广州，龙的独立有不得已之处。梁启超好友汤觉顿应龙济光之邀赴宴，死于疑点重重的海珠之变（4 月 12 日）。广东本来就派系林立，内部不能一致，可为袁世凯利用。日本方面对护国运动的各参与方是否团结，比中国人更加焦急，总是费心在各方之间协调和解。

海珠之变第二天，梁启超与龙济光商讨军务院事，得其同意，通电宣告军务院

---

① 据梁启超致蔡锷第五书，青木抵沪第二日即于梁启超会晤。“彼言前此彼之国是未能一致，其中大部分人谋向我攫取权利，以致伤我感情，今识者皆知其非计，以后当决然舍此方针，专务与我多数国民联络云云。国际间之语调，虽不必刻舟以求，然亦可谓其交也以道，其接也以礼矣。”梁启超：《饮冰室专集第三十三》，第 26 页。

② 丁文江、赵丰田编《梁启超年谱长编》，第 499 页。

③ 二十年后，即 1936 年，胡适读到梁启超年谱中这段经历，不寒而栗：“日本方面，当然唯恐中国不乱。顷读任公年谱，见任公入桂讨袁之役，均得日本军人之助力，页 769 所谓‘此行日人出全力相助，予我以种种便利，殊为可感’。至今读之，真使人栗然危惧。日本当日全力助倒袁之役，与今日倒蒋之出全力，同一作用。彼何恶于袁？何爱于梁任公？彼之处心积虑，凡可以统一中国之人物皆须在打倒之列也。”见胡适致翁文灏（稿），中国社会科学院近代史研究所中华民国史研究室编《胡适来往书信选》，社会科学文献出版社，2012 年，第 629 页。在 1916 年，能像严复那样出于国家观念来看护法战争中日本所起作用的人，还少之又少。

④ 丁文江、赵丰田编《梁启超年谱长编》，第 504—505 页。

成立。但是梁启超任抚军、政务委员会委员长，上海民党方面（孙中山）转而攻击他。[①] 梁启超厌烦与政客交往，只想退出，数次表示要挽救国势，还是得回到社会教育上头下功夫。[②] 将元凶打倒，还是一片混乱，这是梁启超不可能不知道的。最后的收获是什么？袁世凯死后蔡锷如愿当上四川督军兼省长，可惜壮志未酬，当年 11 月病逝于日本。护国战争期间，日本驻广州总领事馆领事崛义贵负责云南的事务，当时约有两百名日本人遍布云南，而且还在不断增加。英国商人穆尔—贝内特曾在 1916 年 2 月和 3 月间到香港、越南收集情报，崛义贵告诉他“许多这个国家［日本］对中国的抱负”，丝毫不掩饰“和平吞并”中国的意图。穆尔—贝内特注意到“他对蔡将军的抱负和行动，了解得特别清楚”，而且相信蔡锷或任何接替袁世凯的人都会“乐于协助日本人得到预见之中的好处”。[③] 所谓的“洪宪”帝制为日本提供了利用中国人自己去袁的机会，即便袁世凯改弦更张，制定宪法实行共和，日本还是要反对他：

> 我问崛义贵先生，倘若袁世凯先生即刻急剧转变，为国家制定宪法，根据人民意愿选举总统，中国是否可以期待列强给她一段时间让她获得重生？他对这个问题回答说，这种事中国绝不会做，即使让她做了，也难于适合日本的利益。[④]

袁世凯果然急剧转变，取消帝制，但由日本暗中撮合的倒袁阵线还是逼迫他退出政坛。

李吉奎在《护国战争与日本》一文的结尾有着一段沉重的话：“日本早欲亡华，路人皆知，只有中国南北政客武人，不知“二十一条”为何物，置之不顾，护国之役，夙兴夜寐纷纷恳求日本援助支持，委身唯恐不及，欲借外力以达到国内目的。”[⑤] 有自甘鹰犬的，也有不愿配合的。还是在 1916 年 4 月 4 日的长信上，严复称赞黎元洪的道德：“黎始则不受王爵，后两次日本人备快车，密劝出京，受举为大总统，黎力拒之曰：‘吾已备榇，必死在京中矣。’”这里所指的应是袁世凯准备称帝后册封

---

① 吴贯因：《丙辰从军日记》。“方筹安会之发生也，其不慊于袁氏者，无论何派之人，皆望任公出而与袁氏反对，诚以欲转移舆论，使国民知袁氏之不可托以国事，惟任公之鼓吹最有力也。及义师既兴，南方之势力稍稍足与袁氏相抗，于是向之欲抬任公于九天者，忽又欲挤任公于九渊，世途之险巇，亦可畏哉。”转引自丁文江、赵丰田编《梁启超年谱长编》，第 506 页。

② 梁启超：《国体战争躬历谈》，载《饮冰室专集第三十三》，第 146 页。

③ 骆惠敏编《清末民初政情内幕：——〈泰晤士报〉驻北京记者袁世凯政治顾问乔·厄·莫里循书信集》下卷，刘桂梁等译，上海知识出版社，1986 年，第 531—533 页。

④ 同上书，第 532 页。

⑤ 李吉奎：《龙田学思琐言：孙中山研究丛稿新编》，中山大学出版社，2011 年，第 263 页。

黎元洪“武义亲王”，黎坚辞不就，其后日本人鼓动黎元洪出京，另立“共和”中央政府，被其拒绝，即便是“共和国总统”，还是日本人的傀儡。黎元洪这种态度的价值恰恰是百年来为人所忽视的，严复注意到了。

六

民国成立以后，地方与中央的关系反而更加紧张，各省动辄宣布独立，表明当时任何一个中央政府只要有加强中央集权之意，立即会遇到地方上的抵制。袁世凯没有强大的政党支持，为加强中央集权乞灵于帝制，名义不对，地方势力就可以举兵讨伐。袁氏必败，早在意料之中。1916 年 1 月 15 日，唐继尧、任可澄致信尚在上海的梁启超，他们并不怀疑袁世凯去日无多，但是不知“护国”之后应往何处去：“默察现时人心，均有趋重联邦之势，恐遂将演成事实，惟如美如德，宜何取法，外如中央地方权限之划分如何，机关之组织奚若，凡此建国问题，均非先生精思密运，先决大凡，无以衷群言，定明志，亦乞预备提示，俾当事者，并有轨辙可循，不致泛轶。”① 这说明太平天国后形成的中央疲敝之势到了民国进一步发展，各省“趋重联邦”，凸现的是割据的现实。如果唐、任二位真对美德两国中央集权的程度有所闻，他们又将如何动作呢？严复 1918 年 2 月 1 日致熊纯如的信对此作了回答。他认为，抽象地讨论政体国体毫无助益，接着他论及德制、美制的差别：“德制上有共主，下有封建，吾国无是之基础也；美制则原本民权，如华盛顿之十三州，而吾国又无是之基础也。吾国所有，乃群督之拥兵，如唐五代之藩镇，藩镇联邦实不过连横合纵已耳，其不足已乱，殆可决也。”② 统治的形式未必重要：“大抵吾人通病，在睹旧法之敝，以为一从夫新，如西人所为，即可以得无弊之法，而孰意不然，专制末流，固为可痛，则以为共和当佳，而孰知其害乃过于专制。……世间一切法，举皆有弊，而福利多寡，仍以民德民智高下为归。使其德智果高，将不徒新法可行，即旧者亦何尝遂病，想吾国经此番苦痛之后，当亦废然而群知所致力矣。”③

在是否实行联省自治的问题上，康有为的见识要高出梁启超许多。康有为 1902 年春撰《与同学诸子梁启超等论印度亡国由于各省独立》，《不幸而言中不听则国亡》在上海出版时（1918 年）将此文收入。康有为见割据之势又成而联邦制正有人提倡，加了一篇跋语。他问：“南美实行联邦制的一些共和国，内战不断，哪里有真正的地方自治？”当时的广东实际上有七个政府，“若行联邦制，则中国必当分为数十小国，

---

① 丁文江、赵丰田编《梁启超年谱长编》，第 476 页。

② 《严复集》第 3 卷，第 681 页。

③ 同上书，第 680 页。

岂非真为印度乎？岂非促亡以资一强邻乎？列藩与诸公殆忘今为何时，用其三国、十六国、十国割据之旧识而涂以欧、美联邦之说以相媚乐，而仍守闭关内争之习，而忘渔人之蚌鹬与拾也。诸公终日饱食，摩腹无事，掉笔摇舌，妄放高谈，曰联邦联邦，曰邦联邦联，小民无知，震于诸公之盛名，或学者之雄辩而误信之，则中国殆矣！美、日一言而夷吾为保护国，再进乎则不知所届，其亡其亡矣。近廿年来，自吾愚妄无知之门人梁启超、欧榘甲等妄倡十八省分立之说，各省分争若此，此则梁启超之功也。欧榘甲作《新广东》一书，流毒至今，今《新广东》如其愿矣，而新广东分为七政府，生民糜烂，则欧榘甲之功也。不料今者某君又倡联邦之说，腾报全国，议论纷起，大率恐中国太寿而促其亡而已”。[①]

一战结束后，欧洲一些理想主义者开始筹备国联，而国内不少人士也以为国联的理想与大同接近。1918 年夏，严复在安福国会成立后写道：“梁饮冰自执笔以还，宗旨不知几变，目下韬迹天津，云以著书为事，吾恐不能如前之谀闻动众矣。时人看研究会之汤、梁，真是一钱不值也。南北国会皆已成立，后来执持国柄，即此两群猪仔，中国安得太平！”[②] 一战接近结束，严复心境更恶（“眼见举国饮狂，人理几绝，而袖手旁观，不能为毫末补救”），但是他对时事的判断依然惊人地准确。《凡尔赛和约》签订之日也是新的战争开始酝酿之时。他在 1919 年 10 月 23 日信上预言，欧洲不可能有持久的和平，中国日后还是另一场大战中别人的战场：“三洲汹汹，弭兵绝无其事，早晚将复出于战，而利用支那者，自有人也。”[③]

《解放与改造》杂志于 1919 年 9 月创刊，一年后更名《改造》。梁启超的《〈解放与改造〉发刊词》主张各省各市自行制订“根本法”，是一份削弱中央、联省自治的纲领。且看几条要点：“国家之组织，全以地方为基础，故主张中央权限，当减到以对外维持统一之必要点为止”；“地方自治，当由自动，故主张各省乃至各县各市皆宜自动的制定根本法而自守之，国家须加以承认”；在军事上则主张“消极自卫”，“无设立国军之必要”；财政上绝对排斥续借外债。[④] 在中央与地方的关系上，梁启超又回到了藩镇势力的一边。种种旨在削弱中国中央政权的言论，都是日本所欢迎的。

1920 年夏，中央衰弱之际又传来复辟之说，严复不敢赞成：“深恐大地之上，劫运方殷。复百方思量，总觉二三十年中，无太平希望。羸病余生，旦暮入地，睹兹

---

① 汤志钧编《康有为政论集》上册，中华书局，1981 年，第 504—505 页。欧榘甲（1870—1911）系康有为学生，1902 年作《新广东》，主张广东独立。

② 《严复集》第 3 卷，第 692 页。

③ 同上书，第 702 页。

④ 梁启超：《饮冰室文集之三十五》，第 20—21 页。

世运，惟有伤心无穷而已。”[①] 1921年初秋（“白露前五日”），严复道出了对各省自治的怀疑：“比来桂、粤、湘、鄂，皆起轩然大波，而尽以自治为帜。顾自不佞观之，要是一时假道，于国利民福，毫不相谋。以近事取譬，此正如宣统年间之号呼立宪，辛壬之际，偏取共和。然而立宪则立宪矣，共和则共和矣。而此十余年来，果效何若，则复与贤弟之所共知，不必更为齿及已。或则谓：‘前此皆假，而此后乃得为真。’嗟夫！由今之道，无变今之俗，其必假而不复为真，盖无待蓍察而可决也。群不逞志，太息俟时，而中央失政，方镇恣睢，与以可乘之隙，则群起而梃之。至于成事则得位行权，各出其钩爪锯牙，以攘挈国帑，鱼肉吾民者，犹吾大夫，未见君子。……梁任公乐观，仆尚不敢附和，军阀财阀，犹此民耳。大同开幕，又当若何?”[②] 此处的“大同”即联省自治的委婉语，通电自治的还有云南唐继尧，严复没有提及。这一年的10月27日，严复逝世，这或许是他最后一次提及梁启超了。从宣统、辛壬一直到1920年开始的联省自治，“中央失政，方镇恣睢”的大方向不变，甚至愈演愈烈。

1918年3月31日，严复在致熊纯如信中追念亲家、挚友吕增祥，品评当世人物：“复平生师友之中，其学问行谊，性情识度，可以令人低首下心，无闲言者，此人而已。”他然后举出“已去”和“犹在”者寥寥数人，“已去”的有“郭侍郎、吴冀州、君家季廉”[郭嵩焘、吴汝纶、熊元锷]，“犹在”的则是“陈太保、陈伯严、海盐张菊生”[陈宝琛、陈三立、张元济]：“其人虽皆各具新识，然皆游于旧法之中，行检一无可议。”接下来他说到一人：“至近世所谓新人物，虽声光灿然，徒党遍海内，如某某公者，吾心目之中，固未尝有一也。……老境侵寻，虽见理日深日明，只如昭陵茧纸，他日挟与俱去而已。”[③] “新人物”应该是指梁启超吧。

史学家吴其昌（红学家吴世昌之兄）曾在清华国学研究院从学于王国维、梁启超，也可以说是陈寅恪学生。他在1944年2月临终前不久应约撰《梁启超传》，仅完成上篇。陈寅恪在读了这本传记后，撰文对民国年间的国会政治做了一番评点。文章虽短，意义却非同一般。陈寅恪指出，梁启超《戊戌政变记》“不尽实录”，吴其昌的传记中关于戊戌变法部分多取材于梁的自叙，“犹有待于他日之考订增改”。可叹的是这一通病在陈寅恪写这些文字的时候也见于民国史籍，多年未能改正。陈寅恪又将晚清主张变法者分为郭嵩焘和康有为两类，前者“历验世务欲借镜西国以

① 《严复集》第3卷，第708页。

② 同上书，第715页。

③ 同上书，第684页。

变神州旧法”，后者“附会孔子改制以言变法”，他自己的祖父陈宝箴对郭嵩焘“极相倾服，许为孤忠闳识”，这是陈家（陈宝箴、陈三立）思想源流所在。但是，“自戊戌政变后十余年，而中国始开国会，其纷乱妄谬，为天下指笑，新会所尝目睹，亦助当政者发令而解散之矣。自新会殁，又十余年，中日战起。九县三精，飙回雾塞，而所谓民主政治之论，复甚嚣尘上。余少喜临川新法之新，而老同涑水迂叟之迂。盖验以人心之厚薄，民生之荣悴，则知五十年来，如车轮之逆转，似有合于所谓退化论之说者。是以论学论治，迥异时流，而迫于事势，噤不得发”。[①] 这段话写于“乙酉孟夏”，即1945年初夏（德国已投降），更使人心惊。陈寅恪所说也不尽与史实相合。梁启超确曾先后两次助当政者（袁世凯、段祺瑞）发令解散国会，但是也曾动员各地军阀（包括弟子蔡锷）为所谓的共和、国会发动内战、逼迫当政者（黎元洪）下令恢复之。陈寅恪恐怕已不记得，护国战争还是一场保卫“共和”、保卫旧国会的战争。真正与陈家传统稍近的，不是梁启超，而是严复。

发表于2017年第2期

① 陈寅恪：《读吴其昌撰梁启超传书后》，载《寒柳堂集》，三联书店，2009年，第166—168页。“临川”指王安石，“涑水迂叟”指司马光。

历史

历史认识驱动系统论纲

——兼论多角度研究历史

汪征鲁*

一

人类的任何活动，从根本上讲是由于社会中处于不同地位的人们的欲望、需求所决定的。认识是人的本性，也是人类重要的社会需求。人类有了解、认识“现在”，即了解现实世界与自身的欲望与需求，这是不争的事实。因为认识既是作为高等动物的人的生理、心理本能，又是作为社会的人的主观能动性的重要组成部分，它总是渗透到人的各层次、各种类的欲望、需求中去。人类要了解、认识“过去”的需求，是人类要了解、认识“现在”需求的延伸，也是认识深化的一种表现。对于后者我们也可以将之称为“历史欲”或“历史需求”。

人类的历史需求是随着人类物质文明的发展而不断发展的。从理论上讲，有了人类就有了人类的历史需求。但刚从动物界脱胎出来的早期人类，由于其物质文明发展的程度很低，其历史需求尚处在萌芽状态。只是随着人类智力的增强，精神状态的健全，语言的产生、丰富，社会活动的日益增多，人类的历史需求才逐步发展与健全起来。在原始社会，人类的历史需求的外化或表现形式往往是图腾崇拜、祖宗崇拜等等。这种崇拜实质上是对自身或自己民族、部落来源的一种追寻、一种虚幻的追寻。这也是一种寻根意识。这种寻根意识虽然只是一种原始的、初步的历史需求的表现，但它在人类社会发展的各个阶段始终存在，只是采取了更为进化的表现形式罢了。如在中国中世纪表现为十分普遍的修家谱、族谱的活动；如现在尚存的海外华人回唐山的寻根活动，美国黑人去非洲的寻根活动，等等。随着人类社会物质文明的发展，人类的历史需求也在发展，其表现为历史需求的范围扩大了，内容深化了。人们从寻根、怀旧，以及仅仅要求认识个人史、家庭史、家族史，发展

* 汪征鲁，福建师范大学历史系主任、教授、博士生导师。

到要求认识地区史、民族史、国别史，以至全人类的历史。

历史需求的另一个发展趋势为：从非功利主义的历史需求中派生出功利主义的历史需求，且在总的历史需求中后者的成分不断地增长。所谓非功利主义的历史需求系指在很大程度上是由人的心理、生理原因形成的，是自发的，不直接为现实的经济、政治利益服务的；而功利主义的历史需求，是由于人的社会性而形成的，是为现实的经济、政治利益服务的。应当说，人类最初的历史欲望、历史需求是自发的、非功利主义的，直到今天这种非功利主义的历史需求或非功利主义历史需求的因素在人们的历史需求中依然存在。如成年人渴望了解或追忆自己的童年或孩提时的情况，人们对历史文化遗迹的凭吊、怀古，等等，虽然其中也不能完全排除功利主义的因素，但其中存在着相当部分的非功利主义的因素则是显而易见的。历史需求中功利主义成分的增长，使历史认识日益成为认识世界、改造世界的方法与手段之一，使历史认识直接或间接地为经济、政治利益服务。非功利主义的历史需求，往往是个人的、微弱的，它难以广泛深入地研究历史，也难以直接成为改造世界的物质力量。而功利主义的历史需求，不仅仅是个人的，还往往表现为是社会的或社会集团的，故其是强大的，它可以促使从社会分工中产生出专门研究历史的职业，可以组织人力、物力较为广泛深入地研究历史，从而使历史为现实服务。这种功利主义的历史需求的外化可以表现为两个层次：其一为人们由于这种需求的推动去获得历史认识和历史知识，并组合到自己的知识结构中去，以便使自己具备一个合理的知识结构，从而强化自己认识世界、改造世界的能力；其二因某种现实的经济、政治利益而产生的历史需求，及由此而产生的为某种现实服务的历史认识，如中国封建社会的“借鉴史学”、中国现代社会出现的“历史研究为政治服务”，等等。

二

上面所讲的历史需求是人类历史认识产生与发展的根本原因。但从历史学上，从历史认识的具体过程加以考察，又表现为各种具体的推动力，并且从不同的层面加以驱动。它导致历史认识、历史学在某些国家、民族中发展得快一些，所达到的水平高一些，而在另一些国家、民族中发展得慢一些，所达到的水平稍低一些；即使在同一个国家、民族中，在有些历史阶段历史学成为显学，在有些历史阶段历史学就不那么受重视；在有些历史阶段历史学在学术上有实质性的进步，在有些历史阶段历史学在学术上走了弯路；等等。其具体原因可以从历史认识实践过程中的主体、中介系统、客体三个方面加以考察。这三个方面实质就是主、客体两个方面，因为中介是对立双方在统一体中共同介入的结果，而不是对立物之外的独立个体。

中介的功能与机制在于转化。这样，就主、客体两个方面而言，其中任何一个方面的变化和突破，都会引起历史认识的变化和突破。

在主、客体两方面，又以主体方面的原因更为重要。其又可分为价值观和方法两个层次。

价值观是历史认识之所以产生的一个更高层次的原因。历史认识的主体既可以是个人，又可以是社会集团，甚至国家。当主体的历史需求，从非功利主义向功利主义发展时，这种需求就日益受当时占主导地位的价值观的指导，这种需求就表现为不仅具有个人性，而且具有社会集团性、社会阶层性、社会阶级性，甚至国家性、民族性。这种价值观对个人而言仅仅是一种价值标准、价值取向，对社会集团、阶级、国家而言就不仅仅于此，还表现为一种政治性。价值观对历史认识有三个方面的作用：首先，价值观是促使历史需求不断由非功利主义向功利主义转化的根本原因；其次，它渗透到历史需求、历史认识结构、历史认识实践中去，从而在很大的程度上决定了历史认识对客体及客体范围之选择，并在根本上决定了历史认识中的价值评价标准；再次，这一价值观本身就意味着对历史认识、历史学的态度，或者重视，或者忽视，或者积极干预，或者消极影响。一个社会统治集团的价值观，每每就是占主导地位的价值观，也在很大程度上代表了国家的价值观。这种价值观也必然物化为政治力量、政治强制、国家政权力量、社会力量，等等，从而对历史认识、历史学的发展或者推动，或者阻碍的作用。具体表现形式十分复杂，既有物质方面的手段、措施，又有意识形态方面的手段、措施。其中包括国家的文化教育、科学、学术的方针、政策，历史学在一般教育中的比重与作用，官方的各级编史、治史机构的规模与机制，对民间编史、治史的政策，历史知识在各类知识分子，尤其国家官员知识结构中的地位与作用，历史经验教训对统治阶级指导思想的影响与作用，等等。

如同为封建社会，欧洲封建社会与中国封建社会的价值观念就有很大的不同，导致统治阶级、国家政权对历史认识、历史学的态度与作用也有所不同，从而在很大程度上决定了两个社会中各自的历史认识、历史学发展的形式、规模与水平。欧洲中世纪的主导价值观，是基督教神学观念。在这一观念指导下，所重视的是神的世界，而忽视了世俗世界，从而必然忽视了作为世俗世界的人类社会的历史。这样，史学沦为神学的奴婢。其历史认识与历史学的发展相对来说都是十分落后的。中国封建社会则不同，其占主导地位的价值观是以忠、孝为核心的封建主义伦理道德观念。这种伦理道德观念是社会的也是历史的。于是，中国封建社会的统治者以至封建国家大力推动历史认识、历史学。一方面用封建伦理观来指导历史认识、历史学，另一方面又用历史认识、历史学来提炼、深化或佐证、诠释封建伦理观念。这样，中国封建社会的历史学成为显学，历史学也发展到一个相当高的水平。其具体表现为，中国封建社会有一以贯之的官方治史机构与累世不间断的官修正史，著名的二十四史即其证；私人修史、治史之风亦经久不衰；在中国文化中，历史学蔚为显学并成为文化教育的主要内容之一；统治阶级注意将封建历史学为现实服务，即以史为鉴；中国传统的历史认识、历史学在表现形式、内容的深度与广度、史学思想、史学方法等等方面，都是当时世界第一流的。

当然，并不是说价值观念及其外化的政治力量、国家力量、社会力量愈重视、倡导、推动历史认识、历史学，它就发展得愈好。这里还有一个价值观的性质、推动的“度”的问题。如果这一价值观是消极的、没落的，或价值观没有问题而推动中超出了度，历史认识、历史学都会畸形发展，对整个社会未必见得有利，甚至有害。在所谓的“文化大革命”中出现的“影射史学”即其例。因此，政治力量、国家力量、社会力量对历史认识、历史学最佳推动在于，以具有进步意义的价值观为取向、指导，使历史认识与历史学与其他学科及它们的经济基础均按比例、适度、协调地共同发展。

历史认识的方法较之价值观为低一个层次的原因。它包括了主体的认识能力、认识结构、主体所凭借的一切物质性或意识形态性的认识手段。当然后者最终也都包括在人的认识能力之中。道理很简单，历史认识主体的认识能力提高了，其对历史认识客体的表象、本质以及潜藏的信息也就具有了更深刻的洞察力与思维能力，当然也就能更真实、合理，也就是更科学地认识历史本身。人的认识能力的提高固然有多方面的因素，但最敏感、最明显的却表现为科学理论与科学方法的产生与运用。在我国史学发展史上，清代考据方法的发展与运用，近代资产阶级进化论与因果方法的引进与运用，特别是二十世纪三四十年代马克思主义方法的引进与运用，以及今天现代自然科学方法和电脑的产生与运用，都不同程度地提高了当时历史学家、史学工作者的历史认识能力，从而促进了历史认识与历史科学的发展，尤其是促进了其中学术性和科学性的进步与发展。

客体方面的原因虽次于主体方面的原因，但也很重要。历史认识的客体主要指史料。史料来自或者代表了历史客观存在，或者传递了业已逝去的历史方面的信息。因此新的史料的发现为历史研究提供了新的对象、内容、信息，无疑会促使历史认识、历史学的发展。实际情况正是如此。从我国近、现代史学史上考察，每一次新的史料的发现都促进了相应领域的历史认识、历史学的发展，甚至由此产生了新的历史学科分支。如近一个世纪以来，大量原始文化遗存的发现，使中国原始社会的研究从无到有；甲骨文的发现，使殷商历史从传说变为信史；敦煌文书、吐鲁番文书的发现，极大地推动了我国两汉史、魏晋南北朝史、隋唐史以及中国文化史的认识与研究，并形成敦煌学；各地秦汉竹简的发现，极大地推动了秦汉史的认识与研究；等等。

总之，人的历史需求以及这一需求在量与质上的不断发展、提高，是历史认识与历史学产生、发展的根本动力。而这种根本动力，又必然转化为具体的两个方面三个层次的制约力与驱动力，从而具体制约、驱动了历史认识与历史学的发展。以上这一结构与机制构成了历史认识的驱动系统。

三

驱动历史认识发展也可以用促使多角度地研究历史来表述或概括。抽象地考察，历史认识与历史学似以一种周期性的三段式，周而复始地螺旋式向上发展。这种三段式即为观点的创新与繁荣，进而方法的创新与繁荣，进而思维定式的改变。

最初阶段是观点的创新与繁荣。如建国十七年来的史学，在价值观、方法相对稳定的基础上，能创新与繁荣的仅仅是具体问题、特殊问题的观点。其集中表现为对若干历史问题的大讨论。这些问题主要有亚细亚生产方式的问题、中国古史分期的问题、封建土地所有制性质的问题、农民战争问题、汉民族形成的问题、资本主义萌芽的问题，等等。各问题的讨论就是在同一价值观、同一方法下的不同观点之争。仅中国古史分期问题，就有西周封建说、春秋封建说、战国封建说、秦统一封建说、西汉封建说、东汉封建说、魏晋封建说、东晋封建说，等等。这种观点的繁荣也是在价值观、方法大致相同的情况下变换角度看问题的结果。

稍高阶段是方法的创新与繁荣。在当前这一历史阶段，史学发展在很大程度上表现为方法的繁荣与发展。这种繁荣是以极“左”思潮被纠正，改革开放，自然科学界知识大爆炸，新的理论、新的方法层出不穷为前提的。新的方法似有：量化研究的方法、系统的方法、结构分析的方法、模糊的方法、多学科的方法以及电脑的运用，等等。当然新的方法的运用必然导致用新的角度（不仅仅是变换角度）、新的层面看问题，也就是多角度、多层面、多学科地看问题。这必然导致更多的、更新的观点产生。

最高层次是思维定式的改变。这里所谓的思维定式有两层意思：其一为思维的方向、范围，即思维的倾向和空间；其二为思维的形式，其中又包括思维过程的特点和思维结果的形式。如在中国封建社会，历史思维的方向与空间偏重于政治史；历史思维的表达形式是文言文的纪事体史书、编年体史书、纪事本末体史书、政书，等等。在极“左”思潮下，历史思维的方向与空间偏重于阶级斗争；历史思维的表达形式是白话文的通史、断代史、论文集及其他形式的著作。而今天，历史思维的方向与空间也许偏重于经济史、科技史，历史思维的表达形式有文字的书籍，也有录音带、电影、光盘等音像制品。思维定式的改变在很大程度上是建立在价值观改变的基础上的。这一改变，每每表现为大的历史视角的转移，即使我们注意到过去忽略的甚至完全没有注意到的领域；每每表现为用新的方式、方法来表现历史。应当说，思维定式的改变，使人们得以更大幅度地多角度、多层次、多学科地研究历史，其必然也就会产生更多的新观点、新内容、新理论、新史学。

当然，这里所说的观点、方法、思维定式之三段式的周期性发展是指一般的、大的趋势而言。在具体的发展过程中，三者既有总的发展顺序与趋势，又相互渗透。即在观点的创新与繁荣中，蕴含着方法的创新与丰富；在方法的创新与繁荣中，也蕴含了不同程度的思维定式的转换；等等。这些又可以理解为，都是以不同的幅度、不同的性质多角度、多层次、多学科地研究历史。

发表于1994年第4期

《万历十五年》对李贽著作的误读

潘叔明　许苏民*

原哈佛大学教授、《剑桥中国明代史》撰稿人之一、已故美国历史学家黄仁宇先生以其《万历十五年》一书蜚声海内外学界。此书问世后，被译成多种文字，20世纪80年代初更被译为中文，成为学术著作中极为罕见的畅销书。赞誉之词见于从《读书》杂志到通俗期刊报纸等各种出版物。以笔者之视域，仅见过一篇说黄仁宇的所谓“大历史观”其实也是卑之无甚高论的短文，至今未见有辨析《万历十五年》一书史实错误（“硬伤”）的专文。

西方和日本研究中国历史文化的学者，大都比较注重语言文字之辨析和史料证据的确凿可靠，中国学者即使偶有古书断句失误者，也会引来他们的一片讪笑。这固然有助于我们确立更加严谨的治学态度。然而，从总体上看，我们认为，在多数情况下，研究中国学问毕竟还是中国学者更有发言权，外国学者，即使是在海外学界享有盛誉的华裔外国学者，恐怕也会因文化氛围的隔膜和汉学功底等原因而发生许多对中国古典的误读。这误读，不仅间或有对中国古典的望文生义，也间或包括对史料各取所需、搞“六经注我”及据孤证以立论等。本文仅就黄仁宇先生《万历十五年》一书对李贽著作的误读择要举证辨析。

1. 关于李贽对海瑞的评论

黄仁宇先生在《万历十五年》一书中，论及李贽对海瑞的评论，说：“他尊重海瑞，但是也指出海瑞过分拘泥于传统的道德，只是‘万年青草’，‘可以傲霜雪而不可以任栋梁者’。”①

以上这段文字所引用的李贽的话，见《焚书》卷四《八物》篇，但黄仁宇先生却把李贽的意思理解反了。李贽的原意是说，海瑞是栋梁之材而非万年青草。这既

---

* 潘叔明，福建社科院哲学研究所研究员；许苏民，湖北社科院哲学研究所研究员。

① 黄仁宇：《万历十五年》，中华书局，1982年，第226页。

可以从审读《八物》篇原文来证明，还可以从李贽论及海瑞的其他言论来证明。

《八物》篇是一段专论古今人物的文字，以八物来比拟八种不同类型的人才。李贽是把海瑞列在“杉松栝柏”一类中来加以论述的，试看原文：

> 夫青松翠柏，在在常有。经历岁时，栋梁遂就。噫！安可以其常有而忽之！与果木斗春，则花不如；与草木斗秋，则实不如。吁！安可以其不如而易之！世有清节之士，可以傲霜雪而不可任栋梁者，如世之万年青草，何其滔滔也。吁！又安可以其滔滔而拟之！此海刚峰之徒也，是亦一物也。[①]

对于这段文字，若走马观花看去，很可能就会得出李贽认为海瑞是“万年青草”而非“栋梁之才”的结论；但细细咀嚼文句，就可以看出，“栋梁之才”恰恰指的是“海刚峰之徒”。这段文字分四个层次：从“夫青松翠柏”到“安可以其常有而忽之”，是第一个层次；再到“安可以其不如而易之”，是第二个层次；再到“又安可以其滔滔而拟之”，是第三个层次，这三个层次的最后一个“之”字都是指首句的“青松翠柏”。最后展开第四个层次“此海刚峰之徒也是亦一物也”作结语，与上句的最后一个“之”字的含义相衔接，又与首句“夫青松翠柏”呈首尾玄合之势。一气呵成。可见“海刚峰之徒”为“青松翠柏”无疑。

如果这样分析还不够有力，请看与《八物》篇同时编入《焚书》的《寄答耿太中丞》一文，文章批评道学家“终日言扶世，而未尝扶一时”，接着就赞扬海瑞道：“吾谓欲得扶世，须如海刚峰之悯世，方可真扶世人也。”[②] 他认为，海瑞有扶世之实而并不讲那些自我标榜的扶世之言，但世人未尝不以扶世之实归之。扶世者，栋梁之才也。

如果说这一证据仍然不够有力，那就再请看李贽《续藏书》中的海瑞传记。这篇传记详叙了海瑞在江南打击官绅豪右、反对官僚特权的事迹：“自是士大夫名贪暴者，多窜迹远郡以避，小民始忻忻有更生之望也。”赞扬海瑞如何得到人民的拥护：“至今小民得保守田业，相率绘公像而尸祝之，比比也。”不仅如此，李贽更为海瑞不得朝廷重用而大鸣不平。海瑞罢官十几年后，万历皇帝本想召他进京委以有实权的官职，但却遭到朝中权势者的阻挠，对此，李贽加了两个字的批语：“可恨！”[③] 海瑞被连升三级为南京都御史，天下正派人“举手相庆”，而朝中的“小人之不便者”则纷纷上书皇帝，对海瑞“诋之甚力”。对此，李贽又写了一句评语，斥之为“真小

---

① 李贽：《焚书》，中华书局，1975年，第162页。

② 同上书，第44页。

③ 李贽：《续藏书》，中华书局，1959年，第472—473页。

人之见”[①]。以上所论所许不在“傲霜雪”，而在“任栋梁”。如果李贽认为海瑞是不可以任栋梁者，还能如此为海瑞讲话吗？

2. 关于李贽对蔡文姬的评说

黄仁宇在《万历十五年》第七章注释中说：“李贽赞扬寡妇守节……相反，对于蔡琰，则称其‘流离鄙贱，朝汉暮羌，虽绝世才学，亦何足道。”[②]

以上黄仁宇所引证的话，纯属断章取义。李贽《书〈胡笳十八拍〉后》的原文如下：

> 此皆蔡伯喈之女所作也。流离鄙贱，朝汉暮羌，虽绝世才学，亦何足道！余故……详录以示学者，见生世之苦如此，欲无入而不自得焉，虽圣人亦必不能云耳。读之令人悲叹哀作，五内欲裂，况身亲为之哉！际此时，唯有一死快当，然而曰“薄志节兮念死难”，则亦真情矣。故惟圣人乃能处死，不以必死劝人。我愿学者再三吟哦，则朝闻夕死，何谓其不可也乎哉？[③]

这篇文章的风格，十分像李贽的另一篇有名的驳论，题为《答以女子学道为见短书》，文章一开始就说：“昨闻大教，谓妇人见短，不堪学道。诚然哉！诚然哉！”这连续两个“诚然哉”说得多么有力，仿佛李贽真的是认为“妇人见短，不堪学道”的。可是，李贽笔锋一转，以下的话几乎全是驳斥以女子学道为见短之论的。李贽写驳论，往往采用这种手法，即开头故作同意世俗的看法，然后再阐明自己的看法，将世俗的看法推倒。《书〈胡笳十八拍〉后》一文也是如此。黄仁宇先生引证的是该文前面的话是李贽论敌的观点，而“余故详录以示学者”以下才是李贽的观点。

在这篇文章中，李贽为了推倒道学家对蔡文姬的诋毁，要人们好好读一读蔡文姬的《胡笳十八拍》，设身处地想一想，倘若自己处于蔡文姬那种在战乱中颠沛流离的痛苦境地，能否做到“无入而不自得”？李贽的结论是：“虽圣人亦不能。”尽管身在此境中，真使人感到活着还不如死去，然而，蔡文姬说“薄志节兮念死难”，恰恰是人的生之不易而死更难的真情流露。在李贽看来，处在此境中的圣人尽可以去死，但不能教别人也去死，因为“以必死劝人”是反人性的。文章的最后一句尤具深意：李贽认为反复吟诵《胡笳十八拍》亦可使人“闻道”，使人产生“朝闻道，夕死可矣”的感受。这更是对蔡文姬及其反映真情的文学杰作的无上赞美了，从而驳倒了那种认为蔡文姬“虽绝世才学亦何足道”的谬论。

---

① 李贽：《续藏书》，中华书局，1959年，第472—473页。

② 黄仁宇：《万历十五年》，第242页。

③ 李贽：《续焚书》，第95页。

黄仁宇先生把李贽的论敌的观点当作李贽的观点来引用，其立论的可靠性也就大可怀疑了。

3. 关于所谓“李贽赞扬寡妇的守节”

黄仁宇在《万历十五年》中说：“李贽不可能从根本上放弃以伦理道德为标准的历史观，因此自相矛盾的言论随时会在他的笔下出现。比如他赞成寡妇守节殉夫，但对卓文君的私奔，又说是‘归凤求凰，安可诬也’。”① 他说“李贽对寡妇的守节，其褒扬仍然不遗余力。”② 李贽是否从“从根本”上放弃以伦理道德为标准的历史观姑置不论，但至少在“节烈”的问题上，黄仁宇的证据和立论都是不可靠的。事实是，李贽在肯定寡妇再嫁、为爱情而私奔的合理性的同时，也肯定了妇女为爱情、为捍卫独立人格、为反抗强暴而“节”而“烈”有其道德价值的合理性，二者并不矛盾：“节”是以爱情为基础的“节”，与改嫁、私奔同一基础；“烈”是捍卫独立人格的“烈”，与改嫁、私奔同为个人的自主选择。

如黄仁宇先生所说，李贽在《藏书》中确实表彰了三位节烈的妇女。然而，历史上节烈的妇女不知有多少，为什么偏偏只有这三位才配选入其史学著作呢？这是不能不加以考察的。

第一位是东汉末年皇甫规的妻子。她是一位工草书、善文章的才女。皇甫规死时，她正处盛年，容色甚美。权倾朝野的董卓诱以钱财，她不为所动；董卓令恶奴持刀将她团团围住，她宁死不惧，并痛斥董卓“毒害天下”；又被施以鞭刑，仍不肯屈服，最后被活活打死。历史上不乏跪倒在独夫民贼脚下的儒家“大丈夫”，可中国居然还有这样有独立人格的女子，难道还不值得表彰吗？

第二位是晋朝阴瑜之妻荀采。她丧夫后，被强迫改嫁，但她对亡夫依然一往情深，宁死不从。这是一位以死抗拒逼婚的女子，对于她不肯嫁的人，虽父母之命亦不从。李贽是主张女子应“自择佳偶”的，荀采敢于抗婚，宁死也不肯丧失自己的独立人格，难道不值得表彰吗？

第三位是南宋大臣谢坊得的妻子李氏。元灭宋后，谢坊得被捕，李氏携子隐匿福建山中，元军扬言不抓到李氏就要把当地人杀光。李氏为保护当地民众，慨然出而就俘。押解到南京后，元朝统治者要把李氏“没入”作官妓，李氏遂自杀于狱中。这是一位在国破家亡的情况下舍己保护当地民众，且宁死不肯受辱的女子，比起满朝的降官降将，尤其是道学家来，又不知高尚多少倍。李贽表彰她，又何错之有？

---

① 黄仁宇：《万历十五年》，第 232 页。

② 同上书，第 227 页。

黄仁宇先生根据李贽表彰了这三位节烈的妇女，就不作具体分析地说他赞成寡妇守节殉夫，实在不能成立。即使是主张恋爱自由、婚姻自主的“五四”学者，在批判旧礼教的节烈观的同时，对于不畏强暴反抗逼婚的女子、对于敢于捍卫独立人格而宁死不肯受辱的女子，也是加以肯定的。我们不否认李贽思想中有自相矛盾的因素，但矛盾不表现在这一点上。

4. 关于李贽的思想性格

黄仁宇先生在《万历十五年》第七章《李贽——自相冲突的哲学家》开篇就说：“李贽并不缺乏勇气，但是通常来说，这样的类型的作家如果发现了崇高的真理而愿意为之牺牲自己，他的文字中间就会表现一种燃烧性的自我满足和欣快。这些特点不能在李贽的著作中见到。”① 其立论的唯一依据，就是李贽在给侍郎周思敬的信中的第一段话的前几句：“今年不死，明年不死，年年等死，等不出死，反等出祸。然而祸来又不即来，等死又不即死，真令人叹尘世之苦海难逃也。可如何！”②

黄仁宇先生对这几句话的引证又是明显的断章取义，他舍弃了紧接这几句话后面的“但书”。在这几句话后面，李贽写道：

> 但等死之人身心俱灭，筋骨已冷，虽未死，即同死人矣。若等祸者，志虑益精，德行益峻，磨之愈加而愈不可磷，涅之愈甚而愈不可淄也，是吾福也。③

他以等祸为福，进而讲到以礼佛为受福，以“撙节刻厉，昼夜读书，期与古先圣哲合德”为销福。于是又意气激昂地写道：“夫既以此受福，又以此销福，则祸来又何必避，苦海又安得不是我老者极乐之处耶！”④ 黄仁宇先生引的几句话，给我们以一个消极悲观惧祸、一心要逃离尘世苦海的李贽形象；而通读全篇，我们看到的却是一个看破生死、不惧患祸、以苦海为乐地、撙节刻厉、治学不辍的李贽形象。人的心理是复杂的，消极的和积极的因素都可以同时存在于一个人的心中，李贽的可贵之处正在于他能以积极的因素去战胜、否定消极的因素。

据于孤证以立论是治学之大忌，就一篇通信来论李贽的性格，无论是断章取义，还是顾及全篇，都是孤证。所以，要证明李贽并不像黄仁宇先生所说的那样缺乏激情和自我牺牲精神，还得借助更多的证据。这证据是大量存在的。略举数例：

第一，万历十二年（1584年），李贽作《何心隐论》。在这篇文章中，李贽认为，看破生死的最高境界是“为道而死”，这“道”，不是杀害何心隐的专制统治者所尊

① 黄仁宇：《万历十五年》，第242页。

② 同上书，第204页。

③ 李贽：《续焚书》，第11页。

④ 同上书，第11页。

奉的所谓道，而是为何心隐鸣不平的人民大众心中的道："斯道之在人心，真如日月星辰，不可盖覆矣！"他赞扬何心隐以身殉道，其死之重，"岂直泰山氏之比哉"[①]！

第二，李贽的以身殉道的观念是与追求个体声名不朽的观念联系在一起的。万历二十二年（1594年），他对汪本钶说："丈夫生天地间，若令当世无功，万世无名，……不如死矣。"[②] 万历二十五年（1597年），汪本钶问他："先生末后一著如何？"李贽回答："吾当蒙利益于不知我者，得荣死诏狱，可以成就此生。"接着又鼓掌大笑道："那时名满天下，快活，快活！"[③] 联系他在《何心隐论》中所阐发的观点，可以说李贽之所以选择以身殉道，就在于他看到了"斯道之在人心"，只有以身去殉广大民众心中的"道"，才能"名满天下"，才能有万古之名。以身殉道虽然是自我牺牲，但同时又是最大的自我实现。

第三，万历二十七年（1599年）春，李贽在与焦竑从北京南返的舟中，写下了《老人行叙》一文。一方面，他说《老人行》"实则穷途哭也，虽欲不谓之徒不可矣"；但另一方面，他又写道："虽然，百世以下，倘有见是书而出涕者，坚其志无忧群魔，强其骨无惧患害，始终不惑，圣域立跻，如肇法师所谓'将头临白刃，一似斩春风'，吾夫子所谓'杀身以成仁'者，则所著之书犹能感通于百世之下，未可知也。则此老行也，亦岂可谓之徒然也乎哉！"[④] 在这里，我们所看到的正是黄仁宇先生没有看到的燃烧性的自我满足和欣快，一种自认为发现了崇高的真理而愿意为之牺牲自己的情怀。在这里，对于未来的乐观战胜了穷途之哭的悲观，对于"百世以下"的希望战胜了对于当下的绝望。这才是李贽的真精神！

5. 关于李贽思想的人民性问题

黄仁宇先生在《万历十五年》一书中说："少数的评论者，竟说李贽站到了下层民众的立场上，批判了剥削农民的地主阶级。这种论调自然更属于无稽。他在1580年离开姚安知府的职务以后，一直倚靠朋友中地主绅士的周济以维持生活，而他从也不觉得接受这些周济有任何不妥。这个社会容许他不耕而食，但是他从来没有提出应当改组。"[⑤]

这段话似乎比我国二十世纪五六十年代的学者更强调阶级分析，强调到了似乎历史上任何不耕而食的人都不可能为下层民众讲话的地步，这不合乎大量的历史事实。诚然，

---

① 李贽：《续焚书》，第60页。

② 汪本钶：《哭李卓吾先师告文》。

③ 同上。

④ 李贽：《续焚书》，第60页。

⑤ 黄仁宇：《万历十五年》，第204页。

在当时的历史条件下，李贽不可能明确提出变革占统治地位的生产关系的要求，但他也像历史上的许多有良知的学者一样，决不因食朝廷的俸禄或靠地主、绅主周济维持生活而对民众的疾苦漠不关心。除了众所周知的事实，如李贽批评“存天理、灭人欲”的说教，鼓吹“穿衣吃饭即是人伦物理”，称赞“力田者”“做生意者”的道德品质比道学家高尚，认为“民情之所欲”为“善”、“非民情之所欲”为“恶”，反对以礼法的“条教禁约”压迫民众等等以外，特别值得注意的，是李贽与晚明中国社会新兴的商业阶层的关系。他对商人，包括冲破海禁航海经商的商人，表示了深切的同情，为他们争地位，替他们鸣不平。他驳斥轻视和贬低商人的传统观念，指出：“且商贾亦何鄙之有？挟数万之资，经风涛之险，受辱于关吏，忍诟于市易，辛勤万状，所挟者重，所得者末。”更有甚者，商人“必交结于卿大夫之门，然后可以受其利而远其害”。[①]

他独具只眼地看到了官商勾结的责任不在商，而在于官，在于阻碍、束缚甚至摧残萌芽中的市场经济生长的专制官僚政治体制，因为不管商人在官商勾结中扮演着主动的还是被动的角色，商人在身份上总是处于被压迫的地位，“安能傲然而坐于公卿大夫之上哉”![②] 他更通过对中国士阶层中“圣人”与“山人”两种人格的剖析，得出了士不如商的结论，认为商贾以勤劳谋利是正当的，而今天“圣人”和“山人”以欺世盗名为手段、以获利为目的则是“可鄙”的，既以获利为目的，却还要标榜道德和清高则“尤可鄙”。[③] 对于专制官僚政治的批判，更是不遗余力，一句“今之从政者只是一个无耻”[④]，将专制官僚政治反道德的本质揭露得淋漓尽致。

与此同时，也不能说李贽全无新的社会理想。他的社会理想是：“各从所好，各骋所长”；[⑤]“天下之民，各遂其生，各获所愿”；[⑥]“就其力之所能为，与心之所欲为，势之所必为者听之，则千万其人者，各得其千万人之心，千万其心者各遂千万人之欲。是谓物各付物，天地之所以因材而笃也，所谓万物并育而不相害也”。[⑦] 这似乎是一幅个性解放、自由竞争的社会图景。与传统儒家设计的各安其等级名分的社会图景迥异。他盛赞中国古代大商人的“致富之才”“强忍之力”“趋时之识”[⑧] 等等，联系到他的社会理想，似乎可以说他已经有了一种推动中国社会形成自由竞争

① 李贽：《焚书》，北京：中华书局1975年版，第44页。

② 同上书，第49页。

③ 同上。

④ 李贽：《四书评》，上海人民出版社，1975年，第114页。

⑤ 李贽：《焚书》，第17页。

⑥ 《李氏文集》卷宗一九《明灯道古录》卷下。

⑦ 同上。

⑧ 《李氏文集》卷宗一九《明灯道古录》卷下。

的商业社会新秩序的朦胧的历史自觉。同时这种历史自觉，也定会有其四民本末流变的社会基础以为详尽的寻绎。

黄仁宇先生专攻晚明史，自当全面研读李贽的著作和相关的史料，为什么竟会产生以上误读的情形、置大量不利于他的立论和史料于不顾呢？之所以如此，是因为他与海内外很多学者一样，有一种根深蒂固的先入之见，即：像中国这样的社会，根本不可能产生任何新经济、新思想的萌芽，只能在外力作用下“被现代化”。这种偏见支配了他对史料的取舍。以黄仁宇先生的失误为鉴戒，坚持史学研究的科学性原则，方能如实恢复李贽思想的本来面目。

发表于2000年第5期

终结盲目批判科举的时代

刘海峰*

在人类创造的各种制度中，有的在创制之初轰轰烈烈，并被人们广为称颂，但时间一久便烟消云散，在历史上很少留下痕迹；有的制度在建立之初并不引人注目，在其存在期间也不断被人批评，但却有顽强的生命力，甚至在退出历史舞台后还常常为人们所提起。科举制便属于后者。身处科举时代的人对科举观察得虽很细致，但却不一定很全面，“不识庐山真面目，只缘身在此山中”。当时空距离拉开之后，尤其是与其他参照系进行比较之后，反而可以看得更清楚。

自光绪三十一年八月四日（1905 年 9 月 2 日），清朝政府发表上谕宣布停废科举，至今已整整一个世纪了。科举制的停废，终结了 1300 年尊崇科举的时代。此后的 100 年，总体而言，中国进入了一个盲目批判科举的时代。在科举制百年祭的今天，回顾 1400 年间科举评价的沧桑巨变，反思科举制的千秋功罪，我认为，有必要终结盲目批判科举的时代，中国应该进入一个理性评价科举、重新认识科举的时代。

一、尊崇科举的时代

科举时代是指实行科举考试制度、社会高度重视科举、科举具有重要影响的时代。中国从隋唐到明清 1300 年间，虽然科举在社会上的重要性略有不同，但总体而言，都属于科举时代。可以这么说，所谓科举时代，也就是实行科举、尊崇科举的时代。

隋炀帝于大业元年（605 年）创建了进士科，虽然因国祚短促，进士科的影响还未充分显露，但标志着科举时代的开始。到唐代，科举制进入迅速发展时期。“朝廷将裨教化，广设科场。”① 自唐太宗以后，进士科在人们的心目中地位尊崇，所以士

* 刘海峰，厦门大学高等教育发展研究中心教授、博士生导师。

① 裴廷裕：《东观奏记》卷中。

人趋之若鹜，“缙绅虽位极人臣，不由进士者，终不为美，以至岁贡常不减八九百人。其推重谓之‘白衣公卿’，又曰‘一品白衫’”。① 受科举考试发展的内在动力的推动，科举考试内容日渐丰富，考试条规趋于繁密，科举在社会上真正占有了重要地位。

从唐中宗神龙（705年—707年）以后，还形成了曲江宴会、杏园探花、雁塔题名等科第风尚。当新科进士泛舟于曲江之上宴饮之时，请宫中教坊派乐队演奏助兴，长安城士女百姓争相观看，万人空巷，有时皇帝也登临曲江南岸的楼台观看，成为唐代京城的一大景观。这种风尚到唐玄宗时期更是盛行，也从一个侧面体现科举时代人们对科名的重视程度。唐代进士科竞争相当激烈，一旦及第，就是一件十分荣耀风光的大喜事，有如鲤鱼跃龙门，故云“一登龙门，则身份十倍”。② 新科进士甚至被形容为头上有“七尺焰光”。③ 晚唐时期，朝野进一步重视进士科，“朝廷设文学之科，以求髦俊，台阁清选，莫不由兹”。④

宋代科举在社会上的地位十分崇高，状元登第仪式风光无比，甚至有领兵数十万恢复幽州蓟州、班师凯旋都不可与状元相比的说法。《儒林公议》卷上说：“每殿庭胪传第一，则公卿以下，无不耸观，虽至尊亦注视焉。自崇政殿出东华门，传呼甚宠。观者拥塞通衢，人摩肩不可过，锦鞯绣毂，角逐争先。至有登屋下瞰者，庶士倾羡，欢动都邑。”士子一旦及第登科，意味着十年寒窗生涯到了终端，从此进入一个全新的人生发展阶段。与现代社会职业多样化不同，在实行官本位体制的中国古代，科举是读书人出人头地实现人生抱负、施展才华的唯一途径，造成整个社会高度重视科举，出现“千军万马争过独木桥”的情况。南宋科举影响到社会的方方面面。洪迈《容斋随笔》中记载了当时流传的得意、失意诗两首：“旧传有诗四句夸世人得意者云：‘久旱逢甘雨，他乡见故知，洞房花烛夜，金榜题名时。’好事者续以失意诗四句曰：‘寡妇携儿泣，将军被敌擒，失恩宫女面，下第举人心。’此二诗，可喜可悲之状极矣。”⑤ 金榜题名与应举落第成为人生四大快事与悲事之一，足见科举在宋代社会影响之广泛。

元代科举所取人数虽然不很多，但进士的素质也很高，故《元史·选举志》说

---

① 王定保：《唐摭言》卷1《散序进士》。

② 《全唐文》卷348李白《与韩荆州书》。

③ 封演：《封氏闻见记》卷3《贡举》。

④ 《唐会要》卷76《进士》。

⑤ 洪迈：《容斋四笔》卷8《得意失意诗》。

“科举取士，得人为盛焉”[①]，元代民间也有“国朝入仕之门，莫尚进士科”[②] 的说法。

明代则是一个高度崇重科举的朝代。明太祖洪武三年（1370）诏说：“自今年八月始，特设科举，务取经明行修、博通古今、名实相称者。朕将亲策于廷，第其高下而任之以官。使中外文臣皆由科举而进，非科举者毋得与官。”[③] 明清时期，科举发展得相当完备，政府对科举的推崇达到了无以复加的程度，社会对科举的重视也几近于顶礼膜拜的地步。明太宗时，已将考取进士视为“国家取人才第一要路”。[④] 史载：“明制，科目为盛，卿相皆由此出。”[⑤] 科举考试影响无孔不入，正如明末清初在中国居住过 22 年的葡萄牙人曾德昭（Alvaroz Semedo）所说的：“这些科举考试构成了国家最重要的事务，因为它事关权位、声望、荣誉及财富。它们是大家关切地注意的目标，是大家关怀备至、魂系梦萦的事物。”[⑥]

读书应举是科举时代绝大多数知识分子仕宦的必由之路，因而科举成为当时人文活动的首要内容和士人发展的首要步骤。吴敬梓在《儒林外史》第十七回中借人物之口说：“读书毕竟中进士是个了局。”第十五回中则说：“人生世上，除了这事，就没有第二件可以出头。不要说算命、拆字是下等，就是教馆、作幕，都不是个了局。只是有本事进了学，中了举人、进士，即刻就荣宗耀祖。”中举及第不仅意味着人生际遇的转折，而且可以光耀门楣。有的西方人认为，就是古代希腊奥林匹克的得胜者也不及在北京殿试及第者来得荣耀。[⑦] 彭元瑞在《录遗告子》中说：“科举一道，得失颇重，不特功名之路，抑且颜面所关。”[⑧]《二刻拍案惊奇》中载有《女秀才移花接木》的故事，其中谈到社会上重视进士的情况，并说“世间情面，哪有不让缙绅的?”《警世通言》第十八卷和《今古奇观》第二十一卷《老门生三世报恩》中则说：“如今是个科目的世界，假如孔夫子不得科第，谁说他胸中才学?”

---

① 《元史》卷 81《选举志》。

② 杨维桢：《东维子文集》卷 3《送曹汝嘉漕掾秩满序》。

③ 《明史》卷 70《选举志》。

④ 《明太宗实录》卷 28。

⑤ 《明史》卷 69《选举志》。

⑥ 曾德昭 1667 年在里昂出版的法文著作《分成三个部分的中国通史》第 8 章，第 61 页。转引自 Ruth Hayheo and Marianne Bastided，China's Education and the Industrialized World：Studies In Cultural Transfer. N. Y. ：ME. Sharp，Inc.，1987，p. 24.

⑦ Paul F. Cressey，The in fluence of the Literary Examination System on the Development of Chinese Civilization. American Journal of Sociology，Vol. 32，No. 2，September，1929，pp. 250—262.

⑧ 彭元瑞：《明斋小识》卷 7《录遗告子》。

科名为社会所崇尚，流风所及，甚至还形成了榜下择婿的习俗。唐代进士放榜之后，“曲江之宴，行市罗列，长安几于半空。公卿家率以其日拣选东床，车马填塞，莫可殚述”。[①] 由于科举制的兴起，在人们的择偶观念中，郎才女貌比门当户对更重要，而所谓才，主要是指能考中科举的文才。宋代女子择偶，最重进士及第，乃至盛行“榜下捉婿”的风尚。“本朝贵人家选婿于科场年，择过省试人，不问阴阳吉凶及其家世，谓之榜下捉婿。……近岁富商庸俗与厚藏者家女，亦于榜下捉婿，厚捉钱于饵士人，使之俯就”。[②] 这种婚姻重科第的习俗到清代还普遍存在，并有所发展。在有些地区，甚至认为与新秀才接触都会给女子带来好运，据《清稗类钞》载：“科举时代，江苏之常州各属院试，必于江阴，凡赁庑者，一衿既青，门前屋角，必有妇女于暗中牵襟弄裾，名曰摸秀，谓可得佳婿，兆宜男。又或于院试奖赏之日，小家新妇联袂出游，故与新秀才摩肩而过，谓曰轧秀。”[③] 连与新进秀才触碰都能带来福气，说明科第在人们心目中是多么的美妙。

总之，到明清时期，科举考试影响重大而深远，几乎到无所不在、无远弗届的程度。只是物极必反，清代科举也盛极而衰。到 19 世纪末 20 世纪初，中国社会面临“数千年未有之大变局”，在东西方列强的坚船利炮和强势文化的冲击之下，科举制生存的社会文化根基发生动摇，终于在 1905 年走到穷途末路，结束了 1300 年的科举时代。

二、将科举妖魔化的时代

在 1905 年废科举前夕，许多进步人士已批判过科举制，特别是激烈地抨击八股文这种科举考试文体，康有为甚至认为清末割地赔款都是八股之过。可以说，清末以来批判科举制的矛头基本上都是对准八股文的，是八股文拖累了整个科举制度。邓嗣禹便认为清末废科举之原因，一为八股文之反动，二为外患之刺激。[④] 尽管在 1901 年以后，八股文已先被废去，但人们对科举制的坏印象已经形成，向近代文官考试制度转型的努力还未实现，科举制便已被彻底废去，以至于很少有人知道中国科举史上最后两科的考试内容已和现代文官考试或公务员考试基本相同；以致人们一提起科举，就想到八股文，就觉得科举是一个坏东西。

废科举后的 100 年，大体上可以说是将科举制妖魔化的时代。由于已经形成了

---

① 王定保：《唐摭言》卷 3《散序》。

② 朱彧：《萍州可谈》卷 1。

③ 徐珂：《清稗类钞》迷信类“摸秀轧秀之得婿宜男”条。

④ 邓嗣禹：《中国考试制度史》，学生书局，1967 年，第 268 页。

思维定式，许多人对科举的认识遵行这样的逻辑：因为科举制很坏，所以才会被废除；因为科举制被废，所以科举制肯定很坏。

在清末内忧外患的时代背景中，在科举制度走投无路的情况下，废止科举是历史的必然。但是，不能因为科举制被废了就将其说得一无是处，就将各种罪责都归结到科举制的头上。当对中国的官场腐败、科技落后、割地赔款无法找出更好的解释的时候，诿罪于科举制是一种常见的思路，但却是一种简单化的做法。科举取士利弊兼具，且影响重大而复杂，向来是传统社会关注和议论的热点问题，赞美与批评者都很多。然而，现代人在对待科举的态度上，存在着一种简单片面地划分历史人物进步与否的办法，凡是批评科举的则说明其进步而受到肯定，若说科举好话则属于落后人物。同一个人的不同言论若是反科举的，则是进步的、有见识的，若是肯定科举的言论，则属于落后的、没有批判精神的。而且多数论著往往有意无意中省略肯定科举的人物和言论。这已形成了简单化的科举制评价套路，或者说一种八股式的评价模式。其中部分原因是受清末废科举时过激言论的影响，而清末士人批判科举却有以偏概全之嫌。①

受认定科举制很坏的思维定式影响，当人们分析历史上一些问题时，往往不假思索地将罪过归结到科举制头上。为了批判科举制，有时甚至倒果为因。例如，不少人连清末官场腐败的原因也归罪于科举制，但是很少考虑到，1905 年以后没有了科举制，官场的险恶程度一点也没有减少，而且植党营私、派系倾轧的情况还变本加厉，实际上官场腐败是促使科举制加速灭亡的原因之一。又如，解决不了官本位的痼疾，就说是长期的科举制造成了官本位的传统，也不仔细思考一下，在科举制产生之前，中国的官本位体制已经形成。往科举制中寻找官本位的根源，只是看到问题的表面，而没有洞见事实的本源。

科举制承负了许多本不该由其承担的罪责。例如，不少人批评科举制不平等，因为它不允许占半数人口的女性报考，似乎妇女无权参政就是科举的错。这实在是冤枉了科举制，妇女无权参政并非科举的罪过，而是传统社会的官僚结构使然。② 不是我们的祖先没有创造性，不是我们的先民故意限制女性报考。无论古代科举制度的创制者或改革者再有创意，也不会将女性包括到考生中来，因为在父权时代或男权时代，各级政府中本身就没有设女性官员，科举怎么会去招考女性呢？古人也不是全然想不到要为女性开辟科举的途径，例如，清代有《女开科传》的小说构想出

---

① 刘海峰：《知今通古论科举》，《教育研究》2003 年第 12 期。

② 刘海峰：《为科举制平反》，《书屋》2005 年第 1 期。

专门的女性科举，清末小说《续镜花缘》也构想出武则天开女子科举直至发榜的情节。当太平天国政权中设有女性官员时，便有关于类似女子科举的记载。只是一般情况下，传统社会遵守男主外、女主内的家庭分工，政府中没有女官，科举自然不会招考女生。其实，很多批判科举的说法都不太全面。在分析近代中国落后挨打的原因时，科举制成了替罪羊，似乎一切都是科举的错。长此以往，科举在许多人心目中已成了一个丑恶的名词。当要说某一种考试或机制不好时，说其“变成了科举”便已足矣，便是很重的批评。许多人对“科举”一词避之唯恐不及，即使有人不再将进士和举人视为贬义词，偶尔比附一下，也多会遭到激烈的抨击。例如，2003 年 8 月，北京西南部门头沟区灵水村举办“举人节”（又称举人“金榜”文化节），试图通过此活动募集资金修缮已经濒临坍塌的大量珍贵古建筑，结果招来许多媒体的冷嘲热讽。2004 年夏，北京安定门街道与中国人民大学人文奥运研究中心合作，准备将 1978 年以来各省的高考状元大名刻录成碑，立在北京孔庙中，与 198 块元、明、清三代进士碑比肩而立。媒体报道后引起轩然大波，有的人认为这是足可诧异的奇事，认为“不要看科举制度废除了百年，但科举之历史幽魂，借得高考制度的皮囊，继续缠绕在国人的心头”；“百年之后科举精神又借尸还魂，木乃伊归来了”。[①] 在激烈的批判声中，该计划当然只好作罢。由此事件，可见“科举”一词的杀伤力之一斑。

在政治左右学术的极左年代，对帝制时代的许多方面都加以批判，但“文革”中的科举批判观却与清朝末年出奇地一致，而且对批判科举的激烈程度还变本加厉，以至登峰造极，把科举骂得一无是处。在对科举一片责骂声中，情绪淹没了理智，成见代替了判断。然而，在彻底否定“文革”多年后，许多人对科举的印象还停留在清朝末年或“文革”时期，以为科举是一种坏透顶的制度。在科举制废止一百年后，是应该走出盲目批判科举制的时代了。

三、终结盲目批判科举的时代

过去的一个世纪，虽然总体而言可以称之为将科举妖魔化的时代或盲目批判科举的时代，但还是不断有一些人称赞过科举制，而且其趋势是离科举越远，对科举制的评价越为正面。此一趋势发展到 2005 年，量变终将引起质变，中国必将与先前的韩国一样，终结盲目批判科举的时代。

韩国历史上模仿中国，实行了九百余年的科举制。科举制的利弊影响在韩国古

① 许纪霖：《高考状元碑背后的科举幽魂》，《南方都市报》2004 年 9 月 15 日。

代社会与中国基本一致，也有许多人批评科举制的弊端。在1894年废止科举之后，虽然不像中国那么激烈，但总的来说也是批判的多，研究的少。到后来，便出现深入研究多，盲目批判的少，肯定的多，否定的少。在看到科举制消极作用的同时，也充分肯定科举制的积极作用，并将科举制视为韩国的重要精神文化遗产来对待，因此1994年韩国才会在科举百年之际再现科举盛况。

实际上，“科举考试所创设的公平竞争机制及其彰显的平等精神，是华夏民族智慧的结晶，也是科举文化的精华所在。”① 我们对中国先民历经千年传承实行的科举制，应有一定的尊重。只有在深入研究的基础上，才能对其做出理性而全面的判断。清末废科举时的批判言论，有不少是高度情绪化的、以偏概全的。后来许多人对科举制的批判也只是人云亦云。例如，关于科举是否能够选拔真才的问题，人们往往举出蒲松龄多次乡试未中来说明科举压抑或遗漏人才。其实，许多个案千差万别，个别不能否定一般。1882年，有位西方人便指出：“在科场失意者中，也经常能发现那种颇有文学才能的人，著名的《聊斋》作者即是一个明例。必要之时，他的不幸遭遇总被人们作为那种富有才华而未能在科考竞争中出人头地的榜样，不厌其烦地引用。毫无疑问，也有许多颇具管理才能和其他才能的人也经常被命运作弄，在个人生活的道路上走着一条同样失望的路。但就全局而言，竞争考试的结果还是对社会有利的。”②

将晚清时中国衰弱归因于科举是一种常见的说法，日本学者原胜郎在20世纪初便对此提出了不同的观点：“人曰中国衰微之根源乃科举也，呜呼！科举果其罪乎？”他认为，中国千余年来进行科举考试，历朝逐次加以改良，决非可以嗤笑之物。就通过公开考试广泛选拔人才而言，中国文明可以说远远领先欧美各国，科举制度造就了中国文明，它是中国文明的顶峰。如果将中国的衰败归结于科举制度，那么没有科举考试的中国或许早在数个世纪之前就走上穷途末路。关于人们对考八股文不切社会实际的问题，原胜郎指出，考试科目的问题只是细枝末节，真正的问题在于中国的锁国政策。若是中国自主地开放门户，维持公平的人才录用制度，也就是说，中国如果时刻地保持与世界同步，注重人才选拔之公正性的话，那么考试科目这一问题自然也就会随着时代的变化而不断改进。他还说：“科举未必是一概否定的恶制，反而存在了足以大为称颂之处。”中国社会的停滞，并不在于“科举”，而是中国文明早在数个世纪之前即已经达到了的顶峰。后来之所以衰败，不过是“其命数

① 张亚群：《科举学的文化视角》，《厦门大学学报》2002年第6期。

② H. A. Giles, Historic China and Other Sketches, London, 1882, pp. 255—256.

穷也”。[①]

对科举制评价最高的名人应该是孙中山，他在许多场合发表了大量的称赞科举考试的言论，并认为废止科举不一定正确。他在1918年便说：科举考试为“中国良好之旧法”，“往年罢废科举，未免因噎废食。其实考试之法极良，不过当日考试之材料不良也”。[②] 这是直接指出废科举是因噎而废食，值得人们深思。当代学者对科举制的评价总的来说已越来越高。如有学者认为，科举取士制度具有“贤能治国、为我所用，竞争公平、标准客观，立法保护、稳定连续”的合理性。科举制的三大历史价值：促使中国建立了世界上最早、比较完善的文官治国制度；促进了学校教育制度的建立和发展，使中华传统文化得以完整延传，造就出无数伟大的政治家、思想家、文学家和其他领域中的学问家；对现代文官制度产生了重大的影响，为世界文明发展做出了杰出的贡献。[③] 又有论者说：现在许多人一听到科举便生恶感，其实那时中者大多是聪明人，像“范进中举”一类笑话，毕竟属于科举的“末流”。作为后来人，我们对于科举的得失当有一个理性的认知。[④] 此方面的言论已越来越多，基本上出现了一个规律性的现象，即深入研究科举者基本上是对科举肯定较多者。

考试是一把锋利的双刃剑，其利弊得失都相当显著，只看到一面而忽视另一面，会造成很大的问题，只重复清朝末年批判科举的言论便会遮蔽自己的眼光。历史往往会出现惊人的相似之处。1905年人们对科举的看法很类似于1966年人们对高考的看法。如果现在想了解“文革”前夕人们对高考的观点，人们从报刊流传下来的记载中，基本上只能找到批判高考弊端的言论。而且，受当时历史条件下的宣传影响，很多人也确实觉得高考应该废除——许多高中生在废高考后也真正觉得相当喜悦轻快。可是，随着时间的推移，痛定思痛，人们终于觉悟，其实中国社会还是离不开考试。考试制度就是这么奇怪，当你身处其中时，都感到巨大的竞争压力，巴不得解脱出来。可是当你挣脱考试的锁链以后，往往会发现连同公平竞争的机会一同失去了。当陷入无序的恶性竞争环境之后，你可能变得很怀念过去那么痛恨的考试制度了。梁启超等人对科举看法的转变是这样，“文革”前后“老三届”中学生对高考的看法也是这样。[⑤]

---

① 宫崎市定：《科举史》，平凡社，1987年，第317—321页。

② 《宪法为立国之基础——宴请国会及省议会议时的演说》（1918年2月7日），载《孙中山文集》，团结出版社，1997年，第529页。

③ 杨朝仁：《科举取士的历史嬗变与现实观照》，《政治学研究》2001年第3期。

④ 澧人：《书屋絮语》，《书屋》2005年第1期。

⑤ 刘海峰：《为什么要为科举制平反》，《湖北招生考试》2005年4月号下半月。

什么是科举？科举就是一种考试选才制度。科举制度非常复杂，1300 年中国科举史上也有诸多变化，它可以是唐代选拔数学和法律人才的明算科和明法科，也可以是考经学和文学的明经科和进士科，它可以是明清以八股文为主要考试内容的古代考试制度，也可以是 1902 年到 1904 年间主要考中西政治经济内政外交知识的近代考试制度……但是，万变不离其宗，有一点始终不变的是，科举制的实质，就是一种开放报名、公平竞争、择优录取的考试制度。

考什么、怎么考是一回事，要不要考试是另一回事。否定科举至多只能否定其不符时代需要的考试内容，而不能否定科举制的合理内核，否定整个科举制度实际上就是否定考试制度。否定高考或主张取消高考的人往往不由自主地会将高考与科举制类比，只要说高考“变成了科举”，或者说高考是“新科举”“现代科举”，似乎就是很重的批评。其实，科举本身已被妖魔化了，需要拨乱反正。古往今来的实践一再证明，实行考试制度有其弊病，但废止考试制度必将造成更大的祸害。理论上说考试不一定是最好的选才方式，但实际上却找不到更好的可操作的公平竞争方式，而考试的办法至少可以防止最坏的情况出现。

实践是检验真理的唯一标准。经过千百年的对比实践，证明科举考试远比其他选材方法来得公平和有效，科举制才能历久不废。在科举制百年祭的当口，我们有理由而且也有必要提出：终结盲目批判科举的时代，此其时也。

发表于 2005 年第 4 期

从福建方志和笔记看民间信仰

汪毅夫*

本文拟从福建方志和笔记类著述举例取证，讨论福建民间信仰涉及的相关问题。

一

在福建现存的三种宋修方志里，淳熙《三山志》（梁克家）有“寺观类”，“公廨”类下又有“祠庙”之目；宝祐《仙溪志》（赵与泌、黄岩孙）虽非全帙（据宋人刘克庄《仙溪志序》，该书凡15卷，今存5卷），散存本亦有“祠庙”类；开庆《临汀志》（胡太初、赵与沐）有“寺观”类，亦有“祠庙”类。

宋代以后的福建方志亦大多有“寺观”与“祠庙”（或称“庙祠”“庙祀”“丛祠”等）的分类。

福建方志之“祠庙”类在内容上又有两个明显的特点：一是所记颇多祠庙之神灵验事迹的传说，这是“寺观”类几乎无从记取的内容；二是所记基本上属于既非佛寺又非道观的非佛非道或亦佛亦道之所，这是“寺观”类一般不予记取的内容。

以宝祐《仙溪志》为例。

宝祐《仙溪志》于“祠庙”条下有题注云：

> 祭法云：法施其民则祀之，以死勤事则祀之，能御大灾捍大患则祀之。闽俗机鬼，故邑多丛祠。惟袁侯以死捍寇，于法得祀，余或以神仙显，或以巫术著，皆民俗所崇敬者，载在祀典，所当纪录。其不在祀典者不书。①

据此，宝祐《仙溪志》“祠庙”条下所记城隍庙、仙水灵惠庙、灵显祠、灵惠袁侯庙、兴福庙、显祐庙、兴教庙、慈感庙、三妃庙、东岳行祠、南台惠利嘉泽二侯庙、昭灵显祐真君行祠、明山灵济庙、静应庙、昌山灵应庙、灵辉庙、萧宫冲应庙、威

---

* 汪毅夫，厦门大学台湾研究中心兼职研究员，福建省人民政府副省长。

① 宝祐：《仙溪志》，福建人民出版社，1989年，第61—62页。

佑庙、顺济行祠、威惠灵著王庙二（一在枫亭南、一在枫亭北）、慈济冲应真人行宫二（一在县东、一在县西）、灵济庙凡 24 个祠庙，除“灵惠袁侯庙”（袁侯名章，绍兴中与贼力战死焉，邑人哀之，为立祠）外，各祠庙之神“或以神仙显，或以巫术著”，都有灵验事迹的传说，宝祐《仙溪志》分别以“祷雨屡应”“神主科名尤灵”“旱甚，县官祷之立应”“显晦皆决于梦，其应如响”“发阴兵拒贼，现身，人皆见之”“妇人妊娠者必祷焉，神功尤验”“航海者有祷必应”“里人传真君化现身，凿井得泉”“殁而有灵，祈祷辄应”“祈祷感应”“里人敬信，呼曰大仙”“水旱、盗贼，祈祷必应”诸语记之。

宝祐《仙溪志》“祠庙”条下所记祠庙“皆民俗所崇敬者，载在祀典”，然而一一视之，均属于不僧不道、非寺非观之所。

再以弘治《八闽通志》（黄仲昭）为例。

作为明修省志，弘治《八闽通志》亦有“寺观”与“祠庙”的分类；其“祠庙”广泛收录各府志、县志所记“祠庙”及其巫术或鬼神灵验事迹的传说。如宋修县志宝祐《仙溪志》所记仙游县 24 个“祠庙”，有城隍庙、仙水灵惠庙、灵显祠、灵惠袁侯庙、兴福庙、显祐庙、兴教庙、明山灵济庙、灵辉庙、英济庙、萧宫冲应庙、顺济行祠和威惠灵著王庙 13 个入于弘治《八闽通志》之“祠庙”类（其中灵显祠、顺济行祠和威惠灵著王庙在弘治《八闽通志》改记其名为“灵显龙王祠”“天妃行祠”和“威惠庙”），“真人尝游仙溪，凿井以溉民田”“殁而神灵，里人祀之”“神出阴兵御贼”“凡水旱盗贼，祷之多应”“祷之辄应”等灵验事迹的传说亦得记之。

附带言之，宝祐《仙溪志》应记而其散存本未见记录的仙游“寺观”，弘治《八闽通志》“寺观”类记之颇为详备。

另以康熙《宁化县志》（李世熊）为例。

康熙《宁化县志》是中国方志学术史上成就最高、声名最著的方志著作之一。该书有“寺观志”，又有“坛壝庙祠志”。其“坛壝庙祠志”记“庙之奉制建祀者一，曰城隍。建于土人而岁祀惟虔者十二，曰东岳，曰关帝，曰毘沙门天王，曰五通，曰连山，曰普应，曰显应，曰天妃，日白马，曰白水，曰伊公，曰李公。凡祠之专祀于莅官者一，曰土地”等，并记有“令君密祷于神，寇即授首”“魂时出没，土人因祠祀之，适有寇警，祷神而寇退”一类灵验事迹的传说（当然，李世熊对所记“庙祠”有很尖刻的批评，我在下文将讨论及之）。

福建方志关于“寺观”和“祠庙”的分类，大致相当于宗教（佛教、道教）活动场所和民间信仰活动场所的分类。

这里涉及一个问题：民间信仰同宗教的主要区别。

任何一种宗教如佛教或道教都具有自成系统的关于理论（教理、教义）和制度（教仪、教规）的学说，宗教学说并且因宗教生活同世俗生活有相当程度的隔离（“和尚出家”“道士进山”正是此一隔离的说法和做法）而较少受到世俗生活的影响。因此，宗教在总体上具有制度化的倾向。与宗教不同，民间信仰无有，亦不合于任何一种宗教学说，却有种种随时发生并且随时附益的关于巫术和鬼神灵验事迹的民间传说。民间信仰是世俗生活的产物，又同世俗生活密切混合。因此，在宗教学说与民间传说、宗教生活与世俗生活之间，民间信仰乃表现出鲜明的世俗化倾向。

世俗化与制度化的区别，亦即是民间信仰同宗教的主要区别。

由此，我们可以看到民间信仰的两个特点。

其一，民间信仰是非制度化的，因而往往表现为“祀神的混乱”，① 表现为非佛非道或者亦佛亦道。此一特点可以用李亦园教授的名言来概括，中国的民间信仰“不能用‘什么教’的分类范畴去说明它”。② 作为民间信仰活动场所的祠庙，既非佛寺，又非道观，所以在大部分福建方志里自立为一类。

福建方志关于“寺观”和“祠庙”的分类，已见于宋，降及明清，近乎千年，乃是相当悠久的学术传统。

其二，民间信仰是世俗化的，因而其“神道设教”之种种说法和做法往往具有拟人化和随意性的特点。

兹举例言之。

（一）清代闽人林宾日（林则徐父）《林宾日日记》于（嘉庆己卯年即 1819 年）“闰四月廿一日壬子”条下记：

> 省垣自去冬迄今，孩子以痘疹死者不下六七千人。③

又于同年“六月十九日己酉”条下记：

> 新建主疹潘氏夫人庙宇，通乡请拜梁，应之并赴席。④

又于同年“七月廿五日己酉”条下记：

> 疹妈庙首事叶、郑二姓，交缘郑中书瑞麟来拜。⑤

以上记录了民间信仰“神道设教”之拟人化的特点：有痘疹之病，即有“主疹”之神曰“潘氏夫人”，又俗称“疹妈”，如同世俗生活中“主治”某症之某大夫也，

---

① 顾颉刚：《泉州的土地神》，《厦门大学国学研究院周刊》1927 年第 1 期、第 2 期。

② 李亦园：《文化的图像》下卷，允晨文化实业股份有限公司，1992 年，第 119 页。

③ 林宾日：《林宾日日记》，江苏古籍出版社，2000 年，第 216 页。

④ 同上书，第 242 页。

⑤ 同上书，第 254 页。

并有“疹妈庙首事”“交缘”（相当于世俗生活中之公关人员）等专业人员；有痘疹流行的疫情，遂有新建“潘氏夫人庙宇”即“疹妈庙”之举；建庙上梁，亦如建筑民居上梁，当行“拜梁”之礼。

（二）近人陈鑑修《龙溪新志初稿》记：

> 邑人多迷信，故淫祀特多。民国初年，南乡检浦社有所谓“水仙姑”者，盖南河中女尸止于乡前，乡人哀其暴露而瘗之耳。未几，有压花会者祷之获巨注，遂神之。里中无赖复造说若干事实以信其说，不数月而愚夫愚妇数百里外来相膜拜，荒郊顿成闹市矣。邑令许蕴白恶其惑民，令警务局长陈之鸿（清福）禁之，铲其坟，拔其碣。未旬日陈于晚间乘醉冶游，为怨家所刺，众又喧传被殛于水仙姑，香火转盛。今已鞠为茂草矣。①

此一个案颇能说明民间信仰于“神道设教”方面的双重特点：“水仙姑”从鬼到神、香火盛而“转盛”，乃出于和由于世俗生活中赌徒心理上的需求、社会上溺毙和仇杀等突发事件及“里中无赖”所“造说”的灵验事迹。

附带言之，“邑令许蕴白”即台湾进士许南英。许南英于1895年离台内渡寄籍龙溪，1903年起游宦广东，民国初年出任龙溪县令。

（三）近人胡朴安《中华全国风俗志》所录《闽人佞鬼风俗记》记有福建民间迎神赛会之种种情节：“闽中神道阶级之俨，亦足为各省冠。每年七八月间赛会，凡高级之神道，其出也必以舆，中级以下皆步行于街路之中”；“奉神出巡，有时途中神与神相遇，有一定仪注及问答之信语。神不能自言，以‘香头’代言之”；“闽中神道，讲究应酬，有时北涧之武圣五公晋城拜诣双门楼之武圣，而双门楼之武圣五公于客神回乡之时，必亲送至城外，名曰送行。当拜客及送行时，皆用全部仪仗、十番鼓乐、台阁杂剧，又雇省城外之白面（即土妓）扮出戏中角色，骑马唱曲”。

《闽中佞鬼风俗记》并且指出民间信仰同世俗生活密切混合的特点：“闽人信鬼而畏官，久而久之，两种心理合而为一，于是乎庙中之木偶皆施以官场之制度矣。”②是为拟人化特点的典型事例。

（四）董作宾《闽俗琐闻》记：

> 福州“武圣庙”最多。相传其先皆为“五帝庙”。闽俗贫无立锥之地者则住庙，昔有一士人寄居五帝（庙）中，一日邻人亡其鸡，士人适于是日购鸡一支（只）。方煮食，邻人某至，指士人窃其鸡，谓“汝一贫至此，何来买鸡钱”？士

① 陈鑑修：《龙溪新志初稿》，漳州市图书馆藏本，1982年油印，第85—86页。

② 胡朴安：《中华全国风俗志》，上海文艺出版社，1988年3月影印本，第62—66页。

人百口莫辩，乃诣五帝前，举一磁碗为誓曰："此鸡如吾所自买者，使堕地立碎，倘此碗堕地不破，是吾窃彼之鸡也。"祝毕，落碗于地，触石，竟不破。士人遂以鸡付邻某去。其实某为人极刁谲，是日见士人购一鸡，乃匿己鸡而诈索之。士人甚痛恨曰："吾苟显达，当尽毁五帝庙！"后果居高位，乡人惧其归而毁之也，尽易其额曰"武圣庙"。今其中神位凡五，有黄飞虎及赵公明等。①

福州民间信仰里的"武圣五公"为杨灵公、显灵公、振灵公、威灵公和宣灵公，"福州武圣庙最多"亦确是曾有的情况。《林宾日日记》里就有"威灵公出巡""威灵公出南门入水部"② 的记载。但"其先皆为'五帝庙'"不确，"五帝庙"是另一种庙宇。《乌石山志》记：

榕城内外，凡近水依寺之处，多祀疫神，称为涧、呼之为殿，名曰五帝，与之以姓曰张、关、刘、史、赵。③

显然，福州"五帝庙"与"武圣庙"以"神位凡五"的共同性而被误为同一种庙宇。"神道设教"，如此随意！

附带指出，在福州方言里，"五"与"武"的读音并不相同，亦不相近。

二

宗教制度化的倾向、民间信仰世俗化的倾向是总体而言的倾向。在某些具体个案上，宗教不免世俗化的倾向，民间信仰亦有制度化的倾向。

《临汀志》卷四《寺观》记：

定光院在州治后正北，大中祥符间师与郡守赵公遂良厚善，结庵为师往来栖息之所。后师示寂于均庆院，元祐间郡守曾公孝总重修塑像于中，淳熙间郡守吕公翼之迎奉均庆院定光真身、广福院伏虎真身于州治后庵，以便祈祷。嘉泰间郡守陈公映谓雨旸之应如响，是佛与守分治汀民也，湫隘不足仰称，遂加广辟。绍定寇叛交讧，岌然孤城能保守者，人力不至于此，士民条显应状，丐郡奏请于朝，加二佛师号，乃赐"定光院"为额，嘉熙间郡守戴公挺助奉率众鼎创，从民志也。未几均庆院烬于劫火，郡迎御书及衣钵等入州，创阁于院后安奉之，近南剑人士金饰十八尊者像附置阁上。淳祐间郡守卢公同父前创拜亭。每岁月正月六日乃定光坐化之晨，四方敬信辅辏，名香宝炬，幡盖庄严，难以

① 董作宾：《闽俗琐闻》，《中山大学语言历史研究所周刊》1927 年第 1 卷第 2 号。

② 林宾日：《林宾日日记》，江苏古籍出版社，2000 年，第 5 页。

③ 《乌石山记》卷九《志余》，光绪七年（1881 年）重修本。

数计，虽隘巷亦成关市，可见人心之皈响云。[①]

这里提及“定光真身”有“雨旸之应如响”的灵验事迹，是官方（“郡守陈公映”）的说法；“士民条显应状”一语虽涉及定光“示寂后”灵验事迹的民间传说而语焉不详。同书卷七《仙佛》则详记定光生前、身后种种灵验事迹的民间传说，如驱使草木、教诲蛇虎、愁霖出日、枯旱下雨、无男得男、无女得女、显灵御寇、止水迁流、击地出泉之类，并记“民呼曰‘和尚翁’，亲之也；师灭度，民皆曰‘圣翁’，尊之也”。

显然，在民间传说里，“定光”作为佛教世俗化的个案，以其世俗化程度过限而成为民间信仰之“俗佛”矣。

“保生大帝”则是民间信仰制度化提升达标而成为道教“尊神”的个案。

“保生大帝”姓吴名夲，生前是闽南名医。他同“妈祖”林默娘几乎同时和齐名，林默娘的生卒年是960—987年，吴夲的生卒年为979—1036年，他们都以“品德高尚，救苦救难”闻名。吴夲当58岁时上山采药坠崖而死，民间“追悼而感泣，争肖像以敬事之”[②]，由此逐渐形成“保生大帝”信仰。

“保生大帝”信仰在形成和发展过程中又逐渐接近和接受道教的影响，逐渐趋于制度化。因此，在明代，漳州府龙溪县之保生大帝祖庙“慈济宫”已被收录于弘治《八闽通志》之“寺观”，已被认定为道观。[③]

在我看来，世俗化同制度化异向而非逆向，两种倾向可以发生交叉和互动。

现在谈论另一个问题，关于对民间信仰的批评指摘和民间信仰的有害因素与有益因素问题。

清代学者李世熊在其康熙《宁化县志》里对民间信仰有相当尖锐的批评指摘，几乎是“历数民间信仰的种种不是”。如：

> 宁化土地肖像乃增置二妃，初诧不经，后考《巫氏家谱》，谓神即巫祖定生，开辟黄连镇者。定生没，葬竹条窝，即今治署。后唐改邑，迁葬定生于嵩溪黄沙渡，而祀定生之神于此，以土地辟自定生，而邑治又利其宅兆也。二妃即定生柴、纪二妃。明嘉靖间，邑令马叔初下车谒祠，怪土地焉得有二妃，命移至县后福善祠。是年马令卒。后二十余年，邑令张洵来，其夫人恒病，梦两妇人前言曰：“此吾故宅也。吾主祀于此，奈何遣我他所？若能还吾故居，当佑

① 胡太初：开庆《临汀志》，福建人民出版社，1990年，第69—70页。

② 庄夏：《慈济宫碑》，载乾隆《海澄县志》卷二十二《艺文》。

③ 黄仲昭：弘治《八闽通志》下册，福建人民出版社，1996年，第832页。

> 汝。”夫人觉，以告令，令询父老，具得迁主状，急迎二妃祭谢之，而夫人果安。事虽惝恍，而二妃之像，相沿不改，所传似不谬也。[①]

又如：

> （东岳庙）在治西南五里，俗传为祀唐东平王张公巡之神，谬也……邑不宜设东岳观明矣。况附会为张巡，如小说之诞妄乎？[②]

又如：

> （五通）庙一在北门，一在东门外。明太祖都金陵，即都中建十四庙，一曰“五显灵官庙”。以岁孟夏、季秋致祭。今天下之崇祀五通者，当由此欤？
>
> 俗说神以救母罪愆，与目莲尊者同一大孝，登正果，号华光藏主妙吉祥如来。然则天帝不离人伦，赫濯亦极仁慈耳，义固可祀也。其实，五显者，五行耳。五行之祭，见于《月令》。国家星辰之祀，备五行焉，此正气也。若邪气流行，亦足播弄祸福。今祀者未必知五行之理与大孝之说，亦播弄于祸福而已。[③]

又如：

> （天妃庙）庙在邑南塔下街。……乃宁化不知海舶为何物，无故而祀天妃，得无谄乎？[④]

又如：

> （白马庙）庙在北城翠华山之侧……审知何神？不能卫子孙于数十年之内，死七百年犹能卫宁化也？[⑤]

显然，李世熊对于民间信仰的批评指摘，乃基于制度化宗教或宗教制度化的立场，并且针对民间信仰的世俗化倾向。历来对民间信仰的批评和指摘，亦有相当部分大致如是。

1927年，顾颉刚教授在《泉州的土地神》一文里对泉州的民间信仰亦有所指摘（祀神的混乱，看奏魁宫就可知。宫名奏魁，联上又说“魁杓献瑞”，则阁上应祀魁星。但是，我们上去一看，祀的神却是观音，桌围上写的字也是“奏魁大慈悲”，祀观音也就罢了，而神龛的匾额却又是“蕊榜文衙”，难道他们去请观音大士看文章吗？），[⑥] 但随即指出：

---

① 李世熊：康熙《宁化县志》，福建人民出版社，1989年，第412页。

② 同上书，第412—413页。

③ 同上书，第413—414页。

④ 同上书，第417页。

⑤ 同上书，第418页。

⑥ 顾颉刚：《泉州的土地神》。

> 民众的信仰本不能适合于我们的理性。我们要解释它，原只能顺了它的演进的历史去解释，而不能用了我们的理性去解释。①

诚哉斯言也。民间信仰的世俗化倾向及其“祀神的混乱”和“神道设教”的拟人化和随意性的特点并不足诟病。应该受到批评指摘的是它的有害因素，是它的某些不正当的说法和做法，其有益因素则不当牵累及之。

例如，在闽、台两地的“王爷”信仰里，“王船祭”（俗称“出海”“送王船”等）包含了“贻祸于人”的可鄙意念。对此，古之有识之士提出批评，略谓：

> 夫傩以逐疫，圣人不妨从众，至云船泊其地，则其乡必为厉，须建醮禳之，噫！神聪明正直而壹者也，岂有至则为厉而更禳之理？且人亦何乐何为不见益己、而务贻祸于人之事耶？②

这种针对有害因素的批评并不基于宗教制度化或制度化宗教的立场。

“王爷”里的“萧王爷”在台湾云林县的民间传说里被赋予“解冤息仇”，即社会调解的功能。此一说法和做法乃是“王爷”信仰的有益因素。

台湾省云林县《光大寮开台萧府太傅沿革志》谓：

> 萧太傅暨诸神神威灵显，保佑万民，问祸求福，有求必应，灵绩昭彰，尤以驱邪除魔或为民解冤息仇，闻名遐迩。盖其护国庇民之功著于寰宇，得乃世之崇仰矣。③

并记其“为民解冤息仇”即社会调解方面的灵验事迹之传说云：

> 光绪二十六年云林县褒忠埔姜崙马祖埔，张、陈两姓世代结仇、无法化解纷争。张姓据闻光大寮萧府太傅非常灵应。特地至本宫恭请萧府出乩调解，由于萧府施展威灵使双方化解仇恨，而结为良友。两姓为感念萧府大恩大德，以武馆欢送萧府回宫。
>
> 光绪二十八年壬寅年，六脚田与竹子脚两村庄为相隔河流捕鱼问题，经常发生武斗，在当时无法律制度下，谁也无法解决这一场纷争。六脚庄长久闻萧府神威广大，亲自莅临本宫，恭请萧府神像及乩童回庄调解，结果双方同意化干戈为玉帛，两庄村民为答谢萧府英灵，以文武馆欢送萧府回宫，并赐匾额一面作为永久纪念。④

显然，我们不能因为民间信仰的有益因素而容忍民间信仰的有害因素，不能因

---

① 顾颉刚：《泉州的土地神》。

② 乾隆《凤山县志》卷三《风俗志》，《台湾文献史料丛刊》第146种，大通书局，第59页。

③ 转引自泉州富美宫董事会、泉州市区道教文化研究会编《泉郡富美宫志》，1991年，第43页。

④ 同上书，第44页。

为王爷信仰里的“萧太傅”被赋予“解冤息仇”的功能而容忍“王船祭”的“贻祸于人”的可鄙意念；反之，我们也不能因为民间信仰的有害因素而不容民间信仰的有益因素，不能因为其“贻祸于人”的意念而不容其“解冤息仇”的功能。

三

清人施鸿保《闽杂记》记：

> 国朝宁化童日新为寿宁训导，县有玉皇庙。童曰：“俗以玉皇为天帝，祀天帝者为天子，士庶祀之，是淫祀也，淫祀宜毁。”乃拆其材以建文庙。①

这里涉及的不是民间信仰同宗教的区别，而是民间信仰同官方祀典的关系。

我在上文已经提及，宝祐《仙溪志》所记“祠庙”均“载在祀典”，“其不在祀典者不书”。质言之，“祠庙”又有“载在祀典”与“不在祀典”之分。

作为福建方志的一个特殊部类，清修台湾方志（如康熙《台湾县志》、乾隆《凤山县志》、道光《彰化县志》、光绪《恒春县志》等）亦有“祠庙”与“寺观”，或“寺观附于祠庙”的分别，但其分别主要是“载在祀典”与“不在祀典”的分别。如乾隆《凤山县志》卷五《典礼志》之《坛庙》所记乃“载在祀典”，卷十一《杂志》之《名迹》所附之“寺观”，乃“不在祀典”也。究其历史原因，盖在于清修方志之初期，宗教传入台湾的进度弗如民间信仰远甚，尚不足与民间信仰分庭也。其后，“载在祀典”与“不在祀典”的分类遂成为清修台湾方志大致相沿的学术传统。

“不在祀典”的民间信仰及其活动场所时或被视为“淫祀”和“淫祠”。

淳熙《三山志》卷第九《公廨类三》之《诸县祠庙》于“古田”条下记：

> 宁境庙，县西一里。……景德中，李堪为宰，毁淫祠数百，独不废侯祠。②

又于卷末谓：

> 鬼神之为德不可掩也，而每为巫觋所累。李堪《古田县记》云：“风俗秕痄特甚。怪节戾常，祈求于神祟，祸福出入，乘人怖疑，以求所欲，浸蔓也。乃灰淫祠三百一十五所，化其墟，成嘉谷二百一十三亩。”③

乾隆《古田县志》卷五《名宦》记：

> 李堪，字仲任，号平坡，常州人。太平兴国二年进士，与王曾、晏殊齐名。景德二年，令古田。……毁淫祠，黜异教，以礼让化俗。④

---

① 施鸿保：《闽杂记》，福建人民出版社，1985 年，第 13 页。

② 淳熙《三山志》，方志出版社，2003 年，第 162 页。

③ 同上书，第 162—163 页。

④ 乾隆《古田县志》，福建省古田县地方志编纂委员会办公室整理，1987 年，第 267 页。

“景德中”为1004—1007年间。“景德二年”为1005年，于今已是千年。这是现存最早的福建方志所记最早的一起毁淫祠事件。

宝祐《仙溪志》于“仙水灵惠庙”条下有注云：

> ［宋］天圣间，知县孙谔始至，凡境内祠宇悉火之。适岁大旱，闻有仙水庙，因祷而辄应，庙得不毁，且增祀之。①

弘治《八闽通志》于（仙游）“仙水灵惠庙”条下亦有内容与此相同的记载。②“天圣间”为1023—1032年间。

民国《建宁县志》卷八《名宦》记：

> 谢潜，字致虚，长汀人，绍圣四年进士，崇宁二年中宏词科。……知古田、弋阳、建宁三县事，在建治声尤著，毁淫词（祠）、禁溺子，邑人生子，多以谢名。③

据同书之《职官表》，谢潜于宋代大观年间（1107—1110年）出任建宁知县。

开庆《临汀志》之《名宦》记：

> 陈晔，字日华，长乐人，古灵之后。庆元二年知州事。……俗尚鬼信巫，宁化富民与祝史之奸者，托五显神为奸利，诬民惑众，侈立庙宇，至有妇人以裙襦畚土者。晔廉得之，窜祝史，杖首事者，毁其祠宇。郡人广西帐干吴雄，作《正俗论》二千余言绝（纪）其事。民有疾，率舍医而委命于巫，多致夭折，乃大索境内妖怪左道之术，收其像符祝火之，痛加惩禁，流俗丕变。④

康熙《宁化县志》亦记：

> 又考宋庆元年间，宁化富民与祝史托五通神为奸祠，侈立庙宇，妇女歆动，或用裙襦畚土。时候官陈晔知汀州，乃窜祝史，杖富民，毁庙宇，大索境内妖怪左道，收火其符咒，时称其贤。⑤

乾隆《汀州府志》卷二十《名宦》记：

> 陈晔，长乐人，庆元三年知州事。……汀俗尚鬼信巫，宁化富民与祝史，托五显神为奸惑众。哗得其实，窜祝史，杖首事者，毁其祠。郡人吴雄作《正俗论》纪其事。⑥

---

① 宝祐《仙溪志》，第62页。

② 黄仲昭：弘治《八闽通志》下册，第412页。

③ 民国《建宁县志》，福建省建宁县地方志编纂委员会办公室整理，2002年，第227页。

④ 胡太初：开庆《临汀志》，第143页。

⑤ 李世熊：康熙《宁化县志》，第414页。

⑥ 乾隆《汀州府志》，方志出版社，2004年，第457页。

庆元二年、庆元三年分别为1196年、1197年。

上记李堪、孙谔、谢潜和陈晔毁淫祠的事件均发生于宋代。自宋代以降，类似的事件不胜枚举。然而于今视之，当年官方毁淫祠的动作仅收一时之效。以陈晔毁宁化五通庙为例。在陈晔身后，乾隆《汀州府志》记宁化“北门坊、东门外、会同、招贤等里俱有”五通庙。[①]

历史证明，没有尊重健康民俗的前提和群众自愿的基础，不由群众自己来进行，官方毁淫祠的动作往往归于徒劳。

我曾在《“崇德报功”与妈祖信仰的双翼结构》[②] 一文指出：

> 从信民对神明的态度来考察，同严格意义上的宗教相比照，我们可以看到民间信仰的一个特点：一般来说，信民的主要期望乃在于“现世现报”和“有求必应”（如所谓“祈福赐福”“求子得子”“有烧香有保佑”），而不在乎“来生幸福”或“死后升入天堂”。
>
> 常见有论者据此特点认定民间信仰“灵验本位”和实用实利的取向，对民间信仰的道德取向却毫无认知。

又指出：

> 我们从闽台民间信仰看到的信民造神、信神和祭神三个层面上的实际情况是：信民并非仅仅对神明的灵验传说津津乐道，对神明的美德亦念念不忘，甚至有意编造和编排神明生前乃至死后的美德故事；信民并非仅仅相信神明有实利实用的功效，还服膺“人神共钦”的美德和“善有善报”的道理；信民祭神，并非尽出于“报其功”，间或也由于“思其德”。

兹以“广泽尊王”（郭忠福）信仰为例来说明。

明人何乔远《闽书》记：

> 神姓郭，名忠福，世居山下。生而神异，意气豪伟。年十六岁时，忽取瓮酒牵牛登山。明日坐绝顶古藤上，垂足而逝，酒尽于器，牛存其骨。已，见梦乡人，因为立庙，号将军庙。[③]

在民间传说中，“孝德流芳”是“广泽尊王”（郭忠福）配享“百年”之祀的主要原因。近人戴凤仪《郭山庙志》记：

> ……王生有孝德，气度异人，常牧于清溪杨长者家。晨昏之思忽起，驰归侍奉，依依如此。父薨，艰于葬地，王忧心忡忡，虽就牧犹潸然泪下。一行家

① 乾隆《汀州府志》，第290页。

② 载拙著《闽台历史社会与民俗文化》，鹭江出版社，2000年8月。

③ 何乔远：《闽书》第1册，福建人民出版社，1995年，第204页。

鉴其孝，指杨长者山告曰："窆此大吉。"王然之，稽颡谢。吁求长者而茔之。竣，乃归郭山下奉母以终身焉。……迨母薨，里人感王至孝，为祔于清溪故茔，其得鲁人合祔之礼与![1]

这里所记"葬父"和"奉母"乃是"广泽尊王"（郭忠福）生前"孝德"的主要事迹。

民国《南安县志》记：

王之父母墓在安溪崇善里河内乡，形胜极佳，与郭王庙并称吉地。王间数岁一祭封茔，四方士女景从甚众，亦孝思与王灵所感动也。[2]

这里所记"数岁一祭封茔"是"广泽尊王"（郭忠福）身后的孝行，并且成为"广泽尊王"信仰的祭祀仪式之一：每三年凡一举，逢寅、巳、申、亥仲秋，择定祭日，舁"广泽尊王"神像到安溪祭"太王墓"（即"广泽尊王"父母合葬的坟茔，俗称"清溪太王墓"）。

敬重"孝德"、记取生前"孝德"事迹、编造和安排身后行孝的情节，这正是民间信仰的道德取向，这正是在造神、信神和祭神三个层面上的"崇德"倾向。

"崇德"与"报功"是中国古代祭祀的本义，如《礼记·王充注》所谓"凡祭祀之义有二，一曰报功，二曰修先。报功以勉力，修先以崇德"。由此，祭祀又可分为纪念性祭祀和诉求性祭祀。纪念性祭祀的主题是"崇德"，诉求性祭祀的本意是"报功"。

美德故事与灵验传说、纪念性祭祀与诉求性祭祀、"崇德"与"报功"构成了民间信仰的双翼结构。

发表于 2005 年第 5 期

---

① 戴凤仪：《郭山庙志》卷二《本传》，光绪二十三年（1897）诗山书院刻本。

② 民国《南安县志》上册，福建省南安县地方志编纂委员会办公室整理，1989 年，第 174 页。

当代民间宗教的复兴与转型

——以福建三一教为例

林国平*

改革开放以来，随着中国宗教信仰自由政策的落实和宽松的多元文化环境的初步形成，一些长期潜伏的民间宗教又复活了，出现迅速发展的趋势，且随着社会的巨变发生变化。当代民间宗教的复兴与转型，既是学术研究的重要问题，也是现实的政治问题，应引起学术界和政府有关部门的高度关注。本文以福建三一教为例，就当代民间宗教的复兴和转型做初步的分析，以期抛砖引玉。

一、改革开放以来三一教的复兴概况

三一教创立于明嘉靖三十年（1551），创始人为福建莆田的林兆恩，人称“三一教主”，因主张三教合一而得名，民间通常称之为“三教”或“夏教”。三一教最初仅局限在莆田、仙游一带传播，到了万历年间，三一教的影响迅速扩大到以莆田、仙游为信仰的中心区，以福建为信仰的亚中心区，播及江南的广大地区和江北的一些地区，信徒成千上万。清康熙五十五年（1716）和乾隆五十三年（1788），三一教先后两次遭到清廷的禁止，从兴盛急剧走向衰微。福建省外的三一教均已泯灭，或与其他民间宗教合流，找不到任何资料说明其兴衰嬗变。但在三一教的发源地莆田和仙游，由于群众基础比较雄厚，所以仍在民间秘密流传，从未间断。到了清末和民国时期，随着以往的有关禁令的松弛和社会的动荡不安，三一教重新在莆田、仙游等地流行开来，并一度出现了复兴的势头，不少三一教祠堂被修复，三一教还在清末传到我国台湾省和东南亚的一些国家和地区，为台湾同胞和东南亚侨胞所信仰。①

中华人民共和国成立后，人民政府曾经颁布法令，取缔各种会道门组织，三一

---

* 林国平，福建师范大学社会历史学院教授、博士生导师。

① 关于林兆恩的生平、林兆恩的三教合一论、九序心法以及三一教的兴衰嬗变等问题，详见拙著《林兆恩与三一教》，福建人民出版社，1992年。

教虽然没有被列入会道门，但被停止公开宗教活动。经过“文化大革命”等政治运动，一些三一教祠堂被占用，大多数三一教祠堂因长年失修或人为破坏而破烂不堪甚至倒塌，但三一教信仰并没有退出历史舞台，它仍在莆田、仙游民间秘密流传。

1978 年以来，随着宗教信仰自由政策的落实，三一教在福建的莆田、仙游、惠安、福清、平潭、福州等地重新流行开来，许多三一教祠堂被陆续修复，同时也新建了许多新的三一教祠堂。影响相当大。1985 年、1989 年、2000 年、2007 年，莆田东岩山三一教祖祠曾对福建省内的三一教祠堂的数量和分布情况作了四次调查，第一次调查的结果是全省共有三一教祠堂 754 座，第二次调查结果是全省共有三一教祠堂 1044 座，第三次调查全省共有三一教祠堂 1356 座（含 2003 年泉港区调查），第四次调查全省共有三一教祠堂 1400 余座（正在统计中），主要分布在莆田市属各县区、泉州的泉港区，晋江、三明、福清、平潭、福州有 1 到 2 座三一教祠堂。

与此同时，三一教信徒的人数不断增多，特别是 1985 年以后信徒增长的速度十分惊人。东山祖祠在开展对三一教祠堂分布情况调查的同时，也对三一教信徒人数做了登记：1985 年，约 56000 人；1989 年，约 30 万人；2000 年，约为 87000 人（含 2003 年泉港区调查）；2007 年，约 13 万人（正在统计中）。由于教徒人数本身就是一个变量，加上有的三一教祠堂负责人抱着应付的态度，随便报个数字，有的三一教祠堂负责人担心今后有麻烦，故意多报（以为法不罚众）或少报信徒人数（担心政府追查），有的教祠堂仅统计办理过入教手续的教徒人数，有的教祠堂则把经常来烧香磕头的人也统计在内，甚至把全村的成年人都统计在内，所以上述统计数字不大准确。参照笔者调查的一些教祠堂的信徒人数，可以肯定地说，1985 年调查的信徒人数比实际的信徒人数要少些，而 1989 年调查的信徒人数要比实际人数多得多，2000 年和 2007 年的统计数字比较接近事实。至于未入教而又经常到三一教祠堂中烧香礼拜的善男信女更是不计其数，三一教已经在福建莆田、仙游、惠安等地形成了一股不可忽视的社会力量。①

二、三一教的转型

改革开放以来，中国社会发生着翻天覆地的变化和转型，一方面正在经历由传统农业文明向现代工业文明的转型，另一方面也在经历着计划经济向市场经济的转型。社会存在决定社会意识，文化生活方方面面包括人的生活方式也发生转型，三一教也不例外，主要表现在以下几个方面：

① 关于三一教祠堂的分布、三一教信徒的结构、三一教的影响等问题，将专文探讨。

首先，加快民间信仰化的进程。

民间宗教与民间信仰既有区别也有联系，其最大区别是民间宗教是一种制度化、组织化的宗教，而民间信仰则是非制度化、非组织化的准宗教。① 明末清初，三一教出现了民间信仰化的趋向，特别是三一教处在秘密传播状态时期，民间信仰化色彩愈加浓厚，清末三一教徒陈普耀痛心疾首地说道："……学三教者，其变又愈甚矣。阳籍教主之名，阴为惑人之术。或言妖说怪，或咒水书符，或以佛圣之偈言，而谱乐府之音韵，务悦听闻，隐图财利；藉瓶钵为生涯，效道释之末技，问以性命而不知，叩以心法而不觉。其离经背道，败教诬民，为害有不可胜言者。"② 民国初的三一教徒郭嗣周指出："惜三传之后，继起无人，别户分门，各树一帜。沿及末流，或假书符却病为生涯，或借说怪谈妖为秘术，林子之道亦几乎熄矣。"③

改革开放以后，随着三一教的复兴，三一教的上层人士力图保持民间宗教的特性，极力避免三一教蜕变为民间信仰，诸如教徒入教必须举行入教仪式、制定一系列教规、形成地域性宗教组织、定期开展讲经会道、传授"九序心法"等。有一位三一教领导人在2005年的一次题为《三一教与民间信仰的区别》的讲话中认为，三一教完全具备宗教条件，列举了十个理由：一是三一教有固定崇拜的神——三一教主林龙江；二是有经书经典流行于世；三是有入教要求和入教仪式；四是有与现时代相适应的教规教仪；五是有本教的教职人员和信徒组织；六是有独特的宗教法事、醮典、科仪；七是有本教的宗教传人；八是有性命双修的心法——林子九序心法；九是有固定的宗教活动形式；十是有正常的资金来源。④

但是，三一教的民间信仰化是一种不可逆转的趋向。我们在调研中看到，绝大多数三一教祠堂承担民间信仰的职能，甚至取代"社""境主庙"职能，三一教渗透到百姓的日常生活中，诸如祈子、儿童过关、读书、就业、婚丧喜庆等等，几乎事无巨细，都要到三一教祠堂祈祷礼拜。多数三一教祠堂内备有签谱、杯筈，供百姓占卜吉凶；不少三一教祠堂还建有戏台，与民间信仰一样，经常演习酬神；还有一些三一教祠堂举行扶乩活动，吸引群众参加。多数三一教信徒与一般的善男信女没有太大的区别，自己也说不清自己信仰三一教与信仰妈祖等诸如此类的民间信仰有什么不同。一般的百姓视三一教为民间信仰，对三一教信徒的看法也仅仅局限于他

---

① 拙文《关于中国民间信仰的几个问题的思考》，《民俗研究》2007年第1期。

② 《夏午真经》第1册《重刊夏午真经序》。

③ 《林子三教正宗易知录·序》。卢文辉、陈衷瑜、董史被三一教徒称为"三传"。

④ M先生笔记第18册。

们有练习“功法”、道德修养要求较高的层面上。[①]

三一教的民间信仰化从三一教的道场仪式的演变也可以看出来。明末清初，三一教形成一整套道场仪式，主要借鉴儒家的祭祀仪式，融合道教、佛教的祭祀仪式而成，其特点是站立不动地颂念儒道释和三一教经典，配以简单的道器和音调，称之“文道”。由于“文道”没有舞蹈、动作等表演程式，对一般百姓缺乏吸引力，因此在仙游和莆田沿海地区产生了伴随丰富表演程式的三一教“武道”。至今，“武道”在三一教中比“文道”更受欢迎，不但在三一教祠堂举行，也在三一教信徒家中举行，其民间信仰的色彩相当浓厚。[②]

其次，入教条件趋向放松，修炼进程趋向简易。

三一教创立伊始，入教条件相当严格苛刻，并要进行反复考察方可入教，同时要举行隆重的入教仪式，交纳若干入教费。林兆恩晚年，逐渐放松入教条件，吸收大批信徒入教。林兆恩去世后，三一教的入教条件进一步放松，但修炼过程相当复杂，不太容易达到最高阶段。

改革开放以后，虽然三一教秉承传统，入教时仍要举行仪式，焚烧入门启，交纳入教费等，但为了吸引更多群众入教，扩大三一教影响，大大放松了入教信徒资格的审查。笔者见到仙游县某乡镇的三一教入教条件的规定有六条：“1. 孝顺上辈，做好家庭；2. 和睦乡里，朋友诚信，尊老爱幼；3. 爱岗敬业，忠于职守；4. 拥护中国共产党领导，拥护社会主义制度；5. 热爱祖国，热爱人民，遵守国家法律、法纪，遵守公民道德规范；6. 自愿加入三一教，能接受三一教教规、教义者。”不得入教的规定有五条：“1. 未满十八周岁的未成年人；2. 患精神病、思维错乱者；3. 违法犯罪，受国家判刑者；4. 品质恶劣，公愤极大者；5. 不能履行教规教义者。”[③] 在实际操作中，并没有严格按照上述规定审查入教资格，通常情况是，群众要求加入三一教，只要没有违法乱纪、口碑没有特别不好的，经过两名三一教徒引荐，就可以吸收其加入三一教。入教时，要焚烧传统的“入门启章”。“入门启章”要求入教者“以三纲五常为日用，入孝出悌为实履，修之于家，行之于天下”，并提出各种严格的戒律（见附录），但入教者多不明了其教义。或为了祈福消灾而入教，或为了学习“九序心法”健身祛病而入教，或因家庭和环境的影响随大流而入教，当然也有为了提高个人道德修养、解决生死大事而入教的，但毕竟极少数。我们在

---

① 三一教的民间信仰化问题，相当复杂和有趣，将另文探讨。

② 笔者曾对三一教道场仪式做过详尽的调查和记录，搜集近百种科仪本，此问题将另文探讨。

③ 《三一教的特点与入教条件》，M先生笔记第18册。

调查中，很少听说有人被拒绝加入三一教的事例，也没有听说有人被开除出三一教组织的。有的村子，几乎全部信仰三一教。相当多村子的老人，绝大多数是三一教信徒，三一教祠堂几乎成为老人院。

与加入三一教的条件放松相适应，其修炼进程也趋向简易。三一教的修炼进程分为“立本”“入门”“极则”三个阶段。“立本”即初级阶段，要求信徒伦理道德无亏，能掌握“九序心法”的前三序的修身养性方法，要真正做到初级阶段的要求，很不容易。“入门”即中级阶段，对个人的道德修养要求更高，还必须掌握“九序心法”的第四至第六序的修身养性方法，只有少数人能做到。至于“极则”阶段，为三一教修行最高阶段，无论是个人道德修养还是内功修炼，都要达到无以复加的高度，即“九序心法”中所说的“虚空粉碎”，连三一教主林兆恩也不敢说他达到了“极则”境界。

20世纪80年代，笔者在莆田等地调研时，当询问哪些老三一教信徒已经达到哪个阶段时，不约而同地回答还处在初级阶段，极个别人说才进入“入门”阶段，没有一个人说达到“极则”。然而，90年代以来，情况发生很大变化，随着商品经济的发展，急于求成的社会浮躁心态也反映到三一教中来。一些地方的三一教信徒在进行一年左右的“立本”阶段的修炼后，就迫不及待地进入“入门”阶段的修炼，其中一部分人很快就被确认为达到“极则”的水平。笔者调查仙游某乡镇的62座三一教祠堂，共有教徒4168人，其中已经“入门”的有2001人，约占总数的48％（有两座三一教祠堂的门徒“入门”率达100％）。更有意思的是，笔者在仙游某三一教祠堂调研时，发现墙壁上挂着146名“先进门人”（“极则”的谦虚称呼）的照片，其中本堂门人占72人，其他祠堂76人。修炼进程趋向简易，是当代三一教转型的重要表现。

第三，教内秘密逐渐公开化。

三一教在明末清初曾经公开传播，清代中后期被官府禁止后秘密传播，清末民国初又半公开或公开传播，情况比较复杂，不能简单地说是秘密宗教。[①] 但三一教无论是在公开传播，还是秘密流传状态，教内有些东西是不对外公开，如入教仪式不允许外人观看、三一教的“九序心法”不能对外泄漏，《入门启章》明确规定：“其所授心法，必当勤而行之，虽家中至亲，不敢私告。如有泄露，唯天鉴之。”

1982年，笔者开始接触三一教，当时三一教还保持相当浓厚的神秘感，其传教仪式、道场仪式等不允许外人观看，涉及三一教“九序心法”的经典也秘不示人。80年代末，三一教逐渐对外公开教内秘密。诸如三一教的入教仪式，不但允许外人

① 详见拙著《林兆恩与三一教》。

观看，甚至传授新教徒“心法”的过程，也对外公开。前不久，笔者亲自参观入教仪式的全过程，并拍摄录像。至于道场仪式，不但允许外人参观，还可以录像，科仪本也毫无保留地公开，允许复印或拍照，笔者搜集到的三一教科仪本近百册之多。

林兆恩的“九序心法”，过去被作为教内最重要的秘密，只能在三一教内部传授，相关著作秘不示人。1990 年以后，林兆恩的“九序心法”的神秘面纱逐渐揭开，相关著作允许教外人士研读。近年来，笔者就搜集到十余册涉及“九序心法”理论和运用“九序心法”治病的著作。20 世纪 90 年代以来，仙游三一教还多次举办“林子心法”研讨会，欢迎教外人士参加研讨。三一教的某负责人在一次“林子心法”研讨会上说道：“《九序心法》作为教内秘传，历来是口口相传，心心相授，所以教外鲜有人知。就教内来说，由于师授师传，为师者的素质、水平不等，对其深奥妙理领会有别，以至各抒己见，后学无从。今乘国运昌隆之际，开展林子学术讨论之机，把《九序心法》公开提出探研，尤为必要。本人认为只有这样，《九序心法》真谛才能发扬光大，也能使《九序心法》更加有益于人民，有益于国家。”①

第四，加大社会慈善公益事业的力度。②

宗教与慈善公益事业的关系密切，绝大多数宗教都参与社会慈善公益事业活动。在历史上，由于民间宗教经常处于秘密流行状态，所以在社会慈善公益事业活动方面远远无法与正统宗教相比。三一教比较特殊，它在创立的初期，正是倭寇猖獗的明代嘉靖年间，东南沿海深受倭寇之害，三一教的发源地“兴化一郡，所辖者惟莆田、仙游二县，共编户二百二十有余里。迩倭奴入寇，屠戮殆尽，计逃窜而苟全者只可四分之一，并里籍合大约不过四五十里耳”。③ 加上瘟疫流行，“一坊数十家，而丧者五六，一家数十人，而死者七八，甚至有尽绝者，哭声连门，死尸塞野。故孤城之外，千里为墟，田野长草莱，市镇生荆棘”。④ 林兆恩挺身而出，毁家纾难，赈民救灾，组织门徒埋尸瘗骨，直至巨万家产为之一空。⑤ 林兆恩去世后，三一教继承教主的热衷社会慈善公益事业的传统，做了不少善事。清代中叶之后，三一教被官府禁止，秘密流传，清末民国时期虽然半公开或公开流传，但只有极少数三一教祠堂开展社会慈善公益活动。

改革开放初期，三一教逐渐恢复公开活动，出现复兴的势头，但由于百废待兴，

---

① M 先生笔记第 4 册。

② 关于三一教的社会慈善公益事业的资料，由莆田学院俞黎媛博士协助整理。

③ 《愿治堂集》第三册《备陈六事疏》。

④ 《愿治堂集》第三册《请恤三府疏》。

⑤ 详见拙著《林兆恩与三一教》。

三一教信徒忙于三一教祠堂的修建、教内组织的重构、经典的搜集和印刷、发展三一教信徒等，根本无暇顾及社会慈善公益事业，只有极少数三一教祠堂定期施药、施米、施棺，赈济贫苦群众，且规模不大，影响小。近十年来，随着绝大多数三一教祠堂修建工程的完成，三一教慈善公益事业的力度明显加大，主要表现在以下几个方面：

1. 参与社会慈善公益事业的三一教祠堂的数量大大增多。

以仙游县枫亭镇为例，该镇共有 62 座三一教祠堂，2005—2006 年参与各种社会慈善公益事业的三一教祠堂多达 27 座，占该镇三一教祠堂总数的 43.5%。有的三一教祠堂常年定期举办慈善救助活动，取得很好的社会效益，其中最突出的是福清尚阳祠。每年农历十二月廿五日，该祠必张贴广告，欢迎贫苦群众到尚阳祠领取赈济的米款，并在广告上标明施放米款的数额。1999 年至 2006 年的农历十二月二十五，每年施济金额都在万元以上，列表如下：

1999—2006 年农历十二月廿五日福清尚阳祠施济情况一览表（单位：元/人民币）

项目 年份	五保户 每户/斤/元			困难户 每户/斤/元			乞丐 每人/斤/元			施济大米		施济现金（元）	合计（元）
	米	钱	户数	米	钱	户数	米	钱	人数	斤数	折现（元）		
1999	50	45	54	20	20	30	5	5	1158	7810	6482	8775	15257
2000	50	47	54	20	20	39	5	5	1160	13010	10408	9824	20232
2001	50	48	52	20	21	29	5	7	234	5541	4432	6758	11190
2002	50	50	49	20	21	25	5	7	420	6150	4305	7178	11483
2003	50	55	56	20	25	26	5	8	620	7235	7235	9865	17100
2004	50	55	51	20	25	22	5	8	193	4205	4626	5929	10555
2005	50	55	48	20	25	21	5	8	854	7170	7887	9995	17882
2006	50	55	53	20	25	22	5	8	847	5925	7700	11021	18721
总计										57046	53075	69345	122420

尚阳祠还修建“万善同归”坟，将数万具无主残骸和露天骸骨收殓入坟。仅 1996 年至 1997 年，福厦公路拓宽和福泉高速公路奠基就收殓无主残骸百余具。同时，为五保户、特困户施舍棺木百余部。

2. 社会慈善公益事业的内容更加多样化。

过去的三一教的社会慈善公益事业多是以赈济贫苦群众为主要形式，近年来，其社会慈善公益事业内容更加多样化，包括建桥、铺路、助学、扶贫济困、支援灾区、义务工、老人会、抚养孤儿、支持少数民族、资助出版经书、收埋无主骸骨等，仍以仙游枫亭镇三一教为例，列表如下：

2005—2006 年枫亭镇三一教社会慈善公益事业情况表（单位：元/人民币）

祠堂名称	建桥	修路	助学	扶贫济困	支援灾区	义务工（天/15 元）	老人会	合计
镜山祠		29000				466/6990		35990
养静堂等		200000				260/3900		203900
养心堂	120000							120000
抚养清泉岩				12000				12000
镜山祠				500				500
夏午堂	12500			13550				26050
浮山祠		13000						13000
普德祠		10000		10500				20500
悔星祠		10000						10000
普中书院		10000						10000
隆山祠		5000						5000
五星堂		83000	1000	1000				85000
德义祠				1000				1000
永兴祠				500				500
龙山祠		10000		2500				12500
悔山祠		10000	10000	1000				21000
同德堂		10000		2000				12000
德山堂		10000		1500				11500
养霞堂				10000			3000	13000
养全堂		10000						10000
七星祠	20000	250000	30000	90000				390000
海安养和堂		50000		500				50500
海滨普兴祠		15000	10000					25000
和平执中堂	60000			600				60600
和平村宝山堂		70000						70000
和平村会山堂		90000						90000
仲山堂		15000						15000

3. 社会慈善公益事业的受益区域超出本地区。

过去，三一教祠堂进行的社会慈善公益事业的受益区域仅仅局限在本地，绝大多数是三一教祠堂所在村庄。近年来，三一教的社会慈善公益事业的受益区域扩大到外村、外乡镇、外县市，甚至省外。如 1998 年，长江中下游发生特大水灾，东山祖祠捐款 10 万元；仙游枫亭镇三一教祠堂捐资 37400 多元，衣服 5 万多件；仙游鲤城镇承三祠捐资 10000 元，衣服 5000 件；庆山祠 5000 元；东兴祠 2000 元；会山祠 2000 元；莆田壶南祠捐献衣服 11000 套，被子 820 条，帮助受灾群众渡过难关。莆田涵江三一教协会筹集大米 1000 斤，支援灾区。1999 年台湾发生地震灾害，莆田涵江三一教协会捐资 3000 元。1999 年，台风侵袭福建沿海和闽北山区及长江流域，莆田壶南祠该庙捐资 3 万元。1999 年 9 月，仙游县游洋镇五星村遭受特大洪灾时，仙游兴贤庙董事会发动群众捐款捐物，把 100 担大米和 3000 多件衣服运往灾区。1999 年，14 号强台风袭击的游洋山区，仙游显圣宫捐赠粮食 1 万斤、衣服 3000 件，救助灾民。鲤城镇的承三祠捐赠衣服 1000 多件、水泥 20 吨（时价 6000 元）、现金 500 元，直接送到游洋镇灾区，帮助重灾区人民群众重建家园。2008 年四川汶川地震，莆田仙游三一教信徒也踊跃捐款捐物，支援灾区，共捐赠现金 138 万元，物品 30 万元。

4. 投入社会慈善公益事业的资金大大增多。

随着三一教祠堂修建工程的完成，和近年来三一教祠堂香火收入的增加，以及从事社会慈善公益事业的热情持续高涨，各地三一教祠堂捐助于社会慈善公益事业的资金大大增多。如莆田东庄壶南祠从 1991 年至 2005 年，施济金额达到 82 万之多，大米 2 万多斤，列表如下：

莆田秀屿区东庄壶南祠 1991—2005 年施济情况（单位：元/人民币）

	施济现金（元）	其　他
1991	3000	大米 6000 斤
1992	51000	
1993	49200	衣服 500 套
1994	43180	
1995	44230	
1996	49345	
1997	44949	
1998	43621	衣服 11000 套，被子 820 条

续表

	施济现金（元）	其 他
1999	46749	
2000	53618	大米 2000 斤
2001	54685	
2002	91060	
2003	79620	大米 4500 斤
2004	85225	大米 3600 斤
2005	86750	大米 6000 斤
合计	826232	

福清桥尾尚阳祠近年来也积极参与修缮桥梁、围筑海堤、修建自来水设施、供电设施改造、修建木兰陂水坝捐、当地路灯村道等，共捐资近 20 万元。2005 年、2006 年仙游县枫亭镇三一教祠堂在修桥铺路等社会公益方面就捐资 120 多万元。2007 年莆田市三一教堂祠开展扶贫济困、施医赠药、修桥铺路的资金在 1000 多万元。

5. 建立社会慈善公益事业的领导机构。

近年来，有些地方建立三一教协会或专门的社会慈善公益事业的领导机构，更加有效地开展这项工作。如莆田市忠门施济协会（三一教）从 1992 年至 2004 年对南日岛、湄洲岛、平海、笏石、埭头、东庄、月塘、忠门、东埔、山亭、华亭、成效等乡镇的五保户、残疾人、特困户提供扶贫资金 160 多万元。① 秀屿区三一教协会成立后，加大社会慈善福利事业的力度，在短短的两个半月内就募集 13 万 8 千元善款，扶贫救困。②

莆田市三一教协会成立后不久，在 2007 年 11 月 30 日至 12 月 2 日举行的“纪念林龙江先生抗倭救难 450 周年暨阴阳慈善施济大法会”上，对莆仙两地的困难户和贫困家庭进行大规模施济，将 2000 条棉被、23 万斤大米、1 万斤米粉在各个县区分开施济发放，全部施济资金超过 89 万元。2008 年 4 月 23 日，成立莆田市三一教慈善协会，不到 20 天，四川汶川发生地震，莆田市三一教慈善协会在 5 月 20 日举办赈灾募捐大会，当场就募得善款 50 多万元，后来又在仙游等地募捐 70 万善款。

第五，争取合法地位，积极适应社会主义社会。

---

① 2005 年 12 月 20 日《报告》。

② 2007 年 4 月 18 日《秀屿区三一教协会汇报材料》。

林兆恩在世时，以隐士自居，与政府保持若即若离的关系。但三一教主张三教合一、宗孔归儒，所以其教义中规中矩，没有任何反对政府的思想。林兆恩要求信徒“恪守时王制度”，成为后来三一教信徒奉行的信条。

改革开放以来，三一教虽然可以公开传播，三一教祠堂数量和信徒人数剧增，发展很快，影响也不断扩大，但三一教是民间宗教，还是民间信仰，抑或是封建迷信？政府有关部门意见不同，学术界也有不同看法。三一教未能得到政府的承认，是三一教上层人士的一大心病。为此，三一教徒改变过去的“恪守时王制度”，与政府保持若即若离关系的做法，通过不同渠道积极向上级领导反映问题，认为三一教属于宗教的范畴，要求与佛教、道教、伊斯兰教、基督教、天主教一样得到法律保护，承认其合法地位。如 1986 年，敦请莆田医院的林秀娥在全国人大会上就东山祖祠归还三一教提出议案，引起有关部门的高度重视。1989 年 4 月 25 至 28 日在莆田召开“林龙江学术研讨会”，主办单位为莆田市社会科学联合会、莆田市政协等六个单位，除了省内外专家学者外（其中教授 5 人，副教授 13 人，讲师多人，研究生 13 人），还有数十名三一教信徒参加会议。三一教信徒充分利用此平台，在会上积极发言，介绍三一教的历史和现状，表达三一教信徒的心声，让政府官员和专家学者了解三一教。此次会议促成政府有关部门开始高度关注三一教，并初步达成共识，即三一教不是封建迷信，而是宗教，有必要把三一教管理起来，管比不管好，早管比迟管好。2005 年 11 月 23 日，国家宗教局副局长蒋坚和与中央统战部、台湾事务办公室在省、市有关领导陪同下，参观东山祖祠，听取三一教负责人的汇报。三一教负责人在发言中提出：三一教按照民间宗教的规范进行管理，有利于国家构建和谐社会，有利于地方安定团结；有利于发挥三一教教义为社会主义建设服务，有利于三一教与社会主义社会相适应；更加激发广大三一教信徒爱国爱教的热情，有利于教育、引导他们团结在党中央周围，努力建设社会主义小康社会；有利于对外交往，加强与海外联谊，扩大三一教影响，为家乡经济建设多做贡献。① 上述观点得到上级领导的认同，国家宗教局副局长蒋坚和在讲话中明确指出：1. 三一教不同于民间信仰，也不同于五大宗教，但是一个宗教，至少是一个比较成熟的民间信仰，采用“民间宗教”的名称是比较妥当的；2. 要进一步发挥三一教的优势，更多地做一些慈善事业，促进和谐社会的构建；3. 要加强对外交往，发挥积极作用；4. 条件成熟的地方先成立协会，如可先成立县区一级的协会。② 2006 年 12 月 6 日，莆田市三一

① 《对三一教的看法》2005 年 11 月，M 先生日记，第 18 册。

② 根据讲话记录整理。

教协会在莆田市民政局的批准下终于成立，标志着三一教争取合法地位的不懈努力取得成果，实现了三一教信徒梦寐以求的愿望。

另一方面，三一教高层人士制定相关的教规，引导信徒积极与社会主义社会相适应，促使政府有关部门早日承认三一教的合法地位。如三一教东山祖祠于 1989 年 6 月 26 日发布了《夏教规章戒律》，第一条就是“夏教门人必须服从党和政府领导，遵守国家的政策法令，开展正常的宗教活动”。1991 年仙游夏午普兴祠《林江学术会》章程中的第一条：为加强林子经典著作的学习，继承和发扬龙江道脉，本祠三教信徒因地制宜地成立本会，深入学习研究林子著作，发扬龙江精神，发掘中华民族文化遗产，为中国特色社会主义精神文明和物质文明服务。第二条：本会坚决拥护中国共产党的领导，遵纪守法，服从当地党和政府的领导。本会会员必须遵守国家各项政策法令，本会只限于本教内学术性活动，不涉及社会、政治和个人权利。① 1998 年 5 月 22 日成立的莆田市涵江区三一教协会，要求 105 座会员祠堂和信徒“必须服从党的领导，必须为无产阶级政治服务，为无产阶级经济服务，坚持宗教信仰要和社会主义社会相适应的方针，发扬龙江精神，爱国爱民，多做社会公益事业，赈民救灾”。② 2006 年成立的莆田市三一教协会章程提出该协会的宗旨是：“遵守宪法、法律、法规和国家政策，遵守社会道德风尚。目的是根据《宗教事务条例》保障公民宗教信仰自由，维护宗教和睦与社会和谐。”其业务范围中有：“反映三一教门人和信教群众的意见和要求，提出建议，协助政府落实宗教政策，指导各堂祠组织管理，保护好文物古迹。”“组织会员学习时事政治和教主《林子三教正宗统论》三十六卷等有关经书经典，提高爱国主义和社会主义觉悟，完善自身建设和管理。”“引导三一教门人和信教群众积极为社会主义两个文明建设服务，支持、参与社会公益事业，造福社会，利益人群。”“开展同港、澳、台及海外夏教门人的友好往来和文化交流，促进祖国统一，维护世界和平。”

三、初步结论

民间宗教自发流行于民间，其教义虽多源于儒道释三教，充斥封建礼教，但也有不少反映中下层百姓要求的政治主张，因此具有十分顽强的生命力。虽然历代统

① M先生日记，第 1 册。

② 莆田市涵江区三一教协会《莆田市涵江区三一教协会工作汇报》，2005 年 11 月。

治阶级视民间宗教为“异端邪教”，对民间宗教采取严厉禁止的基本政策，① 其结果并没有彻底消灭民间宗教，相反，明清时期民间宗教犹如春笋般涌现，用“野火烧不尽，春风吹又生”来形容民间宗教的顽强生命力，应不为过。民间宗教之所以能够生生不息，根本原因是有其生存的肥沃土壤。当代三一教的复兴，说明在社会主义制度下，仍然存在着民间宗教生存和发展的土壤和条件，一旦发展的时机出现，民间宗教就会复活甚至复兴。改革开放以来，莆田的金幢教、闽西的罗教、闽北的真空教、江南斋教、河北的天地门教、弘阳教、天津的西大乘教、广西普渡道、魔公教等民间宗教的复活也证明这一点。②

民间宗教并非凝固不变的，相反具有与时俱进的特点。三一教的转型表明，当代民间宗教的复活或复兴，并非过去的民间宗教的简单延续，而是随着社会的转型发生新的变化。当代民间宗教的最大变化是宗教的色彩逐渐淡化，神秘的面纱逐渐揭开，组织逐渐松散，积极介入社会生活，主动与社会主义社会相适应。这些变化有的虽然刚刚开始，但其发展趋势似乎不可逆转，其最终结果可能导致民间宗教的性质发生转变，应该引起学术界的高度关注。

民间宗教的复活或复兴，已经形成一股不可忽视的社会力量，对此政府有关部门不能视而不见，放任自流，而应该要面对现实，因势利导，制定相关的政策法规，探索民间宗教的管理模式，积极引导民间宗教与社会主义社会相适应，为构建社会主义和谐社会服务。这方面，莆田市有关部门做了一些有益的探索，也取得一些好的经验，如按照乡镇成立三一教联络组，分片管理，在成立区级三一教协会的基础上成立莆田市三一教协会，值得其他地区借鉴。③

发表于 2011 年第 6 期

---

① 详见谭松林主编《中国秘密社会》第一卷《总论》，福建人民出版社，2002 年，第 122—162 页。

② 参见濮文起：《当代中国社会的民间宗教问题及其对策研究——以河北省天地门教、弘阳教为例》，《当代宗教研究》2005 年第 2 期；濮文起：《民间宗教的活化石——活跃当代中国某些乡村社会的天地门教》，《天津社会科学》2006 年第 3 期；濮文起：《民间宗教的又一块活化石——活跃在当今天津市西青区杨柳青镇的明代西大乘教》，《当代宗教研究》2006 年第 3 期；王熙远：《桂西民间秘密宗教》，广西师范大学出版社，1994 年；王宏刚：《上海农村城市化过程中的宗教问题研究》，《世界宗教研究》2005 年第 4 期；王宏刚：《上海农村城市化过程中的宗教及民间信仰问题研究》，《宗教与世界》2005 年第 11 期。

③ 关于地方政府与三一教的互动和管理模式，将另文探讨。

“中央苏区”概念的地域指涉变迁考

郭若平 袁超乘*

作为中共党史领域重要历史概念之一，“中央苏区”这个历史概念在其形成过程中，包含着丰富而多变的历史地理内涵。人们在使用“中央苏区”概念进行历史表述时，其时间和空间的指向是特定的。“中央苏区”概念中所指的空间，即地域指涉，是与此概念相关的众多历史事件要素相联系的。本文试图研究“中央苏区”概念的地域形成历史语境，考察不同时期“中央苏区”概念中的地域指涉变迁，目的在于确定“中央苏区”概念的真实历史内涵。

一、“中央苏区”概念形成的地域范围

关于“中央苏区”概念所指涉的地域范围，学术界提到最多的是赣南与闽西两地，或者是引用毛泽东在《抗日战争胜利后的时局和我们的方针》一文中所说的第三次反“围剿”后，形成了江西中央区的21个县城。但是，如果只根据这一论断来代表整体“中央苏区”概念所指涉的地域范围是有失准确的。因此，如果要真实地确定“中央苏区”这个概念的完整内涵，就必须首先考察这个概念存在时期所指涉的地域范围及其界限。

（一）“中央苏区”概念形成初期的地域范围

“中央苏区”概念的完整出现和使用来自中共的最高决策机构——中共中央政治局。1930年10月24日，中共中央政治局下发了《关于苏维埃区域目前工作计划》,[①]《计划》罗列选择根据地的主要条件，提出“确定湘鄂赣联接到赣西南为一大区域，要巩固和发展它成为苏区的中央根据地”。[②] 而其他全国苏区则应该围绕“中

* 郭若平，中共福建省委党校教授；袁超乘，福建师范大学、中共福建省委党校研究生。

① 参见《中共中央文件选集》第六册，中共中央党校出版社，1989年，第428页。为表述方便，下文中以“《计划》”代称。

② 《中共中央文件选集》第六册，第429页。

央苏区”开展革命工作，争取与“中央苏区”打通。在此时的中共中央政治局看来，“湘鄂赣及赣西南这一中央区”是“已经大致具备了根据地的条件”，需要进一步巩固并建立起来，而其他如湘鄂边等则需要“用大的力量快的速度将它发展起来”。在这段表述中，“中央根据地”“中央苏区”“中央区”等提法，可视为内涵意义一致用法。从《计划》的具体规划用意中可以看出，“中央根据地”是指湘鄂赣与赣西南两大苏区联接后区域的统称，但仍属于“要巩固和发展”的规划，尚未正式形成。所以，此时的“中央根据地”（“中央苏区”）的地域范围还处在战略规划上，虽然两块苏区都具备有利的发展形势，但严格意义上说，“中央根据地”仍是一个计划性的目标存在。

出于巩固苏区根据地和向外发展的目的，加强统一领导，“中共中央政治局便决定在中央苏区立即设立中央局，目的在指导整个苏维埃区域之党的组织”，① 希望包括《计划》中的“中央苏区”在内的全国各苏区有统一的组织领导机构。也就是说，在推进“中央苏区”的形成计划中，中央局扮演着组织层面总领导机构的角色。中央局的成立也意味着将《计划》中的两个苏区正式纳入到“中央苏区”这一战略设想之中。同时，中央局之所以做出以“中央苏区”为中心的战略规划，其目的还在于实现更深意义的政治目标，这个目标就是计划召开“全国苏维埃大会与建立中央临时政府的任务”。②“中央苏区”这个概念的提出，在其所设定的区域，被视为召开全苏大会和中央临时政府的基地，所以《计划》才会发出这样的指示：“各特区的代表选出后，须立即送达中央区”，且“必须使各地代表能够全数到达中央区”。

（二）反“围剿”斗争对“中央苏区”概念形成的影响

“中央苏区”概念提出后，“中原大战”之后的 1930 年 11 月，蒋介石调集军队开始全面对各苏维埃区域进行“围剿”，拉开了旷日持久的国共之间“围剿”与“反围剿”斗争。蒋介石国民党的“围剿”是以江西苏区为重点，企图对活跃于赣西南的朱毛红军一三军团实施军事打击，以期消灭这一中共革命主力。在这样的背景下，由于军事斗争的变动性，使得“中央苏区”指涉的区域形成不可避免地将受到影响。

在“中原大战”期间，蒋介石就已积极准备对苏维埃区域进行“围剿”。为了反抗蒋介石国民党的“围剿”，中共制订了“从内外两方坚决的迅速的进行保卫苏区和红军的计划”。③ 1930 年 10 月 28 日，中共中央发布了组织“反抗帝国主义国民党军阀进攻红军苏维埃区域运动”的第九十二号中央通告，强调在反“围剿”斗争的同

① 《中共中央文件选集》第六册，第 432 页。

② 同上书，第 439 页。

③ 同上书，第 434 页。

时，应当积极地推动建立“中央苏区”的计划。针对此次蒋介石“围剿”的重点——江西的一、三集团军，中共中央在29日专门向集团军前委发出有关对抗策略的指示，要求一三军团应“坚持进攻以击破敌人的策略”，并且解释了进攻策略“实际上的办法，首先便是要使湘鄂赣这一特区与赣西南特区，完全打通，要使樟萍线完全抓在红军手里……绝对不能使湘赣敌人在这一线上打通，截断我们中心区域”，[①] 中共中央希望“集中一三集团军的力量，击破敌人的一方”，[②] 从而破坏敌人的包围，以巩固和创造联接成“中心区域”的基础，这里的“中心区域”也就是“中央苏区”形成的战略基地。

同时，就军事指挥问题，指示中也做出部署，“以朱德同志为一三两集团军总司令，当其他部队与中央区发生作战联系时，亦归一三集团军总司令指挥”。[③] 分析这一表述可以发现，中共中央在明确军事隶属关系时，将“一三集团军”的指挥机构视作“中央区”中军事的总指挥，显示了“中央苏区”的策略重心所在。由此表明，在敌我对垒的情况下，中共中央建立“湘鄂赣联接赣西南成为中央苏区”的重点偏向赣西南地区，这为之后因革命形势变化而使“中央苏区”形成地域指涉的变换留下了空间。

在共产国际的再三指示以及中共六届三中全会的决议指导下，成立苏区中央局的计划在苏维埃区域逐步展开。经中央委派，项英在1930年1月上旬到达一三军团活动的赣南地区。经过短时间的准备，1930年1月15日，中共苏区中央局在江西宁都县黄陂附近的小布宣告成立，并发布《中共苏区中央局通告第一号——苏维埃区域中央局的成立及其任务》。至此，与反“围剿”斗争中确定的军事指挥隶属关系相对应的政治组织关系，也随中共苏区中央局的成立而构建起来。一号通告除宣告中央局成立以外，再次明确了“赣西南特区与湘鄂赣边特区为苏维埃中心区，中央临时政府建立在此区”，同时还强调，“闽粤赣特区，包括闽西、广东东北、赣东南一部分”。[④] 在中共苏区中央局的组织框架内，“赣西南与湘鄂赣边”以“苏维埃中心区”的身份存在，并且确认这是中央临时政府的所在地，“中央苏区”的战略规划随着中央局的正式成立也逐步落实到实际工作中。

苏区中央局成立之时，受到人事、地理条件以及革命局势的影响，工作开展受

---

① 《中共中央文件选集》第六册，第479—480页。

② 同上书，第480页。

③ 同上书，第482页。

④ 中国人民解放军政治学院党史教研室编《中共党史教学参考资料》第十四册，1985年，第621页。

到限制。而此时正值江西苏区第一次反“围剿”战争基本结束。军事上的失利使得国民党政府加紧了对红军主力——一、三军团的封锁，此前已占领过的与一、三军团主要活动地域相邻的赣江以西地区也被隔绝开来，以致需要将一些县区划归其他省管辖。这样一来，由于地理的隔绝以及局势的限制，中央局成立之时，直接指导全国各苏区行动是比较困难和不切实际的。对于除江西赣西南苏区之外的苏区，甚至计划中同属“中央苏区”的湘鄂赣，中共苏区中央局都是无法及时对其做出行动指示的。因此，苏区中央局虽已经成立，但真正直接指导的是“中央苏区”原计划中在江西的部分。

（三）“中央苏区”概念地域指涉转向江西

由于中央苏区中央局成立之初，并不能及时协调统一全国苏区行动。于是，共产国际执委会远东局的盖利斯在 1931 年 2 月 10 日表示：“在贺龙（他也被列入中央局的组成人员）那里和第 1 军也将成立中央局。”① 随后，1931 年 3 月 2 日，远东局主要负责人雷利斯基也表达了类似建议。② 也就是说，远东局认为需要在每个苏区都设立中央局来领导苏区革命，这也是迫于条件限制而希望更好地指导所在苏区行动的要求而做出的。

不久后的 3 月 10 日，中共中央政治局通过了《关于鄂豫皖苏维埃区域成立中央分局决议案》，“决定在这一地区成立中央分局，以直接领导这一地区的土地革命的开展。在这一苏区未与江西中央苏区打通以前，中央分局完全直隶于中央政治局”。③ 远东局所提的策略，在决议案中得到实施。更为重要的是，其中将是否与江西中央苏区打通作为分局与中央局隶属关系的判断依据，以“江西”作为修饰，进而明确说明“中央苏区”的地域指涉。

由于“中央苏区”概念形成过程中的地域内涵与实际存在的苏区地域并不完全吻合，这就使中共根据实际而对这个概念做出适当的调整，在“中央苏区”之前加以“江西”，以示此时策略方向与建立“中央苏区”原计划的区别。这种区别是特定概念与历史语境的互动结果，这一互动是在受到敌人严密封锁的“围剿”之下形成的，其结果是导致中共中央以及苏区中央局对“中央苏区”的最初地域指涉进行了调整，逐步把“联接湘鄂赣与赣西南为中央苏区”转变为以赣西南苏区为中心的“中央苏区”创建工作中来。

---

① 《联共（布）、共产国际与中国苏维埃运动（1927—1931）》第 10 卷，中共中央党史研究室第一研究部译，中央文献出版社，2002 年，第 64 页。

② 同上书，第 163 页。

③ 《中共中央文件选集》第七册，中共中央党校出版社，1991 年，第 186 页。

1931年3月21日，在中共中央通过的《苏维埃区域红五月运动的工作决议案》中，指示“各苏区在地方苏维埃改选工作中必须选派出席本区（如鄂豫皖区湘鄂西区）与出席全国苏维埃大会的代表，尤其是邻近中央区的各苏区（如东江，闽西，赣东北，赣南，湘东南，湘南，湘鄂赣边，鄂东等区）必须以最大的努力派遣代表到中央区（一、三集团军所在地）去，务期能在红五月中到达”。① 在这里直接将湘鄂赣边苏区与“中央区”并列，并且对“中央区”作“一、三集团军所在地”的解释。毫无疑问，中共中央此时已将一、三集团军所在的江西赣西南地区视为了构建“中央苏区”的地域基础，这一战略构想已经在赣西南苏区逐步得到落实并发展成熟。

“中央苏区”概念所指地域的这种变化，同样可以从远东局与中共领导人及共产国际的交谈和通信中看出。1931年1月11日共产国际执委会政治书记处政治委员会给远东局和中共中央的电报中强调，考虑到第一次反“围剿”的严重形势，中共应当要“把赣南基本的最主要的根据地保持在我们手里”。② 这一以赣南为中心的偏向性考虑，预示着后来“中央苏区”概念地域指涉的变化。明确表明“中央苏区”地域调整的，是远东局28日给共产国际执行委员会的信，信中列明：“现在我们拥有什么呢？有三个自己的根据地：（1）朱［德］—毛［泽东］的中央（苏）区；（2）贺龙的湘西北、鄂西南地区；（3）近来已变成一支强大力量的（在鄂豫皖交界处的）第1军地区。”其中直接将“中央苏区”的归属地域，冠以“朱德—毛泽东的”字样，显示远东局的信中主要是以军事力量的存在来说明“中央苏区”地理方位。信中的表述与中共3月21日决议案中以“一、三军团”解释“中央苏区”所在地是完全吻合的，表明此时已经将“联接湘鄂赣到赣西南中央苏区”的计划转移到“以朱德—毛泽东”军队所在的赣西南苏区为中心的发展方向上来。

在1931年4月召开的苏区中央局扩大会议上，以决议的方式变换了此前中央局第一号通告的表述形式，重点强调“动员一切力量……要达到把江西苏区创造成全国苏维埃的根据地，在这个根据地上，召集全国苏维埃代表大会，成立临时中央政府”。③ 扩大会议上的决议虽没有出现“中央苏区”或“中央根据地”等词，但因其目标的内在要求与建立“中央苏区”的任务一致，“全国苏维埃的根据地”亦即全国性苏维埃政权的所在地，可以视作“中央根据地”的替代表述，可谓“同质异表”。

---

① 《中共中央文件选集》第七册，第199页。

② 《联共（布）、共产国际与中国苏维埃运动（1927—1931）》第10卷，第24页。

③ 江西省档案馆、中共江西省委党校党史教研室编《中央革命根据地史料选编》中册，江西人民出版社，1983年，第305页。

随着以赣西南为中心的根据地建设工作的不断顺利向前，而湘鄂赣与赣西南始终无法打通，“中央苏区”概念在地域意义上，也就成了赣西南苏区的称谓。

至此，“中央苏区”概念由最初的地域建构，经过与历史语境的互动，进而构成了以赣西南作实际承载体和“朱毛”红军为存在依托的中共重要革命根据地和中央苏维埃政府发展基地的初期面貌，其地域指涉因反“围剿”斗争的形势所迫，放弃“湘鄂赣联接赣西南”转向“赣西南”，显示了一个历史概念与历史语境之间的互动与变化。

二、“中央苏区”概念中的闽西区域要素

“中央苏区”概念的地域指涉由联接湘鄂赣和赣西南转向围绕赣西南为中心的根据地发展，并且随着中共两次反“围剿”斗争的胜利，江西的“中央苏区”有了较为巩固和明确的地域范围；而在第三次反“围剿”斗争取得巨大胜利后，闽西苏区也与属于“中央苏区”的赣东南地区全面贯通，并逐步构成“中央苏区”地域指涉的重要部分。以下考察闽西与赣东南全面贯通前“中央苏区”的地域指涉以及闽西苏区融入“中央苏区”的起始。

（一）江西“中央苏区”的地域指涉

取得第二次反“围剿”斗争的胜利后，在赣西南苏区基础上建立起来的“中央苏区”已经十分明确，那么它此时的地域范围如何呢？对此，可以从苏区中央局秘书长欧阳钦于1931年9月3日向中共中央提交的关于中央苏区情况的《中央苏维埃区域报告》中找到答案。这份报告写于7月20日，是欧阳钦介绍其离开三个多月之前的中央苏区情况，报告中的中央苏维埃区域正是赣西南苏区。

欧阳钦报告称：“自去年十月工农红军主力一、三两军团退出吉安到赣江东岸，我们的中央苏区即在这一区域，这一区域有联系的是万安、泰和、吉安、永丰、乐安、广昌、南城、南丰、石城、瑞金、宁都、雩都、兴国、赣县，这县的县城除赣县都曾经占领过，但不是长期的，这一区域的范围，已经建立有苏维埃政权的，大约经常有四五百里。”[①] 这是此时中共有关“中央苏区”概念地域观念较为全面的表述。由于“经常要受到敌人进攻及战争的影响，比如因为内心［线］作战策略的关系，在几次战争前苏区都缩小了”，[②] 而“至于赣江西岸也有十余县有苏维埃政权，但自第一次战争胜利之后，敌人把交通封锁得非常严密以至关系断绝，及至最近七

---

① 江西省档案馆、中共江西省委党校党史教研室编《中央革命根据地史料选编》上册，江西人民出版社，1983年，第363页。

② 同上。

军过江来才打通联系，但往来仍须要武装护送，因为三次战争关系，这一联系恐不能保存接续”。[①] 可见，受“围剿”的影响，“中央苏区”的地域范围是不稳定的，相互间也时常受到隔离。

9 月 3 日，由江西瑞金发出的一篇特约通讯——《江西的中央苏区》中，开篇就写道：“在以赣南为根据而建立，发展起来的中央苏区，到今年十月革命纪念日我们将可以看见中国苏维埃共和国临时政府呱呱堕地了。”[②] 通讯中还列举了“中央苏区”所在区域有“卅一县”，分别是：“吉安、吉水、泰和、万安、永新、遂川、宁冈、安福、宜春、分宜、新喻、清江、峡江、永丰、乐安、安丰、广昌、宁都、瑞金、石城、兴国、赣县、雩都、安远、寻邬、会昌、信丰、南康、上犹、崇义等卅一县，除去时常受敌人攻击而缩小或恢复没有一定的外围数县意外，经常能够有联系的受苏维埃政权统治的纵约四百里，自赣县至永丰，横约三百里，由万安至瑞金。”[③]（安丰为南丰，印刷有误）而同样写于 9 月份的赣西南综合报告中，在介绍有关苏维埃政府的组织情形时也称“卅一个”，[④] 其中寻邬包括广东平远和蕉岭两地区），这里列举的地域与通讯中的地域范围是一致的，显然，此时的“中央苏区”正是江西省苏维埃政府，即赣西南苏区的所辖范围。但是，需要说明的是，此时“县苏维埃政府占领着县城的有永新、兴国、宁都、乐安、南丰、广昌、瑞金、遂川等县，不过因交通被敌人阻断，河西已不能与省苏发生关系，赣南除兴国、赣县、雩都以外，其余各县关系也是间断了，现在在赣东南省苏能够指挥的区域大概直有四百里（由赣县到永丰）横有三百里（由万泰到瑞金）”[⑤]。也就是说，“中央苏区”的地域仍不是上下通畅、左右相连完整的地区，但是能够确定以上地区是属于当时“中央苏区”概念所指涉的范围内。受敌人的进攻和严密封锁，以赣西南为基地的江西“中央苏区”流动性较大，很多县并不能与上级苏维埃政府保持通畅的联系，其中赣江以西苏区尤为严重，并且一直延续，以致后来河西苏区脱离了“中央苏区”范围。

（二）闽西苏区扩大了“中央苏区”的地域范围

闽西地区是“中央苏区”地域范围的最主要组成之一，但在建立“中央苏区”

---

① 江西省档案馆、中共江西省委党校党史教研室编《中央革命根据地史料选编》上册，江西人民出版社 1983 年版，第 364 页。

② 同上书，第 392 页。

③ 同上。

④ 同上书，第 411 页。

⑤ 同上书，第 412 页。

的计划提出之初，闽西苏区却只是被强调必须与《计划》中的“中央苏区”快速打通。[①] 随着反“围剿”斗争的激烈展开，闽西苏区地位的重要性逐步显示出来，从地域的地缘战略意义上考虑，中共中央将其作为“中央苏区”的支撑大后方和后备主要根据地。[②] 这一“中央苏区”大后方的定位因受到敌人不断“围剿”而一直强调着，1931 年 5 月 22 日闽西苏维埃政府布告第十七号强调“闽西苏维埃当前的总任务是巩固闽西苏区红军，保卫中央苏区的后方”。[③]

第二次“围剿”失败后，南京方面并不甘心，开始认真对待中共所拥有的武装力量。于是，1931 年 6 月底，由蒋介石亲自任“围剿”军总司令，准备发动第三次“围剿”。在两军对垒未获优势的情况下，受到宁粤冲突的因素牵制，在“九一八事变”发生后，蒋介石结束了对江西“中央苏区”的第三次“围剿”。在闽西苏区，经过十多天的战斗，红军新十二军四战四捷，打破了对苏区的第三次进攻。至此，苏区获得了新的更大发展空间，闽西与江西的“中央苏区”逐步发展到完全打通，闽西苏区融入“中央苏区”的进程也由此开始。

在“中央苏区”概念地域内涵变迁过程中，虽然闽西逐步完成了与江西“中央苏区”的贯通，但在中共最初的“中央苏区”观念中并未立即将其纳入其中。1931 年 11 月初，中央苏区召开的第一次党代表大会，决议指出“赣东南苏区是中央苏区的主要根据地，这根据地应当伴着闽西苏区和河西与湘东南苏区”，[④]“中央区的根据地还是很流动的，与闽西苏区只在最近才能贯通，与河西苏区仍是隔离的”，[⑤] 这一表述可以解释为闽西苏区与河西（赣江以西）一样在“中央苏区”的流动地域内，现在得以贯通，也就有了融入“中央苏区”的可能。决议提出“苏区必须扩大，中央区域闽西的连系必须巩固”。[⑥] 分析其中表述可以发现，闽西苏区并未在贯通之后被迅速地纳入“中央苏区”概念之中，但已有融入的倾向，这一表现是符合逻辑的，毕竟这种贯通是需要进一步发展和巩固的。

1931 年 11 月 17 日，中华苏维埃代表大会召开并成立中华苏维埃共和国临时中央政府，但在此时，闽西仍是与中央区相区别的全国苏区之一。实际上，闽西苏区

---

① 参见《中共中央文件选集》第六册，第 431 页。

② 同上书，第 511 页。

③ 中央档案馆、福建省档案馆编《福建革命历史文件汇集》（苏维埃）一九三一年至一九三三年甲 15，1985 年印，第 97 页。

④ 《中共中央文件选集》第七册，第 452 页。

⑤ 同上。

⑥ 同上书，第 459 页。

被纳入“中央苏区”概念范畴之中是从军事指挥上开始的。1931 年 12 月 4 日，中共中央在一份有关军事部署和红军行动方向及编制的训令中，对各苏区的状况及发展前途进行了总结与设计，其中提到在“闽西方面，永定龙岩苏区恢复，及与中央区联系一起后，张贞刘和鼎均取守势”，[①] 而“目前红军行动的总方向应该首先是使中央区（闽西在内）与湘赣边苏区完成一片，巩固赣南根据地”。[②] 由此可证，在苏区军事部署上，闽西苏区已经被纳入了“中央苏区”的地域范畴，其中特别用括号提及“闽西在内”，凸显了此时的“中央区”与此前主要只以赣东南苏区为“中央苏区”的地域差异，是对“中央苏区”概念扩充的特别说明，闽西苏区也就真正突破了“中央苏区后方”的定位。

训令中对各苏区都制定了行动方针，首先是中央区，其中对红军主力的行动做出指示，强调要努力发展游击区域，进而扩大苏区，其中就包括闽西北，这也印证了闽西苏区此时与赣东南苏区的巩固联系。训令中有关“中央区”的规划在之后的革命进程中得到有效的执行，整个闽粤赣苏区也逐步融入“中央苏区”的地域范围。此后，闽西苏区及其相连的闽粤赣苏区的其他部分逐步成为“中央苏区”的地域范围，“中央苏区”的地域指涉扩展到江西和福建两省。1932 年 2 月 19 日，中共苏区中央局的决议案中就确认：“现时中央苏区已有了贯通闽赣二十五县疆土……这是中国土地革命发展中从来没有的这样大这样相当巩固的根据地。”[③] 因此，作为一个历史概念，“中央苏区”的地域因素在闽西融入后得到巨大的扩充。

三、“中央苏区”概念内涵扩大后的地域变迁

赣西南和闽西成为“中央苏区”概念中地域内涵的主要组成部分，是经历了一个不断发展变化的过程，这个过程是随着革命根据地斗争形势的变化而变化的。从“中央苏区”指涉的地域范围史实上看，这种变化大致经历了三个历史时期。

（一）第一时期（1931 年 12 月—1932 年 5 月）

1932 年 5 月，江西苏区省委在一份总结一至四月工作报告中确认，这个时期“中央苏区”的江西部分包有“兴国、宁都、胜利（雩都北平县）、赣县、永丰、公略（吉安吉水两县苏区合并而成）、万泰（万安、泰和两县苏区合并而成）、瑞金、石城、宁都、广昌（广昌与南丰一区）、乐安、会昌、安远、寻邬，共十五县，在五

---

① 《中共中央文件选集》第七册，第 536 页。

② 同上书，第 539 页。

③ 《中央革命根据地史料选编》中册，第 337 页。

月初又成立宜黄一县（割宁都三个区及宜黄原有之二区合并而成）”。[1] 这一区域是在“争取会昌、安远、寻邬及石城巩固闽赣苏区的联系，以及宁都兵暴增加了宁都城和广昌全县而完成的”，“占有七个全县，七个县城（兴国、雩都、寻邬、会昌、瑞金、石城、宁都、广昌），面积纵约七百五十里以上，横约五百四十里以上，居民有二百四十五万以上，东南边与闽西苏区完成［全］联系起来，打成一片，西则以赣江为界与河西白区对峙，南则界广东及三南”。闽西苏区地域虽未在相关文件中明确其范围，但 1932 年 4 月 28 日《红色中华》提及的闽赣两省邮政联系会议上，为加强健全中央苏区的工作而设立的三条涉及闽西的邮路：“瑞金——长汀”“长汀——上杭——永定”“长汀——新泉——龙岩”，[2] 此外《红色中华》中对不同会议报道也涉及闽西苏区的地域范围，可以大致确定此时闽西苏区的主要区域是以长汀为中心，涉及上杭、永定、龙岩、武平、新泉、连城、宁化。

在 1931 年 12 月到 1932 年 5 月的半年中，“中央苏区”在江西境内的地域，主要包括从永丰到寻邬，由万泰至石城的范围，其主要区域涉及兴国、宁都、雩都、赣县、永丰、吉安、吉水（赣江以东）、万安（赣江以东）、泰和（赣江以东）、瑞金、石城、广昌、南丰（与广昌交界区域）、乐安、会昌、安远、寻邬。“中央苏区”在福建境内的地域，则主要包括从武平到龙岩，由宁化至永定的范围，涉及长汀、宁化、连城、龙岩、上杭、永定、武平。

（二）第二时期（1932 年 6 月—1933 年 5 月）

1932 年 6 月，为了粉碎敌人的四次“围剿”，缓解经济困难，中央政府向全苏区工农群众募集短期革命战争公债六十万元，其中五十万元由江西和福建分五期发行。汀州、瑞金、龙岩、筠门岭、会昌、雩都、广昌、宁都、石城、寻邬、安远、兴国的城市商人共六万元；兴国、上杭、赣县、胜利、公略、万泰、会昌、宁都、雩都、南广、寻邬、永丰、乐安、永定、新泉、安远、石城、龙岩、宁化、武平、连城、信康各县共三十九万。[3] 这里新出现了筠门岭（会昌南部）和信康，但是并未出现五月初成立的宜黄。到 1932 年 11 月 1 日的发行第二期革命战争公债的训令中，汀州市、宁化、瑞金、会昌、筠门岭、广昌、石城、安远、寻邬的商家共十五万元。中央苏区江西的瑞金、胜利、公略、雩都、赣县、广昌、石城、永丰、安远、寻邬、乐安、宜黄、信丰、万泰；福建的长汀、上杭、龙岩、永定、新泉、宁化、汀州市、

---

① 《中央革命根据地史料选编》中册，第 425 页。

② 《闽赣两省邮政联席会议经过》，《红色中华》一九三二年四月廿八日，第十九期，第四版。

③ 参见《中华苏维埃共和国临时中央政府执行委员会训令——为发行革命战争短期公债券事》，《红色中华》一九三二年六月廿三日，第二十四期第五版。

武平，共九十八万六千元。[①] 第一次发行所说南广和信康在此时只以广昌和信丰单独出现，包含南丰和南康部分。

战争公债的发行可以反映出所在地区党的政权工作和群众基础的状况，同时也从另一面反映“中央苏区”在这一时期的主要区域范围状况，比如宜黄县的巩固，以及在信康（1932.3 南康和信丰西北失守，南康县机关转到赣县南部与信丰一部成立信康；10 月与信丰县苏合并为信康县苏）、[②] 南丰两个区域与敌军的拉锯。就此可以判断，1932 年 6 月至 1932 年 11 月的半年时间内，“中央苏区”的主要区域未有大的变动，宜黄等边界地区得到进一步巩固和发展。

1932 年 11 月到 1933 年 5 月的半年，中央苏区江西省与福建省进行了行政区域和行政隶属的调整，如撤销南广，分别成立南丰和广昌两县，石城的隶属在江西与福建之间的转换；同时“中央苏区”积极向赣东北和闽北地区扩大，“将建宁，黎川，太宁，光泽，资溪，金谿六七县完全赤化，同赣东北苏区打通一气”，“福建也扩大了清流，宁化，归化，连城几百里地方”，[③] 与闽浙赣省闽北分区取得联系，使“中央苏区”指涉的地域进一步扩大。

随着黎建泰等所在的闽赣苏区的巩固，在 1933 年 4 月 26 日的中央人民委员会第四十次常会上，通过了“将建，黎，泰，金资光邵闽北苏区，以至信抚两河间一带地区划为闽赣省，立即成立闽赣省革命委员会”[④] 的决议。闽赣省的成立，是“中央苏区”继闽西与赣南打通之后在区域扩展上的最大发展，使“中央苏区”所在的区域大大增加，涉及黎川、建宁、泰宁、金谿、资溪、光泽、邵武以及闽北分区。其中闽北分区包括铅山、崇安、广丰、邵光、建阳、上铅。[⑤] 这一时期，“中央苏区”的主要区域新发展（含闽北分区）涉及江西的黎川、资溪、金谿、铅山、上饶、广丰；福建的建宁、泰宁、清流、归化、光泽、邵武、崇安、建阳。

（三）第三时期（1933 年 5 月—1934 年 10 月）

“中央苏区”在 1933 年 5 月至 1933 年 11 月发展到鼎盛时期。8 月 16 日召开人民委员会第四十八次会议，“决定以雩都，会昌，西江，门岭，寻邬，安远，信康七

---

① 参见《中央执行委员会第十七号训令——为发行第二期革命战争公债》，《红色中华》一九三二年十一月一日，第三十八期，第一版。

② 参见陈立明、邵天柱、罗惠兰：《中国苏区辞典》，江西人民出版社，1998 年，第 66 页。

③ 《两年来苏维埃政权的巩固与发展》，《红色中华》一九三三年十月廿四日，第一二一期，第三版。

④ 《中央人民委员会第四十次常会》，《红色中华》一九三三年四月廿九日，第七十三期，第一版。

⑤ 参见福建省三明、建阳档案馆，江西省抚州、上饶档案馆编《闽赣苏区文件资料选编》，1983 年，第 19 页。

县，成立粤赣省，迅即召开临时代表大会，成立省苏”，粤赣省虽并非设立在新发展苏区基础之上，但是它的设立使中共在该区域内的领导更加有效。

在新发展的区域方面，会上同时“增设泉上（宁化清流归化间），代英（上杭永定间），兆征（以汀州为中心），太雷（石城瑞金间），康都（黎川广昌间）五新县”[①]（另外四十六次会议增设有龙岗、杨殷、洛口、赤水、［[illegible]］门岭）。根据1933年9月到10月《红色中华》第一〇八期和第一一四期关于江西选举运动的报道，以及第一一六期关于江西省各县扩大与慰劳红军的竞赛报道中所说明，此时江西省苏共辖二十三县，[②] 包括兴国、博生、胜利、瑞金、公略、永丰、万太（泰）、新淦、崇仁、宜黄、乐安、杨殷、南丰、广昌、石城、雩都、洛口、长胜、赣县、龙岗、赤水、信丰、太雷（瑞金为中央政府直属县，不属江西省辖）。

江西省是在粉碎四次“围剿”中扩大了包括南丰，宜黄，崇仁，乐安，永丰，新淦等县的一部分，[③] 取得了苏区新的发展。这一时期，在苏区东线取得的胜利下，“中央苏区”的侧翼得到巩固，扩大赤色版图数百里，在泰宁的四个新区，将乐，顺昌，延平建立了革命政权。[④] 至此，“随着东方军的胜利，又从福建的龙岩、新泉交界，经过连城，清流，归化，一直到闽北的延平附近，这一大块区域，都变为苏维埃版图了”。[⑤] 另外，1933年11月14日，第一二十五期《红色中华》中刊登了福建省第三次党代表大会上各县领导群众加入红军的统计表，[⑥] 其中列举的福建各县包括：长汀、宁化、新泉、汀东、上杭、武平、代英、兆征、永定、清流、连城、澎湃、龙岩、饶和、埔北，在这些县中饶和与埔北在之前的报道中并未出现，但可以确定福建的平和与广东的饶平、大埔在这一时期属于“中央苏区”版图之中。根据这一时期设立的县苏情况来看，“中央苏区”新发展的区域涉及江西的新淦、崇仁，贵溪南部（1933年8月成立贵南县）、金溪南城交界（1933年9月成立金南县，11

① 《人民委员会第四十八次会议》，《红色中华》一九三三年八月卅一日，第一〇六期，第五版。

② 参见《江西热烈进行选举运动》《江西省选举运动□期》《江西省第二次党代表大会热烈讨论扩大红军工作》，《红色中华》一九三三年九月六日第三版，一九三三年九月三十日第五版，一九三三年十月六日第一版。

③ 参见《中华苏维埃共和国临时中央政府成立两周年对全体选民的工作报告》，《红色中华》一九三三年十月廿七日，第一二二期，第一版。

④ 参见《闽赣苏区文件资料选编》，第101页。

⑤ 参见《中华苏维埃共和国临时中央政府成立两周年对全体选民的工作报告》，《红色中华》一九三三年十月廿七日，第一二二期，第一版。

⑥ 参见《福建省第三次党代表大会代表自□承认领导群众加入红军的统计表》，《红色中华》一九三三年十一月十四日，第一二五期，第三版。

月解体），福建的顺昌、延平、将乐。

1933 年 9 月底 10 月初，国民党军队开始对中央苏区进行第五次“围剿”，至 1934 年 10 月的一年内，虽然中央苏区没能避免由鼎盛走向消亡，但仍然取得了一些地区的胜利。1934 年 1 月 25 日，东方军攻克沙县城，成立了县苏维埃政府，但很快便遭到了破坏而停止工作。1934 年 7 月，由于粤赣省的大部失去，鉴于赣南地区的重要性，中共中央决定成立赣南省，其中包括于（雩）都、登贤（雩都、赣县、会昌、信康三县边界）、赣县、杨殷、寻安会（寻安、门岭两县合并成立），但并未在区域范围上有新的发展，在此不再多述。

综上所述，作为革命根据地的“中央苏区”，在其存在期间形成了特有的历史内涵，在这种历史内涵基础上形成的“中央苏区”这个历史概念，其内涵的地域指涉，大致涵盖如下区域：吉安、吉水、泰和、万安、永新、遂川、宁冈、安福、宜春、分宜、新喻、清江、峡江、新淦、永丰、乐安、南丰、广昌、宁都、瑞金、石城、兴国、赣县、雩都、安远、寻邬、会昌、信丰、南康、上犹、崇义、黎川、宜黄、资溪、崇仁、南城、金谿、贵溪、铅山、广丰、上饶、建宁、泰宁、清流、归化、宁化、将乐、延平、顺昌、邵武、光泽、崇安、建阳、长汀、连城、武平、上杭、永定、龙岩、平和、平远、蕉岭、饶平、大埔，共计 63 县区域。[①] 红军主力和中共中央在 1934 年 10 月被迫进行战略转移，“中央苏区”概念内涵所指涉的地域也就此终结，而以上区域就成为日后所称“中央苏区”的地域组成部分。因此，就历史概念的真实性而言，只有以上所列的地域，才能够涵括在“中央苏区”这个历史概念的地域指涉范畴之内。从地域指涉层面对“中央苏区”概念内涵变迁进行考释，能够较为准确地把握“中央苏区”概念的历史内涵，它是保持这个历史概念内涵真实性的必要工作，它可以避免在中共党史研究中出现不必要的误用，也可以避免在党史宣传工作中出现误导性的滥用。

---

① 这里地域指涉所涉及的县区并不是绝对完整的，但并不影响对“中央苏区”概念内涵的界定。

早期台湾史与大陆关系的重新审视

陈支平*

一、早期台湾史研究的“口头禅”式误区

关于早期的台湾历史，中国学界以及推而广之的社会各界有一句十分流行的论说，这就是“台湾自古以来就是中国领土不可分割的一部分”。这句流行性论说的历史意义与现实意义是毋庸置疑的，然而作为以追求历史真实性为宗旨的历史学界，光有这句流行性论说是远远不够的，因而这一流行性论说也遭到了海内外诸多学者以及部分关注海峡两岸关系的各界人士的质疑，甚至嘲讽。在这种状况之下，中国的历史学家们就有责任和义务寻求出尽可能多的论据，来充实“台湾自古以来就是中国领土不可分割的一部分”的这一历史命题论说。

大陆的历史学界似乎也十分重视这一命题的论证，但由于早期文献史料的稀缺，这一命题的论证显得相当艰难。尤其是有少部分学者为了论证这一命题，不惜在某种程度上以曲解文献史料记载的方式来敷衍成篇，以讹证史。“台湾自古以来就是中国领土不可分割的一部分”，这一严肃的学术与政治命题，逐渐落入了“口头禅”式的误区。

举许多中国学者所津津乐道的有关三国时期台湾就归属中国的记载为例。我们只要查阅原书，就可以发现这种引证似是而非。葛剑雄说道：“过去的历史教科书都强调早在三国时期孙权就派卫温、诸葛直到了台湾，以此证明台湾自古以来是中国的领土，却从未讲到卫温、诸葛直去的目的是什么。（谭其骧）老师让我们查阅史料，一看才知道他们是去掳掠人口的。书本以此证明大陆跟台湾从那时起就是友好往来，这一方面是歪曲历史，另外对促进两岸统一也没好处。”①

---

* 陈支平，厦门大学国学院院长、两岸关系和平发展协同创新中心首席专家。

① 葛剑雄：《历史教科书的“底线”》，《同舟共进》2013年第5期。

这部分学者对于中国古代典籍的解说，其出发点也许是用心良苦，但是这种做法对于严谨的历史学来讲，未免有失严肃；尤其是对我们理直气壮地对外宣示“台湾自古以来就是中国领土不可分割的一部分”的庄严立场，并无益处。近年来，我因为组织编撰多卷本《台湾通史》的缘故，接触了许多有关台湾半个多世纪来的考古发掘资料，对于早期台湾历史有了一些新的认识。从这些台湾岛内新发现的考古发掘资料中，我们完全可以看到早期台湾历史与大陆源远流长的密切关系，从而可以以比较坚实的史料，论证说明“台湾自古以来就是中国领土不可分割的一部分”这一极具现实意义的论说。

二、从考古学资料看早期台湾与大陆的关系

大陆历史学界和一般的社会人士对于台湾半个多世纪以来的考古成就知之甚少，其原因是双方面的。从大陆学界这方面看，中华文明源远流长，大陆各地重大考古发现层出不穷，许多考古新发现足以震撼世界学术界，而孤处海中的台湾岛，似乎缺乏早期显著的文明传承历史，在台湾开展考古学研究没有多少学术意义，尤其是不太可能出现“轰动效应”的考古新发现。因此，在某种程度上可以说，大陆历史学界对于台湾的考古发现，普遍存在着一种“不屑一顾”的状态。从台湾岛内的这方面看，虽然台湾考古队伍为数不多，但也恪尽职守、勤勤恳恳地在台湾各地不断地开展早期台湾文明史的考古工作，时有成果出现。而自二十世纪七八十年代开始，台湾的“台独势力”不断膨胀，在文化上“去中国化”的倾向不断侵蚀着台湾的学界。从历史学的角度来观察，1949 年国民党政权迁移台湾之后，台湾历史学界所关心的研究领域，基本上是以大中国五千年文明发展史为核心的。而到二十世纪七八十年代之后，台湾掀起了“台湾史”研究的热潮。这一热潮的掀起，基本上是为了对应所谓的“台湾本土意识”这一政治理念而产生的。特别是有一部分具有“台独”意识的历史学从业者，利用研究“台湾史”的名义，从事文化“去中国化”的行径。凡是关于台湾史中与大陆有关联的文献、文物以及考古发现等等，或是予以曲解，或是视而不见。在这种情境之下，台湾岛内研究“台湾史”的学界，至今对于台湾本土的考古成就，同样也是处于一种基本“失语漠视”的奇怪状态。在大陆历史学界与台湾岛内“台湾史”学界的双重因素下，大陆学界对于台湾本世纪以来的考古发现，自然就知之甚少了。

下面，我就利用台湾考古学界近年来的一些重要发现，来对早期台湾历史与大陆的相互关系做一重新审视。

首先，从自然地理变迁史上看，台湾属于华夏古陆闽台半岛的一部分，从福建

沿海到台湾岛，在史前时期多次成陆地而连为一体。由于喜马拉雅山的造山运动和冰期影响，最迟在第三纪上新世时，台湾和沿海岛屿曾与大陆相连。早在更新世前期，由于地壳上升和气候变冷，沿海地区发生海退，海岸线向海洋推进，这时，台湾海峡海底露出水面，构成广阔的大陆架平原，台湾岛和福建沿海岛屿成了大陆的一部分。人类可以轻易地随狩猎的动物由华南来到台湾海峡及台湾其他地区，进而在台湾定居。[①] 早更新世后期，气候转暖，海平面上升，这时海水进入台湾海峡，台湾与大陆分开。中更新世前期，又一次地壳上升和气温降低，发生海退，台湾与大陆再度相连。此后，地球气候时暖时冷，海面时升时降，台湾与大陆的连接和分开交替出现。大约一万年前，即更新世结束，地球的气温开始回升，海平面开始上涨。在之后的 1000 年内，海平面上升了约 140 米。台湾方才跟福建脱开，成为一个海中的大岛。[②] 到 6500 年前，气温上升达到顶峰，气候温暖，海水高涨。此时的台湾地貌跟现在所看到的地貌完全不一样，山很高，河面很宽，冲积出来的平原面积不大。6000 年前以来，海平面有所回落，台湾岛内的陆地也逐渐扩大。然而到了 17 世纪末，明朝万历年间因海防上的需要而绘制的《海防图》，从福建看台湾，只看到海上有几座大山，山与山之间是广阔的水面。西洋人更把台湾画成 3 个连续的小岛。[③] 现在我们看到的河口平原是从 5000 多年以来到最近 400 年，因山崩、土石流、台风等原因，泥石顺流而下，在河口冲积而形成的。直到 18 世纪前后，方才出现我们现在所认识的台湾地貌。台湾与大陆的自然地理属性，为两地的生物往来和迁徙提供了天然的便利。

6000 多年前，在海平面最高的时候，在北纬 30°左右的大河口，如非洲尼罗河口三角洲、西亚的两河流域、印度河流域、中国的黄河流域中游和长江流域下游，发展出人类最早的农业文明，有文字、有农耕、有定居的聚落。现在称为 Malayo-Polynesian 这个民族，即被学界通称的南岛语族的祖先也在这个时候开始从华南向太平洋周边移动。6000 多年来，Malayo-Polynesian 这个族群一直在移动，以游耕、采集方式生活，没有发展出文字记录，乃至城邦等复杂的政治组织。他们擅长海上航行，

---

① 黄士强：《台湾史前文化简介》，“台湾省”博物馆，1986 年。本文引用的台湾考古资料，得到台湾徐泓教授和刘益昌教授的大力帮助，特此致谢！

② 刘振湖、王英民、王海荣：《台湾海峡盆地的地质构造特征及演化》，《海洋地质与第四纪地质》2006 年第 26 卷第 5 期；何传坤、祁国琴：《台湾第四纪澎湖海沟哺乳动物群及古生态环境变迁》，台湾中国地质学会 1995 年年会论文集；林俊全：《台湾东海岸地区的海岸线变迁与史前遗址关系之研究》，《田野考古》第 4 辑第 1 期，1993 年；陈正祥：《台湾地志》，台北南天书局，1993 年。

③ 杨子器《舆地图》与传教士利玛窦《坤舆万国全图》及《福建海防图》，均收入曹婉如等编《中国古代地图集》，文物出版社，1990 年。

从东亚的南部出发，向东到达太平洋上各个岛屿，向西到达非洲的马达加斯加岛。在这个大航海、族群大迁徙的浪潮中，台湾显然是最先到达的地方之一。① 最早乘船进入台湾的人群，就住在大山脚下的河口，海水淹不到的地方。由于是新开发的地方，物产相对丰富，生活比较富足，人口也就快速增长。

从目前台湾学界的考古发掘资料看，台湾史前文化最早阶段出现于更新世晚期，距今约5万到3万年，与整个东亚、东南亚比较，可说属于旧石器时代的晚期阶段，亦有学者称为先陶文化阶段。

现在的考古发现，台湾最早的史前文化是长滨乡八仙洞旧石器时代晚期的长滨文化，其遗址文物经碳14鉴定年代为距今2.5万到2万年，结束的年代在距今5500年前左右。② 过去认为的台湾最早的人类左镇人，经碳14鉴定距今只有3000年，并非台湾最早的史前人类。因而，长滨文化的发现改写了台湾史前史。③ 而台湾西北部红土阶地发现的石器，通过苗栗县大湖乡网形伯公垄遗址发掘确认的旧石器时代文化遗物，其文化内涵和长滨文化不同，居住的生活环境也不相同，遗物反映的生活型态也有差异，是为“网形文化”。④

目前在台湾尚未发现比本阶段更早的文化。从遗物的型态而言，网形伯公垄遗址出土的尖器、刮器、砍砸器等和广西新州地区的石器群相似，几乎是同类型的石器；而长滨文化是以石片器为主的砾石工业传统，无疑也和广西百色、上宋遗址及贵州南部兴义县的猫猫洞文化有密切的关系。说明了这些文化可能来源的方向是中国南部地区。⑤ 近年来福建的考古发现，可以作为台湾同一时期的比对与发展，福建的文化类型反映了从旧石器时代晚期到新石器时代早期的转变与发展。根据最近福建博物院研究人员所提供的史前文化证据，其遗址从旧、新石器过渡期一直延续到

---

① 张光直：《中国东南海岸考古与南岛语族起源问题》，载《南方民族考古》（第一辑），四川大学出版社，1987年。

② 长滨文化，考古界过去鉴定的年代在距今1.5万年至5000年之间，甚至推估3万年前，但一直缺乏有力证据。从2008年9月开始，“中研院”历史语言研究所副所长臧振华博士所带领的工作团队，在海拔138米高的昆仑洞及120米高的潮辰洞，分别从旧石器时代的文化层中采集了一些碳素的样本，送到美国Beta放射性碳素实验室进行年代测定，结果非常一致的都集中在2万年以上，最早可达到2.5万年。

③ 过去认为生存于2万至3万年前的台湾最早史前人类——左镇人，2015年，经送美国Beta实验室与澳洲国立大学碳14定年法检验，检验结果显示：左镇人生存年代只距今约3000年。

④ 刘益昌：《台湾全志》（卷三）“住民志·考古篇”，台湾文献馆，2011年。

⑤ 宋文薰：《史前时期的台湾》，载黄富三、曹永和主编《台湾史论丛》第一辑，台湾众文图书公司，1980年。

新石器早期，地层堆积连续、清楚，三期文化一脉相承，体现了较完整的文化序列。其中旧、新石器过渡期的石器打制技术与台湾长滨文化十分相似，说明两地之间在旧石器时代晚期可能有关系。①

这个时代正是第四冰期晚期，由于海平面下降，今日的台湾海峡是陆地，人类可以轻易地随狩猎的动物由华南来到台湾海峡及台湾其他地区，进而在台湾定居。但是冰河消退，海水面逐渐上涨，较低的地区被水淹没，迫使人类往东西两侧移居。距今一万年前左右的全新世初期，台湾海峡形成今日状态之后，华南和台湾之间的交通断绝。亚洲大陆东南沿海，今日的中国福建地区已经由旧石器时代晚期逐步演变为新石器时代初期，但是台湾东部的长滨文化可能因为自然资源丰富，继续保持其狩猎、采集的生活型态未曾改变，或因长期的孤立而造成文化发展迟滞的现象，一直延续到距今5000多年前新石器时代人群到来才消失。西北侧的网形文化似也同样保持狩猎、采集的生活型态，同样结束的年代也在新石器时代早期人群移入台湾西海岸北部区域之后。②

到了新石器时代早期阶段，台湾的史前文化以“大坌坑文化”类型为主，从遗址的大小及文化层堆积型态得知，已经是定居的小型聚落。主要分布在河边或海边、湖岸的阶地。年代依据遗址测定所得的绝对年代在距今6500年到4500年之间，晚期也可能延伸到4300年左右才结束。这个文化的陶器通称粗绳纹陶，特征是手制，质地较松软，通常含砂，火候不高，表面颜色呈暗红、浑褐、浅褐色。器型简单，通常只有钵、罐两种。作为日常工具的石器的数量不多，种类也少，只有打制石斧、磨制石斧、石锛、网坠、石簇、有槽石棒等少量工具。一般相信，大坌坑文化人可能也使用不少竹木所制的工具。从出土石制生产工具如石锄、石斧等可以推测当时人已知农耕。③

许多台湾考古学者认为，台湾新石器时代的大坌坑文化与福建、广东二省沿海的早期新石器时代文化有密切的关联，尤其是发现在闽南沿海，以金门复国墩、平潭南厝场和闽侯溪头下层为代表的复国墩文化，以及粤东沿海以潮安陈桥、海丰西沙坑为代表的西沙坑文化，与大坌坑文化相当近似，可能属于同一个文化的不同类

---

① 臧振华：《试论台湾史前史上的三个重要问题》，载《台湾大学考古人类学刊》第45辑，1989年。刘益昌：《前时代台湾与华南关系初探》，载张炎宪编《中国海洋发展史论文集》（三），“中研院”三民主义研究所，1988年。

② 刘益昌：《史前时代台湾与华南关系初探》，载张炎宪编《中国海洋发展史论文集》（三），“中研院”三民主义研究所，1988年（傅斯年：337.4092 0295 v.3）。

③ 刘益昌：《台湾的考古遗址》，台北县文化中心，1992年。

型或是有密切关联相互影响的二种文化。张光直拟测大坌坑文化与南岛语系民族祖先型文化相同，也许可以将南岛民族的祖先型文化从台湾大坌坑文化进一步上推至亚洲大陆东南沿海早一阶段的复国墩遗存。有的台湾学者则根据台北的大坌坑、台南的八甲村、高雄的凤鼻头遗址，陶器器型包括罐、钵、碗等容器，陶器外表纹饰多施绳纹、划纹，偶见贝纹，石器有磨制的斧、锛、镞等特征，指出其文化内涵与广东、福建的早期文化颇多相似。大陆东南沿海居民，由于长年在海中渔捞，海上航行经验逐年累积，有向海外岛屿拓展移民的机会。台湾大坌坑文化的居民，可能就在这样的背景下从大陆东南沿海到达台湾。还有的学者根据台湾大坌坑文化与福建的壳丘头遗址下层、昙石山遗址下层、闽南的遗物均有部分类似性，加上澎湖菓叶A遗址的彩陶器型和彩纹，与昙石山遗址中层和溪头下层早期墓葬的彩陶具有类似性这些点看来，大坌坑文化可能与壳丘头遗址下层、昙石山遗址下层和中层等几个不同年代的遗存先后有过接触，显示当时的史前人类可能存在着从福建沿海一带经金门、澎湖而到达台南地区的这一接触路线。也说明了新石器时代早期文化并非孤立于台湾地区，而可能透过物质交换体系与亚洲大陆东南沿海互动往来。[①]

从生产形态上看，台湾的原始农业也深深受到大陆农业生产的影响，甚至是直接传承而来的。在亚洲大陆则从更新世结束阶段转变的初级农业逐步发展形成具有农业耕作体系的新石器时代文化，这些文化人群与分布在沿海地带的“富裕的采集者”人群相互结合，并在全新世中期偏早距今约6500年左右逐渐影响到台湾，就目前的资料应该是人群带着具有农业的新石器文化体系迁移到台湾西海岸南北，定居于沿海地带并逐步扩张于台湾的平原以及丘陵边缘，这些人群似乎遇到旧石器时代晚期人群的后裔，并且同化这些人群。这些带有农业的人群扩散到台湾全岛的平原、丘陵边缘以及澎湖群岛，构成全面性的分布，其生活形式主要以采集、狩猎、捕鱼和初级的农业耕作，直到距今5000年前左右，带有小米、稻米等种子作物耕作的文化要素与人群再次从亚洲大陆东南沿海迁入或影响台湾西海岸南北，构成台湾史前文化的重大变迁。不但人口增多，聚落增大，而且还向山区迁移，进入不同生态体系，已经完整分布于全台湾各种不同的生态区域，可说是落地生根成为整个台湾的

---

① 张光直：《中国东南海岸考古与南岛语族起源问题》；凌纯声：《古代闽越人与台湾土著族》，载《中国边疆民族与环太平洋文化》，台湾联经出版事业公司1979年；宋文薰：《史前时期的台湾》；刘益昌、郭素秋：《金门复国墩遗存在亚洲大陆东南沿海的地位及其意义》，载《“中国东南沿海岛屿考古学研讨会”论文集》，2005年。

主人。①

进入新石器时代中期，台湾史前文化与大陆的联系依然处处可见。如这个时代分布于台北盆地与北部沿海地区至宜兰平原的讯塘埔文化，西海岸中部地区以及丘陵台地地区的牛骂头文化，西海岸南部地区以及澎湖、恒春半岛的牛稠子文化和东部地区以绳纹红陶为代表的遗存。此外，在西北部桃竹苗沿海及台地丘陵边缘得见和北部讯塘埔文化、中部牛骂头文化不同的"红毛港类型"文化（原称"红毛港系统"），在云林、嘉义以及台南市北半侧平原及丘陵边缘亦得见不同于中部牛骂头文化以及南部牛稠子文化的地方性文化体系，等等。台湾考古学者认为，这些文化都具有绳纹陶器的特质，不可否认台湾的绳纹红陶文化，确实和同一时代的福建昙石山文化有许多共同要素，显示二者之间的密切往来关系。②

从文化发展的角度而言，台湾这些区域性的绳纹红陶文化在各地区逐步演化发展为同一区域各个新石器时代晚期的文化。相似的陶器形制局部发现于闽南到香港之间的亚洲大陆东南沿海地带，福建东山岛大帽山遗址陶器形制与台湾西海岸绳纹陶器类似，同时出土可能是澎湖玄武岩制造的石器，年代亦相近，二地之间相互往来的可能性极高。到了新石器时代的晚期阶段，台湾岛内所发现的文化遗址又有所增加。目前可以辨认的文化单位包括：芝山岩文化、圆山文化、③ 植物园文化、营埔文化、大马璘文化、大湖文化、凤鼻头文化、响林文化、卑南文化、麒麟文化、花冈山文化、丸山文化，以及部分地区尚未界定所属的遗址。这个阶段年代大致在距今3500年到1800年之间，甚至可能晚到距今1600年到1500年前，和中国东南沿海新石器时代晚期的最后阶段以及青铜时代相当。圆山文化以台北盆地北侧为中心并延伸至北海岸地区，以浅棕色素面的陶器为主，其文化特质具有许多外来移民的元素，其来源可能是广东沿海的海丰到香港之间。台北盆地同一时期稍早的芝山岩文化，则被认为是从浙南及闽北地区移民而来，近年来研究也证实和浙江南部与福建北部、闽江流域的黄瓜山文化具有密切关联，甚至可能是直接移民所致；植物园文化也可能受到福建南部印纹软陶的直接影响，北部地区这三个文化可说是这个时期

① 张光直：《中国东南海岸考古与南岛语族起源问题》；凌纯声：《古代闽越人与台湾土著族》；宋文薰：《史前时期的台湾》；刘益昌、郭素秋：《金门复国墩遗存在亚洲大陆东南沿海的地位及其意义》。

② 刘益昌：《台湾的考古遗址》。

③ 圆山文化的归属，台湾学者早期多半以贝壳测定的碳14年代可能早至4400年前，而划分其较早阶段属于新石器时代中期。最近几年多量的木炭测定的碳14年代显示圆山文化的年代最早约在3500年前，而且大量集中于3000年前以内至2500年之间，因此归属于新石器时代晚期实较妥当。郭素秋：《台湾北部圆山文化的内涵探讨》，《南岛研究学报》2014年第5卷第2期，第69—152页。

与东南沿海地区关系最密切的史前文化。①

令人惊讶的是，这个时期大陆的少量青铜器已经导入北部台湾的圆山文化及土地公山类型。经过考古资料的耙梳，已有不少出土地点。如北部地区大坌坑遗址与土地公山遗址出土的青铜器，大坌坑遗址的圆山文化层内曾出土一件小屯式青铜镞，土地公山遗址出土的青铜器为一件青铜斧。台湾南部地区同一时期大湖文化，在台南市麻豆区水堀头遗址大湖文化层中出土一件青铜尖器，伴出的陶器为灰黑陶，年代在距今 2700 年到 2500 年之间。在东部地区的卑南文化，亦曾发现青铜手环、青铜刀。大陆青铜器之输入，虽然属于当时的偶发性之行为，但是由此足见在新石器中晚期阶段，大陆文化对于台湾史前文化的影响力。②

距今 2500 年到 1800 年左右，台湾进入新石器时代晚期后段，或可称为新石器时代末期，在台湾东海岸具有清楚金属器（青铜、铁器）输入的状态。台湾原住民的生产及生活形态也迈进了金属器与金石并用时代早期阶段，其延续年代为距今 1800 年到 1000 年左右，局部可能晚至距今 800 年左右。从农业生产上看，这个阶段初期开始发展的芝山岩文化已有成熟的稻作农业，芝山岩遗址芝山岩文化层出土大量碳化的栽培种稻米，营埔遗址也发现稻米遗留，说明稻米等种子作物已是当时的重要作物，当然根茎类作物仍是主要的作物。从遗址中出土的其他食物渣滓，如圆山贝冢出土的贝类、鱼骨，鹿、山羊、山羌、山猪、狗的骨头；凤鼻头文化文化各遗址贝冢出土的各种贝类、鱼类骨头，山猪、鹿、山羊等兽骨，可知狩猎、渔捞依然占有重要的地位；圆山遗址出土的狗骨头数量不多，也许是畜养的狗，而非作为人类食物。这正如我们在上面所述，小米、稻米等农作物耕作技术，是台湾早期原住民直接从大陆输入的。③

这一时期沿海平原大部分文化体系已进入使用铁器为主的金属器时代，东部地区浅山丘陵与中央山区部分的史前文化体系仍以石器作为主要生产工具，处于金石并用时期。此一阶段数据检视的结果初步显示，台湾的史前文化体系可能从西北部的十三行文化与东南侧的三和文化中晚期，开始进入以铁器制造、使用为主的金属

① 刘益昌：《史前时代台湾与华南关系初探》。

② 宋文熏：《由考古学看台湾》，载陈奇禄等：《中国的台湾》，台北“中央文物供应社”，1980 年；刘益昌：《台湾的考古遗址》。

③ 臧振华、刘益昌：《十三行遗址：抢救与初步研究》，台北县文化局，2001 年；刘益昌、郭素秋：《台北市考古遗址调查与研究》，载《台北市民政局委托之研究报告》，2000 年版；刘益昌：《台湾地区史前文化层序研究的省思》，载《台湾考古百年纪念研讨会会议论文及工作报告》，台湾“中研院”历史语言研究所，1996 年。

器与金石并用时代，从三和文化的演变过程可以见到新石器时代晚期逐渐走入金石并用时代的景象，不论在日常生活遗留的文化层中或墓葬的陪葬品，都可见到相同的现象。西北部的十三行文化遗址目前的数据显示距今1800年到1600年前金属器迅速替代石器作为主要的生产工具。至于西南部平原地区的情形则与十三行文化类似，已经大量使用铁器为主的金属器。但是迄今为止，在这些文化遗址的发掘中，尚未发现金属冶炼制造的遗迹。可以唯一得以解释的是，这些金属器特别是铁器的使用，首先来源外来文化的传入，而海峡对岸的华南区域无疑是其中最为重要的源头。

在台湾的金属器与金石并用时代，包括已经发掘整理的十三行文化、番仔园文化、大邱园文化、崁顶文化、茑松文化、龟山文化、北叶文化、静浦文化以及植物园遗址等20世纪70年代中期以来已经命名的文化遗址单位，和在外岛、丘陵、山地地区已经发现尚未完全了解的大量遗址。这些文化年代在距今1800年到400年之间。这个时候大陆的岭南、福建已经进入使用铁器的历史时代，而澎湖也在唐宋之际成为带有汉文化的人群的移居地。十三行文化的日常用品以红褐色夹砂陶为主，外表常有拍印的几何形纹饰，数量较少的灰色细砂陶则饰有刺点纹，这些几何形印纹陶年代较大陆东南沿海地区青铜时代的几何印纹硬陶略晚，纹饰也较简略，从植物园遗址的出土几何形印纹软陶与十三行文化早期近似，推测十三行文化可能是植物园文化接受东南沿海地区冶铁及烧制火候更高的陶器技术之后的进一步发展。①

在这期间，大陆的文献已经涉及台湾岛及澎湖岛的记载。距今约1800年的东汉时期，有所谓“东鳀”“夷洲”的记载。三国时期，东吴“遣将军卫温、诸葛直将甲士万人，浮海求夷洲及亶洲……世相承有数万家，其上人民。时有至会稽货布，会稽东县人海行，亦有遭风流移至亶洲者。所在绝远，卒不可得至，但得夷洲数千人还”。② 吴国丹阳太守沈莹在所撰《临海水土志》中有进一步说明：“夷州在临海郡东南，去郡二千里。土地无霜雪，草木不死。四面是山，众山夷所居。山顶有越王射的正白，乃是石也。此夷各号为王，分划土地，人民各自别异，人皆髡头，穿耳，

---

① Chang, K. C. & Collaboraters. 1969, "Fengpitou（凤鼻头）, Tapenkeng（大坌坑）, and the Prehistory of Taiwan," Yale University Publications in Anthropology No. 73. New Haven. 臧振华、叶美珍等：《台闽地区考古遗址普查研究计划报告》，载《“内政部”委托“中研院”历史语言研究所、台湾史前文化博物馆筹备处之研究报告》，1997年；黄士强、张慧端、陈维新、朱正宜、陈有贝：《人文史迹调查分析：东部海岸陆域资源调查及分析》，载《“台湾省”住都局市乡规划处委托执行之研究报告》，1989年。

② 陈寿：《三国志・吴书・陆逊传》，中华书局，1959年，第1136页。

女人不穿耳。作室居，种荆为蕃鄣。土地饶沃，既生五谷，又多鱼肉。舅姑子父，男女卧息共一大床。交会之时，各不相避。能作细布，亦作斑文。布刻画，其内有文章，好以为饰也。”① 印证这些在东汉及三国时期的文献记载，我们可以知道大陆不仅长期以来与台湾之间密切的种族与经济文化联系，而且也是有文献记载以来最早登陆台湾、澎湖列岛的人们。

从台湾旧石器晚期至公元15世纪即明代前中期，台湾的考古发掘资料至少可以从三个方面证实了“台湾自古以来是中国领土不可分割的一部分”的历史命题。第一，地理位置上看，先古时期的台湾原属于中国东南区域的一部分，二者连接在一起。即使是到了距今一万年以来由于海平面的不断上涨，台湾与大陆南部区域之间形成海峡，但是作为大陆架的延伸，台湾依然属于中国领土的一部分。第二，大陆对于早期台湾历史文化的影响是独一无二的，不论是从种族的迁移，还是生产、生活等文明形态的传播，都是任何其他一种文明所无法比拟的。甚至可以说，台湾的早期史前文化，基本上是大陆南部区域文明的派生亚种，海峡两岸的文明关系从来就没有间断过。第三，自有文字文献记载以来，同样也是大陆的人们最先进入台湾、澎湖列岛，并且与之发生关系。以近现代国际法对于领土拥有的原则，谁先发现就属于谁，那么台湾与澎湖列岛理所当然地归属于中国领土的一部分。

三、从考古学资料看早期台湾与大陆海洋史的关系

上古时期从中国大陆南部逐渐南移的南岛语族，与稍后生存在中国南方沿海各地的古闽越族人一样，有善于渡海迁徙的习性。在地理环境变迁等因素的诱动下，这种习性一方面促使他们继续向海上迁移，寻找适合生存的土地，另一方面也会在适当的机会里，再回来台湾。在距今4200年到3700年前，台湾的人群带着台湾特有的台湾玉所做的器具，顺着海岸向南走。以巴士海峡的巴丹岛和巴布烟岛为跳板，进入吕宋岛乃至整个菲律宾。同一时期或稍晚，台湾和福建、广东也有密切往来。近年来的研究确定台北芝山岩遗址的文化形态是闽江口一带黄瓜山文化的后裔，西南平原上的大坌坑文化晚期跟广东的珠江三角洲也有密切的关系。台东卑南文化晚期到三和文化的文化形态，与上述的文化形态来源有所不同，被确定为跟菲律宾的

① 李昉等：《太平御览》卷七八〇“四夷部一·东夷一”，河北教育出版社，1994年，第278—279页。

北部吕宋岛有密切的关系。[①] 最近台南科学园区遗址出土文物，与6000多年前福建以南、海南岛以北的新石器时代遗址有许多相同文化脉络，例如都住在沙丘上、屋型为高脚屋，陶器、石器风格也类似。这一考古新发现支持了南岛语族源自中国沿海，否定源自更南边马来西亚等地的说法。从中国沿海开始，南岛语族有一批先到台湾，也可能有一批沿陆路南下到越南再跨海，呈现多路线传播。[②]

由于受到大陆以及南亚地区外来文化的影响，上古时期台湾的生产生活工具以石器、陶器为主，正如我们前面所述，具有很明显的中国大陆南部的文化特征。然而由于外来文化的多元性，在一定程度上推动了岛内原住民之间的相互影响，这时期的陶器逐渐放弃原来的绳纹，出现精美的黑陶、彩陶，器型也有很大的变化，种类增加。与此同时，由于本土资源的优势，以及外来制作陶器等工艺的影响，“台湾玉”作为生活用品的重要标志，在台湾各地得到较快的发展和流传。尽管在原住民不同的族群或部落之间，经常会由于土地资源等生存空间的争夺，发生小型的战争，猎头的习俗因而产生。“猎头”这个动作的用意是在宣示部落的疆界，警告外人不得入侵。部落也开始出现围墙之类的防御措施。尽管如此，不同部落之间还是不可避免地存在着一定的贸易往来。那就是各地的遗址都出土用“台湾玉”制造的器具。“台湾玉”出产于台湾东部花莲县寿丰乡的丰田村，学名是“台湾闪玉”。普遍出现在全岛新石器时代早中晚期的遗址中，显示各部落之间借由“交换”或各种其他形式的贸易而取得“台湾玉”。从东南亚一带的考古发现中也可以知道，在距今4000年前向菲律宾迁移的人群，也带着“台湾玉”同行。[③]

原先迁徙到东南亚的南岛语族人，逐渐散枝分布于南亚各地以及大洋洲的许多地方。而在距今2500年前后，一部分又越过巴士海峡，重新回到台湾南端的东西两

---

① Hung HC1，Iizuka Y，Bellwood P，Nguyen KD，Bellina B，Silapanth P，Dizon E，Santiago R，Datan I，Manton JH.，“Ancient jades map 3000 years of prehistoric exchange in Southeast Asia，” PNAS（美国国家科学院会刊），December 11，2007；104（50），p.19745—19750. 刘益昌：《史前时代台湾与华南关系初探》，第1—27页，张光直：《中国东南海岸考古与南岛语族起源问题》，第1—14页。

② 1995年，准备开发台南科学园区时，发现地层中有古代人类及物品遗骸，“国科会”因而委托“中研院”院士臧振华进行评估，1996年启动抢救工程，于将近3000公顷内发现58处考古遗址，总面积达12万多平方米。南科考古遗址所发现的人类骨骸与遗物收获颇丰，诸如陶器、石器、玉器、骨角器、铁器、铜器等文化遗物，生态遗物也不乏植物种子与动物骨骸等。遗迹部分，包括墓葬、建筑遗存、沟渠、灰坑等，总体时间距今5000年到3000年，横跨6个时期文化。

③ 刘益昌：《初期南岛语族在台湾岛内的迁移活动：聚落模式以及可能的迁徙动力》，载“中研院”人文社会科学研究中心考古学专题中心编《东南亚到太平洋：从考古学证据看南岛语族扩散与Lapita文化之间的关系》，2007年，第49—74页。

侧。在东侧的卑南文化晚期的人群开始转变，由于受到大陆文化以及南亚、西亚等地文化的影响，成为拥有黄金、青铜、铁器、玻璃、玛瑙等新的物质文化，以及制造这些东西的高温烧制技术的人群。这些外出的人群，在南海的四周接触到来自印度的文明，学会了高温烧制玻璃珠和陶器的方法。千年之后，他们的后人又回到台湾，把这套高温烧制的技术带回来。我们现在可以看到在卑南遗址的上文化层墓葬中，出土的陪葬品中，有高温烧制的陶容器、石器、玉器和琉璃珠。其中的琉璃珠有 242 颗，全部出土于第六号墓葬。同一层的其他墓葬，也出土少数琉璃珠和少数铁块。在花莲的花冈山遗址近来也发掘到一个新的文化层，葬式是蹲式屈肢葬，以玉器和玻璃珠、金属器陪葬。台湾的考古学家认为，这显然是一个外来人群所建立的新文化体系。[①]

这些新的物质文化彻底改变了台湾史前人群的装饰。原本以玉为主的装饰又加上以玻璃、玛瑙和金属制品为主的装饰。而这些玻璃、玛瑙和金属制品或是从东南亚地区交换而得，其中金属制品也有可能是从中国大陆交换所得。这种以原始“交换”为主的贸易体系，直到九、十世纪及唐宋时期福建商人兴起，方才改变。从此，台湾的原住民开始逐渐远离南岛（Malayo—Polynesian）的文化体系，而形成岛内的复杂文化。这些放洋回归的人群，由于拥有不一样的制造技术，也许就成为现在我们所看到的鲁凯和排湾族的贵族制度的起源。时间的跨度大概是在距今 2500 年到 1000 年前。

在距今 1000 年之前，我们对于早期台湾历史文化的认识，最为可信的当然是考古发现。在距今 1000 年到 450 年之间，台湾的西海岸地区已经进入外界——特别是大陆——对台湾有些许文字记录的时期。在沿海地区，玻璃珠和玛瑙珠已经很常见，可是山区还是少见，这是因为运输和转换是需要较长的时间。而在澎湖出土了大量在此期间产自大陆的各类陶瓷。台湾本岛西部有一些遗址出土了确定是来自大陆的东西，如新北市十三遗址的十三行文化层出土了鎏金青铜碗、旧香兰遗址出土少量的硬陶、台东外海兰屿岛上出土高丽青瓷等。台湾考古学家刘益昌和王淑津比对大坌坑文化、北海岸各遗址所出土的宋元时代瓷器，指出大坌坑遗址所出土的十二三世纪的贸易瓷组合，几乎与琉球的奄美大岛、日本博德遗址一致。说明台湾在当时确实是贸易航线上的一个停靠点，虽然规模不大。这条航线从福州或泉州出发，经过台湾北海岸，到琉球，再到日本博德。[②] 琉球在 14 世纪崛起，到 15 世纪成为东亚重要的转口站，也成为中国朝贡贸易制度中的一员。明朝出使琉球国的使臣也都选

---

① 臧振华、刘益昌：《十三行遗址：抢救与初步研究》。

② 刘益昌等：《台湾的史前文化与遗址》，“台湾省”文献委员会台湾史迹源流研究会，1996 年。

择经由这条航线往返。在明朝的记录中，那时的台湾被称作“小琉球”。17 世纪葡萄牙人、西班牙人、法国人开始绘制世界地图时，对台湾岛的称呼也是“小琉球”，旁边附记“Formosa，即福尔摩萨”。[①]

14 世纪琉球王国兴起，当时的中国即明朝，与琉球的关系空前密切，双方的官方及私人的贸易往来从未间断。由于台湾的特殊地理位置，这时候，台湾大坌坑遗址可以看到元代龙泉窑制造的青瓷大盘、青瓷碟、高足杯、景德镇的青白瓷执壶、德化窑的白瓷军持器、白瓷碗盘等。到了 15 世纪初，明朝实施海禁政策，琉球通过朝贡制度，继续中琉和日本之间的贸易，可是在台湾北海岸各遗址所出土的中国青瓷、白瓷有所减少。刘益昌等台湾学者认为，这时期可能只是船舶的短暂停留，贸易的数量不会太多。[②] 在 15 世纪中期，中国—琉球—日本的贸易航线日益发达之后，原本擅长航海和贸易的台湾本土十三行文化的原住民部落，可能竞争不过福建商人而逐渐转向从事台湾内部各部落之间的贸易，有时还依赖福建商人供应铁器。在台湾其他海岸遗址，只有少数遗址出土上述北海岸各遗址所见的外来遗物。这种现象说明，当福建海商兴起后，由于台湾没有什么特殊的、值得贸易的物产，同时也因为原住民人口稀少，贸易需求量不大，而被排除在由中国东南沿海商人所建构的世界贸易圈之外。[③]

15 世纪中国—琉球—日本贸易航线的形成，在很大程度上是有国家政府体制指导的，由于航线偏离等原因，作为素来以不同地域、不同族群的民间往来为特征的连接中国大陆与南亚、西亚贸易的台湾岛，被暂时地被排除在中国对外贸易体制之外，在当时应该是理所当然的。然而到了 17 世纪，台湾岛突然又变得重要起来，这是因为西方欧洲的商人即西班牙人、荷兰人来后，不断地攻击进出马尼拉的各国船只，企图切断中国人的东方贸易活动，从而损害了中国东南沿海商人的利益。明朝官员终而提议：开辟从泉州或厦门出发，经过台湾东北部角，转往琉球、日本的新航路。这又回到明朝出使琉球的航路，乃至更早先新石器时代先民所走过的航路。可以这么说，航路虽旧，其命维新。更为重要的是，明代中后期是中国东南海商最活跃的时期，随着东西方两大贸易体系及其文化的直接碰撞与交流，中国东南沿海的海商们，自然不会主动放弃控制东亚、南亚区域的贸易权益。于是，台湾岛再次

① Cheng-hwa，Tseng，Archaeology of the Peng-hu Islands，Taipei，Taiwan：Institute of History and Philology Academia Sinica，1992.

② 刘益昌、郭素秋：《台北市考古遗址调查与研究》，《台北市民政局委托之研究报告》(2000 年)。

③ 臧振华：《试论台湾史前史上的三个重要问题》，台湾大学《考古人类学刊》1989 年第 45 期，第 85—106 页。

成为中国连接海外乃至欧洲的贸易重地。在17世纪，中国东南沿海海商依托地理上的优势，成为这一广阔海域的贸易主导者。[①]

既然明朝官员开辟了以台湾为中继站的中国—琉球—日本新航路，西班牙人和荷兰人当然不会放弃大好机会，于是相继驻足台湾。西班牙人怀着黄金梦而来，终而梦碎，没有找到黄金。鸡笼港又不是理想的港湾，强劲的海流会把停泊在港内的船只冲走。台湾北部没有西班牙人所要的物产，再加上当地人烟稀少，生活供应都发生困难，一直需要马尼拉的补给。在驻足的第十年时，就已经决定放弃。

同为欧洲国家的荷兰人，也一直努力寻找可以直接到中国贸易的商业据点。几经折冲，才来到台湾的大员港。在最初的十年，信心满满，还不时攻打停在厦门的郑芝龙麾下的船只，逼迫郑芝龙与之谈判，取得协议，供应荷兰人所需要的黄金和生丝。郑芝龙的势力越来越大之后，在大员港的荷兰人开始“坐困愁城”，无法取得东南亚贸易的优势。而且，大员港日益淤浅，大船要先到澎湖下货，再用小船运来大员，非常不方便。当中国大陆的明清易代之际，郑成功为了反清复明而要以台湾为基地时，荷兰人知道，他们在台湾的日子就要结束了。荷兰人在台湾的贸易，主要是从福建输入生丝、瓷器等。生丝卖到日本去，瓷器等运到印度西部的苏拉特港，再运回欧洲，可以赚两到三倍的利润。这个贸易流程的起头是从福建等东南沿海为出发点，当这个源头被郑氏父子建立的海商集团所垄断时，荷兰人败亡的命运也就注定了。17世纪后期，清王朝统一了台湾，大陆与台湾的经济联系进入了空前发展的阶段。时至今日，台湾作为连接中国与海外联系的重要地位，不但没有改变与削弱，反而有着日益增强的趋势。

以上我们梳理了一下早期台湾历史文化发展进程中的考古发现，以及早期台湾一直到明清时期的海洋交流的基本状况。从这一基本情景的梳理过程中，我们不难发现，近5000年来，台湾以其独特的自然地理位置，在中国海洋文明发展史中，扮演着有别于中国传统朝贡贸易和海商贸易的、呈现出别具一格的海洋文明的角色。

长期以来，我们对于中国海洋文明发展史的研究，基本上是集中在国家体制的朝贡贸易和中国本土海商的两大问题之上。但是如果我们仅仅从这样的角度来看台湾在历史上的地位和角色，其被忽视是理所当然的。在东晋和南北朝时，海外贸易是广州刺史的福利，所有的收益不归国家所有。到了唐玄宗时，改变先前的作风，派内侍到广州向海外来的船舶搜购珍奇异宝，也命令广州刺史要照顾海外来的商人。宋代开始在几个海港设官管理，泉州成为南宋时的大港。在元代，广州和泉州是国

---

① 傅衣凌主编，杨国桢、陈支平著：《明史新编》之《前言》及第八章，人民出版社，1993年。

际大港。明代改行海禁政策，却也派郑和率领庞大的舰队，形同皇家采购团，到东南亚和印度、阿拉伯等地，从事为期长达三十年的采购。在这千年历史上，台湾一直没有成为国家政府所关注的重要角色，因而也就不可能成为中国传统历史学家们关注的课题。

但是我们应深切地意识到，海洋史的研究并不能仅关注到与中国大一统体制相关联的海洋活动之上。假如我们换一个角度，从世界史更为广阔的时空概念来思考早期台湾历史文化的发展，其结果就有可能大不同。也就是说，如果要从中国及世界史的角度来看台湾在历史上的地位和角色，就必须从“中国地中海”的角度出发。首先，从南岛语族的形成、迁徙与发展的历程看，台湾无疑是其中极为重要的连接点、中转站之一，它促进了上古时期中华文明与南亚文明的密切关系。其次，从台湾发现的距今4000年到1000年间的考古遗址中，我们可以十分清楚地看到大陆东南沿海文化对早期台湾历史文化的重大影响力，以及南亚、西亚文化等外来文化的痕迹。延至距今1000年到400年间，台湾成为中国与东亚、南亚、西亚海洋活动的又一个连接点。这一系列的考古发掘资料都在印证着早期台湾在中国海洋史的发展历程中占有一个不可磨灭的重要地位。我们今天开展中国海洋史的研究，切不可遗忘了早期台湾在其发展历程中所发挥的历史作用。

四、结语

当今的考古发现，在评估其文化价值与社会价值的时候，学术界与社会文化界或许存在着某种在认知上的歧义。在社会文化界，往往不经意地出现了某种功利性的倾向，即以出土文物的市场价值以及旅游价值来衡量它的重要性。从台湾这半个多世纪以来的考古出土文物看，大部分是属于石器、陶器等粗鄙的物件，因此也从未听说被捧上文物拍卖行上去竞价。然而，文物的文化价值是不能以现今市场的价值予以衡量的。从我们上面的分析中，我们完全可以说，台湾这些年来考古所出土的这些文物，其所体现的学术价值与文化价值是无法估量的。

我们了解了这一点之后，再回过头来看“台湾自古以来就是中国领土不可分割的一部分”的命题，我们与其不厌其烦地引述某些似是而非甚至是以讹传讹的文献记载来说明这一论点，不如认真地分析近年来台湾考古学界在台湾早期历史考古上的诸多贡献。这些考古发现足以证实早期台湾与大陆的紧密关系，是任何一个域外地区或国家所无法比拟的。正因为如此，我们说“台湾自古以来就是中国领土不可分割的一部分”，就有了坚实的证据。

发表于2018年第1期

法学

评对中国国际经济法学科发展现状的几种误解

陈 安*

一、国际经济法的内涵与外延

国际经济法，顾名思义，是泛指调整国际经济关系的各种法律规范。换句话说，它是调整国际经济关系的各种法律规范的总称。

由于对“国际经济关系”一词的不同理解，也由于观察角度和研究方法上的差异，国内外学者对于国际经济法的含义和范围，见仁见智，众说纷纭，但基本上可划分为两大类，即狭义说与广义说。

狭义说主张：国际经济法是国际公法的新分支。这种观点认为：国际经济法只是调整国家政府相互之间、国际组织相互之间以及国家政府与国际组织之间经济关系的法律规范。传统的国际公法，主要用于调整国家政府之间、国际组织之间以及国家政府与国际组织之间的政治关系，忽视它们相互之间的经济关系。随着国际经济交往的发展，逐渐形成了专门用来调整上述国际经济关系的新的法律分支，这就是国际经济法。由于国际经济法是专门用来调整国际公法各主体之间的经济关系的法律规范，所以，它属于国际公法范畴，是国际公法的一个新分支，是适用于经济领域的国际公法。

因此，国际经济法的内容限于调整国际经济关系的各种国际公约、条约、协定以及属于公法性质的各种国际惯例。国际私法以及各国的涉外经济法、民商法，实质上都是各国的国内法，都不属于国际经济法范围。

持此类观点的主要代表人物，有英国的施瓦曾伯格（G. Schwarzenberger）、日

* 陈安，中国国际经济法学会会长、厦门大学法学院教授、博士生导师。

本的金泽良雄以及法国的卡罗（D. Carreau）等人。[①]

广义说主张：国际经济法是调整国际（跨国）经济关系的国际法、国内法的边缘性综合体。这种观点认为：国际经济法是调整跨越一国国境的经济交往的法律规范。它所调整的对象，不仅仅限于国家政府相互之间、国际组织相互之间以及国家政府与国际组织之间的经济关系，而且包括大量的分属于不同国家的个人之间、法人之间、个人与法人之间以及他们与异国政府或国际组织之间的各种经济关系。由于国际经济法是用来调整从事跨越国境经济交往的各种公、私主体之间经济关系的法律规范，所以，它并不专属于单一的国际公法范畴，不单纯是国际公法的分支，不仅仅是适用于经济领域的国际公法。恰恰相反，它的内涵和外延，早已大大地突破了国际公法单一门类或单一学科的局限，而扩及或涉及国际私法、国际商法以及各国的经济法[②]、民商法等，形成了一种多门类、跨学科的边缘性综合体。

因此，国际经济法的内容并不仅仅局限于调整国际（跨国）经济关系的国际公约、条约、协定以及属于公法性质的各种国际惯例。除此之外，它还理应包括用以调整一切跨越国境的经济关系的国际私法、国际商法和国际商务惯例，以及各国经济法、民商法的涉外部分。诚然，国际私法和各国的经济法、民商法的涉外部分本质上都是各国的国内法，但是，既然它们都在各个主权国家的领域内调整和制约着跨越国境的经济交往活动，从宏观上看，也就不能不承认它们是国际经济法的一个重要组成部分，归属于国际经济法的范围。

持此类观点的主要代表人物，有美国的杰塞普（P. Jessup）、斯泰纳（H. J. Steiner）、杰克逊（J. H. Jackson）、洛文费尔德（A. F. Lowenfeld）以及日本的樱井雅夫等人。[③]

---

① 关于这三位学者各自基本观点的简介，参看陈安主编《国际经济法总论》，法律出版社，1994年，第77—82页。

② 关于“经济法”一词的内涵和外延，中外法学界分歧较大，迄无定论。为阐述方便，本文采广义说，即此词泛指用以调整社会生产、交换、分配、消费过程中各种经济关系的全部法律规范。它既包含用以调整社会非平等主体之间各种“纵向”经济关系的法律规范，也包含用以调整社会平等主体个人、法人之间各种“横向”经济关系的法律规范。但是，鉴于国内法学界经过多年争论之后，目前一般倾向于把调整前一类经济关系的法律规范归入“经济法”范畴，把调整后一类经济关系的法律规范归入“民商法”范畴，为便于读者理解，本文行文中有时也将“经济法”和“民商法”两词并列，相提并论，以明其含义的广泛性。参阅《中国大百科全书·法学》“经济法”“民法”和“商法”词条，中国大百科全书出版社，1984年，第327—330页、412—416页、505—506页。

③ 关于这五位学者各自基本观点的简介，参看注①引《国际经济法总论》，第83—91页。

在中国，由于众所周知的历史原因，对国际经济法长期缺乏深入全面的研究。1978 年底以后，在中国共产党十一届三中全会正确路线的指引下，在经济上对外开放这一基本国策的鼓舞下，中国法学界的学者们以空前的热情，急起直追，对国际经济法这门新兴的法学学科，进行认真的探讨和开拓。他们的基本观点，分别倾向于国际上流行的前述狭义说或广义说，但都立足于中国的实际，各抒己见，对有关问题作了新的论证和阐述。[①] 他们的见解，尽管分歧很大，甚至针锋相对，但都颇有助于人们更深入地思考，更全面地探索。

经过近 20 年来的思考和讨论，国际经济法的广义说，以其切合当代国际经济法律关系的客观现实以及中国对外经济交往的实践需要，逐步被中国的法律学人所广泛接受，并在中国法学界逐步形成这样的共识：国际经济法是一种多门类、跨学科的边缘性综合体；其内容涉及国际公法、国际私法、国际商务惯例以及各国的经济法、民商法等。其所以称为“边缘性”，在于它只分别涉及上述各种有关门类法律规范的部分内容，而并不囊括这些有关门类法律规范的全部内容；它只是上述各类法律规范部分内容的综合，而不是这些法律规范全部内容的总和。这种“边缘性”既表明它的独立性，即它是一种新的独立的门类，也表明它的综合性，即它与相邻门类有多方面的错综和交叉。有如自然科学中的生物化学、生物物理、物理化学等等，它们都是科技发展过程中相继出现的新的独立学科，不能简单地分别把它们的整体全盘纳入原有的单一的生物、化学或物理学科，但是它们又各自与这些原有的单一的生物、化学或物理学科有着极其密切的关系。

国际经济法与相邻法律部门的密切联系和明显区别，[②] 可以粗略地图示如下：

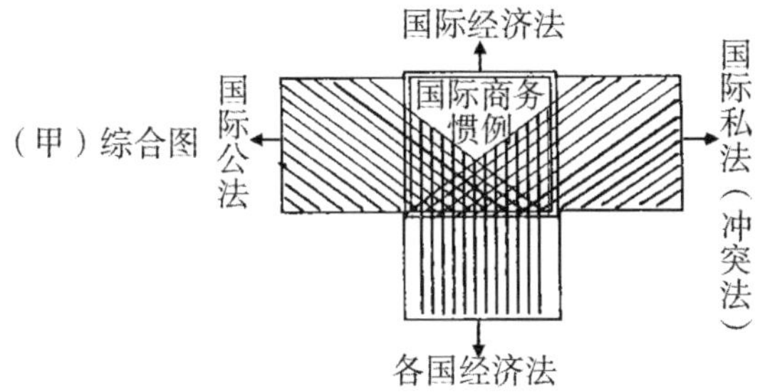

---

① 参阅史久镛：《论国际经济法的概念和范围》；姚梅镇：《国际经济法是一个独立的法学部门》；王名扬：《国际经济法是一门独立的学科》；汪暄：《略论国际经济法》，载《中国国际法年刊》(1983年)，第 359—397 页。

② 有关国际经济法与相邻法律部门之间的交错、联系与区别，详见陈安主编《国际经济法学》，第 1 章第 3 节，北京大学出版社，1994 年，第 43—57 页。

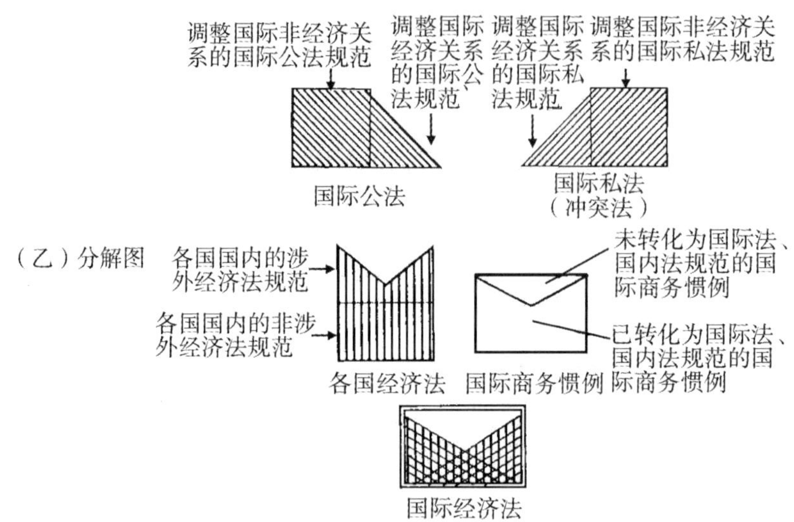

国际经济法的边缘性、综合性和独立性（示意图）①

近二十年来，适应客观形势发展的急需，中国法学界对国际经济法这门新兴边缘学科进行的研究，从原先的几近空白，迅速茁壮成长，大大缩短了与国际上同类学科研究先进水平之间的差距。特别值得注意的是：中国的许多法律学人在研究和探讨国际经济法时，始终抓住当代国际经济法律关系中的主要矛盾，从南北矛盾、南北对话和南北合作的视角，站在广大发展中国家共同的原则立场，密切结合中国的实际国情，对当代国际经济秩序新旧更替历史进程中衍生的重大法律问题和重大法理问题，进行了开拓性的探讨、剖析和论述，从而初步构筑起具有中国特色的国际经济法学科体系和理论体系，并且正在继续向纵深和横广发展，为进一步确立和完善这种新型的、独树中华一帜的学科体系和理论体系，不懈努力，使其更切合、更有效地服务于建立国际经济新秩序的宏伟目标。

一份有分量的长篇调查报告，客观地反映和记录了中国国际经济法学研究欣欣向荣的现状和发展趋势，明确总结出：正是对外开放的国策推动了中国国际经济法学的迅速发展；充分肯定了中国国际经济法学作为独立法律学科地位的确立和学科体系的初步建立；并且指出：目前，我国各政法院校、大学的法学院和法律系一般都将国际经济法学作为一门主要的专业课程，一些大学的国际金融、世界经济专业也将国际经济法学列为必修课程。“国际经济法学所取得的丰硕成果及其对我国国际经济法律实践所产生的积极影响，初步证明了广义国际经济法学说的科学性，也展

① 泛指用以调整各种“纵向”经济关系和“横向”经济关系的全部法律规范。其含义见第894页注②。

示了广义国际经济法学广阔的发展前景和强大的生命力。”①

面对这种蒸蒸日上的、初步的学术繁荣景象，中国国际经济法学界的学人们既受到鼓舞，也受到鞭策，深感责任重大，应当更加努力地奋蹄前进，更加勤勉地俯首耕耘。

但是，近年来国内法学界也有人对中国国际经济法学初步的学术繁荣景象，存在一些误解或非议。这些误解或非议的具体说法不一，但都对中国国际经济法学的进一步健康发展，从而更有效地服务于中国对外开放的基本国策，具有一定的消极影响。其根源主要在于对“广义国际经济法学”的内涵及其外延，即对国际经济法这一新兴学科的边缘性、综合性以及独立性，缺乏应有的、比较深入的了解和理解。因此，很有必要对以下几种比较“典型”的说法，逐一加以剖析和澄清。

二、“不科学”或“不规范”论

这种说法认为，传统的法学门类或法学分科中本来就没有什么“国际经济法”。把国际经济法与国际公法、国际私法、（国内）民商法、（国内）经济法等学科并列，成为法学一级学科所属的另一门独立的二级学科，势必会造成内容上的重复、繁杂和界限不清，混淆了其他相邻学科的传统分野。因此，主张把它纳入“国际法”的范畴或“经济法”的范畴。否则，就是“不科学”或“不规范”。

对于这种误解，笔者曾在若干论著②中作了澄清，既指出了国际经济法与各门相邻学科的密切联系，又剖析了它与各相邻学科的明显区别，充分地揭示出：国际经济法的“边缘性”绝非“囊括一切”或“兼并一切”；它的“综合性”绝非简单的“总和相加”“杂烩拼盘”或“人为的凑合”；它的“独立性”绝非“标新立异”或“另立门户”。一言以蔽之，国际经济法之所以与其他法学二级学科并列，成为法学中另一门独立的二级学科，乃是渊源于其自身的质的规定性，渊源于其内在的、逻辑上的必然，乃是当代现实法律生活的客观需要。时至今日，否定国际经济法的边缘性、综合性和独立性，就像否定自然科学中新兴的生物化学、生物物理、物理化学、海洋生物、海洋物理、海洋化学等等边缘学科一样，是囿于传统和故步自封的一种“闭目塞听”，是对现代科学和现实生活最新发展的一种“熟视无睹”。这当然

---

① 李双元：《中国国际经济法学研究的现状和发展趋势》（调查报告），《法学家》1996 年第 6 期，第 3—6 页。

② 有关国际经济法与相邻法律部门之间的交错、联系与区别，详见陈安主编《国际经济法学》，第 1 章第 2 节、第 3 节，第 29—57 页；并参阅陈安：《论适用国际惯例与有法必依的统一》，《中国社会科学》1994 年第 4 期，第 77—89 页。

是不应提倡的。

自20世纪80年代初以来，上述“不科学”或“不规范”论作为一种学术上的见解、歧义或误解而存在，已非一日。见仁见智，这本是学术争鸣中的正常现象，而且有助于争鸣各方原有认识的提高和深化。但这种学术上的误解一旦和行政上的权力结合起来，并且进而凭借行政权力，否定国际经济法这门新兴边缘学科的独立性，否定国际经济法在法学教育体制中作为一门独立的二级学科而存在，一定要把它正在茁长中的魁梧身躯，整体地塞进某个单一相邻学科狭隘框架的某一角落，从而严重影响它的正常发育，削弱它的学科建设，那就不是无关宏旨、可予默认的小事。新近由教育行政部门颁行修订后的《学科、专业目录》，① 其中关于将国际公法、国际私法和国际经济法三个原二级学科合并为“国际法”的决定，就是上述误解与权力结合，或权力偏信了误解，进而由权力来推行误解的一种产物。它的本身，就是违反“科学、规范、拓宽”的基本原则和调整初衷的。对此，已经有内行的老前辈权威学者率先发出了科学的呐喊，② 值得认真加以重视。在这方面，决策者或其智囊们显然应当多多倾听来自教学科研基层第一线许多法学老兵们的呼声，采纳其合理的建议，或者做出令人信服的解释说明，似乎不宜“你说你话，我行我素”；也不宜动辄以“非学术性因素”之类的标签唬人，堵塞言路。

众所周知，科学，指的是如实地反映自然、社会、思维等客观规律的分科知识体系。“科学研究的区分，就是根据科学对象所具有的特殊的矛盾性。因此，对于某一现象的领域所特有的某一种矛盾的研究，就构成某一门科学的对象。”③ 国际公法、国际私法和国际经济法这三门法学分支，它们所分别反映的客观规律，所探讨的特殊矛盾，所构成的知识体系，虽有一定的联系，却有很大的差异，而且可以说，差异远远大于联系。它们各自的研究对象，它们的性质、任务、法律关系主体、法律渊源以及所涉范围等等，均有显著的、重大的不同。从三者的基本分野上说，国际公法是实体法，它的研究领域一般不包含国内法规范。国际私法在本质上是国内法而非国际法，而且属于适用法而非实体法。国际经济法则是在经济领域或跨国经济交往这一特定领域里，综合国际法和国内法、公法和私法、实体法与非实体法的各个相关边缘部分，形成的一门新兴的、统一的和独立的法律知识体系。因此，不能仅因三者的名称中均有“国际”字样，就望文生义地把它们简单归并为同一个二级学科。

---

① 其全称为《授予博士、硕士学位和培养研究生的学科、专业目录》，以下简称《新目录》。

② 参看韩德培：《谈合并学科和设立博士点的问题》，《法学评论》1996年第6期，第2—7页。

③ 毛泽东：《矛盾论》，载《毛泽东选集》第1卷，1964年，第284页。并参阅“科学”词目，《辞海》，上海辞书出版社，1979年，第1746页；《汉语大词典》第8卷，汉语大词典出版社，1991年，第57页。

其次，专业目录的修订应反映现代科学发展的趋势和适应国内外经济法律形势发展的客观需要。国际经济法学作为一门新兴的综合性学科，正是适应了研究和解决当代错综复杂的跨国经济法律问题的客观需要。它突破了19世纪传统的国际法与国内法、公法与私法的法学分科界限的束缚，而在法学领域内形成了一门多科交叉的边缘性学科。它注重从国际法和国内法的联系、公法和私法的结合来分析研究国际经济法律现象和处理跨国交易的法律问题。这一新兴的综合性学科的产生，符合现代科学相互渗透、交叉发展的现实趋势，而且已经得到国内外法学界的普遍认同，即已经形成该学科约定俗成的国际性规范名称。有鉴于此，自1982年起，国家教委（原高等教育部）就正式将国际经济法列为法学二级学科。这是符合国际经济法学发展的时代潮流和历史趋势的，是与国际的通行做法和通行称谓互相衔接的。对这一学科的合乎时代潮流的正确定位，确曾对中国国际经济法学的学科建设和茁壮成长，起了极大的推动和促进作用。17年来的长期实践，已经充分验证了这一学科定位的科学性、合规律性和旺盛活力。这种实践经验本来是值得珍惜和应当坚持和发扬的。令人遗憾的是，现行的《新目录》却轻率地取消了国际经济法作为二级学科的独立存在，将它并入“国际法”学科，这显然是违反当代学科发展规律的一种历史倒退，既不符合该学科的国际性规范名称，也不符合真正意义上的学科范围拓宽精神。一句话，这种做法是既不科学也不规范的。以往的实践经验已经反复证明：违反科学发展客观规律的决定，往往是难以贯彻的，最后势必还要重新改过来，再来一次“拨乱反正”，这不但徒耗精力，而且易引起思想混乱。①

---

① 在当代国际学术界，作为一门学科，“国际法”已经约定俗成地是专指国家之间的法律，是专指调整国家之间关系的法律规范的总和。《新目录》把专门调整非国家之间关系的法律冲突规范——国际私法，以及主要调整非国家之间经济关系的国际经济法，全部纳入专门调整国家之间关系的“国际法”范畴，这就完全扭曲、混淆了“国际法”这一概念最基本的内涵和明确的外延，造成了逻辑上的极度混乱。

中外学术界对于“国际法”一词约定俗成的诠解，可参看《布莱克法学辞典》，1979年英文第5版，第733页；劳特派特修订《奥本海国际法》上卷第1分册，商务印书馆，1981年，第3页；詹宁斯、瓦茨修订：《奥本海国际法》第1卷，1992年英文第9版，第4页；《奥本海国际法》第1卷第1分册，中国大百科全书出版社，1995年，第4页；周鲠生：《国际法》上册，1981年，第3页；王铁崖主编《国际法》，法律出版社，1995年，第1—5页。

王铁崖教授是国际法方面的老前辈权威学者，他明确指出：“为了与国际私法相区别而把国际法称为国际公法，是不必要的。因为国际公法与国际私法并不是国际法的两个分支：严格地说，国际私法既不是‘国际’，也不是‘私法’。”（见上引王编书，第4页）这种内行见解，也显然迥异于《新目录》前述的外行分类，即把国际私法、国际经济法、国际公法三者硬撮合在一起，同时并列为“国际法”的三个分支，并标明“国际法学（含：国际公法、国际私法、国际经济法）”，显得不伦不类。

三、“大胃”论或“长臂”论

这种说法认为，当今中国法学界愈来愈多的学人认同于广义的国际经济法学，这是“不正常”的。广义国际经济法学的内涵如此之丰，外延如此之宽，其所涉及的法学门类和学科如此之多，其研究范围如此之广，表明了持广义国际经济法观点的学人们“胃口太大”“手臂太长”，“侵入”或“侵害”了其他相邻学科的传统领域。这种误解的渊源，也是出自于未能正确理解这门新兴学科的边缘性和综合性，误将边缘性看作“囊括性”，把综合性看作“相加的总和”。对于这种误解，上文第一、二两部分已经做了说明和剖析，兹不另赘。这里需要补充说明的是：当代科学的发展，需要鼓励相邻学科的相互交叉和渗透，在研究的过程中，只要有利于学术的发展，有利于认识的深化，有利于现实问题的解决，就不应当囿于任何门户之见，划分学术“领地”，甚至实行“领地割据”。今日中国法学领域中许许多多分科，尽管都已在不同程度上取得了重要的成果，但在任何分科中，也都还存在着薄弱环节，有待加强，存在着“生荒地”和“熟荒地”，有待于进一步开垦。如果在有关的边缘地带尚未开拓或尚未充分开拓，有“外来”劳工自愿参加耕耘，让国人共享学术繁荣的美果，学术心胸豁达开朗者谅必是乐观其成的。

四、“浮躁”论或“炒热”论

这种说法认为，近年来中国法学界愈来愈多的学人积极参与国际经济法学的研究、探索和开拓，乃是一股“浮躁之气”，以致把国际经济法学这门学科“愈炒愈热”，很“不正常”。

任何学术研究，都可能持两种治学态度，或存在两种现象：一种是放眼世界，瞄准前沿，潜心学术、埋头耕耘，多出成果，服务国策，独树中华一帜，跻身国际前驱，为此目的，“板凳愿坐十年冷，文章不写半句空”；另一种是既不甘寂寞，又不愿刻苦，急功近利，但求速成，以致浮皮潦草，抄抄摘摘，人云亦云，以讹传讹。这两种治学态度，历来既存在于自然科学的研究领域，也存在于社会科学的研究领域；既存在于社会科学中的法学领域，也存在于社会科学中的非法学领域；既可能存在于法学领域中的国际经济法学科，也可能存在于法学领域中的任何非国际经济法学科。对于前一种治学态度，不论其存在于何类科学、何门学科，都是应当提倡和赞扬的；对于后一种治学态度，则不论其出现于何类科学、何门学科，都是应当反对和批判的。在这方面，应当坚持同一标准，一视同仁地从严要求。从这个意义上说，也仅仅是从这个意义上说，上述批评意见有其合理的内核。有则改之，无则加勉，值得从事国际经济法研究的学人们重视，虚心倾听。

但是，如果不分清浩浩主流和涓涓支流，不辨明九指与一指，把“浮躁”和“炒热”之类的贬词，作为对近年来中国国际经济法学欣欣向荣景象的总体评价，那就显然是以偏概全，有失偏颇、有欠公平的。

一种社会景象（包括学术景象）的出现，无论是走向兴旺还是走向冷落，是逐步升温还是逐步降热，大都有一定的社会背景。就兴旺或升温而言，也大都体现着一种强烈的社会需要，这就是通常人们所说的“大势所趋，应运而生”，也是唯物史观用以观察事物的基本原理和基本常识之一。前文提到，近 20 年来，中国的国际经济法学研究，从几近空白而日益茁壮成长，走向初步繁荣，这完全是“托”了经济上对外开放这一基本国策的“福”，正是适应了全国上下齐心协力积极贯彻这一英明决策的社会急需。由于众所周知的历史原因，中国对国际经济法这门学科的研究以及对通晓国际经济法的人才的培养，一直处在相当落后的状态。1978 年底以后，对外经济开放的春风吹拂着这片长年的冻土，中国法学界的许多“志士仁人”，在这片解冻的土地上经过多年的辛勤耕耘，才促进了有关专业知识的茁壮成长和积累，推动了有关专业人才的培养和供应，这才开始改变了上述长期落后的状态，初步满足了国家和社会的急需。具体说来，这种社会急需，主要体现在通过国际经济法专业知识的积累和国际经济法专业人才的培养，以期达到依法办事、完善立法、以法护权、据法仗义以及发展法学等五个方面的目标：

第一，依法办事：如前所述，国际经济法是调整国际经济关系的各种法律规范的总称。在现代条件下，世界各国经济交往日益频繁，互相依赖和互相合作日益紧密，互相竞争也不断加强。由于各国社会制度不同，发展水平各异，有关当事国或当事人的利害得失也常有矛盾冲突，彼此之间的经济交往就十分需要借助于国际经济法的统一行为规范加以指导、调整和约束。中国作为国际社会的成员，中国国民（自然人或法人）作为当事人的一方，积极参加国际经济交往，发展国际经济关系，对于这种法律规范的现状和发展趋向，自须深入了解，才能自觉地“依法办事”，避免因无知或误解引起无谓的纠纷，造成不应有的损失。

第二，完善立法：中国正在努力改善本国的投资环境和贸易环境，促进外商踊跃来华投资或对华贸易。中国对外商的合法权益给予法律保护，对于他们的投资、贸易活动给予法定优惠，同时也要求他们遵守中国的法律，接受中国的法律管理。所有这些涉外的法律规范，既要从中国的国情出发，又要与国际上通行的国际经济法有关规范以及国际商务惯例基本上保持一致或互相“接轨”。为此，就必须广泛深入地了解这些规范和惯例的有关内容，使中国涉外经济法的立法、司法和行政执法工作有所借鉴，做到待遇厚薄得体，管理宽严适当，事事处处，恰如其分；尤其必须在深入学习和研究国际经济法的基础上，立足于中国国情，适时修改和废止与建立社会主义市场经济体制不相适应的法律和法规，并加快立法步伐，为社会主义市场经济提供法律规范。

第三，以法护权：中国在对外经济交往中所面临的对象或对手，主要是在经济上处在强者地位的国际资本。国际资本对于吸收外资的东道国客观上发挥的积极作用，是应当肯定的，但是，国际资本唯利是图、不惜损人利己的本质属性，也是众所周知的。诚然，今日中国乃是主权牢牢在握的独立国家，中国人民十分珍惜自己经过长期奋斗得来的独立自主权利，任何外国不要指望中国做他们的附庸，不要指望中国会吞下严重损害中国国家利益的苦果。但是，在对外经济交往中要真正做到独立自主、平等互利，也不是一帆风顺、轻而易举的。在对外经济往来中，中国方面受到国际资本的歧视、愚弄、欺骗、刁难和坑害的事例，大大小小，可谓络绎不绝。如果不熟谙国际经济法的有关规定，不通晓国际经贸交往中的各种行为规范或“游戏规则”，或者不掌握对方国家的涉外经济法的有关知识，那就无法打“国际官司”，无法运用法律手段来维护中国的应有权益。

第四，据法仗义：由于历史的和现实的种种原因，今日世界财富的占有和分配是很不公平合理的。它是当代南北矛盾的焦点和核心。广大发展中国家正在大声疾呼，要求彻底改变现状，即改革旧的国际经济秩序，建立新的国际经济秩序。中国是社会主义国家，也是发展中国家，属于第三世界，这就决定了它必须和广大第三世界国家一起，联合奋斗，以国际经济法作为一种手段，按照公平合理和平等互利的原则，促进国际经济秩序的改旧图新，除旧布新，破旧立新。要做到这一点，就必须通晓和掌握国际经济法的基本原理及其除旧布新、破旧立新的发展趋向，充分了解国际经济法新规范成长过程中的阻力与动力、困难与希望。否则，“赤手空拳”，就难以在各种国际舞台的南北矛盾抗衡中，运用法律武器和符合时代潮流的法理观念，为全世界众多弱小民族仗义执言和争得公道，促进国际经济秩序的新旧更替。

第五，发展法学：国际经济法是新兴的边缘性学科，迄今尚未形成举世公认的、科学的学科体系。在某些发达国家中，已相继出版了有关国际经济法的系列专著，其基本特点之一，是立足于各自本国的实际，以本国利益为核心，重点研究本国对外经济交往中产生的法律问题，做出符合其本国权益的分析和论证。反观中国，这样的研究工作还处在起步阶段，有分量的、能独树中华一帜和跻身国际论坛的论著也不多见。整个国际经济法的理论研究和实务探讨，还存在着许多薄弱环节甚至空白地带，亟待加强和填补。因此，必须在积极引进和学习有关国际经济法新知识的基础上，认真加以咀嚼消化，密切联系中国的实际，从中国人的角度和第三世界的共同立场来研究和评析当代的国际经济法，经过相当长期的努力，逐步创立起以马克思主义为指导的，具有中国特色的国际经济法学科体系和理论体系。完成这件大事，需要几代人的刻苦钻研，而对于当代中国的法学学人和法律工作者说来，当然更是责无旁贷的。

显然，正是“国际经济交往的迅速发展以及由此而来的对国际经济法人才的迫切需要，导致了中国国际经济法学的产生，而国际经济法学的发展又大大促进了国际经济法人才的培养”,[①] 并进一步满足国家和社会的急需。“愈炒愈热”论把一门社会急需的科学，视同市场资本投机买卖中的一种“股票”，似乎该学科在今日中国的欣欣向荣，有如某种“股票”，出于某些实权人物或经济大腕在幕后“炒作”“吐纳”或“兴风作浪”。这当然只是一种纯属主观的幻觉，而产生这种幻觉的原因之一，就在于有关历史唯物主义的素养稍嫌不足。

五、“翻版”论或“舶来”论

这种说法认为，近年来中国法学界出现的广义国际经济法学说，不过是美国法学家杰塞普倡导的“跨国法”学说的翻版。“跨国法”学说是一种否定弱国主权，鼓吹美国霸权的学说，是一种有毒的“舶来品”。对它，只能批判和抵制，不能借鉴和参考，更不能移植、照搬或吸收。

这种误解或非难的产生，主要原因之一，似乎在于持此论者并未对中国的广义国际经济法学说进行近距离观察，仔细辨认其真实面貌和真正主张，而只是站在高处，远远眺望一下其模糊的背影，“似曾相识”，便遽下结论，张冠李戴，指李为张了。

杰塞普及其美国后继者的大体主张、基本立场及其霸权主义倾向与实质，笔者曾在其他著作中予以简扼剖析和揭示,[②] 本文限于篇幅，不予复述。这里仅就美国杰塞普们倡导的“跨国法”与中国法学界许多学人认同的广义国际经济法之间的本质区别和原则分野，作一简单概括：

第一，杰塞普鼓吹的“跨国法”，是个内容非常广泛、可以囊括一切法律门类的范畴，几乎是无所不包。他认为“跨国法”这个概念，“可以广泛地囊括调整一切跨越国境所发生的事件和行为的法律”。它的内容，“不但包括民法和刑法，而且包括

---

① 李双元：《中国国际经济法学研究的现状和发展趋势》（调查报告），第 6 页。

② 陈安主编《国际经济法学》第 1 章第 3 节，第 40—43 页。

国际公法和国际私法，也包括各国国内法中的其他公法和私法，甚至还包括不属于上述标准范畴的其他法律规范”。[①] 与此相反，中国法学界许多人士所认同的广义国际经济法，其内涵和外延，比杰塞普所鼓吹的“跨国法”要严谨、实在、具体得多。它的范围，仅仅限于调整跨越一国国境的经济交往的法律规范，一切不涉及经济领域的法律规范，即非经济性质的法律行为准则，概不属于广义国际经济法的范畴。因此，它与刑法、一般行政法等非经济领域的大量法律规范，应无牵涉。更重要的是，杰塞普鼓吹的“跨国法”把一切门类的法律，都塞入其硕大无朋的“巨囊”之中，是典型的“囊括”论，而中国的广义国际经济法学说则仅仅强调跨国经济领域的法律规范涉及多门类、多学科的边缘性。一个是无所不包的“囊括性”概念，一个是有限范围的“边缘性”概念，在逻辑上是截然不同的两个范畴，显然是不能混为一谈的。

第二，杰塞普鼓吹的“跨国法”理论，打着“世界政府”“联合主权”“国际法优先”的旗号，为觊觎、削弱、否定众多弱小民族的国家主权提供“法理依据”，其宗旨在于促使弱国撤除民族藩篱，摈弃主权屏障，从而使美国的国际扩张主义和世界霸权主义得以“通行无阻”。这是巩固和加强国际经济旧秩序的“法律守护神”的“理论”。与此相反，中国法学界许多人士所认同的广义国际经济法学说，则坚持维护和尊重一切国家（特别是众多弱小民族国家）的政治主权和经济主权；坚持在跨国经济交往中，一切国家不分大小、贫富、强弱，经济主权一律平等；强调必须全面地认真贯彻公平互利、全球合作和有约必守等最基本的法理原则；坚决反对以大压小、仗富欺贫、恃强凌弱的国际强权政治和经济霸权主义；努力为促进国际经济秩序的新旧更替和破旧立新，进行法学呐喊、法理论证和法律服务。[②]

第三，杰塞普及其后继者鼓吹的“跨国法”理论体系中，存在着两大霸权倾向，一种是：藐视弱小民族东道国涉外经济立法的权威性，排斥或削弱这些法律规范对其本国境内涉外经济关系的管辖和适用，即排除或削弱其“域内效力”。另一种是：夸大强权发达国家涉外经济立法的权威性，无理扩张或强化这些法律规范对本国境外涉外经济关系的管辖和适用，即扩张或强化其“域外效力”。与此相反，中国法学界许多人士所认同的国际经济法，则坚持揭露和抨击这种“视强国立法如神物，视

---

① 杰塞普：《跨国法》英文版，1956 年，第 2—3 页，并参看第 4、7、15、17、106—107 页。

② 参阅“国际经济法的产生和发展”“国际经济法的基本原则”，载于陈安主编《国际经济法学》，第 1—29 页、第 78—134 页；并参阅张军力、阚文新：《当代经济主权问题纵横谈》，《法制日报》1997 年 3 月 22 日第 8 版。

弱国立法如草芥”的悖谬，对它进行坚决的抵制和挞伐。[1]

以上原则主张和见解，已散见于和体现在20年来中国法律学人撰写的有关国际经济法的各类著作之中，这已是有目共睹的事实。这些主张和见解与杰塞普的“跨国法”理论相比较，显然是泾渭清浊、界限分明、壁垒对峙的。对于这些原则主张和见解，毫无深入研究了解，或熟视无睹，或竟不屑一顾，却随便把“杰塞普翻版”之类的帽子或标签强加于中国持广义国际经济法学说的法律学人，这怎能以理服人呢？“翻版”论者果能扎扎实实地具体列举出几本著作、几篇论文，持之有故、言之成理地充分论证和揭示它们是和杰塞普“跨国法”理论体系中的霸权主义观点沆瀣一气的，或是与它共鸣的，或是为它张目的，或是充当其应声虫的，那就确实能显示出其立场坚定、旗帜鲜明、当头棒喝、催人猛醒。否则，仅仅挥舞一顶帽子或乱贴一片标签，却又说不出一个所以然来，何能令人心悦诚服？

中国的学术论战史上向来就有一种没出息的“战术”，即“装腔作势，借以吓人”，“以为这一吓，人家就会闭口，自己就可以‘得胜回朝’了”。实则，“无论对什么人，装腔作势借以吓人的方法，都是要不得的。因为这种吓人战术，对敌人是毫无用处，对同志只有损害”。[2]

至于说到“舶来”论，那也只是一种标签。时至今日，仍然仰仗这种标签来唬人，显见是何等的不合时宜。

人类文明数千年来的发展史表明，任何国家、民族文明和文化的进步，除了依靠本国人民的创造、积累之外，都离不开借鉴和吸收外来文化中的积极因素和有益养分。数千年来，不同文化相互之间的撞击、交锋、激荡、扬弃、接近、渗透、汇合、交融的过程，可谓无日不在进行，而且随着时间的推移，日益加速进行，不断地把各国的文化从而也把全世界的文化推向新的高度和新的繁荣。

自然科学的事例不必说了，太远太偏的社会科学事例也不必说了。试以马克思主义的诞生和传播为例：如果不是批判地吸收了德国的古典哲学、英国的古典政治经济学和法国的空想社会主义，没有这三个来源，就不会诞生马克思主义，就不会有马克思主义的三个组成部分，即辩证唯物主义与历史唯物主义、政治经济学以及科学社会主义。对于马克思本人以及广大德国人说来，英国和法国的上述学说，不都是地道的“舶来品”吗？其后，对于列宁以及广大俄国人说来，马克思主义不也

---

① 参阅第899页注②引书，第50—52页；并参阅徐崇利：《简评美国的“域外经济制裁立法”》，《法制日报》1997年3月1日第8版。

② 毛泽东：《反对党八股》，载《毛泽东选集》第3卷，1964年，第792页。

是纯属“舶来品”吗？不结合俄国的实际发展马克思主义这种“舶来品”，何来列宁主义？“十月革命一声炮响，给我们送来了马克思列宁主义”，[①] 对于广大中国人说来，没有马克思列宁主义这一“舶来品”，也就不可能出现“马克思列宁主义同中国实际相结合有两次历史性飞跃，产生了两大理论成果”，[②] 即先后产生了毛泽东思想和邓小平理论。没有毛泽东思想、邓小平理论的指引，何来中国革命的伟大胜利，何能百年积耻尽雪，何能扬眉吐气、直起脊梁，屹立于世界民族之林？

再以国际经济法的相邻学科国际法理论的诞生和传播为例：近代国际法的奠基人格劳秀斯是荷兰人，举世闻名的《战争与和平法》是他撰写的主要国际法著作。如果荷兰以外的世界各国都盲目拒绝这一荷兰“舶来品”，何来今日国际法学之风行全球和繁花似锦？对广大中国人说来，《奥本海国际法》不也是“舶来品”吗？尽管其中含有许多维护国际政治、经济旧秩序的糟粕，甚至含有鼓吹国际强权政治、为国际霸权主义张目的毒素，但在今日中国，又有哪几个刻苦治学的国际法学人不认真地阅读它，并且批判地吸收和利用其中有益的知识？

中国新文化、民族文化的伟大旗手鲁迅先生，对于中外的一切反动势力，敢于“横眉冷对千夫指”，毫无崇洋媚外的奴颜与媚骨。但正是他，以高瞻远瞩的革命胆略，率先倡导对外来文化要采取“拿来主义”，为我所用。他强调，对于含糟带粕甚至有毒的“舶来品”，“我们要运用脑髓，放出眼光，自己来拿”；怕被污染而全然不敢拿，是“孱头”；不分青红皂白，盲目地一概排斥，是“昏蛋”；全盘接受，欣然吸毒，则是“废物”。[③] 显然，鲁迅主张这样处置“舶来品”：放胆拿来，排其毒素，弃其糟粕，取其精华。

据笔者所知，当今中国持广义国际经济法之说的学者们，正是这样处置“跨国

---

① 毛泽东：《论人民民主专政》，载《毛泽东选集》第4卷，1964年，第1360页。

② 江泽民：《高举邓小平理论伟大旗帜，把建设有中国特色社会主义事业全面推向二十一世纪》（在中国共产党第十五次全国代表大会上的报告）第三部分。

③ 鲁迅：《拿来主义》，载《鲁迅全集》第6卷，人民文学出版社，1981年，第38—41页。鲁迅在本文中曾以生动的譬喻，评述对舶来品的几种态度：有一个人得了一所大宅子，“怎么办呢？我想，首先是不管三七二十一，‘拿来’！但是，如果反对这宅子的旧主人，怕给他的东西染污了，徘徊不敢走进门，是孱头；勃然大怒，放一把火烧光，算是保存自己的清白，则是昏蛋。不过因为原是羡慕这宅子的旧主人的，而这回接受一切，欣欣然的蹩进卧室，大吸剩下的鸦片，那当然更是废物。‘拿来主义’者是全不这样的。他占有，挑选。看见鱼翅，并不就抛在路上以显其‘平民化’，只要有养料，也和朋友们像萝卜白菜一样的吃掉，只不用它来宴大宾；看见鸦片，也不当众摔在毛厕里，以见其彻底革命，只送到药房里去，以供治病之用……总之，我们要拿来。我们要或使用，或存放，或毁灭。那么，主人是新主人，宅子也就会成为新宅子。然而首先要这人沉着，勇猛，有辨别，不自私。”

法”理论的。他们揭露和批判西方“跨国法”论者的立场和观点，指出其中含有浓烈的扩张主义气息与霸权主义毒素，同时指出“跨国法”论者的方法论，却不无可资借鉴之处。换言之，中国的广义国际经济法学说，所参考借鉴和批判地吸收的，仅仅是西方某些“跨国法”学者们研究跨国经济交往诸项法律问题的方法，即从当代国际经济交往的客观情况出发，从解决实际问题的需要出发，以各种现实法律问题为中心，突破传统法学分科的界限，对有关法律问题进行跨门类、跨学科的综合探讨，从而切实有效地加以解决。仅此而已，岂有他哉？

“他山之石，可以攻玉”，① 勤劳智慧的中国人，早在远古的《诗经》时代，就已总结出这一条宝贵的经验，并已形成了优秀的民族传统。对此，江泽民同志最近再一次强调，“我国文化的发展，不能离开人类文明的共同成果”；中国人应当坚决抵制各种外来腐朽思想文化的侵蚀，同时又要坚持“以我为主、为我所用”的原则，“博采各国文化之长”，并且“向世界展示中国文化建设的成就”。② 这是完全正确的。因为，坚持和发扬中华民族的这一优秀传统，正是中国文化数千年来历久不衰并日益走向繁荣、走向世界的关键所在。

综上所述，可以看出：对于中国国际经济法学科发展现状的几种误解或非议，其主要原因之一，在于对广义国际经济法学科的边缘性、综合性和独立性，缺乏深入的了解和应有的理解。而其中的某种非议，又隐隐约约地带着学术上“圈地运动”和“领域割据”的阴影。应当说，这是很不利于中国法学的整体繁荣及其阔步走向世界的。纵观今日中国法学的蓬勃发展，可谓繁花似锦，呈现出一片喜人的盛况，较之当年的冷冷清清，凋零枯萎，早已不可同日而语。但也不能不看到，无论法学的何门类何学科，都还有许多耕耘不足、远未充分开垦的地带，甚至还有不少不毛之地，亟待众人勠力同心，奋锄拓殖。学术上原无什么绝对的“专属区”，更不该有什么“钦定禁地”，不许他人涉足。因此，中国法学界的志士仁人，不论其擅长或专攻何门类、何学科，似均宜摒除、捐弃任何门户之见，从各自不同的角度，各尽所能，齐心协力，尽力地开拓和尽多地产出具有中国特色的法学硕果和上佳精品，共同为振兴中国法学，跻身国际前驱，并进而为世界法苑的百花争妍、绚丽多彩，做出应有的贡献！

发表于 1999 年第 3 期

① 原作“它山之石，可以为错”，错，打磨玉器。语见《诗经·小雅·鹤鸣》。

② 江泽民：《高举邓小平理论伟大旗帜，把建设有中国特色社会主义事业全面推向二十一世纪》（在中国共产党第十五次全国代表大会上的报告）第七部分。

违法成本论

游劝荣*

本文研究的违法，指组织或个人基于主观上的过错实施的具有一定的社会危害性，依照法律规定应当予以追究的行为。学界一般认为，违法有广义和狭义之分。广义意义上的违法是指包括犯罪在内的一切违法行为，狭义意义上的违法是指一般违法行为，通常不包括犯罪。本文中所要讨论的违法，主要是从狭义上理解的。

一

所谓的违法成本，指实施了违法行为的组织或个人，为其违法行为所要付出的代价。比如驾车违章要被交通警察罚款，饲养的宠物犬伤了邻居要赔偿受害人的经济损失和精神损害等。违法行为的成本或代价是法定的。国家法律之所以为违法行为设定成本或代价，目的是为了减少或消灭违法行为。

违法行为人为自己的违法行为所付出的代价是多种多样的，其表现形态也是多种多样的。从接受主体来看，有的代价是支付给国家的，它要进入国库，比如向交警缴纳罚款；有的是支付给违法行为的受害一方的，比如养的宠物犬咬伤了邻居，赔偿给邻居为防疫和伤口处理等支付的医疗费以及由此带来的营养费、误工补贴、后续治疗费和精神损害的物质（货币）赔偿费用等；也有的是用于弥补因违法行为而造成的损害的，比如践踏公共绿地后用于恢复原状的费用，排污造成污染环境后用于治理环境的费用等。从这种代价表现形态看，有物质意义上的，比如缴纳罚款，也有非物质意义上的，如公开登报向对方赔礼道歉、消除影响；有货币形式的，如支付医疗费用，也有非货币形式的，如补种草皮、树苗等；有有形的，如被课以行政拘留，也有无形的，如因驾车违章被交通警察现场口头训诫，因侵犯他人名誉被

* 游劝荣，经济学博士，福建省人大常委会法制工作委员会副主任，福州大学教授、硕士生导师，中国社会科学院法学研究所博士后流动站研究人员。

要求当面向对方赔礼道歉等。根据违法行为的性质、侵犯对象、危害后果的不同，也因为对违法行为追究主体的不同（有时是国家，有时是组织，有时是个人），还因为违法行为的主体不同（有时是组织，有时是个人，如果是组织，就无法对其实施只能对自然人实施的诸如限制人身自由的处罚），承担违法行为的代价的种类和方式就不同。因此，立法机关通过立法为违法行为设定其成本或代价时，要根据违法行为的主体、性质、侵犯对象、危害后果的不同，分别规定不同性质、不同种类、不同形态的代价或成本，以保证这种违法成本能有效地制约违法行为的发生。

违法成本对违法行为的遏制和制约作用的基础是人们都具有“趋利避害”的本性。人们在进行自己的行为判断和选择时，特别是站在合法（守法）与违法的边界线上时，是选择违法还是选择守法，往往起关键性作用的就是违法成本。基于成本核算的考虑，基于对投入产出的基本判断，通常的情况是：违法成本低，人们通常选择违法，而不是守法；相反，违法成本高，人们通常选择不违法，转而选择守法。当违法成本低于违法所得到的利益时，绝大多数人选择违法；当违法成本等于违法所得到的利益时，绝大多数人都有一种侥幸心理，就是希望自己的违法行为不被发现或不被查处；当违法行为可能支付的成本高于违法所能得到的利益时，绝大多数人才可能选择不违法或守法。这就是违法可能性及其成本间的“反比例关系”。有鉴于此，立法者们在为违法行为设定成本（或代价）时，应当充分认识上述“反比例关系”，为违法行为设定远高于违法所得的成本（或代价），才能有效地遏制和制约违法行为的发生。20 世纪 80 年代发生在北京天安门广场的一个故事，可以作为我们这一立论的佐证。当时，北京天安门广场，有一位年轻人随地吐痰，被正在执勤的“红袖章”大妈逮个正着，大妈要根据规定罚这位年轻人五角钱。这位年轻人在明白了大妈的意思之后，掏给大妈一元钱，对大妈说了声“大妈，你就不用找了”，转身再吐了一口痰。此事当时经媒体披露，在社会上引起过强烈的反响。讨论基本停留在道德评判、舆论谴责和公德建设的层面。这个案例表面看，是一个道德问题，从经济学角度看，就是一个成本问题。年轻人之所以可以很潇洒地给一元钱再吐一口痰，根本原因就是他依法需要为自己的违法行为支付的成本太低，以至于他“付得起”而“潇洒得起来”。设想一下，假如法律规定在天安门广场随地吐痰一次的代价是罚款一万元或在天安门广场扫地三个月，那这个年轻人恐怕宁愿把这口痰吞进肚子里，也决不会吐出来，更不会再吐第二口了。从某种意义上说，北京天安门广场上随地吐痰的年轻人给我们上了一堂课，让我们对违法及其成本间这种“反比例关系”有了具体而直观的认知。

如前所述，为了有效地遏制违法行为的发生，应当为违法行为设定远高于违法行为所得的成本（或代价），但违法行为的成本高到什么样的程度为合适？是不是越高越好？这是我们在研究违法成本时必须认真分析并予以回答的问题。2003 年非典之后，各地纷纷重视公共卫生问题，有关公共卫生方面的立法特别是地方立法如雨后春笋般冒出来。由于唾沫被认为是传染非典病毒的重要媒介，各地在进行有关公共卫生方面的立法时，大都出重拳打击随地吐痰的行为，大有要通过一纸法律条文一下子就把随地吐痰这一“国粹”扫进历史垃圾堆的阵势。因此，这个时间段匆匆出台的有关公共卫生的地方立法在对随地吐痰行为的罚款规定方面是“涨”声一片。先是涨到随地吐痰一次罚款 50 元，跟着上海又哄抬了一下，规定 200 元，再后来有一个内地城市叫嚷着要对随地吐痰开出上 1000 元的“天价”罚款，很是让人惊讶了一阵子。“运动式”的一阵风过去之后，人们很快就发现如此“兴师动众”去对付区区一个随地吐痰的陋习，实在没有太大的必要；同时，人们还发现，为随地吐痰者设定如此之高的成本和代价的结果是执行起来变得特别困难，随地吐痰者被追究得很少，其效果反而“归零”。这一出关于随地吐痰的违法成本的“活剧”及其所反映出来的情况再一次表明，立法是一门科学，通过立法作任何的制度设计都必须遵循客观规律，为违法行为设定成本（或代价）也是如此。

二

我们主张要遏制违法行为，就得让违法行为人承担远高于因违法行为所得到的利益的成本或代价，但决不意味着我们同时主张违法行为的代价越高越好，更不意味着我们主张让违法行为人因自己的违法行为承担无限的成本或代价。这里要进行的是一个价值评判、价值衡量，要考虑价值是否相当的问题。在确定违法行为的成本时，要考虑三个价值的大致平衡，一是违法行为所损害的价值，二是法律所保护的价值，三是违法行为人因为违法行为要支付的成本的价值。比如，书店里偷书现象很严重，有的人甚至抱着“窃书不算偷”的心理，安之若素。怎样才能让偷书现象绝迹？最彻底的办法恐怕是规定偷书者杀头。但问题是哪一个国家会残忍到让偷书者付出生命代价的程度？这里就有一个价值衡量的问题，偷书者偷窃行为侵犯的是书店的财产权利，而他（或她）却要付出生命权利作代价，这个财产权利和生命权利是两个不可比的价值，生命权远高于财产权，用这两种价值来相交换，是不等量的，更是不等值的，因而，要真有这样的立法，那一定是专制、暴政和残忍的产物！《中华人民共和国刑法》修改中，大幅度地减少了死刑，特别是在财产型犯罪方面（如盗窃罪，除非针对特定目标如金库等，一般都不再规定死刑），这种立法取向所体现的正是这种价值判断和价值平衡。这也是我们在立法过程中衡量确定违法行为成本时应当遵循的基本原则。

应当指出，我们主张让违法行为人承担远高于其违法所得的成本或代价，但我们并不是“重刑主义者”或者“重罚主义者”。实践一再证明，重刑和重罚并不能有效地遏止犯罪和违法，相反，重刑和重罚在遏止犯罪和违法方面的负面作用却显而易见。有效地预防和遏止犯罪，并不在于对犯罪行为科以多重的刑罚，而在于犯罪行为是不是普遍受到了有效追究。只要违法行为普遍能受到有效追究，违法行为人逃避处罚的概率很低，哪怕处罚的结果并不很重，也能有效地威慑违法行为人，以减少和遏止违法行为，因为对绝大多数人来说，之所以违法，是存有一种不会被发现或能逃避追究的侥幸心理。受到追究，对绝大多数人来说，就是一种足够的成本负担了。金融机构营业场所的“探头”就是一个有趣的例子。人们进入金融机构的营业场所，面对巨额现金很多人被诱惑会产生一种“哇，这么多钱要属于我的该多好”的想法，但很少有人会伸手去“取得”。为什么？制约人们“伸手”的因素很多，比如保安和工作人员看管严密、个人觉悟、法律规定以及对法律规定的认知等，但其中最根本的制约因素是这个营业场所角落里设置的那个 24 小时不间断工作带红外线的“摄像头”，它的“忠于职守”，消灭的是所有想“伸手”的人们逃避制裁的侥幸心理！这个例子又告诉我们，当逃避制裁成为不可能或基本不可能时，也就是说违法行为将被普遍追究时，人们即使面对并不高的成本或代价，也很少会选择“必死无疑”的违法行为。相反，如果违法行为不能普遍得到有效追究，或者大多数人的违法行为实际上得不到有效追究，哪怕违法行为一旦被追究需要付出很沉重的代价（或成本），也有不少人仍然会选择违法（因为不致被普遍有效地追究，因此仍存不会被追究的侥幸心理，实际上也确实不易被追究，违法的机会成本下降导致人们选择违法）。警察买赃车就是一个典型的例子。有报道说，河南省濮阳县公安局派出所所长臧某等 15 名警察于 1997 年 6 月 2 日至 1997 年 8 月 19 日，先后分别通过他人低价购买赃车 17 辆，购买的这 17 辆赃车其中 11 辆供派出所公用，6 辆归个人使用。福建省一名犯罪嫌疑人黄某在 1999 年 6 月至 2001 年 6 月的两年间，盗窃了 17 辆桑塔纳轿车，其中 11 辆赃车的买家都是江西省的一些政法机关和消防部门的警察。① 分析一下，何以这么多的警察敢于收购和使用赃车呢？原因很简单，交通警察本来就是警察，因此同行买来的车子哪怕来路不明、手续不齐全也可以“睁一只眼闭一只眼”放行、上牌，“漂白”之后上路。在这样一种执法环境条件下，买赃车的警察被查处的概率极低，或几乎不会被查处，即使万一被查处，也“网开一面”，最

① 参见杨涛：《警察为什么敢于买赃车》，《中国青年报》2005 年 2 月 2 日。

多赃车上缴了事。更有甚者，一些地方警察当局甚至政府强调经费紧张，放任甚至纵容警察当局和警察购买和使用赃车。如此低的查处率实际上“稀释”了违法行为的成本（代价），其结果必然是助长违法行为。由此可知，我们在为违法行为设定成本时，除了要考虑其本身的高低之外，还必须考虑与之紧密联系的诸如查处概率等相关因素，否则再合理的成本也会落空。

三

除了要遵循价值平衡的基本原则，考虑违法行为被普遍追究之外，确定违法行为的成本，需要考虑的主要因素包括：

其一，违法行为需要支付的成本或代价，要足以令违法行为人丧失继续违法的能力，包括物质意义上的能力和行动自由等。人们说到“重罚”的时候，通常说“要罚到倾家荡产”，相当大的程度上指的就是要令其丧失继续违法的物质基础。很多的违法行为是要借助一定的物质条件来进行的，比如制售假冒伪劣商品要有原材料、工具、包装等，对这些用于进行违法行为的财物和违法所得的财物进行没收，并适当处以财产处罚，如罚款等，才能消灭其继续违法的条件，否则违法行为容易“春风吹又生”。还有一些违法行为，并不需要太多的物质条件，或者干脆与物质条件没有关系，制止这些违法行为人继续其违法行为，单靠令其承担财产性的成本就显得“力所不逮”了，比如打架斗殴、寻衅滋事，要消灭这些违法行为人继续违法的条件，就得相应地限制其人身自由，只对他们施予财产处罚或者根本无法执行，或者起不到制止作用，这个时候，让他们支付的最合适的成本（或代价）就是丧失人身自由，设计处罚方式时，行政拘留这样一种短时间限制其人身自由的方法才是最佳的处罚方式。

其二，违法行为需要支付的成本或代价，要足以让正在准备实施违法行为的人望而却步。法律是一种行为规范，是人们行为的准绳，法律的一个很重要的特征就是它的“可预见性”，即由于法律规范的存在，人们可以预先知道自己行为的性质和后果，借以认知、判断和选择自己的行为。法律上规定的违法成本就要起这样一种作用，它要让违法的人认识到违法活动的必然结果，令其意识到必然发生的成本和代价，并在评估利弊得失的基础上，中止正在进行的违法行为，并积极主动地避免或减少违法结果的发生，以减轻自己的责任。同时，法律作为一种行为规范，它还有一个重要特征是其“普遍性”，即对任何人都一视同仁。正是这样一种“一视同仁”的普遍性，令“目睹”别人为实施违法行为付出沉重代价的人，彻底意识到自己如果也实施同样的违法行为，必然重蹈“邻人”的覆辙。其结果是这种“邻居效应”会让绝大多数可能的违法行为人从中吸取教训，转而寻求守法的途径，免得支付巨大的违法成本，这就挽救了一批可能（潜在的）违法者，实现了法律的目的。

其三，违法行为人承担的成本或代价，应当足以补偿因其违法行为而给国家、社会和他人造成的损害。一般来说，违法行为人的违法行为除了给国家、社会和他人造成无形的损失，如法律权威的破坏、社会正常秩序的混乱、老百姓日常生活环境恶化等，还会给国家、社会和他人带来一些有形的损失，这种损失有时表现为物质形态，有时表现为非物质形态，前者如破坏公私财物导致受害人财物减少、毁损，后者如人身伤害导致身体健康特别是精神健康遭到破坏等。对这些损失进行补偿，是违法行为人支付违法成本或代价的重要部分。比如企业违法超标排污，可能给环境造成污染，国家为了治理污染、恢复环境需要付出的费用，应当作为违法成本的一部分计入对违法行为人的处罚中（比如罚款）。这种成本的承担在法律制度的设计上，既可以体现为上缴财政的罚款，也可以体现为让违法行为人自行恢复原状，比如让乱砍滥伐者补种树木，还可以由政府代履行，然后向违法行为人收取费用。如果违法行为的后果是对他人造成损害，则这种代价可以由加害人直接向受害人支付，并将它设计为法定给付义务，比如人身伤害发生后，加害人应视伤情向受害人支付医疗费（包括后续医疗费）、营养费、误工补贴（如果有的话），并对精神损害进行物质补偿等。

其四，让违法行为人承担违法成本时，还要考虑违法行为人获利的状况。不少违法行为是经营性的，违法行为人在其违法过程中往往有所获利，比如制售假冒伪劣商品等，在很多的时候获利本身就是违法行为的动机和目的，因此，对于此类违法行为最具针对性，也是最有效的制裁方法就是剥夺其获利，使其违法行为的动机和目的无法实现。为这一类营利性的违法行为设定违法成本时，总体上应当全额剥夺其因违法行为而产生的全部利益，并相应地施以惩罚性的制裁措施，如没收用于违法的工具、罚款等，让违法者并不能因为违法而得到任何物质利益，相反会因为违法行为而遭到损失直至“倾家荡产”，避免出现“坐牢一阵子，舒服一辈子”的现象出现。过去我们的立法在进行这一方面的制度设计时，常常忽略了从经济上剥夺违法行为人的违法所得，不少规定对违法行为人的处罚“不痛不痒”，以至于人们宁肯选择违法也不愿选择守法。这里存在两种情形，一种情形是选择守法需要付出的成本高于违法所要付出的代价，这时候人们不选择守法，转而选择违法。以环境执法的一个案件为例，有一个生产鞋材的企业超标排污，按规定应当同时投资配套兴建一个污染处理设施，“三同时”投产。在建与不建这个污染处理设施的选择过程中，企业老板算了一笔账，如果按照环境保护法律法规和环境保护行政执法机关的要求建这个设施，总投资 400 万元，每年还要支付一笔不少的运行费用；不建这个设施，则违法，并将受到追究，老板发现，环境保护行政执法机关差不多每年来查一次，查出其超标排污，每次罚款依法不超过 20 万元（如果跑点关系还可以适当减免一部分），不算运行费用和利息，投资兴建污染处理设施的 400 万元，用来支付罚款可以对付 20 年。这一笔账算下来，这个企业的老板自然就选择了不建污染处理设施，宁肯每年都因违法而被罚款。我们设想一下，如果违法排污的罚款不是 20 万元而是 400 万元的话，这个企业老板肯定会转而去投资兴建污染处理设施，而不会选择违法。另一种情形则是违法行为付出的成本太低，远低于其违法所得，因此虽然因违法屡屡被处罚，却“屡罚屡犯”，最后在因违法被处罚中“茁壮成长”起来。制售假冒伪劣商品的违法成本就是典型的例子。长期以来，我们的质量技术监督方面的法律法规对销售假冒伪劣商品的处罚基本上就是“营利所得 1 至 5 倍的罚款”一条，再无其他制裁办法，加之在质量技术监督行政执法的实践中，往往要查证违法行为人的营利所得相当困难，因此，这一处罚条款很难实施，导致假冒伪劣有恃无恐、泛滥成灾，经营假冒伪劣商品的不法经营者大多因此发了“横财”。假冒伪劣的人因为假冒伪劣大发横财、畅通无阻；守法经营的人却因为守法经营而竞争无力、步履维艰。其结果是公平竞争的环境被破坏，市场经济的正常秩序遭破坏。如果我们在对付假冒伪劣方面规则更严明些，让经营假冒伪劣商品的违法行为人承担重一些的违法成本，比如像一些国家一样，发现经营假冒伪劣商品一律永久剥夺其经营资格，逐出市场的话，假冒伪劣商品还会如此“招摇过市”吗？

其五，确定违法行为的成本或代价时，还要考虑违法行为人的财产状况及其物质能力。为违法行为人的违法行为设定成本的法律作为一种行为规范，其生命力在于付诸实施，变成社会生活的现实，如果无法付诸实施、不能变成社会生活的现实，再好的规定、再合理的制度设计也不过是“毫无意义的空气震动”。如果法律规定让违法行为人承担的违法成本远远超出其财产状况或支付能力，这种规定即使通过行政执法或司法程序变成了具体个案的生效法律文书，仍然无法付诸实施，会成为法律上的“白条”。在这个问题上，除了要考虑违法行为人的绝对意义上的物质承受能力之外，还要考虑不同类型的违法行为人相对意义上的物质承受能力。同样一个数量的处罚可能对一些人来说是可以承受的，对另一些人来说则是难以承受的；同样一种处罚对一些人来说有制约意义，而对另一些人来说则没有制约意义。比如随地吐痰一次罚款 200 元，对于一个开“宝马”车的权贵来说或许并不算什么，但对于一个农民工来说，可能是一个月的纯收入，同一个量的处罚对不同的人群来说意义就不同。这些现实的社会情况都是我们在设定违法成本时不能不周全考虑的因素。

其六，立法者在为违法行为设定违法成本时，还要超前考虑法律实施的结果及其影响。这种考虑是多方面的，其中一个很重要的考虑，就是要研究法律设定了一个违法行为的成本之后，这一法律规范在将来的实际运行中到底主要约束了谁，如果是一个处罚条款，将来被罚的会是谁，是谁或者哪一个社会群体实际上承担了这一违法行为的成本。要根据这一预测性研究结果最终确定我们的制度设计方案的选择。还是以“非典”之后各地公共卫生方面关于随地吐痰处罚的规定为例，包括上海的许多地方都规定对随地吐痰的违法行为最高罚款限额为 200 元。对于这 200 元的最高罚款额，有人认为高了，有人认为不高，也有人认为太低，可谓仁者见仁智者见智，莫衷一是。我们换一个角度来思考问题：一般来说，城市生活环境和条件比较好，公共环境卫生的投入比较多，公共环境卫生设施也比较齐全，市民因为跟工业文明和商业文明联系密切，在公共卫生方面的素养特别是讲卫生的习惯较高于生活在农村那样环境卫生条件比较差的状态下的农民，因此，在城市里，特别是在公共场所如马路上、广场里，随地吐痰的恐怕是农民或进城务工的农民工比城里人多一些，这或者因为没有养成好的卫生习惯，或者人地生疏找不到公共卫生设施，或者由于进入城市没有足够的思想和物质准备。因而，如果真要严格执行“禁止随地吐痰违者罚款 200 元”的规定，恐怕挨罚的大多数都是临时进城的农民或者农民工。对有 2000 元或者更高的月收入的市民来说，或许 200 元的罚款并不算太高，但对临时进城的农民来说，200 元可能是他在乡下劳作半年的纯收入，对这些农民或农民工来说，为随地吐一口痰支付一个月乃至半年的收入作代价，那就是一个天文数字了。如果从这个角度思考问题，考虑到随地吐痰这个规定可能的处罚对象基本上是农民或者农民工，那这 200 元的额度就是很巨大而不是不高或太低的问题了。

四

研究违法行为的成本或代价时，我们更多地关注违法行为的成本或代价的货币表现形式。除了货币形式的成本或代价外，违法行为的成本和代价还可以也应当根据预防、遏止违法行为的需要表现为其他形式，而且即使是以货币形式承担的代价或成本，也有一个货币成本（或代价）的支付方式问题。

首先，关于违法成本（或代价）的非货币形式。过去我们在针对违法行为的立法和行政执法中存在着一个认识和实践的误区，那就是一讲成本就是经济内容也只是经济内容，就是货币形式也只是货币形式，表现在具体的法律条文中就是罚款，信奉“一罚就灵”，只讲罚款，不见其他，一罚了之，改不改则不闻不问，其后果就是执法变成了“执罚”，行政执法变成了“罚款”。环境保护的立法和执法就是典型的例子，环境保护执法首要目的是保持环境状况，因此环境执法在很多的时候最重要的并不是罚款，而是对已被违法行为破坏的环境实施旨在“恢复原状”的补救措施，如果违法行为人不能自觉地采取补救措施，环境保护执法机关就应当强制其采取这种恢复原状的补救措施并于事后向违法行为人收取费用（即所谓的采取代履行措施），但实际生活中，无论是法律规定还是行政执法的具体实践，通常是罚款了之，其结果款是罚了，污染却依旧没有治理，违法行为人的违法成本是支付了，但法律的目的（恢复环境状况）却无法实现，这种执法，就背离了执法的宗旨。其实，在我国现行法律中，对违法行为处罚的非货币形式还是不少的，比如限制人身自由的行政拘留、训诫、警告、责令具结悔过等，同样，违法行为人对其违法行为支付成本时，非货币的形式也是不少的，比如赔礼道歉、消除影响等。从有效地遏制违法行为这一根本目的出发，设计和实施更多的非货币形式的成本或代价承担方式，有时具有比货币形式更有效的功能。比如对那些有钱支付罚款却不堪忍受自由被剥夺的违法行为人来说，哪怕是很短的限制其人身自由的代价也远比巨额的罚款更有效果。司法实践中，有人民法院认识到这个问题，曾经创新过一个“刑罚方法”，判令过失放火烧山的农民植树造林，尽管于法律的要求并不周延，却也博得一片好评，就是很有意义的探索。国外曾有报道，法庭对付足球流氓的最好办法就是判令其终身不得涉足球场看球。这种独特的违法成本承担方式可谓捏住了违法行为人的“命门”，不仅彻底消灭了违法行为人继续违法的条件，而且对其他的“足球流氓”也会产生莫大的威慑力量（要知道，对不少“足球流氓”来说，“不看球，毋宁死”，不让他看球，是最致命的处罚）。这一类做法，也值得我们在违法成本非货币形式的制度设计时借鉴。

其次，关于违法成本的承担方式及其相关联的问题。即使是质和量都相同的违法成本，其承担的方式也不同，对违法行为制约的效果亦不同。我们以货币形式的交通违章罚款为例来分析。根据我国现有的法律规定，一般的交通违章的处罚并不重，很多的违章也当场处罚，即当场接受交通警察的处理，交通警察当场收取罚款，出具罚款收据，违法行为人对违章的记忆只是付了一笔钱，有时甚至就 5 元钱，心疼一阵子就过去了，有时甚至根本就不心疼。如果换一种承担方式，可能情况就不同了，比如要到指定的银行去交钱，交钱的银行要排队，多耽误他（或她）一点时间，他（或她）的记忆就会深一些，下次实施违章行为的时候顾忌就会多一层。如果设计的承担方式更复杂一些，让违法行为人更麻烦一些，或许效果又会更好一些。在这个问题上，美国一个州的例子可以给我们很多的启发。该州规定，单人乘载的车辆违章行驶到多人乘载汽车专用的快车道上，处罚标准是 5 美元。但这 5 美元的罚款不能直接交给执罚的交警，得到指定的地点去缴纳，而这个指点的地点只有一处（不像我们，为了所谓的“便民”，在所有的银行都能交钱，交纳罚款轻而易举），缴罚款时经常排队，如果规定时间没有缴纳罚款，案子就会转到法庭，如果法庭规定时间过去了还没有按时缴纳罚款，案件的性质就会起变化，违法行为人就可能被指控“藐视法庭”，那就是严重的刑事犯罪，要坐牢的。好不容易把罚款交上了，事情并不因此而结束，相反，麻烦可能才刚刚开始。你的这一次违章记录将被载入你的个人档案，到明年你再去办理汽车保险时，保险商会因为你这次记录在案的违章记录认定你属“高危客户”，会向你收取比别人也比你自己过去一年更高的保费；你要去贷款，银行也会因此认定向你贷款有更大的风险，而要你提供更多的担保；还有，你去求职时，比如要谋一个送外卖的差事，要天天开车外出，可能会因为你曾经的违章而被认为“不适合”而拒之门外等等。一个区区 5 美元罚款的违章，带来无穷无尽的麻烦，其代价可不小。这个例子，也很值得我们设计违法成本承担方式时借鉴和参考。

发表于 2006 年第 5 期

虚拟财产解析

——以虚拟有形财产为主要研究对象

林旭霞*

没有什么事物会像财产那样调动着、撞击着人们的想象力，对人们行为产生如此大的影响。财产权制度从来都是一国法律制度的核心。而法律制度是在变革与重构中创新、发展的。网络时代，财产权制度的变革与创新也是法律制度发展的主旋律。“虚拟财产”就是传统财产法律制度面对因网络产生的利益关系所必须做出的回应。

一、虚拟财产概念之界定

“虚拟”概念是研究虚拟财产法律问题的逻辑起点。从文字意义上讲，“虚拟”一词包含有“模拟真实且如同真实”的意思。20世纪90年代以来，“虚拟”一词被用来描述几乎所有与计算机、因特网技术有关的东西。事实上，从不同的研究角度和学科范式出发，可能形成一系列对“虚拟”一词的不同理解和应用，因此，有必要厘清“虚拟”的概念。

Jame Martin在其所著的《生存之路——计算机技术引发的全新经营革命》一书中指出，“虚拟本身不是物理存在，而是通过软件实现的存在”，即对于现实中业已存在的事物及其发展变化过程，通过建立程序映射到计算机以及相关技术所支撑的运行环境中，以模拟现实环境中事物真实的活动过程。这一解释，为存在于计算机科学领域的一系列有关虚拟的衍生概念提供了铺垫，诸如“虚拟设计”“虚拟驾驶”等等。

网络技术范式的“虚拟”概念，源自于计算机网络支持的活动运作平台，是人类借助计算机技术，在网络空间依靠预先设定的程序语言，对现实事物进行模拟，

---

* 林旭霞，福建师范大学法学院院长、教授，教育部人文社会科学重点研究基地——中国人民大学民商事法律科学研究中心兼职研究人员。

印制副本，使之如同真实世界的事物。这一意义上的“虚拟”，除了表现计算机技术对于现实事物的模拟和逼真再现以外，还强调“虚拟”内容的信息特征，突出体现了现实技术在人类新的活动空间——网络空间的应用和延伸。换而言之，这一意义上的“虚拟”，与包括通信技术、数字技术、计算机技术在内的信息技术相依相存。本文中的“虚拟”概念，系指网络技术范式下的“虚拟”，是在网络空间中，将人类活动的文明成果，以二进制的形式加以描述、存储和传输。以此为基点，我们可以进一步界定“虚拟财产”的含义。以对现实世界不同形态的财产的模拟为标准，虚拟财产可以分为虚拟有形财产（如网络游戏中的游戏装备），虚拟无形财产（如域名、游戏等级、论坛上的分值），虚拟集合性财产（如由服务器、软件、域名、网页及其提供的内容等共同构成的网站）。不同类型的虚拟财产所反映的利益关系、权利义务内容都各有不同，有其自身的特殊性，可能被分门别类地纳入不同的法律调整之下。

对虚拟财产概念的界定，必须立足于对“虚拟”的界定以及“财产”的内涵，并反映虚拟财产的共同属性，考察存储、传输于网络空间的“文明成果”。“虚拟财产”具有以下特征：一是存在于网络环境或网络空间中。网络空间从基础上讲是技术的，即“用比特——0—1数字方式去代码（表达和构成）事物以及事物之间的关系，从而形成一个独立于现实世界又具有实在性的数字化的社会空间”。[①] 但网络空间又与现实的物理空间有着明显的共生关系，是现实物理空间的延续。而“虚拟财产”就是储存于各种网络设备并在网络空间中传输的各类信息的载体，其外在形式为文字、数字、声音、图形、图像等。二是以数字化的形式来模拟现实事物。“虚拟财产”实质上是借助于计算机这种媒介表现出来的数据组合，但这种数据组合的特点是：一方面必须具有视觉效果，是从视觉上可以感觉到的某种事物，无论是视觉上表现为“物”“人”或是文字、图形；另一方面，这种视觉感觉到的事物如同现实环境中的真实事物，是对现实世界真实事物及其发展变化过程的模拟和逼真再现。这种模拟不同于复制，现实中并不存在与之一一对应的被复制或被影射的对象。[②] 三是具有相对独立性。相对独立是指虚拟财产具有独立于其他网络资源或现实财产的价值。虚拟财产既区别于网络供应商提供的运行环境，也与其他网络用户的资源相区别，具有排他性，这正是虚拟财产交易产生的前提。同时，虚拟财产还必须有独立于现实财产的价值，不具独立价值的数字形态财产往往只是现实财产的一种表现

---

① 齐爱民、刘颖主编《网络法研究》，法律出版社，2003年，第6页。

② 如果是对现实环境中某一对象的复制、影射就不是“虚拟”，如数码相机摄制的作品存在于网络中，就不是本文所述的“模拟”或“虚拟”。

形式。如以电子货币为例，电子货币也有数字化的表现形式，作为支付手段也可以通过网络实现支付功能，但电子货币必须以现实货币为基础，不具有独立于现实货币的价值，因此，电子货币不在本文所界定的虚拟财产范畴。四是可以独占享有的。虚拟财产在某一特定领域具有独占性。网络是没有疆界无法独占的，但储存于网络中的数据、信息却是可以独占享有的，这些数据、信息便属于本文所界定的虚拟财产。因此，本文认为，一般意义的虚拟财产或广义的虚拟财产是指在网络环境下，模拟现实事物，以数字化形式存在的既相对独立又具独占性的信息资源。

上述对虚拟财产的界定之所以表述为“一般意义”或“广义”的虚拟财产，是因为模拟现实事物、以数字化形式存在的、既相对独立又具独占性的信息资源是极其丰富且类型繁多的。一般意义的虚拟财产与各种类型的虚拟财产之间是普遍与特殊、一般与个别的关系。从认识论角度看，人们认识事物总是先认识个别、特殊的事物的具体属性，而后才逐步扩大到认识事物的一般的、普遍的本质。基于这一认识规律，本文将以一类常见的、权利义务内容极其丰富的虚拟财产——虚拟有形财产即虚拟物为研究中心，分析研究虚拟财产的本质属性与法律地位。虚拟有形财产（若无特别说明，下文中的虚拟财产即指狭义的虚拟财产——虚拟有形财产）是对现实环境中有形的物质财富的模拟，因此亦可称之为虚拟物。从技术意义上讲，虚拟物是存储于服务器上的电磁记录；从来源上看，虚拟物的生成必须基于一定的服务协议，并遵循一定的操作规则；从表现形式上看，虚拟物表现为由一定的声音、图像构成的实物形态，因而可以被感知，如同现实世界的有形物。虚拟物的典型表现就是网络游戏客户端技术中的游戏资源，即正在运营的虚拟游戏中一切以数据方式存在的资源，包括游戏角色、游戏道具、装备及游戏环境等。

二、虚拟财产的法律性质

网络用户拥有的虚拟物品在现实生活中是否会有财产利益？进一步而言，对现实生活中财产关系进行规范化的修正是否就可以应用于虚拟空间？实践中对上述问题有着截然不同的回答。因此，有必要对现实财产的本质、特征进行深入探讨，并对虚拟财产是否具有现实财产意义做出合理的判断。

现实中的财产一词包含双重含义。一是指权利意义上的财产。在这个意义上，财产代表一定主体的权利。可以说“财产”从其产生之日起就表现为一定制度所保护下的权利。法律经济学始终认为，“财产是一组权利。这些权利描述一个人对其所有的资源可能占有、使用、改变、馈赠、转让或阻止他人侵犯”。[①] 我国台湾学者李宜琛也认为，“所谓财产是指具有经济价值且依一定的目的而结合的权利义务的总体”。[②] 二是指客体意义上的财产，即作为民事权利指向的对象。它具有价值性、稀缺性、排他性的特征。所谓价值性，是指能够满足人们的需求（物质需求或精神需求），并可以以一定的货币给予衡量，也就是通常所说的具有使用价值和交换价值；稀缺性即相对于人的需求而言，是有限的而不是取之不尽、用之不竭的，稀缺是成为法律保护的对象的必要前提；排他性意味着特定的财产只能由特定的权利主体享有，其他人或集团除非通过交易或赠予，不能得到它，有了排他性，主体的利益才能实现，财产价值才能最大化。两种含义的“财产”是权利和权利客体、内容和形式的关系，二者相伴而生，不可分离。财产只能以财产权的形式表现出来，某人拥有某物，在法律上的表述即：某人对某物享有所有权。正因为如此，在习惯上“财产”“财产权”往往被交替使用，却指向同一对象。

无论就权利意义而言，还是就客体意义而言，财产都是与一定社会的经济关系相联系的。财产关系是生产关系在法律上的表现形式。“每个时代的财产关系是该时代所具有的生产方式和交换方式的必然结果”[③]。在不同的历史阶段，“财产”具有不同的内容和形式。这不仅体现在不同历史时期的思想、学说中，更集中反映在立法上。20 世纪以来，随着科学技术对人类生活的渗透，一方面，越来越多的利益需求被列入法律保护的范围；另一方面，各种新技术的运用使得原来不能为人所认识和控制的事物变成了人类能力可以控制的对象，因此，财产的内涵和外延呈现出不断发展的趋势。无论财产表现为何种形式，无不和权利义务相联系，所谓“自然状态”下或纯粹“经济意义”上的财产是不存在的。财产从其本质而言是法律的概念，是法律制度所保护的一定主体的权利。

判断虚拟财产是否具有现实财产的意义，就必须考察虚拟财产在与现实世界的交流中是否反映了现实社会的利益关系，其上是否存在着法律必须调整的权利义务关系，以及虚拟财产是否具有民事权利客体的基本特征。存在于网络空间的虚拟物品由来已久。围绕虚拟物品、游戏资源而产生的利益分配问题随着网络游戏业的发展而发展。在网络游戏的早期类型即 mud 游戏中，财产权利仅仅被看作是玩家在网上“化身”的基本权利。这些早期的社会交往型的 mud 游戏孵化出大量的、虚拟的新型财产和潜在市场，几乎与此同时，针对网上物品的“财产”“所有权”等概念也

---

① ［美］R. 考特、T. 尤伦：《法和经济学》，上海三联书店，1996 年，第 136 页。

② 李宜琛：《民法总论》，台湾正中书局，1977 年，第 174—175 页。

③ 《马克思恩格斯全集》第 4 卷，人民出版社，1958 年，第 303 页。

随之出现。[①] 一些游戏网站在刚开始运作时，通常不存在财产交易的制度，但随着玩家人数及其积累的不同类型虚拟物品的数量不断增加，就会逐渐产生出一些商业气氛，也就有可能形成财产自由转让的制度。现在，如果一个网上“化身”想卖掉自己坚实无比的铠甲，它有这样做的自由，如果它想有多个买主，还可在不同网站的交易市场兜售。这种根据现实的要求与期望，在灵活的市场交易制度下进行的交易行为是难以避免的。更为重要的是，游戏业的蓬勃发展使虚拟财产交易逐渐突破了网络虚拟空间，转向真实的社会空间。虚拟财产与真实财产之间的交易日益盛行，表现为：(1) 游戏中的虚拟物品存在离线交易的机制。不但游戏参与者群体之间流行着以现实金钱来交易“网络货币”“宝物”“武器”等虚拟物品，运营商为了开拓市场也向玩家出售虚拟道具和财物，离线交易迅速发展并形成一定的规模。(2) 虚拟财物已成为现实化的商品，具有现实价格。据测算，在韩国，围绕网络游戏每年进行的现金交易达到 3000 亿韩元。据国家新闻出版总署《2004 年度中国游戏产业报告》披露，我国 2004 年的网络游戏业的销售额已超过 36 亿元人民币。[②] (3) 虚拟财产与真实货币的固定的兑换方式已经存在。某些网络游戏开始尝试一种新的机制：游戏程序与参与者之间形成财产由虚拟向真实之间过渡的机制。游戏方式是由玩家通过运营商将真实货币兑换成虚拟货币，再利用虚拟货币在游戏的虚拟社区中从事商业活动，然后将得到的虚拟货币通过运营商兑换成真实货币。在中国，此类网站也现实存在着。

网络游戏业快速发展的同时，游戏中虚拟财产纠纷也逐渐增多且类型日趋复杂，主要有：由于虚拟财产被盗产生的纠纷；由于虚拟财产权属确认引起的纠纷；由于网络游戏服务合同的履行引起的纠纷；由于运营商在删除某些电磁记录时未尽注意义务导致的侵权纠纷；一些虚拟财产纠纷甚至涉及多种不同的法律关系。因此，从网络虚拟财产法律问题产生发展的状况可以看出，虚拟财产与现实财产存在天然的联系。可以说，存在于网络空间的虚拟物品与其他现实法律认可的财产利益没有什么本质的区别，虚拟财产鲜明地反映了现实社会的利益关系。这正是人们主张虚拟财产应当纳入现实法律制度调整范围的直接原因。

由上述可以判断，虚拟财产具备了现实财产权利客体的基本属性：一是虚拟财产的稀缺性。虚拟财产是存储于网络设备中的电磁记录，但这并不意味着虚拟财产可以无限创造。无论是网络游戏中的“地产”“武器装备”“稀世珍宝”还是网络论

---

① Dan Hunter and F. Gregory Lastowka：Virtual Property；California Law Review 92th，2004.

② 周路：《网络虚拟财产纠纷的救济途经》，《法制日报》2005 年 8 月 17 日第 10 版。

坛上分值很高的高级账户，从技术角度讲，都是二进制的数据，但却不能被随意创造或复制。例如，在 The Sim Onlines 等游戏网站，一小块地产就会使一个刚入道的“化身”倾其所有花费较高的价格去买，如果较全面来装饰“新居”的话，那么花费又会进一步上升了。支付上述支出的最好办法就是吸引客人（网民）到你的网点上来——这样你的“化身”就可以根据来访人数以及停留时间来收到一些额外酬金收入。如此经济刺激下，自然就会鼓励你全天候开放你的网址，并且要不时地对网点（houses）进行修护，以满足访客的各种需求。与此相似，要在网络论坛上拥有很高生命力值的账号，不仅要花费很多时间在论坛上挂着，并且要发出大量回复率很高的帖子。除此之外，玩家们的“武器装备”则往往要经过不断的斗智斗勇才能获得。也正因为如此，虚拟财产才有很高的交易价值。由此可见，虚拟财产的无限创造即使技术上可行，也不具有现实的合理性。二是虚拟财产的价值性。从前述游戏业的发展状况不难看出，越来越多的游戏玩家投入大量时间、精力和金钱参与网络游戏，通过虚拟人物将自己的人格从现实世界向虚拟世界扩张，为各种虚拟财产的得失更替而喜怒哀乐，并从中获得感官和精神上的刺激，达到娱乐身心的目的，其使用价值不言而喻。虚拟世界与现实有着密切的契合点，对于一些人而言，他们在虚拟空间从事创造的所得可以转化为现实的财富，网上网下如火如荼进行的交易行为也充分彰显了虚拟财产的交换价值，并且这种交易也自发自觉地遵循着价值规律的要求[①]。三是虚拟财产的排他性。从前述虚拟财产纠纷样态可以看出，就谁拥有网上财产以及谁拥有这些财产的收益目前有着激烈的争论，是网络游戏原供应者还是花费时间与金钱、用虚拟的“砖头”建造虚拟“城堡”的那些网上玩家？这恰恰说明网上虚拟财产具有排他的利益与价值。从另一个角度看，网络运营商可以限定对象、限定时间开放网络，也可以对网络上的行为进行管理，网络用户可以通过对自己的账号设置密码来防止他人对自己的资料进行修改、增删，也可以通过一定的程序对虚拟财产进行买卖、使用、消费。这也说明虚拟财产在法律上具有排他的可能性。

三、虚拟财产“物”的属性分析

（一）物的立法传统与现代形态

在早期罗马法中，物是指除自由人外而存在于自然界的一切东西，不管是对人有用的、无用的，甚至是有害的，都属于物，奴隶也是一种物。后来，随着法律和

① 目前，网络游戏中虚拟财产交易价格的确定尚无统一标准，但无论是运营商的官方价格还是玩家间的离线交易价格，都要受游戏程序设计的影响，取决于虚拟财产本身的稀缺程度。

法学思想的不断发展，罗马法将物的范围逐渐缩小，仅包括有体物、权利和诉权。[①]查士丁尼在《法学阶梯》中指出："有些物是有形体的，有些物是没有形体的。按其性质能被触觉到的东西是有形体物，例如土地、奴隶、衣服、金银以及无数其他东西。不能被触觉的东西是无形体物，这些物是由权利组成的，例如遗产继承权、用益权、使用权、用不论何种方式缔结的债权等。……属于无形体之类的，有对于城市和乡村不动产所主张的权利，这些权利也被称为地役权。"[②] 由此可见，罗马法中的物既包括有体物，也包括无体物，但其所指的无体物，与现代无体物的概念有所不同，并非指自然界所存在的客观之物，而是指法律上拟制的关系，为人之五官所不能及的。《法国民法典》在第二篇"财产及对所有权的各种限制"中，用"财产"这一概念来表述罗马法中的物的概念，并规定："财产或为动产或为不动产"，动产或不动产范围除有体物外，还包括不动产的使用收益权，以请求偿还到期款项或动产为目的的债权及诉权，金融、商业或产业公司的股份及持份，以及对国家或个人所有永久定期金或终身定期金收受权。不难看出，这里的"财产"与罗马法中的物具有大致相同的含义。《法国民法典》中也出现了"物"这一称谓，第二篇的二、三、四章对各种物权的具体规定都没有使用"财产"这一概念，而是以物作为其权利客体。我们不难发现，《法国民法典》中的"财产"的含义十分广泛，既包括有体物，又包括某些权利，但物权之客体是有体物。立法者之所以如此安排，主要是为了避免民事权利体系诸如"所有权的所有权"之类的逻辑混乱。《意大利民法典》同《法国民法典》一样，也是用"财产"一词来表述物的概念，并将财产划分为动产和不动产。但对于权利是否属于动产或不动产的范畴，它在第 813 条中规定：权利客体为不动产的物权及相关的诉权"准用"有关不动产的规则，所有的其他权利"准用"有关动产的规则。《德国民法典》在对物的界定上，与前述立法有所不同，它对物作了狭义的界定，将物的范围限定为有体物，并明确规定："本法所称的物为有体物。"这就意味着权利不再属于物的范畴，从而改变了自罗马法以来广义的物的概念。《德国民法典》中同时也存在民事权利客体的概念，民事法律关系的客体还包括无体物、收益和使用等。[③]《日本民法典》承袭了《德国民法典》中对物的狭义规定，其 85 条规定："本法所称的物指有体物。"因此，传统民法并没有给物下一个完整意义的定义，仅仅是对物的范围进行描述。传统民法对于物的范围的界定不外乎三种

---

① 参见周枏：《罗马法原论》（上册），商务印书馆，1994 年，第 276 页。

② ［罗马］查士丁尼：《法学总论——法学阶梯》，张企泰译，商务印书馆，1989 年，第 59 页。

③ 孙宪忠：《德国当代物权法》，法律出版社，1997 年，第 2 页。

方式：一是采用广义的物的概念，认为物既包括有体物也包括权利；二是采用狭义的物的观念，将物的范围限定为有体物；三是采用折中的立法方式，将物界定为有体物的同时对一些自然力或权利采取变通的规定。

随着商品经济与科学技术的发展，财产权客体的范围大大扩张了，人们对物的概念也有了新的认识。可以说，由于社会生产力和人的认识能力的局限，“物”拘泥于外在之“形”。进入近代社会后，民法理论与民事立法已经摒弃这种陈旧的观点。诚如郑玉波先生所言：“时至今日，科学发达，物之范围扩张，如自然力（水力、电力），亦应列入物之范畴，因而吾人对于‘有体’二字之解释，固不必再斤斤于‘有形’矣。”随着市场经济的繁荣，“人们对物的占有不仅是为了使用某物，而且更重要的是将其投入流通领域而获取增值”，① 有价证券由此应运而生成为一种特殊的动产。在现实交易中，有价证券被当作是可以买卖的物。按照英国学者劳森与拉登的描述，有价证券最初是作为货物的象征，这种文书的转让也就是其所代表的货物的转让，即是实物抽象化，然后是将这种抽象实物化，也就是将书写或印制收据的纸张等同于收据本身。因此，仓单或提单的交付被视为实物的交付。由上可见，在现代社会中，物的形态表现为三种：一是有形物，或称有体物，是指能够占据一定物理空间的物，其形状如何在所不问，无论固体、液体、气体都可称为有形物；二是无形物，或称无体物，是指不能占据一定的物理空间，但可以通过感观直接感受到它的存在（如光、电、声）或通过特定的设施加以识别、控制、使用（如频道、航道）；三是抽象物，即有形物品的抽象化（如票据、仓单、有价证券），亦被认为是以价值形态存在的物。

无论其表现形态如何不同，作为物权客体的物，必须具备一定的规格。王泽鉴先生认为，为了使标的物的特定性和独立性得以确实，并便于公示，以保护交易安全的要求，物权法奉行特定原则。② 我妻荣教授认为：“物权的标的物，须为独立的物。因为对于物的一部分或构成部分来说，不仅无法取得直接支配的实益，而且难以公示，不适合成立排他性权利。”③ 总而言之，物权客体应当具有特定性、独立性，为民法理论的通说。所谓物的特定性，一是指物的现实、确定和客观存在，人们只能支配实际存在的物，不能支配想象中的物；二是物在存续上表现为同一性，这里的同一性并非物理意义上稳定的物质状态，而是依社会观念或经济观念而具有的同

① 吴汉东：《财产权客体制度论》，《法商研究》2000 年第 4 期。

② 王泽鉴：《民法总则》，三民书局 2000 年版，第 230 页。

③ ［日］我妻荣：《日本物权法》，有泉亨修订、李宜芬校订，五南图书出版有限公司，1999 年，第 10—11 页。

一；三是指物可以定量化；四是物可以由特定的空间范围或特定的期限加以固定。而物的独立性，通说认为是指依社会观念认可的、得以“完整”存在的物，亦即独立物为“此物与彼物可依人为划分而独立者”。① 物权法理论对于物的独立性的判断标准有丰富的论述，概而言之，独立性不仅仅指物理属性上的独立，更多的是经济观念上的独立，还应当特别注意交易的需求，即以能否单独作为交易的标的为是否独立物的标准。总之，物的特定性、独立性的界定，应从支配客体的要求着眼，同时兼顾公示要求，只要能使物权人直接支配客体、实现物权目的，就应该认定该客体具有特定性、独立性。

（二）虚拟财产的物权客体属性

有观点认为，虚拟财产属于创造性的智力成果，具有新颖性、创造性、可复制性并需要一定的载体，因此，应将其视为知识产品由著作权来保护。本文认为，此观点不能成立。我们可以将知识产权客体与物权客体做一个比较：关于知识产权的客体，学界素有不同的表述，如“知识产权的客体是智力成果和工商业标记”；② “知识产权的客体是人们在科学、技术、文化等知识形态领域中创造的精神产品……具体分为：创造性成果、经营性标记、经营性资信”；③ “知识产权是以智力成果这种特定信息为客体的排他权”④ 等等，这些表述都无一例外地强调知识产权客体的精神产品属性。与作为物权客体的“物”相比较，“精神产品”的特点在于：一是“必须通过抽象思维才能加以感受和消费”。⑤ 正如黑格尔在《法哲学原理》中所做的精辟论述：“学问、科学知识、才能等固然是自由精神所特有的，是精神的内在的东西，而不是外在的东西，但是精神同样可以通过表达而给它们以外部的定在，而且把他们转让，这样就可以把他们归在物的范畴之内了。所以，它们不是自始就是直接的东西，只是通过精神的中介把内在东西降格为直接性和外在物，才成为直接的东西。”⑥ 这里，所谓“通过精神的中介而降格成的物”，就是我们通过抽象思维去感受和消费的无形的知识产品。二是知识产权的客体与其载体不具同一性。同一智力成果或经营标志的载体物不止一个甚至不止一种，“某一知识产权的客体因依附于不同载体而

---

① 尹田：《论物权标的之特性》，《河南省政法管理干部学院学报》2003 年第 4 期。

② 刘春田主编《知识产权法》，高等教育出版社、北京大学出版社，2003 年，第 5 页。

③ 吴汉东：《关于知识产权本体、主体与客体的重新认识》，《法学评论》2000 年第 5 期。

④ 朱谢群、郑成思：《也论知识产权》，《知识产权研究》2003 年第 2 期。

⑤ 李扬：《数据库法律保护研究》，中国政法大学出版社，2004 年，第 204 页。

⑥ ［德］黑格尔：《法哲学原理》，商务印书馆，1982 年，第 51—52 页。

在一个时间里无处不在，而权利只能在特定主体手中”，[①] 例如，同一首歌同时在世界各地被传唱，同一个美术作品出现在画册、展览馆和商品标志中。

由上述比较可见，首先，虚拟财产并非“精神或内在”的东西的外化，也并非“通过抽象思维才能加以感受和消费”的知识产品。虚拟财产是通过一定的软件程序以及计算机、网络技术来实现其生成、使用、交易，网络用户通过操纵虚拟物来获得精神享受或获取经济利益，其实质是对作为现实存在的二进制数据的掌握和运用；其次，虚拟财产的视觉表现如同现实环境中的真实事物，而其实质是借助于计算机这种媒介表现出来的数据组合，可以说视觉表现中的“武器装备”“稀世珍宝”都是一定信息资源的载体，信息与其载体具有同一性，信息的价值通过载体来表现，载体转让，信息也便转让，无论是信息或是其载体都不能被随意创造或复制；再者，大量的由网络用户掌控的虚拟财产并非创造性智力成果，这些虚拟物品是在计算机软件中预先设定，由系统生成的，网络用户取得这些虚拟物品，仅仅是在取得方式上较为新颖，而不是在进行创作活动。[②] 因此，虚拟财产的“知识产权客体”说应予以否定。

有观点认为，虚拟财产在性质上“是一种类似于无记名有价证券的虚拟债权凭证”。[③] 本文认为，虚拟财产确有类似于有价证券的特征，但不仅仅是债权凭证。从有价证券的特点看，证券上的权利有两种：一是证券持有人对构成证券的特定物（一张纸或其他介质）的所有权；二是构成证券的内容的权利，也就是证券持有人依照证券上的记载而享有或行使的权利，即证券权利。换言之，证券权利虽不以载体物为客体，却必须通过载体物而存在。与此相仿，作为虚拟财产外在表现的“虚拟物”，也“承载了一个并不以自身而以其他事物（即一定的信息资源，作者注。）为客体的权利”。[④] 无论载体物是什么，虚拟财产本质上都是对信息资源享有的权利。

但是，问题的关键在于，虚拟财产并不仅仅反映债的关系。第一，虚拟财产虽然产生于特定运营商的服务器，且通常只能存储在该特定服务器上，但它的产生和变化并不由运营商控制，而是用户在接受运营商服务时具体行为的结果，具体虚拟角色和财物的种类和数量则是完全取决于用户自身的活动，用户对其所取得的虚拟

---

① ［德］黑格尔：《法哲学原理》，第 32 页。

② 不可否认，软件本身是受著作权保护的，以游戏软件为例，网游中的故事情节、人物造型、场景设计、音乐背景等要素，是软件作者的创造性成果，但软件与借助软件所生成的虚拟财产必须相区别。

③ 唐墨亮：《网络游戏虚拟财产的定性及民法保护》，《广西政法干部管理学院学报》2005 年第 4 期。

④ 朱谢群、郑成思：《也论知识产权》。

财物有占有、使用、收益及处分的权利。第二，将虚拟财产仅仅看作是合同关系的表征，容易忽略虚拟财产本身的价值。虽然虚拟财产的价值来源于服务合同的规定，但它仍具有独立于合同的价值。更何况，运营商与每一个用户之间的服务合同都是格式化的、相同的，而每一个用户通过自身的努力所得到的虚拟财产则可能是完全不同的，那是否意味着运营商对不同玩家负有不同的服务义务呢？这显然不符合网络运行的实际规则。第三，实践中虚拟财产受到侵害大多是第三人所为，如果忽略虚拟财产所承载的其他权利义务关系，而仅将其视为债权凭证，则只能依合同违约或侵害债权的规则对受害人提供保护，其范围与幅度都非常有限。进而言之，在现代民法理论中，“物权与债权在某些特定部分的混合状态”已被广为接受。以有价证券为例，但有价证券本身又是一种有形之物，有价证券尤其是不记名有价证券的流通，可以说是完全按照物权法的原则（动产以交付占有转移所有权），故有价证券上的权利也表现为物权的特征，所以许多民法学者认为，有价证券是有形化的债权，其本质应当是物权。正如有学者所言，“当人们对其拥有财富的计算不再以其实际支配的物质资料为标准，而是更多的以其拥有的股票、债券和其他有价证券以及各种契约权利的数量为标准时，当物权价值化的结果越来越多的是通过债权形态或物权与债权混合形态而表现时，物权债权化便出现了”。[①] 由上可见，虚拟财产所表现出的类似于有价证券的特征，并不意味着虚拟财产仅仅是债权凭证。

（三）虚拟财产是具有特定性、独立性的抽象物

虚拟财产有别于现实的物质财富，它不占据现实的物理空间，不可用现实世界的度量衡来表示，因而不属于有形体的物，同时也有别于光、电、声等无形的自然力。但是，虚拟财产也具有物的特定性。网络空间是数字化的社会空间，而存在于特定网络空间的“虚拟财产”是特定的信息的载体，它是客观存在的，而不是虚幻的假象。虽然虚拟财产是感观无法确定的数据，但网络用户可以通过对自己的账号设置密码来防止他人对自己的资料进行修改、增删，也可以通过一定的程序对虚拟财产进行买卖、使用、消费，并根据市场供求状况确定其价值，运营商也可以依据协议对其进行保管，在有效的运营期间具有同一性，说明虚拟财产具有一般社会观念或经济观念中的特定性。虚拟财产通过技术手段区别于网络运营商的网络设备、区别于其他用户的网络资源、具有独立于现实财产的价值。在社会一般观念上，尤其是对于虚拟财产的交易观念中，都是将其作为一个单独的交易对象来对待和处理的。

---

① 尹田：《物权与债权的区分价值》，www.civillaw.com.cn。

不可否认，虚拟财产有其自身的特殊性，这些特殊性可能直接影响人们对虚拟财产“物”的属性的认同。突出表现在：一是虚拟财产的依附性。虚拟财产在物理概念上是存在于服务器上并通过特定的编程程序呈现的电子数据，那么它就必然具有技术限制性，必须依附于特定的网络平台而存在。例如网络游戏中的虚拟物，是具体网络游戏的组成部分，随着游戏运营过程的起始、发展、终止而产生、变化、消亡。二是虚拟财产的期限性。虚拟财产作为一种网络服务产品，它必定受制于服务期限，这种服务期限也就决定了网络虚拟财产的期限性，而期限的长短则取决于网络服务的经营状况、用户网络服务费用的缴交情况等。问题的关键在于对于物权客体的标准的理解。如前所述，“物”的独立性并非仅指物理意义上的独立，更重要的是是否有独立的价值或交换价值，能否成为独立的交易对象以及能否把交易部分标示出来。这点在虚拟财产的现实交易中已经不被怀疑。诸如现代基因革命的产物如受精卵、胚胎等，其存在也同样会受现实条件的制约，但并不因此影响它们成为物权客体。有无期限性通常被认为是债权与物权的区别，但这一区别并不是绝对的，有期限的物权也并不鲜见，如租赁权就是一种有限的暂时的财产使用权，用益物权都有一定的期限，一些准物权也有期限性。因此，网络虚拟财产本身所特有的期限性只能说明物权种类及物权客体的多样化，而不足以否认其“物”的属性。

结 语

由于我国民法尚无关于网络虚拟财产法律属性的规定，关于虚拟财产权的构建，尚无定论。民事权利中财产权之所以分为物权、债权和知识产权，是由于他们各自的客体的自然属性即存在方式的差异所致，换而言之，客体作为利益的载体，其内在属性的差异导致了权利内容设计的不同。对虚拟财产概念、法律性质及其权利客体属性的深入分析，是对虚拟财产进行法律调整的理论前提。学界对于虚拟财产及其属性的种种争鸣，都在为法律的发展和完善提供借鉴。对虚拟财产问题的研究，不仅关系到现代财产法体系的划分标准，民事权利的扩大协调，而且涉及现代民法价值理念、基本原则的变化发展，同时将对民法研究领域的纵深发展产生深远的影响。

发表于 2006 年第 6 期

最高人民法院《关于适用〈婚姻法〉若干问题的解释（三）》解读

杨立新*

为更准确地展现《中华人民共和国婚姻法》立法本意，正确适用《婚姻法》规定的各项规则，客观、妥善地处理婚姻家庭纠纷，维护家庭关系，保护婚姻关系当事人特别是妇女以及子女的合法权益，2011 年 7 月 4 日由最高人民法院审判委员会第 1525 次会议通过了《关于适用〈中华人民共和国婚姻法〉若干问题的解释（三）》（以下简称司法解释三），并且已经于 2011 年 8 月 13 日起正式施行。这是一部非常重要的婚姻法司法解释，本文对其重要意义和基本内容做以下说明。

一、婚姻法解释三的重要意义

2001 年修订的《婚姻法》施行之后，出现了一些新的问题需要解决。针对审判实践中遇到的法律适用疑难问题，最高人民法院于 2001 年 12 月 24 日出台了《关于适用〈中华人民共和国婚姻法〉若干问题的解释（一）》，针对《婚姻法》修改后的一些程序性和审判实践中急需解决的主要问题做出了司法解释。这部司法解释主要解释的问题是：第一，无效婚姻和可撤销婚姻的处理程序及法律后果；第二，《婚姻法》规定的探望权的有关问题，例如提出中止探望权的主体资格问题；第三，子女抚养费的问题；第四，离婚损害赔偿的问题等。对此规定了具体的操作规则。2003 年 12 月 25 日，最高人民法院又出台了《关于适用〈中华人民共和国婚姻法〉若干问题的解释（二）》，对实施《婚姻法》的一些新问题做出了司法解释：第一，对彩礼应否返还作出规定；第二，对如何处理夫妻债务的方法作出规定；第三，住房公积金争议的处理规则；第四，对知识产权收益等款项的认定提出办法；第五，对军人的复员费及自主择业费的处理等提供裁判方法。这些司法解释丰富了《婚姻法》的内容，对落实《婚姻法》的规定提出了具体的办法，受到社会各界的重视，在审

---

* 杨立新，中国人民大学民商事法律科学研究中心研究员、法学院教授。

判实践中发挥了重要作用。

应当看到的是，中国社会的婚姻家庭纠纷案件不断上升。在这些婚姻家庭纠纷案件中，比较集中地反映出婚前贷款买房、夫妻之间赠与房产、亲子鉴定等问题的争议。这些问题都是影响婚姻家庭关系，涉及社会稳定的重要问题，必须提出具体的解决办法，及时解决纠纷，统一法律适用尺度，明确法律适用标准。正因为如此，最高人民法院于2008年1月开始了婚姻法司法解释（三）的起草工作，提出草案，经过充分论证，将草案予以公开，广泛征求、认真汇集社会公众的意见和建议，又进行了反复修改，最后经审判委员会讨论通过，对这些重点问题做出了明确的解释。

司法解释三公布之后，引起了各界的反响，也对其中规定的一些问题产生了争论。从宏观上看，我认为，司法解释三在以下问题上具有重要意义：

第一，在亲属制度上做出重要规定，补充了立法不足。我国《婚姻法》没有规定婚生子女推定、婚生子女否认、非婚生子女认领制度。当夫妻双方对于婚姻存续期间出生的、作为婚生子女养育的子女有可能是非婚生子女的时候，没有规定具体的制度对这种身份予以否认，就难以推翻推定，酿成纠纷，而在现实中确实存在这样的问题。同样，也缺少非婚生子女认领制度，对于推定为婚生子女有充分证据推翻推定的，认定为非婚生子女，其亲生父亲对于自己的亲生子女不予认领，致使亲子关系不能认定，对子女的合法权益造成损害。这些都是实体法的问题。这些问题反映在程序上，最主要的就是亲子鉴定问题。推翻亲子关系推定需要亲子鉴定，强制认领非婚生子女也必须依靠亲子鉴定。在司法实践中，凡是推诿自己抚养义务的，都试图通过拒绝进行亲子鉴定而实现。对此，司法解释三第二条规定："夫妻一方向人民法院起诉请求确认亲子关系不存在，并已提供必要证据予以证明，另一方没有相反证据又拒绝做亲子鉴定的，人民法院可以推定请求确认亲子关系不存在一方的主张成立"；"当事人一方起诉请求确认亲子关系，并提供必要证据予以证明，另一方没有相反证据又拒绝做亲子鉴定的，人民法院可以推定请求确认亲子关系一方的主张成立"。这是从程序法的鉴定问题上做出两个推定的规定，同时，也就确认了婚生子女否认和非婚生子女认领的制度。

这样的制度规定具有重要的社会意义。那就是，无论对于婚生子女还是非婚生子女，凡是自己生育子女，就必须对子女负责。婚生子女当然如此，父母必须负责，即使是非婚生子女，只要你生下他（她），他（她）的父母就必须负责抚养。否认婚生子女，对确定不是自己的婚生子女，依照法律是可以不负责任的；而另一方也就是非婚生子女的父亲，即使拒绝作亲子鉴定，法院也完全可以依照这些推定的规定推定亲子关系成立，进而要求其承担父亲的责任。这对于完善我国的亲属法律制度具有重要意义。我国亲属法律制度规定得不够完善，特别是对于亲子关系缺乏的制度更多。补充了这些亲属制度，就对完善我国的亲属法律制度起到了重要作用，将来修订《婚姻法》也就可以补充进去。

第二，在婚姻财产关系上进一步做出解释，尊重财产个性，保护婚姻当事人的财产权益。司法解释三关于婚姻财产关系的规定是大量的，是司法解释三的主要内容。应当看到的是，财产关系是身份关系的基础，是维护婚姻家庭生活的物质条件。在婚姻家庭关系中，身份关系是其主要内容，但是财产关系也是重要内容之一。当婚姻关系解除时，如何处理夫妻财产关系、如何分割夫妻共同财产更是重要问题，处理得不好，就会损害婚姻当事人一方的财产权益。司法解释三在这方面的努力是，依照《婚姻法》规定的尊重财产个性的原则精神，妥善处理诸如房产等不动产以及其他财产权属的争议问题，体现的精神就是婚前财产归个人所有，另有协议的除外。这种原则其实不是司法解释三规定的原则，而是《婚姻法》2001 年修正时就确定了的原则。尊重财产的个性，核心是尊重个人的劳动及其成果，将个人创造的财富确定为个人所有。这种做法可以引导婚姻关系当事人在财产问题上更加重视自己的地位，也有利于防止借婚姻关系索取财产甚至骗取财物等不法行为的发生。

第三，在婚姻关系当事人的监护、子女抚养方面进一步做出规定，依法保护婚姻关系当事人的人身权益。首先，司法解释三对无效婚姻和可撤销婚姻的有关问题作出规定：一是无效婚姻确认只有《婚姻法》第十条规定的情形，除此之外，不得认定为无效婚姻，对主张者应当予以驳回。二是对于因登记瑕疵形成的可撤销婚姻，《婚姻法》没有规定应当如何撤销，司法解释三规定可以依法申请行政复议，或者提起行政诉讼予以解决，提出了具体的解决办法。其次，对于保护无民事行为能力的婚姻当事人的合法权益，规定无民事行为能力的配偶受到对方的虐待、遗弃等损害，自己没有能力保护自己，同时对方当事人又是自己的监护人，因此，受到损害而无法保护自己，第八条对此规定了相应的规则，就有了解决的具体办法。这种规定能够引导婚姻当事人尊重对方，如果有侵害对方特别是无民事行为能力的配偶的，法律总有办法进行保护，对违法行为予以制裁。再次，关于争议很久的侵害生育权的问题，司法解释三做出了回答，这就是，夫以妻擅自中止妊娠侵犯其生育权为由请求损害赔偿的，不认为是侵害生育权，人民法院不支持这样的诉讼请求；夫妻双方因是否生育发生纠纷致使感情确已破裂，一方请求离婚的，人民法院经调解无效，应依照《婚姻法》第三十二条第三款第（五）项的规定处理，认定为属于“其他导致夫妻感情破裂的情形”，可以判决离婚。最后，关于适用《婚姻法》第四十六条的具体情形，夫妻双方均有第四十六条规定的过错情形，一方或者双方向对方提出离婚损害赔偿请求的，不应当适用第四十六条规定判决支持损害赔偿的请求，应当予以驳回。这是因为，第四十六条规定的是婚姻当事人一方有过错，无过错方可以请求损害赔偿的救济方法，双方均有过错，就不存在适用第四十六条的理由，不保护有过错方的诉讼请求。这样的规定旗帜鲜明，是正确适用第四十六条的合理解释。

第四，能够引导婚姻当事人正确对待婚姻关系，使婚姻家庭纠纷防患于未然。对婚恋观、择偶观的社会引导，并不是由这些司法解释为主进行的，而是以《婚姻法》规定的原则和具体规则以及社会的正义观念为主进行的。那就是，婚姻以性爱为基础，强调社会责任，而不是以物质为基础。但是，就社会整体而言，较多的婚姻关系总是会出现问题的，出现问题就要解决。这些解决婚姻家庭纠纷的规则同样也会对婚恋观和择偶观带来一定程度的影响。最为重要的影响就是防患于未然。在我国社会中，人们不愿意事先设想将来可能存在的纠纷并且事先进行协议提出解决的办法，就像中国人不愿意生前留下遗嘱处理身后的财产问题一样，因而我国经常出现很多继承纠纷。当事人在设立婚姻关系之前和之初，婚姻关系当事人都处于热恋当中，没有想到或者不愿意想到一旦将来出现纠纷时应当怎样解决，认为财产问题和感情问题是对立的，婚前谈论财产纠纷的协议问题就会影响感情问题。但是，不可能所有的婚姻关系都能够维持到底，有一部分婚姻关系会出现问题。如果将可能出现的纠纷问题事先通过协议预设出解决办法，就不会出现难以解决的纠纷，出现纠纷也有现成的解决办法。司法解释三把这些问题写成具体规则，使世人都知道，就会逐渐引导婚姻当事人在缔结婚姻关系之初设想纠纷的处理办法，能够促使国人逐渐养成这样的习惯。司法解释三在这方面也具有重要意义。

二、婚姻法司法解释三的基本内容

按照最高人民法院新闻发言人的说法，司法解释三的主要内容有六个，即：一是结婚登记程序瑕疵的救济方法问题，二是亲子关系诉讼中当事人拒绝鉴定的法律后果问题，三是夫妻一方个人财产婚后产生收益的认定问题，四是父母为子女结婚购买不动产的认定问题，五是离婚案件中一方婚前贷款购买不动产的处理问题，六是附协议离婚条件的财产分割协议效力的认定问题。这些说明是有道理的，但并不完全准确。

依我所见，司法解释三各条文之间的逻辑关系不是特别清楚，应当理顺。将司法解释三概括为以下四个问题，可能更为明确：

（一）规定婚姻关系的具体问题的解决方法

司法解释三最主要解决的问题，仍然是在婚姻关系的具体问题的解决方法。这些问题规定在第一条、第八条、第九条和第十七条当中。

1. 关于无效婚姻和可撤销婚姻的问题

司法解释三第一条第一款规定："当事人以婚姻法第十条规定以外的情形申请宣告婚姻无效的，人民法院应当判决驳回当事人的申请。"这条司法解释规定的意旨是，确认《婚姻法》第十条规定的四种情形是法定的婚姻无效事由，超出这个范围的情形都不得认定为婚姻无效。《婚姻法》第十条规定，重婚的，有禁止结婚的亲属关系的，婚前患有医学上认为不应当结婚的疾病婚后尚未治愈的，未到法定婚龄的，都是无效婚姻，不发生婚姻的效力。除此之外，以上述四种情形之外的其他情形申请宣告婚姻无效的，都是没有法律依据的，都不应当予以支持，因此应当判决驳回当事人的申请。

司法解释三第一条第二款规定："当事人以结婚登记程序存在瑕疵为由提起民事诉讼，主张撤销结婚登记的，告知其可以依法申请行政复议或者提起行政诉讼。"这条司法解释是解释《婚姻法》第十一条规定外的情形，即以结婚登记程序存在瑕疵为由主张撤销结婚登记的，司法解释认为这不是民事诉讼解决的问题，而是行政法的问题，因此，告知当事人依法申请行政复议，或者提出行政诉讼予以解决。当出现这样的情形时，认为是民政部门的婚姻登记问题，可以由行政复议解决，或者以行政诉讼解决，不以民事诉讼方式解决。这样的做法，是将婚姻登记作为具体行政行为对待。事实上，婚姻登记尽管是民政部门负责，但婚姻登记并不是具体行政行为，而是对双方当事人婚姻合意的确认行为，不具有行政行为的性质。最高人民法院这样认定婚姻登记行为的性质，有失偏颇。

2. 关于保护无民事行为能力的婚姻当事人合法权益的问题

司法解释三第八条规定："无民事行为能力人的配偶有虐待、遗弃等严重损害无民事行为能力一方的人身权利或者财产权益行为，其他有监护资格的人可以依照特别程序要求变更监护关系；变更后的监护人代理无民事行为能力一方提起离婚诉讼的，人民法院应予受理。"这是保护无民事行为能力的婚姻关系当事人的合法权益的具体措施。婚姻关系当事人一方是无民事行为能力人，当对方当事人对其虐待、遗弃等严重侵害该方当事人的合法权益的时候，无民事行为能力的婚姻当事人无法正当行使权利维护自己的合法权益，必须由监护人代理实施保护自己的民事行为或者诉讼行为。但这个时候，该方当事人的监护人实际上是实施不法行为的对方当事人，他人无法提供保护。因此，在这个时候，准许其他有监护资格的人先要求更换监护人，更换了监护人之后，再由更换后的监护人为法定代理人，维护无民事行为能力的婚姻当事人的合法权益，就是十分必要的，也是唯一解决问题的方法。最高人民法院做出这样的规定是完全正确的。

3. 关于侵害生育权的问题

对于在社会生活中出现较大、较多争议的侵害生育权的问题，司法解释三第九条做出了规定：“夫以妻擅自中止妊娠侵犯其生育权为由请求损害赔偿的，人民法院不予支持；夫妻双方因是否生育发生纠纷，致使感情确已破裂，一方请求离婚的，人民法院经调解无效，应依照婚姻法第三十二条第三款第（五）项的规定处理。”这个原则是：首先，不承认中止妊娠的行为是侵害生育权的行为，因此，丈夫以妻子中止妊娠侵害其生育权为由请求损害赔偿的，人民法院不予支持。这是因为，中止妊娠是女性的一项权利，应当依法保护，不是侵害生育权。其次，如果夫妻双方是因为是否生育问题发生纠纷，导致感情确已破裂的，应当认为是夫妻感情确已破裂的一种表现，因此可以认定为属于《婚姻法》第三十二条第三款第五项规定的“其他导致夫妻感情破裂的情形”，可以判决离婚。

4. 关于双方都有过错的离婚损害赔偿问题

《婚姻法》第四十六条规定的离婚过错损害赔偿，保护的是婚姻关系当事人中无过错的一方，明确规定“无过错方有权请求损害赔偿”，不包括有过错的当事人。在现实生活中，有的婚姻关系的双方当事人都有过错，都依据该条法律规定请求对方承担损害赔偿责任，这种做法不符合该条法律规定的原则。因此，司法解释三第十七条规定：“夫妻双方均有婚姻法第四十六条规定的过错情形，一方或者双方向对方提出离婚损害赔偿请求的，人民法院不予支持。”这样的规定符合《婚姻法》第四十六条规定精神，是正确的。

（二）亲子关系认定及确认婚生子女否认和非婚生子女认领等亲属制度

司法解释三对于亲子关系的规定尽管条文很少，且是从证据认定方面做出的，但其意义并不局限于此，而是着重于补充亲属法律制度的不足。

1. 关于婚生子女否认和非婚生子女认领

司法解释三第二条规定关于亲子关系认定中两个推定的基础，就是婚生子女否认和非婚生子女认领制度。

婚生子女否认，是夫妻一方或子女对妻所生的子女否认其为夫的亲子的民事法律行为，也就是在婚生子女推定的前提下，否认婚生子女为夫所生，而是由妻与婚外异性性结合所生的非婚生子女的行为。我国《婚姻法》没有规定婚生子女否认制度，但司法实践证明，确认这一制度势在必行。婚生子女否认的前提是婚生子女推定。婚生子女推定，是子女系生母在婚姻关系存续期间受胎或出生，该子女被法律推定为生母和生母之夫的子女。我国《婚姻法》虽然规定了婚生子女的概念，但对如何认定婚生子女却没有规定，在习惯上，凡是在婚姻关系存续期间妻分娩的子女，就直接认定为妻与夫的婚生子女。这实际上就是婚生子女推定。

我国现在没有规定非婚生子女认领制度，也应当补充规定。非婚生子女认领，是生父对于非婚生子女承认为其父而领为自己子女的行为。认领的方法，一是任意认领，认领的权利归于父享有，其父的家庭其他成员不享有此权利。该权利的性质为形成权，原则上对此权利的行使无任何限制。认领权的行使，可直接行使，亦可经法院判决确认其父子关系的存在。认领应当规定为要式行为。二是强制认领，也叫作亲之寻认，是应被认领人对于应认领而不为认领的生父，向法院请求确定生父关系存在的行为。非婚生子女一经认领，即为婚生子女，产生父亲与子女间的权利义务关系，无论任意认领或强制认领，均与婚生子女相同。经父认领的非婚生子女对于生父之配偶，母之非婚生子女对于生母的配偶，均为姻亲关系，而无父母子女的血亲关系。

婚生子女否认和非婚生子女认领的基础，是推翻婚生子女推定的证据。没有充分的证据，不能进行婚生子女否认和非婚生子女认领；只有经过充分证据的证明，才能够进行婚生子女否认和非婚生子女认领。在实践中，最为充分的证据就是亲子鉴定，因为亲子关系鉴定具有较强的证明力。否认亲子关系的亲子鉴定一经做出，法院就可以否认婚生子女的地位，或者强制生父认领非婚生子女。但是，很多亲子关系当事人拒绝进行鉴定，似乎不做鉴定就可以逃避义务和责任。如果没有规定推定规则的适用，就有可能无法认定婚生子女否认和非婚生子女认领，进而不能做出确定的判决。

对此，司法解释三第二条规定了两种情形：第一，夫妻一方向人民法院起诉请求确认亲子关系不存在（这就是婚生子女否认的事实），并已提供必要证据予以证明，而另一方没有相反证据但又拒绝做亲子鉴定的，这时人民法院就可以推定请求确认亲子关系不存在一方的主张成立，否认婚生子女关系。第二，当事人一方起诉请求确认亲子关系（这就是婚生子女认领的事实），并提供必要证据予以证明，另一方没有相反证据又拒绝做亲子鉴定的，这时人民法院可以推定请求确认亲子关系一方的主张成立，强制其认领自己的亲生子女。这两种推定，后一种更为多见，因为拒绝进行亲子鉴定的多数是强制认领中的企图推诿责任的父亲。

2. 关于父母双方或者一方拒不履行抚养子女义务的责任

父母对未成年子女负有抚养义务，对于不能独立生活的子女也有抚养义务。如果父母一方或者双方不履行抚养义务，未成年子女和不能独立生活的子女有权请求支付抚养费，这就由抚养义务转变为责任，具有强制性。因此，司法解释三第三条规定："婚姻关系存续期间，父母双方或者一方拒不履行抚养子女义务，未成年或者不能独立生活的子女请求支付抚养费的，人民法院应予支持。"不过，这里规定的不能独立生活的子女应当进行进一步的界定，例如，无民事行为能力或者限制民事行为能力的成年子女、没有独立经济收入在学校就读的成年子女，是否都是不能独立生活的子女，需要研究，否则会增加父母双方或者一方的抚养义务。已经成年但有残疾而不能独立生活的子女，与已经成年上大学或者工作的子女，是不一样的，应当有所区别。

（三）规定夫妻财产关系具体问题的解决方法

在夫妻财产关系的规定上，司法解释三规定的内容最多，是重点规定的问题。对此，规定了第四条至第七条、第十条至第十六条和第十八条，共有十二个条文，是规定条文最多的一部分，显然司法解释三对这个问题最为重视。

1. 婚内夫妻共同财产分割

夫妻共同财产是共有财产，按照共有的规则，在共同关系存续期间，共有财产不得进行分割。这是原则。司法解释三继续坚持这样的原则，规定婚姻关系存续期间，夫妻一方请求分割共同财产的，人民法院不予支持。但是，也有特别情形应当作为例外。如果出现了特别情形需要分割夫妻共同财产的，这个原则并不是绝对的，可以根据实际情况进行分割，以保护婚姻当事人的合法权益。因此，司法解释三规定，如果有下列重大理由且不损害债权人利益的，就可以分割共有财产。这个重大理由有二：一是一方有隐藏、转移、变卖、毁损、挥霍夫妻共同财产或者伪造夫妻共同债务等严重损害夫妻共同财产利益行为的。这里概括了六个理由，具备其中之一，就可以请求进行分割，而不是这些条件都具备才可以请求分割。二是一方负有法定扶养义务的人患重大疾病需要医治，另一方不同意支付相关医疗费用的。例如，妻子的父母患重大疾病，需要进行医治，但是丈夫不同意以夫妻共同财产支付医疗费用，这时就可以请求分割共有财产，由自己分割得到的财产支付费用。

2. 个人财产婚后增值

《婚姻法》尊重婚姻关系当事人的财产个性，对于个人财产在婚后增值的，应当区别具体情形，确定为共同财产或者是个人财产。基本原则是第五条规定的，即夫妻一方个人财产在婚后产生的收益，除孳息和自然增值外，应认定为夫妻共同财产。其含义是，一方的个人财产在婚后孳息和自然增值，应当仍然作为个人财产，例如婚前的存款发生的利息，不能认为这是婚后取得的财产因而作为夫妻共同财产。但是，其他个人财产婚后收益，按照婚后所得财产共有制，婚后的其他收益都应当作为共同财产。例如，婚前个人财产，婚后进行投资获得收益，该收益属于婚后所得财产，当然应作为夫妻共同财产，符合《婚姻法》规定的原则。

3. 夫妻之间的房产赠与

房产是不动产，在婚姻家庭财产关系中属于大宗财产，对于双方都具有重要意义。如果夫妻之间在缔结婚姻关系之前，或者在缔结婚姻关系之后，一方将自己所有的房产赠与对方，这样的赠与是否有效，特别是没有实际过户登记的，容易发生争议。对此，司法解释三第六条规定："婚前或者婚姻关系存续期间，当事人约定将一方所有的房产赠与另一方，赠与方在赠与房产变更登记之前撤销赠与，另一方请求判令继续履行的，人民法院可以按照合同法第一百八十六条的规定处理。"《合同法》第一百八十六条的内容是："赠与人在赠与财产的权利转移之前可以撤销赠与。""具有救灾、扶贫等社会公益、道德义务性质的赠与合同或者经过公证的赠与合同，不适用前款规定。"婚前赠与和婚后赠与房产的行为，显然不属于该条第二款规定的内容，应当适用该条第一款规定，赠与方在赠与房产变更登记之前撤销赠与的，是准许的，是有效的。因为赠与合同是实践性合同，赠与合同在没有正式履行之前，是可以撤销的。因此，另一方请求判令继续履行的，为无理由，应当驳回其诉讼请求。

4. 父母为子女购房

父母为子女结婚购房包括其他不动产，有两种情况。第一种情况，是一方父母出资为子女购买不动产；第二种情况，是双方父母各自出资为子女购买不动产。司法解释三分别情况，在第七条规定了两款。第一款规定的内容是："婚后由一方父母出资为子女购买的不动产，产权登记在出资人子女名下的，可按照婚姻法第十八条第（三）项的规定，视为只对自己子女一方的赠与，该不动产应认定为夫妻一方的个人财产。"这是因为，父母出资为自己的子女购买不动产，登记在自己的子女名下，尽管是婚后赠与，但登记在自己子女一方名下就意味着只赠与自己子女，这种财产的属性是个人财产，不因为夫妻双方共同使用而改变财产的性质。应当注意的是，这里规定了一个"可"和一个"应"，"可"按照婚姻法第十八条第（三）款规定是只对自己子女一方的赠与，该不动产"应"认定为夫妻一方的个人财产，仍然带有选择性，如果有证据证明是赠与双方的，可以做出相反判决。第二款规定的内容是："由双方父母出资购买的不动产，产权登记在一方子女名下的，该不动产可认定为双方按照各自父母的出资份额按份共有，但当事人另有约定的除外。"双方的父母都出资，为双方的子和女购买不动产，但是登记在一方名下，这不能改变该不动产的共有财产性质，应当认定为夫妻共有财产。共有的性质应当是按份共有，而不是共同共有，因为出资份额清楚，认定按份共有更为适当。其中但书的规定，是当事人另有约定除外。另有约定包括两种情况：一是约定为共同共有，不管出资多少，或者出资相同，都应当认定为共同共有；二是约定一方所有，这种情形尽管可能性比较小，但也是有可能，如果当时就是约定为一方单独所有，也应当认定为单独所有。这两种情形主要是指前一种，后一种可能性不大。

当然也有第三种情况，那就是一方或者双方出资，登记为共有财产，那当然就是共有财产，这种情况发生争议的可能性不大，因此不必规定，但实践中是存在的。至于父母购房登记在自己的名下而不是登记在子女名下的，应当认定为父母的权属，不能认定为夫妻共同财产。

5. 一方婚前签订不动产买卖合同婚后双方共同还贷

夫妻之间的不动产买卖中的另一种情况是第十条规定的情形，即婚姻关系一方当事人婚前签订不动产买卖合同，婚后双方共同还贷，该不动产的产权归属问题的争议应当如何处理。这也是经常遇到的问题。第十条分为两款规定："夫妻一方婚前签订不动产买卖合同，以个人财产支付首付款并在银行贷款，婚后用夫妻共同财产还贷，不动产登记于首付款支付方名下的，离婚时该不动产由双方协议处理"；"依前款规定不能达成协议的，人民法院可以判决该不动产归产权登记一方，尚未归还的贷款为产权登记一方的个人债务。双方婚后共同还贷支付的款项及其相对应财产增值部分，离婚时应根据婚姻法第三十九条第一款规定的原则，由产权登记一方对另一方进行补偿"。具体情形是：

第一，对于一方婚前签订不动产买卖合同，并且一个人财产支付首付款，其余款在银行贷款，婚后用夫妻共同财产还贷，不动产登记在首付款支付方名下的，离婚时对该不动产的产权归属发生争议，司法解释三规定的基本规则是由双方协议处理。这个协议，主要是指离婚时处理夫妻共同财产协议，特别是指处理该不动产权属的协议。如果协议清楚，双方意思表示一致，当然就按照协议处理即可。如果事先双方就有关于财产归属的协议，该协议当然也有效力。后一种协议应当是书面协议。

第二，如果双方不能达成协议，法院可以判决该不动产归产权登记一方，尚未归还的贷款为产权登记一方的个人债务，按照债务关系处理。按照这样的方法处理，并不是简单地计算利息清偿，而是要根据双方婚后共同还贷支付的款项及其相对应财产增值部分，离婚时应根据《婚姻法》第三十九条第一款规定的原则，由产权登记一方对另一方进行补偿。

第三，应当看到的是，在第二款中规定的是"可以"而不是"应当"。那么，就应当除了将共同还贷作为债务关系处理之外，还有另外的方法。另外的方法就是可以不判决该不动产归产权登记一方，而是判决归双方当事人共有。在什么情况下可以判决双方共有呢？我认为是双方当事人共同还贷的部分已经超过全部不动产价款50%以上的，就可以判决为共有财产，将一方当事人单独首付的部分作为债权处理，或者作为共有份额予以考虑，离婚时按照夫妻共同财产的分割原则进行分割。这样处理更为稳妥，公众更为欢迎。

6. 一方当事人擅自出售夫妻共有房屋的善意取得

夫妻一方在婚姻关系存续期间，对夫妻共有的房屋擅自出售，符合善意取得规则的，应当按照《物权法》的规定认定为善意取得，善意第三人取得该房屋的所有权。司法解释三第十一条规定，"一方未经另一方同意出售夫妻共同共有的房屋，第三人善意购买、支付合理对价并办理产权登记手续，另一方主张追回该房屋的，人民法院不予支持"；"夫妻一方擅自处分共同共有的房屋造成另一方损失，离婚时另一方请求赔偿损失的，人民法院应予支持"。这些规定是《物权法》第一百零六条规定的具体落实，是正确的。

7. 房改房的产权确认

房改房的产权问题是一个特殊问题。司法解释三第十二条规定的情况是：在婚姻关系存续期间，双方用夫妻共同财产出资购买以一方父母名义参加房改的房屋，产权登记在一方父母名下，离婚时另一方主张按照夫妻共同财产对该房屋进行分割的，人民法院不予支持。对于购买该房屋时的出资，可以作为债权处理，产权一方应当对本金和利息一并清偿。在这个条文之外，如果在婚姻关系存续期间，双方用夫妻共同财产出资购买一方父母名义参加的房改房，登记在双方当事人的名下的，就应当按照登记的权属确定产权，可以视为一方父母的赠与。

8. 养老保险金的归属问题

司法解释三第十三条规定的是养老保险金的权属问题。这个规定分为两个方面：第一，离婚时，如果夫妻一方尚未退休、还不符合领取养老保险金条件，而另一方请求按照夫妻共同财产分割养老保险金的，因为领取养老保险金的条件还没有成就，当然不能支持。第二，离婚时，对婚后以夫妻共同财产缴付的养老保险费，一方主张将养老金账户中婚姻关系存续期间个人实际缴付部分作为夫妻共同财产分割的，这个请求是合理的，人民法院当然应予支持。但是应当注意的是，作为夫妻共同财产分割的不是养老保险金，而是个人实际缴付的养老保险费。

9. 离婚财产分割协议的附随性

当事人签订离婚协议主要包括三个方面的协议：一是离婚协议，二是分割财产的协议，三是子女抚养协议。后两个协议附随于前一个协议，即后两个协议的生效，应当依附于前一个协议的生效。前一个离婚的协议没有生效，后两个协议当然不能生效。正因为如此，司法解释三第十四条规定："当事人达成的以登记离婚或者到人民法院协议离婚为条件的财产分割协议，如果双方协议离婚未成，一方在离婚诉讼中反悔的，人民法院应当认定该财产分割协议没有生效，并根据实际情况依法对夫妻共同财产进行分割。"财产分割协议具有附随性，不能离开离婚协议而单独生效。

10. 夫妻一方共同继承遗产

夫妻一方在婚姻关系存续期间继承遗产，其财产的权属分为两种情况：一是作为婚后取得的财产，为夫妻共同财产；二是特别约定为个人继承的遗产，为个人财产，不作为夫妻共同财产。司法解释三第十五条针对的是前一种情况，即婚姻关系存续期间，夫妻一方作为继承人依法可以继承的遗产，在继承人之间尚未实际分割，起诉离婚时另一方请求分割的，人民法院应当告知当事人在继承人之间实际分割遗产后再另行起诉。这是因为，我国民间传统大量存在的情形是，在父母一方死亡之后数个继承人并不立即继承，而是默示共同继承，形成共同继承遗产，成为共同继承人的共有财产；通常在父母双方都死亡之后再分割遗产。这种做法就形成了婚姻关系存续期间一方作为继承人可以继承的遗产尚未实际分割，起诉离婚时另一方请求分割遗产的情形。司法解释尊重民间习惯，并不准许该方当事人可以在离婚时主张请求分割遗产，而是告知当事人在继承人之间实际分割遗产后，也就是继承人一方已经取得继承的遗产之后，再请求分割这部分共同财产。这一规定完全正确。

11. 夫妻之间借贷

近年来，出现了夫妻之间的借贷关系，也就是夫妻双方订立借款协议，约定将夫妻共同财产的一部分借给一方，从事个人经营活动或者用于个人其他事务。对于这种借贷关系是否承认其效力，有不同意见。司法解释三第十六条认可这种借贷关系。如果夫妻之间订立借款协议，以夫妻共同财产出借给一方从事个人经营活动或用于其他个人事务的，应当视为双方约定处分夫妻共同财产的行为，发生借贷的效力。在离婚时，如果发生争议，可以按照借款协议的约定处理。但这样的协议不具有对抗善意第三人的效力，如果第三人不知道双方的婚内借款协议，或者双方的婚内借款协议。

12. 对离婚时没有分割的共同财产请求分割

离婚时，双方当事人已经对夫妻共同财产的分割达成协议也已经履行，但事后又发现还有其他夫妻共同财产当时没有分割的也经常出现。如果出现这种情况，司法解释三第十八条规定，离婚后，一方以尚有夫妻共同财产未处理为由向人民法院起诉请求分割的，经审查该财产确属离婚时未涉及的夫妻共同财产，人民法院应当依法予以分割。这样规定是完全正确的，是保护夫妻双方的合法权益的正确做法。

（四）规定司法解释三的效力问题

关于司法解释三的效力的规定，是第十九条。规定的精神是，司法解释三施行后，也就是 2011 年 8 月 13 日起，凡是最高人民法院在此前做出的相关司法解释与本解释相抵触的，以本解释为准。

发表于 2012 年第 1 期

参考文献：

[1] 杨立新：《最高人民法院关于适用〈婚姻法〉若干问题的解释（三）的民法基础》，《法律适用》2011 年第 10 期。

[2] 杨立新：《亲属法》，高等教育出版社，2005 年，第 168、170、181—183 页。

[3] 杨立新：《继承法专论》，高等教育出版社，2006 年，第 276 页。

[4] 李莹：《我看婚姻法司法解释三》，网易 http://lady.163.com/11/0815/02/7BFDPCRB002626I3.html；温州网：《婚姻法新解释：全职太太成“最危险职业”?》，http://news.66wz.com/system/2011/09/01/102667176.shtml。

[5] 东方网：《专家质疑司法解释与现行婚姻法相抵触》，http://news.eastday.com/c/20110906/u1a6091288.html。

[6]《中华人民共和国婚姻法》第 46 条：“有下列情形之一，导致离婚的，无过错方有权请求损害赔偿：（一）重婚的；（二）有配偶与他人同居的；（三）实施家庭暴力的；（四）虐待、遗弃家庭成员的。”

[7] 奚晓明主编《最高人民法院婚姻法司法解释（三）理解与适用》，人民法院出版社，2011 年，第 56 页。

[8] 王利明：《物权法研究》（上卷），中国人民大学出版社，2007 年，第 719 页。

[9]《物权法》第 106 条：“无处分权人将不动产或者动产转让给受让人的，所有权人有权追回；除法律另有规定外，符合下列情形的，受让人取得该不动产或者动产的所有权：（一）受让人受让该不动产或者动产时是善意的；（二）以合理的价格转让；（三）转让的不动产或者动产依照法律规定应当登记的已经登记，不需要登记的已经交付给受让人。”“受让人依照前款规定取得不动产或者动产的所有权的，原所有权人有权向无处分权人请求赔偿损失。”“当事人善意取得其他物权的，参照前两款规定。”

谈法律思维模式

林来梵[*]

一、引论

所谓依法治国，顾名思义就是将法律作为治国理政的主导性的规范依据。而这里所说的法律，主要是由一整套法的规则所构成的，体现为一个自洽的、内在统一的规范体系。职是之故，依法治国或法治，又被称为一种规则之治；法律人的法律思维，也被称为一种规则思维。

然而，在人类社会的治理秩序之中，法律只是所有社会规范之一种，除了法律之外，还存在道德伦理、宗教、习俗等其他各种各样的社会规范。那么，法律人的规则思维究竟是怎样的？它具有哪些重要的特质？我们应该如何培养这种思维模式？这种思维模式是否也有内在缺陷？如果有缺陷，那么应该如何克服？凡此种种，均有待深入探讨，而这一切，则需要从中国人的思维模式谈起。

无论从传统文化的意义上讲，还是从当今现实的角度上讲，在诸多思维方式中，法律思维应该是中国人最薄弱的思维模式之一。长期以来，中国人擅长的思维模式主要有：

第一，道德伦理思维。这一点，可能最为典型。比如当涉及要如何对待一个人或如何评价一个人的某个特定的行为时，中国人通常会首先做出这样的界定："这个人是好人"或"这个人是坏人"。之所以如此，这在文化传统上是有根源的，用梁漱溟的话来说，中国本来就是一个"伦理本位的社会"；[①] 许倬云在《中西文明的对照》一书中也指出，中西思维方式存在明显的分野，欧洲文化关心自然，而中国文化则关心人在人间和宇宙的秩序，其中像儒家思想这样最为卓越的思想体系，仍然是致

---

* 林来梵，法学博士，清华大学法学院教授、博士生导师。

① 梁漱溟：《中国文化要义》，上海人民出版社，2005 年，第 70 页。

力于建立一种超越时空界限的普世价值观念，不仅将依据理性道德而建立的系统作为自己安身立命之所，也作为世界可以遵行的行为准则。[①] 在这种文化的浸染下，道德评价的思维模式自然盛行于我们的日常生活之中，以致达到泛滥的程度。

第二，泛政治化思维。这也是中国人较为强劲的一种思维方式，其表现为：动辄把所面对的现象或问题与政治挂钩，往往过多或过度地倾向于从政治的动因、教义、立场等相关的角度来思考、评价或决定问题。这种思维模式在“文化大革命”时期曾被发挥到无以复加的程度，时至现在仍有重大遗蜕。君不见，当今中国人不仅在分析股市时会考虑到政治上的因素，即使在探讨全国“两会”期间北京的天气时，也照样会从政治的理由加以阐发，比如这时如果遇到好天气，就会意味深长地说“北京的天气也是讲政治的”，云云。

第三，文学思维。这是中国人另一种强劲的思维模式了，而且冥冥之中影响也很大，乃至人们平时在很大程度上是不知不觉地采用这种思维模式进行推理和判断的。曾几何时，关于“手机流量应不应在月底清零”这个问题所引起的讨论，即是一个很好的例子。根据如今的规定，手机流量当月如果用不完，就可以结转，下个月接着使用，但过去则不行，就此，当时有些人大代表和政协委员曾发表了如下不同意见：第一种意见是应该清零。其理由是：手机流量当月用不完，当然就应该清零了，这好比你买了一份肯德基套餐，吃了鸡腿能不能把薯条退回去呢？当然不能！而第二种意见则是应该允许当月未用完的流量结转使用。其论证的方式是：这就好像你家里买了大米，今天吃不完，明天还可以继续吃。难道吃不完就被商场收回了吗？其实，这两种论证都是通过文学比喻来完成的。所不同的是，第一种意见代表了电讯公司的利益，为此选择把手机套餐比喻成肯德基套餐，主张应该清零。第二种说法则是站在大众消费者的立场，但也是选择了比喻，只不过采用了大米的比喻，主张可以结转。这类文学思维模式的特点是，都没有说出具有逻辑性的道理来，只不过采用一种情景来进行类推。于此，情景的设定是否恰当就非常关键。把手机流量比喻成肯德基套餐还是大米，注定其结论是截然不同的。但是无论你如何比喻，从严格的逻辑学角度而言，都不可能是完全正确的，而且都非常危险。而在现实中，我们中国人却往往用这样的思维模式来决定事情，甚至有时用来决定非常重大的事情，乃至国家大事。

由于中国人存在上述的思维倾向，所以，即使在运用法律的场合，也带有这样

---

① 许倬云：《许倬云说历史：中西文明的对照》，浙江人民出版社，2013 年，第 51—77，尤其第 54 页。

的倾向。其特点是：在规则思维上重视“天理、国法和人情”。今天我们仍会发现，这几个字曾被写上古代一些县衙门口上的匾额。即使时至今日，中国的许多法官也很重视运用情理来解决法律问题。中国推行“维稳”式的社会治理模式，司法机关也推行“大调解”，片面追求司法判决的社会效果，为此大为倡导引入情理判案，要求法官按照情理去判决。应该说，情理也具有一定的意义和作用。无论是法律的制定与适用，还是法学的研究与教育，也要尽量尊重那些具有悠久历史根基的道德伦理观念，尊重社会大众所抱持的那些合理的道德共识和道德情感，在这一点上法学也需要人文的情怀。这也是笔者的随笔集《文人法学》一书的主要立场。但是，情理的主观随意性较大，其内容亦具有高度的不确定性。如果实定的法律规则为情理所取代，法律思维完全为上述三种思维所取代，依法治国的理想则必然完全落空。

那么，依法治国所赖以确立的法律思维，在当今中国究竟处于何种地位呢？不得不说，由于当今中国人还不太擅长法律思维，法律思维的地位还比较低。当然，这不能完全责怪当今的中国人，因为如前所述，之所以如此，与我们根深蒂固的文化传统不无干系；而且，法律思维具有一定的专业性，未必需要每个普通的社会成员都必须完全掌握。在一个成功的法治社会，普通的社会成员只需要初步理解法律思维的特点，如遇有依据法律常识难以解决的法律问题，可寻求法律专业人士帮助解决即可；但对于直接参与国家治理并受法律约束的国家公职人员而言，一定程度的法律思维能力是不可或缺的。在一个法治社会，法律思维的现实地位，往往就取决于这些国家公职人员的法律思维水平。

然而，在中国的现阶段，法律本身的地位也决定了法律思维还没有成为重要的思维模式。长期以来，我国处于社会转型期之中，现实生活中的各自规则依据其各自地位的高低可排序如下：第一是领导指示，第二是红头文件，第三才是法律法规。质言之，在当今中国，作为社会规范的法律，与道德伦理规范、政治性规则、民间习俗等其他各种社会规范，甚至与官员的个人意志、主观情感尚处于激烈的竞合阶段，总体上远未取得依法治国所要求的那种主导性的、至上性的地位。

但是，从宏阔的大视野来看，中国毕竟仍处于“三千年未有之大变局”的历史脉络之中，要建立一个现行宪法序言所宣明的“富强、民主、文明”的现代国家，实现中华民族的伟大复兴，包括提高国家治理能力，有效克服社会转型期所直面的各种国家治理难题，全面推行依法治国就注定成为一条必由之路。在这种历史背景之下，2012 年全国人大常委会委员长吴邦国宣布，中国特色社会主义法律体系已经形成；在 2014 年党的十八届四中全会上，中国共产党更明确提出全面推进依法治国。目前，很多人已然意识到，依法治国关系到国家、执政党的前途命运。也正因为这样，法治建设的号角被重新有力吹响，法律思维的重要性也由此大为突显。

二、法律思维的内涵及其特点

法律思维又被称为法学思维或法治思维，是法学方法论的研究对象。针对这个抽象的概念，我们先从两个案件说起。

（一）两个典型案例

1. 自动取款机的“美丽错误”

设想某人想从银行的自动取款机取100元现金，而自动取款机吐出1000元。如果出现这种情况，我们该怎么办？在中国经济学的课堂里，类似的假设案例已经被反复讨论过。经济学家问学生“你们应该怎么办”。学生的回答大体有三种：第一种是“归还”，理由是超额部分还是属于银行的，因此应予以归还。第二种是“可以直接取走”，其理由各种各样，比如认为“天予你，你不取”，那不符合常理。这两种见解往往争论不休，最后经济学的老师提出第三种他认为“正确的”见解，即“不断取下去，直到取款机不能出钱为止”。而之所以被认为是“正确的”，因为它典型地体现了经济学将利益最大化的思维模式。

2007年，我国发生了一宗“现实版”的取款机出错案，被媒体称为“许霆案”，且同样引起了沸沸扬扬的争论。此案的基本案情是：2006年4月21日晚，一名叫作许霆的年轻人在广州市天河区的ATM取款机取款，结果取出1000元后，银行卡账户里只被扣1元；许霆先后取款171笔，合计17.5万元，此后潜逃，一年后被抓获，一审被以盗窃金融机构罪判处无期徒刑。这个判决结果宣告后，引起社会各界广泛关注和争议，从许多普罗大众到一些大学教授都参与了争论，人们大多认为刑法有关盗窃金融机构罪的处罚规定以及法院据此所做的判决结果过于严苛，最终，法院通过启动刑法上的特别减刑程序，在二审改判被告人许霆5年有期徒刑。

本案的具体情形下文还将进一步介绍与分析。这里要说的是，对于上述这种的取款行为，从法律思维的角度来看，是有问题的，用法律术语来说，它具有违法性，其行为本身至少属于民法上的“不当得利”，依据民法规定应当返还，如果情节严重，甚至可能构成盗窃罪，比如在我国，就构成了盗窃罪中特别严重的一种类型——盗窃金融机构罪。对此，各国法律基本都有类似的规定，只是宽严程度不同罢了。

换言之，从法律思维来看，经济学思维模式下的那种认为“只要利益最大化，什么都可以做”的见解是行不通的。这个案例除了说明法律思维的特征之外，还可能说明了这样一个道理：经济学思维着力追求效率，追求利益的最大化，似乎很实用，也很容易吸引人，包括吸引有进取心的官员，但其本身或许就暗含潜在的缺陷，随着时代的发展，经济学思维模式的重要性有可能被重视追求公平正义的法律思维所替代。

2. 警察是否应给懒汉送早餐

这也是一个假设的教学案例：有一个懒汉，早上起得晚，无人为其做早餐，于是就致电警察局，要求警察为其垫钱购买早餐并配送到家里。接到这样的电话后，警署里发生了争议：一种意见认为“让懒汉见鬼去吧”，理由是不能纵容懒惰的行为，否则会产生社会恶果；第二种意见认为基于“为人民服务”以及“警察是公众保姆”等这样的理念，应该为懒汉提供服务。

上述意见非常具有代表性：第一种观点倾向于社会学、经济学的看法，第二种观点倾向于政治道德的考虑。那么，从法律角度应当怎样看呢？从法律思维考虑，应查找《警察法》确定警察的职责范围，并以此为依据做出决定。我国现行《警察法》第 2 条规定：“人民警察的任务是维护国家安全，维护社会治安秩序，保护公民的人身安全、人身自由和合法财产，保护公共财产，预防、制止和惩治违法犯罪活动。”这是一个总括性的规定，更为具体的规定在第二章“职权”部分，没有规定警察应当为懒汉送早餐。一个初步的结论是：从法律的角度来看，警察当然不必去给懒汉送早餐。除非存在特殊情况，比如这位懒汉恰好是低血糖病患者，不为他送早餐就会导致有生命危险时，那么可能另当别论。

从上述两个案例中，我们大致可以为法律思维归纳出这样的定义：法律思维就是以法律规范为准据的思维。具体而言，所谓法律思维，即依据实定法上既存的一般性规范，主要是通过严格正确地处理具体个案中的法律纠纷，以实现法律正义这一实践性目标的思维模式。这种思维模式的基础和核心是尊重法律，以便一方面限制公共权力的滥用，另一方面又赋予公共权力的合法性。其中的关键在于第一方面，用当下流行的话语来说，就是要“将权力关进制度的笼子里”，不至于遭其随心所欲的滥用，导致侵害老百姓的基本权利和根本利益。而其中的第二方面也不可偏废，但那正是第一方面成功实现的必然结果。

（二）法律思维的总体特点

那么，法律思维有什么特点呢？对此，许多学者均有阐述。笔者认为，简明地说，法律思维主要有以下这些特质或倾向：

第一崇尚秩序，追求正义。法律思维倾向于建立和维护一种社会秩序，但这种秩序又是合理的、可欲的。为此，正义就成为法律追求的核心价值和目的，也是评价法律的重要标准之一。当代国际著名法学家哈特就曾经指出：“法律家们赞扬或指责法律或其实行时，最频繁使用的词语是‘正义（的）’或‘不正义（的）’。”[①] 法律追求正义，往往会把法律看作是正义精神的体现，其最终的目标是将法律用以控制公共权力的肆意滥用。法律还倾向于维护每一个人的权利，在许多法律里规定各种权利，例如宪法中规定“财产权”“人身自由”“人格尊严”等；民法中规定各种“物权”“债权”等。为什么法律会倾向于维护个人的权利，因为在法律看来，权利就是可以被正当化的利益甚至欲望，即它是正义的。为此，在许多西方国家的语言中，法、权利与正当（正义）这几个概念，往往拥有相同或相近的词根。

第二，尊重规则，信仰良法。法律思维将法律看作是准据，这就要求首先必须确信这种“法律”是“好”的，即“正当的”。法律思维的这一要求，发展到极致，就形成了对法律规则的尊重，甚至一种类似于对法律的“信仰”的信念。美国已故著名法学家伯尔曼的一句话被翻译为中文之后，之所以被广泛传颂，原因就是这句话有力地概括了这个含义。这句话就是：“法律必须被信仰，否则形同虚设。”[②] 其实，作为一种规则，法律可能是好的，也可能不是好的，好的法律称为“良法”，不好的法律甚至可能被称为“恶法”。按理说，只有良法才值得确信或信仰，作为具有自然法主义倾向的伯尔曼，他所说的必须信仰的法律也是如此。但在法律思维的世界，法律人往往倾向于对所有被权威机关确认的法律的正当性都有一种确信，即预先相信它是可以接受的。这种思维倾向实际上是有问题的，对此，我们最后会加以分析。但作为一种思维倾向，它是明显存在的，而且对于维护法律秩序，确实具有积极意义。

第三，程序优先，重视证据。法律重视程序，用程序来控制人的行为和法律判断的过程。程序中蕴含公正的观念，例如法律明文规定“被告人有权获得辩护，人民法院有义务保证被告人获得辩护”。这里体现了一种考虑，即犯罪嫌疑人面对的是整个国家，其实力不足以抗衡，于此需要专业人士的帮助，以大致与国家力量维持在法律面前的对等。此处的“程序”，不是指办事流程，而是正当程序。通过正当程序，我们能够得出合理的判断。此外，法律人还重视证据，用证据来说话。法律人所认识的事实，并非人们在日常生活中所认为的事实，而是能够用证据来证明的事实。如果证据不能证明事实，即便事实有可能存在，法律也无法承认。

第四，高度理性，适度保守。法律反映了人的理性，但是并不等于法律“不近人情”。对于社会公众所拥有的道德情感，法律应当给予保护，这首先应该体现在立

① ［英］哈特：《法律的概念》，许家馨、李冠宜译，中国大百科全书出版社，2011年，第155页。

② ［美］伯尔曼：《法律与宗教》，梁治平译，三联书店，1991年，第14页。

法过程和法律条文当中。而当法律适用时，一般也可以适当尊重社会公众的道德情感，但不能再将“人情”，尤其是个人情感、私人情义作为法律判断的依据，否则可能会导致枉法裁判的发生。为此，法律人往往是理性的。同时，法律人的思维也比较保守，因为法律思维的主体在总体上倾向于维护现存的公共秩序，为此法律思维往往仅对现实具有一定批判性，对规则、制度本身并不富有批判性；法律人一般来说都是现行制度的天然合作者。在一个国家，如果出现一定规模的法律人反对现行体制的情形，这则是一个危险的信号——值得注意的是：那不是因为这些法律人是危险的，而是因为这种情形本身反映了现行制度本身确实可能出现了较为严重的问题。

三、如何理解法律思维

以上所分析的法律思维的特点，乃是法律思维的总体特点。这是许多学者都论述过的。然而，如果要深入理解法律思维的构造，把握其更为具体的独特性，则需要进一步分析。

在此，我们首先可以从以下问题切入：法律思维与人类的哪种思维模式最相接近呢？中国人或许会认为是道德思维，这个答案与我们独特的传统文化有着密切关联，也不无道理。但从学术的角度而言，尤其是立足于从世界范围来看，其正确的答案毋宁是：法律思维与宗教思维最为接近。

（一）法律思维与宗教思维的共性

法律思维与宗教思维这两种思维，至少在以下四个方面具有近似性：第一，法律思维与宗教思维都对预先存在的规则抱有某种确信，乃至信仰。法律人对法律规范的确信，正如宗教人士对教派经典的信仰。第二，法律思维与宗教思维都运用解释的方法。法学研究的很多工作都是对法律条文进行解释，从这一意义上讲，法学就是解释学，法律思维从某种意义上而言就是解释者立场上的思维。而神学也需要对宗教经典进行解释，如基督教对《圣经》的解释。第三，法律思维与宗教思维都强调内部价值秩序的统一性，都强调体系化思考。法律解释讲求对一个条文的解释不要与另一个条文的解释相矛盾，在法律体系内部要达成和谐。在宗教思维中，以基督教为例，《圣经》是很多人参与撰写的，其中不可避免存在矛盾。于此，神学的一项主要工作就是，要通过解释，让它没有矛盾。为达到这一点，就要将其中的价值观、价值命题和价值信仰形成一个统一体。第四，法律思维与宗教思维都强调仪式、传统、权威和普遍性四个要素。这可以在教堂、法庭，尤其是外国的法庭可以见到。

（二）神学思维对法律思维的影响

法律思维与宗教思维不仅具有近似性，而且更值得注意的是，在历史上，法律思维曾明显受到宗教思维的影响。前述的美国著名学者伯尔曼教授的研究，即揭示了这一点。根据他的考察，通过历史事件、精神和原理，神学在历史上对法学产生了重大影响。我个人认为：除了上述伯尔曼所说的这些方面之外，神学在解释方法上也曾对法学产生了极大的影响。

对于神学的解释，一般人很陌生，在此我们试举一例。《圣经》路加福音第22章第36节至第38节中写道：

> 耶稣又对他们说："我差你们出去的时候，没有钱囊，没有口袋，没有鞋，你们缺少什么没有？"
>
> 他们说："没有。"
>
> 耶稣说："但如今有钱囊的可以带着，有口袋的也可以带着，没有刀的要卖衣服买刀。我告诉你们，经上写着说：'他被列在罪犯之中。'这话必应验在我身上，因为那关系我的事必然成就。"
>
> 他们说："主啊，请看！这里有两把刀。"
>
> 耶稣说："够了。"

宗教徒在研读《圣经》时，就需要解释"刀"指什么，以指引自己的行为，安排自己的人生。那么，这里的"刀"应该作何解释呢？通过精细的研究，神学中标准的解释认为"刀"指言行，而"两把刀"则指"言"与"行"。具体而言，从神学解释学的立场来看，耶稣认为，门徒到各地去传道的时候，靠言与行就够了。

同样，法律条文也需要解释，怎么解释法律条文事关重大，有时甚至关系到当事人的生命。当然，法律条文的文字一般比较明确，但是即使再简明的法律条文，也可能存在解释的必要，否则无法理解，无法运用。比如，我国现行《宪法》第39条规定："中华人民共和国公民的住宅不受侵犯，禁止非法搜查或者非法侵入公民的住宅。"这个条文非常简明，似乎不需要任何解释我们就可以理解，但实际上在很多方面还是需要解释的，否则就无法完整理解和准确运用。有关这一点，下文会专门分析，这里我们仅举一例：根据这一条，究竟谁不能侵犯公民的住宅？是国家不能侵犯公民的住宅，还是公民不能侵犯其他公民的住宅？对此，我们可能会说，这二者都包括在内。这就迎合了日本学者中村元在其《中国人之思维方法》一书中的一种说法，我们中国人的传统思维中就有一种"折中融合的倾向"。但是，根据法律思维，可能还需进一步追问，即使包含了上述这两个方面，那么从法理角度而言，究竟哪一个方面更为重要呢？凡此等等，都需要做出解释。

解释是人类学问的主要形态，它是需要方法和技艺的。而根据考证研究，现代法学中所沿袭的文意解释、体系解释、逻辑解释等主要方法以及扩大解释、当然解释等许多具体的解释技艺，都是中世纪的注释学派借用同时代的经院神学的圣书解释法去解释罗马法大全（Corpus Iuris Civilis）时所采用的方法，后经欧陆各国罗马法继受的历程，为现代法学所承继。今日，法学解释学往往被称为“法教义学”（德文为 Rechtsdogmatik），其缘由就在这里。

以上我们讲的是法律思维与宗教思维的共性以及宗教思维对法律思维的影响。通过这样的论述，有人难免持有这样的观点：既然如此，由于中国没有神学传统，所以注定搞不好法治。中国的很多精英似乎也思考过这样的问题，其中一部分人读完伯尔曼的《法律与宗教》《法律与革命》之后绝望了，认为西方法治的成功是因为有神学，而中国则没有，所以在中国要实现法治，无异于缘木求鱼或沙中筑塔。

笔者个人认为，这种见解在一定程度上是值得重视的，也就是说，由于缺少典型意义上的宗教文化传统，中国的法治之路注定坎坷曲折。但基于在日本和中国香港这两个地方较为长期的生活经验，笔者认为，中国的法治还是具有成功希望的。这两个地方都远离基督教文明传统，时至现代却都建成了法治社会。质言之，虽然没有神学传统，也完全可以建设法治社会。只是，我们要认识到：法律思维与神学思维有很密切的关系，欲在中国推行法治，就需要向神学学习一些东西，至少学一些敬畏和遵守规则的精神。

（三）法律思维的独特性

法律思维与宗教思维虽然具有近似性，但较之于神学思维，法律思维也有自己的一些特点，其表现在，法律思维更加重视逻辑、严密论证和利益平衡。以下通过分析美国 1973 年的“罗伊诉韦德案”（Roe v. Wade）① 以诠释法律思维的这种独特性。

1. 案情介绍

一个女孩子声称她的名字叫罗伊，其实她是化名的。她未婚先孕，想堕胎，但是她所居住的州的法律规定禁止堕胎，违反这个规定构成刑事犯罪。为此，她如果想堕胎，只可能到其他允许堕胎的州去做手术。后来罗伊就起诉自己所居住的州，主张这个州法侵犯了她在宪法上享有的一种隐私权，即堕胎自由。

因为美国有些州允许堕胎，有些不允许，这是当时美国的情形。而历史上，美国全部州都不允许堕胎。禁止堕胎的原因是什么呢？这点也许中国人很难理解，因

---

① Roe v. Wade，see 410U. S. 113，93S. Ct. 705，35L. Ed. 2d 147 (1973).

为中国人对堕胎持不以为然的态度。大家不要对这种法律规定感到很惊讶，其实这反而反映了当时美国社会主流的意志，因为美国的主流观念是基督教价值观：生命的诞生或死亡都是上帝的意志，不应该由人力加以改变。不要说堕胎，避孕在美国历史上都曾被定为刑事犯罪。

但是，问题在于美国宪法上并没有明文规定隐私权。为解决这个问题，本案援引 1965 年的"格里斯沃尔德诉康涅狄格州"案（Griswold v. Connecticut），[①] 该案在宪法上推演出了"隐私权"这样一个宪法上没有明文规定的新权利。

> "格里斯沃尔德诉康涅狄格州"案的案情如下：1879 年康州制定并施行一部反避孕的法律，明文禁止夫妻使用避孕工具，违者罚金 50 美元以上或处 60 天至一年监禁；提供帮助或建议的，也将作为主犯论处。80 余年后的 1961 年，一名医生和一名耶鲁大学的医学教授因提供避孕的建议和帮助而被判处罚金 100 美元，他们不服上诉，州上诉法院维持原判，最后本案一直上诉到联邦最高法院。1965 年，联邦最高法院判定康州该部法律违宪，理由是：如果执行这部法律，人们不得利用避孕的工具来避孕的话，那政府就得去窥视人家夫妻的卧室，这就侵犯了宪法所保障的隐私权。

本案的原告一方，就套用"隐私权"的概念来起诉。在本案中还采用了一个更为具体的新概念"堕胎自由"，主张"堕胎自由"就包含在隐私权里面。这一点中国人很难理解，但这主要是翻译的问题。其实在英语中，隐私权叫 Privacy，这个英语有"私人的""私密的""个人化的"等含义。换言之，从法学上的权利类型学的角度而言，Privacy 含有自我决定权的意思，而像罗伊这样主张妇女堕胎自由的人即认为：女性是否要堕胎，就应该是女性个人自我决定的事宜，这种自由不能被州法随意剥夺。因此，罗伊起诉韦德所代表的州政府，声称禁止堕胎的法违反了宪法上所隐含的隐私权。由此，我们也可以初步看出法律思维的一个特征，即在法律解释时紧扣关键性的法律用语。这也是法律思维的技术含量之所在，需要法学专业知识。

2. 案件争议及处理

这个案件争议焦点是什么呢？本案涉及非常重大而且典型的权利冲突，主要就是妇女的堕胎自由和胎儿的生命权之间的冲突，即对于州法或者说州政府来说，究竟应该优先保护妇女的堕胎自由，还是应该优先保护胎儿生命。经过层层诉讼，本案最后上诉到美国联邦最高法院。最高法院专门委托一位大法官去研究，这个大法官研究了好几个月的时间，翻阅了大量医学资料和证据。后来经过多次讨论，联邦

---

① Cotswold v. Connecticut，see 381 U. S. 479，85S. Ct. 1678，14 L. Ed. 2d 510 (1965).

最高法院最终在 1973 年做出了判决。在判决书里，最高法院这样写道：

> 妇女拥有可以自行决定是否终止妊娠的权利，但政府也可以通过法律限制堕胎；不过，政府对堕胎的限制应根据胎儿存活性的状况而划分为如下三个阶段：(1) 在妊娠 12 周之前，妇女的堕胎自由绝不受政府干预，妇女的人格权优先；(2) 在 12 周之后 24 周之前，妇女的人格权略微优先，政府可以干预堕胎，但干预的目的必须以保障妇女的健康为限；(3) 在 24 周之后，胎儿的生命权优先，政府则可以为保护潜在的生命而禁止堕胎。

无须多言，本案的判决书写得非常经典，多方面地体现了法律思维的精妙之处。

而这种判决，如果让一位没有受过法律思维训练的中国人写，那会怎么写呢？中国人一般都学辩证法，所以最稳妥的表达可能是这样的：一方面，妇女的自我决定权和健康权非常重要；另一方面，生命也非常重要，因此，二者不可偏废，应该齐头并进，两手共抓，同时保护。对于需要解决的具体案件，这种话说了等于没说。而我们可能恰恰习惯于说一些类似的不解决实际问题的套话、空话、大话，甚至假话。这样的风格其实侵蚀了我们的日常思维。而我们恰恰是根据这种思维模式、语言模式来解决问题的。在这里，更高明的人可能会写道：如二者发生冲突，可酌情处理，或曰视具体情况处理。这同样没有形成“确断性”的判断，为具体决定者个人的主观随意性乃至人治的因素留下了空间，即使将其最终的判断付诸公共决策的严正程序，也仍可能需要通过“一事一决”的模式，反复开会研究决定。

而本案的判决书通过法律思维的展开，将观点具体化，形成一个具有高度确定性的、可操作性的处理方案。在论证方法上，通过个案的衡量以及三个阶段的具体调整方案，缓解了人类的生命权与人格权何者更为重要的终极性价值选择的困难性，发挥了法律思维的优点。

但是，案件判决后，引发了美国社会的广泛争议，整个美国社会分裂成了两个阵营，分属赞否两论。这在一定程度上是因为该案的判决最后是以 5 比 4 做出的。要知道，美国联邦最高法院共有 9 位大法官，采用投票制来决定最终判决，而 5 比 4 的微弱多数所形成的判决难免出现争议。该案判决后，有关堕胎自由的争论在美国经久不衰，乃至变成一项政治议题。在总统竞选时，总统候选人都需要对堕胎问题发表看法。

在此顺便值得一提的是，美国这样的社会即便出现上述的这种分裂也没有严重问题，而在中国就可能有大问题了。这是因为美国的市民社会比较发达，社会运转良好，能够承受得了非常大的公共争议。而在当今我国这样一个市民社会不发达的国家，社会分裂的副作用难以自行消弭，需要依靠国家力量的统合。

然而，上述案件的判决也体现了一种法律上的平衡术。但是，这种平衡术不是一般意义上讲的政治家的平衡术，而是法律中进行利益衡量所采用的一种权利的平衡技术。就本案而言，它主要是依据胎儿存活性的状况，划分出三个时间段，据此进行不同的权利调整。即便本案的判决存在很大争议，平心而论，这个判决书所提出的处理权利之间冲突、调整权利之间界限的方案，还是非常精妙的。

其实我们的法律事务，主要的工作也就是调整不同利益、不同权利之间的冲突，而所用的方法中，最重要的其实也就是利益衡量。天平之所以成为司法的象征，其道理就在这里。

四、怎样才能养成法律思维

法律思维的养成，毫无疑问需要经过法律专业训练。当然，通过自学也能够深入了解和理解法律思维。怎样才能适切地进入法律思维？日本著名的马克思主义学者渡边洋三曾说："法是凭借语言所形成的逻辑体系的产物。"① 这句话精妙地指出了培养法律思维的两个关键之处：一个是语言，一个是逻辑。

（一）法律语言

法在语言中，法律的语言是确定性的语言。人类的语言有哪些类型呢？从大的方面来分，人类的语言可以分为自然语言和纯粹语言。自然语言其实就是日常语言。著名的哲学家哈贝马斯指出，自然语言的特点在于运用中具有交往性。② 而纯粹语言是对日常语言的自然材料进行抽象之后形成的形式语言。日常语言，为我们日常所用，这好理解，而纯粹语言体现为一些逻辑符号、数理符号，比如计算机语言中的"0"和"1"。那么，法律思维中使用的是哪一种语言呢？法律思维使用的是日常语言，只不过法律思维中使用的是特殊的日常语言。示例如下：

法律语言	日常语言
出生	诞生、生了
配偶	妻子、老公、老伴

法律语言包含很多特殊用语，如"无罪推定""买受""不当得利""抗辩事由""缔约过失责任""用益物权""背书""善意第三人""无因性"等。法律语言的这种特殊性，也容易导致误解。据说，20 世纪 80 年代，全国人大在审议《民法通则》

① ［日］渡边洋三：『法を学ぶ』，岩波書店，1986 年，第 6ページ。

② ［德］哈贝马斯：《解释学要求普遍适用》，高地、鲁旭东、孟庆时译，《哲学译丛》1986 年第 3 期。

时，一位人大代表看到“财产所有权是指所有人依法对自己的财产享有占有、使用、收益和处分的权利”的规定后表示不理解。他认为，我们的同志犯了错误，可以对其进行处分，如果是一栋房子，你怎么处分它呢？这里容易导致误解的原因在于：第一，“处分”是一个法律概念；第二，“处分”一词也为“行政处分”所用。当然，这也是法律语言本身生硬、不亲切所引起的。即便追溯到中国古代的法律概念也是如此，如“定谳”一词。总之，法律学科所使用的语言注定生硬，与文学语言不同。

有关法律语言与文学语言的区别，我们以“出生”的表达为例：文学语言对“出生”可作如下描述，“你的诞生恰似一次恢宏的日出，而我的出生却如走火的子弹”；而法律不可能去区别两种出生的意义。以《日本民法典》为例，其第一条规定，“私权之享有，自出生始”。这里用了“出生”“开始”“享有”和“私权”四个确定性的概念，来表达“出生”在私法上的法律效果。如果我们将文学语言带入法条的话，就变成了：“私权之享有自一次恰似恢宏的日出之诞生始”或“私权之享有自如子弹走火之诞生始”。这给人的感觉很怪，甚至莫名其妙。从以上的语言试验中，我们可以发现，法律语言不仅确定，还有理性、价值中立性、逻辑性和严密性等特点。要达到这样的程度，需要遵循一些指标，即法律语言至少需要具有可分析性和最小争议性。只有达到这两个要求的自然语言才能作为法律语言，如果违背这两个原理，用来进行法律思维、撰写判决、解释法律条文，就可能引起一些问题。

当然，作为自然语言，法律语言也或多或少有一定的模糊空间。德国法学家拉伦茨将此描述为“波段宽度”，指任何语言都像波浪一样具有不稳定性[①]。仍以“出生”为例，虽然与“诞生”等词相比更具有确定性，但其依然存在不同的解释，世界各国对“出生”的法律概念至少有六种不同的解释，最主要有“部分露出说”“全部露出说”和“独立呼吸说”三种。这种细致的区分在刑法里就与定罪量刑具有重大关联。

此外，有些国家的法令开始走向口语化，那这还能否保持法律语言的确定性呢？当然。例如，美国某州市的法律规定“禁止行人与驾驶人皱眉，满脸怒容或杀气，或是脸色忧郁沮丧，以及所有对本市的荣誉表示不屑的表情”。该法条既表现了口语化的风格，又保持了法律语言的严密性和确定性。

（二）逻辑思维

培养法律思维的第二个要点是训练严密的逻辑性。除认识和运用特殊的法律语言外，法律思维需要形式逻辑和受到形式逻辑与法理约束的法律本身的逻辑支撑。

---

① ［德］卡尔·拉伦茨：《法学方法论》，陈爱娥译，商务印书馆，2003 年，第 193 页。

如前所述，我国现行《宪法》第 39 条规定："中华人民共和国公民的住宅不受侵犯，禁止非法搜查或者非法侵入公民的住宅。"这个条文就需要解释，而且需要解释的问题很多，例如：

第一，谁不能侵犯公民的住宅？是公民不能侵犯公民的住宅，还是国家不能？还是二者皆不能侵犯？

第二，中华人民共和国公民的住宅不受侵犯，那么，外国人在中国境内拥有住宅，是不是就可以侵犯呢？外国人的住宅是否也受宪法保护？

第三，住宅是指什么？是否专指买来的房子？自己买不起房子，租借他人的房子是否属于住宅的范畴？你到外地出差，在宾馆下榻的房间是否可以侵犯？

第四，"侵犯"是什么意思？肆意踢开大门闯进去任意妄为，即构成了"侵犯"，而如果没有进入住宅内部，只是在住宅外部用望远镜监视，或在屋外安装窃听器、摄像头等仪器记录、收集屋内动态，这是不是构成对住宅的侵犯？另外，既然有"非法搜查"和"非法侵入"，那就有"合法搜查"和"合法侵入"，而这二者又该如何界定？

第五，"禁止非法搜查或者非法侵入公民的住宅"，这意味着存在合法的搜查或侵入住宅的情形。那么，什么情况下搜查和侵入住宅是合法的？合法与非法的界限何在？

这些问题都很重要，而且都需要解释。下面着重选择两个分析：

其一，到底谁不能侵犯？当我们说"任何人都不得侵犯任何人的住宅"，这可能是民法或刑法的规定。一般而言，宪法只会规定国家不得侵犯公民的基本权利，基本权利主要是被用来防御国家的侵犯。其他公民对公民权利的侵犯可以由民法、刑法等部门法来调整。宪法是近代才产生的，国家在近代以来作为唯一垄断合法暴力的机器异常强大，人民就认识到必须要制定宪法来约束国家，避免国家以强大的力量来侵犯个人。因此，宪法所规定的基本人权在实质上乃是为了防御国家权力，这一规范原理便是防御权理论。对于上述条文的解释，就要受到这一规范原理的约束。可以说，上述条文的含义应当是：国家不应当侵犯公民住宅。

但是发展到现代，出现了新的理论，比如在德国就出现了国家保护义务理论。按照该理论，除了国家不应当侵犯公民住宅之外，国家还有一种积极的义务，应努力去实现包括去保护公民的住宅不受他人侵犯这类权利。具体的保护方式是，国家必须依据宪法去制定相关法律，比如民法上的侵权法，来保护公民的住宅不受他人的侵犯。这种推论就是法律思维了，不仅运用到形式逻辑，还要用到法理逻辑，而且其中的关键点是法理逻辑！

其二：什么是住宅？是否包含下榻的宾馆和入住的宿舍？这些问题涉及价值判断。这个问题可以联系到前几年一个很轰动的案例：那就是2002年在陕西省发生的“延安黄碟案”。[①] 具体的案情是这样的：本案当事人Z租了一个房子，作为私人医疗诊所。年轻人为了节约成本，前半间作诊所，后半间作夫妇二人新婚的卧室。有一天晚上，两个人播放黄色录像，也许电视里的声音放得太大了，被某个邻居听到竟然去报了案。警方接到报案，派出4名民警赶往现场。4名警察到现场后，没有表明身份就直接破门而入，强行进入该房间后部作为卧室的地带。而本案的当事人Z在不明就里的情况下实施反击，双方发生搏斗，最终寡不敌众，Z被制服，并遭受殴打。之后民警搜出黄碟若干张，并带走了“犯罪”工具——影碟机，并将Z抓走，几天后情况升级，警方宣布对Z进行刑事拘留，准备以妨碍执行公务罪为由提起公诉。

这属于法治未发达社会容易出现的一个案例，但随着公众法律意识的提高，案中的这种情形已经难以得到接受。当年，一家媒体即报道了此案，全国各地传媒纷纷转载，引起了法学界的广泛关注，后来在大家积极呼吁下，延安警方受到了压力，最后释放了当事人Z。

此案也引发了一些学理问题，其中一个问题就是：在该案中，警察是否侵入了公民的住宅？对此，派出所的所长主张：他们进入的建筑物不是“住宅”，而是当事人开办的诊所，本来就随时开放。有趣的是，法学界也有个别教授持有类似的观点，认为当事人当时所在的诊所不能看作是“住宅”，而且一位在当年具有很大影响力的著名学者就公开表明了类似的这种见解。但大多数对法解释学有研究的学者还是认为，警察当时侵犯了当事人受《宪法》第39条所保障的“住宅不受侵犯”的基本权利。鄙人也认为那属于住宅。当年，因为这个案件，我接受《法学家》杂志的约稿，写了一篇文章，题为《卧室里的宪法权利》，[②] 其中对“住宅”观点的分析如下：

> 即使警察所进入的场所是以诊所的功能为主的，而且即使作为诊所具有随时开放的性能，但当他们进入的那一刻，Z夫妇是将其作为私生活的空间加以使用的，更何况警方长驱直入其中的，是不具有诊所功能的后屋地带，即这对新婚夫妇的卧室。

在笔者看来，分析“住宅不受侵犯”的要点有三个：第一，保护“公民的住宅不受侵犯”不是保护作为一种财产形态的住宅本身，我国现行宪法第13条已经规定

① 林来梵：《卧室里的宪法权利》，《法学家》2003年第3期。

② 同上。

私有财产权的保障，用来保护住宅等私有财产了。第二，宪法上的“住宅不受侵犯”条款其主要保护的是公权力不能肆意地介入私人自治的领域。为什么要保护私人自治？因为私人自治的领域是一个国家兴旺发达的根基，是民主法治的基础。第三，正因为如此，宪法上的这种“住宅”，在逻辑上就不得被理解为是单纯地由建筑材料建筑而成的物理空间，而应当扩展理解为任何具有生活起居功能，但在终极意义上属于私人自治空间的场所。因此，当我们进一步追问“宾馆和入住的宿舍是否属于宪法上的住宅”的时候，答案就比较明晰了。

（三）法律思维的运用范例

以上我们讲到，具有逻辑性的法律语言是法律思维的关键要素。为什么需要具有逻辑性的法律语言呢，换言之，具有逻辑性的法律语言的功能是什么呢？答案是：用来防止法的恣意，限制公共权力的滥用。很多专制国家的法律不怎么讲求法律的逻辑性、语言的确定性。比如智利军事独裁政府曾经颁令：“优美的风景更胜于美女的裸照。”这句话究竟什么意思，一般人不知道。要实施这个法令，就需要依靠公权力解释与公权力运用，而其语义的空间非常之大，亦即可以容纳具有极大主观随意性的判断。相反，法律思维的重要倾向就是要克服这种主观随意性，最大限度地限缩法律语言中所可能存在的语义的空缺结构。

以下我们通过一个判例来分析这一点。此即 1985 年日本所发生的一起案件，俗称“少年淫行案”。[①] 这个案件的来龙去脉是这样的：福冈县的县议会曾制定了一个法规，叫作《福冈县青少年保护培养条例》，该条例第 10 条第 1 款规定：对 14 到 20 岁的青少年实施“淫行”，即构成刑事犯罪，判两年以下有期徒刑，或罚金十万日元以下。（这里值得说明的是：当今日本在宪法下实行地方自治，县议会有权制定条例规定罚则，甚至规定刑事罚则）。而在日本，根据法律规定，年满 20 周岁即是成年人，受法律保护，但不受法律特别保护，而 14 周岁以下则是幼年，就需要特别保护；而年满 14 周岁未满 20 周岁这个年龄段的人，则属于本条例所说的“青少年”，也需要一定程度的特别保护。《福冈县青少年保护培养条例》这类立法的立法目的就在这里，其实当今日本各地都有。

后来发生了一个案件：有一名被告人，男，26 岁，跟一个 16 岁的女孩谈恋爱，其间发生了肉体关系，结果案发，一审判决有罪，罚金五万元。被告人对此不服，一级一级上诉，一直上诉到日本的最高法院。其上诉理由立足于宪法学上的一个理论，即所谓“不明确、宽泛理论”，其具体内容简单说就是：如果刑事法则的含义不

① 日本最高法院大法庭昭和 60 年（1985 年）10 月 23 日大法庭判决（刑集 39 卷 6 号 413 页）。

明确或者过于宽泛的话，就违反宪法上的罪刑法定原则，属于违宪无效。据此，上诉方就认为，虽然其行为违反了《福冈县青少年保护培养条例》，但该条例有关“淫行”的规定是不明确且宽泛的，因此，该条文本身就违宪无效。

日本最高法院其实面临了两难的选择：一方面上诉人的辩护确有其理由，福冈县议会制定的《条例》确有违宪，应该判令违宪无效；另一方面如果判令违宪无效，就会出现由非民意选举出来的法官决定民意选举出来的议会所制定的法令的命运的情形，存在民主性上的不足。因此，需要对“淫行”一词做出非常巧妙的解释。日本最高院通过审理，最后做出判决。这个判决典型地体现了法律人的思维，它的语言也是法律人的语言。这个判决这么写道：

> 此“淫行”，不应被广泛理解为是对青少年所实施的一般性行为，而应该理解为是除了通过诱惑、胁迫、蒙骗等趁其未成熟而为不正当之手段所行的性交或与性交类似的行为之外，还包括将青少年“单纯作为满足自己性欲望之手段对待”而行之性交或与性交类似的行为。①

以上判词非常生硬，但却非常精彩。它是针对上诉人的诉求，通过对法律中一个关键性用语“淫行”的解释来解决案件的。其巧妙之处在于：基于法院对民意机关的尊重，它并不直接认为上述“淫行”条款是违宪的，而是对“淫行”进行限定解释，认为其所指性行为，不是一般性行为，而是仅限于两种性质的性行为；通过这种限定解释，使上述条例自然符合了宪法。这就是所谓的“合宪性限定解释”，是许多立宪国家都采用的一种宪法解释方法，虽然在违宪判断中比较保守，但其中也典型地体现了法律思维的一些优点。

总之，法律思维应该如何养成呢？可简单地归结为一句话：应该透过严密的确定性的法律语言，运用逻辑推理去解释法律、适用法律和发展法律。

五、如何避免法律思维模式的陷阱

（一）法律思维模式的陷阱：何为以及何来？

既然法律思维是以法律规范为准据的思维，那么这里也就存在一个极为重大的问题，此即如果法律本身存有缺陷，那么岂非误入歧途？对此的答案是肯定的。这就是我们所说的法律思维模式的陷阱。

应该看到，在具有深厚法治传统、民主化程度较高的成熟法治国家，民众普遍确信法律，对有问题的法律也能通过违宪审查机制来纠正，为此法律思维模式的安

---

① 日本最高法院大法庭昭和60年（1985年）10月23日大法庭判决（刑集39卷6号413页）。

全性较高，一般不存在这种“陷阱”；然而在不具有深厚法治传统的国家，尤其是在其未完全走上法治之路的历史时期，一些法律有可能被质疑为“存有缺陷”，并且缺乏应有的解决办法。

不言而喻，当今中国就是如此。连中国共产党在十八届四中全会的《决定》中也指出，我国法律“部门化倾向、争权诿责现象较为突出”。尤其是下位法，如部门规章、地方性立法，经常出现问题。在违宪审查制度尚付阙如的情况下，该怎么办呢？这就需要我们来思考。

在前面提到的许霆案中，辩护律师认为许霆的行为属于民法上的不当得利，用民法来解决就可以了。但是公诉人认为，根据《刑法》的规定，许霆的行为已构成盗窃金融机构罪。当时一审法院也采纳了这个意见，判定许霆盗窃金融机构罪成立，判处无期徒刑。应该说，根据法律规范，公诉人和法院确实是没有错的。因为我国的刑法对此规定得比较清楚，而且因为根据《刑法》规定，盗窃金融机构最低刑期就是无期徒刑，最高刑为死刑，判处无期徒刑，已经是选择最低刑了。

然而，一审判决之后，社会舆论大哗，公众倾向性认为该案判决太重了，其理由大致可归纳起来有以下几种：第一，“天予你，你不取”，这不符合天理人情！第二，如果取款机是金融机构，那不是满街都是金融机构了吗？第三，是金融机构出了错，取款人没有责任。第四，十几万元就把一个年轻人判成无期徒刑，法律也太严厉了！第五，金融机构很重要，但有必要予以那么严格的保护吗？在争论过程中，当时《中青报》还报道了英国的一起取款机出错的事件，配图中显示英国人在那台出错的机子前排队取钱。此报道一经公表，中国的舆论又一片哗然。

上述的这些公众意见，其中不乏背离法律思维或法律原理的主张，而且公众舆论对司法审判的直接干预，本身就不能值得肯定。然而，当今的中国似乎正在走过悖论的峡谷：由于缺少有效的法律评价机制，公众的一些朴素的正义感与见解，反而比法律人更敏锐地看到了法律本身的缺陷。本案的关键就是，虽然《刑法》有关盗窃金融机构的加罚条款是必要的，但存在过度保护金融机构的问题。严格地适用这样的法律条文，反而会坠入法律思维的陷阱。最终，在公众舆论的压力下，省高院根据《刑法》第 63 条中的有关特殊减刑的规定，报请最高院核准为许霆特殊减刑，并得到批准，从而可谓避免陷入了“法律思维的陷阱”。这种结局算是较为完美的。但如前所述，其代价是认受了公众舆论对司法审判的直接干预，为此也是非常规的。

（二）如何避免法律思维的陷阱？

那么，从常规的角度而论，我们应该如何避免类似这样的法律思维的陷阱呢？

如前所述，对于这个问题，如果要借鉴西方国家的经验的话，那首先会发现：在那些具有深厚的法治传统或立法民主化程度较高的国家，某些特定的法律本身虽然也会经常被质疑存有问题，甚至这种质疑可以通过法律制度内部的程序机制得到理性的解决，如违宪审查制度就是其主要的一种途径，但很少人会认为法律思维本身存有陷阱。相反，他们倾向于认为法律在总体上是值得确信的，甚至值得信仰的，这一点在学术上形成了法律实证主义，即认为“法律就是法律”，本身必须执行。美国历史上的著名大法官霍姆斯甚至深情地说：“法律是法律人的圣经。法律人只有一个共同准则，那就是法律。”

然而，在特定时期，西方国家也会出现法律确信的危机。这种情形即可见诸二战后的德国。众所周知，由于二战时期纳粹对犹太人的迫害都是依照一定的法律法规进行的，二战之后，德国发生了有关法律道德性的争论，著名的“告密者案”就是一个典型案例。[①]

本案的案情是：1944 年，一个德国士兵私下里向他妻子表达了对希特勒及纳粹党其他领导人物的不满。此后，他的妻子就把他的言论报告给了当局。于是，该德国士兵遭到了军事特别法庭的审讯，被判处死刑。幸运的是，他尚未被执行，纳粹就倒台了。二战结束后，该德国士兵的妻子被告到法庭。但她的抗辩理由是：她仅仅是在执行当时有效的法律。这个案件使得审判在法律与道德的关系问题上陷入了一个困境：如果严格坚持法律实证主义观点，类似告密者就无罪；如果要惩罚这些人，法院就需要依据法律之外的道德原则。1949 年德国班贝格上诉法院对本案做出了判决，判令被告人有罪，核心理由是：虽然被告人的丈夫曾触犯了纳粹的法律，但该法律本身“违背了一切正直人的正当良知和正义感”。这个案例具有一定代表性，当时的德国法院一度倾向于援引“良知”和“正义”之类的观念来判决类似的案例。但后来又发觉，这实际上陷入了另一种陷阱，即不确定性的道德审判，为此最后又重新回归了法律实证主义的思维，根据法律裁判，只不过为纠正法律本身的缺陷建立了有效的法律制度。

应该说，在如何对待法律思维这方面，我们面临了一对严峻的矛盾：一方面，如果经常质疑法律本身有问题，或者说法律本身由于自身问题而被经常质疑，那势必会损害法的权威，难以实现法治秩序以及合法正义；但另一方面，如果盲信法律，将其作为金科玉律，那么，也有可能导致“恶法亦法”的结局，即陷入了法律思维的一种可能存在的陷阱。

---

① 沈宗灵：《现代西方法理学》，北京大学出版社，1992 年，第 49—50 页。

那么，为了避免进入法律思维的陷阱，我们究竟应该怎么做呢？笔者认为，以下三个方面最为重要：第一，运用法律思维，但有必要在对法律的“遵从”和“反思”之间保持必要的张力。这相当于一方面不得不相信法律，另一方面又要对法律保持反思，注定非常纠结。第二，尽量将法律思维预先贯彻到立法过程，制定出合理的、没有缺陷的法律。但这又有赖于建立起一种高度民主化的立法制度。第三，则是完善立法评价机制，将对法律的批评和反思纳入到法律制度之中去进行理性控制。在此方面，功能最为强大的制度便是违宪审查制度，它可以把任何法律法规是否违反上位法乃至违反宪法作为一个指标来进行审查，将一些有问题的法律或者法律中的一些条款予以剔除，最后使法律法规的体系更加完善。

唯有如此，我们才可以针对法律思维的重大意义说：

这里是罗陀斯，就在这里跳吧！

发表于2016年第3期

后　记

《东南学术》的历史可追溯到1978年，原为《社联通讯》，1988年更名为《福建学刊》并公开出版发行，1998年7月经国家新闻出版总署批准，正式改为现名。自创刊以来，《东南学术》始终坚持以马克思主义为指导，坚持正确的政治方向，肩负崇高的历史使命，努力追求学术品位和实践价值，取得了显著成绩，成为国内有重要学术影响力的期刊。《东南学术》是首批国家社科基金资助期刊、CSSCI来源期刊、全国中文核心期刊、中国人文社会科学核心期刊（AMI）、REESE中国核心学术期刊、全国重点期刊、华东地区优秀期刊，影响力指数在全国综合类学术期刊中居于前列。全国哲学社会科学工作办公室和福建省领导均对《东南学术》的办刊水平和工作业绩给予了充分肯定。

在《东南学术》创刊40周年暨更名改刊20周年之际，我们推出这本《学而论道——〈东南学术〉二十年(1998—2018)文选》，这是我刊创刊以来与改革开放40年历程共同演进、与学界共同发展、与学者共同成长的历史见证。我刊借此纵览当代学术发展的重要历程，期待与更多学者分享本刊近年来发表的优秀学术成果，并借此表达对作者、审稿人和读者的敬意。

作为综合性学术理论刊物，《东南学术》立足福建，面向全国，勇于探索改革开放中的重大理论和实践问题，为学界同仁和广大读者展现哲学社会科学研究的最新成果。本论文集从《东南学术》1998年更名改刊起至2018年第2期刊发的论文中，精选了70篇具有代表性和一定学术影响的优秀论文。因篇幅所限，其他佳作未能悉数收录，不免有遗珠之憾，在此谨表歉意，尚祈作者谅解。

为真实反映学术发展历程，此次选编力求整体上保持各文原貌，不做增删。由于选文的时间跨度较大，因此各篇文章体例不甚统一，作者简介和文章观点都是刊发时的学术状况，从忠实保留文献原貌的角度考虑，我们不做修改。各篇文章按学科及论题分类编排，各类中再以发表时间先后为序。不当之处，敬请作者、读者批评指正。

本书由东南学术杂志社选编。在本刊编委会主任林蔚芬（福建省社科联党组书记、副主席），副主任陈文章（福建省社科联党组成员、副主席兼东南学术杂志社社长、总编辑），副主任杨健民（东南学术杂志社执行总编辑、研究员）的主持下，由陈文章、杨健民担任本书主编，郑珊珊（东南学术杂志社副总编辑）担任副主编，编辑部全体同仁通力协作，使本论文集得以顺利出版。在此，还要特别感谢福建人民出版社编辑同志们的辛勤劳动和付出，他们的工作使本书臻于完善，最终得以与读者见面。我们期待着与广大专家学者携手，推出更多、更优秀的学术研究成果，共同谱写新时代哲学社会科学的新篇章！

东南学术杂志社

2018 年 11 月 8 日